천운해제

天運解題

一智 이 건 표 펼침

보무각

一智 이 건 표

1963년 충북 증평에서 태어나
1983년 출가하여 만행 중에
1991년 일휴(一休) 스님을 만나 3년간 시봉 · 정진, 능엄경 사사
1999년 한국불교태고종 성암원에서 정진 수행 중 능엄경 번역에 힘씀
2006년 사상론(四象論) 출간
2009년 한글완역 수능엄경 출간
2012년 현재 청원군 상야리 성암원에서 구도에 전념

천운해제天運解題
16상을 바탕으로 한 인간 행태론 · 체질론 · 혈기론

초판발행 2012년 9월 30일
초판인쇄 2012년 9월 25일

지은이 이건표
펴낸이 이호동
발행처 **보문각**
블로그 http://blog.naver.com/bomungak
e-mail bomungak@naver.com
주소 서울시 광진구 구의동 26-20 프레빌 201호
등록번호 302-2003-00085
전화 02)468-0457
팩스 02)468-0458

값 69,000원

ISBN 978-89-6220-153-6 93150

무한히 크고 두루한 깨달음을 성취한 부처님이 되고자 원하는 보살들이 닦는 완전무결한 수행법인 수능엄경(首楞嚴經) 한글번역본을 출간한 이후 4년여에 걸쳐 집필한『천운해제(天運解題)』를 출간하시는 一智스님께 경의를 표합니다.

동양에서는 예로부터 우주를 살아 있는 유기체로 생각하여 우주 속에서 인간이 어떻게 그들과 조화롭게 살아가야 하는가에 대하여 사유해왔습니다. 우리 선조들의 삶은 자연 속에서는 주체와 객체의 구분이 없으므로 인간과 자연이 하나라는 자연관으로, 자연에 거스르지 않고 하늘의 뜻에 맞게 살아가는 것이 가치 있는 참된 삶이며, 그것이 인간의 道라 생각하였습니다.

그러나 서구에서는 지구를 생명이 없는 무기체로 생각하여 인간의 편리함을 위해 지구를 파괴하고, 자연을 활용하고 극복함으로서 현대와 같은 산업사회를 이룩하여 물질적 삶을 편리하고 풍요롭게 만들었지만 생태학적 위기, 핵으로부터의 공포, 인간소외, 인간성의 파편화, 도덕의 타락 등을 가져왔습니다. 이것은 인간 입장에서만 생각하는 편협한 휴머니즘에서 비롯되었기 때문입니다.

근래의 서구 과학자와 철학자들은 현대사회의 문제점의 해결책을 동양의 전통적인 자연관에서 찾고 있습니다.

도가의 무위자연론과 유가의 공자사상은 동양인들의 삶의 철학적 근간을 이루고 있으며, 특히 주역(周易)은 유가의 5경(伍經) 중에서 가장 심오한 철학을 담고 있는데, 우주 대자연의 법칙을 64괘로 명쾌하게 설명하고 있습니다.

주역은 하늘의 움직임이 땅에 영향을 주고 땅은 그 영향을 받아 다시 하늘에 영향이 미치는 순환을 연속하는 가운데, 사람으로 대표되는 만물이 자연현상과 상호 교감하여 순환하는 과정을 象이라는 64괘 틀 속에 축소시켜 그 이치를 밝히고 있습니다. 그렇기 때문에 우주에서 일어나는 자연의 현상으로 과거와 현재를 거쳐 미래를 예측할 수 있고, 더 좁게는 우리의 인생사를 예측할 수 있다는 것입니다.

一智스님께서 주역에 기본을 둔 16상론(象論)을 중심으로 우주의 원리를 쉽게 설명하고 인간 삶과 밀접한 체질과 혈기를 바탕으로 우리의 미래를 예측할 수 있는 귀하고 방대한 내용을 담은 책을 집필하신 것은 그동안 누구도 할 수 없었던 일로, 점서(占書)가 아니라 그 근본을 꿰뚫음으로써 크나큰 가치가 있다고 생각합니다.

一智스님과는 사제 관계로 스님의 고3 담임을 맡은 적이 있어 30여 년 간 인연을 이어오고 있습니다만, 그간 종종 전화로 안부를 교환하였는데 어느 날 책을 출간하는데 글을 부탁한다고 하며 목차를 보내 왔는데 내용이 도무지 이해가 되질 않았습니다.

그래서 스님이 기거하는 암자를 찾아가 차 한잔 나누며 대화를 나누어 보니 학문적 깊이가 너무도 깊어 본인으로서는 감당이 되지 않으면서도 진심으로 존경스럽고 기뻤습니다. 암자에서 집으로 돌아오면서 이것이 "靑出於藍" 이구나 하면서 입가에 미소를 금할 길이 없었습니다.

한국예술단체총연합회 충청북도연합회 회장

문상욱

논어 술이편(述而篇)에 보면 공자가 말하기를,

"나에게 수년간의 수명(壽命)을 더해주어 오십 세까지 주역을 완전히 배우고 익힐 수만 있다면 길흉(吉凶)의 이치(理致)를 알고 소장(消長)의 도리(道理)를 밝힐 수가 있어서 내 평생에 그다지 큰 과실은 없을 것이다(加我數年 伍十以學易 可以無大過矣)."라는 구절이 있습니다.

이 말의 의미는 공자 스스로 '사람에게 닥치는 길흉의 이치와 만물의 나고 죽는 도리를 깨우친다면 사람으로서의 할 일을 어느 정도 했다고 하지 않겠느냐' 라는 것과, '주역을 깨우치면 인생을 살아감에 있어 큰 실수를 하지 않게 된다.' 라는 것을 가르쳐 주고 있음이다.

공자와 같은 대성현께서 그러한 이치와 도리를 깨닫고자 얼마나 많이 주역을 읽었으면 책을 묶은 가죽 끈이 세 번이나 끊어져 나갔다는, 위편삼절(韋編三絶)이라는 고사성어가 생겨났을까.

그동안 얼마나 많은 사람들이 공자처럼 주역을 공부하여 삶의 이치와 도리를 알고자 했던가.

그동안 얼마나 많은 서적들이 출간되어 인생의 길잡이 역할을 하려고 했던가.

그렇지만 아무나 접근할 수도, 아무나 깨달을 수도 없는 것이 바로 이 분야의 공부가 아니던가.

제 아무리 과학이 발달하고 문명이 생활을 편리하게 해준다고 해도 인간의 가장 근본적인 생사, 길흉화복의 이치에 대해서는 명쾌한 답을 주지 못한다.

그러기에 과학문명이 최고조로 발달한 이즈음에 동양철학은 더욱 관심을 끌고 있음이라.

책을 펼쳐보면 어렵다.

무슨 말인지 이해하기가 쉽지 않다.

그렇지만 앞서서 깨달음을 얻은 자가 뒤에 오는 자에게 어두운 길을 밝혀주고자 하는 정성과 배려가 곳곳에 배어 있어, 뜻을 갖고 도전한다면 눈이 열리는 환희를 맛볼 수도 있으리라.

예전 어느 수행자는 "여수동좌(與誰同坐)"라는 글귀를 벽에 붙여두고 늘 마음에 생겨나는 세속적인 욕심을 버리려 애썼다고 한다.

여수동좌라 함은 '누구와 더불어 자리를 함께 할 것인가'라는 뜻이다.

그 수행자는 불어오는 맑은 바람과 떠가는 흰 구름을 벗 삼아 홀로 차를 마셨다고 한다.

이제 일지(一智) 이건표님의 『천운해제(天運解題)』를 가까이 두고 청풍백운의 벗으로 여겨 살아간다면 공자의 말처럼 큰 과실 없는 삶을 이루지 않을까.

읽고 또 읽어 알려고 하지 말고 느끼도록 노력하리라.

글자에 얽매이지 않고 문장에 담긴 맛을 음미토록 하리라.

책 속에 담긴 아름답고 고고하고 우아한 삶의 향기를 찾아보리라.

이처럼 소중한 가르침을 세상에 널리 펼쳐주심에 감사의 인사를 올립니다.

전통문화예술공간 여민락(與民樂) 대표

설촌(雪村) 김용욱(金容旭)

대우주의 길을 묻다

모든 생명(生命)이 주어진 길을 가듯
저자는 고결(高潔)한 흥분(興奮)된 상태(狀態)로
그러나 차분히
대우주(大宇宙)가 태극(太極)이라 일컬으며,
삼라만상(森羅萬象)을 논한다.
오색(五色)을 논하다가
오만 가지 물건에 명명(命名)된 것들을 분별(分別)하며,
지구력(地球歷)과 인생력(人生歷)을 얘기한다.
언어(言語)는 살아있는 생명체(生命體)라지만
마음의 소리라지만
여즉 전혀 들어보지도 못한
단어(單語)들을 나열(羅列)하여
침묵(沈黙)으로 침묵으로 깊게 빠지게 한다.
"마음속에 깨달음이 넘치면
글은 저절로 이루어진다.
꼭 알맞다는 것은
길지도 짧지도 않고
많지도 적지도 않고
넘치지도 모자라지도 않은 것" -함은숙의 글쓰기 노트에서-.
이라 한 말을 좋아하는데
자유(自由)와 평화(平和)가 공짜가 아닌 것처럼
저자(著者)의 심오(深奧)한 이 글밭이
대우주(大宇宙)를 넘어

알 수 없는 블랙홀까지 스며들어
영원(永遠)하길 기원(祈願)한다.

천년의 약속

전생의 시간을 빌려다가
좋은 사연 쓰고 싶다
전생은 노래 하나로
왕의 서기보였다니 괜찮은 직무

하늘이 열리는 소리를 적고
나무가 노래하는 화음을 적고
풀벌레 웅석부리는 소리도
땅의 자비로운 마음도 적는
세상의 서기보이고 싶다.

눈이 오면 오는 대로
바람 불면 부는 대로
구름 같은 욕심은 접어두고
훗날 길이 남을
우주의 노래 하나 적어 놓고 싶다
분홍색의
졸방제비꽃 색깔처럼
흰젖제비꽃처럼
꾸밈없는 수려함으로

입 다물고 있어도
그저 좋기만 한

꽃소식 전하는
바람이고 싶다
씨알 거두는
햇빛이고 싶다.
천만 년 그대로인
달빛이고 싶다.

-김유진 시집 꽃새의 노래 가운데, [천 년 약속] 전문.

김유진

충남 예산에서 태어났다. 1997년 [문예사조]를 통해 등단,
시집으로 [당신은 언제나 내게 아름다운 꽃입니다], [꽃새의 노래] 등이 있다.

신적 또는 영적으로 운명을 부정하지 않는 많은 사람들에게 희망과 용기를 주고 구원을 제공하는 신비스러운 역술들은 역대 훌륭했던 성현님들이 신의 뜻을 받들어 혼을 담은 것이기 때문에 훼손되지 않은 원형을 사용하여야 효력이 다분히 생겨난다고 생각합니다.

현재 많은 사람들이 사용하고 있는 역학들은 중국이 원전인데 이것을 우리나라에서 이 책 저 책 옮겨 다니며 많은 책을 발행하다보니 변경되어 오작이 많은데 여러분들은 그 사실을 모르고 있다고 생각합니다.

본인은 스님께서 집필하신 그 내용을 깊이 있게 알지는 못하고 역학의 해제본으로써 이 내용이 좋고 나쁨을 잘 알지는 못하지만 다시 공부해보고 싶은 내용입니다. 본 서술의 깊은 뜻에 대하여 당당히 알 수 있다면 앞으로 역학 공부에 자신을 얻을 수 있지 않을까 생각됩니다. 대부분의 사람들이 본 내용이 이상하거나 뜻이 이상하면 부끄럽게 여기게 되며 나아가 자신의 공부함을 밝히지 못할 수도 있겠지만, 심오한 경지로 집필하였기에 깊은 마음으로 역학의 내용을 파고들면 나아가 떳떳한 경지의 역학가로서 갖추어야할 자세가 될 것이라 봅니다.

역학에 관계되는 많은 역서들이 있듯이 훌륭한 성현님들이 그 중요성을 강조하셨습니다. 이것은 역사 이래로 역학의 중요성을 널리 강조한 것이 아닌가 생각합니다.

성암원 일지스님과의 인연은 깊지는 않지만 청주에서 예원이라는 회사를 운영하는 보살님의 소개로 인연이 시작되었습니다. 역학에 대하여 새롭게 배움에 나이와 직업 등 상관없이 어려움을 멀리하시고 스스럼없는 모습이 무척 인상 깊었습니다. 이렇게 벽이 없이 알게 되었습니다.

세상을 살다보면 누군가에게 꼭 필요한 사람이 있고, 있으나 없으나 큰 차이가 없는 사람이 있으며, 반면에 세상에서 꼭 하여야할 일이지만 어려운 일을, 스님께서 바쁜 와중에도 역학공부에 열중하는 사람들을 위하여 노고하심을 고맙게 생각합니다.

최근 스님께서는 마지막 집필을 위하여 몸과 마음이 편치 못한 불신자들을 위하여 늘

기도하시면서 끝까지 완필을 위해 수고하시는 모습에 머리 숙여지며 마지막으로 부처님의 보살핌과 건강하시길 바라며 기쁜 마음으로 추천사를 쓰게 되었습니다.

성불하십시오.

경주 산내면 석두산자락

一勺 이상구

사막의 밤하늘에 '별똥별 쏟아지는 저곳'

아이가 말문이 트이기 전, 우리 민족은 '도리도리 짝짜꿍'부터 가르친다. 또 아이가 울며 보챌 때는 '까꿍'하며 어른다. 여기서 '도리도리'란 도리(道理)를 알라는 것이며, 짝짜꿍의 '꿍'은 활 궁(弓)으로써, 활은 우리나라 태극기의 가운데에서 청(靑)과 홍(紅)을 하나 된 조화로 이루어 내고 있음이다.

여기서 활 궁(弓)은 병기를 말함이 아니고, 사람의 몸을 나타내는 궁(躬)에서 보듯 사람의 체형이 활 모양과 닮았단 점에서 한자의 몸 기(己)와 동의어로 봄이 옳다는 생각이다.

이렇게 볼 때 짝짜꿍 또는 까꿍은 각궁(覺弓)을 말함이며, 곧 궁(弓)이 의미하는 '음양이 하나 되는 이치'를 깨우치라는 것으로 해석된다.

'곤지곤지'는 곤지(坤地)로써, 즉 땅이 만들어진 이치이고, '잼잼'은 '잡아라'라는 순 우리말이란 점에서, 결국 '곤지곤지 잼잼'의 뜻 또한 '세상이치가 만들어지는 이치를 알라'는 뜻으로 해석되고 있다.

수천 년에 거쳐 내려오는 우리 선조들의 이러한 교육법의 지혜가 참으로 놀랍지 않은가.

하지만 이 음양론은 하늘과 땅의 이치에 대해서 지배계급들이 '왕을 하늘처럼 받들어 섬기라'는 피지배계급층인 백성을 다스리기 위한 정치적 이데올로기로 악용됐다는 비판도 제기되고 있다.

한편 음양론과 당시 별개로 발전되던 오행론은 단군조선이 하나라 우임금의 치수사업을 돕기 위해 홍수를 다스리는 방법으로 가르쳐주어 전해진 것으로 알려지고 있는데, 水木火土金의 5원소의 원소적 성질로 상생과 상극의 변화원리를 설명하는 방식이다.

우리의 뿌리인 단군은 양극적 개념의 음양론과 별개로 하늘과 땅과 인간이 조화를 이룬다는 삼극적 관점의 천지인(天地人) 사상으로 세상을 다스렸고, 또한 오행방법론으로 치수를 한 점을 살펴볼 때 우주원리를 음양오행론으로 발전시킨 것은 우리 선조들의 위대한 사상적 결과물이 아닐 수 없다.

동시대를 살아가는 현대인들이 이러한 동양철학의 원리에 대해 연구하여 이를 더욱 심오하게 체계화하는 작업은, 삼라만상이 돌아가는 이치를 깨닫지 못하고서야 어찌 엄두조차 낼 수 있는 일일까 싶다.

일지(一智)스님은 불가의 '오묘한 신비'로만 여겨지면서 여태껏 고승들에 의한 선문답 경지에서나 인용되던, '마음'과 '깨달음'의 경지에 도달할 수 있다는 '능엄경(楞嚴經)'(초록 국보 제212호)을 우리나라 최초로 한글 완역하였고 알려져 있다.

그는 이 능엄경 해석에서 "능엄경이란, 밝게 아는 지혜만이 있고 참된 바탕에 대한 믿음(信)이 없으면, 올바르지 못한 생각이나 삿된 견해만이 더해진다"며 "스스로의 참된 바탕에 대한 강한 믿음(信)과 이를 바탕으로 한 뼈대, 근육, 피를 밝게 이해하는 지혜(解)가 빠짐없이 골고루 갖춰져야만 비로소 공부를 닦고 행하는 기본을 이룬다"고 설파하고 있다.

해가 뉘엿이 하루를 여며가는 저녁, 밭에서 제초작업을 하고 있는데 휴대전화의 벨이 울렸다. 일지스님이었다.

일지스님과 알게 된 것은 초등학교 때다. 충북의 괴산에서 인근의 내가 살고 있는 지역인 증평초등학교로 뒤늦게 전학을 온 그는 요즘말로 '왕따'랄까. 그는 늘 웃고 있었지만, 얼굴의 수심은 가시질 않았다.

악처를 맞이한 소크라테스의 철학이 심오하듯 일지의 인생 또한 녹록치만은 않았다. 동서고금을 막론하고 선지자는 늘 외로운 법인가보다.

그는 나에게 이번에 발간될 이 책의 발문을 청탁하였다. 인고의 시간을 거쳐 작업된 이 귀중한 책에 발문을 쓸 주제가 안 된다고 한사코 거절하였지만, 간곡한 부탁에 친구로서 축하의 글로 대신하겠다며 이 글을 쓰게 되었다.

바다 속 심연과 같은 그의 사상적 깊이를 어찌 헤아리겠는가마는, 다만 이 책이 우리의 동양철학을 한층 깊이 있게 발전시키는 전기가 되고, 또 삶의 벼랑 끝에서 지쳐 방황하는 현대인들에게 '사막의 오아시스' 같은 지침서가 되길 간절히 바래볼 뿐이다.

문득 지천명에 접어든 지난 삶을 되돌아보며 즉흥적으로 시 한편을 적어본다.

정처 없이 사막 길을 걷고 있었다.
한순간 바람에
휑하니 쓸려가는 발자국들

길을 재촉하지만 앞이 보이지 않는다.
되돌아가기엔 너무 멀리 왔다.
낙타는 쓰러지고 뱀에 물리기까지 한 나그네

별똥별 쏟아지는 저곳이 어디인가?

-『사막 길』 전문

- 이 시의 '별똥별 쏟아지는 저곳'이 바로 이 책에 머물기를 기원하며……

추영우

시인, 前 증평시민회 수석대표, 증평괴산저널 논설위원

공부(工夫)를 하면서

사람이 부모(父母)로부터 태어나면서
인연(因緣)이 시작(始作)되니,
형제자매(兄弟姉妹)를 만나고
친구(親舊)들을 만나는 많은 인연(因緣)이 있지요.
이 많은 인연(因緣)과
울고, 웃고, 밝고 어두운 많은 부딪침 속에서
삶의 지혜(智慧)도 생기지만
이러한 것이 다가 아닌
누구나 한번쯤은
삶의 고통(苦痛)으로 인(因)하여
절벽(絶壁) 끝에 선 경험(經驗)이 있을 겁니다.
다가서는 두려움과 슬픔에
무엇이 옳고 그른지도 모른 채
들고 나는 밀물과 썰물에 따라 일고 사라지는 거품과도 같은
허망(虛妄)한 삶이 때로는 있었습니다.
이러한 삶속에서
내가 누구인지,
무엇을 위해 살고 있는지 등에 대한
뿌리째 흔들리는 중심(中心)으로 인(因)하여
미래(未來)에 대한 두려움이나 궁금증이 일었지요.
때문에 나 자신(自身)을 알고
제대로 된 나를 세우고 싶어서
시중(市中)에 나온 많은 종류(種類)의 책으로

공부(工夫)를 하고자 했으나,
짧은 알음알음으로
앞과 뒤를 구분(區分)하지 못하는 나 자신(自身)으로 인(因)하여
공부(工夫)하기를 포기(抛棄)하였습니다.
그러나 우연(偶然)치 않은 인연(因緣)으로
일지(一智) 스님을 만나 제자(弟子)가 되어
공부(工夫)를 시작(始作)하게 되었고
지극(至極)히 평범(平凡)한 사람이었던 내가
사람과 세상(世上)을 보게 되었습니다.
우물 안 개구리였던 내가
서로 죽고 죽이는 공부(工夫)가 아니라
서로가 서로를 살리면서
공생(共生)할 수 있는 공부(工夫)를 하게 된 것이죠.
무슨 인연(因緣)이 따랐는지
일지(一智) 스님과 같은 선지식(善知識)을 만나
삶에 있어서 지혜(智慧)의 샘이 되는
주역(周易)을 바탕으로 한
육십갑자(六十甲子)를 공부(工夫)하게 되었고
세상(世上)을 향(向)하여
나의 중심(中心)이 되는 줏대를 세우게 되었으며,
나를 알고
내 부모(父母)와 형제자매(兄弟姉妹)를 돌아보게 되고
내 자식(子息)을 알고
주변(周邊) 사람들을 알게 되었지요.
그리고 삶을 살아가는 순리(順理)가 무엇인지, 또한
지켜야 할 기본(基本)이 무엇인지를 알아

시시하고 보잘 것 없는 자존심(自尊心)을 버리게 되었고

욕심(慾心)을 버리고

세상(世上)에 대한 감사(感謝)하는 마음이 생겼지요.

내가 가고자 하는

인생(人生)의 참된 길이 보이니,

이 책을 접하는 모든 사람들이

저와 같이 삶의 지혜(智慧)를 얻었으면 합니다.

일지(一智) 스님이 하신 말 중에

"백년(百年)도 살지 못하는 인생(人生)이 아니던가.

정수리는 하늘을 향해 있고 두발은 땅을 디딘 말뚝이면서

무엇을 찾기 위해 쇠로 만든 신이 다 닳도록 평생을 허비(虛費)하는가.

있는 그 자리에 스스로의 줏대를 바르게 세우게나." 라고

일갈(一喝)을 하였지요.

나 스스로의 중심(中心)이 어디인지를 몰랐었지요.

때문에 일지(一智) 스님이 말씀하시기를

"동서남북(東西南北) 위와 아래는 알면서 어찌 스스로의 중심(中心)을 모르는가.

본래(本來) 내가 태어나기 이전(以前)에

동서남북(東西南北) 위와 아래가 있었던가. 아니 있지 않았다네.

스스로가 태어난 이후(以後)에

동서남북(東西南北) 위아래가 있게 되었다네.

또한 스스로가 멸(滅)한 후에는

동서남북(東西南北) 위아래가 있겠는가. 아니 있지 않다네.

내가 태어나기 이전(以前)에도 삼라만상(森羅萬象)은 있었으며,

내가 태어난 이후(以後)에도 삼라만상(森羅萬象)은 그대로이며,

내가 멸(滅)한 후에도 삼라만상(森羅萬象)은 그대로라네.

이러하듯 스스로의 중심(中心)이란

백년(百年)도 못사는 이 몸이 중심(中心)이 아니라
작기로 따지자면 그 안이 없고
크기를 따지자면 그 밖이 없는 것이 중심(中心)이라네.
이 대우주(大宇宙)가 중심(中心)이니,
이를 일규(一竅), 곧 하나의 구멍을 이르는 것이라네.
이 하나의 구멍을 알지 못하면 참됨과는 멀어지는 것이며,
이 하나의 구멍에 동서남북(東西南北) 위아래가 따로 있겠는가.
이 묘한 물건 하나를 이름 붙여 부르기를
마음이라 이르지 않던가.
때문에 이 하나의 묘한 물건(物件)에는 본래(本來)
동서남북(東西南北) 위아래가 따로 없으며,
크기와 색깔, 모양도 없다네.
이것이 바로 그대의 줏대라네.
때문에 이러한 바른 줏대로 동서남북(東西南北) 위아래를 구분(區分)짓고
이 묘한 물건(物件) 하나가
이 세상(世上)에 널린 그 많은 크기와 색깔, 모양 등을
구별(區別)짓은 것이라네." 라고 하였지요.
시시하고 보잘 것 없는 점서(占書)라고 치부(恥部)하지 말고
지식(知識)이 아닌
삶의 지혜(智慧)를 얻어 가지시기를
간절(懇切)한 마음으로 빕니다.

청원군 가덕면에서 일향(一香) 문옥희가 합장(合掌) 배례(拜禮)합니다.

음양(陰陽)의 논리와 삶의 지혜(智慧)

우리의 몸은 세포(細胞)로 이루어져 있음은 누구나 아는 사실이다.
어떤 세포는 조직(組織)을 만들고
어떤 세포는 신체(身體)에 필요한 영양분(營養分)을 만들기도 하고
세포를 파괴(破壞)하는 병원균(病原菌)을 물리치는 세포를 만들기도 하며
우리의 건강(健康)과 생명(生命)을 유지(維持)시킨다.
이 세포는 전자(電子)로서 그 에너지를 발생(發生)시킨다.
전자가 중심축(中心軸)으로 회전(回轉)할 때 원자(原子)가 이루어지고
그것이 모여 분자(分子)를 만들고
또 이것이 더해져 많은 물질(物質)들이 형성(形成)된다고 한다.
여기에도 분명 음양(陰陽)이 있다.
이 음양의 조화(造化)는 철저하게 계산된 수학적(數學的)인 비례에 따라 형성된
과학적(科學的)이고 체계적인 분자(分子), 원자(原子), 전자(電子)의 움직임이다.
"마음은 음(陰)이요, 생각은 양(陽)이라. 생각은 양의 마음으로 작용(作用)해 음의 마음으로 다스릴 수 있다."고 일지스님이 말씀하셨다.
일지스님께서 출간하신 수능엄경 속에는
부처님의 일체종지(一切種智)인 지혜(智慧)를 깨달을 수 있는 길이 있지만
어리석고 지혜가 얕은 본인은 깨달아 알기가 어렵다.
이번에 일지스님께서 출간(出刊)한 이 책은 좀 더 구체적(具體的)이고 상세 설명하여
자연(自然)의 이치(理致)를 깨달아 더 큰 힘을 얻어, 더 큰 사랑과 행복으로
나은 삶을 누리고 향유(享有)할 수 있는 지침서(指針書)가 되길 바라시는 바람대로
많은 사람들이 이 책을 통해 나 자신(自身)을 알고
바른 생각으로 우주(宇宙)를 이해(理解)하고
음양(陰陽)의 조화를 이루어 더불어 가는 삶의 그 가치(價值)를 높이기를 감히 바란다.

모든 불행(不幸)은 부조화(不調和)로 시작된다는데, 무엇이 조화롭지 못한 것인지
나 또한 이 책을 통해 음양(陰陽)의 이치(理致)를 깨달아
사업(事業)에 적용(適用)시켜 성공(成功)으로 이끄는 큰 힘이 될 것이다.
이 책의 출간을 누구보다 축하(祝賀)드리며
앞으로도 좋은 많은 책들을 계속 출간하시어
우리의 삶에 큰 지혜(智慧)가 될 수 있도록 부탁드립니다.
감사합니다.

一恩 김예원

일과 사람들 속에서 마음이 고단할 때 스님을 찾아뵙고 말씀을 청한다.

그 때마다 스님께선 예삿일처럼 들어주시고 또 일상과 같은 말씀을 해 주신다.

돌아오는 길과 돌아와서 가만가만 생각해 보면 그 모든 말씀 안에는 "상생(相生)"이 담겨있다는 것을 느끼게 된다.

"상생(相生)"

누구나 알고 있지만 요즘과 같이 경쟁이 강요되는 세상 안에서 이 당연한 진리를 자주 잊게 된다.

"상생(相生)"의 기본은 나를 먼저 앎이요 두 번째는 남을 앎이며 더불어 앎아 감이 아닐까 싶다.

특히나 내가 몸담고 있는 사회복지 안에서는 이 "상생(相生)"의 의미는 매우 크다.

장애인복지건 아동복지 또는 노인복지 요즘 자주 회자되는 다문화복지까지 모두 예전의 수혜자와 수급자의 일방적이며 획일적인 시각이 아닌 "더불어 살아가는 삶" 즉 공동체의 의미로 당연히 해석되어가고 있다.

때문에 사회복지는 특히나 서로가 서로의 부족한 부분을 메워가며, 보다 나은 우리를 만들어가는 것이 궁극적인 목표가 아닐 수 없다.

스님께선 인생을 봄, 여름, 가을, 겨울 등의 계절에 비유하신다.

참 절묘하다!

춘곤기의 아이들이 언제나 아이일 순 없다 그들의 봄을 지지해주는 청·장년들로 인해 그들도 머지않아 건강한 청년으로 자라 한여름 땡볕에 당당히 맞설 것이며 보다 여유 있는 장년이 되어서는 주변과 나누는 넉넉한 가을의 모습을 할 것이다.

그리고 노년이 되어 겨울의 모습으로 한 해를 마무리해 내듯 인생을 마무리 할 것이다.

이렇게 억지로 짜 맞추지 않아도 우리 인생엔 사계절이 녹아 있는 것이다.

그리고 그 계절 안에 당연한 진리가 상생(相生)임이 절감되지 않을 수 없다.

나는 불교 혹은 역학, 아니 모든 종교나 학문에 있어 문외한이다.

하지만 스님께서 예삿일처럼 들려주시는 일상들에 귀 기울이길 즐거워한다.

일과 사람들의 관계 속에서 난관에 부딪쳤다 느낄 때 스님의 말씀들은 가장 기본적이기에 그 기본을 무심히 지나친 내 자신을 돌아보고 깨닫게 해 주시기 때문이다.

결국 또 다시 문제도, 답도 내 안에 있다는 것을 절감하게 된다.

이렇게 항상 같은 실수를 도돌이표처럼 반복하는 미욱한 입장에서 스님의 지혜를 함축해 놓은 책을 추천한다는 것은 어불성설임이 분명하다.

하지만 나를 알고 상대를 이해해 "상생(相生)"의 의미를 공부할 수 있는 책이 출간되었단 사실엔 매우 흥분되고 설레는 것이 사실이다.

이런 설레임이 감히 추천이라면 나는 스님의 지혜를 강력히 추천하고 싶다!

사단법인 인천광역시여성장애인복지증진회 부설 장애인주간보호시설 시설장

문주란

때가 되었다 함은 이제야 불보살의 가피와 일지스님의 원력과 노력으로 소원을 이룰수 있는 시기가 되었음을 말함이다.
때가 된 사람은 서두루지 않아도 자연히 마음을 내어 어려운 상황에서도 기도에 임할 여건이 저절로 만들어지게 되니, 그 시점이 바로 일지스님의 중생 회향의 대한 원력일 것이다.
이 글을 읽게 될 인연있는 모든 이들은 처음부터 끝까지 충분히 정독하신 후 온갖 어려움에서 벗어나 자신의 원하는 삶을 누리며 남은 생을 여유있게 선행을 베풀며, 참된 길을 갈 수 있게 되기를 진심으로 바랍니다.
무더운 여름 많은 노력을 해 주신 일지 스님께 진심으로 감사를 드립니다.

임진년 여름에 윤성 합장

서문

중심(中心)이란 무엇을 이르는 것이며, 또 중심(中心)은 어디에 있는가.

동서남북(東西南北), 위아래는 분명(分明)하게 알고 있지 않는가.

내가 태어나기 이전(以前)과 태어나 살고 있는 현재(現在)와 내가 멸(滅)한 후에도 동서남북(東西南北), 위아래는 자연(自然)하지 않던가.

곧 대우주(大宇宙)가 중심(中心)이 아니던가.

때문에(연유로, 그러한 까닭으로) 제대로 된 줏대라면 동서남북(東西南北), 위아래가 무슨 의미(意味)를 지니겠는가.

대우주(大宇宙)가 곧 태극(太極)이며, 일규(一竅. 하나의 구멍)를 이르는 것이고 일기(一氣)를 이르는 것이 아니던가.

때문에(연유로, 그러한 까닭으로) 중심(中心)이란 그 크기를 따지자면 밖이 없고 그 작기를 따지자면 안이 없다.

모든 이법(理法)이 그 하나의 구멍에서 나왔으며, 또한 있는 것이니, 이 하나의 구멍을 알지 못하면 모든 것이 참됨에서 어긋나는 것이다.

일규(一竅), 태극(太極), 일기(一氣), 대우주(大宇宙)가 서로 이름은 달라도 그 맥(脈)은 같은 것이다.

또한 묘(妙)한 물건(物件)이 하나 있으니, 그 이름을 마음이라 일러 말한다.

마음이라 이름붙인 물건(物件)의 참된 이법(理法) 또한 그 크기를 따지자면 밖이 없고, 그 작기를 따지자면 안이 없다.

마음이라 이름붙인 물건(物件)이 모양(模樣)이 있어서 네모지다면, 이 세상(世上) 드러난 모든 것을 네모지게 볼 것이 아닌가.

그런데 보게나, 마음이라 이름붙인 묘(妙)한 물건(物件) 하나가 오만(五萬) 가지 모양(模樣)에 이름을 붙여 제각각 구별(區別)하지 않던가.
또한 마음이라 이름붙인 묘(妙)한 물건(物件) 하나가 색깔이 있어서 하얀색이라면 이 세상(世上)에 드러나 보이는 모든 색을 하얗게 볼 것이 아닌가.
그런데 보게나, 마음이라 이름붙인 묘(妙)한 물건(物件) 하나가 오만(五萬) 가지 색(色)에 이름을 붙여 제각각 구분(區分)짓지 않던가.
그리고 마음이라 이름붙인 묘(妙)한 물건(物件)이 크기가 있어서 바늘구멍 만하다면 이 세상(世上)에 드러나 보이는 모든 크기를 바늘구멍 만하게 볼 것이 아닌가.
그런데 보게나, 마음이라 이름붙인 묘(妙)한 물건(物件) 하나가 삼라만상(森羅萬象)에 드러나 보이는 제각각의 크기를 모두 분별(分別)하지 않던가.
이렇듯 마음이라 이름붙인 이 물건(物件) 하나가 오묘(娛妙)한 작용(作用)을 일으키면서 인연(因緣)을 따라 이합집산(離合集散)하는 것이다.

인생력(人生歷) 12년(十二年)은 지구력(地球歷) 1년(一年)으로서 인생력(人生歷)이 봄 3개월(三個月), 여름 3개월(三個月), 가을 3개월(三個月), 겨울 3개월(三個月)이듯, 지구력(地球歷)은 봄 3년(三年), 여름 3년(三年), 가을 3년(三年), 겨울을 3년(三年)으로 인생력(人生歷) 12년(十二年)을 지구력(地球歷) 1년(一年)으로 삼는 것이라네.
인생력(人生歷)이 봄 3개월(三個月), 여름 3개월(三個月), 가을 3개월(三個月), 겨울 3개월(三個月)이 1년(一年)이듯, 우주력(宇宙歷)은 봄 9년(九年), 여름 9년(九年), 가을 9년(九年), 겨울이 9년(九年)으로 인생력(人生歷) 36년(三十六年)을 우주력(宇宙歷) 1년(一年)으로 삼는다.
이와 같이 인생력(人生歷) 36년(三十六年)은 우주력(宇宙歷) 1년(一年)으로서 지구력(地球歷) 3년(三年)을 채워야 우주력(宇宙歷) 1년(一年)이 되는 것이다.

하늘로는 꽉 찬 수(數) 10을 내세워 천간(天干)인 갑(甲), 을(乙), 병(兵), 정(丁), 무(戊), 기(己), 경)庚), 신(辛), 임(壬), 계(癸)를 따르고 땅으로는 사람이 밟고 의지(依支)하며 살아가는 1년(一年) 12개월(十二個月)이 있듯이 지간(地干)인 자(子), 축(丑), 인(寅), 묘(卯), 진(辰), 사(巳), 오(午), 미(未),신(申),유(酉),술(戌), 해(亥)를 따르면서 인생사(人生事)의 바탕이 되는 오행(五行)을 배속(配屬)한다.

동(東)쪽으로는 목(木)의 기운(氣運)을 배속(配屬)하고,

남(南)쪽으로는 화(火)의 기운(氣運)을 배속(配屬)하고,

서(西)쪽으로는 금(金)의 기운(氣運)을 배속(配屬)하고,

북(北)쪽으로는 수(水)의 기운(氣運)을 배속(配屬)하면서 동서남북(東西南北)의 바탕이 되며, 이 네 가지의 기운(氣運)을 자리 잡게 하는 토(土)의 기운(氣運)을 동서남북(東西南北) 전체(全體)로 배속(配屬)한다.

천간(天干)과 지간(地干)의 음양(陰陽) 오행(五行)을 가리면

천간(天干)은,

목(木): 갑(甲)-양(陽), 을(乙)-음(陰)

화(火): 병(丙)-양(陽), 정(丁)-음(陰)

토(土): 무(戊)-양(陽), 기(己)-음(陰)

금(金): 경(庚)-양(陽), 신(辛)-음(陰)

수(水): 임(壬)-양(陽), 계(癸)-음(陰)이며,

지간(地干)은,

목(木): 인(寅)-양(陽), 묘(卯)-음(陰)

화(火): 오(午)-양(陽), 사(巳)-음(陰)

토(土): 진술(辰戌)-양(陽), 축미(丑未)-음(陰)

금(金): 신(申)-양(陽), 유(酉)-음(陰)

수(水): 자(子)-양(陽), 해(亥)-음(陰)이라네.

이는 평면적(平面的) 사고방식(思考方式)인 지식(知識)일 뿐이며, 공간적(空間的) 사고방식(思考方式)으로서의 지혜(智慧)가 아니다.

지식(知識)은 평면적(平面的)으로 아는 것이고, 지혜(智慧)는 공간적(空間的)으로 아는 것이다.

목(木)의 기운(氣運)에 차등(差等)이 있듯이 화(火), 토(土), 금(金), 수(水)의 기운(氣運)에도 또한 음양(陰陽)에 따라 천간(天干)과 지간(地干)의 기운(氣運)이 차등(差等)이 있다. 천간(天干)의 음양(陰陽) 오행(五行)과 지간(地干)의 음양(陰陽) 오행(五行)으로는 평면적(平面的)으로 아는 것에만 그칠 것이다.

때문에 인생사(人生事) 변화(變化)의 틀에 음양(陰陽) 오행(五行)을 두었듯이 이 몸속에 오행(五行)을 따라 오장(五臟)을 배속(配屬)하고 전체적(全體的)인 몸속을 통틀어 오장육부(五臟六腑)라 칭하고 오장육부(五臟六腑)의 작용(作用)에 따라, 또 상징(象徵)에 따라 각 오행(五行)별로 여섯 가지 차등(差等)을 둔다.

크게 작용(作用)하는 것에서부터 작게 작용(作用)하는 것으로, 또 위로부터 아래로, 아래부터 위로 각 오행(五行)의 기둥을 세우고, 동서남북(東西南北) 위아래로 크게 흐르는 인식(認識)의 공간(空間)을 세운다.

각 오행(五行)을 따라 위아래로 작용(作用)하는 기둥은

화(火, 불)의 기운(氣運)

1) 천상화(天上火): 무오(戊午) → 양(陽), 기미(己未) → 음(陰)
2) 벽력화(霹靂火): 무자(戊子) → 양(陽), 기축(己丑) → 음(陰)
3) 산두화(山頭火): 갑술(甲戌) → 양(陽), 을해(乙亥) → 음(陰)
4) 산하화(山下火): 병신(丙申) → 양(陽), 정유(丁酉) → 음(陰)
5) 노중화(爐中火): 병인(丙寅) → 양(陽), 정묘(丁卯) → 음(陰)
6) 복등화(覆燈火): 갑진(甲辰) → 양(陽), 을사(乙巳) → 음(陰)

수(水, 물)의 기운(氣運)

1) 천하수(天下水): 병오(丙午) → 양(陽), 정미(丁未) → 음(陰)
2) 대해수(大海水): 임술(壬戌) → 양(陽), 계해(癸亥) → 음(陰)
3) 장류수(長流水): 임진(壬辰) → 양(陽), 계사(癸巳) → 음(陰)
4) 대계수(大溪水): 갑인(甲寅) → 양(陽), 을묘(乙卯) → 음(陰)
5) 천중수(泉中水): 갑신(甲申) → 양(陽), 을유(乙酉) → 음(陰)
6) 간하수(澗下水): 병자(丙子) → 양(陽), 정축(丁丑) → 음(陰)

목(木, 나무)의 기운(氣運)

1) 대림목(大林木): 무진(戊辰) → 양(陽), 기사(己巳) → 음(陰)

2) 송백목(松柏木): 경인(庚寅) → 양(陽), 신묘(辛卯) → 음(陰)

3) 양류목(楊柳木): 임오(壬午) → 양(陽), 계미(癸未) → 음(陰)

4) 평지목(平地木): 무술(戊戌) → 양(陽), 기해(己亥) → 음(陰)

5) 석류목(石榴木): 경신(庚申) → 양(陽), 신유(辛酉) → 음(陰)

6) 상자목(桑柘木): 임자(壬子) → 양(陽), 계축(癸丑) → 음(陰)

금(金, 철)의 기운(氣運)

1) 금박금(金箔金): 임인(壬寅) → 양(陽), 계묘(癸卯) → 음(陰)

2) 검봉금(劍鋒金): 임신(壬申) → 양(陽), 계유(癸酉) → 음(陰)

3) 백납금(白鑞金): 경진(庚辰) → 양(陽), 신사(辛巳) → 음(陰)

4) 해중금(海中金): 갑자(甲子) → 양(陽), 을축(乙丑) → 음(陰)

5) 차천금(釵釧金): 경술(庚戌) → 양(陽), 신해(辛亥) → 음(陰)

6) 사중금(沙中金): 갑오(甲午) → 양(陽), 을미(乙未) → 음(陰)

토(土, 흙)의 기운(氣運)

1) 노방토(路傍土): 경오(庚午) → 양(陽), 신미(辛未) → 음(陰)

2) 대역토(大驛土): 무신(戊申) → 양(陽), 기유(己酉) → 음(陰)

3) 성두토(城頭土): 무인(戊寅) → 양(陽), 기묘(己卯) → 음(陰)

4) 옥상토(屋上土): 병술(丙戌) → 양(陽), 정해(丁亥) → 음(陰)

5) 벽상토(壁上土): 경자(庚子) → 양(陽), 신축(辛丑) → 음(陰)

6) 사중토(沙中土): 병진(丙辰) → 양(陽), 정사(丁巳) → 음(陰)이며,

또한 각 지간(地干)에 따라 음양(陰陽) 오행(五行)의 작용(作用)을 보면 각각의 지간(地干)별로 음양(陰陽) 오행(五行)이 빠짐없이 배속(配屬)된다.

자(子, 쥐) → 양(陽)

1) 갑자(甲子) → 해중금(海中金)

2) 병자(丙子) → 간하수(澗下水)

축(丑, 소) → 음(陰)

1) 을축(乙丑) → 해중금(海中金)

2) 정축(丁丑) → 간하수(澗下水)

3) 무자(戊子) → 벽력화(霹靂火)

4) 경자(庚子) → 벽상토(壁上土)

5) 임자(壬子) → 상자목(桑柘木)

인(寅, 호랑이) → 양(陽)

1) 갑인(甲寅) → 대계수(大溪水)

2) 병인(丙寅) → 노중화(爐中火)

3) 무인(戊寅) → 성두토(城頭土)

4) 경인(庚寅) → 송백목(松柏木)

5) 임인(壬寅) → 금박금(金箔金)

진(辰, 용) → 양(陽)

1) 갑진(甲辰) → 복등화(覆燈火)

2) 병진(丙辰) → 사중토(沙中土)

3) 무진(戊辰) → 대림목(大林木)

4) 경진(庚辰) → 백납금(白鑞金)

5) 임진(壬辰) → 장류수(長流水)

오(午, 말) → 양(陽)

1) 갑오(甲午) → 사중금(沙中金)

2) 병오(丙午) → 천하수(天下水)

3) 무오(戊午) → 천상화(天上火)

4) 경오(庚午) → 노방토(路傍土)

5) 임오(壬午) → 양류목(楊柳木)

신(申, 원숭이) → 양(陽)

1) 갑신(甲申) → 천중수(泉中水)

2) 병신(丙申) → 산하화(山下火)

3) 무신(戊申) → 대역토(大驛土)

4) 경신(庚申) → 석류목(石榴木)

3) 기축(己丑) → 벽력화(霹靂火)

4) 신축(辛丑) → 벽상토(壁上土)

5) 계축(癸丑) → 상자목(桑柘木)

묘(卯, 토끼) → 음(陰)

1) 을묘(乙卯) → 대계수(大溪水)

2) 정묘(丁卯) → 노중화(爐中火)

3) 기묘(己卯) → 성두토(城頭土)

4) 신묘(辛卯) → 송백목(松柏木)

5) 계묘(癸卯) → 금박금(金箔金)

사(巳, 뱀) → 음(陰)

1) 을사(乙巳) → 복등화(覆燈火)

2) 정사(丁巳) → 사중토(沙中土)

3) 기사(己巳) → 대림목(大林木)

4) 신사(辛巳) → 백납금(白鑞金)

5) 계사(癸巳) → 장류수(長流水)

미(未, 양) → 음(陰)

1) 을미(乙未) → 사중금(沙中金)

2) 정미(丁未) → 천하수(天下水)

3) 기미(己未) → 천상화(天上火)

4) 신미(辛未) → 노방토(路傍土)

5) 계미(癸未) → 양류목(楊柳木)

유(酉, 닭) → 음(陰)

1) 을유(乙酉) → 천중수(泉中水)

2) 정유(丁酉) → 산하화(山下火)

3) 기유(己酉) → 대역토(大驛土)

4) 신유(辛酉) → 석류목(石榴木)

5) 임신(壬申) ➔ 검봉금(劍鋒金)　　5) 계유(癸酉) ➔ 검봉금(劍鋒金)

술(戌, 개) ➔ 양(陽)　　해(亥, 돼지) ➔ 음(陰)

1) 갑술(甲戌) ➔ 산두화(山頭火)　　1) 을해(乙亥) ➔ 산두화(山頭火)

2) 병술(丙戌) ➔ 옥상토(屋上土)　　2) 정해(丁亥) ➔ 옥상토(屋上土)

3) 무술(戊戌) ➔ 평지목(平地木)　　3) 기해(己亥) ➔ 평지목(平地木)

4) 경술(庚戌) ➔ 차천금(鎈釧金)　　4) 신해(辛亥) ➔ 차천금(鎈釧金)

5) 임술(壬戌) ➔ 대해수(大海水)　　5) 계해(癸亥) ➔ 대해수(大海水)

이렇게 음양(陰陽) 오행(五行) 육십갑자(六十甲子) 병납음(竝納音)을 바탕으로 음양(陰陽) 오행(五行) 2상론(二象論), 음양(陰陽) 오행(五行) 4상론(四象論), 음양(陰陽) 오행(五行) 8상론(八象論), 음양(陰陽) 오행(五行) 16상론(十六象論)을 추론(推論)하고 알기 쉽게 풀어놓았다.

음양(陰陽) 오행(五行) 2상론(二象論)이란 육십갑자(六十甲子) 병납음(竝納音)을 바탕으로 예를 들면, 해중금(海中金): 갑자(甲子) ➔ 양(陽) ⚊, 을축(乙丑) ➔ 음(陰) ⚋으로 설명(說明)한 것이고

음양(陰陽) 오행(五行) 4상론(四象論)이란 위에 설명(說明)한 바와 같이 예를 들면,

해중금(海中金): 남자(男子) ➔ 갑자(甲子)/태양(太陽) ⚌

남자(男子) ➔ 을축(乙丑)/소음(少陰) ⚍

여자(女子) ➔ 갑자(甲子)/소양(少陽) ⚎

여자(女子) ➔ 을축(乙丑)/태음(太陰) ⚏

으로 포괄적(包括的)인 의미(意味)로서 풀어놓은 것이며,

음양(陰陽) 오행(五行) 8상론(八象論)이란 위에 설명(說明)한 바와 같이 예를 들면,

해중금(海中金): 남자(男子, 陽) 태양(太陽) ➔ ⚌　소음(少陰) ➔ ⚍

소양(少陽) ➔ ⚎　태음(太陰) ➔ ⚏

해중금(海中金): 여자(女子, 陰) 태양(太陽) ➔ ⚌　소음(少陰) ➔ ⚍

소양(少陽) ➔ ⚎　태음(太陰) ➔ ⚏

음양(陰陽) 4상(四象)을 기본(基本) 바탕으로 알기 쉽도록 풀어놓은 것이며, 음양(陰陽)

오행(五行) 16상론(十六象論) 및 16상론(十六象論)을 바탕으로 한 행태론(行態論)이란
남자(男子) 양(陽)에 사상(四象)과 음(陰)에 사상(四象),
그리고 여자(女子) 양(陽)에 사상(四象)과 음(陰)에 사상(四象)을 풀어놓은 것으로서
위에 설명(說明)한 바와 같이 예를 들면,

해중금(海中金)//남자(男子): 양(陽) → 태양(太陽) ☰ 건(乾)
남자(男子): 양(陽) → 소음(少陰) ☱ 태(兌)
남자(男子): 양(陽) → 소양(少陽) ☲ 리(離)
남자(男子): 양(陽) → 태음(太陰) ☳ 진(震)
남자(男子): 음(陰) → 태양(太陽) ☴ 손(巽)
남자(男子): 음(陰) → 소음(少陰) ☵ 감(坎)
남자(男子): 음(陰) → 소양(少陽) ☶ 간(艮)
남자(男子): 음(陰) → 태음(太陰) ☷ 곤(坤)

해중금(海中金)//여자(女子): 양(陽) → 태양(太陽) ☰ 건(乾)
여자(女子): 양(陽) → 소음(少陰) ☱ 태(兌)
여자(女子): 양(陽) → 소양(少陽) ☲ 리(離)
여자(女子): 양(陽) → 태음(太陰) ☳ 진(震)
여자(女子): 음(陰) → 태양(太陽) ☴ 손(巽)
여자(女子): 음(陰) → 소음(少陰) ☵ 감(坎)
여자(女子): 음(陰) → 소양(少陽) ☶ 간(艮)
여자(女子): 음(陰) → 태음(太陰) ☷ 곤(坤)

으로 8괘(八卦)를 기본(基本) 바탕으로 삼고 더욱 명료(明瞭)하게 풀어놓은 것이다.

위의 16상론(十六象論)을 바탕으로 하여 16상(十六象) 체질론(體質論)을 밝힌 것이니,
기본적(基本的)인 설명(說明)과 함께 도표(圖表)로 보인 것이다.

해중금(海中金): 갑자(甲子) 을축(乙丑)

남자(男子) 8상 체질론(八象體質論)

양(陽) → 남자(男子)				음(陰) → 남자(男子)			
건(乾)☰	태(兌)☱	리(離)☲	진(震)☳	손(巽)☴	감(坎)☵	간(艮)☶	곤(坤)☷
太陽	少陰	少陽	太陰	太陽	少陰	少陽	太陰

해중금(海中金): 남자(男子): 양(陽)에 태양(太陽) 체질(體質)

남자(男子): 양(陽)에 소음(少陰) 체질(體質)

남자(男子): 양(陽)에 소양(少陽) 체질(體質)

남자(男子): 양(陽)에 태음(太陰) 체질(體質)

남자(男子): 음(陰)에 태양(太陽) 체질(體質)

남자(男子): 음(陰)에 소음(少陰) 체질(體質)

남자(男子): 음(陰)에 소양(少陽) 체질(體質)

남자(男子): 음(陰)에 태음(太陰) 체질(體質)

여자(女子) 8상 체질론(八象體質論)

양(陽) → 여자(女子)				음(陰) → 여자(女子)			
건(乾)☰	태(兌)☱	리(離)☲	진(震)☳	손(巽)☴	감(坎)☵	간(艮)☶	곤(坤)☷
太陽	少陰	少陽	太陰	太陽	少陰	少陽	太陰

해중금(海中金): 여자(女子): 양(陽)에 태양(太陽) 체질(體質)

여자(女子): 양(陽)에 소음(少陰) 체질(體質)

여자(女子): 양(陽)에 소양(少陽) 체질(體質)

여자(女子): 양(陽)에 태음(太陰) 체질(體質)

여자(女子): 음(陰)에 태양(太陽) 체질(體質)

여자(女子): 음(陰)에 소음(少陰) 체질(體質)

여자(女子): 음(陰)에 소양(少陽) 체질(體質)

여자(女子): 음(陰)에 태음(太陰) 체질(體質)

여기에 덧붙여 선천적(先天的)으로 이어받은 혈기(血氣), 혈기론(血氣論)을 설명(說明)하고 이를 도표(圖表)로 만들었다.

해중금(海中金): 갑자(甲子) 을축(乙丑)

남자(男子) 8상 혈기론(八象血氣論)

양(陽) → 남자(男子)				음(陰) → 남자(男子)			
건(乾)☰	태(兌)☱	리(離)☲	진(震)☳	손(巽)☴	감(坎)☵	간(艮)☶	곤(坤)☷
太陽	少陰	少陽	太陰	太陽	少陰	少陽	太陰
지(地,O)	지(地,O)	지(地,O)	지(地,O)	지(地,O)	지(地,O)	지(地,O)	지(地,O)
수(水,AB)	수(水,AB)	수(水,AB)	수(水,AB)	수(水,AB)	수(水,AB)	수(水,AB)	수(水,AB)
화(火,A)	화(火,A)	화(火,A)	화(火,A)	화(火,A)	화(火,A)	화(火,A)	화(火,A)
풍(風,B)	풍(風,B)	풍(風,B)	풍(風,B)	풍(風,B)	풍(風,B)	풍(風,B)	풍(風,B)

해중금(海中金): 남자(男子) 양(陽)에 태양(太陽)의 지(地.O형)
양(陽)에 태양(太陽)의 수(水, AB형)
양(陽)에 태양(太陽)의 화(火, A형)
양(陽)에 태양(太陽)의 풍(風, B형)
양(陽)에 소음(少陰)의 지(地, O형)
양(陽)에 소음(少陰)의 수(水, AB형)
양(陽)에 소음(少陰)의 화(火, A형)
양(陽)에 소음(少陰)의 풍(風, B형)
양(陽)에 소양(少陽)의 지(地, O형)
양(陽)에 소양(少陽)의 수(水, AB형)
양(陽)에 소양(少陽)의 화(火, A형)
양(陽)에 소양(少陽)의 풍(風, B형)
양(陽)에 태음(太陰)의 지(地, O형)
양(陽)에 태음(太陰)의 수(水, AB형)
양(陽)에 태음(太陰)의 화(火, A형)
양(陽)에 태음(太陰)의 풍(風.B형)

해중금(海中金): 남자(男子) 음(陰)에 태양(太陽)의 지(地.O형)

음(陰)에 태양(太陽)의 수(水, AB형)

음(陰)에 태양(太陽)의 화(火, A형)

음(陰)에 태양(太陽)의 풍(風, B형)

음(陰)에 소음(少陰)의 지(地, O형)

음(陰)에 소음(少陰)의 수(水, AB형)

음(陰)에 소음(少陰)의 화(火, A형)

음(陰)에 소음(少陰)의 풍(風, B형)

음(陰)에 소양(少陽)의 지(地, O형)

음(陰)에 소양(少陽)의 수(水, AB형)

음(陰)에 소양(少陽)의 화(火, A형)

음(陰)에 소양(少陽)의 풍(風, B형)

음(陰)에 태음(太陰)의 지(地, O형)

음(陰)에 태음(太陰)의 수(水, AB형)

음(陰)에 태음(太陰)의 화(火, A형)

음(陰)에 태음(太陰)의 풍(風, B형)

여자(女子) 8상 혈기론(八象血氣論)

양(陽) → 여자(女子)				음(陰) → 여자(女子)			
건(乾)☰	태(兌)☱	리(離)☲	진(震)☳	손(巽)☴	감(坎)☵	간(艮)☶	곤(坤)☷
太陽	少陰	少陽	太陰	太陽	少陰	少陽	太陰
지(地,O)	지(地,O)	지(地,O)	지(地,O)	지(地,O)	지(地,O)	지(地,O)	지(地,O)
수(水,AB)	수(水,AB)	수(水,AB)	수(水,AB)	수(水,AB)	수(水,AB)	수(水,AB)	수(水,AB)
화(火,A)	화(火,A)	화(火,A)	화(火,A)	화(火,A)	화(火,A)	화(火,A)	화(火,A)
풍(風,B)	풍(風,B)	풍(風,B)	풍(風,B)	풍(風,B)	풍(風,B)	풍(風,B)	풍(風,B)

해중금(海中金): 여자(女子) 양(陽)에 태양(太陽)의 지(地.O형)
양(陽)에 태양(太陽)의 수(水.AB형)
양(陽)에 태양(太陽)의 화(火, A형)
양(陽)에 태양(太陽)의 풍(風, B형)
양(陽)에 소음(少陰)의 지(地, O형)
양(陽)에 소음(少陰)의 수(水, AB형)
양(陽)에 소음(少陰)의 화(火, A형)
양(陽)에 소음(少陰)의 풍(風, B형)
양(陽)에 소양(少陽)의 지(地, O형)
양(陽)에 소양(少陽)의 수(水, AB형)
양(陽)에 소양(少陽)의 화(火, A형)
양(陽)에 소양(少陽)의 풍(風, B형)
양(陽)에 태음(太陰)의 지(地, O형)
양(陽)에 태음(太陰)의 수(水, AB형)
양(陽)에 태음(太陰)의 화(火, A형)
양(陽)에 태음(太陰)의 풍(風, B형)

해중금(海中金): 여자(女子) 음(陰)에 태양(太陽)의 지(地, O형)
음(陰)에 태양(太陽)의 수(水, AB형)
음(陰)에 태양(太陽)의 화(火, A형)
음(陰)에 태양(太陽)의 풍(風, B형)
음(陰)에 소음(少陰)의 지(地, O형)
음(陰)에 소음(少陰)의 수(水, AB형)
음(陰)에 소음(少陰)의 화(火, A형)
음(陰)에 소음(少陰)의 풍(風, B형)
음(陰)에 소양(少陽)의 지(地, O형)
음(陰)에 소양(少陽)의 수(水, AB형)

음(陰)에 소양(少陽)의 화(火, A형)

음(陰)에 소양(少陽)의 풍(風, B형)

음(陰)에 태음(太陰)의 지(地, O형)

음(陰)에 태음(太陰)의 수(水, AB형)

음(陰)에 태음(太陰)의 화(火, A형)

음(陰)에 태음(太陰)의 풍(風, B형)

음년(陰年)과 양년(陽年), 음월(陰月)과 양월(陽月), 음일(陰日)과 양일(陽日), 음시(陰時)와 양시(陽時)에 각각 사상(四象)을 나누는 때가 있는 것이니,
이러한 까닭으로 년주(年柱)는 음년(陰年)의 4상(四象)과 양년(陽年)의 4상(四象)으로 8상(八象)을 이루는 것이며,
또한 월주(月柱)는 음월(陰月) 4상(四象)과 양월(陽月) 4상(四象)으로 8상(八象)을 이루고,
일주(日柱)는 음일(陰日) 4상(四象)과 양일(陽日) 4상(四象)으로 8상(八象)을 이루며,
시주(時柱)는 음시(陰時) 4상(四象)과 양시(陽時) 4상(四象)으로 8상(八象)을 이룬다.
때문에 32상(三十二象)이 이루어지고 이를 역(易)으로 돌리면 32상(三十二象)과 합하여 64상(六十四象)을 성립(成立)하는 것이다.
종당(從當)에는 무엇을 얻으려고 노력(努力)했던 것인가.
봄, 여름, 가을, 겨울, 1년 365일 단 하루도 놓치지 말게나.
백년(百年)도 살지 못하면서 언제까지 아옹다옹하며 세월(歲月)을 보낼 것인가.
서로가 서로를 이해(理解)하고 상생(相生)할 수 있기를 바라면서 언제나 늘 수고를 아끼지 않은 보문각 이호동 대표에게 감사의 마음을 드리며, 보이지 않게 많은 도움을 준 보살(菩薩)님들과 처사(處士)님들에게 감사를 드립니다.

충북 청원군 가덕면 상야리 성암원에서 合掌 拜禮합니다.

一智 이 건 표

차례

상론(象論)의 전개(展開)

태극(太極): 일규(一竅), 일기(一氣)

음양 2론(陰陽 二論): 양의론(兩儀論), 이의(二儀)

양(陽) ━ → 남자(男子)	음(陰) -- → 여자(女子)

천지(天地) 자연(自然)의 이법(理法)은 천간(天干) 지간(地干)의 음양(陰陽) 오행(五行)이 바탕이 되지만 인간사(人間事)의 이법(理法)은 육십갑자병납음(六十甲子竝納音) 음양(陰陽) 오행(五行)이 그 근간(根幹)이 된다.

음양(陰陽)을 양의(兩儀)라 이르는 것은 양(兩)의 의미(意味)가 둘이라는 뜻도 있지만 서로 짝을 이루어 아울러 겸한다는 의미(意味)이며, 의(儀)의 뜻은 거동이나 예의(禮儀), 풍속(風俗) 등을 가리키지만 일에 대한 기준(基準)으로 삼고 따르면서 헤아려 짐작한다는 의미(意味)를 가지고 있다. 곧 양의(兩儀)를 풀어 쓰면, 서로가 짝을 이루어 아울러 겸하는 것을 인간사(人間事)의 바탕이 되는 기준(基準)으로 삼고 따르면서 헤아려 짐작한다는 것이다. 즉 양(陽)의 기운(氣運)속에 음(陰)의 기운(氣運)이 내재(內在)하며, 음(陰)의 기운(氣運)속에 양(陽)의 기운(氣運)이 내재(內在)한다.

또한 양(陽)의 기운(氣運)이 음(陰)의 기운(氣運)을 아울러 겸한 까닭으로 태양(太陽, ⚌)과 소음(少陰, ⚍)을 낳고 음(陰)의 기운(氣運)이 양(陽)의 기운을 아울러 겸한 까닭으로 소양(少陽, ⚎)과 태음(太陰, ⚏)을 낳아서 4상(四象)을 이룬다. 때문에 이를 인간사(人間事)의 바탕이 되는 기준(基準)으로 삼고 따르면서 남자(男子)의 기운(氣運)속에 여자(女子)의 성격(性格)이나 성질(性質), 됨됨이나 상태(狀態), 행태(行態)나 체질(體質) 등을 내재(內在)하고 있으며, 여자(女子)의 기운(氣運)속에 남자(男子)의 성격(性格)이나 성질(性質), 됨됨이나 상태(狀態), 행태(行態)나 체질(體質) 등을 내재(內在)하고 있다. 때문에 서로 다른 두 기운(氣運)이 짝을 이루어 아울러 겸하고 인간사(人間事)의 바탕이 되는 기준(基準)으로 삼고 따르면서 서로를 헤아려 이해(理解)하고 짐작한다.

따라서 육십갑자병납음(六十甲子竝納音) 음양(陰陽) 오행(五行)의 기운(氣運)이 제각각 짝을 이루어 아울러 겸하면서 인간사(人間事) 변화(變化)의 바탕이 되는 기준(基準)으로 삼아 헤아려 짐작하는 것이다.

이렇듯 음양(陰陽)의 기운(氣運)이 서로 짝을 이루어 아울러 겸하면서 인간사(人間事)의 바탕이 되는 기준(基準)이 되는 것이다.

4상론(四象論)

양(陽) ─ → 남자(男子)	
⚌	⚍
태양(太陽)	소음(少陰)

음(陰) -- → 여자(女子)	
⚎	⚏
소양(少陽)	태음(太陰)

양(陽)의 기운(氣運)속에 음(陰)의 기운(氣運)이 내재(內在)하고 있는 까닭으로 태양(太陽, ⚌)의 기운(氣運)과 소음(少陰, ⚍)의 기운(氣運)이 짝을 이루어 아울러 겸하면서 인간사(人間事) 변화(變化)의 바탕을 이룬다.

이렇듯 남자(男子)의 기운(氣運)속에 여자(女子)의 성격(性格)이나 성질(性質), 됨됨이나 상태(狀態), 행태(行態)나 체질(體質) 등을 내재(內在)하고 있다.

또한 음(陰)의 기운(氣運)속에 양(陽)의 기운(氣運)이 내재(內在)하고 있는 까닭으로 소양(少陽, ⚎)의 기운(氣運)과 태음(太陰, ⚏)의 기운(氣運)이 서로 짝을 이루어 아울러 겸하면서 인간사(人間事) 변화(變化)의 바탕을 이룬다.

이렇듯 여자(女子)의 기운(氣運)속에 남자(男子)의 성격(性格)이나 성질(性質), 됨됨이나 상태(狀態), 행태(行態)나 체질(體質) 등을 내재(內在)하고 있으면서 4상론(四象論)

을 이룬다.

8상론(八象論)

양(陽) — → 남자(男子)			
⚌		⚍	
태양(太陽)		소음(少陰)	
건(乾)☰	태(兌)☱	리(離)☲	진(震)☳
太陽	少陰	少陽	太陰

음(陰) -- → 여자(女子)			
⚎		⚏	
소양(少陽)		태음(太陰)	
손(巽)☴	감(坎)☵	간(艮)☶	곤(坤)☷
太陽	少陰	少陽	太陰

4상(四象) 태양(太陽)의 기운(氣運)을 바탕으로 태양(太陽) 건(乾)☰의 기운(氣運)과 소음(少陰) 태(兌)☱의 기운(氣運)이 서로 어울려 남자(男子)의 기운(氣運) 속에 여자(女子)의 성격(性格)이나 기질(氣質), 됨됨이나 상태(狀態), 행태(行態)나 체질(體質) 등을 내재(內在)하고 있다.

4상(四象) 소음(少陰)의 기운(氣運)을 바탕으로 소양(少陽) 리(離)☲의 기운(氣運)과 태음(太陰) 진(震)☳의 기운(氣運)이 서로 어울려 남자(男子)의 기운(氣運)속에 여자(女子)의 성격(性格)이나 기질(氣質), 됨됨이나 상태(狀態), 행태(行態)나 체질(體質) 등을 내재(內在)하고 있다.

4상(四象) 소양(少陽)의 기운(氣運)을 바탕으로 태양(太陽) 손(巽)☴의 기운(氣運)과 소음(少陰) 감(坎)☵의 기운(氣運)이 서로 어울려 여자(女子)의 기운(氣運)속에 남자(男子)의 성격(性格)이나 기질(氣質), 됨됨이나 상태(狀態), 행태(行態)나 체질(體質) 등을 내재(內在)하고 있다.

4상(四象) 태음(太陰)의 기운(氣運)을 바탕으로 소양(少陽) 간(艮)☶의 기운(氣運)과 태음(太陰) 곤(坤)☷의 기운(氣運)이 서로 어울려 여자(女子)의 기운(氣運)속에 남자(男子)의 성격(性格)이나 기질(氣質), 됨됨이나 상태(狀態), 행태(行態)나 체질(體質) 등을 내재(內在)하고 있다.

이렇듯 남자(男子) 4상(四象)의 기운(氣運)과 여자(女子) 4상(四象)의 기운(氣運)이 서로 짝을 지어 어울리면서 8상(八象)을 이룬다.

16상론(十六象論)

• 남자(男子)

양(陽) ⚊ → 남자(男子)			
⚌		⚍	
태양(太陽)		소음(少陰)	
건(乾)☰	태(兌)☱	리(離)☲	진(震)☳
太陽	少陰	少陽	太陰

음(陰) ⚋ → 남자(男子)			
⚎		⚏	
소양(少陽)		태음(太陰)	
손(巽)☴	감(坎)☵	간(艮)☶	곤(坤)☷
太陽	少陰	少陽	太陰

남자(男子) 양(陽)에 태양(太陽)의 기운(氣運)을 바탕으로 태양(太陽) 건(乾)☰의 기운(氣運)과 소음(少陰) 태(兌)☱의 기운(氣運)이 서로 어울려 남자(男子)의 기운(氣運) 속에 여자(女子)의 성격(性格)이나 기질(氣質), 됨됨이나 상태(狀態), 행태(行態)나 체질(體質) 등을 내재(內在)하고 있다.

남자(男子) 양(陽)에 소음(少陰)의 기운(氣運)을 바탕으로 소양(少陽) 리(離)☲의 기운(氣運)과 태음(太陰) 진(震)☳의 기운(氣運)이 서로 어울려 남자(男子)의 기운(氣運) 속에 여자(女子)의 성격(性格)이나 기질(氣質), 됨됨이나 상태(狀態), 행태(行態)나 체질(體質) 등을 내재(內在)하고 있다.

남자(男子) 음(陰)에 소양(少陽)의 기운(氣運)을 바탕으로 태양(太陽) 손(巽)☴의 기운(氣運)과 소음(少陰) 감(坎)☵의 기운(氣運)이 서로 어울려 남자(男子)의 기운(氣運) 속에 여자(女子)의 성격(性格)이나 기질(氣質), 됨됨이나 상태(狀態), 행태(行態)나 체질

(體質) 등을 내재(內在)하고 있다.

남자(男子) 음(陰)에 태음(太陰)의 기운(氣運)을 바탕으로 소양(少陽) 간(艮)☶의 기운(氣運)과 태음(太陰) 곤(坤)☷의 기운(氣運)이 서로 어울려 남자(男子)의 기운(氣運) 속에 여자(女子)의 성격(性格)이나 기질(氣質), 됨됨이나 상태(狀態), 행태(行態)나 체질(體質) 등을 내재(內在)하고 있다.

이렇듯 남자(男子) 양(陽)의 4상(四象)과 남자(男子) 음(陰)의 4상(四象)이 서로 어우러져 인간사(人間事) 남자(男子)의 8상(八象)이 이루어진다.

• 여자(女子)

양(陽) ⚊ → 여자(여子)			
⚌		⚍	
태양(太陽)		소음(少陰)	
건(乾)☰	태(兌)☱	리(離)☲	진(震)☳
太陽	少陰	少陽	太陰

음(陰) ⚋ → 여자(여子)			
⚎		⚏	
소양(少陽)		태음(太陰)	
손(巽)☴	감(坎)☵	간(艮)☶	곤(坤)☷
太陽	少陰	少陽	太陰

여자(女子) 양(陽)에 태양(太陽)의 기운(氣運)을 바탕으로 태양(太陽) 건(乾)☰의 기운(氣運)과 소음(少陰) 태(兌)☱의 기운(氣運)이 서로 어울려 여자(女子)의 기운(氣運) 속에 남자(男子)의 성격(性格)이나 기질(氣質), 됨됨이나 상태(狀態), 행태(行態)나 체질(體質) 등을 내재(內在)하고 있다.

여자(女子) 양(陽)에 소음(少陰)의 기운(氣運)을 바탕으로 소양(少陽) 리(離)☲의 기운(氣運)과 태음(太陰) 진(震)☳의 기운(氣運)이 서로 어울려 여자(女子)의 기운(氣運) 속에 남자(男子)의 성격(性格)이나 기질(氣質), 됨됨이나 상태(狀態), 행태(行態)나 체질(體質) 등을 내재(內在)하고 있다.

여자(女子) 음(陰)에 소양(少陽)의 기운(氣運)을 바탕으로 태양(太陽) 손(巽)☴의 기운(氣運)과 소음(少陰) 감(坎)☵의 기운(氣運)이 서로 어울려 여자(女子)의 기운(氣運)

속에 남자(男子)의 성격(性格)이나 기질(氣質), 됨됨이나 상태(狀態), 행태(行態)나 체질(體質) 등을 내재(內在)하고 있다.

여자(女子) 음(陰)에 태음(太陰)의 기운(氣運)을 바탕으로 소양(少陽) 간(艮)☶의 기운(氣運)과 태음(太陰) 곤(坤)☷의 기운(氣運)이 서로 어울려 여자(女子)의 기운(氣運) 속에 남자(男子)의 성격(性格)이나 기질(氣質), 됨됨이나 상태(狀態), 행태(行態)나 체질(體質) 등을 내재(內在)하고 있다.

이렇듯 여자(女子) 양(陽)의 4상(四象)과 여자(女子) 음(陰)의 4상(四象)이 서로 어우러져 인간사(人間事) 여자(女子)의 8상(八象)이 이루어진다.

남자(男子)의 8상(八象)과 여자(女子)의 8상(八象)이 서로 짝을 이루어 아울러 겸하면서 16상(十六象)을 이룬다.

이를 인간사(人間事) 변화(變化)의 바탕이나 중심(中心)이 되는 기준(基準)으로 삼고, 또 따르면서 서로가 서로를 헤아려 주고 서로가 서로의 까닭이나 형편(形便), 사정(事情) 따위를 서로 이해(理解)하고 서로 감싸는 것이다.

1. 육십갑자병납음 오행 음양 2론(六十甲子竝納音 五行 陰陽 二論)

병납음(竝納音)이란 육십갑자(六十甲子)가 서로 아우르기도 하며 견주기도 하고 때로는 함께 나란히 하기도 한다는 뜻이다. 또한 서로가 서로에게 몸과 마음을 다하여 힘쓰기도 한다는 뜻을 가지고 있다. 이것이 음양론(陰陽論)의 참다운 이치(理致)가 아니겠는가.

그리고 음(陰)이 태음(太陰)과 소양(少陽)을 낳고 양(陽)이 태양(太陽)과 소음(少陰)을 낳으니, 이를 사상(四象)이라고 이른다. 사상(四象)이란 태양(太陽), 소음(少陰), 소양(少陽), 태음(太陰) 이 네 가지를 이르는 것이다.

육십갑자병납음 오행(六十甲子竝納音 五行)에 따른 분류(分類)

화(火, 불)의 기운(氣運)

이 화(火)의 기운(氣運)은 가슴 그리고 마음의 병과 깊은 관련(關聯)이 있다. 타고난 성품(性品)에 따라 서로가 서로에게 이끌거나 내치는 힘이 강(强)하게 작용(作用)하는 것을 차례(次例)로 나열(羅列)하면,

천상화(天上火): 무오(戊午), 기미(己未)
벽력화(霹靂火): 무자(戊子), 기축(己丑)
산두화(山頭火): 갑술(甲戌), 을해(乙亥)
산하화(山下火): 병신(丙申), 정유(丁酉)
노중화(爐中火): 병인(丙寅), 정묘(丁卯)
복등화(覆燈火): 갑진(甲辰), 을사(乙巳)

이렇듯 양화(陽火) 여섯 가지와 음화(陰火) 여섯 가지를 합(合)하여 12가지 화(火)의 기운(氣運)이 있으며, 양화(陽火), 곧 무오(戊午), 무자(戊子), 갑술(甲戌), 병신(丙申), 병인(丙寅), 갑진(甲辰)에서 태양(太陽) 화(火)의 기운(氣運) 여섯 가지와 소음(少陰) 화(火)의 기운(氣運) 여섯 가지를 합(合)한 12가지 화(火)의 기운(氣運)과 음화(陰火), 곧 기미(己未), 기축(己丑), 을해(乙亥), 정유(丁酉), 정묘(丁卯), 을사(乙巳)에서 소양(少陽) 화(火)의 기운(氣運) 여섯 가지와 태음(太陰) 화(火)의 기운(氣運) 여섯 가지를 합(合)한 12가지 화(火)의 기운(氣運)이 있다.

양화(陽火) 12가지 화(火)의 기운(氣運)과 음화(陰火) 12가지 화(火)의 기운(氣運)이 합(合)하여 24가지 화(火)의 기운(氣運)이 있다.

이 24가지 화(火)의 기운(氣運)이 일 년(一年) 365일(三百六十五日), 단 하루도 빠지지 않고 조화(造化)를 이룬다.

수(水, 물)의 기운(氣運)

이 수(水)의 기운(氣運)은 혈관(血管)의 질병(疾病)과 깊은 관련(關聯)이 있다. 본인(本人) 사주(四柱) 중(中)에 일주(日柱), 곧 태어난 날을 보아 양(陽)의 기운(氣運)이 강(强)하면 동맥(動脈)과 관련(關聯)된 질병(疾病)에 노출(露出)되기가 쉽고, 음(陰)의 기운(氣運)이 강(强)하면 정맥(靜脈)과 관련(關聯)된 질병(疾病)에 쉽게 노출(露出)된다. 타고난 성품(性品)에 따라 서로가 서로에게 이끌거나 내치는 힘이 강(强)하게 작용(作用)하는 것을 차례(次例)를 따라 나열(羅列)하면,

천하수(天下水): 병오(丙午), 정미(丁未)
대해수(大海水): 임술(壬戌), 계해(癸亥)
장류수(長流水): 임진(壬辰), 계사(癸巳)
대계수(大溪水): 갑인(甲寅), 을묘(乙卯)
천중수(泉中水): 갑신(甲申), 을유(乙酉)

간하수(澗下水): 병자(丙子), 정축(丁丑)

이렇듯 양수(陽水) 여섯 가지와 음수(陰水) 여섯 가지를 합(合)하여 12가지 수(水)의 기운(氣運)이 있으며, 양수(陽水), 곧 병오(丙午), 임술(壬戌), 임진(壬辰), 갑인(甲寅), 갑신(甲申), 병자(丙子)에서 태양(太陽) 수(水)의 기운(氣運) 여섯 가지와 소음(少陰) 수(水)의 기운(氣運) 여섯 가지를 합(合)한 12가지 수(水)의 기운(氣運)과 음수(陰水), 곧 정미(丁未), 계해(癸亥), 계사(癸巳), 을묘(乙卯), 을유(乙酉), 정축(丁丑)에서 소양(少陽) 수(水)의 기운(氣運) 여섯 가지와 태음(太陰) 수(水)의 기운(氣運) 여섯 가지를 합(合)한 12가지 수(水)의 기운(氣運)이 있다.

양수(陽水) 12가지 수(水)의 기운(氣運)과 음수(陰水) 12가지 수(水)의 기운(氣運)이 합(合)하여 24가지 수(水)의 기운(氣運)이 있다.

이 24가지 수(水)의 기운(氣運)이 일 년(一年) 365일(三百六十五日), 단 하루도 빠지지 않고 그 많은 조화(造化)를 이루는 것이다.

목(木, 나무)의 기운(氣運)

이 목(木)의 기운(氣運)은 봄에 내재(內在)해 있는 연골(軟骨)의 질병(疾病)과 깊은 연관(聯關)을 가지고 있다. 타고난 성품(性品)에 따라 서로가 서로에게 이끌거나 내치는 힘이 강(强)하게 작용(作用)하는 것을 차례(次例)를 따라 나열(羅列)하면,

대림목(大林木): 무진(戊辰), 기사(己巳)
송백목(松柏木): 경인(庚寅), 신묘(辛卯)
양류목(楊柳木): 임오(壬午), 계미(癸未)
평지목(平地木): 무술(戊戌), 기해(己亥)
석류목(石榴木): 경신(庚申), 신유(辛酉)
상자목(桑柘木): 임자(壬子), 계축(癸丑)

이렇듯 양목(陽木) 여섯 가지와 음목(陰木) 여섯 가지를 합(合)하여 12가지 목(木)의 기운(氣運)이 있으며, 양목(陽木), 곧 무진(戊辰), 경인(庚寅), 임오(壬午), 무술(戊戌), 경신(庚申), 임자(壬子)에서 태양(太陽) 목(木)의 기운(氣運) 여섯 가지와 소음(少陰) 목(木)의 기운(氣運) 여섯 가지를 합(合)한 12가지 목(木)의 기운(氣運)과 음목(陰木), 곧 기사(己巳), 신묘(辛卯), 계미(癸未), 기해(己亥), 신유(辛酉), 계축(癸丑)에서 소양(少陽) 목(木)의 기운(氣運) 여섯 가지와 태음(太陰) 목(木)의 기운 여섯 가지를 합(合)한 12가지 목(木)의 기운(氣運)이 있다.

양목(陽木) 12가지 목(木)의 기운(氣運)과 음목(陰木) 12가지 목(木)의 기운(氣運)이 합(合)하여 24가지 목(木)의 기운(氣運)이 있다.

이 24가지 목(木)의 기운(氣運)이 일 년(一年) 365일(三百六十五日), 단 하루도 걸림이 없이 많은 조화(造化)를 이룬다.

금(金, 철)의 기운(氣運)

이 금(金)의 기운(氣運)은 뼈의 질병(疾病)과 깊은 관련(關聯)이 있다. 스스로의 사주(四柱) 가운데 일주(日柱), 곧 태어난 날을 보아서 양(陽)의 기운(氣運)이 강(强)하면, 강골(强骨)의 기세(氣勢)가 분명(分明)하게 드러나 보이고 음(陰)의 기운(氣運)이 강(强)하면, 약골(弱骨)의 모양새가 드러나 보인다. 따라서 남자(男子. 陽)가 음(陰)의 기운(氣運)이 강(强)하다면, 남자로써 기세(氣勢)가 매우 약(弱)해보이고 여자(女子. 陰)가 양(陽)의 기운(氣運)이 강(强)하다면, 여자(女子)로써 그 기세(氣勢)가 매우 당당(堂堂)하게 보인다. 타고난 성품(性品)을 따라 서로가 서로에게 이끌거나 내치는 힘이 강(强)하게 작용(作用)하는 것을 차례(次例)를 따라 서술(敍述)하면,

금박금(金薄金): 임인(壬寅), 계묘(癸卯)

검봉금(劍鋒金): 임신(壬申), 계유(癸酉)

백납금(白鑞金): 경진(庚辰), 신사(辛巳)

해중금(海中金): 갑자(甲子), 을축(乙丑)

차천금(鎈釧金): 경술(庚戌), 신해(辛亥)

사중금(沙中金): 갑오(甲午), 을미(乙未)

이렇게 양금(陽金) 여섯 가지와 음금(陰金) 여섯 가지를 합(合)하여 12가지 금(金)의 기운(氣運)이 있으며, 양금(陽金), 곧 임인(壬寅), 임신(壬申), 경진(庚辰), 갑자(甲子), 경술(庚戌), 갑오(甲午)에서 태양(太陽) 금(金)의 기운(氣運) 여섯 가지와 소음(少陰) 금(金)의 기운(氣運) 여섯 가지를 합(合)한 12가지 금(金)의 기운(氣運)과 음금(陰金), 곧 계묘(癸卯), 계유(癸酉), 신사(辛巳), 을축(乙丑), 신해(辛亥), 을미(乙未)에서 소양(少陽) 금(金)의 기운(氣運) 여섯 가지와 태음(太陰) 금(金)의 기운(氣運) 여섯 가지를 합(合)한 12가지 금(金)의 기운(氣運)이 있다.

이렇게 양금(陽金) 12가지 금(金)의 기운(氣運)과 음금(陰金) 12가지 금(金)의 기운(氣運)이 합(合)하여 24가지 금(金)의 기운(氣運)이 있는 것이다. 이 24가지 금(金)의 기운(氣運)이 일 년(一年) 365일(三百六十五日), 단 하루도 건너뛰지 않고 조화(造化)를 이룬다.

토(土, 흙)의 기운(氣運)

이 토(土)의 기운(氣運)은 근육(筋肉), 피부(皮膚)의 질병(疾病)과 깊은 연관(聯關)을 지니고 있다. 타고난 성품(性品)에 따라 서로가 서로에게 이끌어주거나 내치는 힘이 강(强)하게 작용(作用)하는 것을 차례를 따라 나열(羅列)하면,

노방토(路傍土): 경오(庚午), 신미(辛未)

대역토(大驛土): 무신(戊申), 기유(己酉)

성두토(城頭土): 무인(戊寅), 기묘(己卯)

옥상토(屋上土): 병술(丙戌), 정해(丁亥)

벽상토(壁上土): 경자(庚子), 신축(辛丑)

사중토(沙中土): 병진(丙辰), 정사(丁巳)

이렇듯 양토(陽土) 여섯 가지와 음토(陰土) 여섯 가지를 합(合)하여 12가지 토(土)의 기운(氣運)이 있으며, 양토(陽土), 곧 경오(庚午), 무신(戊申), 무인(戊寅), 병술(丙戌), 경자(庚子), 병진(丙辰)에서 태양(太陽) 토(土)의 기운(氣運) 여섯 가지와 소음(少陰) 토(土)의 기운(氣運) 여섯 가지를 합(合)한 12가지 토(土)의 기운(氣運)과 음토(陰土), 곧 신미(辛未), 기유(己酉), 기묘(己卯), 정해(丁亥), 신축(辛丑), 정사(丁巳)에서 소양(少陽) 토(土)의 기운(氣運) 여섯 가지와 태음(太陰) 토(土)의 기운(氣運) 여섯 가지를 합(合)한 12가지 토(土)의 기운(氣運)이 있다.

이렇게 양토(陽土) 12가지 토(土)의 기운(氣運)과 음토(陰土) 12가지 토(土)의 기운(氣運)이 합(合)하여 24가지 토(土)의 기운(氣運)이 있는 것이다.

이 24가지 토(土)의 기운(氣運)이 일 년(一年) 365일(三百六十五日), 단 하루도 거르지 않고 그 많은 조화(造化)가 이루어진다.

이것은 곧 육십갑자병납음 오행(六十甲子竝納音 五行)의 기운(氣運)이 봄, 여름, 가을, 겨울, 이 사계절(四季節)을 일통(一通)하여, 24절기(二十四節氣)에 빠짐이 없이 순행(循行)하며 조화(造化)를 이루어내는 것이다.

육십갑자병납음 오행(六十甲子竝納音 五行)에 따른 분류(分類)란

육십갑자병납음 오행(六十甲子竝納音 五行)에는 강(强)함과 약(弱)함, 무거움(輕)과 가벼움(衆), 딱딱함과 부드러움, 뜨거움과 차가움, 곧음(直)과 휘어짐(曲), 넓음과 좁음, 받아들임과 밖으로 내침, 남은 것과 모자라는 것, 풍성(豊盛)하다. 빈곤(貧困)하다. 뚱뚱함과 마름, 오르는 것(上)과 내려가는 것(下), 드러남(現)과 숨어버리는 것(潛), 밝음(明)과 어두움(暗), 잘되고 못됨, 이렇듯 분명(分明)하게 무거움과 가벼움(輕重)의 차이가 오롯하게 있으니, 이를 알고 참다운 길, 곧 스스로의 타고난 성품(性品)을 알고 참으로 참다운 지혜(智慧)를 얻어야하지 않겠나.

참으로 중요(重要)한 것은 육십갑자병납음 오행(六十甲子竝納音 五行)에서 서로 살고(相生) 서로 이기는 일(相剋)만을 마음에 두지 말 것이며, 이 육십갑자병납음 오행(六十甲子竝納音 五行)에 따른 무거움과 가벼움의 차이(差異)를 분명(分明)하게 알아서 서로가 서로를 살게 하더라도(相生) 더욱 더 크고 좋게 상생(相生)하는 것과 하나마나하는 것과 쉽게 말하면 오히려 더 작고 안 좋아지는 것을 밝게 들여다 보아야하고, 서로가 서로를 이기는 일(相剋)을 하더라도 하나마나하는 것과 오히려 더욱 좋아지는 것을 밝고 밝게 참으로 보아야 제대로 세상(世上)을 볼 수 있는 것이다. 이를 분명(分明)하고 확실(確實)하게 알아야 한다. 스스로의 팔자(八字)를 들여다보아 남은 인생(人生)을 바른 지혜(智慧)로 풀어나가기를 바란다.

1) 해중금(海中金): 넓은 바다에 흩어져있는 금(金, 철)의 기운(氣運)이라네

양(陽): 갑자(甲子), ㅡ	음(陰): 을축(乙丑), --

가다보면 무엇인가 알지도 못하고 세상사(世上事)에 얽매인 삶(人生)이더라.
내가 가지고 있는 것이 무엇이며, 그대는 무엇을 가지고 있는 것인가?
바람이 불고 스스로 감당(堪當)할 수 없는 거센 파도(波濤)에 깨지고 상처가 나는 삶(人生)의 무게를 그 누가 알아주겠는가.
마디마디 뼈마디는 나에 것이 아닌 남을 위한 고통(苦痛)이던가.
위와 아래 그리고 주위(周圍)를 둘러보아도 의지(依支)할 뼈대가 없다네.
가도 가도 늘 그 자리가 그 자리더라.
본래(本來) 어깨에 지고 나온 삶(人生)이 흩어진 기운(氣運)을 모우고 모아서 희생(犧牲)을 위한 삶이더라.
가고 또 가고 늘 그 자리에서 기다리고 있는 삶이려니, 언뜻 비치는 뜻도 모를 입가의

밝은 웃음이 그 동안의 힘든 세파(世波)를 그러려니 하더라.
살갑지 않는 바다를 상대(相對)로 삶을 영위(營爲)해 가려니 얼마나 힘이 들겠는가.
가없는 망망대해(茫茫大海)에서 어느 한 순간(瞬間) 폭풍(暴風)이 몰아치면, 이 또한 얼마나 무섭겠는가.
뜨겁고 강열(强烈)한 태양 아래 끝도 보이지 않는 너를 보고 있자니, 꿈과 이상(理想) 마저도 물거품이 되어버리네.
험하고 힘든 인생(人生)살이, 그 끝이 어디겠는가. 일지(一智).

어찌 보면 어머니의 품과도 같은 바다, 때로는 폭풍(暴風)이 몰아치는 거친 바다와 맞선 두려움, 절망(絶望), 그리고 희망(希望)속에서 금(金)을 찾아 오랜 세월(歲月)을 보내니 그 얼마나 고되고 힘이 들까.
성난 바다 바람과 따가운 햇살 아래에서 소금이라는 금(金)을 얻고자 하더라도 이 또한 만만치 않는 일인 것을, 일향(一香).

2) 노중화(爐中火): 불씨를 모아두는 화로 가운데 화(火, 불)의 기운(氣運)이라네

양(陽): 병인(丙寅), —	음(陰): 정묘(丁卯), --

가슴을 쓸어안고 스스로 갈 길을 몰라 서성인다네.
작은 불씨와도 같은 희망(希望), 그 희망(希望)마저 없다면 그 어디에 의지(依支)하고 그 누구에게 말이라도 건네 볼까나.
성냄(嗔)은 되돌아서서 마음의 상처로 크게 돌아오고, 웃음은 허공(虛空)에 흩어지며, 색이 없는 허무(虛無)함과 끝없는 집착(執着)으로 오랜 세월(歲月)을 보낸다네.
마음 한구석에 자리 잡은 뜨거운 열망(熱望)은 나를 위해서 불타오르는가, 아니면 남을 위해서 그렇게 불타오르는가.
끝없는 집착(執着)에서 헤어나기란 무척이나 어렵다네.

화로(火爐)속 불의 기운(氣運)을 생각하니, 인생살이가 견디기 힘든 고통(苦痛)의 연속(連續)이 아니겠는가.
언제 어디서 튈지 모르는 뜨거운 불놓에 스스로의 삶이 불안(不安)하고 버거운 것을 어떻게 표현(表現)할 수가 있겠는가.
불꽃처럼 타들어가는 운명(運命), 그리고 마음…… 그 가시밭길을 언제까지 헤매고 있을는지…… 일지(一智).

화로(火爐)속 뜨거운 불길과도 같은 기운(氣運)인 것을 거침없이 타오르는 불길에 깨져버리는 화로(火爐), 때로는 차갑게 식어버리는 불씨로 인(因)하여 삶의 본질(本質)마저 바뀌어버리니, 뜨겁게 타오르는 가슴을 어찌 다스릴까.
산다는 의미(意味)의 참 뜻을 알고 화로(火爐)속 따뜻한 불씨로 스스로의 주변(周邊)과 모든 이를 따스하게 감싸준다면 이것이 지혜(智慧)로 살아가는 삶이 아니겠는가.
일향(一香).

3) 대림목(大林木): 울창한 숲을 이룬 목(木, 나무)의 기운(氣運)이라네

양(陽): 무진(戊辰), ⚊	음(陰): 기사(己巳), ⚋

지니고 있는바 스스로 만족(滿足)을 하고 많이 베푸니, 이 또한 타고난 복(福)이라네.
봄이면 산나물을 안주(按酒)삼아 막걸리 한잔, 여름이면 계곡(溪谷)물에 뛰어들어 몸을 식히고, 가을이면 붉는 단풍(丹楓)에 취해 또 막걸리 한잔, 겨울이면 하얗게 눈이 쌓여있는 산야(山野)를 둘러보면서 반가운 친구(親舊)가 오기를 기다렸다.
서로가 서로에게 즐겁게 주거니 받거니 막걸리 한잔…… 깊은 산, 그리고 시원하게 흘러내리는 계곡(溪谷), 삶이 이와 같다면 그 무엇에 욕심(慾心)을 두겠는가.
삶에 필요(必要)한 온갖 것을 가지고 세상(世上)에 태어났으니 이것도 또한 복(福)이라네.

지혜(智慧)를 담은 눈으로 내 주변(周邊)을 보듬어 안으며, 한없는 사랑을 내어주니, 인정(人情)도 받고 또 베푸는 인생(人生)이라 좋지 않는가. 그러나 삿되고 헛된 어둠에 빠져 허우적거린다면, 이 어찌 맹한 인생(人生)이 아닐까.
누가 가져가는지 빼앗아 가는지, 아니면 스스로 아까운 줄도 모르고 내어주기만 한다면, 이 어찌 어리석지 않다고 하겠는가.
밝은 지혜(智慧)의 눈으로 가지고 있는 많은 것들을 이웃과 더불어 나누어 산다면 행복(幸福)한 삶을 살 것이라네. 일지(一智).

넉넉하고 풍요(豊饒)로운 숲속과도 같은 기운(氣運)의 인생(人生)이니, 무궁무진(無窮無盡)한 보물(寶物) 창고(倉庫)를 등에 업고 태어난 삶이라네.
산야초(山野草), 물, 동물(動物), 새, 과일 등…… 풍요(豊饒)로운 생활(生活)이라지만, 마음의 그릇이 작다면 이 모든 것을 담을 수 있겠는가.
어둠에 두 눈을 잃는다면 이 많은 보물(寶物)을 지킬 수나 있을까.
밝는 눈과 참된 지혜(智慧)로 스스로의 인생(人生)과 이 모든 것을 감싸 안는다면, 풍요(豊饒)로운 삶이었다고 말할 수 있겠지. 일향(一香).

4) 노방토(路傍土): 천지사방(天地四方)으로 넓게 트인 토(土, 흙)의 기운(氣運)이라네

양(陽): 경오(庚午), ━	음(陰): 신미(辛未), --

동서남북(東西南北) 발길 닿지 않는 곳이 없다네.
얻는 것 없이 무엇하러 그리 바쁘게 나도는가.
가도 가도 늘 그 자리인 것을 알면서도 또 떠날 준비(準備)라네.
무지개는 잡으려하면 항상 저 멀리로 물러나 앉고 맑은 눈동자는 끝없는 지평선(地平線)을 쫓는다네.
잠시나마 쉬어가면 좋으련만 그래도 한평생인 것을…… 쇠로 만든 신이 다 닳도록 돌아다녀본들 얻은 것이 무엇이던가.
마음의 정(情)을 두텁게 하게나.
육신(肉身)을 통(通)한 정(情)은 고통(苦痛)스리운 집착(執着)만을 남긴다네.
이렇게 살든 저렇게 살든 그저 한평생인 것을…… 그렇게 나대지 않아도 매우 바쁘게 흘러가는 삶이라네.
동서남북(東西南北)으로 탁 트인 허허벌판에 한 무리를 이끌고 내달리는 순종적(順從的)이며 자존심(自尊心)이 강(强)한 힘찬 말의 기운(氣運)이라고나 할까? 그러나 나아갈 길이 하나라면 그렇게 고민(苦悶)할 일이 아닌 것을…… 천지사방(天地四方)으로 뚫려있는 길이라 가는 곳 마다 변수(變數)가 많다보니, 종당(從當)에는 자신(自身)의 땅에서 헤매고 있지 않은가.
이러한 인생(人生) 자체(自體)가 버겁지 않겠는가.
누군가의 도움이 없이는 자신(自身)이 가야할 길을 찾지 못하고 또한 두려움마저 많아 보이지만, 뚜렷한 목적(目的)을 갖고 스스로의 갈 길을 알아서 간다면 많은 무리 속에서 평생(平生) 편안(便安)하게 살 수 있지 않겠는가. 일지(一智).

대평원(大平原)을 휘몰아쳐 달리는 참으로 고된 삶이라네.
갈 곳도 많고 머물러 앉을 곳도 많고…… 내일은 어디로 갈 것인가.
그 다음 날은 또 어디로…… 이 한 몸 편히 쉴 곳이 어디인가.
마땅히 당당하게 말을 타고 힘껏 달려 나아간다면, 그 넓은 대지(大地)가 스스로의 삶에 있어서 옥토(玉土)가 되고, 황량(荒凉)한 대지(大地)는 늘 내가 편히 쉴 수 있는 앞뜰과 같을 것이라네. 일향(一香).

5) 검봉금(劍鋒金): 칼날 끝에 매달린 날카로운 기세(氣勢)를 지닌 금(金, 철)의 기운(氣運)이라네

양(陽): 임신(壬申), —	음(陰): 계유(癸酉), --

예(禮)를 알아야 한다네.

스스로의 말 한마디가 타인(他人)에게는 커다란 상처(傷處)로 남을 수가 있는 것이니, 칼등은 밖으로 하고 칼날은 안으로 들여야 한다네.

세상(世上) 일이란 늘 양면성(兩面性)을 가지고 있는 것이라 되도록이면 선(線)을 긋지 않는 것이 화(禍)를 면(免)할 수 있는 최선(最善)의 방법(方法)이라네.

늘 경계선(境界線)을 넘나드는 말과 행동(行動)에 항상 유념(留念)하기를 바란다네.

스스로를 낮추고 낮추어야만 인정(認定)을 받고 사랑을 받을 수가 있으니, 어렵게 생각하지 말고 부드러운 말과 행동(行動)에 힘껏 마음을 써야 한다네.

날카로운 칼날의 섬세(纖細)함은 인연(因緣)을 맺고 끊은 일에 있어서 예리(銳利)할 만큼의 정확성(正確性), 청렴결백(淸廉潔白)한 도덕성(道德性), 불의(不義)와 타협(妥協)하지 않은 시시비비(是是非非)의 진실성(眞實性), 이 모든 것이 날카로운 칼날의 기세(氣勢)가 아닐까.

반면(反面) 칼등의 우유부단(優柔不斷)함은 스스로의 참모습을 감추고, 남을 배신(背信)하고, 자기(自己)식대로의 독선(獨善)으로 인(因)하여 삶을 두려워하고 행복(幸福)한 삶을 살지 못하는 마치 외줄 타는 곡마단(曲馬團)의 묘기(妙技)처럼 순탄(順坦)치 않은 인생(人生)길이 아니겠는가.

서로가 만남으로 인(因)하여 서로가 서로에게 피해(披害)를 주는 것이 아닌 서로가 마음의 상처(傷處)를 보듬어주는 그러한 인생(人生)을 이끌어 갔으면…… 일지(一智).

날이 선 칼끝에 금(金)이 있으니, 어떠한 방법(方法)으로 금(金)을 가져올 수 있겠는가.

시퍼런 칼날 앞에 선 두렵고도 섬뜩한 가슴 아픈 인생(人生)살이……

날이 선 칼날 같은 마음을 지닌 자(者), 타인(他人)의 마음과 몸에 고통(苦痛)과 상처(傷處)를 남기고, 어진 마음으로써 칼 등을 내보이는 자(者), 깊은 생각과 참으로 참된 결단력(決斷力)으로 지혜로운 삶을 일구어 갈 수 있지 않겠는가. 일향(一香).

6) 산두화(山頭火): 산 꼭두머리에서 타오르는 화(火, 불)의 기운(氣運)이라네

양(陽): 갑술(甲戌), —	음(陰): 을해(乙亥), --

잘못하면 깃대 잡고 흔들겠네.
잘 이끌고 이끌어 주어야 한다네.
좋은 일은 좋은 일, 나쁜 일은 나쁜 일, 솔직하게 또 밝게 일러주어야 수고로움을 덜지 않겠는가.
이미 높은 산 꼭두머리에 앉아 세상사(世上事)를 멀리 들여다보고는 있으나, 스스로의 외로움은 어찌할 수 있는 일이 아니라네.
외로움을 친구(親舊) 삼아 자신의 길을 가야 한다네.
다잡아 이끌어 줄 이가 없으니, 스스로 모든 이들을 앞장서서 이끌어 갈 수 있는 지혜로운 인물(人物)이 되기를 바란다네.
따르는 이들이 많을 것이니, 늘 말과 행동(行動)에 신중(愼重)을 기해야 할 것이라네.
밝은 눈으로 세상(世上)을 넓게 들여다보고 참된 지혜(智慧)로써 일러주고 이끌어주기를…… 오랜 세월을 보내며 한정(限定)된 공간(空間) 안에서 움직일 뿐, 떠날 수 없는 자리인지라 늘 그 자리라네.
산꼭대기 불의 기운(氣運)이란 온 세상(世上)에 등불이 되며, 밤낮으로 불을 밝히듯 밝은 혜안(慧眼)으로 고통(苦痛)받고 외로운 이들을 이끌어야 한다네.
앞날에 대한 예지력(豫知力)과 투시력(透視力)으로 모든 사람들의 마음에 모닥불이 되어주며, 죽음도 두려워하지 않은 희생(犧牲) 정신(精神)으로 살아가니, 그 삶의 길이 거친 가시밭길이 아니겠는가. 일지(一智).

높은 산봉우리에서 타오르는 지혜(智慧)의 횃불이라네.

만만치 않는 삶의 고통(苦痛)속에서 몸부림치는 세상 모든 이에게는 마지막 남은 희망(希望)의 빛이라네.

때로는 뿌옇게 피어오르는 연기(煙氣)로 인해 스스로의 삶마저도 괴롭고 절망(絶望)에 빠지며, 달빛마저, 별빛마저 죽어버린 어두운 밤, 그 희망(希望)의 횃불 아래서 깊숙이 내려앉는 처절(悽絶)한 슬픔과 외로움…… 과연 누구를 위해서 피우려고 하는 지혜(智慧)와 희망(希望)의 횃불이던가. 자신(自身)을 위한 가엾은 몸부림이었나, 아니면, 그 모든 이들이 입가에 웃음이 머물도록 하는 힘 있는 희망(希望)의 몸부림이었나.

일향(一香).

7) 간하수(澗下水): 산골짜기를 따라 작게 흐르는 수(水.물)의 기운(氣運)이라네

양(陽): 병자(丙子), ⚊	음(陰): 정축(丁丑), ⚋

작은 아쉬움, 늘 그 작은 아쉬움에 매달린 마음이라네.

티끌을 모아 태산(泰山)이 되듯이 한 계단 한 계단 밟아서 올라갈 수 있는 길을 택(擇)할 수 있기를…… 세상사(世上事)라는 것이 본래(本來) 마음대로 되지 않는다는 것을 스스로가 잘 알고 있지 않는가.

스스로의 손아귀에 쥐어지지 않는 것들을 굳이 쥐어 잡으려고 하는 것은 어리석은 욕심(慾心)에 지나지 않는 것을…… 세월(歲月)이 지나고 보면 별반 소용(所用)이 없었다는 것을 알 수가 있지 않던가.

타인(他人)의 등 뒤로 숨지 말고 항상 당당하고 떳떳하게 앞에 나서서 자신감(自信感)으로 충만(充滿)해야 할 것이 아닌가.

작은 손해(損害)는 사람이 따르게 할 것이며, 작은 이익(利益)을 앞에 두고 사람들에게 상처(傷處)를 주면서까지 욕심(慾心)을 내어 취(取)하게 되면, 사람들과 멀어지게 될 것이라네.

땅과 초목(草木)이 조금이나마 해갈(解渴)할 정도(程度)로 작게 흐르는 물의 기운(氣運)이므로 타인(他人)의 도움이 없이는 이끌어 나아가기가 힘든 삶이라네.
그러나 티끌이 모여 태산(泰山)이 되듯이 큰 재산(財産)도 모을 수 있다네.
스스로의 굴욕적(屈辱的)인 모습을 절대(絶對) 드러내지 않으려하며, 자신(自身)의 약점(弱點)을 철저(徹底)하게 숨기고 자신(自身)을 방어(防禦)하는 그 방법(方法)에 있어서 마치 미꾸라지마냥 잘 빠져나간다네.
똑똑해 보이는 듯하지만 달리 보면 속 좁고 비열(卑劣)한 사람이 아닌가.
이러한 기운(氣運)이 벽력화(霹靂火)의 기운(氣運)을 만나 뒤따르는 폭우(暴雨)의 걷잡을 수 없는 변화(變化)에 거친 계곡(溪谷)이 되어 흐르기도 한다네.
때문에 인연(因緣)을 맺고 끊음에 있어서 항상 신경(神經)을 써야만 주변(周邊) 사람들과 더불어 더 나은 인생(人生)과 크나큰 행복(幸福)을 누릴 수 있을 것이라네.
일지(一智).

큼직한 돌 틈 사이로 여유자작 흐르는 물과 같다네.
100년도 차마 채우고 가지 못하는 볼품없는 인생(人生)살이 아니던가.
1년 365일, 봄, 여름, 가을, 겨울 단 하루도 바르고 참된 마음을 잃지 말라고 간곡(懇曲)하게 이른다네.
해맑은 자연(自然)과 닮아버린 삶을 잃지 않는다면, 막힘이 없이 흘러갈 수 있는 촉촉한 젖줄이 될 것이고, 살아가는 일에 있어서 수단(手段)과 방법(方法)을 가리지 않는다면, 그렇지 않아도 굴곡(屈曲)이 많은 인생(人生)살이가 따가운 햇살 아래서 목마름에 피가 터지고 갈증(渴症)에 허덕이는 매몰찬 인생(人生), 그러한 삶이 펼쳐질 것이라네.
서로가 서로를 위하여 더불어 살아가는 따스함…… 너와 내가 늘 함께 감을 깨달아 얻는다면, 자연(自然)을 닮는 넉넉한 삶이 될 수 있겠지. 일향(一香).

8) 성두토(城頭土): 큰 성(城)의 성주(城主)로써의 권위(權威), 이 토(土)의 기운(氣運)
이라네

양(陽): 무인(戊寅), —	음(陰): 기묘(己卯), --

겉으로 드러난 위세(威勢)로써 보면 마땅히 당당(堂堂)한 기품(氣稟)이 있다네.
안과 밖을 바르게 이끌어 나가고, 시시비비(是是非非)가 확실(確實)하여 상(賞)과 벌(罰)을 줌에 있어서 분별력(分別力)이 또렷하다네.
자칫 잘못 보면 말이 많은 것처럼 보이지만 모든 것이 잔소리가 아닌 노파심(老婆心) 때문에 하는 말이라네.
권위(權威)를 내세워 이득(利得)을 채우는 것이 아닌, 그 권위(權威)로써 힘이 없고 약한 자들을 이끌어주고, 세워주고 보듬어주니 이보다 보람되고 이익(利益)이 되는 일이 어디에 있겠는가.
성문(城門) 위에 있는 작은 양의 흙의 기운(氣運)이라 노방토(路傍土)에 비교(比較)하면 모든 것이 작게만 느껴진다네.
한 성(城)의 성주(城主)답게 착하고 성실(誠實)하며 책임감(責任感)이 강(强)하고 오지랖이 넓으며 희생적(犧牲的)인 반면(反面)에 가족(家族)을 구속(拘束)하고 잔소리가 많으며, 마음이 약(弱)하고 외고집(-固執)과 집착(執着)이 강(强)한 것을 보면 이기심(利己心)이 매우 많으며, 개인주의(個人主義)가 아닌가 한다네.
스스로의 가치(價値)를 깨달아 알면 인정(認定)을 받고 깨닫지 못하면 작은 마음으로 세상(世上)을 바라보는 그저 그런 삶을 살지 않겠는가. 일지(一智).

커다란 성(城)을 지키는 주인(主人)으로써의 토(土)에 기운(氣運)이니, 마음 그릇을 작게 쓰면 다 쓰러져가는 오두막집과 같고 마음 그릇을 크게 쓰면 대우주(大宇宙)에 집을 짓는 것과 같다네.
이렇듯 마음 쓰기에 다르다는 것을 깊이 있게 알아야 한다네.

밝는 지혜(智慧)로 스스로를 다스리고 삶을 일구어 만들어가는 것들이 스스로의 뜻이며, 또한 스스로의 맑은 기운(氣運)이니, 당당(堂堂)하고도 희망(希望)찬 행복(幸福)한 삶이 아니겠는가.

눈을 감고 귀를 막고 마음마저 닫아버린다면, 허물어져가는 돌무덤속의 절망(絶望)과 두려움에 문(門)지기 조차도 될 수 없는 눈물 많은 세월(歲月)이 될 것이라네.

뼈가 짓이겨지는 것과 같은 고통(苦痛)스러운 세월(歲月)들…… 주변(周邊) 모든 이에게 두루 넉넉한 마음을 지니고 진실(眞實)된 삶을 산다면, 그 모든 이들에게 마음의 휴식처(休息處)가 되어서 고향(故鄕)에 돌아온 듯 편안(便安)한 삶이 될 것이라네.

일향(一香).

9) 백납금(白납金): 작은 힘에 쉽게 늘어나고 펴지는 금(金)의 기운(氣運)이라네

양(陽): 경진(庚辰), —	음(陰): 신사(辛巳), --

가벼운 것은 늘 휩싸여 어디론가 가기도 하지만 한구석 진득한 마음은 밝고 맑은 눈으로 가득하다네.

행여 조건(條件)없는 재물(財物)이 갑자기 들어오더라도 또한 그 물건(物件)이 탈 없는 것이라 해도 마음에 두지를 말아야 할 것이네.

남의 말에 귀 기울이지 말고 스스로 내면(內面)의 소리에 몸과 마음을 다하여 힘쓰게나. 이보다 더 좋은 투자(投資)는 그 어디를 둘러보아도 찾아볼 수가 없다네.

밝게 보아서 바르게 움직이면 시원하게 흐르는 계곡(溪谷)에 들어가 터 잡고 앉아 노는 일이요, 그렇지 않으면 곧 가벼운 말 한마디에 번복(飜覆)하는 일을 만든다면, 가는 비에 온 몸이 젖어들 듯 자신(自身)도 모르는 사이에 헤어나지 못할 구렁에 갇힌다네.

잘 늘어나고 펴지는 백금(白金)의 기운(氣運)인지라 좋은 성격(性格)으로써 사람을 잘 받아주고 남의 말을 잘 들어주며 언변(言辯)에 호색가(好色家)이고 형제지간(兄弟之間)에 우애(友愛)가 있으며, 애교(愛嬌)와 융통성(融通性)이 있다네.

그러나 드러난 겉모습이나 차림새만이 화려(華麗)하고 번지르르할 뿐, 그 실체(實體)는 보잘 것 없고 빈약(貧弱)하다는 "외화내빈(外華內貧)"격인 사람이라네.
허풍(虛風)이 많고 경솔(輕率)한 까닭으로 주변(周邊)을 힘들게 하는 이러한 사람을 늘 주의(注意)하는 것이 좋지 않겠는가.
토생금(土生金), 수생금(水生金)과 같이 서로 상생(相生)의 길로 안주(安住)하며, 서로에 대한 성실(誠實)한 태도(態度)와 믿음으로 이끌어가는 진지(眞摯)한 삶이었으면 한다네. 일지(一智).

그래도 단단한 금(金)의 기운(氣運)이지만 넉넉하게 받아주는 부드러운 금(金)이라네.
태어난 그 순간(瞬間)부터 실타래와 같은 인연(因緣)이 맺어진다네.
부모(父母)라는 인연(因緣)을 시작(始作)으로 형제(兄弟)와 자매(姉妹)라는 인연(因緣), 친구(親舊)라는 인연(因緣), 성인(成人)이 되어서는 아내와 남편이라는 인연(因緣), 사업(事業)을 함께하는 인연(因緣) 등 누구라도 할 것 없이 맺게 된다네.
모든 사람들이 인연(因緣)을 맺으면서 곡절(曲折)있는 사연(事緣)을 끌어안고 살아가지 않던가.
악연(惡緣)도 인연(因緣)인 것을, 때로는 잘못이 있더라도 끝없이 감싸서 끌어안아야 할 때도 있는 것이 아닌가.
어떤 인연(因緣)의 실타래로 서로가 맺게 될지 알 수 없는 것이 삶이 아니던가.
인연(因緣)의 실타래를 풀어가는 일에 있어서 만일 계산적(計算的)이거나 말과 행동(行動)이 거짓되거나 이중적(二重的)인 잣대로 풀어간다면, 서로의 삶은 뒤엉킨 인연의 실타래 속에서 더욱 피폐(疲弊)해지고 어지러우며 험난(險難)한 가시밭길이 될 것이 아닌가.
그러나 서로를 향한 믿음과 진실(眞實)을 바탕으로 부드럽고 너그럽게 안아준다면 이를 거짓 없는 진실한 삶이라 말할 수 있지 않겠는가. 일향(一香).

10) 양류목(楊柳木): 강가 작은 바람에도 하늘거리는 목(木)의 기운(氣運)이라네

양(陽): 임오(壬午), ⚊	음(陰): 계미(癸未), ⚋

배운 것이 많고 부모(父母)로부터 받은 재물(財物)이 많다면 천하(天下)에 멋진 한량(閑良)인 것을…… 배움이 적고 부모(父母)로부터 받은 재물(財物)마저 없다면 누구에게 또 어디에 의지(依支)하여 살아가겠는가.

허구한 날 술 마시고 풍류(風流)만 즐기겠는가.

이러한 날이 늘 즐겁기만 하겠는가.

자칫 잘못하면 생활(生活) 수단(手段)이 없어 허덕허덕한 삶을 살아갈까 걱정이라네.

작은 바람에라도 가볍게 움직이지 말게나.

삶의 무게와 깊이를 생각하면서 스스로의 가슴에 손을 얹고 삼가하고 삼가야 할 것이라네.

언감생심(焉敢生心) 나의 것이 아닌 남의 것에 마음을 두지 말게나.

스스로의 몸을 바쁘게 움직여 풍요(豊饒)로운 삶을 구가(謳歌)하며 살아가야 하지 않겠나.

부드러운 바람과 강(强)한 바람에도 부러지지 않은 버드나무의 기운(氣運)이라네.

겉으로는 약(弱)하고 부드러운 듯하나, 속은 매우 강(强)한 양면성(兩面性)이 있다네.

술에 취하든 취하지 않던 허허허 웃은 웃음 속에 독(毒)이 서려있고 스스로의 이익(利益)을 위하여 수단(手段)과 방법(方法)을 가리지 않는다네.

때문에 친절(親切)을 가장(假裝)하는 순간(瞬間) 문제(問題) 또한 생긴다네.

약(弱)하면서도 강(强)한 기운(氣運)이지만 타인(他人)의 도움이 없이는 힘든 시련(試鍊)을 겪는다네.

늘 마음에 새기기를…… 일지(一智).

맑게 흐르는 강물 가장자리 상냥한 바람에 머리칼 날리듯 몸을 맡기는 버드나무와 같다네.

바람을 따라 흔들리고 구름을 따라 허망(虛妄)하게 흩어지고 물을 따라서 흘러간다네. 모두 다 누구나 할 것 없이 사연(事緣) 많은 인생(人生)이려니…… 작은 실바람에 흔들리며 줏대 없는 삶을 살아갈 것인지, 아니면 모진 폭풍우(暴風雨)속에서도 깊이 뿌리를 박고 꺾이지 않는 강한 생명력(生命力)과 부드러운 기운(氣運)으로 늘 한자리에 서서 삶을 깊게 들여다보며 살아갈 것인지, 양단간(兩端間)에 결정(決定)을 내려야 한다네.

바람을 따라 구름을 따라 물을 따라서 아무 생각 없이 흔들리고, 흩어지고, 흘러가지 말고, 태어날 때 지닌 강(强)한 생명력(生命力)으로 삶을 끌어안는다면 좋은 인연(因緣)과 복(福)을 얻을 것이라네. 일향(一香).

11) 천중수(泉中水): 깊은 산중(山中) 샘 가운데서 솟아나는 수(水, 물)의 기운(氣運)이라네

양(陽): 갑신(甲申), —	음(陰): 을유(乙酉), --

깊은 산중(山中)의 약수(藥水)라네.

몸과 마음이 본디부터 맑고 세상(世上)을 살아가는 일에 있어서 본시(本是) 즐겁고 활달(豁達)하다네.

복(福)중에 복(福)인지라, 그지없이 솟아나는 맑은 정신(精神)의 지혜(智慧)로 베풀고 기르고 키워준다네.

유시무종(有始無終)이라. 곧 베풀고, 기르고, 키우고, 그리고 몸과 마음을 다해 배워가는 일에 있어서 처음은 있으되 그 끝이 없다네.

이치(理致)에 밝고 마음이 늘 한결 같은 어진 사람은 본래(本來) 산(山)을 좋아하고 밝은 지혜가 있는 사람은 물이 흐르듯 거침이 없으므로 본래(本來) 물을 좋아한다네.

물고기는 물이 너무 맑으면 살아갈 수 없는 법(法)이니, 행동(行動)이나 마음가짐 등이 조촐하고 깨끗하여 허물이 없는 사람은 사람들이 다가서기를 어려워한다네.

뽕밭이 변하여 푸른 바다가 되듯이 세상(世上)일이란 늘 덧없이 바뀌어 감을 마음 한 구석에 담아두어야 한다네.

연못 가운데서 솟아나는 맑은 물의 기운(氣運)이라네.

지혜(智慧), 재물(財物), 부모(父母), 친구(親舊) 등, 참으로 끝도 없이 챙기고 챙겨주는 인생(人生)이지만, 너무나 풍족(豊足)한 까닭으로 인(因)하여 오히려 게으르고 안일(安逸)한 사람으로서 가지고 있는 것조차도 빼앗기며, 실속이 없고 강(强)하지 못한 성격(性格)에 나약(懦弱)함마저 있다네.

때로는 여유롭고 풍요(豊饒)로운 덕(德)에 잘난 척하며 나서는 것이 남에게는 커다란 상처(傷處)가 되지 않겠는가.

가랑비에 옷이 젖은 줄 모르는 것처럼 다른 짓 만하지 않는다면, 천중수(泉中水)의 성정(性情)으로 복(福)을 받은 인생(人生)이 될 것이라네. 일지(一智).

푸른 숲속 맑은 연못과 그 가운데서 끊임없이 솟아나는 차고 시린 물줄기…… 밝은 지혜(智慧), 재물(財物) 등이 주위(周圍)에서 샘이 솟듯 솟아나니, 복(福)받은 인생(人生)이 아니겠는가.

맑고 투명하게 솟아나는 물처럼 성정(性情)이 바르고 지혜(智慧)로우며, 정녕 현명(賢明)하다면, 삶의 여정(旅程)이 끝없이 채워지는 꿀물처럼 참으로 넉넉한 삶이 되지 않겠는가.

그러나 어둡고 아둔하여 얕은 욕심(慾心)으로 앞을 깊이 내다보지 못하고 사사로운 감정(感情)에 치우친다면, 담을 수 없는 그릇이 되지 않겠는가.

우리네 인생(人生)이 넘치듯 채워지는 샘물과 같고 밝은 지혜(智慧)로 앞을 내다보며 나와 주변(周邊) 모든 이들과 더불어 목을 축일 수 있다면, 이 물은 생명수(生命水)가 되어 복(福)받은 삶이 될 것이 아닌가. 일향(一香).

12) 옥상토(屋上土): 지붕, 덮개, 곧 옥상에 있는 토(土, 흙)의 기운(氣運)이라네

양(陽): 병술(丙戌), —	음(陰): 정해(丁亥), --

바르게 가르치고 참되게 일러주고 바른 길로 이끌어주어도 알아듣지를 못한다네.

하늘로 가는 길이 두텁게 막혀 있으니, 아! 와 어! 를 분간(分揀)하지 못한다네.

따스한 봄 날, 질펀한 한바탕의 꿈처럼 부귀영화(富貴榮華)는 헛되고 헛되다네.

인생(人生)이 덧없음을 알고 위로는 웃어른을 공경(恭敬)하면서 아래로는 참된 마음으로 위해주고 베풀기를 진심(眞心)으로 바란다네.

세상(世上)이 떠나갈 듯 떠들썩하기는 하나 내 주위(周圍)에 가까이 다가오는 것은 보잘 것 없는 쥐새끼 한 마리 듯이, 크게 떠벌린다 하여도 그 결과(結果)는 늘 보잘 것 없다네.

안으로 자중(自重)하여 한 걸음 한 걸음 무겁게 하여 나아가게나.

한번은 크게 놀란 일로 인하여 모든 일을 대함에 있어서 두려워하거나 경계(警戒)하는 마음을 미리 앞서서 버려야 한다네.

눈이 오나 비가 오나 벼락이 치거나 천둥이 치거나 거침없이 세상(世上)속으로 나아가야 한다네.

하늘을 덮은 흙이라 땅에 있는 흙이 지붕 위로 올라오니, 하늘이 높은 줄을 모르고 잘난 척을 하며, 밖으로 뒤다보면 되바라진 성격(性格)에 더하여 욕심(慾心)은 크지만 제대로 잡지도 못할 뿐만 아니라 과욕(過慾)을 부리는 것이 잘못된 허세(虛勢)마저 보인다네.

옥상토(屋上土)와 천하수(天下水)의 흐름이 서로에게 그리 큰 도움이 되지 못하며, 지붕의 흙과 하늘 아래의 물이 큰 상관(相關)은 없지만, 옥상토(屋上土)는 그늘을 만들어주고 비를 막아주면서 겉보기에는 멀쩡하다네.

그러나 실속이 없고 큰소리만 치는 모습이라네.

이러한 옥상토(屋上土)의 성향(性向)을 안다면 부단(不斷)한 노력(努力)이 필요(必要)

하지 않겠는가. 일지(一智).

하늘을 먹고 있는 흙이니 비가 내릴까? 아니면 눈이 내릴까? 이 모든 것을 막아버린 덮개, 햇살도 구름도 그리고 별빛조차 막아버리니 답답하고 갑갑하다네.

동서남북(東西南北) 사방(四方)은 다 열려있지만, 막혀있는 하늘 아래서는 어디로 가야만하나.

갈팡질팡 헤매다 그만 절망(絶望)과 두려움 속에 주저앉아 하소연할 곳이 없어 하염없이 눈물만 흘린다네.

그러나 깊은 절망(絶望)에 빠져서 하늘이 보이지 않는다며 불평불만(不平不滿)만 늘어놓지 말고 길은 사방(四方)으로 열려있으니, 땅의 기운(氣運)을 의지(依支)하여 욕심(慾心)부리지 말고 흘러가는 세월(歲月)과 함께 하나하나 탑을 쌓듯 삶을 살아간다면, 하늘이 무너져 내리지 않게 받쳐줄 튼튼한 탑을 세울 수 있지 않을까.

하늘은 스스로 노력(努力)하는 자에게 복(福)을 준다고 하니, 노력(努力)하는 인연(因緣)의 법(法)으로 매듭이 좋게 풀어지지 않겠는가. 일향(一香).

13) 벽력화(霹靂火): 차갑게 내려치는 번개와 같은 화(火, 불)의 기운(氣運)이라네

양(陽): 무자(戊子), ⚊	음(陰): 기축(己丑), ⚋

하늘과 땅 사이에 가득 차있는 차갑고 매정한 기운(氣運)이라네.

작은 틈만 보이면 매섭게 덮치려고 기회(機會)를 노린다네.

몸놀림은 느릿느릿한 소와 같으나, 판단(判斷)에 따른 말과 행동(行動)은 매와 같다네.

사소(些少)한 일이라 하더라도 그 일이 동기(動機)가 되어 일이 크게 터질 수가 있다네.

누구로부터 무엇으로부터 구원(救援)을 받을 수가 있겠는가.

눈썹에 불이 붙은 것과 같이 앞으로 나아갈 수도 없고 뒤로 물러설 수도 없는, 스스로도 어찌할 수없는 막다른 지경(地境)에까지 이를 수 있다네.

자신만의 속이 좁은 소견(所見)을 버리고 말과 행동(行動)에 앞서서 삼세번은 깊이 생각한 후에야 행하는 것이 화(禍)를 면(免)하는 길이라네.
갑자기 생긴 일을 임시변통(臨時變通)으로 이리저리 둘러맞추는 습관(習慣)이란 눈 가리고 아옹거리는 것과 같다네.
남의 말을 흘려버리지 말고 고맙게 귀담아 들어서 융통성(融通性)을 기르는 것이 좋다네.
매우 파르르한 성격(性格)으로 스스로의 감정(感情)을 다스리지 못하고 순간(瞬間)에 모든 것을 날린다네.
이러한 사람들은 마음의 병을 얻을 수 있는 위험(危險)을 내포(內包)하고 있으며, 성급(性急)한 판단(判斷)으로 인(因)하여 재산(財産) 탕진(蕩盡)은 물론 처자식(妻子息)이나 형제(兄弟)를 모두 잃어버리고 끝내 외로운 삶을 살아간다네.
청천벽력(靑天霹靂)과도 같은 취약(脆弱)한 점을 오히려 현재(現在)의 어려움을 이길 수 있는 좋은 발판으로 삼았으면 한다네.
이는 숲과 나무의 차이(差異)를 생각하면 길이 보이지 않겠는가. 일지(一智).

큰 비가 내리기 전(前)에 앞서 예고(豫告)해주듯이 번개와 천둥을 치니, 이는 타고난 성품(性品)이라, 이렇듯 늘 앞서는 경향(傾向)이 있다네.
때문에 모든 일에 있어서 다급(多急)하며, 빛도 빛 나름이니, 매정하고 냉정(冷情)하며, 차가운 빛이 한번 번쩍하듯이 성격(性格) 또한 욱하고 일을 저지른다네.
더불어 헤어짐도 빠르고 만남도 빠르며, 일을 벌이고 시작(始作)함에 있어서 말 그대로 번개 같더라.
그러니 무슨 일을 함께 할 수 있겠는가.
혼자 만들고 부수며 부수뜨렸다 만들고, 이렇듯 삶을 살아갈 것인가.
이 얼마나 불쌍한 인생(人生)이던가.
파르르한 성질(性質)이 쌓이면, 나중에 마음의 병으로 쌓이며, 이로 인해 다쳐 나가는 그 마음과 몸은 어찌할까.
자신(自身) 밖에 모르는 이기적(利己的)이며 독선적(獨善的)인 성격(性格)이니, 제발 느긋하고 차분한 마음으로 삶에 여유(餘裕)가 있으면 얼마나 좋을까.
남을 배려(配慮)하고 인정(認定)하면서 삶을 느긋하게 풀어간다면 부싯돌의 불꽃처럼 유익(有益)한 빛이 되지 않겠는가.
조금만 냉철(冷徹)하고 침착(沈着)한 마음으로 문제(問題)를 해결(解決)한다면, 주변(周邊)을 따스하게 만들 수도 있지 않겠는가. 일향(一香).

14) 송백목(松柏木): 산중(山中)에 홀로 우뚝 서있는 목(木, 나무)의 기운(氣運)이라네

양(陽): 경인(庚寅), ―	음(陰): 신묘(辛卯), --

혼자만의 생각으로 모든 일을 결정(決定)하고 곧바로 실행(實行)에 옮기는 것은 타인(他人)의 의견(意見)은 묵살(默殺)하고 혼자서 모든 일을 처리(處理)하는 사람이라 주위(周圍)로부터 따돌림을 당하지 않겠는가.
남에게 의지(依支)하지 않고 홀로 길을 나서는 독립성(獨立性)은 가히 칭찬할만하다 말하지만, 그리 만만치 않는 길이라네.
융통성(融通性) 없기는 매 한가지라 그 어떠한 것에라도 얽매이지 말고 자유(自由)로이 살아가는 유유자적(悠悠自適)한 마음가짐이 필요(必要)하지 않겠는가.
세상(世上)에 오직 자신(自身)만이 존재(存在)하는 듯 드러내거나, 자신(自身)이 아니면 안 된다거나, 이러한 생각은 삿된 소견(所見)일 뿐이라네.
삼라만상(森羅萬象) 중에서 단 한 가지도 같은 것은 없다네.
때문에 상대방(相對方)의 의견(意見)을 존중(尊重)하고 가르치는 일에 있어서 스스로의 생각만으로는 밀어대지 말게나.
보리의 싹만이 무성(茂盛)하고 보리는 한 톨도 나오지 않음을 조심하고 조심해야 한다네.
사시사철 푸른 소나무처럼 항상 변(變)함이 없으며, 고고(孤高)하고 대쪽 같은 기세(氣勢)를 가진 반면(反面)에 스스로의 고집(固執)과 독선적(獨善的)인 성격(性格)에

빠져서 앞을 내다볼 수 없는 참으로 어리석은 면도 있다네.
늘 푸르고 고고(孤高)하지만 의지(依支)할 바가 허공(虛空)뿐인 외로움도 함께 공존(共存)한다네. 때문에 쓸데없는 이기심(利己心)과 자존심(自尊心)을 버리고 살아야만 편안(便安)한 삶을 살 수 있다네.
돈이 앞서기보다는 대의명분(大義名分)이 강(强)하고 길이 아니면 가지 않은 것이 송백목(松柏木)의 성정(性情)이니, 주변(周邊) 사람들과의 관계(關係) 또한 두루 원만(圓滿)하게 이끌어야 할 것이라네. 일지(一智).

높고 험한 바위산에 고고(孤高)하게 서있는 저 나무는 홀로 봄, 여름, 가을, 겨울의 모진 풍파(風波)를 온 몸으로 부딪히며, 대쪽 같은 성격(性格)과 고집(固執)으로 비와 바람에 부러져 나갈지언정 결코 타협(妥協)이란 없고, 명분(名分)만을 앞세워 고집(固執)을 세우니, 얼마나 힘들고 외로운 삶이겠는가.
사실 따갑고 뾰족한 솔잎이라도 오고 가는 모든 이에게 그늘도 되어주고 그들이 흘린 땀방울도 바람결에 식혀주며, 우뚝 솟은 기둥은 모든 사람들에게 등받이가 되어주어서 멀리 내려다보이는 아름다운 풍경(風景)과 함께 삶의 작은 쉼터가 되어줄 수도 있다네.
그러나 잘난 척하고 고고(孤高)한 척을 하면 스스로 의지(依支)할 곳 없이 외로워지고 사람들조차 떠나버리니, 뒤늦게 후회(後悔)를 하면 무엇 하겠는가.
쓸데없는 자존심(自尊心)만을 내세운다면 누가 알아주겠는가.
늘 겸손(謙遜)하고 올 곧다면 한 그루의 외로운 나무지만 깊은 믿음으로 사랑과 존경(尊敬)을 받지 않겠는가. 일향(一香).

15) 장류수(長流水): 넓은 대지(大地)를 가로지르며 흐르는 수(水, 물)의 기운(氣運)이라네

양(陽): 임진(壬辰), ━	음(陰): 계사(癸巳), --

배움이 없으면 일을 해나감에 있어서 물 덤벙 술 덤벙이라 자고(自古)로 사람은 처음부

터 교육(教育)을 잘 받아야 바른 길에 들어서 참되게 발전(發展)할 수 있지 않겠는가.
물귀신 심사(心思), 곧 자신(自身)이 곤란(困難)한 지경(地境)에 빠졌을 때 남까지 끌고 들어가려는 삿된 마음은 필(必)히 버려야 한다네.
물이 깊어야 물고기가 많이 모여들 듯이, 스스로가 아량을 베풀고 성품(性品)을 바르게 해야만 존경(尊敬)을 받을 수가 있다네.
흐르는 물이 깊을수록 소리가 나지 않듯이, 본래(本來) 덕(德)이 높고 생각이 깊은 이는 겉으로 드러내놓고 떠벌이거나, 잘난 체하거나 나서지를 않고 겸손(謙遜)하지 않던가.
사람을 사귐에 있어서 참된 마음을 가지고 의리(義理)로써 사귀어야지, 스스로의 잇속을 챙기기 위해서 사귀어야 하겠는가.
다만 잘못되고 비뚤어져 그릇된 방향(方向)으로 나가던 사람도 오랜 세월(歲月)의 고통(苦痛)을 참고 견디다보면 반드시 바른 길로 돌아선다는 희망(希望)의 가르침이 있다네.
깊은 생각에 지혜(智慧)를 가지고 물이 흐르는 대로 유유자적(悠悠自適)하게 변(變)함이 없이 살아가면서 먹고 살아야 할 것이 모두 다 강에 있다는 것을 받아들이고 물의 타고난 성질(性質)처럼 순수(純粹)하게 살고자 하는 사람이라네.
새로운 물줄기가 들어오면 잘 융화(融化)되어 어울려가지만, 또 다른 환경(環境)에 의해서 삶의 터전이 휩쓸려가기도 한다네.
또한 우유부단(優柔不斷)한 면도 있어서 되면 되는대로 안되면 안 되는대로 느긋하고도 조급(早急)함이 없는 마음만 편한 인생(人生)이기도 하다네.
굴곡(屈曲)이 많은 인생(人生)이 아니고 바른 인생(人生)을 펼쳐 보이려고 노력(努力)하는 사람이라네. 일지(一智).

작은 물줄기들을 품에 안고 막힘이 없이 당당하게 흐르는 긴 강물, 따스한 햇살 아래 반짝이는 투명(透明)한 물빛과 흐르는 물가 옆으로는 푸른 나무와 각종 짐승들, 먹고 남을 음식(飮食) 재료(材料)들…… 강물은 삶을 윤택(潤澤)하고 풍요(豊饒)하게 한다네.
그렇지만 때로는 폭풍우(暴風雨)가 치고 비와 바람이 치듯, 인생(人生) 또한 만만치 않으니 한꺼번에 무섭게 불어나는 강물과 같이 윤택(潤澤)하였던 삶이 한 순간(瞬間)에 휩쓸려 흔적(痕跡)도 남지 않을 때가 있지 않는가.

작은 물줄기가 큰 강물을 만나고 흐르고 흘러 바다를 만나니 새로운 세상에 눈을 뜨며, 더 큰 꿈을 꾸는 대범(大汎)한 사람이고 이를 실행(實行)하는 사람이라네.

바다까지 흐르며 만나는 수많은 인연(因緣)속에서 어찌 실수(失手)가 없겠는가.

그러나 그 실수(失手)가 다른 삶의 지혜(智慧)를 얻기 위한 아픔인 것을…… 실수(失手)의 아픔 속에서 올바른 지혜(智慧)가 생기는 법(法)이니, 깊이 생각하고 참으며 또 기다리고 때에 따라 움직이면서 당당하게 흐르는 강물처럼 인연법(因緣法)을 지혜(智慧)로이 잘 활용(活用)한다면 풍요(豊饒)로우며 넉넉한 삶이 되지 않겠는가.

일향(一香).

16) 사중금(沙中金): 모래와 뒤섞여 있는 금(金, 쇠)의 기운(氣運)이라네

양(陽): 갑오(甲午), —	음(陰): 을미(乙未), --

어찌할까.

어떠한 일을 해본다한들 노력(勞力)한만큼 이득(利得)이 없는 것을…… 겉으로는 화려(華麗)해 보이나 사실 알고 보면 실속(實-)이 없다네.

맑은 바람과 밝는 달을 벗 삼으며, 한껏 분위기(雰圍氣)에 흥이 오르고 세상(世上)을 얻은 듯이 마음에 들지만 현실(現實)에서 쫓기듯 도망치고 싶은 그 마음이야 오죽하겠는가.

늘 그 자리가 그 자리인 하염없는 세월(歲月)이라네.

모래를 가지고 냇물을 막는다. 라는 말이 있으니, 이는 몸과 마음을 다하여 아무리 애써도 그 방법(方法)이 틀렸기 때문에 그 어떠한 보람도 없고 괜한 헛수고만 한다는 것이네.

결국(結局) 방법론(方法論)이 문제(問題)인 것을…… 한때의 헛된 부귀(富貴)와 영화

(榮華)는 잊어버리고 말과 행동(行動)을 삼가하고 절대 일확천금(一攫千金)을 바라지 말게나.

그저 앉이서 먹으려고만 한다면, 태산(泰山)도 못 당한다네.

이 말은 물려받은 재물(財物)을 까먹고 살려 들면 아무리 큰 재산(財産)도 당하지 못 한다는 것이네.

겉으로 드러내는 모습에 관심(關心)을 두지 말 것이며, 내면(內面)의 참 모습만을 따라야 한다네.

양반은 얼어 죽어도 겻불은 안 쬐고 죽어도 문자(文字)를 쓰며 죽을 먹어도 이를 쑤신다는 말이 있지 않는가.

곧 체면(體面)과 행세(行勢)만을 굳게 지키고 위신(威信)만을 지극(至極)히 생각하며 체통(體統)만을 차린다는 뜻이라네.

내면(內面)의 참된 모습만이 진실(眞實)한 삶이라는 것을 잃지 말게나.

겉으로 드러내 보이는 체면(體面)과 행세(行勢), 위신(威信), 체통(體統)은 이제 내세우지 말았으면…… 모래밭에 흩어져있는 금(金)의 기운(氣運)이라 아무리 쏟아 부어도 밑 빠진 독이 아닌가.

물려받은 재산(財産)이 없이 혼자의 힘으로 집안을 일으키고 재산(財産)을 모아야 한다는 것을 일찍 깨달아 알아야 하며, 부단(不斷)한 노력(努力)만이 미래(未來)를 약속(約束) 받을 수 있다네.

모래 속에 흩어진 금(金)을 찾는다는 것은 상처(傷處)가 많다는 것이며, 험난(險難)한 일이 많고 달리 보면 허풍(虛風)이 강(强)하며, 또한 게으르고 여기다 더하여 거짓말을 잘하며, 말만 앞세우고 작은 일에 크게 생색(生色)을 내며, 남을 핑계로 삼아 허황(虛荒)된 꿈을 꾸면서 살아간다는 것이 아닌가.

결국(結局) 근면(勤勉)함과 성실(誠實), 또한 부단(不斷)한 노력(努力)으로 이끌어야만 빛나는 인생(人生)이 될 것이라네.

그 노력(努力)이 부족(不足)하다면 그 무엇도 보장(保障) 받을 수가 없다네.

일지(一智).

넓게 펼쳐 있는 모래 속에서 반짝이는 금가루라네.

두텁게 쌓인 모래 언덕과 언덕 사이를 따갑게 내려쬐는 햇살과 거친 바람과 그 뜨거운 열기(熱氣)속에서 아른거리는 신기루(蜃氣樓)…… 그 허망(虛妄)한 그림자를 쫓다보면 스스로 서있는 자리가 어디인지를 잊는다네.

타들어가는 목마름과 절망(絶望), 그리고 수렁 같고 진창 같은 짧은 인생(人生)속에서도 늘 화려(華麗)한 겉모습을 쫓아다니며, 쓸데없는 고집(固執)으로 거짓된 삶을 살아간다네.

허무(虛無)하게 무너져 내리는 삶을 어떻게 감당(堪當)할 것인가.

그림자와 같은 인생(人生)길을 쫓지 말고 스스로의 노력(努力)과 스스로의 뜨거운 땀방울과 삶에 대한 진지(眞摯)한 정(熱情)과 열기(熱氣)로 조금은 힘들지만 먼 앞날을 내다보고 움직인다면 더 좋은 삶이 열리지 않겠는가.

사금(砂金)을 모으기란 쉽지 않을 것을…… 노력(努力)하지 않고 좋은 결과(結果)를 바란다면 정말 어리석은 사람이 아니겠는가. 일향(一香).

17) 산하화(山下火): 산기슭 아래에서 타오르는 화(火, 불)의 기운(氣運)이라네

양(陽): 병신(丙申), ⚊	음(陰): 정유(丁酉), ⚋

상냥하고 너그럽기 보다는 괄괄하고, 찬찬하지 않으나 무척 대범(大汎)하면서 활발(活潑)하다네.

또한 살림살이의 규모(規模)는 작고 없으나 그리 인색(吝嗇)하지는 않다네.

가끔 조금은 얄밉상스러운 태도(態度)를 보이기는 하지만, 그리 특별(特別)나게 못되지는 않다네.

타오르기 시작(始作)하면 산 전체(全體)를 태우듯 하니 그 마음을 가라앉혀야 한다네. 산이 민둥산이라면 이미 더 태울 나무가 없는 것이라 걱정할 바는 아니지만, 소소(小小)한 일이 크게 번질 수가 있는 법(法)이니, 늘 조심하고 삼가야 한다네.

일이 일어나 흥(興)할 때는 감당(堪當)할 수 없을 만큼 커지고 없을 때를 돌이켜 보면 그 어렵고 힘든 삶이 오죽하겠는가.
항상 있는 그대로의 솔직함이 삶을 살아감에 있어서 큰 힘이 될 것이라네.
단지 몸이 뜨거워짐을 늘 조심하여 육정(肉情)에 사로잡히지 말고 큰일을 틀림없이 확실(確實)하게 이루기를…… 자신(自身)의 목적(目的)을 위해 모든 감정(感情) 표현(表現)을 겉으로 드러내며, 이성적(理性的)이라기보다는 철저(徹底)하게 자신(自身)을 합리화(合理化) 시키고 이득(利得)을 챙기는 사람이라네.
감정의 기복(起伏)이 심하고 마음의 상처(傷處)로 인하여 변덕(變德)이 심하며, 스스로의 아픔만을 알고 언제 터질지 모르는 휴화산(休火山)과 같다네.
자기(自己) 한 몸을 태워서 주위(周圍)를 따뜻하게 하나, 다 타고난 뒤에는 모든 것이 물거품과 같으니, 늘 뒤돌아보고 스스로 반성(反省)을 하며 자신(自身)을 낮추어야 한다네.
더불어 남을 먼저 생각해주는 배려심(配慮心)을 지녀야 좋지 않겠는가. 일지(一智).

높은 산 저 밑바닥에서 타오르는 불꽃이라네.
서서히 타오르지 않고 한꺼번에 온 산을 태운다면 남은 것은 무엇이고 얻은 것은 무엇일까?
크나큰 욕심(慾心)과 성급(性急)한 성격(性格)으로 인하여 한순간에 온 산을 태워버리니, 검은 그림자로 우뚝 서있는 황폐(荒廢)한 산처럼 삶은 두려워지고 힘든 고통(苦痛)으로 다가올 것이 아닌가.
언제 다시 푸른 나무가 가득하며 새들이 노래하고 온갖 달콤한 열매와 갖은 나물들이 자리를 잡으며 새 생명(生命)을 키우는 터가 될 것인가.
소중(所重)한 삶이 한순간의 조급(早急)함과 변덕(變德)으로 불구덩이로 사라져버리니 타고 남은 재처럼, 바람처럼, 구름처럼 흘러가버리는 허무(虛無)한 삶이 되지 않겠는가.
산의 기상(氣像)을 가슴에 담고 늘 당당(堂堂)하며, 하루하루를 진실(眞實)되게 보내면서 한 걸음 한 걸음 산을 오르는 성실(誠實)함으로 스스로의 삶을 살아가야 하지 않겠는가. 일향(一香).

18) 평지목(平地木): 드넓고 한적(閑寂)한 들판에 홀로 서있는 목(木, 나무)의 기운(氣運) 이라네

양(陽): 무술(戊戌), ─	음(陰): 기해(氣亥), --

된시름에 울먹울먹한 삶은 아닌지…… 봄(春), 여름(夏), 가을(秋), 겨울(冬)…… 위(上)로는 누구에게 의지(依支)하고 평(平)으로는 또 누구를 의지(依支)하며, 아래(下)로는 누구에게 의지(依支)하겠는가.

사방팔방(四方八方)으로 봄에는 봄대로 여름에는 여름대로 가을에는 가을대로 겨울에는 겨울대로 옥죄어 오는 그리움, 외로움, 슬픔, 두려움, 배고픔 화나고 복받쳐 오르는 눈물이라네.

누군가를 기다리는 것인지, 아니면 무엇인가를 찾아 헤매는 것인지 고개를 쭉 빼들고 낮이나 밤이나 두리번거리고 있는 것인가.

어제는 비가 내리고 오늘은 뙤약볕이라네.

내일은 또 무슨 일들이 있을까…… 하나와 한자리와 한 곳만을 고집(固執)을 피우면서 지키려 하지 말고, 늘 새로운 일과 생각과 꿈을, 그리고 행동(行動)으로 움직이기를…… 때가 되면 너른 들판이 푸른색으로 가득하게 될 것이라네.

팔자(八字)란 스스로의 노력(努力) 여하(如何)에 따라 언제든지 변할 수 있다는 것을 명심(銘心)하고 몸과 마음을 다하여 노력(努力)하는 것이 행복(幸福)한 미래(未來)를 보장(保障)받은 것이 아닌가.

넓은 들판에 홀로 서있는 기운(氣運)이라 막연(漠然)한 기다림에 외로워한다네.

다른 이들에게 그늘이 되어주지만 자신(自身)을 위해주는 사람이 없이 쓸쓸한 자수성가(自手成家)라네.

잘난 척에 나서는 것을 보면 속이 좁고 자기(自己) 밖에는 모르며, 솔직하지 못한 폼생폼사가 아닌가 한다네.
누두 원만(圓滿)한 인산관계(人間關係)를 통하여 틀을 깨고 아름드리 과일나무기 되어 많은 이들과 기쁨을 누릴 수 있기를 빈다네. 일지(一智).

홀로 서서 무엇을 생각하고 무엇을 보고 누구를 그리워하는지…… 눈, 비, 찬바람, 속에 서 있으니 외롭고 슬프지 않겠는가.
목을 길게 빼고 누군가 오지는 않는 지, 누군가 자신(自身)을 바라보고는 있는 지, 생각하고 스스로를 위로(慰勞)하며 하루하루가 두려움에 흔들린다네.
두려워하지 말고 다부지게 맞서 희망(希望)의 쉼터가 되고 나무 그늘 아래 쉬고 갈 수 있는 자리가 되기를…… 어렵게 얻은 지혜(智慧)와 강인(强靭)한 생명력(生命力)으로 마음을 열고 적극적(積極的)인 삶을 살아가기를 빈다네.
주변(周邊)의 모든 사람들과 더불어 산다면 행복(幸福)한 삶이 아니겠는가.
유익(有益)한 나무를 심을 것인지 아니면 불필요(不必要)한 나무를 심을 것인지는 스스로의 선택(選擇)에 따른 것이 아니겠는가.
꺾여 나가는 잔가지의 아픔이란 누구에게나 찾아오는 작은 고통(苦痛)이라네.
일향(一香).

19) 벽상토(壁上土): 사방(四方)이 두꺼운 벽으로 둘러싸여진 토(土, 흙)의 기운(氣運)이라네

양(陽): 경자(庚子), ―	음(陰): 신축(辛丑), --

가장 큰 문제(問題)라고 할 수 있는 것은 남의 말을 듣지 않는다는 것이네.
듣고 따라주는 것 같지만 결국(結局) 지나고 보면 자신의 생각과 의지(依支)대로 모든 일을 저지르고 고민(苦悶)한다네.

곧 융통성(融通性)이라고는 전혀 없다는 뜻이네.
마이동풍(馬耳東風)에 우이독경(牛耳讀經)이라네.
즉 남의 말을 귀담아 듣지 않고 흘려버리며, 아무리 가르치고 일러주어도 알아듣지 못하는 사람이라네.
다른 사람의 어쭙잖은 말과 행동(行動)이라도 스스로의 지혜(智慧)와 후덕(厚德)한 마음을 닦은 일에는 도움이 된다는 사실(事實)을 알아야 한다네.
하늘만이 보이고 주위(周圍)가 보이지 않으며, 들리지도 않으며 스스로의 생각에만 빠져있으니 외골수라고 말할 수 있다네.
사방(四方)이 막힌 골방에서 이상(理想)과 꿈만을 생각하지 말고 세상(世上) 밖으로 마음의 문(門)을 열었으면 한다네.
티끌을 모아 태산(泰山)이 된다네.
세상(世上)은 단 한방이라는 생각을 버려야 한다네.
그리고 인색(吝嗇)함을 버리고 남에게 조금이라도 베풀었으면 하는 마음이 간절하다네.
위로는 허공(虛空)으로 터져있고 사방(四方)으로는 막혀있으니 우물 안의 개구리가 아닌가.
남들로부터 멀어지고 자기(自己) 밖에 모르는 사람이니 대인관계(對人關係)가 원만(圓滿)하지 못하며 의견(意見) 충돌(衝突)이 심하다네.
자기(自己) 만족(滿足)에 빠진 사람이며 자신(自身)의 의도(意圖)대로 따르지 않으면 그 자리에 주저앉아 고집(固執)을 피운다네. 일지(一智).

좋지 않은 인식(認識)의 벽으로 동서남북(東西南北)을 틀어막고 스스로를 친구(親舊) 삼아 허우적거린다네.
이러한 꽉 막힌 성격(性格)으로 인하여 가족(家族)이나 주변(周邊) 사람들이 얼마나 답답하고 힘이 들겠는가.
귀를 닫아버리는 일로 인해 많은 이들을 질리게 하는 성격(性格)이라네.
하늘만 쳐다보면서 한숨을 쉬는 인생(人生), 누가 이끌어주어야 하는가.
스스로를 옥죄는 작은 터일 수도 있지만 생명(生命)의 원천(源泉)이 되는 흙인 것을…… 많은 이들을 도와주고 끌어 안아주며 넉넉히 베풀어 간다면 이 또한 스스로를 이끌어 가는 힘이 되지 않겠는가.

인식(認識)의 높은 벽을 허물어뜨리고 사랑의 싹을 키울 것인지는 스스로의 선택(選擇)에 달린 일이 아니겠는가. 일향(一香).

20) 금박금(金箔金): 금(金)에다 다시 한 번 덧칠한 금(金, 쇠)의 기운(氣運)이라네

양(陽): 임인(壬寅), ⚊	음(陰): 계묘(癸卯), ⚋

남자(男子)나 여자(女子)나 사람들은 누구나가 타고나기를 멋있고 예뻐야 하지 않겠는가.

우선 외모(外貌)만 보더라도 사람됨이 똑똑하고 뛰어나며, 무척 귀(貴)하게 보인다네.

그러나 부단(不斷)한 노력(努力)이 없으면 그 좋은 색깔도 오래지 않아 바래질 것이 아닌가.

부디 스스로의 머리만을 믿지 말고 몸과 마음을 다해 힘써서 타고난 복(福)을 놓치지 말게나.

또한 아무런 주변머리 없이 남의 의견(意見)이나 행동(行動)을 덩달아 따르거나, 가당치도 않은 말을 억지로 끌어다 대어서 이치(理致)에 맞도록 꾸며대지 말게나.

헛되이 수고로움만이 더 할뿐 보람이 없다네.

어느 한쪽으로 기울거나 치우치지 말고 늘 공평(公平)한 마음으로 힘 있는 발걸음을 내딛게나.

또한 빈자일등(貧者一燈)이라고 했듯이, 재물(財物)이 많고 적은 것 보다는 항상 마음과 정신(精神)이 중요(重要)한 것임을 잊지 말아야 할 것이며, 개인(個人)의 사사(私私)로운 이익(利益)에 욕심(慾心)을 앞세우지 말게나.

부단(不斷)한 노력(努力)만이 아름다운 빛깔을 유지(維持)하고 빛이 날 것이라네.

일지(一智).

밝게 빛나는 금(金) 위에다 다시 금(金)을 입혀놓은 것이니 더 없이 빛나고 고귀(高貴)해 보일 것인가.
겉으로 드러난 모습이 귀(貴)해 보이고 자존심(自尊心)이 강(强)하면서 사람을 휘어잡은 성격(性格)에 보스 기질(氣質)도 지니고 있으며 주변(周邊)에 추종자(追從者)도 많고 권력(權力)이나 부(富), 명예(名譽)가 따른다네.
그렇지만 배움이 없고 노력(努力)하지 않는다면 이기적(利己的)이고 쓸데없는 고집(固執)이 강(强)하면서 자신(自身)만을 내세우는 돌덩어리에 지나지 않는다네.
스스로를 맑게 닦아서 자신(自身)을 소중(所重)하게 만들게나.
혼자가 아닌 더불어 사는 삶이 자신(自身)을 귀(貴)하게 만드는 일이 아닌가.
  일향(一香).

21) 복등화(覆燈火): 뒤집힌 작은 등불, 이 화(火, 불)의 기운(氣運)이라네

양(陽): 갑진(甲辰), —	음(陰): 을사(乙巳), --

삶을 살아가다 보면은 속 뒤집히는 일이야 늘 있는 일이 아니던가.
그 마음을 바로 잡아야 한다네.
잃은 것도 많고 상처(傷處)도 많이 받을 것이니, 급(急)하면 급(急)할수록 돌아가기를…… 너무 앞서거나 뒤처지지도 말게나.
크나큰 행운(幸運)이란, 받기에 앞서 엄청난 노력(努力)과 자기(自己) 희생(犧牲)이 필요(必要)하다는 것을 깊이 깨달아야 한다네.
진행(進行)해 나아가던 일을 쉽게 버리거나 멈추지 말며, 작은 이익(利益)에 눈이 멀어 큰 이익(利益)을 놓치지 말게나.
일확천금(一攫千金)이란 스스로의 삶을 갉아먹은 것이니, 스스로 노력(努力)하여 얻은 것이 아니면 마음에 두지 말게나.
얻은 것 이상으로 깨진다네.

모든 화(禍)와 복(福)은 자신(自身)에게 있는 것이니, 늘 자신(自身)을 뒤돌아보고 말과 행동(行動)을 행(行)하기에 앞서서 다시 한 번 더 생각하여 신중(愼重)하게 나아가게나. 그래야만이 후회(後悔) 없는 삶을 살아갈 수 있다네.
속이 좁은 마음으로 세상(世上)을 보지 말고 늘 열려있는 마음으로 밝은 세상(世上)을 참되게 보게나. 일지(一智).

22) 천하수(天下水): 하늘 밑에 있는 모든 수(水, 물)의 기운(氣運)이라네

양(陽): 병오(丙午), ━	음(陰): 정미(丁未), --

물의 성품(性品)이란 본시 그릇에 따라 담겨지는 것이 아닌가.
위에서 아래로 영원(永遠)한 내리 사랑이라 남을 위하고 닦아주는 그 덕(德)이 아름답다네.
사람의 성품(性品) 또한 깨끗할 수도 있고 반대로 더러울 수도 있는 법이니, 나와 남을 가리지 않고 원하는 바 없이 받아주고 이끈다네.
삶 자체(自體)가 숨길 것이 어디 있으며 그렇다고 딱히 밝힐 것이 무엇 있겠는가.
배고프면 밥 먹고 졸리면 잠을 자고 똥 싸고 싶으면 싸는 것이 아닌가.
세월(歲月)에 맡기게나.
나서서 안고 먹이고 키우려 한다면 한이 없는 것이 세상사(世上事)라네.
몸만 고달프고 속절없이 야속(野俗)한 세월(歲月)만이 흐른다네.
이 생(生)이 다하기 전에 본래(本來)의 진면목(眞面目)을 깨달아 얻어야하지 않겠는가.
그 성품(性品)이야 그지없이 아름답고 넉넉하다지만 사서 고생(苦生)을 하는 것은 아닌지…… 일지(一智).

23) 대역토(大驛土): 큰 역관, 역참에 있는 토(土, 흙)의 기운(氣運)이라네

양(陽): 무신(戊申), ―	음(陰): 기유(己酉), --

주린 배를 채우고 지친 몸을 잠시 쉬어 갈 수 있는 정(情)이 많은 터라네.
항상 열려있는 마음의 문(門)이라, 세월(歲月)이 많이 흘러가더라도 그 정겨움은 늘 항상 하다네.
산 넘어 장 씨의 아들과 딸들이 언제 결혼(結婚)하고 언제쯤 애를 낳는지, 웬만한 소식(消息)은 이곳에서 모두 들을 수 있다네.
물론 장단점(長短點)이 있다지만 모든 문제(問題)를 떠나서 나와 남이 서로 더불어 살아가고 있다는 아름다움, 이 아름다움이 남아있는 정녕 흥겨운 곳이라네.
막걸리 한잔에 서로가 하나가 되고 행복(幸福)할 수 있는 곳…… 넉넉한 손길에 그리워지고 만나는 이의 정(情) 때문에 돌아서면 다시 되돌아가고 싶은 곳, 한쪽 구석 그늘진 자리가 무척이나 그리워진다네.
365일 사계절(四季節), 사람은 단 한순간도 땅을 떠나서는 살지 못하지 않는가.
늘 땅의 자비(慈悲)로움에 즐거워하고 고마워하며 넉넉한 마음으로 살아가야 하지 않겠는가. 일지(一智).

24) 차천금(鎈釧金): 황금 빛깔을 띠는 모든 장신구, 그 금(金, 쇠)의 기운(氣運)이라네

양(陽): 경술(庚戌), ―	음(陰): 신해(辛亥), --

놓여 진 밥상도 찾아먹지 못한다면 황당(荒唐)하고 기가 막히며 슬프지 않겠는가.
삶의 다반사(茶飯事)가 이와 같으니, 눈을 밝게 뜨고 늘 긴장(緊張)하며 살아야겠네.
세상(世上)에 태어날 때 가슴에 안고 나온 것이라네.
몸에 두루는 것 치고 장신구(裝身具)가 아닌 것이 없지만, 지닌 것이 본래(本來) 값진

것이라네.

있을 자리에 있고 쓸 자리에 반드시 써지며, 정리(整理)가 잘 되어 있다면 허투루 사라질 것이 없지 않은가.

내가 밥 먹을 숟가락이 아니더라도 잘 간수(看守)하여 두고 남 위한 배려심(配慮心)을 늘 마음에 두고 살아야 한다네.

마음이 한번 흐트러지면 지니고 있는 모든 것을 잃게 되고 다시 제자리로 되돌리려면 끌어다 쓸 그 무엇도 없다네.

밥상을 차려주는 이의 마음, 그 마음을 헤아려 항상 고마운 마음으로 즐기면서 살아가게나.

지닌 바가 많다고 해서 아무렇게나 내던지지 말게나.

늘 잘 간수(看守)하였다가 필요(必要)할 때 요긴(要緊)하게 사용(使用)해야 한다네.

이는 마음도 이르는 것이며, 재물(財物)도 이르는 것이고 지혜(智慧)와 지식(知識)도 말하는 것이라네.

늘 나보다 더 나는 사람이 있다는 것을 명심(銘心)해야 한다는 것이네. 일지(一智).

25) 상자목(桑柘木): 산뽕나무와 같은 목(木, 나무)의 기운(氣運)이라네

양(陽): 임자(壬子), —	음(陰): 계축(癸丑), --

잠시만이라도 그 알량한 자존심(自尊心)을 놓았으면…… 단 한마디라도 타인(他人)의 바른말에 귀를 기울이고 타인(他人)의 바른말 한마디만 따랐으면…… 어이하여 자기(自己)만의 알음알이가 그토록 강(强)하고 부러지지를 않는가.

자칫 잘못하면 어이없는 삶을 살아갈 것 같으니, 부디 고집(固執)을 꺾고 행동(行動)에 앞서 깊이 생각하고 자신(自身)을 되돌아보아 과거(過去)의 허물을 거울로 삼아서 말과 행동(行動)을 삼가야 할 것이라네.

누에고치가 변해서 부드러운 비단(緋緞)이 됨을 명심(銘心)하게나.

비단(緋緞)이 되기까지의 그 고생(苦生)을 생각해보면 인생(人生)도 또한 그러하려니, 인내심(忍耐心)을 갖고 노력(努力)해보는 것이 앞으로의 삶을 위해 좋지 않겠는가.
생각 없이 저지른 순간(瞬間)의 실수(失手)가 돌이킬 수 없는 막다른 골목으로 몰아 부친다네.
참을 인(忍) 세 번이면 살인(殺人)도 면한다 하지 않던가.
이 말을 가슴에 새겨 잊지를 말고 후회(後悔)없는 삶을 살아가기를…… 인간사(人間事) 잘잘못은 상대방(相對方) 서로에게 함께 있는 것이니, 누가 잘했다, 누가 잘못했다라고 말할 가치(價值)가 없다네. 일지(一智).

26) 대계수(大溪水): 큰 계곡을 흐르는 물, 이 수(水, 물)의 기운(氣運)이라네

양(陽): 갑인(甲寅), ―	음(陰): 을묘(乙卯), --

마음 놓고 놀 수 있는 시절(時節)도 잠시라네.
호호탕탕 흐르는 물도 때가 되면 메마를 수도 있다네.
급(急)할 때는 급(急)하고 여유(餘裕)를 가질 때는 무한정(無限定)이라네.
고인 물은 썩는다는 것을 알고 있지 않은가.
크게 흐르는 계곡(溪谷)옆으로는 넓게 드리워진 산그늘, 그리고 편히 쉴 수 있는 푸른 풀밭, 이 아니 좋을 수가 있겠는가.
세월(歲月)은 멈춤이 없이 흐른다는 것과 기다려주지 않는다는 것을 가슴 깊이 새겨야하네.
때로는 거침없이 몰아치는 폭풍우(暴風雨)처럼, 때로는 한적(閑寂)한 오솔길을 걷은 것처럼, 때로는 산그늘 아래서 세월(歲月)과 노니는 것처럼…… 하나하나의 모습이 본래 그대로의 타고난 모습이라네.
참고 흘러내리다 보면 어느덧 길게 흐르는 강물이요, 그러게 그렇게 흘러 흘러서 어느덧 어느 강어귀에 다다라 험난(險難)한 바다로 녹아든다네.
민물은 바닷물과 크게 다르지 않던가.

또한 놀던 물이라지 않던가.

반드시 견디지 못하고 스스로의 본마음과 가지고 있는 뜻을 잃어버리고 말 것이라네.

편한 현실(現實)에 안주(安住)하지 말고 작은 면 미래(未來)를 가슴에 담아두게나.

일지(一智).

27) 사중토(沙中土): 모래와 함께 뒤섞인 토(土, 흙)의 기운(氣運)이라네

양(陽): 병진(丙辰), —	음(陰): 정사(丁巳), --

집 잃고 돈 잃고 사랑도 잃고…… 그 무너져 내리는 마음이야 누가 있어 알아주고 보듬어 주겠는가.

주위(周圍)에 많은 지인(知人)이 있다 해도 결국 자신(自身)의 인생(人生)은 자신(自身)만의 삶이며, 홀로 걸어가는 길이 아니겠는가.

잡고 잡으려 해도 신기루(蜃氣樓)와 같이 허공(虛空)의 끝자락만 잡히니, 그 어디에다 마음을 두고 머무를까.

노을이 지는 산모퉁이 너머로 아쉽게만 멀어져 가는 그리움…… 숨이 턱에 차도록 온몸이 으스러지도록 살아온 삶의 긴 여정(餘情)에서 지금 남아있는 것은 무엇이던가.

덧없다 덧이 없다 한들 이보다 더한 허무(虛無)함이 어디에 있겠는가.

사람의 무정(無情)함을 탓하지 말게나.

그 사람도 따지고 보면 힘겹게 살고 있는 것을…… 있을 때 알뜰하게 모아야 한다네.

준비(準備)하지 않으면 돌보아 줄 이가 없을 것이니, 서럽고 분하다고 한들 누구에게 하소연을 할 수 있겠는가.

늘 사람들을 귀(貴)하게 대하고 소중(所重)하게 감싸고 돌봐야 한다네.

때에 따라 나를 살리고 살아갈 수 있는 힘을 그들에게서 크게 얻을 것이라네.

일지(一智).

28) 천상화(天上火): 천지(天地)를 밝게 비추는 해(달)와 같은 화(火, 불)의 기운(氣運) 이라네

양(陽): 무오(戊午), ⚊	음(陰): 기미(己未), ⚋

밝고 화사(華奢)한 모습이 변함없이 늘 항상이다네.

긍정적(肯定的)인 사고방식(思考方式)에 남을 위함에 있어서 봄날의 따스함과 같으니, 많은 사람들이 따를 것이 아닌가.

유유자적(悠悠自適)한 삶의 모습을 보면 늘 입가에 머금은 미소라네.

따르는 이들이 많을 것이니 은인자중(隱忍自重)할 것이며, 교만(驕慢)해지거나 독선적(獨善的)이면 필히 삿대질을 당할 것이라네.

나서지 않는 가운데 타인(他人)으로부터 이바지를 받으며 크게 존경(尊敬)을 받을 것이니 아무쪼록 등은 돌리지 마시게나.

위와 아래가 없이, 또한 그늘진 곳 없이 비춰주니 그 덕(德)이야 어찌 말로다 표현할 수 있겠는가.

봄은 봄대로 여름은 여름대로 가을은 가을대로 겨울은 겨울대로 365일 늘 한결 같으니, 그 의젓함이야 하늘과 같지 않는가. 일지(一智).

29) 석류목(石榴木): 단아한 석류나무와도 같은 목(木, 나무)의 기운(氣運)이라네

양(陽): 경신(庚申), ⚊	음(陰): 신유(辛酉), ⚋

아기자기한 성격(性格)이라 아주 작은 것에서 행복(幸福)해 한다네.

과한 성격(性格)도 아니고 앞서 나아가는 성격(性格)도 아니며, 나서는 성격(性格)도 아니고 드러내놓고 까불대는 성격(性格)도 아니라네.

오밀조밀(娛密稠密)하며 새로운 것을 좋아하고, 그렇다고 예전의 것을 싫어하거나 버

린다는 뜻은 아니라네.

오히려 더 아끼고 귀히 여기며 곱게 둔다네.

작고 아담한 체격(體格)에 유순(柔順)하고 순종적(順從的)인 이미지를 갖고 있지만, 싫은 것에 대해서는 확실(確實)하게 경계(境界)를 두는 조금은 까칠한 면을 지니고 있다네.

자신(自身)의 울타리는 분명(分明)하게 지키는 성품(性品)이라 나의 것과 남의 것을 정확(正確)하게 구분(區分)을 짓는다네.

수수하고 검소(儉素)하며 큰일을 저지르지 않고 세상사(世上事)에 대해 크게 생각하지 않으며, 오로지 가족(家族)의 일에 대해서 많은 관심(觀心)을 갖고 몸과 마음을 다해 헌신(獻身)을 한다네.

움직이는 선(線)이 분명(分明)하니 크게 탓함을 받을 일이 없다네. 일지(一智).

30) 대해수(大海水): 큰 바다와 같은 수(水, 물)의 기운(氣運)이라네

양(陽): 임술(壬戌), ⚊	음(陰): 계해(癸亥), ⚋

세상(世上)에 대한 호기심(好奇心)이 강(强)하다네.

고향(故鄕)을 멀리 떠나고, 그보다는 고국(故國)을 떠나 타국생활(他國生活)에 익숙해진 삶이라, 제자리로 돌아오기까지 오랜 세월(歲月) 외롭게 떠돈다네.

거침이 없는 타고난 성품(性品)에 일단 두려움은 멀리 접어두고 말보다는 행동(行動)이 먼저 앞선다네.

그 기운(氣運)이 강(强)하다 보니 본의(本義) 아니게 피해(被害)를 주는 일이 있으니, 행(行)함에 앞서서 조금은 여유(餘裕)를 갖고 대처(對處)하기를…… 스스로의 기세(氣勢)가 강(强)함을 알고 남은 그렇지 않음을 얕보지는 말게나.

세상(世上)에 독불장군(獨不將軍)은 없지 않는가.

살아가기 힘든 삶의 여정(旅程)일 것이니 그리 바쁘게 서두르지 말았으면…… 충동적

(衝動的)인 마음을 다스리고 늘 계획(計劃)을 세워서 스스로의 삶을 충실(充實)하게 이끌어 가게나.

몸을 좀 사리고 건강(健康)에 유의(留意)하면서 오래 살았으면 한다네.

자신(自身)의 삶을 스스로 개척(開拓)하고 종착지(終着地)까지 거침없이 살았다면, 그리 후회(後悔)할 일이 없을 것이 아닌가. 일지(一智).

육십갑자병납음 오행(六十甲子竝納音 五行)은 양(陽)이 삼십갑자(三十甲子), 음(陰)이 삼십갑자(三十甲子)가 합(合)하여 이루는 것이다.

2. 육십갑자병납음 오행 일주(六十甲子竝納音 五行 日柱) 4상론(四象論)

하늘과 땅이 아직 나누어지지 않은 상태(狀態)의 태극(太極)에서 음(陰)과 양(陽)이 나누어지고, 음(陰)이 소양(少陽)과 태음(太陰)을 낳고, 양(陽)이 태양(太陽)과 소음(少陰)을 낳아서 사상(四象), 곧 태양(太陽), 소음(少陰) 소양(少陽), 태음(太陰)을 이룬다. 그러므로 삼십갑자 병납음(三十甲子竝納音)에 4상론(四象論)을 돌리면 120론(一百二十論)이 풀어진다.

육십갑자병납음 오행(六十甲子竝納音 五行)의 상생상극(相生相剋)

상생(相生)

병납음 오행(竝納音 五行)이 순행(順行)하면서 서로를 일으켜수고 보듬어주는 것을 이른다.

목생화(木生火) : 나무는 불을 성(盛)하게 일으키고,
화생토(火生土) : 불은 흙을 다시 나게 하고,
토생금(土生金) : 흙은 금을 나게 하고,
금생수(金生水) : 금은 물을 나게 하고,
수생목(水生木) : 물은 나무를 낳아 키운다.

상극(相剋)

병납음 오행(竝納音 五行)이 서로 만남으로 인(因)하여 서로가 서로에게 피해(被害)를

주거나 피해(被害)를 당하는 관계(關係)를 이른다.

화극금(火剋金) : 불은 쇠를 녹여서 극(剋)하고,

금극목(金剋木) : 쇠는 나무를 부러뜨려서 극(剋)하고,

목극토(木剋土) : 나무는 흙의 기운(氣運)을 빨아들여서 극(剋)하고,

토극수(土剋水) : 흙은 물의 흐름을 막아서 극(剋)하고,

수극화(水剋火) : 물은 불의 기운(氣運)을 꺾어서 극(剋)한다.

이 상생상극(相生相剋)이 한쪽에서 일방적(一方的)으로 합(合)하거나 치는 것이 아니다.

상생(相生)이라는 의미(意味)는 서로가 서로를 낳고 보듬어주는 것이며, 몸과 마음을 다해 서로에게 힘쓰는 것이다.

상극(相剋)의 의미(意味)는 서로가 서로를 이기고 서로에게 피해(被害)를 주는 것이다. 이는 부모(父母)와 자식(子息) 사이에도 형제(兄弟) 사이에도 주위(周圍)의 모든 이들과의 관계(關係)에도 적용(適用)된다.

중요(重要)한 것은 예(例)로써 병납음 오행 중(竝納音 五行 中)에서 목(木.나무)의 기운(氣運)은 24가지 무겁고 가벼운 힘이 서로 작용(作用)을 일으키고 있다.

또한 화(火, 불), 수(水, 물), 금(金, 쇠), 토(土, 흙)의 기운(氣運)도 제각각 24가지의 무겁고 가벼운 힘이 작용(作用)을 하는 것이니, 서로에게 작용(作用)하는 기운(氣運)을 자세하게 비교(比較)하여 상생(相生)과 상극(相剋)의 무겁고 가벼움을 분명(分明)하게 깨달아 얻어야 한다.

이는 육십갑자병납음 오행 중(六十甲子竝納音 五行 中) 하나의 기운(氣運)이 59갑자 병납음 오행(五十九甲子竝納音 五行)을 극(剋)할 수도 있고 생(生)할 수도 있다는 것이며, 육십갑자병납음 오행(六十甲子竝納音 五行)의 기운(氣運)이 365일(三百六十五日) 끊이지 않고 서로가 서로에게 작용(作用)을 한다는 의미(意味)이다.

상비(相比)

육십갑자병납음 오행 중(六十甲子竝納音 五行 中)에서 자용(作用)하는 기운(氣運)이 서로 엇비슷하게 만나는 것을 이른다.

병납음 오행 중(竝納音 五行 中)에서 같은 오행(五行)이라고 하더라도 서로가 서로에게 무겁고 가벼운 힘이 작용(作用)하는 것이니, 자세(仔細)하게 들여다보고 비교(比較)해보면 분명(分明)하게 그 차이(差異)를 알 것이다.

육십갑자병납음 오행(六十甲子竝納音 五行) 상극 중(相剋 中)에서 상생(相生)하는 오행(五行)

사중금(沙中金, 모래 가운데의 金)과 차천금(鎈釧金, 황금 빛깔을 띤 온갖 장신구)은 화(火, 불)의 기운(氣運)이 있어야 하고자 하는 일을 이룰 수 있다.

벽력화(霹靂火, 허공 중에 내려치는 번갯불)와 천상화(天上火, 하늘의 태양과 날빛)와 산하화(山下火, 산 밑바닥에서 타오르는 불)는 수(水, 물)의 기운(氣運)을 얻어야만 복(福)이 있다.

평지목(平地木, 넓고 한적한 들판에 홀로 서있는 나무)은 금(金, 쇠)의 기운(氣運)이 없으면 어떠한 일도 이루지를 못한다.

천하수(天下水, 하늘 밑에 있는 모든 물)와 대해수(大海水, 큰 바다의 물)는 토(土, 흙)의 기운(氣運)을 만나야지만 자연(自然)히 형통(亨通)할 수 있다.

노방토(路傍土, 천지사방으로 트인 땅의 길)와 대역토(大驛土, 큰 역잠이 지어신 방)와

사중토(沙中土, 모래 가운데 섞인 흙)는 목(木, 나무)의 기운(氣運)이 아니면 평생(平生)을 거스른다(逆行).

스스로의 사주팔자(四柱八字)를 알아보세

사주(四柱)란, 천간(天干)과 지간(地干)이 합(合)하여 순행(順行)하거나 역행(逆行)하는 육십갑자(六十甲子)로써 태어난 연도(年), 태어난 달(月), 태어난 날(日), 태어난 시간(時間)을 기둥으로 삼는 것이다.

곧 음력(陰曆) 1970년 6월 15일 오후 7시의 기둥을 세워보면, 경술년(庚戌年), 계미월(癸未月), 기해일(己亥日), 갑술시(甲戌時)다.

이를 사주(四柱)라 이르는 것이고, 보통 현재 팔자(八字)라는 의미(意味)는 앞에 있는 천간(天干)인 경계기갑(庚癸己甲)의 4가지와 뒤에 있는 지간(地干)인 술미해술(戌未亥戌)의 4가지를 합(合)하여 팔자(八字)라고 한다.

이는 소극적(消極的)인 의미(意味)로써 무언가 허전하고 앞과 뒤가 맞지 않는 말뿐이다.

이에 대해 육십갑자병납음 8상론(六十甲子竝納音八象論)과 16상론(十六象論)에서 분명(分明)하고 정확(正確)하게 설명(說明)할 것이다.

스스로의 사주(四柱)를 세워보세

만세력(萬歲曆)을 펼쳐보게나. 예(例)를 들어 음력(陰曆)으로 1968년 1월 5일 오전 10시의 사주(四柱)를 세워보자.

태어난 해의 기둥(年柱)을 세워보면, 입춘(立春) 전(前)이니, 무신년(戊申年)이 아니고 지난 연도(年度)인 정미년(丁未年)으로 세워야 한다.

정미년(丁未年) 기둥에, 태어난 달의 기둥(月柱)을 세워보면, 1월(一月)은 입춘(立春)부터 경칩(驚蟄)까지이니, 갑인월(甲寅月)이 아니고 지나간 달(月)인 계축월(癸丑月)로 세워야 한다.

계축월(癸丑月) 기둥에, 태어난 날(日)의 기둥(日柱)을 세워보면, 5일(五日)이 계묘일(癸卯일)이다.

계묘일(癸卯日) 기둥에, 태어난 시(時)의 기둥(時柱)을 세워보면, 오전(午前) 10시이니, 일주천간(日柱天干)의 계(癸)를 기준(基準)으로 시간 조견표(時間照見表)를 보아서 정사시(丁巳時)다.

그러므로 사주(四柱)는 정미년(丁未年), 계축월(癸丑月), 계묘일(癸卯日), 정사시(丁巳時)가 제대로 뽑은 것이다.

만일 음력(陰曆)으로 1968년 1월 9일 오전 10시의 사주(四柱)를 세우자면, 입춘(立春)을 넘었으니, 무신년(戊申年)이 년주(年柱)이고, 1월(一月)이 입춘(立春)부터 경칩(驚蟄)까지이니, 갑인월(甲寅月)이 월주(月柱)다.

일주(日柱)는 정미일(丁未日)이며, 시주(時柱)는 일주천간(日柱天干)인 정(丁)을 기준(基準)으로 을사시(乙巳時)다.

그러므로 무신년(戊申年), 갑인월(甲寅月), 정미일(丁未日),을사시(乙巳時)가 제대로 뽑은 사주(四柱)다.

그러면 이럴 경우(境遇)는 어찌 사주(四柱)를 세우겠는가.

예(例)를 들자면, 1968년 1월 7일 새벽 4시의 사주(四柱)를 제대로 세운다면, 무신년(戊申年), 갑인월(甲寅月), 을사일(乙巳日), 무인시(戊寅時)가 제대로 세운 것이다.

다시 예(例)를 들면 1968년 1월 7일 새벽 2시에 태어난 이의 사주(四柱)를 세운다면, 정미년(丁未年), 계축월(癸丑月), 갑진일(甲辰日), 을축시(乙丑時)가 맞게 세운 기둥이다.

왜냐하면 태어난 날이 입춘(立春)이고, 중요(重要)한 것은 시간(時間)이 인초(寅初)이므로 인초(寅初)를 넘어서면 새해이며, 인초(寅初)를 넘어서지 않으면 전년도(前年度)가 끝나지 않는 것이다.

인초(寅初)란 인시(寅時)가 3시부터 5시까지이니, 3시가 인초(寅初)이고 4시가 인정(寅正)이고 5시가 인말(寅末)이다. 다시 말하면, 자시(子時)가 밤 11시부터 새벽 1시까지이니, 밤 11시가 자초(子初)이고 밤 12시가 자정(子正)이고 새벽 1시가 자말(子末)이다.

덧붙여 말하자면 월(月)에서 월(月)로 넘어갈 때에도 같은 원리(原理)이다.

태어난 달의 기둥(月柱)을 세움

이십사절기(二十四節氣)

봄(春)

- 입춘(立春): 1월 절(一月 節)
- 경칩(驚蟄): 2월 절(二月 節)
- 청명(淸明): 3월 절(三月 節)
- 우수(雨水): 1월 중(一月 中)
- 춘분(春分): 2월 중(二月 中)
- 곡우(穀雨): 3월 중(三月 中)

여름(夏)

- 입하(立夏): 4월 절(四月 節)
- 망종(亡種): 5월 절(伍月 節)
- 소서(小暑): 6월 절(六月 節)
- 소만(小滿): 4월 중(四月 中)
- 하지(夏至): 5월 중(伍月 中)
- 대서(大暑): 6월 중(六月 中)

가을(秋)

- 입추(立秋): 7월 절(七月 節)
- 백로(白露): 8월 절(八月 節)
- 한로(寒露): 9월 절(九月 節)
- 처서(處暑): 7월 중(七月 中)
- 추분(秋分): 8월 중(八月 中)
- 상강(霜降): 9월 중(九月 中)

겨울(冬)

- 입동(立冬): 10월 절(十月 節)
- 대설(大雪): 11월 절(十一月 節)
- 소설(小雪): 10월 중(十月 中)
- 동지(冬至): 11월 중(十一月 中)

• 소한(小寒): 12월 절(十二月 節) • 대한(大寒): 12월 중(十二月 中)

태어난 시간(時間)의 기둥을 세움

	시간지(時干支)	甲己日	乙庚日	丙辛日	丁壬日	戊癸日
• 子時	밤 11時~새벽 1時	甲子	丙子	戊子	庚子	壬子
• 丑時	새벽 1時~새벽 3時	乙丑	丁丑	己丑	辛丑	癸丑
• 寅時	새벽 3時~새벽 5時	丙寅	戊寅	庚寅	壬寅	甲寅
• 卯時	새벽 5時~오전 7時	丁卯	己卯	辛卯	癸卯	乙卯
• 辰時	오전 7時~오전 9時	戊辰	庚辰	壬辰	甲辰	丙辰
• 巳時	오전 9時~오전 11時	己巳	辛巳	癸巳	乙巳	丁巳
• 午時	오전 11時~오후 1時	庚午	壬午	甲午	丙午	戊午
• 未時	오후 1時~오후 3時	辛未	癸未	乙未	丁未	己未
• 申時	오후 3時~오후 5時	壬申	甲申	丙申	戊申	庚申
• 酉時	오후 5時~밤 7時	癸酉	乙酉	丁酉	己酉	辛酉
• 戌時	밤 7時~밤 9時	甲戌	丙戌	戊戌	庚戌	壬戌
• 亥時	밤 9時~밤 11時	乙亥	丁亥	己亥	辛亥	癸亥

초년(初年), 중년(中年), 말년(末年)이란

초년(初年)이란

말 그대로 중년(中年)이 되기까지며, 대개의 경우 결혼(結婚)하기 전까지를 말한다.

중년(中年)이란

40대 전후(前後)를 이르나 결혼(結婚)해서 아이를 낳고, 그 아이가 자라서 결혼(結婚)할 때까지다.

말년(末年)이란

자식(子息)이 손자(孫子), 손녀(孫女)를 안겨주면서부터 멸(滅)할 때까지다.

음양(陰陽)의 기운(氣運)이 일어나는 것에 따른 운기(運氣)

양(陽)의 기운(氣運)이 일어나 활동(活動)하는 동지(冬至)부터 하지(夏至)까지는 시주(時柱)가 평생 운(平生 運)을, 일주(日柱)가 초년 운(初年 運)을, 월주(月柱)가 중년 운(中年 運)을, 년주(年柱)가 말년 운(末年 運)을 보는 것이다.

음(陰)의 기운(氣運)이 일어나 활동(活動)하는 하지(夏至)부터 동지(冬至)까지는 시주(時柱)가 말년 운(末年 運)을, 일주(日柱)가 중년 운(中年 運)을, 월주(月柱)가 초년 운(初年 運)을, 년주(年柱)가 평생 운(平生 運)을 보는 것이다.

사주(四柱)를 풀 때, 육십갑자병납음 오행(六十甲子竝納音 五行)을 보아서 상생(相生), 상극(相剋), 상비(相比)하는 것을 정확(正確)하게 알아야 한다.

예(例)를 들면, 수(水.물)의 기운(氣運)이 화(火.불)의 기운(氣運)을 극(剋)한다 하더라도, 오행 중(五行 中) 수(水.물)의 기운(氣運)이 병납음 오행(竝納音 五行)의 간하수(澗下水.산골짜기를 흐르는 물)이고, 오행 중(五行 中) 화(火.불)의 기운(氣運)이 천상화(天上火.해와 달 같은 불)라면, 그 변화(變化)하는 기운(氣運)이 작을 뿐만 아니라, 오히려 천상화(天上火) 화(火.불)의 기운(氣運)이 간하수(澗下水) 수(水.물)의 기운(氣運)을 말려버릴 것이 아닌가.

때문에 육십갑자병납음 오행(六十甲子竝納音 五行)에 따른 무거움과 가벼움의 차이(差異)를 자세(仔細)하게 비교(比較)하여 봐야 한다.

년주(年柱), 월주(月柱), 일주(日柱), 시주(時柱)가 가진 의미(意味)

태어난 날인 일주(日柱)가 자신(自身)이며, 이를 기준(基準)으로 하여 년주(年柱)는 부모나 조상을 이르고, 월주(月柱)는 남편이나 부인, 그리고 주위(周圍)의 사람들을 이르는 것이며, 시주(時柱)는 자식(子息)이나 후손(後孫)을 이르는 것이다.

곧 자신(自身)의 일주(日柱)를 기준(基準)으로 하여 년주(年柱)는 조상이나 부모와의 관계(關係)를 보고 월주(月柱)는 남편이나 부인, 또는 주위(周圍) 사람들과의 관계(關係)를 보고 시주(時柱)는 자식(子息)과의 관계(關係)를 보는 것이다.

1) 해중금(海中金): 바다에 흩어져 있는 금(金)의 기운(氣運)

갑자(甲子)-양(陽) —	을축(乙丑)-음(陰) --

- 남자(男子): 갑자(甲子)-태양(太陽) ═
  을축(乙丑)-소음(少陰) ==
- 여자(女子): 갑자(甲子)-소양(少陽) ==
  을축(乙丑)-태음(太陰) ==

은 모든 병납음(竝納音)에 적용(適用)되는것이니, 다음 병납음(竝納音)에서 빠시너라도 이해(理解)하시기를……

- 남자(男子) : 갑자(甲子) ➔ 태양(太陽) ═

때론 적막(寂寞)하고 때로는 거세게 몰아치는 바다를 상대(相對)로 달갑지 않은 삶을 살아가야 하니 거칠고 거칠다네.

온통 헤집으며 돌아다니기를 좋아하고 정(情)을 주는 일에 있어서 좀 헤프다네.

또한 삶이 그리 만만치가 않아 힘들게 이룩한 것을 쉽게 잃기도 하고 늘 먼 산과 바다를 바라보며 꿈을 꾸고 있다지만, 만만치가 않는 것이 세상(世上) 삶이 아니던가.

힘들고 힘든 삶이라.

어찌 보면 힘들지 않고 쉬운 일은 버리고 굳이 어려운 일을 선택(選擇)한다는 것이 아쉽다네.

그것이 남자(男子)의 일이라고 곧 남자(男子)다운 일이라고 스스로 위로(慰勞)를 한다지만 쉽게 이해(理解)할 수 있는 일은 아니라네.

여유로움을 찾게나.

하기야 그 여유로움이 한 순간(瞬間)일 뿐임을…… 사랑하는 사람이 자주 바뀌는 일은 그리 모양새가 좋은 것은 아니라네.

물론 리더십이 강(强)하고 칼칼한 성격(性格)으로 인(因)하여 마음에 맞지 않음을 알겠지만 그래도 한 곳에 진득한 정(情)을 묻어두는 것도 때론 필요(必要)한 인생(人生)이라네.

한없이 조용히 있다가 욱하는 성질(性質)로 한순간에 뒤집지는 말게나. 검게 그을린 구릿빛 육체(肉體)가 보기에도 좋다네.

- 남자(男子) : 을축(乙丑) ➔ 소음(少陰) ═╌

잔뜩 골이 난 바다의 어둠속에 한척의 배라네.

스스로가 갈 길을 찾지 못하고 오래 전부터 여러 해를 이리저리 방황(彷徨)한다네.

겉으로 드러난 모양새는 매우 거칠어 보이고, 그 타고난 성품(性品)은 부드러우면서도 이놈의 술판이 벌어지면 퍼질러 먹고 거친 주사(酒邪)가 심해진다네.

매일 술타령에 자신의 허물을 되돌아보지 않고 스스로가 잘못된 것을 매양 남의 탓으로 돌린다네.

뿌린 씨앗마저도 책임지지 못하니 이를 어찌할거나.

하루를 벌어서 하루를 먹고 사는 인생(人生), 이 어찌 고달프지 않은 삶이겠는가.

숨소리가 거친 바다 가운데서 더하여 어둠속에서 금(金)을 찾기란 쉽지 않은 것을……

허황(虛荒)된 꿈에서 빨리 깨어나야겠네.

일확천금(一攫千金)이란 생각 속에서만의 일이란 것을……

- 여자(女子): 갑자(甲子) ➔ 소양(少陽) ==

투박하고 손이 거친 여자(女子)가 아닌가.

자신에게 조금이라도 이익(利益)이 되는 일에 있어서는 피도 눈물도 없으며, 주위(周圍)에서 이르기를 "대가 강한 여자(女子)"라네.

자신(自身)의 마음에 들지 않으면 누구를 막론(莫論)하고 빡빡 대드는 성질(性質)이며, 평상시(平常時)에도 말과 행동(行動)이 그리 여자(女子)답지 않다네.

하는 일 자체(自體)도 역시나 거칠고 투박하며 허풍(虛風)마저 강(强)한 까닭으로 모든 일에 있어서 스스로가 대장(大將)이 되지 않으면 진행(進行)하던 일조차 부너뜨린다네.

때문에 때론 남편(男便)을 일찍 잃기도 하며, 또는 남편(男便)과 아이를 크게 다치게 하는 여자(女子)이기도 하다네.

그러나 여자(女子)로서 여러 남자(男子)를 거느리고 일하기도 하며, 찢어지게 가난한 집안에 들어가 그 집안을 크게 일으키기도 하니, 고생문(苦生門)이 훤한 것은 당연(當然)한 일이고 그 뒷말을 감당(堪當)하기가 얼마나 힘들겠는가.

- 여자(女子): 을축(乙丑) ➔ 태음(太陰) ==

여성(女性)스러우나 왜 이리도 할 일이 많은지…… 온 몸으로 온 힘을 다해 힘들게 돈을 벌어가며, 그 많은 가족을 부양(扶養)하면서 그저 자기(自己) 혼자서 고생(苦生)을 한다네.

그렇게 힘들어도 힘들다는 말 한마디 하지도 않고 잘난 남편(男便)마저도 먹여 살리며, 도와주는 자식(子息) 복(福)마저도 없으니 일복만 크게 터진 삶이라네.
온갖 불평(不平)과 불만(不滿)을 가슴에 모두 쓸어안고 고생(苦生)이 따르는 삶속에서 무슨 삶에 재미를 느끼면서 살아갈 수 있겠는가.
세상(世上)에 나면서부터 이 몸이 다하는 날까지 떨어지지 않은 험난(險難)한 이 삶에 길…… 한 가닥 빛조차 없는 넓은 바다 한 가운데를 홀로 떠다니니, 어찌 외롭지 않겠는가.
한번 울음이 터지면 오뉴월 서릿발이라네.

2) 노중화(爐中火): 화로 가운데서 타는 화(火)의 기운(氣運)

병인(丙寅)-양(陽) —	정묘(丁卯)-음(陰) --

– 남자(男子): 병인(丙寅) → 태양(太陽) ═

남자(男子)로써 정력(精力)이 강(强)하고 더불어 뜨거운 가슴을 지닌 사람이라네.
여자(女子)를 무척 좋아하고 늘 보면 여자(女子)의 뒤를 좇고 있다네.
무언가에 대한 집착(執着)이 매우 강(强)하여 한번 맺은 인연(因緣)은 놓지를 않으려고 한다네.
그러나 어떠한 일에 있어서든지 끊고 맺음을 확실(確實)하게는 하나, 하고자 하는 성질(性質)대로 풀려고 하는 까닭으로 일의 마무리가 매끄럽지가 않고, 또 일이 성사(成事) 되거나 진행(進行)되지를 못하고 틀어지는 일이 잦다네.
거기다 휘어잡으려 하는 힘이 강(强)한 까닭으로 인하여 오히려 사람들이 가까이 다가오기 보다는 떨어져 나가려고 한다네. 또한 주위(周圍) 사람이나 가족(家族)에게 되지도 않은 모든 화풀이를 함으로 인하여 모두들 불편(不便)하게 여긴다네.
때로는 눈물도 많고 안정적(安定的)인 기운(氣運)으로 주위(周圍)를 아우르기도 하니 사람들이 헷갈려 한다네.
늘 진실(眞實)을 갖고 사람들에게 다가가기를……

- 남자(男子): 정묘(丁卯) → 소음(少陰) ==

속병이 안으로 깊이 곪아서 터져 들어가는 까닭은 드러난 모든 일에 대하여 너무 많이 눌러 참고 이는 자신(自身) 스스로가 자기(自己)의 마음을 아프게 하는 것이라네.

어여쁘게 생긴 여자(女子)를 만나 살아도 자신(自身)의 감정(感情)을 밖으로 드러내어 표현(表現)하지 않고 안으로만 감추려고 한다네.

어찌 보면 꽁한 마음에는 늘 까닭이 있듯이 매우 속이 좁은 사람으로 느껴진다네.

사실(事實) 이러한 까닭으로, 곧 줏대가 없는 까닭으로 일을 진행(進行)해 나아감에 있어서 작게만 하려들고 크게 놀지를 못한다네.

그저 작은 슈퍼나 하면 맞을 것 같다네.

만일 일을 크게 일으키면 뒷감당을 하지 못하고 반드시 큰 병(病)을 얻을 것이라네.

자세(仔細)하게 알지 못하는 사람들이 사람이 진(眞)국이라고 말을 하지만, 사실(事實) 속이 좁은 사람으로서 말이 없을 뿐이라네.

때문에 늘 입에 달고 다니는 말이, 스스로 혼자만이 항상 힘이 든다는 말이라네.

한번 화나면 되돌리기가 힘들고 그 심사(心事)가 오래가는 사람이니, 그냥 두고 보아야 할 사람이라네.

그리고 마음은 여려서 작은 일과 말에 상처(傷處)를 크게 받고 또 그 상처(傷處)가 왜 그렇게 오래 가는지……

- 여자(女子): 병인(丙寅) → 소양(少陽) ==.

모든 화가 나는 일이나, 짜증 그리고 불평(不平), 불만(不滿) 등 생각나는 모든 것들을 밖으로 거침없이 쏟아낸다네.

상대방(相對方)의 처지는 전혀 생각지 않고 남이야 상처(傷處)를 받든 말든 아무렇게나 떠들어댄다네.

때문에 마음에 화(火)로 인한 병은 없으나 제 성질(性質)을 못 이기고 한번 쓰러지면 일어나기가 힘이 든다네.

그러니 스스로의 마음을 잘 다스리고 스스로 보듬어 안아야 한다네.

한번 입맛 들이면 술도 잘 먹고 욱하는 성질(性質)이 매우 커서 남자를 두들겨 패고 지나가는 모든 사람에게 까닭 없이 시비(是非)를 잘 거는 편이니, 만나거든 조심들 하시게나.

떡하니 보면 무척 강(强)해 보이는 여자(女子)이며 따지고 보면 실제(實際)로 강(强)한 여자(女子)라네.

가정(家庭) 밖으로는 집안의 잘못을 알리지 못하고 혼자서 끙끙 앓는다네.

남들 앞에서야 화를 죽이고 온화(溫和)하며 따스한 모습을 보이지만 남들이 가고 난 후에는 이 여인(女人) 앞에서 손들고 벌을 서야 한다네.

- 여자(女子): 정묘(丁卯) → 태음(太陰) ==

여자(女子)는 여자(女子)인지라 잘잘못을 떠나 말이 없고 잘 참아내고 이겨낸다네.

스스로의 성질(性質)을 다 죽이고는 살아가나, 한번 화가 나면 물불을 가리지 않으니 늘 조심하고 조심해야겠네.

말이 없다는 것은 그 속이 좁아터진 것이라네.

타고난 몸은 차고 가슴은 뜨거우니, 이는 매우 음(淫)한 마음을 지닌 사람이라네.

있는 성질(性質)을 다 죽이고 살다보니 속병이 깊은 사람이라 홀로 외롭기는 매한가지라네.

알량한 자존심(自尊心) 때문에 속내를 보이지 못하고 마음을 쉽게 드러내지 못한다네.

다만 가슴 깊은 곳에 큰 불을 지니고 평생(平生)을 살아가면서 자식(子息)들에게는 온갖 정성(精誠)을 들여 뒷바라지를 잘한다네.

화(火)로 인한 병 때문에 온 몸이 말이 아니라네.

모든 병(病)의 근원(根源)은 마음에 있는 것을……

3) 대림목(大林木): 울창한 숲을 이룬 목(木)의 기운(氣運)

무진(戊辰)-양(陽) ─	기사(己巳)-음(陰) --

- 남자(男子): 무진(戊辰) → 태양(太陽) ═

울창한 숲을 이루었으니, 그 안에 온갖 것이 풍족(豊足)하다네.

물 좋은 계곡(溪谷)과 갖가지 약초(藥草)와 산나물 등…… 낮에는 산새들이 숲을 벗어나 먹이를 구해오고 해가 지면 숲으로 돌아오니, 이는 매우 가정적(家庭的)이라 할 수 있다네.

한없는 사랑을 내어주는 편이며 조용하게 있는 것을 좋아하고 말없이 많은 것을 타인(他人)에게 베푸는 사람이라네.

가진 것이 풍족(豊足)하므로 가족(家族)들을 잘 챙기면서도 때로는 밖으로 나돌며 아무도 모르게 바람을 즐기는 사람인지라 상처(傷處)를 많이 주기도 하고 또 상처(傷處)를 받기도 한다네.

타고난 성품(性品)은 넉넉한 사람이나 숲이 깊숙하다 보니 숨기기도 잘 숨기고 많은 풍파(風波)로부터 사람들을 감싸 안기도 한다네.

- 남자(男子): 기사(己巳) → 소음(少陰) ══

자신이 무척 똑똑한 척 하지만 그늘진 어두운 숲속에서 자신(自身)의 갈 길을 찾지 못하고 자기(自己) 것을 가지고 똥인지 된장인지를 구분(區分)하지 못한다네.

자신(自身)의 것을 누군가 훔쳐 가는지, 아니면 빼앗아 가는 것인지, 아니면 마지못해 그냥 주는 것인지…… 빼앗기는지도 모르고 결국 자신(自身)의 것을 가지고도 사기(詐欺)를 많이 당한다네.

그 까닭은 스스로의 욕심(慾心)만을 챙기고 음흉(陰凶)하며 좀스럽기 때문이라네.

이는 자신(自身)이 가지고 있는 것이 얼마나 되는지를 모르는 바보이기 때문이라네.

- 여자(女子): 무진(戊辰) → 소양(少陽) ==

여하튼 오지랖이 넓은 여자(女子)라네.

남자(男子)가 해야 할 일을 자신(自身)이 나서서해야 마음이 편하고, 집안의 온갖 대소사(大小事)를 다스리며 살아야 편한 여자(女子)라네.

이러한 성격(性格)의 소유자(所有者)인지라 장사를 하면 사람이 구름처럼 모여들고 흥겹게 일을 한다네.

그렇다면 이런 여자(女子)를 남자(男子)들이 가만히 두겠는가.

옆에 붙어서 떡고물이라도 얻어먹으려 하고, 이를 또한 여자(女子) 본인(本人)이 좋아하며 기분 좋게 퍼준다네.

폐일언(蔽一言)하고 타고난 팔자(八字)가 식복(食福)이 많고 인복(人福)도 타고 났으며 가진 것도 남부럽지 않고 더하여 희생(犧牲) 정신(精神)도 강(强)한 여자(女子)라네.

다만 사기(詐欺)를 당해도 배신(背信)을 당해도 그저 좋아한다네.

이는 자신(自身)의 처지(處地)를 바르게 알고 있지 못한 것이니, 주위(周圍) 사람들이 얼마나 걱정을 해주면서도 다른 한편으로는 얼마나 손가락질을 하겠는가.

이 또한 이 여자(女子)의 팔자(八字)려니 해야 하지 않겠는가.

그래도 행복(幸福)하고 좋은 삶을 살아갈 것이네.

왜냐하면 남의 말을 잘 들어주는 타고난 복(福)이 있기 때문이라네.

이 여자의 진심(眞心)을 참으로 알아주는 사람을 만나면 정녕 행복(幸福)해지지 않겠는가.

- 여자(女子): 기사(己巳) → 태음(太陰) ==

남편(男便)과 자식(子息)들을 끌어안고 오로지 가족(家族)을 위해 몸과 마음을 다해 희생(犧牲)을 하며 살아간다네.

다른 것은 몰라도 내 가족(家族)만이 중(重)할 뿐이며, 다른 친인척(親姻戚)이나 이웃들에게는 신경(神經)도 쓰지 않는다네.

말로는 많이 걱정하는 것 같지만 이는 그저 말뿐이라네.

마음도 잘 감추고 돈도 잘 숨기고 이것저것 잘 숨기니 두 얼굴의 여자가 아닌가.
또한 겉으로는 부드러워 보이나 찬 여자(女子)라네.
그러나 한번 불이 붙으면 온 숲을 태워버리는 열정(熱情)을 지닌 사람이라네.
애인(愛人)으로 삼기에는 딱인 것을…… 끊고 맺음은 분명(分明)하니 상대(相對)하기에는 편하겠네.
다른 한편으로는 자신(自身)이 똑똑한 척을 하나 맹한 구석이 있고 상처(傷處)를 깊이 받아도 내색을 하지 않고 혼자 삭힌다네.
무리 가운데서의 외로움이랄까.
이는 스스로 마음의 문을 열지 않은 까닭으로 외로울 수밖에……

4) 노방토(路傍土): 이리저리 끌어당기는 토(土)의 기운(氣運)

경오(庚午)-양(陽) ㅡ	신미(辛未)-음(陰) --

- 남자(男子): 경오(庚午) → 태양(太陽) ═

오만(五萬) 가지 일에 참견(參見)을 잘하며, 앞장서는 것을 누구보다도 좋아한다네.
궂는 일이나 깨끗한 일이나 가리지 않고 나서준다네.
또한 하는 일이 자주 바뀌며, 이러한 까닭으로 많은 변화(變化)가 있고 사람을 쉽고 빠르게 사귀며, 이 곳 저곳 전국적(全國的)으로 떠돌아다니기를 좋아하면서 무리를 이끌고 다닌다네.
이는 무슨 일을 하더라도 싫증을 쉽게 느낀다는 것이며, 여러 가지 일을 벌이면서 스스로가 바쁘기를 자청(自請)하는 것이라네.
자신(自身)의 가족(家族)을 챙기기보다는 지인(知人)의 가족(家族)을 위해주는 까닭으로 오만(五萬)소리가 많으며, 그래도 망(亡)하는 일은 드물고 또한 주변(周邊)에 사람들이 많고 그들이 많은 도움을 준다네.
이런 사람은 오직 한 우물만을 판다면 크게 될 수 있는 것을……

- 남자(男子): 신미(辛未) ➜ 소음(少陰) ==

타고난 성격(性格)이 여성(女性)스럽고 조심성이 있다 보니 머뭇거리는 일이 많다네. 때문에 작은 일이든 큰일이든 결정(決定)을 하지 못하고 잡다한 고민(苦悶)을 한다네. 우유부단(優柔不斷)한 모습은 어두운 밤중에 너른 벌판에서 제 갈 길을 찾지 못하는 것과 같다네.

사방팔방(四方八方)으로 휑하니, 두려움이 앞서서 이리 갈까 저리 갈까 한다네.

어떠한 일을 하더라도 이 일일까 저 일일까 무척이나 망설이며 결정(決定)을 못하다가 모든 일이 물 건너가는 경우(境遇)가 많다네. 이는 자신(自身)의 땅 안에서 허우적거리는 팔자(八字)가 아닌가.

누군가 확실(確實)하게 이끌고 나아가주었으면 하는 마음이 굴뚝과 같다네.

- 여자(女子): 경오(庚午) ➜ 소양(少陽) ==

타고난 성격(性格) 자체(自體)가 남자(男子)와 같다네.

물론 한밤중에는 전혀 다른 모습이며, 때문에 자식(子息)도 많이 낳는다네.

겉으로 드러난 성품(性品)을 보고 백말 띠라고 부른다네.

무리를 이끌기 좋아하고 매사(每事)에 누구의 일이던지 간섭(干涉)하지 않은 일이 없으며, 누구에게나 잘해주고 나서도 뒤에서는 욕을 좀 먹는다네.

자존심(自尊心) 하나 만큼은 대단하고 이를 지키려 한다네.

달리 보면 하는 말이나 행동(行動)들이 경망(輕妄)하게 보이지만 매우 신중(愼重)하고 조심성과 예민(銳敏)함을 지녔다네.

그러나 자신(自身)의 무리를 잘 이끌어 나가고 사람을 사귀면 깊게 사귀며, 남자(男子)를 좋아한다네.

중매(仲媒)도 잘 서고 말이 많은 까닭은 성격(性格)이 솔직 담백(淡白)한 것이며, 또한 구설수(口舌數) 가운데 있기 때문이라네.

역시나 식복(食福)은 크게 타고난 여자(女子)라네.

- 여자(女子): 신미(辛未) → 태음(太陰) ==

조용하고 부드러운 여자(女子)다운 여자(女子)라네.

착하고 상냥하며 무엇이든 빠지지 않고 잘하나, 조금 방정맞은 것이 흠이라면 흠이라네.

그렇다고 상심(傷心)할 일은 아니라네.

그 까닭은 사람들을 잘 이끌어서 제 갈 길을 일러주고 가리켜 주며, 좋은 소리를 많이 듣기 때문이라네.

그러나 밖으로 바람이 나면 영 잡을 수가 없으니 사람의 일 가운데서 가장 큰 일이 아니겠는가.

이는 남의 말을 잘 들어주는 성품(性品) 때문인지라 남의 거짓말에 쉽게 넘어가기 때문이라네.

귀가 얇은 것인지, 아니면 칭찬(稱讚)에 약한 것인지……

5) 검봉금(劍鋒金): 칼끝에 매달린 금(金)의 기운(氣運)

임신(壬申)-양(陽) —	계유(癸酉)- 음(陰) --

- 남자(男子): 임신(壬申) → 태양(太陽) ═

여러 사람에게 해(害)를 끼칠 수 있는 자(者)이니 여러모로 조심(操心)해야겠네.

리더십이 강(强)하다고는 하나 위험(危險)하게 나아가며, 칼날과 같이 끊고 맺음이 너무 강(强)하다네.

다르게 보면 매우 현실적(現實的)이라고 볼 수 있으며, 또한 금(金)을 찾기 위해 날카로운 칼날 위를 걸어가는 위험천만(危險千萬)한 형국(形局)이라 그리 순탄치 않은 인생(人生)길을 가지 않겠는가.

일을 처리(處理)함에 있어서는 시시비비(是是非非)가 정확(正確)하며, 칼날 같은 성격(性格)으로 인하여 끝내 스스로 상처(傷處)받고 크게 다친다네.

몸에 칼자국이 있으며 겉으로 드러나는 모습이나 상태(狀態)가 무척 날카롭다네.

- 남자(男子): 계유(癸酉) → 소음(少陰) ==

아주 무딘 칼날이라 우물쭈물 우유부단(優柔不斷)하다네.
상처를 많이 받고 몸의 보이지 않은 부분(部分)에 빗맞은 상처(傷處)가 많다네.
사실(事實) 칼을 가슴에 감추고 있기에 느리고 게으르며 결정적(決定的)일 때, 꼭 꼬리를 내리고 뒤로 빠진다네.
마음속에 칼을 숨기고 있으니 숨기기를 좋아하고 거짓말쟁이며, 일을 해나감에 있어서도 우유부단(優柔不斷)하고 혼자서는 풀어가지를 못한다네.
참을성이 있다고 보나 한순간의 실수(失手)로 사람을 해(害)할 수 있으니 참고 또 참아야 한다네.

- 여자(女子): 임신(壬申) → 소양(少陽) ==

온전(穩全)한 남자 성격(性格)에 다급(多急)한 일이 닥치면 죽어버린다고 떠들어대나 결코 그렇게 할 생각이 아니며, 모든 것이 다 위기(危機)를 모면(謀免)하려는 쇼라고 보면 딱 맞는다네.
만일 이 여자(女子)가 계주(契主)를 한다면 돈 떼먹고 도망가는 형국(形局)에 얼굴에는 철판을 깔았다네.
싸움이라도 나면 조폭(組暴) 흉내에 자해(自害)를 하니, 스스로 고생(苦生)을 한다네.
칼칼한 성격(性格)에 남들 교통정리(交通整理)는 잘하면서도 자신(自身)의 집안에서는 허구한 날 싸움질이라네.
이러니 신경질적(神經質的)인 성품(性品)이라고 다들 이야기하지 않는가.

- 여자(女子): 계유(癸酉) → 태음(太陰) ==

자해(自害)하는 습관(習慣)으로 상처(傷處)가 많으며, 마음의 상처(傷處)를 잘 받으며 자살(自殺) 충동(衝動)을 자주 느끼고 이를 실제(實際)로 조용하게 행동(行動)으로 옮긴다네.
동반자(同伴者)가 아무런 까닭 없이 사라진다거나 죽어나가니 이를 어찌할까.

무슨 일이든 마무리를 짓지 못하고 스스로 어둠속으로 달아나며, 끝내는 행복(幸福)한 삶을 누리지 못하고 그 짧은 생(生)을 마감하기도 한다네.

6) 산두화(山頭火): 산 꼭두머리 화(火)의 기운(氣運)

갑술(甲戌)-양(陽) —	을해(乙亥)-음(陰) --

- 남자(男子): 갑술(甲戌) → 태양(太陽) ═

사람들을 가르치고 올바른 길로 인도(引導)하며, 위급(危急)할 때 늘 앞장서는 인물(人物)이라네.

스님이나 선생님처럼, 인품(人品)이 한쪽으로 치우치지 않고 이쪽이나 저쪽을 대의명분(大義名分)으로서 끌어안은 이들이라네.

일에 앞서서 멀리 내다보고 계획(計劃)을 세우며, 또한 앞날에 대한 예지(豫知) 능력(能力)이 있고, 말한 대로 이루어지는 것이 있으며, 깊이 들여다보는 성품(性品)을 타고날 때부터 지니고 있다네.

마음이 대체로 넓으며 생각을 많이 하고 밝은 마음으로 세상(世上)을 바라보며 욕심(慾心)을 부리지 않는 까닭으로 주위(周圍)에 사람들이 많이 따른다네.

어찌 보면 시대(時代)를 앞서가며, 또 선구자적(先驅者的)인 길을 걷는다네.

- 남자(男子): 을해(乙亥) → 소음(少陰) ==

자신(自身)과 가족(家族)의 의식주(衣食住)에는 무관심(無關心)하며, 곧 가족(家族)의 앞가림을 잘 해주지 못하고 인생사(人生事)에 대해 알고 있으면서도 모른척하거나 알려주기를 꺼린다네.

단지 개인적(個人的)으로 아무도 모르게 은근히 가르쳐주는 성격(性格)이라네.

잘 보이지 않은 어둠속에서 내려다보려니, 매우 신경(神經)이 예민(銳敏)하고 한번 관심(關心)을 가지면 변함없이 끝까지 이끌어준다네.

재물(財物)에 대한 욕심(欲心)이 없으며, 남을 잘 믿고 타인(他人)을 뒤에서 밀어주면서도 굳이 앞으로 나서지를 않는다네.
때로는 필요(必要) 이상(以上)으로 큰 관심(關心)을 가져주므로 남들로부터 오해(誤解)를 사기도 한다네.
어둠속에서 홀로 세상(世上)의 등불이 되고자하니, 외롭고 외롭겠네.

- 여자(女子): 갑술(甲戌) → 소양(少陽) ==

쉽게 풀이하자면 3.1절 유관순 누나 기질(氣質)이라네.
대의명분(大義名分)이 분명(分明)하다면 자신(自身)의 목숨까지도 아낌없이 희생(犧牲)한다네.
세상(世上)의 횃불이 되는 사람으로서 죽음도 두려워하지 않으며, 모든 어려움을 인내(忍耐)하고 자신(自身)의 의지(意志)를 관철(貫徹)시킨다네.
또한 밝고 맑은 신명(神明)이 있어서 무리를 이끌고 더 나은 세상(世上)을 좇는다네.
위아래 없이 사람들이 따르고 더불어 의지(依支)할 수 있는 마음의 처(處)로 삼으려고들 한다네.

- 여자(女子): 을해(乙亥) → 태음(太陰) ==

여성(女性)스럽고 부드럽다네.
희생정신(犧牲精神)이 무척 강(强)하지만 이는 오직 자신(自身)의 가족(家族)만을 위해 희생(犧牲)한다네.
외로운 사람이라 살을 베는 것과 같은 찬바람과 모진 폭풍(暴風)을 홀로 맞으며 긴 세월(歲月)을 보낸다네.
그리고 집 안에서만 움직이려할 뿐 집 밖으로는 움직이려하지 않는다네.
세상(世上)이 그렇게 유혹(誘惑)을 한다 해도 전혀 흔들리지 않고 자신(自身)이 해야 할 바를 굳건하게 해나간다네.

7) 간하수(澗下水): 산골짜기를 흐르는 수(水)의 기운(氣運)

병자(丙子)-양(陽) ─	정축(丁丑)-음(陰) --

- 남자(男子): 병자(丙子) → 태양(太陽) ═

어려운 일에 부딪히면 자기 혼자서만 요리조리 빠져 나가는 비겁(卑怯)한 자(者)가 아닌가 싶다네.

모든 일에 있어서 자신(自身)은 절대 손해(損害)를 보지 않으려 하면서도 또한 남에게 피해(被害)를 주지 않으려고 노력(努力)을 한다네.

허나 약간(若干)의 사기(詐欺) 기질(氣質)이 있음으로서 결국(結局)에는 피해(被害)를 준다네.

돈은 마르지 않으며 늘 숨통은 튀어있다네.

그러나 어떠한 일을 하든 굵지 못하고 얇고 길게 이어가려한다네.

때문에 큰돈은 만지지 못하고 잔돈푼만 건진다네.

때때로 한푼 두푼이 모여서 태산(泰山)을 이루듯 큰 재물(財物)을 쌓기도 한다네.

그래도 조심성(操心性)이 있는 까닭으로 남들은 온 몸을 던져서 막아야 할 일을 손가락 하나로 막는다네.

이것이 재주라면 큰 재주라고 볼 수 있으나, 자신(自身)의 꾀에 스스로가 넘어가는 꼴이 대다수(大多數)가 잔재주일 뿐이라네.

- 남자(男子): 정축(丁丑) → 소음(少陰) ==

남자(男子)라고는 하지만 음흉(陰凶)한 마음을 들여다보면 여자(女子)보다도 더 봇난 사람이라네.

자신(自身)이 알고 있는 것을 무기(武器)로 삼아서 타인(他人)을 협박(脅迫)하고 자신(自身)에게 이익(利益)이 되는 일로 삼는다네.

여하튼 간에 간신(奸臣) 기질(氣質)이 심하여 여기 붙었다가 저기 붙었다가 하면서 얼굴과 목소리가 하루에도 열두 번씩 변(變)하니, 어찌 이 사람을 믿을 수가 있겠는가.
또한 친구(親舊)들과의 사이나 사업(事業)하는 이들과의 사이를 이간(離間)질하여 모두 끊어놓으려고 하니, 이 무슨 심보이며 무슨 일이 성사(成事) 되겠는가.
어찌 보면 스스로 엄청나게 노력(努力)하는 것처럼 떠들고 움직이나 전혀 남을 생각하지 않고 스스로의 잇속을 챙기는 얼굴에 철판을 깐 파렴치(破廉恥)한 인간(人間)이라네.
사랑도 이와 같은지라 자신(自身)의 음욕(淫慾)을 다 채우고 나면 그걸로 끝이라네.

- 여자(女子): 병자(丙子) ➔ 소양(少陽) ==

자신만큼은 절대(絶對) 손해(損害)를 보지 않는 꼬리가 아홉 개 달린 여우인지라 상대(相對)하기 어려운 여자(女子)이며 맞대면 하자면 머리가 아프다네.
자신(自身)이 피해(被害) 볼 짓을 죽어도 안하는 성격(性格)으로 그 예(例)를 들면 돈을 빌려주었다고 하자.
말로는 갚겠다고 하지만 차일피일(此日彼日)미루며, 갚기는 하되 찔끔찔끔 갚고 갚을 돈은 가지고 있었는데 급(急)한 일이 있어 다른 곳에 썼다는 등, 약만 잔뜩 올려놓는다네.
수단(手段)이 그만큼 좋다고는 하지만 입만 가지고 사람을 혹(惑)하게 하는 것이 아닌가.
많은 돈을 움직일 때는 자기(自己) 돈으로 움직이지 않고 남의 돈으로 움직이며, 절대(絶對) 자기 돈은 손해(損害)를 보지 않는다네.

- 여자(女子): 정축(丁丑) ➔ 태음(太陰) ==

여성(女性)스럽고 눈치 하나는 빠르다네.
보기에는 미련하고 우둔(愚鈍)하여 곰 같아 보이지만, 무슨 일이든 그 일 하나만큼은 똑소리 난다네.
또한 우직(愚直)함속에 살살거리는 간사(奸詐)함이 그렇게 어색(語塞)하지는 않다네.
때문에 뒤로다 몰래 바람을 피우기도 하며 바로 들통이 날 거짓말도 잘하고 남들이 믿도록 수단(手段)과 방법(方法)을 가리지 않는다네.

8) 성두토(城頭土): 성 꼭대기에 있는 토(土)의 기운(氣運)

무인(戊寅)-양(陽) —	기묘(己卯)-음(陰) --

- 남자(男子): 무인(戊寅) → 태양(太陽) ═

큰 성(城)의 성주(城主)라네.

성문(城門) 안과 밖으로 오고 가는 사람들을 잘 관리(管理)하며, 성안의 모든 이들을 잘 보호(保護)하고 안과 밖의 개념(概念)이 확실(確實)하며, 나의 것과 남의 것을 분명(分明)하게 한다네.

가족(家族)을 위해 헌신(獻身)하며 시시비비(是是非非)를 잘 가리면서 대소사(大小事)와 모든 이들을 힘껏 이끌고 나간다네.

때로는 비자금(秘資金)을 잘 챙기고 통장정리(通帳整理)를 하는 모습이 어떻게 보면 속이 좁아 보이는 사람이나, 절대 속 좁은 사람이 아니고 가족(家族)을 위해 쓰기 위함이며, 쓸데는 확실(確實)하게 던지는 사람이라네.

명분(名分)만 있다면 아깝게 생각하지를 않으나, 자기(自己) 위주(爲主)의 생각으로 이끌고 가려는 성격(性格)이 못내 아쉽다네.

- 남자(男子): 기묘(己卯) → 소음(少陰) ==

타고난 성품(性品)이 착하고 착하다네.

안과 밖을 서로 화합(和合)하게 만들고 서로의 이기심(利己心)이나 소소(小小)한 분쟁(分爭)으로 서로 다투지 않게 한다네.

남자(男子)로써 부드럽고 여성적(女性的)인 면이 있으나, 나름대로의 강(強)한 이미지를 가지고 있으니, 혼자 있을 때는 강(強)하고 여럿이 있을 때는 자신(自身)의 강(強)한 모습을 숨긴다네.

여자(女子)한테 잘 해주고 주위(周圍)에 여자(女子)가 많으나, 많이 의지(依支)하려는 약(弱)한 모습이 있다네.

수많은 고통(苦痛)을 겪은 후(後)에 크게 이룰 수가 있다네.

- 여자(女子): 무인(戊寅) → 소양(少陽) ==

내 가족(家族)이 다치는 걸 무척 싫어한다네.

때문에 자식(子息)들을 심하게 단속(團束)하여 숨을 못 쉬게 하고 남편(男便)에게도 마찬가지로 또한 그러하며 본능적(本能的)으로 자신(自身)의 가족(家族)에게 크게 집착(執着)하는 까닭으로 나중에는 몰래 피눈물을 흘려야 한다네.

친척(親戚)들이 모두 모여 살아야 마음이 편하고 안과 밖으로 모든 일에 있어서 다 품에 안고 살아가려니 스스로 고달프다네.

그러나 자기(自己) 스스로 움직여서 일하지 않고 앉아서 모든 이를 부려먹고 살려 한다네.

단지 친척(親戚)이나 친구(親舊) 등, 집구석에 무엇이 있는지, 무엇 때문에 힘든지 다 알고 있으면서 가려운 데를 긁어주니 다행(多幸)이 아닌가 생각하네.

- 여자(女子): 기묘(己卯) → 태음(太陰) ==

집안의 대소사(大小事)를 잘 이끌어 가고 여자(女子)다우며 성문(城門) 밖의 세상(世上) 일을 전혀 모른다네.

무관심(無關心)하다네.

그저 집안에서 작은 행복(幸福)을 찾을 뿐이며, 단지 육신(肉身)이 고달프다네.

남편(男便)이 시키면 시키는 대로 무슨 핑계나 이유(理由)가 없이 모두 다 따라주고 들어준다네.

때문에 몸이 고달픈 것이며, 이렇듯 구속(拘束) 받으며 또 작은 것에서 행복(幸福)을 느낀다네.

9) 백납금(白납金): 다루기 쉬운 금(金)의 기운(氣運)

경진(庚辰)-양(陽) ⚊	신사(辛巳)-음(陰) ⚋

- 남자(男子): 경진(庚辰) → 태양(太陽) ⚌

성격(性格)을 유심(幽深)히 보면 유들유들한 면이 있어서 장사를 잘하고 수완(手腕)도 매우 좋으며, 협상가(協商家)로서도 손색(遜色)이 없다네.

연애(戀愛) 박사(博士)인가.

고무줄을 놓았다가 잡았다가 하며 상대방(相對方)의 애간장을 다 녹인다네.

인간관계(人間關係)가 무난(無難)하고 좋으며 삶을 재미있게 살아간다네.

큰일을 하다보면 현찰(現札)보다는 다른 것으로 해결(解決)하려는 약간(若干)의 사기(詐欺)로 사람들을 약 올리며, 그렇게 똑똑한 척을 한다네.

그나마 다행(多幸)인 것은 상대방에게 큰 피해(被害)를 주지 않는다는 것이네.

- 남자(男子): 신사(辛巳) → 소음(少陰) ⚍

부끄러운 줄 모르고 뻔뻔한 면을 떠나서 매우 능글맞은 까닭으로 욕을 많이 먹으며, 잠시나마 말과 행동(行動)을 섞어보면 보이지 않게 닭살이 오르는 사람이 아닌가.

야한 것을 좋아하고 사람이 야살스러우며, 성추행(性醜行)을 즐기는 것일까?

몰래 숨어서도 보려하고 호기심(好奇心)이랄까?

더듬기도 잘 더듬으며, 가끔 변태(變態)가 아닌가라는 생각이 든다네.

- 여자(女子): 경진(庚辰) → 소양(少陽) ⚎

유들유들하게 장사를 잘하고 융통성(融通性)이 있는 성격(性格)이라 털털하고 현찰(現札)을 잘 돌린다네.

사람들 중간(中間)에 서서 화해(和解)를 잘 시키며, 남여(男女) 사이에 있어서는 애간장을 녹이는 스타일이라네.

어떻게 보면 드러내놓고 바람을 피우는 듯하나, 꼭 그런 것이 아니라네.
그렇게 오해(誤解)할 이유(理由)가 없다네.
모난 성격(性格)은 아닌 것을……

- 여자(女子): 신사(辛巳) → 태음(太陰) ==

여자(女子)의 당연(當然)한 도리(道理)로서 남자(男子)에게 몸과 마음을 다하여 잘 들어주고 맞추어 준다네.
살살거리는 성격(性格)에 애써 비위(脾胃)를 잘 맞추고 목적(目的)을 위해서는 나긋나긋한 성격(性格)이라네.
애인(愛人)으로 삼았으면…… 그러나 한 곳에 마음을 정착(定着)시키지 못하니 마음을 줄듯 말듯, 사랑도 계산적(計算的)일 뿐…… 때문에 목적(目的)이 분명(分明)하면 몸과 마음을 다하여 비위(脾胃)를 맞추고 후(後)에, 종당(從當)에는 돈이 앞선다네.

10) 양류목(楊柳木): 바람에 하늘거리는 목(木)의 기운(氣運)

임오(壬午)-양(陽) —	계미(癸未)-음(陰) --

- 남자(男子): 임오(壬午) → 태양(太陽) ═

인물(人物)도 풍채(風采)도 좋고 배운 바 학식(學識)도 만만치 않으며, 언변(言辯)도 그렇듯 좋으나 쉬이 상대(相對)할 사람은 아니라네.
그 까닭은 일 보다는 노는 것을 좋아하고 여자를 누구보다 좋아하며, 틀림이 없는 한량(閑良) 기질(氣質)에 바람둥이라 그렇다네.
여자(女子)한테 절대 잡혀 살지 않고 세상(世上)을 관조(觀照)하면서 조롱하며 살아가고 되는대로 삶을 보내고자 한다네.
바람이 부는 대로 흐느적거리는 삶이라 가족(家族)들이 고생(苦生)하지 않겠는가.
술로 인한 복상사(腹上死)가 많으며 말년(末年)이 좋지 않겠네.

- 남자(男子): 계미(癸未) → 소음(少陰) ==

소심(小心)한 성격(性格)이라 일을 해나가는 방식(方式)이 남이 모르게 몰래하며, 놀아도 꼭 뒤에서 논다네.

착하고 착한 것은 알겠으나, 두 집 살림에 허리가 휘어지니 독한 여자(女子)를 만나 꼭 잡혀서 살면 그나마 편(便)하지 않겠는가.

술 좋아하고 여자(女子)를 좋아하면서도 안 그런 척하는 내숭쟁이에 스스로를 합리화(合理化)시키며, 친구(親舊)가 부탁하는 것은 일언지하(一言之下)에 거절(拒絶)하고 여자(女子)가 부탁하는 것은 뭐든 들어주려고 애를 쓴다네.

그래도 밉지 않은 것은 순(順)해도 이렇게 순(順)한 이가 없기 때문이라네.

- 여자(女子): 임오(壬午) → 소양(少陽) ==

나올 곳은 나오고 들어갈 곳은 들어간 예쁘고 날씬한 미인(美人)이라네.

타고난 팔자(八字)가 기생(妓生)이 아니면 마담 팔자(八字)려니…… 이를 벗어나지 못하겠네.

남자(男子) 여럿을 품안에 거느려야 하고 또 이끌어주어야만 앞으로의 삶이 풀리겠네.

바람에 하늘거리는 선녀(仙女)와 같아서 주위(周圍)에는 항상 남자들이 들끓고 또 언니, 동생하며 따르는 여자(女子)들이 많다네.

타고난 기운(氣運)이 한 걸음 한 걸음 사뿐하며, 술 먹는 모양새가 아름답고 말 또한 능(能)하며, 움직임이 기품(氣品)이 있으니……

이 모든 것들이 요염(妖艶)한 기운(氣運)을 타고 겉으로 한껏 드러난다네.

- 여자(女子): 계미(癸未) → 태음(太陰) ==

착하고 예쁘며 고운 여자(女子)인 것 같으나 애당초 속이 무서운 여자(女子)라네.

조심하고 조심하게나.

간, 쓸개 다 빼주다가 한 순간(瞬間)에 돌아서서 등치는 수가 있으니…… 이 여자(女子)의 눈물에 절대 속으면 안 된다네.

그러나 기둥서방과 같은 남편(男便)에게 잡혀 구속(拘束)된 몸이라면 스스로 실속을 차린다고는 하나 쓸데없는 일이며, 스스로 자괴감(自愧感)을 느끼고 쉽게 삶을 포기(抛棄)한다네.

11) 천중수(泉中水): 샘 가운데서 솟아나는 수(水)의 기운(氣運)

갑신(甲申)-양(陽) ―	을유(乙酉)-음(陰) --

- 남자(男子): 갑신(甲申) → 태양(太陽) ═

마음과 정신(精神)이 맑으며 타고난 육신(肉身)이 밝고 건강(健康)하다네.
죽었다가도 다시 살아나는 사람이니 쾌활(快活)하고 명랑(明朗)한 성격이라네.
마르지 않는 샘물과 같은 팔자(八字)라 돈이 떨어지면 돈이 들어오고 남에게 넘치도록 베푸는 사람이며 사랑도 정(情)도 또한 그러한지라…… 모든 일들이 어려움 없이 순조(順調)롭게 풀리며, 남들은 힘들고 어려워하지만, 이 사람은 딴 짓만 하지 않는다면 무사태평(無事太平)한 삶이라네.
그리고 활인적덕(活人積德), 곧 사람의 목숨을 살려 음덕(陰德)을 쌓아야 한다네.

- 남자(男子): 을유(乙酉) → 소음(少陰) ═

재물(財物)을 풀지 않은 구두쇠인 것 같으나 남들이 모르게 베푸는 사람이라네.
단지 흠이라면 정(情)이든 돈이든 흘리고 다니는 성품(性品)이라 책임감(責任感)이 없어 보인다네.
또한 베풀면서도 사람을 내 사람으로 만드는 경향(傾向)이 강하니, 따르지 않으면 상처(傷處)를 입고 남에게 많이 빼앗기면서 속절없이 눈물바람이라네.
어둠속 한 귀퉁이 서럽게 흐느끼는 소리를 누가 알아주기나 하겠는가.
상처(傷處)란 겉으로 드러내야 나는 법(法), 안으로만 숨지 말고 밖으로 조금이라도 드러내놓았으면……

- 여자(女子): 갑신(甲申) → 소양(少陽) ==

몸에 치장(治粧)하기를 좋아하고 허영심(虛榮心)이 크며, 이목구비(耳目口鼻)가 뚜렷한 것이 이국적(異國的)인 분위기(雰圍氣)라네.

좋은 남편(男便)을 만나 재물(財物)도 마르지 않으며, 자식(子息)도 쑥쑥 잘 낳고 타고난 재주가 특출(特出)한 면이 있다네.

꾸준한 성격(性格)에 여유가 있고 성품(性品) 자체(自體)가 강(强)한 사람이나, 흠이 되는 것은 쓰고 싶은 것은 다 쓰고 다니는 낭비(浪費)가 문제(問題)라면 문제라네.

더하여 잘못 생각하면 남자(男子)를 많이 만나고 다닌다는 것이네.

- 여자(女子): 을유(乙酉) → 태음(太陰) ==

남편(男便)이 돈을 벌든 못 벌든 잘 쓰고 다니는 모습이, 안 쓰면 병(病)이라도 드는 것과 같네.

반면 여자(女子)로서 여자(女子)다운 구석이 있으니, 부드러운 그 성격(性格)이며, 많은 것을 가지고 있어도 있는 척을 안 하고 넘치는 부(富)와 타고난 끼를 많이도 참는다네.

좋은 일에 기부(寄附)도 많이 하고 일을 벌이는데 있어서 꼭 돈이 될 만한 일에 손을 대며, 또 일이 잘 풀려 나간다네.

사랑도 재물(財物)도 마르지 않는 사람이나 큰 상처(傷處)에는 견디지 못하는 약(弱)한 면을 지니고 있다네.

12) 옥상토(屋上土): 지붕에 있는 토(土)의 기운(氣運)

병술(丙戌)-양(陽) —	정해(丁亥)-음(陰) --

- 남자(男子): 병술(丙戌) → 태양(太陽) ═

어찌할거나.

하늘이 가려졌네.

머리에 들어오는 것은 하나 없고 답답한 마음만이 온 몸을 누르고 이끈다네.
달리 말하자면 조상(祖上)줄이 막혔다는 것이니, 사랑도 가정(家庭)도 먹고 살아가는 사업(事業)마저도 무언가의 그늘에 가려 숨이 턱에 차도록 운(運)이 막힌다네.
부모로부터 물려받은 재물(財物)은 모두 다 허망(虛妄)중에 잃고 혹독(酷毒)한 현실(現實) 앞에서 꿈과 의지(意志)는 무참하게 꺾어진다네.
이렇든 저렇든 이미 드리워져 있는 그늘 밑에서 그렇듯 편안(便安)하게 머물고 있는지…… 사방(四方)으로 길은 많으니, 천운(天運)을 기다리지 말고 발길을 세상(世上) 밖으로 내디디며, 보이는 것이 다는 아니라는 것을 마음 깊숙이 새겼으면 하네.

- 남자(男子): 정해(丁亥) → 소음(少陰) ==
소심(小心)한 성격(性格)으로 인하여 매일 매일이 안으로 흐르는 눈물과 남을 핑계로 삼아 하루하루를 살아간다네.
꿈과 이상(理想)은 잃는지 오래 전이고 혼자 있기를 두려워하며, 물려받은 재물(財物)만을 축내며 허송세월(虛送歲月)한다네.
있는 재물(財物)을 다 까먹고 나면 어떻게 삶을 이끌어 갈 수 있겠는가.
천지사방(天地四方)을 둘러보아도 캄캄한 어둠뿐인지라 누구에게 하소연할 수 있겠는가.

- 여자(女子): 병술(丙戌) → 소양(少陽) ==
하늘을 가까이하지 못하고 보지를 못하니 오죽이나 답답하겠는가.
남편(男便)이라는 작자(作者)는 집에다 마음을 두지 못하고 밖으로만 싸돌아다니며, 여자(女子)의 몸으로 막일을 하며 살아가고 아이들을 부둥켜안자니, 그 속이 어찌 답답하지 않겠는가.
활동범위(活動範圍)가 넓지 못하고 뜨거운 뙤약볕을 싫어하며 조금은 게으르고 변화(變化)가 오는 것을 왜 그리도 싫어하는지……불평(不平) 불만(不滿)은 쌓이고 남이 잘되는 꼴을 못 보며, 욕심(慾心)은 이를 데 없이 많으나 어느 것 하나 제대로 잡지를 못한다네.

누구한테나 왈왈거리니 도망갈 일밖에 더 있겠는가.

따지지 않으면 잘 되어 나갈 일인 것을 허구한 날 싸움질이요. 사람마다 시비(是非)요. 끝끝내 따지고 든다네.

하늘을 보지 못하니 속이 타는 것은 당연(當然)한 일이라…… 스스로 지어가는 업(業)인 것을 어찌 알지 못하는가.

- 여자(女子): 정해(丁亥) → 태음(太陰) ==

두리 뭉실 만고강산(萬古江山)일세.

세월(歲月)아 내월(來月)아!

비가 오나 눈이 오나 맞기는 싫고 하는 일 없이 쉽고 편하게 산다네.

앉아서 편안(便安)한 고리대금(高利貸金) 업(業)에 욕심(慾心)까지 많으니, 그 많은 돈을 깔고 앉아 있으면서도 구리 동전 하나 절대 내주지를 않는다네.

하나를 가지면 열개를 갖고 싶어 하고 그 열개를 가지려고 과욕(過慾)을 부린다네.

여자(女子)의 몸집이 작으면 욕심(慾心)을 크게 부리고, 몸집이 크면 바보가 아닌가 할 정도로 욕심(慾心)이 없이 널리 베푼다네.

13) 벽력화(霹靂火): 허공에 내려치는 화(火)의 기운(氣運)

무자(戊子)-양(陽) —	기축(己丑)-음(陰) --

- 남자(男子): 무자(戊子) → 태양(太陽) =

무슨 일이든 번개 불에 콩을 튀겨 먹듯 급(急)하게 이루고 또 순산(瞬間)에 지금껏 이룬 모든 것을 잃는다네.

아무런 까닭이나 이유(理由)가 없이 큰 소리를 질러 사람들을 놀라게 하고 그 무슨 억하심정(抑何心情)으로 그러는지, 앞에서 일을 저지르고는 전혀 나 몰라라 뒷짐을 진다네.

또한 기(氣)가 약(弱)하고 스스로 저지른 일에 대해서 두려움을 가지고 있으며, 사업

(事業)의 운(運)이라는 것이 스스로의 격(激)한 말로 인하여 순식간(瞬息間)에 다 날아가 버리고, 거기다 사람들이 모두 떨어져 나간다네.

사업(事業)이란 노력(努力)한 후(後)의 기다림인 것을…… 급하게 좋은 결과(結果)를 얻으려하다가 오히려 좋지 않은 결과와 부딪친다네.

스스로가 외로워지는 것은 자기(自己) 자신(自身)이 만드는 것을……

- 남자(男子): 기축(己丑) → 소음(少陰) ==

스스로의 성질(性質)을 못 이겨서 파르르 성을 내며, 주위(周圍) 사람들을 못 잡아먹어서 안달을 하고 집안 식구(食口)에게 누가 먼저라고 할 것도 없이 부딪히는 대로 모든 화풀이를 해댄다네.

거기다 화(譁)가 커지면 참지를 못하고 자신(自身)의 머리를 벽에다가 사정(事情)없이 들이 박으며, 자기(自己) 방식(方式)대로 부인(婦人)을 찍소리 못하게 잡아놓고 말려 죽이는 형상(形狀)이라네.

좌우간(左右間) 자해(自害) 공갈(恐喝)로 나서면 돈이라도 벌겠네.

스스로의 고집(固執)을 끝끝내 꺾지 못하고 화병(火病)으로 생(生)을 마감한다네.

속에 있는 진실(眞實)을 말 못하고 혼자서 끙끙 앓으면 누가 알아줄 것이며, 모든 일을 한꺼번에 몰아서 하니 어떻게 그 몸이 배겨나겠는가.

- 여자(女子): 무자(戊子) → 소양(少陽) ==

그 기세(氣勢)가 등등(騰騰)한 까닭으로 성격(性格)상 이혼(離婚)할 확률(確率)이 가장 높으며, 모든 일을 성급(性急)하게 판단(判斷)하고 또 끝내는 이러한 까닭으로 많은 손해(損害)를 본다네.

주위(周圍)의 가까운 이들을 스스로 끊어버리고 형제간(兄弟間)에도 서로 멀어져 가니, 이는 모든 불평(不平) 불만(不滿)을 악다구니를 쓰며 쏟아놓기 때문이라네.

여자(女子)가 큰 소리를 잘 치며 으름장을 놓으면서 항상 빨리 빨리하라고 소리를 지른다네.

때문에 일 처리(處理) 하나만큼은 똑소리가 난다지만, 그 결과(結果)는 어떨지 참으로 궁금하다네.

- 여자(女子): 기축(己丑) → 태음(太陰) ==

의기소침(意氣銷沈)한 것인지, 아니면 용기(勇氣)가 없는 것인지 남편(男便)한테는 박박 대들면서도 모든 일을 앞두고서는 매일반 주저주저한다네.
집에다 정(情)을 못 붙이고, 곧 살림을 하지 못하고 먼 산만을 쳐다보며 뜬금없는 헛소리를 하면서 늘 멍한 상태(常態)라네.
그러나 마음먹고 일을 한번 하면 몸을 사리지 않고 하며, 타고 나기를 열심인 편이라 씩씩거리면서도 혼자 모두 해낸다네.
그러니까 무식(無識)하고 미련한 곰 같다고나 할까…… 남편(男便)이 어떠한 말을 하든 말든, 늘 꿍하는 마음이 있으며, 그 마음을 한꺼번에 터트리는데, 조용히 집을 나가는 성격(性格)이라, 성깔머리 한번 정말 더럽다네.
자기(自己) 밖에 모르고 남에 대한 배려(配慮)가 없이 말과 행동(行動)을 하고 싶은 대로 해버리는 막무가내와도 같은 성격(性格)이라네.

14) 송백목(松柏木): 산에 홀로 서있는 목(木)의 기운(氣運)

경인(庚寅)-양(陽) —	신묘(辛卯)-음(陰) --

- 남자(男子): 경인(庚寅) → 태양(太陽) ═

청산(靑山)에 홀로 우뚝 서있는 모습이 정녕 독야청청(獨也靑靑)이라, 까다로운 선비 기질(氣質)은 좋으나, 못된 결벽증(潔癖症)은 쓸데없는 것이 아닌가.
사계절(四季節) 모진 풍파(風波)를 홀로 맞으니, 사람에게 잔정을 주지 못하고 거짓말을 못하며, 직선적(直線的)인 말과 행동(行動)으로 있는 그대로를 옮긴다네.
순국선열(殉國先烈)들과 같은 선구자적(先驅者的) 기질(氣質)에 일 처리(處理)가 깔끔하고 자신(自身)의 주변(周邊)을 늘 깨끗이 한다네.
바른 길이 아니면 가지를 않고 대의명분(大義名分)을 위해서라면 몸과 마음을 아끼지 않는다네.
돈에 대한 관념(觀念)이 정확(正確)하고 고집(固執)이 너무 강(强)하며, 곧 쓸데없는 자존심(自尊心)이 너무 강(强)하니, 이 사람에게는 내 성질(性質)을 다 죽이고 살아야 그나마 편(便)히 살 수 있다네.
주위에서 많은 사람들이 이 사람에 대하여 시기(猜忌)와 질투(嫉妬)가 많다네.
보다 보면 안사람이 무척 피곤(疲困)하겠네.

- 남자(男子): 신묘(辛卯) → 소음(少陰) ==

참으로 간사(奸邪)하다네.
우유부단(優柔不斷)하고, 거기다 왜 그렇게 잔소리가 심한지…… 몸과 마음에 좋은 알토란과 같은 말은 없고 그저 까다롭게 구는 성격(性格)이라네.
만일 선생님이라면 아이들을 달달 볶아대며 여차하면 몽둥이로 때리고, 궂은 일에는 나서지도 않으면서 뒤에서 왜 그렇게 꽁알꽁알 대는지, 또 뒷말은 왜 그리도 많은지…… 돈도 잘 벌지 못하고, 또 돈이 있어도 쓰지를 못하면서 벌벌 떤다네. 직장생활(職場生活)을 하거나 사업(事業)을 벌이거나 이 사람에게는 그렇게 만만한 일들이 아니라네.
누가 그 성격(性格) 밑에서 배겨날 수 있겠는가.
스스로가 선비 기질(氣質)이 있다고 자랑하며 말과 행동(行動)을 보이지만 하는 짓을 보면 영락(零落)없는 꽁생원이라네.
그러니 보기에도 창피한 짓을 거리낌 없이 하는 것이 아닌가.
얼굴에 철판을 깔았는지……

- 여자(女子): 경인(庚寅) → 소양(少陽) ==

타고난 성정(性情)이 올바르고 깨끗하다네.
아이들을 가르치는 일에 있어서 매를 들어서라도 곧고 바르게 키우며, 모든 면에서의 계산(計算)이 정확(正確)하고 더러운 꼴을 보지 못하며, 또한 시비(是非)를 깔끔하게 가려낸다네.
남편(男便)을 손아귀에 휘어잡지 못하면 아이들을 휘어잡으려 하니, 이는 깐깐한 성격(性格) 때문이며 마음에 여유(餘裕)가 없기 때문이라네.
공짜로는 받은 것도 주는 것도 무척 싫어한다네.
그래도 명예욕(名譽慾)은 있어서 명분(名分)만을 따라다니며, 잘난 척하는 그 모습이 사실(事實)은 어색(語塞)하지가 않다네.

- 여자(女子): 신묘(辛卯)－태음(太陰) ==

빌어먹고 살아가는 팔자(八字)려니, 자신(自身)의 길을 가지 못하고 남에게 바른 사람이 되지 못하네. 이는 오로지 못된 자존심(自尊心)만 남았기 때문이라네.
어려운 일에 처(處)했을 때 누구 하나 도와주는 사람이 없으니, 의지(依支)해야 할 곳이 바로 허공(虛空)이라네.
앞으로는 벼랑이고 뒤로는 절벽(絶壁)이며, 좌우(左右)로는 높은 산(山)과 깊은 강(江)이라네.
어디로 발길을 내디뎌야 하는지…… 뒤늦게 후회(後悔)하면 무슨 소용(所用)이 있겠는가.
평소(平素)에 잘할 것이지…… 늘 그 자리에서 맴돌며 벗어나지를 못한다네.
말로는 무엇인가를 한다고는 하지만 결국(結局)에는 항상 그 자리가 그 자리라네.

15) 장류수(長流水): 대지(大地)를 흐르는 수(水)의 기운(氣運)

임진(壬辰)-양(陽) —	계사(癸巳)-음(陰) --

- 남자(男子): 임진(壬辰) → 태양(太陽) ═

그 넓은 땅을 기름지게 해주고 타인(他人)을 이롭게 하며, 지혜(智慧)가 있는 사람이

라네.

그러나 워낙 큰 강(江)인지라 물이 크게 불면 한꺼번에 삶의 터전을 휩쓸어버리기도 하고, 한번 크게 격(擊)하면 한 집안을 몰살(沒殺) 시키기도 한다네.

그러니 미리 미리 알아서 대비(對備)하고 예방(豫防)해야 하지 않겠나.

그렇다고 남에게 큰 해(害)가 됨이 없이 삶을 살아가니, 참고 또 참아야 한다네.

먹고 마실 것이 모두 다 강(江)에 있지 않은가.

- 남자(男子): 계사(癸巳) → 소음(少陰) ==

매사(每事) 끌어안지를 못하고 눈만 뜨면 번번이 불평(不平)과 불만(不滿)뿐이며, 본인(本人)의 참된 성품(性品)을 모르고 마음만 답답하다고 늘 입에 달고 다니네.

강을 건너면 답(答)이 있는 것을 건널 생각도 안하고 주위(周圍)의 물건들을 이용(利用)할 줄 모른다네.

참으로 이 사람의 마음속을 알 수가 없다네.

밝은 지혜(智慧)를 지니고 있어도 사용(使用)하지를 못하니 안타깝기만 하다네.

- 여자(女子): 임진(壬辰) → 소양(少陽) ==

부드럽게 흐르는 성격(性格)이면서도 대체로 남성적(男性的)인 면이 강(强)하다네.

자식(子息)도 많이 낳고 명줄 또한 길며, 자신(自身)이 가는 길을 막으면 힘으로 밀어붙이고 사업(事業)을 벌이면 잘 꾸려나가는 여자(女子)라네.

많은 사람들을 사심(私心)없이 잘 받아들이고 서로를 이롭게 하면서 항상 동반자(同伴者)로서의 밝은 길을 간다네.

온화(溫和)한 얼굴에 미소가 떠나지를 않지만, 물이란 흐르지 않으면 썩어 들어가는 법(法)이 아닌가.

많이 생각하고 많이 활동(活動)하고 많이 어울려 살아야 한다네.

- 여자(女子): 계사(癸巳) → 태음(太陰) ==

태어나기를 영락(零落)없이 여자(女子)로 태어났으나, 병(病)을 많이 가지고 있으니, 운명(運命)도 안으로 숨어서 은은(隱隱)하게 흘러간다네.

남한테 싫은 소리, 또 싫은 내색을 하지 않고 깊은 지혜(智慧)로 들여다본다네.

엄마로서 한 남자(男子)의 여자로 온 몸과 마음을 다하여 할 도리(道理)를 다하니, 이 여자(女子)의 가는 길을 막지 말게나.

혹독(酷毒)한 세상(世上)에 거침없이 발을 들여놓으며 꺾이지 않고 살아가니, 이만한 여자(女子)가 어디 있겠는가.

건들지만 말게나.

16) 사중금(沙中金): 모래와 섞인 금(金)의 기운(氣運)

갑오(甲午)-양(陽) —	을미(乙未)-음(陰) --

- 남자(男子): 갑오(甲午) → 태양(太陽) =

누구보다 열심히 일을 한다고 해도 내 손에 쥐어지는 것은 없고 몸만 고달프다네.

사고(事故)가 많이 나며 무슨 일이라도 삶 자체(自體)를 힘들게 하고, 밑 빠진 독과 같이 부모(父母)로부터 물려받은 재물(財物)이 많더라도 제대로 쓰지도 못하고 지키지도 못하면서 종내(終乃)는 힘들게 살아간다네.

일찍 깨달아 알아야 할 것은 아무리 들고 날뛴다 해도 아무런 소용(所用)이 없다는 것을…… 주위에 많은 사람이 있더라도 내가 많은 재물(財物)을 가지고 있을 때뿐이라네.

빈털터리가 되면 등을 돌릴 사람들이라네.

이렇듯 살이 타는 고통(苦痛)을 누가 알아주겠는가.

- 남자(男子): 을미(乙未) → 소음(少陰) ==

아무리 착하고 성실(誠實)하다 해도 그 누구도 인정(認定)을 해주지 않으며, 그 많은 일을 하고 열심히 노력(努力)을 해도 달리 알아주는 이가 없으니 삶을 헤매고 다니면서 가시밭길을 홀로 걸어가는 사람이라네.

어둠 속 한 귀퉁이에 무너져 내린 자신의 쉼터를 보며, 돌아와 쉴 곳이 없다는 마음에 소리 없이 눈물만 흘린다네.

그래도 인정(人情)이 많은 사람이라 없는 가운데에서도 남을 많이 돕고 스스로가 노력(努力)한다네.

착하고 착한 사람인지라 후(後)에 많은 복(福)을 받겠네.

- 여자(女子): 갑오(甲午) → 소양(少陽) ==

말만 잘하고 또 말만을 앞세우며 허풍(虛風)만이 강(强)하다네.

가진 것도 없으면서 화려함만을 겉으로 드러내고 큰 소리만 뻥뻥해대며, 온 몸에 화려(華麗)한 보석(寶石)을 걸치고 밖으로 나돌기를 좋아한다네.

집안 살림을 보면 엉망진창이니, 돼지우리도 이보다는 나을 성 싶다네.

자존심(自尊心)이 밖으로 튀는 성격(性格)이라 대책(對策)없이 빚만 많이 늘어나고, 따라서 자칫 잘못하면 몸 팔고 등치고 거짓말하고 다닌다네.

돈을 빌려서라도 밍크코트는 사서 입어야 하는 성질(性質)이니 이를 어찌할까.

- 여자(女子): 을미(乙未) → 태음(太陰) ==

남자(男子)가 돈을 벌어다주지 못하고 도리어 스스로가 뼈 빠지게 번 돈을 다른 남자(男子)한테 갖다 바치는 꼴이니, 먹고 살기 힘든 팔자(八字)에 노점(路店)상(商) 팔자(八字)가 아닌가.

힘들게 벌고 벌어도 모두 다 뜯기는 팔자(八字)니, 이는 착해도 너무 착한 것이 문제(問題)라네.

남편이 다른 여자(女子)와 살림을 차려도 있는 그대로 마음 아파하면서 살아가니, 이 얼마나 불쌍하고 집도 절도 없이 떠도는 신세(身世)인가.
매일 남에 집 신세(身世)라, 마음속에 한(恨)이 많고 깊다네.
언제쯤이니 마음의 상처(傷處)를 치유(治癒)할 수나 있을런지…… 참으로 답답한 팔자(八字)라네.

17) 산하화(山下火): 산 아래서 타오르는 화(火)의 기운(氣運)

병신(丙申)-양(陽) ⚊	정유(丁酉)-음(陰) ⚋

- 남자(男子): 병신(丙申) → 태양(太陽) ⚌

감성적(感性的)이며 감정(感情)의 기복(起伏)이 심(甚)하고 여자(女子)를 좋아하며 정열적(情熱的)인 사랑을 한다네.
한번 타 들어가면 산 전체(全體)를 태워야 하니 바람기가 심(甚)한 편이며, 온 몸을 태워서 따뜻하게 해주니 여자(女子)들이 잘 따르고 좋아하는 것이며, 사업(事業)을 하더라도 크게 흥(興)했다가 한 번에 모든 것을 말아먹은 팔사라네.
귀(貴)한 사람을 잘 만나면 기사회생(起死回生)할 수 있으며, 삶을 편안(便安)하게 살 수 있다네.
워낙 분위기(雰圍氣)를 잘 타고 팔팔한 성격이지만 그리 오래가는 것은 아니라네.
바람기가 심(甚)한 편이지만 바로 들키는 일로 인해 바보가 되지 않는가.
때문에 한 순간(瞬間)에 깡통을 차는 신세(身世)가 된다네.

- 남자(男子): 정유(丁酉) → 소음(少陰) ⚍

인정(人情) 많고 따스한 모습은 안으로 깊숙이 감추며, 냉정(冷情)하고 찬 모습을 겉으로 드러내면서 자신(自身)의 감정(感情)을 숨기려고 한다네.
그러나 곧 드러나 버리고, 이는 상처(傷處) 받지 않고 안전(安全)하게 살아가려는 자기(自己) 보호본능(保護本能)이라, 때로는 이기적(利己的)으로 보이며 불태울듯하면서도 태우지를 않고 눈에 뜨이지 않게 움직인다네.
앞과 뒤를 가려가면서 조심스럽게 사업(事業)을 이끌어가고 바람을 피워도 남이 모르게 조용하게 하며, 겉으로는 여자(女子)에게 냉정(冷情)하게 대한다네.
그리고 시끄럽게 노는 것을 싫어하고 조용하고 차분한 곳을 좋아한다네.

- 여자(女子): 병신(丙申) → 소양(少陽) ==

예술가(藝術家)로서의 자질(資質)이 농후(濃厚)하고 손재주를 타고났으며, 명예욕(名譽慾)이 무척 강(强)하다네.
자존심(自尊心), 아니면 자신감(自信感)이라고나 할까, 여자(女子) 치고는 대놓고 바람을 피우는 성격(性格)이라네.
이성(理性)을 찾아서 사귀어도 자신(自身)의 목적(目的)을 위해 사귀며, 그 사람의 명예(名譽)를 자신(自身)의 것으로 만들려고 빼앗으려 한다네.
이러한 명예(名譽)에 대한 집착(執着)으로 스스로의 앞날을 자기(自己) 자신(自身)이 어렵게 만드는 것이며, 참으로 어리석고 어리석은 것은 스스로의 참모습을 알지 못하고 타인(他人)의 것을 의지(依支)하여 자신(自身)을 세우려하는 것이라네.
이는 명예욕(名譽慾)만 앞설 뿐이지, 진정(眞正)한 삶의 참모습을 모르고 있지 않는가.
화려(華麗)한 성공(成功)의 뒷모습을 보면 수많은 상처(傷處)일 뿐이라네.

- 여자(女子): 정유(丁酉) → 태음(太陰) ==

성정(性情)이 차고 냉(冷)하며 이기적(利己的)이고 자기(自己) 밖에 모른다네.
스스로가 남자(男子)를 끌어들이며 나이가 어리든 많든 따지지를 않으니, 음탕(淫蕩)하면서 남편(男便)을 죽이는 팔자(八字)라네.
사람을 끌어들이고 스스로가 목적(目的)한 바를 이루면 안면(顔面)을 바꾸는 성격(性格)이며, 목적(目的)을 위해서는 자기가 하고 싶은 대로 모든 감정(感情) 표현(表現)을 하고, 무슨 일이든지 자기(自己) 맘대로 해석(解釋)하며 행동(行動)으로 옮긴다네.
철저(徹底)한 자기(自己) 합리주의자(合理主義者)가 아닌가.

18) 평지목(平地木): 들판에 홀로 서있는 목(木)의 기운(氣運)

무술(戊戌)-양(陽) —	기해(己亥)-(陰) --

- 남자(男子): 무술(戊戌) → 태양(太陽) ═

의지(依支)하고 싶고 의지(依支)하려고 하나, 의지(依支)할 곳이 없으며, 의지(依支)할 만한 사람도 없다네.

부인(婦人)도 따로 놀고 아이들도 따로 논다네.

그늘 밑에서 쉬어가는 이는 많아도 나를 위해주는 이는 단 한명도 없다네.

처에 따른 복(妻福), 부모에 따른 복(父母福), 형제에 따른 복(兄弟福), 자식에 따른 복(子息福)에 더하여 인복(人福)마저 없으니 어찌 외롭지 않겠는가.

때문에 외롭고 외로우며 자수성가(自手成家)해야 한다네.

넓은 들판에 홀로 남아서 봄, 여름, 가을, 겨울이 섧고 서러워라.

홀로 집을 지키는 자의 서러움을 잘 알겠네.

- 남자(男子): 기해(己亥) → 소음(少陰) ==

밤에만 활짝 꽃을 피우는 야행성(夜行性)을 가진 성격(性格)으로 외로움 때문에 부인 몰래 나돌며 낮에는 졸고 밤에는 초롱초롱하다네. 그렇다 해도 한밤중에 홀로 눈비를 맞으며 슬피 우는 처량(凄凉)한 신세(身世)이니, 큰 가지가 꺾여나가도 아프다는 말을 하지 못한다네.

일을 하려해도 순탄(順坦)하지 못하며, 거스르는 일이 많고 가야 할 길이 보이지 않으니, 기댈 수 있는 사람 없이 혼자 가야하는 삶이라네.

- 여자(女子): 무술(戊戌) → 소양(少陽) ==

지독(至毒)한 외로움 때문에 사람에 대한 욕심(慾心)이 많고 집착(執着)이 강(强)하며 스스로가 좋아서 왈왈 떠들고 자신(自身)의 그늘 밑에 오는 사람은 놓아주지 않으며,

끝까지 붙들고 울고불고 매달린다네.

남에게는 작은 상처(傷處)라 해도 큰 상처(傷處)로 남은 사람이기 때문에 마음을 잘 열지 않는 성격(性格)이나, 마음이 열리면 외롭다고 아무한테나 살려달라고 매달린다네.

그래도 내 남편(男便)과 도독놈은 정확(正確)하게 알아보며, 종교(宗教)에 귀의(歸依)하는 이가 많다네.

- 여자(女子): 기해(己亥) → 태음(太陰) ==

캄캄한 들판에 길게 드리워진 검은 그림자로 서있으며, 말이 없고 표현(表現)을 하지 않으니, 많은 사람들이 갑갑해한다네.

사랑, 고통(苦痛), 슬픔, 즐거움을 혼자 끌어안고 어둠속에 뒹굴며, 달님과 별님과 눈이 아리도록 논다네.

스스로가 고고(孤高)한 척하나, 이는 자신(自身)의 외로움을 숨기려는 자구책(自救策)이며, 홀로 늙어간다는 것이 참으로 안타깝지만, 식복(食福)은 타고났으니 그리 걱정할 것은 아니라네.

19) 벽상토(壁上土): 벽으로 둘러쌓인 토(土)의 기운(氣運)

경자(庚子)-양(陽) —	신축(辛丑)-음(陰) --

- 남자(男子): 경자(庚子) → 태양(太陽) =

하늘만 열려있고 사방(四方)이 벽으로 막혀있으니, 스스로가 벽을 쌓아올려서 세상(世上)으로부터의 모든 것을 막아버린다네.

이는 남의 말을 듣지 않고 자기(自己) 무덤을 스스로가 파는 경우(境遇)이며, 나중에는 혼자 힘으로는 빠져나올 수가 없으니, 꼭 도움을 얻어야 살수가 있다네.

이 사람의 수중(手中)에 돈이 들어가면 나오지를 않고 이 사람에게 돈을 빌리려 해도 아예 일언지하(一言之下)에 거절(拒絕)해 버리며, 말로는 돈이 많다고 자랑을 하면서도 늘 투덜거리며, 본래 사방(四方)이 꽉 막힌 사람이라 고지식하고 상대방(相對方)을 열 받게 하는 성격(性格)이라네.

- 남자(男子): 신축(辛丑) ➜ 소음(少陰) ==

분명(分明)히 많은 재물(財物)을 가지고 있으면서도 늘 보면 허우적거리는 형상(形象)이며 고집(固執)이 엄청 강(强)하고 돈이라는 물건(物件)이 자신(自身)의 수중(手中)에 들어오면 꼭꼭 숨겨놓고는 절대 내놓지를 않는다네.

이 사람에게 돈을 좀 빌려 달라면 오히려 자신(自身)이 돈이 필요(必要)하니까 빌려달라고 되받아 치고 재물(財物)은 무조건 숨기고 보며, 있다고 자랑하면서도 바로 없다고 어깃장을 논다네.

성격(性格)이 단순(單純) 무식(無識)하지만 열심히 일하고 돈으로는 아니지만 몸으로는 열심히 남을 도우려고 한다네.

단지 돈을 쓸 줄을 모른다는 것이네.

- 여자(女子): 경자(庚子) ➜ 소양(少陽) ==

마음이 너무나도 닫혀있으니 하늘만을 바라보며, 자기(自己)만의 세상(世上)을 가지려하고 자신(自身)이 만든 세상(世上)에서 나오려하지 않는다네.

물론 남의 말에는 콧방귀도 뀌지 않으며 스스로의 생각에만 매달린다네.

그래도 집안을 보면 아기자기하게 잘 꾸며 놓으며, 양(陽)의 기운(氣運)이 강해서인지 자존심(自尊心) 하나만큼은 무척 강(强)하다네.

어여쁘게 생겼으며 한 남자(男子) 외(外)에는 마음을 열지 않는다네.

온실(溫室)속의 화초(花草)라 이 여자(女子)에게는 차근차근 접근(接近)해야 하며, 귀(貴)하게 생긴 반면(反面)에 자기(自己) 고집(固執)대로 살면서 작은 공간(空間)에서도 행복(幸福)을 느끼는 삶이라네.

가게를 열더라도 아기자기한 쪽을 선택(選擇)하며, 곧 작고 아담한 것을 바라고 작은 일에서 큰 성취감(成就感)을 느끼면서 크게 행복(幸福)해 한다네.

- 여자(女子): 신축(辛丑) → 태음(太陰) ==

무척이나 억척스러운 여자(女子)라 혼자 집을 짓고 혼자 열심히 일하고 혼자 식구(食口)들을 먹여 살리며 자식(子息)한테는 욕심(慾心)이 너무 크고 자신(自身) 스스로가 일을 만들어 고생(苦生)을 하는 편이며, 일을 많이 하고 일을 해도 끈질기고 모질게 한다네.

큰 소리를 내지 않으며, 곧 말이 없고 참을 수 없도록 많이 아파도 끙 소리 한번이면 끝이며 엄살이란 생각해보지도 않은 일이라네.

무거운 삶의 무게를 혼자 짊어지고 가는 그 모습이, 그 등짝이 왜 그리도 눈물이 나게 하는지…… 사방(四方)이 막혀있는 까닭으로 마음을 풀고 싶어도 풀 곳이 없고, 하늘만 쳐다보며 깊은 한숨에 하염없이 눈물만을 흘릴 뿐이라네.

20) 금박금(金箔金): 금에다 금을 입힌 금(金)의 기운(氣運)

임인(壬寅)-양(陽) —	계묘(癸卯)-음(陰) --

- 남자(男子): 임인(壬寅) → 태양(太陽) =

귀(貴)한 사주(四柱)이며, 또한 귀티가 보이고 인물(人物) 생김새도 남자(男子) 같아 보여서 좋다네.

그러나 고집(固執)이 매우 강(强)하며 돈 아까운 줄 모르고 쓰는 일만 좋아하며, 버는 대는 관심(關心)이 없고 벌어도 하루아침에 모두 써버리는 성격(性格)이라네.

평탄(平坦)하지 않은 삶을 살아가며 남을 휘어잡은 성격(性格), 곧 리더십이 강(强)하고 이 때문에 여자(女子)가 고생(苦生)을 하며, 또 잘 떠난다네.

그리고 절대로 남 밑에서는 일을 하지 못하는 강(强)한 성격(性格)의 소유자(所有者)라네.

- 남자(男子): 계묘(癸卯) → 소음(少陰) ==

생김새가 여성(女性)과 같이 생겼으며 살갗도 부드럽고 곱다네.

스스로가 갈 길이 아닌 전혀 다른 길을 가며, 이 때문에 고생(苦生) 아닌 고생(苦生)을 많이 하고, 사람이 조금은 이기적(利己的)이나 사람을 잘 믿으며, 또한 사람을 잘 따른다네.

지니고 있는 것이 많아도 겉으로 드러내지를 않고 명예(名譽), 권력(權力), 야망(野望) 등에는 그리 관심(關心)이 없다네.

기분 좋은 작은 말 한마디와 작은 일에서 행복(幸福)을 찾으며, 자기(自己) 자신(自身) 스스로를 느끼면서 살아가고, 자존심(自尊心)이 은근(慇懃)히 강(强)한 편인지라 남한테 아쉬운 소리를 절대 하지 못한다네.

굉장히 감성적(感性的)인 면이 있으며 이 때문에 상처(傷處)를 많이 받는다네. 그래도 스스로를 위로(慰勞)하고 스스로를 다독이는 착한 성격(性格)이라네.

- 여자(女子): 임인(壬寅) → 소양(少陽) ==

귀금속(貴金屬) 같은 것을 걸치지 않고 오히려 밝고 수수한 차림이며 친구(親舊)들이 많고 말이 많으면서 불평불만(不平不滿)을 있는 대로 털어놓은 성격(性格)이라네.

되받아 치는 성격(性格)에 털털하기도 하며, 앞에 나서기를 좋아하고, 또 사람들이 잘 따른다네.

겉으로 보기에는 막나가는 생활(生活)을 하는 것 같지만, 깊이 따지고 보면 매우 실속파이며 이기적(利己的)이고 자기(自己) 중심적(中心的)이라네.

또한 고집(固執)이 강(强)한 것은 버릴 수 없는 타고난 것이라네.

때문에 다치기도 많이 다친다네.

- 여자(女子): 계묘(癸卯) → 태음(太陰) ==

천생(天生) 여자(女子) 같으며 부드럽고 착하면서 남들에게 잘 베풀고 따스한 마음으로 몸과 마음이 아픈 이들을 애틋한 마음으로 안아준다네.

남자(男子)들이 가만 두지를 않고 어떻게든 접근(接近)하여 가까이 두려 한다네.

천생(天生) 여성(女性) 같은 면(面)에 수수하고 털털하며, 반면(反面)에 조금만 치장(治粧)을 하면 야할 정도로 화사(華奢)하게 피고 엉뚱한 생각을 많이 하며, 이를 실행(實行)에 옮기는 묘한 천성(天性)이 있다네.

21) 복등화(覆燈火): 엎어진 등불, 이 화(火)의 기운(氣運)

갑진(甲辰)-양(陽) ―	을사(乙巳)-음(陰) --

- 남자(男子): 갑진(甲辰) → 태양(太陽) ═

욱하는 성질이지만 금방 잊어버리며 뒤탈이 없는 성격에 싫증을 빨리 느끼고, 여자(女子)가 주위(周圍)에 많으며 많이 바뀐다네.

몸에 화상(火傷)을 입은 흉터가 있으며 사람을 순간에 끌어당기는 힘이 강(强)하고, 반면(反面)에 모였다가 흩어지는 일이 다반사(茶飯事)로 벌어지며, 마침내는 결국(結局) 혼자만 남는다네.

상대방(相對方)의 처지(處地)는 가볍게 여기고 생각하지 않으며, 순간(瞬間)을 참지 못하고 생각 없이 일을 저지르고는 후회(後悔)를 많이 하니, 이 말은 결국(結局) 뒷감당을 하지 못한다는 것이네.

곧 사업(事業)을 하면 일만 저지르고 제대로 처리(處理)하지 못하며, 한번 엎어져서 다 불타고 나면 기진맥진(氣盡脈盡) 한다네.

- 남자(男子): 을사(乙巳) → 소음(少陰) ==

무슨 일을 해도 숨기는 것이 많으며, 끈기는 있는 편이어서 해결(解決) 짓지 못한 일을 그래도 해보겠다고 끙끙댄다네.

노력(努力)은 가상(嘉尙)하나 막상 뚜껑을 열고 보면 썩어서 피고름뿐이며, 일이 이 지경(地境)이 되도록 두고도 분명(分明)하게 밝혀지기 전까지는 자신이 똑똑한 척을 하면서 큰 소리를 친다네.

그리고 명확(明確)하게 밝혀진 후(後)에는 똥마려운 강아지처럼 눈치를 보며, 전전긍긍(戰戰兢兢)하고 절절매다가 바로 잠수(潛水)를 탄다네.
한번 반짝하고 커졌다가 금방 사라져버리는 답답한 팔자(八字)인지라, 밑이 빠진 독에 다 다 쏟아 붓듯 하루아침에 다 날려버리며 그 속이 터져버린다네.
그래도 기분(氣分)이 좋으면 무엇이 그리 좋은지 해해거리지 않는가.

- 여자(女子): 갑진(甲辰) → 소양(少陽) ==

여자(女子)가 홧김에 맞바람을 피우고 집을 나가버린다네.
예(例)를 들자면 계모임을 한다고 하자.
곧바로 분파(分派)를 만들어서 서로를 갈라놓으며, 사람들이 따라주지를 않으면 자신(自身)의 성질(性質)을 스스로 이겨내지를 못하고 뒤로 넘어가는 스타일이라네.
그 놈의 성깔 때문에 사람들이 멀어지고 떨어져나가는 것을 아는지 모르는지…… 물론 참을성은 없으며 홧김에 잘 집어던지고 사랑도 결혼(結婚)도 충동적(衝動的)이며 나중에 꼭 후회(後悔)하고 또한 필요(必要) 없는 물건(物件)이라도 순간적(瞬間的)인 충동구매(衝動購買)로 마구 사들이는 성격(性格)이라네.

- 여자(女子): 을사(乙巳) → 태음(太陰) ==

어찌 되었든 간에 잘 참은 성격(性格)이지만, 단지 이것이 마음의 깊은 병으로 옮아가서 나중에 문제(問題)가 된다네.
말은 없으나 입을 열게 되면 자근자근 잘 설득(說得)하며, 이성적(理性的)인 판단(判斷)이 분명(分明)하고, 남들 앞에서나 또는 남들이 있을 때는 잘해주지만, 그들이 가고 나면 굳이 따지기 시작(始作)한다네.
남들 앞에서는 받쳐주고 단 둘이 있을 때는 잘잘못을 분명(分明)하게 하는 타입이라서 대인관계(對人關係)가 좋다네.
그러나 본래 성정(性情)이 차고 이성적(理性的)이면서 계산적(計算的)이기 때문에 한순간에 매정하고 쌀쌀맞게 돌아서는 성격(性格)이라네.

22) 천하수(天下水): 하늘 밑에 있는 모든 수(水)의 기운(氣運)

병오(丙午)-양(陽) ―	정미(丁未)-음(陰) --

- 남자(男子): 병오(丙午) → 태양(太陽) ═

모든 물을 정화(淨化)시켜 주는 것이니, 예민(銳敏)하고 오지랖이 넓으며 남의 애경사(哀慶事)는 다 챙겨주고 자신(自身)의 집안일에는 데면데면하고 허술하다네.
자신(自身)의 집에 가져가는 것은 적으며, 남이 부탁을 하면 모두 들어주려고 하기 때문에 주변(周邊)에 사람이 많고 또 많은 사람들과 어울리기를 무척 좋아한다네.
사업(事業)을 해나감에 있어서도 남의 일을 챙겨주는 바람에 자신의 일은 깨끗하게 마무리를 짓지 못하면서도 불평(不平)을 하지 않는다네.
성격(性格) 좋은 형님과 같으니, 지내면 지낼수록 진국이라네.
단지 명(命)이 짧은 것이 흠(欠)이라면 흠(欠)이 될 수 있을 런지……

- 남자(男子): 정미(丁未) → 소음(少陰) ==

삶 자체(自體)가 워낙 흐느적거리는 인생(人生)인지라 이 여자(女子), 저 여자(女子) 품을 찾아다니며 안기고 물론 주위(周圍)에 여자(女子)가 많으며, 있는 정(情), 없는 정(情)을 다 주어버린다네.
때문에 내 밥그릇을 챙기지 못하며, 더해서 밥상을 푸짐하게 차려주어도 찾아 먹지를 못한다네.
착하기는 무지(無智)하게 착한 것을…… 무슨 일이든 움직여도 꼭 여자(女子)쪽으로 움직이며, 사업(事業)을 하더라도 남한테 모두 빼앗기는 형국(形局)이라네.
그래도 허허허 너털웃음뿐이니, 호인(好人)인지, 아니면 바보인지……

- 여자(女子): 병오(丙午) → 소양(少陽) ==

정녕 백말 띠라 집안에 있으면 좀이 쑤시고 병(病)이 많이 생기며, 한군데에 오래 있지를 못하고 하루에 열댓 가지 일은 해야 속이 풀리는 여자(女子)라네.

주위(周圍)에 여자(女子)든 남자(男子)든 많은 사람들이 모여서 들끓고 사람을 너무나도 잘 사귀며 인간관계(人間關係)가 좋고 남에게 도움을 주면 주었지 절대 피해(被害)를 주지 않는다네.

단지 자칫 잘못하면 남의 식구(食口)를 거리 밖으로 나앉게도 만든다네.

일을 벌려도 사람을 통(統)하여 여러 가지를 하며, 수완(手腕)은 안 봐도 알 것이고 이상하게도 사람들이 잘 따른다네.

- 여자(女子): 정미(丁未) → 태음(太陰) ==

천생(天生) 타고나기를 여자(女子)인지라, 모든 것을 말없이 다 받아들이며, 칼을 들고 들이대도 무조건 끌어안은 성품(性品)이라네.

나이가 어리든 많든 잘 받들어 이바지하고 흠(欠) 하나 잡을 데 없이 해나가나 되도록이면 더럽고 깨끗한 것을 가려서 해나갔으면 하는 바램이라네.

남을 감싸 안으며 어진 마음으로 잘 다스리고 만물(萬物)을 키우는 강한 힘이지만, 깊이 들여다보면 그 변화(變化)가 무쌍(無雙)한지라 대중을 잡지 못할 수도 있기 때문이라네.

베푸는 일에 있어서 어떠한 목적(目的)이 있는 것은 아니며, 틀에 박힌 형태(形態)가 아닌 모든 것을 이해(理解)하는 편이라네.

세상사(世上事)를 보는 눈이 아름다우나, 아쉬운 것은 한없이 자신(自身)의 세계(世界)로 빠지는 것이 못내 아쉽다네.

23) 대역토(大驛土): 역참에 있는 토(土)의 기운(氣運)

무신(戊申)-양(陽 ─	기유(己酉)-음(陰) --

- 남자(男子): 무신(戊申) → 태양(太陽) ═

사업 수완(手腕)이 좋고 재주가 있으며 이 사람 주위로 사람들이 많이 찾아들고 위아래 없이, 그리고 귀(貴)하고 천(賤)함을 가리지 않으면서 모든 사람을 무리 없이 이끌며 모든 일을 순탄(順坦)하게 끌고 나간다네.
잘 먹여주고 잘 재워주고 잘 해주는 성격(性格) 하나는 타고났으며 탁 트인 남자(男子)이고 돈 잘 벌지, 술 좋아하지, 인간관계(人間關係)가 좋지, 이렇듯 서로를 화합(和合)시키니, 이 또한 크나큰 복(福)이라네.
때로는 오해(誤解)도 많이 사지만 원만(圓滿)하게 무리(無理)없이 풀어간다네.
그러나 인연(因緣)있는 사람을 잘 만나야 평생을 거스르지 않고 살아갈 수 있다네.
하늘이 주는 복(福)이란 사람 누구에게나 공평(公平)하지 않던가.

- 남자(男子): 기유(己酉) → 소음(少陰) ==

넓은 장터 큰 국밥집에서 등불을 켜놓고 사람을 기다린다네.
기대(企待)를 저버리지 않고 사람들이 모여들어 시끌벅적하나, 참을성이 많은 대신에 불평불만(不平不滿)이 많으며, 이 불평불만(不平不滿)이 먼저 앞서는 까닭으로 얼굴이 굳어지고 쓸데없는 잔소리만 늘어난다네.
따라다니면서 계속(繼續) 잔소리를 해대는 성격(性格)에 집안 식구(食口)들이 견디어 내지를 못하니, 이는 사람을 성가시게 하는 성품(性品)이라네.
때로는 말이 별로 없는 것이 화가 난 것 같으나 뒤끝은 없다네.

- 여자(女子): 무신(戊申) → 소양(少陽) ==

한 집안을 움직여서 이끌고 하나의 사업체(事業體)를 꾸려가며, 수많은 사람들과 수많은 일들을 원만(圓滿)하고 무리(無理)없이 또 깨끗하게 처리(處理)한다네.

많은 사람들과 어울리기 좋아하고 모든 이에게 베풀기를 좋아하며, 이렇게 어울리고 베풀지를 못하면 온 몸과 온 마음에 병(病)이 나는 사람이라네.

무슨 일을 하거나 어디를 가거나 혼자서는 하려고 하지 않으며, 더럽거나 깨끗한 일을 가리지 않고 모든 것을 휩쓸어서 이끌고 나가는 탁 트인 성품(性品)의 여자(女子)라네.

마음의 손이 큰 까닭으로 나이가 많으나 적으나 가난한 이나 부자(富者)나 다 끌어안으면 모두가 형제(兄弟)라네.

때문에 누군가가 그늘을 만들어서 잠시 쉬어가며 일을 하게 했으면 한다네. 왜냐하면 남편(男便)이 있으면 무엇 하리.

일만 저지르지 말고 가만히 앉아서 밥이나 얻어먹을 것이지……

- 여자(女子): 기유(己酉) → 태음(太陰) ==

자기(自己)의 울타리는 정확(正確)하게 하는 성격(性格)이니, 내 집, 내 가게, 내 자식(子息), 내 남편(男便), 내 것 외(外)에는 욕심(慾心)을 부리지 않으며, 여성(女性)과 같이 나긋나긋하다네.

위아래 없이 사람들을 잘 대하며 사람을 사귀어도 매우 조심스럽게 사귄다네.

때로는 대책(對策)이 없이 말하거나 움직이는 것이 탈이지만, 그래도 무난(無難)하게 넘어간다네.

단지 자신(自身)에게 너무 소홀(疎忽)한 점이 마음에 걸린다네.

24) 차천금(鎈釧金): 황금빛을 띠는 금(金)의 기운(氣運)

경술(庚戌)-양(陽) —	신해(辛亥)-음(陰) --

- 남자(男子): 경술(庚戌) → 태양(太陽) ═

남자(男子)가 귀 뚫고 팔찌 끼고 화려(華麗)하게 입고 무얼 그리 몸에다 금(金)치장(治裝)을 하는지 요란(搖亂)하다네.

차라리 여자(女子)로 태어나던지…… 술만 마시면 개망나니에다 왈왈 거리며 따지기는 왜 그렇게 따지는지 상대방(相對方)을 짜증나게 하고 모든 것을 비교(比較)해서 다 따지고 가려내야만이 마음이 풀리는 사람이라네.

사랑도 정(情)도 사업(事業)도 돈도 미움도 모든 것이 다 이것은 무엇 때문에 되고 저것은 무엇 때문에 되지 않는다고 말하면서 자기(自己) 자신(自身)이 꼼꼼하다고 하지만, 이는 스스로가 융통성(融通性)이 없는 것이라네.

가타부타 남의 일을 따지다가 그 사람은 허송세월(虛送歲月)만 보내게 하고 자신(自身) 스스로는 철저(徹底)하게 실속만 차린다네.

- 남자(男子): 신해(辛亥) → 소음(少陰) ==

식복(食福)은 크게 타고 났으나 한군데로 모으지를 않고 이 곳 저 곳에 흩트려 논다네.

남의 앞가림은 잘해주면서 자신(自身)의 앞가림에는 무척 소홀(疏忽)하며, 남의 잘잘못이나 남이 가지고 있는 것을 따지기보다는 자기(自己) 자신(自身)의 잘잘못이나 가지고 있는 것을 따지고 당사자(當事者) 앞에서는 말을 못하면서 뒤에 가서는 말이 많다네.

자기(自己) 스스로의 것에 대해서는 철두철미(徹頭徹尾)한 까닭으로 자기에게 이익(利益)이 됨에 따라, 또 필요(必要)에 따라 붙었다 떨어졌다 한다네. 그래도 정말 얄밉게 행동(行動)을 하거나 말을 하는 편은 아니라네.

그저 귀엽게 봐줄만한 것이지…… 남자(男子)가 할 짓은 아니지 않은가.

- 여자(女子): 경술(庚戌) → 소양(少陽) ==

꽤나 짖어대는 성격(性格)이니 잔 소리쟁이에다가 주변(周邊) 사람들을 달달 볶지 않으면 다행(多幸)이라네.

모든 일에 있어서 정확(正確)하고 확실(確實)한 면은 여느 남자보다 뛰어나며, 적(敵)과 친구(親舊)가 분명(分明)하고 흑백(黑白)을 확실(確實)하게 구별(區別)할 줄 알며, 항상 계획적(計劃的)인 까닭으로 모든 일에 앞서서 대비책(對備策)을 세우고 실행(實行)에 옮긴다네.

깊이 알고 보면 남편(男便)과 애인(愛人)을 정확(正確)하게 생각하는 분명(分明)한 여자(女子)라네.

- 여자(女子): 신해(辛亥) – 태음(太陰) ==

톡톡 튀는 성격(性格)을 안으로 많이 감추고 스스로가 미리 잘 따져보아서 말하며, 또 움직이는 까닭으로 복(福)을 부르는 여자(女子)라네.

따지고 보면 매우 신중(愼重)한 편이며, 겉으로 드러난 것 보다는 속마음, 그 진실(眞實)한 모습을 알고사 한나네.

이 여자(女子)의 손에 물건(物件)이 들어가면 아무리 쓸모없는 것이라도 꼭 필요(必要)한 물건(物件)이 되어 나온나네.

겉으로는 우유부단(優柔不斷)해 보이나 결코 그러한 성격(性格)이 아니며, 어느 한순간에 결정(決定)짓는 단호(斷乎)한 면을 지니고 있다네.

25) 상자목(桑柘木): 산뽕나무의 목(木)의 기운(氣運)

임자(壬子)-양(陽) —	계축(癸丑)-음(陰) --

- 남자(男子): 임자(壬子) → 태양(太陽) ═

고집(固執)으로 치자면 오행(五行) 병납음(竝納音)중에서 가장 강(强)하다고 볼 수 있

다네.

닭발 먹고 엉뚱하게도 오리발을 내밀어 상대방(相對方)을 당황(唐惶)하게 하고 자기(自己)가 방귀를 뀌고도 뀐 적 없다고 빡빡 우기고 보는 사람이며, 돈을 빌려 가놓고 돈을 돌려달라고 하면 내가 언제 빌려갔냐며, 도리어 되받아 묻은 사람이라네.

무책임(無責任)한 사람이니, 꼭 영수증(領收證)을 받아놔야 하며, 신용(信用)이 부족(不足)하고 자기(自己) 고집(固執)대로 행하다보니 망(亡)하는 일이 많으며, 그러면서 상대방(相對方) 속을 홀딱 뒤집어 놓는다네.

흥(興)하고 망(亡)하는 일에 이력(履歷)이 난 사람이며, 모든 일을 앞두고 전전긍긍(戰戰兢兢)하지 않은 고집(固執)이 드센 성격이라네.

- 남자(男子): 계축(癸丑) → 소음(少陰) ==

겉으로 드러난 고집(固執)은 덜한데 입을 열지 않는다네.

스스로의 생각 속에 얽매여서 삶을 살아가며, 우직(愚直)한 성격(性格)으로서 말 그대로 소처럼 일만 열심이라네.

마누라가 밖으로 나돌며 무엇을 하든지 말든지, 고지식하게 자신(自身)의 일만 하고 남의 말은 물론 듣지를 않으며, 사는 재미라고는 전혀 없는 사람 같다네.

또한 밤일도 말 그대로 황소처럼 우직(愚直)하며, 조금의 기교(技巧)도 부리지 않으니 뭔 재미로 살아가는지……

- 여자(女子): 임자(壬子) → 소양(少陽) ==

보통 내기가 아닌 성격(性格)이니 남편(男便)은 옆방에서 잠자고 자신(自身)은 옆방에서 바람을 피우네. 또한 고집(固執)도 보통을 넘어서는지라 맞아도 도망가지를 않으며 끝까지 앉아서 고스란히 매를 맞는다네.

이럴 때는 미련한 곰과도 같은데 사랑을 나눌 때는 남자(男子)를 이끌며, 육신(肉身)을 탐냄에 있어서 기회(機會)가 있다면 가리지를 않고 모든 일에 있어서도 이일 저일 가리지를 않는다네.

자신(自身)의 고집(固執)에 자신(自身)이 넘어가는 꼴이라네.
그러나 남편(男便)이나 애인(愛人)이 바람을 피우면 온갖 창피를 다주고 모든 것을 다 빼앗으려 하며, 이런 여자(女子)를 잘못 만나면 패가망신(敗家亡身)하기에 딱 맞다내.
뜨겁게 혼자 달아올랐다가 혼자 푸는 것이 좋은 것인지…… 맞으면서도 쾌감(快感)을 느끼는지도……

- 여자(女子): 계축(癸丑) → 태음(太陰) ==

한 가정(家庭)과 집안을 어리석고 고지식하게 지켜가는 팔자(八字)라네.
고집(固執)은 있어도 자식(子息)이나 남편(男便), 집안사람들을 위해서 스스로 모두 꺾어버린다네.
힘은 왜 그렇게 우악스러운지, 사주(四柱) 가운데 천중수(泉中水)가 끼면 마르지 않는 샘물이 되어서 막을 수가 없으며 바로 남자(男子)가 코피 터진다네.
손에 물 묻히기를 싫어하며 남이 그러면 잘못된 것이고 내가 하면 올바른 것이라 우기며 스스로를 정당화(正當化)시키고 합리화(合理化)시킨다네.
그러나 사근거릴 때는 얼마나 부드러운지 알 수가 없다네.
무섭다네.

26) 대계수(大溪水): 큰 계곡을 흐르는 수(水)의 기운(氣運)

갑인(甲寅)-양(陽) —	을묘(乙卯)-음(陰) --

- 남자(男子): 갑인(甲寅) → 태양(太陽) ▬

호호탕탕(浩浩蕩蕩)한 성격(性格)이라 움직이는 일에 있어서 굉장히 격(激)하고 크게 움직이며, 곧 스케일이 크고 제스처가 매우 크다네.
역시 호걸(豪傑)이라 사업(事業)을 이끌어가는 일에 있어서도 이와 같으며, 남이 보아도 시원하게 일 처리(處理)를 하고 말과 행동(行動)이 거침이 없으며, 산으로 강으로 놀러 다니기를 좋아한다네.
그러나 손아귀에 움켜잡으려는 마음이 강(强)한 까닭으로 마누라나 애인(愛人)을 꽉 잡고 놓지 않으려고 하니, 그들이 갑갑해하지 않겠는가.

- 남자(男子): 을묘(乙卯) → 소음(少陰) ==
어눌한 어둠속에서 계곡물이 흘러가는 그 소리만이 들린다네.
때문에 의심(疑心)이 무지하게 많으며 의처증(疑妻症)이 엄청 심하고 또한 호기심(好奇心)이 강(强)한 까닭으로 몰래 숨어서 보는 것을 무척 좋아한다네.
이것이 심해지면 마누라가 바람피우는 것을 보고 즐기며, 이러한 일을 종용(慫慂)하는 변태적(變態的) 성향(性向)이 강(强)하고 굉장히 음탕(淫宕)하다네.
일도 이러한 쪽을 하기가 쉬우며, 계곡의 굴곡(屈曲)과 마찬가지로 삶의 여정(旅程)이 순탄(順坦)하지는 않다네.

- 여자(女子): 갑인(甲寅) → 소양(少陽) ==
조용하게 흐를 땐 조용하다가 폭포(瀑布)를 만나면 풍파(風波)가 심해지고 매우 격정적(激情的)이며, 오버 액션이 강(强)하고 너무나도 가식적(假飾的)인 성격(性格)이라 겉으로 드러나는 모습이 온 몸으로 울기는 우는데 눈에서는 눈물이 나지 않는다네.
그러면서도 성격(性格)이 시원시원한 맛이 있으며, 그 맛이 무더운 여름날에 깊은 계곡의 그늘진 곳과 같다네.
다만 의부증(疑夫症)이 심하며, 더하여 밖으로 나돌면서 자신(自身)의 몸을 망친다네.

- 여자(女子): 을묘(乙卯) → 태음(太陰) ==
착하구나.
착하구나.
굴곡(屈曲)이 많은 삶이라 눈물이 마를 날이 없으며, 소리 죽여 울고 청순가련(淸純可憐)함에 더하여 삶 자체(自體)가 헤어짐의 연속(連續)이라네.

그렇게 속고 당하며 살면서도 남자(男子)한테 왜 그리도 집착(執着)하는지, 그리고 상처(傷處)만 받고 쓸쓸히 돌아서는지…… 가정(家庭)에 조용할 날이 없으니 깊은 산속에 들어가 홀로 자연(自然)을 벗하고 살면 그 보다 좋은 것이 어디 있겠는가.

제발 부탁이니 뛰어들지 말게나.

제발 뛰어들지 말게나.

27) 사중토(沙中土): 모래와 뒤섞인 토(土)의 기운(氣運)

병진(丙辰)-양(陽) ━	정사(丁巳)-음(陰) ╍

- 남자(男子): 병진(丙辰) → 태양(太陽)

모래 위의 집이라네.

누가 보아도 모래 위의 집이라네.

지었다 부셨다 하니 참으로 좋지 않는 팔자(八字)가 아닌가.

사랑도 깨지고 가정도 깨져 나가며 무슨 일을 해도 눈이 먼 까닭으로 안 되고, 결국(結局) 기댈 수 있는 곳은 여자(女子)의 품인 것을…… 이리 기웃 저리 기웃해도 반기는 사람이 없으며, 그렇다 해도 찾아 나서고 한 여자(女子)한테서 만족(滿足)을 하지 못하며, 이렇게 저렇게 허송세월(虛送歲月)이라네.

물려받은 재물(財物)은 모두 어디로 갔는지 하나 없으며, 집도 절도 없는 삶에 스스로도 대책(對策)을 세우지 못한다네.

- 남자(男子): 정사(丁巳) → 소음(少陰) ╍

두 손, 두 팔 다 놓고 모든 일을 나 몰라라 하며, 아예 자포자기(自暴自棄) 해버린다네.

있으면 있는 대로 없으면 없는 대로 살아가며, 어려서부터 의지(依支)할 사람이나, 마땅히 머물 정처(定處)가 없고 하루 벌어서 하루를 먹고 사는 팔자(八字)이니, 알코올 중독자(中毒者)가 많으며, 이 사람에게는 모든 것이 밑 빠진 독이라네.

일찍 객사(客死)하지 않기를 빌고 빌어줄 뿐이라네.

- 여자(女子): 병진(丙辰) → 소양(少陽) ==

얼토당토아니한 허황(虛荒)된 꿈이 많고 모든 일들이 흐지부지 되면서 온 집안을 말아 먹는다네.
무너지는 모래성 같은 화려(華麗)한 궁전을 꿈꾸고 바로 바로 싫증을 느끼면서 이리 바꾸고 저리 바꾸며 꿈만 꾸다 만다네.
아무리 정(情)을 많이 주고 돈을 많이 주고 깊은 사랑을 주어도 결국(結局)에는 밑 빠진 독과 같아서 함께 여생(餘生)을 보내기에는 힘이 든다네.
허영심(虛榮心)이 너무 큰 까닭으로 돈을 싸놓고 산다면 모르지만 마음의 고생(苦生)이 심하지 않겠는가.

- 여자(女子): 정사(丁巳) → 태음(太陰) ==

살아가야 할 길이 보이지 않으니, 그 캄캄한 어둠속에서 자신(自身)을 학대(虐待)하며 눈물을 짓고 있지 않는가.
겉으로는 자신(自身)이 똑똑하며 꽤 괜찮은 여자(女子)라고 생각한다네.
그러나 종당(從當)에는 밑이 없는 벼랑으로 밀리며, 한없이 빠져들고 누군가의 도움이 없으면 끝내 벗어날 길이 없다네.
풀어나가기에는 너무도 힘든 사주(四柱)라네.
진심을 갖고 꼭 의지(依支)처(處)를 빠른 시간(時間)내로 찾길 바란다네.
찾지 못하면 갈 길은 북망산천(北邙山川) 밖에 더 있겠는가.

28) 천상화(天上火): 태양과 같은 화(火)의 기운(氣運)

무오(戊午)-양(陽) ―	기미(己未)-음(陰) --

- 남자(男子): 무오(戊午) → 태양(太陽) ═

하늘의 태양(太陽)이라네.

만물(萬物)을 따뜻하게 비춰주며, 춘(春), 하(夏), 추(秋), 동(冬) 사계절(四季節)을 주관(主管)한다네.

또한 만물(萬物)을 제대로 밝혀서 참된 것과 거짓된 것을 바르게 본다네.

너그러우나 공(共)과 사(私)는 분명(分明)하고 확실(確實)하다네. 그리고 사람들이 우러러 받들면서 무리를 지어 따르고 한(限)없이 끌어안으며 원(願)없이 날아오른다네.

- 남자(男子): 기미(己未) → 소음(少陰) ==

한밤중 서늘한 기운(氣運)의 달빛과 같으니, 밝고 깨끗하며 올바르고 선한 마음으로 그 어두운 밤을 밝히고 홀로 고고(孤高)하다네.

그러나 맑고 깨끗한 대신에 자칫 잘못하면 천박(淺薄)해 보인다네. 또한 어둠속에서 빛 좋은 개살구가 되기도 하니, 늘 말과 행동(行動)을 삼가야 할 것이라네.

사람은 착해 보이나 속에는 찬 기운(氣運)인지라 세상(世上)을 속이는 대사기(大詐欺)꾼의 기질(氣質)이 있다네.

- 여자(女子): 무오(戊午) → 소양(少陽) ==

밝고 화사(華奢)한 얼굴에 양(陽)의 기운(氣運)이 강(强)하다네.

여자(女子)로서 남자(男子)에게 관심(關心)이 있는 것이 아니라 남자(男子)에게는 그다지 관심(關心)이 없다네.

또한 성격(性格)상 극(極)한 대립(對立)으로 달려가는 일은 많으나, 넓은 아량으로 이해(理解)하는 편이며, 잘되면 높은 자리에 앉아 호령(號令)하는 위치(位置)에 설 것이고 잘못되면 사이비(似而非) 교주(教主) 내지 천하(天下)의 악녀(惡女)가 된다네.
어찌 보면 여자(女子)다운 구석이 없으며, 단지 모성애적(母性愛的) 본능(本能)으로 모든 것을 홀로 끌어안는 것이고 강(强)한 힘을 지니고 있는 까닭으로 호소력(呼訴力)이 짙을 뿐이라네.

- 여자(女子): 기미(己未) → 태음(太陰) ==
타고나기를 천생(天生) 여자(女子)이며, 남편(男便)과 자식(子息)을 잘 보듬어주고 외롭지 않게 한다네.
또 시부모(媤父母)나 형제(兄弟)들에게 잘하며, 남편(男便) 주위(周圍)에 있는 사람들에게 잘하여 남편(男便)을 위하게 한다네.
내조(內助) 잘하고 다 좋으나, 공(公)과 사(私)의 뚜렷함이 스스로를 쌀쌀맞게 만든다네.
희생정신(犧牲精神)이 크므로 덕(德)은 많이 쌓겠으나, 조금은 자제(自制)하는 것이 좋지 않을 런지……

29) 석류목(石榴木): 석류나무와 같은 목(木)의 기운(氣運)

경신(庚申)-양(陽) —	신유(辛酉)-음(陰) --

- 남자(男子): 경신(庚申) → 태양(太陽) ═
말과 행동(行動)이 신중(愼重)한 편이며, 겉으로는 경망(輕妄)하게 보일지는 몰라도 말이 별로 없고 사람이 귀(貴)해 보이며 매너가 좋다네.
그러나 밝히는 증세(症勢)가 심(甚)한 편이고 이는 자기(自己) 자신(自身) 위주(爲主)의 사랑일 뿐이며, 단발(單發)에 그치는 사랑이라네.
주위(周圍)에서 꺾으려 들며 또 많이 다치고 여자(女子)들이 많이 따르다 보니, 남자(男子)들이 질투(嫉妬)를 한다네.
그리고 가만히 있어도 남이 와서 잘 친다네.

- 남자(男子): 신유(辛酉) → 소음(少陰) ==

여자(女子)한테 당하는 것도 팔자소관(八字所關)인지…… 이는 여자(女子)들이 모성애(母性愛)를 느끼기 때문이라네.

몸이 마르고 창백(蒼白)하여 여자들이 보호본능(保護本能)을 일으키게 한다네.

극단적(極端的)인 성격(性格)에 어둠속에서 꽃을 피우며, 남에게 의지(依支)하기를 좋아하고 드러내기를 싫어한다네.

또한 남에게 이익(利益)이 되는 일을 많이 하지만 문제(問題)는 잘 깨진다는 것이고 다 이루어놓고는 미련(未練)없이 떠나려 하며, 이럴 때는 매정하기만 하다네.

물론 속으로는 스스로가 쓰리면서…… 사람이 숨기는 것이 없이 솔직하며 이 때문에 탈도 많이 난다네.

- 여자(女子): 경신(庚申) → 소양(少陽) ==

조신(操身)한 면이 있으나 꽤나 되바라진 성격(性格)이며, 재주가 좋고 남자(男子)를 좋아하며 화려(華麗)하고 정열적(情熱的)이라네.

좋지 않은 면이 있다면 단물 쓴물 다 빨아 먹고 내차는 여자(女子)라고나 할까.

그래도 괜찮다네.

모든 것이 다 남자(男子)가 매달리는 바람에 콧대가 조금 높아졌을 뿐, 후에는 진실(眞實)을 알게 되며, 그러기 전까지는 힘든 사랑은 싫어하고 화려(華麗)하게 드러난 사랑만을 쫓는다네. 또한 무엇이든 싫증을 빨리 느끼며 힘든 일을 싫어한다네.

먼 훗날 한 남자(男子)를 만나서 행복(幸福)해질 수 있을 런지……

- 여자(女子): 신유(辛酉) → 태음(太陰) --

한 남자만 바라보는 지고지순(至高至純)한 사랑이라네.

다만 상처(傷處) 받기가 싫어서 스스로가 사랑을 깨버린다네.

이는 세상(世上)에 대한 두려움 때문이리라.

사랑하는 사람이 다쳐나가거나 큰 상처(傷處)를 주는 까닭으로 무척이나 버거운 삶을 살아간다네.

30) 대해수(大海水): 바다와 같은 수(水)의 기운(氣運)

임술(壬戌)-양(陽) —	계해(癸亥)-음(陰) --

- 남자(男子): 임술(壬戌) → 태양(太陽) ═

말 그대로 바다와 같으니, 모든 잡동사니와 오물(汚物) 등을 다 받아들이며 내어줄 것은 다 내어준다네.

좋은 사람으로서 갖출 것은 다 갖추고 있으며 풍족(豊足)하다네.

단지 한 여자(女子)에게 만족(滿足)을 하지 못하는 까닭으로 각지(各地), 각국(各國)으로 여행(旅行)을 많이 다니며, 돌아다니는 각처(各處)에 애인(愛人)이 있다네.

사업(事業) 수단(手段)도 좋으며 모든 일을 넓은 아량으로 풀어간다네.

다만 대해수(大海水)는 짠물이니, 내 주위(周圍)를 잘 살피고 보듬어야 한다네.

- 남자(男子): 계해(癸亥) → 소음(少陰) ==

소리 소문 없이 남들을 많이 도와주며, 바다와 같은 마음으로 널리 용서(容恕)를 한다네.

달리 말하자면 이해심(理解心)이 깊다는 것이네.

바다의 깊이를 헤아릴 수 없듯이 그 마음의 깊이를 헤아릴 수 없으며, 크지만 꼼꼼한 성격(性格)에 사업(事業)을 하면 무엇이든지 잘해나가고 이성적(理性的) 판단(判斷)이 빠르다네.

늘 들어오는 것이 많으며 차가운 듯이 하면서도 다 받아주고 눈감아 준다네.

단점(短點)이라면 밤마다 이쪽저쪽 잠자리를 옮겨 다닌다는 것이며, 뒤로 숨기는 것이 많다네.

- 여자(女子): 임술(壬戌) ➜ 소양(少陽) ==

여자(女子)가 남자(男子)같이 포용력(包容力)이 크다네.

때문에 신배(先輩)든지 후배(後輩)든지 모든 이들을 끌어안는다네.

주위(周圍)에 사람들이 많으며 말도 잘하고 잘 어울리고 또 그들의 고통(苦痛)이나 슬픔 등을 다 받아주고 어루만져준다네.

사업(事業)을 벌려도 크게 일으키며, 왈왈대는 성격(性格)으로 아무에게나 꼬리를 치는 것 같지만, 그런 것이 아니고 줏대가 없는 듯이 하지만 줏대가 없다고 말하지 말게나.

작은 마음으로는 이 여자의 마음을 비교(比較)해 볼 수 없는 것이니…… 죽어도 좀생이 짓은 못한다네.

- 여자(女子): 계해(癸亥) ➜ 태음(太陰) ==

한없이 빠져들고 싶은 여자(女子), 안기고 싶은 여자(女子), 얼마나 포근할까.

그러나 무척 냉(冷)하다네.

남자(男子)를 한(限)없이 기다리는 여자(女子)이며, 아무런 조건(條件)없이 다 주려는 여자(女子)라네.

때문에 자칫 잘못하면 철저(徹底)하게 남한테 이용(利用)만 당한다네.

사업(事業)을 하려면 대역토(大驛土)의 기운(氣運)을 만나야 그나마 꽤가 풀린다네.

대해수(大海水)는 짠물이라 애나 가질 수 있을 런지……

양(陽)의 삼십갑자병납음 오행(三十甲子竝納音 五行)과 음(陰)의 삼십자병납음 오행(三十甲子竝納音 五行)을 합(合)하여 육십갑자병납음 오행(六十甲子竝納音 五行)을 이루는 것이라네.

3. 육십갑자병납음 오행 일주(六十甲子竝納音 五行 日柱) 8상론(八象論)

남자(男子)의 사상(四象)과 여자(女子)의 사상(四象)이 합(合)하여 팔상(八象)을 이루며, 이 팔상(八象)이 삼십갑자병납음 음양 오행(三十甲子竝納音 陰陽 五行)과 어울려 합(合)하면 240론(二百四十論)을 이룬다네.

태양(太陽)의 기운(氣運)이 의미(意味)하는 바는 외강내강(外剛內剛)이고 소음(少陰)의 기운(氣運)은 외유내강(外柔內剛)이고 소양(少陽)의 기운(氣運)은 외강내약(外剛內弱)이며 태음(太陰)의 기운(氣運)은 외약내약(外弱內弱)라네. 이렇게 보면 사상(四象)이 뜻하는 바가 대략(大略) 이해(理解)가 갈 것이며, 남자(男子)가 태양(太陽)의 기운(氣運)이라면, 밖과 안이 강(强)하게 보이고, 키는 평범(平凡)하나 겉모습이 크며, 뼈대와 오장육부(五臟六腑)도 크다고 본다네.

소음(少陰)이라면, 키는 크되 말랐으며, 뼈대는 단단하고 오장육부(五臟六腑)도 작다고 본다네.

소양(少陽)이라면, 겉으로는 키가 크고 약(弱)해 보이며, 뼈대는 야물지 못하고 작으며, 오장육부(五臟六腑)는 작게 본다네.

태음(太陰)이라면, 몸집은 작고 뼈가 가늘며 살이 많은 편이고, 오장육부(五臟六腑)는 크며, 단단하지 못하고 물컹물컹하게 본다네.

이는 육십갑자병납음 오행(六十甲子竝納音 五行)의 정도(程度)에 따라 모두 다른 것이나, 이해(理解)를 돕기 위해 설명(說明)한 것이라네.

남자(男子) 태양(太陽)의 성격(性格)이라면, 겉으로나 안으로나 대범(大汎)하고 올곧은 사람이고, 소음(少陰)은 겉으로는 부드럽고 안으로는 강(强)하며, 소양(少陽)은 겉으로는 강(强)해 보이나 속은 약(弱)하고, 간사(姦詐)하며, 태음(太陰)은 안과 밖이 모두 유(柔)하니 줏대가 없다 이른다네.

여자(女子)가 태양(太陽)의 기운(氣運)이라면 드러난 모양새나 성격(性格) 등이 남자

(男子)와 같으며, 소음(少陰)이라면 드러난 모양새는 남자(男子)와 같으나 드러난 성격(性格)은 부드럽고, 소양(少陽)이라면 드러난 모양새나 성격(性格)이 천생(天生) 여자(女子)인지라 여우와 같다고 보는 것이며, 태음(太陰)이라면 여우는 아니더라도 말없이 인내(忍耐)하며 평생(平生)을 살아가는 천생(天生) 타고나기를 여자(女子)라고 이른다네.

그러나 이는 단편적(斷片的)인 말 뿐이며, 오행(五行) 병납음(竝納音)에 따라 천차만별(千差萬別)하다네.

다음의 16상론(十六象論)에서 다루어야 할 내용(內容)이기에 이만 줄인다네.

16상론(十六象論)에서는 남자(男子), 양(陽)에 4상(四象), 곧

양(陽)에 태양(太陽): 건(乾) ☰, 양(陽)에 소음(少陰): 태(兌) ☱,

양(陽)에 소양(少陽): 리(離) ☲, 양(陽)에 태음(太陰): 진(震) ☳ 과

남자(男子), 음(陰)에 4상(四象), 곧

음(陰)에 태양(太陽): 손(巽) ☴, 음(陰)에 소음(少陰): 감(坎) ☵,

음(陰)에 소양(少陽): 간(艮) ☶, 음(陰)에 태음(太陰): 곤(坤) ☷ 을

그리고 여자(女子) 또한 남자(男子)와 같이 논(論)하는 것이니,

여자(女子), 양(陽)에 4상(四象), 곧

양(陽)에 태양(太陽): 건(乾) ☰, 양(陽)에 소음(少陰): 태(兌) ☱,

양(陽)에 소양(少陽): 리(離) ☲, 양(陽)에 태음(太陰): 진(震) ☳ 과

여자(女子), 음(陰)에 4상(四象), 곧

음(陰)에 태양(太陽): 손(巽) ☴, 음(陰)에 소음(少陰): 감(坎) ☵

음(陰)에 소양(少陽): 간(艮) ☶, 음(陰)에 태음(太陰): 곤(坤) ☷

이 양사상(陽四象)과 음사상(陰四象)을 합(合)하여 논(論)할 수 있어야, 소위 말하는 팔자(八字)를 겨우 알 수 있다고 이른다네.

병납음 오행 8상(竝納音 五行 八象)에 따른 기본론(基本論)

남자(男子) : 양(陽) —	여자(女子): 음(陰) --

- 남자(男子): 태양(太陽) ═ → 외강내강(外剛內剛)

겉으로 드러나는 기운(氣運)도 강(强)하며, 내적(內的)인 성향(性向)도 강(强)하다네. 목소리도 크고 밀어대는 성격(性格)에 그 만큼 자신감(自信感)이 있다네.

- 남자(男子): 소음(少陰) == → 외유내강(外柔內剛)

겉으로 드러나는 기운(氣運)이 부드러우나, 내적(內的)으로는, 곧 의지(依支), 결단력(決斷力), 자존심(自尊心), 등 심적(心的)인 부분(部分)에서는 강(强)하다네.

- 남자(男子): 소양(少陽) == → 외강내약(外剛內弱)

겉으로는 잘난 척, 강한 척하며 드러내나, 내적(內的)으로는 유약(柔弱)하고 소심(小心)하다네.

- 남자(男子): 태음(太陰) == → 외약내약(外弱內弱)

겉으로 드러나는 기운(氣運)이 힘이 없고 유약(柔弱)하며, 또한 내적(內的)으로도 약(弱)하고 조금은 맹한 구석이 있다네.

지극히 아둔하다네.

- 여자(女子): 태양(太陽) ═ → 외강내강(外剛內剛)

드러나는 성품(性品)이 되바라지고 강(强)하며, 내적(內的)으로도 강(强)하고 대찬 성격(性格)이라네.

- 여자(女子): 소음(少陰) == → 외유내강(外柔內剛)

겉으로는 유약(柔弱)하고 여성(女性) 같지만 내적(內的)으로는 강(强)하면서도 여유(餘裕)가 있다네.

- 여자(女子): 소양(少陽) == → 외강내약(外剛內弱)

겉으로 드러나는 기운(氣運)이 강(强)해 보이나 내적(內的)으로는 유약(柔弱)하고 부드럽다네.

- 여자(女子): 태음(太陰) == → 외약내약(外弱內弱)

겉으로 드러나는 기운(氣運)이 부드럽고 또한 내적(內的)으로 부드럽고 강(强)한 생명력(生命力)이 있다네.

위의 내용(內容)은 육십갑자병납음 오행(六十甲子竝納音 五行)에 따라 천차만별(千差萬別)한 것이니, 깊이 들여다보고 병납음 오행(竝納音 五行)을 심도(深度)있게 알아야 얻을 수 있는 것이라네.

양(陽)은 겉으로 드러나는 것이고 음(陰)은 안으로 숨은 것이며, 남자(男子)는 양(陽)의 성품(性品)을 따르고 여자(女子)는 음(陰)의 성품(性品)을 따른다네. 또한 양(陽)에서 태양(太陽)과 소음(少陰)이 나고, 음(陰)에서 소양(少陽)과 태음(太陰)이 나는 것을 알면 그리 어려운 답은 아니라네.

1) 해중금(海中金): 갑자(甲子)-양(陽) ㅡ , 을축(乙丑)-음(陰) --

• 남자(男子): 태양(太陽) ═, 소음(少陰) ==, 소양(少陽) ==, 태음(太陰) ==.

• 여자(女子): 태양(太陽) ═, 소음(少陰) ==, 소양(少陽) ==, 태음(太陰) == 의 순서(順序)로 설명(說明)해 가는 바이며 다른 병납음(竝納音)에서는 빠지니 이해(理解)하시기를……

- 남자(男子): 태양(太陽) ═

겉으로 드러나 보이기를 덩치가 크다네.

사랑을 함에 있어서 뜨겁고 강렬(强烈)하며 거침없이 취(取)한다네.

또한 사랑을 나눔에 있어서 남을 의식(意識)하지 않으며, 이 곳 저 곳 부둣가에 배를 정박(碇泊)할 때마다 여자가 따르고 나이가 들도록 각국을 돌아다니면서 많은 여자를 만날 사주(四柱)라네.

이는 땅에 대한 그리움으로써 강(强)해 보이나 사실 포근한 품을 찾아나서는 것이라네.

부모(父母)와 자식(子息) 간에 멀리 떨어져 살며, 본디 돌아다니기를 좋아하는 까닭으로 많은 사람들을 만나면서 정을 나누기도 하고 때로는 여러 자식(子息)과 가정을 두기가 쉽다네.

아련한 지평선(地平線)과 수평선(水平線)을 바라보면서 좋은 꿈이야 매일 꾸지만 만만치 않은 것이 삶이 아닌가.

목숨을 걸고 이룩한 일이 하루아침에 물거품이 되는 일이 있으니, 이 어찌 속이 뒤집어지지 않겠는가.

남을 의식(意識)하지 않는 성품(性品)으로 가리지 않고 일을 하며, 다시 또 힘차게 일어나기도 하니, 그나마 남자(男子)로써의 자존심(自尊心)이라네.

거칠게 몰아대는 리더십으로 사업(事業)을 이끌어가니, 사람이 많이 따르기도 하지만 견디지 못하는 사람은 떠난다네.

조금은 거칠고 험난(險難)한 인생(人生) 길이라네.

단지 허황(虛荒)되고 맹랑한 꿈과 이상(理想)을 접고 현실(現實)에 충실(充實)했으면 한다네.

왜 쉽고 편안(便安)한 일은 하지 않고 굳이 어려운 일을 택해서 가야하는지…… 이 또한 남자(男子)의 강(剛)한 모습일 뿐이라며, 험난(險難)한 여정(旅程)을 떠난다면 부탁할 것이 있으니, 꼭 자신(自身)이 눕던 자리로 돌아오기를 바란다네.

거침없는 칼칼한 성격(性格)으로 인하여 폭풍(暴風)에 휘말리기도 하며, 몰아치는 불과 같은 성격(性格) 때문에 어느 한 순간에 스스로가 배를 뒤집기도 한다네.

뜨거운 태양(太陽)빛 아래 검게 그을린 피부(皮膚)는 남성미(男性美)에 한없는 무게감을 주기도 한다네.
부탁하는 말이니, 잔잔한 바다와 같이 마음 한구석에 여유(餘裕)를 가졌으면 한다네.
이 여유(餘裕)로는 마음이 흉(凶)한 일을 피해갈 수 있는 기회(機會)가 되기도 한다네.

- 남자(男子): 소음(少陰) ==

거친 듯 보이면서도 체면(體面)을 차리고 부드럽게 이끄는 듯 보이지만, 한밤중 자리에 들면 거리낌이 없으며 집요(執拗)하게 파고든다네.
많은 여자(女子)와의 접촉(接觸)으로 기교(技巧) 또한 조용하면서도 현란(絢爛)하다네.
좋게 이르자면 외유내강(外柔內强)의 성격(性格)이니, 가끔씩 마주 대하는 가족(家族)을 강(强)하게 휘어잡고 이끌고자 하나, 말뿐인 가족(家族) 사랑이요, 마누라와 자식(子息)이 오히려 외면(外面)을 한다네.
이러한 연유(緣由)로 더욱 밖으로 떠도는지도…… 일을 처리(處理)하는데 있어서 그리 다급(多急)한 사람은 아니지만, 말이 없는 가운데 쉽지 않은 자리에 앉으며, 어려운 일을 도맡아 하는 그런 위치(位置)에 놓이게 되는 일이 많다네.
스스로가 원하지 않은 자리와 일을 하게 되니, 부담감(負擔感)이 늘 마음의 한구석을 차지하고 있다네.
자신(自身)의 인생(人生)이라네. 어찌 그렇게 고집(固執)과 독선(獨善)으로 삶을 살아가는가.
따지고 보면 이렇게 사니까 이나마 산다고 명분(名分)이야 서겠지만, 조금이라도 남의 말을 귀담아 들었으면 한다네.
그러면 지금껏 힘들게 이룩한 모든 것을 한순간에 잃지는 않을 것이라네.
그러나 저러나 어찌 되었든 험난(險難)한 삶을 살아가니, 아늑한 의지(依支)할 수 있는 곳을 일찍 찾아들어가야 하겠네.
힘들면 힘들다, 편하면 편하다, 라고 분명(分明)하게 말해야 한다네.
모든 일에 있어서 미리 앞서서 체념(諦念)하지 말고, 약간의 소심(小心)한 성격(性格)

을 버려야겠네.
그늘진 구석에 앉아 마음을 끓이지 말고 밖으로 자신(自身)의 솔직한 모습을 보여줄 수 있기를……

- 남자(男子): 소양(少陽) ==

외적(外的)으로는 강해 보이나 내적(內的)으로는 매우 약(弱)한 까닭으로 여자(女子) 앞에서는 잘난 척 하고 강(强)한 척을 하지만 뒤끝이 무척 약(弱)하다네.
오밤중 달빛 아래서의 애정(愛情)이니, 술 한 잔에 분위기(雰圍氣) 잡고 백사장(白沙場)에서 애정(愛情) 행각(行脚)이라네.
스스로는 가족(家族)을 챙긴다고는 하나 자기 나름대로의 방식(方式)이라 마누라도 자식도 싫어하지 않겠는가.
평소(平素)에는 억센 성격(性格)이었다가도 술 한 잔을 마시면 로맨틱하게 변(變)하니, 그때는 그때일 뿐, 깨면 언제 그랬냐는 듯 돌변(突變)한다네.
일을 만들더라도 경솔(輕率)하게 움직이며, 늘 자기(自己)의 방식(方式)으로만 이끌어 가고 스스로 저지른 일을 감당(堪當)하지 못하며 마침내는 해결하지 못한다네.
거칠고 힘든 일을 크게 일으키지만 종내(終乃) 폭풍우(暴風雨)를 만난 듯 한 순간(瞬間)에 모든 것을 말아 먹는다네.
까만 바다 위 달빛 아래 고적(孤寂)한 한 척의 배, 스스로의 갈 길을 모르고 여러 해를 방황(彷徨)하면서 한잔 술에 의지(依支)하니, 소심(小心)하고 값어치 없는 인생(人生)이라네.
만만치 않은 삶의 길이니, 생각만의 일확천금(一攫千金)을 기다리는 허황(虛荒)된 꿈에서 빨리 깨어나게나.
겉으로는 거칠고 드세 보이나 안으로의 성품은 약(弱)하고 부드러우니, 강(强)한 척을 하지만 뒤를 받쳐줄 강(强)한 힘이 없다네. 때문에 잘난 척을 하지만 결단력(決斷力)이 부족(不足)하고 의지(依支)가 약(弱)한 것이 문제(問題)라면 문제(問題)라네.

- 남자(男子): 태음(太陰) ==

어둠속에 우두커니 앉아 무슨 생각에 그리도 집착(執着)을 하는지…… 자신(自身)의 것과 남의 것을 구분(區分)하지 못하고 스스로가 저질러 놓은 일에 대하여 전혀 책임(責任)을 다하지 못하며, 뿌린 씨앗마저도 감싸지를 못한다네.

누구보다 더 가족을 아끼고 사랑하나 서로가 뿔뿔이 흩어지기가 쉽고 온전(穩全)한 가정(家庭)을 이루기가 다른 이들보다는 힘이 든다네.

마음이 유약(柔弱)하며 강(强)한 신념(信念)과 의지(意志)가 없으니, 어떠한 일을 일으키려 한다 해도 과연 제대로 할 수나 있겠는가.

또한 책임감(責任感)마저 희미하니, 남의 밑에서 일이나 할 수 있겠는가.

하루 벌어 하루를 먹고 살아가는 고달프고 서러운 인생(人生)길이니, 하루하루가 술이 아니면 힘들겠네.

먹고 나면 거칠어지고 주사(酒邪)가 심해지며, 지니고 있는 모든 불평불만(不平不滿)을 남의 탓으로 돌리는 불행(不幸)한 삶의 길이라네.

우유부단(優柔不斷)한 성격(性格)을 단호(斷乎)하게 끊어 버리고 배울 수만 있다면 무엇이라도 배워서 자신(自身)과 또 가족(家族)을 위해 몸과 마음을 다하는 삶이기를 빈다네.

변명(辨明)만 앞세우는 책임감(責任感) 없는 성격(性格)을 버리고 늘 노력(努力)하는 삶이 될 수 있기를……

- 여자(女子): 태양(太陽) ═

여자(女子)가 당당(堂堂)하게 보이며, 골격(骨格)이 단단하고 강(强)하며 투박하고 거친 여자(女子)라네.

많은 배움이 있다면 많은 사람을 거느릴 수 있지만, 배움이 짧고 아둔하다면 여자(女子)다운 구석은 사라지고 자기(自己)만 아는 매서운 여자로서 이혼율(離婚率)이 매우 높은 편이며, 한 남자(男子)에게서 만족(滿足)을 못하는 여자(女子)라네.

살림을 함에 있어서 알뜰살뜰하지 못하며, 거친 입담과 당당(堂堂)함에 남편(男便)에게 사랑을 받지 못하고 자식(子息)들에게 마음의 상처(傷處)를 준다네.

모든 일에는 스스로가 앞장서야 되고 대장(大將)이 되지 않으면 마음에 차지를 않는다네.

또한 큰일을 해서 한 집안을 일으키는 여자(女子)이며, 억센 사람들을 상대(相對)하는 거친 일들에 고개를 내비친다네.

삶 자체(自體)가 남편(男便)과 자식(子息)을 건사해야 하며, 더하여 한 집안을 번듯하게 세워야하니, 거칠고 대범(大汎)하며 자신(自身)에게 이익(利益)이 되는 일 앞에서는 피도 눈물도 없는 대가 센 인생(人生)길이라네.

모든 사람들을 가리지 않고 또한 일의 시시비비(是是非非)에 관계없이 마구잡이로 대드는 성격(性格)을 거침없이 버려야 한다네.

또한 다정다감(多情多感)하고 알뜰살뜰한 살림을 이끌어갔으면 한다네.

그러하지 못하면 해줄 것 다 해주고도 욕을 먹지 않는가.

그리고 늦었더라도 지적(知的)인 배움의 기회(機會)를 꼭 갖기를 바란다네.

- 여자(女子): 소음(少陰) ==

애정(愛情)이야 이불 속에 들어가면 남녀(男女) 사이의 일이라네.

뜨겁고 격렬(激烈)하다고나 할까…… 남편과 자식(子息)에게 잘하고 노력(努力)을 하며 가정(家庭)을 지키려고 몸과 마음을 다하여 이끈다네.

밖으로는 부드러우며 잘 챙겨주기도 하지만, 스스로가 챙기려는 욕심(慾心)이 강(强)하다네.

그나마 여자(女子)다운 것이 인생(人生)길을 편안(便安)하게 하지만, 항상 자신(自身)의 건강(健康)에 신경(神經)을 써야하며, 늘 조심해야 한다네.

내 것이 아닌 재물(財物)에 욕심(慾心)을 내어서는 안 된다네.

거친 입담과 행실(行實)로 인하여 지금껏 쌓아온 덕(德)이 무너지고 많은 사람이 곁을 떠난다네.

- 여자(女子): 소양(少陽) ==

스스로가 예쁘다고 생각하는 것인지, 아니면 자신이 있어서인지는 몰라도 남자(男子)들 앞에서는 여간 잘난 척이 아니라네.

물론 애정(愛情) 일이야 남자 대신 스스로 이끌어가고 내숭을 떠니, 애교(愛嬌)가 있다고 말해야 하는 것인지, 그 선이 애매모호(曖昧模糊)하다네.

집안을 잠시 들여다보면 자기(自己)가 하고 싶으면 하고 하기 싫으면 하지 않으니, 제 몸만 아낄 뿐이지 살림에는 영 취미(趣味)가 없다네.

가족(家族)을 챙기는 행위(行爲)에 있어서는 자기(自己)만의 방식(方式)으로 하며, 이도 저도 아닌 것이 변덕(變德)이 죽 끓듯이 한다네.

본래(本來) 빈 수레가 요란하지 않던가.

무슨 일이든 겉으로 화려(華麗)한 척하며, 어찌된 일인지 남의 돈을 거저먹으려고 한다네.

그래서 남자(男子)를 유혹(誘惑)하는지도…… 살아가면서 제 잘난 척이라네.

굳이 다른 말로 표현(表現)을 하자면, 허풍(虛風)과 엄살이 묘(妙)한 조화(造化)를 이루는 인생(人生)이라네.

이제부터라도 없으면 없는 데로 있으면 있는 데로 살고 또한 있는 그대로 말하면서 살아갔으면 한다네.

그리고 겉으로 드러난 강(强)하고 화려(華麗)한 것을 따르지 말고 자신(自身)만의 개성(個性)을 찾아 뜻있는 삶을 살아가기를……

- 여자(女子): 태음(太陰) ==

모질고 질긴 것이 삶이라지만 여자의 몸으로써는 살아가기가 힘들다네.

천생(天生) 태어나기를 여자(女子)라지만, 자신(自身)의 뜻대로 살지 못하고 남자(男子)에게 버림을 많이 받는다네.

남편(男便)복(福), 자식(子息)복(福)이 없다고들 말하지만 이 여자(女子)만큼이야 하겠는가.

스스로가 가족(家族)을 부양(扶養)해야 하고 때문에 자신(自身)의 몸이 남아나지를 않으며 다치기도 많이 다친다네.
할 일이 많은 일복 터진 삶이라 불평불만(不平不滿)이 있어도 안으로 삭이며, 끝내 삶의 재미를 모르고 죽을 때까지 고생(苦生)한다네.
때문에 마음에 맺힌 한(恨)이 얼마만큼이나 쌓였겠는가.
타고나기를 여자(女子)다운 여자(女子)이며, 외로움에 더할 것이 있다면 혼자 떠도는 영혼(靈魂)이 아닌가 한다네.

2) 노중화(爐中火): 병인(丙寅)－양(陽) ㅡ , 정묘(丁卯)－음(陰) --

- 남자(男子): 태양(太陽) ═

가슴이 늘 뜨겁고 정력적(精力的)이며, 여자(女子)를 무척 좋아하고 적극적(積極的)으로 찾아다닌다네.
육체(肉體)를 탐(貪)하는 일에 집착(執着)하는 것이 장난이 아니며, 체력이 강할 뿐만 아니라 꽤나 잠자리에 자신감(自信感)을 가진다네.
그러나 객고(客苦)를 풀고 나면, 곧 욕심을 채우고 나면 그저 그렇다네.
가족(家族)들을 힘으로 강(强)하게 억누르고 스스로는 다른 여자를 만나 놀아나도 당연(當然)하다는 듯이 뻔뻔하며, 무책임(無責任)한 행동(行動)을 한다네.
그리고 화가 나는 일이 있으면 모든 것을 가족(家族)에게 퍼붓고 나 몰라라 한다네.
자기(自己) 성질(性質)대로 일 처리(處理)를 해나가며, 사람을 휘어잡고 자기(自己)식(式)대로 해석(解釋)하며, 말하고 행동으로 옮기는 까닭으로 타인(他人)에게 상처(傷處)를 준다네.
끊고 맺음은 확실(確實)하다고는 하나 이 또한 자기(自己)의 방식(方式)대로니, 일이 제대로 이루어지겠는가.
그러니 화병(火病)에 뇌졸중(腦卒中)이 일어나지 않는다고어떻게 보장(保障)할 수 있겠는가.

가족(家族)과 주변(周邊) 사람들이 늘 불안(不安)해 하는 까닭은 불똥이 언제 튈지 모르기 때문이라네.
어떻게 맺었든 한번 맺은 인연은 결코 놓지 않으려는 집착이 있으며, 모든 일들이 이 때문에 잘 깨져나간다네.
가족(家族)들에게 온갖 화풀이를 하고는 나가서 다른 여자(女子)에게 온갖 짓을 잘하니, 이는 바람둥이 인생(人生)이 아니겠는가.
목적(目的) 의식(意識)이 강(强)한 성격(性格)은 좋지만, 집착(執着)하거나 휘어잡으려고 하지는 말게나.
깨지기가 쉽다네.
그러나 완강(頑强)한 고집(固執) 때문에 스스로의 일상적(日常的)인 틀을 깨기란 그리 쉽지는 않을 것이라네.

- 남자(男子): 소음(少陰) ==
겉으로 보기에는 여자(女子)를 좋아하지 않는 것 같지만 관심(關心)이 많고 은근히 훔쳐보는 것을 매우 좋아한다네.
마음에 드는 어여쁘게 보이는 여자(女子)를 마주 대하고도 말이 없고 거만(倨慢)한 척을 하는 것은 여자(女子)가 싫어서 그러는 것이 아니라, 약간(若干)의 소심(小心)한 성격(性格)에 아주 많은 엉큼한 마음 때문이라네.
속이 좁아터진 사람이라 가족(家族)이나 대인(對人) 관계(關係)에 있어서도 부드럽지를 못하고 꽤나 답답하다네.
이는 자신(自身)의 마음을 밖으로 드러내지를 못하기 때문이며, 더하여 이쁜 마누라나 자식(子息)에게도 겉으로 드러내어 애정(愛情)을 표현(表現)하지 못한다네.
줏대가 없는 성격으로 인하여 스스로가 뒷감당을 하지 못하는 사람이니, 일을 크게 저지르면 안 된다네.
그 까닭은 할 말을 하지 못하고 참고만 살다보니, 병(病)이 안으로 곪아 마음의 병(病)이 깊어지기 때문이라네.

괜한 자존심(自尊心)에 일을 크게 벌이지 말고 작은 일이라도 성실(誠實)하게만 한다면 먹고 사는 데는 큰 문제(問題)가 없을 것이라네.
인생(人生) 다반사(茶飯事)가 내가 아닌 남을 위한 삶이 아니던가.
놓을 때는 확실(確實)하게 놓아버리고 잡을 때는 분명(分明)하고도 명확(明確)하게 잡고 확고(確固)하게 흔들기를 바란다네.
화가 나면 꽁한 성격(性格)에 표현(表現)을 하지 못하고 뒤끝이 오래가는 성격(性格)과 줏대 없고 우유부단(優柔不斷)한 이 모든 것을 버리고, 한번 살고 가는 인생(人生)을 행복(幸福)하게 살기를 진심(眞心)으로 빌고 빈다네.

- 남자(男子): 소양(少陽) ==

타인(他人)이나, 사랑하는 사람을 위하는 것 같으나, 상대방(相對方)의 입장(立場)을 생각하지 않고 결국(結局)에는 자기(自己) 자신(自身) 밖에 모른다네.
가족(家族)을 챙기고 잘하는 것 같으나 사실(事實) 내적(內的)으로 보면, 꽁한 성격(性格)에 이기적(利己的)이고 자신(自身) 밖에 모르는 성품(性品)으로 인(因)하여 가족들을 챙기지 못하며 주위(周圍) 사람들을 더욱 힘들게만 한다네.
사업(事業)이나 건강(健康)이나 한번 쓰러지면 일어나기가 힘든 법이니, 그 까닭은 제 성질(性質)을 스스로 가누지를 못하기 때문이라네.
그러므로 주위(周圍) 사람과 가족(家族)이야 상처(傷處)를 받든 말든 전혀 생각하지를 하지 않는다네.
삶의 밑바닥에 흐르는 기본적(基本的)인 생각이 난 척, 있는 척, 잘난 척인 까닭으로 이를 말과 행동으로 하지 못하면 가족(家族)들에게 그 여파(餘波)가 간다네.
어찌 보면 줏대 없는 성격(性格)의 소유자(所有者)로서 마음만 여릴 뿐이 아닌가 한다네.

- 남자(男子): 태음(太陰) ==

마음속 희망(希望)의 불씨가 죽었다네.
때문에 삶에 대한 의욕(意欲)이 없고 말이 없으며, 혼자만의 세상에 갇혀 욕정(欲情)

의 발산(發散)처만을 찾고 있으니, 얼마나 음탕(淫蕩)하겠는가.

마누라와 자식(子息)이 배가 고픈 것을 모르고 나만 배가 부르면 그만이며 가족(家族)이 고통(苦痛)에 신음을 해도 나만 즐거우면 그만이라네.

사업(事業)은 손대지 않았으면 한다네.

잘되면 기분(氣分)에 따라 노력(努力)한 결과(結果)가 한 순간(瞬間)에 흐트러지고 깨지며 다시 일어서기가 어려워진다네.

상처(傷處)를 받으면 꽤 오래 가고 스스로의 성질(性質)을 죽이고는 살아가나, 한번 터지면 자살(自殺) 충동(衝動)이 강(强)해지며, 행동(行動)으로 옮기기가 쉽다네.

주위(周圍)에서는 사람이 참 좋은 이라고 하나, 사실(事實) 속이 좁은 사람으로서 입을 열지 않을 뿐, 혼자만이 힘들게 살아간다고 푸념이라네.

삶에 의욕(意欲)을 가지고 스스로의 속마음을 표현(表現)하며, 외로워 말고 스스로의 어려움을 가족(家族)에게 말하며, 작은 자존심(自尊心)만은 버렸으면 한다네.

속으로 곪아 들어가는 병(病)이 깊을 수가 있으니, 늘 건강(健康)에 주의(注意)하기를…… 또한 게으르고 뒤끝이 작렬(炸裂)하는 못된 성격을 버리기를 빈다네.

- 여자(女子): 태양(太陽) ═

몸이 뜨겁고 활달(活達)하나네.

그 많은 열을 밖으로 발산(發散)해야 그나마 조용하게 처신할 수 있다네.

집착(執着)이 강한 편이니 우선 잘 생겨야 하고 남이 보기에 멋져야 하고 돈도 많아야 하는 남자(男子)여야 한다네.

한밤중에 코피 터지는 일이야 늘 있을 수 있는 일이 아니겠는가.

가정(家庭) 생활(生活)을 오래 유지(維持)할 수 없으니, 그 까닭은 답답한 마음에 밖으로 나돌기 때문이라네.

가슴에 뜨겁게 타오르는 불 때문에 모든 일 또한 화끈하며, 거침이 없이 저돌적(猪突的)이라네.

마음에 깊이 담아두는 것 없이 말과 행동(行動)으로 쏟아내는 편이라 화병(火病)은 없으나 욱하는 스스로의 성질(性質)을 이기지 못해서 한번 쓰러지면 일어나기 힘들다네.
술도 잘 마시며, 어쩌다보면 남자(男子)를 패고 사는 삶이라 마음을 잘 다스려야 한다네.
상대방(相對方)이 상처를 받든 말든 하고 싶은 말을 다함으로 인하여 본의(本意) 아니게 마음에 못을 박게 되니, 늘 말과 행동(行動)을 삼가야 할 것이라네.
타고나기를 시비(是非)를 잘 걸고 싸움 잘하고 결단력(決斷力)이 있으며 정열적(情熱的)인 여자(女子)라네.
또한 어떠한 면에서는 남자(男子)보다도 강(强)한 여자(女子)라네.

- 여자(女子): 소음(少陰) ==

은근(慇懃)한 것 같으나 매우 뜨거운 몸이라네.
서서히 불이 붙은 육신(肉身)이라 한명의 남자(男子)로는 힘들게 살아갈 팔자(八字)가 아닌가.
가정(家庭) 밖으로는 집안의 잘잘못을 말하지 않으며, 혼자 끌어안고 끙끙 앓는다네.
자식(子息)이나 남편(男便)이나 위 어른들에게 잘하는 편이면서도 때때로 내뱉은 바른 소리 때문에 시끄러울 때가 있기는 하다네.
혼자 할 수 있는 작은 가게라면 마다하지 말고 하는 것이 화병(火病)을 낫게 할 수 있는 하나의 방법(方法)이 될 수 있다네.
여성(女性)다운 복(福)은 있으나 속으로 많이 참아야 하고 가슴이 그렇게 아파도 혼자서 끌어안고 가야하니, 어찌 보면 좋은 여자이며 대범(大汎)하고 속이 넓은 여자가 아닌가.
하지만 상처(傷處)를 받으면 오래 가고 쉽게 치유(治癒)되지를 않는다네.
속이 좁은 여자(女子)가 아니라네.
이해심(理解心)이 많은 여자(女子)이나 조금은 소심(小心)하다네.

- 여자(女子): 소양(少陽) ==

타인(他人)이 있을 때는 가족(家族)들에게 헌신(獻身)하는 듯하나 없을 때는 몽둥이 들고 설치는 여자(女子)가 아닌가.

가족(家族)이란 결국(結局), 스스로의 위신(威信)을 세우는 도구(道具)로 전락(轉落)한 것이 아닌가.

때문에 겉으로 타고나기는 천생(天生) 여자(女子)이나, 성질(性質)만큼은 남자(男子) 못지않다네.

자신(自身)의 겉치레가 우선(于先)인 까닭으로 가정사(家庭事)에 대한 말은 모두가 십중팔구(十中八九) 거짓이라고 보면 맞다내.

성질(性質)과 화, 그리고 생각 등을 겉으로 다 쏟아내면서도 스스로는 이를 정당화(正當化)시킴으로 인(因)하여, 자신(自身)의 허물을 전혀 알지 못한다네.

화병(火病)은 없으나 자신(自身)의 성질(性質)로 인(因)하여 쓰러지며, 술을 가까이 하고 마시면 폭력적으로 변(變)하기가 십상이고 남들 앞에서는 잘해주지만 보이지 않은 곳에서는 손들고 벌을 서야하니, 사람들이 많이 떨어져 나간다네.

강(强)해 보이나 여자(女子)다운 여자(女子)라네.

단지 잘난 척, 있는 척, 배운 척, 여자(女子)다운 척하며, 또한 안 그런 척하면서 시비(是非)를 걸고 있는 성질(性質)을 다 부리니, 때로는 더러운 성격(性格)이 아닌가.

- 여자(女子): 태음(太陰) ==

불 꺼진 육신(肉身)이라지만 가슴은 뜨겁고 활활 타오른다네.

몸은 차고 밤이슬 밟기를 무척 즐기며, 보이지 않은 곳에서 생판 모르는 이가 이끌어주기를 기다리고 이를 즐기는 여자(女子)라네.

그러나 가족(家族)의 뒷바라지를 잘하고 자식(子息)들을 뜨겁게 끌어안고 이끌어가는 강(强)한 여자(女子)라네.

스스로가 만든 마음의 그릇을 깨기가 너무 힘들고 그토록 힘이 들어도 내색하지 않으며 말이 없고 잘 참고 살아간다네. 단지 술을 멀리해야 할 것이니, 취하면 앞뒤를 가리지 않고 몸을 함부로 굴리는 것이 문제(問題)라네.

남들이야 음탕(淫蕩)하다고 말하나, 인내력(忍耐力)이 강(强)하며 자존심(自尊心)도 강(强)하고 표현(表現)하지는 않지만 보통 남자(男子)보다 더한 삶에 대한 의지력(意志力)이 있다네.

또한 함부로 마음을 주지는 않는다네.

3) 대림목(大林木): 무진(戊辰)-양(陽) ━ , 기사(己巳)-음(陰) ╍

- 남자(男子): 태양(太陽) ═

한이 없는 사랑으로 안아주고 또 내어주는 사람이라네.

매우 가정적(家庭的)이며 가족(家族)들을 늘 잘 챙기고 주변(周邊)에 많이 베푸는 넉넉한 이웃집 아저씨라네.

그러나 가끔 남이 모르게 바람이 나는 사람이라 가족(家族)들에게 상처(傷處)를 주기도하며 스스로가 상처(傷處)를 크게 받기도 한다네.

그래도 모진 풍파(風波)로부터 가정을 제대로 지키며, 늘 노력(努力)하는 멋진 남자(男子)라네.

주변(周邊)에 늘 사람들이 많이 모여들고 그들에게 많이 베풀면서 하고자 하는 일을 능력(能力)것 무리 없이 잘 이끌어간다네.

복을 많이 받은 인생(人生)으로서 조용히 있는 것을 좋아하고 말없이 많이 베푸는 사람이라네.

때로는 자신(自身)의 모든 것을 숨기기도 잘 숨기기도 하며, 많은 어려움으로부터 타인(他人)을 감싸지만 본인(本人) 자신(自身)도 많이 다친다네.

무난(無難)한 성격(性格)으로써 세상(世上)을 넉넉하게 살아가면서 너그럽게 베풀며 인정(人情)이 많다네.

단지 이러한 인정(人情)으로 인(因)하여 바람이 나고 거기다 꼭 들통이 나는 일은 자제(自制)해 주기를…… 그래야 인생(人生)의 끝자락이 편하지 않겠는가.

- 남자(男子): 소음(少陰) ==

사랑한다는 말은 입에 발린 소리라네.

늘 사랑한다고 말하지만 자기(自己)의 욕심(欲心)만을 채운다네.

그리고 너무 똑똑한 척을 하다가 사랑하는 여자(女子)를 잃는다네.

음흉스러운 성격(性格)에 스스로의 욕심(慾心)만을 챙기는 자(者)이니, 숲속으로 깊이 들어가다 길을 잃고 헤매는 일이 많다네.

똥인지 된장인지 구분(區分)을 못하듯이 내 자식(子息)인지, 남의 자식인지를 가리지 못하며, 가족들에게 따돌림을 당해 정을 받지 못하고 대접을 받지 못한다네.

그래도 미우나 고우나 가족만큼은 챙기려고 노력(努力)하는 남자라네.

매일 남에게 퍼주는 사람이라네.

때문에 이용(利用)을 많이 당하고 자신(自身)의 것을 가지고도 빼앗기며, 내 것이라고 말도 못한다네.

똑똑한 척하지 말게나.

또 있는 척도 말게나.

잘나고 똑똑하다고 주위(周圍)에서 말하지만 이는 그대가 가진 것을 빼앗기 위한 말뿐이라네.

속지 말게나.

인생(人生)이란 만만치가 않음을 알아야하지 않겠는가.

내가 가진 것이 얼마 만큼이며, 스스로가 가야할 길이 어디인지를 잃지 말게나.

인연(因緣)있는 사람을 만나야 제대로 된 삶을 살아갈 것이라네.

넓고 깊은 숲속이 바로 자신(自身)의 것임을 깊이 깨달아 단 하나라도 소중(所重)하게 여기고 값어치 있게 쓰기를 바란다네.

- 남자(男子): 소양(少陽) ==

생긴 것이 계집애처럼 생겨서 여자(女子)들이 매우 좋아하고 많이들 따라다닌다네.

가족(家族)들에게 아양을 잘 떨며 마누라보다도 더 잔소리가 심(甚)하고 자식(子息)들의 비위(脾胃)를 잘 맞추며, 가족(家族)을 다 혼자서 챙기려고 하는 잘난쟁이라네. 식복(食福)을 타고난 팔자라 이래도 저래도 만사(萬事)가 다 좋다하며, 사람을 좋아하는지라 스스로가 쫓아다닌다네.
배신(背信)을 당해도 그저 좋아라하고 사기(詐欺)를 당해도 그렇다네. 그러나 속이 없는 사람이 아니며 남에게 하소연도 잘하고 상처(傷處)도 크게 받은 사람이라네.
또한 남의 아픔도 다 받아주고 일일이 참견(參見)해야 직성(直星)이 풀리는 사람이라네.
좋은 성격(性格)이나 상처(傷處)를 많이 받으며, 타고난 성격(性格)이 자기(自己)를 알아주는 사람을 만나면 행복(幸福)한 인생(人生)이라네.
남자(男子)가 애교(愛嬌)는 많으나 잘난쟁이에 잔소리쟁이며 귀가 매우 얇다네.

- 남자(男子): 태음(太陰) ==

일일이 걱정해주고 모두 다 해주는 것 같아도 말만이 앞서는 사람이며, 그뿐이라네.
애정(愛情)의 도타운 참맛을 도무지 모르는 이라네.
때문에 아무 곳이나 쑤시고 다니지를 않는가.
단순(單純)하기는 이를 대가 없고 사랑도 재물(財物)도 챙겨주려 하나 단 하나도 챙겨주지를 못하며, 가족(家族)들 앞에서 똑똑한 척을 하나 맹한 구석이 있고 가족(家族) 모두를 힘들게 만든다네.
모든 일에 있어서 뜨거운 열정(熱情)은 있으나 이루기가 힘드니 스스로가 얼마나 힘들고 답답하겠는가.
남들의 칭찬 앞에 있는 것을 빼앗기지 말며, 이기적(利己的)인 마음을 버리고 스스로에 대한 자신감(自信感)으로 일을 만들고 이끌어 나아가기를…… 그만한 정력(精力)을 충분히 지닌 것이니, 이를 여자(女子)나 찾고 노는 일에 다 쓰지는 말게나.
만일 그렇다면 소심(小心)한 성격(性格)에 있는 것 다 빼앗기고 상처(傷處) 받으며, 패가망신(敗家亡身)한다네.

- 여자(女子): 태양(太陽) ═

오지랖이 넓고 몸도 마음도 정(情)이 많으며, 넓은 마음으로 끌어안고 뒹군다네. 주변(周邊)에 사람이 모여들고 큰 숲에서 나무 한그루를 베는 격이니, 무슨 일을 한들 표시(表示)가 나겠는가.

깊은 포용력(包容力)으로 가족(家族)들을 끌어안고 집안의 대소사(大小事)를 다스리며 모두 다 두루두루 참견(參見)하고 살펴야 몸과 마음이 편한 사람이라네.

식복(食福), 재복(財福), 남편(男便)복(福)에 자식(子息)복(福)까지 가졌으니 모든 것을 다 가지고 태어난 격이라네.

스스로의 욕심이 앞서기 보다는 남을 위하는 마음이 항상 앞선다네.

장사를 하면 사람들이 많이 모여들고, 또 가만 두지를 않는다네.

옆에서 떡고물이라도 얻으려 하며 자신이 사람을 좋아하고 잘 퍼준다네.

인생(人生)을 넉넉하고 너그럽게 살지만 지니고 있는 복(福)을 보고 남자(男子)들이 많이 붙으니, 행동(行動)에 분명(分明)한 선(線)을 두게나.

희생정신(犧牲精神)이 강하니, 참되고 올바른 사람을 만나면 행복(幸福)하고 풍요(豐饒)로운 삶을 산다네.

앞가림을 잘하면 넉넉한 삶에 더하여 칭찬받고 감쌈을 얻지만 잘못하면 칠칠맞은 사람으로 크나큰 오해(誤解)를 주변에서 한다네.

베푸는 일도 정도 것 해야만 욕(辱)을 먹지 않는다네.

- 여자(女子): 소음(少陰) ═

겉으로는 부드러우나 남자(男子) 같고 내심(內心) 욕심(欲心)이 많다네.

똑똑한 척을 하고 남자(男子)가 접근(接近)하면 뒤로 빠져버리지만, 싫어하는 것이 아니라 매우 계산적(計算的)이라네.

가정적(家庭的)이며 남편(男便) 뒷바라지 잘하고 자식(子息)들을 남부럽지 않게 키운다네.

그러면서도 가족(家族)에 대해 욕심(慾心)이 많으며, 스스로를 희생(犧牲)하고 노력

(努力)한다네.
단지 자신(自身)의 가족(家族)만이 중요(重要)하며 다른 형제(兄弟), 자매(姉妹)에게는 냉정(冷情)하다네.
돈을 빌려주었다가 결국에는 받지 못하고 빼앗기는 팔자(八字)이니, 가지고 있는 것을 잘 관리(管理)하고 간수한다면, 무슨 일을 하더라도 크게 낭패를 보는 일이 없을 것이라네.
자기(自己) 스스로가 넉넉하다고 생각하고 욕심(慾心)을 버리면 풍족(豊足)하게 살아간다네.
똑똑한 척 말을 많이 하지만 허점이 많으니, 늘 조심해야 한다네.
때로는 주변(周邊) 사람들에게 조금의 관심(關心)과 배려(配慮)하는 마음을 가지고 둘러보았으면……

- 여자(女子): 소양(少陽) ==
남자(男子)들이 가만히 두지를 않는다네.
늘 조심해야 할 것이 가까이 접근(接近)하는 사람이라네.
깊은 숲속에서 한번 길을 잘못 들면 벗어날 수가 없는 것이니, 늘 주변(周邊)을 살펴서 스스로의 주위(周圍)를 밝게 해야 한다네.
물론 가족(家族)들을 잘 챙기고 집안의 대소사(大小事)를 다 맡아서 여유롭게 해나가니 맏며느리감이라네.
가지고 있는 것을 밖으로 드러내어 자랑은 하지 말게나.
그러지 않아도 호시탐탐(虎視眈眈) 빼앗으려 노리고 있는 것을…… 자신(自身)의 처지(處地)를 분명(分明)하게 알고 받아들일 것과 내칠 것을 확실(確實)하게 해야 한다네.
남의 말을 들어주는 착한 마음이지만 스스로가 마음을 상하니 조심하게나.
오지랖이 넓은 성격(性格)에 자기(自己) 희생적(犧牲的)인 여자라네.

- 여자(女子): 태음(太陰) ==

자기(自己) 남자(男子) 외(外)에는 관심(關心)이 없다네.

또한 스스로의 마음을 숨기면서도 모든 애정(愛情) 표현(表現)을 하며, 열정적(熱情的)이라네.

그러나 처음부터 길을 잘 들여야 하는 것이니, 한번 길을 잘못 놓으면 바꾸기가 힘들기 때문이라네.

자신(自身)의 가족(家族)만이 중요(重要)하며, 다른 형제간(兄弟間)에는 냉담(冷淡)하다네.

부드러워 보이지만 사업(事業)을 하거나 돈 관계(關係)에 있어서는 아주 차가운 성격(性格)이라네.

그러나 끊고 맺음이 분명(分明)하지만 맹한 구석이 있고 똑똑한 척하지만 상처(傷處)를 받으면 정신(精神)을 차리지 못한다네.

마음을 쉽게 열지 않으며 내색하지 않고 혼자 삭힌다네.

군중(群衆) 가운데서의 외로움이니, 스스로가 마음을 닫기 때문이라네.

결단력(決斷力)이 있어 보이고 강(强)해 보이나, 마음이 무척 여리다네.

4) 노방토(路傍土): 경오(庚午)－양(陽) ㅡ , 신미(辛未)－음(陰) --

- 남자(男子): 태양(太陽) ═

사방(四方)으로 탁 트인 땅이니 어디든 못가겠는가.

자유분방(自由奔放)한 사고(私考)를 지니고 있으니 그 또한 장점(長點)이라면 장점(長點)이 될 수 있으나, 그만큼 단점(短點)도 많다네.

이 곳 저곳을 떠돌다 보니 이 여자(女子), 저 여자(女子)에게 정(情)을 줄 곳이 많지 않겠는가.

책임(責任)도 지지 못하면서 모든 일에 참견을 다하고 남의 가정사(家庭事)에는 왜 끼는지…… 잘못하면 여러 가정(家庭)을 이룰 수 있다네.

정신(精神)을 차리지 못하면 첩(妾)을 여럿 거느릴 것이고 정신(精神)을 차리고 노력(努力)한다면 가족을 위해 타지(他地)에서 많은 고생(苦生)을 한다네.

달리 말하자면 평생(平生)을 떠돌며 가족을 부양(扶養)하는 팔자라네.

사방을 떠돌다 보니 아는 것도 많고 때문에 여러 가지 일을 벌려 논다네.

또한 사방(四方)이 다 열려있으니, 잃기도 많이 잃고 퍼주기도 많이 퍼준다네.

그러므로 이 곳 저곳을 떠돌며 그 많은 고생을 하는 것이라네.

뜨거운 태양(太陽) 아래 허덕이는 인생(人生)이나, 그늘을 만들어주는 인연(因緣)을 만나면 그나마 정착(定着)할 수 있다네.

그러나 돈이 모아지고 살만하면 다시금 떠돌고자 하니 변화(變化)가 많고 말이 많다네.

스스로를 바쁘게 만드는 팔자(八字)인지라 밝은 대낮에 바쁘면 먹고 사는데 지장(支障)이 없지만 캄캄한 밤에 바빠지면 많은 문제(問題)가 생기지 않겠는가.

때문에 이 여자(女子), 저 여자(女子), 이 자식(子息), 저 자식(子息), 이쪽 가정(家庭), 저쪽 가정(家庭) 등, 굉장히 심란(心亂)한 사람이라네.

성격(性格)이야 타고난 자유분방(自由奔放)한 성격(性格)에 무책임(無責任)하며 약간(若干)의 되지도 않는 말을 한다네.

- 남자(男子): 소음(少陰) ==

조금은 머뭇거리는 성격(性格)이나, 일을 결정(決定)하는데 있어서 신중(愼重)하다네.

어찌 보면 우유부단(優柔不斷)해 보인다네.

가정사(家庭事)에 대해서도 결정(決定)을 하지 못하고 헤매는 경우(境遇)가 많으며 머뭇거리다 그르치는 일이 많다네.

천지사방(天地四方)으로 뚫려있으니, 이리 갈까, 저리 갈까, 영 시원하지가 않다네.

남들이 나아갈 길을 일러주어도 고집(固執)으로 아니라고 우기다가 모든 것이 물 건너가기가 일쑤라네.

자신(自身)의 터에서 허우적거리는 팔자(八字)가 아닌가.

혼자서는 빌어먹을 팔자(八字)이니, 확실(確實)하게 이끌어줄 그 누군가가 있어야 한

다네.

결국(結局) 분명(分明)하게 자신(自身)을 알지 못하면 우유부단(優柔不斷)함에 머뭇거리고 고집을 내세우면서도 책임감(責任感)이 없어 보인다네.

- 남자(男子): 소양(少陽) ==

여자(女子)를 많이 거느리는 팔자(八字)가 좋은 팔자(八字)인가?

많이 거느린다네.

남자가 여성(女性)스럽고 부드럽게 유혹(誘惑)을 한다네.

천하를 떠돌다보니, 본 것과 경험(經驗)한 것이 많아 호기심이 많고 잠자리 또한 현란(絢爛)하지 않겠는가.

또한 나이가 많고 적음을 따지기야 하겠는가.

대가족(大家族)을 이루기 쉬우니, 자식(子息)에 대한 욕심(慾心)이 많고 나서서 난 척을 해야 하기 때문이라네.

부인을 잘 만난다면 가족(家族)을 제대로 지키련만, 좋은 이가 옆에 있어도 알지 못한다네.

무리를 이끌기 좋아하니, 부드럽게 이끌어 가기는 하나 크게 휘두르지는 못한다네.

자주 놀라는 소심증(小心症)에 조심성(操心性)이 있고 자존심(自尊心)이 강(强)한 반면(反面)에 겁쟁이로 보면 맞는다네.

사업(事業)이라도 할라치면 많은 사람을 옆에 거느리고 체면(體面)치레를 해야 속이 풀리는 사람이라네.

말과 행동(行動)이 조금은 경망(輕妄)하고 여자(女子)를 무척 좋아하며 자존심(自尊心)이 무척 강(强)하고 자신(自身)을 끄집어내어서 보여주려고 노력(努力)하는 타입이라네.

스스로를 드러내려하지 말고 애정(愛情) 관계에 있어서 조금만 조심(操心)한다면 얼마나 좋겠는가.

또한 자존심(自尊心)을 꺾고 다부지게 또 자신(自信)있게 앞으로 나아갔으면 얼마나 좋겠는가.

- 남자(男子): 태음(太陰) ==

남자(男子)가 얼마나 여성(女性)과 같으면 애정(愛情) 관계(關係)에 있어서 그다지 거친 면이 없고 말이 없으며 여자(女子)에게 순종적(順從的)이라네.

가족(家族) 관계(關係)에 있어서도 자신(自身)의 의사(意思)보다는 모든 사람의 의견(意見)을 따르는 편이라네.

나서지 못하는 성격(性格)이나 칭찬을 해주면 매우 좋아하고 이 때 만큼은 좋아하며 나선다네.

남의 말을 잘 들어주는 유순(柔順)한 사람이며, 눈물이 많은 사람인지라 잘 이끌어주기만 한다면 무리 없는 삶을 살아갈 것이라네.

착한 것도 때로는 좋지 않다네.

순한 성격(性格)에 우유부단(優柔不斷)하고 더하여 눈물이 많고 순종적(順從的)인지라 가족(家族)들이 힘들어하지 않겠는가.

- 여자(女子): 태양(太陽) ═

자고(自古)로 이 여자(女子)를 백말 띠라고 이른다네.

본래 암말이 유순(柔順)하면 많이들 따른다고 하지 않던가.

남자(男子)를 이끄는 강한 기운(氣運)이 있는 까닭으로 많은 이들이 수긍(首肯)하고 이유(理由) 없이 따른다네.

모든 일을 앞장서서 들고 뛰는 성격(性格)이니, 소위 말해서 치맛바람이 아니겠는가.

오로지 한 남자만을 따르는 일편단심(一片丹心)이라네.

밖으로 나서면 사람을 쉽게 사귀고, 또한 잘 따르는 까닭으로 무슨 일이든 망(亡)하지 않는다네.

목적을 갖고 한 길을 뛰다보니 바쁜 인생(人生)이나 행복(幸福)한 사람이라네.

가족(家族)이 하는 말을 잘 들어주고 따라가 주며, 말이 앞서기보다는 행동(行動)으로 앞서나간다네.
매우 합리적(合理的)인 성격(性格)에 책임감(責任感)이 강(强)하며, 유순(柔順)한 성격(性格)이라네.
다만 너무 나서서 일을 저지르지 않기를…… 만일 일을 그르치면 한곳에 정착(定着)을 하지 못하고 타향(他鄕)살이에 심신(心身)이 고통을 받을 것이라네.

- 여자(女子): 소음(少陰) ==
남자와 같은 성격이라서 결단력(決斷力)이 있고 판단(判斷)이 빠르다네.
조용하게 가족(家族)을 이끌고 돌다리도 한 번 더 두드리고 지나며, 애정(愛情) 표현 또한 격하지 않고 뒤를 쫓아다니며 다 해주려한다네.
그러나 양(陽)의 성격(性格)을 지니고 있는 까닭에 따르지 않으면 앙칼진 일면(一面)을 보인다네.
가정사(家庭事), 애정(愛情)에 있어서는 무리 없이 잘 이끌어 간다네.
스스로의 갈 길을 알아서 가고 결정(決定)되면 망설이지 않으며, 신중(愼重)하게 판단하고 결정(決定)하는 스타일이라네.
때문에 사업(事業)에 손을 대면 큰 안목(眼目)으로 내다보고 번창(繁昌)하게 만드는 손이라네.
인생(人生) 길은 탄탄하며 가정(家庭)을 잘 지키고 부모(父母)와 남편(男便)을 잘 봉양(奉養)한다네.
신중(愼重)한 성격(性格)에 부드러우며 책임감(責任感)이 있는 여장부(女丈夫)라 할 수 있다네.
다만 이 사주(四柱) 또한 너무 나대지를 않기를……

- 여자(女子): 소양(少陽) ==
달밤에 나서니 수컷 말들이 많이 따르지 않겠는가.
남자(男子) 성격을 타고난 까닭으로 남자에게 별 관심(關心)이 없고 구차하게 매달리는 일도 없으며 오히려 이끌고 가기를 좋아하고 남편(男便)이 애걸복걸(哀乞伏乞)해도 눈 하나 꿈쩍하지를 않는다네.

매사(每事)에 다 간섭(干涉)을 하고, 또 잘 해주고 나서도 된통 욕을 먹은 여자(女子)라네.

말과 행동이 경망(輕妄)스러워 보이지만 그나마 신중(愼重)한 편이라네.

타지(他地)로 떠돌다보니 경계심(警戒心)은 있으나, 사람을 사귀어도 깊게 사귀고 한번 정(情)을 주면 한없이 좋아한다네.

때문에 남편(男便)이 잘해주어야 하는 것이니, 그렇지 못하면 딴 짓을 하지 않겠는가.

말은 많다고는 하나 솔직 담백(淡白)하며, 조금의 구설수(口舌數)와 무슨 이유(理由)에서인지 뒷말이 많다네.

자존심(自尊心)이 강(强)한 까닭으로 함부로 몸을 내돌리지는 않지만 여자(女子) 냄새를 심(深)하게 풍긴다네.

식복(食福)은 타고났으며 오지랖이 넓고, 대신에 자신(自身)에게 대해서는 신중(愼重)하고 스스로의 인생(人生)에 대하여 책임감(責任感)이 있다네.

자존심(自尊心)만 조금 꺾는다면 편한 인생(人生) 길이 펼쳐지는 것을……

- 여자(女子): 태음(太陰) ==

애정(愛情), 가정사(家庭事)를 마주 대하여 조용하고 부드러운 여자라네. 다만 흠이라면 방정맞다는 것이니, 낄 때 안 끼고 안 낄 때 끼는 성격(性格)이라네.

그러나 그리 상관(相關)할 바가 아니라네.

가정(家庭)을 잘 지키면서도 주변(周邊) 사람들에게 베풀고 잘한다네.

큰일에는 손대지 말 것이며 남편(男便)이 사업(事業)을 한다면 직원(職員)들을 따뜻하게 감싸 안은 까닭으로 크게 인정을 받는다네.

모든 것이 다 좋으나 울타리 밖의 바람을 쐬면 어디로 튈지 모르는 성격(性格)이니, 이는 남의 말을 잘 들어주는 성격(性格)에 자그마한 거짓말에도 냉큼 넘어가주는 맹한 성격(性格) 때문이라네.

착하고 온순(溫順)하며 남에게 잘 베풀고 그나마 책임감(責任感)이 있기에 늘 제자리로 돌아오기는 한다네.

5) 검봉금(劍鋒金): 임신(壬申) – 양(陽) ━ , 계유(癸酉) – 음(陰) ╍

- 남자(男子): 태양(太陽) ═

극(極)과 극(極)을 살아가는 인생(人生)이니, 처음에 만나서는 몸과 마음을 다해 잘하지만 자신(自身)의 마음에 조금이라도 어긋나거나 감정(感情)이 상(傷)하면 칼날을 세우는 까닭으로 상대방(相對方)에게 상처(傷處)를 준다네.

가정사(家庭事)에 있어서 칼날을 자신(自身)에게로 하면 스스로가 다치는 일은 다반사(茶飯事)이며, 칼날을 밖으로 세우면 가족과 주변(周邊) 사람들을 많이도 힘들게 한다네.

때문에 배움이 적으면 밖으로 튀는 성격(性格)이라네.

리더십이 강(强)한 것은 사실(事實)이나, 늘 칼날 위를 내달리는 성품(性品)을 지닌 까닭으로 잘되면 잘되고 못 되면 못 되는 극(極)으로 치닫는 삶이라네.

나라의 녹(綠)을 먹은 팔자(八字)로 태어났으나 배움이 없으면 이 길을 가기가 힘들다네.

또한 배움이 많다면 청렴결백(淸廉潔白)한 성품(性品)으로 불의(不義)와 타협(妥協)하지 않은 곧은 관리(官吏)가 된다네.

아쉬운 것은 큰 것을 얻기 위해서 칼날 위를 걸어가는 것과 같은 위태로움이 늘 따라다닌다는 것이라네.

칼날과 칼등을 오가는 삶이니 그 마음이 오죽하겠는가.

늘 마음을 가다듬기를 빈다네.

단 한 번의 생각으로 잘라내지 말고 다시 뒤돌아보기를……

- 남자(男子): 소음(少陰) ╤

애정(愛情) 표현(表現)을 하지 않고 자꾸만 안으로 숨기는 편이며, 칼을 가슴에 품고 말을 하지 않으니 답답하다네.

칼날이 무딘 까닭으로 가정사(家庭事)에 우유부단(優柔不斷)하고 칼을 뽑았으면 무라도 잘라야 하는 것을, 평소(平素)에는 머뭇거리다가 술만 취하면 터져 나오니, 주변(周邊) 모든 이를 힘들게 한다네.

머뭇거리는 성품(性品)으로 인하여 많은 일을 이끌어가지 못하면서, 왜 자기(自己)를 이해(理解)하지 못하느냐고 크게 어깃장을 논다네.

이는 타인(他人)에 대한 배려심(配慮心)은 없고 자기식(自己式)대로의 생각으로 남을 힘들게 하는 것이 아닌가.

스스로의 참모습을 숨기고 살아가는 사람이라네.

똑똑하고 칼 같은 성격(性格)이나 이를 겉으로 드러냈으면…… 무엇을 생각하는지 알 수가 있어야 가까이 다가갈 수가 있지 않겠는가.

스스로의 욕심(慾心)으로 인(因)하여 한 순간(瞬間)의 실수로 남에게 지울 수 없는 상처를 줄 수 있으니, 부단(不斷)하게 노력(努力)해야 한다네.

- 남자(男子): 소양(少陽) ==

여자(女子)들이 견디지 못하고 떠나는 것은 자신만 만족(滿足)하는 애정행위(愛情行爲)로써의 자학증세(自虐症勢)와 약간(若干)의 변태적(變態的)인 행동(行動) 때문이 아니겠는가.

가족(家族)들 앞에서는 강(强)해 보이고 싶고, 또 그렇게 가르치려고 하지만 스스로가 그렇지를 못하면서 강(强)한 척, 난 척을 하며 수시(隨時)로 칼날과 칼등을 들이대니, 뿔뿔이 흩어지지 않겠는가.

칼날은 절대(絶對)로 자신(自身)에게 돌리지 않으니, 상처(傷處) 받지 않고 손해(損害)를 보지 않는다네.

그러나 자신(自身)만이 뻔지르르하고 남에게는 상처(傷處)를 주니, 점차 사람이 떠나지 않겠는가.

칼날과 칼등으로 장난을 친다는 것은 배신(背信)을 죽을 먹듯이 한다는 뜻이 아니겠는가.

큰소리만 빵빵 치고 책임(責任)지지 않으려하며 뒤끝은 늘 약하다네.

신경질적(神經質的)이고 독선적(獨善的)이며, 자신(自身)만이 옳고 난 척을 하다 보니, 마음은 늘 외롭고 인간관계(人間關係)에 있어서는 항상 고독(孤獨)할 수밖에 없지 않는가.

- 남자(男子): 태음(太陰) ==

상대방(相對方)의 의향(意向)은 무시(無視)하며, 자기(自己) 마음대로 이 여자, 저 여자를 가리지 않고 마구 들이댄다네.

이는 "나는 남자(男子)야." 라고 체면(體面)과 위신(威信)을 내세우고 싶기 때문이 아닌가.

따라서 가족(家族) 관계(關係)에 있어서도 막무가내(莫無可奈)로 들이대니 어찌 힘들지 않겠는가.

이러한 성품(性品)이 과연 누구의 말을 들어줄 것이며, 또 서슴없이 따라주겠는가.

일을 추진(推進)해 감에 있어서도 막무가내(莫無可奈)로 밀어대니 이루어질 것이 있겠는가.

막가파식 인생(人生)으로써 사람이 해서는 안 될 일을 가리지 않고 저질러버리니, 참으로 어리석은 사람이라네.

삶 자체(自體)가 행복(幸福)할 수가 있겠는가.

조금이나마 스스로의 행위(行爲)에 대하여 두려운 마음을 가졌으면……

- 여자(女子): 태양(太陽) ═

시시비비(是是非非)가 분명(分明)하고 똑똑하며, 내 남자(男子), 남에 남자(男子)가 정확(正確)하다네.

아이들을 똑 부러지게 가르치며 동생이나 친구(親舊)가 다치면 대신 나아가 복수(復讐)를 하는 당찬 성격(性格)이라네.

가족(家族) 관계(關係)에 있어서는 깔끔하게 풀어가지만 마음에 상처(傷處)를 많이 준다네.

쉬운 말로 풀자면, 시부모(媤父母)가 미안한 마음에 사골 국물은 이젠 싫다고 말하면 다시는 해드리지 않는 성격이라네.

사업(事業)에는 눈이 어두우나 공부(工夫)에 큰 욕심이 있는 까닭으로 배움이 많으면 관직(官職)으로 나아가 높은 자리에까지 갈 수 있는 강(强)한 사주(四柱)라네.

여자(女子)로써는 순탄(順坦)하지 않은 삶의 길이지만 나름대로 잘 이끌어가는 인생(人生)이라네.

공(公)과 사(私)가 분명(分明)하고 정확(正確)하지만,따뜻하게 감싸주는 덕망(德望)이 부족(不足)하다네.

또한 과거(過去)나 미래(未來)의 삶보다는 현재(現在)의 삶을 가장 중요(重要)하게 생각하는 지극히 현실적(現實的)인 사람이라네.

여유를 가지고 타인(他人)을 배려(配慮)하는 마음을 조금만 가졌으면……

그러면 차갑다는 소리는 듣지 않아도 될 것을……

- 여자(女子): 소음(少陰) ==

칼날이 서있는 까닭으로 세세(細細)하게 따지고 든다네.

무슨 일이든 조목조목(條目條目) 따지고 분명(分明)해야 한다네.

조용한 듯이 하지만 부지런하고 바쁘게 열심히 움직인다네.

남자(男子)를 잘못 만나면 힘들게 산다네.

배움이 많으면 공무원(公務員) 아니면 요리사(料理師)가 되어 무난(無難)한 삶을 영위(營爲)하지만 배우지 못하면 칼을 잡고 살아야 하니, 얼마나 힘이 들겠는가.

살생(殺生)의 업(業)이란 힘든 삶의 무게를 더욱 보태는 일이 아닌가.

어려워도 잘 참고 솔직하게 말하며 우유부단(優柔不斷)하지 않다네.

삶을 진지(眞摯)하게 풀어간다고는 하지만 등 뒤에서 말이 많다네.

그 마음을 깊이 알아주는 지인(知人)이 필요(必要)하지 않겠는가.

때문에 그다지 큰 일이 아니라면 한번쯤은 웃으며 넘어가주고 좀 더 마음의 여유(餘裕)를 가졌으면 한다네.

- 여자(女子): 소양(少陽) ==

변덕(變德)이 죽 끓듯이 하는 성격(性格)이며 이 성격(性格)으로 인하여 애정(愛情) 관계(關係)가 오래 가지를 못한다네.

막무가내(莫無可奈)로 이 남자(男子), 저 남자(男子)에게 들이댄다네.

가족(家族)들에게 협박(脅迫)을 잘하니, 보는 앞에서 어깃장을 놓으며 죽어 버린다고 생 쇼를 부린다네.

더하여 자해(自害)를 행동(行動)으로 옮기며, 술만 먹으면 가족(家族)들에게 행패(行悖)를 부리고 술이 깨면 바로 잘못했다고 비는 일이 늘 반복(反復)되는 까닭으로 다들 피해버리고, 자신(自身)은 정(情)을 받지 못한다네.

겉으로 잘난 척은 하지만 어리석은 여자(女子)가 아닌가.

칼칼한 성격으로 남들 교통정리(交通整理)는 잘하지만, 가정(家庭) 내에서는 늘 쌈질에 시비(是非)를 걸며 괴롭히니 다들 싫어하는 것은 당연(當然)한 일이 아닌가.

신경질적(神經質的)이고 극적(極的)인 성격(性格)이며, 때문에 비위(脾胃)를 맞출 수 없으니 주변(周邊) 사람들이 떠난다네. 결국(結局) 자신(自身)은 떠난 사람들을 원망(怨望)하며 살아간다네.

남을 탓하고 크게 원망(怨望)하며 자신(自身)의 게으름을 모른다네.

또한 칼날만을 세우는 자극적(刺戟的)인 성격(性格)에 쌈닭의 본능(本能)을 지니고 있다네.

몸에 난 상처(傷處)야 시간이 지나면 시답지 않지만 마음에 난 상처(傷處)는 어떻게 보듬어 안을 것인가.

- 여자(女子): 태음(太陰) ==

주위(周圍)로부터 애정(愛情)을 받지 못한다네.

늘 부정적(否定的)인 사고방식(思考方式)에 징징거린다고나 할까.

몸과 마음을 다하지 않으며 게으르고 지저분하며 말로 표현(表現)하지 않는 까닭으로 답답하기가 이루 말할 수 없다네.

일을 저질러 집안을 말아먹고 어둠속으로 숨어든다네.

때문에 남편이 일찍 멸(滅)하기가 쉬우며 아니면 삶에 늘 허덕인다네.

지은 바 업(業)이라 자살(自殺) 충동(衝動)이 심(甚)하고, 또 이를 행동(行動)으로 옮기니, 곁에 항상 보호자(保護者)가 필요(必要)하지 않겠는가.

긍정적(肯定的)인 마음이 꼭 필요(必要)한 사람이니, 대화(對話)를 많이 해야 한다네.

어둠속으로만 숨어들지 말고 밝음으로 뛰쳐나와 모든 이들과 어울렸으면 한다네.

좋은 인연을 맺으면 밝은 미소를 볼 수 있을 것이라네.

아무리 나쁜 사주(四柱)라 하더라도 자신을 확실(確實)하게 알고자 힘써 노력(努力)한다면 인생(人生)은 바뀐다는 것을 마음에 새기기를……

6) 산두화(山頭火): 갑술(甲戌)-양(陽) ㅡ, 을해(乙亥)-음(陰) --

- 남자(男子): 태양(太陽) -

한낮에 연기가 피어오르니 구설수(口舌數)가 오죽하겠는가.

애정(愛情)은 맛만 보여줄 뿐이며 이 남자(男子)를 사랑하기 위해서는 여자(女子)의 많은 희생(犧牲)이 필요(必要)하다네.

어떻든 힘든 사랑임에는 분명하며 많은 사람들이 따르는 남자이므로 마음을 넓게 가져야 한다네.

가정사(家庭事)에 대해서는 매우 무관심(無關心)하며, 그냥 가족(家族)들을 지켜보기만 하고 문제(問題)가 일어나면 귀찮아하면서 고개를 돌린다네.

때문에 대부분 마누라가 이끌어 가고 스스로는 만족(滿足)해 하는 인생이나 가족(家族)들은 힘들어 한다네.

종교계(宗教界)에 투신(投身)하는 경우(境遇)가 많으며, 선구자적(先驅者的)인 길을 걷는다네.

사람들이 많이 따르고 많은 가르침을 주는 선지자(先知者)라고나 할까.

인생(人生) 길을 들여다보면 고달프고 억울한 일을 많이 당하며, 스스로의 의식주(衣

食住)에는 관심(關心)이 없고 알면서도 모른 척을 하면서 넓은 마음으로 세상을 내려다보고 있다네.

멀리 내다보고 계획을 세우며 또한 예지(豫知) 능력을 지니고 있다네.

본래(本來) 생각이 많고 깊이 있게 들여다보는 성품이며, 이 사람이 말을 하면 이상스럽게도 잘 맞아 떨어진다네.

성격(性格)을 보면 통찰력(洞察力)이 있고 자존심(自尊心)이 강(强)하면서 욕심(慾心)이 없으며, 애정(愛情) 표현(表現)에 있어서는 조금 무뚝뚝하고 사람들을 급(急)하게 한쪽으로 몰고 가는 경향(傾向)이 있다네.

또한 신경(神經)이 예민(銳敏)하고 날카로우며, 직선적(直線的)으로 말하는 스타일이라 스스로도 많이 다친다네.

- 남자(男子): 소음(少陰) ==

애정(愛情)에 큰 관심(關心)은 없으나 자신(自身)의 뜻과 생각으로 여자를 이끌어 간다네.

의식주(衣食住)에 관심(關心)이 없으니 당연히 재산(財産)을 불리지 않고 뒤따르는 것은 가족(家族)들이 힘들다네.

때문에 가족(家族)들이 귀찮아하고 가정(家庭)을 일구기가 힘들다네.

종교계(宗敎界)에 발을 들여놓으나, 따르는 무리가 많아지면 있는 성질(性質)을 다 부리며, 귀찮아하고 짜증을 부리는 묘한 성품(性品)이라네.

명예욕(名譽慾)이 크고 주위(周圍)에서 사람들이 많이 따르며, 가르침을 많이 베푸는 반면(反面)에 이 사람을 끌어내리려고 주변(周邊)에서 엄한 말이 많다네.

한번 관심(關心)을 가지면 욕심(慾心) 없이 끝까지 이끌어주고 뒤에서 믿고 밀어주면서도 자신(自身)은 앞에 나서지를 않는다네.

하지만 때로는 필요(必要) 이상(以上)으로 관심(關心)을 가지는 까닭에 크나큰 오해(誤解)를 사기도 한다네.

시대(時代)를 앞서가는 선구자적(先驅者的)인 인생(人生) 길을 걷는다네.

겸손(謙遜)하며 인정(人情)으로써 사람을 남기고 한 번 더 차분하게 생각한 후에 지혜(智慧)로이 사람들을 이끌어준다네.
역시나 신경(神經)은 예민(銳敏)하고 무척 날카롭다네.

- 남자(男子): 소양(少陽) ==

겉으로 드러내며 잘난 척에 맛만 보여주고 냉정(冷情)하게 돌아선다네.
가족(家族)에 대하여 큰 관심(關心)이 없으며, 강(强)한 것 같으나 실제(實際)로는 엄청 약(弱)하고 특히나 뒤끝이 약(弱)하다네.
종교계(宗教界)에 투신을 한다고는 하나 지도자(指導者)는 되지 못하고 사무직(事務職) 또는 사회복지사업(社會福祉事業) 등에 종사(從事)를 한다네.
달밤에 산꼭대기에서 불을 피워야하니, 누군가 옆에 꼭 있어야 하고 달빛에 의지(依支)하여 어렴풋이 보이지만 어두운 뒷면은 보이지 않으니, 마음 씀씀이가 작을 수밖에……
달빛과 불빛에 의지(依支)하여 보이는 곳이 전부(全部)인양 자기식(自己式)대로의 고집과 주장(主張)으로 사람들을 이끌고 나가니 약간(若干)은 사이비(似而非)쪽으로 빠지지 않겠는가.
어둠속에서 홀로 세상(世上)의 등불이 되고자 하지만 이 길은 외롭고 힘들다네.
적은 것에 만족해하며 말이 없고 소심(小心)하다네.
또한 쓸데없는 조그마한 명분(名分)으로 고집(固執)을 내세우니, 이것이 문제(問題)라네.

- 남자(男子): 태음(太陰) ==

한밤중에 올라오는 여자(女子)가 눈에 보여야 말이지, 진한 애정(愛情) 행각은 꿈에도 꾸지 말아야 하겠네.
자식(子息)이나 마누라가 무엇을 하면서 살아가는지, 또 무엇을 먹고 사는지 도무지 관심(關心) 밖이라네.
있다 해도 챙겨주지를 못하고 잔소리만 심할 뿐이라네.
지도자(指導者) 자리는 힘들고 깊은 산속에 들어가 홀로 도(道)를 닦는다네.

외롭고 쓸쓸하며 한곳에 정착(定着)을 하지 못하고 세상(世上)을 떠돌아다니기가 쉽다네.
인연으로 사람을 제대로 만나면 스스로의 갈 길이 순탄하게 풀리지만, 그렇지 못할 때는 이름 모를 곳에서 쓸쓸하게 멸(滅)하는 경우가 있다네.
우유부단(優柔不斷)하나 돌아설 때는 결단력(決斷力)이 강(强)하고 말이 드물며 욕심(慾心)이 없고 작은 것에서 만족(滿足)해 한다네.
게으른 것이 문제(問題)지만……

- 여자(女子): 태양(太陽) ═

꿈과 이상(理想)이 높은 까닭으로 보통 남자(男子)들은 눈에 들어오지도 않는다네.
그리고 남자(男子)들이 의지처(依支處)로 삼으려 할 뿐, 정작 본인(本人)은 남자들에게 영 관심(關心)이 없다네.
가족(家族)을 끌어안고 산다네.
남편(男便)을 잘 받들고 자식(子息)을 잘 이끌고 가지만 따르는 가족(家族)들이 고달프다네.
친인척(親姻戚)마저 스스로가 모든 책임(責任)을 지고 안고 가려한다네.
이는 늘 앞에서 이끌고 가려는 타고난 성품(性品) 때문이라네.
지도자(指導者)로서의 강한 기질(氣質)을 타고 낳기에 무리를 잘 이끌고 나아간다네.
억울하다네.
아니 땐 굴뚝에 연기(煙氣)가 나는 것처럼 주변(周邊)에서 말이 많다네.
곧 산 정상(頂上)에서 세상(世上)을 내려다보는 까닭으로 가르치기가 매우 어려운 여자(女子)라네.
대의명분(大義名分)이 또렷해야 하니, 유관순 누나 기질(氣質)이 있다네.
세상(世上)의 횃불이 되는 사람으로서 죽음도 두려워하지 않고 그 모든 어려움을 뒤집어쓴다네.
이것도 저것도 아니라면 사람들을 이끌고 이상(理想)의 나라를 좇는다네.

기분파(氣分派)에다 똑똑하다네.

대의명분(大義名分)만 확실(確實)하다면 스스로를 희생(犧牲)시킨다네.

예지(豫知) 능력(能力)이 강(强)하며, 잘못 풀리면 사기(詐欺)꾼 아니면 포주(抱主)가 된다네.

- 여자(女子): 소음(少陰) ==

남자(男子)가 힘들다네.

왜냐하면 산 정상에 오를 때 그늘을 만들어주어야 하기 때문이라네.

그러니 남자(男子)에게 사랑을 받을 수 있겠는가.

그러나 가정적(家庭的)이며 자식(子息)을 조용하게 가르치고 키운다네.

매우 부드럽고 희생정신(犧牲精神)이 강(强)하지만 오직 자신(自身)의 가족(家族)만을 위해서라네.

또한 남편(男便)이 바람을 피우든 말든 얌전하게 가정(家庭)을 지킨다네.

혼자 일하는 것을 좋아하며 조용한 곳을 좋아하고 일을 처리(處理)하는데 있어서도 시끄러운 것을 질색(窒塞)한다네.

가정(家庭)의 테두리 안에서 움직이는 것을 좋아하며, 세상(世上)의 유혹(誘惑)에 쉽게 흔들리지 않는다네.

남자(男子)가 많이 따르고 주변(周邊)에서 말이 많다네.

그러나 밝은 신명(神明)이 있는 까닭으로 그리 어려움은 없이 살아간다네.

명예욕(名譽慾)이 강(强)하고 똑똑하며 기분파(氣分派)가 아니고 몸과 마음이 정중(鄭重)하다네.

여자로써 겸손(謙遜)하며 정(情)으로써 사람들을 끌어안고 간다네.

때문에 오해(誤解)를 많이 받는다네.

- 여자(女子): 소양(少陽) ==

어스름한 달밤에 높은 산 정상에서 불을 피워야 하니, 누군가 옆에서 함께 해야겠네. 남자(男子)가 접근(接近)해 가기에는 정조(貞操) 관념(觀念)이 뚜렷한 여자(女子)이기에 힘이 든다네.

때문에 남자(男子)들이 애가 타지 않겠는가.

매우 가정적(家庭的)이며 자식(子息)과 남편(男便)만 챙긴다네.

봉사(奉仕)와 희생(犧牲)은 생활의 기본(基本)이며, 부드러운 지도력(指導力)으로 무리를 잘 이끈다네.

명예욕(名譽慾)과 재물(財物)에 대한 욕심(慾心)이 없으며, 가족(家族)이나 가까운 주변(周邊) 사람들과 어울리는 것을 좋아한다네. 단지 아쉬운 점이 있다면 남편(男便)의 기(氣)가 꺾인다는 것이네.

꾸미는 것 싫어하고 다분(多分)히 여성적(女性的)이며, 분위기(雰圍氣)를 잘 타고 조금은 기분파(氣分派)라네.

즉 한밤중에 모닥불 피우고 분위기(雰圍氣) 잡은 것을 좋아한다네.

- 여자(女子): 태음(太陰) ==

외롭고 외로운지라 한밤중에 이슬 밟고 남자(男子)를 찾아서 움직인다네.

여성(女性)다우며 희생정신(犧牲精神)이 무척 강(强)하고 오직 가정만을 위해서 스스로를 가혹(苛酷)하게 부리지만 늘 외롭다네.

마지못해 그냥 산다고나 할까.

살을 베는 듯 차가운 바람과 모진 풍우(風雨)를 홀로 맞으며, 긴 세월(歲月)을 보낼 팔자(八字)라네.

세상(世上)이 아무리 유혹(誘惑)을 해도 안으로만 숨어버릴 뿐 밖으로 드러내지를 않는다네.

의지(意志)가 강(强)하니 그 무엇에도 흔들리지 않고 자신(自身)이 해야 할 바를 해나가며, 여성적(女性的)이고 자기(自己) 희생정신(犧牲精神)이 강(强)하다네.

7) 간하수(澗下水): 병자(丙子) – 양(陽) ㅡ , 정축(丁丑) – 음(陰) --

- 남자(男子): 태양(太陽) ═

좁은 틈 사이로 흐르면서 요리조리 앞과 뒤를 재가면서 잘 빠져나가니, 좋게 말하자면 조심성(操心性)이요, 나쁘게 말하자면 입에 올리기가 거북하지 않겠는가.
무척 밝히는 성격(性格)에다 거짓말이 많고 진실성(眞實性)이 적다네.
가족(家族)을 챙기려고 노력하지만 무척 힘이 든다네.
그렇게 힘들어도 자식(子息)과 마누라를 챙기려는 그 마음은 매우 가상(嘉尙)하다네.
모든 일이나 사업(事業)에 있어서 가늘고 길게…… 때문에 잔돈은 만지나 큰돈을 만지기가 힘들고 그나마 손해(損害)를 보지 않으니 다행(多幸)이라면 다행(多幸)이라네.
작은 돈이 마르지 않고 절대 손해(損害)를 보지 않으니, 항상 숨통은 트인 사람이라네.
사기(詐欺) 기질(氣質)이 농후(濃厚)하지만 그래도 남에게 손해(損害)를 끼치려하지 않는다네.
그러나 끝내는 작으나마 피해(被害)를 주고 사기꾼 소리를 꼭 듣는다네.
좋게 말하면 머리 좋고 깔끔한 것이고 나쁘게 말하면 미꾸라지 같은 인생(人生)이 아닌가.
조심성(操心性)이 있으나 거짓말이 조금은 심(甚)하고 약간(若干) 간사(奸詐)하다고 보며 자기 꾀에 스스로 넘어가는 꼴이라네.

- 남자(男子): 소음(少陰) ==

흑심(黑心)만 채우면 냉정(冷情)하게 돌아서는 사람이라 음흉(陰凶)하고 여자(女子)보다도 더 못하지 않는가.
가정사(家庭事)를 챙기려 해도 크게 챙겨주지를 못한다네.
작은 이익(利益)에 따라 움직이는 까닭으로 일을 성사(成事)시키기가 힘들며, 사람도 쉽게 사귀고 친구(親舊)나 주변(周邊) 사람들을 잃기도 많이 잃는다네. 이는 이익(利益) 따라 욕심(慾心)이 앞서는 까닭이라네.

그러나 한푼 두푼이 모여 태산(太山)을 이루듯 큰 재산을 이루기도 하며, 남은 온 몸을 던져서 막아야 할 일을 손가락 하나로 막으니, 이는 조심성(操心性)이 있는 까닭이라네.
다만 자신(自身)의 꾀에 스스로가 넘어가지 않기를 빈다네.
이익(利益)을 따라 이간질(離間)질하는 사람이니 믿을만한 사람이 아니지 않는가.
좋게 말하자면 돈이 거짓된 말을 시키는 것이겠지.
이익(利益) 따라 이간(離間)질하지 말고 거짓말하지 말고 욕심(慾心)부리지 말고 남에 대한 조그마한 배려심(配慮心)을 가졌으면 한다네.
그렇지 않으면 잔머리 대가(大家)에 사기(詐欺)꾼이라는 말을 듣는다네.

- 남자(男子): 소양(小陽) ==

애욕(愛慾)이 강(强)한 것 같지만 강(强)한 척 겉으로 내세우며, 경험(經驗)이 화려(華麗)한 것처럼 잘난 척을 한다네.
그러나 기대(期待)가 크면 실망(失望)이 크지 않겠는가.
또한 스스로의 다급(多急)한 음욕(淫慾)만을 채우고 나면 그만이라네.
말로만 앞세운 가정사(家庭事)에 대한 무책임(無責任)함, 결국(結局) 스스로의 위신(威信)만 세우고 흐지부지 한다네.
이익(利益)이 발생(發生)하는 일이면 중간(中間)에서 가로채기 바쁘며, 이를 남이 볼 때는 수단(手段)이 좋아 보인다지만, 이는 말과 행동으로 상대방(相對方)의 정신(精神)을 혼란하게 만들어 혹(惑)하게 만드는 것이라네.
작은 이익(利益) 따른 이간(離間)질로 인(因)하여, 친구와 친구(親舊) 사이뿐만 아니라 주변 사람들마저도 끊어놓는다네.
이러니 무슨 일이든 좋게 해결(解決)될 것이 있겠는가.
남의 허물을 무기 삼아 이익(利益)이 되는 일로 돌리고 남의 처지(處地)는 생각하지 않으며 자신의 이득(利得)만을 챙긴다네.
남자(男子)라고는 하지만 음흉(陰凶)한 마음에서는 여자보다 못하고 여기 붙었다 저기 붙었다 한다네.

스스로 노력(努力)하여 자신(自身)이 이루었다고 말하고 움직이나 남을 밟고 선 것이 많다네.
손해(損害)를 보지 않는 것 같지만 늘 손해(損害)를 보고 겉으로 있는 척을 하다가 괜한 욕(辱)을 먹는 맹한 사람이라네.

- 남자(男子): 태음(太陰) ==

한 길만 죽어라고 파내려가도 몸과 마음만이 고달프다네.
찾으려 해도 찾을 수가 없으니 오죽 답답하겠는가.
가정(家庭)을 꾸려가기가 힘들며, 지치고 지치다 내던져버리면 끝나는 가족(家族)이 아니던가.
그래도 삶에 있어서 포기(抛棄)란 있을 수 없는 일이 아닌가.
앞뒤를 재지 못하는 머리지만 일 하나만큼은 곰처럼 한다네.
대개는 무정자증(無精子症)이 많으며 앞가림을 제대로 하지 못한다네.
단 조상(祖上)이 물려준 재산(財産)을 다 잃지 않으면 그나마 다행(多幸)중 다행(多幸)이라네.
세상(世上)에 때 묻지 않은 순박(淳朴)함으로 인(因)하여 좋은 인연(因緣)을 만나면 무사무난(無事無難)한 삶을 살아가며, 더하여 행복한 삶을 영위(營爲)하다 웃으며 떠날 수 있을 것이라네.
유약(柔弱)하고 의지가 박약(薄弱)하며 앞가림을 못하고 우둔하다네.
그러나 선(善)한 인연자(因緣者)가 앞뒤 챙겨주고 이끌어준다면 작은 것에 만족(滿足)하며 행복(幸福)하게 살아갈 것이라네.

- 여자(女子): 태양(太陽) ═

몸에 물이 마르니 애정 행각(行脚)이야 말로 표현해야 무엇 하겠는가.
늘 목마름에 몸이 타들어가는 체질(體質)이라네.
아이들이 먹든 말든 그리 관심(關心)이 없다네.

그러나 아이들을 위해 꾀부리지 않고 열심히 살아가며, 돈이 들어오면 이 곳 저곳으로 다 흩어져버리는 까닭으로 챙기지를 못하는 것뿐이라네.
잔돈은 떨어지지 않고 간간하나, 돈에 눈을 뜨면 이재에 밝아진다네.
없으면서도 많다고 우기며 탁 트인 성격(性格) 같지만 자신(自身) 외(外)에는 모르고 상대(相對)하기에는 머리가 아픈 어려운 여자(女子)라네.
자신이 손해(損害)날 짓은 절대(絶對)로 하지 않으며 힘들게 산다네.
그래도 밉지 않은 것은 여자(女子)의 몸으로 살려고 열심히 노력(努力)하는 모습 때문이라네.
타고난 성격(性格)이 잘난 척, 있는 척, 이기적(利己的)인 성격(性格)으로 미꾸라지 같다네.
단지 생활력(生活力)이 강(强)하고 이재(理財)에 눈을 뜨면 먹고 사는 일에는 큰 지장(支障)이 없을 것이라네.

- 여자(女子): 소음(少陰) ==

자기의 팔자(八字)는 스스로가 알고 자신을 돌아보는 성품(性品)이라네.
안 그런 척 내숭을 떨면서 안으로는 매우 밝히는 여자(女子)라네.
그러나 애정(愛情) 행각(行脚)이 짧고 현란(絢爛)할 것 같으나 정열적(情熱的)이지 못하다네.
가정(家庭)을 책임(責任)지려고 노력(努力)하며, 시부모(媤父母) 잘 모시고 남편(男便)과 자식(子息)을 챙긴다네.
그러니 인생(人生)살이가 고달프지…… 살려고 움직이다보니 이익을 좇아 변화무쌍(變化無雙)한 삶을 산다네.
남에게 목돈을 빌려서 푼돈으로 갚으며, 무슨 일이든 자신(自身)의 돈으로 움직이지 않고 남의 돈을 가지고 움직이며 스스로는 손해(損害)를 보려하지 않는다네.
어찌 보면 수단(手段)이 좋아 보이나 곱게 볼 일은 아니지 않는가.
험난(險難)한 인생(人生)에 고달픈 삶이라네.

살려고 열심히 노력(努力)을 한다지만 너무도 버거운 삶이라 불쌍하다네.
변덕(變德)이 심하고 작은 이익(利益)을 쫓아 살다보니 삶의 모습이 변화무쌍(變化無雙)하며, 벌어진 일에 대하여 책임(責任)을 지려하지만 버겁기만한 삶이라네.

- 여자(女子): 소양(少陽) ==

꼬리가 아홉 개 달린 여우가 아닌가.
밝은 달빛 아래 맑은 계곡에 몸을 담고 고운 살결을 유난히 내비친다네.
이쁜 척, 고운 척하며 홀로 바쁜 척하나 가정에는 관심(關心)이 없다네.
쌀독의 쌀이 썩어나가는지 모를 만큼 챙기지를 못한다네.
타인(他人)에게서 돈을 빌려 들고 튀는 일을 즐기며, 남의 돈을 이용하여 살려 하고 등쳐먹은 후에는 꼭 들키는 여자라네.
철저(徹底)하게 남을 이용(利用)하며, 돈을 빌리면 지닌 돈이 많더라도 찔끔찔끔 나누어주는 타입이라네.
뻔뻔한 거짓말에 잘난 척에 게으르고 간사(姦詐)하며, 오로지 돈, 돈, 돈이라네.
그러나 살살거리는 그 모습에 남자(男子)들이 녹아내리고 갖다 바치니, 타고난 색기(色氣) 때문이 아니겠는가.
집이나 깨끗이 치우고 다녔으면…… 겉만 뻰지르르하면 무엇 하겠는가.

- 여자(女子): 태음(太陰) ==

여우 짓할 때는 어색(語塞)하고 곰과 같아 보이지만 매우 간살스럽다네.
다른 남자(男子)와 일을 잘 저지르며 바로 들통이 날 말을 잘하고 타인(他人)이 믿게끔 거짓말을 잘한다네.
눈치가 빠르고 잘못을 하고도 남편이 믿게끔 만드는 기술이 있다네.
이는 거짓말로 도색(塗色)할 수 있는 천부적(天賦的)인 능력(能力)이 아닌가한다네.
곰 같아 보이지만 일 하나만큼은 똑소리 나게 하며, 남자(男子)를 유혹(誘惑)하는 것은, 또 자신(自身)을 믿게끔 만드는 것은 자기의 목적(目的)만을 이루기 위해서일 뿐,

깊은 애정(愛情)은 없다네.

그리고 이렇게 살아가는 삶이 어색(語塞)하게 보이지 않는 것은 타고난 습성(習性) 때문이 아닌가.

목표(目標)를 위해서는 수단(手段)과 방법(方法)을 가리지 않으며 가볍게 살아가고 무척 게으르다네.

8) 성두토(城頭土): 무인(戊寅)－양(陽) ━ , 기묘(己卯)－음(陰) --

- 남자(男子): 태양(太陽) ═

많은 여자들이 옆구리를 찔러도 쉽게 넘어가지 않은 괜찮은 사람이라네.

착실하고 성실하지만 한번 잘못 빠지면 한 동네에 첩을 둘 수 있다네.

집안 단속(團束) 잘하고 가정(家庭)을 위해 노력하며, 모두를 이롭게 이끌어 간다네.

나의 것과 남의 것이 확실(確實)하며, 시시비비(是是非非)를 명확(明確)하게 가리고 막내로 태어났다하더라도 장남(長男) 노릇을 한다네.

돈 관리(管理), 통장정리(通帳整理)가 분명(分明)하고 사업(事業)에 있어서는 가족적(家族的)인 분위기(雰圍氣)로 일사불란(一絲不亂)하게, 또 여유롭게 이끌어간다네.

다만 자신(自身) 위주(爲主)의 생각으로 이끌어 간다네.

그렇다고 속이 좁은 사람이 아니며 쓰고자 할 때는 화끈하게 던지는 사람이고 명분(名分)만 있다면 아깝게 생각하지 않으며, 많은 사람들의 어려움을 헤아려 넓게 베푸는 사람이라네.

안과 밖의 개념(概念)이 확실(確實)하며 착실하고 성실(誠實)하다네.

또 너그럽고 책임감(責任感)이 있다네.

- 남자(男子): 소음(少陰) ==

부드럽고 착한 성품(性品)이며 여성(女性)다운 면(面)이 있으나 강(强)한 이미지를 지니고 있다네.

여자에 대하여 약간의 경계심(警戒心)이 있으나 기분 좋게 맞춰준다네.

가정을 화목(和睦)하게 만들고 집안 대 집안을 화합(和合)하게 하며, 역시나 장남(長男)을 대신(代身)하여 한 집안을 이끌어간다네.

홀로 있을 때는 강(强)하지만 여럿이 모여 있을 때는 강한 모습을 숨기고 부드러운 모습을 내보인다네.

사업(事業)도 잘하지만은 비상금(非常金)도 잘 챙긴다네.

물론 자식(子息)과 마누라를 위해서라네.

부드럽고 착한 성품으로 안과 밖을 두루 끌어안으나 외로움을 잘 타며, 많이 의지(依支)하려는 조금은 여린 마음이 있다네.

정리(整理)하자면 부드럽다.

착한 성품(性品)이다.

조금은 여성(女性)다운 면이 있다네.

그러나 외로움을 잘 타며 의지(依支)하려는 여린 마음이 있다네.

- 남자(男子): 소양(少陽) ==

달빛 아래 분위기(雰圍氣) 타면서 눈물이 많고 여자가 많이 따른다네.

소심(小心)한 성격(性格)이라 아이들과 마누라를 쥐 잡듯이 하고 집안 일 하나하나를 참견(參見)하면서 잔소리를 한다네.

친척(親戚)이라도 올라치면 드러내어 보여주려는 성격(性格)이며, 집안이 모두 모여 살아야 편안(便安)해 하고 온 동네방내를 돌아다니며 간섭(干涉)하고 잔소리를 늘어놓아야 그놈에 성질(性質)이 사그라진다네.

직장생활(職場生活)이 맞으며 상사로써 아랫사람을 부려먹은 성격이라 조금은 힘들다네.

무난(無難)한 인생으로 잘난 척만 하지 않으면 흠잡을 것 없는 삶이라네.

안과 밖을 끌어안고 책임(責任)을 지면서 살아가려니 스스로가 고달프며 자신(自身)을 달달 볶는다네.

이러한 일들이야 누구나 겪고 살아가는 평범한 일상(日常)이 아니겠는가.

부탁이니 장남(長男) 노릇에 힘이 부친다고 생색(生色)만은 내지 않기를……

- 남자(男子): 태음(太陰) ==

세상 밖으로 나서지를 않고 안으로만 숨으려하니 얼마나 갑갑하겠는가.

여자 관계(關係)에 있어서 음흉(陰凶)한 생각이 지배적(支配的)이고 집안으로 끌어들이기를 좋아한다네.

성추행범(性醜行犯)이 아닌가 하네.

마누라나 자식(子息)들 뒤를 따라다니며 참견(參見)에 간섭(干涉)에 소소(小小)한 것을 가지고 달달 볶아대니 귀가 따갑다네.

스스로 움직이지 않고 의지(依支)만 하는 까닭으로 온 가족(家族)을 부려먹는다네.

집안에서 할 수 있는 아기자기한 일을 한다면 모를까 사업(事業)을 할 수 있는 사람이 아니라네.

구속(拘束) 받아야 만이 행복(幸福)한 사람으로서 세상(世上) 밖의 일에는 관심(關心)이 없고 집안에서 간섭(干涉)하는 일로 행복을 느끼는 까닭으로 가족(家族)들에게는 고통(苦痛)이 따른다네.

구속적(拘束的)인 삶이란, 곧 외고집에 짜증스러운 성격이 아니겠는가.

정리(整理)를 하자면, 외고집, 똥고집, 짜증스러운 성격(性格)에 간섭(干涉)하고 잔소리가 심하며 외로움을 잘 타고 소심(小心)하며, 책임감(責任感)이 약하고 게으름에 더하여 모든 것을 의지(依支)하려는 성격(性格)이라네.

그러나 많은 고통(苦痛)을 겪고 이를 벗어나 진실(眞實)을 알게 되면 이만한 남자(男子)가 없다네.

- 여자(女子): 태양(太陽) ═

애정(愛情) 관계(關係)에 있어서 성(性)에 대해서는 그다지 큰 관심(關心)은 없으나, 오로지 남편(男便)만을 바라본다네.

약간은 아들에게 집착(執着)하는 편향적(偏向的)인 모습을 보인다네.

가정내(家庭內)에서의 위계질서(位階秩序)가 뚜렷하고 시시비비(是是非非)를 잘 가리며, 맏며느리 노릇을 하면서 친인척(親姻戚)을 모두 끌어안는다네.
사업(事業)을 일으키면 가족적(家族的)으로 이끌고 서로 위하며 살려고 노력(努力)하며, 가족(家族)을 위해 잔 생각 않고 한 가지 일에 집중(集中)한다네.
간섭(干涉)이 조금은 심(深)하고 따지는 성격(性格)이나 주변(周邊) 모두를 이끌고 열심히 살아가는 여자라네.
말도 많은 편이며 내 가족(家族)이 다치는 것을 무척 싫어하고 책임감(責任感)에 끈기가 있다네.

- 여자(女子): 소음(少陰) ==

여자(女子)다우며 부드러운 성품(性品)을 지녔으나 매우 강(强)한 일면(一面)을 갖고 있다네.
남들이 보는 앞에서는 남편에게 굽히고 아이에게 부드럽게 대하지만 보이지 않은 곳에서는 남편을 리드하고 아이에게는 엄격(嚴格)하다네.
대개는 자식이 많고 대가족(大家族)을 이루고 사는 경우(境遇)가 많다네.
부드럽지만 아이들을 강(强)하게 키우며, 밖에서 들어오는 모든 것을 요모조모를 따져서 들이거나 내치는 성격(性格)이라네.
친인척(親姻戚) 사이에 싸움이라도 나면 원만(圓滿)하게 풀어가고 화합(和合)을 시킨다네.
사업을 일으키는 일에 있어서 처음에는 고전(苦戰)을 면치 못하지만 어려움을 겪고 나면 크게 일으켜 세우는 일꾼이라네.
안과 밖의 모든 일을 품에 안고 살아가려니 스스로가 고달픈 인생이나 이를 즐기는 성품(性品)이며 어려움을 잘 견디어내고 몸과 마음을 다하여 크게 일구어가는 여자(女子)라네.
정리(整理)하자면 부지런하고 인내력(忍耐力)이 있으며, 부드러움 속에 강(强)함이 있고 판단력(判斷力)이 옳고 빠르다네.

- 여자(女子): 소양(少陽) ==

남편(男便)을 구속(拘束)하고 아이를 단속(團束)하려고 하니 가족(家族)들이 숨을 못 쉰다네.

이는 남편(男便)과 아이에게 본능적(本能的)으로 집착(執着)하는 것이니, 나중에 크게 상처(傷處)받고 눈물을 흘릴 일이라네.

친인척(親姻戚)들에게 모두 퍼주면서 잘하나 해주고 나서 욕을 먹는다네.

이는 잘난 척에 생색(生色)을 내기 때문이라네.

하지만 무난(無難)한 삶이라네.

약간(若干)의 푼수다운 끼가 있으니, 남의 집안 사정(事情)과 밥그릇, 숟가락이 몇 개인지를 알려하며, 만일 부족(不足)한 것이 있다면 아무 생각 없이 퍼주기 때문이라네.

돈이 있으면 편히 앉아서 남을 부리기 좋아하고 그러면서 생색(生色)을 내고 잘난 척을 한다네.

그래도 사람들로부터 인정(認定)을 받은 것은 사람의 됨됨이가 삿되지 않기 때문이라네.

정리(整理)하면 오지랖이 넓다.

잘난 척을 한다.

밉지 않게 생색(生色)을 낸다지만 삿되지 않다네.

가족(家族)에게 집착(執着)하나가 상처(傷處)를 받은 성격(性格)이라네.

- 여자(女子): 태음(太陰) ==

아담하고 바지런한 여자(女子)라네.

애정(愛情)은 변(變)함이 없으며 가정내(家庭內)에서 행복(幸福)을 찾고 늘 만족(滿足)해하는 삶이라네.

그러나 세상(世上) 물정(物情)에 어두운지라 자칫 잘못 생각하면 보따리 싸서 한밤중에 담을 넘을 수가 있다네.

그 어떠한 이유(理由)나 핑계 없이 가족(家族)이 원하는 대로 따라주며, 아이들을 잘 키우고 작은 것에서 행복(幸福)을 찾은 착한 여자라네.

가족을 위해 희생(犧牲)하는 천생(天生) 타고나기를 참한 여자이며, 밖으로 나서지만 않는다면 무난(無難)한 삶을 살아간다네.
마음이 여린 성격(性格)이니, 다독이고 살아간다면 이만한 여자(女子)가 없다네.

9) 백납금(白납金): 경진(庚辰)−양(陽) ━ , 신사(辛巳)−음(陰) ╌

- 남자(男子): 태양(太陽) ═

연애(戀愛) 박사(博士)라네. 그러니 여자(女子)의 애간장을 태운다네.
눈빛이 뜨거우며 끌어당기고 놓아주는 유들유들한 면이 강(强)하다네.
세상(世上)살이 함에 있어서 재미있게 살아가는 편이고 유들유들한 성격(性格)이 때로는 능글맞은 까닭으로 싫어진다네.
밖에서의 생활(生活)이 어떠하든 가정(家庭)은 온전(穩全)하게 지킨다네.
사업(事業)을 해나가면서 현찰보다는 다른 그 무엇으로 해결하려고 하니, 사람을 약 오르게 하는 것이 아닌가.
그래도 유들유들하게 잘 넘어간다네.
스스로가 똑똑한 척을 잘하니 이 또한 재주라면 재주라네.
정리(整理)하면 똑똑한 척하나 무난(無難)한 성격(性格)이며, 유들유들한 반면(反面)에 그나마 책임감(責任感)이 있다네.

- 남자(男子): 소음(소陰) ═╌

능글맞고 뻔뻔한 것은 매 한가지라. 더듬기는 왜 그렇게 더듬는가.
유들유들한 얼굴에 야릇한 표정으로 다 알고 있다는 듯 묘한 사람이라네.
덧붙여 관음증(觀淫症)마저 심(深)하면 창피스러운 일과 마주친다네.
닭살이 오르도록 애정(愛情) 표현(表現)을 잘하며, 아이들이 싫어할 정도로 그 표현(表現) 방식(方式)이 과(過)하다네.
사업(事業)에 있어서는 소심(小心)한 면이 있으나 생각을 많이 하고 신중(愼重)한 편이라 무난(無難)하게 이끌어간다네.
혼자만의 취향(趣向)에 깊이 빠져서 재미있게 살아가는 인생이라네.
약간의 변태적(變態的)인 생각과 성격에 더하여 소심(小心)한 까닭으로 자신(自身)만의 세상(世上)에 안주(安住)하려고 한다네.
말과 행동(行動)에 있어서 정도(程度)만 넘어서지 않는다면 그리 문제(問題)될 것이 없다네.

- 남자(男子): 소양(少陽) ==
야하고 음침(陰沈)하며 이러한 면에 있어서는 자신(自身) 밖에 모른다네.
가정(家庭)을 철저(徹底)하게 숨기고 숨어서 딴 짓을 잘한다네.
많이 변태적(變態的)이지 않은가.
가족들 앞에서도 철저(徹底)하게 자신 밖에 모르며, 잘난 척하고 멋지다고 하지만 사실(事實) 속이 좁고 엉큼한 사람이라네.
남을 배려(配慮)할 줄 모른다네.
크게 돈을 벌수 있는 그릇이 아니니, 크게 벌이거나 나서지 말고 한 번 더 생각한 후에 움직이게나.
굴곡(屈曲)진 인생(人生)으로서 여자(女子)를 좋아하고 일하기보다 노는 것을 좋아하며 겉으로 드러난 화려한 것을 좋아하니 후(後)에 남은 것은 못난 겉껍질뿐이라네.
매우 꽁한 성격(性格)에 소심(小心)하고 자기 위주(爲主)의 단편적(斷片的)인 생각에 빠져서 온갖 드러난 사물(事物)을 바라보니, 꽤나 어리석은 사람이라네.
정리(整理)하자면 꽁한 성격에 음침(陰沈)하고 이기적(利己的)이며, 잘난 척, 똑똑한 척을 하나 속이 좁고 남을 배려(配慮)하는 마음이 없나네.

- 남자(男子): 태음(太陰) ==
자신(自身)이 지니고 있는 여유로운 마음을 보지 못하고 무뚝뚝하며 차가운 시선(視線)으로 세상(世上)을 바라본다네.

때문에 애정(愛情) 전선(前線)은 그리 밝지 못하다네.
가정에 대한 욕심은 있으나 겉으로 드러내어 표현(表現)하지 못하며, 원 없이 끌어안지 못하고 마음의 여유(餘裕)가 없다네.
일을 이루기에 앞서서 결과(結果)만을 급(急)하게 바라고 크게 얻으려는 까닭으로 늘 손해(損害)만 본다네.
자기(自已)의 목숨 줄을 끊어내듯 매우 급한 사람이라 인생(人生) 자체(自體)가 어두우며 칙칙한 삶이라네.
막히지 않는 듯, 터진 듯, 깨진 듯이 하지만 마음을 쉽게 여는 성격(性格)이 아니라네.
게으르고 소심하며 우유부단(優柔不斷)하고 책임감(責任感)이 없다네.

- 여자(女子): 태양(太陽) ⚌

남자(男子)를 묘(妙)하게 잘 다스리고 무슨 일이든 수완(手腕)이 좋으며, 기고만장(氣高萬丈)한 모습에 여자(女子)가 남세스레 유들유들하고 주변(周邊)에 남자(男子)가 많이 따르며 보통(普通)내기가 아니라네.
달리 이르자면 사람을 잘 다스리는 것이겠지.
아이들을 잘 키우고 남편(男便)을 먹여 살리며, 큰 일이 벌어지면 남을 앞세우고 자신(自身)은 쏙 빠져버리는 용의주도(用意周到)한 면이 있다네.
일을 벌이면 수완(手腕)이 좋기 때문에 잘 이끌며 크게 키우고 남편(男便) 뒷바라지를 잘하며 언변(言辯)이 유려(流麗)하고 뛰어나다네.
사람들을 끌어안고 사는 씩씩한 인생(人生)에, 또 재미있게 살아간다네.
좋은 성격(性格)과 착착 늘어지는 성품(性品)으로 사람을 잘 받아주고 잘 들어주고 잘 다스려서 끌어안아준다네.
유들유들한 반면(反面)에 활달(活達)하고 책임감(責任感)이 있다네.

- 여자(女子): 소음(少陰) ⚍

조용하고 소극적(消極的)이며 결코 적극적(積極的)인 성격이 아니라네.

그럼에도 불구(不拘)하고 남자(男子)들이 많이 꼬인다네.
남편(男便)과 아이들을 다스리는 일에 있어서 여유롭게 행동(行動)하되 잔소리를 하지 않고 조용하게 움직인다네.
사업(事業)을 벌이는 일에 있어서도 조용하고 말이 없으며, 수완(手腕)이 좋은 까닭에 자신이 챙길 것은 모두 다 챙긴다네.
조용하게 살아가는 사람으로서 변화(變化)가 많은 것을 싫어하며 늘 그 자리에서 안주(安住)하기를 바란다네.
무난(無難)한 성격에 책임감(責任感)이 있으며 조용하고 말이 없다네.

- 여자(女子): 소양(少陽) ==

남자(男子)의 애간장(-肝腸)을 녹인다네.
줄 듯, 말 듯, 결국(結局)은 주면서도……
애교(愛嬌)가 많고 융통성(融通性)이 좋다네.
가족(家族)들에게 잘하고 가족간(家族間)에 화해(和解)를 잘 시키며, 형제지간(兄弟之間)에 우애(友愛)를 돈독(敦篤)하게 한다네.
사람을 다룰 때 부드럽게 달래며 여성(女性)다운 면으로 다독여준다네.
사업(事業) 수완(手腕)이 매우 좋은 편이며, 그리 나쁜 삶을 살아가는 것은 아니라네.
애교(愛嬌) 만점(滿點)에 융통성(融通性)있는 성격(性格)으로서 행복(幸福)한 삶이라네.

- 여자(女子): 태음(太陰) ==

요염(妖艶)함을 갖추고 남자(男子)의 비위(脾胃)를 잘 맞추니, 이는 목적(目的) 달성(達成)을 위한 매우 계산적(計算的)된 행동이라네.
가족(家族)이나 친인척(親姻戚)에게도 비위(脾胃)를 잘 맞추나 마음에서 진정(眞情) 우러나는 것이 아니라 형식적(形式的)인 것으로 봄이 맞다네.
스스로의 목적(目的)을 위해서는 굉장히 나긋나긋한 성격(性格)이고 한 가지를 꾸준히 하지를 못하며 이것 저것을 손대다가 결국(結局)은 원하는 것을 얻지 못한다네.

한 곳에 정착(定着)하기가 힘들고 이 남자(男子)의 품, 저 남자(男子)의 품으로 떠돌 수가 있다네.

목적(目的)을 위해서는 자신의 육신(肉身)도 내던지는 아주 계산적(計算的)인 여자로 애인(愛人)으로 삼으면 딱일 것 같지만, 바탕에 깔린 분명(分明)한 것은 돈이라는 매우 현실적(現實的)인 문제가 늘 따라다닌다는 것이라네.

간단(簡單)하게 말하면 현찰(現札)을 쫓는 여자이며, 참다운 마음, 진실(眞實)한 사랑, 가족(家族)의 참다운 의미(意味) 등은 이 여자(女子)에게 사치스러운 말장난과 같다네.

10) 양류목(楊柳木): 임오(壬午)-양(陽) ━ , 계미(癸未)-음(陰) ╍

- 남자(男子): 태양(太陽) ═

놀기 좋아하는 바람둥이라 쉽게 상대(相對)할 수 있는 사람이 아니라네.

물론 사랑도 진실성(眞實性)이 없다고 보면 맞다내.

한량(閑良) 기질(氣質)이 있으므로 막연(漠然)하게 흐르는 세월(歲月)에 인생(人生)을 묻는다네.

그러니 가족(家族)을 고생(苦生)시키고 자신(自身) 또한 흐느적거리는 삶을 살아가기 쉽다네.

일은 마누라에게 맡기도록 하게나.

마누라가 먹여 살리는 팔자(八字)니 어찌 보면 좋은 팔자가 아니겠는가.

세상(世上)을 관조(觀照)하며 모든 이들의 말이 맞는 다고 맞장구치며, 자신(自身)만이 행복(幸福)하고 즐겁고 편하면 되는 사람이라네.

술을 먹으나 안 먹으나 성격(性格) 좋은 사람이며, 늘 허탈(虛脫)한 웃음을 터트린다네.

밖에서는 호인(好人) 소리를 듣고 안에서는 가족의 원망 섞인 한(恨)이 탄식(嘆息)으로 길게 드리워진다네.

그러나 묘(妙)하게 가족(家族)들에게는 미움을 받지 않는다네.

- 남자(男子): 소음(少陰) ==

내숭쟁이라네.

술 좋아하고 여자(女子)를 좋아하며, 뒤에서 몰래 놀면서 안 그런 척 두 집 살림을 차린다네.

그러니 허리가 휘지 않겠는가.

이쪽저쪽에 정(情)을 쏟아야하니 몸이 둘이라도 매우 바쁘다네.

또한 돈을 벌기는 힘들지 않겠는가.

그나마 스스로의 인생(人生)을 뒤돌아보고 걱정하는 편이라 조금이나마 챙기고 본다네.

때문에 무난(無難)한 삶을 산다고 보는 것이라네.

능력(能力)이 있다기보다는 무슨 이유(理由)인지는 몰라도 이 여자(女子), 저 여자(女子)가 뒷바라지를 한다네.

자그마한 바람에 흔들리는 순한(順)한 성격(性格)이기에 무섭고 독한 여자(女子)를 만나면 한번만큼은 사람답게 행복(幸福)하게 살 수 있다네.

- 남자(男子): 소양(少陽) ==

보통(普通)내기가 아니니, 키가 훤칠하고 물론 잘생기고 나긋나긋하고 여자(女子)가 많고 또 잘 따르고 잘 놀고 우선 앞세울 수 있는 것은 로맨틱하게 늦은 밤을 리드한다네.

술을 먹으면 잘난 척에 있는 척을 해도 왜 그렇게 매력(魅力)이 있어 보이는지……

맑은 정신(精神)에서는 매너 좋고 상대(相對)가 원하는 대로 따른다네.

가족(家族)들을 잘 챙기는 편이며 돈은 어디서 나는지 잘 쓰고 다닌다네.

이 사람에게 사업(事業)이란 자신(自身)의 겉치장에 필요한 필수적(必需的)인 조건(條件)일 뿐이라네.

멋있는 인생(人生)이라고 이를 수 있는 것인지…… 돈만 있으면 이 여자, 저 여자를 가리지 않고 가슴에 끌어안고 산다네.

조금은 까탈진 성격(性格)에 똑똑한 척을 많이 하니, 술이 취하면 자신(自身)이 학자(學者)인양 아는 척을 많이 하고 시(詩) 한 구절(句節)을 읊조린다네.

깊은 산을 찾아다니며 혼자만의 사색(思索)을 때로는 즐기기도 한다네.
그러나 사고(事故)를 친 순간(瞬間) 사람이 바뀌니, 그리 믿고 따를만한 사람은 아니라네.

- 남자(男子): 태음(太陰) ==

술만 먹으면 두문불출(杜門不出), 눈이 맞은 여자를 만나도 두문불출(杜門不出)이라네.
입을 대기 시작(始作)했으니 원 없이 마셔야 하고 마음이 음욕(淫慾)에 동했으니 풀릴 때까지 여색(女色)을 즐겨야 한다네.
밤새 아이들과 아내를 괴롭히니 많이 배운 척, 다 아는 척, 대단한 학자(學者)인양 애원(哀願) 반(半), 협박(脅迫) 반(半)으로 붙들고 잔소리를 한다네.
술로 종치는 인생(人生)이니 사업(事業)이나 제대로 하겠는가.
바람에 이리 저리 흔들리며 살아가니 마음에 병이 있겠는가.
살아도 너무 오래 사는 것이 아닌지…… 이 사람에게 역전(逆轉) 드라마는 없다네.
애당초 음욕(淫慾)이 강(强)한 여자(女子)를 만나 살아야 하는 것이니, 이를 풀지 못하면 때때로 사라진다네.
그래도 남자(男子)로써의 책임감(責任感)과 일말(一抹)의 양심(良心)이 있는 까닭으로 짧은 학식(學識)으로나마 가르치려고 노력(努力)하는 것이라네.

- 여자(女子): 태양(太陽) ═

즐겁게 놀고 정열적(情熱的)이라네.
물론 술을 좋아하지만, 단지 주사(酒邪)가 있으니 아무 곳에나 쓰러져 자거나 밖으로 나돌아 다닌다네.
가정(家庭)에서는 기품(氣品) 있고 학식(學識)이 있으며, 고귀(高貴)하게 말하고 행동(行動)하나 배움이 얕으면 가족(家族) 관계(關係)가 엉망이라네.
일을 벌이는데 있어서 몸을 팔아서라도 투자금(投資金)을 받으니 그 추진력(推進力)은 인정을 하나, 이러한 일이 오래 가기야 하겠는가.

스스로의 체면(體面)과 위신(威信)과 명예(名譽)가 필요한 까닭으로 집안을 거덜을 내는 사람이라네.
말없이 따르고 조용한 듯이 하나 괄괄한 성격의 소유자(所有者)라네.
화가 나면 들고 패고 집어던지고…… 남자(男子)가 끌려 다닌다네.
역전(逆轉) 드라마가 따로 없으니, 쫄딱 망했다가도 어느새 화려(華麗)하게 복귀(復歸)하여 상류층(上流層)과 신분(身分)을 맞춘다네.
겉으로는 기품(氣品)이 있어 보이나 속을 들여다보면 참으로 가관(可觀)이 아니라네.
배움이 많고 깊이가 있다면 남을 가르치고 이끌 수 있는 높은 자리에 오른다네.
올바른 체면(體面)과 밝은 위신(威信)과 맑은 명예(名譽)가 필요(必要)하지 않겠는가.
남에게 의지(依支)하지 않고 스스로의 노력(努力)으로도 얻을 수 있는 충분한 자질(資質)이 있다네.

- 여자(女子): 소음(少陰) ==

드러나 보이는 기질(氣質)은 남자(男子) 같으나 조용하며 여성스럽고 조신(操身)하게 처신(處身)한다네.
가정(家庭)에서도 조용하며 가족(家族)과 함께 어울려서 놀러 다니는 것을 좋아하고 남편(男便)과 아이들에게 솔직하며 순(順)하고 다정(多情)하다네.
모든 일에 있어서 나서지를 않으며 힘든 일이라도 참아내고 마음에 부담(負擔)되는 일을 싫어한다네.
가정(家庭)과 가족(家族)을 위주(爲主)로 움직이니 무난(無難)한 삶을 살아간다네.
하지만 밖으로부터의 영향(影響)으로 지금까지의 삶이 잘못되었고 또 살아왔다는 생각을 하기 시작(始作)하면 정신적(精神的)인 혼란(混亂)과 많은 문제가 일어난다네.
까탈진 성격은 아니며 매사(每事)에 조신(操身)하고 내세우는 성격은 아니나 때때로 잘난 척하며 내숭을 떨기도 한다네.

- 여자(女子): 소양(少陽) ==

여자(女子)가 타고나기를 매우 예쁘고 버들가지처럼 나긋나긋하면서 귀티가 흐르고 배움이 많아 보이는 까닭으로 남자(男子)가 들끓는다네.

많은 인생(人生)중에서 가장 멋있는 인생(人生)살이가 아니겠는가.

그러나 여자(女子)의 몸으로써 두 집 살림에 마담 팔자(八字)에 어찌하여 어떻게 어느 놈인지를 모르고 옆구리에 끼어서 까닭 없이 달밤에 도망을 다니는 팔자(八字)라네. 때문에 가정(家庭)을 이루었다 해도 지키기가 힘들고 철저(徹底)하게 자기(自己) 밖에 모르니 어찌 아니 힘들겠는가.

나이가 들면 모두 마찬가지가 아닌가.

젊을 때 정신(精神)을 차리고 앞가림할 수 있는 돈을 모으면 기품(氣品)있게 살 수 있다네.

그러나 정신(精神)을 차리지 못하면 인생(人生)이 엉망이 되고 먼 훗날 가슴을 치며 후회(後悔)한다네.

몸에서 요염(妖艶)한 기운(氣運)이 흐르니 남자(男子)들이 눈독을 들이고 주위(周圍)에 언제나 오빠나 언니, 남동생이나 여동생들이 많다네.

또한 미묘(微妙)한 일은 남자(男子)들이 이 여자 한명을 가운데 두고 마음과 육체(肉體)를 서로 공유(共有)하고 있다는 것에 대하여 뿌듯해 한다는 것이라네.

참으로 묘(妙)한 일이 아닌가.

크게 깨달아 얻기 전까지는 자기(自己) 밖에 모르는 독선적(獨善的)인 삶을 살아간다네.

- 여자(女子): 태음(太陰) ==

기둥서방(書房)에게 꽉 잡혀있는 신세(身世)가 아닌가.

인생(人生)의 쓴맛과 단맛을 다 보고 이제는 이 맛도 저 맛도 모른다네.

아이를 갖기는 힘든 일이니 가족(家族)에게 피도 눈물도 없다네.

자고(自古)로 사람은 배워야한다고 말하지 않던가.

힘들고 고통(苦痛)이 따르더라도 배움의 길을 놓으면 안 된다네.

배움이 없으면 남에게 이용(利用)만 당한다네.

바르게 아는 것이 없는 까닭으로 무섭고 독(毒)한 여자(女子)라네.

그 까닭은 기둥서방(書房)에게 잡혀있으면서 간(肝)과 쓸개를 다 빼주더라도 마침내는 등쳐먹는다네.

스스로가 깨지지 못하면 자살(自殺)로 가는 수가 많고 모든 잘못된 일에 대하여 죄책감(罪責感)을 갖지 않으며, 사랑이라는 것을 알지 못한다네.

도무지 이해(理解)할 수 없는 여자(女子)로써 상대방(相對方)에게 눈물로 호소(呼訴)하며 혼(魂)을 다 빼놓고 도망가는 묘(妙)한 여자(女子)라네.

늦더라도 배움의 길로 들어서기를…… 이미 바닥까지 간 인생(人生)이라면 이제는 올라갈 길만 있지 않는가.

11) 천중수(泉中水): 갑신(甲申)－양(陽) ㅡ , 을유(乙酉)－음(陰) --

- 남자(男子): 태양(太陽) ═

마르지 않은 옹달샘이라네.

애정(愛情)이 넘쳐흐르니 많은 사람을 만나면서 정(情)이 많음을 과시(誇示)한다네.

세상(世上) 사람들에게 꿀물과도 같은 사람이 아닌가.

그래도 결혼(結婚)을 하면 부인(婦人)과 애인(愛人)은 구분(區分)진다네.

차가운 이성적(理性的) 판단(判斷)과 긍정적(肯定的)인 성격(性格)의 소유자(所有者)로서 온 가족(家族)을 잘 보살핀다네.

아내를 만나도 좋은 사람을 만나고 자식(子息)도 잘 따른다네.

늘 풍족(豊足)한 마음을 지닌 까닭으로 주변 사람들도 믿고 따른다네.

사업(事業)을 함에 있어서도 큰 어려움이 따르지 않으며, 딴 짓만 하지 않는다면 무사태평(無事太平)하다네.

어찌 보면 어려운 사람을 살려주는 은인(恩人) 같은 사람이며, 참으로 바른 사람으로서 사회에 희사(喜捨)도 많이 한다네.

마음이 밝고 정신이 맑은 사람으로 죽었다가 다시 살아나는 사람이니, 복(福)받은 인생(人生)이라네.

스스로가 노력(努力)한다면 끝없이 채워지는 인생(人生)이라네.

물론 딴 짓만 하지 않는다면…… 쾌활하고 긍정적(肯定的)이며 체면을 차리지 않고 매우 솔직하다네.

오관(五官)이 뚜렷하고 꾸준한 성격(性格)에 여유(餘裕)가 있으며, 성품(性品)이 강(强)한 사람이라네.

- 남자(男子): 소음(少陰) ==

문제(問題)는 넘치는 정에 늘 따르는 여자(女子)라네.

겉으로 드러내지 않고 체면(體面)을 차리는 듯하지만 보이지 않은 곳에서 많은 여자(女子)를 만난다네.

때문에 가끔은 시끄럽지 않겠는가.

부모(父母)를 잘 봉양(奉養)하고 아내와 자식(子息)을 끔찍이 감싸며, 남부럽지 않게 챙긴다네.

나서는 성격이 아니며 뒤에서 조용하게 움직이며 일을 처리(處理)해 가고 남이 모르게 많이 베풀어준다네.

여유(餘裕)있고 풍족(豊足)한 삶을 산다네.

또한 주변(周邊) 사람들과 더불어 살아가려 노력(努力)하며, 구두쇠인 것 같으나 많이 베푸는 사람이라네.

그러나 베풀기는 베풀되 내 사람으로 만들려는 경향(傾向)이 있다네.

조금은 이기적(利己的)이고 자신(自身)을 잘 숨기며, 매우 이성적(理性的)인 사람이나 때때로 자신(自身)을 잃고 빼앗기는 경우(境遇)가 있다네.

- 남자(男子): 소양(少陽) ==

분위기(雰圍氣)있는 사람으로서 드러나는 끼를 대놓고 밝힌다네.

밝은 달밤에 정신(精神)은 오롯하니 무엇을 생각하고 무엇을 하겠는가. 한잔 술에 떠오르는 것은 어여쁜 임이라……

잘난 척, 똑똑한 척으로 잔소리가 많으니 가족(家族)이 고개를 돌린다네. 더하여 그릇이 작은 까닭으로 소소(小小)하게 챙기는 성격(性格)이며, 자기(自己)의 작은 소견(所見)으로 늘 그 방식(方式)대로 이끌어간다네.

사업(事業)은 멀리 내다보지를 못하고 작게 움직이며, 때로는 객기(客氣)로 인하여 크게 잃으니 조심(操心)해야 하지 않겠는가.

겉으로는 강(强)하고 속은 약(弱)한 까닭으로 화려(華麗)하며 허영심(虛榮心)이 많고 사람을 사귀는 일에 물량(物量) 공세(攻勢)로 사귄다네.

난 척, 똑똑한 척을 하나 사실(事實)은 잘난 것도 가진 것도 아니며, 제대로 알지도 못하고 헛배운 사람이라네.

하나를 배워서 열을 배웠다고 내세우며, 삼류(三流)이면서도 꼭 일류(一流)라 우기는 성격(性格)이라네.

이목구비(耳目口鼻)가 뚜렷하나 실속 없이 허영심(虛榮心)만 크며, 난 척, 있는 척을 하다가 실속을 챙기지 못하고, 오히려 가지고 있는 것을 빼앗기고 만다네.

주위(周圍)에서 호인(好人)이라고 말하지만 물에 술을 탄 듯, 술에 물을 탄 듯, 결국은 실(實)없는 사람이 아닌가.

- 남자(男子): 태음(太陰) ==

눈을 뜬 봉사와 같으니 끼가 넘치고 마냥 들이댄다네.

그러니 내 여자(女子), 남에 여자(女子)가 어디 있겠는가.

자신(自身)만을 이해(理解)하고 감싸주는 여자(女子)를 찾는다네.

가족(家族)을 챙기거나 감싸주지를 못하고 밖으로 나돌며 남에게 퍼주니 가정(家庭)이 온전(穩全)하게 이루어지겠는가.

사람을 대하는 일에 있어서 음흉(淫凶)하다네.
많이 배우고 스스로를 들여다본다면 이렇듯 살지는 않았을 것을, 본래(本來) 게으르고 배우려하지 않은 성격(性格)이라네.
인생을 들여다보면 많이 베풀고 기부(寄附)도 한다지만, 나쁜 일에 쓰이는지, 아니면 좋은 일에 쓰이는지도 모르고 주는 까닭으로 그 업(業)이 크다네.
남에 자식(子息), 다른 여자(女子)에게는 주저 없이 주면서도 마누라와 친자식(親子息)에게는 소원(疏遠)하니, 가까운 훗날 그 화(禍)를 어찌 면(免)할 수 있겠는가.
흐르는 물이 아까워서 막아준들 무엇하겠는가.
오히려 화를 내고 트집을 잡으니 나중에는 나서주는 사람이 없다네.

- 여자(女子): 태양(太陽) =

마르지 않은 샘으로 이목구비(耳目口鼻)가 또렷하고 팔등신(八等身)에 나긋나긋하며 온 몸이 부드럽고 늘 젖어있는 여자라네.
이 여자(女子)에게 있어서 남편(男便)은 남편(男便)이고 애인(愛人)은 애인(愛人)이라네.
이 여자를 젊은 사람이나 나이 든 사람이나 누구든지 너무 좋아한다네.
일을 저지르고도 아닌 척, 시치미를 떼는 뻔뻔한 여자(女子)라네.
가정사(家庭事)에 있어서는 흠 잡힐 일 없이 잘하고 남에게도 잘하는 까닭으로 때로는 작은 오해(誤解)로 인(因)하여 스스로가 다치고 힘들어지지만 그리 마음에 두지를 않는다네.
배포(排布)가 큰 여자(女子)로서 사업(事業)을 잘하고 또 사람들이 많이 따른다네.
사랑도 돈도 마르지 않은 사람이라 먹고, 마시고, 즐기고……
많이 베풀고 타고난 재주 또한 특출(特出)하다네.
자칫 잘못하면 스스로 힘들어지고 고통(苦痛)이 따르는 삶을 살아가는 아찔한 경우(境遇)가 있으니, 늘 뒷날을 생각하고 움직여야 한다네.
이성적(理性的)으로 냉철(冷徹)하나 허영심(虛榮心)이 강(强)하고 똑똑한 척에 잘난 척을 하나 약간(若干)은 들이대는 성격(性格)이며, 넉넉한 성품(性品)이나 조금은 앙칼지다네.

즉 감언이설(甘言利說)에 무척 약(弱)하다네.

- 여자(女子): 소음(少陰) ==

겉으로 드러나 보이기는 요조숙녀(窈窕淑女)처럼 체면(體面)을 차리나 이불 속에서는 뜨거움이 넘친다네.

여럿 남자(男子)를 만나지만 자신(自身)의 마음에 들어야 받아들이며, 남편(男便)과 애인(愛人)을 철저(徹底)하게 구분(區分) 짓는다네.

남편(男便)과 자식을 잘 챙길 뿐만 아니라 웃어른들을 잘 모신다네.

단지 퍼줄 사람과 그렇지 않은 사람을 구분(區分)해서 냉정(冷情)하게 베푼다네.

사업(事業)을 하면 잘하는 편으로 뒤를 잘 밀어주고 많은 도움을 주면서 돈이 되는 일만을 나서는 편이라네.

전면(前面)에 나서는 것을 싫어하며, 뒤에서 챙겨주고 꾸준히 만들어가는 성격(性格)이며, 책임감(責任感)이 강(强)한 것이 남자(男子)와도 같다네.

잘난 척을 하지 않으며 넘치는 부(富)와 끼가 있어도 참고 안으로 숨긴나네.

또한 함부로 움직이지 않은 여자(女子)이며 쉬운 여자(女子)가 아니라네.

과장(誇張)하지 않고 천생(天生) 여자(女子)로서 뒤에서 챙겨주며 불만(不滿)이 없으니, 내조(內助)를 잘하지 않은가.

꾸준한 성격(性格)에 여유(餘裕)가 있고 성품(性品)이 강(强)하며 냉정(冷情)하고 이성적(理性的)이라네.

- 여자(女子): 소양(少陽) ━

이 여자(女子)의 교성(嬌聲)에 남자(男子)들의 육신(肉身)이 녹고 눈빛이 흐려진다네.

부드러운 살결에 갸름한 얼굴에 나긋나긋한 몸매에 예쁘다네.

덧붙여 남편(男便)도 애인(愛人)도 다 거느려야하는 팔자(八字)라네.

가정(家庭)에서는 내 남편(男便)과 내 자식(子息)만이 중요(重要)하고 시부모(媤父母)

나 친척(親戚) 등은 관심(關心) 밖이라네.

때로는 남편(男便)이나 자식(子息)도 자기의 필요(必要)에 따라 움직여야 직성(直星)이 풀리는 여자(女子)라네.

결코 어둡거나 칙칙한 곳에 발을 내딛지는 않으나, 한번 빠지면 가정(家庭)도 일도 눈에 들어오지 않는다네.

허영심(虛榮心)은 있으나 털털하고 수수하다네.

절대(絶對) 손해(損害)보는 성격(性格)이 아니며, 주변(周邊) 사람들을 철저(徹底)하게 이용(利用)하고 필요(必要)에 따라 사람을 부려먹는다네.

그러나 결코 미움을 사지 않고 사랑을 받은 여우와 같은 여자(女子)라네.

천생(天生) 여자(女子)로서 책임감(責任感)이 있으며, 약속(約束)을 지키려고 노력(努力)한다네.

스스로가 해줄 수 있는 부분까지는 몸과 마음을 다해 베풀며, 군소리하지 않은 여자(女子)라네.

또한 때에 따라 베풀고 거두는 여자(女子)이니 현명(賢明)하고 똑소리 나는 여자(女子)가 아닌가.

- 여자(女子): 태음(太陰) ==

어두운 밤 누구인지를 모르고 스스로의 감정(感情)대로 움직이면 타고난 끼로 인해 상처(傷處)를 받는다네.

정신(精神)을 차리지 않으면 맑은 옹달샘에 누가 와서 발을 담그다 갔는지 알지 못하고 전혀 다른 씨앗을 잉태(孕胎)한다네.

자신(自身) 지니고 있는 복(福)과 부(富)를 알지 못하고 무조건 퍼주다 보면 가족(家族)은 물론 자신(自身)마저도 챙기지를 못하고 허기(虛氣)에 쓰러진다네.

배우지 못하면 극단적(極端的)으로 가는 성격(性格)이니, 몸을 함부로 내던진다네.

다만 그나마 자기(自己)의 그릇이 있으니, 근본(根本)만큼은 지키려고 노력(努力)한다네.

그러나 주위(周圍)에서 가만두지를 않으니 늘 조심(操心)하기를…… 남편(男便)이 별지 못해도 잘 쓰고 다닌다네.

마음에 상처(傷處)를 받으면 견디지 못하는 약한 면을 지니고 있다네.

때문에 큰 상처(傷處) 앞에서 그 아픔을 달래지 못하면 극단적(極端的)인 선택(選擇)을 하는 것이라네.

스스로 지니고 태어난 복(福)을 알고 늘 마음을 다잡고 살아가기를……

12) 옥상토(屋上土): 병술(丙戌)-양(陽) ㅡ , 정해(丁亥)-음(陰) --

- 남자(男子): 태양(太陽) ═

좋은 인연(因緣)을 우연을 가장(假裝)하여 만나기도 어렵겠거니와, 항상 답답한 마음을 안고 살아야겠네.

합의(合意) 결혼(結婚)인가, 아니면 계약(契約) 결혼(結婚)인가.

사랑으로 맺은 인연(因緣)이 아니라 정(情)이 없다네.

마누라와 자식(子息)은 있으나 내 가족(家族)이 아니라 하며 매정하게 군다네.

그래도 사람인지라 답답한 마음을 끌어안고 단 한마디도 하지를 못한나네.

챙기고 싶어도 챙기지 못하니 그 마음이야 오죽하겠는가.

하늘의 운(運)이 막혔으니, 하는 일마다 그리 흥(興)하는 일이 없다네.

머리에 들어오는 것은 하나도 없고 꿈을 잃었다네.

혹독(酷毒)한 현실(現實) 앞에 꺾이고 사방(四方)으로는 길은 열렸으나 자포자기(自暴自棄)라네.

부모(父母)로부터 받은 것은 다 잃어버리고 갈팡질팡 제자리라네.

부탁할 것은 그늘에서 벗어나 세상(世上)으로 나아가기를 바란다네.

다급(多急)한 마음을 버리고 사방(四方)으로 나서면 나를 비춰줄 좋은 인연(因緣)을 반드시 만날 수 있을 것이라네.

- 남자(男子): 소음(少陰) ⚍

삶에 대한 두려움과 사람에 대한 의심(疑心)이 많다네.
매우 소심(小心)하고 여자(女子) 문제(問題)에 자신감(自信感)이 없다네.
보기에는 가족(家族)을 끌어안지만 많이 의지(依支)한다네.
이는 혼자 있는 것을 두려워함이라네.
어떻게든 살아야지 하며 걱정하지만 스스로는 움직이지를 못하니, 있는 것 다 까먹고 하루하루 허송세월(虛送歲月)이라네.
소심(小心)한 성격(性格)으로 눈물이 많고 남을 핑계로 삼아 살아간다네.
밖으로 나가기를 두려워하며 있는 자리에 안주(安住)하려는 까닭으로 마누라가 먹여 살린다네.
자신(自身)을 믿고 세상(世上) 밖으로 나아가기를……

- 남자(男子): 소양(少陽) ⚎

밖으로 나돌며 여자를 찾아 헤매고 하늘 높은 줄 모르고 잘난 척이라네.
가정을 돌보지 못하며 자식(子息)과 마누라는 관심(關心) 밖이라네.
그러나 욕심(欲心)은 많은 까닭으로 늘 잔소리가 떠나지를 않는다네.
욕심(欲心)만이 있을 뿐이고 하나 득(得)되는 일을 잡지 못한다네.
밖으로 방방 뜨며 잘난 척을 한다지만 누가 알아주겠는가.
하나 잡지를 못하고 허송세월(虛送歲月)이 아닌가.
자신(自身)의 것이라고 때론 크게 잡기도 하지만, 쓰지도 못하고 바로 나가버린다네.
아는 척, 배운 척, 난 척을 하면서 말이 많다네.
스스로 유식(有識)한 척, 있는 척을 해야 체면(體面) 유지(維持)라도 할 수 있지 않겠는가.
그래도 문제(問題)가 생기면 마누라와 자식(子息) 뒤에 숨는다네.
따지는 것을 좋아하고 눈앞의 이익(利益)만을 따라가며, 까탈을 떠는 성격(性格)이라네.

- 남자(男子): 태음(太陰) ==

내 여자(女子), 남에 여자(女子)를 따지지 않는다네.

또 나이가 많고 적음도 따지지 않는다네.

될 때로 되어가겠지.

막장으로 내달리니 본인(本人) 스스로도 얼마나 답답하겠는가.

아이가 내 씨인지, 아니면 남에 씨인지도 모르고 살아간다네.

본인(本人)이 진실(眞實)을 알게 되면 마음의 병(病)이 되어 평생(平生) 괴롭지 않겠는가.

몸이라도 아프면 어찌 입에 풀칠을 할 수 있겠는가.

누구에게 하소연을 해볼까.

인연법(因緣法)을 소중(所重)하게 생각하지 않고 막장 인생(人生)이라네.

그러니 빨리 깨져야 산다네.

온 몸이 깨져야 그나마 사람답게 살아갈 수 있다네.

무식(無識)해서 대범(大汎)해 보이지만 소심(小心)하고 두려움이 많다네.

어쨌든 지니기는 인생(人生)이 아니던가.

소심(小心)함과 두려움을 깨버리고 세상(世上)으로 뛰어들기를……

크게 깨질 수 있다네.

- 여자(女子): 태양(太陽) ═

남편(男便)이 가정(家庭)에 마음을 두지 못하고 밖으로 나돈다네.

그러니 하늘의 별을 딸 수 있겠는가.

이 여자(女子) 또한 자유분방(自由奔放)하다네.

그래도 밖으로 나설 수 있음은 강(强)한 모성애(母性愛) 때문이라네.

아이들을 부둥켜안고 살자니 그 속이 얼마나 답답하겠는가.

가족(家族)을 지킬 수나 있을까.

아니 내 가정(家庭)이라는 울타리나 이룰 수 있겠는가.

혹독(酷毒)한 현실 앞에서도 굴하지 않고 막일이라도 하며 살아간다네.
열심히 살아간다지만 혼자 지지고 볶은 삶이라네.
밖으로 튀다보니 되바라진 성격(性格)으로 변(變)한다네.
불쌍한 노후(老後)를 보낼 수 있으니, 어렵게 이룬 가정(家庭)을 늘 애정(愛情)으로서 돌보고 끝까지 지킨다면 미소를 지울 수 있다네.

- 여자(女子): 소음(少陰) ==

그는 안으로 남편(男便)을 잡아들이고 아니면 남자(男子)를 끌어들이면서 스스로는 안주(安住)하며 나가기를 싫어한다네.
내 가족(家族)은 모두 끌어안으려 하며 욕심(慾心)은 있어서 재물(財物)을 크게 챙기려 한다네.
가내부업(家內副業)은 맞으나 밖으로 나서면 일이 깨진다네.
활동범위(活動範圍)가 넓지 않으며 되도록 움직이지 않으려 하고 불평불만(不平不滿)만이 많으면서 욕심도 많으나 크게 잡지를 못한다네.
화병(火病)에 하소연 할 곳이 없어 스스로 속이 타고 답답하다네.
그 가슴을 끌어안고 살아가기에는 매우 버거운 삶이라네.

- 여자(女子): 소양(少陽) ==

남편(男便)에게 왈왈거리니 밖으로 나돌 수밖에…… 보이지 않은 곳에서 옷 벗고 남자(男子)를 기다리는 적극적(積極的)인 여자이며 보이지 않게 색기(色氣)를 흘린다네.
밖으로 나돌아 다니며 잘난 척에 밤이슬을 밟고 다닌다네.
온 가족(家族)들에게 잔소리가 심(甚)하며, 자신은 늘 잘못한 것이 없고 남편(男便)과 아이에게 으름장을 놓은 뻔뻔한 여자라네.
밝은 달빛에 사방(四方)이 훤하고 좋으나 변화(變化)가 오는 것을 싫어하며 움직이기를 싫어한다네.
늘 정해진 단순(單純)한 일의 반복(反復)이라네.

허구한 날 싸움질에 사람마다 시비(是非)라네.

따지지 않으면 쉽고 잘 되어 갈 일을 끝끝내 따지는 까닭으로 좋은 결말(結末)을 끝내 얻지 못한다네.

달빛에 다 좋아 보이나 손에 쥐어보면 별거 아닌지라 불평불만(不平不滿)에 시비(是非)가 많다네.

이는 욕심(欲心) 때문이며, 따지고, 시끄럽고, 귀찮게 하고 그러면서 스스로 속이 타들어가는 성격(性格)이라네.

달빛에는 무엇이든지 좋아 보이지 않던가.

겉으로 드러난 모습에 크게 현혹(眩惑)되지 말고 내면(內面)의 진실(眞實)한 소리에 조금이라도 마음을 열기를……

- 여자(女子): 태음(太陰) ==

강물에 배가 지나갔나?

뜨거운 애정(愛情) 행위에도 별다른 감흥(感興)을 느끼지 못한다네.

내 남자(男子), 남의 남자(男子)를 따지지 않는다네.

가족(家族) 가운데 한명이 꼭 밥상을 차려주어야 하고 본인(本人)은 천하태평(天下太平)이어야 한다네.

욕심(慾心)이 무척 큰 편이며, 굶어도 그만이라는 독한 성격(性格)의 소유자(所有者)라네.

앉아서 편하게 고리대금(高利貸金)이라네.

욕심(慾心)이 많은 까닭으로 돈을 깔고 앉아 있음에도 단 한 푼도 남을 위해 쓰지 못하고 하나를 가지면 열개를 가지고 싶어 하며, 또 이 열개를 가지려고 크나큰 과욕(過慾)을 부린다네.

비가 오나 눈이 오나 맞지를 않고 하는 일 없이 쉽고 편히 살려 한다네.

몸집이 작으면 크게 욕심(欲心)을 부리고 몸집이 크면 욕심(慾心)이 없이 크게 베푼다네.

욕심(慾心) 때문에 모두를 잃어버리는 것이니, 조금이나마 베풀며 산다면 많은 사람으로부터 위로(慰勞)를 받을 수 있지 않겠는가.

13) 벽력화(霹靂火): 무자(戊子)-양(陽) ⚊, 기축(己丑)-음(陰) ⚋

- 남자(男子): 태양(太陽) ⚌

애정(愛情) 행각(行脚)은 번갯불에 콩을 튀겨먹듯이 뒤돌아서면 금방 끝이 난다네.
때문에 약간(若干)은 변태적(變態的)인지라 여자(女子)의 교태(嬌態)와 교성(嬌聲)에 크게 집착(執着)한다네.
별안간 느닷없는 큰소리로 모두를 놀라게 하고 앞에서는 큰소리치며 일을 저지르고는 가족(家族)에게 책임(責任)을 전가(轉嫁)시킨다네.
미리 말이 앞서는 까닭으로 순간(瞬間)에 모든 것을 날리고 소리를 지르니 사람이 다 떨어져 나간다네.
인덕(人德)이 없으니 세상(世上)을 살아가는 일이 어찌 아니 힘들겠는가.
끝까지 기다릴 수 있는 인내심(忍耐心)이 꼭 필요(必要)하다네.
급(急)하게 결과(結果)를 얻으려고 다급(多急)하게 재촉을 하다보면 좋지 않은 결과(結果)에 이르지 않던가.
죽음마저도 재촉을 하겠는가.
불과 같은 성격(性格)에 매우 독선적(獨善的)이라네.

- 남자(男子): 소음(少陰) ⚍

무섭지 않은가.
자기(自己)의 방식(方式)대로 마누라나 아이들을 찍소리 못하게 말려 죽이는 성격(性格)이라네.
이는 주위 사람들에게도 같으니 다들 떠나고 쓸쓸히 홀로 남는다네.
파르르한 성격(性格)으로 반응(反應)이 금방 오고 자기 성질(性質)을 이기지 못하고 온갖 자기 학대(虐待)가 심(甚)하다네.

자해(自害) 공갈단(恐喝團)인가?

혼자서 끙끙대면 누가 그 마음을 알아줄 것이며, 모든 일을 한꺼번에 몰아서 하니 그 몸이 배겨나겠는가.

왜 주변(周邊) 사람들을 못 잡아먹어서 안달이 나는가.

이를 바꾸지 못하면 화병(火病)으로 생(生)을 일찍 멸(滅)할 수 있다네.

이기적(利己的)이며 남에 대한 배려심(配慮心)이 없다네.

모든 일이 벼락치기요, 불같은 성격(性格)에 고집(固執)이 세다네.

- 남자(男子): 소양(少陽) ==

잘난 척에 똑똑한 척으로 급하게 결정(決定)을 하고는 바로 후회(後悔)하는 성격(性格)이라네.

모든 불평불만(不平不滿)을 가족에게 모두 쏟아 부으며, 불같은 성격(性格)으로 친인척(親姻戚)과 멀어진다네.

있는 척을 하지만 뒤집어보면 내세울 것도 없고 도와주는 사람도 없고 뒷심도 없고 뒷돈을 대주는 사람도 없다네.

인생(人生)을 보면 지랄 같은 성격(性格)과 잘난 척으로 지인(知人)들을 스스로 끊어내고 스스로의 잘못을 인정하지 않으며 핑계와 자기변명(自己辨明)을 하고 성급(性急)한 판단(判斷)으로 크나큰 손해(損害)를 보며, 주변(周邊) 사람들이 두려워하고 싫어한다네.

그리고 성격(性格)상 급(急)하게 헤어지고는 후회(後悔)하며, 무척 힘들어 한다네.

정리(整理)하자면 잘난 척에 지랄 같은 성격(性格)에 불평불만(不平不滿)에 핑계에 자기(自己) 변명(辨明)이라네.

- 남자(男子): 태음(太陰) ==

자포자기(自暴自棄)에 머뭇머뭇하고 망설망설하는 까닭으로 잔소리를 듣는다네.

때문에 집안에 머물지를 못하고 밖으로 나돈다네.

마음 편하게 있을 곳이 없으며 밥이라도 얻어먹으면 그나마 다행이라네.
용기(勇氣)가 없고 뜬금없이 헛소리를 하며 몸을 사리면서 한밤중에 두려움에 떠는 사람으로서 정신적(精神的)인 공황상태(恐慌狀態)가 오기도 한다네.
성질(性質)은 있어서 누구라도 뭐라고 핀잔을 주면 말은 못하고 뒤돌아서서 꿍하니 주절주절 거린다네.
우유부단(優柔不斷)하고 술에 취하면 무대포 성격(性格)으로 하고 싶은 대로 다 하려는 막무가내(莫無可奈) 행동(行動)이 터진다네.
용기(勇氣)가 없는지라 깨고 나면 숨는데 급(汲)하다네.

여자(女子): 태양(太陽) ＝

하루에도 열댓 번도 넘게 순간(瞬間) 순간(瞬間)에 몸이 뜨거워지니, 동(東)에 번쩍, 서(西)에 번쩍, 번갯불에 콩을 튀기듯 애정(愛情) 행각(行脚)을 벌리기에 무척 바쁜 몸이라네.
남편(男便)과 자식(子息)을 건사하기에는 버거운 삶이니, 여기저기에 자식(子息)을 낳지 않으면 매우 다행(多幸)이라네.
일을 저지르고 난 척을 하면서 모든 것을 해결(解決)하겠다고 하지만 큰 소리만 치고 끝나며 뒷심이 전혀 없다네.
젊을 때는 재미있게 살아간다지만 나이가 들어서는 몸을 함부로 굴린 까닭으로 큰 고생(苦生)을 한다네.
이곳 저곳을 다니며 모두 참견(參見)을 해야 하니 바쁘고 성격(性格)이 급(急)한 까닭으로 일이 쉽게 이루어지지 않는다네.
매우 독선적(獨善的)인 성격(性格)이니, 손해(損害)보는 것이 이득(利得)을 얻은 것보다 많다네.

- 여자(女子): 소음(少陰) ==

애욕(愛慾)을 안으로 감추고 끙끙 앓는다네.

양(陽)의 기운(氣運)을 강(强)하게 지니고 있는 까닭으로 자기(自己) 자신(自身)을 희생(犧牲)하여 가정(家庭)을 지키고 가족(家族)을 부양(扶養)하려니 버겁지 않겠는가.

이러한 연유(緣由)로 회초리를 들게 되고 잡히는 대로 집어던지며 소리를 지르게 되는 것이 아닌가.

돈 관계(關係)는 하지 않은 것이 좋으니, 빌려주고서는 받지 못해서 병이 들까 걱정이라네.

스스로가 큰소리를 내고 크게 놀라며 가슴을 두근거린다네.

큰소리도 치지 못하고 있는 그대로 솔직하게 살아가지만 아무도 알아주지 않는다네.

돌아서서 끙끙 앓다가 자기(自己)학대(虐待)로까지 이르며, 욱하는 성격(性格)에 마음이 약(弱)하고 사소(些少)한 일 앞에서도 파르르한 성품(性品)이라네.

- 여자(女子): 소양(少陽) ==

여자가 살가운 면이 있어 보이지만 그리 만만히 대할 사람은 아니라네.

상대방(相對方)이 자신(自身)에게 미쳐야 그나마 교태(嬌態)를 부리고 온 가족(家族) 앞에서 또 모든 친인척(親姻戚) 앞에서 큰소리를 치고 으름상을 놓는나네.

때문에 그 누구에게라도 인정(認定)을 받지 못하며, 얼굴에 늘 그늘이 지고 일을 해감에 있어서 다급(多急)한 듯, 무조건 으름장을 놓은 바람에 깨지는 일이 많다네.

일처리 하나만큼은 똑소리 나게 한다지만 결국(結局)은 결과(結果)가 좋지 않고 빚을 크게 지고도 눈 하나 깜짝이지 않으며, 죽으면 그만이라는 생각에 그 기세가 등등(騰騰)하다네.

자본(資本)이 있든 없든 이판사판인 성격(性格)이라 일을 저질러 놓고 본다네.

그러고는 되든 말든 무덤덤하다네.

- 여자(女子): 태음(太陰) ==

애정(愛情) 행위(行爲)가 매우 격(激)하고 짧다네.
가정사(家庭事) 모든 일에 있어서 머뭇거리고 집안에 있으면 답답해하면서 살림은 팽개치고 먼 산만을 바라본다네.
스스로가 할 일을 찾지 못하고 시키는 일은 몸이 아파도 곰처럼 해나가는 사람이라네.
뜬금없이 헛소리를 하며 누가 뭐라고 하든 말든 말없이 사라지기도 하고 스스로를 절제(節制)하지 못한다네.
남에 대한 배려심(配慮心)이 없으며 자신(自身) 밖에 모르고 말과 행동(行動)이 자기(自己) 멋대로 이며 하고 싶은 대로 한다네.
몸가짐을 조심(操心)하지 않으며, 함부로 굴리는 편이면서 죄의식(罪意識)이 없다네.
남이야 상처(傷處)를 받든 말하고 싶은 말을 내뱉은 성격(性格)이라네.

14) 송백목(松柏木): 경인(庚寅) - 양(陽) ㅡ, 신묘(辛卯) - 음(陰) --

- 남자(男子): 태양(太陽) =

시기(猜忌)와 질투(嫉妬)가 심(甚)한 편이며, 독선적(獨善的)이고 독단적(獨斷的)이라네.
애정(愛情)에 대해서는 본래 내숭을 떠는 성격이라네.
여자(女子) 관계(關係)에 있어서는 엉큼하지 않은가.
마누라와 아이들에게 매우 엄격(嚴格)하고 격식(格式)을 차리면서 늘 자기(自己)식(式)대로 가르치려고 한다네.
회초리를 잘 들고 이를 앞세워 위신(威信)을 세우려고 하니 까탈을 떤다고 말하지 않던가.
늘 대의명분(大義名分)이 앞서야 하는 까닭으로 사회적(社會的)으로 명망(名望)이 있는 일이나 겉으로 드러나는 일을 벌인다네.
그러나 스스로의 고집(固執)으로 인(因)하여 낭패(狼狽)를 보는 일이 많다네.
길이 아닌 길은 가지를 않으며 올바른 일에는 몸과 마음을 다한다네.

대쪽 같은 성격(性格)이라 고집(固執)을 피우기 시작(始作)하면 부러져 나갈지언정 꺾이지 않는다네.
겉으로 드러나는 좋은 모양새에 집착(執着)만 하지 않는다면 보기에 얼마나 좋겠는가.

- 남자(男子): 소음(少陰) ==

여자(女子)를 고르는 취향(趣向)이 매우 까다로우며, 애정(愛情) 행위(行爲)는 자랑한 것만큼 이르지 못하고 뒤돌아보면 이미 끝난 상황(狀況)이라네.
아이를 달달 볶은 몹쓸 성격(性格)에 모든 일에 나서지 않으면서 뒤에서만 엄청 말이 많다네.
남 밑에 있지도 못하는 성격(性格)이라 돈 버는 일에는 취미(趣味)가 없고 무게만 잡는다네.
사장(社長)이라면 끝내 까탈을 떠는 성격(性格)이라 사람들이 배겨나지를 못한다네.
아닌 것 같으면서도 보기에 창피한 짓을 많이 하며, 있는 성질(性質)을 다 부리고 우유부단(優柔不斷)하며, 잔소리가 심(甚)하다네.
이르기를 꽁생원이라고 한다네.

- 남자(男子): 소양(少陽) ==

애정(愛情) 관계(關係)에 대해서 과장(誇張)하여 포장(包裝)하고 여성(女性) 편력(遍歷)을 자랑하지만, 사실(事實) 문전(門前)에서 쫓겨나기가 쉽다네.
가정사(家庭事)에서는 이빨 빠진 호랑이인지라 휘어잡으려고 하나 잔소리만 심(甚)하다네.
일을 앞에 두고 높은 직책(職責)의 명함(名銜)과 그 권세(權勢)가 중요(重要)하며, 하고자 하는 일에는그다지 무게를 두지 않는다네.
드러내어 잘난 척하는 모양새가 좋아 보이지 않으며, 어깨에 실린 큰 세력(勢力)만을 의지(依支)하는 까닭에 깊은 인연(因緣)으로 함께 갈 사람은 드물지 않겠는가.
나이가 들면서 오랜 친구(親舊)의 진한 향기(香氣)가 정녕 그립지 않겠는가.

- 남자(男子): 태음(太陰) ==

애정(愛情)궁(宮)이 궁(窮)하다네.

캄캄한 밤중에 바위산을 누가 타고 올라오겠는가.

미치지 않고서는 감히 생각이나 하겠는가.

명분(名分)과 위신(威信)만을 내세우니 가족(家族)들이 힘들고 고통(苦痛)이 따르는 삶을 살지 않겠는가.

조금이라도 가족(家族)들이 하는 말에 귀를 기울였으면 한다네.

뒤로는 높은 산이요. 앞으로는 벼랑이라네.

이러지도 저러지도 못하는 사정(事情)이니 그 마음이야 오죽하겠는가.

꽉 막힌 인생(人生)이니 우물쭈물하다가 내 먹이마져도 빼앗긴다네.

갈 곳 없이 묶여 사는 어둑한 삶이니 누구를 책임(責任)지고 누구를 가르칠 수 있겠는가.

소심(小心)한 마음을 버리고 벼랑에서 한 걸음만 앞으로 크게 나아갔으면 한다네.

- 여자(女子): 태양(太陽) ═

굉장히 똑똑하고 애정(愛情) 관계(關係)가 확실(確實)하다네.

학자(學者)풍이며 거짓을 이르지 못하고 있는 그대로 직선적(直線的)이면서 주변과 일처리가 깨끗한 사람이며, 깔끔히 차리고 나서는 성격(性格)이라네.

시기(猜忌)하거나 질투(嫉妬)가 없는 여인(女人)으로 남편(男便)이 바람을 피우더라도 스스로의 삶이니, 욕이나 먹지 말고 다치지나 말라하며 눈감아주는 여유(餘裕)가 있다네.

좋은 인연(因緣)이라면 교육계(敎育界)에서 높은 자리에 오를 수 있는 강한 기운(氣運)이라네.

논리(論理) 정연(整然)한 성격(性格)에 강하게 튀는 성격(性格)이니 조금은 부드러웠으면 한다네.

대의명분(大義名分)은 강(强)하나 뒤끝은 깔끔하다네.

- 여자(女子): 소음(少陰) ==

겉으로는 딱딱한 듯이 하지만 합당(合當)하다면 사랑을 적극적(積極的)으로 드러내어 표현(表現)한다네.

물론 아닌 것은 아닌 성격(性格)이라네.

가족(家族) 관계(關係)에 있어서도 굳이 나서지 않지만, 뒤에서 남편(男便)과 아이들을 밀어주고 챙겨주는 괜찮은 여자라네.

말보다는 행동(行動)이 앞서며 말없이 챙겨주고 일처리를 깔끔하게 정리(整理)하므로 사람들이 따르고 도와준다네.

배움이 많고 깊으면 이해심(理解心)이 넓고 부드럽게 받아주나 배우지를 못하면 까다롭고 깐깐하며 전혀 마음을 열지 못한다네.

그래도 고생(苦生)하지 않고 무난(無難)한 삶을 살아간다네.

책임감(責任感)이 강(强)하며 사리분별(事理分別)이 정확(正確)하고 딱 부러지는 성격(性格)이라네.

- 여자(女子): 소양(少陽) ==

깔끔한 성격(性格)이라네.

그러나 남편(男便)이 바람을 피우면 더러운 꼴을 못 보는 까닭으로 이혼(離婚)하기가 쉽다네.

시시비비(是是非非)를 깔끔하게 처리(處理)하고 집안에서는 똑똑한 여자(女子)이며, 남편(男便)과 아이를 매질을 해서라도 휘어잡는다네.

사업(事業)을 하면 잘하는 편이나 마음에 여유(餘裕)가 없으며, 집안일과 병행(竝行)함으로 인(因)하여 늘 바쁘게 산다네.

정확(正確)하고 확실(確實)한 성격(性格)에 눈치가 빠른 여자(女子)인지라 난 척은 해도 그다지 밉지가 않다네.

정리(整理)하면 눈치가 빠르고 사리판단(事理判斷)이 정확(正確)하며, 책임감(責任感)이 있는 여자(女子)라네.

- 여자(女子): 태음(太陰) ==

죽어도 튕기는 여자(女子)이고 남자(男子)에게 버림을 잘 받으면서 뒷방을 차지한다네.
스스로가 너무 고고(孤高)한 척을 하니, 남편(男便)이나 아이들이 잘 찾지를 않는다네.
곧 따돌림을 당한다는 것이네.
자존심(自尊心)만을 내세우니 일마다 말이 많고 이루지를 못한다네.
도와주는 사람이 없으니 모든 것을 허공(虛空)에 날리고 뒤늦게 후회(後悔)한들 누가 알아주고 봐주겠는가.
쓸데없는 자존심(自尊心)만을 앞세운 맹한 성격(性格)에 소심(小心)하고 우유부단(優柔不斷)하며, 매우 까탈을 떠는 사람이라네.

15) 장류수(長流水): 임진(壬辰)-양(陽) ―, 계사(癸巳)-음(陰) --

- 남자(男子): 태양(太陽) ═

많은 사람과 또 많은 여자를 만나고 또 헤어지는 일의 반복(反復)이라네.
한 곳에 큰 미련을 두지 않으며 한 사람에게 집착(執着)하지 않는다네.
늘 멈추지 않고 흐르는 강과 같으나 성품(性品)은 변(變)함이 없다네.
변(變)함이 없이 가족(家族)에 대한 사랑이 크며, 항상 함께하는 가족(家族)들이라네.
긴 강이 흐르면 흘러서 바다까지 이르는 것이니, 만나고 헤어지는 인연(因緣)이 많으며, 늘 앞으로만 가려는 성격이고 한 가지 일을 맡으면 머뭇거림 없이 끝까지 한다네.
흐르는 물과 같이 유유자적(悠悠自適) 변(變)함이 없고 때때로 격(擊)한 장대비를 만나기도 하나 무난(無難)한 성격이라네.
사람 만나는 것을 좋아하며 어울리기도 좋아하고 새로운 사람 사귀는 것을 좋아하며 늘 남보다 앞서가는 사람이라네.

- 남자(男子): 소음(少陰) ==

흐르기는 흐르나 우유부단(優柔不斷)하고 애정(愛情) 관계(關係)가 불분명(不分明)하다네.

가족(家族)들에게 불평불만(不平不滿)이 많고 말과 행동(行動)으로 드러내지 않으면서 스스로가 답답해하며, 자신(自身)이 할 일을 내던지는 매우 게으른 사람이라네.

지혜(智慧)가 있어도 이용(利用)을 하지 못하고 끌어안고 살아가며, 게으른 까닭으로 자기의 것을 찾아 먹지도 못한다네.

꽁하고 말이 없으니 답답하고 짜증나게 하는 성격(性格)이며, 물의 타고난 성품(性品)처럼 착하기는 착하지만 인생(人生) 길이 막히는 것을 보지 못한다네.

어찌 보면 아둔한 성격(性格)이라네.

- 남자(男子): 소양(少陽) ==

강에 놀잇배를 띄워서 분위기(雰圍氣) 잡고 여유자적(餘裕自適) 즐기면서 세월이 가는지를 모른다네.

애정(愛情)도 잘난 척하는 일의 한가지로서 밖으로 느러내기를 좋아하며, 한 여자(女子)에게 미련(未練)을 갖지 않는다네.

달밤에 분위기(雰圍氣) 잡은 것을 좋아하며, 노는 것을 무척 좋아하는 까닭으로 일을 하더라도 이런 쪽의 일이 좋지 않겠는가.

가족(家族)과 친인척(親姻戚) 앞에서 크게 자랑을 하고 잘난 척을 해야 마음이 편한 사람이라네.

조금 아는 것을 가지고 다 아는 것처럼 말하며, 앞을 내다보지 못하는 사람이나, 꽤나 잘 나가는 인생(人生)으로서 싸가지 없다는 말은 듣시 않고 경우(境遇)가 있디는 말을 듣는다네.

짧게 만나고 또 헤어지는 인연(因緣)을 맺으니, 그리 큰 고통(苦痛)은 없을 것이라네.

- 남자(男子): 태음(太陰) ==

욕심(欲心)이 어설프고 약(弱)하며 애정도 흐르는 대로 몸을 맡겨버리니 끈기와 배짱이 없는 것이라네.

마누라가 바람을 피워도 그냥 저냥, 자식이 속을 썩여도 그저 그렇게, 의욕(意欲)을 상실(喪失)하고 삶을 지키지 못한다네.

물이 흐르면 흐르는 대로 가면 가는 대로…… 술에 취하면 아무데서나 퍼지르고 매우 우유부단(優柔不斷)하며, 되어가는 대로 적당(適當)히 꾸리고 싸워서 이기려하지 않고 무슨 말을 해주어도 마이동풍(馬耳東風)이라네.

그리고 매사(每事)에 귀찮아한다네.

정리(整理)하면 매우 우유부단(優柔不斷)하고 게으르면서 소심(小心)하고 책임감(責任感)이 없으며, 의욕(意欲)을 상실(喪失)한 채, 눈 막고 귀 막고 마음을 닫은 사람이라네.

- 여자(女子): 태양(太陽) ═

밝고 격렬(激烈)하게 흐르는 물이라네.

머무는 바 없는 애정(愛情)이며 많은 사람과 많은 남자(男子)를 만나고 음욕(淫慾)에 몸부림치더라도 집착(執着)하지 않으며, 새로운 일로 인하여 바로 잊어버리는 매우 명쾌(明快)한 여자(女子)라네.

가정(家庭)을 잘 지키나 잠시 한눈을 팔면 모든 것을 잊고 휩쓸리는 성격(性格)이라네.

그러나 내 가족(家族)은 내가 지켜야 한다는 기본적(基本的)인 생각을 지니고 있다네.

이 가족(家族), 저 가족(家族)과 같이 함께 어울려서 모여 살고 쉽게 융화(融和)되어 흐른다네.

또한 대가족(大家族)을 끌어안고 살아가며 무리(無理) 없이 이끌어가나 한번 잘못 휩쓸리면 집안의 기둥뿌리가 흔들린다네.

하는 행동(行動)이 거침이 없고 많은 사람을 통해서 경험(經驗) 많으며, 이러한 풍부한 경험(經驗)을 통해 이를 바탕으로 윤택(潤澤)하게 산다네.

여자(女子)로써 괜찮은 사주(四柱)이나 너무 큰 사주(四柱)라 너른 들판에 물을 대주어 대지(大地)를 살려야 하니 고생(苦生) 또한 만만치가 않다네.
남자(男子) 같은 성격(性格)이지만 매우 부드러우며 오지랖이 넓고 책임감(責任感)이 강(强)하고 쾌활(快活)한 성격(性格)이라네.

- 여자(女子): 소음(少陰) ==
부드럽고 조용하게 이끌며 내성적(內性的)이나 강(强)한 기운(氣運)을 내재(內在)하고 있다네.
보이지 않게 조용히 물러서서 가정(家庭)을 이끌어가며, 늘 앞을 생각하고 준비(準備)하는 꼼꼼한 성격의 소유자(所有者)라네.
남의 마음을 속속들이 다 읽고 말없이 챙겨주며 알아서 지혜로 이끈다네.
흘러가는 세월(歲月)과 넘쳐흐르는 재물(財物)을 이용(利用)할 수 있는 지혜(智慧)가 있으니 가정(家庭)을 잘 돌보고 주변(周邊) 이웃들에게 베풀며, 함께 살아가는 길을 간다네.
부드럽게 흐르는 물처럼 가만히 적셔주는 여자(女子)라네.

- 여자(女子): 소양(少陽) ==
애정(愛情) 표현(表現)이 굉장히 적극적(積極的)이며, 남자(男子)를 강(强)하게 끌어당긴다네.
가정(家庭)을 끌어안고 살아가지만 내 남편(男便), 내 자식(子息) 외에는 생각을 하지 못한다네.
그러나 사업(事業)에 있어서는 서로가 서로를 이롭게 하고 동반자(同伴者)로서 온화(溫和)하게 뒤를 잘 챙겨주는 밝은 여자라네.
이 여자(女子)를 가두어두면 썩은 법이니, 자연(自然)스럽게 흐르도록 두어야 한다네.
바른 인생(人生)에 바른 말 잘하고 부드러운 성격(性格)에 모두 다 끌어안고 살아가며 명줄이 길다네.

- 여자(女子): 태음(太陰) ==

힘에 부친다네.

때문에 격(激)한 애정(愛情) 행각(行脚)을 피하고 때로는 극히 싫어하며, 몸이 많이 아프고 병치레를 자주 한다네.

그러나 타고나기를 천생(天生) 여자(女子)라네.

가정(家庭)과 가족(家族)을 위해서 해야 할 도리(道理)를 다 하려고 하나 몸이 따라주지를 못한다네.

몸이 아프고 그렇듯 고달프고 힘들어도 최선(最善)을 다하려는 마음이 아름다운 여자(女子)라네.

밝은 지혜(智慧)로 인생(人生)을 깊게 들여다보며, 아낌없이 모든 것을 다 주려는 어찌 보면 바보 같은 여자가 아닌가.

16) 사중금(沙中金): 갑오(甲午)-양(陽) ━ , 을미(乙未)-음(陰) --

- 남자(男子): 태양(太陽) ═

억압적(抑壓的)이고 교성(嬌聲)과 교태(嬌態)를 좋아하니 조금은 변태(變態)가 아닌가하네.

많은 여자(女子)를 만나고 또 여자(女子)를 좋아하지만 결코 오래 가지를 못한다네.

허우대 멀쩡하고 잘 생기고 있어 보이지만 늘 여자(女子)에게 치인다네.

때문에 집착(執着)이 강하고 양손의 떡을 꽉 쥐고서는 놓지를 않는다네.

가정(家庭)이 쉽게 깨지고 가족(家族)들이 뿔뿔이 흩어지지 않으면 다행(多幸) 중(中) 다행(多幸)이라네.

자수성가(自手成家)해야 할 삶이며, 밑 빠진 독에 물 붓듯 사랑과 재물을 쏟아 부어도 채워지지를 않는다네.

발목까지 푹푹 빠지는 모래밭이니 재물(財物)을 가지고 있으면 사람들이 꼬이고 가진 것이 떨어지면 사람들이 멀어진다네.

열심히 일해도 돌아오는 것이 적으며, 부모(父母)로부터 받은 재산(財産)이 많더라도 끝내 지키지 못하고 힘든 삶을 살아가니, 일찍 깨달아 알고 스스로 노력(努力)하는 삶이어야 한다네.
정리(整理)하자면 예의(禮誼)가 없고 앞 뒤 생각 없이 자기만 알며, 자기(自己) 합리화(合理化)에 잘난 척하고 인정(人情)이 없으며, 화려(華麗)한 금붙이를 몸에 걸치기 좋아하고 허풍(虛風)에 색다르게 튀는 것을 좋아하며, 유행(流行)을 잘 따라가고 새로 출시(出市)되는 것을 좋아하면서 돈을 빌려서라도 우선 사놓고 봐야하는 어리석은 사람이라네.

- 남자(男子): 소음(少陰) ==
조심(操心)을 하면서 여자(女子)에게 다가가지만 종내(終乃)는 여자(女子)로부터 상처(傷處)를 받는다네.
그러면서도 여자에게 지분거리며 집적거리는 묘(妙)한 성격(性格)이라네.
집도 절도 없이 모든 것이 흩어진다네.
우유부단(優柔不斷)한 성격(性格)으로 인(因)하여 결정(決定)을 못하고 결국(結局)은 모두 무너져 내리면서 스스로 가시밭길을 걷는다네.
아무리 착해도 남이 인정(認定)을 하지 않고 자신(自身)의 가정(家庭)과 가족(家族)이 무너지는 것을 보면서 해결(解決)하지 못하고 그냥 바라볼 수밖에 없는 아리고 쓰디쓴 그 마음을 누가 헤아려주겠는가.
빨리 자신(自身)의 삶을 깨달아 알아서 스스로 몸과 마음을 다해 열심(熱心)히 노력(努力)하여 제대로 살아봐야 하지 않겠는가.
인정(人情)이 많고 착하고 소심(小心)하며 제 것을 챙기지 못하는 우유부단(優柔不斷)한 성격(性格)이라네.

- 남자(男子): 소양(少陽) ==

나름 열심(熱心)히 분위기(雰圍氣) 잡으며 화려(華麗)한 척, 멋있는 척, 있는 척을 하면서 여자(女子)를 유혹(誘惑)하고 만나지만 본래 재미가 없는 남자(男子)로 꼭 여자(女子)에게 뒤통수를 맞는다네.

푸석거리는 애정(愛情)이 아닌가.

집안이 엉망진창으로 흩어지고 주변(周邊)을 다스리지 못해서 모든 이들이 떠난다네.

이는 진실(眞實)되지 못하고 보잘 것 없는 허풍에 거짓된 삶을 살았기 때문이라네.

일을 함에 있어서 거짓말에 사기(詐欺)를 치며 끈기가 없는 까닭으로 일을 벌이면 마무리를 못하고 귀가 얇음으로 인(因)하여 이 일 저 일을 쑤석거리지만 끝내는 모두 다 빼앗기고 만다네.

게으름에 덧붙여 대책(對策)이 없이 돈을 쓰며, 말만 앞세우고 허풍(虛風)을 치면서 화려(華麗)함만을 내세운다네.

찡한 마음에 취해서 눈물을 흘리며 스스로는 돌아보지 않고 남을 핑계 삼아 살아가면서 허황(虛荒)된 꿈을 꾼다네.

타인(他人)에 대한 배려심(配慮心)이 없고 자신(自身) 밖에 모른다네.

- 남자(男子): 태음(太陰) ==

물건(物件)이 쉽게 서야 체면(體面)이 서는 것을…… 여자(女子)가 다가와도 두려운 삶이라네.

너무나 푸석거리는 애정(愛情) 관계(關係)가 아닌가.

가정(家庭)을 이룬다는 자체(自體)가 매우 힘든 사람이라네.

집도 절도 없는 거지와 같은 신세(身世)가 아닌가.

남에게 돈을 갖다 바치는 앵벌이와 같은 삶이려니, 열심(熱心)히 일해도 인정(認定)을 받지 못하고 몸과 마음을 다해 노력(努力)해도 남은 것은 배신(背信)뿐이라네.

노숙자(露宿者) 팔자에 헤매고 다니면서 가시밭길을 홀로 걸어가며 어둠속 무너져 내리는 자신의 쉼터를 보면서 돌아갈 곳이 없음에 통한(痛恨)의 눈물을 흘린다네.

아무리 착하다 해도 무슨 소용(所用)이 있겠는가.
그래도 인정(人情)은 많아서 남을 도우려 노력(努力)하며, 몸으로라도 힘을 쓰니 후(後)에 큰 복(福)을 받을 수 있다네.
줏대가 없으며 한(恨)이 많은 까닭으로 눈물이 많고 착하기는 하나 매우 소심(小心)하다네.

- 여자(女子): 태양(太陽) ═

지랄 맞은 성격(性格)에 까칠하며 한 남자(男子)에게 만족(滿足)을 못하고 늘 찾아다니며, 또 남자(男子)가 틈만 있으면 늘 다가서고 팔등신(八等身)에 복(福)이 있어 보이며, 교성(嬌聲)과 교태(嬌態)가 밖으로 훤하게 드러난다네.
집안은 엉망진창에 돼지우리 같이 만들어 놓고 밖으로 싸돌아다닌다네.
자신(自身)을 가장 우선(優先)하며 자신(自身)의 행복(幸福)이 먼저 앞서는 성격(性格)이니, 가정(家庭)을 이룰 수나 있겠는가.
너무 튀는 겉모습에 말과 행동(行動)이 가벼워 상대방(相對方)에게 신뢰(信賴)를 받지 못한다네.
대책(對策)이 없이 빚만 늘어나며, 남 밑에서 일하기는 죽어도 싫은 까닭으로 거짓말하고 사기(詐欺)치고 몸을 팔고 남에 등을 치며 살아가지 않은가.
없으면 빌려서라도 써야 직성(直星)이 풀리는 여자(女子)가 아닌가. 열심(熱心)히 살려고 노력(努力)하지만 멀리 내다보지를 못하며, 기분(氣分)과 분위기(雰圍氣)에 따라 움직이니, 이러한 경솔(輕率)함 때문에 나중에 항상 후회(後悔)를 한다네.
일시적(一時的)인 행복(幸福)과 화려(華麗)함만을 좇아다니고 말이 먼저 앞서고 가진 것 없이 허풍(虛風)이라네.
온 몸에 화려(華麗)한 보석(寶石)을 걸치기 좋아하며, 또 밖으로 드러내고 밖으로 나돌기를 좋아한다네.
욕심(慾心)을 버리지 못하고 철저(徹底)하게 자기(自己) 합리화(合理化)에 집착(執着)이 강(强)하고 철저(徹底)하게 자기(自己) 중심적(中心的)이라네.

또한 쇼핑 중독자(中毒者)가 아닌가하네.

- 여자(女子): 소음(少陰) ==

푸석푸석한 애정(愛情)이라 사랑을 받지 못한다네.
빛이 없으니 남자(男子)가 다가서지를 않는다네.
힘들게 남자(男子)를 만나도 잠시 한 때라네.
가정(家庭)은 깨지고 가족(家族)은 흩어지기가 쉽다네.
남 밑에서 열심(熱心)히 일해도 인정(認定)받지 못하고 대접(待接)도 못 받으며 노점상(露店商) 팔자(八字)에 도리어 스스로가 번 돈을 다른 남자(男子)에게 갖다 바치는 인생(人生)이라네.
버는 돈은 다 빼앗기며 헤매고 다니면서 남이 모르게 몸을 팔고 상처(傷處)를 받아가면서 모진 시집살이에 원하지 않은 식모살이라네.
고집(固執)은 있으나 나서지를 않으며 자신(自身)을 내세우지 않고 인정(人情)이 많으며 눈물이 많은 착한 여자(女子)라네.

- 여자(女子): 소양(少陽) ==

분위기(雰圍氣)와 기분(氣分)에 따라 죽고 사는 여자(女子)이며, 매우 충동적(衝動的)이고 말이 많고 말이 앞서면서 대놓고 남자(男子)를 밝히는 여자(女子)라네.
자기(自己) 밖에 모르는 까닭으로 그리 행복(幸福)한 가족(家族) 관계(關係)로 이끌고 가지 못한다네.
일을 함에 있어서도 충동적(衝動的)이며, 자기(自己) 위주(爲主)로 사람들을 갈라놓고 아침에 퇴근(退勤)하는 삶이라네.
후회(後悔)를 하면서도 순간(瞬間)을 참지 못하고 하던 일을 스스로 엎어버리며 사람들 사이를 이간(離間)질하므로 따르지 않는다네.
만족(滿足)할 수 있는 것이 없으므로 우울증(憂鬱症)이 심(甚)하며 돈이 없으면 앞 뒤 가리지 않고 우선(于先) 빌려서라도 쓰며, 충동적(衝動的)인 말과 행동에 있는 척하고 성질(性質)이 까다롭다네.
말만 죽여주면서 생색(生色)을 있는 대로 내고 허풍(虛風)이 강(强)하며 게으름에 거짓말 잘하고 화려(華麗)함을 겉으로 드러낸다네.

- 여자(女子): 태음(太陰) ==

잠자리가 부실(不實)하며 애정(愛情)은 푸석푸석한다네.
남자(男子)를 만나도 항상 배신(背信)을 당하며, 교성(嬌聲)과 교태(嬌態)는 잊은지 이미 오래 전이라네.
가정(家庭)을 일구기가 힘들다네.
온 몸이 아프고 삶이 가시밭길이라 늘 한탄(恨歎)에 한숨으로 보내며, 남편(男便)이 딴 살림을 차려도 마냥 마음만 아파하면서 산다네.
집도 절도 없이 떠돌기 쉬우며 남의 집 신세(身世)에 마음의 상처(傷處)만이 깊어지는 답답한 팔자(八字)라네.
우울증(憂鬱症)으로 온 몸에 병을 달고 사며, 자신감(自信感)이 부족(不足)하고 굉장히 소심(小心)하면서 착하다 못해서 바보 같다네.

17) 산하화(山下火): 병신(丙申)－양(陽) ━ , 정유(丁酉)－음(陰) --

- 남자(男子): 태양(太陽) ═

여자를 참 좋아하면서 사랑을 정열적(情熱的)으로 하니 한번 불태우면 홀랑 태우고 감정적(感情的)이며, 그 기복(起伏)의 변화(變化)가 심(甚)하다네
바람기가 많은 편이며 바보 같이 다 들키고 본래(本來) 온 몸을 불내워 따스하게 해주니 여자(女子)가 따르고 좋아하는 것이 아니겠는가.
그러나 그 애정(愛情)이 오래 가지를 못하고 변덕(變德)이 심(甚)하다네.
가정(家庭)을 지키고 가족(家族)을 챙기며 이끌어가나 바람기가 많은 것이 크나큰 문제(問題)라네.

한번 타 들어가면 전체(全體)를 태워야하는 까닭으로 크게 흥(興)했다가도 한 순간(瞬間)에 모두 잃기도 하며, 재기(再起)하기가 조금은 힘들고 귀인(貴人)을 만나야 기사회생(起死回生)할 수 있다네.
한 순간(瞬間) 느낌이 오면 한꺼번에 몰아쳐 집어넣고 또 한 순간(瞬間)에 모든 것을 말아먹기도 한다네.
굴곡(屈曲)이 많은 인생(人生)이며, 자칫 잘못하면 깡통 신세(身世)를 면치 못하고 홀랑 망(亡)했다가 어느 날 갑자기 크게 일어선다네.
인생(人生)이 역전((逆轉) 드라마와 같으며, 눈치가 빠르고 기분파(氣分派)에 분위기(雰圍氣)를 잘 따라간다네.

- 남자(男子): 소음(少陰) ==
뜨거운 마음은 속으로 감추고 겉으로는 차갑게 드러내 보인다네.
바람을 피워도 조용하게 피우며, 여자(女子)에게 속마음을 보이지 않고 불태울 듯이 하면서도 태우지 않으면서 눈에 띄지 않게 움직인다네.
자기(自己) 보호본능(保護本能)이 강(强)한 까닭으로 상처(傷處)를 받지 않으려 하고, 또한 가족(家族)들에게도 상처(傷處)를 주지 않으려고 많은 노력(努力)을 기울인다네.
눈치가 빠른 편이며 모든 일을 눈치를 봐가면서 조심(操心)을 해가며 풀어가고 자신(自身)을 크게 내세우지 않으며, 앞과 뒤를 가려가면서 지혜(智慧)로 잘 이끌어 간다네.
조용한 삶을 살아가려 노력(努力)하며, 여자(女子)에 대해서는 아닌 척 내숭을 떨지만 여자(女子)를 무척 좋아하고 많은 관심(關心)을 가지고 있다네.
냉정(冷情)하고 찬 성격(性格)이나, 이는 따스함을 안으로 감추는 까닭이며, 노는 것을 싫어하고 시끄러운 것을 싫어한다네.
많이 음흉(陰凶)한 것은 사실(事實)이라네.
체면(體面) 때문에 안으로 숨기고 있을 뿐이지……

- 남자(男子): 소양(少陽) ==

아예 대놓고 애정(愛情) 행각(行脚)을 벌이면서 여성(女性) 편력(遍歷)을 거리낌 없이 함부로 자랑하고 대놓고 바람을 피우며 이것도 자랑인양 목소리가 높고 떳떳하다네.
그러면서 이성(異性)을 만나더라도 어떠한 목적하(目的下)에 만난다네.
자신(自身)의 체면(體面)과 위신(威信)을 세우기 위해서 가족(家族)이나 그 외 사람들을 무시(無視)하는 경향(傾向)이 있으며, 자신 밖에 모르는 성격(性格)으로 차와 옷, 그리고 걸치는 모든 것이 명품(名品)이어야 하고 항상 가족(家族)에게 전적(全的)으로 의지(依支)한다네.
뻔뻔하지 않은가.
겉으로 드러나는 명예욕(名譽慾)만을 내세운다면 상처(傷處) 밖에 남질 않으니, 속은 썩어서 문드러지는 것을 모른다면 화려(華麗)한 성공(成功)의 뒷모습은 씁쓸하지 않겠는가.
겉으로 드러난 모습에 살고 죽은 사람이나 손재주는 타고 났으며, 마음이 삐뚤어진 까닭으로 인(因)하여 목적(目的)을 위해 이성(異性)을 만나는 나쁜 성격(性格)이며 자신의 아픈 마음만 알아주기를 바라는 치기(稚氣) 어린 사람이라네.
예민(銳敏)한 성격(性格)의 소유자(所有者)이며 목적의식(目的意識)을 가지고 바람을 피우는 뻔뻔한 사람이라네.
그래도 자존심(自尊心)만큼은 버리지 않고 꼿꼿하게 세운다네.

- 남자(男子): 태음(太陰) ==

이기적(利己的)이고 철저(徹底)하게 자신(自身) 밖에 모르며, 음탕(淫蕩)한 남자(男子)라네.
마누라든 자식(子息)이든 안면박대(顔面薄待)하는 성격(性格)이 있으니, 길에서 마누라나 자식(子息)이 난감(難堪)한 처지(處地)에 처했을 때 모른 척 하고 가버린다네.
목적(目的)을 위해서는 감정표현(感情表現)을 다하며 자기(自己)를 합리화(合理化)시키면서 이득(利得)을 챙기고 목적(目的)을 이루면 안면(顔面)을 몰수(沒收)한다네.

스스로 노력(努力)해서 이루거나 얻으려하지 않고 남을 이용(利用)해서 이루거나 얻으려는 까닭으로 거짓말을 앞세우면서 허풍(虛風)을 많이 친다네.
아닌 듯이 하면서도 불과 같은 성격(性格)에 변덕(變德)이 심(甚)하며, 변명(辨明)과 거짓말로 일관(一貫)한다네.
게으르고 책임감(責任感)이 없으며 이기적(利己的)이고 자기(自己) 중심적(中心的)이라네.

- 여자(女子): 태양(太陽) =

여자치고는 아예 대놓고 바람을 피우는 성격(性格)이며, 이성(異性)을 찾으면서도 목적(目的)을 위해 사귀고 그 사람이 가지고 있는 명예(名譽)나 권세(權勢), 위신(威信)이나 학식(學識) 등을 빼앗고자 한다네.
아주 정열적(情熱的)이고 눈에 차는 남자(男子)가 드물며, 남자(男子)가 많이 따른다네.
가정(家庭)을 엄(嚴)하게 다스리며 아이들을 단호(斷乎)하게 키우고 자기(自己) 한 몸을 태워서 온 가족(家族)을 위하며, 홀로 가정(家庭)을 일궈가는 당찬 여자(女子)가 많다네.
올바른 남자(男子)를 만나면 사업(事業)을 크게 일으켜 세우며 편한 삶을 살아간다네.
한번 불이 붙으면 홀랑 태우니 한꺼번에 벌고 한 순간에 쓰러진다네.
배움이 없으면 남의 것을 의지(依支)하여 자신(自身)을 내세우려 하며, 남의 명예(名譽)와 위세(威勢)를 가지고 욕심(慾心)을 앞세우는 까닭으로 진정(眞正)한 삶의 모습을 모르며, 화려(華麗)한 성공(成功) 뒤에는 수많은 상처(傷處)뿐이라네.
예술가(藝術家)의 자질(資質)이 농후(濃厚)하며, 보잘 것 없는 명예욕(名譽慾) 때문에 자신(自身)의 앞날을 매우 어렵게 만든다네.
남자(男子)와 같은 삶을 살아가니 굴곡(屈曲)이 심(甚)하고 힘들며, 자기(自己) 위주(爲主)의 생각으로 세상(世上)을 바라본다네.
그래도 따뜻한 손으로 남을 이끌어주는 온화(溫和)한 면이 있다네.

- 여자(女子): 소음(少陰) ==

밤을 뜨겁게 태울 듯이 하면서도 부드럽게 이끌며, 스스로가 남자(男子)를 끌어들이고 나이가 적든 많든 따지지 않으면서 목적(目的)한 바를 이루면 안면몰수(顔面沒收)하고 안면박대(顔面薄待)하는 매섭고도 찬 성격(性格)이라네.

자기보호본능(自己保護本能)이 강(强)하여 안으로 숨어버리는 성격이나 보이지 않게 가족(家族)을 강(强)하고도 한없이 끌어안은 모성애(母性愛)가 진한 여인(女人)이라네.

목적(目的)을 위해서는 자기(自己) 마음대로 해석(解釋)하고 판단(判斷)하면서 행동(行動)으로 옮기는 철저(徹低)한 자기(自己) 합리주의자(合理主義者)라네.

분위기(雰圍氣) 있는 사업(事業)을 잘한다네.

모든 감정표현(感情表現)은 목적(目的)을 위한 계산적(計算的)인 것이며, 결혼(結婚)생활(生活)을 잘하면 행복(幸福)한 삶을 영위(營爲)하고 잘못되면 밖으로 나돌며 많은 남자(男子)를 만나고 다닌다네.

성정(性情)이 차고 냉(冷)한 듯하나 안으로는 따스하며, 조용한 성격(性格)으로 따져야 할 일이 있으면 나중에 조용히 묻고 풀어가는 논리정연(論理整然)한 성품(性品)을 지니고도 있다네.

- 여자(女子): 소양(少陽) ==

타고나기를 귀(貴)해 보이며 마르고 날씬하다네.

대놓고 남자(男子)를 만나는 성격(性格)이며, 목적(目的)을 위해 만나면서 이용(利用)하고 내친다네.

희미한 불빛 아래서 유혹(誘惑)하면 넘어가지 않을 남자가 있겠는가.

남편은 남보다 잘 나가야 하며 자식(子息) 또한 공부를 잘해야 하고 전교회장(全敎會長) 등을 맡아야 하니, 이는 이 여자(女子)의 허영심(虛榮心)과 잘난 척 내세워야 하는 어리석은 성격(性格) 때문이라네.

명예(名譽)만을 소중하게 생각하며 이름뿐인 높은 직함(職銜)을 좋아하고 허황된 일에만 손을 대는 까닭으로 남은 것 없이 힘들게 살아간다네.

어스름한 달빛에 분위기(雰圍氣)잡고 말로는 큰 부자(富者)라고 하나 실상(實相)은 월셋방 신세(身世)라네.
겉으로 화려(華麗)하게 드러나는 삶을 살아간다네.
저 잘난 멋에 살아가고 스스로를 속이는 거짓된 삶이라네.

- 여자(女子): 태음(太陰) ==

여성(女性)다우나 음탕(淫蕩)하고 색기(色氣)로 남편(男便)을 죽이는 팔자(八字)가 아닌가 한다네.
남자(男子)를 끌어당기면서 나이가 많든 적든 그저 남자(男子)면 되고 스스로 목적(目的)한 바를 이루고 나면 무심(無心)하게 내친다네.
모든 감정(感情)을 가족(家族)들에게 쏟아내는 까닭으로 사람들이 힘들어하고 피해버린다네.
다 빼앗기는 팔자(八字)이니 사업(事業)은 하지 않았으면 하네.
자기 밖에 모르고 벌어지는 모든 일을 자기 마음대로 해석(解釋)하고 바로 행동(行動)으로 옮긴다네.
무서운 성격(性格)에 냉정(冷情)하며 철저(徹底)한 자기(自己) 합리주의자(合理主義者)라네.
이루고자 하는 일을 위해 모든 감정(感情)을 쏟아내며, 목적(目的) 달성(達成)을 위해서라면 몸이라도 내주는 여자(女子)라네.

18) 평지목(平地木): 무술(戊戌)－양(陽) ㅡ , 기해(己亥)－음(陰) --

- 남자(男子): 태양(太陽) ═

허우대 좋으며 잘 생겼고 머리도 따라주면서 식복(食福)도 타고났지만 정말 외로운 사람이라네.
왜냐하면 처복(妻福)과 자식 복(子息 福)이 없으며, 거기다 부모 복(父母 福)마저도 전혀 없기 때문이라네.

여자(女子)를 다리는 사람이며 지치다보면 다른 곳으로 눈을 돌린다네.

늘 잠시 머물다 가는 사랑이라네.

제대로 된 가정을 일구기가 어려우며 가족(家族)들이 늘 따로 논다네.

넓은 들판에 한 그루의 나무라, 무더운 날 필요(必要)에 따라 잠시 쉬었다 가는 사람들 뿐이며, 가지나 꺽지 않으면 그나마 다행(多幸)이라네.

홀로 한숨을 쉬며 살아가는 착하고 착한 성격(性格)으로 상처(傷處)를 많이 받으며 늘 외로움에 찌들어 있다네.

자수성가(自手成家)해야 할 말이 있지 않겠는가.

늘 새로운 일에 도전(挑戰)하기를……

- 남자(男子): 소음(少陰) ==

눈빛이 해가 지면 초롱초롱하니 밤에만 피는 꽃이라네.

한밤중에 홀로 눈비를 맞고 슬프게 우는 형상(形狀)이며, 외로움을 씹고 다니면서 자기(自己) 그늘에 여자(女子)가 들어오면 붙잡고 놓아주지를 않으며(疑妻症) 그러면서도 몰래 바람을 핀다네.

친인척(親姻戚)을 만나도 싱숭생숭하며, 말도 못하고 쓴 소리 한번을 하지 못한다네.

외로움으로 밖으로 몰래 나돌며 가족에게 쉽게 마음을 열지 못한다네.

순탄(順坦)한 일이 없으며 꼭 가지가 꺾어져나가는 고통(苦痛)을 맛보고 실패(失敗)하는 일이 많으니 직장생활(職場生活)이 맞는다네.

기댈 수 있는 사람이 없으니 오로지 홀로 가는 삶이며, 남을 믿지 못하고 의심(疑心)이 많다네.

자기중심적(自己中心的) 사고방식(思考方式)에 외고집이 강(强)하다네.

- 남자(男自): 소양(少陽) ==

왈시왈비(曰是曰非)하고 왈왈거리는 성격(性格)이니 여자가 견디지 못하고 야반도주(夜半逃走)를 선택(選擇)하지 않은가.

늦은 밤 분위기 타면서 외롭다고 몸부림치며 옆에 앉혀 놓고 절대 놓아주지를 않으니, 이 크나큰 집착(執着)이 의처증(疑妻症)으로 가지 않았으면 한다네.

철저(徹底)하게 자기중심적(自己中心的)으로 가족(家族)을 이끌고 움직이니 상처(傷處)를 많이 받으며, 또한 매사(每事)에 자기 위주(爲主)의 생활(生活)로 하루를 채우면서 가족(家族)들에게는 배려(配慮)하는 마음이 없다네.

사업(事業)은 힘들고 직장생활(職場生活)이 맞지 않겠는가.

조금만 잘해주면 하하하, 조금이라도 서운하면 바로 삐져서 등을 돌린다네.

늘 매달려 사는 인생(人生)이라네.

잘 삐지고 외로워하며 항상 겉돈다네.

자신의 감정(感情)에 솔직하지 못하고 겉으로는 드러내고 싶은 까닭으로 잘난 척에 똑똑한 척을 한다네.

자신(自身)의 인생(人生)을 적극적(積極的)으로 개척(開拓)하지 못하며, 자신(自身)의 부족(不足)한 부분(部分)이 드러날까 하여 마음을 쉽게 열지 못한다네.

잘난 척 나서지만 인정(認定)을 받지 못하고 결국 삐져버리는 속이 좁은 사람이라네.

솔직하지 못한 성격(性格)에 속이 좁으며 의지(意志)가 약(弱)하고 꽁한 성격(性格)에 소심(小心)하며 매우 자기중심적(自己中心的)이라네.

- 남자(男子): 태음(太陰) ==.

어두운 들판에 홀로서서 외로움에 떨며, 다가오는 여자에게 기대어 매달리고 또 매달린다네.

모든 것을 혼자 끌어안고 뒹굴며 어찌 보면 앞뒤가 꽉 막힌 사람이라네.

늘 무엇이든 받으려고만 하며 내세울 것이 없고 자신감(自信感)이 없으므로 말이 없으며, 드러내어 표현(表現)을 하지 않고 자신(自身)의 세계(世界)에만 빠져서 사는 까닭으로 가족(家族)들이 답답하다네. 사람이 많이 모이는 일도 맞지 않으며 주위(周圍)로부터 인정(認定)을 받지 못하니 혼자서 할 수 있는 일이 필요(必要)하다네.
말은 없지만 생각은 많으며, 혼자 늙어가고 지닌 식복(食福)으로 굶지는 않는다네.
게으르고 융통성(融通性)이 없으며, 음흉(陰凶)함에 더하여 단순무식(單純無識)하다네.

- 여자(女子): 태양(太陽) ═

외로움에 까놓고 말하는 되바라진 성격(性格)으로 사람을 앞에 두고 거리낌 없이 함부로 남자(男子)를 유혹(誘惑)하지만 힘들고 지친 허접한 남자(男子)들만 꼬인다네.
넓은 들판에 한 그루의 나무더라도 사과 아니면 배 등, 과일 나무라면 얼마나 좋을까.
땔나무가 아닌 꼭 필요(必要)한 나무를 마음에 심기 바란다네.
자식(子息)은 주렁주렁 낳고 가족(家族)을 돌보는 책임감(責任感)이 있다네.
자수성가(自手成家)할 인생이며 본래 식복(食福)은 있고 똑똑하다네.
눈앞의 소소(少少)한 이익에 마음을 빼앗기지 말고 힘은 좀 들더라도 멀리 내다보고 힘 있게 나아가기를……

- 여자(女子): 소음(少陰) ==

목이 긴 슬픈 사슴인양 눈빛이 늘 촉촉하니, 남자(男子)들이 어떻게든 곁가지 하나라도 꺾으려 든다네.
여자(女子)다운 여자(女子)인지라 가정(家庭)을 지키고 가족(家族)을 챙기면서 늘 한결 같다네.
힘이 들더라도…… 남자(男子)들의 도움이 많으며 이 여자(女子)의 팔을 잡고 내 여자(女子)라 하면서 마음으로 이 한 여자(女子)를 공유(共有)하고 내심(內心) 이러한 사실(事實)에 뿌듯해 한다네.
큰 욕심(慾心)만 부리지 않는다면 순탄(順坦)한 삶이라네.
내가 가진 것이 없더라도 있는 것에서 아낌없이 베풀며, 스스로의 그늘로 어려운 이들을 끌어안는다네.

필요(必要)에 의해서 베푸는 것이 아니라네.

외고집에 튕기는 성격(性格)이며 여성스럽고 애간장을 타게 만든다네.

- 여자(女子): 소양(少陽) ==

드러나 보이는 성격(性格)이 남자에 대한 욕심(欲心)이 많은 편이며, 좋아하고 싫어하는 구분(區分)이 있으면서 싫증을 금방 느끼고 스스로 좋아서 따르는 편이 많다네.

가정(家庭)에는 그다지 관심(關心)이 없고 남자(男子)를 잘못 만나면 여기저기에 자식(子息)을 낳고 스쳐가는 바람에 몸을 맡긴다네.

사람의 등을 치고 살아가며 돈에 집착(執着)을 하고 주위(周圍)는 돌아보지 않으면서 돈만 있으면 좋아한다네.

마음을 열기가 쉽지 않은 인생(人生)이며, 마음을 한번 열면 끝까지 울고불고 매달리며, 그나마 다행(多幸)인 것은 도둑과 남편(男便)은 구분(區分)한다네.

외로움 때문에 아무에게나 매달리는 성격(性格)이며, 남자(男子)가 조금만 잘해주어도 깊게 빠지고 마음의 상처(傷處)가 많은 여자(女子)라네.

욕심(欲心)은 많으나 마음이 매우 약(弱)하고 잘난 척을 하나, 외로운 여자(女子)라네.

- 여자(女子): 태음(太陰) ==

현실적(現實的)으로 살기보다는 상상(想像)속, 곧 자기(自己)만의 생각 속에 빠져서 살아가며, 고고(孤高)한 척, 신비(神秘)한 척을 하나 이는 착각(錯覺)일 뿐이고 주변(周邊) 사람들을 답답하게 할 뿐이라네.

잘난 자식(子息)은 내 자식, 잘난 남편(男便)은 내 남편이라는 식으로 기대(期待)에 차지 않으면 매정하게 군다네.

온갖 폼을 다 잡아가며 고귀(高貴)한 척을 하나, 사실(事實) 밖으로 드러내놓고 보면 아무것도 없는 빈껍데기뿐이라네.

본인(本人)이 생각하기에 어떤 남자(男子)든 내 남자(男子)로 만들 수 있다고 생각하면서 혼자 사는 여자(女子)가 많고 상상(想像)속의 정사(情事)라 혼자 즐기는 것을 좋아한다네.
통나무를 끌어안고 사는 것과 같다는 여자(女子)가 바로 이 여자(女子)가 아닌가 한다네.
외로움과 아픔을 밖으로 드러내고 솔직하면 좋으련만……

19) 벽상토(壁上土): 경자(庚子)-양(陽) ━ , 신축(辛丑)-음(陰) --

- 남자(男子): 태양(太陽) ═

사방(四方)이 막혀있고 하늘만이 열려있으니 뜨겁겠네.
사우나와 같은 애정(愛情)이라 그리 오래 가지를 않겠네.
스스로가 세상(世上)과 벽을 쌓고 이상(理想)만을 꿈꾸며 자신의 편협(偏狹)된 생각을 아이들과 가족(家族)에게 강요(强要)한다네.
때문에 가족 관계(關係)에 대해서는 고집(固執)이 매우 강한 편이라네.
의사(意思) 전달(傳達)이 단절(斷絶)된 사람인지라 주변(周邊) 사람들이 답답해하며 이상(理想)과 꿈을 찾은 사람으로서 일확천금(一攫千金)을 쫓는다네.
먹고는 살아간다지만 늘 헛된 꿈만을 쫓으니 딥딥하다네.
자기(自己) 무덤을 스스로 만들고 또 거기에 빠져서 허우적거리는 삶이라 누군가 이끌어주어야 하지 않겠는가.
철저(徹底)하게 자신 밖에 모르고 이기적(利己的)인 사람인 까닭으로 상대방(相對方)을 답답하게 하며, 숨이 막히게 하고 머리를 터지게 하는 타입이 아닌가.
밖에서 문을 두드리면 문을 활짝 열고 세상으로 밖으로 나섰으면 한다네.

- 남자(男子): 소음(少陰) ==

자기만의 방식(方式)대로 애정(愛情) 표현(表現)을 하고 고집(固執)이 센 성격(性格)으로 인(因)하여 마누라와 정사(情事)를 하더라도 꼭 돈을 주고 하는 방식(方式)이라네.
스스로의 방식(方式)을 따르지 않으면 애정(愛情)을 주지 않으며, 가족을 대함에 있어서 단순(單純) 무식(無識)하게 표현(表現)한다네.

전당포(典當鋪), 고리대금업(高利貸金業) 등, 매우 열심히 일을 한다네.

한번 돈이 들어가면 내놓지 않으며, 사업(事業)을 한다 하더라도 돈을 쓸 줄 모른다네.

재물(財物)은 분명(分明)히 가지고 있으나 허우적거리는 삶이라네.

고집(固執)이 무척 강(强)하고 철저(徹低)한 자기 위주(爲主)의 삶이니, 숨기는 것을 즐기고 비자금(秘資金)을 제대로 챙긴다네.

매우 짠돌이에 조잔(凋殘)하고 필요(必要)에 의한 말 바꾸기를 잘하는 성격(性格)이니, 결국(結局) 자신만을 위한 삶이며 허덕허덕한 인생(人生)이 아니겠는가.

철저(徹低)한 독선주의(獨善主義)를 빨리 버렸으면 한다네.

- 남자(男子): 소양(少陽) ==

매우 감수성(感受性)이 있는 사람으로서 기분이 좋으면 모든 일이 좋고 스스로 기분(氣分)이 나쁘면 모든 일에 있어서 부정적(否定的)이라네.

사물(事物)의 미묘(微妙)한 속내를 직감(直感)하는 능력(能力)은 있으나 분위기(雰圍氣)에 따라 변하는 것이 못내 아쉽다네.

기분(氣分)이 좋으면 가족이나 주위(周圍) 사람들에게 살살거리며 잘하고 기분이 나쁘면 문을 닫아버리고 내다보지도 않는다네.

마누라가 애교(愛嬌)를 부리면 크게 나오지 않으나 작은 돈은 나온다네.

이는 쓸 때 쓸 줄을 모르는 것이 아닌가.

밖으로 나서서 일하는 성격(性格)이 아니며, 분위기(雰圍氣) 잡은 사업이니 커피 한잔에 고고(孤高)한 척해야 하고 책을 읽으면서 자신(自身)의 위신(威信)을 내세운다네.

그냥 저냥 행복(幸福)해 하면서 자기(自己) 만족(滿足)에 빠져 살며, 스스로가 보는 세계(世界)가 작은 까닭으로 그 세계(世界)가 다 인양 잘난 척하며 살아간다네.

속이 좁고 남의 말을 듣지 않으며 소심(小心)한 성격(性格)에 매우 우유부단(優柔不斷)하고 이기적(利己的)인 성품(性品)이라네.

- 남자(男子): 태음(太陰) ==

사방(四方)이 막히고 밖에서 안을 들여다 볼 수 없으니, 엉큼하기가 이루 말 할 수 없다네.

기회(機會)가 닿는다면 늘 여자(女子)를 가까이 두려하고 앞뒤를 가리지 않은 애정(愛情) 표현(表現)이라네.

나이가 많든 적든 성 추행범(性 醜行犯)이 아닌가 한다네.

가정(家庭)을 이루고 살기가 힘들며, 자칫 자기(自己)만의 세상(世上)에 갇히기 쉽고 집착(執着)이 강한 성격이며 두문불출(杜門不出)하는 사람이 많다네.

하늘만 바라보며 한숨만 내쉬는 인생(人生)이려니, 게으르고 책임감(責任感)이 없으며, 음흉(陰凶)하지 않으면 스스로를 닫아버리는 폐쇄적(閉鎖的)인 삶이라네.

- 여자(女子): 태양(太陽) ═

몸과 마음을 풀지 못하고 괴로워한다네.

몸만 감출 수 있는 공간(空間)이라면 여러 가지 형태(形態)의 애정(愛情) 행위(行爲)를 요구(要求)하며, 남자(男子)를 가두어 놓고 살아야 마음이 편한 여자(女子)리네.

좋게 말하면 아이와 남편(男便)을 옆에 끼고 살며, 늘 함께하는 가족(家族)이고 나쁘게 말하면 가족에게 병적(病的)으로 집착(執着)하는 것이 아닌가.

돈을 손에 쥐면 절대 내놓지를 않으며, 고리대금(高利貸金)에 사채업(私債業)이 많다네.

여자(女子)가 남자(男子)와 같은 성격(性格)이니, 되바라진 말과 행동(行動)이 강하다네.

독선적(獨善的)이며 고집(固執)이 매우 강(强)하다네.

- 여자(女子): 소음(少陰 ==

약간(若干)의 관음증(觀淫症)은 건강(健康)에 도움을 주지 않겠는가.

자신(自身)을 알고 예의(禮儀)를 지키며 늘 조심성(操心性)이 있다네.

가족(家族)들에게 잘하고 집밖으로 나가지 않은 성격(性格)이나, 움직이는 동선(動線)이 분명(分明)하다네.

사람을 사귀어도 매우 조심(操心)스럽게 연(緣)을 맺으며, 늘 무사안일(無事安逸)만을 꿈꾼다네.
자기(自己)를 알고 스스로 자제(自制)하며 살아가고 단순(單純)하며 싫고 좋음을 분명(分明)하게 한다네.

- 여자(女子): 소양(少陽) ==

태어나기를 예쁘고 아기자기한 것이 여성(女性)다우며, 한 남자(男子) 외에는 생각을 하지 못한다네.
하지만 뒷문이 열리면 큰 일이 벌어지는 법이니, 뒷문이 열리고 길이 만들어지면 잡기가 힘들다네.
자신의 가족 밖에 모르며 친척(親戚)들에게는 무관심(無關心)하다네.
곧 가족(家族)에게는 살갑게 대하는 편이나 친척(親戚)들에게는 싹수가 없이 매정하기만 하다네.
밖으로 나돌면 집안을 등한시(等閑視)하며, 세상(世上) 맛을 알면 불만(不滿)을 갖기 시작(始作)하고 민망(憫惘)한 일을 서슴없이 저지른다네.
자존심(自尊心)과 고집(固執)이 강하고 잘난 척을 하지만 아기자기하며, 작은 일에서 큰 행복(幸福)을 찾는 섬세(纖細)함도 있다네.

- 여자(女子): 태음(太陰) ==

애정(愛情) 행각(行脚)에는 관심(關心)이 없고 무덤덤하며, 정 필요(必要)하다면 상상(想像)속에서의 정사(情事)라네.
자식(子息)에게 욕심(欲心)이 큰 편이니 모든 걸 해주려 노력(努力)하고 자신(自身)이 이루지 못한 꿈을 자식을 통해 이루려 크게 집착(執着)하는 편이라네.
열심히 살아가는 사람으로서 어떠한 일도 마다하지 않는다네.
곧 자신의 몸을 팔아서라도 가족(家族)을 위해 살아가며, 그 억센 모습이 답답하기만 하다네.

혼자 짊어지고 가는 삶의 무게를 풀고 싶어도 풀지 못하니 그 마음이야 오죽하겠는가.
그 누구도 봐주지 않으니 하늘만을 원망(怨望)하고 혼자 하염없이 울고 갈 수밖에 더 있겠는가.
스스로 쌓아온 두꺼운 벽을 허물 수 있기를……

20) 금박금(金箔金): 임인(壬寅)-양(陽) ㅡ, 계묘(癸卯)-음(陰) --

- 남자(男子): 태양(太陽) ═

빛을 발하는 성품(性品)이라 안으로 감추지를 못하고 밖으로 다 드러난다네.
애정(愛情) 표현(表現)이 부드럽지 못하고 무조건 휘어잡아서 자기(自己) 마음대로 이끌어간다네.
휘어잡지 못하면 병(病)이 드는 사람이라네.
가정(家庭)을 이끌어가는 일에 있어서도 자기(自己) 방식(方式)대로이며, 부인(婦人)이나 자식(子息)을 꽉 쥐고 사는 타입이라네.
남 밑에서는 절대 일을 하지 못하고 윗사람이라 하더라도 꼭 맞대면하는 성격(性格)이라네.
리더십이 강한 편이니, 사업(事業) 또한 잘 이끌어가나 재물(財物)이 아까운 줄 모르고 써대며 나중에 힘들게 살아간다네.
그러나 원하는 만큼의 돈은 생기고 어려움을 모르고 산다네.
나라의 녹을 먹은 기운(氣運)이 매우 강(强)하게 있으니, 잘하면 크게 오르는 대박 인생(人生)이 아닌가.
그러나 배우지 않고 게으르다면 아까운 세월(歲月)만 보낼 것이라네.
허우대 멀쩡하고 매우 귀(貴)해 보이며 삶 자체(自體)가 즐거움이라네.
자존심(自尊心)이 무척 강(剛)하며 더하여 자기(自己) 밖에 모르고 남을 배려(配慮)하는 마음이 적다네.
주목 받는 것을 좋아하고 명예(名譽)나 권력(權力), 위신(威信) 등에 집착(執着)하는 사람들이 많다네.

- 남자(男子): 소음(少陰) ==

작은 선물(膳物) 하나 칭찬(稱讚)하는 말 한마디, 또 소박(素朴)한 애정(愛情) 표현(表現) 하나에 좋아하는 성품(性品)을 지녔다네.

그러나 마음 상하는 말 한마디에 금세 토라지는 꽁한 성격(性格)의 소유자(所有者)라네.

이기적(利已的)이나 가족(家族)들이 잘 따라주고 배움이 많다하더라도 내세우지 않은 겸손(謙遜)함이 있으며, 가진 것이 많더라도 드러내지 않은 좋은 성품(性品)도 있다네.

가족(家族)들을 대할 때 매우 감성적(感性的)으로 대하는 까닭에 속이 좁은 사람처럼 보이나 부드럽게 대하면서 자기(自已) 자신(自身)을 스스로 위로(慰勞)하고 다독이면서 스스로 만족(滿足)해하는 사람이라네.

사업(事業)의 운(運)은 그리 크지를 않으니, 나서지만 않는다면 손해(損害)볼 일은 없다네.

명예(名譽), 권력(權力) 등에는 큰 관심(關心)이 없으며, 앞에 나서는 것을 싫어하고 조용하게 사는 것을 좋아한다네.

겉으로는 자존심(自尊心)이 없어 보이나 은근하게 강한 자존심(自尊心)을 감추고 있고 조금은 게으른 사람이라네.

- 남자(男子): 소양(少陽) ==

너무 강하게 내세우면 애정(愛情)도 떠나는 것이 아닌가.

사람을 대할 때 매우 솔직한 편이며, 싫으면 싫고 좋으면 좋은 표정(表情)이 금세 드러나고 사람들이 말없이 따르면 문제(問題)가 없으나, 자신(自身)을 따라주지 않으면 두들겨 패고 바로 되받아치는 못된 성격(性格)이라네.

친인척(親姻戚) 일에 나서기를 좋아하고 실속 있게 잘 챙겨주며, 허황(虛荒)되면서 필요없는 것들은 구입(求入)하지 않은 실속파라네.

수수한 차림에 사람들이 많이 따르고 재물(財物)도 많이 따라 붙으며, 모든 일을 알차게 이끌어 간다네.

삶을 이끌어 가는데 있어서 이기적(利己的)이고 고집(固執)이 매우 강(强)하며 어떠한 일이든 한번 일으키면 끝까지 밀고 가는 성격(性格)이라네.

직선적(直線的)이며 바른 생활(生活)을 하고 결단력(決斷力)이 있다네.

아깝게 생각하는 것은 남의 말을 듣지 않고 바로 바로 되받아치는 성질(性質)만 자제(自制)할 수 있다면……

- 남자(男子): 태음(太陰) ==

많은 여자(女子)를 만나도 마음 붙일 곳이 없으니 막무가내(莫無可奈) 사랑이 아니겠는가.

마음이 약(弱)한 까닭으로 말도 못하고 가슴앓이가 심하다네.

배움이 없으면 자제력(自制力)이 떨어지는 까닭으로 난폭(亂暴)해지며, 그 상대(相對)가 부인(婦人)과 자식(子息)이라네.

돈 쓰는 일에는 능(能)하며 일을 저지르고 나 몰라라 한다네.

자신(自身)의 잘못으로 벌어진 일이라도 자신(自身)의 잘못을 인정(認定)하지 않고 남탓으로 돌리며, 능구렁이처럼 치고 받으니 매우 답답한 사람이라네.

굴곡(屈曲)이 많은 인생(人生)이며, 올라갈 때와 내려갈 때를 잘 보아야하는 것이니, 고집(固執)으로 될 일이 아니라네.

알량한 알음알이보다는 스스로의 마음을 깨야하는 것이니, 배움이 잘못되면 음흉(陰凶)하고 게을러지며, 능수능란(能手能爛)해 보이지만 사실(事實)은 말과 행동이 맞지 않은 겉 다르고 속 다른 사람이 된다네.

때문에 이익(利益)에 따라 막무가내(莫無可奈)로 밀어대는 것이 아닌가.

이러한 연유(緣由)로 큰 계곡(溪谷)물을 만나 굴러 내리며 깨져야한다네.

- 여자(女子): 태양(太陽) ═

귀(貴)해 보이고 단단해 보이니 함부로 넘볼 수 없는 여자(女子)라네.

강(剛)한 성격(性格)으로 인(因)하여 되바라져 보이며, 명예(名譽)와 위신(威信), 권력(權力)에 대한 욕심이 매우 강(强)하다네.

리더십이 강(强)하고 또한 그러한 자리에 앉기를 갈망(渴望)한다네.

가정사(家庭事)는 자신(自身)이 앞서서 모두 해결(解結)해야 하고 눈에 차는 사람이 없으니 남편이 있어도 있으나 마나한 존재(存在)라네.

나라의 녹을 먹은 기운(氣運)이며, 사업(事業)을 하더라도 확실(確實)하게 휘어잡고 나가며, 자체(自體) 발광(發光)인지라 어지간한 남자(男子)보다 낫다네.

추종자(追從者)는 많으나 그 마음을 이해(理解)하고 감싸는 사람은 드문 까닭으로 외로운 여자(女子)라네.

또한 어떠한 남자(男子)보다도 무게감이 있는 여자(女子)로서 책임감(責任感)이 강하고 성격(性格)이 강단(剛斷)이 있다네.

- 여자(女子): 소음(少陰) ==

더할 수 없는 부드러움 속에 강(剛)함을 지니고 있는 여자(女子)이며, 끈끈한 성격(性格)에 정이 많고 따스하게 다독여주며, 말없이 지켜주고 나서지 않으면서 잘 이끌어주는 좋은 사람이라네.

일을 해나감에 있어서 오른손이 하는 일을 왼손이 모르게 하며, 부드러움 속의 강(剛)함으로 잘 이끌어 간다네.

사람들이 잘 따르고 말과 행동(行動) 속에 카리스마가 강(剛)한 보스 기질(氣質)을 지니고 있다네.

조용하게 살아가는 것 같지만 삶 자체(自體)가 억세다네.

이 인생(人生)의 매듭을 풀지 못하거나 남자(男子)를 잘못 만나면 억척스러운 여자가 된다네.

배움이 많고 똑똑하다면 나라의 녹을 먹은 연줄이 강하므로 큰 자리에 오를 수 있다네.

자신감(自信感)이 있는 까닭으로 말없이 다독이고 위로(慰勞)해 주면서 인내심(忍耐心)으로 버티지만 욱하는 성격(性格)이 있으니, 스스로 자제(自制)할 수 있는 힘을 키워야 한다네.
거기다 더하여 실력(實力)까지 갖춘다면 좋지 않겠는가.

- 여자(女子): 소양(少陽) ==

애정 관계(關係)나 모든 면에서 있어서 털털하고 수수한 성격(性格)이며, 직선적(直線的)이고 거침이 없는 까닭으로 불평불만(不平不滿)을 다 털어 놓는다네.
친구(親舊)가 많으며 친인척(親姻戚)과 잘 어울리고 군소리 없이 가정사(家庭事)를 이끈다네.
사람들이 잘 따르고 잘 어울리나 만일 이들과 부딪히면 본인(本人)이 많이 다치는 편이라네.
그 까닭은 고집(固執) 때문이며, 그런 후에 툭툭 털고 일어나는 털털한 성격(性格)이라네.
그럭저럭 순탄(順坦)한 삶으로 어려움 없이 살아간다네.
이기적(利己的)이고 고집(固執)이 센 것은 어쩔 수 없는 타고난 성격(性格)이라네.

- 여자(女子): 태음(太陰) ==

남자(男子)들이 가만두지 않을 정도의 미모(美貌)와 몸매를 지녔다네.
때문에 어린 나이에 일찍이 밖으로 나돌면 몸을 망칠 수 있으니, 제대로 가르치고 이끌어야 한다네.
말이 앞서기보다는 행동(行動)이 앞서는 성격(性格)이며, 생각보다는 몸이 먼저 움직인다네.
가정(家庭)은 끔찍이 생각하며 가족을 위해 몸과 마음을 다한다네.
사업(事業)하고는 연이 없으니 생각할 필요가 없다네.
남자를 제대로 만나면 순탄(順坦)한 삶을 살 것이며, 속옷을 잘못 벗으면 쪽박 인생(人

生)을 살아야 한다네.
생김새가 조금만 치장(治粧)하면 야하고 교태가 흐르는 천생(天生) 여자(女子)가 된다네. 음흉(陰凶)한 면과 호기심(好奇心)이 강(剛)한 까닭으로 가끔 엉뚱한 생각을 하며, 또 이를 행동(行動)으로 옮기는 묘한 마음의 소유자(所有者)라네.

21) 복등화(覆燈火): 갑진(甲辰)－양(陽) ㅡ , 을사(乙巳)－음(陰) --

- 남자(男子): 태양(太陽) ═

분수(分數)에 맞지 않게 애정(愛情)을 과시(誇示)하며, 만족감(滿足感)이 없고 싫증을 빨리 느끼고 자기(自己)만 풀고 나면 그만이라네.
때문에 여자(女子)가 많이 바뀌는 것이 아닌가.
가족(家族) 관계(關係)가 그렇게 원만(圓滿)하지 않으며, 일을 저지르고는 뒷감당을 못하고 가족을 책임(責任)지지 못한다네.
큰소리를 치면서 부인(婦人)과 자식(子息)을 다그치나 결국(結局) 챙기지를 못한다네.
급하게 일을 저지르고는 뒷감당을 못하고 스스로가 떠나며, 가볍게 움직이는 까닭으로 일의 마무리를 제대로 못하고 끝을 흐린다네.
스스로 깨우치면 떠나지 않아도 되는 것을…… 평생(平生) 허황(虛荒)된 꿈을 꾸고 일확천금(一攫千金)을 꿈꾸며, 진실(眞實)한 삶을 살지 못한다네.
한번 엎어지고 나면 다시 일어나기가 힘든 삶이니, 사람들에게 버림을 받겠네.
다만 여자(女子)에게 얻어먹고 사는 것도 복(福)이라면 복(福)이라 할 수 있지 않겠는가.
순간(瞬間) 끌어당기는 힘이 매우 강한 사주(四柱)이나, 모였다가 흩어지는 일이 다반사(茶飯事)라네.
대낮에 등불을 밝히면 이를 무엇에 쓰겠는가.
스스로가 고단(孤單)할 뿐이라네.
잘난 척, 똑똑한 척을 하나, 인내력(忍耐力)이 부족(不足)하고 허황(虛荒)되고 허풍(虛風)이 심(甚)하며 이기적(利己的)인 성격에다 욱하는 성질(性質)까지 있으니 인정(認

定)받지 못하겠네.

또한 사고(事故)를 치면 크게 치고선 곧바로 후회(後悔)를 하고 그 끝을 흐리니, 이 또한 문제(問題)가 아니겠는가.

그나마 뒷말이나 뒷탈이 없으며 금방 잊어버리는 성격(性格)이라 다행(多幸) 중(中) 다행(多幸)이 아닌가.

자신(自身)의 회춘(回春)만을 위해 힘쓰지 말게나.

복상사(腹上死)로 생(生)을 마감할 수 있다네.

- 남자(男子): 소음(少陰) ==

애인이 수시(隨時)로 바뀌며 오래 가지를 못한다네.

똑똑한 척을 하지만 똥마려운 강아지와 같이 눈치를 보며 절절 매면서 전전긍긍(戰戰兢兢)하는 성격(性格)이라네.

스스로의 못난 점을 깊숙이 감추어야하기 때문에 가족(家族)들에게 온갖 잔소리와 함께 속을 뒤집어 놓고는 음습(陰濕)한 곳으로 사라진다네.

밑이 빠진 독에 물붓기식이며, 모든 일이 늘 죽었다, 살았다 하면서 한결 같지 않다네.

감당(堪當)하지도 못할 일을 벌려놓고는 숨어버리며, 결국(結局) 마무리를 짓지 못한다네.

엎어진 일들을 다시 세우려 노력(努力)하지만 끈기가 부족(不足)하므로 인(因)하여 끝내 던져버리고 만다네.

이는 자기(自己) 자신(自身)으로부터 숨으려고 하는 철저(徹底)한 자기(自己) 위주(爲主)의 삶이 아닌가.

- 남자(男子): 소양(少陽) ==

잘난 척하며 분위기(雰圍氣)를 잡고 여자(女子)를 유혹(誘惑)한다네.

충동적(衝動的)인 사랑일 뿐이며 결코 오래 가지는 않는다네.

가족(家族)이 무엇을 먹고 사는지 무엇을 하는지, 영 관심(關心)이 없고 오직 자신(自

身)의 삶일 뿐이라네.

자신(自身)의 잇속에 따라 사람들 사이를 이간질하고 되지도 않은 일을 이루어보겠다며 노력(努力)하는 것은 가상(嘉尙)하나, 막상 뚜껑을 열어보면 썩은 고름뿐이라네.

일이 이 지경(地境)이 되도록 두고도 밝혀지기 전까지는 큰소리를 치다가 허물이 드러나는 순간(瞬間) 바로 사라져버린다네.

매사(每事)에 난 척을 하며 나서기는 하나 짧은 지식(知識)으로 인(因)하여 슬그머니 뒤로 물러나며, 계획성(計劃性)이 없고 충동적(衝動的)인 성격으로 사람들이 따르지 않고 이 사람 곁을 떠난다네.

있는 척, 아는 척, 똑똑한 척, 멋있는 척, 분위기(雰圍氣)가 있는 척, 이 척하는 성격(性格)에 많은 이들이 실망(失望)을 한다네.

다만 이중(二重) 인격자(人格者)가 아니기를 빈다네.

- 남자(男子): 태음(太陰) ==

도덕성(道德性)을 잃게 되면 아무 여자(女子)나 취(取)하지 않던가.

홧김에 복상사(腹上死)가 많으며 저만 몸을 풀고 나면 끝이라네.

도덕성(道德性)의 결여(缺如)로 인(因)하여 모든 것을 남 탓으로만 돌리고 늘 회피(回避)를 한다네.

오로지 자신(自身)의 이득(利得)만을 따라서 움직이며, 가정(家庭)과 가족(家族)에 대해서는 눈곱만큼의 관심(關心)도 없다네.

눈앞에 있을 때는 칭찬이지만 눈앞에서 사라지면 뒷말이 많다네.

이득(利得)이 없을 때는 철저(徹低)하게 배신(背信)을 때리고 이득(利得)이 있을 때는 간, 쓸개를 빼주면서 충성(忠誠)을 한다네.

잘못된 것은 모두 남 탓이며, 부모(父母), 형제(兄弟)마저도 어떻게 이용(利用)하려 하는지…… 결국 외로움에 떨며 혼자 눈물 속에 살아가지 않겠는가.

가볍게 움직이지 않기를 빈다네.

나중에 그 아픔을 어찌 이겨내려는지……

- 여자(女子): 태양(太陽) ⚌

어찌 이리도 뜨거운지…… 자신(自身)의 온 몸을 태운다네.
사랑도 애정(愛情)도 충동적(衝動的)이며 순간에 타오르는 불꽃인지라 맞바람을 피기도 하지 않겠는가.
가족(家族)들을 거칠게 대하며 꼭 자신(自身)을 따라야 하고 따르지 않을 시는 그만한 대가가 따른다네.
욕심(慾心)이 많은 여자(女子)라 한꺼번에 모든 일을 처리(處理)하고 마음에 들지 않으면 주위(周圍) 사람들을 볶는다네.
꼭 나서서 가르치려하며 사람들 사이를 갈라놓고 자신(自身)을 따르지 않으면 어깃장을 놓으며 소리를 지르고 자기(自己)의 성질(性質)을 이기지 못하는 까닭으로 몸이 뒤로 넘어간다네.
순간(瞬間) 충동구매(衝動求買)가 많고 남에게 의지(依支)하려 하며, 성격(性格)은 거칠고 화가 오르는 대로 겉으로 다 드러낸다네.
홧김에 쓰러질 수 있으니 늘 조심하기를……

- 여자(女子): 소음(少陰) ⚍

남자(男子)의 유혹(誘惑)에 약(弱)하며 연하남(年下男)를 좋아하고 일을 저질러 놓고는 나중에 꼭 후회(後悔)를 한다네.
가정(家庭)을 지키고 가족(家族)을 챙기려고 노력(努力)하나 혼자의 힘으로는 역부족(力不足)이라네.
혼자 사업(事業)을 하기에는 많이 벅차며 시작(始作)을 한다지만, 결국은 이용(利用)만 당하는 까닭으로 항상 후회(後悔)하는 삶이라네.
엎어진 등불의 기름은 빨리 소진(消盡)되어지는 것이니, 명(命)이 짧을 수도 있다네.
돈이 있으면 남자(男子)가 늘 옆에 있고 돈이 없으면 남자(男子)가 떠나는 법(法)이니, 이를 빨리 깨달아 얻으면 다른 좋은 인생(人生)을 살 수 있다네.
분명(分明)히 알면서도 일을 저지르고 후회(後悔)하지 말기를…… 잘 참은 성격(性格)

이지만, 단지 이 화(火)가 마음의 병(病)으로 옮겨가서 문제라면 문제(問題)라네.

- 여자(女子): 소양(少陽) ==

분위기(雰圍氣) 잘 잡으며 분위기 있는 곳을 좋아하고 분위기에 취(醉)하면서 분위기(雰圍氣)에 살아간다네.

충동적(衝動的)인 애정(愛情) 관계(關係)로 인(因)해 뒤집어지고 결국(結局)은 후회(後悔)한다네.

남편에게 불만(不滿)이 많고 자식(子息)도 또한 마음에 들지 않으니, 늘 신경질(神經質)에 시비(是非)를 건다네.

자신(自身)의 기분(氣分)에 따라 변덕(變德)을 부리며, 가족(家族)들에게 해대니 누가 좋아하겠는가.

무슨 일이든 마음에 드는 것이 없으니 스스로 일을 벌리기 보다는 남에게 몸을 의탁(依託)하는 것이 무엇보다도 좋은 방법(方法)이라네.

남들과 함께 있을 때는 잘 받쳐주고 단 둘이 있을 때는 잘잘못을 분명(分明)하게 밝히는 성격(性格)이니, 이 점만은 본받아야겠네.

- 여자(女子): 태음(太陰) ==

한밤중의 등불이라네.

불나방이 달려들지 않겠는가.

늘 만족(滿足)하지 못하는 등불이 아닌가.

가까이 있으면 칭찬이며 멀리 떨어지면 뒷말이 많다네.

한순간에 돌아서는 마음이라 늘 한구석이 허전하다네.

가족(家族)들에게 잘하지도 못하면서 늘 들들 볶는다네.

따지고 드는 성격(性格)에 잔소리가 많고 옳고 그름을 분명(分明)하게 한다지만 등잔 밑이 어두운 것을 왜 알지 못하는가.

복잡(複雜)한 일은 성질(性質)에 맞지도 않고 어려우니 단순(單純)한 일이 차라리 마음 편할 것이라네.
바로 눈앞의 것만을 보고 마음의 잣대를 세우니, 매우 똑똑하고 밝아 보이지만 넓게 보지를 못한다네.
때문에 대인관계(對人關係)가 원만(圓滿)하지 못하며, 자기(自己) 위주(爲主)의 삶이라네.
성정(性情)이 차가우며 이성적(理性的)이고 판단하는 바가 정확하지만 멀리 내다보지를 못한다네.
한순간에 마음을 돌리면서 말이 없고 조심(操心)하는 듯하지만 뒤끝이 강하며 뒷말이 많고 치고 빠지는 성격의 소유자(所有者)라네.

22) 천하수(天下水): 병오(丙午)－양(陽) ━ , 정미(丁未)－음(陰) ╍

- 남자(男子): 태양(太陽) ═
오지랖이 넓은 사람으로서 많은 여자(女子)가 따르기도 하지만 너무 질척이는 마음이라 싫어하는 사람도 많다네.
남의 애경사(哀慶事)는 무던히도 잘 챙기면서 정작 스스로의 가정사(家庭事)에는 데면데면하고 허술하다네.
당연(當然)히 사람들과 어울리는 것을 좋아하고 집안으로 들이는 것은 적으나 남들에게는 잘 주기도하며, 만족(滿足)하게 챙겨준다네.
때문에 밖에서는 호인이라는 말을 듣지만 가족들이 힘들지 않겠는가.
사업(事業)을 하는데 있어서도 자신(自身)의 일보다는 남의 일이 먼저인 까닭으로 마무리를 짓지 못하는 경우(境遇)가 많다네.
내가 다 가지고 있는데 무엇을 따지며 살겠는가.
본래(本來) 불평불만(不平不滿)이 없고 행동(行動)으로 보여주며 남에게 퍼주기를 좋아하고 어려운 부탁(付託)이라도 들어주는 성격(性格)이 좋은 큰형님과 같다네.
태평(太平)한 성격(性格)이며 여유(餘裕)가 있고 너그러우며 이해심이 넓고 오지랖이 넓은 것은 타고난 성품이라네.
때문에 가끔은 오해(誤解)를 받기도 하는 것이니 늘 삼가야 한다네.

- 남자(男子): 소음(少陰) ==

남자(男子)가 열 여자(女子)를 마다하지 않은 것은 당연(當然)한 일이라 친다지만 여자(女子)의 품에 매달려 안기는 사람이라네.
정(情) 주고 돈 주고 마음도 주고 끝내 남은 것은 무엇이겠는가.
여자(女子)쪽으로 움직이는 마음이야 어쩔 수 없다지만 너무 심(甚)하면 병(病)이라 할 수 있지 않겠는가.
정신(精神)을 차리고 깨우쳐야 한다네.
세상(世上)의 모든 여자가 내 여자(女子)가 아니라네.
마음은 착하고 너그럽기는 하나 우유부단(優柔不斷)한 까닭으로 늘 문제가 따라다닌다네.
이래도 좋고 저래도 좋고 이렇듯 흐느적거리는 삶이란 남에게 다 빼앗길 수 있는 위험(危險)한 삶이 아니겠는가.
남에게 다 퍼주려는 그 마음을 탓할 수 있겠는가.
다만 때로는 다 빼앗기고도 보고만 있으니 답답해서 그런다네.
그러나 마음이 넓어서 그럴 뿐이지, 결코 줏대가 없어서는 아니라네.
마음이 여리고 착하며 인정(人情)이 많고 오지랖 또한 넓다네.

- 남자(男子): 소양(少陽) ==

겉으로 드러나는 잘난 멋에 허송세월(虛送歲月)이라네.
여자(女子)가 많이 따름은 물론이고 달빛이 내린 잔잔한 호숫가에서 술 한 잔과 함께 흐뭇한 미소라네.
자신(自身)은 멀쩡하지만 부인(婦人)과 자식(子息)들은 마음에 피멍이 드는 것을 어찌 알지 못하는가.

더러운 물인지를 알면서도 잘난 척에 발을 디밀었다가 아차! 싶은 마음에 발을 빼보나 이미 늦은 것이 아닌가.
못난 바보라네.
이 일이 왜 깨지는지 알면서 또 다시 투자(投資)하고는 또 깨져나간다네.
이는 있는 척을 하는 것이니, 있으면 있는 만큼만 말할 것이지, 어찌해서 크게 부풀려 말을 하는가.
때문에 주변(周邊)에 사람이 들끓고 어찌 어찌하다 사람들과 휩쓸린다네.
시궁창인지 알면서도 그 잘난 척에 빠져버리니, 이는 자기(自己) 꾀에 스스로 넘어가는 꼴이 아닌가.
늘 스스로 돌아보기를 바란다네.
마음이 착하고 여린 것은 타고난 성품(性品)이라 탓하지 않지만 알면서도 잘못되는 것은 교만(驕慢)하고 아둔하기 때문에 그렇지 않겠는가.

- 남자(男子): 태음(太陰) ==

사람이 생기기를 호리호리한 것이 허우대가 멀쩡하다네.
열 여자(女子)를 마다하지 않고 질퍽거리며 질척거리니 이 여자(女子), 저 여자(女子)가 다가와 발을 담근다네.
부모(父母)와 자식(子息)에게 잘하는 편이나 만족(滿足)하게 챙겨주지를 못하고 갈팡질팡한다네.
세상(世上)을 보는 눈이 예쁜 까닭으로 가정(家庭)을 두루 끌어안으려하나 힘에 부친다네.
사업(事業)을 하면 돈은 들어오지만 들어온 만큼 나가버리니, 갈피를 잡지 못하고 이리저리 헤맨다네.
시궁창인지 맑은 물인지 구분(區分)을 못하고 온 몸을 담그다가, 그나마 나중에 깨달아 알고 세상 밖으로 나간다네.
이를 깨달아 알지 못하면 줏대 없이 세상 속에 휩쓸린다네.

- 여자(女子): 태양(太陽) ═

몸과 마음을 다잡고 앉아 세상(世上) 보는 눈이 밝았으면 한다네.

똥물인지 맑은 물인지는 분명(分明)하게 알아야하며, 몸이란 한번 잘못 굴리면 다치고 상(傷)한다는 것을 깊이 알아야하네.

누구에게도 지지 않은 성격(性格)이니, 남보다는 남편(男便)과 자식(子息)을 꼭 끌어안고 살아가기를……

다 해주고도 욕을 먹은 일이 많으니, 크게 마음 아파하지는 말게나.

뒤에서 받쳐주지 않으면 일을 크게 벌이지 말고 마음 편하게 살았으면 한다네.

수완(手腕)이 좋다고 하지만 여러 가지 일을 벌이게 되면 뒤에 감당(堪當)할 수가 없으니, 꼭 돌다리도 두드리고 건너야 한다네.

쉬운 말로 인생(人生)에 있어서 산전(山戰), 수전(水戰), 공중전(空中戰)을 다 겪고 사는 삶이라네.

그래도 스스로 위로(慰勞)할 수 있는 것은 하고 싶은 일은 다하며 살아갈 수 있다는 것이네.

그래야 나중에 후회(後悔)없는 삶을 살았다하지 않겠는가.

세상(世上)을 가슴으로 안을 수 있는 사람이며, 냉정(冷情)하고 오지랖이 넓지만, 다만 가정(家庭)에 충실(忠實)하기를……

- 여자(女子): 소음(少陰) ==

간살스럽고 남자(男子) 품에 착 감기는 여자(女子)라네.

가정(家庭)을 잘 지키며 가족(家族)들을 어여쁘게 챙기고 시원시원하고 넉넉하다네.

사업(事業) 수완(手腕)이 좋고 사람들이 많이 따르지만 남에게 베푸는 것이 많은 까닭으로 남은 것은 그리 많지 않다네.

마음도 넓고 알면서도 빼앗기며 남에게 도움을 주면 주었지.

절대(絶對) 피해(被害)를 주지 않는다네.

인간관계(人間關係)가 좋으며 사람이 많이 따르고 또 함께 어울리기를 좋아한다네.

소심(小心)하기는 하나 매우 착하고 어진 마음을 지닌 실속 있는 여자(女子)라네.

- 여자(女子): 소양(少陽) ==

집안에 있으면 좀이 쑤시는 여자인지라 밖으로 나돌며 몸을 푼다네.

자칫 잘못하면 집안을 말아먹으니, 몸과 마음을 늘 삼가야 한다네.

가정(家庭)에 충실(忠實)하고 가족(家族)들에게 잘하는 편이나 더럽고 깨끗한 것은 분명(分明)하게 가렸으면 한다네.

시궁창인지 맑은 물인지 모르고 밖으로 나돌면 집안일을 등한시(等閑視)하게 되니, 되도록이면 밖으로 나서는 일은 하지 말았으면 한다네.

만물(萬物)을 기르고 키우는 그 힘은 강(剛)하나, 잘못 쓰면 스스로 말아먹은 수가 있다네.

때문에 변화무쌍(變化無雙)한 삶을 살아가며, 몸을 밖으로 내돌리면 병(病)에 시달린다네.

스스로 다치고 깨져서 깨달아 얻으면 좀 더 좋은 세상을 살 수 있다네.

없으면 없는 대로, 있으면 있는 대로 알면 아는 대로, 모르면 모르는 대로 잘났으면 잘난 대로, 못났으면 못난 대로 깨끗하면 깨끗한 대로, 더러우면 더러운 대로 솔직하게 살아갈 수 있도록 스스로의 몸과 마음을 다잡고 항상 노력(努力)해야 한다네.

- 여자(女子): 태음(太陰) ==

타고나기를 기생(妓生) 팔자(八字)라네.

이러한 까닭으로 내 남자(男子), 남에 남자(男子)가 있겠는가.

가정(家庭)을 이루기 위해서는 남보다 더 강하고 당당(堂堂)해야 한다네.

칼을 들고 대들어도 가슴으로 끌어안은 여자(女子)이며, 베푸는 일에 있어 이유(理由)나 목적(目的)이 있는 것이 아니라네.

단지 만물(萬物)을 생하는 기운(氣運)이 매우 강(强)하기 때문이라네.

이러한 연유(緣由)로 가족들이 뒷감당을 하느라 얼마나 힘들겠는가.

보기에는 책임감(責任感)이 없으며 매우 약하고 줏대가 없어 보이지만 기쁨과 슬픔, 즐거움과 고통스러움, 착함과 악함, 깨끗함과 더러움 등, 그 모든 것을 뜨거운 가슴으로 한없이 끌어안고 가는 여자(女子)라네.

또한 그만큼의 아픔과 눈물을 안고 흐느끼는 거친 삶이라네.

23) 대역토(大驛土): 무신(戊申)－양(陽) ━ , 기유(己酉)－음(陰) ╍

- 남자(男子): 태양(太陽) ═

스쳐지나가는 인연(因緣)이 이루 말할 수 없이 많으며, 늘 친절(親切)하고 인간관계(人間關係)가 원만(圓滿)하고 좋다네.

육신(肉身)으로나 마음으로 잘 끌어안은 편이며, 여자(女子)를 좋아하는 것은 당연지사(當然之事) 아닌가.

정력(精力)도 펄펄 넘치는 사람이라네.

친인척(親姻戚)이 늘 모여서 자리를 함께 하고 많은 사람들이 무시(無時)로 모여들며 흠잡을 대 없이 서로 어울리고 함께 한다네.

사업(事業) 잘하지, 돈 잘 벌지, 인간관계(人間關係) 원만(圓滿)하지, 서로가 서로를 화합(和合)하게 하는 등, 매사(每事)에 잘 이끌고 자신감(自信感)이 넘친다네.

위아래 없이 누구에게나 공평(公平)하고 고루고루 끌어안으며, 사람과 어울리는 것 좋아하고 넉살이 좋으며, 무리(無理)없이 원만(圓滿)하게 풀어가고 거침이 없으며 매우 활달(豁達)하다네.

그러나 인연(因緣)이 있는 사람을 만나야 피곤(疲困)하지가 않다네.

활달(活達)한 성격(性格)에 책임감(責任感)이 강(强)하고 넉넉한 성격(性格)에 리더십이 강(剛)하며, 긍정적(肯定的)인 사고방식(思考方式)에 적극적(積極的)인 성격(性格)이라네.

늘 삼가할 것은 넘치는 힘을 밖으로 내돌리지 않아야 순탄(順坦)한 삶을 살아갈 수 있을 것이라네.

- 남자(男子): 소음(少陰) ==

큰 국밥집에서 등불을 켜고 기다리는 형상(形狀)이라네.

참고 기다리는 대신에 불평불만(不平不滿)이 많으며, 행동(行動)보다는 생각이 먼저 앞서는 까닭으로 잔소리가 많고 심하다네.

가정(家庭)의 울타리를 잘 지키지만 가족(家族)에게 잔소리가 많으며, 형제(兄弟)와 친척에게 이렇게 해라, 저렇게 하라는 등 말은 많지만 자신이 먼저 움직여 해결(解決)하고 성가시게 하는 성격은 아니라네.

이는 상대방(相對方)의 잘못에 대한 잔소리가 심(深)하다는 것이네.

사업장(事業場) 내의 모든 이들을 챙기고 일일이 간섭(干涉)하며 잔소리에 말이 먼저 앞서지만 본인(本人)이 앞서서 행동(行動)으로 보여주는 까닭으로 욕을 먹은 사람은 아니라네.

더하여 넉넉한 품성(品性)에 많이 베푸는 사람이라네.

남의 일까지 나서서 간섭(干涉)하고 나서며 잔소리하지만 마음이 넓고 베풀어가며 사는 사람이라네.

두루두루 사람을 끌어안고 같이 어울려 사는 것을 좋아하는 것은 인정(人情)이 많고 남의 부탁을 거절(拒絶)하지 못하는 마음이 여린 성격(性格) 때문이라네.

때문에 때때로 본인(本人)이 힘들게 산다네.

정리(定理)하면 냉정(冷情)하지 못하며 인정(人情)이 많고 마음이 넉넉한 사람이면서 잔 소리쟁이에 참견(參見)쟁이라네.

하나라도 더 챙겨주기 위해서 잔소리와 참견(參見)을 하는 것이라네.

- 남자(男子): 소양(少陽) ==

고적(孤寂)한 달빛 아래 향기로운 차 한 잔의 여유(餘裕)라네.

많은 사람들이 모여들고 당연(當然)히 여자(女子)도 들어설 것이 아닌가.

내 품에 들어오는 여자(女子)를 누가 마다할 것인가.

또 다 내 여자(女子)라고 한들 누가 뭐라 할 것인가.

가족 관계(關係)가 원만하고 물질적(物質的)으로 풍족(豊足)할 때는 가족(家族)이나 친척(親戚), 그리고 주변 사람들에게 큰소리친다네.
그러나 가진 것이 없을 때는 조용하게 살아간다네.
이 말은 있는 척, 아는 척, 잘난 척하는 잔소리쟁이라는 뜻이 아닌가.
남을 끌어들여 사업(事業)을 일구면 굴곡(屈曲)이 많을 것이라네.
있을 때는 풍족(豊足)하게 있고 없을 때는 한 푼도 없는 일이 때때로 일어나는 삶이라네.
때문에 좋은 인연(因緣)을 만나야 왜곡(歪曲)진 삶의 길이 풀린다네.
돈이 없으면 기(氣)를 펴지 못하고 돈이 생기면 큰소리친다네.
손이 크고 많이 베풀며 도움을 주고 큰소리를 쳐야 병(病)이 안 나며, 남이 알아주고 남으로부터 인정(認定)받기를 바란다네.
가족(家族)과 함께 놀러 다니는 것을 좋아하며, 많은 이들과 어울리기를 즐긴다네.
그래도 괜찮은 인생(人生)이라네.
조금이나마 마음을 독하게 먹고 살아가기를……

- 남자(男子): 태음(太陰) ==

스스로가 지니고 있는 역량(力量)을 발휘하지 못한다네.
사람을 사귀는데 있어서 매우 조심(操心)하며, 자신(自身)의 삶에 대하여 조금은 소홀(疎忽)하다네.
친인척(親姻戚)들 앞이나 많은 사람들 앞에 나서지를 못하고 스스로의 생각을 밝히는 일에 있어서도 머뭇거리며 망설인다네.
부인(婦人)과 자식(子息) 앞에서도 강(强)한 모습을 보이지 못하지만 술의 기운(氣運)을 빌리면 대범(大汎)해지고 좀 거칠어진다네.
대책(對策)을 세우지 못하니 사업(事業)은 멀리할 것이며, 또한 사람도 볼 줄 모르고 머뭇거리는 성격(性格)으로 인(因)하여 손해(損害)를 많이 본다네.
모난 성격은 아니나 매우 조심(操心)하다 보니 좀생원처럼 보인다네.
그러나 술이 들어가면 그 뒤의 일을 알 수가 없으니 걱정스럽다네.

있는 돈, 없는 돈 다해주고 다음날 아침에 그 속쓰림은 아는 사람만이 알 것이 아닌가.
소심(小心)함을 깨버리고 앞으로 나서면 좋으련만……

- 여자(女子): 태양(太陽) ☰

텁텁하고 걸쭉한 막걸리와 같은 여자(女子)라네.
재주 있고 능력(能力)있는 이들이 많이 찾아들며, 여자(女子), 남자(男子)할 것 없이 떡고물이라도 얻어먹으려고 이 여자(女子)의 그늘로 들어선다네.
가정을 튼튼하게 지키고 남편(男便)과 자식(子息)의 뒷바라지를 잘하며, 가까운 이웃마저도 이끌고 끌어안아주며 많이도 베풀어준다네.
작게 일을 일으켜도 크게 번성(繁盛)하며, 좋은 인연(因緣)을 만나면 한 집안을 크게 일으킨다네.
남편(男便)이 여자(女子)에게 치이는 까닭으로 사랑을 받기는 힘들다네.
일복이 터진 여자로서 육체적(肉體的)으로는 힘이 드나, 주변(周邊) 사람들의 도움으로 무난(無難)히 풀어간다네.
일 처리(處理)에 있어서 거침이 없으며, 빠르고 정확(正確)하며 깔끔하게 처리(處理)한다네.
대장(大將) 기질(氣質)에 되바라진 여자(女子)로 오해(誤解)를 사지만 솔직하게 말하고 행동(行動)하는 화통(火筒)한 여자라네.

- 여자(女子): 소음(少陰) ☱

육덕(肉德)이 좋아 보이고 복이 있어 보이는 까닭으로 남자(男子)들이 잘 따른다네.
눈웃음을 치며 애교(愛嬌)가 많지만 남자 같은 성격(性格)을 지닌 까닭으로 끊고 맺음이 명확(明確)하다네.
남자(男子)가 강(强)하게 치고 들어와도 부드럽게 거절(拒絶)하는 괜찮은 여자(女子)라네.
가족(家族)을 무리(無理)없이 이끌고 자식(子息)을 잘 가르치며 어진 마음을 지니도록 하고 주변(周邊) 이웃들을 대함에 있어서 사리(事理)에 맞게끔 한다네.
주위(周圍)에 사람들이 늘 모여들고 서로가 서로에게 손해(損害)를 끼치지 않으며, 두루 이득(利得)이 되도록 이끌고 베풀며 살아간다네.
그렇다고 생각이 나는 대로 마구잡이로 베푸는 여자(女子)가 아니고 현명(賢明)하게 판단을 한 후에 움직이는 사람이라네.
무난(無難)한 인생을 살아가며 무한(無限)한 포용력(包容力)이 있고 넓은 이해심(理解心)을 지닌 여자(女子)라네.

- 여자(女子): 소양(少陽) ==
남편(男便)이 있으면 무엇 하리.
자식(子息)이 있으면 무엇 하리.
친인척(親姻戚)이 있으면 무엇 하리.
사고(事故)만 치지 않으면 좋으련만 꼬리를 물고 일이 터진다네.
한집안을 이끌고 다 감싸 안으며 모든 일들을 해결(解決)한다네.
큰 사업체(事業體)도 움직일 수 있는 대가 큰 여자라네.
많은 사람들과 어울리며 더럽고 추한 일을 가리지 않으면서 인생(人生)이 환하게 트인 여자이나 고생(苦生)을 너무 많이 한다네.
바쁜 인생(人生), 고된 인생에 희생적(犧牲的)이며, 책임감(責任感)이 강하고 매우 넉넉한 성격(性格)의 소유자(所有者)라네.

- 여자(女子): 태음(太陰) ==
나긋나긋한 여자(女子)라네.
남편(男便)이 남편답지 않으면 딴 남자(男子)를 보는 여자(女子)지만 내 남편(男便), 내 자식(子息), 내 가정(家庭)이라는 울타리만큼은 확실(確實)하게 선을 긋고 산다네.
가족(家族)에게 잘하지만 꽁한 성격(性格)이 있으며, 이 때문에 때때로 딴 짓을 한다네.
그러나 자신(自身)의 것 외에는 욕심(慾心)이 없다네.

뒤를 받쳐 줄 대책(對策)이 없으니 사업(事業)은 힘들며, 직장생활(職場生活)이 편하고 좋다네.
위아래 없이 사람들을 잘 사귀나 조심(操心)히 접근(接近)하는 편이며, 마음이 약(弱)한 까닭으로 거절(拒絶)을 하지 못하고 고달픈 삶을 살아간다네.
스스로의 인생에 대하여 소홀(疎忽)한 점이 문제이며, 이로 인(因)하여 가끔 눈과 마음이 밖으로 떠돈다네.
착하고 마음이 약(弱)하며 거절(拒絶)하지 못하고 자기(自己) 희생적(犧牲的)이며 게으른 편이라네.

24) 차천금(釵釧金): 경술(庚戌)－양(陽) ━ , 신해(辛亥)－음(陰) --

- 남자(男子): 태양(太陽) ═

화려(華麗)하고 깔끔하며 예쁘고 성격(性格)이 좋으며, 몸매 잘 빠지고 배움이 많은 여자(女子), 이 모든 것을 갖춘 똑똑한 여자(女子)를 찾는다네.
여자(女子)를 고를 때 매우 까다로운 남자(男子)라네.
부인(婦人)과 자식(子息)이 자기가 생각하고 있는 수준에 맞지 않으면 고개를 절레절레 흔들고 남 앞에 내보이는 것을 부끄럽게 생각하며, 더하여 남의 가족(家族)과 비교(比較)하면서 따지고 가려내야 마음이 편한 사람이라네.
상처(傷處) 받은 가족(家族)의 마음은 어떠하겠는가.
따지다가 세월(歲月)을 보내는 까닭으로 사람과 어울리기가 어려우며, 사업(事業) 또한 이끌어가기가 힘들다네.
이 일은 이것 때문에 안 되고 저 일은 저것 때문에 안 된다는 등, 이렇게 저렇게 따지다가 스스로가 지치는 사람이라네.
철저(徹底)하게 자신(自身)의 실속만을 챙기고 남의 일에 나서서 이러쿵저러쿵 참견(參見)을 하며, 시간(時間)만 보내게 한다네.
융통성(融通性)이 있는 듯이 하나 이것저것 트집을 잡은 앞뒤가 막힌 따지기쟁이라네.

- 남자(男子): 소음(少陰) ==

이 사람의 눈에는 남의 떡이 더 맛있고 더 예뻐 보이며, 더 잘나 보이고 더 똑똑해 보인다네.

부인(婦人)이나 잘 챙기면서 이러한 생각을 한다면 이해(理解)는 할 수 있지 않겠는가.

자기 자식은 챙기지 못하고 남에 자식한테는 용돈을 쥐가며 챙긴다네.

이는 남의 앞가림은 잘 해주면서 자신(自身)의 앞가림은 제대로 못하는 사람이 아닌가.

이익(利益)에 따라, 필요(必要)에 따라 간에 붙었다가 쓸개에 붙어버리는 철두철미(徹頭徹尾)한 성격(性格)이라네.

본래(本來) 간하수(澗下水) 생자(生者)는 가진 것이 없는 까닭으로 이익(利益)에 따라 움직이지만, 이 차천금(鎈釧金) 생자(生者)는 많은 것을 가지고 있으면서도 머리를 굴려 자신의 잇속만을 챙기려하므로 매우 나쁜 사람이 아니겠는가.

남 앞에서 당당(當當)하게 따지지 못하며, 그 당사자(當事者) 앞에서는 말 한마디 못하고 뒤에 가서는 말이 많다네.

참으로 꾀죄죄하고 초라한 사람이 아닌가.

철마다 옷을 해 입어야 하고 줏대가 없으며, 잔머리를 굴리고 자기 중심적(中心的)이며 뒷말이 많은 사람이라네.

- 남자(男子): 소양(少陽) ==

늘 마음 한구석에 의심(疑心)을 품고 있다네.

때문에 애정(愛情) 전선(前線)에 늘 구름이 낀다네.

구름이 모이면 천둥과 벼락에 비가 오지 않던가.

근거(根據)없는 의심을 하면서 부인(婦人)과 자식(子息)을 상대(相對)로 시시때때로 따지면서 긁는다네.

과거(過去)에 집착(執着)하는 성격(性格)이라 과거가 이렇다는 둥, 저렇다는 둥 확정(確定)을 하고는 시시콜콜 따지면서 괴롭힌다네.

밥상이 눈앞에 놓여있건만 찾아먹지 못하고 제대로 보지도 못하면서 헤매기는 왜 그렇게 헤매는지……

반짝거리는 18K에 눈이 멀어 바로 눈앞에 있는 순금(純金)을 보지 못하고 엉뚱한 곳을 찾아다니면서 헤매는 남자(男子)라네.

스스로의 엉뚱한 생각과 실수(失手)로 인(因)하여 손해(損害)를 보는 인생(人生)이라네.

화려(華麗)함만을 쫓으면서 대뜸 의심(疑心)부터 하고 그러면서도 귀가 얇은 까닭으로 많은 손해(損害)를 보는 약간(若干)은 어리석은 사람이 아닌가.

의심(疑心)이 많고 귀가 얇으며 침착(沈着)하지 못하다네.

- 남자(男子): 태음(太陰) ==

애인(愛人)인지, 본마누라인지 가림하지 못하고 애정(愛情) 표현(表現)이 서툴다네.

가족을 챙기는 일에 있어 약(藥)인지, 독(毒)인지를 모르고 챙겨준다네.

또한 내 물건인지, 남의 물건인지를 분별(分別)하지 못하고 내주니, 큰 죄가 될 수 있다네.

욕심이 앞서는 까닭으로 밤손님이 되는 경우가 있다네.

내 것과 남의 것을 합하여 동업(同業)을 하면서 자주 일을 벌여 놓으나, 항상 빼앗기는 처지(處地)에 선다네.

어둠 속에서 헤매다 어둠 속으로 사라지는 삶이라네.

술덤벙물덤벙 똥인지 된장인지를 가려내지 못한다네.

- 여자(女子): 태양(太陽) =

내 남자(男子)인지 남에 남자인지를 확실(確實)하게 선을 긋고 만나며, 사리판단(事理判斷)이 분명(分明)하다네.

가정이라는 울타리를 예쁘게 가꾸고 지키는 여자로서 가진 것은 없어도 밥상이 늘 푸짐하고 주변(周邊) 사람들이나 어른들을 잘 모시며 챙겨주기도 잘한다네.

구태여 따지는 성격(性格)이 아니며, 순금(純金)이든 아니든, 24K든 아니든, 18K든 아니든 이 모든 것을 귀(貴)하게 여기면서 확실(確實)하게 보고 챙길 줄 아는 똑똑한 여자라네.
화려(華麗)하게 살아가는 삶이며, 사람들에게 인정(認定)을 받고 열심히 사는 사람이라네.
그 많은 고철더미속에서도 금(金)을 찾아서 챙기는 여자(女子)라네.
후덕(厚德)하게 베풀면서도 실속을 챙기며, 왈왈대는 성격에 도둑놈과 내 가족(家族)을 분명(分明)하게 알고 산다네.
부지런하고 책임감(責任感)이 있다네.

- 여자(女子): 소음(少陰) ==

맹한 구석이 있는 여자(女子)라네.
그러나 애정(愛情)에 있어서는 말이 없고 따지지 않으며, 충분(充分)하게 챙겨준다네.
가정사(家庭事)야 잘 챙긴다지만 남편(男便)과 아이들에게 모르고 당하는 일이 많다네.
잇속을 챙기지 못하며 말이 없고 철두철미(徹頭徹尾)하지 못하면서 자신(自身)이 보는 앞에서 그 무언가를 가져가도 저지(沮止)를 못하고 그냥 줘버리는 아둔한 여자라네.
매사(每事)에 분명(分明)하지 못한 까닭으로 알맹이는 사라지고 빈 박스만 요란하게 남는다네.
오죽하면 자기(自己)가 자신(自身)을 들여다봐도 답답하지 않겠는가.
착하기는 착하지만 우유부단(優柔不斷)하고 소심(小心)하기가 이루 말할 수가 없다네.

- 여자(女子): 소양(少陽) ==

남편과 애인(愛人)을 정확(正確)하게 구분(區分)하고 남편(男便)은 남편(男便), 애인(愛人)은 애인(愛人)으로 바람을 피워도 가정(家庭)은 꼭 지킨다네.
아무런 이유(理由)없이 트집을 잡아서 달달 볶는다네.
남편(男便)에게는 일찍 들어와도 늦게 들어와도 트집을 잡고 아이들이 공부(工夫)를 해도 안 해도 트집을 잡는다네.
더하자면 남편(男便)이 조금만 잘해줘도 잘해준다고 트집이라네.

사업(事業)은 남자(男子)보다 확실(確實)한 편이며, 계획적(計劃的)으로 움직이고 순금(純金)인지 아닌지를 정확(正確)하게 보면서 실수를 하지 않는다네.
대비책(對備策)을 잘 세우고 남편(男便)의 뒷바라지를 잘한다네.
집요(執拗)하게 트집을 잡고 괴롭히면서도 내 남편(男便)과 내 자식(子息)은 챙기며, 또 남들이 남편(男便)과 자식을 욕하면 화내고 싫어한다네.
타고난 성격이 이래도 트집, 저래도 트집이니 어느 장단에 맞춰야할지 참으로 난감(難堪)할 때가 한두 번이 아니라네.
꼼꼼한 성격(性格)이며 똑똑하진 않아도 앞가림은 잘하고 남편(男便)과 아이들의 앞가림을 해주며, 잔소리가 많고 장단을 맞추기가 힘든 특이(特異)한 성품(性品)이라네.

- 여자(女子): 태음(太陰) ==

육감적(肉感的)인 여인(女人)으로 톡톡 튀는 성격(性格)에 야밤에 와인 들고 분위기(雰圍氣) 잡으면서 야한 옷을 걸치고 대드는 맹랑(孟浪)한 여자(女子)라네.
평범(平凡)한 여자(女子)로서는 생각할 수 없는 행동(行動)을 한다네.
가정(家庭)을 오밀조밀(娛密稠密)하게 가꾸고 가족(家族)들에게 늘 즐거움을 던지는 여자이기에 다들 좋아한다네.
복(福)을 부르는 사주(四柱)이며, 겉으로 드러내지 않으면서도 모든 일을 이끌어가고 결정적(決定的)인 부분에서는 결단력(決斷力)이 있다네.
진지(眞摯)하게 살려고 노력(努力)하며, 스스로가 자신에 대해서 잘 알기 때문에 하루하루를 알차게 보낸다네.
늘 웃음을 잃지 않고 살아가면서 가벼운 듯 보이지만 매우 신중(愼重)한 성격(性格)에 예민(銳敏)한 여인(女人)이라네.

25) 상자목(桑柘木): 임자(壬子)－양(陽) ⚊ , 계축(癸丑)－음(陰) ⚋

- 남자(男子): 태양(太陽) ⚌

고집(固執)을 피우기 시작하면 쇠심줄보다 질기며, 한손에는 오리발을 들고 한손으로는 닭발을 먹는다네.
애정(愛情) 표현(表現)에 있어서는 우직(愚直)할 정도로 아무데서나 거침이 없이 한다네.
가족(家族)들을 대함에 있어서 너무 거침이 없는 까닭으로 우기는 쪽에 가깝다네.
가족(家族)들이 다 잘못한 것이고 나는 잘못이 없으며, 무조건(無條件) 잘했다고 우기면서 마음을 뒤집어놓고 미쳐버리게 한다네.
흥(興)하고 망(亡)하는 일에 대해서 생각이 없으며, 앞으로 다가올 날에 대해서도 생각이 없고 계획성(計劃性) 없이 돈을 쓰며 없으면 빌려서라도 돈을 쓴다네.
이런 사람에게 돈을 빌려줄 때는 꼭 영수증(領收證)을 받아두기를……
신용(信用)이 많이 불량(不良)하다네.
이 사람에게 있어서 흥(興)하고 망(亡)하는 일은 늘 있는 일이며, 고생(苦生)을 매우 많이 한다네.
스스로의 마음을 깨지 않으면 이 어려움이 오래 간다네.
이는 쇠심줄 같은 고집(固執) 때문이라네.
살살거리며 잘하다가도 내가 언제 그랬냐는 등, 갑자기 뒤돌아서는 냉정(冷情)한 사람이며, 오리발 내미는 선수(選手)라네.

- 남자(男子): 소음(少陰) ⚍

그냥 아이만 낳으면 그만일 뿐, 잔재미와 잔정이 없다네.
부인(婦人)이 바람피우는 것을 알아도 그런가보다 고개를 끄덕이는 어리석고 고지식한 성격(性格)이라네.
가족(家族)들 사이에서도 말이 없으며 살가움이 없고 오로지 자신(自身)이 할 일만을 한다네.

사업(事業)이라는 것도 오로지 변(變)함이 없이 하던 일 그대로이며, 관운(官運)이 들어오더라도 자신의 자리에서 최선을 다하는 사람이라네.
뒷말이 없고 우직(愚直)하며, 잔재미와 잔정이 없는 어찌 보면 갑갑한 인생이 아닌가.
아무리 아파도 끙 소리 한마디, 그렇게 맞아도 끙 소리 한마디, 그토록 힘들어도 끙 소리 한번이면 끝난다네.

- 남자(男子): 소양(少陽) ==

어리석고 고지식하지만 스스로는 아닌 척하며, 배움은 있으나 몸과 마음이 유약(柔弱)하다네.
무슨 일이든 계획(計劃)을 세우고 움직이나 스스로의 기분(氣分)에 따라 중도(中途)에는 변(變)함이 있다네.
예를 들면 가족(家族)과 휴가(休暇)를 떠날 때, 시나리오를 분명(分明)하게 짜고 떠나지만 중도(中途)에서 스스로의 기분(氣分)이나 마음이 상하면, 갑자기 스스로의 성질(性質)대로 되돌아오니, 가족(家族)들의 그 황당(荒唐)함은 어떠하겠는가.
매우 사소(些少)한 것을 가지고 뜬금없는 행동(行動)으로 밀어대니 아둔한 사람이 아닌가.
머리에 든 것은 있어서 돈 앞에서는 야비(野卑)해지고 만일 동업(同業)을 하게 되면 자기(自己)의 이득(利得)만을 챙기고 떨어져나간다네.
자신(自身)의 잇속만을 챙기는 인생(人生)이며, 조잔(凋殘)하고 작은 이익(利益) 앞에서 발발 떨며, 결국(結局) 큰 것을 잡거나 보지 못한다네.
발밑의 좁은 세상(世上)만을 보면서 그것이 다 인양 허세(虛勢)를 부리며 살아간다네.
성질(性質)이나 언행(言行)이 상스럽고 더러우며 소심(小心)하다네.

- 남자(男子): 태음(太陰) ==

세상사(世上事)에 어두우며 아둔하게 살아가고 일할 능력(能力)이 없는 사람으로 시키면 시키는 대로, 구박(驅迫)하면 구박(驅迫)하는 대로, 주면 주는 대로, 받으면 받은 대로 무위도식(無爲徒食)하고 어떻게 해볼 만한 방책(方策)이 없는 남자(男子)라네.
가정(家庭)을 이룬다 해도 지켜내기가 매우 힘들며, 가족(家族)들이 고생(苦生)한다네.
삶에 대하여 아무것도 보이지 않은 깜깜한 절벽이라네.
때문에 꼭두각시 같은 인생(人生)이라네.
뽕나무 한그루가 크면 얼마나 크겠는가.
잎을 다 따먹고 나면 무엇으로 이 못난 육신(肉身)을 채우겠는가.
스스로의 어리석고 고지식한 성격(性格)과 게으르며 소심(小心)하다는 것을 깊이 알고 빨리 벗어나기를 빈다네.

- 여자(女子): 태양(太陽) ═

고집(固執)이 왕고집(王固執)으로 그 끝을 모른다네.
일을 저지르고도 시치미를 떼고 오히려 되받아치는 강(强)한 성격(性格)이라네.
봄이 되면 바람 잘 날이 없고 바빠지는 계절(季節)이라네.
밖으로 나도는 성격(性格)이라 가정을 지키기가 어렵고 지키더라고 엉망진창이라네.
말보다는 몽둥이가 앞서며 앞날에 대한 두려움이 없고 자기(自己) 고집(固執)대로 산다네.
큰소리치고 거짓말하며 바람둥이에 뒤끝이 강(强)하고 시치미를 확실(確實)하게 떼는 일들이 그저 그런 것 같지만 상상(想像)을 뛰어넘는다네.
무서운 성격(性格)이 있으니, 남자(男子)에게서 강한 느낌을 한번 받으면 목숨까지도 던지는 여자(女子)라네.

- 여자(女子): 소음(少陰) ==

고집(固執)이 강(强)하고 내숭을 많이 떨지만, 밤일에 있어서는 사근사근하다네.
가정(家庭)을 지키려 노력(努力)하지만 자기(自己) 편한 데로 사는 여자(女子)라 남자(男子)들이 버거워한다네.
밖으로 나돌면서도 남편과 자식(子息)을 끌어안으며, 자신(自身)의 허물이 드러나도 오리발로 강(强)하게 부정(否定)하는 것이 때로는 곰 같아 보인다네.
뒤로 챙기는 습관(習慣)이 있으니, 이는 가족(家族)을 위한 것이 아니라 자기(自己)가 쓰기 위한 것이며, 나중에 들키고 깨지나 오리발로 일관(一貫)하면서 빠져나간다네.
거짓말로 가는 인생(人生), 솔직하지 않은 인생(人生)에 말과 행동(行動)으로 일을 이미 저질러 놓고 마지막에는 늘 후회(後悔)하는 인생(人生)이라네.
닭발 먹고 오리발 내밀면서 안하무인(眼下無人)이라네.

- 여자(女子): 소양(少陽) ==
육신(肉身)을 탐(耽)내는 일에 있어서 앞과 뒤를 가리지 않으며, 나이가 많고 적음을 가리지 않는다네.
적극적(積極的)으로 유혹(誘惑)하고 이끌면서 두려움을 갖지 않는다네.
가정사(家庭事) 살림에는 영 관심(關心)이 없으며, 남들 앞에서 난 척하고 화려(華麗)한 것을 좋아하면서 온몸을 치장(治粧)하는 일에 마음을 둔다네.
집안이 돼지우리가 되든 말든 잠자리만 깨끗하면 된다네.
허영심(虛榮心)이 많은 까닭으로 있으면 다 쓰고 없으면 만들어서 쓰며 돈이 많든 적든 매일 마찬가지이고 철저(徹底)하게 자신(自身) 밖에 모른다네.
내가 바람을 피우면 아름다운 사랑이며, 남편(男便)이 바람을 피우면 개 패듯 패면서 망신(亡身)을 주고 때때로 술기운에 바람피운 것을 남편에게 말해버리는 정신(精神)없는 여자(女子)라네.
이런 여자(女子)를 잘못 만나면 패가망신(敗家亡身)하지 않겠는가.
게으르고 잘난 척에 허영심(虛榮心)이 많으며 책임감(責任感)이 없다네.

- 여자(女子): 태음(太陰) ==
만족감(滿足感)을 느끼지 못하고 우직(愚直)하게 들이대니 코피가 터지지 않고 배기겠는가.
자기(自己) 고집(固執)을 다 꺾고 시부모(媤父母)와 형제들에게 몸과 마음을 다하여 헌신(獻身)한다네.

가정(家庭)이라는 든든한 울타리를 끔찍하게 여기며, 수단(手段)과 방법(方法)을 가리지 않고 끝까지 지키는 여자(女子)라네.

다만 더러운 세상사(世上事)에 눈 뜨면 모든 것들이 틀어질 수도 있다네.

남자(男子)를 일찍 만나 고생(苦生)을 하지만 그 우직(愚直)함이 한 집안을 먹여 살리는 큰 힘이 된다네.

26) 대계수(大溪水): 갑인(甲寅)－양(陽) ㅡ , 을묘(乙卯)－음(陰) --

- 남자(男子): 태양(太陽) ═

애정(愛情) 표현(表現)이 거침이 없고 막힘이 없다네.

마누라와 애인, 이 둘을 꽉 잡고 놓지 않으며 집착(執着)을 한다네.

계곡(溪谷)을 끼고 노는 것을 좋아하는 사람이라 가족(家族)을 이끌고 다니며 함께 하기를 즐거워한다네.

일 처리(處理)가 시원하고 사람을 잡으면 설득(說得)해서 끝내 내 사람으로 만들고 움직이는 일이 크고 말과 행동(行動)이 조금은 거칠다네.

말은 청산유수(靑山流水)요, 사람을 당기는 힘이 강(强)하고 삶의 여정(旅程)이 그리 순탄(順坦)하지는 않다네.

호호탕탕(浩浩蕩蕩)한 성격에 거침없이 몰아가고 막힘없이 이끌고 가는 당찬 사람이라네.

변화무쌍(變化無雙)한 삶이지만 언젠가는 강물이 되고 바다로 흘러갈 것이 아닌가.

- 남자(男子): 소음(少陰) ==

호기심(好奇心)이 강(强)하고 훔쳐보는 것을 좋아하며, 마누라가 즐기는 것을 몰래 숨어보면서 흥분(興奮)하는 묘한 성격이라네.

가정(家庭)에 애정(愛情)을 갖고 잘 이끌어가는 편이나, 의심(疑心)하는 면이 있으며 의처증(疑妻症)이 조금은 있다네.

사업(事業)에 있어서는 무사무난(無事無難)하게 이끌어가고 큰 어려움은 없다네.

그러나 여름에 폭우(暴雨)기 내리면 계곡(溪谷)물이 불어나 한순간에 쓸어 내리듯, 때때로 삶의 여정(旅程)이 순탄(順坦)치 않으며, 굴곡(屈曲)이 심(甚)할 때가 있다네.

늘 걸림이 없이 앞으로 나아가기를……

넓은 강물이 저 산굽이를 돌면 바다로 향(向)하고 있는 것을……

한곳에 마음을 두지 말게나.

- 남자(男子): 소양(少陽) ==

분위기(雰圍氣) 있는 곳을 좋아하며 여자들이 잘 따르고 계곡(溪谷)물에 몸을 맡기는 편이 아니며, 산과 계곡(溪谷)을 보고 즐기는 것을 좋아한다네.

가족에 대한 배려(配慮)가 없으며 나만 편하고 즐겁고 배부르면 된다네.

무서움을 많이 타는 편이면서 겁이 많고 사회(社會)에 대한 까닭 없는 두려움이 있으므로 사업(事業)은 힘들다네.

다 드러내는 성격이나 시원스럽지 못하고 매우 답답한 성격이라네.

겉으로는 강(强)해보이고 거침이 없으며 막힘이 없어 보이지만, 눈물이 많고 울어도 온몸으로 흐느껴 우는 사람이라네.

가식적(假飾的)이면서 무서움을 많이 타고 눈물이 많으나 매우 격정적(激情的)인 사람이라네.

잘난 척에 의처증(疑妻症)이 심(甚)하며, 호기심(好奇心)은 강(强)하나 행동(行動)으로는 옮기지 못하고 호들갑을 떨면서 오버액션을 취(取)하는 사람이라네.

- 남자(男子): 태음(太陰) ==

많은 여자(女子)들을 만나면서 아무도 모르게 만나고 많이 음탕(淫蕩)하면서 강(强)하게 집착(執着)한다네.

집안이 조용할 날이 없으며 부인과 자식에게 크게 집착(執着)은 하나 만족(滿足)하게 챙겨주지를 못한다네.
한번 크게 흥(興)하면 한번은 크게 망(亡)하는 사람이라 그 변화(變化)가 심(甚)하다네.
마음은 한없이 착한 사람이나 굴곡(屈谷)이 많은 삶을 살아가며, 거센 물살에 휩쓸리면서 전혀 다른 삶을 살아가기도 한다네.
후에는 스스로가 무엇을 하며 살아가는지도 모르고 줏대마저 잃는다네.
한없이 착한 성격(性格)에 굴곡(屈曲)이 많은 삶으로 인(因)하여 극단적(極端的)으로 변(變)하며 사소한 일에 집착(執着)이 강(强)해지고 자포자기(自暴自棄)에 빠진다네.
우유부단(優柔不斷)하고 동반자살(同伴自殺)을 꿈꾼다네.

- 여자(女子): 태양(太陽) ═

격정적(激情的)이며 스릴 넘치는 사랑을 하고 애정을 과시(誇示)하며 격렬(激烈)한 행위를 좋아하고 다양(多樣)한 체위(體位)를 원(願)한다네.
먹고 노는데 정신(精神)이 팔려서 마음만큼 가족을 챙기지 못한다네.
걸림이 없고 막힘이 없으며 거침이 없는 강한 성격의 소유자(所有者)로서 사업(事業)을 잘 이끌어 나간다네.
카리스마 있는 여자(女子)로서 좋을 때는 한없이 좋으나, 겨울이 되면 옆구리가 무척 시리다네.
결혼(結婚) 생활이 힘들고 혼자 사는 경우가 많으며, 활달(豁達)하고 당찬 여인(女人)이라네.
격렬(激烈)하고 스릴이 있는 삶을 살지만 좋은 인연(因緣)을 만나면 조용하게 안주(安住)하는 인생(人生)이라네.

- 여자(女子): 소음(少陰) ==

남자(男子)가 잡아끌면 따라가는 여자(女子)이며, 그늘진 곳에 돗자리 펴고 담소(淡素) 나누기를 좋아하며, 은근히 남자(男子)를 유혹(誘惑)하고 교성(嬌聲)이 좀 심(甚)하다네.
의부증(疑夫症)은 조금 있는 편이나, 남편(男便)과 자식(子息)을 잘 챙기고 가정(家庭)

을 잘 이끈다네.
조심(操心)을 하며 살아가는 삶이고, 성격(性格)이 야단스럽지 않으며 꾸준한 편이라네.
결정적(決定的)일 때는 시원시원한 성격(性格)으로 사람이 잘 따른다네.
강(强)한 리더십을 안으로 감추고 겉으로 드러내지 않은 겸손(謙遜)함을 지니고 있다네.

- 여자(女子): 소양(少陽) ==

어여쁘게 생겼지만 음침(陰沈)한 곳을 좋아하고 남자를 유혹(誘惑)하며, 성격이 시원한 맛은 있으나 따지는 것을 좋아한다네.
가족(家族)과는 떨어져 사는 경우(境遇)가 많으며, 자식(子息)은 잘 낳지만 키우는 일에 있어서는 매우 버겁게 여긴다네.
의부증(疑夫症)이 심(甚)하면 이혼율(離婚率)이 높아지는 여인이라네.
겉으로는 되바라지고 강(强)해 보이지만 매우 소극적(消極的)이며, 안으로 숨어버리고 온몸으로 흐느껴 우는 새와 같다네.
이러한 모습과 성격(性格) 때문에 남자들에게 어필이 되고 주위(周圍)로 남자(男子)들이 모여드는 것이라네.
밖으로 나돌면 몸을 망치는 법(法)이니, 늘 삼가 해야 할 것이라네.
혼자 살아가는 경우(境遇)가 많으며 몸과 마음이 유약(柔弱)하지만 욱하면 바른 소리를 잘한다네.
어여쁘고 참하게 생겼으나 말과 행동(行動)이 매우 가식적(假飾的)이며, 그리 믿음이 가지는 않는다네.

- 여자(女子): 태음(太陰) ==

사소(些少)한 것 하나라도 본능적(本能的)으로 집착(執着)한다네.
밤중에 밖으로 나돌면 성추행(性醜行) 당하기가 쉬우며, 남자들에게 떼로 당하기도 하고 마음의 상처(傷處)를 많이 받는다네.
물은 그릇에 담겨지는 것이니 밖으로 나돌지만 않는다면 괜찮다네.

남편(男便)과 자식(子息)에게 병적(病的)으로 집착(執着)하며 살지만 항상 외로워하는 여인(女人)이라네.
밖에서 하는 일보다 집안에서 하는 일이 좋고 마음도 편할 것이라네.
좋은 인연(因緣)을 만나기 전까지는 삶이 헤어짐의 연속(連續)이며, 삶 자체(自體)를 유린(蹂躪) 당하기도 하고 몸을 망치면서 소리 죽여 울기만 할 것이라네.
착하고 눈물이 많으며 마음이 유약(柔弱)한 까닭으로 가족에게 집착(執着)에 가까운 의지(依支)를 한다네.

27) 사중토(沙中土): 병진(丙辰)－양(陽) ㅡ , 정사(丁巳)－음(陰) --

- 남자(男子): 태양(太陽) ═
여자(女子)를 만나도 깊게 가지를 못하고 쉽게 무너지며, 한 여자(女子)에게 만족(滿足)을 하지 못하고 기댈 곳 없는 마음에 이리 기웃 저리 기웃하면서 허송세월(虛送歲月)이라네.
돈도 사랑도 명예(名譽)도 모두 다 사상누각(沙上樓閣)이려니……
가정(家庭)을 지키려고 몸과 마음을 다해 힘쓰건만 애쓴 보람도 없이 흩어지며, 아이를 낳아도 가슴에 묻어버리는 자식(子息)이라네.
인연을 만나야 이루어질 것이니, 대림목생자(大林木生者)를 만나야 모든 일을 원만(圓滿)하게 이룬다네.
머물 곳마저 무너지고 반기는 사람은 없으니, 이리저리 기웃거리다가 육신(肉身)마저 병(病)이 든다네.
부지런히 노력한다지만 대책(對策)을 세울 수 없다네.
불평불만(不平不滿)이 많으며 이 불평불만(不平不滿)이 가족(家族)과 사업장(事業場)으로 영향(影響)을 주고 성실(誠實)하게 일을 하지만 이루어지는 것이 없으며, 운(運)도 따라주지를 않는다네.
인연(因緣)이 되는 사람을 제대로 만나야 그나마 조금씩이라도 풀어갈 수 있는 힘든 사주(四柱)라네.

- 남자(男子): 소음(少陰) ==

이 여자(女子), 저 여자의 품을 떠돌면서 만족(滿足)을 하지 못한다네.

깊지 못한 사랑과 짧은 만남으로 무엇을 어떻게 이루겠는가.

가족(家族)을 챙기지 못하니 그 마음이 오죽하겠는가.

마음만이 앞설 뿐이며 행동(行動)으로는 옮기지를 못하고 가정사(家庭事)에서 손을 떼고 무조건(無條件) 나 몰라라 한다네.

있으면 있는 대로 없으면 없는 대로 그냥 배짱이라네.

술을 먹으면 밑이 빠진 독이요, 사업(事業)도 밑 빠진 독에 물 붓기라네.

어디엔가 나가서 객사(客死)하지 않기를……

알코올 중독자(中毒者)가 많으며, 그늘에 드러누워 두 손, 두 발을 다 놓고 있는 안타까운 사람이라네.

있으면 있는 대로 없으면 없는 대로 살아가며, 자포자기(自暴自棄)의 삶을 살지만 몸과 마음을 다해 노력하면 좋은 인연(因緣)을 만나서 죽음으로부터 벗어날 것이라네.

의지박약(意志薄弱)하고 줏대가 없으며, 허약(虛弱)한 성격(性格)이라네.

- 남자(男子): 소양(少陽) ==

겉으로 화려(華麗)하게 드러난 여자(女子)를 좋아하고 분위기(雰圍氣)에 취해 여자에게 푹 빠지는 사람이며, 금방 싫증을 느끼고 다른 여자(女子)를 찾는다네.

허영(虛榮)에 들뜬 마음을 채우기 위해서 바쁘고 잘난 척을 하기 위해 분주(奔走)한 까닭으로 가정(家庭)을 등한시(等閑視)할 수밖에……

일확천금(一攫千金)이라는 헛된 꿈만을 꾸다 뭐 하나 남은 것이 없이 마음의 상처(傷處)만 남는다네.

금방 싫증을 내는 성격(性格)으로 더 좋은 삶이 있을 거란 막연(漠然)한 생각을 하면서 늘 바쁘게 산다네.

큰소리치며 사람들을 현혹(眩惑)하지만 결국(結局) 드러나는 것은 사기꾼에 지나지 않은 허황(虛荒)된 꿈이라네.
준비(準備)하지 않고 막살아가는 사람이니, 항상 이 곳 저곳을 헤매며 살아가는 인생(人生)이라네.
거짓말에 사기(詐欺)를 치며 은근한 끈기와 줏대가 없고 잘난 척에 있는 척에 똑똑한 척을 하며, 허영심(虛榮心)에 허황(虛荒)된 꿈을 늘 꾸고 있다네.

- 남자(男子): 태음(太陰) ==

보이지 않은 곳에서 자신(自身)을 학대(虐待)하는 변태적(變態的)인 성향(性向)이 있고 세상사(世上事)에 무척 어둡다네.
가족에게 기대고 무작정(無酌定) 의지(依支)만 한다네.
또한 부인(婦人)이나 자식(子息)을 학대(虐待)하며, 술독에 빠져서 괴롭힌다네.
하루 벌어서 하루를 연명(延命)하는 팔자(八字)인지라 사업(事業)을 꿈에라도 꾸겠는가.
어려서부터 의지(依支)할 사람이나 또는 집도 없는 힘든 사주(四柱)라네.
스스로의 생사(生死)에만 무섭게 집착(執着)을 하며, 남에게 의지(依支)만 하려하고 세상(世上)을 부정적(否定的)으로 보며, 좋은 인연(因緣)이 나타나도 전혀 알아보지 못한다네.
게으르고 밑 빠진 술독으로 일찍 객사하기가 쉽다네.
정리(整理)하면 게으르며 변태적(變態的)이고 알코올 중독자(中毒者)에 부정적(否定的)인 성격(性格)이며, 의지(意志)가 박약(薄弱)하고 자기(自己) 밖에 모른다네.
몸이 무척 약(弱)하고 늘 자질구레한 병(病)에 시달린다네.

- 여자(女子): 태양(太陽) ═

남자(男子)가 있더라도 마음에 차는 사람이 없다네.
많은 사랑을 받아도 모래밭이라 밑 빠진 독과 같다네.
때문에 한 남자(男子)에게서 만족(滿足)을 못하며, 유산(流産)과 사산(死産)을 한다네.

매 마른 모래밭이라 온 집안을 말아먹을 수 있으니, 좋은 인연(因緣)을 만나야 한다네.

화려(華麗)한 궁전을 꿈꾸나 늘 반복(反復)되는 일상(日常)이라네.

인연(因緣)을 만나야 모진 신세(身世)를 벗어날 것이며, 남 밑에서 열심히 일해도 얻은 것이 없이 욕만 먹을 것이라네.

꿈은 꿈일 뿐이니 허영심(虛榮心)에 뜬구름을 잡으려고 헤매지 말며, 말과 행동을 늘 삼가하고 진실(眞實)해야 할 것이라네.

대책(對策)이 서지 않은 인생(人生)으로 앞뒤를 전혀 모르기 때문에 모든 일들이 흐지부지하고 돈도 사랑도 명예(名譽)도 밑 빠진 독이라네.

인내력(忍耐力)을 갖고 늘 긍정적(肯定的)인 마음으로 세상(世上)을 직시(直視)하기를…… 좋은 인연(因緣)을 만나면 늘 웃을 수 있는 삶이 온다네.

- 여자(女子): 소음(少陰) ==

남자(男子)에게 몸과 마음을 다해서 노력(努力)하나 받고 나서 떠나버리는 남자로 인(因)하여 마음의 상처(傷處)만이 크다네.

가정(家庭)을 바르게 세우고 열심히 키우지만 이 또한 지키기가 힘이 든다네.

가리지 않고 열심히 일해서 어느 정도 살만하면 세상을 떠나려하니 마음이 안타깝다네.

인연(因緣) 자(者)인 대림목생자(大林木生者)를 만나야 생명(生命)을 이을 수 있다네.

불평불만(不平不滿)이 없으며 그저 내 인생(人生)이려니 한다네.

자포자기(自暴自棄)하지 않고 최선(最善)을 다하여 노력(努力)하며, 그늘에서 벗어나기를 늘 소원(所願)한다네.

노력(努力)한 만큼 얻어지지 않은 묘(妙)한 삶이라네.

- 여자(女子): 소양(少陽) ==

멋진 남자(男子), 돈이 많은 남자, 배움이 많은 남자(男子)를 찾는다네.

이는 허영심(虛榮心)으로 헛된 꿈을 꾸는 것이 아닌가.

집안에 들이면 온 집안을 말아먹으니, 재물(財物)이 몇 백억이라면 모를까, 데리고 살기에는 힘든 여자라네.

밖으로 싸돌아다니기를 좋아하며 집안은 온통 돼지우리 같다네.

한탕주의에 물이 든 여자(女子)인지라 겉으로 꾸미는 것을 좋아하며, 헛된 허영심(虛榮心)으로 좋은 일을 망친다네.

많은 정(情), 많은 돈, 많은 사랑을 주어도 밑 빠진 독과 같다네.

곳간(庫間)의 곡식(穀食)이 썩어나가는 줄 모르며, 항상 만족하지 못하고 불평불만(不平不滿)만이 많다네.

잘난 척, 있는 척, 똑똑한 척하면서 허영심(虛榮心)에 허황(虛荒)된 생각만이 가득하며, 겉만 번지르르하게 꾸미고 빌려서라도 돈을 써야하며 게으르고 매우 이기적(利己的)인 여인(女人)이라네.

- 여자(女子): 태음(太陰) ==

스스로가 똑똑하고, 어여쁘면서 매우 괜찮은 여자(女子)라고 생각하나 사실 그늘진 한쪽 구석에서 자신을 학대(虐待)하며, 외로움에 떨고 있는 여자(女子)라네.

남자(男子)에게 돈도 주고 사랑도 주고 몸도 주고는 결국(結局) 다 빼앗기고 마는 애정(愛情)이라네.

주변(周邊) 사람이나 친인척(親姻戚)들에게 똑똑한 척을 하며, 스스로가 괜찮은 여자(女子)라고 생각하게 만들지만, 집안은 엉망진창에 남편(男便)과 자식(子息)을 챙기지 못하고 자신(自身)만 배가 부르다네.

주변(周邊)에서 괜찮은 여자(女子)라고 생각하지만, 하루 벌어서 하루를 살아가는 여인(女人)이라네.

밑이 보이지 않은 벼랑 끝에 선 삶이라 단칸방 신세(身世)를 벗어나기가 힘들다네.

결국 등치고 살아가면서 스스로 외면(外面)을 하고 말은 많으나 앞과 뒤가 맞지를 않으며 늘 헛된 꿈에 부풀어 있다네.

자기 착각(錯覺)속에 사는 사람으로 게으르고 책임감(責任感)이 없으며, 끈기가 없고 머리가 비었으며 겉만 번지르르하다네.

28) 천상화(天上火): 무오(戊午) - 양(陽) ⚊ , 기미(己未) - 음(陰) ⚋

- 남지(男子): 태양(太陽) ⚌

주변 사람들을 따스하게 감싸 안으며 허우대가 좋고 화사(華奢)한 남자라 주변(周邊)의 여자(女子)들이 우러러 따르며 받든다네.
태양((太陽)이 사계절(四季節)을 주관(主管)하듯이 항상 또렷하며 늘 밝고 명료(明瞭)하게 가정(家庭)을 감싸고 돈다네.
사업체(事業體)를 이끌면 공사(公私)가 확실(確實)하고 일처리가 분명(分明)하며 사람들이 무리지어 잘 따른다네.
사람들이 우러러 받드는 인생(人生)이며, 스스로 나서지 않아도 주위(周圍)에서 받쳐주고 높은 위치(位置)에 앉혀준다네.
사람들이 믿고 따르며 너그럽고 여유(餘裕)로우며, 예의(禮儀)가 바르고 지혜(智慧)가 깊으며 책임감(責任感)이 있다네.

- 남자(男子): 소음(少陰) ⚍

남자(男子)가 고고(孤高)한 성품(性品)에 밝고 깨끗하다네.
가정(家庭)을 잘 이끌어가며 겉으로 드러내지 않고 속으로 감추어가면서 만족(滿足)하게 챙겨주며, 만일 스스로가 잘못되면 되바라진 성격(性格)에 천덕꾸러기가 된다네.
사업(事業)이라는 것도 극(極)과 극(極)으로 가는지라 잘못하면 빛 좋은 개살구라네.
착해 보이나 속은 냉기(冷氣)가 흐르는 남자(男子)라네.
별다른 일이 없다면 괜찮은 인생에 착하고 고고(孤高)하게 살아가며, 잘못하면 뒤집힌 인생(人生)으로 간다네.
대사기(大詐欺)꾼의 기질(氣質)이 있으므로 대개가 한직(閑職)으로 쫓겨나기도 하며, 어찌 보면 사이비(似而非) 종교(宗敎) 지도자(指導者)가 많다네.
다른 생각을 하지 말고 태어난 그대로 착하고 고고(孤高)하게 살았으면 한다네.

- 남자(男子): 소양(少陽) ==

음(陰)에 기운(氣運)이 강(强)한 까닭으로 여자(女子)에게 관심(關心)이 많으며 분위기(雰圍氣)를 따라간다네.

가족(家族)들에게 아량(雅量)이 넓으며 극(極)과 극을 달리는 성품으로 너무 퍼주고 잘난 척을 한다면 바로 밑바닥으로 쫓겨난다네.

사업체(事業體)가 겉으로는 빤지르르하며, 자비(慈悲)를 베풀고 자선단체(慈善團體)인 듯하지만 빛 좋은 개살구에 생색(生色)을 낸다네.

열심히 베풀지만 좋은 소리는 듣지를 못하고 잘난 척하며 내세우고 생색(生色)이라네.

겸손(謙遜)하다면 괜찮은 인생(人生)이라네.

든 척, 난 척, 된 척을 한다네.

- 남자(男子): 태음(太陰) ==

따뜻한 애정(愛情)으로 안아주지를 못한다네.

가족(家族)들을 보듬어 안지 못하며 외롭고 쓸쓸하게 만든다네.

운(運)이 터지면 크게 터지고 운(運)이 따라주지 않으면 거지만도 못한 삶이라네.

자기(自己) 희생(犧牲)을 많이 하며, 외골수적인 성격(性格)에 유혹(誘惑)하면 쉽게 넘어가고 챙겨주며 보듬고 싶지만 너무 유약(柔弱)한 마음이라네.

책임감(責任感)이 없는 것이 아니라 여린 성격(性格)으로 인(因)하여 답답해하면서 고개 숙인 남자(男子)가 된다네.

- 여자(女子): 태양(太陽) =

보통(普通) 남자(男子)는 눈에 차지 않으며, 세상만사(世上萬事)를 모두 끌어안으려고 한다네.

살아온 삶에 따라서 극(極)과 극(極)으로 인생(人生)이 달라진다네.

주변(周邊)의 남자(男子)들이 무리를 지어서 따른다네.

지나온 인생(人生)에 따라 삶의 모습이 매우 다르지만 한 가정(家庭)을 크게 일으키거나 아니면 망(亡)하게 한다네.
친인척(親姻戚)들이 따르고 두루 끌어안아주는 여인(女人)이라네.
사업(事業)을 일으키면 매우 크게 일으키며, 공사(公私)가 분명(分明)하고 일 처리(處理)가 확실(確實)하다네.
스스로 나서지 않아도 주변(周邊) 사람들이 도와주고 또 받쳐주면서 열심히 따른다네.
종교(宗教)쪽으로 관련(關聯)된 일이나 사이비(似而非) 교주(教主)가 될 수 있는 여자라네.
부유(富有)하고 귀(貴)하게 자라면 사람들을 깔아뭉개고 소박(素朴)하고 평범(平凡)하게 자라면 남을 배려(配慮)하며 늘 같은 마음으로 감싸 안는다네.
하늘에 핀 화사(華奢)한 꽃이라 사람들이 우러러 따르며 잡으면 놓지를 않는다네.

- 여자(女子): 소음(少陰) ==

마음이 따스하고 온유(溫柔)하며 착하게 보이지만 고고(孤高)한 성품(性品)에 자존심(自尊心)이 세다네.
그러나 콧대는 높지 않다네.
보이지 않게 끌어안고 지혜(智慧)로 이끈다네.
남편(男便) 뒷바라지를 잘하고 자식(子息)을 잘 키우며, 부드럽게 이끌고 따스한 마음으로 지혜(智慧)롭게 가정을 돌본다네.
일 처리(處理)가 조용하며, 뒤로는 많은 돈을 깔고 앉아있는 재력가(財力家)라네.
남부러울 것이 없는 행복한 삶이라네.
너그러운 성격(性格)에 고고(孤高)하며, 자존심(自尊心)과 책임감(責任感)이 강(强)한 여인(女人)이라네.

- 여자(女子): 소양(少陽) ==

몸매 잘빠지고 키가 크며 어여쁘고 밝고 화사(華奢)한 성격(性格)이지만 남자(男子)에게는 별 관심(關心)이 없다네.

극한 대립(對立)으로 가는 별난 성격(性格)은 있으나, 남편(男便)과 아이들을 넓은 아량(雅量)으로 이해(理解)한다네.

이를 보면 여자(女子)다운 여우와 같다네.

잘되면 높은 자리에 앉아서 호령(號令)하는 위치(位置)에 서며, 잘못되면 사이비(似而非) 교주(教主) 및, 돈 뜯어먹고 집안을 말아먹은 천하(天下)의 악녀(惡女)가 된다네.

겉은 여자(女子)지만 하는 짓은 여자(女子)다운 구석이 없으며, 난 척, 든 척, 된 척을 하면서 나서고 본능적(本能的)으로 호소력(呼訴力)이 매우 짙다네.

순간(瞬間) 순간(瞬間) 대할 때마다 이미지가 다르니, 고고(孤高)한 것인지 아니면 천박(淺薄)한지 종잡을 수 없으며, 이중인격(二重人格)에 가깝다네.

- 여자(女子): 태음(太陰) ==.

타고나기를 천생(天生) 여자(女子)라네.

남자(男子)가 밖으로 끌어내고 그렇듯 받들어준다네.

한번 길이 나면 쉽게 돌이킬 수가 없는 것이 삶이 아니던가.

시부모(媤父母)와 형제(兄弟)에게 잘하며, 주위(周圍) 사람들에게 잘해서 그 사람들이 남편을 위하게 만든다네.

사리분별(事理分別)이 정확(正確)하고 공(公)과 사(私)가 뚜렷하기에 쌀쌀맞아 보인다네.

사업(事業)보다는 철저(徹底)히 가정적(家庭的)이며, 다만 누군가가 타고난 기질(氣質)을 건드리면 일을 저지른다네.

그 끝이 좋을 리가 있겠는가.

희생(犧牲)하려는 마음이 크기 때문에 인덕(人德)은 많이 쌓겠으나, 조금은 자제(自制)해야 하지 않겠는가.

천생(天生) 여자(女子)에 매우 현명(賢明)한 여인(女人)이라네.

29) 석류목(石榴木): 경신(庚申)－양(陽) ⚊, 신유(辛酉)－음(陰) ⚋

- 남자(男子): 대양(太陽) ⚌

매너가 좋고 깨끗하며 애정(愛情) 표현(表現)도 잘하고 조금은 여자(女子)를 밝힌다네.

또 예쁘장한 까닭으로 여자(女子)가 많이 따른다네.

자기(自己) 위주(爲主)의 성격으로 부인(婦人)과 아이들에게 잘하며, 가정(家庭)이라는 울타리를 깨끗하고 단아(端雅)하게 꾸민다네.

아기자기하고 남자 같지 않은 섬세(纖細)한 일을 하며, 일에 대해서는 조금은 까칠하고 깐깐하다네.

주위(周圍)에서 꺾으려고 하며 상처(傷處)를 많이 받고 많이 다친다네.

이는 섬세(纖細)하고 세심(細心)하기 때문이라네.

타고난 성격(性格)은 많이 까칠하며 단아(端雅)한 성품(性品)에 섬세(纖細)한 마음을 지녔다네.

- 남자(男子): 소음(少陰) ⚍

여자에게 성폭행(性暴行) 당하는 것도 팔자소관(八字所關)이 아니겠는가.

그늘진 곳의 외로움으로 유혹(誘惑)에 매우 약하다네.

집안에 머물기를 좋아하며 부인(婦人)과 아이들을 살뜰하게 보살피지만, 늘 답답해한다네.

사업(事業)을 다 이루어놓고는 미련(未練)없이 떠난다네.

이는 상처(傷處)를 받을까봐 미리 앞선 생각으로 떠나는 것이라네.

인정(人情)이 많고 착하며 말이 없지만 굴곡(屈曲)이 많은 삶을 산다네.

속이는 것이 없이 솔직 담백(淡白)하며, 까칠한 성격(性格) 때문에 많이 당하고 사는 편이라네.

상처(傷處)를 받을까 두려워하지 말고 세상사(世上事)에 뛰어들었으면……

- 남자(男子): 소양(少陽) ==

드러내지 못하고 안으로만 숨기며 대놓고 말하는 성품(性品)이 아니라네.

가정(家庭)에서도 말없이 그냥저냥 생활(生活)하며 무덤덤하다네.

일을 함에 있어서 싫증을 빨리 느끼며, 이익(利益)이 있든 말든, 손해(損害)가 있든 말든 잘하다가도 아무런 대가(對價)나 조건(條件)없이 관둔다네.

겉으로 드러나는 화려(華麗)한 인생(人生)을 좇으며, 소심(小心)하고 의지(意志)가 약(弱)하며, 스스로 상처(傷處) 받은 일이 많다네.

뒤끝이 약(弱)하고 흐지부지하는 일이 많지만 부모로부터 물려받은 재산(財産)이 많다면 그럭저럭 괜찮은 삶을 산다네.

여리고 까탈을 떠는 얄미운 성격이나 그리 밉지는 않은 사람이라네.

잘 꺾이고 소심(小心)하며, 자신(自身)의 목소리를 내지 못하는 유약(柔弱)한 성격(性格)이라네.

- 남자(男子): 태음(太陰) ==

여자(女子)에게서 버림을 많이 받으며 홀로 사는 사람이 많고 애정(愛情)에 대하여 두려움을 가진 사람이라네.

단란(團欒)한 가정(家庭)을 이루어도 자기는 혼자인양 외로워한다네.

부인과 아이가 있어도 의지(依支)를 못하는 답답하고 갑갑한 사람이라네.

유독(唯獨) 마누라를 무서워하는 묘(妙)한 성격의 소유자(所有者)라네.

소심(小心)하고 겁이 많은 까닭으로 사업(事業)은 맞지 않으며, 잘 놀라고 조심(操心)하는 사람이라네.

늘 마음 졸이는 삶이며 많은 상처(傷處)에 눈물로 세월(歲月)을 보내고 이 핑계, 저 핑계로 울타리를 벗어나보지만 늘 상처(傷處)만 안고 두려움 속에 스스로를 탓한다네.

- 여자(女子): 태양(太陽) ⚌

애정(愛情) 관계(關係)가 겉으로 다 드러나며, 대놓고 밝히면서 질투심이 많고 순수(純粹)한 애교(愛嬌)가 많다네.

가정(家庭)이란 울타리를 아기자기하게 꾸미고 사소(些少)한 것까지도 신경(神經)쓰며, 늘 밝게 이끌고 즐거운 마음으로 대한다네.

아기자기한 인형(人形) 가게나 어린이 집, 액세서리에 관심(關心)을 두고 또 이러한 일이 성격(性格)상 맞는다네.

정(情) 받으며 여우 같이 사는 인생(人生)이라네.

까칠하고 변덕(變德)이 많은 성격(性格)이지만 애교(愛嬌)가 많으며 멍청하거나 흐지부지한 성격(性格)은 아니라네.

- 여자(女子): 소음(少陰) ⚍

단아(端雅)한 성격(性格)에 사랑을 표현(表現)하는 일에 있어서는 솔선수범(率先垂範)한다네.

자신(自身)에 대해 잘 알고 있으며, 말이 없고 극단적(極端的)인 성격(性格)이 있으나, 가족들에게 잘하고 좋고 나쁨을 확실(確實)하게 구분(區分) 짓는다네.

잘할 때는 성심성의(誠心誠意)것 하지만 돌아설 때는 결정적(決定的)으로 매정하다네.

솔직(率直)한 성격(性格)에 숨기는 것이 없지만, 중용(中庸)을 벗어나 한쪽으로 치우치는 성격(性格)이 있으며, 가족과 남은 철저(徹底)하게 구분(區分)을 짓는다네.

돌아서면 매우 냉정(冷情)하게 사람을 대한다네.

- 여자(女子): 소양(少陽) ⚎

색기(色氣)가 흐르며 애교(愛嬌)가 뇌쇄적이라네.

화려(華麗)하고 정열적(情熱的)이며, 되바라진 성격(性格)에 남자(男子)들이 쫓아다니고 코맹맹이 소리에 남자(男子)들이 쓰러져 나간다네.

줄듯 하면서도 주지 않으니, 남자(男子)들이 간 쓸개를 다 빼준다네.

가정적(家庭的)이며 필요(必要)에 따라 오빠나 언니, 동생들에게서 단물, 쓴물을 다 빨아먹고 냉정(冷情)하게 돌아서는 미운 여자라네.
힘든 인생(人生)을 살아가지 않으며, 돈 있고 명예(名譽)가 있는 학식(學識)이 많은 사람을 좇는다네.
만나고 헤어지는 일이 빠르며 외로움을 견디지 못하고 철저(徹底)히 계산적(計算的)으로 움직이지만 밉지 않은 여인이라네.

- 여자(女子): 태음(太陰) ==

여자(女子)의 순정(純情)이 있으며 지고지순(至高至順)하고 깊은 애정(愛情)이 있다네.
가족(家族)을 위해 가지가 부러져나가도 잘 견디며, 몸과 마음을 다해 가정(家庭)이라는 울타리를 지키고 말과 행동(行動)을 삼가하며, 조심(操心)에 조심(操心)을 하며 만들어가는 여인이라네.
가정(家庭)이 깨질까봐 싫어도 끌어안으며, 미워도 받아주고 늘 모성애(母性愛)로 이끌어간다네.
정도(正道)에서 벗어나면 타고난 까칠한 성격(性格)이 밖으로 드러나며, 겁은 많지만 솔직(率直) 담백(淡白)하게 말하는 당찬 여자(女子)라네.

30) 대해수(大海水): 임술(壬戌)－양(陽) ㅡ , 계해(癸亥)－음(陰) --

- 남자(男子): 태양(太陽) ═

한 여자(女子)에게서 만족(滿足)하지 못하는 까닭으로 여러 여자(女子)들 사이에서 질퍽거린다네.
그러나 거칠고 화끈한 남자(男子)라네.
똥물, 진물을 가리지 않고 다 받아주는 성격(性格)이며, 거칠지만 부모(父母)의 똥오줌을 받아내는 사람이 이 사람이며, 여자 문제(問題)만 아니라면 꽤 괜찮은 남자(男子)라네.

사업(事業)의 폭이 넓은 사람이며, 아량(雅量)이 넓고 이해(理解)의 폭이 넓은 사람이라 힘들지만 잘 이끌어 간다네.
바다를 건너야 좋은 인생(人生)을 구가(謳歌)할 것이며, 남들이 하지 못할 구경도 하고 돈도 많이 벌며 각국(各國)의 이 맛과 저 맛을 다보니 이보다 좋은 삶이 있을까.
바다의 짠물이라 가정(家庭)을 이루기가 힘들며, 타고난 씨앗이 소금이라 자식(子息)을 얻기가 조금은 어렵다네.
좋은 인연(因緣)을 만나야 편안한 삶을 살 수 있다네.

- 남자(男子): 소음(少陰) ==

소리 소문(所聞)없이 이 집, 저 집을 옮겨 다니니, 이는 첩(妾)을 둘 팔자(八字)라네.
가족(家族)들에 대해서는 이해심(理解心)이 많으며, 용서(容恕)하고 감싸주는 편이라네.
이 남자(男子)가 큰 잘못을 저질러도 대개는 가족(家族)들이 눈감아주며 등을 두드려준다네.
꼼꼼하고 무슨 일이든 잘해나가며 이성적(理性的) 판단(判斷)이 빠르고 지혜(智慧)가 있으며 이재(理財)에 밝고 좋은 일이 아니라면 포기(抛棄)도 빠르다네.
바다의 깊이를 어찌 알아볼 수 있을까.
그 마음의 깊이가 깊고도 깊다네.
다만 뒤로 숨기는 것이 많으나 무엇을 숨겨놓는지 알 수가 없다네.

- 남자(男子): 소양(少陽) ==

스스로가 생각하는 적정(適正)한 선에 맞으면 받아주고 맞지 않으면 받아주지를 않으며, 받아주는 척하지만 뒤에서 딴소리를 하는 꽁한 성격에 남자(男子)가 매우 소심(小心)하다네.
가정을 지키지 못할 것이라는 두려움을 가지고 있으며, 부인(婦人)과 아이들을 급(急)하게 다그치는 성격(性格)이라네.
사업(事業)을 한다고 큰소리치지만 크게 일을 벌이지 못한다네.

인생(人生)에 있어서의 신조(信條)는 가늘고 길게 살자는 것이며, 작게 먹고 길게 싼다는 것이 생활(生活)에 있어서의 신조(信條)라네.
도량(度量)이 좁고 하는 짓이 아주 잔단 사내이며, 포용력(包容力)이 없는 사람이라네.
술을 빌리면 거친 성격(性格)이 나오나 술이 깨면 언제 그랬냐는 듯, 시치미를 떼는 속 좁은 사람이라네.

- 남자(男子): 태음(太陰) ==

애정(愛情) 관계(關係)가 불투명(不透明)하다네.
내가 왜 당신하고 살지? 왜 일을 해야 하지라는 말도 안 되는 억지를 부리며, 그런 식의 엉뚱한 생각이 마음을 지배(支配)하고 있다네.
가족(家族) 관계(關係)에 있어서도 저 아이가 내 자식(子息)인지 아닌지 의문(疑問)을 가지며, 언제 낳았는지도 의문점(疑問點)이고 불평불만(不平不滿)만이 많으면서 챙겨주지를 못한다네.
물러 터진 성격(性格)에 일을 다부지게 처리(處理)하지 못하며, 왜 이렇게 해야만 하는지 볼멘소리만 크다네.
이렇든 저렇든 간에 인생(人生) 자체(自體)에 대해서 의문점(疑問點)이 많은 사람이라네.
호기심(好奇心)이 많으며 걸망을 매고 소리 없이 떠나고 나타나지 않다가 불쑥 나타나서 살아있음을 보여준다네.
마음이 오리무중(五里霧中)이라 알 수가 없는 성격(性格)이며, 제대로 판단(判斷)하기가 힘들다네.
착하기는 무척 착하다네.
그러나 이 착함이 문제(問題)라면 큰 문제(問題)가 된다네.

- 여자(女子): 태양(太陽) ═

무지무지하게 오지랖이 넓으며 모든 면에서 풍족하고 후하게 베풀며 넙죽넙죽 잘 받아준다네.

타고난 밭이 소금밭이라 자식(子息)이 귀(貴)하다네.
좋은 성격(性格)에 멋있고 잘난 사람을 만나며, 가족(家族)이나 친인척(親姻戚)을 잘 모시고 아량(雅量)이 여느 남자(男子)보다 넓다네.
여자(女子)로서 갖출 것은 다 갖추었으며, 큰소리 치고 바른 소리 잘하며, 사업 수완(手腕)이 남다르고 사람들을 잘 다룬다네.
괜찮은 인생(人生), 멋있는 인생(人生), 잘 나가는 인생(人生)으로서 단점(短點)이라면 타고난 밭이 소금밭이라 아이가 귀(貴)하다는 것이네.

- 여자(女子): 소음(少陰) ==
내 남자(男子)와 남의 남자(男子)를 분명(分明)히 하며, 넓은 이해심(理解心)으로 남자(男子)를 품에 안는다네.
애정(愛情)을 가지고 가족(家族)을 부드럽게 안아주며, 아량(雅量)이 넓고 배포(排布)가 큰 까닭으로 모든 것을 받아주고 모든 것을 있는 대로 해준다네.
사업(事業)을 잘 이끌어가고 여러 사람과 무난(無難)하게 지내며 잘 감싸고 이끈다네.
걸림이나 막힘이 없는 성격(性格)으로써 애정관(愛情觀)이 뚜렷하며 넓은 아량(雅量)으로 인하여 여생(餘生)을 무난(無難)하고도 편안(便安)하게 지낼 수 있는 좋은 인생(人生)이라네.
자식(子息)이 귀(貴)한 것은 타고난 팔자(八字)가 아닌가 생각한다네.

- 여자(女子): 소양(少陽) ==
애정(愛情) 관계에 있어서 선배(先輩)든 후배(後輩)든, 나이가 많든 적든, 친구(親舊)의 남편(男便)이든 아니든, 남편의 친구든 아니든 간에 가리지를 않고 모두 자신의 품으로 안는다네.
이는 절대(絶對)로 꼬리치는 것이 아니며, 그 사람을 충분(充分)히 이해(理解)하고 그 삶을 받아준다는 것이라네.
이것이 문제(問題)라면 큰 문제(問題)이며 좀생원 짓은 못한다네.

가족(家族)이나 친인척(親姻戚) 관계(關係)에서 말이 잘 통(通)하고 잘 받아주며 무척이나 왈왈대면서 줏대가 강(强)하고 자존심(自尊心)이 강(强)한 사람 바로 이 여인이라네.

속 좁은 마음으로 이 여자(女子)를 이해(理解)하려 들지 말게나.

그 정도(程度)로 배포(排布)가 있으며 잘난 것이 있다네.

남의 고통(苦痛)과 아픔을 행동(行動)으로 받아주며, 내치기보다는 우선(于先) 끌어안고 감싸 안으며 보듬어주는 성품(性品)을 지닌 여인이라네.

참으로 드문 여자(女子)라네.

하지만 밭이 소금밭이라 소박(疏薄) 맞기가 쉽다네.

- 여자(女子): 태음(太陰) ==

남자(男子)를 한없이 기다리는 목이 긴 여인(女人)이며, 몸과 마음이 냉(冷)한 여자(女子)라네.

자식(子息)을 가지기가 힘들며, 아무런 조건(條件)없이 모든 것을 주려고 한다네.

사업(事業)을 일으키면 다 빼앗기며 먹을 것마저도 챙기지 못한다네.

좋은 인연(因緣)을 만나야 한다네.

기다리고 기다리다 지치는 인생(人生)이며, 스스로가 찾아나서야 좋은 인연(因緣)을 만날 수 있다네.

냉소적(冷笑的)이며 냉담(冷淡)한 성격(性格)을 버리고 몸과 마음을 온화(溫和)하게 만들 멋진 인연(因緣)있는 자(者)는 반드시 있는 법(法)이니, 꼭 만나서 후회(後悔)없는 삶을 살기를 빌고 빈다네.

4. 육십갑자병납음 오행 일주(六十甲子竝納音 五行 日柱)

16상론(十六象論) 및 행태론(行態論)

남자(男子) 양(陽)에 사상(四象), 곧 양(陽)에 태양(太陽), 소음(少陰), 소양(少陽), 태음(太陰)과, 음(陰)에 사상(四象), 곧 음(陰)에 태양(太陽), 소음(少陰), 소양(少陽), 태음(太陰)의 8상(八象)과, 여자(女子) 양(陽)에 사상(四象), 곧 양(陽)에 태양(太陽), 소음(少陰), 소양(少陽), 태음(太陰)과, 음(陰)에 사상(四象), 곧 음(陰)에 태양(太陽), 소음(少陰), 소양(少陽), 태음(太陰)의 8상(八象)이 합(合)하여 16상(十六象)을 이룬다.

이 16상(十六象)과 병납음 오행(竝納陰 五行)의 30가지가 어우러지기도 하며, 견주기도 하면서 480론(四百八十論)을 이룬다.

음양기(陰陽氣)에 따라 바뀌는 중요(重要)한 것

양(陽)의 기운(氣運)이 발동(發動)하고 활동(活動)하는 동지(冬至)부터 하지(夏至)까지는 태어난 시간(時柱)이 평생 운(平生 運)이며, 자식(子息)을 보는 것이고, 태어난 날(日柱)은 초년 운(初年 運)이며, 본인(本人)의 운세(運勢)를 판단(判斷)하고, 태어난 달(月柱)은 중년 운(中年 運)이며, 배우자(配偶者), 주변(周邊)의 인간관계(人間關係)를 알 수 있으며, 태어난 해(年柱)는 말년 운(末年 運)을 보는 것이며, 부모(父母)나 조상(祖上)을 보는 것이다.

음(陰)의 기운(氣運)이 시작(始作)하고 움직이는 하지(夏至)부터 동지(冬至)까지는 태어난 해(年柱)가 평생 운(平生 運)이며, 자식(子息)을 보는 것이고, 태어난 달(月柱)은 초년 운(初年 運)이며, 본인(本人)의 운명(運命)을 판단(判斷)하고, 태어난 날(日柱)은 중년 운(中年 運)이며, 배우자(配偶者) 및 주변(周邊) 사람들의 기운(氣運)을 보는 것이고, 태어난 시간(時柱)은 말년 운(末年 運)이며, 부모(父母)나 조상(祖上)을 보는 것이다. 이를 잊지 말고 잘 판단하여 활용(活用)해야 한다.

삼재법(三災法)이란

인생력(人生曆)이라 함은 봄 3개월(三個月), 여름 3개월(三個月), 가을 3개월(三個月), 겨울 3개월(三個月)로 하여, 1년(一年) 12개월(十二個月)을 4계절(四季節)로 나누어 이룬다. 이를 음양(陰陽)으로 나누어 24절기(二十四節氣)가 이루어지는 것이며, 또한 음양(陰陽)이 서로 조화(造化)를 이루는 것이다.

인간(人間)이란 자연(自然)의 일부분(一部分)으로써 태어나 멸(滅)해간다.

이 자연법(自然法)에 의지(依支)하여, 올바른 지혜(智慧)를 얻어서 삶을 윤택(潤澤)하게 살아가야하지 않겠나.

자연법(自然法)이란 곧, 인간(人間)들이 태어나서 삶을 영위(營爲)해가는 지구(地球)를 하나의 생명체(生命體)로 인정(認定)하고 여기에 태어남과 멸(滅)해지는 것을 의지(依支)하는 것이다.

자연법(自然法)이란 곧, 지구력(地球曆)을 의미(意味)하며 이 지구력(地球曆)이란, 봄 3년(三年), 여름 3년(三年), 가을 3년(三年), 겨울을 3년(三年)으로 하여, 인생력(人生曆) 12년(十二年)을 지구력(地球曆)의 1년(一年)으로 삼는다. 그러므로 삼재(三災)란 사람들이 자연법(自然法)에 의지(依支)하면서, 봄 3년(三年), 여름 3년(三年), 가을 3년(三年), 겨울 3년(三年)을 살아가면서, 그 중에 겨울 3년(三年)을 만나는 것이다.

봄은 만물(萬物)을 태어나게 하는 어진(人) 힘이며, 여름은 만물(萬物)을 기르고 키우는 올바른(義) 힘이며, 가을은 만물(萬物)을 거두어들이는 예(禮)를 갖춘 힘이고, 겨울은 거두어들인 것을 지혜롭게(智) 사용(使用)하여 다가올 봄을 맞이하는 것이다.

이 3년(三年)의 겨울을 지혜롭게(智) 보내고 다가올 봄을 맞이해야 어렵지 않게 삶을 이어갈 수 있다.

굳이 덧붙이자면, 태양계(太陽界)와 은하(銀河)를 낳고 기르고 키우는 우주력(宇宙曆)이 있으니, 봄 9년(九年), 여름 9년(九年), 가을 9년(九年),겨울을 9년(九年)으로 하여, 인생력(人生曆) 36년(三十六年)을 우주력(宇宙曆)의 1년(一年)으로 삼는다. 물론 우주력(宇宙曆)에도 음양기(陰陽氣)와 사상(四象)은 있으며, 우리가 의지(依支)하고 살아가는 지구(地球)와 밀접(密接)한 관계(關係)를 맺고 있다. 인간(人間)에게도 영향(影響)을 미치는 것이니, 소위 악구재(惡九災)라는 말이 여기서 나온 것이며, 깊은 통찰력(洞察力)이 없으면 알 수가 없는 것이니, 함부로 입에 올릴 일이 아니다. 만일 우주력(宇宙力)이 겨울이라면 지구(地球)에 미치는 힘이 어떠할 것이며, 곧 지구력(地球曆) 겨울 3년(三年)에 우주력(宇宙曆) 겨울 9년(九年)이 맞닿아 돌아간다면 어떠한 영향(影響)을 미칠 것이며, 또 지구력(地球曆) 여름 3년(三年)에 우주력(宇宙曆) 여름 9년중(九年中) 초복(初伏) 3년(三年), 중복(中伏) 3년(三年), 말복(末伏) 3년(三年)의 기운(氣運)이 어떠한 영향(影響)을 끼치는가에 대해서이다.

이것이 하늘(天), 사람(人), 땅(地), 곧 천인지(天人地)의 미묘(微妙)한 조화(造化)이니, 이는 참다운 스승을 만나 묻고 배워야 잘못된 길로 빠지지 않는다.

일주(日柱) 16상론(十六象論)의 구성(構成)

• 남자(男子)

남자(男子)
양(陽) → 태양(太陽) 건(乾) ☰
양(陽) → 소음(少陰) 태(兌) ☱
양(陽) → 소양(少陽) 리(離) ☲
양(陽) → 태음(太陰) 진(震) ☳

• 여자(女子)

여자(女子)
양(陽) → 태양(太陽) 건(乾) ☰
양(陽) → 소음(少陰) 태(兌) ☱
양(陽) → 소양(少陽) 리(離) ☲
양(陽) → 태음(太陰) 진(震) ☳

• 남자(男子)	• 여자(女子)
음(陰) → 태양(太陽) 손(巽) ☴	음(陰) → 태양(太陽) 손(巽) ☴
음(陰) → 소음(少陰) 감(坎) ☵	음(陰) → 소음(少陰) 감(坎) ☵
음(陰) → 소양(少陽) 간(艮) ☶	음(陰) → 소양(少陽) 간(艮) ☶
음(陰) → 태음(太陰) 곤(坤) ☷	음(陰) → 태음(太陰) 곤(坤) ☷

이를 뒤에 설명(說明)하는 병납음 오행(竝納陰 五行)에는 기술(記術)하지 않으니 이해(理解)하시기를……

개인(個人)의 16상론(十六象論) 구성(構成)

• 남자(男子) 일주(日柱) ⟷	• 남자(男子) 월주(月柱)
양(陽) → 태양(太陽) 건(乾) ☰	양(陽) → 태양(太陽) 건(乾) ☰
양(陽) → 소음(少陰) 태(兌) ☱	양(陽) → 소음(少陰) 태(兌) ☱
양(陽) → 소양(少陽) 리(離) ☲	양(陽) → 소양(少陽) 리(離) ☲
양(陽) → 태음(太陰) 진(震) ☳	양(陽) → 태음(太陰) 진(震) ☳
음(陰) → 태양(太陽) 손(巽) ☴	음(陰) → 태양(太陽) 손(巽) ☴
음(陰) → 소음(少陰) 감(坎) ☵	음(陰) → 소음(少陰) 감(坎) ☵
음(陰) → 소양(少陽) 간(艮) ☶	음(陰) → 소양(少陽) 간(艮) ☶
음(陰) → 태음(太陰) 곤(坤) ☷	음(陰) → 태음(太陰) 곤(坤) ☷

일주(日柱)는 본인(本人) 사주(四柱)이며, 월주(月柱)는 부인(婦人)과 자신(自身)의 주변(周邊) 사람들과의 관계(關係)를 보는 것이다.

본인(本人)의 일주(日柱) 8상(八象)과 본인(本人)의 시주(時柱.자식) 8상(八象)에서의

16론(十六論)과, 본인(本人)의 일주(日柱) 8상(八象)과 본인(本人)의 일주(日柱) 8상(八象)에서의 16론(十六論)과, 본인(本人)의 일주(日柱) 8상(八象)과 본인(本人)의 월주(月柱) 8상(八象)에서의 16론(十六論)과, 본인(本人)의 일주(日柱) 8상(八象)과 본인(本人)의 년주(年柱.부모.조상) 8상(八象)을 보면, 64론((六十四論)이 이루어진다.

형충파해(刑沖破害) 원진(元嗔), 삼합(三合), 육합(六合)과 상생(相生), 상극(相剋), 그리고 모든 살(殺)을 논(論)하는 것 등은, 육십갑자병납음 오행(六十甲子竝納音 五行)에 따른 경중(輕重)의 차이(差異)일 뿐이다.

때문에 되지도 않은 논리(論理)에 현혹(眩惑)되지 말고 참된 지혜(智慧)를 얻어서, 상하(上下) 동서남북(東西南北), 곧 천지사방(天地四方)을 들여다 볼 수 있는 일중관(一中觀)의 참뜻, 하나의 구멍(一竅)을 깨달아 얻기를 바라며, 합벽(闔闢)의 참뜻, 곧 우주(宇宙)의 숨구멍을 분명(分明)하게 깨달아 얻기를 바란다. 우주(宇宙)의 숨구멍(一竅)이란 곧, 스스로가 깨달아 얻은 스스로의 참된 성품(性品)을 말한다.

개인(個人)의 32싱론(三十二象論) 구성(構成)

• 태어난 시간(時柱)

양(陽)	음(陰)
양(陽) → 태양(太陽) 건(乾) ☰	음(陰) → 태양(太陽) 손(巽) ☴
양(陽) → 소음(少陰) 태(兌) ☱	음(陰) → 소음(少陰) 감(坎) ☵
양(陽) → 소양(少陽) 리(離) ☲	음(陰) → 소양(少陽) 간(艮) ☶
양(陽) → 태음(太陰) 진(震) ☳	음(陰) → 태음(太陰) 곤(坤) ☷

의 8상(八象)과

- 태어난 날(日柱)

양(陽) → 태양(太陽) 건(乾) ☰	음(陰) → 태양(太陽) 손(巽) ☴
양(陽) → 소음(少陰) 태(兌) ☱	음(陰) → 소음(少陰) 감(坎) ☵
양(陽) → 소양(少陽) 리(離) ☲	음(陰) → 소양(少陽) 간(艮) ☶
양(陽) → 태음(太陰) 진(震) ☳	음(陰) → 태음(太陰) 곤(坤) ☷

의 8상(八象)과

- 태어난 달(月柱)

양(陽) → 태양(太陽) 건(乾) ☰	음(陰) → 태양(太陽) 손(巽) ☴
양(陽) → 소음(少陰) 태(兌) ☱	음(陰) → 소음(少陰) 감(坎) ☵
양(陽) → 소양(少陽) 리(離) ☲	음(陰) → 소양(少陽) 간(艮) ☶
양(陽) → 태음(太陰) 진(震) ☳	음(陰) → 태음(太陰) 곤(坤) ☷

의 8상(八象)과

- 태어난 해(年柱)

양(陽) → 태양(太陽) 건(乾) ☰	음(陰) → 태양(太陽) 손(巽) ☴
양(陽) → 소음(少陰) 태(兌) ☱	음(陰) → 소음(少陰) 감(坎) ☵
양(陽) → 소양(少陽) 리(離) ☲	음(陰) → 소양(少陽) 간(艮) ☶
양(陽) → 태음(太陰) 진(震) ☳	음(陰) → 태음(太陰) 곤(坤) ☷

의 8상(八象)으로 이렇게 32상론(三十二象論)이 이루어지며, 남자(男子)의 32상론(三十二象論)과 여자(女子)의 32상론(三十二象論)이 합(合)하여 64상론(六十四象論) 곧, 64괘(六十四卦)가 이루어진다. 기본적(基本的)으로 개인(個人)이 비교(比較)할 수 있는 4상론(四象論)이 115,200론(十一萬五千二百論)이며, 그 외에 너무 방대(尨大)한 내용(內容)

이라서, 본인(本人) 일주(日柱) 남자(男子)와 여자(女子)를 합(合)하여 16상론(十六象論)만을 서술(敍述)하고, 뒤에 활용론(活用論)에서 대략(大略) 설명(說明)이 있을 것이다. 본인(本人)의 일주(日柱)와 시주(時柱), 월주(月柱), 년주(年柱)가 서로 조화(造化)를 이루거나, 아니면 서로가 삶을 속박(束縛)하거나 깔보고 배신(背信)하며, 불쾌감(不快感)을 주는 등, 병납음 오행(竝納音 五行)의 무겁고 가벼움을 자세하게 알아야 한다.

상대방(相對方)의 사주(四柱)를 안다면 또한 서로 비교(比較)하여 보면, 형(刑), 충(沖), 파(破), 해(害), 원진(怨嗔)이 왜 일어나는지 미묘(微妙)하게 보이며, 또한 왜 조화(造化)를 이루는지 알 것이다. 또한 합(合)과 삼합(三合)과 육합(六合)이 성립(成立)되어지는 원리(原理)를 알 것이다.

년주(年柱) 16상(十六象) 보는 법(法)

• 양년(陽年)

입춘(立春)-입하(立夏) → 태양(太陽) 건(乾) ☰
입하(立夏)-입추(立秋) → 소음(少陰) 태(兌) ☱
입추(立秋)-입동(立冬) → 소양(少陽) 리(離) ☲
입동(立冬)-입춘(立春) → 태음(太陰) 진(震) ☳

• 음년(陰年)

입춘(立春)-입하(立夏) → 태양(太陽) 손(巽)☴
입하(立夏)-입추(立秋) → 소음(少陰) 감(坎)☵
입추(立秋)-입동(立冬) → 소양(少陽) 간(艮)☶
입동(立冬)-입춘(立春) → 태음(太陰) 곤(坤)☷

이렇듯 양년(陽年)의 4상(四象)과 음년(陰年)의 4상(四象)이 합하여 8상(八象)이 이루어진다.

남자(男子) 양(陽)의 4상(四象)과 음(陰)의 4상(四象), 여자(女子) 양(陽)의 4상(四象)과 음(陰)의 4상(四象)이 합하여 16상(十六象)이 이루어진다.

월주(月柱), 일주(日柱), 시주(時柱) 또한 이와 같다.

월주(月柱) 16상(十六象) 보는 법(法)

• 양년(陽年)

동지(冬至)-춘분(春分) → 태양(太陽) 건(乾) ☰
춘분(春分)-하지(夏至) → 소음(少陰) 태(兌) ☱
하지(夏至)-추분(秋分) → 소양(少陽) 리(離) ☲
추분(秋分)-동지(冬至) → 태음(太陰) 진(震) ☳

• 음년(陰年)

동지(冬至)-춘분(春分) → 태양(太陽) 손(巽) ☴
춘분(春分)-하지(夏至) → 소음(少陰) 감(坎) ☵
하지(夏至)-추분(秋分) → 소양(少陽) 간(艮) ☶
추분(秋分)-동지(冬至) → 태음(太陰) 곤(坤) ☷

이렇듯 양년(陽年)의 4상(四象)과 음년(陰年)의 4상(四象)이 합하여 8상(八象)이 성립(成立)된다.

일주(日柱) 16상(十六象) 보는 법(法)

• 1월(一月)–양월(陽月)

입춘(立春) 후 8일까지 ➜ 태양(太陽) 건(乾)☰
입춘(立春) 8일 후부터 우수(雨水)까지 ➜ 소음(少陰) 태(兌)☱
우수(雨水) 후 8일까지 ➜ 소양(少陽) 리(離)☲
우수(雨水) 8일 후부터 경칩(驚蟄)까지 ➜ 태음(太陰) 진(震)☳

• 2월(二月)–음월(陰月)

경칩(驚蟄) 후 8일까지 ➜ 태양(太陽) 손(巽)☴
경칩(驚蟄) 8일 후부터 춘분(春分)까지 ➜ 소음(少陰) 감(坎)☵
춘분(春分) 후 8일까지 ➜ 소양(少陽) 간(艮)☶
춘분(春分) 8일 후부터 청명(淸明)까지 ➜ 태음(太陰) 곤(坤)☷

• 3월(三月)–양월(陽月)

청명(淸明) 후 8일까지 ➜ 태양(太陽) 건(乾) ☰
청명(淸明) 8일 후부터 곡우(穀雨)까지 ➜ 소음(少陰) 태(兌) ☱
곡우(穀雨) 후 8일까지 ➜ 소양(少陽) 리(離) ☲
곡우(穀雨) 8일 후부터 입하(立夏)까지 ➜ 태음(太陰) 진(震) ☳

• 4월(四月)–음월(陰月)

입하(立夏) 후 8일까지 → 태양(太陽) 손(巽) ☴
입하(立夏) 8일 후부터 소만(小滿)까지 → 소음(少陰) 감(坎) ☵
소만(小滿) 후 8일까지 → 소양(少陽) 간(艮) ☶
소만(小滿) 8일 후부터 망종(亡種)까지 → 태음(太陰) 곤(坤) ☷

• 5월(五月)–양월(陽月)

망종(芒種) 후 8일까지 → 태양(太陽) 건(乾) ☰
망종(亡種) 8일 후부터 하지(夏至)까지 → 소음(少陰) 태(兌) ☱
하지(夏至) 후 8일까지 → 소양(少陽) 리(離) ☲
하지(夏至) 8일 후부터 소서(小暑)까지 → 태음(太陰) 진(震) ☳

• 6월(六月)–음월(陰月)

소서(小暑) 후 8일까지 → 태양(太陽) 손(巽) ☴
소서(小暑) 8일 후부터 대서(大暑)까지 → 소소음(少陰) 감(坎) ☵
대서(大暑) 후 8일까지 → 소양(少陽) 간(艮) ☶
대서(大暑) 8일 후부터 입추(立秋)까지 → 태음(太陰) 곤(坤) ☷

• 7월(七月)–양월(陽月)

입추(立秋) 후 8일까지 → 태양(太陽) 건(乾) ☰
입추(立秋) 8일 후부터 처서(處暑)까지 → 소음(少陰) 태(兌) ☱
처서(處暑) 후 8일까지 → 소양(少陽) 리(離) ☲
처서(處暑) 8일 후부터 백로(白露)까지 → 태음(太陰) 진(震) ☳

- 8월(八月)-음월(陰月)

백로(白露) 후 8일까지 → 태양(太陽) 손(巽) ☴
백로(白露) 8일 후부터 추분(秋分)까지 → 소음(少陰) 감(坎) ☵
추분(秋分) 후 8일까지 → 소양(少陽) 간(艮) ☶
추부(秋分) 8일 후부터 한로(寒露)까지 → 태음(太陰) 곤(坤) ☷

- 9월(九月)-양월(陽月)

한로(寒露) 후 8일까지 → 태양(太陽) 건(乾) ☰
한로(寒露) 8일 후부터 상강(霜降)까지 → 소음(少陰) 태(兌) ☱
상강(霜降) 후 8일까지 → 소양(少陽) 리(離) ☲
상강(霜降) 8일 후부터 입동(立冬)까지 → 태음(太陰) 진(震) ☳

- 10월(十月)-음월(陰月)

입동(立冬) 후 8일까지 → 태양(太陽) 손(巽) ☴
입동(立冬) 8일 후부터 소설(小雪)까지 → 소음(少陰) 감(坎) ☵
소설(小雪) 후 8일까지 → 소양(少陽) 간(艮) ☶
소설(小雪) 8일 후부터 대설(大雪)까지 → 태음(太陰) 곤(坤) ☷

- 11월(十一月)-양월(陽月)

대설(大雪) 후 8일까지 → 태양(太陽) 건(乾) ☰
대설(大雪) 8일 후부터 동지(冬至)까지 → 소음(少陰) 태(兌) ☱
동지(冬至) 후 8일까지 → 소양(少陽) 리(離) ☲
동지(冬至) 8일 후부터 소한(小寒)까지 → 태음(太陰) 진(震) ☳

• 12월(十二月)–음월(陰月)

소한(小寒) 후 8일까지 → 태양(太陽) 손(巽) ☴
소한(小寒) 8일 후부터 대한(大寒)까지 → 소음(少陰) 감(坎) ☵
대한(大寒) 후 8일까지 → 소양(少陽) 간(艮) ☶
대한(大寒) 8일 후부터 입춘(立春)까지 → 태음(太陰) 곤(坤) ☷

이렇듯 양일(陽日) 4상(四象)과 음일(陰日) 4상(四象)이 합하여, 일주(日柱) 8상(八象)이 이루어진다.

시주(時柱) 16상(十六象) 보는 법(法)

- 양일(陽日) : 갑(甲), 병(丙), 무(戊), 경(庚), 임(壬)
- 음일(陰日) : 을(乙), 정(丁), 기(己), 신(辛), 계(癸)

밤 11시	12시	새벽 1시
자초(子初)	자정(子正)	자말(子末)

새벽 1시	2시	새벽 3시
축초(丑初)	축정(丑正)	축말(丑末)

새벽 3시	4시	새벽 5시
인초(寅初)	인정(寅正)	인말(寅末)

새벽 5시	6시	아침 7시
묘초(卯初)	묘정(卯正)	묘말(卯末)

아침 7시	8시	오전 9시
진초(辰初)	진정(辰正)	진말(辰末)

오전 9시	10시	오전 11시
사초(巳初)	사정(巳正)	사말(巳末)

오전 11시	12시	오후 1시
오초(午初)	오정(午正)	오말(午末)

오후 1시	2시	오후 3시
미초(未初)	미정(未正)	미말(未末)

오후 3시	4시	오후 5시
신초(申初)	신정(申正)	신말(申末)

오후 5시	6시	지녁 7시
유초(酉初)	유정(酉正)	유말(酉末)

저녁 7시	8시	밤 9시
술초(戌初)	술정(戌正)	술말(戌末)

밤 9시	10시	밤 11시
해초(亥初)	해정(亥正)	해말(亥末)

• 양일(陽日)

태양(太陽): 건(乾) ☰, 밤 11시~5시
소음(少陰): 태(兌) ☱, 새벽 5시~오전 11시
소양(少陽): 리(離) ☲, 오전 11시~오후 5시
태음(太陰): 진(震) ☳, 오후 5시~밤 11시까지

이며,

• 음일(陰日)

태양(太陽): 손(巽) ☴, 밤 11시~5시
소음(少陰): 감(坎) ☵, 새벽 5시~오전 11시
소양(少陽): 간(艮) ☶, 오전 11시~오후 5시
태음(太陰): 곤(坤) ☷, 오후 5시~밤 11시까지

이며, 음일(陰日), 양일(陽日) 4상(四象)이 합하여 8상(八象)이 이루어진다.

1) 해중금(海中金): 바다에 흩어진 금(金)의 기운(氣運)

갑자(甲子)-양(陽)	을축(乙丑)-음(陰)

16상론(十六象論) 및 행태론(行態論)

• 남자(男子)

양(陽) → 태양(太陽)/건(乾)-부(父)	음(陰) → 태양(太陽)/손(巽)-장녀(長女)
양(陽) → 소음(少陰)/태(兌)-소녀(少女)	음(陰) → 소음(少陰)/감(坎)-중남(中男)
양(陽) → 소양(少陽)/리(離)-중녀(中女)	음(陰) → 소양(少陽)/간(艮)-소남(少男)
양(陽) → 태음(太陰)/진(震)-장남(長男)	음(陰) → 태음(太陰)/곤(坤)-모(母)

• 여자(女子)

양(陽) → 태양(太陽)/건(乾)-부(父)	음(陰) → 태양(太陽)/손(巽)-장녀(長女)
양(陽) → 소음(少陰)/태(兌)-소녀(少女)	음(陰) → 소음(少陰)/감(坎)-중남(中男)
양(陽) → 소양(少陽)/리(離)-중녀(中女)	음(陰) → 소양(少陽)/간(艮)-소남(少男)
양(陽) → 태음(太陰)/진(震)-장남(長男)	음(陰) → 태음(太陰)/곤(坤)-모(母)

- 남자(男子): 양(陽) → 태양(太陽) ☰, 건(乾)

몸집이 크고 거칠며 뜨겁고 강한 사람이라네.

일이든 사랑이든 취(取)하고 버리는 일에 있어서 걸림이 없다네.

겉으로나 안으로나 한 가정(家庭)의 가장(家長)으로써 아버지와 같은 성격(性格)이라네.

때문에 받들어주기를 좋아하고 자존심(自尊心)은 이루 말할 수가 없으며, 부인(婦人)

과 자식(子息)을 품안에 가두려 한다네.
한 가정(家庭)을 이루고 살든 두 가정을 이루고 살든 변함이 없다네.
좋게 말하면 책임감(責任感)이 강한 것이나, 달리 말하면 뻔뻔스럽지 않은가.
표현(表現) 방법이 투박할 뿐, 깊은 애정과 함께 뜨거운 사랑을 준다네.
늘 거친 바다를 동경(憧憬)하면서 한곳에 머물기를 어려워하고 남이야 속이 뒤집어지든 말든 말과 행동이 생각보다 앞서는 사람이라네.
남을 의식(意識)하지 않으면서 가리는 일이 없이 몰아 부치는 강한 성격(性格)이라네.
편한 길을 택하기보다는 늘 험난(險難)한 길을 택하며, 강한 보스의 기질(氣質)로 인하여 많은 이들이 견디지 못하고 떠났다가 돌아오기를 반복(反復)한다네.
뒤를 보지 않으며 오로지 앞만을 보면서 강한 투지(鬪志)로 살아가는 뱃사람과 같다네.
두려움이 없으며, 좌절(挫折)보다는 꺾이지 않은 남성다운 면이 물씬 풍기는 사람이라네.
맹랑한 꿈을 꾸면서 일확천금(一攫千金)을 위해 몸을 사리지 않으나, 길이 아니면 과감(果敢)하게 끊어버리는 강한 성격의 소유자라네.
행동(行動)이나 성질(性質)이 조급(早急)하고 거친 까닭으로 인(因)하여 스스로가 폭풍속(暴風)으로 휘말리기도 하며, 한 번에 모든 것을 뒤집어버리는 위험(危險)한 경우까지도 이른다네.
그래도 가장으로써의 큰 책임(責任)을 회피(回避)하는 사람은 아니라네.

- 남자(男子): 양(陽) → 소음(少陰) ☱, 태(兌)

겉으로 보이기에는 남자 같고 거칠며 강(强)한 듯하지만 안으로는 남의 눈을 의식(意識)하며, 체면(體面)을 차리고 가리는 것이 많은 편이라네.
겉으로는 아닌 듯이 움직이지만 안으로 타고나기를 막내딸 같은 성격(性格)을 지닌다네.
키가 크고 살이 많이 붙은 체질(體質)이며, 단단한 근육(筋肉)보다는 물렁살에 가깝다네.
은근(慇懃)하게 고집(固執)이 세고 끈질기게 물고 늘어지는 성격이라네.
애정(愛情) 표현(表現)에 있어 테크닉이 눈부시게 빛나고 아름답게 보이며 강(强)하고 거친 듯이 이끌지만, 사실 마음을 들여다보면 매우 예민(銳敏)하고 섬세(纖細)한 면이 있다네.

때문에 가족(家族)을 품에 안고 자신(自身)의 뜻대로 이끌고자 하지만 만만한 것이 있겠는가.

말뿐인 가족(家族) 사랑에 스스로가 외면(外面)을 하면서 자신(自身)만의 세상(世上)으로 안주(安住)하며, 일을 저지르고 주저앉은 성격(性格)이라네.

스스로가 어찌할 수 없는 다급한 지경(地境)에 부딪히면 머뭇거리는 경향(傾向)이 있으며, 아니면 남의 말을 귀담아 듣지 않고 스스로의 판단(判斷)으로 결정을 짓은 성격(性格)이라네.

말이 분명하고 명확(明確)해야 주위로부터 인정(認定)을 받을 것이며, 긍정적(肯定的)인 사고방식(思考方式)으로 자신(自身)을 드러내 보이고 내세워 편한 삶을 살아간다네.

안으로 숨어들지 말고 솔직한 모습으로 세상(世上)에 나서기를……

- 남자(男子): 양(陽) → 소양(少陽) ☲, 리(離)

휜칠하고 마른 체격(體格)에 매우 까칠하게 보인다네.

둘째 딸과 같은 성격(性格)으로 위아래를 모르고 까불며, 모든 것을 해결(解決)할 것도 같지만 뒤가 무른 사람이라 그리 믿을 만하지는 않다네.

난 척도 난 척이지만 분위기(雰圍氣)에 휩쓸리며, 나름대로의 방식(方式)으로 삶을 영위(營爲)해 가면서도 자신(自身) 외에는 큰 관심(關心)이 없다네.

겉으로는 다 해준다고 큰소리치면서 자랑으로 스스로를 포장(包裝)하지만 겉으로 드러난 껍데기일 뿐 내세울 것 없는 사람이라네.

말과 행동에 조심성이 없고 가벼운 사람이라 책임감(責任感)이 없으며, 스스로가 저지른 일에 대해서 감당(堪當)을 하지 못하니, 끝내는 집안을 힘들게 한다네.

잘못된 판단(判斷)으로 망망(茫茫)한 바다 한 가운데서 배가 뒤집어지는 일이 벌어지는 것이니, 너무 나대지 않기를…… 마음 한가운데 두려움도 있으리라.

이로 인해서 여러 해를 술과 씨름하고 방황(彷徨)을 하지만, 세상(世上) 일이란 만만하지가 않은 법(法)…… 거짓되고 근거(根據)가 없는 생각만의 꿈을 좇아가지 말고 성실(誠實)함으로 인생(人生)의 승패(勝敗)를 봐야하지 않겠는가.
언제까지 주위(周圍)에 의지(依支)하고 응석받이로 남을 것인가.
늙은 부모(父母)는 저승길이 멀지 않다고 웅얼거리며, 안타깝게 바라보고 있는 것을…… 도움을 받은 것도 한두 번이면 족하지 않겠는가.
무한(無限)한 도움은 없다는 것을 알고 불과 같은 성격을 버려야 한다네.
위아래 없이 나서지 말며 의지(意志)를 강하게 갖고 태어난 이상 멋지게 세상(世上)을 살아갔으면 한다네.

- 남자(男子): 양(陽) → 태음(太陰) ☳, 진(震)

막내라 하더라도 장남(長男) 일을 맡는다네.
크게 집착(執着)하는 것이 없으며 하나의 가정(家庭)을 세우고, 자신(自身)은 모든 것에 있어서 희생(犧牲)이라네.
내 것은 없고 가족(家族)을 챙기다보면, 늘 구석에 홀로 앉아 책임감(責任感)에 힘들어 한다네.
가족(家族)을 끝내 끌어안으려고 노력(努力)을 하며, 그렇게 몸과 마음을 다해 노력(努力)을 해도 돌아오는 것은 책임(責任)을 다하지 못했다는 말과 죄책감(罪責感)뿐이라네.
단란(團欒)한 가정(家庭)을 이루고 싶어도 주위(周圍)에서 손을 벌리니 어쩔 수 없는 팔자가 아닌가.
도움을 받기보다는 도움을 주어야하는 인생(人生)이라 어떠한 일을 하더라도 제대로 이룰 수나 있겠는가.
될 듯하면 다 퍼가는 형제(兄弟)와 부모(父母)로 인해 참으로 고달프고 서러운 길이겠네.
모든 것을 내 탓이라 하지 말고 단호하게 끊어버리며, 우유부단(優柔不斷)함을 버리고 나 아니면 안 된다는 편협(偏狹)된 생각을 버려야 한다네.
술이 아니면 하루가 힘들고 먹고 나면 거칠어지면서, 다치기도 많이 다칠 것이니 늘 조심(操心)해야겠네.

남이 납득(納得)할 수 있도록 분명(分明)하게 말하고 행동(行動)하며, 책임감(責任感)을 갖고 산다면 좋은 앞날이 있을 것이라네.

- 남자(男子): 음(陰) → 태양(太陽) ☴, 손(巽)

부드럽고 약해보이나 마음씨가 너그럽고 속이 깊으며 당찬 사람이라네.
한 집안을 이끌고 나가기에 부족(不足)함이 없으며, 그 어떠한 거칠고 힘든 일이라도 제대로 보고 바르게 이끌며, 흔들리지 않은 당당(當當)한 남자(男子)라네.
타인을 의식하지 않으며 자신의 일에 대해서 자부심(自負心)이 크고, 내심(內心) 부드러운 면이 있은 까닭으로 주변(周邊)을 편안하게 한다네.
물론 여자(女子)가 많이 따르고 좋아하기도 하며, 애정관(愛情觀)에 크게 틀이 있는 사람이 아니라네.
사람 만나기를 두려워하지 않으며 작은 체구(體軀)에 힘 있는 에너지를 가지고 있고 그 힘을 제대로 활용(活用)하며, 자신(自身)의 것으로 끌어들이는 부드러움이 있다네.
이상(理想)과 꿈보다는 매우 현실적(現實的)이며, 타향(他鄕)이든 타국(他國)이든 자신(自身)의 고향(故鄕)으로 삼고 힘차게 살아가는 사람이라네.
자신을 내세우는 사람은 아니나 거칠게 몰아 부치는 성격(性格)으로 자신(自身)의 뜻을 필히 관철(貫徹)시키는 사람이며, 일에 대한 열정(熱情)이 매우 크고 넓다네.
마음이 좋은 맏딸이라고나 할까, 손이 크고 정이 많으며 눈물도 많지만 여린 모습을 드러내지는 않는다네.
가볍게 볼 사람은 아니며, 말로써 사람을 이끌고 험난한 일을 도맡아하려 한다네.
내 일을 남에게 시키지 않고 아무리 힘들더라도 능히 해쳐나가는 사람이라네.
조급(早急)함이 일을 그르치는 법이니 마음에 여유(餘裕)를 갖기를……
또한 할 말과 못할 말을 정확(正確)하게 가린다네.
유순(柔順)한 듯 강(强)한 사람이니 부러지지는 않는다네.

- 남자(男子): 음(陰) → 소음(少陰) ☵, 감(坎)

물에 술을 탄 듯 술에 물을 탄 듯, 이러지도 저러지도 못하면서 남에 도움만을 바란다네.
스스로가 알아서 능동적(能動的)으로 대처(對處)해 나가지를 못하고 남이 시키는 일에 대해서만 그나마 이끌어 나간다네.
둘째 아들의 기운(氣運)으로 잘나고 멋있으며 많이 배운 듯하나 말과 행동(行動)을 보면 하나가 빠진 듯이 여의찮다네.
신중(愼重)한 성격(性格)이나 너무 심하다 싶은 까닭으로 머뭇거리는 일이 많으며, 많은 일을 그르친다네.
때문에 스스로를 힘들어 하고 알면서도 바꾸지 못하는 것을……
밖으로 나돌며 여자(女子)에게 많이 의지(依支)를 하고 책임(責任)을 지지 않는다네.
배움이 많다면 일찌감치 조용한 의지(依支)할 곳을 찾아 나름대로의 길을 가겠지만, 배움이 적으면 험난(險難)한 인생길이 눈앞에 아른거릴 것이 아닌가.
잘 먹고 잘 사는 일에 그 무슨 번듯한 면목(面目)이 필요(必要)하겠는가.
이놈의 체면 때문에 변변하지 못한 사람에게 딱한 꼴을 당하기 쉽다네.
남에게 의지(依支)하지 말고 스스로가 거리낌 없이 떳떳하게 나간다면 그 누가 좋아하지 않겠는가.
몸과 마음은 여리나 마주 대할 일들은 거칠고 욕된 일이라 조금 힘들 뿐이라네.
원하던 자리든 원하지 않는 자리든, 항상 적극적(積極的)으로 몸과 마음을 다하면 당당(當當)한 삶이 되지 않겠는가.
이렇게 살아가나 저렇게 살아가나 살아가는 모습은 다 같지 않던가.
스스로의 독선(獨善)에 빠져 자신(自身)을 세우면 체면(體面)을 차릴 수 있다지만, 상처(傷處)만이 남을 것이 아닌가.
가족이나 주위(周圍) 사람들에게 외면(外面) 받지 않기를 바란다네.
마음에 지니고 있는 하고 싶은 말을 하고 살아가는 것이 나름 좋은 방법(方法)이라네.
소심(小心)한 성격(性格)을 버리고 자신(自身)의 아픔과 기쁨을 밖으로 드러내어 표현(表現)할 수 있기를……

- 남자(男子): 음(陰) → 소양(少陽) ☶, 간(艮)

외적(外的)으로 약해 보이고 내적(內的)으로도 약하다네.

여자(女子) 앞에서 잘난 척하며 강(强)해 보이고 싶지만 뒤끝이 여리고 무척 약(弱)한 편이라네.

막내아들 같은 성격으로 응석받이에 욕심(欲心)이 많고 질투심(嫉妬心)이 강(强)하며 금방 싫증을 느끼고, 질기고 차진 기운(氣運)이 매우 부족(不足)하다네.

한밤중 고고(孤高)한 달빛 아래에서의 술 한 잔이나 분위기(雰圍氣)에 휩쓸리고 애정(愛情) 행각(行脚)이 화려(華麗)하다네.

언제 변할지 모르는 성격이라 주위(周圍) 사람을 늘 긴장(緊張)시키며, 무슨 사고(事故)를 저지를지 항상 걱정이라네.

막내 성격(性格)이 어디 가겠는가.

스스로 감당(堪當)하지를 못하고 늘 자신(自身)에게서 도망만 다닌다네.

귀(貴)하기는 귀한 자식(子息)인지라 늘 편애(偏愛)하지만 이로 인해 제 갈 길을 가지 못하니, 품에 두지를 말고 멀리 떠나 살아야 일찌감치 부모(父母)를 이바지할 수 있다네.

잘난 척을 하고 있는 척을 하지만 그리 밉지가 않은 사람이라네.

술에 의지(依支)하면 허황(虛荒)된 꿈만 꿀 것이니, 현실을 직시(直視)하고 방황(彷徨)하지 않기를 빈다네.

항상 곁에 머물 수 있는 부모(父母)님이 아니라네.

스스로 감당(堪當)할 수 있는 말과 행동으로 부모(父母)와 형제(兄弟), 그리고 지인(知人)들에게 인정(認定) 받기를…… 변덕(變德)이 많은 마음을 버리고 가정(家庭)을 이루며, 남을 모실 수 있는 마음으로 스스로를 낮추면서 살아갈 수 있기를 빈다네.

변명(辨明)과 체면(體面)으로 살지 않고 당당(當當)하고 떳떳하기를……

- 남자(男子): 음(陰) → 태음(太陰) ☷, 곤(坤)

몸과 마음을 다해서 먹이고 재우고 씻긴다지만, 마침내 돌아오는 것은 무엇이던가.

어둠 속에 홀로 우두커니 앉아 눈물을 흘린들 누가 닦아주고 위로(慰勞)해 줄 것인가.

남자(男子)로 태어나 한 집안을 이끄는 어머니와도 같은 사람이라네.

못된 일은 모두 자신(自身) 것이고 좋은 것은 다 가족(家族) 것이라네.

책임(責任)질 일은 자신(自身) 것이고 먹여 살리는 일도 자신이라네.

힘들고 거친 일은 자신(自身) 것이며, 편하고 쉬운 일은 스스로가 할 수 있는 일이 아니라네.

온전(穩全)하게 이룰 수 없는 집안을 스스로의 의지(意志)로 이루어내며, 바라는 마음 없이 온 정성(精誠)을 들여 이루어간다네.

거칠게만 살아가는 삶이라 행복(幸福)의 의미(意味)는 잊은 지 오래라네.

해중금(海中金)의 기운(氣運)은 있는지라 때때로 거칠고 험한 말과 행동(行動)이 드러나지만 누구 하나 보태주거나 거두어 주는 사람이 없다네.

부모(父母)나 형제(兄弟)들이 당연하다는 생각을 하며, 그 마음을 조금이라도 헤아려 주지를 않는다네.

모든 일들을 내 탓으로 돌리는 성격(性格)으로 인한 것도 있지만 말없이 모두 받아주는 어머님과 같은 모습 때문이라네.

자신(自身)의 몸과 마음이 어찌되든 몸과 마음을 다해서 가족(家族)을 위하는 사람이라네.

때로는 변명(辨明)만을 앞세우고 책임(責任)을 지지 않으며, 모든 것을 남의 탓으로 돌리고 험난(險難)하게 사는 이가 있으니, 이는 스스로의 삶을 자포자기(自暴自棄)한 사람이라네.

말 한마디가 사람을 살리는 것을…… 늘 서로 의지(依支)하고 서로를 감싸는 인생(人生)이기를……

- 여자(女子): 양(陽) → 태양(太陽) ☰, 건(乾)

당당하게 보이며 강(强)하고 투박하며 거칠고 단단한 여자(女子)라네.

여자로 태어나 한 집안의 가장(家長)인 아버지의 역할(役割)을 한다네.

배움이 많으면 많은 이들을 거느리고 남에게 크게 베풀며 살아가지만, 배움이 없다면 여자(女子)로써 여자(女子)답지를 못하고 매우 거칠고 험난(險難)하며 무섭게 해쳐나가는 삶이 될 것이라네.
아무리 큰살림도 남에 손을 빌리지 않고 스스로의 힘으로 꾸려가며, 가족(家族)을 힘으로라도 끌어안고 열심히 살아가는 억센 여자라네.
모든 일을 손아귀에 쥐고 나 홀로 이루고자 한다면, 당연히 싸움이 나지 않겠는가.
남에 말을 듣지 않으며 오로지 자신(自身)의 고집(固執)대로 해가고 때때로 오가는 거친 입담에 오해(誤解)를 사기도 하지만, 본래 거짓을 모르는 여자(女子)인지라 당차고 강(强)하다네.
때문에 가끔은 가족(家族)들에게 작은 마음의 상처(傷處)를 주지만 그 사랑만큼은 억세고 질긴 사랑이라네.
없는 가운데서 한 집안을 크게 일으키며, 번듯하게 남편(男便)과 자식(子息)을 세우지만 스스로 지니는 것은 거칠어진 몸뚱이뿐이라네.
때로는 대가 센 팔자(八字)로 인(因)하여 홀로 되기가 쉬우며, 그래도 재가(再嫁)하지 않고 늘 한 집안을 위하는 사람이 많다네.
험하고 거친 일에 앞장을 서며 시시비비(是是非非)는 정확(正確)하나 그래도 몸을 조금은 사렸으면 한다네.
때문에 다 해주고도 욕을 먹은 것이니, 다정다감(多情多感)한 것이 나쁜 것은 아니라네.
거친 파도(波濤)에 부딪히는 대범(大汎)함도 좋지만, 남편(男便)에게 귀여움을 받은 것도 꽤나 유쾌(愉快)한 일이 아니겠는가.
세상사(世上事)가 피도 눈물도 없다지만, 잠시 멈추어 서서 뒤돌아보면 웃으며 행복(幸福)해 하던 시간이 더 많았다는 것을 알 것이 아닌가.
덧없다 생각하지 말고 늘 배울 수 있다면 많이 배우시기를……

- 여자(女子): 양(陽) → 소음(少陰) ☱, 태(兌)

겉으로 보기에는 곰 같아 보이나 이불속의 애정(愛情)이야…… 뜨겁고 격렬(激烈)하다네.

몸과 마음을 다해 가족(家族)을 위해서 희생(犧牲)하고 노력(努力)하며 차분하게 이끌어 간다네.

그 덩치에 그 애교(愛嬌)란 당해보지 않은 사람은 모를 것이라네.

보이지 않게 가지고자 하는 욕심(欲心)이 있으나 스스로가 노력(努力)해서 얻은 것이 아니면 눈에 두지를 않은 성격(性格)이라네.

가정(家庭)을 잘 이끌어가며 모든 면에서 확실(確實)하게 챙겨주고 겉으로 강해 보이면서도 내심(內心) 부드러운 마음으로 따스하게 감싸 안는 여자(女子)라네.

늘 건강(健康)에 신경(神經)을 써야하니, 몸집이 큰 것에 비해 폐와 근골(筋骨), 그리고 대장(大腸)이 작고 몸이 찬 것이 문제(問題)가 된다네.

아프면 아프다고 말해야 하며, 정 하고 싶은 말이 있다면 마음에 쌓아두지 말고 밖으로 모두 다 풀어내기를…… 화가 쌓이다 보면 거친 말과 행동(行動)으로 인하여 그 동안의 이미지가 무너지기 때문이라네.

가족(家族)도 중요(重要)하지만 스스로의 앞길도 늘 챙길 수 있는 사람이기를 빈다네.

- 여자(女子): 양(陽) ➜ 소양(少陽) ☲, 리(離)

남보다 거칠고 투박해 보이지만 늘 자신(自身)이 예쁘다고 생각하며, 감정(感情)이 일어나는 대로 조금은 과(過)하게 드러내어 표현(表現)하고 자신감(自信感)이 있는지 남자 앞에서는 내숭에 여간 난 척이 아니며, 틈만 나면 유혹(誘惑)하고 둘째 딸과 같은 성격(性格)으로 언니 것도 내 것, 동생 것도 내 것이며 내 것은 내 것이라는 여자라네.

애정사(愛情事)에 있어서야 말과 행동(行動)이 있는 그대로 보다는 매우 과감(果敢)하게 드러내는 성격(性格)이니 굳이 설명(說明)이 필요(必要)하겠는가.

욕심(慾心)이 많은 편이며 이 욕심(慾心)으로 인(因)하여 때때로 곤혹(困惑)을 치를 수 있다네.

제 몸만을 가꾸고 아끼며 손에 물 묻히기를 싫어하고 하고, 싶으면 하고 하기 싫으면 하지 않은 사람이라네.

주는 것도 없이 미운 사람이며 살림에는 영 관심(關心)이 없고 늘 밖으로만 나돌아 다닐 궁리(窮理)라네.

변덕(變德)이 죽 끓듯 하는 성질(性質)이며, 빈 수레가 요란하듯이 겉으로 화려(華麗)하게 드러나는 것을 좋아하고, 아이가 무엇을 먹고 다니는지 무엇을 입고 다니는지도 모르며, 남편(男便)도 또한 이 지경(地境)이라네.

마음에 들지 않으면 말과 행동(行動)이 과장(誇張)되게 거칠어지고 협박(脅迫)과 엄살이 심하다네.

한편으로는 억세고 거칠며, 한편으로는 교태(嬌態)를 부리는 것이 묘(妙)한 일이라네.

욕심(慾心)을 버리고 인연(因緣)을 좇아 바람직하게 살아간다면 굳이 탓하는 사람이 있겠는가.

있으면 있는 대로 없으면 없는 대로 욕됨이 없이 살아가기를……

- 여자(女子): 양(陽) → 태음(太陰) ☳, 진(震)

거칠고 억세며 질긴 것이 앞으로 살아가야 할 삶이라면, 양쪽 어깨에 실리는 무게는 얼마나 될 것인지…… 여자로 태어나서 자식(子息)을 낳고 부양(扶養)하며, 가정(家庭)을 어여쁘게 가꾸어 가면서 가족(家族)들로부터 사랑을 받은 것이 바람이라면 바람이 아닌가.

자식(子息)의 뒷바라지야 엄마로써의 당연한 일이라지만 남편(男便)이 장남(長男)이 되어 오지랖 넓게 일을 저지른다면 그 뒤치다꺼리는 누가 해야 하는 것인지…… 겉으로 드러난 모습이야 어떠하든 타고난 성품(性品)이 천생(天生) 여자(女子)로 태어나서, 스스로의 바람대로 살지 못하고 몸이 다 으스러지고 마음은 이리저리 찢어지면서 그토록 뒷바라지를 했지만 지금 남은 것은 무엇이던가.

남편 복(男便福)이 없다면 자식 복(子息福)이라도 있어야 하지 않겠는가.

불평불만(不平不滿)이 있더라도 안으로 삭히는 성격(性格)이라 그 화병(火病)은 어찌할 것이며 쉬고 싶어도 잠시 쉬지도 못하는 삶이니, 그 누구에게서 보상(報償)을 받을 수 있을 것인가.

장남(長男)의 기질(氣質)이라 마음고생(苦生)이 심하고 맺힌 한(恨)이 쌓이며 외로움에 더하여 삶의 재미를 모르고 해야 할 일만 산더미라네.

먹는 것으로 스트레스를 풀지 말고 부끄러워하지 말며, 혼자만의 조용한 시간(時間)이라도 자주 가지면서 마음을 터놓을 수 있는 지인(知人)을 많이 사귀기를 바란다네.

언제까지 스스로의 억센 뼈마디와 거친 손등을 보면서 눈물을 흘리고 있으려는지……

- 여자(女子): 음(陰) → 태양(太陽) ☴, 손(巽)

단아(端雅)하고 부드럽지만 마음이나 행동(行動)이 허술한 데가 없이 야물고 오달지다네.

사람 됨됨이나 마음씨가 곱고 순하며 붙임성이 있고 가족(家族)을 사랑으로 단단하게 감싸 안는 여자라네.

배움에 대한 욕심(欲心)이 많으나, 지배적(支配的)인 환경(環境)이 뒤를 받쳐주지를 못하므로 스스로 노력(努力)하여 얻은 이들이 많다네.

여린 듯이 보이나 살림을 하거나 일을 처리(處理)함에 있어서는 알뜰살뜰하며 아끼고 위하는 마음이 지극(至極)하다네.

그래도 해중금(海中金)의 기운(氣運)이 밑바탕에 깔려있는 까닭으로 가족(家族)들에게 뜻하지 않게 상처(傷處)를 준다네.

집안을 깔끔하게 치운다고는 하나 조금은 거친 면이 있고 성미(性味)가 꿋꿋하며 세찬 사람을 만나도 두려워하는 성격이 아니라네.

한 집안을 크게 일으킴에 있어서 기울거나 굽거나 찌그러지지 아니하고 올바르며, 형편(形便)이나 위세(威勢) 등이 흠을 잡히거나 굽힐 것이 없이 떳떳하고 당당(堂堂)하다네.

겉으로 드러나 보이는 성질(性質)이 태평(太平)하고 무르거나 부드러워 보이지만 안으로는 매우 당찬 여자(女子)라네.

사람을 사귐에 있어서 가리는 일이 없으며, 시시비비(是是非非)가 분명(分明)하고 확실(確實)하며, 앞뒤를 헤아림이 없이 닥치는 대로 함부로 하는 성격(性格)이 아니라네.

정(情)이 많고 느낌이 많으며 감수성(感受性)이 예민(銳敏)하여 작은 말이나 행동(行

動)에도 감동(感動)하기 쉬운 여자(女子)라네.
늘 변함이 없는 마음이기를……

- 여자(女子): 음(陰) → 소음(少陰) ☵, 감(坎)

거친 환경(環境)에서도 여린 마음은 변하지 않고 속에 있는 말을 제대로 전하지 못한다네.
스스로의 의지(意志)를 밖으로 드러내려고 노력하지만 생각한 것만큼 돋보이지 않는다네.
다함이 없는 몸과 마음의 수고로움에도 불구하고 보람이 없는 까닭으로 몹시 속이 상(傷)하는 처지(處地)라네.
가족들에게 많은 것을 챙겨주려고 애를 쓰나 빗나가는 일이 많으며, 자신(自身)의 의지(意志)와는 상관(相關) 없이 되레 욕먹은 일이 많다네.
일이나 배움이나 재물(財物) 등, 모든 것에 욕심(欲心)은 많으나 크게 얻은 것이 없으며, 오히려 내 것을 풀어야 하는 일들이 더 많이 들어온다네.
마음의 상처(傷處)가 크고 많을 것이니, 스스로를 위로(慰勞)하며 남 위해 봉사(奉仕)하는 것도 상처(傷處)를 치유(治癒)하기 위한 좋은 방법(方法)일 수도 있다네.
마음속에만 담아두거나 생각만 하지 말고 밖으로 드러내어 풀어가기를…… 주변(周邊)에서 항상 돌봐주는 사람들이 있을 것이니, 허심탄회(虛心坦懷)하게 털어놓기를 바란다네.
병(病)이란 밖으로 떠들어대야 난다고 하지 않던가.
마음의 문을 닫지 말고 늘 열어두고 서로 함께 하기를 빈다네.

- 여자(女子): 음(陰) → 소양(少陽) ☶, 간(艮)

하는 짓이 밉지가 않다네.
자기 것에 대한 집착(執着)이 강하고 일이나 배움이나 재물(財物) 등, 그 모든 것을 얻기 위해서라면 온갖 아양을 떨며, 응석에 어리광을 부린다네.

그러나 싫증을 금방 느끼는 성격(性格)이므로 목적(目的)이 이루어지면 돌아보지도 않는다네.

예쁜 척하는 것이 예사내기가 아니며, 사랑에 대한 표현이 깊은 애정(愛情)을 바탕으로 드러나는 것이 아니고 이룩하거나 도달(到達)하려고 하는 목표(目標)나 방향(方向)을 따라 그 변덕(變德)이 죽 끓듯 한다네.

배게 밑 공사에 능한 여자(女子)로 안 넘어가는 남자(男子)가 없으며, 모호(模糊)한 언변(言辯) 또한 이 여자(女子)에게 있어서는 중요(重要)한 무기(武器)중에 하나라네.

살림에는 젬병, 곧 형편이 없으며, 자기 잠자리만 깨끗하면 되고 손 하나 까닥거리기 싫어하면서도 자신을 위해서는 손이 걸고 즉 씀씀이가 대단하고 남을 위해서는 손이 작다네.

곧 사람됨이 자기(自己)만을 위하기 때문에 재물(財物)을 다루는 품이 후하지 못하다네.

제 몸을 아끼기 위해서는 온갖 것을 갖추면서도 가족(家族)을 챙기는 일에 있어서는 이도 저도 아닌 갖은 변덕(變德)이 들쑥날쑥한다네.

이러저러한 성미(性味)로 인하여 때로는 작게나마 손버릇이 나빠지기도 하고 남의 돈을 거저먹으려 한다네.

밉지 않다는 것은 큰 것을 욕심(慾心)부리는 것이 아니고 소소(小小)한 것에서 벌어지는 일이기 때문이라네.

나이가 많으나 적으나 남의 말을 들으려 하지 않고 생떼를 쓰며, 아픔이나 괴로움 등을 거짓으로 꾸미거나 실제(實際)보다 부풀려 나타낸다네.

있는 대로 그대로 노력(努力)하며 올바르게 살았으면 한다네.

- 여자(女子): 음(陰) → 태음(太陰) ☷, 곤(坤)

타고난 바탕이 본래(本來) 어머니와 같다네.

그 많은 일과 그 많은 고통(苦痛)과 그 많은 세월(歲月)을 보내면서도 자신(自身)을 위한 것은 단 하나도 없이, 오로지 가족을 위해서 산다네.

스스로의 의지(意志)는 늘 꺾어지고 거칠어진 몸뚱이만 남는다네.

일복도 복(福)중에 한가지라 누구를 원망(怨望)하고 탓하겠는가.

쓰린 마음을 쓸어안고 아픈 몸을 이끌면서 살아가야 하는 참으로 질긴 삶이라네.

그나마 남편(男便)의 사랑과 사식(子息)을 통한 기쁨이 크나큰 행복(幸福)이 이니겠는가.

부모(父母)로부터 받은 재물(財物)이 많다면 늘 남을 위해 사는 손이 큰 여자(女子)로서 존경(尊敬)을 받으며, 가진 것이 없고 힘이 들더라도 남을 생각하고 더불어 살아가는 밝은 심성(心性)을 지닌 여자(女子)라네.

한이 없는 사랑으로 가족(家族)을 끌어안으며 늘 미소를 잃지 않으려 노력(努力)하고 항상 어깨를 내어주는 이라네.

또한 어깨를 토닥여 주는 투박한 손이 늘 따스한 사람이라네.

말없이 웃음을 지어주는 것은 끝없는 믿음의 표시(表示)이며, 한없는 사랑의 표현(表現)이라네.

큰 일이 닥쳐도 몸과 마음을 다해 막아주며, 늘 앞서서 손을 잡고 이끌어주는 사람이라네.

2) 노중화(爐中火): 화로(火爐)에서 타오르는 불의 기운(氣運)

병인(丙寅)-양(陽)	정묘(丁卯)-음(陰)

16상론(十六象論) 및 행태론(行態論)

• 남자(男子)

양(陽) → 태양(太陽)/건(乾)-부(父) ☰	음(陰) → 태양(太陽)/손(巽)-장녀(長女) ☴
양(陽) → 소음(少陰)/태(兌)-소녀(少女) ☱	음(陰) → 소음(少陰)/감(坎)-중남(中男) ☵
양(陽) → 소양(少陽)/리(離)-중녀(中女) ☲	음(陰) → 소양(少陽)/간(艮)-소남(少男) ☶
양(陽) → 태음(太陰)/진(震)-장남(長男) ☳	음(陰) → 태음(太陰)/곤(坤)-모(母) ☷

• 여자(女子)

양(陽) → 태양(太陽)/건(乾)-부(父) ☰	음(陰) → 태양(太陽)/손(巽)-장녀(長女) ☴
양(陽) → 소음(少陰)/태(兌)-소녀(少女) ☱	음(陰) → 소음(少陰)/감(坎)-중남(中男) ☵
양(陽) → 소양(少陽)/리(離)-중녀(中女) ☲	음(陰) → 소양(少陽)/간(艮)-소남(少男) ☶
양(陽) → 태음(太陰)/진(震)-장남(長男) ☳	음(陰) → 태음(太陰)/곤(坤)-모(母) ☷

- 남자(男子): 양(陽) → 태양(太陽) ☰, 건(乾)

남자(男子)다운 구석이 있다네.

마음과 몸의 활동력(活動力)이나 기운(氣運)이 강하고 성적(性的)인 능력(能力)이 좋다네.

여자(女子)를 무척 좋아하고 늘 두리번거리며, 육체(肉體)를 탐(貪)하는 일에 있어서 바짝 다잡고 마음에 들기라도 하면 그 한가지에만 마음이 쏠려 잊지 못하고 매달리는 일이 많다네.

지치지 않은 체력에 잠자리에서의 자신감(自信感)이란 이루 다 말할 수 없다네.

애욕(愛慾)의 갈증(渴症)을 풀고 나서도 남아도는 정력(精力)이라네. 때문에 다른 여자와 놀아나도 당연지사(當然之事)로 여기며, 가족(家族)들이 따지기라도 하면 도리어 되받아치면서 떳떳하게 행동(行動)하는 사람이라네.

그만큼 가족(家族)을 위해 노력(努力)하고 할 도리(道理)를 해가며 책임(責任)을 떠넘기지 않고 가장(家長)으로써의 책무(責務)를 다하기 때문이라네.

하고 싶은 말을 가슴에 담지를 못하는 성격(性格)으로, 있는 화를 내면서 있는 대로 분한 마음을 풀어버린다네.

모든 일이나 사람이나 자신의 손아귀에 움켜쥐어야 속이 편한 사람이며, 마음대로 말하고 마음대로 움직이면서 따라오기를 고집(固執)부린다네.

남의 말이나 의견(意見)은 철저(徹低)하게 무시(無視)하는 사람이니 굳이 나서서 말해주어야 필요(必要)가 없다네.

스스로의 생각을 우선시(于先視)하는 사람으로서 타인(他人)에게 상처(傷處)를 많이 준다네.

그래도 늘 유쾌(愉快)한 사람으로 맡은 일만큼은 땀을 흘리며 열심히 하는 사람이라네.

가족(家族)들이 때때로 불안(不安)해 하는 까닭은 술 때문이라네.

평상시(平常時)에는 위신(威信)과 체면(體面) 때문에 잘 참다가도 좀 취하면 봇물 터지듯이 온갖 화풀이를 밤새도록 해대니, 누군들 버텨낼 수 있겠는가.

손찌검만이라도 들어가지 않았으면 좋으련만…… 불똥이 어디로 튈지 주위에서 늘 눈치를 본다네.

한번 맺은 인연(因緣)을 매우 소중(所重)하게 생각하는 사람이며, 스스로가 깨져나갈지언정 남에게 피해(被害)를 주지 않으려 한다네.

도달(到達)하고자 하는 목표(目標) 의식(意識)과 이루고자 하는 목적(目的) 의식(意識)이 강(强)한 면은 매우 좋으나, 너무 강(强)하면 쉽게 부러지지 않던가.

때문에 하고자 하는 일들이 쉽게 풀리지 않고 어려운 것이라네.
있을 때 잘하게나.
밖에서는 호인(好人)이면서 어찌 안에 들어오면 꽉 움켜잡고 놓아주지를 않는가.
휘어잡으려고 하면 튀어나가는 것이 삶의 정석(定石)이 아니던가.

- 남자(男子): 양(陽) ➔ 소음(少陰) ☱, 태(兌)

성질(性質)이 조금은 엉뚱한 욕심(欲心)을 품고 분수(分數) 밖의 짓을 하려는 경향(傾向)이 있으며, 의뭉스러우며 어둠 컴컴하고 스산하다네.
여자를 좋아하는 것 같지 않지만 은근하게 훔쳐보는 것도 좋아하며, 마음에 드는 여자를 앞에 두고 말없이 미소만 지으며 야단스럽지 않으나 드러나지 않은 끈적거림을 보인다네.
겉으로 드러내지 않은 소심(小心)한 성격(性格)이 있으나 이는 신중(愼重)함 때문이라네.
대인(對人) 관계(關係)에 있어서 돌다리도 두드리며 건너는 성격이며, 대하기에 조금은 답답해도 그리 꽉 막힌 사람이 아니라네.
타인(他人)에게는 매우 조심스러우나 가족들에게 있어서는 시비(是非)를 가름하여 명확(明確)하게 가르치며, 단호(斷乎)하게 규율(規律)을 잡는다네.
마음의 중심(中心)이 되는 생각이나 태도(態度)가 조금은 약한 까닭으로 일을 저지르고도 뒷수습을 하지 못하며, 바람을 피우면 꼭 들키는 사람이고 변명(辨明) 한마디 하지 않으면서 마누라의 복장(腹臟)을 터지게 만든다네.
마음에 화병이 쌓이는 사람이니, 괜한 자존심에 나서지 않기를 바라며, 사람이 꽁하면 아무짝에도 못쓰는 것이니 무슨 일이든 털어버리고 가족(家族)들에게 의지(依支)해야 한다네.
두 번은 살지 못하는 인생(人生), 늘 활달(豁達)한 삶을 살아갈 수 있도록 원하고 노력(努力)한다면 이보다 좋은 일이 어디 있겠는가.

- 남자(男子): 양(陽) → 소양(少陽) ☲, 리(離)

말이나 행동(行動)이 항상 남을 위하는 것 같지만 자신(自身)을 세우고 스스로의 번듯한 면목(面目)과 위엄(威嚴)과 신망(信望)을 내세우기 위한 것이라네.

때문에 허풍(虛風)이 심하고 없어도 있는 척 하며 몰라도 아는 척 하고 도대체 어느 말이 맞은 말이며 어느 말이 거짓인지를 알 수가 없다네.

꿍한 성격(性格)은 아니나 우선은 내지르고 보는 성격(性格)에 자기(自己) 밖에 모르는 너그럽지 못한 까다로운 성품(性品)으로 인하여 가까운 사람들을 매우 힘들게 한다네.

뒤치다꺼리는 누가 할 것인지, 앞뒤 생각을 하지 않는다네.

그러면서도 큰소리에 잘난 척이라네.

말과 행동(行動)만이 앞서는 가족(家族) 챙기기의 달인(達人)이며, 안을 들여다보면 사실(事實) 껍데기만 요란할 뿐이지 실속 없이 자랑만 앞선다네.

그래도 늘 자신만만하며 스스로는 행복(幸福)해 한다네.

가족(家族)들이야 상처(傷處)를 받든 말든 마음에 두고 생각하지 않으며, 삶의 밑바탕에 흐르는 기본적(基本的)인 생각이 난 척, 있는 척, 잘난 척인 것을 보면 참으로 뻔뻔하기가 그지없다네.

깊이 들여다보면 마음의 중심이 되는 생각이나 태도가 없는 사람으로서 여린 마음의 소유자(所有者)가 아닌가 한다네.

그렇다면 상처(傷處)를 받지 않기 위해 과장(誇張)된 말과 행동으로 스스로를 포장(包裝)하는 것이 아닌가.

겉으로는 강(强)해 보이지만 달리 보면 상처를 받기 쉬운 감정(感情)의 소유자(所有者)로 모진 데가 없이 무르고 약한 사람이라네.

- 남자(男子): 양(陽) → 태음(太陰) ☳, 진(震)

겉으로는 밝은 웃음을 띠고 있지만 성적(性的)인 내용을 있는 그대로 숨기지 않고 드러내며, 마음씨가 그늘지고 엉큼하며 음흉하고 사나운 사람이라네. 때로는 삶의 의욕(意欲)을 잃은 듯하나 이는 육욕(肉慾)의 발산 처(發散 處)를 찾기 위한 사전(事前) 작업(作業)일 뿐이라네.

얼마나 음탕(淫蕩)스럽겠는가.

우선 내가 배부르면 그만이고 가족(家族)들이야 무엇을 먹든 무슨 고통(苦痛)을 받든 나만 즐겁고 행복(幸福)하면 된다네.

가진 것이 많지 않으면서 모든 것을 다 해줄 듯 나서며, 정확(正確)하게 알지 못한 일들을 앞세워 그 일들이 사실(事實)인양 말하면서 주변(周邊) 사람들을 끌어들이고 일을 벌이지만, 쉽게 이루어질 일이 있겠는가.

스스로 성질(性質)을 죽이고 산다고 말하지만 한번 욱하면 지금까지 땀 흘려 이루어 놓은 노력의 결과물(結果物)이 한 순간(瞬間)에 깨져 나가고 많은 상처(傷處)를 받은 사람이라네.

마음이 넓고 화통한 사람처럼 굴지만 사실(事實) 알고 보면 겉으로만 그럴 뿐, 속이 좁아터진 사람이라네.

마음 한구석에 의심(疑心)이 많으며, 사람을 잘 믿지 못하고 스스로는 잘못이 없는데 세상(世上)이 나를 못되게 만들었다 생각한다네.

이러한 까닭으로 인(因)하여 스스로의 속마음을 드러내놓지 못하고 늘 외로워하며 뒤가 매우 무른 성격(性格)의 소유자(所有者)라네.

한 집안을 혼자서 이끄는 척 하지만 분명(分明)하게 알아야 할 것은 혼자서는 살아갈 수 없다는 세상사(世上事)의 올바른 견해(見解)를 겸허(謙虛)히 받아들이고 서로가 서로에게 의지(依支)해야 한다네.

긍정적(肯定的)인 사고(思考) 방식(方式)은 어둠 속에서 밝음으로 이끌어내는 크나큰 원동력(原動力)이라네.

- 남자(男子): 음(陰) → 태양(太陽) ☱, 손(巽)

한 번 더 생각하고 말하며 행동(行動)하는 신중(愼重)한 사람으로, 있는 그대로 보고 있는 그대로 말하며, 모든 일에 있어서 말과 행동(行動)을 조심(操心)한다네.

겉으로는 차보이나 안은 뜨겁고 적극적(積極的)이며, 여자(女子)를 만나는 일에 있어서도 엉큼하고 음탕(淫蕩)한 생각이 앞서기 보다는 매우 진지(眞摯)한 생각이 지배적(支配的)인 사람이라네.

육체적(肉體的)인 강(强)함 보다는 마음의 중심(中心)이 되는 생각이나 태도(態度), 즉 줏대가 강(强)한 것을 중요시(重要視)하며, 가족(家族)을 대하고 부양(扶養)하는 일에 있어서 겉으로는 부드러우나 생각이나 행동양식(行動樣式)에 있어서는 떳떳하고 당당(當當)하며, 올바르고 참됨을 우선시(于先視)한다네.

무책임(無責任)한 말과 행동(行動)은 비난(非難) 받아야 마땅한 일이며, 홀로 세상(世上)에 나선다함은 삶의 본바탕에 기본적(基本的)으로 깔려 있는 생각이라네.

스스로 나서는 성격이 아니며, 또 모르는 척하는 성격(性格)은 아니라네.

야무지게 결단하는 힘과 끈덕지게 어려움을 견디어 내는 힘이 있으며, 말이 앞서기 보다는 행동(行動)으로 먼저 보여주고 사람을 휘어잡는 성품(性品)이나 상대방(相對方)이 상처를 받지 않도록 배려(配慮)하는 속이 깊은 사람이라네.

그래도 노중화(爐中火)의 기운이라 때로는 타인의 말에 귀 기울이지 않고 독단적(獨斷的)인 판단(判斷)에 따라 움직이는 일이 있다네.

그래도 인정(認定)할 것은 인정하는 사람이라 미움을 받지 않는다네.

또한 한쪽으로 마음이 쏠리면 한순간에 무너져 버리기도 하며, 끝까지 매달리는 미련한 짓을 벌인다네.

한 가지 일에 목표(目標)를 두고 몸과 마음을 다해 정성(精誠)을 드리며, 강(强)하게 몰아 부치는 성격(性格)은 좋으나 결과(結果)에 너무 집착을 하거나 모든 것을 휘어잡으려하지 말게나. 깨지기가 쉽다네.

유(柔)한 듯하나 강(强)한 자존심(自尊心)으로 인(因)하여 하잘 것 없이 작거나 적은 일로 술을 한꺼번에 지나치게 많이 마시고 말과 행동(行動)을 함부로 하여 가까운 이들에게 큰 상처(傷處)를 줄 수 있으니, 말과 행동(行動)에 마음을 써야 한다네.

성질(性質)이나 태도(態度)가 검질기고 굳세다는 것은 언젠가는 깨지기 마련이 아닌가.

그러나 이러한 일상적(日常的)인 틀을 깨기란 그리 쉬운 일은 아니며, 많은 노력(努力)이 필요(必要)하다네.

- 남자(男子): 음(陰) → 소음(少陰) ==, 감(坎)

우유부단(優柔不斷)하기보다는 소심(小心)한 성격(性格)에 가깝다네.

몸가짐이나 마음 씀씀이가 신중(愼重)하다고는 하나, 일을 벌이거나 밀어 붙이는 힘이 약(弱)하고 무슨 일이든 쉽게 생각하여 관심(關心)을 적게 두거나 편안(便安)함만을 누리려는 태도(態度)가 큰 단점(短點)으로 드러난다네.

분한 생각이 한꺼번에 치미는 성격(性格)이며, 말을 못하고 속으로 말아 쥐고서 앓아 눕는 사람이라네.

착한 것이지…… 사소(些少)한 일에 이빨을 드러내는 성격(性格)이나 오래 가지를 못하고 미리 접어 버리는 사람이라네.

겉으로는 포기(拋棄)하는 것 같으면서도 내심(內心) 쉽게 물러서지 않은 자존심(自尊心)이 있다네.

여자(女子)를 좋아하지만 그 마음을 드러내지 않고 혼자만의 만족(滿足)으로 행복(幸福)해 한다네.

엉큼한 생각을 품고 있으나 말과 행동(行動)으로 옮기지는 못하며, 이로 인하여 상대방(相對方)이 답답해하면서 다그치는 일이 생긴다네.

그나마 내적(內的)으로 질기고 차진 기운(氣運)을 지니고 있는 것이 가정(家庭)을 지키고 부양(扶養)할 수 있는 힘이 된다네.

인생(人生)이란 내가 아닌 삶을 살지 않던가.

부인(婦人)과 자식(子息)이 귀한 줄 알며, 뒷바라지에 노력(努力)하고 뒷감당을 하려고는 하나 몸과 마음이 따라주지를 못한다네.

일을 크게 벌이면 마음의 병(病)만 깊어질 것이니, 크게 벌이지 말고 속 끓이지 않은 작은 일에 손을 대면 살아가는데 무리(無理)가 없을 것이라네.

마음만 착하면 세상(世上)을 편하게 살 수 있다는 쉽고 어리석은 생각을 버려야 한다네.

할 말은 분명(分明)하게 하고 따질 것은 따져야 한다네.

꽁한 성격(性格)이나 휘거나 굽은 데가 없이 똑바로 곧은 사람이라네.

소심(小心)하기는 하지만 성질(性質)이 너그럽지 못하거나 밝게 드러난 사물(事物)을 보고 살피어 가지는 의견(意見)이나 생각이 그렇게 좁은 사람은 아니라네.
늘 타인(他人)을 이해(理解)하려는 마음의 씀씀이가 바른 사람이라네.
그래도 한번 마음이 돌아서면 오래 가는 그 성깔은 버릴 수 없는 것이라네.

- 남자(男子): 음(陰) → 소양(少陽) ☶, 간(艮)

울컥하는 사람이나 마음은 무척 여리다네.
상대방(相對方)이 처한 상황(常況)을 헤아리지 않고 잘난 척을 하며 말하고 함부로덤부로 행동(行動)하는 남자(男子)지만 밉지는 않고 그렇다고 그리 곱지도 않다네.
일의 영문이나 속내를 알지 못하면서 스스로가 많이 든 사람과 같이, 자기(自己)만 된 사람과 같이, 또 난 사람인 척하며, 참견(參見)하고 기어들 곳을 가름하지 못한다네.
사고방식(思考方式)이 자기의 이익(利益)만을 꾀하며, 조금이라도 손해(損害)를 보거나 마음에 상처(傷處)라도 입으면 사소(些少)한 일이라도 잊지 않고 속으로 언짢아하며 못마땅하게 여기면서 입을 다문다네.
대인(對人) 관계(關係)도 이러하지만 가족(家族) 관계(關係) 또한 원만(圓滿)하지가 않다네.
때문에 주변(周邊) 사람들을 힘들게 하고 한번 눈 밖에 나면 회복(回復)하기가 힘든 사람이리네.
줏대가 없고 마음이 여린 것은 타고난 것이라 가진 것이 많으면 제 멋에 겨워 살아가며 남을 힘들게 하지 않지만 지닌 것이 없다면 꽤나 버거운 삶을 살아가면서 가족(家族)들에게 상처(傷處)를 주고 늘 어려움에 처하게 만든다네.
스스로의 밥그릇은 스스로가 챙겨야 하는 법(法), 누가 살뜰하게 챙겨주겠는가.
항상 가족(家族)을 먼저 생가하고 남을 배려(配慮)하는 마음을 지녀야 훗날 많은 도움을 받을 수 있지 않겠는가.

- 남자(男子): 음(陰) → 태음(太陰) ☷, 곤(坤)

삶에 대한 의욕(意欲)을 잃어버리고 마지못해 살아가며, 불평불만(不平不滿)이 가득한 사람이라네.

자신(自身)이 만든 틀에 갇혀서 옹졸(壅拙)한 마음의 잣대로 세상을 판단(判斷)하고 자화자찬(自畵自讚)에 자승자박(自繩自縛)한다네.

가족(家族)이 고통(苦痛)을 당해도 자신(自身)만이 즐거우면 그만이고 자기(自己)만 배부르면 만족(滿足)해 하며, 기분에 따라 하루에도 몇 번씩이나 천국(天國)과 지옥(地獄)을 오간다네.

한번 쓰러지거나 무너지면 일어서기가 힘든 사람이니, 일도 그렇고 건강(健康)도 그렇고 가정(家庭)도 그렇다네.

상처(傷處)를 받으면 절대 잊지 않고 자포자기(自暴自棄)하며 살아가는 삶이라 매사에 충동적(衝動的)이고, 스스로를 죽이는 행동에 있어서 머뭇거리지 않고 서슴없이 움직인다네.

속이 좁은 사람으로 진실(眞實) 앞에서는 입을 열지 않고 늘 불평불만(不平不滿)이 앞서며 자기만 힘들게 살아간다고 넋두리라네.

말이 논리적(論理的)이지 않고 항상 웅얼웅얼 거린다네.

병(病)이 나면 깊어지는 사람이니 늘 건강(健康)을 조심(操心)해야 하며, 게으른 성품(性品)을 버리고 자신(自身)을 위해 많은 노력(努力)이 있어야 한다네.

이 사람에게 술이란 불길에 기름을 붓은 것과 같으니, 화로(火爐)에 타오르는 불길, 이 뜨거운 불길에 기름을 부으면 어떻게 되겠는가.

어디로 어떻게 튈지 모르는 사람이라네.

모든 것을 남의 탓으로 돌리는 못된 성격(性格)을 버리고 가족(家族)과 남을 위한 작은 배려(配慮)가 스스로를 살리는 길이라네.

- 여자(女子): 양(陽) → 태양(太陽) ☰, 건(乾)

몸과 마음이 뜨겁다네.

또한 마음 씀씀이가 넓고 크며 작은 일에 거리끼거나 얽매이지 않고 조용하다기 보다는 조금 시끄럽고 목소리가 크다네.

몸가짐이나 행동(行動)이 바르고 부모(父母)나 가족(家族)을 위하며, 슬픔이나 아픔 등은 안으로 감추고 보이지 않는다네.

그러나 화가 나면 그 누구도 말릴 수 없으며 쉽게 사그라지지 않고 살짝이라도 건드리면 끝장을 보는 성격(性格)이라네.

그러나 타인(他人)을 따스하게 보듬어주는 여린 듯 강(强)한 성품(性品)의 소유자(所有者)로서 가슴이 무척 뜨거운 여자(女子)라네.

행동(行動)이나 성격(性格)이 적극적(積極的)이고 시원시원하며, 모든 일에 있어 화끈하고 저돌적(豬突的)인 면이 있다네.

또한 화롯불에 된장국을 올려서 늘 따끈하게 데우듯 은근한 면이, 감정(感情)의 기복(起伏)을 바르게 잡고 기다려주는 참한 마음이 있다네.

물론 속이 타들어가는 것은 막지 못하나 감정(感情)을 나스리고 밥 한 끼 따스하게 차려줄 줄 아는 모성애(母性愛)를 지닌 여자라네.

상처(傷處)를 많이 받고, 또한 자신(自身)도 말과 행동(行動)으로 주변(周邊) 사람들의 마음에 못을 박기도 하면서 힘든 삶을 살아간다네.

늘 스스로의 삶보다는 남을 위해 살아가야 하며, 위로(慰勞) 받기보다는 타인(他人)을 감싸주고 보듬어 주는 삶이라네.

시비(是非)도 잘 거는 여자(女子)이며 말싸움에 능하고 때로는 말보다는 행동(行動)이 앞서는 경우가 많다네.

강(强)한 여자(女子)로서 정열적(情熱的)이며, 한 곳에 머무는 바 없이 발 빠르게 움직이는 바쁜 인생(人生)을 산다네.

건강(健康)에 있어서는 마음에 쌓아두는 화병(火病)이 있어 술에 의존(依存)하면 크게 도움이 되지 않으니 조금은 자제(自制)하기를 바란다네.

어찌 보면 보통 남자(男子)보다는 난 사람이라네.

- 여자(女子): 양(陽) – 소음(少陰) ☱, 태(兌)

감정(感情)의 기복(起伏)이 세찬 듯 하나 안으로는 차분한 성격이라네.
있는 그대로 드러내는 성품(性品)이면서도 자신(自身)에 대해서 깊이 들여다보고 말하며 행동(行動)에 있어서도 조심(操心)을 한다네.
집안에서의 잘잘못을 밖으로 흘리지 않고 늘 신중(愼重)함을 기울이면서 말 한마디를 하더라도 실수(失手)를 하지 않으려 한다네.
남편(男便)이나 자식(子息), 그리고 웃어른들을 모실 줄 알고 근본(根本)된 도리(道理)를 행(行)하나, 때때로 바른 소리하는 까다로운 성격(性格)으로 인하여 집안이 시끄러울 때가 많다네.
가슴이 그렇게 아파도 안으로 참고 이해(理解)하며, 홀로 끌어안고 가야 한다는 것이 어찌 보면 속이 넓고 예사(例事)로이 보이지 않으면서 단단한 듯 보이지만, 한번 상처(傷處)를 받으면 쉽게 아물지 않고 오래 간다네.
그렇다고 속이 좁은 여자(女子)가 아니며, 단지 겁이 많은 소심(小心)한 여자(女子)라네.
겉으로는 아닌 듯이 하나 남에게 기대기를 좋아하며, 많은 위로(慰勞)를 받기 원하고 바른 말과 행동을 하나 일탈(逸脫)할 수 있기를 기다리는 여자(女子)라네.
쉽게 말하자면 아직 불이 붙지 않은 장작더미와 같다네.
한번 불이 붙으면 많은 불나방이 달려들고 은근한 화롯불 주위(周圍)에 많은 사람들이 몸을 녹일 것이 아닌가.
그래도 막내딸과 같은 성가신 기운(氣運)에 밉살스럽지 않은 여자라네.

- 여자(女子): 양(陽) → 소양(少陽) ☲, 리(離)

가족(家族)이 아닌 남들 앞에서는 자기(自己)의 이해관계(理解關係)를 돌보지 아니하고 가족(家族)을 위해 몸과 마음을 다해 힘쓰는 것 같지만, 눈길이 닿지 않은 사각지대(死角地帶)에서는 상냥한 눈빛과 부드러운 말이 일시 사라진다네.

말이 앞서기보다는 단단한 몽둥이가 설치고 매서운 눈초리와 차갑게 몰아치는 말이 설친다네.

스스로의 명예(名譽)와 위신(威信), 그리고 체면(體面)을 위해서는 가족(家族)마저도 철저(徹底)하게 이용(利用)하는 잘난 여자(女子)라네.

이룩하거나 도달(到達)하려고 하는 목표(目標)나 방향(方向)이 있다면 거기에 맞추어 변할 수 있는 편리(便利)한 성격(性格)을 갖추었다네.

말과 행동(行動)에 있어서 겉치레가 앞서는 까닭으로 말에는 진실(眞實)보다는 거짓이 많고 행동에는 과장(誇張)됨이 많다네.

기쁨이나 슬픔, 좋은 것이나 나쁜 것이나, 즐거움이나 괴로움 등을 밖으로 모두 쏟아내고, 스스로의 많은 허물을 정당화(正當化)시키며 남의 잘잘못은 모두 거부(拒否)하고 인정(認定)하지 않은 성격이라네.

대인관계(對人關係)에 있어서 많은 사람들에게 상처를 주는 타입이며, 사람들이 싫어하지만 전혀 개의치 않은 밉상이라네.

처음에는 사람들이 가까이 다가서지만 후회(後悔)를 하며 돌아서고 다시는 보려 하지 않는나네.

뒤에서 욕을 많이 먹은 여자(女子)로 스스로의 허물을 돌아보지 않고 오히려 고개를 빳빳하게 세운다네.

잘난 척, 있는 척, 배운 척, 요조숙녀(窈窕淑女)인 척하면서도 조금이라도 마음에 들지 않으면 있는 화를 다 부리고 목적(目的)한 바를 이루면 냉정(冷情)히 돌아서버리니, 이 큰 허물을 어떻게 벗을 것인가.

- 여자(女子): 양(陽) → 태음(太陰) ☳, 진(震)

사랑과 미움, 기쁨과 슬픔 등을 밖으로 드러내어 나타내고 싶지만 이미 식어버린 마음이 따라주지를 못한다네.

남편(男便)을 위하고 가족(家族)을 위한다지만 마음은 즐겁지 않으며, 쓸쓸한 웃음만 짓는다네.

무관심(無關心) 속에 밤이슬을 밟아가면서 외로움을 거두어들이려 하지만 뜨거운 마음보다는 찬바람만이 온 몸과 온 마음을 휘감아 돈다네.

몸과 마음을 다해서 가꾸고 이룩한 가정(家庭)이라는 틀을 깨기가 힘든 여자(女子)로서 늘 가슴만 쓸어내리며 먼 산만 바라본다네.

또한 남들이 말하기를 행실(行實)이 온당(穩當)하지 못하고 추저분하며 성적(性的)으로 엉큼하고 난잡하다고 하지만, 이는 겉으로 드러난 모습일 뿐이라네.

괴로움이나 노여움 등을 참고 견디어냄에 있어서 매우 강(强)하며, 남에게 굽힘없이 제 몸이나 품위(品位)를 스스로 높이 가지려 노력하고 삶에 대한 의지(意志)가 강(强)하다네.

감정(感情)의 기복(起伏)을 따라 몸을 함부로 하는 경향(傾向)이 있으나 마음은 주지 않는다네.

가정사(家庭事)의 어려운 일들을 홀로 떠맡으면서도 불만(不滿)이나 불평(不平)이 없으며, 힘이 들고 고통(苦痛)이 따르는 것을 내색하지 않은 여자(女子)라네.

- 여자(女子): 음(陰) → 태양(太陽) ☴, 손(巽)

불타오르는 듯 세찬 감정(感情)은 안으로 숨기고 겉으로는 인정(人情)이 없이 매우 쌀쌀하고 강(强)한 듯, 독(毒)한 듯 보인다네.

그러나 따스하고 부드러운 여자(女子)이며 일의 이치에 밝고 타고난 성질(性質)이 맺고 끊는 일에 있어서는 매우 엄격(嚴格)하고 분명(分明)하다네.

말과 행동(行動)이 올바르고 이치(理致)에 맞으며, 사리(事理)에 맞지 않고 무리가 따르는 길이면 내딛지 않은 성품이라네.

내 남자(男子)는 멋있어야 하고 내 자식(子息) 또한 그러해야 하며 모든 면에서 일등이 아니면 마음에 차지 않은 욕심(欲心) 많은 여자라네.

아닌 듯이 보이지만 뜨거운 몸을 지닌 여자(女子)인지라 밤마다 도망을 다니는 사람은 남자(男子)라네.

때문에 한명의 남자(男子)로는 몸을 식힐 수 없으므로 욕정(慾情)을 발산(發散)할 수 있는 힘든 운동(運動)이나 스스로를 자위(自慰)하는 성격(性格)이라네.
이 뜨거운 욕정(慾情)이 잘못 풀리면 말해서 무엇 하겠는가.
때때로 가정생활(家庭生活)을 오래 유지(有志)할 수가 없으니, 그 까닭은 뜨거운 몸 때문이며, 불이 붙으면 앞뒤 헤아림 없이 곧장 실행(實行)하고 때로는 좌우(左右)를 살핌이 없이 막무가내로 매달린다네. 그러나 돌아서고 나면 마음에 두지 않고 매섭게 끊어버리는 성격이라네.
냉(冷)한 듯 따스한 여자(女子)인지라 남자(男子)들이 많이 따르고 주변(周邊)을 떠돈다네.
그러나 가족(家族) 위주(爲主)로 삶을 살아가며, 몸과 마음을 다하는 참한 여자(女子)라네.
상대방(相對方)에게 상처(傷處)를 주지 않으려 말과 행동(行動)을 삼가고 욱하는 성격(性格)은 있으나 겉으로 드러내지는 않는다네.

- 여자(女子): 음(陰) → 소음(少陰) ☵, 감(坎)
생각이 많고 작은 일이라도 깊게 또 오래도록 마음에 두며, 하고 싶은 말이 많더라도 입 밖으로 내놓지를 않고 안으로만 쌓아두는 성격(性格)이라네.
은근하게 타오르는 성품(性品)에 잘잘못을 번연(幡然)하게 알면서도 말을 하지 못하는 맹하고 꽁한 구석이 있다네.
사람이 싱겁고 흐리멍덩하여 멍청한 듯하지만, 이는 마음이 약하고 착한 성격(性格) 때문이라네.
좋게 말하면 누가 무어라고 하던 스스로의 할 일만 말없이 해가며, 좋지 않게 말하면 무닌 성격(性格)으로 말이나 행동(行動)이 느리고 시원스럽지 못하다는 것이네.
알아도 바른 소리를 못하고 억울해도 안으로만 끌어안고 숨어버리니 답답하기가 이루 말할 수 없다네.
이러한 까닭으로 인하여 화병(火病)을 안고 평생을 가며, 남편(男便)과 자식(子息), 그리고 집안 어른들에게 잘하는 편이나, 칭찬보다는 오히려 못났다는 소리를 듣고 마음의 상처(傷處)만이 늘어난다네.

그래도 욕정(慾情) 앞에서는 쉽게 무너져 내리는 여자(女子)인지라 자식(子息)을 많이 두며, 내 남자(男子), 남의 남자(男子)를 가리지 않은 까닭으로 많은 문제(問題)를 안고 살아간다네.

외도(外道)에 대한 죄의식(罪意識)이 희미(稀微)하며, 사랑에 대한 설렘이나 그리움에 대해서는 잊은 지 오래인지라 꿈을 꾸는 성격(性格)이 아니라네.

여리고 착한 성격(性格)으로 인하여 어릴 때부터 상처(傷處)가 많으며, 그 아픔을 혼자 끌어안고 살아왔기에 모든 험한 일 앞에서 무덤덤할 수 있는 것이라네.

말을 못하는 것이 아니라 다투기가 싫고 말싸움을 하기 싫기에 피해버리는 여자(女子)이며 결코 삐치거나 속이 좁은 것이 아니고 현명(賢明)하게 살아가는 여자(女子)가 아닌가 한다네.

여리고 착하면서도 한쪽으로는 엉큼하고 조금은 음탕(淫蕩)하며, 욕심(慾心)을 부리는 여자(女子)라네.

- 여자(女子): 음(陰) → 소양(少陽) ☶, 간(艮)

철없이 나대는 막내아들과 같다네.

말과 행동(行動)이 가볍고 일정한 생각이나 줏대가 없이, 되는대로 하는 것은 주목(注目)을 받기 위한 유치(幼稚)하고 철없는 감정이나 상황(狀況)에 따른 기분 때문이라네.

사랑을 받기 위해 갖은 애를 쓰고 아닌 듯, 그런 듯, 줄 듯, 말듯이 여리고 여린 표현(表現)을 한다네.

체면(體面)과 위신(威信)보다는 무언가를 독차지하고 싶어 하는 욕구(欲求)가 강(强)하게 작용(作用)하는 사람이며, 이 욕구(欲求)에 따라 스스로가 처한 상황(狀況)을 잊고 모든 것을 정당화(正當化)시키면서 유쾌(愉快)하게 나대는 여자라네.

긍정적(肯定的)인 성격(性格)이며 지나간 일에 얽매이지 않고 늘 새로운 것을 찾아 헤매기도 하며, 호기심(好奇心)이 강(强)하고 때에 따라서는 눈물이 많은 여자(女子)라네.

밉지 않은 성미(性味)지만 목적을 이루기 위해 작은 거짓말이 많으며, 보이지 않은 곳에서 딴 짓을 하는 것은 그냥 기본적(基本的)인 성향(性向)이라네.
이러한 작은 거짓말과 행동(行動)이 크게 번지기도 하며, 이로 인해 큰 곤란(困難)을 겪기도 한다네.
스스로를 합리화(合理化)시키고 스스로를 위로(慰勞)하며 열심히 살아가는 삶이라네.
가정(家庭)을 지키고자 노력(努力)하나 힘에 부치는 일이라 가족(家族)의 도움이 많이 필요하고 또 도움을 청하며 밝게 살아가려고 애쓴다네.
좋은 남자(男子)를 만나야 화롯불이 오래도록 꺼지지 않을 것이라네.
작은 바람은 죽어가는 화롯불의 불씨를 살릴 수 있음을 알아야 한다네.
목적(目的)을 위해 경망(輕妄)하게 움직이지 말고 항상 한마음으로 몸과 마음을 다해 노력(努力)한다면 늘 좋은 일이 함께 할 것이고, 스스로의 몸을 보살펴서 늘 건강(健康)하기를……

- 여자(女子): 음(陰) → 태음(太陰) ☷, 곤(坤)

어둠 속에서 사그라져가는 작은 화롯불과 같으니, 몸과 마음을 다하고 싶어도 안과 밖이 따라주지를 못한다네.
늘 기다림에 지친 여인(女人)이며, 참고 또 참고 인내(忍耐)하며 살아가는 모진 삶이라네.
꺼진 불씨를 끄집어내어 어렵게 불을 피우고 밝히지만 항상 도둑질 당하는 불씨인지라 항상 차가우며 어둡고 배고픔에 몸져눕는다네.
누구의 도움을 바랄 수 있겠는가.
희망(希望)은 저 멀리 도망갔지만 몸과 마음을 다한 정성(精誠)은 그나마 마지막 남은 불씨를 지킨다네.
따라주지 않은 몸과 마음이지만 가족(家族)을 위해 마지막 한숨까지 노력(努力)을 하며, 매우 작은 것에서 행복을 느끼고 한숨이 섞인 쓴웃음이나마 짓는다네.
못난 인생(人生)이지만 자식(子息)을 뜨겁게 끌어안으며, 피눈물을 흘리는 삶이라지만 질기고 질긴 것이 인생(人生)이라 사랑에 대하여 말 한마디 못하고 그리움에 대하여 눈물로 보내며, 남이 욕이라도 보이면 하심(下心)으로 남을 받들고 늘 있는 듯 없는 듯, 해야 할 바른 도리(道理)를 행(行)하면서 보이지 않게 살아간다네.
돌아오지 않을 사람을 기다리는 것은 지독한 목마름이 아니라 언젠가 만날 수 있다는 마지막 남은 믿음이며, 그 믿음 하나로 지치고 메마른 몸과 마음을 이끌고 거친 세상(世上)과 맞서는, 착하면서도 억센 어머니의 맑은 기운(氣運)이라네.

3) 대림목(大林木): 큰 숲을 이룬 나무(木)의 기운(氣運)

무진(戊辰)-양(陽)	기사(己巳)-음(陰)

16상론(十六象論) 및 행태론(行態論)

• 남자(男子)

양(陽) → 태양(太陽)/건(乾)-부(父) ☰	음(陰) → 태양(太陽)/손(巽)-장녀(長女) ☴
양(陽) → 소음(少陰)/태(兌)-소녀(少女) ☱	음(陰) → 소음(少陰)/감(坎)-중남(中男) ☵
양(陽) → 소양(少陽)/리(離)-중녀(中女) ☲	음(陰) → 소양(少陽)/간(艮)-소남(少男) ☶
양(陽) → 태음(太陰)/진(震)-장남(長男) ☳	음(陰) → 태음(太陰)/곤(坤)-모(母) ☷

• 여자(女子)

양(陽) → 태양(太陽)/건(乾)-부(父) ☰	음(陰) → 태양(太陽)/손(巽)-장녀(長女) ☴
양(陽) → 소음(少陰)/태(兌)-소녀(少女) ☱	음(陰) → 소음(少陰)/감(坎)-중남(中男) ☵
양(陽) → 소양(少陽)/리(離)-중녀(中女) ☲	음(陰) → 소양(少陽)/간(艮)-소남(少男) ☶
양(陽) → 태음(太陰)/진(震)-장남(長男) ☳	음(陰) → 태음(太陰)/곤(坤)-모(母) ☷

- 남자(男子): 양(陽) → 태양(太陽) ☰, 건(乾)

많은 것을 가진 사람이라네.

재물(財物), 보듬어 안아주는 따스함, 다재(多才) 다능(多能)한 재주, 널리 보고 들어서 아는 박식(博識)함 등, 몸과 마음이 항상 넉넉한 이웃집 아저씨 같다네.

지닌바 모든 것이 밖으로 드러나는 사람이며, 그렇다고 있는 척을 하며 자랑하는 사람은 아니라네.

가지고 있는 것에 크게 욕심(慾心)을 부리지 않고 마음 씀씀이가 넉넉하며, 바라는 바 없이 베푸는 호인(好人)이라네.

풍족(豊足)함이 평생(平生) 따르고 게으르지 않고 배움이 많으면 명예(名譽)가 따르며, 사람이 우러러 믿고 따르는 덕망(德望)도 갖춘다네.

후덕(厚德)한 사람으로 가족(家族)을 모자람이 없이 이끌며, 집안을 일으키고 대가족(大家族)을 형성(形成)하며, 가장(家長)으로서 남부럽지 않은 멋진 아버지의 상(像)을 이룩한다네.

사람을 잘 사귀고 사귄 사람들로부터 도움을 받은 복(福), 곧 인복(人福)이 많은 까닭으로 무슨 일이든 벌이면 많은 이들이 모여들어 몸과 마음을 다해 일해주고 받쳐주므로 뜻을 이룰 수 있는 기회(機會)가 많다네.

인정(人情)이 많은 것은 타고난 팔자(八字)인지라 위아래 없이 인정(人情)을 베풀다가 구설수(口舌數)에 오르기도 하며, 까닭이나 필요(必要)가 없는 괜한 일에 휩쓸려 매우 곤혹(困惑)스러운 일도 겪는다네.

때로는 마르지 않은 샘물이 있기에 여러 곳에 가정(家庭)을 이루며, 매우 바쁜 인생(人生)을 살기도 한다네.

자신(自身)을 뒤돌아보고 깊이 있게 성찰(省察)하는 성격(性格)으로서 늘 새로운 일에 눈을 뜨며, 열심히 살아가는 아버지와 같은 사람이라네.

- 남자(男子): 양(陽) → 소음(少陰) ☱, 태(兌)

한 번 더 생각을 한 후에 말을 하고 행동(行動)한다네.

그렇다고 애를 쓰며 속을 태우면서 하나의 생각에 매달리지 않으며, 단지 조금 신중(愼重)한 타입이라네.

가진 것이 있어도 크게 내세우지 않고 알아도 나서는 성격이 아니며, 안으로 조금은 숨기는 사람이라네.

체면(體面)과 위신(威信)을 지키려 하고 조그마한 실수(失手)도 하지 않으려 꽤나 노력(努力)하는 사람이라네.

손해(損害)를 보지 않으며 이재(理財)에 밝은 사람으로 사람을 다루는 용병술(用兵術)에 능(能)하다네.

생각이 많은 까닭으로 가끔은 자신(自身)의 뜻과는 반대(反對)로 빗나간 길을 걷지만 실수(失手)를 바로 잡을 수 있는 용단(勇斷)을 지닌 남자(男子)라네.

쉽게 속아서 넘어가는 이가 아니고 늘 준비(準備)가 되어 있으며, 많이 자제(自制)하는 성격(性格)으로서 너무하다 싶을 정도로 조심(操心)하고 조심을 한다네.

남에게 지지 않으려는 자존심(自尊心)이 강(强)한 까닭으로 명분(名分)만 있다면 남이 보기에 번듯한 면목(面目)을 세우기 위해 당차게 나설 줄 안다네.

승부욕(勝負慾)이 강(强)한 까닭으로 한번 마음을 먹으면 지치지 않은 정력(精力)으로 가진 힘을 다하는 멋진 면도 있다네.

사람을 잘 받아들이고 사귀는 편이나 초면(初面)에는 쑥스러워 한다네.

남을 배려(配慮)하는 마음이 찐득하고 바르게 베푸는 일이라면 아끼지 않고 베푸는 사람이며, 자신(自身)의 주변(周邊)을 둘러보고 스스로를 체크하는 세심(細心)한 성격(性格)이라네.

남자가 남자(男子)인지라 마음에 드는 여자라면 엉뚱한 욕심을 품고 분수(分數) 밖의 짓을 하려는 경향(傾向)이 있으며, 때로는 마음이 한곳으로 쏠려서 잊지 못하고 매달리는 경우도 있다네.

스스로가 가진 것이 어느 정도인지를 파악(把握)하고, 또한 가야 할 길을 잃지 말아야 하겠네.

가족(家族)과의 관계(關係)는 두루 원만(圓滿)하게 이끌어가며, 무난(無難)한 삶을 영위(營爲)한다네.

엉뚱한 짓만 하지 않는다면……

- 남자(男子): 양(陽) → 소양(少陽) ☲, 리(離)

있는 것을 가지고 쓰기도 잘 쓰며 아낌없이 주고 아까운 줄을 모른다네.

있는 척, 잘난 척을 하며 말이 먼저 앞서는 사람으로 모든 것을 스스로가 알아서 다 해준다고 큰소리 치고 나서 아까운 마음에 속이 쓰린 사람이라네.

여자(女子)들이 좋아하면서 많이 따르고 이 남자(男子) 또한 호탕(豪宕)하게 객기(客氣)를 부리면서 온갖 멋스러운 짓은 다 한다네.

둘째 딸과 같은 성격(性格)으로 환심(歡心)을 사기 위하여 알랑거리고, 공경(恭敬)하는 마음이나 섬기는 뜻으로 사람을 가까이하며 따르기를 좋아한다네.

잔소리가 심한 편이며 비위(脾胃)가 좋은 사람으로서 가족(家族)들과 잘 어울리고 모든 것을 챙겨주려는 성품(性品)이라네.

그러나 저러나 스스로의 체면(體面)과 위신(威信)을 위하여 말하고 행동하는 까닭으로 후에는 욕을 많이 먹고 배신(背信)을 많이 당한다네.

그래도 쓴웃음 한번으로 넘겨버리고 한결같은 모습이라네.

그렇다고 속이 없는 사람이 아니며, 자존심(自尊心) 하나는 강(强)하고 그러한 일에 흔들리는 사람이 아니라네.

모든 일에 앞서서 일일이 참견(參見)을 하며, 자신(自身)을 돋보이게 하려는 성격(性格)이 있는 까닭으로 인하여 상처(傷處)를 많이 받는다네.

식복(食福)은 타고난 팔자(八字)인지라 스스로의 몸과 마음을 깔끔하고 반듯하게 만들어 간다면 처복(妻福)에 자식 복(子息 福), 더하여 인복(人福)도 따를 것이니 항상 말과 행동(行動)을 조심스럽게 해야 한다네.

그래도 타고난 성미(性味)는 잘난쟁이 더하여 잔소리쟁이며, 귀가 매우 얇은 사람이

라네.

그나마 마음이 단단하고 흔들림 없는 것이 다행스럽다네.

- 남자(男子): 양(陽) → 태음(太陰) ☳, 진(震)

마음이 외곬으로 순진(純眞)하고 어수룩하며 꾸밈이 없다네.

모든 일에 있어서 일일이 걱정하고 해결(解決)해주는 것 같으나 쉽게 풀어지는 일이 없으며 나름대로 몸과 마음을 다해 노력하지만 그 대가는 미미하다네.

자신이 지닌 것을 지키지 못하고 많은 것을 빼앗기며 잃은 것이 많다네.

가족(家族)들 앞에서 난 척에 있는 척에 든 척을 하며 내세우나 사랑도 재물(財物)도 단 하나 챙겨주지를 못한다네.

꺾이고 흐트러지며 무너져 내리는 마음이라 스스로도 얼마나 힘들고 답답하겠는가.

고집(固執)을 버리고 혹(惑)하는 마음을 조심(操心)하며, 세상사(世上事)를 바라볼 때 겉으로 드러난 대단한 것만 믿지 말고 그 바탕에 깔려있는 기본적(基本的)인 바른 도리(道理)를 깊이 알아야만 한다네.

아무리 많은 것을 지니고 있다 하더라도 씀씀이에 따라, 곧 적재적소(適材適所)에 따라 베풀거나 거두지를 못한다면 무엇에 쓰겠는가.

하고자 하는 욕심(慾心)과 뜨거운 가슴을 가지고 있다 하더라도, 스스로가 처한 상황(狀況)을 밝고 올바르게 인지(認知)하지 못한다면 무슨 일을 이룰 수 있겠는가.

남의 말에 한 번 더 귀를 기울이고 스스로의 생각을 돌이켜 짚어 본다면 큰 난제(難題)는 없을 것이 아닌가.

타인(他人)의 칭찬이나 아부(阿附)에 쉽게 넘어가는 성격(性格)이니 늘 손해(損害)보는 일이 많은 것이 아닌가.

남의 탓으로 돌리는 사람은 아니나 스스로의 잘못된 판단(判斷)으로 가족(家族)을 힘들게 만든다네.

부모로부터 받은 것이 많다면 살아가는데 있어서 힘들지 않을 것이고 받은 것이 없다면 타고난 성격(性格)으로 인(因)하여 힘든 삶을 살아갈 것이라네.

- 남자(男子): 음(陰) → 태양(太陽) ☰, 손(巽)

타인(他人)의 말과 행동(行動)으로부터 겉으로는 벗어나거나 거부(拒否)하는 것 같지만, 한번은 더 되새기면서 때에 따라 적절(適切)하게 움직이는 신중(愼重)한 성격(性格)의 소유자(所有者)라네.

있어도 내세우지를 않고 알아도 나서지 않으며, 그렇다고 없는 척, 모르는 척하는 성격(性格)은 아니라네.

몸을 움직이기 전에 다시 한 번 생각하고 움직인다네.

형제(兄弟)가 많은 가운데 맏딸의 성격(性格)을 지닌 남자(男子)로서 부드럽고 순하지만 곧은 마음에 집안의 든든한 버팀목이 되어준다네.

마음 또는 정신(精神)의 활동(活動)이 기민(機敏)하고 본능적(本能的)인 직감(直感)이 빠른 사람이며, 이 본능(本能)에 충실(充實)한다네.

말보다는 밝은 웃음과 부드러운 애정(愛情)으로 감싸 안으며, 자신(自身) 보다는 사랑하는 사람을 위해서 노력(努力)하고 마음을 여는 사람이라네.

조금은 계산적(計算的)인 애정(愛情)이지만 자기(自己) 만족(滿足)을 위한 씁쓸한 사랑은 아니라네.

가정(家庭)이라는 울타리를 탄탄하게 세우고 알차게 이끌어 가며, 가족(家族)들을 잘 챙기고 말보다는 행동(行動)으로 보이며, 항상 곁을 떠나지 않고 늘 다독이는 정이 깊은 남자라네.

사람을 사귀더라도 쉽게 가까워지지는 않으나 사귀고 나면 오래도록 관계(關係)를 유지(維持)하고 끈끈한 정을 주는 따뜻한 사람이라네.

일에 대한 조언(助言)도 아끼지 않으며, 늘 보듬어주고 감싸주며, 작은 것 하나라도 놓치지 않고 뒤를 봐준다네.

바른 일이라면 베푸는 일에 인색(吝嗇)하지 않고 바라는 바 없이 넉넉한 마음을 연다네.

무슨 일이든 세세(細細)하게 들여다보고 일을 처리(處理)함에 있어서 신중(愼重)하게 움직이는 까닭으로 무리(無理) 없이 순탄(順坦)하게 이끌며, 나의 이익(利益)이 앞서기 보다는 상생(相生)의 길을 간다네.

작은 일 하나라도 꼼꼼하게 주의(注意)를 기울여 빈틈이 없게 짚고 넘어가는 성격(性格)이지만 속이 좁은 남자(男子)는 아니라네.
오히려 판단(判斷)이 서면 강(强)하게 몰아 부치고 리더십을 발휘(發揮)하는 남자(男子)라네.

- 남자(男子): 음(陰) → 소음(少陰) ☵, 감(坎)

감정의 기복이 있어도 겉으로 드러내지 않고 조용하게 가라앉히며, 밖에서 벌어지는 일에 관심(關心)이 없는 듯하나 마음을 한 곳으로 주의(注意) 깊게 쏟고 내심(內心) 스스로에게 떨어지는 이해득실(利害得失)을 가름하면서 안 그런 척 내숭을 떠는 성격(性格)이라네.
엉큼한 생각을 가지고 있으나, 안으로 숨기면서 자위(自慰)를 하고 자기(自己)의 영역(領域) 안으로 끌어들이며, 자신(自身)의 영역(領域) 안에서는 적극적(積極的)인 행위(行爲)로 상대방(相對方)을 유혹(誘惑)하고 필히 품안에 가둔다네.
머리가 좋다고는 하나 그 무엇에 대한 핵심(核心)보다는 오만(五萬) 가지 잡다(雜多)한 생각이 많고 자신의 목적(目的)을 위한 생각, 이른바 잔머리를 많이 굴린다네.
따뜻한 애정(愛情) 같지만 내면(內面)을 들여다보면 조금은 엉큼하고 불량(不良)하며 침침하고 의뭉스럽다네.
돈을 뿌린다고나 할까?
이러한 방법(方法)으로 얻은 애정(愛情)이 오래 갈 수 있겠는가.
늘 애정(愛情)에 목마르는 사람으로 스스로의 음(陰)한 마음을 털어버리고 진실(眞實)한 눈으로 다가섰으면 한다네.
자신(自身)의 가족(家族)만을 소중(所重)하게 여기며, 올바르게 이끌고자 노력(努力)하고 자식(子息)을 위해서 아끼지 않으나 돈이 들어간 만큼 결과물이 없으면 사나운 눈초리에 잔소리가 심하다네.
물론 부인(婦人)에게도 마찬가지지만 부인이 눈을 부라리면 바로 뒤로 물러서는 현실적(現實的)인 사람이며, 잘못하면 가지고 있는 것도 부인(婦人)에게 곧바로 빼앗기는 맹한 면도 있다네.

남을 배려(配慮)하는 것 같지만 그 밑바닥에 자신(自身)의 위신(威信)과 체면(體面)을 깔고, 아닌 듯하면서도 스스로의 이득(利得)만을 생각하는 까닭으로 인간관계(人間關係)가 그리 깊지 못하며, 쉽게 정(情)을 주는 사람이 아니라네.

돈 앞에서는 인색(吝嗇)해지며 말로써 모든 것을 베풀고, 어색한 웃음 뒤로 부끄러움을 숨기는 사람이라네.

잘못인 줄 알면서도 작은 이익(利益)에 흔들리는 까닭으로 행동(行動)으로 옮기지 못하는 조금은 안타까운 남자(男子)라네.

들어가면 내놓기가 힘들고 적게 들인 돈으로 많은 것을 얻으려는 욕심(慾心)으로 인(因)하여 더 큰 것을 잃은 사람이라네.

더 큰 것이란 사람을 이르는 것이며, 작은 잇속으로 인해 사람을 잃은 후에는 무엇을 얻을 수 있겠는가.

많은 것을 가지고 있어도 쓰지를 못하는 사람이라네.

- 남사(男子): 음(陰) → 소양(少陽) ☶, 간(艮)

마주 대하는 대상(對象)이나 상태(狀態)에 따라 일어나는 기쁨, 노여움, 슬픔, 두려움, 쾌감(快感), 불쾌감(不快感) 등, 마음의 현상(現像)을 여과(濾過) 없이 있는 그대로 드러낸다네.

하나를 가지고 있으면서 열을 가지고 있다고 자랑하며, 지닌 것을 밖으로 내보이기 좋아하고 굳이 애써서 안으로 숨기려는 성격(性格)이 아니라네.

남의 말에 혹(惑)하기 쉬운 사람이며, 때문에 말과 행동이 앞서고 사실(事實)보나 시나치게 떠벌려 나타내며, 깊은 속내를 알지 못하고 작은 잣대로 판단(判斷)하면서 움직이는 가벼운 성격(性格)이라네.

부인(婦人)은 매우 아름다워야 할 것이니, 그 까닭은 자신(自身)을 드러내기 위한 것이며, 애정(愛情)이란 도구(道具)일 뿐이라네.

많은 여자(女子)를 옆에 두기 좋아하고 즐기면서 세상(世上)을 사는, 어찌 보면 멋진 남자(男子)가 아닌가.

없으면 돈이 될 만한 것을 팔아서라도, 또 악다구니를 써서라도 자신(自身)이 목적(目的)한 바를 해야 그 마음이 풀리는 사람으로서 가족(家族)을 힘들게 하고 가정(家庭)을 파탄(破綻)으로 이끌기도 한다네.

말이 앞서는 사람이라 뒷감당은 하지 못하고 어려울 때는 늘 가족(家族)의 뒤에 숨어 버리며, 자신이 가지고 있는 것도 사용(使用)하지 못하는 맹한 남자(男子)라네.

막내아들 한명 더 키운다고 생각하면 그나마 위안(慰安)이라도 될런지…… 그래도 남에게 지지 않으려는 조잔한 자존심(自尊心)이 강(强)한 남자로 눈치를 보면서도 할 말은 하고 무엇을 믿는지는 몰라도 스스로에 대한 자부심(自負心)이 크다네.

처음에는 혹할 수 있는 사람이나 시간이 흐르면서 사람들이 멀리하고 피한다네.

본인(本人)이 많은 것을 가지고 있으면 어중이떠중이 다 모여들고 가진 것이 떨어지면 모두 다 흩어진다네.

때문에 이해득실(利害得失)에 따라 이합집산(離合集散)하는 것이며, 상호간(相互間) 원만(圓滿)하지 못한 것이라네.

남에게 베풀기보다는 자기(自己)가 쓰기 바쁜 사람이며, 일만 저지르지 않으면 좋으련만 일이라고 벌여 놓았다 하면 시끌벅적 소리만 요란(搖亂)할 뿐 남은 것이 하나 없는 장사라네.

지닌 복(福)을 남에게 빼앗기는 사주(四柱)이니, 스스로의 생각에만 의존(依存)하지 말고 자신(自身)보다 앞서며 깊이 있는 사람을 따르기 바란다네.

- 남자(男子): 음(陰) ➜ 태음(太陰) ☷, 곤(坤)

슬기롭지 못하여 하는 짓이 어리석고 둔한 까닭으로 우거진 숲속 깊고 어두운 곳에 자리 잡고 있는 마음이라네.

아는 듯 모르는 듯 스스로가 의아(疑訝)한 얼굴로 얼이 빠진 듯이 얼떨떨하게 세상사(世上事)를 바라보고 아무 말도 하지 못하면서 안타깝게 발만 동동 구르는 성격(性格)이라네.

많은 것을 등에 짊어지고서도 말이나 행동(行動)을 선뜻 행(行)하지 못하고 망설이며, 깊은 생각에 빠져있는 듯하나 도대체 무슨 생각을 하고 있는지 본인(本人)도 모른다네.
마음이 앞서는 사람으로 일일이 걱정하고 다독여주는 것 같지만 두텁고 깊은 애정(愛情) 보다는 단순(單純)하기 이를 데 없는 가벼운 바람과 같다네.
가족(家族)에게 무엇이 필요(必要)한지 제대로 판단(判斷)하지 못하고 챙겨주지를 못하며 가족(家族)에게 돌아가야 할 것이 자신(自身)도 모르는 이들에게 돌아간다네.
답답한 마음이야 본인(本人)이 더하겠지만 남의 말을 믿지 말고 가족(家族)의 말을 믿고 따랐으면 한다네.
그러면 잃은 것이 적고 오히려 잃어버린 것을 찾아 먹을 수가 있으며, 가족(家族) 관계(關係)가 온유(溫柔)한 애정(愛情)으로 도타울 것이라네.
스스로가 똑똑한 척을 하지만 남들의 작은 칭찬 앞에 모든 것을 내놓은 어리석은 일을 벌인다네.
내가 모르는 것을 어떻게 남이 알고 빼앗아 가는지 알다가도 모를 일이라네.
이렇듯 많은 사람으로부터 이용(利用)을 당하다가 사람을 불신(不信)하는 마음이 일어나고 홀로 어둠속에 남은 사람이 많다네.
일을 벌이더라도 늘 앞뒤를 돌아보고 움직일 것이며, 또한 좌우(左右)를 둘러보아 올바른 동반자(同伴者)를 얻어야 그나마 이룰 수가 있는 법(法)이니, 항상 스스로가 마음의 문을 열고 따스한 애정(愛情)으로 이끌어야 할 것이라네.
움츠러든 마음으로 거친 세상(世上)에 나서면 있는 것을 다 빼앗기고 마음에 상처(傷處)만을 받으며, 모든 것을 잃게 될 것이라네.

- 여자(女子): 양(陽) → 태양(太陽) ☰, 건(乾)

타고난 품성(品性)이 밝고 올바르며 넉넉한 품이라네.
마음의 중심(中心)이 되는 생각이나 태도가 반듯하고 강(强)한 의지(意志)가 있다네.
너그러운 마음으로 시시비비(是是非非)를 떠나 따스하게 받아주고 감싸주며, 대하는 일마다 이해(理解)하고 매사(每事)에 긍정적(肯定的)인 성격(性格)이라네.

때로는 상처(傷處)를 받고 버림을 당한다 하더라도 웃으며 받아줄 수 있는 성격(性格)으로 오지랖이 넓고 가진 자의 여유(餘裕)있는 마음으로 세상(世上)을 밝게 보는 성격(性格)이라네.

어렵고 힘든 일에 봉착(逢着)하더라도 희망(希望)을 잃지 않고 강단(剛斷) 있게 벅찬 일을 치러내며, 보기보다 속이 꽉 차서 실속이 있고 충실(充實)하다네.

말과 행동(行動)이 당차고 떳떳하며 생각하는 것이 유(柔)하고 맑으며, 반듯한 여자(女子)라네.

말과 행동에 힘이 있고 믿음이 가며, 또 사람들에게 큰 믿음을 주고 행동하는 반경(半徑)이 넓은 여자(女子)라네.

넓게 보고 넓게 움직이며 넓게 생각하고 남을 위한다네.

따뜻하고 부드러운 애정(愛情)으로 남편(男便)과 자식(子息)을 감싸고 친인척(親姻戚)을 모두 끌어안으며 모든 일을 도맡아서 이끌어 간다네.

선이 굵은 여자로서 잔잔한 일보다는 자못 큰일들을 힘들이지 않고 쉽게 풀어 가며, 가족(家族)들이 겪어야 할 힘든 일을 꿋꿋하게 견디면서 이겨내는 여자(女子)라네.

집안의 힘들고 어려운 대소사(大小事)를 이끌어 가면서도 불평불만(不平不滿)이 없고 되레 남을 먼저 걱정하고 다독인다네.

자신(自身)보다 남을 먼저 생각하는 사람이라 인간관계(人間關係)가 막힘이 없이 두루 원만(圓滿)하며, 남을 먼저 이해(理解)하고 감싸는지라 주위(周圍)에 사람들이 모여들고 너와 나 할 것 없이 서로가 서로를 의지(依支)하며, 서로가 사귐에 있어서 모나지 않고 구부러지지 않는다네.

재물(財物)을 다루는 품이 깐깐하지 않으며, 푼푼한 성격(性格)으로 여유(餘裕)가 있고 넉넉하며, 옹졸하지 않고 너그러우며 시원스럽다네.

때문에 바라는 바 없이 넓고 크게 베푼다네.

일을 벌이면 타고난 성품(性品)과 푼푼한 성격(性格)으로 인한 든든하고도 풍족(豊足)한 인복(人福)으로 남부럽지 않은 위엄(威嚴)과 신망(信望), 그리고 재물(財物)을 크게 이룰 수 있다네.

- 여자(女子): 양(陽) → 소음(少陰) ☱, 태(兌)

겉으로는 보기보다 다부지고 너그러우며 야물고 오달져 보이지만 마음 한구석에는 드러내지 않고 안으로 숨기려 한다네.

그렇다고 꽉 막힌 성격(性格)이 아니며, 오히려 가지고 있는 것을 감추면서 작으나마 내 것 하나라도 챙기려 하는 밉지 않은 성격(性格)이라네.

생각이 깊고 가볍게 보이는 것을 싫어하며, 나름 무게를 잡은 것이 그리 밉게 보이지 않은 여자(女子)라네.

넓은 마음으로 직접 보고 맛을 보아 가면서 생각하고 헛된 것보다는 실속을 챙기는 성격(性格)이라네.

자상(仔詳)하고 차분하며 매사(每事)를 대함에 있어서 부드럽고 찬찬한 성질(性質)이며 말과 행동이 들뜨지 않고 반듯하며 갖춘 격(格)이 맞고 조리(條理)가 있다네.

겉으로야 어쩔 줄 몰라 허둥거리며 애정(愛情)을 표현(表現)하지만 내면(內面)으로는 매달리고 싶은 진득한 애정으로 몸이 달아 있다네.

남들 앞에서는 체면치레를 하지만 사각(四角)으로 둘러친 곳에 들어가면 꺼리거나 어려워함이 없이 올차고 다부지게 적극적(積極的)으로 애정(愛情) 표현(表現)을 하며 당당(堂堂)하게 요구(要求)하는 여자(女子)라네.

가족(家族)을 잘 다스리며 손아귀 잡고 이끌어 나가며, 한 번 더 생각을 하고 말과 행동(行動)으로 옮기며, 늘 흔들림이 없는 모습을 보인다네.

때로는 마음에 들지 않으면 얄미울 정도로 인정이 없는 모습을 보이지만 곧 풀어지는 성격(性格)으로 걸리거나 막힘이 없는 두루 원만(圓滿)한 가족(家族) 관계(關係)를 이룬다네.

겉으로는 남을 위하고 아끼지만 내심(內心) 조그만 욕심이 있는 까닭으로 작은 이익(利益)을 챙기는 여자(女子)라네.

그렇다고 눈에 띠지 않으며 밉지가 않고 나름 원만(圓滿)한 인간관계(人間關係)를 가지려고 노력(努力)한다네.

명분(名分)이 선다면 베푸는 일에 있어서 그리 인색(吝嗇)하지 않고 올바른 일에 마음을 주는 여자(女子)라네.

정확(正確)하고 분명한 일이라면 과감(果敢)하게 벌이는 여자(女子)로서 일에 대한 승패(勝敗)의 직감(直感)이 매우 예민(銳敏)하고 강하다네.

많은 사람을 다룰 수 있는 여자(女子)이며, 신중(愼重)한 성격(性格)으로 세상(世上)을 만만하게 보지 않고 항상 삼가며 조심(操心)하면서 그러면서도 당돌(唐突)하게 몰아 부친다네.

- 여자(女子): 양(陽) ➜ 소양(少陽) ☲, 리(離)

배움이 많고 지닌 것이 풍족(豊足)하며, 나기를 잘났으니, 자랑하고 드러내면서 철없이 나대고 남의 말을 들으려 하지 않으면서 당치도 않은 일에 억지를 부리며, 제멋대로 떼를 쓰는 성격(性格)이라네.

매우 넉넉하여 모자람이 없으면서도 조금만 더 달라 외치면서 욕심(欲心) 아닌 욕심(欲心)을 부리고 요구(要求)할 것이 있으면 머뭇거리거나 망설임 없이 솔직 담백(淡白)하게 말하는 성격(性格)이라네.

여유(餘裕)있는 마음과 너그러운 품성(品性)을 지녔으면서도 무엇이든 독차지하려는 까닭으로 말과 행동(行動)이 앞뒤가 들어맞거나 체계(體系)가 서는 갈피가 없으며, 늘 때에 따라서 변(變)하고 감정(感情)의 높고 낮음이 많으며, 변덕(變德)이 심한 성격(性格)이라네.

많은 사랑을 받으면서도 항상 앙탈을 부리고 여러 남자(男子)에게 관심(關心) 받길 원하며, 애정(愛情)을 표현(表現)하는 일에 있어서도 남들에게 자랑하고 싶은 마음 때문에 남보다 더 독특(獨特)하며, 말과 행위(行爲)를 사실(事實)보다 지나치게 떠벌려 이목(耳目)을 끌고자 한다네.

마음으로 우러나는 애정(愛情)보다는 자신(自身)을 내세울 수 있는 하나의 방법(方法)이 아닌가 한다네.

가정(家庭)을 이루고 살면서도 때로는 철저(徹底)한 일탈(逸脫)을 꿈꾸면서 계획(計劃)을 세우기도 하나 풍부(豊富)한 감성(感性)을 지닌 여자이기에 가족을 놓지 못한다네.

늘 애틋한 마음을 가지고 있으며, 남편(男便)과 자식(子息)에게 애정(愛情)을 갈구(渴求)하면서 또한 밖으로 애정(愛情)을 과시(誇示)한다네.

하면은 모든 일에 있어서 흠잡을 데 없이 잘 하지만 한번 빗나가면 돌려놓기가 무척 힘든 사람이라네.

때문에 가족(家族)들이 눈치를 보면서 전전긍긍(戰戰兢兢)하지만 두려움에 떨면서 피하는 것이 아니고 오히려 즐긴다고 할까.

가족(家族)들이 많이들 다독이며 살아가는 밉상이 아닌 여자(女子)라네.

있으면 있다, 없으면 없다, 알면 안다, 모르면 모른다고 흑백(黑白)을 분명(分明)하고도 산뜻하게 말하지만 자신(自身)과 결부(結付)되어 있는 미묘(微妙)한 일에 대해서는 대충 얼버무리는 성격(性格)으로 인(因)하여 친한 사람과 그렇지 않은 사람이 확실(確實)하게 갈라지는 여자라네.

때에 따라 가까워질 수도 있고 멀어질 수도 있는 것이 당연한 것이며, 필요(必要)에 따라 움직이는 것이 마음이라 생각한다네.

때문에 매우 친한 사람은 비할 수 없이 친하고 그렇지 않은 사람은 깊은 정(情)보다는 늘 주위(周圍)에서 떠돈다네.

마음만 조금이라도 열어준다면 늘 가까이 할 수 있는 사람들인 것을…… 일을 벌이는 성격(性格)으로 분명(分明)하지 않고 불안(不安)해도 자랑하고 싶은 마음으로 좌우(左右)를 돌아보지 않으며, 어느 날 갑자기 결정(決定)을 한다네.

처음에는 의욕(意欲)이 앞서는 까닭으로 관리(管理)를 잘하는 듯이 하나 오래 가지를 못하고 망할 때만 몹시 속을 태우며 조급(早急)하게 볶아치는 성미(性味)지만 금세 아무 느낌이 없이 예사스럽게 변(變)한다네.

몸과 마음을 다해서 해주고도 욕을 먹은 타입이라네.

그러나 자기를 희생(犧牲)하는 성품(性品)이 있는 까닭으로 미움을 받지는 않은 삶을 산다네.

- 여자(女子): 양(陽) → 태음(太陰) ☳, 진(震)

밝은 대낮에 깊은 숲속에 갇힌 감정(感情)이라네.

기억(記憶)을 떠올리려 하지만 모든 것이 보일 듯 말 듯 희미(稀微)하고 마주 대하여 드러난 사물의 이치(理致)를 논리적(論理的)으로 생각하며 판단(判斷)하는 마음의 작용(作用)과 사람이 마땅히 지켜야 할 바른 길을 따라 행동하는 능력(能力)이 없고 난해(難解)한 생각의 범람(汎濫)속에서 가슴을 치며 답답해하는 성격(性格)이라네.

일의 전후(前後) 사정(事情)을 알지 못하고 잘못된 판단(判斷)으로 인하여 말과 행동에 많은 실수(失手)가 있으며, 머리를 쓴다고는 하나 스스로의 기본적(基本的)인 바탕을 모르고 움직이며 생각하는 까닭으로 항상 빗나가고 마음에 차지 않는다네.

마음 밖으로 잘잘못을 드러내어 밝히려 하지만 스스로가 바르고 확실(確實)한 판단기준(判斷基準)이 없는 까닭에 헛도는 말 뿐이라네.

안아주고 감싸주고 싶은 깊은 애정(愛情)을 지닌 성품(性品)이지만 만만하지 않은 까닭은, 받은 사람들이 이 애정(愛情)을 대수롭지 않게 생각한다는 것이네.

줄 것 다 주고도 좋은 소리를 듣지 못하니 마음의 상처(傷處)만이 커지고 늘 심드렁한 감정(感情)에 스스로를 다독이며 살아가는 삶이라네.

남편(男便)과 자식(子息)을 위해 무진 애를 쓴다고는 하지만, 가족(家族)들이 만족(滿足)하지 않고 늘 불평불만(不平不滿)을 가진 듯이 한다네.

몸과 마음의 수고로움을 생각하지 않고 가정(家庭)을 이끄는 여자로 성질(性質)이 너그럽고 수더분하다네.

어지간한 일로는 흔들리지 않으며 말보다는 깊은 사랑으로 움직인다네.

세상(世上)을 보는 시야(視野)는 넓으나 올바르게 밝히는 지혜(智慧)가 밝지 못한 까닭으로 말주변이 없고 대신 남의 말을 많이 들어주는 편이라네.

주위(周圍) 사람들과 무난(無難)하게 지내며 다독이고 감싸는 마음 따뜻한 큰 언니와 같은 여자(女子)라네.

많은 사람들이 모여들어 서로 어울리는 것을 좋아하며, 좋은 사람을 따라 어려운 이웃에게 많은 것을 베푼다네.

배움에 대한 욕심(慾心)이 많고 한번 마음이 일면 열심히 움직이며, 스스로가 맡은 일에 대해서는 몸과 마음을 다해 끝까지 노력(努力)하는 여자라네.

- 여자(女子): 음(陰) → 태양(太陽) ☴, 손(巽)

속마음이나 감정(感情) 따위를 겉으로 드러내지 않고 차분하며 조용하게 가라앉히는 모습이라네.

성질(性質)이나 태도(態度)가 온화하고 순해 보이나, 내적(內的)으로는 뜨거운 마음이라네.

세찬 감정(感情)이 몰아치더라도 맑은 이성(理性)으로 가라앉히고 신중(愼重)하게 움직이는 성격(性格)이라네.

곤란(困難)한 일이나 힘든 일이 일어나더라도 얼굴에 웃음이 떠나지 않은 여자(女子)로서 대범(大汎)하고 강단(剛斷) 있는 성격(性格)이며, 몸과 마음이 움직이더라도 충분(充分)한 생각을 거친 후 크고 무겁게 움직이는 세심(細心)한 성격(性格)이라네.

겉으로 드러난 잔잔한 알음알이보다는 밝은 지혜(智慧)로써 세상사(世上事)를 깊이 들여다보며, 스스로의 삶을 되짚어 보면서 밝게 풀어가려고 노력(努力)하는 여자(女子)라네.

깊은 애정(愛情)과 함께 오지랖이 넓은 사랑을 하고, 거부(拒否)하기보다는 받아들이며 오해(誤解)하기보다는 넓은 아량으로 이해(理解)하려 한다네.

눈물이 많으나 안으로 숨기고, 끼가 있으나 이것도 숨기면서 겉으로 나서지를 않는다네.

은밀(隱密)하고 뜨거운 애정(愛情)이라네.

가정(家庭)이라는 울타리를 가꾸고 풍족(豐足)하게 챙겨주면서 뜨거운 가슴으로 안아주며, 늘 앞서서 이끌어주는 현명(賢明)한 여자(女子)라네.

차가운 듯 하나 차갑지 않은 사람이며, 사람들과 걸림이나 막힘이 없이 두루 원만(圓滿)하게 어울리고 많은 이들에게 많은 것을 베풀며 부드러운 웃음을 잃지 않은 사람이라네.

작은 이익(利益)에 욕심(慾心)부리지 않고 조금 손해(損害)를 보더라도 사람이 제일 중함을 알며, 사리(事理)에 밝음으로써 사람을 잃지 않고 오히려 더욱 가깝게 만든다네. 많은 사람들이 옆에 두고 싶어 하고 또 옆에 있고 싶어 하는 여자로써 많은 남자(男子)들이 목이 빠지도록 매달리는 여자(女子)이기도 하다네.

- 여자(女子): 음(陰) ➜ 소음(少陰) ☵, 감(坎)

생각이 많으면서 사물에 대한 이해나 판단(判斷)이 날카롭고 빠르며, 따스하고 부드러운 듯 보이지만 웃음 뒤에는 무딘 날이 서있으며, 마음은 경계(警戒)를 풀지 않은 성격(性格)이라네.

그렇게 어두운 성격은 아니나 조금은 계산적(計算的)인 것이 앞서고 손해(損害)를 보지 않으려는 마음이 앞서는 까닭으로 쉽게 가까이 할 수 있는 성격(性格)은 아니라네.

배우고 가지고 있는 것에서 매우 큰 자부심(自負心)을 가지며, 자신(自身)의 체면(體面)과 위신(威信)을 끝까지 지키려는 자존심(自尊心)이 있다네.

말은 많이 하지 않으나 구체적(具體的)이고 논리적(論理的)으로 상대방(相對方)을 이해(理解)시키기 위해 노력(努力)하고 행동(行動)이 민첩(敏捷)하며, 움직이기에 앞서 한 번 더 신중(愼重)하게 생각하는 여자(女子)라네.

그렇다고 꽉 막히거나 조잔(凋殘)한 머리는 아니라네.

가족(家族)에 있어서의 애정(愛情)이란 들뜨거나 가벼운 것이 아니고 조금은 조용하고 조금은 찬찬히 흐르는 물과 같으며, 뜨거운 입김 보다는 조금은 선선한 애정전선(愛情前線)을 가진다네.

마음 깊은 곳의 애정(愛情)이야 뜨겁지만 안과 밖으로 생각할 것이 많고 모든 책임을 도맡아야 하는 까닭으로 안으로 숨기는 것이라네.

앞에서는 말이 없으나 돌아서는 뒷모습을 보면서 손을 내밀고 눈물을 보이는 여자(女子)라네.

주변(周邊) 사람들과 두루 원만(圓滿)한 관계(關係)를 이어가며, 어울리기도 잘하고 사물의 미묘(微妙)한 속내를 직감(直感)하는 능력(能力), 곧 감수성(感受性)이 매우 강한 편이라네.
체면(體面)과 위신(威信)을 내세우기 위해 많은 활동(活動)을 하기도 하며 베풀기도 많이 한다네.
차분하고 신중(愼重)한 성격(性格)으로써 일의 매듭이 정확(正確)하고 분명(分明)하며, 순수(純粹)한 직감(直感)으로 내다보는 눈이 있고 일을 벌이면 많은 사람들이 따르고 많은 이들로부터 도움을 받아 크게 이루기도 한다네.
또한 남에게 지지 않으려는 승부(勝負) 근성(根性)이 있으며, 자신(自身) 대한 자부심(自負心)이 강(强)하고 많은 사람을 끌어안을 수 있는 포용력(包容力)도 지닌 여자(女子)라네.

- 여자(女子): 음(陰) → 소양(少陽) ☶, 간(艮)

아닌 듯이 하면서도 할 말은 다하고 요구(要求)할 것은 분명하게 하며, 욕심(慾心)이 없는 듯하나 자기(自己) 것은 확실(確實)하게 챙긴다네.
너그러운 듯이 보이나 엉큼한 성격(性格)으로 엉뚱한 욕심(慾心)을 품고 때로는 분수(分數) 밖의 짓을 하려는 가당찮은 성격(性格)을 가지고 있으며, 한손에 떡을 쥐고도 하나를 더 잡으려는 당돌(唐突)함도 있다네.
한곳으로 마음이 쏠리면 앞뒤를 가리지 않고 철없이 나대는 성격이라네.
때때로 고집(固執)을 피우기 시작(始作)하면 무척 성가신 여자(女子)로 주변(周邊)을 시끄럽게 만든다네.
순간(瞬間) 순간(瞬間)의 변화(變化)에 말과 행동(行動)이 바로 따르고 눈치가 빠른 여자(女子)라네.
겉으로 드러나는 애성(愛情)이라 표현(表現)에 있어서 과감(果敢)하고 늘 사랑에 굶주린 듯이 많은 남자(男子)를 거느리기 좋아하며, 모두를 품에 안으려는 욕심(欲心) 많은 삶을 산다네.
다만 싫증을 바로 느끼는 성미(性味)라 늘 새로운 자극적(刺戟的)인 사랑의 표현(表現)이 필요(必要)하다네.

가정(家庭)을 이루고 산다고는 하나 스스로의 몸만 깨끗하고 편하면 되는 삶이라 집안 일에는 영 취미(趣味)가 없다네.
빚을 얻더라도 집안을 남부럽지 않게 꾸며야 하고 잘난 척을 해야 편한 여자(女子)라네.
가족(家族)을 챙기는 듯 애를 쓰는 듯이 하지만 모두가 말 뿐이며, 남편(男便)과 자식(子息)이 힘들고 고달프다네.
든 척을 해야 하고 난 척을 해야 하며, 된 척도 해야 속이 풀리는 여자(女子)인지라 주변(周邊) 사람들과의 관계(關係)에서 꼭 무리수(無理手)를 두는 까닭으로 무난(無難)하지 못하다네.
작은 충돌(衝突)이 잦으며 이합집산(離合集散)하는 경우(境遇)가 많다네.
그래도 감수성(感受性)이 풍부(豊富)해서 눈물이 많으며 인정(人情)이 많은 여자(女子)인지라 남의 아픔에 슬퍼해주고 남의 기쁨에 기뻐해주는 착한 사람이라네.
말이 많고 남의 핑계를 대며 자기만 빠져나가려는 얌치없는 사람이지만 그렇게 미운 여자(女子)는 아니라네.
기분(氣分)에 따라 울고 웃지만 정이 많고 남에게 퍼주는 성격이라네.

- 여자(女子): 음(陰) → 태음(太陰) ☷, 곤(坤)
많은 것을 알고 가슴에 품고 있어도 입 밖으로 드러내지 않으며, 안으로만 쌓고 쌓은 여자(女子)라네.
보고 듣고 알면서도 가슴으로만 아는 성격(性格)이며, 나서고 싶어도 나서지 않고 모든 것을 다 해주고도 뒤로 물러서며, 말없이 뒤를 봐주면서 변함없이 몸과 마음을 다해 뒷바라지를 하는 무던한 성격(性格)이라네.
가진 것을 드러내지 않고 굳이 나서서 일을 만들지 않으며, 있는 것에서 있는 그대로 노력(努力)하고 크게 이끄는 성격(性格)이라네.
깊이를 알 수 없는 여자(女子)로 조건(條件)없는 무한(無限)한 애정이라, 아프고 슬퍼도 힘들고 고통(苦痛)이 따르더라도 무한정 받아주는 사랑이지만 자신(自身)이 다치는 것에 대해 무심(無心)하다네.

있는 것을 다 내어주는 몸과 마음을 다한 애정(愛情)이라네.

학식이나 식견(識見)이 없더라도 격식을 모르거나 우악스럽지 않다네.

늘 자신(自身)이 처해진 상황(狀況)에서 최선(最善)을 다하는 여자라네.

말주변이 없는 까닭으로 가족(家族)들에게 사랑을 잘 전하지 못하지만 행동(行動)으로 뒷바라지하면서 뜨거운 애정(愛情)을 아낌없이 준다네.

남편(男便)이 잘하거나 못하거나 항상 변함없이 이바지하고 자식이 잘하거나 못하거나 늘 변함없이 등을 밀어주며 힘을 준다네.

주변(周邊) 사람들과 잘 어울리지 못해도 늘 너그럽고 넉넉한 어머니와 같이 끌어안고 감싸주며 이끌어주므로 많은 사람들이 따르고 좋아한다네.

그러나 마음고생(苦生), 몸 고생(苦生)을 많이 하는 삶이라 늘 자신(自身)의 건강(健康)에 신경(神經) 쓰기를 바란다네. 또한 늘 해주기만 할 뿐 받은 것은 적을 것이니 지금을 생각하지 말고 먼 훗날을 생각하게나.

4) 노방토(路傍土): 넓게 트인 땅(土)의 기운(氣運)

경오(庚午)-양(陽)	신미(辛未)-음(陰)

16상론(十六象論) 및 행태론(行態論)

• 남자(男子)

양(陽) → 태양(太陽)/건(乾)-부(父) ☰	음(陰) → 태양(太陽)/손(巽)-장녀(長女) ☴
양(陽) → 소음(少陰)/태(兌)-소녀(少女) ☱	음(陰) → 소음(少陰)/감(坎)-중남(中男) ☵
양(陽) → 소양(少陽)/리(離)-중녀(中女) ☲	음(陰) → 소양(少陽)/간(艮)-소남(少男) ☶
양(陽) → 태음(太陰)/진(震)-장남(長男) ☳	음(陰) → 태음(太陰)/곤(坤)-모(母) ☷

• 여자(女子)

양(陽) → 태양(太陽)/건(乾)-부(父) ☰	음(陰) → 태양(太陽)/손(巽)-장녀(長女) ☴
양(陽) → 소음(少陰)/태(兌)-소녀(少女) ☱	음(陰) → 소음(少陰)/감(坎)-중남(中男) ☵
양(陽) → 소양(少陽)/리(離)-중녀(中女) ☲	음(陰) → 소양(少陽)/간(艮)-소남(少男) ☶
양(陽) → 태음(太陰)/진(震)-장남(長男) ☳	음(陰) → 태음(太陰)/곤(坤)-모(母) ☷

- 남자(男子): 양(陽) → 태양(太陽) ☰, 건(乾)

너그러운 마음과 깊은 생각이 넓고 크며 성질(性質)이 부드럽고 순하며, 평안(平安)하면서 다정(多情)하고 따뜻하다네.

사소한 일에 걸림이나 막힘이 없고 두루 원만(圓滿)한 성격(性格)이며, 사방(四方)이 막히면 싫어하고 조금이라도 마음에 걸리는 일이 있으면 말과 행동을 자제(自制)하며, 매우 조심(操心)하는 성격(性格)이라네.

항상 마음이 열려있는 사람으로 대자연(大自然)과 호흡하며 살아가는 자연인(自然人)의 성격이라네.

체면(體面)이나 관습(慣習), 또한 격식(格式) 같은 것에 얽매이지 않고 말과 행동(行動)이 자유(自由)로운 사람이라네.

자질구레한 잔머리를 쓰지 않으며 생각하는 선이 굵고 멀리 내다보며 움직이는 까닭으로 조직적(組織的)인 사고방식(思考方式)을 따른다네.

적극적(積極的)으로 애정(愛情)을 표현(表現)하고 만인(萬人)의 연인(戀人)으로 깊은 신뢰(信賴)와 사랑을 받은 남자라네.

다만 조심(操心)할 것은 많은 여인(女人)이 따를 것이니 늘 몸과 마음을 삼가고 마땅히 지켜야 할 도리(道理)를 따라야 한다네.

대가족(大家族)을 거느리며, 늘 가정(家庭)이라는 울타리를 벗 삼아 즐겁게 살아가는 사람으로서, 덤벙대는 것 같으나 차분하고 찬찬하며 꼼꼼하게 주의(注意)를 기울여 빈틈이 없고 아울러 세심(細心)한 배려(配慮)를 한다네.

대인관계(對人關係)에 있어서는 막힘이나 걸림이 없이 원만(圓滿)하고 아무런 의심(疑心)없이 사람을 받아들이며, 몸과 마음을 다해 위해주고 내 가족처럼 대해주는 따뜻한 사람이라네.

많은 사람이 믿고 따르며 서로가 서로에게 상생(相生)의 길로 이끌고 서로가 서로를 지켜주며 조건(條件)없이 감싸준다네.

밤이나 낮이나 바쁜 사람으로 일을 벌이다 보면 한 자리가 아닌 이곳 저곳으로 돌아다니는 팔자라네.

많이 벌기도 하지만 잃은 것도 만만치 않으며, 때로는 황량(荒凉)한 벌판에서 생명(生命)을 위협(危脅) 받기도 하고 타향(他鄕)살이에 가족(家族)과 오래도록 떨어져 살기도 한다네.

사방(四方)으로 트여 있는 자유분방(自由奔放)함이 때때로 스스로를 구속(拘束)하기도 하고 앞날에 대한 희망(希望)이 없어도 늘 제자리로 돌아오는 남자(男子)라네.

한 자리에 정착(定着)하기 위해서 열심히 노력(努力)하는 당당(當當)한 사람이라네.

- 남자(男子): 양(陽) → 소음(少陰) ☱, 태(兌)

겉보기에는 우유부단(優柔不斷)하고 머무적거리며 선뜻 행(行)하지를 못하고 망설이는 것 같으나 이는 모든 일에 앞서서 신중(愼重)하게 결정(決定)하는 성격 때문이라네.

어쩔 줄 몰라 허둥거리는 것 같지만 사방팔방(四方八方)을 모두 둘러보고 시기(時機)에 따라 유효(有效) 적절(適切)하게 움직이는 남자(男子)로써, 어질고 사물(事物)의 이치(理致)에 매우 밝은 성격(性格)이라네.

그렇다고 하잘 것 없는 작은 일에 얽매이지 않으며, 사소취대(捨小取大), 곧 작은 것을 버리고 큰 것을 취하는 성격이라네.

생각과 움직이는 선이 굵고 한 번 더 생각하는 신중(愼重)함도 있으며, 가고자 하는 길이 정해지면 거침없이 나아가는 행동(行動)가라네.

애정(愛情)에 있어서 겉으로는 거칠고 따뜻하며, 품에 끌어안고 한없는 애정(愛情)으로 이끌고 있는 것 같지만, 작은 것 하나라도 놓치지 않고 뜯어보면서 매우 조심(操心)

스럽게 접근(接近)하는 남자(男子)라네.

또한 여자(女子)에게 얽매이는 사람이 아니며, 여자(女子)로 인해 갈 길을 가지 못하는 사람이 아니라네.

가족(家族)을 이끌어 가는데 있어서 타고난 성품(性品)대로 몸과 마음을 다해 공을 들이며, 길이 아니면 억압(抑壓)으로라도 막는다네.

가족을 부양(扶養)하는 일에 있어서 부족(不足)함 없이 뒷바라지를 하고 늘 곁에서 지켜주는 사람이라네.

다만 두 집 살림을 하는 이들이 많다네.

많은 이들이 따르며 많은 사람들과 어울리기를 좋아하고 자신의 목적(目的)보다는 무리의 목적(目的)을 중요(重要)하게 여기며, 서로의 결속(結束)으로 크나큰 힘을 발휘(發揮)하는 남자(男子)라네.

인연(因緣)을 맺으면 그 관계(關係)가 끈끈한 사람이며, 한번 맺은 인연에 있어서는 스스로가 끊지 않은 정(情)많은 사람이라네.

이익(利益)에 따라 움직이는 사람은 아니나 신중(愼重)한 성격으로 인하여 큰일을 감당(堪當)할 수 있는 사람으로, 일을 벌이면서도 늘 뒷감당을 생각하며 움직인다네.

자기(自己)만을 생각하는 사람이 아니고 남을 배려하면서 그 속에서 내 것을 챙기는 현명(賢明)한 사람이라네.

울타리 안에 머물지 말고 넓은 세상(世上)으로 눈을 돌려 많은 것을 보고 들으며 많은 경험(經驗)을 쌓은 후에 탄탄한 울타리를 세웠으면 한다네.

- 남자(男子): 양(陽) → 소양(少陽) ☲, 리(離)

몸으로 몸소 보여주기 전에 우선 말이 많으며, 작고 하잘 것 없는 일을 가지고 따지는 사람으로서 말과 행동(行動)이 자신만만(自信滿滿)하지만 겁이 많고 뒤가 무른 성격(性格)이라네.

자신감(自信感)은 없지만 모든 일을 주도(主導)하고 싶어 하며, 때문에 나서기를 좋아하고, 다만 험하고 거친 일에는 뒤로 물러서고 쉽고 편한 일에는 얄밉게 앞으로 나서는

사람이라네.

좋게 말하면 눈치가 빠르고 실질적(實質的)인 알맹이를 챙기며 겉으로 드러나지 않은 알찬 이익(利益)마저도 자신의 것으로 만드는 머리가 좋은 사람이라 할 수 있다네.

나쁘게 말하면 잔머리만 써가면서 작은 이득(利得) 앞에서 절절매는 하잘 것 없는 사람이 아닌가.

그러나 밉상이 아닌 것이 그럼에도 불구하고 헛웃음만 나오게 하는 사람이라네.

큰소리를 치면서 있는 척, 아는 척, 큰 사람인 척을 하니 헛웃음만 나오지 않겠는가.

이 세상(世上)의 여자(女子)는 모두 내 애인(愛人)이라 생각하며, 마음만 먹으면 항상 자신(自身)의 품안에 안을 수 있다고 착각(錯覺)하며 살아가는 푼수라네.

만나고 헤어지는 일이 다반사(茶飯事)며 한 여자(女子)에게 절대 얽매이는 사람이 아니고 많은 여자에게 애정(愛情)을 쏟아 붓고 행복해 하면서 뿌듯해 한다네.

이러한 애정 행각(行脚)을 자랑인 듯 내세우며 떠들어대는 사람이라네.

가정(家庭)을 이루었다 하더라도 풍족(豊足)하게 챙기지 못하고 늘 말이 앞서는 까닭으로 가족(家族)으로부터 신용(信用)을 잃으며, 끝내 가정(家庭)을 지키지 못하는 이가 많다네.

많이 가지고 있는 것으로, 곧 돈으로 사람을 사귀는 까닭으로 인하여 현실적(現實的)으로는 원만한 대인관계(對人關係)를 유지(維持)하지만 작은 이득(利得) 앞에서는 이합집산(離合集散)하면서 다툼이 일어난다네.

스스로의 작은 욕심(慾心)으로 많은 사람과 가까이 하지 못하고 멀어지게 만드는 사람이라네.

모든 일이란 사람이 바탕으로 하여 이루어지는 것이니, 스스로의 작은 이익(利益)보다 남을 배려(配慮)하는 한소각 마음이 사업(事業)을 이끌어가는 큰 힘이 아니겠는가.

사업(事業)은 자신(自身)을 돋보이기 위한 것이 아니며, 오로지 삶을 영위(營爲)하기 위한 하나의 방편(方便)이 아닌가.

있는 것을 내세워 나를 세우지 말고 참된 말과 행동(行動), 그리고 바른 마음으로 자신(自身)을 세우기 바란다네.

일이 안 된다 하여 일의 사정(事情)이나 형편(形便) 등을 헤아리지 않고 요량(料量)이 없이 덤벙댄다면 무슨 일을 이룰 수 있겠는가.

- 남자(男子): 양(陽) → 태음(太陰) ☳, 진(震)

보고 들어서 잘 알고 충분(充分)하게 이해를 한 듯하나 내심(內心)으로는 전혀 일이 돌아가는 정당(正當)한 이치(理致)에 어둡고 앞으로 나있는 길은 밝고 환한 것을 내딛은 발길은 늘 헛디디며, 허망(虛妄)한 곳에 빠지기가 일쑤이고 이루어지지 않을 일을 잡고서 꼭 되려니 하고 헛되이 애만 쓰고 만다네.

겉으로 드러난 멋에 혹(惑)하고 스스로의 생각에 빠져있는 까닭으로 남의 말을 귀담아 듣지 않으며 혼자 취해서 헛물만 켜는 성격이라네.

말과 행동(行動)이 늘 남보다 일 분 일초가 뒤처지고 생각만이 있을 뿐, 곧바로 행동(行動)으로 옮기지 못한다네.

겁이 많고 두근거리는 마음이라 머뭇거리며 멈칫거리다 할 말을 못하고 먼 산만 바라보는 안타까운 애정(愛情)이라네.

자기(自己) 자신(自身)에 대한 두려움이라고나 할까, 아니면 쑥스러움 때문인지 애정에 있어서는 형편(形便)없는 사람이라네.

들이대더라도 꼭 되지 않을 사람에게 들이대는 성격(性格)이라네.

때문에 밖으로 나도는 애정인지라, 애인은 한 둘이 아니지 않겠는가.

육정(肉情)은 깊이 알고 느껴도 애정에 대해서는 애틋한 마음이 없다네.

구구절절한 사랑으로 내 사람을 만드는 것이 아니라 우격다짐으로 내 여자(女子)를 만드는 인복(人福)이 없는 남자라네.

가족(家族)에 대한 무슨 미련(未練)이 있겠는가.

남부럽지 않은 가정(家庭)을 이루려 무던히도 노력(努力)을 하지만 이 사람에게 있어서는 어려운 일이라네.

그래도 책임감(責任感)을 갖고 가족(家族)을 부양(扶養)하려고 애쓴다네.

주변(周邊) 관계(關係)에 있어서 참된 마음을 갖고 다가서는 사람보다는 꼬드기는 사람이 많이 모여들고 목적(目的)에 따라 말이 많은 까닭으로 배가 산으로 가는 일이 벌어진다네.
대인관계(對人關係)에서 늘 구설수(口舌數)가 따라다니며, 손해(損害)를 보면서도 떼어놓지를 못하고 함께 하는 어리석은 마음을 따른다네.
귀가 얇은 사람으로 가족(家族)이나 가까운 이들의 말을 믿지 못하고 마음의 중심(中心)이 되는 생각이나 태도(態度)가 없는 까닭으로 인하여 혹하는 것에 쏠려 많은 것을 잃는다네.
돈이야 다시 번다고 하지만 좋은 사람을 잃은 것이 참으로 안타깝다네.

- 남자(男子): 음(陰) → 태양(太陽) ☴, 손(巽)

넓은 세상(世上)으로 나가고자 하는 의욕(意慾)만이 앞설 뿐, 아니 생각만 분주(奔走)하게 가지고 있을 뿐, 지금의 자리와 울타리를 벗어나지 않으려 한다네.
그러나 세상사(世上事)가 만만하지 않은 것이니, 스스로의 의지가 아닌 타인(他人)의 의지(意志)에 따라 험한 세상(世上)으로 내몰린다네.
그래도 말 한마디 못하고 주는 대로 먹고 이끌리는 대로 힘없이 따라가며 줏대 없이 흔들리는 성격(性格)이라네.
먹잇감이 사방(四方)으로 널려있어도 마음만이 앞서고 나서지를 못하며, 내 것을 가지고도 분명(分明)하게 말하지 못하고 눈앞에서 빼앗기는 성격(性格)이라네.
좋게 말하면 순수(純粹)하고 매우 선(善)하며, 법(法) 없이도 살 수 있는 사람이라고 칭찬할 수 있다네.
나쁘게 말하면 제 것도 챙기지 못하는 바보 같은 사람이 아닌가 한다네.
사방(四方)이 막힘이 없이 열려있으므로 적(敵)이 사면(四面)을 감싸고 있는 것과 같지 않은가.
때문에 따지고 보면 겁이 많고 두려움이 많은 성격(性格)이라네.
애정에 대한 욕구(欲求)가 크고 바라는 것이 많지만 얻은 것이 없다네.
품안에 들어온 애정(愛情)만이라도 빼앗기지 않기를 바란다네.

마음이 착하고 순하다 하더라도 지키고자 하는 강(强)한 힘이 없으면 만만치 않은 세상(世上)이 아니던가.

착하고 순한 애정(愛情)이라네.

가족(家族)에게 온갖 정성(精誠)을 들이며 사랑하는 마음이 늘 한결 같고 해주지 못해서 안달이 난 남자(男子)라네.

모든 것을 희생(犧牲)하고 세파(世波)로부터 보호(保護)하며, 늘 착하게만 이끌어가는 가족(家族)이라네.

대인관계(對人關係)에 있어서는 주도적(主導的)이지 못하고 매양 끌려 다니며 많은 시달림을 받는다네.

사람들이 이 사람의 착함을 알아주지 않고 오히려 이용(利用)만 하려드는 까닭으로 상처(傷處)가 많은 사람이라네.

멀리 나서면 다치고 쓰러지는 일이 많으니 늘 가까운 사람들과 어울리면서 자신(自身)을 내어주는 남자(男子)라네.

타향(他鄕)살이에 지치는 몸이라 온갖 고통을 겪고 나면 그나마 살아갈 명분(命分)이 생기는 사람이라 고되고 힘들더라도 혼자만의 길을 가는 것이 손해(損害)를 보지 않은 방책(方策)이라네.

- 남자(男子): 음(陰) → 소음(少陰) ☵, 감(坎)

유(柔)하고 순(純)한 듯하나 마음은 엉뚱한 욕심(欲心)을 품고 분수(分數) 밖의 짓을 하려 한다네.

생각이 깊은 사람으로 사고방식(思考方式)이 트인 사람이며, 남을 알고 자신(自身)을 아는 매우 현명(賢明)한 사람이라네.

그러나 혼자서는 자신(自身)의 뜻을 밖으로 펼칠 수 있는 사람이 아니며, 남의 힘을 의지(依支)해야 자신을 세울 수 있는 사람이라네.

본인(本人) 스스로에게 독(毒)한 성격(性格)으로 밋밋하고 우유부단(優柔不斷)한 성격을 고치려고 무진 애를 쓴다네.

거칠고 험한 일이 닥치면 되받아치지 못하고 남의 뒤로 숨어버리며, 생각만 앞서는 까닭으로 우물쭈물하며 나서지를 못한다네. 그러고는 뒷북치며 한탄(恨歎)하고 말만 앞세우는 겁 많은 사람이라네.

애정(愛情)에 있어서는 자기(自己)의 욕심(慾心)을 차리고 표현(表現)에 있어서는 적극적(積極的)이기보다 부드럽고 상대방(相對方)을 배려(配慮)하는 매너 좋은 남자(男子)라네.

오래 가지 못하는 애정(愛情)으로써 때와 시기(時期)를 따라 이 곳 저곳을 떠도는 사람이라네.

한곳에 오래 머물 수가 없는 까닭으로 책임감(責任感)이 없다네.

가족(家族)에 대한 애정(愛情)은 애틋하며, 부인(婦人)과 자식에 대한 그리움으로 늘 애태우는 남자(男子)라네.

혼자 힘으로는 거친 세상(世上)으로 나서지 못하는 사람이라 늘 가까운 이들과 함께 선(善)한 관계(關係)를 맺고 살아가며, 스스로가 늘 겸손(謙遜)하고 남을 위해 땀을 흘릴 줄 아는 사람이며, 남을 배려(配慮)하는 사람이라네.

다만 자신(自身)의 나약(懦弱)한 모습을 남에게 숨기려고 강(强)한 척을 하다 곤란(困難)함을 겪기도 한다네.

끝도 없는 넓은 벌판을 건너기 위해서는 여러 사람이 어울려가는 것이 힘들지 않고 위험(危險)하지 않다는 것을 제대로 알고 있는 사람이라네.

일을 벌이는 데 있어서 남의 도움이 크게 필요(必要)한 사람이니 부끄러워하거나 쑥스러워하지 말고 손을 내미는 것이 매우 현명(賢明)한 생각이라네.

이제는 생각만 하지 말고 가까운 이들을 믿으면서 넓은 세상(世上)에 몸을 맡기길 바란다네.

타향(他鄕)살이에 지친 몸이 아니던가.

- 남자(男子): 음(陰) → 소양(少陽) ☳, 간(艮)

일의 앞뒤를 생각하지 않고 천방지축(天方地軸) 나대는 모양새가 버릇없는 막내아들과 같다네.

어리석게도 일이 되어가는 사정(事情)이나 형편(形便)을 헤아리지 않고 정신(精神)없이 허둥지둥 날뛰는 성격(性格)이라네.

각처(各處)를 떠돌기 좋아하고 보고 들은 것이 많은 까닭으로 말로써 내세우고 원하는 것이 많으며, 자신(自身)이 원하는 대로 되지 않으면 모든 불평불만(不平不滿)을 있는 대로 주위(周圍) 사람들에게 퍼붓고 막무가내로 떼쓰는 성격(性格)이라네.

배움이 없다면 말이나 행동(行動)이 버릇없고 거칠며, 순간(瞬間)의 잔머리가 빠른 까닭으로 거짓됨이 많은 사람이라네.

순간의 어려움과 책임(責任)을 피하기 위해 말과 행동(行動)을 과장(誇張)하고 두려움이 많은 까닭에 모든 잘못을 남 탓으로 돌린다네.

이 사람에게 애정(愛情)이란 자신(自身)을 내세우거나, 아니면 자기(自己)를 막아줄 수 있는 방패(防牌)와 같은 것이라네.

집착(執着)이 강(强)한 까닭으로 한번 잡으면 놓아주지를 않으며 끝까지 움켜쥐고 가는 사람이라네.

이도 저도 아니면 온갖 방법(方法)을 동원(動員)하며, 으르고 협박(脅迫)하는 음흉(陰凶)하고 사나운 인물(人物)이라네.

가족(家族)에 대한 책임감(責任感)이 없고 가정(家庭)을 이루더라도 부인(婦人)과 자식(子息)이 고달프며, 되레 가족(家族)이 나서서 이 사람의 뒤치닥꺼리를 해주어야 하고 모든 화풀이를 받아주어야 한다네.

착하고 착한 사람이라 지나고 나면 속죄(贖罪)를 하며, 용서를 빌지만 계속 반복(反復)되는 일상(日常)이라 가족(家族)이 지치고 지친 후에는 결국 포기(抛棄)하고 만다네.

필요(必要)에 따라 인연(因緣)을 맺으니 주변(周邊) 사람들의 관계(關係)가 오래 갈 수가 있겠는가.

또한 깊은 정(情)으로 맺은 인연(因緣)이 아니므로 늘 외로워하고 힘들어 한다네.

한 곳에 정(情)을 두지 못하고 사방(四方)으로 나돌아 다니는 사람이라 크게 벌일 수 있는 일이 없다네.

체면(體面)과 위신(威信)을 버리고 마땅히 머물 곳을 찾아야 떠돌지 않은 삶을 살 수 있다네.

애정(愛情)이 없는 남자(男子)의 품이란 새가 떠난 둥지와 같은 것이니 따뜻한 정처(定處)를 만들어야 할 것이라네.

깊이 알고 겪어보면 눈물 많고 정(情)이 많은 사람인 것을……

- 남자(男子): 음(陰) → 태음(太陰) ☷, 곤(坤)

마음으로만 그리고 있는 넓은 세상(世上)을 그리움으로 묻어두고 말없이 기다리는 사람이라네.

생각보다는 눈앞에 다가온 현실적(現實的)인 문제(問題)에 응(應)하며, 말이 앞서기 보다는 행(行)으로 살아가고 그 누구의 도움도 없이 홀로 어둡고 거친 벌판을 가로질러 걸어가는 성격(性格)이라네.

사고(思考)가 유연(柔軟)하지 않으며, 세상사(世上事)를 이해(理解)하기보다는 당면(當面)한 일에 마음을 쏟고 사방으로부터 들어오는 칼바람을 홀로 받아내며 살아가는 사람이라네.

모든 오욕칠정(五慾七情)은 마음 깊숙한 곳에 숨기고 오로지 마땅히 해야 할 도리(道理)를 묵묵히 해가는 인물(人物)이라네.

미리 앞서서 생각하고 움직이지 않으며, 마주 대하여 드러난 사물(事物)의 모양이나 상태(狀態)에 따라 움직이는 순수(純粹)한 반응(反應)이라네.

애정(愛情)을 표현(表現)하는 방법(方法)이 남과 다르지 않으며, 오히려 애틋하고 애처로운 사랑이라네.

더 주고 싶어도 주지 못하는 마음에 속이 쓰리며, 못난 자신(自身)의 부끄러움 때문에 선뜻 내어주지 못하는 손길이 미안할 뿐이라네.

뜨거운 모정(母情)을 지닌 남자로써 힘들고 고달프더라도 가족(家族)을 위해 이른 아침부터 차가운 물에 손을 적시는 남자이며, 모든 어려움을 감수(甘受)하고 짊어진 삶의 모진 무게를 견딘다네.

주변(周邊) 사람들과 유연(柔軟)한 관계(關係)를 유지(維持)하며, 많은 이들을 위해 땀을 흘리고 무던하게 얽혀가면서 아는 체하거나 잘난 체하지 않고 겸손(謙遜)하며 삼가는 태도(態度)로 살아가는 선(善)한 인물(人物)이라네.

스스로의 업체(業體)를 이끌기보다는 타인(他人)의 업체에 몸담고 몸과 마음을 다하는 인물(人物)이라네.

괴롭고 힘들면 텁텁한 막걸리 한잔에 풀어버린다네.

평생(平生) 정처(定處)가 없이 떠돌다 제 누울 자리를 찾지 못하고 허공(虛空)에 맡길지 모르는 것이니 늘 염두(念頭)에 두기를……

- 여자(女子): 양(陽) → 태양(太陽) ☰, 건(乾)

어디로 튈지 모르는 럭비공과도 같은 여자(女子)라네.

거침없이 넓은 세상(世上)으로 나서고 한 무리의 일원(一員)으로써, 또 리더십으로 앞에 나서서 이끄는 성격(性格)이며, 뒤를 생각하지 않고 후회(後悔)하지 않으며 강(强)하게 몰아 부치는 힘 있는 성격(性格)이라네.

올바른 일에는 순(順)하나, 바르지 못한 일을 마주 대하면 강(强)하게 반발(反撥)하는 성미(性味)라네.

거칠게 나대는 성격(性格)이나 사리(事理)나 도리(道理)에 어긋나는 말이나 행동을 하는 이는 아니라네.

말과 행동(行動)이 빠르고 머뭇거리는 성미(性味)가 아니며, 상황(狀況) 판단(判斷)이 서면 곧바로 움직이는 여자(女子)이고 넓은 사고방식(思考方式)의 소유자(所有者)라네.

현실적(現實的)인 것에 온갖 머리를 쓰는 바쁜 인물(人物)이라네.

대가족(大家族)을 끌어안고 이끌며, 깊은 애정(愛情)을 갖고 늘 변함없는 마음으로 뒤를 받쳐주는 여자이며, 종작없이 말과 행동(行動)을 하는 것 같지만 충분(充分)하게 내다보고 가족(家族)을 이끄는 여인(女人)이라네.

다만 한 번의 결혼(結婚)으로는 힘들고 재혼(再婚)을 하면서 인정(認定)을 받은 가슴 아픈 사연을 품고 산다네.

인간관계(人間關係)에 있어서 주도적(主導的)인 역할(役割)로 무리(無理)없이 많은 사람을 이끌어가며, 또 많은 사람들이 따르고 좋아한다네.

거침없는 성격(性格)으로 인(因)하여, 갑작스럽고도 엉뚱한 말과 행동(行動)이 튀지만 어색(語塞)하지가 않으며 오히려 주변(周邊) 사람들이 속이 시원하다고 하는 이들이 많다네.

시원시원한 말과 행동(行動)이 많은 사람들을 이끌어낼 수 있는 힘이나, 의심의 눈초리를 보내는 사람도 많다는 것을 늘 염두에 두어야 한다네.

시기(猜忌)와 질투(嫉妬)가 많다는 것이네.

스스로가 편히 쉴 곳이 없는 까닭으로 삶의 버거움에 힘들 것이나, 생각이나 말보다 행동(行動)이 먼저 앞서는 까닭으로 주위(周圍)로부터 인정(認定)을 받고 많은 도움을 받는다네.

일을 벌이고 이끌어가는 데는 강(强)하나 쉽게 싫증을 느끼는 사람이며, 호기심(好奇心)이 매우 많은 까닭으로 여러 가지 일에 관심(關心)이 많고 스스로 해봐야 속이 풀리는 여자(女子)라네.

겁 없이 들이대고 보는 사람으로 많은 일과 직업을 전전(轉轉)하며, 일의 귀천(貴賤)을 따지지 않은 성격(性格)이라네.

사방(四方)으로 트여있는 대지(大地)의 성격(性格) 아닌가.

철없이 나대기 시작(始作)하면 잡을 수 있는 성격(性格)이 아니라네.

때문에 백말 띠라고 이르는 것이네.

고향(故鄕)을 떠나 타향(他鄕)살이를 하더라도 기(氣) 죽지 않은 여인(女人)이라네.

- 여자(女子): 양(陽) → 소음(少陰) ☱, 태(兌)

겉으로는 다 내주는 것 같지만, 내심(內心) 아까운 생각에 순간(瞬間) 고개를 돌리는 여자(女子)라네.

말과 행동(行動)으로 옮기기에 앞서서 생각을 많이 하는 편이며, 싫어도 내색을 하지 않고 좋아도 좋아하는 마음을 드러내지 않는다네.

그렇다고 좁은 성격(性格)을 가진 것은 아니며, 다만 조심(操心)을 하고 남에 대한 배려(配慮)와 스스로를 위한 약간(若干)의 체면(體面)과 위신(威信) 때문이라네.

스스로의 잘못에 대하여 부끄러움을 많이 타는 성격(性格)이나 남의 실수(失手)에 대해서는 매우 관대(寬大)한 성격(性格)이라네.

스스로의 행동(行動)에 책임(責任)을 지며, 많은 추론(推論)을 통한 스스로의 판단(判斷)을 믿고 움직이며, 후회(後悔)하지 않고 남의 말을 귀담아 듣지 않은 성격(性格)이라네.

머리는 맑고 넓게 트였으며, 잡다(雜多)한 생각이 많은 편이나 돌다리도 두드리고 건너는 여인(女人)이라네.

겉으로는 적극적(積極的)인 것 같으나 생각이 많음으로 인하여 머뭇거리는 애정(愛情)이라 좋은 인연(因緣)을 놓친다네.

한번 맺으면 깊은 애정(愛情)으로 대하고 따르기도 잘 따르며, 몸과 마음을 다해 정성(精誠)을 드린다네.

또한 과도(過度)한 애정으로 인해 곁에 있는 사람이 떠나기도 하며, 이로 인해서 상처(傷處)를 많이 받으면서 타향(他鄕)으로 나도는 여인(女人)이 많다네.

일찌감치 가정(家庭)이라는 울타리에서 벗어나 자신(自身)만의 세상(世上)으로 나서는 당돌(唐突)한 면도 있고 부모의 품이 작다고 느끼면서 가정(家庭)이라는 울타리 밖에서 늘 맴도는 사람도 있다네.

그래도 스스로의 삶을 굳게 지키고 자존심(自尊心)이 강(强)하며 체면(體面)을 지키는 사람으로서 빠른 시간(時間)내로 온전(穩全)하게 돌아오는 여인(女人)이라네.

한곳에 정착(定着)을 하면 많은 이들과 어울리면서 두루 원만(圓滿)한 관계(關係)를 이루지만 본래 떠도는 성격(性格)인지라 깊은 관계(關係)까지는 이르지 못한다네.

정(情)이 많고 넓게 트인 마음으로 좋은 인간관계(人間關係)를 맺으나 때로는 사람을 믿지 못하는 성격(性格)으로 인하여 다툼이 잦은 사람이라네.

그렇다고 따지는 성미(性味)가 아니며, 말을 하지 않고 스스로 피하고 떠나버리는 까닭으로 뒤에서 욕을 먹고 상처(傷處)를 많이 받은 여인(女人)이라네.
타고난 성품(性品)은 버리지 못하는 까닭으로 가끔 발작(發作)하듯 나대면 험(險)한 결과(結果)를 가져온다네.
찬찬하게 일을 이끌어가며, 스스로의 책임(責任) 아래 큰일도 어려움 없이 풀어가고 강(强)한 성취욕(成就欲)을 지니고 있는 든든한 여인(女人)이라네.
뒤를 생각하지 않고 앞으로만 달려 나가는 여인으로 마음에 헤어짐의 상처(傷處)가 많은 착하고 순한 여자(女子)라네.

- 여자(女子): 양(陽) → 소양(少陽) ☲, 리(離)

전국(全國) 각처(各處)를 돌아다니며 많은 것을 보고 들으며 마음의 행복(幸福)을 찾고 싶지만 주어진 여건(與件)이 따라주지 못한다네.
온갖 멋을 부리고 마음에 드는 모든 남자(男子)를 품에 안고 싶어 하며, 많은 사랑을 나누면서 자신(自身)을 드러내고 자랑하고 싶지만 현실(現實)이 그리 만만하지 않다네.
매사(每事) 간섭(干涉)하기를 좋아하고 말과 행동이 가볍고 방정맞으며, 쓸데없는 자존심(自尊心)이 강(强)한 까닭으로 꽤나 까다로운 성격(性格)이라네.
비위(脾胃) 맞추기가 어렵고 변덕(變德)이 심(甚)하며, 마음이 내키는 대로 하고, 하고 싶은 대로 하는 성격(性格)이라네.
눈치 하나만큼은 빠른 편이어서 말과 행동(行動)이 민첩(敏捷)하며, 보고 들은 것이 많음으로 임기응변(臨機應變)이 좋다네.
애정(愛情)을 받기 위해서 간과 쓸개를 내줄 것처럼 애교(愛嬌)를 부리나, 그 모양새가 좋아보이지는 않는다네.
깊지 못한 애정(愛情)으로 헤어지고 만나는 일을 쉽게 생각하며, 목적(目的)을 위해서 자신(自身)을 파는 사람이라네.
고향(故鄕)에 머물지를 못하고 늘 떠돌 수 있는 삶이니 몸과 마음을 다해서 한곳에 정착(定着)할 수 있도록 노력해야 한다네.

가정(家庭)을 이루더라도 살림에는 전혀 관심(關心)이 없는 여자(女子)로 자신(自身)의 잠자리만 깨끗하면 된다네.
밖으로 나돌면 힘이 남아돌고 집안에 들어오면 힘이 없어지는 여자라, 음식(飮食)에 곰팡이가 생겨도 알지 못한다네.
가족들에게 관심(關心)이 없고 늘 밖으로의 일탈(逸脫)을 꿈꾸며 산다네.
만나서 좋으면 즐기고 싫으면 싫은 대로 인연(因緣)을 맺으며, 만나고 헤어짐에 그다지 큰 의미(意味)를 두지 않는다네.
정(情)으로 인연(因緣)을 맺은 것이 아니라 필요(必要)에 의해서 만나고 그렇지 못하면 늘 헤어짐이라네.
일을 벌이면 모두 깨져나가는 팔자(八字)라 크게 벌이지 말고 지평선(地平線)을 바라보는 눈을 거두고, 현실(現實)을 직시(直視)하면서 자신이 처한 상황(狀況)을 분명하게 알고 살아갈 수 있기를 빈다네.

- 여자(女子): 양(陽) → 태음(太陰) ☳, 진(震)

무슨 일이든 의욕(意欲)은 넘치나 주어진 여건(與件)이나 형편(形便)이 나아짐이 없으므로 늘 제자리 걸음에 한숨뿐이라네.
능력 밖의 일들에 부닥치고 이를 풀어가기 위해서 무진 애를 쓰지만 혼자만의 힘으로는 어렵다네.
그렇다고 피하는 성격(性格)이 아니며, 주어진 여건(與件)이나 형편(形便)에 따라 단 한번, 단 한마디의 불평불만(不平不滿) 없이 몸과 마음을 다하는 성격(性格)이라네.
밖으로 널뛰고 싶은 성미(性味)에 올가미가 씌워진 삶이니 그 마음의 답답함이 오죽하겠는가.
성정(性情)이 바르고 생각이 잡다(雜多)하지 않으며, 늘 부닥친 현실(現實)의 변화(變化)에 따라 어울려가며, 안주(安住)하려고 노력(努力)한다네.
가족(家族)을 생각하는 마음이야 애틋하고 뜨거우며, 늘 다함이 없는 애정(愛情)으로 놓치지 않은 강(强)한 모정(母情)이라네.

멀리 떨어져 있다 해도 잊지 않고 가슴에 묻어 안은 아픔이며, 늘 눈물로 가슴이 서린 삶의 연속(連屬)이라네.

귀가 얇은 까닭으로 남의 말에 쉽게 넘어가는 여자(女子)인지라 남자의 달콤한 말을 믿었다가 오랜 세월(歲月)을 고생(苦生)할 것이니, 주위(周圍) 사람들의 말에 귀 기울이는 것이 참으로 필요(必要)한 여자(女子)라네.

몸이 망가짐을 걱정할 것이니 되도록이면 몸을 아끼고 맑은 것을 가까이해서 건강(健康)에 힘쓰기를…… 많은 사람들과 인연(因緣)을 맺으나 깊은 정(情)으로 가기에는 힘든 성격(性格)이며, 쉽게 마음을 여는 것 같아도 속 깊은 마음은 열지 않는다네.

그럼에도 두루 원만(圓滿)한 인간관계(人間關係)를 맺으면서 남의 아픔을 다독이고 안아주는 여인(女人)이라네.

정(情)이 많고 선(善)한 사람인지라 어려움에 처한 이웃을 위해 몸과 마음을 아끼지 않는다네.

또한 남을 탓하기보다는 자신(自身)을 낮추고 남을 배려(配慮)하는 마음이 크며, 이로 인해 많은 오해(誤解)를 받기도 하고 스스로 물러나는 일이 많다네.

많은 것을 꿈꾸는 사람이 아니고 작지만 온전(穩全)한 사랑을 바라며, 마음은 늘 지평선(地平線)을 바라보면서 무언가를 기다리는 여인(女人)이라네.

- 여자(女子): 음(陰) → 태양(太陽) ☴, 손(巽)

밝고 쾌활(快活)하며, 사물의 바른 이치(理致)에 밝고 사람이 마땅히 지켜야 할 바른 길을 가면서 스스로를 독려(督勵)하는 성격(性格)이라네.

자신(自身)의 이익(利益)이나 편함보다는 남을 먼저 생각하고 배려(配慮)하는 마음을 지닌 따뜻한 성격(性格)이며, 매우 순(順)하고 이로우며 크게 통(通)하고 바른 성정(性情)을 지닌 여자(女子)라네.

아무런 주견(主見)이 없이 남의 의견(意見)이나 행동(行動)에 덩달아 따르지 않고 스스로의 판단(判斷)에 따라 깊이 생각하며, 말과 행동(行動)을 삼가는 신중(愼重)한 성격(性格)이라네.

다만 마음이 약하고 선(善)한 것이 문제(問題)이며, 상처(傷處)를 받으면 오래가는 마음 약한 성격의 소유자(所有者)라네.

부드러운 애정(愛情)이지만 끝내 눈물을 흘리고 마는 정(情)이며, 그래도 있는 정(情), 없는 정(情)을 다 주고 기다리는 여인(女人)이라네.

가정(家庭)이라는 울타리를 단단하게 하고 가족(家族)에 대한 사랑이 크며, 모진 삶속에서도 단 하나의 고통(苦痛)이나 슬픔을 놓치지 않고 끌어안은 여인이라네.

모진 말을 들어가면서도 잡고 놓치지 않은 고집(固執)도 있으며, 한 남자(男子)만을 바라보는 성격(性格)이지만 주위(周圍)의 남자(男子)들이 늘 맴돌며 넘본다네.

남자(男子)의 달콤한 말에 한번 옷고름을 잘못 풀면 가족(家族)을 떠나 고생(苦生)하고 죄의식(罪意識)에 빠져 사는 못난 인생이 되고 만다네.

인간관계(人間關係)가 막힘이나 걸림이 없이 두루 원만(圓滿)하고 좋은 언니로 좋은 동생으로 남은 인물(人物)이라네.

경거망동(輕擧妄動)하는 성격(性格)은 아니나 순간(瞬間)의 잘못된 판단(判斷)으로 욕을 먹기도 하지만, 곧 바르게 돌려 잡고 풀어가는 사람이라네.

긍정적(肯定的)인 눈으로 사회(社會)를 보며, 밝은 마음으로 봉사(奉仕)하는 착한 여자(女子)라네.

겁이 많고 두려움이 많은 까닭으로 일을 벌이는 데 있어서 머뭇거리고 주저하나, 판이 벌어지면 성실(誠實)하게 해나가는 침착(沈着)함이 있으며, 몸과 마음을 다해 노력(努力)하는 명랑하고 능동적(能動的)인 여자(女子)라네.

- 여자(女子): 음(陰) → 소음(少陰) ☵, 감(坎)

말과 행동(行動)이 스스로의 의지(意志)와는 달리 많이 움츠러들며, 용기(勇氣)가 없고 부끄러워하는 것이 보기와는 다르게 하는 짓이나 모양이 어울리지 않아 멋쩍고 어색(語塞)하다네.

하고 싶은 말이 있어도 가슴에 담아둘 뿐, 구태여 밖으로 드러내지를 않는다네.

부드럽고 조용한 성격(性格)으로 어찌 보면 어리석고 못난 사람 같지만 말이나 행동

(行動)을 보면 앞뒤가 들어맞고 체계(體系)가 있는 여인(女人)이라네.

말과 행동(行動)이 이것도 저것도 아니게 두루뭉술하지만, 하고자 하는 의지(意志)는 분명한 성격(性格)이라네.

말과 행동(行動)이 뜨뜻 미지근하지만 애정관(愛情觀)이 확실(確實)하고 몸과 마음이 본인(本人)의 의지(意志)와는 매우 다르게 움직이며, 사랑을 많이 받아도 드러내놓고 표현(表現)하지 못하는 맹꽁이라네.

때로는 되바라진 듯 지나친 면이 있지만 곧바로 멋쩍은 표정(表情)에 쑥스러워한다네.

가족(家族)에 대한 책임감(責任感)이 적으며, 혼자 있기를 좋아하고 혼자 돌아다니기를 좋아하는 까닭으로 가정(家庭)을 이루었다 해도 끝내 지키기는 어렵다네.

혼자만의 작은 잣대로 세상(世上)을 바라보고 자기만의 세계(世界)에 빠져서 살아가는 한쪽으로 치우친 삶이라네.

겉으로는 웃음을 짓지만 내심(內心) 생각이 많고, 늘 왜라는 의문(疑問)이 떠나지 않은 사람이라네.

가정(家庭)이라는 울타리 또한 이러한 생각으로 인하여 행복(幸福)을 찾은 가치(價值) 있는 공간(空間)이 아니라 내가 왜 이렇게 살아야 하지? 라는 질문(質問)의 대상(對象)이 된다네.

사신(自身)의 존재(存在) 가치(價値)에는 큰 의미(意味)를 두면서도 그 외의 것은 크게 마음을 두지 않는다네.

사람들과의 만남에 있어서 타인(他人)은 자신(自身)과 늘 비교(比較)의 대상(對象)이 되며, 이러한 자잘한 분별심(分別心)에 늘 마음을 빼앗기면서 깊이 있는 인간관계(人間關係)를 이루어가지 못한다네.

사회(社會)에 대한 깊은 편견(偏見)으로 자신(自身)을 옭아매고 벗어나지 못하는 어리석은 여자(女子)라네.

작은 일에 마음을 쓰는 일과 쑥스러워하거나 부끄러워하는 성격을 버리고 떳떳하고 당당해야 하겠네.

움츠러든 가슴을 펴고 말과 행동에 힘을 실어서 스스로를 밝게 드러내야 편하고 행복

(行福)한 삶을 영위(營爲)할 것이라네.

타고난 성격(性格)이 본래 착하고 순하며 말이 없는 여자(女子)인지라 많은 남자(男子)들이 좋아하고 따른다네.

마음이 꽉 막히거나 생각이 어리석은 여자(女子)가 아닌 까닭으로 여럿 남자(男子)를 거느릴 수 있으며, 대개는 두 집 살림을 하는 일이 많다네.

- 여자(女子): 음(陰) → 소양(少陽) ☶, 간(艮)

엉큼함에 더하여 욕심(慾心)을 안으로 감추지를 못하고 모든 감정(感情)을 밖으로 쏟아내며, 늘 불만(不滿)에 차있는 듯, 말과 행동(行動)을 한다네.

떠난다 하면서도 떠나지를 못하고 항상 주위(周圍)를 맴돌며, 솔직하고 올바르다 하면서도 늘 거짓으로 자신(自身)을 내세우는 맹랑한 성격(性格)을 지녔다네.

뒤가 무르고 마음이 약(弱)하며, 겁이 많은 까닭으로 일을 저지르고도 몰래 숨어버리고 남을 탓하면서 늘 변명(辨明)만을 앞세우는 성격(性格)이라네.

마주 대하기가 까다로운 여자(女子)로써 때로는 함부로 얕잡아 볼 수 없을 만큼 깜찍한 면도 있지만 항상 마지막은 어린아이처럼 떼를 쓰고 조르는 성격(性格)이라네.

스스로 벌어 쓰지 못하고 늘 누군가에게 도움을 청하며, 자기 앞에 닥친 일을 제 힘으로 처리(處理)할만한 능력(能力)이 없는 답답한 여자(女子)라네.

오로지 받기만을 위해 살아간다고나 할까.

애정(愛情)도 어찌 보면 가식적(假飾的)인 면이 많고 투정과 애교(愛嬌)가 많으나 이는 목적(目的)한 바를 이루기 위한 행위(行爲)로만 보일 뿐이라네.

남에게 예속(隸屬) 당하거나 구속(拘束) 받은 것을 무척 싫어하면서도 애정(愛情)이라는 틀 안에 사랑하는 이를 가두고 달달 볶은 사람이 이 여자(女子)라네.

밖으로 드러나기를 현모양처(賢母良妻)이기를 바라는 까닭으로 온갖 말과 행위(行爲)를 해가며 가족(家族)을 위하는 것 같지만, 이는 자신(自身)을 내세우고 체면(體面)과 위엄(威嚴)과 믿음과 덕망(德望)이 있음을 보이기 위해서라네.

남에게 지기 싫어하는 성격(性格)으로 인하여 원만(圓滿)한 인간관계(人間關係)를 이어가지 못하고 늘 다툼이 잦으며, 이해(理解)와 배려(配慮)를 떠난 매우 독선적(獨善的)인 길을 간다네.

스스로가 상처(傷處)를 받지 않기 위해서 독한 모습을 보이기도 하지만 마지막은 결국 자기만 위하는 위험(危險)한 결과(結果)를 부른다네.

돌아서서 흘리는 눈물을 누가 알고 안아주고 다독여 줄 것인가.

스스로의 잘남을 내세우지 말고 짜증부리지 말고 거짓으로 포장(包裝)하지 말고 남은 삶을 떳떳하게 그리고 올바르게 사는 것도 재미있지 않겠는가.

넓은 세상(世上)이 나만을 위해 있는 것은 아니라네.

타고난 탁 트인 성품(性品)을 찾아서 즐거운 삶을 살 수 있기를……

- 여자(女子): 음(陰) → 태음(太陰) ☷, 곤(坤)

늘 변함이 없는 모습과 마음이며 말과 행동(行動)에 어긋남이 없다네.

늘 그 자리에서 기다리며 주어진 형편(形便)이나 사정(事情)에 따라 있는 그대로 받아들이고 몸과 마음을 다해 노력하지만 자신(自身) 스스로에게 익숙하지 않은 서투른 성격(性格)이라네.

마음으로만 가지고 있는 먼 훗날의 희망(希望)에 의지(依支)하고, 말이 없음을 큰 덕목(德目)으로 삼아 묵묵하게 제 갈 길을 가는 성격(性格)이라네.

그리 까칠하지는 않지만 자존심(自尊心)이 강(强)한 까닭으로 굽힐 듯이, 뜻을 꺾은 듯이 보이지만 절대 꺾이지 않고 굽히지 않으면서도 순한 성격이라네.

생각하고 움직이는 사람이 아니며, 일이 되어 가는 모양이나 결과(結果)에 따라 말하고 행동하는 여자라네.

애정(愛情)은 두텁고 끈끈하며, 돌아서서 쓴웃음을 짓는 것은 스스로의 못남을 자책(自責)하는 것이라네.

깊은 애정(愛情)으로 인(因)해 떠나고 싶어도 떠나지 못하는 여인으로, 모진 고통(苦痛)과 괴롭힘을 당해도 스스로가 택한 인생(人生)이므로 끝까지 책임(責任)을 지는 사랑이라네.

가족(家族)이란 인연(因緣)에 커다란 의미(意味)를 부여(賦與)하고 크게 의지(依支)하면서 몸과 마음을 다한 사랑으로 끌어안는다네.

어두운 너른 벌판을 가로지르는 한줄기 긴 그림자와 같은 사랑이려니, 외로움과 슬픔을 안고서도 놓지 않은 가족(家族)에 대한 미련(未練)이 삶을 살아가는 가장 큰 이유(理由)라네.

우호적(友好的)인 성격(性格)으로 이웃과의 관계(關係)가 모나지 않고 의(義)가 좋으며 화목(和睦)하다네.

스스로가 많은 짐을 짊어지고 앞서 나가는 사람이며, 말없이 뒤에서 받쳐주는 든든한 버팀목이고 넘어진 이를 일으켜 세우며 지친 이들을 달래주는 넉넉한 여인이라네.

배움이 적고 고귀(高貴)하진 않으나 배운 사람보다 더 많은 덕을 베풀고 고귀(高貴)한 사람보다 더 중요(重要)한 씨앗을 잉태(孕胎)한다네.

언젠가는 대지(大地)에 비가 내려 황량(荒涼)한 벌판이 푸르러지고 많은 생명(生命)들이 태어날 것이 아닌가.

한쪽 가슴이 휑한 모정(母情)과 같으니 이를 늘 염두(念頭)에 두고 울타리 밖의 바람은 맛보지 말게나.

서러움에 눈물만이 흐를 것이라네.

5) 검봉금(劍鋒金): 칼날 끝에 걸려있는 금(金)의 기운(氣運)

임신(壬申)-양(陽)	계유(癸酉)-음(陰)

16상론(十六象論) 및 행태론(行態論)

• 남자(男子)

양(陽) → 태양(太陽)/건(乾)-부(父) ☰	음(陰) → 태양(太陽)/손(巽)-장녀(長女) ☴
양(陽) → 소음(少陰)/태(兌)-소녀(少女) ☱	음(陰) → 소음(少陰)/감(坎)-중남(中男) ☵
양(陽) → 소양(少陽)/리(離)-중녀(中女) ☲	음(陰) → 소양(少陽)/간(艮)-소남(少男) ☶
양(陽) → 태음(太陰)/진(震)-장남(長男) ☳	음(陰) → 태음(太陰)/곤(坤)-모(母) ☷

• 여자(女子)

양(陽) → 태양(太陽)/건(乾)-부(父) ☰	음(陰) → 태양(太陽)/손(巽)-장녀(長女) ☴
양(陽) → 소음(少陰)/태(兌)-소녀(少女) ☱	음(陰) → 소음(少陰)/감(坎)-중남(中男) ☵
양(陽) → 소양(少陽)/리(離)-중녀(中女) ☲	음(陰) → 소양(少陽)/간(艮)-소남(少男) ☶
양(陽) → 태음(太陰)/진(震)-장남(長男) ☳	음(陰) → 태음(太陰)/곤(坤)-모(母) ☷

- 남자(男子): 양(陽) → 태양(太陽) ☰, 건(乾)

재주와 머리를 타고났으며, 남보다 뛰어난 솜씨나 기술(技術)이 있다네.

칼날을 잡고 움직이지 않으며, 무슨 일이든 주도권(主導權)을 잡고 실권(實權)을 행사(行事)하는 성격(性格)이라네.

칼자루 잡은 사람이 요구(要求)하는 대로 칼날을 쥔 사람이 응(應)할 수밖에…… 타고난 성미(性味)가 더할 수 없는 막다른 지경(地境)까지 끌고 가며, 좀처럼 물러서지 않은 성격(性格)에 조금이라도 어긋나거나 굽어지면 마음에 날카로운 칼날을 세운다네. 그렇다고 경우(境遇)가 없거나 예의(禮儀)가 없는 것은 아니며, 오히려 사리(事理)나 도리(道理)에 밝고 말투나 몸가짐이 공손하다네.

말로써 변명(辨明)하지 않으며 먼저 행동(行動)으로 드러내 보이고 명쾌(明快)하게 움직이는 남자(男子)라네.

머리를 쓴다고는 하나 바르고 옳아서 사사로움이 없다네.

애정(愛情)에 있어서는 상대방(相對方)의 세력(勢力)이나 기세(氣勢)를 억누르기 위해 말과 행동(行動)이 확실(確實)하고 단호(斷乎)한 편이라네.

주도권(主導權)을 잡지 못하면 늘 불안(不安)해 하고 시기(猜忌)와 질투(嫉妬)가 많아지며, 사소한 다툼이 자주 일어나고 상대방(相對方)의 마음에 상처(傷處)를 준다네.

좋게 말하면 승부욕(勝負慾)이 강(强)한 것이고 나쁘게 말하면 고집(固執)이 세고 배려심(配慮心)이 없는 것이 아닌가.

가족(家族)들과의 관계(關係)에서도 일방통행식(一方通行式) 말과 행동(行動)으로 휘어잡고 나가며, 따르지 않으면 딱 끊은 듯이 매우 엄격(嚴格)하게 다루는 사람이라네.

인간관계(人間關係)에 있어서는 그나마 원만한 관계를 유지(維持)하나 무슨 일이든 주도권(主導權)을 잡은 사람한테는 이길 수 없는 것이니, 늘 칼자루를 놓치지 않으려 노력(努力)한다네.

때때로 위험(危險)한 관계(關係)에까지 이르나 현실을 보는 밝은 눈과 뛰어난 머리로 피해간다네.

무슨 일이든 물러서지 않고 스스로 앞장 서는 사람으로 지역사회(地域社會)를 위해 많은 일을 하며, 바른 목소리를 높이는 떳떳한 사람이라네.

많은 것을 얻기 위해서 칼날 위를 오가야 하는 삶이라 흐트러진 정신(精神)이나 마음, 생각 등을 늘 다잡아야 한다네.

칼은 날이 서야 칼이 아니겠는가.

무슨 일이든 맡은 바 스스로의 역할(役割)을 행(行)할 수 있도록 능력(能力)이나 조건

(條件)을 충분하게 갖추고 있어야 떳떳하고 당당(堂堂)한 대장부(大丈夫)가 아니겠는가.

- 남자(男子): 양(陽) → 소음(少陰) ☱, 태(兌)

지니고 있는 능력(能力)이나 재주를 안으로 감추고 실속을 차리는 성격(性格)이며, 생각이나 마음에 여유(餘裕)를 가지고 예의(銳意) 주시(注視)하는 남자(男子)라네.

그렇다고 우유부단(優柔不斷)하지 않으며, 오히려 알고도 좀 더 두고 보면서 기다리는 냉정(冷情)하고 말이 없는 성격(性格)이라네.

기세(氣勢)는 당당(當當)하나 구태여 밖으로 드러내지 않으며, 스스로의 처지(處地)와 형편에 맞게 좋은 것은 두고두고 이용하면서 지속적(持續的)으로 쓰는 성격(性格)이라네.

나쁘게 말하면 성질(性質)이나 언행(言行)이 상스럽고 더러운 것이고 좋게 말하면 똑똑한 사람이 아닌가.

말과 행동(行動)에 앞서 한 번 더 생각하고 능력(能力)것 행사(行事)를 하는 사람으로서 제 마음대로 남을 다루어 부림에 있어 그 기세(氣勢)가 남다르다네.

어긋나거나 굽은 일 앞에서는 안면몰수(顔面沒收)하는 남자(男子)이며, 스스로의 잘못에 대해서는 곧바로 시인(是認)하고 용서(容恕)를 비는 깔끔하고 시원한 사람이라네.

주도권(主導權)을 잡으려고 보이지 않은 압력으로 은근하게 힘을 쓰며, 기선제압(機先制壓)을 위해 거침없는 언행(言行)을 한다네.

겉으로는 겸손(謙遜)하고 정중(鄭重)한 애정(愛情)이나, 사각(四角)의 방에서는 거칠게 변한다네.

스스로의 위엄(威嚴)과 덕망(德望), 그리고 체면(體面)을 중시(重視)하는 남자(男子)로써 가족(家族)이 떠받들어주어야 하고, 따뜻하며 부드러운 사랑보다는 칼로 자르듯이 서로가 서로에게 냉담(冷淡)한 관계(關係)를 이룬다네.

거친 말과 행동(行動)은 오가지 않으나 찬 기운(氣運)으로 집안을 답답하게 만드는 사람이라네.

주변(周邊) 사람들과의 관계(關係)에서는 차갑거나 딱딱한 모습보다 늘 여유(餘裕)있는 모습으로 비춰지며, 꽤 괜찮은 남자(男子), 부족(不足)함이 없는 사람으로서 매우 가정적(家庭的)인 사람으로 보여 진다네.
일에 대해서 계산적(計算的)인 사람이며, 좋은 일이든 나쁜 일이든 겉으로 드러내지를 않고 기분(氣分)이 좋든 나쁘든 내색을 하지 않은 남자(男子)라네.
그렇다고 자신(自身)의 일이나 잘못을 남에게 떠넘기지 않으며, 스스로가 벌인 일에 대해서는 책임을 지고 해결(解決)하기 위해 몸과 마음을 다하는 남자(男子)라네.

- 남자(男子): 양(陽) → 소양(少陽) ☲, 리(離)

늘 언행(言行)이 앞서며, 성질(性質)이 긁어 부스럼을 만들고 뒤에 책임(責任)을 지지 못하는 성격(性格)이라네.
사물을 바라보는 시각(視覺)이나 생각하는 것이 깊지 못한 까닭으로 안과 밖을 제대로 구별(區別)하지 못한다네.
때문에 자신(自身)의 위세(威勢)만을 믿고, 깊이 생각해 보지도 않으면서 경솔(輕率)하게 함부로 행동(行動)한다네.
또한 자신(自身)의 잘남을 겉으로 부각(浮刻)시키기를 즐기고 자신(自身)을 인정(認定)하지 않거나 자신(自身)의 말과 행동(行動)에 딴죽을 걸거나 자기(自己)보다 크거나 앞서면 분(憤)을 참지 못하고 바로 언행(言行)으로 제압(制壓)하면서 그 사람의 존재(存在)나 가치(價値)를 알아주지 않고, 젠체하며 그 사람을 낮추어 보거나 하찮게 여기는 성격(性格)이라네.
주(主)가 되는 것보다, 즉 실속보다는 거기에 따르는 겉치레에 큰 의미(意味)를 두고 자기(自己) 실력(實力) 이상(以上)의 일을 하려는 무모(無謨)한 성격(性格)의 소유자(所有者)라네.
재주가 있다고는 하나 잔재주에 불과(不過)하며, 머리가 좋다고는 말하나 잔꾀에 능한 사람이라네.
자상(仔詳)하고 다정(多情)한 애정보다는 뻔히 들여다보이는 사랑에 자신(自身)에게 치우친 애정(愛情)이라네.

곧 이 사람에게 있어 애정(愛情)이란 자신(自身)을 치켜세우기 위한 도구(道具)일 뿐이라네.

가족 관계(關係)에 있어서 철저(徹底)하게 자기 중심적(中心的)이며, 가족(家族)들을 억압(抑壓)하고 울타리에 가두어 놓으며, 위엄(威嚴)과 신망(信望), 그리고 체면(體面)만을 생각한다네.

일이 벌어진 뒤나 끝난 뒤끝을 처리하는 모든 것은 자신(自身)이 아닌 가족(家族)들이 나서서 해결(解結)해야 한다네.

어찌 힘들지 않겠는가.

주변(周邊) 사람들과의 관계(關係)는 그리 원만(圓滿)하지가 않고 늘 껄끄러운 상황(狀況)에 얼굴을 붉힌다네.

세상사(世上事)라는 것이 아무리 급해도 순서(順序)를 밟아야 하는 것이 아닌가.

또한 아무리 급하다 하더라도 예의(禮儀)는 지켜야 하지 않겠는가.

견식(見識)이 없으면서도 아는 체하고 내용(內容)도 잘 모르면서 경솔(輕率)하게 평가(評價)하며 말하는 것은 도리(道理)에 어긋나는 일이 아닌가.

자기(自己) 능력(能力) 밖의 일을 하려는 까닭으로 일을 벌이기에 앞서 말과 행동(行動)이 우선(優先)하며, 작은 일을 크게 부풀리기 위해 있지도 않은 말을 크게 떠벌린다네.

때문에 경험(經驗)도 없이 일을 처음부터 지나치게 떠벌여 큰 곤욕(困辱)을 치른다네.

일의 내용(內容)을 깊이 따져보지도 않고 그저 일률적(一律的)으로 이렇다 저렇다 결론(結論)을 내리지 말게나.

반드시 그 끝은 좋지 않다네.

- 남자(男子): 양(陽) → 태음(太陰) ==, 진(震)

어둡고 아득한 기억(記憶) 너머의 삶이라네.

감각(感覺)이나 관찰력(觀察力), 통찰력(洞察力) 등이 날카로워 보이지만 느끼어 깨닫는 힘이 약(弱)하고 말과 행동(行動)이 느릿느릿하여 시원스럽지 않은 성격(性格)이라네.

말로는 잘난 체 큰소리를 쳐도 실제(實際)로는 못난 짓만 골라서 하며, 마음이 하루에도 열두 번씩 요사(妖邪)하게 변덕(變德)을 부린다네.
툭하면 줏대 없이 마음이 흔들리고 비쭉거리면서 감정(感情)에 좌우(左右)되어 행동(行動)하는 마음 약(弱)한 장남(長男)의 기질(氣質)이라네.
언행(言行)이 과장(誇張)되게 보이나 뒤가 무르고 남의 눈치를 보는 성격(性格)이라네.
행동(行動)이 답답할 만큼 굼뜨며 생각하는 것이 깊지 못하고 속이 빤히 들여다보인다네.
사랑하는 사람을 눈앞에 두고도 감정(感情) 표현(表現)을 마음먹은 대로 못하며, 매우 어색(語塞)해 하고 수줍어한다네.
강(强)해 보이나 겁이 많고 부끄러워하며, 무딘 성미(性味)로 인(因)하여 좋아하는 여자(女子)를 놓치기도 하고 번연(幡然)히 알면서도 엉뚱한 말과 행동으로 자신(自身)을 감춘다네.
가정이라는 울타리를 지키려 하고 몸과 마음을 다해서 노력(努力)하지만 남들이 알아주지를 않으며, 되레 가족이 불평불만(不平不滿)을 늘어놓고 요구(要求) 사항(事項)만이 많아진다네.
힘이 들어도 모두 들어주려고 노력(努力)하며, 말없이 몸과 마음을 다하는 사람이라네.
가족을 위해 희생(犧牲)하고 해줄 것 다 해주고도 욕을 먹는 남자라네.
인간관계(人間關係)가 희미한 까닭으로 오해(誤解)로 인한 일이 많고 분명하지 않은 말과 행동으로 달갑잖은 분쟁(紛爭)이 많이 일어난다네.
그렇다고 나서서 변명(辨明)하지 않으며, 주변(周邊) 사람들을 답답하게 만든다네.
인생관(人生觀)이 뚜렷하지 않고 드러난 사물(事物)에 대해 조금은 무관심(無關心)하다네.
뒤가 무른 사람으로 책임(責任)지지 못할 일은 벌이지 않은 것이 바람직한 길이며,
마음에는 없으나 할 수 없이 염불(念佛)을 외우듯 마지못해 하는 일은 항상 자신(自身)을 힘들게 만들고 가족(家族)을 어렵게 한다네.

- 남자(男子): 음(陰) → 태양(太陽) ☱, 손(巽)

겉으로는 무디고 부드러워 보이지만 안으로는 날이 선 성격(性格)으로 난폭(亂暴)함에는 난폭(亂暴)하게 대하고 따뜻한 정(情)에는 정(情)으로써 대하는 성미(性味)라네. 밝게 들여다보고 칼자루를 잡으며, 주도권(主導權)을 분명하게 잡고 모든 행사(行事)를 이끌어가는 성격(性格)이라네.

옳고 그름에 대한 선이 확실(確實)하고 모든 일에 대응(對應)하는 방식이 정확(正確)하고 실수(失手)가 없으며, 오롯이 자신(自身)의 일을 해나가는 남자(男子)라네.

말과 행동(行動)이 또렷하고 잔머리를 굴리지 않으며, 스스로의 언행(言行)에 책임을 지는 성격(性格)이라네.

잘못에는 징벌(懲罰)이 분명(分明)하게 따르고 올바르고 선(善)한 일에는 칭찬을 아끼지 않은 성격(性格)이라네.

애정(愛情) 관계(關係)에 있어서 그 선을 확실(確實)하게 지키고 스스로 깨지 않으려 노력(努力)하며, 따스하고 유(柔)한 애정보다는 날선 칼날과도 같은 애정(愛情)이라네. 한번 애정(愛情)을 주면 변함없이 처음과 끝이 같지만 때때로 냉기(冷氣)가 흐르는 사랑으로 등골이 섬뜩해지는 경우가 있으니, 이는 상대방(相對方)이 틀을 벗어나거나 넘지 않을 선을 넘으면 머뭇거림 없이 돌아서는 남자(男子)라네.

울며 매달리는 사람이 아니며, 기회(機會)를 주는 사람이 아니라네.

가정(家庭)이라는 울타리를 강(强)하게 세우고 지키기를 단단하게 하며, 남에게 비굴(卑屈)하지 않게 키우고 만들어 가며, 항상 날이 선 성격(性格)으로 가족(家族)이 늘 긴장(緊張)하고 깨어있도록 이끌어 가는 남자라네.

그렇다고 말이 많기 보다는 신중(愼重)하게 침묵(沈默)으로 일관(一貫)하면서 이끌어가며, 어긋나거나 굽어지지 않게 한다네.

사람과 인연(因緣)을 맺거나 헤어짐에 있어서 매우 빠듯하게 생각하고 움직이나 한번 마음이 움직이면 돌아서거나 후회(後悔)하는 사람이 아니라네.

인간관계(人間關係)가 시원스럽고 마음에 걸림이나 막힘이 없으며, 세상사(世上事)에 대해서 분명하고 확실(確實)한 선이 있는 까닭으로 스스로를 욕보이는 말과 행동(行

動)을 하지 않고 언행(言行)을 삼가며 신중(愼重)하게 처신(處身)한다네.
주제넘게 아무 일에나 참견(參見)하지는 않지만 자신과 직결(直結)된 일에 있어서는 단호(斷乎)하게 대처(對處)하며, 빠르고 정확(正確)하게 처리(處理)한다네.
오너 기질(氣質)이 강(强)한 편이라 남 밑에서는 일을 하지 못하고 작은 일이라도 자신(自身)의 일을 가지는 사람이라네.
남 밑에 있다 하더라도 칼자루를 잡고 주도권(主導權)을 잡고 흔드는 남자(男子)라네.
일을 벌이기에 앞서 신중(愼重)하게 생각하고 움직이며, 일의 성패(成敗)에 깔끔한 모습을 보이고 뒤가 없는 남자(男子)라네.
유(柔)한 듯 보이지만 까다롭고 까칠한 면이 있으며, 자신 스스로를 단속(團束)하고 다독이는 방향으로 치우친 사람이라네.

- 남자(男子): 음(陰) → 소음(少陰) ☵, 감(坎)

칼자루를 잡고서도 아닌 척하며, 남의 성패(成敗)에 관심(觀心)이 없고 항상 내 주변(周邊)만을 위하며, 말과 행동(行動), 생각 등이 칼날 위에 선 것과 같은 성격이라네.
늘 칼은 날이 서야 칼이라는 생각으로, 스스로의 능력(能力)이나 조건(條件) 등을 갖추기 위해 노력(努力)하고 그 속에서 보람을 느끼는 성미(性味)라네.
칼자루 잡은 사람이 주인(主人)이라는 생각으로 인하여 경우(境遇)에 따라 자만(自慢)에 빠지며, 자만(自慢)으로 인해 남 앞에서 뽐내고 자랑하며 오만(午慢)하게 행동(行動)한다네.
곤란(困難)하고 난처(難處)한 일이 닥치더라도 휘거나 굽은 데가 없이 곧게 마음을 세우고 입을 꼭 다무는 성격이라네.
때문에 주변 사람들이 상처(傷處)를 입고 받은 경우(境遇)가 많다네.
말과 행동(行動)이 우유부단(優柔不斷)하지 않고 분명(分明)하지만, 마음속이 음침(陰沈)하고 몹시 악한 성질(性質)을 지니고 있다네.
철저(徹低)하게 계산(計算)된 애정(愛情)으로써 스산하고 찬 기운이 맴돌며, 늘 긴장(緊張)을 늦출 수 없는 애정이라네.

칼날과 칼등을 자유자재(自由自在)로 움직이며, 칼날은 밖으로 두고 칼등은 안으로 두는 조금은 야비(野卑)하고 또한 작은 이득(利得)을 앞에 두고 하는 짓이나 말이 얄밉도록 아니꼽거나 잘고도 더러운 사람이라네.

곧 자기(自己) 생각만 하고 남의 사정(事情)은 아랑곳하지 않은 차고 쌀쌀한 남자(男子)라네.

가정내(家庭內)에서는 잔소리가 심한 편으로 조금이라도 수틀리면, 곧 자신의 뜻대로 되지 않거나 따르지 않으면 날선 말로 상처(傷處)를 주며, 자신(自身)의 말과 행동(行動)에 있어서는 대수롭지 않게 보아 넘기고, 당연(當然)하게 여긴다네.

상처(傷處)를 받거나 잔소리 듣기를 싫어하는 남자(男子)로써 가족(家族)에게 빈틈이 보이지 않도록 노력(努力)하고 자기의 의견(意見)만을 따르면서 복종(服從)하기를 요구(要求)한다네.

그렇지 않으면 바로 징벌(懲罰)을 내리고 자신의 위신(威信)을 찾기 위해 온갖 언행으로 합리화(合理化)한다네.

인간관계(人間關係)에 있어서는 자신(自身)의 의견(意見)이나 생각 등을 제대로 드러내어 밝히지 못하며, 대개는 침묵(沈默)으로 일관(一貫)하면서 마음속에 품고 있는 알량한 자존심(自尊心)을 격(激)한 행동(行動)으로 갑자기 드러내는 사람이라네.

때문에 단 한 번의 말이나 행동으로 그토록 친한 이웃들이 멀어지고 가까이 하던 지인(知人)들이 떨어진다네.

무슨 일이든 간에 손해(損害)를 보지 않으려는 성격(性格)에 누구에게도 지지 않으려는 성질(性質)로 인하여 스스로가 많이 다치며 이를 홀로 감수(甘受)해야 하는 삶이라네.

자신(自身)만의 길을 가는 사람으로서 혼자만의 일을 벌이고 배우는 것이 바람직한 길이라 생각하지만, 꼿꼿한 마음과 시시하고 보잘 것 없는 자존심(自尊心)을 버리고 서로 어울릴 수 있는 일을 찾은 것도 나중을 위해 좋지 않은가 생각한다네.

- 남자(男子): 음(陰) → 소양(少陽) ☶, 간(艮)

칼자루를 잡고 있는지, 아니면 칼날을 잡고 있는지도 모르면서 일의 사정(事情)이나 형편(形便) 등을 헤아리지 않고 정신(精神)없이 덤벙대며 날뛰는 성질(性質)이라네.

자신(自身)의 의견(意見)만이 중요(重要)하고 남의 견해(見解)는 가볍게 여기면서 감정(感情)의 날을 세우고 젠체하며 남을 낮추어 보거나 하찮게 여기는 성격(性格)이라네.

스스로는 노력(努力)하지 않으면서 좋은 결과(結果)만을 바라는 그릇된 생각과 마음뿐이고 제 입에 맞은 떡만 삼키는 성격(性格)이라네.

겉으로는 좋은 체하며 따르지만 속으로는 남을 위하는 마음이 없고 이치(理致)에 맞지 않은 말을 거듭하면서 자신(自身)이 뜻한 대로 어깃장을 놓으며 자기(自己)의 요구(要求)만을 억지를 써가며 주장(主張)하는 사람이라네.

벼르기는 하면서도 실지(實地) 행동(行動)으로 옮기지 못하며, 우물쭈물하는 성격(性格)에 전후좌우(前後左右)를 돌아보지 않고 욱하는 감정(感情)에 휘둘리면서 피를 보고 마는 성격(性格)이라네.

말과 행동에 조심성(操心性)이 없고 가벼운 사람이나 눈치가 빠르며, 얕은 식견(識見)으로 스스로를 잘난 척 치켜세우고 똑똑한 척 포장(包裝)을 잘한다네.

또한 자기(自己) 변명(辨明)이나 자신을 정당화(正當化)시키기 위해 그럴듯한 이유(理由)를 붙여 둘러맞추기에 능(能)하며, 뜻대로 되지 않거나 여의찮으면 늘 책임(責任)지지 않고 꾀를 부리거나 일하기를 꺼리면서 선뜻 나서지 않는다네.

애정에 있어서 복합적(複合的)으로 깔리는 것이 돈을 처음으로 치고 애정(愛情)은 항상 뒷전이며, 돈이 떨어지면 애정도 없다는 것이네.

겉으로 화려(華麗)하게 드러난 여자(女子)만을 좇으면서 아홉을 가진 놈이 하나 가진 놈을 부러워하고 그 욕심이 끝이 없다네.

가족(家族)간의 정(情)은 깨지기 쉬운 물건(物件)과 같고 금(金)이야 옥(玉)이야 하지만 겉으로 드러난 말과 행동(行動)뿐이며, 종당(從當)에는 칼날을 가족(家族)에게 돌리는 자라네.

사람들과의 관계(關係)에 있어서 칼날이 밖으로 나있는 까닭으로 인하여 두루 원만(圓

滿)하지가 않고 끝내 상처(傷處)만 주면서 서로가 등을 돌리며 뒷말이 많다네.
스스로는 손가락 하나 까닥도 하지 않으면서 남을 부리기 좋아하며, 조금이라도 어긋나거나 성에 차지 않으면 앞뒤 가리지 않고 철없이 나댄다네.
일을 벌이는 데 있어 이득이 없는 일을 잡고 애지중지(愛之重之)하며, 남의 의견(意見)은 듣지 않으면서 자신(自身)의 고집(固執)대로 이끌고 일이 잘되면 자기(自己) 탓, 일이 잘못되면 남의 탓을 한다네.
뒷마무리를 하지 못하는 사람으로서 가족(家族)을 힘들게 하고 책임감(責任感)이 없으며, 제 힘에 겨운 것도 모르고 덤벼들다 결국(結局)에 자신(自身)을 옭아매는 어리석은 사람이라네.
스스로가 지닌 기술(技術)이나 학식(學識)이 부족(不足)한 사람일수록 까닭이나 필요(必要)가 없이 남을 탓하지 않던가.
그릇도 차면 넘치듯 세상사에는 흥망성쇠(興亡盛衰)가 있는 법(法)이니, 무슨 일이든지 성급(性急)하게 볶아치면 오래 가지 못하고 급하게 이루어 놓은 것은 영속성(永續性)이 없지 않던가.
또한 아무리 좋고 훌륭하며 가치(價値)가 높더라도 안과 밖이 구별(區別)은 있지 않던가.
시시하고 보잘 것 없는 자존심(自尊心)에 목숨은 걸지 말게나.

- 남자(男子): 음(陰) → 태음(太陰) ☷, 곤(坤)

칼날과 칼등을 가리지 않고 마음에 품는 삶이라네.
한(恨)이 많은 모정(母情)의 삶이라 말로써 드러내지 못하며, 상처(傷處)를 받고 업신여김을 당하거나 고통(苦痛)을 당하더라도 남자(男子)라는 이유(理由)로 눈물을 흘리지 못하는 성격(性格)이라네.
어긋나거나 굽은 일이라도 입을 굳게 다물고 모든 것을 스스로의 탓으로 돌리며, 남이 저지른 잘못으로 하여 애매(曖昧)하게 누명(陋名)을 쓰거나 화(禍)를 입더라도 운명(運命)을 두 어께에 짊어지고 가는 사람이라네.
쓸데없이 남의 일에 간섭(干涉)하지 않고 자신(自身)에게 주어진 모든 일에 몸과 마음을 다하는 사람이라네.

따뜻한 애정(愛情)보다는 사랑과 정(情)에 갈증(渴症)을 느끼며, 기대고 싶은 마음은 굴뚝같으나 쓴웃음에 한숨만 내쉰다네.

감정(感情)이 무딘 사람이라 애정 표현(表現)에 있어 어색(語塞)하고 쑥스러워하며 부끄러움을 탄다네.

인정(人情)이나 아기자기한 맛은 없어도 무덤덤하게 안아주는 팔에는 힘이 있다네.

제 능력(能力)이 닿진 않으나 몸과 마음을 다해, 있는 대로 거두고 거칠고 힘든 일이 닥치더라도 가족(家族)을 놓지 않은 사람이라네.

생각이 작고 배움이 적더라도 가정(家庭)이라는 울타리를 지키면서 묵묵(默默)하게 자신(自身)의 자리를 지킨다네.

주변(周邊) 사람들과의 관계(關係)가 매우 무덤덤하고 무던한 편이라네.

겉으로 드러나 보이는 현상(現狀)에만 서로 관련(關聯)을 맺으며, 구태여 속을 드러내 보이거나 상대방(相對方)에 대해서 깊게 알려고 하지를 않는다네.

또한 눈치가 없는 사람으로서 둔하고 미련한 면이 있으나 세상(世上) 물정(物情)에 그렇게 어둡지 않고, 다만 남의 집 일을 다 알 수 없고 또 굳이 알 필요가 없다는 것이네.

일을 벌이거나 일을 하는데 있어서 적당(適當)하게 게으르고 적당(適當)하게 움직이면서 머뭇거림 없이 꾸준하게 해나간다네.

마음의 상처(傷處)가 큰 사람으로 늘 가슴을 쓸어가며 살아가고 무진(無盡) 애를 쓰더라도 그 만큼의 대가가 따르지 않고 오히려 부족(不足)한 것만이 늘어난다네.

- 여자(女子): 양(陽) → 태양(太陽) ☰, 건(乾)

사물(事物)에 대한 이해(理解)나 판단(判斷)이 날카롭고 빠르며, 성격(性格)이 매우 감각적(感覺的)이라네.

타고난 재주가 고우며, 여리면서도 아주 찬찬하고 세밀(細密)하다네.

안으로 감추는 성격(性格)이 아니고 있는 그대로 드러내어 보여주며, 말과 행동(行動)이 남보다 많이 튀는 여자(女子)라네.

일에 대한 성취욕(成就慾)이 매우 크며, 맺고 끊음에 있어 흔들림이 없고 꿋꿋한 태도(態度)와 마음을 세운다네.

언행(言行)이 잘 정돈되어 있어 어지럽거나 흐트러지지 않고 가지런하며, 옳고 그름을 가름하는데 있어서 사사로운 감정(感情)을 배제(排除)하고 사정(事情)이나 형편(形便), 처해있는 상황(狀況) 등을 고려(顧慮)하여 사리(事理)에 맞게 밝히는 성격(性格)이라네.

자신(自身)의 허물을 안으로 감추려하지 않고 오히려 밝게 드러냄으로 인해 자신을 좋은 방향으로 부각(浮刻)시키는 맹랑(孟浪)한 성격(性格)의 소유자(所有者)라네.

깜찍해 보이나 함부로 얕잡아 볼 수 없다네.

선(線)이 분명(分明)한 여자(女子)로 애정을 쏟을 사람과 그렇지 않을 사람을 확실(確實)하게 구분(區分)짓고 애정(愛情)을 바라거나 표현(表現)하는 일에 있어서 거리낌없이 떳떳하며 머뭇거리지 않는다네.

만나고 헤어짐에 있어서 뒷마무리가 깔끔하고 어수선하지 않으며, 애정(愛情) 앞에서 꾀죄죄하고 초라한 모습을 보이지 않은 자존심(自尊心) 강(强)한 여자(女子)라네.

가족을 위해 헌신(獻身)하나 체면(體面)과 위신(威信)을 세우기 위해 자신(自身)에게 더 많은 정성(精誠)을 기울이며, 분명(分明)한 선(線)을 세워 덜하지도 더하지도 않은 사랑으로 이끈다네.

조금은 냉기(冷氣)가 흐르는 가정(家庭)이며, 가족간(家族間)의 애정(愛情) 또한 계산되어진 사랑이 아닌가 한다네.

흑백(黑白)이 확실(確實)하게 구분되어지는 인간관계(人間關係)로서 좋은 사람과 나쁜 사람의 경계(境界)가 뚜렷하고 싫고 좋아하는 마음의 표현(表現)이 틀림없이 드러나는 까닭으로 늘 편이 갈라지며, 한쪽으로 치우친 사람이라는 말을 듣는나네.

자신(自身)에게로 향한 타인(他人)의 언행(言行)에 매우 민감(敏感)한 반응(反應)을 보이며, 또한 있는 그대로 맞받아치는 여자(女子)라네.

정(情)으로 다가오면 정(情)으로 대하고 악(惡)으로 다가오면 악(惡)으로 대하는 여자(女子)로 마음이나 행동(行動)이 야물고 오달지다네.

또한 실속을 챙기는 여자(女子)로서 겉치레도 중요(重要)하지만 자신과 연관(聯關)된 이득(利得)이라면 몸과 마음을 다해서 노력하며, 이해득실(利害得失)을 분명(分明)하게 따진다네.

그래도 주변(周邊) 사람들과의 관계(關係)는 두루 원만(圓滿)하며, 시시비비(是是非非)가 정확(正確)하고 리더십이 강(强)한 까닭으로 사람들이 많이 따르며, 조언(助言)을 많이 구하고 또 이 여자와 함께 어울리기를 좋아한다네.

미적(美的) 감각(感覺)이 섬세(纖細)하고 부드러우며, 보는 시각(視覺)이 예리(銳利)한 까닭으로 일을 벌이거나 해나감에 있어서 큰 실수(失手)가 없고 완벽(完壁)함을 추구(追求)하는 성격(性格)으로 늘 바쁜 일상(日常)을 보낸다네.

- 여자(女子): 양(陽) → 소음(少陰) ☱, 태(兌)

겉으로는 밝고 화사(華奢)하며 솔직 담백(淡白)하고, 있는 그대로 말하면서 행동(行動)하는 것 같지만 이해득실(利害得失)을 따지면서 안으로는 칼자루를 잡기 위해, 곧 주도권(主導權)을 잡기 위해 온갖 어수선한 생각에 휩싸이는 성격(性格)이라네.

남이야 손해(損害)를 보든 말든 나만 아니라면 관심(關心)을 두지 않고 철저(徹底)하게 자신(自身)의 이득(利得)만을 챙기며, 목적(目的)한 바를 이루면 바로 등을 돌리는 못된 성격(性格)이라네.

이를 탓할 수 없는 것은 남에게 피해(被害)를 주지 않고 가족(家族)을 위한 마음이기 때문이라네.

날을 세운 성질(性質) 같지만 때에 따라서 칼등을 내보이는 성격이며, 마음이 썩 내키지 않거나 바른 이치(理致)에 맞지 않은 일이라도 받아들이고 감내(堪耐)하는 여자(女子)라네.

말과 행동(行動)에 앞서 잠시 머뭇거리는 것은 한 번 더 생각을 하는 조심성(操心性) 때문이며, 늘 차분하게 생각을 정리(整理)하고 밖으로 드러내기 전에 스스로가 부끄럽지 않도록 노력(努力)한다네.

분위기(雰圍氣)를 타지 않고 마음이 가라앉아 조용한 까닭으로 애정(愛情) 표현(表現)

또한 밋밋하며, 요란(燎亂)하거나 야단(惹端)하지 않고 늘 항상 한 모습을 보인다네.
끊고 맺음이 강(强)한 듯하나 마음이 조금은 여린 까닭으로 인(因)하여 선뜻 드러내지 못하고 망설이며, 스스로가 못내 안타까워한다네.
이해득실(利害得失)에 따른 계산적(計算的)인 모습이 크게 드러나지만 가족(家族)을 위하는 마음은 애틋하고 애잔하다네.
때문에 주도권(主導權)을 잡기 위해서 자신의 깊은 내면(內面)을 숨기고 우유부단(優柔不斷)한 모습을 보이며, 강(强)하지만 자잘한 자존심(自尊心)을 꺾고 몸과 마음 다하는 것이라네.
주변사람들과의 소통(疎通)은 막힘이나 걸림이 없이 원만(圓滿)하지만 이해득실(利害得失) 앞에서는 감정(感情)에 날을 세우고 겉치레를 생각하지 않으며, 당차게 나서는 엄마의 모습이라네.
마음의 큰 상처(傷處)로 인(因)하여 쉽게 마음의 문을 열지 않지만 한번 마음을 열면 따스한 여자(女子)라네.
무슨 일이든 무리(無理)없이 이끌고 큰 욕심(慾心)보다는 실속이 있는 일을 벌이며, 늘 득실(得失)을 따지는, 조금은 피곤(疲困)한 성격(性格)의 소유자(所有者)라네.

여자(女子): 양(陽) → 소양(少陽) ☲, 리(離)

말이면 말, 행동이면 행동(行動), 모든 것에 걸쳐 되바라진 성격이라네.
지나치게 똑똑한 티를 드러내며, 지나치게 깨진 여자(女子)가 아닌가.
말이나 못하면 중간(中間)이라도 가지만 말은 청산유수(青山流水)에 거침없는 행동은 똑 부러질 것 같다네.
또한 현재 처한 사정(事情)이나 형편(形便)보다 유리(有利)하고 편안(便安)한 조건(條件)이 주어지면 이를 이용(利用)하기 위해 체면(體面) 없이 덤벼드는 성격(性格)이라네.
남과 비교(比較)하기를 좋아하고 재기는 엄청 재는 성격(性格)이라네.
자신(自身)을 돋보이게 행동(行動)하며, 있지도 않은 말을 끌어대서 스스로의 존재(存在) 가치(價値)를 높이고 스스로의 작은 것을 내세워 내 것이 큰 것이라고 억지를 부린다네.

사람이 너그럽고 속이 깊은 마음씨가 있어야 많은 사람으로부터 위함을 받은 것이 아닌가.

애정(愛情) 또한 이와 같은 것이나 눈치가 빠르고 영특(英特)한 머리에 미리 생각이 앞서는 까닭으로 정성(精誠)을 다하고도 욕을 먹으며, 지나치게 티를 내는 까닭으로 몸과 마음을 다한 지극(至極)한 애정이 시시하고 대수롭지 않은 일로 치부(恥部)된다네.

날이 선 애정(愛情)이라 시간(時間)이 지나면 환하게 드러나고 스스로 행사(行事)를 못하며 눈물에 호소(呼訴)하는 일이 많아진다네.

가족(家族)을 위하는 마음이 과장(誇張)되고 행복(幸福)한 가정(家庭)임을 전면(前面)에 내세워 자신(自身)의 허물을 감추고 작은 것을 돋보이게 하려는 까닭으로 바르고 참된 것에서 어긋나며, 거짓으로 어수선하다네.

가정(家庭)을 위한다는 일이 실속은 없이 겉으로만 그럴듯하다네.

눈에 차지 않으면 억지를 부리고 남이 가진 것 이상으로 가지려 하며, 남보다 잘나야 하고 남보다 똑똑해야 마음이 편한 사람이니, 늘 시기(猜忌)와 질투(嫉妬)에 마음 편할 날이 없다네.

때문에 주변(周邊) 사람들과의 관계(關係)가 무난(無難)하거나 원만(圓滿)하지 못하고 매우 거북한 관계(關係)라네.

아무리 보잘것없이 보이는 존재(存在)일지라도 다 남과 견줄 수 있는 장점(長點)을 하나씩은 갖추고 있는 것이 아닌가.

스스로 말과 행동(行動)을 삼가고 아무리 작은 일이라도 마땅히 갖춰야 할 절차(節次)와 준비(準備)는 필요(必要)한 것이니, 늘 마음에 두어야 할 것이라네.

못된 사람 하나가 온 집안을 망치게 하지 않던가.

이러한 일을 벌이지 말고 지금 처해진 처지(處地)에 만족(滿足)을 하며, 힘쓰고 노력(努力)한다면 그리 미움을 받지 않을 것이라네.

- 여자(女子): 양(陽) → 태음(太陰) ☳, 진(震)

세상사(世上事)가 밝게는 드러나 보이나 아둔한 까닭으로 번번이 일을 그르치는 경우가 많으며, 스스로를 답답하게 여기는 성격(性格)이라네.

미련함은 먼저 나고 슬기는 나중에 나듯이, 일이 잘못된 후에야 이랬더라면 좋았을 것을 하고 궁리(窮理)를 하며, 남의 말을 듣기라도 할 것을 하고 후회(後悔)를 한다네.

늘 내가 잘났다는 시시하고 보잘 것 없는 자존심(自尊心) 때문에 때때로 사리(事理)를 분간(分揀)하지 못하거나 따져보지 않고 그저 마구 행동(行動)하므로 후회(後悔)할 일이 생기는 것이 아닌가.

실속은 없으면서 겉으로만 있는 체를 하고 스스로 조급(早急)한 나머지 순서(順序)를 가리지 못하고 무작정(無酌定) 덤비는 성격(性格)이라네.

일의 옳고 그름을 가름하기에 앞서 행동(行動)으로 옮기며, 깊이 생각하는 타입은 아니라네.

상대방(相對方)의 입장(入場)은 생각하지 않으면서 덮어놓고 애정을 주고 구태여 받기를 원하는 여자(女子)라네.

부담(負擔)이 많은 애정(愛情) 표현(表現)으로 가끔은 폭력(暴力)에 가까운 집착(執着)과 뒤를 따라다니며 귀찮게 하거나 괴롭히는 일들이 있다네.

일단(一旦) 자신(自身)의 품안에 들어온 것은 놓치지 않으려고 강(强)한 집착(執着)을 보인다네.

가정(家庭)이라는 울타리를 제대로 가꾸고 키우기는 하지만 이 또한 가족(家族)의 의견(意見)을 따르기보다는 앞뒤를 생각하지 않고 스스로의 뜻대로 밀고 나가는 성격(性格)이라네.

스스로는 잘못이 없고 모든 것을 가족(家族)의 탓으로 돌리면서 오히려 반문(反問)을 하며, 스스로가 해온 좋은 일만을 내세우기에 바쁘다네.

해줄 때는 너무 과(過)하고 그렇지 않을 경우(境遇)는 남이 아닌가 싶을 정도로 냉담(冷淡)하며, 갈피를 잡을 수 없는 사랑이라네.

스스로가 일을 해낼 수 있는 능력이 많이 부족(不足)함을 생각지 않고 힘에 넘치는 일을 함으로 인(因)하여 자신(自身)을 곤란(困難)한 지경(地境)으로 이끈다네.

인간관계(人間關係)에 있어서 늘 주도적(主導的)으로 이끌어 가려고 노력(努力)하지만, 때를 잘 선택(選擇)하지 못하고 일을 벌려놓음으로 핀잔을 들으며, 떳떳하고 당당(當當)하던 기세(氣勢)가 풀이 죽어 볼꼴 없는 지경(地境)에 이른다네.

그렇다고 크게 기(氣)가 죽은 성격(性格)이 아니며, 늘 거침없는 말과 행동(行動)으로 주변(周邊)을 압도(壓倒)하면서 소신(所信)것 살아가는 여자(女子)라네.

일을 벌이기에 앞서 알량한 자존심(自尊心)은 버리고 남의 말을 경청(傾聽)하면서 늘 열려있는 마음으로 세상(世上)을 보기 바란다네.

한번 몸에 밴 나쁜 버릇은 쉽게 고쳐지지 않듯이 스스로의 판단(判斷)은 잠시 보류(保留)하고 주위(周圍)의 말에 귀 기울이기를…… 겉치레보다는 실속 있는 일을 벌이기 바란다네.

또한 무슨 일이든 처음으로 시작(始作)하면 손에 익숙해지고 머리에 자리가 잡힐 때까지는 자연(自然) 걱정이 많기 마련이니, 늘 마음을 다잡고 흔들리지 말아야 한다네.

- 여자(女子): 음(陰) → 태양(太陽) ☱, 손(巽)

사물(事物)의 이치(理致)를 논리적(論理的)으로 생각하고 판단(判斷)하는 마음의 작용(作用)이나 또는 사람이 마땅히 지켜야 할 바른 길을 따라 판단(判斷)하거나 행동(行動)하는 능력(能力)이 감정(感情)에 치우치지 않으며, 동정심(同情心)이 없고 매우 쌀쌀하다네.

무슨 일에든 마음을 두지 않는 무관심(無關心)으로 인한 성격(性格)으로 타인(他人)에게 많은 상처(傷處)를 주고 스스로는 아주 자랑스러운 모습을 보인다네.

이치(理致)에 맞은 언행(言行)으로 단칼에 베어버리는 까닭에 사리(事理)에 밝으며, 야무지고 실속이 있어 보이지만 모든 것이 지나치게 튀는 성격이 아닌가.

잘난 이미지로 인(因)해 친한 사람들보다는 경쟁자(競爭者)들이 주변(周邊)에 많으며, 수탉이 암탉에게 동하듯 온갖 치장(治粧)에 공을 들이고 갖은 시비(是非)로 경계(警戒)한다네.

행동(行動)이 민첩(敏捷)하고 눈치가 빠르며 잔꾀에 능한 여자라네.

애정(愛情)에 있어서 그 선이 분명(分明)한 여자(女子)로 사랑할 때는 사랑을 하고 일할 때는 일을 하며, 조금이라도 마음 씀씀이가 자상(仔詳)하거나 다정(多情)한 정이 없다네.

몸으로는 애정(愛情)을 보이나 언행에 있어서는 쌀쌀하고 얄미울 정도(程度)로 인정(人情)이 없다네.

때문에 모든 것을 다 주거나 해주고도 뒤돌아서면 푸대접을 받거나 돌이킬 수 없는 원망(怨望)을 산다네.

가족(家族)에 대한 애틋한 마음이나 애처로운 사랑보다는 스스로의 틀과 선에 맞추어가는 계획(計劃)된 애정(愛情)이라 차갑고 쌀쌀하며 얼굴을 붉히는 사랑이라네.

자신(自身)의 말귀를 알아듣지 못하거나 사물(事物)의 이치(理致)를 깨달아 알지 못하면 지속적(持續的)인 핀잔으로 가족(家族)을 지치게 한다네.

스스로의 마음에 맞지 않거나 자신(自身)의 의견(意見)을 따르지 않는다고 해서 맞대놓고 언짢게 꾸짖거나 비웃은 다면 누가 좋아하겠는가.

때문에 가족(家族)들로부터 탓함을 당하거나 미움을 낭하지 않던가.

타인(他人)에게 아주 무관심(無關心)하고 자기(自己)의 잇속만을 채우는 이기적(利己的)인 입장(立場)과 태도(態度)만을 고수(固守)하는 까닭으로, 인간관계(人間關係)가 원만(圓滿)하지 못하고 항상 삐걱거리며 속이 빤히 들여다보이는 것을 숨기려고 얕은 수로 어리석은 언행(言行)을 한다네.

그러나 잔꾀와 얕은 수로 위기상황(危機狀況)에서 벗어나고 스스로의 체면(體面)을 지키는 여자(女子)라네.

일을 벌이면 손해(損害)를 보진 않지만 가까운 사람을 잃고 타인(他人)에게 상처(傷處)를 주며, 원망(怨望)을 받는 여자(女子)라네.

사람이 말을 잘하면 처세(處世)에 유리하기는 하나 자신(自身)만을 내세우고 남을 배려(配慮)하지 않은 말은 늘 상처(傷處)가 남지 않던가.

- 여자(女子): 음(陰) → 소음(少陰) ☵, 감(坎)

태어나기를 천생(天生) 여자(女子)인지라 칼날을 안으로 돌리고 칼자루를 잡고 있어도 밖으로 드러내지 않는다네.

말은 많지 않지만 할 말은 꼭 하는 성격(性格)으로 성질(性質)이 날카로운 듯 하면서도 부드럽고 찬찬하며, 언행(言行)이 조급(早急)한 듯하면서도 수선스럽지 않고 차분하다네.

그러나 본바탕에 깔려있는 성격(性格)은 스스로는 잘났다고 생각하고 남은 못났다고 여기면서 남을 깔보고 업신여기는 성미(性味)라네.

겉만 보고는 판단(判斷)할 수 없는 여자(女子)로 주변(周邊)의 상황(狀況)에 따라 겉으로 드러나진 않으나 마음의 변화가 심한 편이며, 감정(感情)의 기복(起伏)이 많고 까탈지며 까칠한 성격(性格)이라네.

겉으로 드러난 행동(行動)은 모른 척하고 있지만, 안으로는 의뭉스레 제 실속을 차리는 여자(女子)라네.

다시 말하면 겉으로는 어리석은 것 같으나 속은 앙큼한 여자(女子)라네.

애정(愛情)에 있어서는 많은 상처(傷處)를 받은 여자로 진득한 애정(愛情)을 바라면서도 제대로 표현(表現)을 못하고 조금은 욕구불만(欲求不滿)이 많다네.

그렇다고 바른 이치(理致)나 도리(道理)에서 벗어나 자신(自身)을 망치는 일은 벌이지 않고 상대방(相對方)의 태도에 따라 정도(程度)에 맞게끔 움직이는 여자라네.

가정(家庭)이라는 울타리를 지키려고 하나 주도권(主導權)을 잃고 울타리 밖을 서성이는 경우(境遇)가 많다네.

그러나 멀리 벗어나는 성격(性格)이 아니며, 마침내는 자신(自身)의 의지(意志)대로 가족(家族)을 휘어잡고 흔들며, 할 말을 하고 사는 여자(女子)라네.

사람들과의 관계(關係)는 무사무난(無事無難)하고 원만(圓滿)하며, 차근차근한 언행(言行)으로 제 실속은 챙기고 남으로부터 미움을 받은 여자(女子)는 아니라네.

자존심(自尊心)이 강(强)하고 남에게 지기 싫어하는 성격(性格)으로 인해 때로는 남을 다치게 하는 일이 많으며, 자신(自身)의 잘못은 인정(認定)치 않고 냉담(冷淡)하게 돌아서는 성미(性味)로 인하여 서로가 서로를 알고 가까워지기 전에 멀어지는 일들이 많다네.
일을 벌이기에 앞서 생각이 많고 따지는 것이 많으며, 머뭇거리는 일이 빈번(頻繁)한 까닭으로 손해(損害)를 많이 본다네.
이해득실(利害得失) 앞에서 감정(感情)의 기복(起伏)이 심하나 작은 것 하나 놓치지 않은 사람이라네.
일을 저질러 놓고 후회(後悔)하지 않기를……

- 여자(女子): 음(陰) → 소양(少陽) ☶, 간(艮)

무엇인가 얻고자 하거나 스스로 목적한 바가 있으면 수단(手段)과 방법(方法)을 가리지 않으며, 상대방(相對方)의 입장(立場)이나 처지(處地)를 생각하지 않고 철없이 나대는 성격이라네.
마음에 의문(疑問)이 일어나면 자질구레한 것까지 시시콜콜 캐묻고 일이 돌아가는 이치(理致)를 잘 알면서도 모르는 체하면서 슬그머니 자기(自己)의 이익(利益)을 위해 말과 행동(行動)을 맞추어가는 사람이라네.
자신의 의견(意見)에 어긋나거나 흡족(洽足)하게 마음에 들지 않으면 칼날을 세운 날카로운 말과 행동(行動)으로 주위(周圍) 사람들에게 상처(傷處)를 주며, 자신의 잘못이나 실수(失手)에는 온갖 변명(辨明)과 억지를 부리면서 인정(認定)하지 않은 아둔한 여자(女子)라네.
자신의 언행(言行)이 먹혀들지 않으면 심각한 상황(狀況)으로 이끌면서 칼날을 세우는 맹랑(孟浪)한 성격(性格)이며, 자신(自身)이 뜻한 바를 처음부터 끝까지 일관(一貫)하여 밀고 나간다네.
또한 이를 빌미로 있는 척, 아는 척, 잘난 척을 하면서 자신(自身)을 내세우는 여자(女子)라네.
못난 사람이 잘난 체하고 우쭐거려도 정도(程度)가 있어야 하는 것이나, 끝끝내 말이 통하지 않은 성격(性格)이라네.

드러나는 행동(行動)에 있어서 변덕(變德)이 많은 편이니 자기(自己)를 이해(理解)하거나 받아들여지면 웃음에 온갖 좋은 말로 공치사(功致辭)를 하지만 자신(自身)을 이해(理解)해주지 못하거나 받아들여지지 않으면 말이 거칠어지고 행동(行動)이 폭력적(暴力的)으로 변한다네.

애정(愛情)에 있어서는 자신(自身)만을 위해주고 늘 받기만을 원하며 남에게 주기를 아까워하는 여자(女子)라네.

한 남자에게 집착(執着)하는 마음이 강(强)한 편이나 이는 애정(愛情)으로서가 아니고 남 주기는 싫고 버리기는 아까워하는 못된 심사(心思) 때문이라네.

성질(性質)이 몹시 조급(早急)한 까닭으로 잠시도 한곳에 가만두지 못하고 들락날락하는 애정이라네.

성질(性質)이 괄괄한 편이나 뒤끝이 여린 여자이며, 눈물이 많으나 이 눈물에 속으면 안 되고 애정(愛情)이 깨지는 순간(瞬間)에 구설수(口舌數)에 망신살(亡身煞)을 조심해야 한다네.

집안을 깨끗하게 유지(維持)하지 못하고 자신(自身)의 몸치장에만 관심(關心)이 있으며, 현명(賢明)하지 못한 여자(女子)가 제 세상(世上)이나 만난 것처럼 가정사(家庭事)를 좌지우지(左之右之)하려 한다네.

사람들과의 관계(關係)에 있어서도 늘 감정(感情)의 기복(起伏)을 따라 맺거나 끊어버리는 까닭에 지속적(持續的)인 만남보다는 서로가 얼굴을 붉히는 인연이 많다네.

일을 벌이는데 있어서 남은 생각하지도 않은데 까닭이나 필요가 없는 괜한 기대(期待)를 하고 있다가 큰 낭패(狼狽)를 보는 여자(女子)라네.

일이란 것이 결단(決斷)을 내리지 못하고 머뭇거린다면 결국(結局) 손도 대지 못하고 이것이든 저것이든 모두 믿을 수 없게 되지 않던가.

매우 중요(重要)하고 꼭 필요(必要)한 것이 빠져 불편(不便)하더라도 없으면 없는 대로 있으면 있는 대로 그럭저럭 참고 살아가는 것이 삶이 아니던가.

- 여자(女子): 음(陰) → 태음(太陰) ☷, 곤(坤)

칼날과 칼등을 넘나들면서 전혀 위험함을 알지 못한다네.

어떠한 일이 결정(決定)되거나 일이 끝난 뒤에 쓸데없는 문제(問題)를 들어 얼버무리는 성격으로 주위 사람들을 답답하게 만들며, 스스로는 이를 이해(理解)하지 못하고 사정이나 형편(形便)을 막다른 데 이르도록 이끈다네.

곧 굽힐 수도 젖힐 수도 없게 만드는 것이니 손 쓸 방도(方道)가 없다네.

스스로 본래(本來)의 모습이 좋지 않거나 더러운 것은 숨길 수 없듯이 확연(確然)하게 드러나며, 하잘 것 없는 이러한 일들이 의외로 헤살을 놓은 까닭에 어그러지는 일이 많다네.

그러나 제 아무리 어수룩하고 못난 사람이라도 한 가지 재주는 있듯이 비굴(卑屈)하고 치사(恥事)하게 공짜로 남의 것을 바라지는 않는다네.

말과 행동(行動)이 굼뜨고 어둑하지만 뚜렷한 목적(目的)을 가지고 노력(努力)하는 사람이라네.

이렇다 할 만한 애정(愛情) 표현(表現)은 없으나 마음을 주면 변하지 않은 사랑이며, 집착(執着)만 하지 않는다면 서로가 서로에게 상처(傷處)를 주거나 다치지는 않는다네.

다만 제 스스로가 많은 상처(傷處)를 받고 인내(忍耐)하는 삶이며, 까닭 없이 늘 외로운 여자(女子)라네.

가족(家族)을 위해 헌신(獻身)을 하며, 모든 짐을 홀로 짊어지고 가타부타 말없이 몸과 마음을 다 한다네.

그래도 끝내는 좋은 소리를 듣지 못하고 늘 가슴 아린 세월(歲月)을 보내면서 일이 그릇된 원인(原因)이나 잘못된 까닭을 자신의 탓으로 돌린다네.

주위(周圍) 사람들과의 관계(關係)는 막힘이나 걸림이 없이 두루 원만(圓滿)하다고 할 수는 없으나 천생(天生) 타고나기를 여자(女子)인지라 무사무난(無事無難)한 관계(關係)라네.

때때로 자신(自身)과 아무런 관계(關係)도 없는 일에 함부로 뛰어드는 부질없는 행동(行動)과 타인(他人)이 저지른 잘못으로 인(因)해 아무 잘못도 없이 누명(陋名)을 쓰거나 화(禍)를 입게 되는 억울(抑鬱)한 경우(境遇)가 있으니, 언행(言行)을 삼가야 한다네. 그래서 칼날과 칼등을 넘나드는 삶이라 이른 것이며, 그 위험성(危險性)을 상기(想起)시키는 것이라네.

일을 벌이는데 있어서 남의 말을 곧이 듣고 따른다면 낭패(狼狽)보는 일이 많을 것이니, 일을 벌이기에 앞서 한 번 더 생각하고 움직이기를 바란다네.

6) 산두화(山頭火): 산 맨 위쪽의 불(火)의 기운(氣運)

갑술(甲戌)-양(陽)	을해(乙亥)-음(陰)

16상론(十六象論) 및 행태론(行態論)

• 남자(男子)

양(陽) → 태양(太陽)/건(乾)-부(父) ☰	음(陰) → 태양(太陽)/손(巽)-장녀(長女) ☴
양(陽) → 소음(少陰)/태(兌)-소녀(少女) ☱	음(陰) → 소음(少陰)/감(坎)-중남(中男) ☵
양(陽) → 소양(少陽)/리(離)-중녀(中女) ☲	음(陰) → 소양(少陽)/간(艮)-소남(少男) ☶
양(陽) → 태음(太陰)/진(震)-장남(長男) ☳	음(陰) → 태음(太陰)/곤(坤)-모(母) ☷

• 여자(女子)

양(陽) → 태양(太陽)/건(乾)-부(父) ☰	음(陰) → 태양(太陽)/손(巽)-장녀(長女) ☴
양(陽) → 소음(少陰)/태(兌)-소녀(少女) ☱	음(陰) → 소음(少陰)/감(坎)-중남(中男) ☵
양(陽) → 소양(少陽)/리(離)-중녀(中女) ☲	음(陰) → 소양(少陽)/간(艮)-소남(少男) ☶
양(陽) → 태음(太陰)/진(震)-장남(長男) ☳	음(陰) → 태음(太陰)/곤(坤)-모(母) ☷

- 남자(男子): 양(陽) → 태양(太陽) ☰, 건(乾)

사방팔방(四方八方) 멀리 내다보는 성격(性格)에 사물의 진상(眞相)을 순간적으로 감지(感知)하는 능력이 매우 뛰어나며, 몸과 마음이 가볍고 활기(活氣)찬 성격(性格)이라네.

보고 들어서 얻은 알음알이가 많고 아는 만큼 말이 많으며, 상대방(相對方)의 형편이나 처지를 바로 알고 깊이 이해(理解)하며, 어긋나거나 어려운 일에 빠지지 않도록 올바른 길을 일러준다네.

헛된 말을 하지 않으며, 솔직 담백(淡白)하고 보이는 그대로, 듣는 그대로, 느끼는 그대로 말하고 행동(行動)한다네.

주인(主人)과 도둑을 분명(分明)하게 가름하고 상대방(相對方)이 싫어해도 좋고 나쁨을 확실(確實)하게 말해주며, 꾸밈없는 말과 행동으로 잘잘못을 끝까지 따져서 밝히고 호되게 꾸짖은 남자(男子)라네.

그래도 가슴은 늘 따뜻한 사람이라네.

드러나는 행동(行動)이 꾸밈없이 단순(單純)하고 밝으며 쾌활(快活)하고 생각이 깊으면서 지혜(智慧)로우며, 스스로의 언행(言行)에 책임(責任)을 진다네.

따뜻하고 넓은 아량(雅量)을 가진 애정(愛情)으로 그 표현(表現)이 솔직하고 밝은 까닭에 남세스럽지 않고 보기에 남부끄럽지 않은 사랑이라네.

지극(至極)한 애정(愛情)인 만큼 까닭 없이 많은 여자(女子)들이 따르는 편이며, 이로 인해 여난(女難)을 많이 겪은 사람으로 부러운 시선(視線)을 받은 행복(幸福)한 남자(男子)라네.

그렇다고 쉽게 흔들리지 않으며, 넘지 말아야 하는 선을 넘은 어리석은 사람은 아니라네.

따뜻한 가슴으로 가족(家族)을 끌어안으며 가정(家庭)이라는 울타리를 지키고 몸과 마음을 다해 이바지한다네.

잘잘못을 분명(分明)하게 가르치고 사람의 됨됨이를 속 깊게 알게 하며, 겉으로 드러난 것보다는 안으로부터의 깊은 정(情)으로 안아준다네.

좋은 일이든 나쁜 일이든 늘 가족(家族)과 함께하며, 책임(責任)을 지고 이끌어가는 남

자(男子)라네.

스스로의 잇속보다는 남을 먼저 배려(配慮)하는 까닭으로 주변(周邊)에 많은 사람들이 따르고 위하며, 존경(尊敬)을 받고 귀(貴)함을 받은 사람이라네.

그렇다고 경거망동(輕擧妄動)하거나 자신(自身)의 세(勢)를 믿고 자만(自慢)하거나 자신(自身)을 높이 내세우지 않는다네.

분명(分明)한 대의명분(大義名分)이 있다면 몸과 마음을 사리지 않고 나서며, 그 기치(旗幟)를 앞세우고 분명(分明)한 태도(態度)를 보이면서 주장(主張)을 하는 남자(男子)라네.

타인의 어려움을 대변(代辯)해주고 감싸주는 마음 따뜻한 사람이며, 남의 어려운 사정(事情)이나 형편(形便)을 보고 나 몰라라 돌아서는 사람이 아니라네.

일을 벌이는데 있어서 작은 일 하나라도 놓치지 않은 세심(細心)함으로 주변(周邊)을 다잡아 바르게 세우며, 이해득실(利害得失)이라는 결과(結果)보다는 일이 되어가는 과정(過程)을 올바르게 세우고 밝게 드러나도록 노력(努力)한다네.

자신(自身)의 작은 잇속보다는 함께하는 많은 이들의 사정이나 형편(形便)을 먼저 헤아리고 챙겨주며, 기쁨과 고통(苦痛)을 함께하는 남자(男子)라네.

- 남자(男子): 양(陽) → 소음(少陰) ☱, 태(兌)

세상사(世上事)를 밝게 보면서도 내심(內心) 의문이 많고 의뭉스런 성격(性格)으로 남의 말이나 옛말을 끌어내서 자신(自身)의 속 깊은 마음을 내보이며, 의미심장(意味深長)한 미소를 짓고 기분(氣分) 좋아하는 성격이라네.

언행이 바르고 생각이 깊으며 사물의 이치에 밝으나 마음에 담아두고 드러내지 않으면서 자신(自身)의 잇속, 재물(財物)보다는 믿음과 사랑, 인정(人情) 등을 챙기는 남자(男子)라네.

알고도 모르는 척, 있어도 없는 척, 자신(自身)의 참모습을 숨기고 세상사(世上事)에 얽매이지 않기 위해 피하는 은둔자(隱遁者)와 같다네.

때문에 주위(周圍)에서 갑론을박(甲論乙駁) 말이 많고 있지도 않은 구설수(口舌數)에 시달리면서 말거리가 되어 오르내린다네.

그렇다고 나서서 구차(苟且)한 변명을 하지 않으며, 늘 떳떳하고 당당(當當)한 태도(態度)를 보이면서 남을 탓하기에 앞서 자신(自身)의 몸과 마음을 다잡고 뒤돌아보는 신중(愼重)한 성격(性格)이라네.

상냥하고 부드러운 애정(愛情)에 엉큼한 마음이 적지 않게 있으며, 좋아하고 싫어하는 감정(感情)을 쉽게 드러내지 않고 한번 불이 붙으면 온몸을 불사르는 사람이라네.

또한 한번 마음을 열면 쉽게 변하는 마음이 아니라네.

많은 여자가 따르면서 내 마음 같지 않은 구설수(口舌數)에 휩싸이고 녹록찮은 어려움에 처하나 특유(特有)의 직감(直感)과 신중함으로 별다른 문제(問題)없이 벗어난다네.

물론 가족(家族)에 대한 사랑은 깊고 애틋하며, 더 주고 싶어도 주지 못하는 안타까움이 묻어나는 사랑이라네.

자신(自身)의 의지(意志)와는 다르게 가족(家族)이 구설수(口舌數)에 휘둘리는 까닭으로 잦은 다툼이 많으며, 늘 혼자만의 공간(空間)에 앉아 스스로를 달래고 다독이는 남자라네.

때때로 가정이라는 틀을 벗어나 가족에게 상처(傷處)를 주기도 하지만 늘 제자리로 돌아오는 남자(男子)라네.

강요(强要)하면 할 수록 마음을 너욱 깊이 숨기고 달아나는 성격(性格)이기 때문에 내답(對答)없는 사람이 되어 많은 사람을 답답하게 만드는 사람이라네.

무난(無難)한 인간관계(人間關係)를 지니고 큰 잇속을 차리기보다는 소소(小小)한 것에서 행복(幸福)을 찾으며, 늘 멀찌감치 떨어져서 바라보고 그리워하는 사람이라네.

사회(社會)와 두껍게 벽을 쌓거나 곱지 않은 시선(視線)으로 바라보는 이가 아니며, 오히려 기회(機會)가 주이진다면 세상(世上)으로 나아가 주어진 책무(責務)를 충실(充實)하게 지키고 부지런하게 살아가면서 많은 사람의 관심(關心)을 받은 사람이라네.

일을 크게 벌이기보다는 작고 소소(小小)한 일이 손에 맞으며, 타인(他人)의 아픔을 보듬어주면서 다독여주는 일이 큰 보람과 행복(幸福)을 줄 것이라네.

- 남자(男子): 양(陽) ➜ 소양(少陽) ☲, 리(離)

지나치게 직성(直星), 곧 타고난 성질이나 성미(性味)가 강(强)하고 말과 행동(行動)이 너무 되바라지며, 견문(見聞)이 매우 넓지만, 제 아무리 똑똑한 사람이라도 제 자신(自身)을 모르는 사람이 있듯이, 있기는 있으되 가장 중요(重要)한 것이 빠져버린 탓으로 늘 말만이 앞서고 속은 항상 헛헛한 사람이라네.

눈앞에 많은 것을 늘어놓은 듯하나 정작 자기(自己) 손에 쥘 것은 하나도 없는 텅 빈 성격(性格)이라네.

스스로 자제(自制)하거나 삼가지 않고 생각나는 대로, 하고 싶은 대로 마음에 차도록 마음껏 말하고 행동(行動)하는 사람이라네.

자기(自己)가 알고 있는 것과 가지고 있는 것을 젠체하며 뽐내고 알량한 자존심을 세워가면서 남을 업신여기고 깔보는 성미(性味)라네.

또한 스스로의 허물을 덮기 위해 말에 포장(包裝)을 하고 필요(必要) 이상(以上)으로 지나친 행동(行動)을 하며, 모든 것을 정당화(正當化)하거나 합리화(合理化)하는 성격(性格)이라네.

머뭇거리는 행동(行動)이 없으며, 남의 처지(處地)나 형편 등을 생각하지 않고 말을 던지는 사람이라네,

쉽게 갈 길도 어렵게 가는 사람으로서 애정(愛情)을 주거나 받기에는 피곤(疲困)한 스타일이니, 하나를 주고 열을 받기 위해 온갖 생색(生色)이라네.

하나의 트집을 잡고 물고 늘어지면서 따지기 시작하면 오만정(五萬情)이 떨어져 나가는 사람이라네.

뒷일은 조금도 생각하거나 헤아리지 않고 들뜬 마음에 눈앞의 애정(愛情)만을 바라는 남자이며, 봄바람에 흔들리는 버들가지처럼 여자(女子)의 유혹(誘惑)에 매우 약한 남자(男子)라네.

윤리적(倫理的) 가치(價值)는 강 건넌지 오래이며, 조금은 쾌락(快樂)을 좇은 사람이라네.

자기(自己) 중심적(中心的)이며, 남을 배려(配慮)하는 마음이 적고 스스로의 위신과 체

면(體面)만을 생각하는 사랑이라네.

가정사(家庭事)는 등한시(等閑視)하면서 세상의 모든 고민(苦悶)을 혼자서 짊어진 듯 수선스럽게 바쁘기만 하며, 말로는 다 해주듯이 하면서 끝내 하나도 챙겨주지 못하고 등을 돌리고 주저앉은 남자(男子)라네.

가정은 제대로 거들지 못하나 남에게는 꼭 필요(必要)한 사람으로서 때때로 언행(言行)이 거만(倨慢)하고 데데하여, 보기에 매우 거슬리고 밉살스런 점이 한 두 가지가 아니라네.

사람들과의 관계는 그리 원만(圓滿)한 편이 아니라네.

늘 나서기를 좋아하면서도 결정적(決定的)인 순간(瞬間)에는 물러서는 뒤가 무른 사람이며, 자기(自己) 중심적(中心的)인 생각과 행동(行動), 말, 더하여 스스로의 잇속만을 챙기는 까닭으로, 사람들로부터 환대(歡待)받은 사람은 아니라네.

그렇다고 크게 욕먹은 사람이 아니니, 그 까닭은 마음이 여리고 사람과 어울리기를 무척 좋아하기 때문이라네.

까불까불하지만 밉지는 않다네.

작은 이득(利得)에 연연(戀戀)하다 큰 것을 놓치고 스스로의 잇속을 챙기기보다는 사람을 챙기는 것이 나중에 기쁨으로 다가올 것이라네.

세상사(世上事)의 바탕은 사람이 아니던가.

- 남자(男子): 양(陽) → 태음(太陰) ☳, 진(震)

모름지기 말이란 앞뒤가 맞아야 하는 것이고 그래야 바른 행(行)이 따르는 것이 아닌가.

보고 들은 것이 많고 배운 바 학식(學識)이 풍부(豊富)하지만 마음이 어둡고 슬기롭지 못한 까닭으로 인(因)하여 말과 행동(行動)이 아둔하며, 늘 뒷북을 치는 성격(性格)이라네.

뒤늦게 쓸데없이 수선을 피운다 하더라도 이미 지나간 일이 아니던가.

밝은 대낮에 활활 타오르는 불이 어찌 위험(危險)이나 기쁨을 전할 수 있겠는가.

밝은 대낮에는 뿌연 연기(煙氣)를 피워야 그 무슨 소식(消息)이라도 정확(正確)하게 전할 수 있는 것이 아닌가.

스스로가 배우는 일에 있어서 게으르고 눈과 귀를 통해 들어오는 정보(情報)는 많으나 이를 분석(分析)하면서 일목요연(一目睦然)하게 정리(整理)하는 지혜(智慧)가 어둡다네. 때문에 알고도 꾸어다 놓은 보릿자루가 아닌가.

웃고 떠드는 축에서나, 진지(眞摯)한 대화(對話)를 나누는 축에서나 혼자 묵묵히 앉아만 있고 어울리지 못하며, 스스로가 차지하고 있는 위치(位置)에서 자기(自己)의 역할(役割)을 제대로 행사(行事)하지 못하는 남자라네.

행동(行動)이 굼뜨면서도 연기(煙氣)를 피우며 애써 일을 하였지만 이미 지나간 일이라 애쓴 보람이나 있겠는가.

말이라도 못하면 중간(中間)이나 갈 것을…… 자신(自身)의 몸과 마음만 편하면 되는 애정(愛情)이며, 보이는 그대로 들리는 그대로 밖으로 내뱉은 애정 표현(表現)이라네. 늘 그늘진 곳으로 숨어버리는 사랑이라 따르기가 힘든 남자(男子)이며, 가당찮은 말과 행동(行動)을 앞세워 저 밑은 내려다보지도 않고 돌을 굴려서 상대방을 다치게 한다네. 마음만이 앞서는 가족(家族)에 대한 사랑이라 말만 앞설 뿐이지 생각이 어리석고 가족(家族)에 대한 마음이 시원스럽지가 못하다네.

세상 보는 눈이 밝고 넓으나 스스로를 들여다보는 눈이 어두운 까닭으로 자신(自身)만의 잣대를 만들어서 그 잣대 속에 자신(自身)을 옭아매는 우둔(愚鈍)한 사람이라네.

인간관계(人間關係)에 있어서 소통(疏通)이 원활(圓滑)하지 않고 자신(自身)의 논리(論理)만을 내세우며, 타인(他人)의 생각이나 의견(意見)을 듣지도 않고 인정(認定)도 하지 않은 까닭으로 잦은 다툼이 많다네.

또한 자신(自身)의 언행(言行)에 책임(責任)을 지지 않고 늘 자신(自身)의 세계(世界)로 피하기만 하는 사람이라네. 그리고 일이 돌아가는 사정(事情)이나 형편(形便)을 알아보지 않고 주제넘게 나서서 말참견하는 것은 그리 좋아 보이는 모습이 아니라네.

눈치가 빠른 사람으로서 자신(自身)의 작은 앞가림은 할지언정 크게 이끌 수 있는 인물(人物)은 아니며, 올바른 배움이 적으면 배를 산의 맨 위쪽으로 끌고 갈 사람이라네. 만일 많이 배워서 참되게 깨우쳐 알고 얻으면 산의 주인(主人)이 되어 정상(頂上)에 앉아 크게 호령(號令)할 인물(人物)이 될 것이라네.

- 남자(男子): 음(陰) → 태양(太陽) ☴, 손(巽)

힘이 들고 어려운 일이라도 자신(自身)이 맡은 일이나 맡겨진 일을 계획(計劃)한 대로 해내려는 기개(氣槪)나 책임감(責任感)이 강(强)하다네.

명분(名分)을 세우는 일이라면 그 어떤 어려움에도 굽히지 않은 강(强)한 의지(意志)로 밀고 나가며, 마음속의 생각을 숨김없이 털어놓은 성격(性格)이라네.

밝고 쾌활(快活)하며, 부드러우나 단호(斷乎)한 성격(性格)에 말과 행동이 바른 이치(理致)에서 벗어나거나 어그러지지 않는다네.

강(强)한 리더십으로 무리를 이끌고 어려운 일에 먼저 앞장을 서며, 자존심(自尊心)이 강(强)하고 있는 그대로 명쾌(明快)하게 드러낸다네.

있는 사실을 왜곡(歪曲)하거나 숨기려하거나 피하는 성격이 아니라네.

오히려 어긋나거나 왜곡(歪曲)된 것을 바로 잡으려고 노력하는 사람이며, 늘 기치(旗幟)를 바르게 내세운다네.

직감(直感)과 직관(直觀), 곧 사물(事物)의 진상(眞相)을 순간적(瞬間的)으로 감지(感知)하는 것과 판단(判斷)이나 추리(推理), 또는 경험(經驗) 등의 간접(間接) 수단(手段)을 따르지 않고 마주 대한 사물(事物)의 바탕을 직접(直接) 파악(把握)하는 일에 있어서 그 작용(作用)이 매우 강(强)한 사람이라네.

때문에 행동(行動)이 즉각적(卽刻的)이며, 잔머리를 쓰지 않는다네.

힘겹게 이끌어주는 애정(愛情)이라 따르는 여자(女子)가 힘이 들것이며, 또 쉽게 따를 수 있는 남자(男子)가 아니라네.

몸과 마음이 게으른 사람이지만 늘 노력(努力)하는 사람으로서 가족(家族)을 향한 마음이야 누구 못지않은 사랑이라네. 그렇다고 현실(現實)이 제 마음대로 따라주지 않은 것이니, 가정(家庭)이라는 울타리에 매우 부실(不實)한 편이며, 때로는 힘겹게 여기면서 자신(自身)의 일에만 몸과 마음을 다한다네.

물론 가정(家庭)의 대소사(大小事)는 부인(婦人)에게 돌아가는 까닭으로 인내(忍耐)

하며 살아야 할 것이라네.

많은 사람들이 따르고 의지(依支)하면서 바른 가르침을 원하거나 조언(助言)을 받기 위해 주위(周圍)에 모여들고 한 무리를 이루어 이바지한다네.

사람이 본래 겸손(謙遜)하고 자신(自身)의 잇속보다는 서로가 서로에게 도움을 주거나 받으면서 늘 상생(相生)함을 내세우면서 몸과 마음을 다해 베푸는 사람이라 사람들과의 관계(關係)가 편안(便安)하고 부족(不足)함이 없다네.

몸은 고달프고 마음은 외로우나 보람이 있는 삶을 위하여, 또 후회(後悔)하지 않기 위해 노력(努力)한다네.

자존심(自尊心)이 강하고 고집이 너무 세기 때문에 큰 사업(社業)을 이끌어 가기에는 맞지 않을까 한다네.

높은 산 정상(頂上)에 앉아 사방(四方)을 둘러보면, 가엾고 딱하며, 안타깝고 기막힌 허탈(虛脫)한 세상사가 아니던가.

때때로 게으름의 극치(極致)를 달리면서 세상(世上)을 무관심(無關心)하게 보거나 응당(應當) 해야 할 일을 하지 않고 아무런 간여(干與)도 하지 않으며 그대로 버려두기도 하지만, 딱히 그 게으름을 탓할 수 없는 사람이라네.

단지 사람을 이끄는 일에 있어서 변하지 않은 마음을 잃지 않기를 손 모아 빈다네.

- 남자(男子): 음(陰) → 소음(少陰) ☱, 감(坎)

말과 행동(行動)이 그다지 눈에 띄지 않으면서도 뭉게구름처럼 부풀어 오르는 소문(所聞)이 늘 따라다니는 사람이라네.

사리(事理)와 도리(道理)에 밝은 사람으로서 언행(言行)을 삼가고 늘 제 위치(位置)와 본디 있던 자리나 마땅히 있어야 할 자리를 지키면서 맡은 일이나 맡겨진 일을 소리 소문(所聞)도 없이 처리(處理)한다네.

성질(性質)이 꼼꼼하고 찬찬하며 마음이나 감정 등이 가라앉아 조용하고 몸놀림을 조심(操心)하고 얌전하게 한다네.

제육감(第六感), 곧 오관(五官)인 눈, 귀, 코, 혀, 피부로는 느낄 수 없다고 생각되는 감각(感覺)으로 사물(事物)의 신비(神秘)한 점이나 깊은 본질(本質)을 직감적(直感的)으로 알아차리는 마음의 기능(技能)이 세밀(細密)하다네.

조심스럽게 다독이는 애정(愛情)에 늘 깊이 이해(理解)하고 받아주며, 안쓰럽고 안타까움으로 늘 가슴을 애태우는 사람이라네.

자신(自身)이 처한 현실(現實)을 직시(直視)하고 많은 욕심(欲心)을 포기(抛棄)하면서 있는 만큼, 능력(能力) 것 몸과 마음을 다해 안아주고 주는 사람이라네.

가족(家族)에 대한 미안한 마음을 늘 끌어안고 살아가면서 주기만하며, 겉치레의 말보다는 몸으로 부딪치면서 사랑을 전하는 남자(男子)라네.

생활(生活)을 같이 하면서 그 가운데 마음속으로 움트고 자라나는 것이 가족(家族)의 사랑이 아닌가.

애처롭고 처연(悽然)한 마음은 잠시(暫時) 접어두고 세상사(世上事)에 얽매인 몸을 이끌어야 한다네.

많은 사람들이 두려워하면서도 가까이 따르고 가까이 따르면서도 쉽게 섞일 수 없는 이질감(異質感)을 지닌 사람이라 그리 원만(圓滿)한 관계(關係)는 아니지만 까다롭거나 스스럼없이 서로를 위한다네.

그렇다고 일정한 테두리를 벗어나면서까지 굳이 나서는 사람이 아니나 예지(五知) 능력(能力)을 지닌 까닭으로 때로는 시기(猜忌)와 질시(嫉視)의 대상(對象)으로 숱한 따돌림을 당하기도 한다네.

그렇다고 남을 탓하는 사람은 아니며, 오히려 이들을 이해(理解)하고 쓴웃음을 지으면서 돌아앉은 남자(男子)라네.

제 멋대로 말하고 행동(行動)하는 사람을 다잡아서 가르치고 이끌고 가기란 어려운 일이 아닌가.

자고(自古)로 지나치게 욕심(慾心)을 부리다가 의지(依支)할 바탕을 잃고서 꼼짝도 못하게 되거나 지닌 능력(能力)을 발휘(發揮)할 수 없게 되는 곤란(困難)한 처지(處地)에 빠지지 않던가.

스스로가 산 정상에 갇혀 무한대(無限大)의 게으름을 피울 수 있으니, 언행(言行)을 삼가야 한다네.

기껏 노력(努力)하여 이루어놓은 일이 결국(結局) 남 좋은 일이 되거나 애쓴 보람도 없이 허탈(虛脫)한 결과(結果)를 얻을 수 있으니 일을 벌이더라도 욕심(慾心)을 버려야 얻을 수 있다네.

- 남자(男子): 음(陰) → 소양(少陽) ☶, 간(艮)

말과 행동(行動)이 그다지 진득하지 못하고 마음의 중심(中心)이 되는 생각이나 태도(態度)가 희박(稀薄)하며, 곁눈을 파는 사람이라 언행(言行)에 있어서 믿고 따를 수 있거나 마땅한 근거(根據)로 삼을 수 있는 성질(性質)이 아니라네.

매우 게으른 성격(性格)이나 자신(自身)과 직결(直結)된 일에 대해서는 빠릿빠릿하게 실속을 챙기고 세상사(世上事)에 대해서는 그 깊이를 알지 못하면서도 허울 좋은 논리(論理)로 자신을 합리화(合理化)시키며, 보잘 것 없는 것을 가지고 젠체하며 뽐내고 남세스럽게 수선을 떠는 성격(性格)이라네.

스스로가 자신(自身)을 챙기기에도 바쁜 사람인지라 애정(愛情)에 커다란 의미(意味)를 두지 않고 만나고 헤어짐에 연연(戀戀)하지 않으며, 겉멋에 들뜬 애정(愛情)이라네.

얄미울 정도(程度)로 인정(人情)이 없으나 자신(自身)의 체면(體面)과 위신(威信)을 위해 함께 머무는 이를 깎아 내리고 때때로 큰 상처를 주면서 자기(自己)만 더 위해주기를 바라는 몰염치(沒廉恥)한 면이 있다네.

가족(家族)에 대한 깊은 관심(關心)이란 스스로의 몸과 마음이 편하기 위한 울타리이며, 큰 책임감(責任感)을 느끼지 못하고 행동(行動)으로 앞서기보다는 말로 모든 것을 해주는 스타일이라네.

그렇게 가족(家族)을 힘들게 하고 남보다 못한 형편(形便)에 있으면서 자신(自身)보다 나은 처지(處地)에 있는 사람을 되레 얕보거나 비웃으며, 막다른 골목으로 내모는 사람이라네.

일이 이루어지지 않으면 말썽이 많고 다툼이 잦으며, 집안이 시끄럽고 어수선한 것은 당연한 일이 아닌가.

주변(周邊) 사람들과의 관계(關係)에 있어서는 무난(無難)하거나 원만하지 못하고 매우 거북살스러운 면이 있으니, 먹고 노는 데는 빠지지 않으면서 일이 생기면 꾀만 부리며 요리조리 피하기 때문이라네.

또한 자신(自身)에게 이득(利得)이 되는 일에는 남보다 먼저 덤벼드나, 조금이라도 힘든 일이 닥치면 꽁무니만 빼는 사람이라네.

그리고 잇속을 바라고 바싹 붙어 따라다니며, 사람을 피곤(疲困)하게 만든다네.

삶에 대해 매우 게으른 편이나 세상사(世上事)를 보는 눈이 빠르며, 이해득실(利害得失)을 판단(判斷)하는 일에 매우 밝기 때문에 굶어 죽지는 않는다네.

작은 일이라 하더라도 마땅히 갖춰야 할 차례(次例)와 방법(方法), 그리고 필요(必要)한 것을 미리 마련해야 하는 것이니, 앞뒤를 돌아보지 않고 겁 없이 날뛴다면 아무리 힘을 들여 애쓴다 해도 내 손에 쥐어지는 것은 없다네.

또한 스스로의 잔꾀에 넘어가 손해(損害)를 보거나 책임(責任)을 지게 되는 일이 많다네.

- 남자(男子): 음(陰) → 태음(太陰) ☷, 곤(坤)

여린 마음으로 인해 겁이 많고 외로움을 견디지 못하며, 늘 의지(意志)할 곳을 찾으면서 오랜 세월을 정처(定處) 없이 헤매고 스스로 해야 할 바를 찾지 못해 갈팡질팡 떠돈나네.

또한 확고(確固)한 주관(主觀)이나 결심(決心)이 없이 모든 일을 되어 나가는 대로 맡기고 속은 비었어도 겉으로는 호화(豪華)로우며, 실지(實地)보다 과장(誇張)이 많은 성격(性格)이라네.

제자리에 머물면서도 늘 조마조마한 마음을 잡지 못하고 불안(不安)해 하면서 이를 핑계 삼아 게으름을 피운다네.

남의 형편(形便)이나 사정(事情)은 조금도 알아주지 않으면서 자신(自身)만 위할 줄 알고 제 욕심(欲心)만 챙기는 성질(性質)이라네.

스스로의 이익(利益)을 위해서라면 전혀 보잘 것 없는 것에 마음을 쓰는 좀스럽고 탐욕(貪慾)을 부리며, 행동(行動)이 느리고 일하기 싫어하는 성미(性味)라네.

잠시 머무는 애정이라 믿고 따를 수 있는 사랑이 아니며, 주위(周圍)에 늘 어려운 이들이 모여들고 하찮은 사람에게 느닷없는 봉변(逢變)을 당하면서 마음의 문을 굳게 닫아버리는 상처가 많은 사람이라네. 애정(愛情)이란 본디 주어지는 것이 없으며, 자신의 이해(利害)를 돌보지 않고 아무리 몸과 마음을 다하여 주어도 한(限)이 없는 것이 애정(愛情)이 아니던가.

좋게 생각하면 늘 기다려주는 사람으로서 잔정이 많아 보이고 애틋하지만 게으른 사랑일 뿐이라네.

가정(家庭)이라는 일반적인 개념(槪念)을 상실(喪失)하고 모든 것을 가족(家族)에게 돌리고는 자신(自身)의 길만 가는 사람이라네.

눈치라도 있으면 좋으련만 밥도 얻어먹지 못하는 미련한 사람이며, 남이 어떻게 생각하는지 헤아리지 못하고 가정(家庭)이라는 울타리를 하찮게 생각하고 내던지는 까닭으로 늘 후회(後悔)하며 살아가는 삶이라네.

이해득실(利害得失)에 따라 맺고 헤어지는 인연(因緣)이라 인정(人情)이 없으며, 제 아무리 똑똑하다고 하더라도 스스로를 제대로 알지 못하고 별일 없이, 뜻도 없이 자신(自身)만을 싸안고 중얼거리는 사람이라네.

상대방(相對方)에게 아주 무관심(無關心)하고 자기의 잇속만을 채우면서 별다를 것 없는 작은 재주를 가지고는 스스로 만족(滿足)해 하며, 주책(主着)없이 혼자 좋아하는 사람이라네.

제 흉(兇)은 모르고 남의 흉(兇)만 탓하는 까닭으로 두루 원만(圓滿)한 관계(關係)를 이루지 못하며, 더하여 쉽게 어울리지 못하고 파리하고 해쓱한 몰골로 말없이 한구석에 쪼그려 앉아 외롭다 한다네.

저질러 놓은 일은 아무리 감추려고 해도 저절로 드러나고 쉽게 얻은 것은 또한 잃기 쉬우며, 변변치 못한 사물이라도 남의 것을 얻어 가지게 되면 부담(負擔)이 되고 격(格)에 맞지 않은 것은 당연(當然)한 일이 아니던가.

스스로 해야 할 일을 못하면서 대접(待接)은 대접대로 받으려하니, 늘 따돌림을 당할 수 밖에 없지 않은가.

쓸데없는 존재감(存在感)일랑 일찌감치 던져버리게나.
너나 내나 할 것 없이 별다른 것이 있겠는가.
사람은 본래(本來) 겉으로 드러난 허우대보다도 맡은 일에 열심이어야 멋있고 곱게 보이는 것이 아닌가.

- 여자(女子): 양(陽) → 태양(太陽) ☰, 건(乾)

명석(明晳)한 두뇌를 가진 여자(女子)로서 생각이나 판단(判斷)이 분명(分明)하고 똑똑하며, 사물(事物)을 보아서 분별(分別)할 수 있는 식견(識見)이 탁월(卓越)하고 사물(事物)의 가치(價値)를 판별(判別)할 수 있는 능력(能力)이 크다네.
사람으로서 응당(應當) 지켜야 할 도리(道理)나 사람이 마땅히 하여야 할 본디의 의무(義務)에 앞장서며, 때때로 선구자(先驅者)의 길을 걸으면서 몸과 마음을 다한다네.
구설수(口舌數)가 많이 따라다니나 맞받아치지 않고 웃음으로 넘기면서 대수롭지 않게 여기며, 넓은 시야(視野)를 지닌 여자(女子)로서 무리를 이끄는 자리에 앉아 많은 사람들을 올바른 길로 인도(引導)한다네.
말과 행동(行動)에 군더더기가 없이 시원스럽고 똑떨어지는 성격이며, 스스로의 언행(言行)에 책임(責任)을 지고 늘 주위(周圍)를 둘러보는 예민(銳敏)하고 섬세(纖細)한 감수성(感受性)을 지녔다네.
변함없는 애정(愛情)으로 한번 마음을 열고 정을 주면 항상 믿어주고 따라주며, 모든 어려움을 도맡아 짊어지는 사랑이라네.
그렇다고 싫다고 하는 사람에게 울며불며 매달리는 성미(性味)가 아니며, 오히려 남자(男子)가 울고불고 매달리는 야물고 오달진 여자(女子)라네.
이러한 당찬 성격(性格)으로 남자(男子)가 당당(堂堂)하고도 어엿하게 설 수 있도록 만든다네.
변함없는 애정(愛情)에 더하여 뒤를 받쳐주는 강(强)한 사랑이 아닌가.
가족(家族)에게 늘 주의(注意)를 기울여 다잡거나 보살피는 일에 몸과 마음을 다하지만 자신(自身)의 일을 놓지 않고 항상 최선(最善)을 다하는 여자(女子)라네.

바른 길로 이끄는 성격(性格)으로 행동(行動), 그리고 태도(態度)가 그릇된 방향(方向)으로 나가거나, 드러난 사실(事實)에 더하여 마땅한 도리(道理)에 맞지 않고 틀리면 매를 들어서라도 가르치고 잔소리가 매우 심한 편이며, 쉽게 놔주는 성질(性質)이 아니라네.

많은 사람들이 따르며, 많은 사람으로부터 소중(所重)한 여자(女子)로 떠받들어지고 귀(貴)함을 받는다네.

막힘이나 걸림이 없이 두루 원만(圓滿)한 관계를 이루고 서로가 서로를 위해주면서 이웃 간에 돈독(敦篤)한 정(情)을 나눈다네.

이론적(理論的) 추론(推論)으로는 불가능(不可能)한 장래(將來)의 사실(事實)과 현상(現象)을 미리 느끼어 아는, 이러한 능력(能力)이 매우 강한 여자(女子)로 상처(傷處)받은 마음을 어루만져 주고 밝은 길로 이끌며, 먼저 손을 내밀어 잡아주는 마음 따뜻한 여자(女子)라네.

현실(現實)을 직시(直視)하면서 언행(言行)이 깔끔하고 안으로 감추면서 뒤로 빠지는 성격(性格)이 아니며, 난처(難處)한 일이나 힘든 일에 손을 걷어 부치고 망설이거나 머뭇거림 없이 나서는 시원시원한 여장부(女丈夫)라네.

- 여자(女子): 양(陽) → 소음(少陰) ☱, 태(兌)

두서(頭緖) 없이 말하고 행동(行動)하는 것 같으나 일의 차례(次例)나 갈피를 나름대로 잡아서 신중(愼重)하게 판단(判斷)하고 움직이며, 말로 전달(傳達)하는데 있어서 구체적(具體的)이고 자세(仔細)한 성격(性格)이라네.

마음이나 감정(感情)이 어수선하거나 복잡하지 않고 조용하게 가라앉아 있는 여자(女子)이며, 늘 깊은 사념(思念)에 빠져있고 사리(事理)에 밝으며, 사람이 마땅히 지켜야 할 바른 길에서 벗어나지 않으려는 성미(性味)라네.

감성(感性)이 섬세(纖細)하며, 마주 대하여 드러난 사물(事物)의 바탕이나 모양에 대하여 논리적(論理的)으로 이해하고 판단(判斷)하는 능력(能力)이 매우 강하며, 말이나 행동(行動)의 앞뒤가 서로 맞지 않고 크게 모순(矛盾)된 면이 드러나면 끈기 있게 끝까지 밝혀낸다네.

현재(現在) 드러난 사실(事實)을 근거(根據)로 하여 먼 미래(未來)에 드러날 다른 사실(事實)을 미루어 헤아리고 감지(感知)하는 능력(能力)이 있으며, 이로 인(因)하여 자신(自身)만의 세상(世上)으로 깊게 빠지는 경향(傾向)이 있다네.

말과 행동(行動)이 그다지 눈에 띄지 않고 소리 소문도 없는 애정이며, 끈지고 참을성 있는 듬직한 사랑이라네.

무관심(無關心)한 듯 보이지만 지극(至極)한 애정으로 몸과 마음을 다해서 뒤를 받쳐주는 여자(女子)이며, 무엇 하나 바라지 않은 사랑이라네.

가족(家族)에 대한 사랑도 또한 위와 같으나 늘 가까이 하기에는 현실(現實)에서 주어진 여건(與件)이 마음대로 따라주지를 않으며, 마음과 같지 않은 것이 세상사(世上事)가 아니던가.

많은 구설이 따라다니나 스스로 뜻한 바대로 기어이 이끌어나가면서 사람이 도덕적(道德的)으로 지켜야 할 도리(道理)를 끝까지 지키는 여자(女子)라네.

사람들과의 관계에서 막다른 경우(境遇)에 이르더라도 변명(辨明)을 늘어놓거나 시비(是非)를 거는 성미(性味)가 아니며, 그렇다고 남을 업신여기거나 깔보지도 않고 딘지 말이 없으면서 표현(表現)을 하지 않은 까닭으로 오해(誤解)를 받은 케이스라네.

이러한 작은 오해(誤解)는 오래가지 않으며 많은 사람들이 따르고 많은 이들이 온갖 이바지를 하면서 몸과 마음을 다해 떠받든다네.

한쪽으로 치우치거나 집착(執着)하지 않고 두루 원만(圓滿)한 관계(關係)를 유지(維持)하면서 명분(名分)있는 일에 몸과 마음을 다하는 여자(女子)라네.

자신(自身)을 내세우지 않고 잇속을 챙기지 않으며, 외려 남을 위해 헌신(獻身)하고 남의 아픔과 불행에 늘 안타까워하는 여자(女子)라네.

- 여자(女子): 양(陽) → 소양(少陽) ☲, 리(離)

몸과 마음을 편안(便安)하게 의지(依支)할 곳이 없고 분위기(雰圍氣)에 잘 휩쓸리며, 매우 민감(敏感)한 반응을 보이면서 신경질적(神經質的)인 성격(性格)을 드러낸다네.

전후(前後) 사정(事情)을 알아보지 않고 자신(自身)의 의지(意志)대로 행동(行動)하며, 남의 형편(形便)이나 처지(處地)를 생각지 않고 직선적(直線的)으로 내뱉은 말이라 늘 말속에 가시가 돋쳐있다네.

때문에 상대방(相對方)이 상처(傷處)를 많이 받으며, 더하여 스스로의 말과 행동(行動)에 대하여 책임(責任)을 지지 않은 까닭으로 늘 남의 눈총을 받고 사람됨이 교만(驕慢)하여 남을 업신여기며 깔보는 성격(性格)이 있다네.

일의 이치(理致)를 잘 알면서도 모르는 체하며 슬그머니 자기(自己)의 잇속을 챙기기 위해 말하고 행동하는 여자라네.

그래도 많은 욕을 먹거나 미움을 받지 않은 것은 뒤가 여리고 남의 아픔을 외면(外面)하지 않은 착한 성격 때문이라네.

자신이 똑똑하고 현명(賢明)한 사람이라고 생각하지만 그렇지도 아닌가 한다네.

이는 별로 신통(神通)하지도 않은 것을 두고두고 되풀이하면서 하찮은 자랑을 늘어놓기 때문이라네.

제대로 알기는 알면서도 제 잘난 멋에 취해서 늘 중요(重要)한 것을 놓치고 후회(後悔)한다네.

상대방(相對方)을 생각하지 않고 시도 때도 없이 들이대는 애정이라 조금은 피곤(疲困)하고 때로는 난처(難處)하기도 하지만 잘 구슬리고 다독이면 그다지 밉지 않은 사랑이라네.

좋아하고 싫어하는 마음의 선이 분명(分明)한 사람이며, 자신(自身)의 감정(感情)을 숨기지 않고 조금은 과(過)하게 드러내는 여자(女子)라네.

명분(名分)을 잃지 않은 여자(女子)로써 가정(家庭)이라는 울타리를 지키고 또 가꾸어 가는 일에 있어 몸과 마음을 다해 노력하며, 가족(家族)을 위해서라면 쓸데없는 공연(空然)한 말이나 행동을 삼가고 늘 경계(警戒)한다네.

말이나 행동(行動)이 가끔은 밉살스러우나 꼴불견은 보이지 않은 까닭으로 많은 사람들과 그럭저럭 원만(圓滿)하게 지내며, 젠체하며 지기 싫어하는 성질(性質)이지만 자기(自己)의 잘못을 바로 인정(認定)하고 바꾸어가는 사람이라 무사무난(無事無難)하게 넘어간다네.

더하여 눈치코치가 있는 까닭에 어디를 가더라도 궁색(窘塞)하지 않다네.

일을 해낼 수 있는 능력이 부족한 것은 생각지 않고 힘에 넘치는 일을 벌이면 도리어 해를 입은 것이 아닌가.

늘 언행(言行)을 삼가고 일을 벌이기에 앞서 전후(前後) 사정(事情)을 돌아보면서 제 분수(分數)에 맞게 움직이기를……

- 여자(女子): 양(陽) → 태음(太陰) ☳, 진(震)

무얼 알고나 떠드는지 까닭이 없는 잔소리에 영 알아들을 수 없는 말이라네.

말의 앞뒤가 맞지 않고 횡설수설(橫說竪說)하며 선소리에 억울(抑鬱)하고 분(憤)한 마음을 들춰낸다네.

눈치는 빠릿빠릿하지만 뻔뻔한 성격(性格)에 번연한 말과 행동(行動)으로 자신(自身)을 보기 좋게 포장(包裝)을 하며, 많은 것을 요구(要求)만 하고 스스로는 단 하나도 내놓기 싫어한다네.

그렇다고 욕심(慾心)이 많은 것은 아니며, 마음을 쓰는 본새가 남보다 위에 서야 되고 또 남보다 잘나야 하기 때문이라네.

마음보의 씀씀이가 심증(心證)은 가는데 물증(物證)이 없는 것이 아니라, 물증(物證)을 분명(分明)히 앞에 두고 심증(心證)이 없다면서 우기는 여자(女子)라네.

때때로 어깃장을 놓으면서 공연(空然)한 일로 주변을 시끄럽게 만들고 앓는 소리를 늘어놓은 여자(女子)라네.

자기(自己)의 가슴을 치면서 답답한 삶을 살아가는 사람이라네.

애정(愛情)에 대한 따뜻한 믿음보다는 자신의 식견(識見)에 따른, 나름대로 미리 밑바탕에 깔려있는 사랑이라 인간적(人間的)인 면을 바탕으로 한 애정(愛情)보다는 이해득실(利害得失)에 따른 애정(愛情)이 매우 강(强)한 편이라네.

이성적(理性的)인 판단(判斷)과 감정적(感情的)인 판단을 뒤섞어 보거나, 감정(感情)에 치우치지 않고 이성(理性)에 따른 행동(行動)을 하거나 이성(理性)에 치우치지 않고 감정(感情)에 따른 행동을 하는데 있어 늘 모호(模糊)한 경계(警界)를 넘나드는 불확실(不確實)한 애정이라네.

집안이라는 울타리를 분명(分明)하게 스스로가 인식(認識)을 하면서도 울타리에 대한 가치판단(價値判斷)이나 일반적(一般的)인 개념(槪念)에 있어서 매우 곤혹스러워하며, 어렵게 생각을 하면서 등한시(等閑視)하다네.

남의 사정이나 형편(形便)에 아랑곳 하지 않은 그 마음은 이해되지만 가족(家族)에 대한 무정(無情)함은 이해(理解)하기가 어렵다네.

모든 일은 가족(家族)에게 맡겨버리고 스스로의 일을 하면서 보람을 얻는다고 크게 자부심(自負心)을 가지고 자랑하지만, 허공(虛空)에 떠버리는 물거품 같으며 늘 허전한 마음을 달래지 못하고 마땅히 머물 곳을 찾아 떠도는 불꽃이 사그라진 영혼(靈魂)이라네.

때문에 늘 어느 누군가의 도움으로 불씨가 사그라지지 않도록 불쏘시개와 장작더미가 필요(必要)한 사람이며, 깊은 산중에서 홀로 살아갈 수 있는 사람이 아니니, 사람들의 생각 속에 남은 불귀(不歸)의 객이 되지 말고 불씨로 남아있는 반가운 손님으로 늘 많은 이들과 어울리고 부대끼면서 자신의 장점(長點)을 살리고 타인(他人)을 이롭게 하기를 바란다네.

사람은 각각(各各) 그 환경(環境)에 따라 하는 일이 다르게 마련이며, 귀(貴)한 사람이 죽어있는 것 보다는 천(賤)하더라도 살아있는 것이 낫지 않던가.

근본(根本)이 나쁜 데서 좋은 것이 나오기를 바랄 수 없는 것이나, 밥 먹고 잠 자고 똥 싸는데 본래 귀(貴)하고 천(賤)한 것이 있겠는가.

산 설고 물이 설더라도 정 붙이고 살면 고향(故鄕)이라 하지 않던가.

- 여자(女子): 음(陰) → 태양(太陽) ☱, 손(巽)

어두운 마음과 어두운 세상(世上)에 빛을 주는 따스한 마음의 소유자(所有者)이며, 부드럽게 안아주는 여유(餘裕)가 있는 여자(女子)라네.

부드러운 손길로 쓰다듬어주는 성격(性格)에 말이나 행동(行動)이 조리(條理)있고 아주 작고 하찮은 부분(部分)까지 구체적(具體的)이면서도 분명(分明)하게 드러내주며, 서두르지 않으면서 느긋하게 생각하고 행동이 대범(大汎)하고도 유연(悠然)한 성격의 소유자(所有者)라네.

천생(天生) 타고나기를 여자(女子)이면서 침착(沈着)하고 여유(餘裕)가 있으며 깊고 그윽하면서 천연덕스러운 성격(性格)이라네.

마음의 쓰임새가 자신(自身)보다는 남을 위하는 마음이 먼저 앞서고 먼저 따뜻한 손을 내밀어 이끌어주며, 타인(他人)의 상처(傷處)받은 마음을 아주 자세(仔細)하고 빈틈이 없이 어루만져준다네.

힘들거나 어렵거나 난처(難處)한 일 앞에서도 당황(唐惶)하지 않으며 늘 쾌활(快活)하고 밝은 마음으로 매사(每事)에 몸과 마음을 다하는 긍정적(肯定的)인 성격(性格)이라네.

몸으로 하는 일이 느리고 답답해 보이나 머리가 뛰어나세 현명(賢明)하고 민첩(敏捷)하며, 눈치가 빠른 까닭으로 모든 일을 지혜(智慧)를 바탕으로 하여 쉽게 풀어가는 능력(能力)이 있다네.

맑은 영혼(靈魂)으로 다가서는 애정(愛情)이라 사뭇 감정(感情)이 복받치는 사랑이며, 때때로 아주 딴 모습으로 다가서는 거리낌이 없는 애정(愛情)이라네.

스스로는 외롭고 쓸쓸하며 조용한 마음의 풍경(風景)을 즐기지만 타인(他人)이 외로워하거나 쓸쓸해하면 늘 먼저 다가서서 한쪽 어깨를 내미는 사려(思慮) 깊은 애정이라네.

알뜰살뜰하게 가정(家庭)을 꾸려가면서 어긋나서나 흩어지지 않게 하며, 우선(于先) 자신(自身)을 곧추세우면서 어느 하나 잘못되지 않도록 잡도리하는 성격(性格), 곧 스스로를 엄중(嚴重)하게 단속(團束)하는 성미라네.

자신(自身)의 겉모습이나 겉치레에는 게으른 편이고 주변(周邊) 정리(整理)에는 부지런한 편이라 사람들과의 관계(關係)가 수월하며, 일일이 응하는 태도(態度)가 시원시원한 까닭으로 막힘이나 걸림이 없이 두루 원만(圓滿)하고 많은 사람들이 무리를 지어 따른다네.

대의명분(大義名分)에 목숨까지도 버릴 수 있는 선구자(先驅者)의 기질(氣質)로 인(因)하여 탁하고 힘든 일에 앞장서며 세상(世上)의 모든 고민(苦悶)을 짊어지려는, 그리고 해결(解決)하려고 하는 무지무지(無知無知)한 여자라네.

일을 벌이는 데에 있어서 빈틈이 없고 자세(仔細)하며 차분하기에 그리 큰 어려움은 없으나 주위(周圍)로부터 질투(嫉妬)와 시기(猜忌)의 대상(對象)이 되어 구설(口舌)이 많이 따른다는 것이네.

물론 잡다한 구설(口舌)에 휩쓸리거나 마음을 쓰는 성격(性格)은 아니나, 쓸데없는 상처(傷處)로 인하여 행여 세상사(世上事)로부터 등을 돌리고 인적(人跡)이 끊어진 깊은 산으로 들어갈까 걱정이라네.

- 여자(女子): 음(陰) → 소음(少陰) ☵, 감(坎)

사념(思念)의 깊은 강으로 흘러들어가 진리(眞理)를 깨달아 얻은 희열(喜悅)에 몸서리치면서 기쁨을 만끽하는 여자(女子)라네.

어떻게 된 까닭인지를 묻지 않고 옳고 그름을 묻지 않은 것은 묻지 않아도 전후(前後) 사정(事情)을 들어보면 충분(充分)히 알 수 있기 때문이라네.

급하게 서두르는 성격(性格)이 아니며, 젠체하며 나서지도 않으며, 표 나지 않게 제자리에 조용히 앉아 모든 일을 소리 소문 없이 처리하고 세상사(世上事)를 굽어보는 연못에 가득 찬 가을의 맑은 물과 같다네.

늘 아득히 높고 먼 하늘을 응시(凝視)하면서 만만찮은 삶의 다양성(多樣性)을 직시(直視)하고 깨우쳐 얻은 바 참 도리(道理)로 삶을 돌아다보는 여자(女子)라네.

손가락 하나 까닥하지 않고 게으름을 피우지만, 이 여자(女子)의 게으름은 그리 만만하게 볼 수 있거나 함부로 탓할 수 있는 성미(性味)가 아니라네.

소심(小心)하기는 하나 명분(名分) 앞에서는 거리낌 없이 떳떳하며, 자기가 믿고 생각하는 바 소신(所信)을 굽히지 않은 당찬 여자라네.

안으로 숨겨두고 아끼는 애정(愛情)이라 크게 눈에 띄지 않은 사랑이며, 그렇다고 얕은 애정(愛情)이 아니면서 애틋하고 살뜰한 사랑이라네.

보이지 않게 챙기고 뒤를 받쳐주는 것이 우렁이 각시와 같고 미리 앞서서 필요(必要)한 것을 마련해주는 사려(思慮) 깊은 여자라네.

가족(家族)에 대한 애정(愛情)은 알뜰살뜰하게 보듬어 안고 가며, 이 또한 말없이 조용하게 받쳐주고 충분(充分)하게 밑거름이 되어주는 사랑이라네.

아니 땐 굴뚝에 연기(煙氣)가 나듯이 도무지 가당치 아니한 많은 구설(口舌)로 인(因)해 마음에 상처를 받고 막다른 골목까지 위태(危殆)로이 몰리기도 하지만 늘 지혜(智慧)로써 위기(危機)를 피해 간다네.

많은 사람들과 어울리기를 싫어하지만 대의명분(大義名分)에 따라 때때로 큰일에 앞장을 서면서 한 무리를 이끌고 동고동락(同苦同樂)하는 길을 함께하는 줏대 강(强)한 여자(女子)라네.

보잘 것 없고 하찮은 일 하나라도 주의(注意) 깊게 유심(有心)히 살펴보면서 헤아려주고, 드러난 문제(問題)에 대하여 늘 새로운 해결(解決) 방법(方法)을 사정(事情)이나 형편에 맞게 제시(提示)해주는 마음 착한 여자라네.

때문에 인간관계(人間關係)가 무난(無難)하고 주변이 시끄럽지 않으며, 항상 조용하고 편한 기운(氣運)이 흐른다네.

- 여자(女子): 음(陰) → 소양(少陽) ☶, 간(艮)

밝은 달빛으로 촛불을 대신하여 주위(周圍)를 밝히고 긴 밤을 지새운 피곤(疲困)한 눈빛으로 반가운 마음을 드러내는 성격(性格)이며, 모자란 듯, 아닌 듯 겉과 속을 쉽게 드러내 보이기는 하지만 진실(眞實)이 어느 것인지를 알 수가 없다네.

부드럽게 안아주는 듯하지만 웃음 띤 얼굴 뒤에 차가운 욕정(欲情)을 감추고 기회(機會)를 노리며, 형세(形勢)를 살피는 독수리의 날카로운 눈초리와 범의 날카로운 이빨을 세우고 있는 여자(女子)라네.

의심(疑心)이 많은 편이라 무슨 일이든 한번은 짚고 넘어가는 꼼꼼하고도 한쪽으로 치우친 성격에 한번 본 먹이에 크게 집착(執着)하고 가끔은 어린아이처럼 막무가내(莫無可奈)로 고집(固執)을 부리는 귀여운 성격이기도 하다네.

독수리의 눈초리와 범의 이빨이란 스스로를 강하게 세우기 위한 방편이고 사실 마음이 여리면서 겁이 많은 편이며, 세상(世上)을 바라보는 눈이 긍정적(肯定的)이면서도 어여쁜 꿈을 꾸고 있는 천생(天生) 여자(女子)라네.

자신(自身)의 위치(位置)와 처지(處地)를 분명(分明)하게 인지(認知)하고 있는 여자(女子)로써 바지런하게 움직이며 아기자기하게 잔정을 베풀고 즐겁게 살아가는 여자(女子)라네.

잔재미가 있고 즐거우며 잔정이 많은 애정(愛情)이라 말과 행동(行動)이 조용하고 부드러우며, 남을 먼저 생각하는 작은 배려(配慮)가 있고 달빛에 촉촉이 젖은 분위기(雰圍氣)있는 사랑이라네.

더하여 남자(男子)의 애를 태우는 애정(愛情)이라네.

집안이 편안(便安)하고 가정(家庭)이 화목(和睦)하기를 바라지만 가족과의 관계(關係)보다는 밖에서 우연(偶然)히 만난 인연(因緣)을 매우 소중(所重)하게 여기는 묘한 성격(性格)이라네.

어찌 보면 가정(家庭) 살림에는 영 형편(形便)없는 여자(女子)라네.

때문에 칭찬하는 남의 말에 귀를 기울이고 잘 들어주며, 또 남의 말을 듣기 좋아하고 함께 어울리기를 무척이나 좋아한다네.

상처(傷處)를 받거나 마음이 언짢아도 겉으로 드러내지를 않고 안으로 갈무리하여 주변(周邊) 사람들의 마음을 편하게 한다네.

그렇다고 곧추세운 마음을 쉽게 꺽을 성격이 아니며, 늘 주변 환경(環境)에 따라, 또 처해진 사정이나 형편(形便)에 따라 일의 끊고 맺음과 인연의 끊고 맺음을 적절하게 이끌어내는 여자라네.

그만큼 지혜(智慧)를 지닌 것인지, 아니면 능수능란(能手能爛)한 솜씨인지…… 밉지 않은 여자(女子)임에는 틀림이 없다네.

- 여자(女子): 음(陰) → 태음(太陰) ☷, 곤(坤)

1년 365일 무진(無盡) 애를 쓰고 온갖 풍상을 맞아가면서 세상(世上)에 나 혼자라는 생각에 늘 외롭고 외로운지라 늦은 밤이슬을 밟아가며, 모진 세월(歲月)에 마음이 쓰리다네.

게으름은 타고난 것이라 스스로 어찌할 바를 모르고 마땅히 의지(依支)할 데 없는 삶에 정처(定處)없이 오랜 세월(歲月)을 방황(彷徨)한다네.

모질고 독한 세상사(世上事)에 몸과 마음이 헤지고 거칠어진 손이지만 항상 먼저 손을 내밀어 도움을 주는 성격(性格)이며, 자신을 희생(犧牲)하는 여인(女人)이라네.

사면(四面) 팔방(八方)이 어둠으로 둘러막힌 마음이라 답답한 삶을 어찌할 수 없지만 사람이 마땅히 지켜야 할 길을 가기 위해 늘 몸과 마음을 다해 노력하며, 남을 탓하기에 앞서 자신의 무능(無能)함과 어리석음을 인정(認定)하고 이를 부끄럽게 생각하지 않으면서 애를 써가며 벗어나기 위해 힘쓴다네.

더하여 언행(言行)을 삼가고 마음을 안으로 가라앉히며 어긋나거나 흐트러지지 않게 움직이는 사람이라네.

늘 애타게 그리워하는 애정이라 잔정보다 깊은 사랑을 주거나 받으며, 한 번의 정으로 만리장성(萬里長城)을 쌓은 사랑이라네.

쉽게 다가오지 않은 애정으로 많은 상처(傷處)가 함께 따르는 사랑이며, 우여곡절(迂餘曲折) 끝에 얻을 수 있고 이룰 수 있는 정이라 더욱 애틋하고 깊은 사랑이라네.

가족(家族)에 대한 그리움이야 말로써 표현(表現)하지 못하는 사랑이며, 쉽게 이룰 수 없는 가정(家庭)이었기에 스스로를 희생(犧牲)하면서 평생(平生)을 가꾸어가는 울타리라네.

웃을 수 있는 날이 얼마나 있을까.

그나마 얻은 행복(幸福)이 달아날까 두려워하면서 모든 것을 짊어지고 가족(家族)에 대한 사랑으로 살아간다네.

몸이 열개라도 모자란 삶이려니, 그래도 한껏 힘을 내보는 여인이라네.

이것도 아니고 저것도 아닌 것으로 인(因)하여 많은 상처(傷處)를 받고 어려움과 견딜 수 없는 고통(苦痛)속에서도 나 하나를 죽여서 남을 배려(配慮)하는 마음의 씀씀이가 거친 세상사(世上事)와 적당(適當)하게 어우러지고 주변(周邊) 사람들과 무사무난(無事無難)한 관계(關係)를 이룬다네.

환하게 웃음 짓은 날이 분명(分明)히 올 것이니 희망(希望)이란 입에 발린 말이 아니라네.

7) 간하수(澗下水): 골짜기의 좁은 틈을 따라 흐르는 작은 물의 기운(氣運)

병자(丙子)-양(陽)	정축(丁丑)-음(陰)

16상론(十六象論) 및 행태론(行態論)

• 남자(男子)

양(陽)	음(陰)
양(陽) → 태양(太陽)/건(乾)-부(父) ☰	음(陰) → 태양(太陽)/손(巽)-장녀(長女) ☴
양(陽) → 소음(少陰)/태(兌)-소녀(少女) ☱	음(陰) → 소음(少陰)/감(坎)-중남(中男) ☵
양(陽) → 소양(少陽)/리(離)-중녀(中女) ☲	음(陰) → 소양(少陽)/간(艮)-소남(少男) ☶
양(陽) → 태음(太陰)/진(震)-장남(長男) ☳	음(陰) → 태음(太陰)/곤(坤)-모(母) ☷

• 여자(女子)

양(陽)	음(陰)
양(陽) → 태양(太陽)/건(乾)-부(父) ☰	음(陰) → 태양(太陽)/손(巽)-장녀(長女) ☴
양(陽) → 소음(少陰)/태(兌)-소녀(少女) ☱	음(陰) → 소음(少陰)/감(坎)-중남(中男) ☵
양(陽) → 소양(少陽)/리(離)-중녀(中女) ☲	음(陰) → 소양(少陽)/간(艮)-소남(少男) ☶
양(陽) → 태음(太陰)/진(震)-장남(長男) ☳	음(陰) → 태음(太陰)/곤(坤)-모(母) ☷

- 남자(男子): 양(陽) → 태양(太陽) ☰, 건(乾)

잔꾀를 부리는 성격(性格)으로 눈앞의 작은 잇속 하나라도 놓치지 않고 타고난 성질(性質)이 능갈치고 말과 행동(行動)이 그리 바르지 못하며, 스스로가 책임(責任)져야 할 일에 대해 교묘(巧妙)하게 잘 둘러대고 얄밉도록 능청스러운 데가 있다네.

능구렁이 같은 성격(性格)에 약아빠진 면이 있으면서 눈치가 빠르고 잔꾀에 능(能)한 까닭으로 큰 손해(損害)는 보지 않지만, 사람을 잃은 것이 큰 문제(問題)가 아니던가.

분수(分數)에 맞지 않게 욕심(慾心)은 많으나 생각한 만큼 큰 이득(利得)을 얻지 못하며, 매양 그 자리가 그 자리라네.

부풀리기를 좋아하는 성격(性格)이라 하나를 가지고 있으면서 열을 가지고 있다 자랑을 하고 앞으로 일어나거나 생겨날 일에 대해서 잇속을 계산(計算)하며 커다란 희망(希望)을 기대하고 이를 내세워 자신(自身)을 과대(誇大) 포장(包裝)하는 남자(男子)라네.

기대(期待)가 크면 실망(失望)이 큰 법(法)이 아니던가.

기대(期待)가 큰 만큼 사실(事實) 뚜껑을 열고 보면 믿었던 많은 사람들이 한숨을 쉰다네.

뒤를 생각하지 않고 오로지 눈앞의 이해득실(利害得失)만을 따지면서 가늘고 길게 살기를 원하며, 나만 괜찮으면 다행(多幸)이라는 사고방식(思考方式)을 지닌 사람이라네.

빤히 보이는 행동에 얄팍한 술수(術數)로 남을 속이나, 피해(被害)를 주지 않으려고 노력(努力)을 하는 남자(男子)라네.

그러나 본의(本意) 아니게 피해(被害)를 주고 늘 가슴 졸이며 얼굴을 붉히는 삶이라네.

끝까지 지키려고 노력하는 애정으로 나름 몸과 마음을 다해 애쓰지만 뒤를 받쳐주는 기세(氣勢)가 없는 까닭으로 언행(言行)이 부실해 진다네.

스스로의 힘으로도 어쩔 수 없는 타고난 바탕인지라 조금이라도 어긋나거나 빗나가면 만나고 헤어짐의 고통이 따르는 애달픈 사랑이라네.

가족(家族)을 위하고 감싸는 마음은 가상(嘉尙)하며, 수단(手段)과 방법(方法)을 가리지 않고 모든 것을 해주고 싶지만 현실(現實)이 따라주지 않은 사람이라네.

쉬운 말로 타인은 하나의 힘을 들여서 열 가지를 얻은 삶을 살아가지만 스스로는 하나의 힘을 들여서 하나를 얻어 살아가는 삶이라네.
때문에 사람들과의 관계(關係)에 있어서 이해득실(利害得失)을 따질 수밖에 없으며, 바로 눈앞의 잇속에 밝을 수밖에 없다네.
그나마 밉지 않고 애틋해 보이는 것은 많은 사람들과 어울리기를 좋아하면서 자신(自身)의 실수(失手)를 시원스럽게 인정(認定)하고 남의 말을 들어줄 줄 알며 귀를 기울일 줄 아는 성품(性品)을 항상 잃지 않고 있기 때문이라네.
아무리 노력(努力)해도 얻어지는 것이 없다는 푸념을 이해(理解)할 수 있는 사람 중에 한 사람이라네.
힘이 들고 어려울수록 마음을 강(强)하게 먹고 뒤가 무른 성격(性格)을 버려야 원(願)하는 바를 얻을 수 있다네.

- 남자(男子): 양(陽) → 소음(少陰) ☱, 태(兌)

겉으로는 욕심(欲心)이 없는 척하지만 작은 잇속 하나라도 허투루 보아 넘기지 않으며, 손에 넣기 위해서 남이 모르게 많은 노력(努力)을 하는 사람이라네.
자신이 처한 형편(形便)이나 제 위치(位置)를 분명하게 알고서 움직이는 눈치가 빠른 인물(人物)이며, 잔꾀와 잔재주에 능한 사람으로서 소소(小小)한 일에 대해 배움이 빠르고 직접(直接) 현실에 적용(適用)하면서 이리저리 꿰맞추는데 능하다네.
서로 맞지 않은 것을 적당(適當)히 갖다 맞추기를 잘하는 편이라, 자신(自身)을 위한 작은 이득(利得)이나 변변찮은 체면(體面)을 위해 밉지 않은 거짓말로 포장(包裝)하는 성격(性格)이라네.
그렇다고 크게 밖으로 드러내는 성격(性格)이 아니며, 늘 자신(自身)의 처지(處地)에 맞게 언행(言行)을 삼가고 때에 따라서는 매우 신중(愼重)함을 보인다네.
자기(自己)와 직결(直結)된 이해득실(利害得失)에 관한 일이라면 물불을 헤아리지 않은 성격(性格)이라네.
성질(性質)이나 말과 행동(行動)이 그렇게 상스럽고 더럽지는 않으나, 하는 짓이 같잖아서 보기에 아니꼽고 눈 가리고 아웅대는 성격(性格)이라 가끔 밉살스럽다네.

말이 없는 조용한 애정(愛情)에 약간(若干)의 엉큼하고 불량(不良)한 웃음을 띤 사랑으로 겉으로 시원스럽게 드러내지 못하고 끙끙대는 짝사랑 같은 애정(愛情)이라네.
그렇다고 깊고 오래가는 사랑은 아니라네.
그 까닭은 쉽게 싫증을 느끼는 성격에 질기고 차진 기운(氣運)이 없으며, 쉽게 포기(拋棄)하고 육정(肉情), 곧 육체적(肉體的)인 관계에 더 많은 가치(價值)를 두기 때문이라네.
욕정(欲情)을 채우고 나면 몸과 마음이 식어버리는 사랑이라네.
가족(家族)을 위해 바지런을 떨며 그토록 노력(努力)을 하지만, 돌아오는 것은 이것 밖에 안 되나요? 라는 허탈(虛脫)한 메아리만이 가득하고 스스로 자기의 권리(權利)나 자격(資格)을 내버린다네.
몸과 마음을 다해서 집안을 일으키고 마지막까지 있는 힘을 다해 챙기고 이바지를 하더라도 그 노고(勞苦)에 고마워하는 사람이 없다네.
가족으로부터 외면(外面)받은 꽤나 서글프고 애처로운 남자(男子)라네.
인간관계(人間關係)에 있어서는 무사무난(無事無難)하고 그리 어렵지 않은 관계(關係)를 이루고 산다네.
그 까닭은 스스로 젠체하며 뽐내지를 않고 스스로의 잇속을 챙기더라도 형편(形便)이나 상황(狀況)에 따라 눈치껏 움직이면서 남이 모르게 하며, 남의 잘잘못이나 시비(是非)에 끼어들지 않으면서 스스로의 앞가림을 하기 때문이라네.
또한 남의 좋은 일에 박수를 쳐주는 작은 배려(配慮)와 한푼 두푼 모으면서 검소(儉素)하게 생활(生活)하고 자기(自己) 앞에 닥친 일을 제 힘으로 처리(處理)할만한 능력(能力)이 있기 때문이라네.
큰 욕심을 부리지 않고 사람이 마땅히 지켜야 할 바른 길을 걸으면서 한푼 두푼 모은다면 큰 재산(財産)을 이룰 수 있는 사람이라네.

- 남자(男子): 양(陽) → 소양(少陽) ⚌, 리(離)

말과 행동(行動)을 앞세워 자신(自身)의 입지(立志)를 세우기 위해 사람들의 눈을 현혹(眩惑)시키면서 까닭이나 필요가 없는 괜한 트집을 잡고 되지못한 성질을 부린다네.

모든 것이 백일하에 드러나는 일임에도 불구(不拘)하고 작은 잇속을 앞에 두고는 참지 못하여 남의 흉(凶)을 잡아내어 헐뜯고 나쁘게 말하거나 잘 되어가는 남의 일에 헤살을 놓아 일이 성사(成事)되지 못하게 한다네.

마음의 모양새나 그 됨됨이가 사납고 악하지는 않으나 행실(行實)이 얌전하지 못한 아이와 같이 장난 끼가 심한 편이며, 자신(自身)으로 인(因)하여 남이 상처(傷處)를 받거나 피해(被害)를 입은 것에 대해서는 그다지 관심(關心)이 없다네.

없어도 있는 척 큰소리를 치면서 터무니없는 말과 행동(行動)으로 이루어질 수 없는 공염불(空念佛) 같은 일에 사람들을 끌어들이고 큰 기대(期待)에 마음을 설레게 만드나, 매번 밥도 되기도 전에 뚜껑을 여는 까닭으로 다 쑨 죽에 코 빠뜨리는 실수(失手)를 한다네.

이해득실(利害得失)에 눈이 밝은 사람으로서 일을 벌여 놓은 중간(中間)에서 잇속을 가로채기에 바쁜 사람이며, 굳이 자신(自身)에게 필요(必要)가 없는 것이라도 우선(于先)은 챙겨놓고 보는 위인(爲人)이라네.

그렇다고 풍족(豊足)하게 거두지 못하고 늘 경제적(經濟的)으로 힘들어 한다네.

마음이 여리고 악하지 않은 까닭으로 뒤가 매우 무른 성격(性格)이며, 좋은 말로 이르면 격(格)에 맞지 않게 배짱이 두둑하다고 하지만, 속된 말로 간덩이만 커진 사람이 아닌가.

온데간데없는 애정(愛情)으로 경제적(經濟的)으로 풍족(豊足)할 때는 가깝게 다가오는 사랑이지만, 빈주머니가 되어버리면 어디로 갔는지 사라지고 없는 애정(愛情)이라네.

때문에 사랑의 가치(價値)를 돈으로 흥정을 하고 한때 스쳐지나가는 바람으로 여기면서, 돌아서서 눈물을 흘리는 마음 약한 남자(男子)라네.

집안에서 외면(外面)을 받은 사람으로서 있을 때는 즐겁고 행복하지만 없을 때는 냉기(冷氣)가 도는 가정(家庭)이라네.

그나마 가정(家庭)을 지키려고 노력(努力)은 하지만 크게 환대(歡待)받지 못하는 인물(人物)이라네.

자잘한 잔소리가 심하고 자신(自身)을 너무 높이 추켜세우면서 제 잘난 척을 하고 제 때에 베풀지 못하기 때문이라네.

잔꾀가 많고 눈치가 빠르지만 모든 사람의 눈을 속일 수가 없는 것이니, 때때로 자신(自身)의 약점(弱點)으로 인(因)하여 남에게 끌려 다니는 경우(境遇)는 있으나 크게 따돌림을 받지 않으면서 무난(無難)한 관계를 유지(維持)한다네.

잇속에 밝은 사람이나 노력(努力)만큼 손에 쥐지 못하고 아쉬움에 가슴만 치면서 억울(抑鬱)해 한다네.

남의 시비(是非)에 나서면 조용하게 해결되기보다는 괜한 욕을 먹고 오히려 큰 화근(禍根)으로 돌아올 수 있으니 늘 언행(言行)을 삼가야 한다네.

- 남자(男子): 양(陽) → 태음(太陰) ☳, 진(震)

피땀을 흘리며 노력(努力)을 해도, 몸과 마음을 다해 애정(愛情)을 주어도 제 손에 쥐어지는 것은 없고 마음의 갈증(渴症)만이 더하면서 더욱 어려워지고 안타까움에 몸부림치며 오죽하면 하소연만 늘어나는 삶이라네.

마땅히 가야 할 길을 찾지 못하고 늘 제자리만을 맴돌면서 무엇을 보고, 듣고, 느끼는지 모르며, 어떻게 해야 하는지도 몰라 항상 서성거리거나 머뭇거리는 성격(性格)이라네.

눈치는 있으나 슬기롭지 못한 까닭으로 하는 짓이 어리석고 둔하며, 깊지 않은 잔머리는 있으나 속이 좁은 마음의 씀씀이로 인(因)하여 눈앞에 보이는 작은 잇속마저 세내로 챙기지 못하는 위인(爲人)이라네.

말이라도 못하면 봐줄만 하지만 입이라도 열라치면 갑작스럽고 엉뚱한 뜬금없는 말로 까닭 없이 분란(分亂)을 일으켜서 자신(自身)도 힘들어지지만 남은 더 난처(難處)하게 만든다네.

목숨 줄이 오가도 전혀 알아채지 못하는 눈먼 사람과 같다네.

애정(愛情)이란 자신(自身)이 힘들고 어려울 때 의지(依支)할 수 있는 곳일 뿐, 애틋하고 살뜰한 사랑은 아니라네.

항상 의지 처(依支 處)를 찾아 헤매며, 찾았다 하더라도 잠시 잠깐만 머물 뿐, 또 다른 머물 곳을 찾아 미련(未練)없이 떠나는 남자(男子)라네.

그렇다고 책임(責任)을 지는 성격(性格)이 아니며, 오히려 자신(自身)을 합리화(合理化)하고 정당화(正當化)하기 위하여 마주 대한 사람을 얼토당토아니한 말로 거세게 몰아 부치는 속이 좁은 남자(男子)라네.

그나마 제 자식(子息)만큼은 끔찍하게 여기고 죽이 되나 밥이 되나 뒤를 받쳐주고 일으켜 세워주는 모습이 애처롭고 쓸쓸해 보인다네.

집안을 제대로 건사하지 못하나 급급하게 만들지는 않으며, 제 힘으로도 어찌할 수 없는 일에 악(惡)을 쓰고 덤비면서 스스로의 한계(限界)를 슬퍼하고 분통(憤痛)을 터트리면서 피눈물을 흘리는 남자라네.

이익(利益)에 따라 마음이 변하는 것을 당연(當然)하게 여기고 자기(自己)의 잇속만을 챙기면서 떳떳하고 당당(堂堂)한 모습을 보이지만 뒤가 무르고 세상사(世上事)에 때묻지 않은 사람이라네.

때문에 남들로부터 이용(利用)을 당하고 쓸모없이 버려지는, 곧 제 앞가림을 하지 못하면서 어쩌다가 애먼 죄를 뒤집어쓰고는 엉뚱한 사람을 붙잡고 하소연하다가 마침내 주저앉고 마는 삶이니, 늘 언행(言行)을 삼가고 가까운 지인(知人)들의 충고(忠告)에 한번이라도 귀를 기울여 마음에 소중(所重)하게 간직하고 한번은 따라주기를……

- 남자(男子): 음(陰) → 태양(太陽) ☱, 손(巽)

답답한 가슴을 쓸어내리며 이리저리 돌려 생각을 해봐도 도무지 알 수 없는 것이 세상사(世上事)려니, 낮을 밤 삼아 밤을 낮 삼아 죽도록 노력(努力)해도 몸과 마음만이 고달프고 제 손에 쥐어지는 것이 하나도 없다네.

마음이 착하면 무슨 소용(所用)이 있겠는가.

함께 하는 몸이 따라주지를 못하고 따로 돌아가는 생각에 잔꾀마저도 부릴 수가 없으니 몹시 애달프고 슬픈 삶이라네.

그나마 긍정적(肯定的)으로 내일을 생각하며, 지금의 고통을 이겨내고 희망(希望)을 가질 수 있다는 여유가 잠시나마 숨을 돌리게 한다네.

우직(愚直)하게 자신(自身)의 일을 하면서 남에게 휘둘리지 않으려 하나 짊어진 멍에,

곧 지금의 처지(處地)나 형편(形便)에서 쉽게 벗어나지 못하도록 얽어매는 일들로 거짓말이 많아지고 진실(眞實)한 마음이 사라진다네.

때문에 남에게 피해(被害)를 주고 자신(自身)의 의도(意圖)와는 다르게 간살스럽게 변해만 간다네.

그래도 남보다는 눈치가 있으므로 제 앞가림은 할 수 있는 사람이라네.

생각은 많고 일의 이치(理致)를 아는 사람이나 본래 움직임이 답답할 만큼 느리고 머리는 그렇게 어둡지 않은 편이며, 잔꾀를 부리는 성격이 아니라네.

어리석고 고지식한 애정으로 끊어질듯 이어가는 안타까운 사랑이며, 조금이라도 강(强)한 힘이 작용(作用)하면 머뭇거리지 않고 바로 헤어지는 슬프고 가슴 아픈 애정(愛情)이라네.

집안을 온전(穩全)하게 잘 지키고 부족(不足)한 부분(部分)을 채워주면서 몸과 마음을 다한 애정(愛情)을 주나, 늘 돌아오는 것은 가슴을 메이게 하는 서러운 말과 요구(要求) 사항(事項)만이 늘어날 뿐이라네.

스스로 손해(損害)를 보더라도 성품(性品)이 유약(柔弱)한 까닭으로 그에 따르는 보상(補償)을 바라지 않고, 있는 듯 없는 듯 호지부지하게 처리(處理)한다네.

때문에 사람들에게 이용(利用)을 당하기도 하고 어쩌다가 애먼 누명(陋名)이나 엉뚱한 죄를 뒤집어쓰기도 하는 것이라네.

믿을 바 없는 것이 사람 마음이라지만 마음이 돈을 따르면 사기(詐欺)꾼이 되고 돈이 마음을 따르면 남을 배려(配慮)할 줄 아는 후덕(厚德)하고 넉넉한 사람이 되지 않던가.

푼돈을 모아서 재력(財力)을 크게 이룰 수 있는 사람이니 우직(愚直)하게 일하는 그 모습이 좋아 보인다네.

부탁할 것은 한쪽으로 치우친 생각은 집안을 망하게 하고 자신(自身)을 망치는 길이니, 도박(賭博)이나 여자(女子)에게 정신(精神)이 쏠려 사람이 마땅히 지켜야 할 도리(道理)를 잃지 않기를 바란다네.

- 남자(男子): 음(陰) ➔ 소음(少陰) ☵, 감(坎)

끔벅거리는 눈망울로 세상사(世上事)의 빠른 변화에 앞뒤를 가리지 못하거나 제대로 적응(適應)하지 못하고 늘 어리둥절하며 이끌려 다닌다네.

제 앞가림은 잘한다고는 말하나 실상(實相)을 들추어내면 그저 의지(依支)할 데 없이 외롭고 꽉 막힌 듯이 답답한 처지(處地)라네.

선한 눈망울이 많은 사연(事緣)을 지닌 듯 하나, 딱히 드러내어 말하는 성격(性格)이 아니며, 말과 행동(行動)으로 인한 심한 상처(傷處)를 받거나 애먼 일이나 불공평(不公平)한 일을 당하더라도 묵묵히 해야 할 일을 해나가는 성품(性品)이라네.

작은 일에 마음을 졸이는 성격(性格)으로 매우 조심(操心)하는 사람이고 생각이 짧으며, 조금은 마음속이 컴컴하고 내숭스러운 사람이라네.

눈앞의 작은 잇속에 마음이 끌리나 남을 생각하는 작은 배려(配慮)로 인(因)하여 손해(損害)를 입기도 하지만, 미리 계산되어진 일이라 늘 손해(損害)만 보는 사람은 아니라네.

워낙 많은 일에 시달리는 사람인지라 제 욕심만 채우고 쫓기듯 돌아서는 애정(愛情)이라네.

짧고 긴 사랑을 원하는 사람으로서 깊은 애정(愛情)보다는 겉으로 드러난 모습만 좋아 보이는 사랑이라네.

가족(家族)에 대한 애틋한 마음이야 그 누구 못지않지만 가정(家情)보다는 자신(自身)의 일이 중요(重要)하고 가정내(家庭內)로부터의 가치(價値)보다는 외부(外部)로부터 자신(自身)에게 주어지는 가치(價値)를 더욱 소중(所重)하게 여기는 남자(男子)라네.

그래도 가정(家庭)만큼은 지키려 노력(努力)하고 뒷바라지를 위해 몸과 마음을 다하는 사람이라네.

사람들과의 관계(關係)에 있어서는 적당(適當)한 선을 긋고 때에 따라 적절(適切)하게 맞추어가며, 자신(自身)의 잇속을 챙기는 남자(男子)라네.

그렇다고 게으른 사람이 아니며, 큰 잇속이 없더라도 한결같은 상태(狀態)로 부지런하고 끈기 있게 노력(努力)하는 사람이라 주변(周邊) 사람들과 원만(圓滿)한 관계를 만들어가면서 자신(自身)의 떳떳한 입지(立志)를 찾기 위해 열심히 노력(努力)한다네.

생각이 깊지 못한 까닭으로 일을 크게 벌이는 것은 맞지 않다네.

- 남자(男子): 음(陰) → 소양(少陽) ☶, 간(艮)

소소(小小)한 일에 소스라치게 놀라고 휘둥그렇게 눈을 끔벅이며, 왜 그리도 말이 많은지…… 전혀 도움이 되지 않은 잔소리에 상대방(相對方)을 멋쩍고 쑥스럽게 만들며, 제 잇속을 위해서라면 거짓말을 일삼고 입이 무거운 듯하지만 자신의 체면(體面)과 위신(威信)을 위해서 말을 우선(于先) 앞세우며, 때에 따라 말을 바꾸는 남자(男子)라네.

제 마음에 어긋나거나 빗나가면 돌아앉아 오랫동안 등을 보이고 무슨 불만(不滿)이 그리 많은지 해 뜨고 해가 질 때까지 언짢은 표정(表情)으로 상대방(相對方)을 매우 불편(不便)하게 만드는 성격(性格)이라네.

불평불만(不平不滿)이 많더라도 그나마 제 할 일을 해가며 툴툴거리기 때문에 큰 미움을 받지 않지만 꽤나 속이 좁은 사람이 아닌가.

작은 잇속이나 칭찬에 명랑(明朗)하고 활발(活潑)하다가 욕되고 자질구레한 언행(言行)이나 잇속 앞에 갑자기 시무룩해지는 성격(性格)이라네.

자신의 마음 상태(狀態)나 기분(氣分)에 따라 바뀌는 애정(愛情)이리 다급(多急)한 욕정(欲情)을 풀고 나면 제 잘난 척에 말을 앞세우고 곧 잊어버리는 무책임(無責任)한 사랑이라네.

제 앞가림도 못하면서 집안을 마음대로 뒤흔들어놓고는 일언반구(一言半句)의 사과(謝過)도 없이나 몰라라 하는 남자(男子)라네.

지금의 처지(處地)나 형편(形便)에 불평불만(不平不滿)만을 늘어놓으면서 모든 것을 남의 탓으로 돌리는 까닭에 가족에게 인정을 받지 못하며, 생각보다 크게 벌어진 일 앞에 지레 겁을 먹고 도망치기에 바쁘다네.

때문에 가족(家族)은 이 사람의 뒤치다꺼리에 힘들어지고 가정(家庭)의 근간(根幹)이 흔들리지 않겠는가.

제 잇속을 위한 작은 거짓말이나 소소(小小)한 이간질이라 하더라도 두루 원만한 인간관계(人間關係)를 무참(無慘)하게 만들 수 있는 것이니 늘 말과 행동(行動)을 삼가야 한다네.

타인(他人)의 허물을 무기(武器)삼아 자신의 체면(體面)을 앞세우고 위신(威信)을 세우려는 것은 늘 부끄럽고 떳떳하지 못한 소인배(小人輩)의 언행(言行)이 아니던가.

또한 쓸데없는 사소(些少)한 시비(是非)에 휘말려 몸과 마음을 피곤(疲困)하게 만드는 것은 남이 아닌 내 탓이려니…… 작은 말 한마디, 한 행동이 진실(眞實)하기를 빈다네.

몸과 마음을 다해 노력(努力)하더라도 생각만큼 얻어지는 것은 없으며, 심신(心身)이 고달플 것이니 일을 크게 벌이지 말고 작은 일이라도 정성(精誠)을 들여야 한다네.

- 남자(男子): 음(陰) → 태음(太陰) ☷, 곤(坤)

말이라도 한마디 나누든지, 아니면 눈이라도 한번 마주치든지, 표정(表情)없는 얼굴에 반응(反應)없는 무덤덤한 성격(性格)이며, 무디고 무뚝뚝한 생김새라네.

제 스스로 결정(決定)할 수 있는 일이 없으니 자신(自身)의 뜻보다는 항상 남의 뜻을 따르면서 우유부단(優柔不斷)한 성격(性格)을 보인다네.

세상 보는 눈이 좁으며 생각이 외곬으로 순진(純眞)하고 어수룩한 까닭으로 인하여 남의 시비(是非)에 휘말리면서 아무 잘못도 없이 엉뚱한 죄를 뒤집어쓰거나 책망(責望)을 들어가면서 어려움을 겪는다네.

지치고 지친 그 마음이야 오죽 답답하겠는가.

강(强)한 듯이 보이지만 유약(柔弱)하고 제 앞가림을 못하며 어리석고 무딘 성격(性格)이라네.

몸과 마음만이 고달프고 덧없는 세월(歲月)을 초점 잃은 눈으로 우두커니 먼 산만 바라본다네.

슬기롭지 못하여 하는 짓이 미련한 까닭으로 번번(番番)이 일을 그르쳐놓기만 하며, 전혀 뒷감당을 하지 못하는 남자(男子)라네.

무덤덤하고 무뚝뚝한 애정(愛情)인지라 갈피를 잡을 수 없는 사랑이라네.

한자락 애정(愛情)을 담고 있는 마음이 깊은 안개 속에 휩싸여 찾을 길이 막막(寞寞)한 안타까운 사랑이라네.

누군들 가정(家庭)을 이루고 싶지 않겠는가.

당당(堂堂)하고 떳떳한 가장(家長)으로 가정(家庭)을 이루어 살고 싶지만, 뒷감당을 못하는 까닭으로 따라주지 않은 인연(因緣)을 어찌하겠는가.

멀리서나마 행복을 빌어주는 가슴 시린 정(情)이라네.

제 몸 하나 추스르지 못하고 세상사(世上事)에 휩쓸리는 팔자(八字)라 의지(依支)할 곳도 없는 신세에, 게으름이 듬뿍 묻어나는 삶이 아니던가.

시시비비(是是非非)에 휩쓸리면서 제자리가 분명(分明)하지 않고 이리저리 끌려 다니는 인간관계(人間關係)인지라, 항상 할 말을 하지 못하고 늘 뒷전에서 맴돌며 웅얼대는 사람이라네.

칭찬의 말인지 아니면 맞대 놓고 언짢게 내던지는 말인지를 모르고 무딘 감정(感情)으로 넘어가면서 시간이 지난 뒤에 가슴을 치며, 혼자 억울(抑鬱)해 하는 남자(男子)라네.

- 여자(女子): 양(陽) → 태양(太陽) ☰, 건(乾)

마음만 앞설 뿐, 세상사(世上事)가 생각에 따라주지 않고 늘 바른 길에서 어긋나거나 멈추기를 반복(反復)하는 성격(性格)이라네.

그래도 한 가닥 끈을 놓지 않고 뒤돌아보지 않으면서 갈 길을 재촉하지만 다가갈수록 멀어지기만 하는 야속(野俗)한 희망이리네.

잇속에 밝은 성격으로 눈앞에 보이는 먹이는 절대(絶對) 놓치지 않고, 작은 잇속 하나를 잡기 위하여 열 가지를 내놓은 여자(女子)라네.

말속에 진실(眞實)을 담기보다는 타인(他人)과의 비교(比較)를 통해서 자신의 열등감(劣等感)을 감추고, 겉으로 드러난 모습에서 우월감(優越感)을 과시(誇示)한다네.

사실(事實) 겉으로 드러나지 않은 알찬 알맹이는 없으면서 말과 행동(行動)으로만 있는 체하며, 하던 일이 크게 잘못된 상황(狀況)에 처(處)하면 모든 것을 내던지고 언행(言行)을 거리낌 없이 내뱉은 여자(女子)라네.

곧 100원이 깨지면 이왕 깨져버린 일이니, 10원이 깨지든 20원이 깨지든 90원이 깨지든 무시(無時)로 써버리는 성격(性格)이라네.

제 잇속을 위해 시도 때도 없이 이쪽과 저쪽을 넘나들며, 말과 행동(行動)을 아무 때나 하는 까닭으로 주위(周圍)로부터 따가운 시선(視線)을 받지만 아무렇지 않은 듯 세상(世上)을 살아가는 사람이라네.

남을 배려(配慮)하는 마음이 없고 철저(徹底)하게 자기(自己) 중심적(中心的)이며, 목적(目的)을 위해 말과 행동(行動)이 따라 움직이는 사람으로 민첩(敏輒)한 머리와 몸을 지닌 전천후(全天候) 같은 여자(女子)라네.

제 몸과 마음에 도움이 되는 잇속을 따라 바쁘게 움직이는 애정(愛情)이라 크게 믿을 수가 없고 매우 짧게 이루어지다 허탈감(虛脫感)에 빠져 주저앉은 사랑이라네.

여유(餘裕)나 윤기(潤氣)가 없는 매 마른 애정(愛情)에 리듬과 생기(生氣)없는 무미건조(無味乾燥)한 정이라네.

겉으로 드러난 형편이나 위세(威勢) 등이 번듯하고 당당(當當)한 가정에 생김새가 훤하고 말끔한 가족(家族)으로 가꾸면서 겉으로 난 체하며 드러내기를 좋아하는 여자(女子)라네.

제 몸과 마음만을 위하는 사람이지만 가족(家族)을 위해서라면 그 어떠한 어려움이나 위험(危險)도 돌보지 않고 앞서 나아가 싸우는 당찬 여자(女子)이기도 하다네.

이재(理財)에 매우 밝은 여자로 작은 잇속 앞에 몸과 마음이 움직이고 실속은 없이 겉으로만 번지르르 하나 남의 일이나 남의 생각을 알아채는 눈치가 매우 빠른 까닭으로 볼꼴이 사나운 일을 면(免)한다네.

무사무난(無事無難)한 인간관계(人間關係)지만 남을 피곤(疲困)하게 만드는 스타일이며, 요구사항(要求事項)이 많은 여자(女子)라네.

남의 허물에 대해서 형편이나 처지(處地)를 생각지 않고 다 밝히는 성격(性格)이나 자신(自身)의 허물에 대해서는 모든 방법(方法)을 동원(動員)해 막으며, 분명(分明)하게 드러나는 데도 불구(不拘)하고 연막(煙幕)을 치는 뻔뻔한 여자(女子)라네.

이러니저러니 말은 많지만 제 앞가림은 분명(分明)하게 하고 크게 미움을 받지 않은 여성(女性)이라네.

- 여자(女子): 양(陽) → 소음(少陰) ☱, 태(兌)

물불을 헤아려 가면서 얻고자 하는 것을 얻는 성격으로, 한곳에 마음이 쏠리면 앞뒤를 가리지 않고 몸과 마음을 쏟아 붓은 여자(女子)라네.

그렇다고 잇속에 어두운 여자(女子)가 아니며, 오히려 이재(理財)에 밝으면서도 마음 속은 엉큼하고 겉으로는 천연(天然)덕스럽게 너스레를 떠는 넉살이 좋은 여자라네.

제 마음에 기분(氣分)좋게 들어맞거나 아니면 제 마음과는 다르게 어긋나거나 언짢더라도 이렇다 할 감정(感情)을 드러내지 않으며, 오히려 그 순간(瞬間)을 기회(機會) 삼아 때에 따라 얻어지는 잇속을 확실(確實)하게 챙기고 분명(分明)하게 등을 돌리는 냉(冷)한 사람이라네.

겉으로는 약(弱)하고 순(順)해 보이나 속은 엉큼한 여자로 거짓말을 거짓말 같지 않게 하고 틀린 것을 맞은 것처럼 만들며, 그른 것을 옳은 것처럼 설득(說得)해가면서 남을 혹(惑)하게 만드는 재주꾼이라네.

은근슬쩍 사람의 마음을 달구어 놓고 마땅히 줄 것은 주지 않으면서도 받을 것은 반드시 받아가며, 상대방(相對方)을 혼란(混亂)에 빠지게 만드는 묘(妙)한 성격(性格)을 지닌 여자(女子)라네.

잇속에 따라 머리 회전(回轉)이 빠르고 행동이 잇속에 따라 다르며, 자신이 처한 지금의 형편(形便)이나 처지(處地)에 맞추어 스스로를 합리화시키거나 정당화(正當化)시키는 일에 능숙(能熟)하다네.

처해진 상황(狀況)에 따른 애정(愛情)이라 상황(狀況)이 바뀌면 따라서 바뀌어가는 사랑이라네.

자신을 합리화(合理化)시키고 정당화(正當化)한 애정이라 맑고 깨끗하지만, 맑고 깨끗한 물에는 물고기가 살지 못하듯, 사람답지 못한 사랑이라네.

가족(家族)을 위한 마음이 먼저 앞서기보다는 자신의 겉치레와 알량한 자존심(自尊心)을 우선 챙기고 그 다음이 가정(家庭)이라네.

자신(自身)이 머물 마땅한 위치(位置)를 정확(正確)하게 알고 있으면서도 이를 거북살스럽게 느끼면서 스스로 회피(回避)하고 잠시 잠깐 맞볼 수 있는 희열(喜悅)을 위해 가정(家庭)이란 울타리를 도외시(度外視)하는 뻔뻔한 성품(性品)의 소유자(所有者)라네. 겉으로는 부드럽게 맺어가는 관계(關係)지만 잇속을 따른 인간관계(人間關係)인지라 어렵게 맺고 헤어지는 인연을 다반사(茶飯事)로 여기면서 소중(所重)하게 생각하지 않고 사람을 업신여기며, 인연(因緣)의 가치(價値)를 알지 못하는 사람이라네.

때문에 스스로가 늘 외로워하면서도 그 까닭을 모르고 남들이 왜 자신(自身)을 외면(外面)하는지 모르는 어리석은 여자(女子)에 눈을 뜬 장님과 같다네.

자기(自己) 변명(辨明)에 능한 여자(女子)로써 무난(無難)한 인간관계(人間關係)를 유지(維持)하지만 뜨거운 가슴보다는 알량한 자존심(自尊心)에 가치(價値)를 두고 변명(辨明)으로 일관(一貫)하는 삶이라네.

- 여자(女子): 양(陽) → 소양(少陽) ☲, 리(離)

얕은 꾀를 쓰면서 제 이익만을 챙기려는 얄팍한 짓이 빤히 들여다보이는 성격(性格)이라네.

지속적이며 일관(一貫)된 행동(行動) 양식(樣式)을 보면 스스로에 대한 모든 면을, 곧 좋은 쪽이든 나쁜 쪽이든 속속들이 들추어내면서도 자신(自身)의 그러한 모습이나 행태(行態)를 알았을 때, 남이 보기에 거북할 정도(程度)로 호들갑을 떠는 성격(性格)이라네.

말과 행동을 하기에 앞서서 상대방(相對方)이 알아버릴 정도(程度)로 스스로의 감정(感情)을 조절(調節)하지 못하며, 사실(事實)이든 거짓이든 스스로를 정당화(正當化)하기 위하여 그럴듯한 이유(理由)를 붙여 둘러맞추는 일에 급급(急急)한 성격이라네.

제 잇속을 챙기기에 바쁜 여자(女子)로 큰 것을 보지 못하고 작은 잇속에 연연(戀戀)하면서 불평불만(不平不滿)을 감추지 않으며, 한 가지를 얻었으면서 백가지를 얻었다고 자랑하는 성격(性格)이라네.

때문에 마지막 뚜껑을 열고 보면 실제(實際) 알맹이가 되는 알찬 내용(內容)이나 사물(事物)은 없으면서 겉모양만 번드르르하고 속은 보잘 것 없는 허울 좋은 이름뿐이라네.

자신(自身)이 처해있는 형편(形便)이나 사정(事情)에 밝은 사람으로 무슨 일이든 어떠한 일이 벌어지든 얄밉도록 능청스럽게 잘 둘러대며, 교묘(巧妙)하게 아양을 부리면서 유혹(誘惑)하고 자신(自身)의 허물을 남의 탓으로 돌리면서 썰물 빠지듯 빠져나가는 성격(性格)이라네.

허울 좋은 이름뿐인 애정으로 잇속에 따라 변하는 말뿐인 사랑이라네.

애정(愛情)이라는 이유 하나로 스스로를 정당화(正當化)하는 사랑이라, 인연(因緣)을 맺고 끊음에 있어서 상대방(相對方)이 많은 상처(傷處)를 받는다네.

자신의 겉치레에 돈을 아끼지 않으면서 가족에게는 헛된 약속을 하고 고운 척하며 나약(懦弱)함을 앞세우면서 자신의 허물을 감춘다네.

무엇이든 늘 조금만 더 달라 외치면서 살갑게 굴며, 자신의 뜻과 맞지 않거나 어긋나면 모든 것을 가족의 탓으로 돌리고 돌아서버리는 성격(性格)의 소유자(所有者)라네.

가족 간의 관계(關係)를 어색(語塞)하고 불편(不便)하며 겸연쩍게 만들고 서로가 불신(不信)하게 만드는 사람이라네.

모든 잘못이나 허물은 남의 탓으로 돌리고 칭찬받을 좋은 일이나 알찬 알맹이는 스스로의 노력(努力)으로 이루어진 것처럼 언행(言行)을 일삼은 까닭으로 인간관계(人間關係)가 원만(圓滿)하지 못하다네.

그렇다고 자신의 허물을 인정(認定)하는 성격(性格)이 아니며, 오히려 잘못한 일이 있어도 부끄러운 줄 모르고 예시롭게 구는 성격에, 밉살스러운 말과 행동(行動)을 일삼으며 처음부터 끝까지 스스로의 잇속만을 챙기는 여자라네.

이러한 까닭으로 사람들이 떠나고 늘 혼자라는 생각에 외로워하면서 뜬금없이 애먼 사람을 붙잡고 하소연하는 참으로 알 수 없는 여자라네.

- 여자(女子): 양(陽) → 태음(太陰) ☳, 진(震)

눈앞에 떨어진 작은 잇속이나마 챙기고 남에게 빼앗기지 않았으면 다행이련만, 눈앞에 분명(分明)하게 드러난 먹이를 맥없이 내주는 성격(性格)이라네.

일의 영문이나 속내를 알지 못하고 드러나는 말과 행동(行動)이 격(格)에 어울리지 않게 싱거우며, 쑥스러워하고 어색(語塞)해하는 성격(性格)이라 도무지 종잡을 수 없는

사람이라네.

무슨 일이든 어떠한 일이든 분명(分明)하고도 확실(確實)히 알고 있다고 스스로 장담(壯談)하지만, 말과 행동(行動)이 약삭빠르지 않고 숫되고 너그러우며, 되바라지지 않고 좀 어리석은 성격(性格)이라네.

제 잇속을 챙기려고 노력(努力)을 하지만 말과 행동(行動)이 매우 어수룩한 까닭으로 인(因)하여 야무지지 못하고 잡더라도 설게 잡은 여자(女子)라네.

겉으로 드러난 모습이 바지런하고 어눌(語訥)하지 않지만 짜임새가 없고 허술한 성격(性格)이라네.

보는 눈이 높고 마음에 지닌 뜻이 넓다고는 하지만 지극(至極)히 평범(平凡)한 사람으로서 불평불만(不平不滿)보다는 스스로를 탓하며, 자신(自身)이 복(福)이 없고 팔자(八字)가 사나움을 서러워한다네.

붙임성이 없고 싹싹하지 못하지만 앞가림을 위해 노력하는 여자라네.

어색(語塞)하고 서투른 애정(愛情)이라 서먹하면서도 익숙하지 않은 사랑이라네.

변하지 않은 애정(愛情)이라 믿고는 싶지만 가까이 있어도 까닭 없이 마음 한구석에 자리 잡은 슬프고도 허전한 사랑이라네.

다른 것은 몰라도 가정(家庭)만큼은 살뜰하게 가꾸고 보살피기 위해 몸과 마음을 다하면서 능력껏 뒤를 챙겨주는 여자(女子)라네.

몸이 따라주지 않고 마음만 앞선 까닭으로 힘들어하지만 가족(家族)을 위해서라면 희망(希望)이란 끈을 놓지 않고 마지막까지 노력(努力)하는 여자(女子)라네.

집요(執拗)하게 파고들면서 피곤하게 만드는 사람이나 깊이 알고 보면 욕심보다 제대로 알지 못하기 때문이며, 일에 대한 결과(結果)에 대하여 조급(躁急)하게 알고자 하기 때문이라네. 또한 일의 과정(過程)보다는 결과(結果)를 중요시(重要視)하는 성격(性格)으로 가족(家族)에게 부담(負擔)을 주기도 한다네.

주변(周邊) 사람들과의 관계(關係)에 있어서는 까다롭거나 까칠하지 않으며, 무던하고 예사(例事)롭다네.

물론 자신(自身)과 직결(直結)된 일이라면 당연(當然)히 예민(銳敏)하게 반응(反應)은 하지만 물질적(物質的), 정신적(精神的)인 피해(被害)가 없다면 예삿일로 여기는 성격(性格)이라, 원만(圓滿)한 관계(關係)를 유지(維持)하면서 가족보다는 주변(周邊) 가까운 이들에게 의지(依支)하고 몸과 마음을 맡기고 살아간다네.

- 여자(女子): 음(陰) → 태양(太陽) ☴, 손(巽)

자신(自身) 처한 사정(事情)이나 형편(形便)을 자세(仔細)하게 알고 묵묵(默默)하게 일만하는 성격(性格)이라네.

몸이 타들어가는 고통(苦痛)이 있더라도 쉽게 꺾이지 않은 성격에 그 어떠한 어려움이 닥치더라도 질기고 차진 기운(氣運)으로 단념(斷念)하지 않으며, 꾸준히 견디어 나가면서 꾀부리지 않고 몸과 마음을 다하는 사람이라네.

세상사(世上事)에 마음을 닫고는 있으나 스스로가 깨어있는 여자이므로 당장 눈앞의 잇속 보다는 주변(周邊)을 밝게 둘러보고 제 위치(位置)에서 어긋남이 없으며, 알아도 모르는 척에, 또한 나서지를 않으면서 노력(努力)한만큼 거둬들이는 성격(性格)이라네.

곧 자기(自己) 것 외에는 욕심(欲心)을 부리지 않고 자신(自身)의 일 외에는 무관심(無關心)하다네.

돈에 눈을 뜨면 이재(理財)에 눈이 밝아지는 여자로 이해득실(利害得失)에 민감(敏感)해지고 작은 돈을 모으고 모아 큰 재물(財物)을 손에 쥔다네.

자신(自身)이 벌인 일에 대한 허물이나 책임(責任) 등을 남에게 전가(轉嫁)하지 않으며, 오히려 엉뚱하게 남의 허물을 뒤집어쓰고 어려움을 겪은 일이 빈번(頻繁)하다네.

남에 대한 배려심(配慮心)이라기보다는 세상(世上)을 살아가기에는 그 기세(氣勢)가 매우 약하고 주변(周邊)에서 도움을 주는 이가 없기 때문에 몸과 마음을 다한 노력(努力)만큼 제 손에 잡을 수가 없는 것이며, 되레 남이 빼앗아 가려는 까닭으로 애민 일에 휘말려 마음 상하는 일이 빈번(頻繁)한 것이라네.

상처(傷處)를 받을까 두려운 마음에 다가서는 애정으로 늘 살얼음 위를 걷은 사랑이라네.

상대방(相對方)의 모든 것을 짊어지고 감싸주는 애정이라 힘들고 지켜가기가 힘든 혼자만의 사랑이라네.

여자(女子)의 몸으로 집안을 일으켜 세우고 모든 일을 도맡아 해가며, 거친 등짝을 항상 내밀어야 하는 삶이라네.
또한 뿌리치는 손을 잡아주면서 거칠고 메마른 손으로 눈물을 닦아주어야 하는 모질고 황량(荒凉)한 인생(人生)이라네.
가족을 위해서라면 지니고 있는 모든 것을 쥐어짜서 뒷바라지를 하는 여자(女子)라네.
무던한 인간관계(人間關係)를 유지(維持)하면서 직접적(直接的)인 인연(因緣)보다는 간접적(間接的)인 인연(因緣)으로 늘 거리를 두고 깊게 개입(介入)하지 않은 삶을 산다네.
겉으로 번지르르한 것보다는 안으로 알찬 잇속을 채우기 위해 노력하고 쉽게 마음의 문을 열지 않은 여인(女人)이라네.

- 여자(女子): 음(陰) → 소음(少陰) ☱, 감(坎)

엉뚱한 욕심(欲心)을 품고 언감생심(焉敢生心) 제 분수(分數) 밖의 말과 행동으로 주변(周邊) 사람들을 어리둥절하게 만들고 끝내는 답답하게 만드는 성격(性格)이라네.
본래 묵묵부답(默默不答)에 제 마음과는 다르게 틀어지거나 어긋나면 고개 숙인 돌부처가 되어 눈길 한번 마주치지 않은 성격(性格)이라네.
그렇다고 마음이 비틀어져 토라진 것이 아니고 작은 잇속에 따른 표현(表現) 방식(方式)이며, 생각이 많고 깊은 것 같지만 사실 막힘이나 걸림 없는 크고 풍성(豊盛)한 생각보다는 거칠고 엉성하며 다랍고 염치없는 잇속에 따른 짧은 생각뿐이라네.
다분(多分)히 의도적(意圖的)인 생각으로 자신(自身)의 잇속만을 위한 잔꾀에 불과(不過)하며, 크게 얻어지는 것은 없으나 마음과 몸의 모든 기운(氣運)을 써가면서 제 위치(位置)를 차지하기 위해 무진(無盡) 애를 쓰는 기질(氣質)이라네.
때문에 살아가는 모습이 보이기에 변화(變化)가 많으며, 감정(感情)의 기복(起伏)이 심(甚)하기보다는 타인(他人)의 억압(抑壓)에 따른 마음의 변화(變化)가 극(極)으로 치닫는 성격(性格)이라네.
그렇다고 겉으로 드러내지는 못하면서 엉뚱한 말과 행동(行動)으로 자기(自己) 변명

(辨明)이나 합리화(合理化)를 위하여 그럴듯한 이유(理由)나 핑계를 붙여서 둘러맞추기에 급급(急急)하다네.

늘 잇속에 따라 맞추어가는 애정(愛情)이라 굴곡(屈曲)이 많은 사랑이며, 분명(分明)하게 표현(表現)하지 않은 애정(愛情)이라 알아 챌 수가 없는 사랑이라네.

타고나기를 우직(愚直)한 여자(女子)인지라 가족(家族)을 위한 마음은 더할 나위 없는 애정(愛情)으로 가득하고 몸과 마음이 다 헤지도록 뒷바라지를 하며 스스로의 배고픔을 생각하지 않으면서 자식(子息)을 바라보는 눈길은 늘 애처롭고 애틋하다네.

이해득실(利害得失)을 따라 다툼이 많은 사람이나 늘 노력(努力)하는 모습을 보여주는 까닭으로 주변(周邊) 사람들이 고개를 끄덕이면서 좋게 인정(認定)을 하고 보듬어 주기를 아끼지 않는다네.

여자(女子)라는 이름 하나로 많은 짐을 짊어지면서도 눈물 한 방울 흘리지 못하는 여인(女人)이라네.

변명(辨明)하기에 앞서서 말 없음으로 자신(自身)의 처지(處地)를 호소(呼訴)하고, 메마른 눈가를 훔쳐가면서 어색(語塞)한 웃음으로 고마운 마음을 표시(表示)하는 여인(女人)이라네.

- 여자(女子): 음(陰) → 소양(少陽) ☶, 간(艮)

밖으로 나돌아 다니며 일하는 성격(性格)에 제 잘난 모든 것을 더욱 좋게 포장(包裝)하고, 하나가 아닌 더 많은 것을 겉모습으로 번듯하게 내세워야 체면(體面)이 서는 성품(性品)이라네.

몸과 마음을 다하는 일이라지만 끝내는 자기(自己) 자신을 넉넉하게 채우기 위한 행사(行事)일 뿐이며 항상 채워지지 않은 허전한 마음과 채우고, 채워도 늘 모자라는 재물(財物)로 인(因)하여 없어도 있는 척에 거짓으로 점철(點綴)되는 삶이라네.

스스로가 움직이지 않으면 얻을 수 있는 것이 하나도 없는 삶이라 미리 앞서는 말과 행동(行動)으로 남을 유혹(誘惑)하여 한곳에 머물 수 있는 바탕을 만들고, 자기(自己) 나름대로 열심이 움직이지만 그만큼의 보상(補償)이 따르지 않는다네.

달리 말하면 백(百)이라는 힘을 써서 공(功)을 들이지만 돌아오는 것은 백(百)에 반(半)도 되지 않는다네.

일일이 조목조목(條目條目) 따지고 들어도 늘 적자가 나는 까닭으로 마음을 졸이며 살아가는 여인(女人)이라네.

자신(自身)의 잇속을 챙기기 위해 가까운 사람들을 마구 몰아대고 윽박질러대며 억지로 떼를 쓰지만 돌아오는 것은 싸늘한 시선뿐이라네.

똑똑하고 행동이 빠를 것 같지만 조금은 아둔하며 게으른 몸이라네.

제자리를 찾지 못하고 떠도는 애정(愛情)이라 만날 헤어지고 만남이 빈번(頻繁)한 사랑이며, 애써 공(功)을 들인 애정이라도 물거품과 같이 사라지는 사랑이라네.

꼬리가 아홉 개 달린 여우인 척하지 말게나.

백일하에 드러나 보이는 말과 행동(行動)이라네.

가정을 위해 몸과 마음을 다하는 것은 사람이 마땅히 해야 할 도리이며, 이를 힘들거나 어렵다고 내던진다면 결국 스스로가 자신을 버리는 일과 같은 것이 아닌가.

처음의 마음으로 돌아가 생각하면 어렴풋하게 떠오르는 그리움에 가슴이 저려오는 애틋함이 있지 않던가.

마음에만 두지를 말며, 또 가정(家庭)이라는 울타리 밖에서 맴돌지 말고 먼저 손을 내밀어 이끌어주며, 마음에 맺힌 그리움을 풀어야 고된 멍에를 벗을 수 있다네.

많은 사람이 주변(周邊)에 있어도 흥겹게 어울리지 못하고 스스로 외로워하는 사람이라네.

군중(群衆)속에서의 외로움이라 늘 겉도는 생활에 몸과 마음이 지치고 이러한 까닭으로 삶을 안타깝게 허비(虛費)하는 여인(女人)이라네.

내 몸을 버리는 것이 능사(能事)는 아니라네.

이러저러한 일로 스스로를 합리화(合理化)시키지 말고 먼저 진실(眞實)한 마음을 갖고서 가깝게 다가서기를 빈다네.

- 여자(女子): 음(陰) → 태음(太陰) ☷, 곤(坤)

말과 행동(行動)이 어눌하고 굼뜨며, 상대방(相對方)의 뜻을 쉽게 이해(理解)하지 못하는 성품(性品)이라네.

자신을 희생(犧牲)하면서 앞뒤를 계산(計算)하지 않고 모진 고통(苦痛)을 짊어지고 가는 여자(女子)이며, 스스로의 못난 삶을 남의 탓으로 여기지 않고 다 제 팔자(八字)려니 여기면서 메마른 눈물로 가슴을 달래는 삶이라네.

쫓기듯 바쁘게 살아가는 삶이라 외로움을 느끼는 것 하나가 사치이며, 여린 성격(性格)으로 인(因)하여 스스로의 삶을 쉽게 버릴 수 있다네.

기댈 수 있는 작은 기둥이라도 있으면 힘을 내고 살아가는 성품으로 남에게 피해(被害)를 주지 않으며, 오히려 그늘이 되어주면서 스스로의 삶을 포기(抛棄)하고 모든 것을 희생(犧牲)하는 성격(性格)이지만 뻔뻔한 성격(性格)이 있는 까닭으로 쉽게 믿을 만한 여인은 아니라네.

이러니저러니 해도 늘 답답한 삶의 여정(旅程)이 계속(繼續)되는 까닭에 좋은 인연을 맺지 못하면 자신에게 주어진 삶의 무게를 견디지 못하고 몸과 마음을 하늘에 맡기는 성품(性品)이라네.

안으로만 숨어버리는 안쓰러운 모습에 많은 동정심(同情心)을 일으키나, 세상(世上)의 인심(人心)이란 잠시 한 때일뿐, 따가운 시선(視線)으루 바뀌는 데는 오랜 시간(時間)이 필요치 않은 것이 현재(現在) 사회에 벌어지는 자연(自然)한 현상(現狀)이 아니던가.

어눌한 말과 굼뜬 행동(行動)으로 답답하게 보이는 여인(女人)이지만, 작지만은 자신의 잇속을 챙기면서 주어진 여건(與件)에 순응(順應)하며 버겁고 고달픈 삶이더라도 짊어지고 가는 성품(性品)이라네.

어둡고 아득한 애정(愛情)이라 늘 찾아 헤매는 사랑이며, 되돌아보면 차갑게 식어버린 애정에 차갑게 차오르는 조각난 사랑이라네.

느닷없이 다가선 따스한 바람에 몸과 마음을 다해 맡기다 순간(瞬間) 차가움에 몸을 떠는 여인(女人)이라네.

기력(氣力)이 다하고 맥(脈)이 풀린 몸과 마음으로 가정(家庭)을 이끌어가기에 벅차지만 한 가닥 희망을 잃지 않고 가족을 위해 희생(犧牲)한다네.
사랑으로부터 내던져진 삶이지만 미련스럽게 기다리면서 평생(平生)을 보내는 여인이라네.
버림을 받은 일에 능숙(能熟)한 여자(女子)로, 스스로가 난 자식(子息)이 아니더라도 성의(誠意)것 이끌어주고 무던하게 뒤를 봐주며 살아가는 여인(女人)이라네.
스스로가 난 자식(子息)은 멀리 한 까닭으로 주변으로부터 많은 동정심(同情心)을 일으키는 삶이며, 크게 어울리지는 못하고 남을 탓하기에 앞서 안으로 숨어버리는 성격 때문에 스스로를 고립(孤立)시키며 힘겹게 버티는 사람이라네.
남에게는 작은 상처(傷處)라지만 이 사람에게는 큰 상처(傷處)가 될 수 있는 일이라 자신(自身) 스스로가 가깝게 다가서기를 바라지 않으며, 미리 피해버리는 삶을 살아간다네.
자기(自己) 자신(自身)을 보호(保護)하기 위한 본능(本能)이라기보다는 항상 주어지는 어려움에 주눅이 들어 자신으로부터 도망치고 싶은 까닭에 남의 이목(耳目)을 피해 벗어나려고 하는 것이라네.
때문에 사람들과의 관계에 있어 한쪽으로 치우친 인연(因緣)을 맺으며, 마음을 열기에는 많은 시간(時間)이 필요(必要)한 사람이라네.

8) 성두토(城頭土): 성의 꼭대기에 있는 흙(土)의 기운(氣運)

무인(戊寅)-양(陽)	기묘(己卯)-음(陰)

16상론(十六象論) 및 행태론(行態論)

• 남자(男子)

양(陽) → 태양(太陽)/건(乾)-부(父) ☰	음(陰) → 태양(太陽)/손(巽)-장녀(長女) ☴
양(陽) → 소음(少陰)/태(兌)-소녀(少女) ☱	음(陰) → 소음(少陰)/감(坎)-중남(中男) ☵
양(陽) → 소양(少陽)/리(離)-중녀(中女) ☲	음(陰) → 소양(少陽)/간(艮)-소남(少男) ☶
양(陽) → 태음(太陰)/진(震)-장남(長男) ☳	음(陰) → 태음(太陰)/곤(坤)-모(母) ☷

• 여자(女子)

양(陽) → 태양(太陽)/건(乾)-부(父) ☰	음(陰) → 태양(太陽)/손(巽)-장녀(長女) ☴
양(陽) → 소음(少陰)/태(兌)-소녀(少女) ☱	음(陰) → 소음(少陰)/감(坎)-중남(中男) ☵
양(陽) → 소양(少陽)/리(離)-중녀(中女) ☲	음(陰) → 소양(少陽)/간(艮)-소남(少男) ☶
양(陽) → 태음(太陰)/진(震)-장남(長男) ☳	음(陰) → 태음(太陰)/곤(坤)-모(母) ☷

- 남자(男子): 양(陽) → 태양(太梁) ☰, 건(乾)

지니고 있는 특유(特有)의 성질(性質)이 밝고 활기(活氣)가 있으며 사물(事物)을 깊이 생각하고 선택(選擇), 그리고 판단(判斷)하여 실행(實行)하려는 적극적(積極的)인 마음가짐이 강(强)하다네.

따지고 보면 도덕적(道德的) 행위의 뿌리가 되는 힘으로 의지(意志)가 매우 강(强)한

사람이라네.

한쪽으로 치우치는 성격(性格)이 아니며 공평무사(公平無私)한 사람으로서 자신의 지위(地位)나 스스로 해야 할 바를 분명하게 알고 어긋나거나 흐트러짐이 없이 행사(行事)하는 성격이라네.

말과 행동(行動)으로 자신(自身)의 뜻과 생각을 정확(正確)하게 던지고 어떠한 조건(條件)하에서도 얼버무리지 않으며, 처한 환경(環境)이나 형편(形便)에 따라 잘잘못을 명확(明確)하게 하고 그에 따라 상응(相應)하는 상벌의 잣대가 정확하다네.

또한 자신(自身)의 잘잘못을 분명(分明)하게 밝히고 그에 따른 책임(責任)을 지는 사람이라네.

하는 행동이나 생각하는 것이 고리삭고 시원한 맛이 없이 따분한 듯하나, 밖의 변화(變化)에 빠르게 적응(適應)하고 쉽게 수용(受容)하는 사람으로서 마음이 넓고 밝게 열린 사람이라네.

밖으로 드러내기보다는 있는 자리에서 충실(充實)하며, 나가고 들어오는 모든 것을 밝게 다스리고 이룩한 모든 것을 굳건하게 지키는 성격(性格)이라네.

다만 자신의 뜻에 무조건(無條件) 따르기만을 바라고 자기(自己)만의 잣대에 가두려는 성격(性格)으로 많은 질타(叱咤)를 받기도 한다네.

그렇다고 누그러지는 성질(性質)이 아니며, 오히려 자신(自身)의 의지(意志)를 강하게 밀고 나가는 남자(男子)라네.

몸과 마음을 다한 애정(愛情)으로 늘 변함이 없는 사랑에 든든하고 항상 따사로운 정(情)이라네.

한번 마음을 주면 돌아서지 않은 애정(愛情)으로 많은 여인(女人)이 품안으로 들어서기를 원한다네.

가정(家庭)이란 울타리를 단단하게 하고 몸과 마음을 다해서 건사하며, 떳떳하고 당당(堂堂)하게 만들어준다네.

자신(自身)의 뜻대로 강요(强要)하는 면이 없지 않으나, 늘 가족(家族)의 의견(意見)을 존중(尊重)하고 늦게라도 따라주는 참한 남자(男子)라네.

물론 잘잘못에 대하여 분명(分明)하고 상벌(賞罰) 또한 명확(明確)하며, 겉으로는 강(强)하게 보이지만 안으로는 부드럽게 대하는 사람이라네.
사람들과의 관계(關係)에 있어서는 늘 윗자리에 앉은 경우가 많으며, 남을 가르치는 입장에 서서 시시비비(是是非非)를 가려주는 사람이라네.
그러나 같잖은 권세(權勢)나 위신(威信)을 가지고 젠체하며 남을 낮추어 보거나 하찮게 여기는 사람이 아니라네.
제 분수(分數)를 분명(分明)하게 아는 사람으로서, 마땅히 지켜야 할 바른 도리(道理)를 행(行)하면서 주변(周邊) 사람들을 다독이고 이끌며 본분(本分)을 지키는 남자라네.
때문에 많은 사람이 따르고 두터운 신뢰(信賴)를 받으며, 늘 무사무난(無事無難)한 관계(關係)를 이끈다네.
또한 남의 어려움을 돌아보고 있는 그대로의 모습으로 도움을 주며, 머무는 바 없는 마음으로 받아들이면서 기쁨에는 웃음을 지어주고 슬픔에는 눈물을 흘려주는 남자(男子)라네.

- 남자(男子): 양(陽) → 소음(少陰) ☱, 태(兌)

매사(每事)에 신중(愼重)한 성격(性格)으로 앞서서 한 번 더 생각하며, 필요(必要)한 말과 행동만을 하는 조용하고 간결(簡潔)한 사람이라네.
자신(自身)의 잇속이 아닌 공공(公共)의 이익(利益)을 위해서 몸과 마음을 다해 노력(努力)하며, 스스로를 크게 앞세우지 않고 늘 말없이 뒤를 받쳐주는 성격이라네.
단호(斷乎)한 면이 없지 않으나 이는 도덕적(道德的)인 판단에 따라 옳고 그름을 가리는 일에 따른 것이며, 되도록이면 사심(私心)을 배제(排除)하고 공공(公共)의 주된 판단(判斷)을 존중(尊重)하면서 이를 크게 벗어나지 않은 성격(性格)이라네.
보이지 않은 강(强)한 리더십으로 무리를 다독이며 이끌어가지만 스스로의 감정(感情)을 배제(排除)하고 말과 행동(行動)을 아낀다네.
차가운 이성(理性)을 앞세우려는 성격(性格)이나 많은 사람들 앞에서는 강(强)한 모습을 숨기고 부드러운 모습을 보이면서도 자신(自身) 스스로를 다잡아 세우며, 늘 경계

(警戒)하는 사람이라 외로움을 타는 여린 마음이 있다네.

깊은 감정(感情)을 겉으로 드러내지 않고 품안의 자식(子息)을 곱게 끌어안듯이 애정(愛情) 어린 시선(視線)을 늘 안으로 돌리면서 걱정하는 사람이라네.

잔소리는 하지 않으나 무언(無言)의 압력(壓力)으로 매서움을 더하고 스스로는 자잘한 일에 속을 태우면서 안달복달하며, 자신(自身)을 괴롭히는 사람이라네.

그래도 보기 좋은 것은 잘잘못을 떠나 스스로를 책임지고 남을 탓하기에 앞서 자신을 되돌아보는 성격(性格)에, 잘잘못을 따지기에 앞서서 따뜻하게 안아주는 의로운 성품(性品)이라네.

때때로 큰 고집(固執)으로 인(因)하여 공격적(攻擊的)인 면이 있으나 크게 우려(憂慮)할 일은 아니며, 늘 제자리로 돌아오고 스스로의 허물이나 책임(責任) 따위를 남에게 전가(轉嫁)하지 않는다네.

미리 준비(準備)된 애정(愛情)으로 무사무난(無事無難)한 사랑이나 가끔 비끗거리는 정으로 인해서 마음 쓸 일이 많은 애정(愛情)이라네.

일탈(逸脫)을 꿈꾸는 사랑으로 간혹 의지처(依支處)에 무관심(無關心)하기도 하지만 늘 제자리로 돌아와 지난 일을 후회(後悔)하면서 사람이 마땅히 하여야 할 본디의 의무(義務)를 지키는 애정(愛情)이라네.

가족(家族)을 대함에 있어서 매우 엄격(嚴格)한 듯하나 말이 많지 않을 뿐, 늘 애쓰고 속을 태우면서 넌지시 바른 길로 이끌고 무언(無言)의 칭찬(稱讚)을 아끼지 않는다네.

물론 잘잘못에 대해서는 상벌(賞罰)을 지나치게 적용(適用)하면서 엄격(嚴格)하게 다스리고 이해(理解)할 수 있도록 설명(說明)하는 지혜(智慧)로는 면이 있다네.

가정(家庭)이란 울타리 안에서는 말 없는 강한 리더십으로 이끄나 조용하고 쓸쓸한 사람이며, 보이지 않은 부분까지 다독이는 거칠지만 세심(細心)한 사람이라네.

애써 표현(表現)을 하지 않으나 늘 긍정적(肯定的)인 마음의 소유자(所有者)로써 제자리를 지키며 가정(家庭)을 이끌어가는 남자(男子)라네.

공평무사(公平無私)한 인간관계(人間關係)를 이끌어내기 위해서 노력(努力)하며, 어느 한쪽으로 치우치지 않은 판단(判斷)으로 사사로움을 배제(排除)하면서 서로가 서로에게 이익이 되도록 만들고 이러한 사회적(社會的) 활동(活動)을 좋아한다네.
그렇다고 가정(家庭)을 등한시(等閑視)하지 않으며, 가족(家族)과 함께 하기를 원하고 이웃과 함께 즐기는 사람이라네.
작게나마 제 잇속을 챙기기는 하나 사사로움을 벗어나 공공(公共)의 이익을 먼저 생각하고 조금은 어렵더라도 자신(自身)을 희생(犧牲)하는 사회성(社會性)을 지닌 사람이라네.

- 남자(男子): 양(陽) → 소양(少陽) ☲, 리(離)

안으로 감추기 보다는 겉으로 드러내기를 좋아하면서 작은 것 하나라도 끄집어내어 남을 배려(配慮)하지 않고 늘 스스로를 앞세워 자랑하는 성격(性格)이라네.
옳고 그름을 떠나 밖으로 드러내는 까닭으로 인(因)하여 때로는 솔직한 면이 좋기도 하지만 쓴웃음을 짓게 만들거나 사소(些少)한 일을 크게 만들어 혼란(混亂)을 자초(自招)하는 푼수 끼가 있다네.
미리 앞서 준비(準備)된 언행(言行)이 있는 듯하나 의욕(意欲)만이 크게 앞서는 까닭으로 말과 행동(行動)이 어긋나거나 흐트러지면서 도무지 종잡을 수 없게 만드는 성품(性品)이라네.
진실(眞實)과 거짓 사이에서 마음을 다잡지 못하고 매번 줄다리기를 하며, 불리(不利)한 여건(與件)에 처하면 종종걸음으로 그 자리를 뜨는 성격(性格)이라네.
같잖은 권세(權勢)나 위신(威信)을 가지면 이를 과시(誇示)하는 사람으로 눈에 띄게 말과 행동(行動)이 되바라지고 진실성(眞實性)을 잃게 되면서 강압적(强壓的)으로 자신(自身)의 뜻을 강요(强要)하며, 모든 것을 자신(自身)의 의지(意志)대로 끌어간다네.
일이 되어가는 과정(過程)은 생각하지 않고 잘잘못을 떠나 결과(結果)에 집착(執着)하면서 잠시 주어진 권세(權勢)로 요란(搖亂)하게 몰아 부치는 성격(性格)이며, 일이 잘되면 함께한 이들과 자축(自祝)을 하면서 스스로의 잘남을 크게 드러내고 일이 잘못되면 자신(自身)은 뒤로 빠지면서 함께한 이들에게 책임(責任)을 돌리는 성격(性格)이라네.
때문에 변명(辨明) 섞인 말이 많고 잘못된 일에 잔소리가 심하며, 도리어 강압적(强壓

的)인 모습을 보이는 사람이라네.

스스로의 잘잘못을 분명(分明)하게 알면서도 또한 스스로는 자신(自身)의 잘못을 인정(認定)을 하면서도 시시하고 보잘 것 없는 자존심(自尊心) 때문에 애먼 화(禍)를 자초(自招)하는 성격(性格)이라네.

크게 악(惡)한 사람이 아니면서도 스스로 불러들인 화(禍)로 인(因)하여 본의(本意) 아니게 잘못 평가(評價)되고 격(格)이 떨어지는 상황(狀況)이 빈번(頻繁)하며, 따돌림을 당할 수 있는 성격(性格)이라네.

그 끝을 알 수 없는 애정(愛情)으로 늘 진실(眞實)과 거짓 사이에서 마지막까지 줄다리기를 하는 사랑이라 피곤(疲困)하고 마음을 졸이지만 끝내는 제자리를 찾은 애정이라네.

물론 자신(自身)을 과시(誇示)하기 위한 물거품 같은 사랑이지만 시간(時間)이 지나 거품이 빠지면 탓하기만 할 수 있는 가벼운 애정(愛情)은 아니라네.

그만큼 정(情)이 깊은 남자(男子)라네.

가정(家庭)이라는 울타리를 지키면서 안으로나 밖으로나 자기 과시(誇示)에 열심인 사람으로서, 자신(自身)을 받들어주기를 바라고 위해 주기를 원하는 까닭으로 주위(周圍) 사람들을 피곤(疲困)하게 만든다네.

안에서는 자신이 왕인지라 늘 너그럽고 자유(自由)로는 모습을 보이지만 상벌(賞罰)의 규칙(規則)을 기분(氣分)에 따라 바꾸는 까닭으로 큰 힘과 설득력(說得力)을 가지지 못하며, 늘 사람 좋은 사람으로서 가족(家族)에게 이끌려 다니는 남자(男子)라네.

자존심(自尊心) 때문에 때로는 강압적(强壓的)인 면이 없지 않으나 내 가족(家族)이라면 끔찍하게 여기는 남자(男子)라네.

남자(男子)답지 않게 소소(小小)한 집안일에 잔소리가 심한 편이며, 제 잘못은 생각하지 않고 젠체하며 핀잔을 늘어놓은 사람이라네.

이러니저러니 말은 많아도 가족 앞에서는 당당(當當)하고 떳떳하고자 노력(努力)하는 남자(男子)라네.

남보다 앞서고 싶고 남들 위에 서고 싶은 욕망(欲望)이 강(强)하지만 그래도 무사무난

(無事無難)게 많은 사람들과 스스럼이 없이 어울리며, 잦은 다툼이 일어나기도 하지만 때론 밝은 리더십으로 무리를 이끌기도 하면서 크지는 않지만 제 잇속을 챙기면서 큰 이익(利益)을 타인(他人)에게 돌리는 사람이라네.

남에게 보이고 싶은 과시욕(誇示慾)만 없다면 말과 행동(行動)에 무게가 실리건만 늘 언행(言行)이 앞서고 결과(結果)만을 중요(重要)하게 여기는 까닭으로 신뢰감(信賴感)을 잃는다네.

말은 많아도 의(義)로써 이웃을 감싸고 보호(保護)하려는 마음을 잃지 않으면서 늘 바른 곳으로 돌아가는 남자(男子)라네.

- 남자(男子): 양(陽) → 태음(太陰) ☳, 진(震)

편안(便安)하게 안주(安住)하지 않고 밖으로 드러내 보이면서 활기(活氣)차게 움직이며, 스스로의 남성(男性)다운 모습을 자랑하여 보이고 싶지만 시작(始作)은 그럴듯하게 보이나 그 끝을 아름답게 맺지 못하는 성격(性格)이라네.

남에 대한 배려심(配慮心)이 앞서기보다는 우선 자신의 손아귀에 꼭 쥐고 싶은 욕심(慾心)으로 스스로의 뜻과는 다르게 상처(傷處)를 많이 주는 성품(性品)이라네.

겉으로야 말과 행동(行動)이 똑떨어진 듯이 하나 사고방식(思考方式), 곧 어떠한 문제를 궁리(窮理)하고 헤아리는 방법(方法)과 태도(態度)가 매우 고루(固陋)한 까닭으로 현재(現在) 드러난 문제(問題)에 대하여 접근(接近)하고 해결(解決)하는 방법(方法)이나 태도(態度)에 있어서 매우 답답하고 우유부단(優柔不斷)함이 있다네.

이러한 성품(性品)으로 인(因)하여 이미 드러난 잘잘못을 가름하지 못하면서 나서지 않아도 될 일에 쓸데없이 많은 참견(參見)을 하고, 이래라저래라 간섭(干涉)하는 까닭으로 스스로를 옭아매는 사람이라네.

자신에게 주어진 위신(威信)이나 권세(權勢)를 파악(把握)하지 못하고 되레 남의 권세(權勢)와 위신(威信)에 크게 의지(依支)하기를 좋아하면서, 지닌 것마저도 빼앗기는 남자(男子)라네.

일정(一定)한 주된 견해(見解)가 없이 많은 이견(異見)을 생각 없이 받아들이는 까닭으로 늘 혼잡(混雜)한 사고(思考)로 인(因)해 자신(自身)을 되돌아보지 못하는 성격(性格)이며, 스스로의 잘잘못을 제대로 가름하지 못하는 남자(男子)라네.

때문에 의외(意外)로 고집(固執)이 강(强)하고 매우 짜증스러운 성격(性格)에 젠체하며 큰소리치면서 자신(自身)의 아둔함을 감추는 성품(性品)이라네.

더하여 스스로의 위신(威信)과 체면(體面)을 세우기 위해 가까운 사람들의 마음에 상처(傷處)를 남기고 항상 그들에 대한 미안한 마음으로 인(因)하여 할 말을 제대로 하지 못하고 살아가는 뒤끝이 여린 남자(男子)이며, 일을 벌이고도 늘 마음을 졸이며 살아가면서 더 좋은 삶을 위해 무진(無盡) 애를 쓰는 사람이라네.

어둡고 깊이를 알 수 없는 애정으로 무덕(無德)하고 무덤덤한 사랑이며, 한곳에 정을 두지 않은 까닭으로 때때로 생경(生硬)하게 다가선다네. 세상(世上)의 사정(事情)에 어둡고 완고(頑固)한 사람이지만 오랜 시간(時間)이 지나면서 제자리를 찾아가는 어려운 애정이라네.

가정(家庭)이라는 울타리를 지키기 위해 몸과 마음을 다하지만 자신(自身)이 처한 상황(狀況)이나 형편(形便)을 환하게 들여다보지 못하는 까닭으로 극(極)과 극을 달리는 황당한 말과 행동을 느닷없이 터트리기도 하면서, 이러한 돌발적(突發的)인 행위(行爲)로 인(因)하여 가족(家族)들로부터 외면(外面)받기 쉽다네.

표현(表現) 방법(方法)을 모를 뿐, 가족(家族)에 대한 애정(愛情)이 깊고 몸과 마음을 다한 사랑으로 감싸면서 바라는 바 없이 늘 항상 한 마음으로 뒤를 받쳐주는 사람이라네.

물론 스스로의 체면(體面)과 위신(威信)이 중요하지만 가족(家族)을 위해서라면 늘 자신(自身)을 희생(犧牲)하는 남자라네.

스스로를 희생하는 일에 있어서 옳고 그름을 떠나는 것이 부정(父情)의 참다운 의미(意味)가 아니던가.

칼을 들이대도, 피를 흘리면서도 따뜻하게 끌어안은 사람이라네.

주변(周邊) 사람들과의 관계(關係)에 있어서 위아래 막힘이나 걸림은 없으나 무덕(無德)하고 무덤덤하며, 세상사(世上事)에 무관심(無關心)하나 제 잇속과 연관(連關)된 일이라면 때때로 이빨을 드러내면서 무불간섭(無不干涉), 곧 무슨 일이든 간섭(干涉)

하지 않은 것이 없는 매서운 성격(性格)으로 변한다네.
그렇다고 크게 얻어지는 것은 없으며 단지 마음에 상처(傷處)만이 남고 더해지는 것은 무거운 책임감(責任感)이라네.

- 남자(男子): 음(陰) → 태양(太陽) ☴, 손(巽)

겉으로 드러나는 모습이야 부드럽고 단아(端雅)해 보이지만 말과 행동(行動)이 단호(斷乎)한 것을 보면 타고나기를 외유내강(外柔內强)의 전형적(典型的)인 성품(性品)을 지닌 사람이라네.
급한 성격(性格)이야 어찌할 수 없지만 미리 앞선 생각으로 그르치는 일은 그리 많지 않다네.
자존심(自尊心)이 강(强)한 성격(性格)으로써 스스로의 잘못을 남에게 던지지 않고 자신(自身)이 책임(責任)지며, 발끈 성내는 성품(性品)으로 인(因)하여 자신(自身)의 뜻과는 다르게 모든 허물을 짊어지는 경우(境遇)가 많다네.
쉽게 물러나거나 머뭇거리는 사람이 아니며, 오히려 되받아치는 성격(性格)으로 자신(自身)의 입지(立地)를 지킨다네.
남의 허물을 탓하지 않고 아픔을 감싸주면서 때때로 약한 모습을 보이며, 섬세(纖細)한 감성(感性)을 드러내 보인다네.
사람이 마땅히 지켜야 할 도리(道理)에 밝고 스스로를 속이지 못하며, 자신(自身)보다는 우선 주변(周邊)을 돌보는 일에 몸과 마음을 다하는 착한 남자(男子)라네.
밖으로 드러나 보이는 명예(名譽)나 권세(權勢)에 관심(關心)을 가지지 않은 성격(性格)이며, 모든 면에서 맑고 깨끗하며 재물(財物)에 큰 욕심을 두지 않는다네.
선(善)한 성품(性品)을 지닌 사람으로서 많은 사람들이 믿고 따르며, 또한 이들을 내치지 않고 감싸는 성격(性格)이라네.
어리석은 생각보다는 일에 따른 합당(合當)한 생각으로 일의 마무리를 깨끗하게 매듭을 지으면서 자신(自身)의 작은 잇속보다는 무리의 큰 이익(利益)을 위해 움직인다네.
이따금 급한 성격(性格)으로 어긋나는 일은 있으나 바른 생각과 언행(言行)으로 곧바로 돌아서는 성품(性品)이 있기에 크게 탓할 사람은 아니라네.

더하여 마음이 착한 까닭에 애가 타는 일이 많은 남자(男子)로써 까닭 없는 잔소리에 많은 참견(參見)을 하기도 한다네.

한번 주면 변하지 않은 애정(愛情)이나 외부(外部)로부터의 유혹(誘惑)이 많은 까닭에 종종 흔들리기도 하면서 휩쓸리기도 한다네.

그러나 늘 제자리에 머무는 사랑이려니 크게 걱정할 일은 아니라네. 그래도 항상 조마조마하여 마음을 졸이는 애정(愛情)이라네.

그렇다고 조바심이 나서 견딜 수 없는 사랑은 아니라네. 가정(家庭)을 굳게 지키면서 가족(家族)을 소중(所重)하게 여기며, 알토란과 같은 집안을 이끌어 나가고 올바른 길로 나서게 하여 늘 떳떳하고 당당(堂堂)하게 만들어 준다네.

가족(家族)으로부터 존경(尊敬)과 사랑을 받고 따스한 웃음이 떠나지 않도록 몸과 마음을 다해 노력하는 사람이라네.

그러나 여자(女子)가 많이 따르기 때문에 가끔 가정(家庭)이라는 울타리를 벗어나기도 하지만, 이로 인(因)하여 크게 영향(影響)을 받지는 않는다네.

조심(操心)해야 할 것은 마음이 여린 까닭으로 인하여 깊게 빠지면 벗어나기가 어렵다는 것이라네.

자신(自身)이 놓아주지 못하는 여린 마음의 어리석음이란 자신(自身)의 얼굴에 먹칠하는 일이 아닌가.

대인(對人) 관계(關係)에 있어서 공(公)과 사(私)가 분명(分明)하고 사리(事理)에 밝은 까닭으로 모든 이들과 원만(圓滿)하게 지내며, 일상(日常) 생활(生活)이 활기(活氣) 찬 사람이라네.

잘잘못에 대한 가름이 정확(正確)하고 자신(自身)의 잇속보다는 타인(他人)의 잇속을 챙겨주는 사람으로서 사랑과 존경(尊敬)을 받은 사람이라네.

타인(他人)의 허물을 탓하기보다는 뚜렷한 명분(名分)을 세워주고 당당(堂堂)한 면목(面目)을 드러나게 해주는 이라네.

- 남자(男子): 음(陰) → 소음(少陰) ☵, 감(坎)

겉으로 드러난 이미지가 여성(女性)다우나 일면(一面) 마음 한구석에는 매우 강(强)한 모습을 지닌 남자라네.

깊은 속내를 내비치는 성품(性品)이 아닌 까닭으로 종잡을 수가 없으나 하고자 하는 생각과 뜻의 노선(路線)은 뚜렷하고 쉽게 흔들리는 사람은 아니라네.

지혜(智慧)로 자신(自身)을 둘러보고 주변(周邊)을 아우르는 성격으로 사소(些少)한 분쟁(分爭)에 휘말리지 않으며, 조용하게 시시비비(是是非非)를 가려주고 상벌(賞罰)을 정확하게 주면서 주변(周邊) 사람들로부터 존경(尊敬)과 신망(信望)을 받는다네.

밖으로부터의 칭송(稱頌)이나 악담(惡談) 등에 휘말리는 성격(性格)은 아니나, 마음이 여린 까닭으로 많은 상처를 받으면서도 일절(一切) 드러내지 않으며, 오히려 스스로의 마음을 다잡고 마땅히 지켜야 할 바른 길을 간다네.

일의 속내를 들여다보는 지혜(智慧)로 먼 장래를 내다보면서 계획(計劃)을 세우기도 하며, 이를 실지(實地)로 행하기 위하여 무리(無理)하게 일을 벌이기도 한다네.

그렇다고 제 분수(分數)를 모르는 성격(性格)이 아니며, 마음은 부드럽고 여리나 실질적(實質的)인 잇속을 위해 움직이면서 안과 밖을 제대로 아우르고 여러 가지 견해(見解)를 하나로 합치게 한다네.

굳이 앞에 나서는 성격은 아니지만 위험(危險)한 일이나 큰 일이 닥치면 사람이 도덕적(道德的)으로 지켜야 할 도리(道理)를 올바르게 세우고 나서는 강단(剛斷)이 있다네.

젠체하며 나서는 성격(性格)이 아니며, 오히려 겉으로 드러내어 자랑하는 이들을 경멸(輕蔑)하고 묵묵(默默)하게 제자리를 지키면서 행(行)하는 이들에게 크게 힘을 더해주는 성품(性品)이라네.

눈앞에 드러난 잇속에 눈독을 들이는 것은 사람들이 지닌 보편적(普遍的)인 성격(性格)이나 제 잇속을 챙기기에 급급(急急)하기보다는 스스로가 속한 무리를 위해 늘 지켜주고 내주는 성격(性格)이라네.

어두운 마음이나 생각을 지닌 이가 아니며, 늘 긍정적(肯定的)으로 문제(問題)를 풀어가는 능동적(能動的)인 성격(性格)의 소유자(所有者)라네.

잠잠(潛潛)하고 드러내지 않은 애정(愛情)이라 걷잡을 수 없이 세찬 사랑은 아니지만 늘 보이지 않게 감싸주는 정(情)이라네.

깊은 내면(內面)으로부터 우러나는 애정(愛情)이라 세심(細心)한 마음이 아니면 쉽게 읽어낼 수 없는 애틋한 사랑이라네.

가정(家庭)을 이끄는 일에 있어서 강압적(强壓的)인 방법(方法)보다는 서로간의 의견(意見)을 받아주고 따라주는 편이며, 작은 미소와 부드러운 눈길을 보내주면서 말없이 이끌어가는 가장(家長)이라네.

늘 넉넉하게 챙겨주기 위해 몸과 마음을 다하고, 지켜야 할 도덕적(道德的)인 선을 넘어서지 않는다면 모든 것을 용인(容認)하는 사람이라네.

잔소리보다는 행(行)으로써 이끌어주고 깊은 애정(愛情)으로 감싸준다네.

가족(家族)으로부터 깊은 애정(愛情)과 존경(尊敬)을 받는 사람으로, 스스로가 더 큰 명분(名分)을 세우기 위해 몸과 마음을 다한다네.

사람들과의 관계(關係)가 원만(圓滿)하고 타인(他人)을 위해 스스로를 희생(犧牲)하며, 사람이 지켜야 할 올바른 도리(道理)를 세우면서 묵묵(默默)하게 이끌어가는 까닭으로 무리의 지도자(指導者)로서 큰 자질(資質)을 가지고 있다네. 또한 그러한 자리에 서게 되며 많은 이들로부터 존경(尊敬)을 받고 깊은 신뢰(信賴)를 얻은 남자(男子)라네.

다만 가끔은 속 좁은 사람이 될 수 있으니 넓은 아량(雅量)으로 한쪽으로 치우친 생각을 버리고 남의 말에 귀를 기울였으면 한다네.

- 남자(男子): 음(陰) → 소양(少陽) ☱, 간(艮)

아둔하고 어둡지 않으나 자신(自身)의 뜻과 생각에 어긋나거나 따르지 않으면 한쪽으로 치우친 속된 소견(所見)으로 상대방(相對方)의 의견(意見)을 무시(無視)하면서 자신(自身)의 의지(意志)만을 내세우고 드러내어 젠체를 하며, 무책임한 언행(言行)을 일삼고 나서지 말아야 할 일에 나서서 분쟁(分爭)을 부추기는 성격(性格)이라네.

작지만 자신(自身)의 잇속 앞에서는 체면(體面)을 가리지 않고 나서지만, 조금이라도 힘겹거나 손해(損害)를 보는 일 앞에서는 크게 몸을 사리면서 엄살을 부리는 남자(男

子)라네.

그렇다고 남의 눈치를 보는 사람은 아니며 당연한 듯 자연(自然)스럽고 스스로의 허물이나 잘못은 부인(否認)하면서 도리어 타인의 잘못이나 허물을 탓하고 지적(指摘)하는 사람이라네.

또한 남의 잘못이나 허물을 빗대어 자신(自身)을 정당화(正當化)하고 합리화(合理化)하는 못된 성격(性格)이라네.

그래도 밉지 않은 것은 때때로 눈앞의 작은 잇속을 버리고 남을 위해 오지랖 넓게 나서주기도 하며, 바라는 바 없이 자신(自身)을 희생(犧牲)하면서까지 남을 위하는 착한 마음씨 때문이라네.

작은 일에 젠체하고 나서는 자랑만이 아니라면 주위(周圍)로부터 사랑을 받을 남자(男子)지만 격(格)에 맞지 않은 아니꼬운 말과 행동(行動)으로 인(因)하여 늘 쓴웃음을 짓게 만드는 성격(性格)이라네.

고집이라기보다는 꼴답잖은 알량한 자존심(自尊心)으로 사소(些少)한 일에 목숨을 걸기도 하며, 한쪽으로 치우친 견해(見解)에 빠져서 자신의 삶을 망치기도 한다네.

그래도 측은(惻隱)한 마음이 드는 것은 스스로의 아픔과 상처(傷處)를 숨기지 않으며, 작은 감동(感動) 앞에서 눈물을 흘리고 타인(他人)의 슬픔에 숙연(肅然)해지는 착한 성격(性格) 때문이라네.

밖으로부터의 칭찬(稱讚)이나 악담(惡談)에 매우 민감(敏感)하게 반응(反應)하는 성격(性格)으로 상처(傷處)를 잘 받기도 하지만 쉽게 잊기도 하는 성격(性格)이라네.

곧 귀가 얇은 사람이라 도덕적(道德的)인 선을 넘나들면서 잘잘못을 밝게 보지 못하는 남자(男子)이기에 많은 잘못과 허물이 있는 것이라네.

때문에 남을 탓하기에 앞서 자신(自身)의 잘잘못을 밝게 안다면 크게 허물이 되는 일은 없을 것이라네.

남의 말을 쉽게 믿었다가는 패가망신(敗家亡身)할 수 있는 사람이니 늘 한번쯤은 되새겨 생각하고 움직이기를…… 마음이 동(動)할 때는 즐겁고 돌아서면 무언가 아쉬운 애정이기에 늘 기다리고 바라는 사랑이라네.

찬찬하고 속 깊은 애정(愛情)이 아닌 들뜬 마음에 덤벙거리는 사랑이라 늘 깨져나갈 듯 불안(不安)한 정(情)이라네.

때때로 목숨을 거는 사랑이나 쉽게 허물어질 수 있는 애정(愛情)이기에 부평초(浮萍草) 같은 사랑이라네.

그래도 마지막에는 제자리로 돌아오는 사람이기 때문에 그렇게 밉지 않은 남자(男子)의 정(情)이라네.

가정(家庭)에 충실(充實)하지 않으나 올바르게 이끌어가려는 마음이 있는 까닭으로 잔소리가 심하며, 자신의 의지(意志)대로 고집(固執)을 피우는 경향(傾向)이 심하다네.

가족(家族)에게 요구(要求) 사항(事項)이 많고 남들에게 자랑하고 싶은 욕망(欲望)으로 분수(分數)에 맞지 않은 집안 치장(治粧)을 하며, 있지도 않은 자랑거리로 제 얼굴에 먹칠을 하고 늘 자식(子息)과 부인(婦人)에게 불만(不滿)이라네.

이러한 되지도 않은 불만(不滿)을 빌미로 삼아 가정(家庭)이라는 울타리를 벗어나 많은 문제(問題)를 일으키고 가족(家族)들을 불안(不安)하게 만들지만 늘 제자리로 돌아온다네.

그래도 가족(家族)들에게 밉상은 아닌지라 의지(依支)하고 따르는 편이라네.

인간관계(人間關係)를 보면 잦은 다툼은 많아도 크게 커지는 일은 없고 무애무덕(無碍無德)하다고는 할까…… 때때로 작은 잇속 앞에 흔들리는 까닭으로 서로의 관계(關係)가 소원(疏遠)해지기도 하지만 또한 그 작은 잇속 앞에 뭉치기도 한다네.

이합집산(離合集散)하며 다분(多分)한 삶을 살아가면서 복잡(複雜)하게 살아가는 모습을 보이지만 매우 단순(單純)한 삶을 살아가는 남자(男子)라네.

늘 삼가야 할 것은 언행(言行)은 물론이지만 남의 말에 혹하는 마음이니, 친구 따라 강남(江南) 가듯 한다면 낯붉히는 일들이 많을 것이라네.

다만 유치(幼稚)하고 졸렬(拙劣)한 성격(性格)은 아니기에 크게 망신(亡身) 당할 일은 면(免)할 것이라네.

- 남자(男子): 음(陰) → 태음(太陰) ☷, 곤(坤)

굳게 닫힌 마음은 쉽게 열리지 않고 인식(認識)할 수 있는 세상(世上) 밖으로 숨기려고만 한다네.

눈으로 진실(眞實)을 보고도 인정(認定)하지 않고 귀로 분명(分明)하게 들으면서도 끝내 스스로가 부정(否定)을 하면서 자신의 존재(存在) 가치를 인정(認定)하지 않는다네.

지배적(支配的)인 생각이 음침(陰沈)하고 내숭스러우며, 마주한 사람과 눈을 마주치지 않고 늘 혼자만의 뜻과 생각에 사로잡혀 살아간다네.

생소(生疎)한 것에 대하여 호기심(好奇心)보다는 두려움을 먼저 앞세우고 담 너머로 몰래 내다보는 성격(性格)이라네.

도전(挑戰) 의식(意識)보다는 있는 그대로의 자기 세상(世上) 속에 마지막까지 안주(安住)하려고 하며, 그 누구의 말도 듣지 않고 말과 행동(行動)의 앞뒤가 맞지 않은 자기모순(自己矛盾)에 깊게 빠지는 성격(性格)이라네.

남을 위하는 생각은 조금이라도 없고 오로지 자신(自身)의 안위(安慰)만이 중요(重要)하며, 모순(矛盾)된 생각으로 세상(世上)을 판단(判斷)하면서 항상 가까운 사람들에게 이용(利用)을 당한다네.

알고 난 후에는 이미 지나간 일이라 후회(後悔)한들 어찌할 수 있겠는가.

밖이 보이지 않도록 높게 둘러친 담장은 스스로를 외롭게 만드는 것을 알고나 있는지…… 그 안에서는 스스로가 왕(王)이며, 그 누구도 거역(拒逆)할 수 없는 무소불위(無所不爲)의 권력을 휘두르고 두려워하거나 부끄러워하지 않은 성격(性格)이라네.

안에서는 큰소리치지만 밖에서는 온유(溫柔)한 사람이며, 인간적(人間的)이고 따스한 성품(性品)이라네.

타고나기를 마음이 여리고 뒤가 무른 성격(性格)이라 눈앞에서 자신(自身)의 것을 빼앗기면서도 말 한마디 하지 못하고, 일이 지난 후에 말이 많고 성을 내면서 가까운 이들을 이 잡듯이 잡아 휘두르는 못난 성격(性格)이라네.

일을 저지르고 책임지지 못하면서 모든 잘못을 남에게 전가(轉嫁)하고 안으로 깊게 숨어버리며, 일의 잘잘못을 떠나 입을 닫아버리는 답답한 사람이라네.

시시비비(是是非非)를 가리지 못하는 아둔함으로 남의 잘잘못을 판단(判斷)하면서 외고집에 짜증스러운 목소리로 잔소리를 내뱉은 성격(性格)이라네.

잇속 앞에 체면(體面)을 가리지 않고 한번 들어가면 내놓지 않은 욕심(慾心)이 있다네.

타고난 성품(性品)이 착하기는 하지만 밝은 지혜(智慧)가 없는 까닭으로 세상을 밝게 보지 못하고 살아간다네.

아는 것이 없고 사리(事理)에 어두운 애정(愛情)이라 사랑보다는 사람에 집착(執着)을 하면서 상대방(相對方)을 힘들게 하는 애꿎은 정(情)이라네.

집착(執着)을 하면 이러저러한 핑계와 모든 방법(方法)을 동원(動員)하여 잡으려 하고 끝끝내 놓지 못하면서 서로가 피곤해지는 애정이라네.

가족(家族)에 대한 사랑이야 누구 못지않게 깊고 깊지만 몰지각(沒知覺)한 가족(家族)에 대한 애정(愛情)이 도리어 원망(怨望)과 불만(不滿)으로 변(變)하여 자신에게로 돌아오고 가족(家族)과 함께 있으면서도 늘 외로워하며, 한구석으로 내던져지는 삶이라네.

더하여 자신의 뜻과 생각에 어긋나거나 맞지 않으면 앞뒤 가리지 않고 모든 화(禍)를 부리면서 가족(家族)을 구속(拘束)하고 조금의 일탈(逸脫)도 용서(容恕)하지 않은 사람이라네.

얻을 것이 아무것도 없는 말과 행동으로 스스로를 소외(疏外)시키면서 자신(自身)만의 세상(世上)속이 가득 차도록 눈물 흘리는 마음 여린 남자(男子)라네.

스스로가 먼저 마음을 열지 못하는 대인관계(對人關係)로 인하여 많은 오해(誤解)를 사기도 하지만 타고난 성품(性品)이 여린 까닭으로 사람들과 쉽게 어울리기는 한다네.

그러나 깊게 사귀는 성격(性格)은 아닌지라 나중에 보면 늘 외톨이로 남아서 혼자 즐기며 살아가는 삶을 산다네.

단지 아까운 것은 많은 사람과 어울리다 좋지 않은 사람으로 인하여 애먼 욕을 먹으면서 손해(損害)를 입는다는 것이네.

말과 행동(行動)을 삼가야 하는 것은 맞으나 분명(分明)하게 자신(自身)의 의사(意思)를 상대방(相對方)에게 밝히는 것이 매우 중요(重要)한 일이 아니겠는가.

스스로의 우유부단(優柔不斷)함이 결국(結局)에는 남이 죄를 짓도록 만들고 서로가 얼굴을 붉히게 되는 것이 아닌가.
힘이 들더라도 일의 잘잘못을 분명하게 밝히는 일에 노력(努力)하고 스스로가 먼저 마음의 문을 열고 아둔한 생각에서 벗어날 수 있도록 몸과 마음을 다해 노력(努力)해야 한다네.

- 여자(女子): 양(陽) → 태양(太陽) ☰, 건(乾)

말과 행동(行動)이 올바르고 어긋나거나 흐트러지지 않으며, 남의 말이나 행동(行動)에 휩쓸리지 않고 마음대로 다루거나 휘두르면서 쥐락펴락할 수 있는 여자가 아니라네.
자신(自身)의 의사표현(意思表現)이 분명(分明)하고 잘잘못에 대한 판단(判斷)이 어느 한쪽으로 치우침 없이 정확(正確)하며, 그에 따르는 상(賞)과 벌(罰)이 명확(明確)하고 스스로의 잘잘못에 대한 판단(判斷) 또한 분명(分明)하게 아는 까닭으로 자신(自身)의 과실(過失)을 감추지 않으며, 스스로가 책임(責任)을 짓은 성격(性格)이라네.
남자(男子)나 여자(女子)를 떠나서 남들에게 있어서는 언니이며 누나가 되는 여장부(女丈夫)라네.
힘들고 어려운 일이 닥치더라도 피하거나 두려워하지 않으며, 늘 앞서 나가는 성격(性格)에 밝은 지혜(智慧)로 바르게 풀어가고 모든 무거운 짐을 말없이 짊어지는 성품(性品)이라네.
도리(道理)에 밝고 사사로운 이득을 취하지 않으며, 작은 잇속 앞에서라도 욕심(慾心)을 부리지 않은 참한 성격(性格)이라네.
남을 먼저 배려(配慮)하고 아끼는 성격(性格)으로 자신(自身)의 몸을 사리지 않으면서 큰일을 감당(堪當)한다네.
안과 밖으로 걸림이나 막힘없이 두루 원만하게 아우르는 세심(細心)한 성격(性格)의 소유자(所有者)이며, 작은 일에도 응해주는 풍부(豊富)한 감성(感性)을 지니고 있으면서도 강(强)한 카리스마로 사람을 휘어잡은 성품(性品)이라네.
주위(周圍)에 늘 많은 사람들이 모여들고 함께 하기를 바라면서, 또한 원하기를 아담(雅淡)한 의지 처(依支 處)가 되기를 바라는 마음 따스한 여자(女子)라네.

무리의 지도자(指導者)가 될 수 있는 강(强)하고 투박한 기운(氣運)을 지닌 여자(女子)이나 사람이 도덕적(道德的)으로 지켜야 할 참다운 도리를 벗어나지 않으며, 늘 겸손(謙遜)한 말과 행동으로 몸과 마음을 다해 희생(犧牲)한다네.

구속(拘束)받는 것을 싫어하는 성격(性格)이나 그렇다고 밖으로 나도는 성격(性格)이 아니며, 늘 제자리나 처소(處所)를 떠나지 않으면서 보듬고 다독이는 여자라네.

부드럽고 착한 여성(女性)으로서의 모습이 아니고 여자의 몸으로써 할 말은 하면서 제 할 일을 당당(當當)하게 이끌어가며, 마음이나 행동(行動)이 야물고 오달진 성격(性格)의 소유자(所有者)라네.

허술한 데가 없이 야무지고 실속이 있는 사람이라네.

거칠고 투박해 보이지만 생각과 뜻은 밝고 맑으며, 마음은 강한 가운데 부드럽고 따뜻한 여인(女人)이라네.

밝고 따스한 애정(愛情)에 항상 이끌어주고 따라주며, 다독이고 보듬어주는 사랑이라네.

배려(配慮)하고 희생(犧牲)하는 애정(愛情)이라 늘 마주보고 웃음 짓은 사랑에 항상 함께 하기를 바라는 정(情)이라네.

가볍지 않은 가풍(家風)을 세워서 집안을 다스리는 성격(性格)이며, 사람으로서 마땅히 지켜야할 선이 분명(分明)하고 그 선을 넘나들며 잘잘못이 있을 경우(境遇) 엄격(嚴格)하게 다스린다네.

가정(家庭)이라는 울타리를 든든하게 지키면서 한 집안의 대들보가 되는 여인으로 사소(些少)것 하나 놓치지 않으며, 집안 어른들을 성심(誠心)을 다해 모시면서 흠잡을 데가 없이 집안의 대소사(大小事)를 처리한다네.

책임감(責任感)에 끈기와 야무지고 실속이 있는 살림으로 집안을 일으켜 당당(當當)하게 세운다네.

물론 남편(男便)이나 자식(子息)의 뒷바라지를 잘하고 주변(周邊) 사람들에게 정을 나누어 가족들이 위함을 받게 만든다네.

대인관계(對人關係)를 보면 서로가 서로에게 필요한 사람이 되게 만들고 시시비비(是是非非)를 명확(明確)하게 가려주며, 잇속을 챙기기보다는 작은 잇속이라도 이웃에게 되돌리는 성품(性品)으로 주변(周邊) 사람들로부터 신뢰(信賴)와 우러름을 받은 여인(女人)이라네.
안과 밖을 원만(圓滿)하게 아우르는 성격(性格)으로 크나큰 믿음을 주면서 많은 사람들의 의지 처(依支 處)가 되어주고 욕심(慾心)을 부리기보다는 있는 만큼 제 분수(分數)에 맞게 이웃을 배려(配慮)하면서 베푸는 여자(女子)라네.
많은 사람들과 어울리기보다는 가까운 이웃들부터 살갑게 챙겨주며, 이것을 가지고 겉으로 드러내어 자랑하거나 스스로의 체면(體面)이나 위신(威信)을 세우는 성격(性格)은 아니라네.
무리를 이끌 수 있는 자리에 서서 몸과 마음을 다해 노력(努力)하는 평범(平凡)하고도 가슴이 따뜻한 여인(女人)이라네.
때문에 많은 사람들이 따르고 의지(依支)하면서 서로를 위하는 것이라네.

- 여자(女子): 양(陽) → 소음(少陰) ☱, 태(兌)

우여곡절(迂餘曲折)에 휩쓸리는 듯하나 매우 신중(愼重)하고 말과 행동에 앞서 곱씹어 생각하는 사람이라네.
여자(女子)의 몸으로 다부지고 거친 면이 없지 않으나 본래 타고나기를 남자(男子)와 같은 기백(氣魄)이라네.
잘잘못에 대한 가름이 정확(正確)하며, 잘못과 허물은 남이 모르게 감싸면서 상처 받지 않도록 배려(配慮)하고 다시금 힘을 낼 수 있도록 보듬고 다독이는 사람이라네.
좋은 일에는 칭찬(稱讚)을 아끼지 않으며, 지금의 자리에서 진일보(進一步)할 수 있도록 커다란 힘을 실어준다네.
강(强)한 사람에게는 강(强)하게 마주 대하고 약(弱)한 사람에게는 약(弱)하게 대하는 성격(性格)으로 일을 처리(處理)할 수 있는 능력(能力)이 공평(公平)하면서도 사사로움이 없는 성격(性格)이라네.
말이 많은 듯이 하지만 쓸데없는 말은 하지 않으며, 꼭 필요(必要)한 말만을 하는 까닭으로 얄미울 정도로 인정(人情)이 없어 보이기도 한다네.

물론 한 마디로 딱 잘라서 말하는 성격(性格)이지만 마음에 지닌 부드러움은 자식(子息)을 먼저 생각하고 배려(配慮)하는 어머니의 마음과도 같다네.

때문에 어떠한 일의 결과(結果)보다는 일의 동기와 그 과정(課程)을 중요(重要)하게 여기고 몸과 마음을 다해 노력하는 이들을 쌍수(雙手)를 들어 반기고 응원하며, 일이 되어가는 과정(課程)을 보고 마음의 행복을 가지는 성품이라네.

지도자(指導者)로서의 자질(資質)을 지닌 사람으로 남녀노소(男女老少)가 따르는 여자(女子)이며, 이들의 어려움이나 난처(難處)한 일에 대변자(代辯者)로서의 힘을 지니고 몸과 마음을 다해 이끌어주는 성격(性格)이라네.

독단적(獨斷的)이거나 어느 한쪽으로 치우치지 않으며, 서로 뜻이 다른 여러 가지 견해를 하나로 이끌어내어 융합(融合)시키고 옳고 그름을 따져서 받아들여 아우르거나 내치는 성격(性格)이라네.

이러저러한 삶을 받아들여 아우를 수 있는 성품(性品)의 소유자이며, 그만한 마음의 울타리를 지닌 여인(女人)이라네.

또한 그만한 신망(信望)과 위신(威信)을 가질 수 있는 성품(性品)이라네.

보듬고 다듬어주는 애정(愛情)인지라 어찌 보면 남세스러운 사랑이며, 남의 눈을 의식(意識)하지 않은 따스한 정(情)이라네.

한없이 감싸고도는 애정이라 얼굴에서 미소가 떠나지 않은 사랑이라네. 가정의 대소사(大小事)에는 분명(分明)한 선을 긋고 살아가는 성격으로 온화(溫和)한 듯하나 매우 엄격(嚴格)한 규칙(規則)을 적용(適用)하여 올바르게 키우려는 어머니라네.

때문에 잘한 일에는 당연히 달콤한 사탕이 따르지만 잘못한 일에는 가차 없이 제재(制裁)를 가하는 얄밉도록 인정(人情)이 없어 보이는 여인(女人)이라네.

물론 겉으로야 매몰찬 모습이지만 안으로는 가슴이 미어지는 어머니가 아니겠는가.

가정에 충실(充實)하며 한 집안의 대소사(大小事)를 자기 마음대로 쥐락펴락할 수 있으나 늘 집안 어른의 뜻을 따르는 여자(女子)로써 과(過)한 듯이 하나 당차게 한 집안을 일으켜 세운다네.

남편(男便)과 자식(子息)을 이끌어가는 카리스마가 넘치는 여자(女子)로 늘 뒷바라지에 여념(餘念)이 없다네.
물론 따르지 않거나 어긋나거나 흐트러지면 뒷감당의 몫은 남편(男便)과 자식의 몫이 아니겠는가.
대인관계(對人關係) 또한 신중(愼重)한 성격으로 매우 조심(操心)하며, 한번 맺은 인연(因緣)을 소중(所重)하게 여기고 늘 진실(眞實)한 마음으로 대하면서 잘잘못에 대한 쓴 소리를 마다하지 않는다네.
때문에 많은 이들이 따르는 것이며 안과 밖을 올바르게 아우르면서 대외적(對外的)으로 활발(活潑)하게 움직인다네.
늘 언행(言行)을 삼가는 성격으로 많은 신뢰(信賴)와 존경(尊敬)을 받고 그러한 위치(位置)에 서서 자만(自慢)하지 않으며, 잇속을 챙기지 않고 젠체하며 자랑하지 않은 미소 띤 여인(女人)이라네.
드러냄이 없는 아량(雅量)으로 타인(他人)의 잘못이나 허물을 덮어주고 늘 긍정적(肯定的)인 희망(希望)을 주는 마음 따스한 여인(女人)이며, 남의 아픔이나 슬픔을 모른 체 넘어가는 매정한 사람이 아니라네.
그렇다고 쓸데없는 오지랖을 떠는 사람이 아니며, 제 분수(分數)에 맞게 움직일 줄을 아는 현명(賢明)한 여인(女人)이라네.
때문에 인간관계(人間關係)에 있어서 막힘이나 걸림이 없이 두루 원만(圓滿)하며 주위(周圍)로부터 우러름을 받은 여성(女性)이라네.

- 여자(女子): 양(陽) → 소양(少陽) ☲, 리(離)

사람됨이 가볍지 않고 믿음성이 있는 듯하나, 말과 행동(行動)이 가볍고 제 잘난 멋에 세상(世上)을 살아가면서 아둔한 소견(所見)으로 제멋대로 판단(判斷)하는 성격(性格)이라네.
가벼운 말과 행동(行動)으로 주변(周邊) 사람들에게 상처(傷處)를 주면서 손아귀에 휘어잡고 흔들려고 하며, 일의 영문이나 속내를 알지도 못하면서 마음이 내키는 대로, 하고 싶은 대로 몰아대는 성품(性品)이라네.

자신(自身)의 뜻이나 생각과 조금이라도 어긋나거나 따르지 않으면 온갖 수단(手段)이나 방법(方法)을 동원(動員)하여 자신(自身)의 뜻을 관철(貫徹)시키고 시시비비(是是非非), 잘잘못을 떠나 앞뒤 가리지 않고 이끌어간다네.

때문에 잘해주고도 마지막에 가서는 욕을 먹은 것이며, 본전(本錢)도 찾지 못하는 것이라네.

더하여 잘난 척에 생색(生色)을 내기 때문이며, 스스로는 편히 앉아서 사람 부리기를 좋아하고 되지도 않은 잔소리에 푼수를 떠는 성격(性格)이라네.

그래도 밉지 않은 것은 사람의 됨됨이가 삿된 성격(性格)은 아니며, 마음이 어둡거나 고지식하게 막힌 사람은 아니기 때문이라네.

기어이 일을 저질러 놓기는 하지만 뒷감당을 하지 못하는 성격(性格)으로 모든 책임(責任)을 내가 아닌 남에게 덮어씌우고는 자기(自己)가 잘났다고 우기면서 옳지 못하거나 보잘 것 없는 말과 행동으로 자신을 정당화(正當化)시키고 우격다짐으로 합리화(合理化)시키는 여자(女子)라네.

그래도 오지랖은 넓은 성격으로 남의 슬픔이나 아픔, 그리고 어려움 등을 그냥 보아 넘기지 못하는 성격(性格)이며, 분수(分數)에 맞지 않게 기어코 나서는 성질이라네.

스스로의 작은 잣대로 타인의 다툼에 나서기를 좋아하며, 이로 인하여 스스로의 이미지를 실추(失墜)하고 애먼 욕을 먹는다네.

눈앞에 드러난 잇속에는 그다지 욕심(慾心)을 부리지 않으며, 오히려 분수(分數)에 맞지 않게 많은 것을 베풀고도 욕을 먹는다네.

자칫 잘못 나서면 크게 마음을 상하는 일이 있으니 굳이 나설 일이 아니라면 말과 행동(行動)을 삼가야 할 것이라네.

분위기(雰圍氣)를 따지는 애정이라 늘 따스한 커피 한잔의 사랑을 원하고 오밤중에 찾아다니는 애정이라 뒷말이 많음을 걱정해야 하는 사랑이라네.

좋을 때는 좋다고 하지만 나쁠 때는 상대방(相對方)을 탓하는 애정이라 항상 다툼이 많고 마음이 삐치는 사랑이라네.

그래도 밉지 않은 것은 마음의 상처(傷處)를 감추고 내색하지 않으면서 홀로 가슴을 쓸어내리는 애틋한 성품(性品) 때문이라네.

가정 내(家庭 內)에서는 왕(王)으로 군림(君臨)하면서 가족(家族)을 자신(自身)의 수족(手足)처럼 부리고 스스로의 잘못은 생각하지 않고 남편(男便)과 자식(子息)을 마구 몰아대어 닦아세우며, 윽박질러서 잡도리하는 간 큰 여자(女子)라네.

잘잘못을 가름하는 일에 있어서 잘못된 일은 남편(男便)이나 자식(子息)의 탓으로 돌리고 잘된 일에 있어서는 모두 자신(自身)의 공(功)으로 돌린다네.

그 위세(威勢)가 당당(當當)한지라 무엇이 잘못이고 무엇이 옳은 것인지를 분간(分揀)할 수 없게 만든다네.

그래도 가족(家族)을 위하는 마음이야 그 누구보다 강한 여자인지라 큰 일이 닥치면 앞장서는 당찬 여자(女子)이며, 가정(家庭)을 지키는 일에 있어서 겁을 상실(喪失)하는 강한 여자라네.

한 집안의 대소사(大小事)를 이끌어가면서 늘 잔소리에 닦달하는 성격(性格)이며, 교통정리(交通整理) 잘하고 잘잘못을 판단(判斷)하여 윽박지르는 여자(女子)라네.

스스로는 편히 쉬면서 가족을 마구 부리고 젠체하며 나서기를 좋아하지만 그래도 가족(家族)들로부터 인정(認定)을 받는다네.

그 성품(性品)의 됨됨이가 어둡지 않으며 삿되지 않기 때문이라네.

대인(對人) 관계(關係)에 있어서 할 말은 하고 살아야 하는 성격(性格)으로 타인(他人)이 상처(傷處)를 받은 것은 생각지 않고 마구 나댄다네.

일이 되어가는 사정(事情)이나 속내를 알지 못하고 자신의 생각이나 뜻을 기어이 관철(貫徹)시키는 까닭으로 많은 다툼이 일어나기도 하며 많은 손해(損害)를 보기도 한다네.

제 잘난 멋에 사람들을 휘어잡고 휘두르기는 하나, 그래도 주변(周邊) 사람들로부터 좋게 인정(認定)을 받은 것은 더럽고 깨끗함을 가리지 않고 오지랖 넓게 나서주는 성격 때문이며, 작은 잇속에 욕심 부리지 않고 남에게 내어주는 성품(性品) 때문이라네.

다만 남에게 무엇인가를 베푼 데 대하여 체면(體面)이 선 것을 공치사(功致辭)하면서 내보이는 성격만 아니라면 존경(尊敬)과 신뢰(信賴)를 얻을 것이라네.

- 여자(女子): 양(陽) → 태음(太陰) ☳, 진(震)

배움의 기회(機會)가 많고 배운 것이 많다고는 하나 깊지 않은 알음알이에 집착(執着)하는 성격(性格)이며, 일이 되어가는 사정(事情)이나 그 깊은 속내를 알아보지도 않고 겉으로 드러나는 상황(狀況)만을 보면서 자신(自身)의 작은 의견(意見)이나 생각을 자신만만(自信滿滿)하게 피력(披瀝)하는 사람이라네.

앞뒤를 가리지 않은 고집(固執)으로 두려움이란 없는 여자(女子)이며, 무슨 일이든 생각에 앞서 상대방(相對方)이 기(氣)를 펴지 못하도록 마구 재촉하는 성격(性格)이라네.

한쪽으로 치우치는 성격(性格)으로 인하여 감정(感情)의 기복(起伏)을 조절(調節)하지 못하고 격(激)하게 휩쓸리는 성품(性品)이며, 자신(自身)을 심하게 다룬다네.

그렇게 아둔한 편은 아니지만 세상(世上) 물정(物情)에 어두운 까닭으로 자신의 뜻과는 다르게 큰 손해(損害)를 보기도 하며, 어쩌다가 애먼 욕을 듣기도 하면서 몹시 애를 태우는 성격(性格)이라네.

자신이 처한 형편(形便)이나 처지(處地)를 밝게 알지 못하는 까닭으로 고리타분한 뜻이나 생각에 사로잡히는 성격(性格)이며, 새로운 생각이나 환경(環境)을 받아들이지 못하고 오로지 처음부터 끝까지 커다란 변화(變化)에 적응(適應)하지 못한다네.

미련하기보다는 작은 움직임에 매우 민감(敏感)하게 반응(反應)하면서도 정신적(精神的)으로는 깨어나지 못하고 늘 지난 세월(歲月)의 흔적(痕跡)에 파묻히면서 안도(安堵)의 한숨을 내쉬는 여인(女人)이라네.

스스로의 뜻과 생각에 따르지 않으면 큰 소리로 사리(事理)를 따져 가며 마구 나무라며 윽박질러서 잡도리하고, 자기(自己)의 잘못은 따지지 않으면서 타인(他人)의 잘못에 대해서는 당사자(當事者)가 인정(認定)할 때까지 꼼짝 못하게 휘몰아 나무란다네.

한쪽으로 치우치는 사고방식(思考方式)으로 인(因)하여 무엇에든 집착(執着)하는 경향(傾向)이 강(强)하고 자신을 밖으로 드러내어 크게 어필하려는 성향(性向)이 강(剛)하며, 자신(自身)의 뜻대로 좌지우지(左之右之)하는 성격(性格)이라네.

지극(至極)히 한쪽으로 치우쳐 있는 애정(愛情)이라 자신(自身)의 품안에만 가두는 사랑에 늘 끊임없이 확인(確認)해야만 하는 사랑이며, 자신(自身)의 뜻에 따르지 않은 애정(愛情)이라면 집착(執着)하기보다는 무거운 가슴을 끌어안으면서 그냥 놔버리는 아픔을 동반(同伴)한 정(情)이라네.

한 집안의 대소사(大小事)를 제 마음대로 쥐락펴락하면서 다루고 가족(家族)을 닦아세우며, 자신의 기분(氣分)에 따라 아무런 이유(理由)없이 을러대어 혼내면서 분한 감정(感情)을 풀어내는 여인(女人)이라네.

가정(家庭)이라는 울타리를 지키는데 있어서 강한 모습을 보이지만 쉽게 지쳐버리기도 하며, 포기(抛棄)도 빠른 성격(性格)이라네.

남편(男便)이나 자식(子息)에게 집착(執着)하면서 스스로의 감정(感情)에 따라 편애(偏愛)하는 성격(性格)이 심(甚)하고, 심하게 꾸짖거나 다그쳐서 기(氣)를 못 펴게 하는 성격(性格)이지만 천생(天生) 타고나기를 가족(家族)을 위해 희생(犧牲)하는 여인이라네.

아무런 이유(理由)가 없이 자신(自身)의 성질(性質)대로 마구 몰아대어 닦아세우고 윽박질러 잡도리를 하면서도, 스스로의 가슴 아픔을 감당(堪當)하고 늘 자신(自身)의 품안으로 끌어당기는 여자(女子)라네.

대인(對人) 관계(關係)가 그리 원만(圓滿)하지는 않으나 대문을 걸어 잠그고 안으로 숨은 성격(性格)은 아니며, 그렇다고 막힘이나 걸림 없이 온전(穩全)하게 드러내 보이지도 않는디네.

스스로의 감정(感情)이나 기분(氣分)에 따라 한쪽으로 치우치는 마음이라 도무지 종잡을 수 없는 여자(女子)이며, 사람을 사이에 두고 어느 한 사람이나 한쪽만을 유독 관심을 가지고 자신(自身)의 마음을 여는 여인(女人)이라네.

집안의 허물이나 잘못을 밖으로 나르지 않으며, 물론 밖으로부터의 잘못이나 허물을 집안으로 들이지 않는다네.

또한 남의 허물이나 잘못에 대하여 앞뒤 가리지 않고 가름해주며, 그 기세(氣勢)가 당당(堂堂)한 여자(女子)라네.

이러한 성격(性格)으로 인(因)하여 주위로부터의 평가(評價)가 매우 상반(相反)된 견해(見解)를 보이고 이러한 상반(相反)된 견해에 겉으로는 그다지 반응하지 않은 것 같지만 매우 민감(敏感)하게 받아들이면서도 무난하게 사람들과 어울린다네.
작은 잇속에 그다지 욕심(慾心)이 없고 어느 한쪽으로 마음이 쏠리면 스스로를 희생(犧牲)하면서 이바지해주는 성품(性品)이라네.

- 여자(女子): 음(陰) → 태양(太陽) ☱, 손(巽)

전형적(典型的)인 한 집안의 맏며느리로 성정(性情)이 올바르고 말과 행동이 신중(愼重)하며, 늘 밝고 부드러운 미소를 잃지 않으면서 자신의 생각이나 뜻을 분명(分明)하고 정확(正確)하게 표현(表現)하며, 그 어떠한 형편(形便)이나 처지(處地)에서도 머뭇거리거나 어물쩍거리는 성격(性格)이 아니라네.
매우 엄격(嚴格)한 일면(一面)을 보이지만 마구 몰아대어 닦아세우거나 윽박질러서 잡도리하는 성격이 아니며, 부드러운 듯 단호(斷乎)한 말로써 다스리고 행동(行動)으로 본보기를 보이면서 밝은 지혜(智慧)를 드러낸다네.
처한 상황(狀況)이나, 또는 일이 돌아가는 사정이나 속내를 깊이 알아, 때에 맞추어 올바르게 대처(對處)하고 큰 실수(失手)를 하지 않으며, 항상 자신이 처한 상황(狀況)을 정확(正確)하고 분명하게 알고 있으면서 신중(愼重)하게 움직이고 발 빠르게 대처(對處)하며, 대응(對應)하는 성격(性格)이라네.
마음은 여린 편이나 허술한 데가 없이 야무지고 실속이 있고 겉으로 드러난 모습은 매우 강(剛)하게 보이며, 잘잘못에 대한 가름이 어느 한쪽으로 치우치지 않고 공평무사(公平無私)한 성품(性品)이라네.
가정(家庭)의 가치(價値)를 인생(人生)에서 가장 소중(所重)하게 여기며, 몸과 마음을 다해 이바지하고 스스로를 아낌없이 희생(犧牲)한다네.
자신(自身)의 잘못이나 허물을 밖으로 드러내는 성격(性格)은 아니나 스스로가 인정(認定)하고 개선(改善)해 나가는 올바른 인물(人物)이며, 타인의 허물이나 잘못에 대해서는 상처받지 않도록 곱게 지적(指摘)하고 진심(眞心) 어린 마음으로 감싸는 여인(女人)이라네.
본래 남들 앞에 나서기를 좋아하지 않으며, 굳이 나서더라도 분수(分數)에 맞게 말과 행동(行動)을 조심(操心)하고 매우 겸손(謙遜)한 자세(姿勢)를 취하며, 그다지 자신(自身)의 존재(存在)를 드러내지 않은 성격(性格)이라네.

그러나 자존심(自尊心)이 강(强)한 여자(女子)로써 자신과 직결(直結)된 잘잘못에 있어서는 몸과 마음을 굳게 사려 먹고 분명(分明)하고도 확실(確實)하게 가려내는 사람이라네.

자신(自身)의 잇속만을 챙기는 사람이 아니며 오히려 가까운 이웃의 어려움을 돌봐주고 고통(苦痛)을 함께 하면서 불편(不便)함이 없도록 여러모로 자상(仔詳)하게 마음을 써주는 현명(賢明)한 여인(女人)이라네.

그러면서도 대외적(對外的)인 일에는 크게 나서기를 싫어하며, 늘 한결 같은 마음으로 남을 먼저 배려하고 아끼는 성품(性品)이라네.

눈을 마주보며 늘 바라보는 따스한 애정(愛情)이라 늘 가슴이 설레는 사랑이며, 멀리 떨어져 있어도 항상 가깝게만 느껴지는 애정에 쉽사리 식지 않은 진득한 정(情)이라네.

가정(家庭)을 위해 몸과 마음을 다하며, 자식(子息)에게는 어진 어머니이고 남편(男便)에게는 착한 아내로서 몸과 마음을 사리지 않고 자기(自己)의 이해관계(利害關係)를 돌보지 않으면서 참되게 힘을 쓰는 여인(女人)이라네.

가족에 대한 믿음이 강하고 스스로에 대한 믿음을 저버리지 않으며, 가족(家族)을 위해서라면 불구덩이라도 마다하지 않은 성품(性品)이라네.

한 집안의 대소사(大小事)를 떠안으면서도 불평불만(不平不滿)보다는 오히려 흠이 잡히지 않도록 번듯하게 세우며, 거리낌 없이 떳떳한 모양새를 갖추어 준다네.

웃어른들을 잘 모시고 예의범절(禮儀凡節)에서 어긋난 말이나 행동(行動)을 하지 않으며, 늘 깨어있는 맑은 정신(精神)으로 한 집안을 뚜렷하게 세운다네.

가족(家族)의 잘잘못을 가르치는 일에 있어서 주저하지 않으며, 넘치지도 차지도 않세 언행(言行)을 삼가는 여인이라네.

대외적(對外的)인 활동(活動)을 자제(自制)하고 집안을 떠나 움직이는 것을 달갑게 여기지 않으며, 늘 가까운 이웃들과 어울리기를 좋아한다네.

그렇다고 대인관계(對人關係)에 있어서 모나거나 껄끄럽지 않으며, 시시비비(是是非

非)에 대한 선이 분명(分明)하고 항상 밝은 웃음으로 대하는 여자(女子)라네.
막힘이나 걸림이 없는 성격(性格)으로 늘 긍정적(肯定的)인 마음으로 세상(世上)을 바라보는 맑은 정신(精神)을 지닌 여인(女人)이라네.
또한 자신(自身)의 잇속을 챙기기보다는 넓은 의미(意味)로써 사회(社會)를 폭넓게 보는 시야(視野)가 있으며, 제 분수(分數)에 맞게 성의(誠意)를 다해 베푸는 여인(女人)이라네.

- 여자(女子): 음(陰) → 소음(少陰) ☵, 감(坎)

일의 이치(理致)에 밝고 사람이 마땅히 지켜야 할 바른 길에 서며, 여린 마음을 지녔지만 어떠한 면에서는 강(强)하고 쉽사리 쥐락펴락하면서 마음대로 다룰 수 있는 쉬운 성격이 아니라네.
자존심(自尊心)을 강(强)하게 내세우는 편이지만 상대방(相對方)의 뜻이나 생각을 잘 받아주고 상대방(相對方)의 처지(處地)나 형편(形便)을 깊게 헤아리면서 배려(配慮)하는 마음이 따뜻한 성격(性格)이라네.
일의 앞뒤를 주의(注意) 깊게 살펴가면서 일이 되어가는 사정(事情)이나 속내를 올바르게 인지(認知)하고 시기(時機)에 따라 유효(有效) 적절(適切)하게 대처(對處)하는 매우 현명(賢明)한 성격(性格)의 소유자(所有者)라네.
여린 마음을 겉으로 드러내지 않으면서 엄한 말과 행동(行動)으로 자신(自身)을 감추고 행동거지(行動擧止)를 항상 조심(操心)하며, 사람을 사귀는 일에 있어서 한 발짝 물러나 생각하는 성품(性品)이지만 타인(他人)을 연유(緣由)없이 의심(疑心)하는 성격(性格)은 아니라네.
사람을 대하는 일에 있어서 너그럽게 대하며, 까다로운 성미(性味)가 아니고 오히려 자기(自己) 자신(自身)을 돌아보는 일에 있어서 까다롭고 너그럽지 못한 성격(性格)이라네.
곧 자신의 몸과 마음이 잘못되지 않도록 엄중(嚴重)하게 단속(團束)하며, 삶을 살아가는 일에 있어서 잘못이나 허물이 없도록 노력(努力)한다네.
어찌 보면 자상(仔詳)하고 인정(人情)있게 보이지만 작은 잇속 앞에서 설레는 마음을 진정(鎭靜)시키는 여린 성품(性品)이며, 큰 욕심(慾心)을 부리지 않은 마음이 착한 여인이라네.

그러나 자신(自身)의 것을 지키기 위해서는 강(强)한 자신감(自信感)을 드러내는 성격(性格)이며, 타인(他人)의 일에 깊숙이 관여(關與)하거나 나서는 일에 있어서는 매우 인색(吝嗇)한 성격(性格)이라네.

그렇지만 타인(他人)의 어려움이나 고통(苦痛)에는 스스로의 분수(分數)에 맞게 몸과 마음을 다한 도움을 주는 사람이며, 늘 애처롭게 바라보면서 도움의 손길을 놓지 않은 성품(性品)이라네.

젠체하며 나서는 성격(性格)이 아니며, 타인(他人)의 뒤를 받쳐주면서 마음의 위안(慰安)을 얻은 소박(素朴)한 여인(女人)이고 대외적(對外的)인 활동(活動)보다는 집안의 울타리를 보듬어 안으면서 다독이는 마음이 따뜻한 사람이라네.

늘 보듬고 닦아주는 애정(愛情)으로써 상대방(相對方)을 배려(配慮)하는 사랑이며, 나를 앞세우기보다는 뒤에서 받쳐주는 애정(愛情)이라 항상 든든한 울타리와 같은 정(情)이라네.

가족(家族)을 위해 사는 여인으로 몸과 마음을 다해 뒷바라지를 하며, 남편(男便)과 자식(子息)을 올바르게 세우고 남에게 욕을 먹지 않도록 깨끗하고 단정(端正)하게 가꾸어주지만 잘못이나 허물에 대해서는 아무리 작은 잘못이나 허물이라도 엄중(嚴重)하게 단속(團束)하는 깔끔한 성격(性格)을 지녔다네.

물론 남들 앞에서 탓하는 성격(性格)이 아니며, 남들의 눈에서 벗어난 곳에서 엄정(嚴正)하게 잘잘못을 가리고 분명(分明)하게 타이르는 성품(性品)이라네.

한 집안을 이끌어가는 여자(女子)로 그 어떠한 일이 닥치더라도 물러섬이 없는 성격(性格)을 지녔으며, 매사(每事)에 신중(愼重)하게 판단(判斷)하고 시끄럽지 않게 조용히 처리(處理)하며, 자신의 잘남을 앞세우기보다는 일이 이루어진 좋은 성과(成果)를 일일이 집안 어른에게 돌리는 현명(賢明)한 사람이라네.

때문에 대가족(大家族)을 이루고 살아도 충분(充分)히 이끌어 갈 수 있는 여인(女人)이며, 불평불만(不平不滿)을 가지기보다는 자신이 하는 일에 있어서 커다란 자부심(自

負心)을 가지고 산다네.

대외적(對外的)인 활동(活動)을 싫어하지만 안과 밖을 아우를 수 있는 성격(性格)으로 막힘이나 걸림 없이 두루 원만하게 대인(對人) 관계(關係)를 형성하면서 자신(自身)의 위치(位置)를 확고(確固)하게 잡고 조용하게 자신의 뜻과 생각을 분명하고 조리(條理) 있게 전달한다네.

제 욕심(欲心)만을 내세우거나 바라지 않으며, 밖으로 드러내어 자랑하지 않고 늘 겸손(謙遜)하며, 자신(自身)보다는 남을 먼저 앞세우고 거들어주는 성품(性品)이라네.

때문에 사람들이 많이 따르는 편이며, 한번 인연(因緣)을 맺으면 오래도록 서로를 위해주는 선(善)한 관계(關係)를 유지(維持)한다네.

타인이 처한 어려운 사정(事情)이나 형편(形便)을 그냥 보아 넘기지 않고 애처롭게 여기면서 도움의 손길을 놓지 않은 마음이 따스한 성품(性品)의 소유자(所有者)라네.

또한 꾸밈이나 거짓이 없이 있는 그대로 보여주는 여인(女人)이라네.

- 여자(女子): 음(陰) → 소양(少陽) ☶, 간(艮)

지니고 있는 뜻이나 생각이 말과 행동(行動)으로 모두 밖으로 드러나며, 스스로의 감정(感情)을 안으로 숨기거나 감추지를 못하고 밖으로 쏟아내는 성격(性格)이라네.

마음이 매우 여린 여인(女人)으로 눈물로 호소(呼訴)하는 일이 많고 작은 어려움을 스스로 이겨내지 못하면서 모든 것을 남에게 의지(依支)하려는 성품(性品)이라네.

일이 돌아가는 사정(事情)이나 속내를 알지 못하고 또한 알려고도 하지 않으면서 작은 소견(所見)으로 많은 참견을 하며, 궁금해 하면서 호기심(好奇心)을 보이고 뒤따라 다니며 귀찮게 군다네.

타인의 잘못이나 허물에 대해서는 단호(斷乎)한 성정(性情)을 보이나 스스로의 작은 허물이나 잘못에 대해서는 정당화(正當化)하기 위해 방패막이를 내세우고 좋은 일의 결과(結果)에 대해서는 자신의 공으로 돌리면서 젠체하고 염치(廉恥)없이 드러내어 자랑하며, 얄팍한 말과 행동으로 얄밉게 구는 귀여운 여인이라네.

자신(自身)의 잘못이나 허물을 제 마음대로 합리화(合理化)하기 위해 되지도 않은 말과 행동으로 괜한 푼수를 떠는 것이며, 스스로의 작은 허물이나 잘못에 집착(執着)하면서 스스로를 용서(容恕)하지 못하는 것은 자신(自身)의 마음이나 감정(感情) 등이 모난 데가 없이 무르고 약(弱)한 성격(性格) 때문이라네.

눈앞에 드러난 작은 잇속을 챙기고 싶어도 쉽게 챙기지 못하며, 그러면서도 말과 행동(行動)이 늘 잘난 척에 오지랖 넓게 굴면서 쓸데없이 참견(參見)하고 잔소리하는 성미(性味)라네.

그래도 사람 됨됨이가 삿되지 않은 까닭으로 많은 사람과 어울리면서 그리 모나지 않고 오히려 주위(周圍) 사람을 믿고 따르다가 상처(傷處)를 많이 받는다네.

이는 스스로의 외로움이나 아픔 등을 참아내지 못하고 밖으로 드러내어 의지(依支)하기 때문이며, 남의 말에 쉽사리 휩쓸리면서 스스로의 존재(存在) 가치(價値)를 잃기 때문이라네.

남의 말을 믿고 몸과 마음을 의지(依支)하다가 스스로를 망(亡)치면서 여기에 더하여 가정까지 망치는 결과(結果)를 초래(招來)할 수 있으니, 늘 몸과 마음을 삼가고 말과 행동(行動)에 신중(愼重)해야 할 것이라네.

또한 잘잘못에 대한 판단(判斷)이 한쪽으로 치우치는 경향이 있으며, 이러한 잘못된 성격(性格)으로 인(因)하여 매사(每事)에 욕심(慾心)은 있으되 이루지를 못하고 머리는 있으되 꼬리가 없는 상황(狀況)으로 번지며, 스스로가 마음을 정(定)하지 못하면서 자신(自身)의 뜻과는 다르게 많은 손해(損害)를 보는 슬기롭지 못한 성품(性品)에 번번이 일을 그르쳐 놓기만 하는 미련한 사람이라네.

마음이 여리고 착한 까닭으로 인(因)하여 타인의 어려움이나 고통을 보면 아무런 생각이 없이 퍼주는 까닭으로 잘해주고 나서도 욕을 먹으며, 그 뒷일을 감당(堪當)하지 못하는 것이라네.

칭찬(稱讚)이나 아부(阿附) 섞인 말에 쉽게 휩쓸리는 애정으로 인하여 늘 안타깝게 흔들리는 사랑이며, 스스로의 감정을 자제(自制)하지 못하는 애정(愛情)으로 뜨거웠다가도 바로 식어버리는 정(情)이라네.

가족(家族)을 위해 몸과 마음을 다해 노력(努力)하지만 돌아오는 것은 싸늘한 눈길에 마음을 다치는 일이 다반사(茶飯事)이며, 늘 따사로운 애정(愛情)에 목이 마르지만 손을 내밀어도 잡아주는 이가 드문 가정(家庭)이라네.

그러면서 이 여인의 가족(家族)은 희생(犧牲)만을 강요(强要)하며, 자기(自己)네들이 원하는 것만을 요구(要求)하면서 마음이 흡족(洽足)하도록 충족(充足)이 되면 고마운 마음을 깨닫지 못하고 돌아서는 남편(男便)과 자식(子息)이라네.

그 까닭은 스스로의 타고난 성격이 작은 아픔이나 슬픔 등을 참지 못하고 늘 말과 행동(行動)으로 하소연하면서 제 마음대로 마구 다그치는 성격에 생색을 있는 대로 내기 때문이라네.

그럼에도 불구(不拘)하고 남편(男便)과 자식(子息)을 올바르게 세우며, 스스로를 곧추 세우기 위해 나름대로 커다란 노력(努力)을 기울이면서 몸과 마음을 다하는 착한 여인(女人)이라네.

한 집안을 위해서 스스로의 이해관계(利害關係)를 돌보지 않고 몸과 마음을 다하여 힘쓰며, 어느 것 하나 바라는 바 없이 변함없는 마음으로 돌보는 사람이라네.

다만 겉으로 드러나는 말과 행동(行動)으로 인(因)하여 노력한 만큼의 보상(報償)이 없고 도리어 욕을 먹은 경우가 많으니, 마음의 상처(傷處)를 많이 받을 것이라네.

늘 겉도는 가족(家族)에게 의지(依支)하기는 어려운지라 자칫 잘못 바른 길에서 어긋나거나 흐트러지면 스스로가 무너져 내리는 불안(不安)한 결과(結果)를 부를 수가 있다네.

밖으로부터의 유혹(誘惑)에 쉽게 흔들리고 혹(惑)할 수 있는 성격으로 바른 길에서 어긋나거나 잘못될 수 있으나 늘 제자리를 찾아 돌아오는 여인(女人)이라네.

대인(對人) 관계(關係)에 있어서 사람의 됨됨이가 삿되지 않은 까닭으로 많은 사람들로부터 인정(認定)을 받은 편이나 밖으로 나돌면 많은 상처(傷處)를 받은 여자(女子)이니, 늘 몸과 마음을 삼가고 말과 행동(行動)을 하는데 있어서 분명(分明)하고도 확실(確實)하게 해야 한다네.

이는 여린 마음과 약삭빠르지 않으며 숫되고 너그러운 성격으로 인하여 옳지 못하거나 보잘 것 없는 사람에게 몸뿐만 아니라 마음도 크게 다치기 때문이라네.

는 스스로의 말과 행동(行動)에 있어서 되짚어 생각해 보고 삼가야 할 것이 아닌가.
외로움이나 슬픔, 고통(苦痛) 등은 스스로 짊어지고 가야할 것임을 알아 자신(自身)을 믿고 가족(家族)을 굳게 믿어야 한다네.
스스로의 존재가치(存在價値)를 무책임(無責任)하게 버려둔 대가(代價)는 자신(自身)의 몸과 마음을 망(亡)칠 뿐만 아니라, 가정(家庭)을 망(亡)칠 수 있는 결과(結果)를 자신(自身)의 뜻과는 다르게 불러들일 뿐이라네.

- 여자(女子): 음(陰) → 태음(太陰) ☷, 곤(坤)

세상(世上) 물정(物情)에 어둡고 급(急)하게 변(變)해가는 이 사회(社會)의 사정(事情)이나 형편(形便), 또는 이해관계(利害關係)를 깊이 알지 못하거나 약삭빠르게 따라가지 못하는 편이라네.
그렇다고 제 앞가림을 하지 못할 정도(程度)로 미련하거나 고집(固執)을 피우는 성격(性格)은 아니며, 단지 자신(自身)의 말이나 행동(行動)에 대해서 고지식하게 책임(責任)을 지는 편이고 일하는 방법(方法)이나 생각하는 것이 고리삭고 시원시원한 맛이 없으며, 매우 따분한 성격(性格)의 소유자(所有者)라네.
외부(外部)로부터의 충격(衝擊)에 둔한 편이라 말이나 행동으로 반응(反應)하는 속도가 미련할 정도(程度)로 느리고 그 타고난 성질(性質)이 굼뜨고 흐리터분하다네.
몸과 마음을 다해서 노력(努力)을 한다지만 일이 되어가는 형편이나 결과(結果)가 분명하지 않고 매우 답답하며, 주변(周邊) 정리(整理)하면서 일을 처리(處理)하는 성미(性味)가 분명(分明)하거나 깔끔하지 못한 여자(女子)라네.
마음이 착하고 매우 여리며 일의 앞뒤를 모르는 아둔한 여자(女子)지만 자신(自身)을 희생(犧牲)하는 일에 있어서는 천생(天生) 타고난 성품(性品)으로 어떠한 일이 닥치든 몸과 마음을 사리지 않는다네.
그러나 느려터지고 게을러터진 성격은 어찌해 볼 방도(方途)가 없다네.
주변머리가 없는 까닭으로 일이 잘되도록 여러모로 두루 힘쓰거나 그때그때의 상황(狀況)에 따라 융통성(融通性)있게 일을 처리하는 재주는 없으나, 사회적(社會的)으로 드러난 자신의 자리나 지위를 지키려고 한다네.

그러나 힘을 실어주는 가까운 이들이 없고 희생(犧牲)만을 강요(强要)하는 사람들만 주변(周邊)에 모여들며, 자신(自身)의 의지(意志)와는 다르게 이끌려 다닌다네.

늘 반복(反復)되는 일상(日常)에 가슴을 치며 답답해 할만도 하지만 스스로가 처한 상황(狀況)에 한숨만 내쉬면서 맥없이 포기(抛棄)한다네.

자신이 이룩한 울타리를 지키기 위해 몸과 마음을 다해 노력을 하지만, 항상 돌아오는 것은 그 울타리에 혼자 남아있다는 외로움이라네.

시시하고 보잘 것 없는 자존심(自尊心)을 털어버리고 마음의 문을 활짝 열고서 밝은 세상(世上)을 보았으면 하지만, 일찌감치 세상(世上)의 쓴맛 단맛을 본 까닭으로 쉽사리 마음의 문을 열지 못하며, 주어진 여건(與件)에 만족(滿足)하면서 살아 있는 동안 고단(孤單)하게 살아가는 무던한 여인(女人)이라네.

그러나 허구(許久)한 날 독수공방(獨守空房)에 지친 몸과 마음이기에 밤이슬을 밟고 살아가는 여인이며, 한번 몸과 마음이 떠나면 다시는 뒤돌아보지 않은 성격(性格)이라네.

주위(周圍)가 어둡고 시린 애정에 늘 외로움에 목이 마르는 사랑이며, 희생(犧牲)을 강요(强要)당하는 애정(愛情)이라 아물지 않은 상처(傷處)를 지닌 사랑이라네.

가정(家庭)이라는 울타리를 지키기 위해 몸과 마음을 다해 무던히도 노력(努力)하지만 힘을 실어주는 사람이 없는 까닭으로, 그 누구의 도움도 받지 못하고 그렇듯 힘겨운 일을 그악스럽게 해나간다네.

가족(家族)의 누구라도 도움을 주었으면 하건만 희생(犧牲)만을 강요당하고 늘 만족하지 않다는 아우성에 두려워하며, 쫓기듯 늘 다급(多急)하게 살아가는 여인(女人)이라네.

남편(男便)이나 자식을 위한 일이라면 몸과 마음을 사리지 않고 나서며, 스스로를 위해서는 단 하나라도 돌보거나 보듬지 않고 희생(犧牲)을 강요(强要) 당하지만 바라는 바 하나 없이 퍼준다네.

가정(家庭)이 돌아가는 사정(事情)이나 형편(形便)에 되바라지지 못하고 좀 어리석은 데가 있으며, 짜임새가 없이 야무지지 못하고 하는 일이 어설퍼 미덥지 못하지만 무조건(無條件) 탓할 수 없는 여인(女人)이며, 손아귀에 넣고 마음대로 휘두를 수 있는 되먹지 않는 여인이 아니라네.

한 집안을 위해 희생(犧牲)을 강요(强要)당한다지만 불평불만(不平不滿)을 가지지 않으며, 눈에 보여 지는 태도(態度)나 행동(行動)이 어리석고 둔하지만 이는 스스로가 지닌 성정(性情)을 모르기 때문이려니, 진심(眞心)을 갖고 이끌어주고 배움을 함께 해준다면 한 집안을 올바르게 닦아세우는 자부심(自負心)이 강한 여인이라네.

혼자라는 외로움에 한쪽으로 마음이 쏠리면 모든 것을 버리고 집착(執着)하는 경향(傾向)이 있으며, 이러한 잘못된 집착(執着)으로 인하여 이용을 당하면서 상처를 받고 대인관계(對人關係)를 이루는 일에 있어서 어렵거나 곤란(困難)한 일에 빠진다네.

단 한 번의 실수(失手)로 자신의 몸과 마음뿐만 아니라 가정(家庭)을 파탄(破綻)으로 잘못 이끄는 경우(境遇)가 있으니, 항상 몸과 마음을 신중(愼重)하게 움직이고 말과 행동을 하는데 있어서 늘 삼가야 할 것이며, 남의 칭찬(稱讚)이나 아부(阿附)를 바탕으로 한 발언(發言)에 미혹(迷惑)하지 말아야 할 것이라네.

아둔한 마음을 깨치고 나면 이만한 여자를 그 어디서도 찾을 수 없다네.

자신 잇속을 챙기기보다는 남을 먼저 배려(配慮)하는 본바탕을 잊지 않고 늘 어린 마음에 착한 성격(性格)으로 인(因)하여, 현재는 힘들고 고통이 따르더라도 뒷날 편한 삶을 살아갈 수 있다네.

9) 백납금(白鑞金): 잘 늘어나고 펴지는 금(金)의 기운(氣運)

경진(庚辰)-양(陽)	신사(辛巳)-음(陰)

16상론(十六象論) 및 행태론(行態論)

• 남자(男子)

양(陽) → 태양(太陽)/건(乾)-부(父) ☰	음(陰) → 태양(太陽)/손(巽)-장녀(長女) ☴
양(陽) → 소음(少陰)/태(兌)-소녀(少女) ☱	음(陰) → 소음(少陰)/감(坎)-중남(中男) ☵
양(陽) → 소양(少陽)/리(離)-중녀(中女) ☲	음(陰) → 소양(少陽)/간(艮)-소남(少男) ☶
양(陽) → 태음(太陰)/진(震)-장남(長男) ☳	음(陰) → 태음(太陰)/곤(坤)-모(母) ☷

• 여자(女子)

양(陽) → 태양(太陽)/건(乾)-부(父) ☰	음(陰) → 태양(太陽)/손(巽)-장녀(長女) ☴
양(陽) → 소음(少陰)/태(兌)-소녀(少女) ☱	음(陰) → 소음(少陰)/감(坎)-중남(中男) ☵
양(陽) → 소양(少陽)/리(離)-중녀(中女) ☲	음(陰) → 소양(少陽)/간(艮)-소남(少男) ☶
양(陽) → 태음(太陰)/진(震)-장남(長男) ☳	음(陰) → 태음(太陰)/곤(坤)-모(母) ☷

- 남자(男子): 양(陽) → 태양(太陽) ☰, 건(乾)

모든 말이나 행동(行動)에 앞서서 매우 급(急)한 성질(性質)과 성품(性品)을 타고났으나 사람이 마땅히 지켜야 할 바른 길을 스스로 깨달아 아는 명석(明晳)한 두뇌(頭腦)이며, 부끄러운 줄 모르고 뻔뻔한 구석이 있는 성격(性格)으로 유들유들한 면을 지니고 있다네.

어떠한 일에서든 이기고자 하는 마음이 강(强)하며, 승부수(勝負手)를 던지기 위해 모든 것을 그럴듯하게 꾸미는 교묘(巧妙)한 생각이나 수단(手段)이 남들과는 두드러지게 다른 유별(有別)난 성격(性格)을 지닌 사람이라네.

타인을 헤아리고 이끌어주며 감싸는 밝은 지혜(智慧)를 지녔다기보다는 그럴듯하게 남을 속이거나 부추기어 자신(自身)의 뜻대로 하게 하거나 자신을 따르게 만드는 사람으로서 꾀가 많은 남자라네.

겉으로 드러나는 사람의 됨됨이가 사사로움이나 편벽(偏僻)됨이 없이 공정(公正)하고 명백(明白)해 보이기는 하지만, 어렵거나 자신(自身)의 잇속이 보이지 않은 일 앞에서는 다른 일을 핑계 삼아 스스로의 책임을 회피(回避)하는 잔꾀가 많다네.

그렇게 남을 속이는 일은 없으나 일이 잘되도록 지혜(智慧)를 내어 자신(自身)의 주변(周邊)으로 사람들을 모이게 하면서 스스로 우두머리가 되려는 남자(男子)라네.

물론 주변(周邊)에 많은 사람들이 늘 모여들고 따르지만 항간(巷間)에서 뭇사람 사이에 떠도는 말을 들어보면 믿어서 증거나 근거(根據)로 삼을 수 있는 진실(眞實)이 담긴 말보다는 되지도 않은 구구(區區)한 억측(臆測)이 나도는 사람이며, 본인(本人) 또한 이를 즐기는 성격(性格)이라네.

유들유들한 성격(性格)에 다모객(多謨客)으로 언변(言辯)이 매우 능수능란(能手能爛)하고 많은 경험(經驗)을 바탕으로 잘잘못을 꿰뚫어 보는 눈이 있으며, 시비곡직(是非曲直)을 가려내는 일에 특출(特出)난 자질(資質)을 지닌 남자(男子)라네.

때문에 자신(自身)에게 잇속이 따른다면 곤란(困難)한 일에 직면(直面)한 사람들의 시시비비(是是非非)에 나서서 협상(協商)을 통해 도움을 주는 남자(男子)라네.

현실적(現實的)인 성격(性格)으로 바로 눈앞에 사실로 나타나 있는 그대로의 상태(狀態)나 형편을 보고 이를 이해(理解)하는 일에 밝은 사람이라네.

때때로 주변 사람들로부터 몰염치(沒廉恥)하고 매몰차다는 소리를 들으나 당사자 간(當事者 間) 서로의 잘잘못을 가리면서 본래(本來) 사람 구하기를 좋아하고 열띤 논쟁(論爭)을 즐기는 성격(性格)으로 자신(自身)을 내세우면서 잘난 척하는 남자(男子)라네.

자신의 말과 행동(行動)에 책임(責任)을 지지만 책임을 피할 수 있거나 피할만한 일이라면 적절(適切)한 잔꾀를 내어 곤란(困難)한 자리에서 벗어나는 성격(性格)이라네.
어느 한쪽으로 크게 치우치거나 쏠리지 않고 양쪽을 이해하면서 현실적(現實的)인 해결(解決) 방안(方案)을 지혜(智慧)를 내어 제시(提示)하고 정당(正當)한 대가(對價)를 바라는 성격(性格)이라네.
마음속은 엉뚱한 욕심(慾心)을 품고 분수(分數) 밖의 짓을 하려는 경향(傾向)이 있으면서 겉으로는 감쪽같이 시치미를 떼고서 아무렇지도 않은 듯 천연(天然)덕스럽게 말과 행동(行動)을 보이는 능청맞은 남자(男子)라네.
또한 눈앞에 드러난 잇속에 분명하게 스스로의 욕심(慾心)을 내보이는 매우 솔직(率直)한 모습을 보이는 남자(男子)라네.
자신(自身)의 이해득실(利害得失)에 따라 표현(表現)의 깊이가 달라지는 애정(愛情)이라 그 속을 알 수 없는 사랑이라네.
애정(愛情) 표현(表現)이 때에 따라 달라지는 까닭으로 그 변덕(變德)에 맞추어 갈 수 없는 어려운 사랑이라네.
가족(家族)을 위해 헌신(獻身)을 하는 성격(性格)이나 자신의 노력에 따른 대가(對價)를 분에 넘치게 바라는 까닭으로 가족(家族)들이 힘들어하는 편이며, 사람됨이 가족(家族)의 뜻이나 생각을 깊이 존중(尊重)하고 받아들이면서 따라주는 것 같지만 이는 겉으로 보이는 모습일 뿐이며, 자신(自身)의 뜻이나 생각에 맞지 않거나 어긋나면 타고난 급한 성정(性情)으로 몰아치면서 자신의 뜻이나 생각을 마지막까지 지키면서 굽히지 않는다네.
가족(家族)들에게 모든 면에서는 거짓이나 숨김이 없이 바르고 곧은 모습을 보이지만 경제적(經濟的)인 면, 곧 현찰(現札)에 대해서는 있는 그대로를 보여주지 않고 숨기는 성격(性格)이라네.
돈에 대한 가치(價値)를 최상(最上)으로 여기면서 남을 믿지 못하고 맡기지도 않으며, 스스로가 관리(管理)한다네.
가정(家庭)의 경제권(經濟權)을 쥐고 있어야 스스로의 마음이 편해지는 남자(男子)라네.
가족(家族)에게 잔소리가 심한 편이며, 자신(自身)의 편안(便安)함만을 추구(追求)하면서 그럴듯한 말과 행동으로 자신을 합리화(合理化)하고 정당화(正當化)하는 조금은 소심(小心)한 남자(男子)라네.

그래도 자식(子息)에 대한 마음은 각별(各別)한지라 몸과 마음을 다한 애정(愛情)을 쏟아 부으며, 자식(子息) 앞에서 만큼은 유한 성품(性品)을 보인다네.

자식(子息)에게 보이는 애정(愛情)만큼 부인(婦人)에게도 애정(愛情)을 보였으면 한다네.

대인관계(對人關係)에 있어서 이해득실(利害得失)을 따르는 까닭으로 맺고 끊음에 결연(決然)한 태도(態度)를 보이지 못하며, 매사(每事)에 바르지 않은 뜻이나 생각으로 자신(自身)의 잇속만을 챙기려는 성격(性格)이라네.

그렇다고 마구잡이, 곧 앞뒤를 헤아림이 없이 닥치는 대로 함부로 하지는 않고 그나마 격식(格式)에 따라 움직이는 까닭으로 두루 원만(圓滿)한 관계(關係)를 이루며, 이해득실(利害得失)에 따른 서로 다른 집단(集團)의 분쟁(分爭)에 나서서 협상(協商)을 잘 이끌어 내고 스스로의 잇속을 분명(分明)하게 요구(要求)하면서 챙길 만큼 챙기는 솔직(率直)한 남자(男子)라네.

언변(言辯)이 능수능란(能手能爛)하고 잔꾀로 지혜(智慧)를 내는 남자(男子)로 자신의 말이 거짓이라도 곧이곧대로 믿게끔 만들며, 스스로의 목표(目標)나 목적(目的)을 이루면서 자신(自身)의 위치(位置)를 높이 세우고 체면(體面)과 위신(威信)을 지키는 남자(男子)라네.

젠체하며, 똑똑한 척을 하지만 그만한 위치(位置)에 설 수 있는 사람이며, 많은 사람이 믿고 따르며, 또한 그만한 실세(實勢)지니고 있으면서 이 실세(實勢)를 정도(程度)에 맞게 이용(利用)할 수 있는 능력(能力)을 지닌 사람이라네.

삶의 실타래를 복잡(複雜)히게 만들지 않고 오히려 복잡(複雜)하게 얽매인 실타래를 풀어가며 세상살이를 재미있게 살아가면서 능청스럽게 자신을 포장(包裝)하는 삶이라네.

- 남자(男子): 양(陽) → 소음(少陰) ☱, 태(兌)

겉으로 드러난 말과 행동(行動)은 솔직(率直)하나 스스로의 뜻이나 생각에 있어서는 밖으로 쉽게 드러내지 않는다네.

마음속은 엉큼하면서 겉으로 드러난 말이나 행동(行動)은 타고난 그대로 조금도 꾸밈이 없어 보이거나 감쪽같이 시치미를 떼고는 아무렇지 않은 듯이 한다네.

때문에 그 깊은 속을 헤아려 알기가 힘들고 스스로의 속내를 들키지 않으면서 자신(自身)의 뜻이나 생각을 분명(分明)하게 전(傳)하며, 상대방(相對方)의 뜻이나 생각을 드러내어 밝히고 자신(自身)의 의지(意志)를 굳히는 성격(性格)이라네.

언변(言辯)에 능(能)하면서도 말이나 행동을 함에 있어서 실수(失手)를 하지 않으려고 노력(努力)하며, 스스로의 실수(失手)나 허물에 대하여 매우 안타까워하면서 드러내기를 싫어하는 자존심(自尊心)이 강한 남자(男子)라네.

유들유들한 면이 없지 않으나 스스로가 남자로서의 당당(當當)한 모습을 보이기 위해서 스스로의 마음을 잡도리하는 성격(性格)이며, 타인(他人)을 대하는 일에 있어서는 말보다는 행동(行動)으로 조용하게 따져가면서 꼼짝 못하게 휘몰아 세우는 남자(男子)라네.

자신(自身)의 속내를 드러내지 않으면서 신중(愼重)하게 스스로의 잇속을 챙기는 성격(性格)에 타인(他人)의 잇속까지 아까워하지 않고 챙겨주며, 이러한 방편(方便)을 통해서 자신의 위치를 닦아세우고 스스로의 실세(實勢)를 키워나가는 성품(性品)이라네.

자신(自身) 스스로에게는 인정(人情)이 없이 아주 쌀쌀하고 독(毒)하지만, 겉으로 드러나는 체면(體面)이나 위신(威信)을 앞세우기 위해서는 자신(自身)을 감추고 남을 배려(配慮)하는 척하고 뻔뻔스러운 말과 행동(行動)을 스스럼없이 내보이는 유들유들한 성격(性格)이라네.

밀고 당기는 일에 있어서는 능수능란(能手能爛)한 수완(手腕)을 보이고 이미 모든 것을 다 알고 있다는 식의 당당(堂堂)하고도 확고(確固)한 모습을 보이면서 상대방(相對方)의 전의(戰意)를 일찌감치 꺾어 놓고 여유(餘裕)를 부리는 남자(男子)라네.

젠체하거나 똑똑한 척을 하기 위해서 그만한 실세(實勢)와 실력(實力)을 갖추기 위해 많은 노력을 기울이며, 실세(實勢)와 실력(實力)을 갖추기 전에는 굳이 나서지 않는다네.
자신(自身)을 잡도리하고 닦아세우는 성격(性格)으로써 자존심(自尊心)이 강(强)한 편이라 타인(他人)의 권세(權勢)에 맥(脈)없이 등을 기대는 사람은 아니라네.
오히려 절치부심(切齒腐心)하며 절차탁마(切磋琢磨)하여 스스로의 위세(威勢)를 탄탄하게 만들기 위해 몸과 마음을 다하는 사람이라네.
타인의 잘잘못을 따지기에 앞서 스스로에게 매우 신중(愼重)한 사람이며, 말과 행동(行動)을 삼가지만 때때로 자신(自身)의 허물이나 잘못을 감추기 위해서 느닷없는 말과 행동(行動)을 보이기도 하며, 타인(他人)에게 애먼 허물을 덮어씌우기도 한다네.
이는 마음이나 성격(性格) 따위가 바르지 못하고 비꼬이지는 않았으나, 사람됨이 본래(本來) 기묘(奇妙)한 꾀가 많은 까닭으로 자신(自身)에게 어려운 일이 닥치거나 위험(危險)한 일에 노출(露出)이 될 것 같으면 미리 감지(感知)해 알고는 몸과 마음을 사리기 때문이라네.
깊은 속내를 알 수 없는 애정(愛情)이라 쉽고 가깝게 다가설 수 없는 사랑이지만 한번 맺은 인연(因緣)은 소중(所重)하고 무겁게 여기는 까닭으로 마침내는 서로를 위하는 사랑이라네.
가족(家族)에 대한 애정(愛情)이 깊으나 겉으로 드러내어 표현(表現)하기를 싫어하며, 조용하게 밀고 당기면서 이끌어가는 성품(性品)이라네.
자신(自身)의 존재(存在)를 부각(浮刻)시키기보다는 뒤에서 무언(無言)의 힘을 실어주고 지켜봐주는 부정(父情)이라네.
부인(婦人)에게 어느 정도(程度)의 경제권(經濟權)을 내어주지만 가정사(家庭事)를 결정(決定)하고 집행(執行)하는 모든 일에 있어서는 가족(家族)의 뜻이나 생각을 따르지 않으며, 자신(自身)의 뜻과 생각을 따르도록 한다네.
이율배반적(二律背反的)인 말과 행동(行動)으로 가족(家族)에게 혼란(混亂)을 주기도 하지만, 안으로 감춘 따뜻한 부정(父情)만큼은 가족(家族)이 충분(充分)히 이해(理解)하기 때문에 무난(無難)하게 가정(家庭)을 이끌어간다네.
뻔뻔스럽고 능글맞은 성격(性格)이기는 하나 그렇게 보이지 않는 것은 가족(家族)을 위하는 일에 있어서 몸과 마음을 다하여 노력(努力)하는 모습 때문이라네.

몸과 마음을 다한 성실(誠實)함을 가족(家族)이 알아주고 어긋나지 않게 따라주기에 행복(幸福)하지 않겠는가.

정도(正道)를 넘어서는 말과 행동이 문제(問題)를 일으키지 않던가.

여자(女子)가 많이 따르는 까닭으로 이따금 시끄러울 수 있으나 특유(特有)의 타고난 잔꾀로 지혜(智慧)를 내어 무리(無理)없이 이끌어 가는 성품(性品)이라네.

대인(對人) 관계(關係)에 있어서는 필요(必要)에 따라 자신(自身)의 실세(實勢)를 내세우며 체면(體面)과 위신(威信)을 앞세우면서 엉뚱한 욕심(慾心)을 품고 분수(分數) 밖의 짓을 하려는 마음을 숨긴다네.

사실(事實) 자신(自身)에 대하여 많은 말을 하는 것 같지만 알찬 알맹이를 내보이는 성격(性格)이 아니며, 그럴듯한 말과 행동(行動)으로 자신(自身)을 감추고 남의 눈을 속이는 잔꾀에 능(能)하다네.

그렇다고 꼭 자기(自己)만을 위하지는 않으며, 사람됨이 크게 왜곡(歪曲)되지 않은 까닭으로 타인(他人)의 처한 어려움을 지나치지 않고 구해주기를 좋아하면서 스스로의 명예(名譽)나 위신(威信)을 세운다네.

능수능란(能手能爛)한 언변(言辯)으로 자신(自身)의 잇속을 챙기면서 타인(他人)을 한쪽으로 몰아쳐 세우기도 하지만 그렇게 후안무치(厚顔無恥)한 성격(性格)은 아니라네.

단지 자신(自身)이 노력(努力)한 만큼의 대가(代價)를 바라는 편이며, 정도(正道)를 크게 넘어서지는 않는다네.

매사(每事)에 쉽게 나서는 성격(性格)이 아니며, 깊이 생각하고 미리 앞선 생각으로 방책(方策)을 세운 후 신중(愼重)하게 나서며, 말과 행동(行動)을 삼가는 성격(性格)이라네.

승산(勝算) 없는 언쟁(言爭)이나 다툼에 나서지 않고 항상 준비(準備)가 이루어진 후에 나서며, 승산(勝算) 없는 싸움이라면 언제라도 물러서는 현명(賢明)함이 있다네.

많은 사람들이 믿고 따르며 늘 막힘이나 걸림이 없이 두루 원만(圓滿)하게 서로 다른 집단(集團)의 이익(利益)을 챙겨주면서 자신(自身)의 입지(立地)를 단단하게 만드는

사람이라네.
또한 타고난 말솜씨로 많은 이들의 어려움을 풀어주고 자신(自身)의 사람으로 만드는 성격(性格)이라네.

- 남자(男子): 양(陽) → 소양(少陽) ☲, 리(離)

뜻이나 생각이 한쪽으로 치우치는 경향(傾向)이 있으면서 말과 행동(行動)은 되바라진 듯이 하며, 짧게 아는 것과 적게 가진 것을 가지고 젠체하며, 스스로를 드러내어 되지못한 과시(誇示)를 하는 성격(性格)이라네.
일이 되어가는 사정이나 속내를 본래 상태(狀態) 그대로 알지 못하고 스스로의 치우친 견해(見解)로 판단(判斷)하면서 왜곡(歪曲)된 시선(視線)으로 바라보는 사람이라네.
스스로의 잘못이나 허물은 인정(認定)하지 않고 타인(他人)의 잘잘못을 따지기 좋아하며, 드러내놓고 자신의 위신(威信)을 세우면서 스스로의 잘잘못을 정당화(正當化)하는 성격(性格)이라네.
상대방(相對方)이 받을 상처(傷處)는 보지 않고 자신(自身)의 체면(體面)만을 중요시(重要視)하며, 타고난 잔꾀를 자신(自身)의 못난 점을 가리는 체면(體面)치레로만 이용(利用)을 하면서 자신(自身)을 합리화(合理化)하는 성격(性格)이라네.
속에 있는 뜻이나 생각을 감추지 못하고 모두 드러내어 밝히며, 그 뒤를 책임(責任)지지 못하면서 모든 잘못이나 허물을 남의 탓으로 돌리는 남자(男子)라네.
사람의 됨됨이가 남의 잘못이나 비밀(秘密)을 몰래 일러바치거나 헐뜯어 말하면서 자신(自身)의 잇속만을 챙기는 성격(性格)이며, 시시(時時) 때때로 처하는 상황(狀況)에 따라 남을 잘 속이고 음흉(陰凶)한 마음을 지닌 사람이라네.
타고난 성정(性情)이 제멋대로에 급(急)하기는 하나 경각(頃刻)에 풀어지는 사람으로서 쓸데없는 고집(固執)을 부리다가도 자신(自身)이 다치거나 손해(損害)를 입을 것 같으면 바로 자리를 바꿔 앉은 성격(性格)이라네.
또한 이득(利得)이 없는 일이라면 아무 때나 자리를 훌훌 털고 일어서며, 다시는 뒤돌아보지도 않고 부끄러워하거나 후회(後悔)하지 않는다네.

한번 마음이 한쪽으로 쏠리면 앞뒤를 가리지 못하고 휩쓸리는 사람으로 인생(人生)의 굴곡(屈曲)이 매우 심한 편이고 밀고 당기는 일에 있어서 능(能)하다고는 하지만, 늘 남에게 사기(詐欺)를 당하거나 스스로가 못된 목적(目的)으로 남을 속여 착오(錯誤)에 빠지도록 하고 사기(詐欺)를 일삼는 사람이 되어 늘 남에게 피해(被害)를 주게 된다네.
속이 좁아터진 까닭으로 남에 대한 배려(配慮)가 없고 큰 잇속을 취하려다 자신(自身)이 가지고 있는 것마저도 빼앗기며, 열심(熱心)히 노력(努力)을 하더라도 크게 얻지를 못한다네.
몸과 마음을 다해 힘을 들이고 얻으려고 하나 자신(自身)의 복(福)을 입으로 풀어버리는 격(格)이라 남 좋은 일만 하고 손해(損害)만 보는 일이 많은 남자(男子)라네.
잔꾀는 많으나 지혜(智慧)를 내는 머리가 없는 까닭으로 남의 힘이 필요(必要)한 사람으로서 타인(他人)의 세력(勢力)이나 위신(威信)에 기대어 자신(自身)의 앞날을 도모(圖謨)하는 이들이 많으며, 대다수(大多數)의 사람들이 어렵지 않게 살아가나 남의 권세(權勢)에 의지(依支)하는 몸과 마음인지라 마음 편할 날이 드문 삶을 살아간다네.
타인(他人)의 위세(威勢)와 세력(勢力)에 기대지만 때때로 좋은 인연(因緣)을 만나 자신의 실세(實勢)를 크게 이루기도 하고 스스로의 위치(位置)를 확고(確固)하게도 만들지만, 타고난 성품(性品)을 깨달아 얻지 못하면 힘들여 이룩한 모든 것을 빼앗기기도 한다네.
이는 한쪽으로 치우치는 성격(性格) 때문이며, 한쪽으로 쏠리면 앞뒤를 가리지 못하고 푹 빠져버리기 때문이라네.
단편적(斷片的)인 생각은 자신(自身)에게 크나큰 적이란 것을 깊이 알고 늘 거시적(巨視的)인 안목(眼目)을 잃지 말아야 한다네.
그 까닭은 남에게 피해(被害)를 주려고 하지 않지만 결국(結局)에는 손해(損害)를 끼치고 마는 경우(境遇)가 늘 허다(許多)하기 때문이라네.
고의적(故意的)으로 꾸며대지 않은 일임을 과연 누가 있어 알아주겠는가.
앞날이 불분명(不分明)한 애정(愛情)으로 늘 확인(確認)하면서 다투는 사랑이며, 때때로 좋은 인연(因緣)을 만나 서로가 서로에게 의지(依支)하는 안타까운 정(情)이라네.

오래 지속(持續)되지 못하는 애정(愛情)으로 서로가 깊이 알기도 전에 돌아서는 애틋한 사연을 지닌 사랑이라네.

가정(家庭)이라는 울타리에 깊은 애정(愛情)을 쏟으나 항상 겉돌 수밖에 없는 정(情)이라 살갑게 보살펴 줄 수 있는 형편(形便)이 되지 못하며, 작은 것 하나라도 챙겨주고 싶지만 생각만이 앞설 뿐 챙겨주지 못해서 안타까운 부정(父情)이라네.

나름 가족을 위해 몸과 마음을 다한 노력(努力)을 하지만 자신(自身)의 뜻이나 생각만큼 보탬이나 도움이 되지 않은 까닭으로 늘 가슴만 아픈 가족(家族)에 대한 사랑이라네.

가족(家族)들 앞에서는 어렵거나 힘든 모습을 보여주기 싫어하며, 자신(自身)의 잘못이나 허물을 드러내기 싫어하고 늘 가족(家族) 앞에서는 멋있고 잘난 아버지이기를 바란다네.

때때로 곪아 터진 상처(傷處)를 보이기도 하지만 항상 힘 있는 아버지이기를 바라는 남자(男子)라네.

미워하지 않고 가족(家族)이 따르는 것은 밖에서야 어떠하든 가족(家族)에게 성심(誠心)을 다하여 노력(努力)하는 마음을 알기 때문이라네.

다고난 성품(性品)이 간사(奸詐)하고 교활(狡猾)하더라도 가족(家族)에게 있어서는 무슨 문제(問題)가 되겠는가.

가족(家族)을 배부르게 하기 위한 떳떳한 성품(性品)이며, 몸과 마음을 다한 노력(努力)의 대가(代價)란 부끄러워하거나 후회(後悔)할 일이 아니지 않은가.

밀고 당기는 대인(對人) 관계(關係)에 있어서 타인(他人)에게 뒤지는 성격(性格)은 아니나 이해득실(利害得失)에 부딪히면 앞뒤를 가리지 못하고 한쪽으로 치우치는 성격(性格)으로 인(因)하여, 항상 자신(自身)의 잇속을 챙기지 못하면서 타인(他人)의 실세(實勢)에 기대어 자신(自身)의 잇속을 받아내는 형편(形便)이라네.

이해득실(利害得失)에 어두운 사람은 아니나 자신(自身)의 작은 견해(見解)로 판단(判斷)하고 쓸데없는 자존심(自尊心)을 내세워 상대방(相對方)의 뜻이나 생각을 정확(正確)하게 읽지 못하는 까닭으로 자신(自身)의 작은 실세(實勢)마저도 잃어버리기 때문에, 스스로의 입지(立地)가 작아지고 마음의 여유(餘裕)가 없어지면서 속이 좁은 사람으로 평판(評判)이 나는 것이라네.

깊지 않은 언변(言辯)으로 사람 꼬드기는 일에 능하기에, 가깝게는 큰 잇속을 얻을 수 있으나 멀리 보면 큰 잇속을 바랄 수 없는 성격(性格)이라네.

쓸데없는 고집(固執)으로 많은 손해를 보기도 하지만 나름 노력(努力)을 통하여 크게 이루기도 하면서 주위(周圍) 사람들과 두루 원만(圓滿)한 관계(關係)를 이뤄가며, 남의 어렵고 힘든 일에 발 벗고 나서기도 하면서 많은 믿음과 힘을 실어주기도 하는 남자(男子)라네.

때문에 별것 아닌 것을 가지고 젠체하며 쓸데없는 과시(誇示)를 부려도 많은 이들로부터 미움을 받지 않으며, 많은 사람들이 어울리기를 원하는 것이라네.

단지 한쪽으로 치우친 잘못된 뜻이나 생각으로 일확천금(一攫千金)을 꿈꾸거나 여자(女子)에게 눈이 멀지 않기를 바란다네.

그나마 어렵게 이룩한 실세(實勢)를 잃어버린다네.

- 남자(男子): 양(陽) → 태음(太陰) ☳, 진(震)

타고난 성정(性情)이 매우 급(急)하고 마음의 여유(餘裕)를 찾지 못하며, 일이 되어가는 사정이나 속내보다는 결과만을 중요시(重要視)한다네.

이러한 연유(緣由)로 말과 행동(行動)에 있어서 안과 밖이 매우 다른 모습을 보이고 스스로도 인지(認知)하지 못하면서 합리화하고 정당화(正當化)시키며, 잘못한 일이 있어도 부끄러운 줄 모르고 모든 일을 예사롭게 보아 넘기는 뻔뻔한 성격의 소유자(所有者)라네.

매사(每事)에 우유부단(優柔不斷)한 모습을 보이면서도 자신의 잇속 앞에서는 강한 집착(執着)을 보이면서 욕심을 부린다네.

남의 눈꺼풀에 걸린 티끌은 보면서 제 눈꺼풀에 걸린 대들보는 보지 못하는 성격(性格)으로, 남의 잘못이나 허물에 대해서는 에누리 없이 헐뜯어 깎아내리면서 자신(自身)의 체면(體面)이나 위신(威信)을 세우려는 염치(廉恥)없는 사람 중에 한 남자(男子)라네.

거침없고 뒤를 책임(責任)지지 않은 말장난으로 많은 사람들에게 마음으로나 금전적

(金錢的)으로 큰 상처(傷處)를 주고 손해(損害)를 끼치면서 마음의 문을 닫아버리고 타인의 고통(苦痛)이나 어려움을 들어주지 않은 속이 좁아터진 성격(性格)이며, 자신의 잘못이나 허물에 대해서는 인정(認定)하지 않고 남의 작은 질책(叱責) 앞에서 제 성질을 이기지 못하는 매우 소심(小心)한 사람이라네.

말이나 행동(行動)이 진중(鎭重)하지 못하고 언행이 몹시 경망(輕妄)하며 주책이 없고 신실(信實)하지 못하다네.

일정(一定)한 생각이나 줏대가 없이 일을 저지르고 어쩌다 잘되면 제 탓이라 여기면서 오두방정을 떨며, 일이 잘못되면 모두 남의 탓으로 돌리면서 안면(顔面)을 바꾸는 몰염치(沒廉恥)한 사람이라네.

타인(他人)의 고통(苦痛)이나 어려움에 대해서는 그럴듯한 말이나 행동(行動)으로 위하는 척하면서도 스스로에게는 자기(自己) 변명(辨明)만을 일삼으며, 되레 자신(自身)의 고통(苦痛)이나 어려움을 과장(誇張)된 말과 행동(行動)으로 호소(呼訴)하면서 자신(自身)을 위해주기를 원하는 성격(性格)이라네.

사람됨이 겉으로는 호인(好人)처럼 보이나 얼마 되지도 않은 알량한 자존심(自尊心)을 세우고 남을 업신여기면서 자신(自身)을 드러내며, 깊지 않은 잔꾀로 남을 현혹(眩惑)시키면서 되바라진 자신(自身)의 잘남을 내보이는 사람이라네.

때문에 남으로부터 이용(利用)을 많이 당하고 사기를 많이 당하지만 본인(本人) 스스로가 인지(認知)하지 못하며, 일이 끝난 후에야 일의 진위(眞僞)를 알고 가슴을 치며 후회(後悔)하는 경우(境遇)가 많다네.

본인은 남의 환심(歡心)을 사기 위해 알랑거리며 붙좇지 못하는 성격이나 타인(他人)의 아부에 쉽게 넘어가는 성격(性格)이라 마음이나 금전적(金錢的)으로 상처를 많이 받고 손해를 많이 본다네.

말로 하자면 쉬운 남자(男子)가 아닌가.

지닌 것이 없으면 그 기세(氣勢)가 약해지는 사람으로 자신(自身)의 실세(實勢)가 없다면 타인의 권위나 세력에 기대어 동반자(同伴者)로써의 길을 가기도 하지만 원래(原來) 힘의 작용(作用)이란 실질적(實質的)으로 잡고 있는 사람의 것이 아닌가.

사람을 바탕으로 한 믿음이 결여(缺如)된 만남이란 늘 불안(不安)하지 않겠는가.

필요(必要)에 따라 변하는 애정(愛情)이라 늘 한쪽이 비어있는 사랑이며, 깊은 정(情)을 나누고 싶어도 사랑보다는 눈앞에 드러나는 체면(體面)과 위신(威信)만을 중요(重要)하게 여기는 애정(愛情)이라 항상 마음 차가움을 어루만지는 식은 사랑이라네.

가족(家族)이 먹고 쓰고 하는 일보다는 자신의 체면(體面)치레가 우선인 까닭으로, 그다지 관심(關心)이 없으면서 자신의 뜻이나 생각에 따르지 않으면 호된 질책(叱責)으로 이어지며, 남을 빗대어 자신(自身)의 위신(威信)을 세우고 앞뒤가 맞지 않은 말이나 행동으로 혼란(混亂)을 가중(加重)시킨다네.

때문에 가족(家族)으로부터 신뢰(信賴)를 받지 못하고 늘 밖으로 떠도는 일이 많으며, 가족(家族)에게 불평불만(不平不滿)을 쏟아내면서 자신(自身)의 처지(處地)만을 이해(理解)해주기 바라고 가족(家族)을 힘들게 하는 남자(男子)라네.

곧 밖에서는 호인(好人)이라는 말을 들으면서 안에서는 늘 뻔뻔한 모습에 자신(自身)의 타고난 못된 성품(性品)으로 가족(家族)을 윽박지르며 몰아치는 남자(男子)라네.

있을 때는 하하 호호하지만 없을 때는 의기소침(意氣銷沈)하는 뒤가 매우 무른 성격(性格)의 소유자(所有者)라네.

때문에 변덕(變德)이 심한 사람으로 마음이 고르지 못하고 까다로운 성격(性格)이라 맞춰 살기가 조금은 힘든 사람이라네.

물론 가정(家庭)을 위하는 마음이야 애틋하지만 타고난 성정(性情)으로 마음이 밝지 않기에 방법(方法)을 모르고 자신(自身) 뿐만 아니라 가족(家族)까지 힘들게 하는 것이라네.

대인(對人) 관계(關係)에 있어서는 늘 앞서가는 사람이나 그 방법론(方法論)에 있어서 자기 위주(爲主)로 이끌어 가고 타인(他人)의 말에 귀를 기울이지 않은 까닭으로 늘 손해(損害)를 보는 사람이며, 일이 되어가는 사정(事情)이나 속내를 보지 못하고 겉으로 드러나는 것만을 중요시(重要視)하는 까닭으로 속이 곪아 가는 것을 알지 못하며, 꼭 일이 터지고 난 후에야 아는 사람이라네.

남의 실세(實勢)에 기대어 그 실세(實勢)가 꼭 자기(自己) 것 인양 착각(錯覺)하고, 남을 다그쳐 잡고 휘두르는 까닭에 곁에 머물렀던 많은 사람들이 떠나고 늘 인정(人情)에 배가 고픈 남자(男子)라네.

앞에서는 사람들로부터 위함을 받으나 뒤에서 손가락질을 당하면서 비웃음을 사는 사람이라네.

깊지 않은 얄팍한 마음의 술수(術數)는 타인의 눈에는 쉽게 띄는 것이니, 늘 언행(言行)을 삼가고 타인(他人)의 진심(眞心)어린 말에 귀 기울여야 한다네.

또한 나 아닌 남의 고통(苦痛)이나 어려움에 조금이나마 따뜻한 마음을 가지도록 노력(努力)하고 타인(他人)의 실세(實勢)에 기대지 말며, 자신(自身)의 실세(實勢)를 믿고 자신감(自信感)을 가져야 한다네.

눈앞의 작은 잇속에 욕심(欲心)을 가지면 큰 이득(利得)을 잃을 것이니 이해득실(利害得失) 앞에 마음이 흔들리면 안 된다네.

그리고 마음 한구석에 숨겨놓은 남을 위하는 어진 마음과 의로운 마음을 찾아서 스스로의 바른 위치(位置)를 잡고 늘 든든한 사회(社會)의 버팀목이 되기를 바란다네.

- 남자(男子): 음(陰) → 태양(太陽) ☱, 손(巽)

활달(豁達)하고 명민(明敏)한 두뇌를 지녔으며, 말이나 행동(行動)에 두서(頭緖)가 있고 모든 문제(問題)를 대함에 있어서 늘 명쾌(明快)한 답변(答辯)을 낸디네.

머뭇거리거나 우물쭈물 넘어가는 법(法)이 없고 매사에 몸과 마음을 다해 노력(努力)하면서 신중(愼重)하게 움직이며, 밀고 당기는 일에 있어서 능(能)한 사람이라네.

일이 돌아가는 사정(事情)이나 속내를 깊이 이해(理解)하고 대처(對處)하는 사람으로서 모든 문제(問題)를 부드럽게 풀어가며, 한꺼번에 몰아치거나 강(剛)하게 다그치는 성격(性格)은 아니라네.

일을 처리(處理)하는 그럴듯한 솜씨가 매우 좋은 편이며, 자신을 잡도리하면서 몸가짐이나 행동(行動)을 매우 조심(操心)하고 위험(危險)하거나 어려운 일에는 굳이 나서지 않은 성격(性格)으로 몸에 상처(傷處)가 나는 것을 극도(極度)로 싫어하며, 남으로부터의 호된 질책(叱責)이나 따가운 시선(視線)을 몹시 못 마땅해 여기면서 매사에 겁을

낸다네.

때문에 적극적(積極的)이기보다 소극적(消極的)인 모습을 많이 보이면서 늘 유(柔)한 성품을 밖으로 드러내는 사람이며, 극단적(極端的)으로 내달리기 보다는 대화(對話)를 통한 문제(問題) 해결(解決)을 원하고 사리(事理)를 가려내어 똑똑히 밝히는 일에 있어서 특출(特出)난 재주가 있으며, 사리(事理)를 밝혀 옳고 그름을 말하는 일에 있어서 막힘이나 걸림이 없이 능숙(能熟)한 사람이라네.

사소(些少)한 일에 마음이 쏠리거나 맺히면 멀리 내다보지 못하는 성격으로 매사에 신경질(神經質)적으로 변하며, 작은 일에도 몹시 예민(銳敏)하게 구는 사람이라네.

그렇다고 앞뒤를 가림이 없이 아무렇게나 함부로 구는 사람은 아니며, 상황(狀況)에 따라 처신(處身)을 잘하고 임기응변(臨機應變)으로 위기(危機)를 모면(謀免)하는 발 빠른 성격(性格)의 소유자(所有者)라네.

예민(銳敏)하게 반응(反應)하는 성질(性質)이지만 마음이 촉박(促迫)하거나 쪼들리지 않고 넉넉하며, 다른 시각(視角)으로 보면 능글능글하고 얄밉도록 능청스럽다네.

남들과 사귀는 수완(手腕)이 아주 능(能)한 사람으로서 스스로의 잘남을 겉으로 드러내기 보다는 남의 체면(體面)을 세워주면서 잘못이나 허물을 덮어주는 성격(性格)이며, 남으로부터 인정(認定) 받기를 바라는 사람이라네.

일의 마무리가 깨끗하고 바른 사람으로 들뜬 마음을 제대로 가라앉히고 스스로의 잘못이나 허물을 책임(責任)지는 사람이라네.

밀고 당기는 일에 능숙(能熟)한 애정(愛情)이라 늘 웃음을 짓게 만드는 사랑이며, 씀씀이가 넉넉한 정으로 보기에 흉하지 않은 사랑이며, 드러나지 않게 가만히 가는 사랑이라네.

가족(家族)에 대한 사랑이 남다르고 다급하게 한쪽으로 몰아가지 않으며, 말과 행동(行動)을 신중(愼重)히 하면서 가야할 바른 길을 넌지시 일러주는 성격(性格)에 윽박질러서 잡도리하거나 호되게 나무라지 않고 늘 말을 먼저 앞세워 많은 대화(對話)를 하면서 집안을 이끈다네.

매우 유(柔)한 성품(性品)이기는 하지만 옳고 그름을 제대로 가려내고 잘못이나 허물에 대해서는 단호(斷乎)한 면을 보인다네.

한 집안의 가장(家長)으로 스스로의 위치(位置)를 분명(分明)하게 잡고 가족(家族)들 스스로가 마땅한 자신의 제자리를 찾도록 도움을 주며, 늘 몸과 마음을 다한 애정(愛情)으로 감싼다네.

가장(家長)으로써 가지런하고 책임(責任)을 지며, 바른 본보기를 보여주기 위하여 노력(努力)하고 솔직 담백(淡白)하게 가족(家族)을 대한다네.

가부장적(家父長的)인 모습을 보이지 않고 늘 가족(家族)과 함께 나아가는 사람이며, 가족(家族)의 의사(意思)를 존중(尊重)해 주면서 자신(自身)의 의지(意志)를 비치는 성격(性格)이라네.

때때로 말이 먼저 앞서는 면이 있으나 꼭 지킬 수 있도록 노력(努力)하고 스스로의 책임(責任)과 의무(義務)를 잊지 않는다네.

언변(言辯)에 능(能)한 사람으로 대인(對人) 관계(關係)에 있어서 무사무난(無事無難)한 관계(關係)를 유지(維持)하며, 자신(自身)의 잇속을 실하게 챙기면서도 많은 사람들을 위하고 주변(周邊)의 사람들로부터 된 사람과 든 사람으로 인정(認定)을 받으며, 자신(自身)의 가지런하고 단정(端正)한 모습을 보인다네.

타인(他人)의 잘잘못을 밝게 가려주고 달변가(達辯家)로써 남의 허물이나 잘못을 덮어주면서, 타인(他人)의 위신(威信)이나 체면(體面)을 세워주고 스스로의 마땅한 제 위치(位置)를 잡은 사람이라네.

이해득실(利害得失)에 매우 밝은 사람으로서 겉으로 드러나지 않은 알찬 이익을 챙기고 남의 잇속마저 살뜰하게 챙겨주는 남자(男子)라네.

겉으로 드러나는 큰 욕심(欲心)은 없으나 실익(實益)을 추구(追求)하는 현실적(現實的)인 성격(性格)으로 인하여 때때로 매몰차게 보이기도 하면서 주위로부터 따가운 눈총을 받지만, 타고난 좋은 머리와 지혜(智慧)를 내는 잔꾀로 위기(危機)의 순간(瞬間)을 발 빠르게 모면(謨免)하고 자신의 입지(立地)를 굳히면서 위신(威信)과 체면(體面)을 지킨다네.

억지로 자신(自身)을 합리화(合理化)하지 않고 되잖은 명분(名分)이지만 그나마 이를 내세워 자신(自身)을 정당화(正當化)하며, 그럴듯한 말과 행동(行動)으로 자신(自身)의 잘못이나 허물을 감춘다네.
그래도 남들로부터 큰 질타(叱咤)나 지적을 받지 않고 나름대로 인정(認定)을 받은 것은 자신(自身)의 것 외에 큰 욕심(欲心)을 부리지 않으며, 말과 행동이 어느 한쪽으로 치우치거나 쏠리지 않고 능숙(能熟)하게 밀고 당기는 유들유들한 성격(性格)에 처신(處身) 사납게 굴지는 않기 때문이라네.
내 것과 남의 것이 분명(分明)한 사람이며, 매우 현실적(現實的)인 성격(性格)으로 인(因)하여 이해득실(利害得失)에 따라 마음이 움직일 때도 있으나 처음에 가진 의지(意志)를 꺾지 않고 마지막까지 몸과 마음을 다하는 사람이라네.

- 남자(男子): 음(陰) → 소음(少陰) ☵, 감(坎)

주변 사람들의 남다른 생각이나 뜻을 자기의 좁은 잣대에 비춰보지 않고 무리(無理)없이 받아들이는 성격(性格)이며, 언뜻 쉽게 동의(同意)하는 것 같지만 앞뒤를 분명히 하고 제대로 된 판단에 따라 일이 끝난 뒤를 생각하며, 짜임새가 없이 허술하지 않으며 야무지고 결코 설게 움직이지 않는다네.
밖으로부터의 되지못한 질책(叱責)이나 말도 안 되는 헛소문에 동요(動搖)하지 않고 말과 행동(行動)을 더욱 신중(愼重)하게 하며, 스스로의 성품(性品)을 돌아보고 이를 반성(反省)의 계기(契機)로 삼아 스스로에 대한 바른 명분(名分)을 세우는 사람이며, 미리 앞선 삿되거나 좁은 자신(自身)의 견해(見解)로 어리석음을 범(犯)하는 사람은 아니라네.
말을 삼가고 행동(行動)에 신중(愼重)을 기하며 많은 생각에 깊이 빠져있는 까닭으로 사람됨이 엉큼스러워 보이지만 엉뚱한 욕심을 품거나 분수(分數) 밖의 짓을 하는 성격(性格)이 아니며, 밀고 당기는 일에 매우 능숙(能熟)하고 눈에 띄지 않게 넌지시 모든 일을 진행(進行)하면서 조직(組織)의 큰 이해득실(利害得失)에 깊이 관여(關與)하며, 스스로의 잇속을 실속 있게 챙기고 자신(自身)의 실세(實勢)를 키우는 신중(愼重)하면서도 조용한 성품(性品)의 사람이라네.

밖으로 드러내 보이기를 싫어하면서도 은근(慇懃)하게 자신(自身)의 위세(威勢)를 내세워 마땅히 머물러야 할 위치(位置)와 체면(體面)을 굳건하게 지키려는 은밀(隱密)한 성격(性格)이라네.

타인(他人)의 실세(實勢)나 권위(權威)에 기대거나 종속(從屬)되어 이끌려 가는 듯하나 처세(處世)에 능(能)한 사람으로서 쉽게 기울거나 휩쓸리지 않는다네.

뜻이나 생각이 매우 유연(柔軟)한 성격(性格)으로 주위(周圍)로부터 많은 정보(情報)를 받아들이고 이를 자신(自身)의 것으로 만드는 사람이며, 사물(事物)의 내용(內容)이나 형편(形便)에 관한 정확(正確)한 소식(消息)이나 자료(資料)를 통하여 자신(自身)의 위치(位置)를 높이면서 기세(氣勢)를 넓히고 스스로를 정당화(正當化)하며, 최소한(最小限)의 노력을 들이면서도 최대(最大)의 효과(效果)를 본다네.

유연(柔軟)하면서도 일의 짜임새가 있으며, 은밀(隱密)하면서도 일의 처리(處理)가 야물고 오달진 성격(性格)이라네.

자신(自身)의 잘못이나 허물, 그리고 단 한 번의 실수(失手)도 용납(容納)하지 못하는 성격(性格)이나 남의 잘못이나 허물에 대해서는 매우 관대(寬大)하고 유연(柔軟)하다네.

곧 타인(他人)의 잘못이나 허물을 용납(容納)하면서 자신(自身)의 실리(實利)를 찾은 성격(性格)이며, 또한 스스로의 권위(權威)와 체면(體面)을 세운다네.

어찌 보면 간교(奸巧)하고 바르지 않은 데가 있으나 남에게 득이 되면 득이 되었지 속이거나 피해(被害)를 주지 않는다네.

머리싸움에 매우 치밀(緻密)한 성격(性格)으로 승산(勝算)이 없는 싸움에는 발을 내밀지 않으며, 시간(時間)을 들여 충분(充分)한 준비(準備)를 하고도 승산(勝算)이 없다면 바로 내던지는 남자(男子)라네.

그만큼 유연(柔軟)한 사고방식(思考方式)에 자신(自身)을 제어(制御)할 수 있는 강(剛)한 의지(意志)를 지닌 사람이 아닌가 한다네.

언변(言辯)이 능(能)한 사람으로서 자신(自身)의 뜻이나 생각을 정확(正確)하게 밝히고 타인(他人)의 어려움이나 고통(苦痛)을 아우르고 뜻이나 생각이 서로 다른 무리의 다툼을 중재(仲裁)하고 협상(協商)하는 일에 능숙(能熟)하다네.

내 것과 남의 것이 분명(分明)한 사람으로서 그다지 재물(財物)에 대한 욕심(慾心)은 없으나 자기(自己)의 잇속은 충분(充分)하게 챙기면서 분명(分明)하게 선(線)을 긋고 사는 사람이라네.

재물(財物)보다는 자신(自身)의 실세(實勢)나 체면(體面)과 위신(威信)에 욕심(慾心)이 있으며, 이를 위해 세상사(世上事)를 유연(柔軟)하게 대하고 자신(自身)을 은밀(隱密)하게 감추는 사람이라네.

야단스럽지 않고 꾸준한 애정(愛情)이라 드러나지 않으나 지속적(持續的)인 사랑이며, 조금의 집착(執着)이 따르는 애정(愛情)이라 때때로 변화(變化)가 필요(必要)한 사랑이며, 변화(變化)가 따르지 않으면 매양 무덤덤하고 무료(無聊)한 사랑이라네.

가부장적(家父長的)이지는 않으나 스스로의 위신(威信)과 체면(體面)에 흠이 된다면 엄중(嚴重)한 말과 행동(行動)으로 가르치며, 잘잘못에 대한 상벌(賞罰)이 뚜렷하고 가족(家族)을 대하는 말과 행동(行動)이 무겁고 가라앉은 분위기(雰圍氣)를 가진다네.

스스로의 잘못이나 허물을 용납(容納)하지 않듯이 가족(家族)의 잘못이나 허물에 대해서도 또한 용납(容納)하지 않는다네.

그렇다고 억지다짐을 받은 사람이 아니며, 충분한 설명(說明)과 납득(納得)할만한 인과관계(因果關係)를 통해서 서로가 합의(合意)하여 이끌어가는 사람이라네.

가족(家族)을 대함에 있어서 유연(柔軟)하게 대하고 감싸는 이는 아니며, 오히려 엄중(嚴重)하게 말없이 감싸는 이라네.

말과 행동에 책임(責任)을 지고 약속(約束)한 것은 꼭 지키는 사람이며, 지속적(持續的)인 관심(關心)과 애정(愛情)을 갖고 늘 변함없이 이끌어주는 부정(父情)이라네.

능수능란(能手能爛)한 언변(言辯)에 남 달리 처세술(處世術)이 뛰어나고 처신(處身)에 능(能)한 사람으로서 스스로의 입지(立地)를 확실(確實)하게 세우며, 자신의 말과 행동에 책임(責任)을 지고 삼가고 신중(愼重)한 까닭으로 많은 사람들로부터 두터운 신망(信望)을 얻는다네.

타인(他人)의 어려움이나 고통(苦痛)을 덜어주고 기댈 수 있는 한쪽 어깨를 내어주는 사람으로서 이를 통해서 스스로의 실세(實勢)를 확장(擴張)하고 남 못지않은 세력을 만들어 가면서 정당한 잇속을 챙기는 사람이라네.

이해득실(利害得失)에 밝은 사람이나 남에 것을 욕심내는 사람은 아니며, 사람이 마땅히 지켜야 할 바른 길에서 벗어나지 않고 작은 힘과 적은 돈을 들이고 큰 가치(價値)를 창출(創出)하는 꾀가 많은 사람이라네.

지혜(智慧)를 이끌어내는 꾀가 많은 사람으로서 여러 방면(方面)에서 남다른 면을 보이며, 이를 가지고 젠체하거나 이득(利得)을 취하는 성격(性格)은 아니라네.

솔직 담백(淡白)하게 모든 것을 드러내어 말하기 보다는 정제(精製)되고 한번쯤은 걸러진 말을 하는 사람이며, 매사(每事)에 허술하지 않고 짜임새가 있으며, 설다루지 않고 야무지면서 실속이 있는 까닭으로 가까이 하기에는 조금 어려운 사람이지만 깊이 알고 보면 그리 어려운 사람이 아니라네.

어느 한쪽으로 기울거나 휩쓸리는 성격(性格)은 아니나 작은 집착(執着)이 일을 그르치는 법(法)이니 늘 앞뒤를 필히 돌아보고 나아가기를 바란다네.

감정(感情)에 좌우(左右)되지 않고 사물(事物)을 내다보는 데 있어서 냉정(冷情)하고 날카로움도 지닌 성격(性格)이지만 유연(柔軟)한 사고방식(思考方式)도 지닌 사람이라네.

- 남자(男子): 음(陰) → 소양(少陽) ☶ 간(艮)

자신(自身) 스스로도 종잡을 수 없는 마음이라 늘 이해득실(利害得失)을 따라 움직이지만 잡을 수 있는 잇속은 그다지 마음에 차지 않고 남의 것에 욕심(慾心)을 부리면서 많은 다툼을 일으키거나 만드는 성격(性格)이라네.

일상(日常)의 말이나 행동(行動)을 보면 깊이 생각해 보지도 않고 경솔(輕率)하게 함부로 하는 성격(性格)이며, 자신(自身)의 잘못이나 허물을 인정(認定)하지 않으면서 타인(他人)의 잘못이나 허물을 빗대어 비교(比較)하고 스스로를 합리화(合理化) 시킨다네.

타고난 언변(言辯)은 있으나 자기변명(自己辨明)을 위한 도구(道具)일 뿐 그럴싸한 말로 꾸며대기를 좋아하고 그럴듯한 언변(言辯)으로 자신의 잘못이나 허물을 덮기에 바쁠 뿐이라네.

잇속 앞에서는 온갖 정성(精誠)을 들이면서 손해(損害)가 나거나 어려운 일이 닥치면 안면(顔面)을 바꾸고 자리를 바꿔 앉은 성격(性格)이며, 자신(自身)의 꼬리를 잘라버리는 야멸친 사람이라네.

곧 자기(自己)만 생각하고 남의 사정(事情)은 아랑곳하지 않으며, 스스로의 말과 행동(行動)을 책임(責任)지지 못하면서 타인(他人)을 모질게 몰아 부치는 남자(男子)라네.

타인(他人)의 실세(實勢)에 기대어 환심(歡心)을 사기 위해 알랑거리며 붙좇기를 좋아하고 남의 권세(權勢)를 휘두르면서 없는 자들의 위에 서기를 좋아한다네.

자신(自身)의 잘못이나 허물에 대한 질책(叱責)이나 지적(指摘)을 받으면 이를 감추기 위하여 그럴듯한 말로 포장(包裝)을 하고, 체면(體面)치레를 위해 애먼 사람을 끌어들여 입장(立場)을 곤란(困難)하게 만드는 사람이라네.

또한 남의 잘못이나 허물을 분명하게 잡으면 덮어주고 감싸주기보다는 밖으로 드러내어 밝히면서 자신(自身)의 위신(威信)을 세우고 거만스러운 태도(態度)로 젠체하는 남자(男子)라네.

나름 모든 면에서 남을 이해(理解)하고 감싼다지만 그 모든 행실(行實)이 결국(結局)에는 자신만을 위한 일이 되어버리고 그에 대한 변명(辨明)이 뒤따르는 성품(性品)이며, 그 끝이 본인(本人)의 뜻이나 생각과는 다르게 어긋나거나 한쪽으로 치우치는 우(愚)를 범(犯)한다네.

마음이 크게 삿되거나 음흉(陰凶)하지 않으나 단지 눈앞에 이해득실(利害得失)이 뜨면 욕심(慾心)으로 인(因)하여 감정(感情)의 기복(起伏)이 심해지고 밀고 당기는 일에 열중(熱中)하는 까닭으로 남이 보기에 엉큼스럽게 보는 것이며, 앞뒤를 생각하지 않고 잇속만을 위해 마구 몰아대어 닦아세우기 때문에 남들이 보기에는 삿되게 보는 것이라네.

마음은 여리고 착한 성품(性品)을 지녔으나 자신감(自信感)이 결여(缺如)된 남자(男子)로써 스스로의 말과 행동(行動)에 확신(確信)을 갖지 못하고 타인(他人)의 위세(威勢)에 기대는 것이라네.

힘든 일을 하기보다는 쉽고 편한 일만을 찾아가면서 하고 일을 하기보다는 먹고 노는 일에 관심(關心)이 많으며, 남을 배려(配慮)하지 못하면서 오지랖 넓게 나서는 성격

(性格)이라네.

서로 다른 이익집단(利益集團)의 틈바구니에 들어가 중재(仲裁) 역할(役割)을 하면서 스스로의 잇속을 챙기기 위해 고군분투(孤軍奮鬪)하지만 돌아오는 것은 빈껍데기일 경우가 많고 손해(損害)를 많이 입는다네.

자기위주(自己爲主)의 단편적(斷片的)인 사고방식(思考方式)으로 인하여 스스로의 잔꾀에 자기(自己)가 넘어가는 사람이며, 타고난 명석(明晳)한 두뇌(頭腦)를 가지고도 스스로의 게으름 때문에 많은 것을 잃고 살아가는 아까운 남자(男子)라네.

말이 먼저 앞서는 까닭으로 일에 되기도 전에 앞서 남이 먼저 알아버리고 이로 인하여 타인(他人)에게 선점권(先占權)을 빼앗기면서 어찌할 수 없이 굴욕적(屈辱的)인 관계(關係)를 이루며, 실세(實勢)에 기대어 살아갈 수밖에 없는 묘한 상황(狀況)을 겪고 살아가는 남자(男子)라네.

그러나 처세술(處世術)과 처신(處身)에 능(能)한지라 때때로 커다란 잇속을 얻기도 하며, 누릴 수 없는 복을 누리기도 한다네.

또한 엉뚱한 욕심(慾心)을 품고 제 분수(分數) 밖의 짓을 하려는 경향(傾向)이 있으며, 겉으로는 어리석은 것 같아 보이나 속은 엉큼한 사람으로서 제 실속은 있는 만큼 다 차리는 성격(性格)이라네.

실질적(實質的)인 행동(行動)으로 자신의 체면(體面)이나 위엄(威嚴)을 세우지 못하고 말만을 앞세워 체면(體面)치레를 하는 성격(性格)이며, 뒤가 무른 까닭으로 무책임(無責任)한 남자(男子)라네.

내주는 만큼 드러내어 과시(誇示)하는 애정(愛情)이라 금방 차갑게 식어버리는 사랑이며, 이해득실(利害得失)에 따라 변하는 정(情)이라 잇속이 없으면 서로가 등을 맞대는 사랑이라네.

가족(家族)을 대함에 있어서 말이 먼저 앞서는 까닭으로 약속(約束)을 제대로 지키지 못하고 무덤덤한 가족(家族) 관계(關係)를 형성(形成)하며, 남편(男便)은 남편(男便)대로 늘 불만(不滿)이 앞서고 부인(婦人)은 부인(婦人)대로 자식(子息)은 자식(子息)대로 따로 놀기에 바쁘다네.

가부장적(家父長的)으로 닦아세우지는 않으나 가장으로서의 위신(威信)을 세우고 굳이 체면치레를 하려는 까닭으로 그럴듯한 말로 위기(危機)를 모면(謨免)하면서 구구(區區)한 변명(辨明)을 일삼으며 잔소리가 많다네.

가족을 위하지 못하면서도 자신을 알아주고 위하면서 따르기를 원한다네.

물론 있을 때는 있는 만큼 가족(家族)을 위하고 없을 때는 말을 하지 못하는 마음이 약한 사람이며, 가족(家族)의 환심(歡心)을 사려고 어벌쩡하게 서두르면서 얼떨결에 속여 넘기는 사람이라네.

곧 제 말이나 행동(行動)을 믿게 하려고 말이나 행동을 일부러 슬쩍 어물거려 넘기면서 제법 눈치를 보다가 자신(自身)을 정당화(正當化)하고 합리화(合理化)한다네.

소심(小心)하고 꽁한 성격(性格)을 버리지 못하면 매우 굴곡(屈曲)진 삶에 부대낄 수 있으니 솔직 담백(淡白)함이 인생(人生)의 정답(正答)이라네.

남들과 사귀면서 살아가는 일에 능(能)하고 처신(處身)사납게 구는 성격(性格)은 아니나 스스로의 말과 행동(行動)에 책임(責任)을 지지 않고 별로 생각할 사이 없이 슬쩍 남을 속여 넘기며, 모든 일을 얼버부리어 넘기려는 까닭으로 주위(周圍)로부터 질책(叱責)이나 지적(指摘)을 받는다네.

그래도 넉살이 좋은 사람으로 잘 넘기기는 하지만 답답한 그 마음을 누가 알아주고 다독이겠는가.

짐짓 투덜거리며 넌더리나게 굴기도 하지만 늘 실행(實行)이나 내용(內容)이 따르지 않고 모든 것이 허사(虛事)로 돌아기가 일쑤이며, 돌아서서 얼굴을 붉히고 쓴웃음을 짓는 남자(男子)라네.

나름대로 몸과 마음을 다해 노력(努力)하면서 자신(自身)을 잡도리한다고는 하지만 이해득실(利害得失) 앞에 자제(自制)하지 못하고 분수(分數)에 넘치는 엉뚱한 짓을 하는 까닭으로 자신(自身)의 뜻이나 생각과는 다르게 타인에게 상처(傷處)를 주거나 많은 피해(被害)를 주는 잘못을 저지른다네.

애먼 사람에게 덮어씌우는 성격(性格)은 아니지만 아무 생각 없이 타인(他人)을 끌어들여서 그럴듯한 말로 자신(自身)의 잘못이나 허물을 감추고 체면(體面)치레를 하려는 까닭으로 결과적(結果的)으로는 남에게 덮어씌우는 격(格)이라네.

분쟁(分爭)의 소지(素地)가 다분(多分)한 사람으로서 말이 먼저 앞서고 실행(實行)은 드물며, 모든 다툼의 씨앗을 타인(他人)에게 돌리는 까닭으로 처세술(處世術)에 능(能)하다고는 하지만 자신(自身)의 무덤을 스스로 파는 남자(男子)라네.

그래도 넉살맞은 성격(性格)으로 두루뭉술한 인간(人間) 관계(關係)를 유지(維持)한다네.

곧 모나지도 않고 아주 둥글지도 않으며, 언행(言行)이나 태도(態度), 또는 성격 등이 맺고 끊는 데가 없으며, 그저 적당(適當)하게 처리(處理)하여 분명(分明)하게 하지 못하고 얼버무려 넘긴다네.

- 남자(男子): 음(陰) → 태음(太陰) ☷, 곤(坤)

스스로의 성품(性品)을 돌아보지 못하고 마음의 여유(餘裕)를 찾지 못하며, 이지러진 시선(視線)으로 세상(世上)을 바라본다네.

모든 일에 있어서 이렇다 할 말이 없는 사람이며, 독단적(獨斷的)인 스스로의 생각에 빠져서 말이나 행동(行動)이 격(格)에 맞지 않게 지나치고 짐작이나 생각과는 전혀 다른 길로 빠지는 사람이라네.

뜻이나 생각에 있어서 짜임새가 없는 까닭으로 어울리는 맛이 없고 어설프며 성긴 남자(男子)에다 말과 행동(行動)이 모난 데가 있고 잘잘못에 대하여 분명(分明)하게 이해(理解)를 못하며, 자신의 잘못이나 허물을 가름하지 못하고 일의 앞뒤를 재지 못하는 성격(性格)이라네.

때문에 남의 입에 발린 말에 혹(惑)하는 사람이며, 늘 한쪽으로 치우치거나 휩쓸리면서 체면(體面)이나 명예(名譽), 위신(威信) 따위를 손상(損傷)시키고 실추(失墜)시키는 성질(性質)이라네.

조용할 때는 사람의 됨됨이가 단아(端雅)하고 엄정(嚴正)하면서도 깨끗해 보이지만 되잖은 말로 억지를 부리거나 스스로의 의지(意志)를 관철(貫徹)시키려 할 때는 그 고집(固執)이 남다른 성격(性格)이라네.

그렇다고 막되 먹은 사람은 아닌 까닭으로 일의 앞뒤를 이해(理解)하지 못할 뿐 시간(時間)이 지난 후에 고개를 끄덕이는 사람이라네.

나름 일이 돌아가는 사정(事情)이나 형편(形便)을 알고 때에 따라 올바르게 대처(對處)를 한다지만 소심(小心)하고 우유부단(優柔不斷)한 성격(性格)으로 시기(時機)를 제 때에 맞추지 못하는 남자(男子)라네.

성질(性質)이 너그럽지 못하고 소견(所見)이 좁으나 쓸데없는 고집(固執)으로 가득 찬 자존심(自尊心)에 타인(他人)의 실세(實勢)에 기대지 않으며, 막강(莫强)한 권위(權威)에 꺾이지도 않고 상처(傷處)나고 손해(損害)를 보더라도 본인(本人)의 의지(意志)를 꺾은 성격(性格)이 아니라네.

모든 일에 있어서 결과(結果)만을 급(急)하게 얻으려는 까닭으로 매사(每事)에 자신(自身)의 뜻과는 다르게 큰 손해(損害)를 입으며, 타인(他人)의 말도 안 되는 그럴듯한 제안(提案)에 쉽게 현혹(眩惑)이 되어 피해를 보고 마음의 상처를 많이 받는다네.

그렇다고 궁상(窮狀)을 떨며 몸을 웅크리거나 꾀죄죄하고 초라한 모습을 보이지는 않으며, 겉으로는 매우 강(剛)한 일면(一面)을 보이면서 돌아서서 자신의 그릇됨을 한탄(恨嘆)하고 스스로를 위로(慰勞)한다네.

타인의 칭찬(稱讚)이나 변죽을 울리는 말에 쉽게 휩쓸리는 성격으로 가까운 지인(知人)의 충고(忠告)를 듣지 않으며, 또한 가깝게 지내는 이들을 떠나게 만들면서 스스로가 늘 외롭다고 느끼는 남자(男子)라네.

아둔하고 꽉 막힌 성격(性格)은 아니나, 하잘것없는 알량한 자존심(自尊心)과 영 시답잖은 고집(固執)으로 인(因)하여 하는 짓이 미련하고 번번(番番)이 일을 그르쳐 놓기만 하는 사람이라네.

곧바로 가지 못하고 늘 멀리 돌아서 가는 사람이라 일이 지난 후에 늘 후회(後悔)하는 성격(性格)이며, 젠체하며 남을 업신여기는 태도(態度)로 자신(自身)을 남으로부터 숨기고 걸맞지 않은 오만소리를 하면서 도망가는 사람이라네.

일의 차례(次例)를 다 거치지 않고 중간(中間) 단계(段階)를 걸러서 가는 성격(性格)으로 매사(每事)에 짜임새가 없이 허술하며, 야물고 오달지지 못하여 실속이 없는 남

자(男子)라네.

염치가 없는 사람으로 하는 짓이 속이 빤히 들여다보이고 경우(境遇)에 닿지 않게 엉큼한 생각을 품은 사람이며, 매우 능글맞은 성격에 언행(言行)이나 태도(態度)가 그저 적당(適當)하게 얼버무려 넘기면서 자신의 잘못이나 허물을 감쪽같이 숨기는 남자라네.

그렇지만 야단스럽지 않고 꾸준한 성격(性格)으로 자신(自身)이 원하는 사람을 얻은 남자(男子)이며, 때로는 강(强)한 집착(執着)을 보이지만 그 선(線)이 불분명(不分明)하고 아무런 부끄러움 없이 애정(愛情)이란 위험(危險)한 선(線)을 넘나들면서 자신(自身)의 욕정(欲情)을 채우는 남자(男子)라네.

욕구불만(欲求不滿)이 쌓이는 애정(愛情)이라 처신(處身)없게 찾아다니는 사랑이며, 늘 메마름에 목이 타는 정이라 체면(體面)사납게 구걸하는 사랑이라네.

가족(家族)을 위하고 아낀다지만 밖에서만 호인(好人)일 뿐, 가정사(家庭事)에 대해서는 무관심(無關心)하다네.

대화(對話)가 없는 것은 어찌 할 수 없더라도 조금은 가부장적(家父長的)인 성격(性格)으로 가장권(家長權)의 주체(主體)가 되어 가족(家族)에 대하여 절대권(絶對權)을 휘두르면서 늘 불만족(不滿足)하게 느끼고 무리(無理)하게 많은 것을 요구(要求)하는 사람이라네.

잘잘못에 대하여 불분명(不分明)하고 때에 따라서 말과 행동이 바뀌며, 스스로의 마음 상태(狀態)에 따라서 한쪽으로 치우치고 그에 따르는 말과 행동의 변화(變化)가 매우 심한 성격(性格)이지만, 늘 가족(家族)을 위해 노력(努力)하는 남자(男子)라네.

다만 방법을 모르는 까닭으로 무뚝뚝하거나 엄한 말을 하는 것이라네.

또한 자기(自己) 변명(辨明)에 능(能)하지 않지만 되잖게 억지를 부리면서 별다른 해명(解明)도 없이 얼렁뚱땅 넘어가려고 하는 성격(性格)이라네.

가정(家庭)이라는 울타리를 지키기 위해 몸과 마음을 다하지만 때때로 넘지 않을 선을 넘나들면서 가족(家族)에게 씻을 수 없는 고통(苦痛)을 주기도 하며, 스스로가 자기 무덤을 파고 가정(家庭)이라는 울타리를 맴돌기도 한다네.

겉으로는 쉽게 자신(自身)의 마음을 여는 것 같지만 깊은 내면(內面)의 이야기는 하지 않으며, 늘 타인(他人)으로부터 자신(自身)을 숨기고 속이 빤하게 들여다보이는 말과 행동(行動)을 하면서도 스스로는 이를 인지(認知)하지 못하는 사람이라네.

때문에 남의 칭찬(稱讚)이나 가식(假飾) 섞인 그럴듯한 말에 쉽게 현혹(眩惑)되고 제 살을 깎아 먹으면서 스스로의 명예(名譽)나 체면(體面), 위신(威信) 따위를 손상(損傷)시키고 실추(失墜)시키는 남자(男子)라네.

자신(自身)의 뜻이나 생각을 전하는 일에 있어서 짜임새가 없이 허술한 까닭으로 말이나 행동(行動)이 실(實)답지 못하고 일이 돌아가는 사정(事情)이나 형편(形便)을 모르면서 일의 차례(次例)를 다 거치지 않고 걸러뛰는 까닭으로 애당초 실속을 챙기기에는 어려운 사람이라네.

많은 사람이 늘 따르는 편이지만 가진 것이 없으면 함께 할 사람이 얼마나 되겠는가.

사람을 사귀고 인연(因緣)을 맺은 일에 크게 융통성(融通性)이 없음으로 낯선 객지(客地)에서의 막막한 처지(處地)와 같으나 무던하면서도 두루뭉술하게 무덕(無德)한 관계(關係)를 유지(維持)하면서 깊지 않은 인연(因緣)을 맺으며 사는 사람이라네.

남의 잘못이나 허물에 대해서 무관심(無關心)하고 스스로의 잘못이나 허물에 대해서는 허무맹랑(虛無孟浪)한 말로 감추면서 미처 정신(精神)을 차릴 겨를도 없이 몹시 다급하게 서둘러 감춘다네.

타인(他人)의 그럴싸하게 꾸며 대는 제안(提案)에 말이나 행동이 차분하지 못하고 들뜬 가운데 가볍게 움직이는 까닭으로 실(實)답지 못한 사람이라고 오해(誤解)를 산다네.

마음의 여유(餘裕)를 찾지 못하고 쩔쩔매면서도 말을 하지 못하는 까닭은 타인(他人)의 말이나 행동(行動)에 거짓이 많고 착실(着實)하지 못하다는 의심(疑心) 때문이며, 한번 믿으면 끝까지 믿어버리는 아둔한 사람이면서 또한 한번 의심(疑心)을 하면 그 끈을 놓지 못하고 집착하기 때문이라네.

- 여자(女子): 양(陽) → 태양(太陽) ☰, 건(乾)

사람됨이 밝고 쾌활(快活)하면서 타고난 성격(性格)이 급하기는 하지만 지나치게 똑똑한 티가 드러나게 보이고 거침없는 말과 행동(行動)으로 자신(自身)의 의지(意志)를 밝힌다네.

긍정적(肯定的)인 사고방식(思考方式)에 능동적(能動的)인 성격(性格)의 소유자(所有者)로 일이 되어가는 사정(事情)이나 형편(形便) 등을 제대로 알고 움직이며, 올바른 명분(名分) 앞에서는 물러섬이 없고 솔직 담백(淡白)하면서도 유들유들한 성격(性格)이라네.

지혜(智慧)를 끄집어내는 꾀에 능(能)한 여자(女子)로 사리(事理)에 밝고 야무지면서 영리(怜悧)하며, 말이나 행동(行動)이 분명(分明)한 성격(性格)이라네.

내 것과 남의 것이 정확(正確)하고 마음의 씀씀이가 매우 유연하며, 어느 한쪽으로 치우치거나 쏠리지 않으면서 일의 앞뒤를 정확(正確)하게 분간(分揀)하고 시답잖은 일이라 하더라도 몸과 마음을 다하며, 매우 유들유들하고 능청맞은 성격의 소유자(所有者)이나 자신(自身)의 체면(體面)이나 잇속 앞에서는 매사(每事)에 신중(愼重)하고 삼가는 성격(性格)이라네.

언변(言辯)에 능(能)하고 처신(處身)을 잘하며, 처세술(處世術)이 뛰어나면서 실속을 챙기는 남다른 여자(女子)라네.

매사(每事)를 용의주도(用意周到)하게 이끌어가면서 스스로의 실세(實勢)를 기우고 세우며, 자신(自身)의 입지(立地)를 강(强)하게 내세우고 타인(他人)의 어려움이나 고통(苦痛)을 감싼다네.

잘난 것을 드러내기 좋아하는 성격(性格)으로 많은 것을 안으로 감추기 보다는 밖으로 밝혀내면서 겉으로 드러나는 모습에 공(功)을 들이고 늘 몸과 마음을 다하는 노력(努力)을 아끼지 않으며, 자신(自身)이 가진 일에 애정(愛情)을 가진다네.

담대(膽大)하게 일을 처리(處理)하는 성격(性格)으로 큰 잇속의 다툼에 나서기를 좋아하고 밀고 당기는 수완(手腕)이 좋은 까닭으로 중재(仲裁)나 협상(協商)에 두각(頭角)을 나타내며, 정당(正當)한 자신(自身)의 이득(利得)을 취(取)한다네.

세파(世波)에 시달리거나 어려운 일을 많이 겪어 성질(性質)이나 생각 따위가 몹시 약은 듯하나 지혜(智慧)를 내는 꾀에 능(能)한 여자(女子)로써 남을 속이거나 거짓말로 농(弄)치는 사람은 아니라네.

이해득실(利害得失)에 밝은 성격(性格)으로 승산(勝算)있는 일에는 커다란 관심(關心)을 가지지만 승산(勝算)이 없는 일이라면 욕심(慾心)을 부리지 않고 제 분수(分數)를 제대로 지키는 여자(女子)라네.

때때로 남의 잘잘못에 나서는 까닭으로 오지랖이 넓다는 오해(誤解)를 받기도 하지만 현실적(現實的)인 성격(性格)의 소유자(所有者)로 이득(利得)이 되지 않는다면 굳이 나서는 사람이 아니며, 제 손에 쥘 수 있는 무언가 단 하나라도 있어야 관심(關心)을 갖고 뛰어드는 여자(女子)라네.

못마땅하더라도 눈앞에 놓인 잇속 앞에서는 이맛살을 찌푸리는 성격(性格)이 아니며, 넉살을 부리면서 기어코 휘어잡은 여자(女子)라네.

자신(自身)의 잘못이나 허물에 대해서 되새기고 스스로를 바꾸어나가는 성격(性格)이며, 단 한 번의 실수(失手)라도 용납(容納)하지 않고 자신(自身)을 잡도리하는 밝은 여자(女子)라네.

사람을 잘 다스리는 여자(女子)이며, 쉬운 듯 하지만 쉽지 않은 여자(女子)이고 타인(他人)의 애간장을 녹이는 성격(性格)으로 밀고 당기는 일에 능(能)한 사람이라네.

또한 남의 농간(弄奸)에 휘둘리는 성질(性質)이 아니며, 옳지 않거나 바르지 않은 길이라면 발길을 내딛은 성품(性品)이 아니라네.

자신(自身)의 말과 행동(行動)에 책임(責任)을 지고 늘 노력(努力)을 하면서 명예(名譽)를 높이고 실세(實勢)를 넓히려는 사람이라네.

애간장을 녹이는 애정으로 오래도록 그 향기를 잃지 않은 사랑이며, 항상 밀고 당기는 힘겨운 정(情)이라 때로는 지치기도 하는 사랑이라네.

가정(家庭)을 지키는 일에 있어서 몸과 마음을 다하여 노력(努力)을 하고 올바른 잣대를 내세워 바르게 키우는 여자(女子)이며, 가족(家族)에게 인정(認定)을 받고 나름 유대관계(紐帶關係)를 돈독(敦篤)하게 한다네.

쓸데없는 잔소리보다는 현실적(現實的)인 면에 치중(置重)하는 까닭으로 가족(家族)을 닦달하여 한쪽으로 몰아치는 경향(傾向)이 없지 않으나, 늘 경우(境遇)에 맞게 언행(言行)을 조심(操心)하고 다독이면서 이끄는 여자(女子)라네.

밝고 긍정적(肯定的)인 성향(性向)으로 매사에 활달하게 움직이면서, 강요(强要)하기보다는 가족의 의견(意見)을 존중(尊重)하면서 따라주고 자신(自身)의 언행(言行)에 책임(責任)을 지며, 애정(愛情) 표현(表現)이 남다른 여자(女子)라네.

여자(女子)의 몸으로써 권위적(權威的)인 면이 없지 않으나 남편(男便)과 집안 어른에게 예의(禮儀)를 지키고 제 분수(分數)를 지키면서 자신의 자리나 위치(位置)를 잃지 않으며, 에누리 있게 한 집안을 이끄는 여자(女子)라네.

조금 드센 성격(性格)이라 하더라도 유연(柔軟)하고 넉살 좋은 성품을 지닌 까닭으로 가정(家庭)을 밝게 이끌어주는 여성(女性)이라네.

사람과의 관계(關係), 곧 만남이나 인연(因緣)을 중요(重要)하게 여기고 상대방(相對方)을 배려(配慮)하는 성격(性格)이지만 처음 맺은 인연(因緣) 앞에서는 자신을 쉽게 보여주지 않는다네.

사귀기에는 까다롭지만 가깝게 지내다 보면 무난(無難)한 사람이라네.

잇속 앞에 냉정(冷情)한 모습을 보이기도 하지만 자신(自身)의 것이 아니라면 욕심(慾心)을 부리지 않으며, 제 분수(分數)에 맞게 취할 것은 취하고 놓을 것은 놓아버리는 현명(賢明)한 여자(女子)라네.

자신(自身)의 품안에 두기를 좋아하는 성격(性格)으로써 다가오는 사람을 내치는 여자(女子)가 아니며, 계산적(計算的)이기는 하지만 따뜻하게 받아주는 여성(女性)이라네.

주변(周邊)에 많은 사람들이 따르는 편이며, 스스로의 실세(實勢)를 굳이 내세우지 않더라도 많은 사람들이 인정(認定)을 해주는 여인(女人)으로써 많은 사랑을 받을 수 있는 사람이라네.

늘 자신(自身)의 위치(位置)를 잊지 않고 제자리에서 몸과 마음을 다하는 여자(女子)이며, 스스로의 노력(努力)만이 있다면 충분(充分)하게 존경(尊敬)을 받을 수 있는 사람이라네.

처세(處世)에 능수능란(能手能爛)한 여자(女子)이면서 이를 분명(分明)하게 인지(認知)하고 처신(處身)을 올바르게 하면서 자신(自身)을 높이고 이롭게 한다네.

스스로의 잘못이나 허물이 밖으로 세지 않도록 하며, 남의 잘못이나 허물에 관대(寬貸)

함을 보이면서 자신(自身)의 입지(立地)를 확고(確固)하게 세우고 많은 이들과 무사무난(無事無難)하게 지낸다네.
누구든 잇속 앞에서 마음이 흔들리기는 하지만 늘 마음을 삼가고 살아가는 여인(女人)이며, 내 것이 아닌 것에는 욕심(欲心)을 부리지 않는다네.

- 여자(女子): 양(陽) → 소음(少陰) ☱, 태(兌)

적극적(積極的)인 성격(性格)이 있어 보이나 겉으로는 매우 조용하고 유연(悠然)하게 보이며, 가볍게 보이는 여자(女子) 같지만 속이 깊고 생각이 많다네.
사려(思慮)가 깊은 여자(女子)로 말이나 행동(行動)에 무게가 있으며, 매사(每事)에 유연(悠然)하게 대처(對處)하는 사람이며, 일의 차례(次例)나 갈피에 밝고 말의 차례(次例)나 조리(條理)에 밝으며, 늘 언행(言行)을 삼가는 여성(女性)이라네.
겉으로 드러나지 않게 유들유들하고 마음속은 엉큼하면서 겉으로는 천연(天然)하며, 능숙(能熟)하게 밀고 당기면서 매사(每事)에 여유를 자아내는 성품에 쉽게 용납(容納)하지 않은 여인(女人)이라네.
큰 일이 눈앞에 닥쳐도 아무 일 없었던 듯이 천연(天然)덕스럽고 숫기가 좋으며, 감쪽같이 시치미를 떼고 아무렇지 않은 듯 속마음을 드러내지 않는다네.
일을 처리하는 수단(手段)이나 방법(方法)에 있어서 스스로의 꾀나 솜씨를 믿은 여인(女人)이며, 늘 자신감(自信感)을 잃지 않은 성격(性格)으로 보이지 않게 챙길 것은 챙기고 버릴 것은 버리는 여인(女人)이며, 감정(感情)에 좌우(左右)되지 않고 사물(事物)을 내다보는 데 있어서 냉정(冷靜)하고 날카롭다네.
일이나 생각을 탄력적(彈力的)으로 적용(適用)하면서 여자(女子)답지 않은 포용성(包容性)을 보여주며, 말이 없는 강(强)한 리더십으로 이끌면서 자신(自身)이 해야 할 도리(道理)를 지키고 서로가 서로에게 이득(利得)이 되도록 움직여준다네.
자존심(自尊心)이 강(强)한 여인(女人)으로 타인의 위신(威信)이나 실세(實勢)에 굽히거나 소신을 꺾지 않으며, 자신(自身)의 소견(所見)을 피력(披瀝)하고 끝까지 관철(貫徹)시키려는 노력(努力)을 보인다네.

타인(他人)의 간교(奸巧)한 말이나 속삭임에 휩쓸리거나 기울어지지 않은 곧은 성품(性品)이며, 그렇다고 타인(他人)의 의견(意見) 따위를 무턱대고 무시(無視)하거나 제멋대로 해석(解釋)하여 판단(判斷)하지는 않는다네.

자신(自身)과 다른 의견(意見)에 귀를 기울일 줄 아는 넓은 도량(度量)을 지닌 여인(女人)으로 허술한 데가 없이 야무지고 철저(徹底)하며, 외관(外觀)과 내용(內容)을 고루 갖추는 까닭으로 함부로 대할 수 없는 외양(外樣)을 갖추는 사람이라네.

유연(悠然)하고 탄력적(彈力的)인 사고방식(思考方式)이 남의 말을 많이 들어주고 받아들이기도 하지만 언변(言辯)에도 능(能)하고 사실(事實) 두뇌(頭腦)가 좋다네.

자신(自身)의 위신(威信)이나 체면(體面)을 은근(慇懃)하게 드러내지만 그리 밉지 않은 여자(女子)이며, 그 까닭은 자신(自身)의 처지(處地)나 형편(形便)을 보고 제 분수(分數)를 지키기 때문이라네.

언쟁(言爭)에 능(能)한 성격(性格)이나 조용한 것을 선호(選好)하고 말로만 번지르르한 것을 매우 싫어하며, 현실적(現實的)인 성격(性格)의 소유자(所有者)로 되지도 않은 일에 열을 올리지 않고 몰지각(沒知覺)한 말이나 행동(行動)을 하지 않는다네.

쉽게 마음을 열지 않으나 한번 마음을 열면 변함이 없이 항상 한 애정(愛情)이라 미덥고 따뜻한 사랑이며, 늘 마음을 열고 받아주는 정(情)이라 여유(餘裕)가 있는 사랑을 한다네.

가족(家族)을 대함에 있어서 열린 가슴이며, 잘잘못에 대해서는 명쾌(明快)한 답(答)을 내리고 결과(結果)도 중요(重要)하게 여기지만 일의 과정(過程)을 염두(念頭)에 두고 생각하는 이라네.

몹시 현실적(現實的)인 까닭으로 자식을 훈육(訓育)하는 일에 있어서 자기식(自己式)대로의 방법(方法)으로 닦달하기는 하나 무소선 제 마음내로 몰아치지는 않으며, 많은 대화(對話)를 통하여 알맞은 길을 찾는다네.

남편(男便)에 대해서는 고지식하지 않고 상황(狀況)에 따라 변화(變化)있게 대처(對處)할 수 있는 많은 융통성(融通性)을 발휘(發揮)하며, 매우 유연(悠然)한 태도(態度)를 보이는 사람이라네.

이러한 까닭으로 무리(無理)하지 않게 가정(家庭)을 조용하게 이끌어가면서 다독이고 어렵지 않게 한 집안을 에누리 있게 다스린다네.

한 집안을 이끄는 일에 있어서 어긋나거나 어느 한쪽으로 기울지 않고 오로지 한 가지 일에만 몸과 마음을 다하는 사람이며, 자신(自身)의 뜻이나 생각을 조용하게 펼쳐가는 현명(賢明)함이 있다네.

사람을 대하는 일에 있어서 쓸데없이 많은 말을 늘어놓지 않으면서도 넌지시 자신(自身)의 의견(意見)을 분명(分明)하게 전하는 언변(言辯)이 탁월(卓越)하고 잔꾀에 능(能)한 까닭으로 지혜(智慧)를 내면서 많은 일을 슬기롭게 대처(對處)하는 여인(女人)이라네.

자세(仔細)하고 빈틈이 없는 준비를 하면서 많은 사람들을 대하기 때문에 큰 잘못이나 허물을 만드는 여자(女子)가 아니며, 많은 사람들로부터 좋은 인정(認定)을 받고 무사무난(無事無難)한 인간관계(人間關係)를 만든다네.

자신(自身)의 잇속도 중요(重要)하지만 남의 잇속도 제대로 챙겨주는 알뜰한 성격(性格)이며, 타인의 간교한 말이나 속임수에 쉽게 휩쓸리거나 현혹(眩惑)되지 않고 타인의 잇속에 욕심을 내거나 질투(嫉妬)하는 속 좁은 사람이 아니라네.

의도적(意圖的)으로 사람을 멀리하는 사람이 아니며, 늘 인연(因緣)을 중요(重要)하게 여기면서 사람 만나는 것을 좋아하고 한번 마음을 열면 쉽게 변하지 않은 여인(女人)이라 주변(周邊)에 많은 사람들이 따르고 위한다네.

자신(自身)의 잘못이나 허물에 대해서는 단호(斷乎)하게 대하지만 타인(他人)의 잘못이나 허물에 대해서는 관대(寬大)하고 가슴을 열어 받아주는 여인(女人)이라네.

많은 이들과 어울리면서도 자신(自身)이 있어야 할 위치(位置)나 자리를 잃지 않고 제분수(分數)를 분명(分明)하게 지키면서 스스로의 명분(名分)이나 체면(體面), 위신(威信) 등을 확실(確實)하게 세우며 살아가는 여인(女人)이라네.

유들유들한 성격(性格)에 천연(天然)덕스러우며, 탄력(彈力)있는 뜻이나 생각으로 많은 이를 받아들이고 타고난 언변(言辯)으로 타인(他人)의 어려움이나 고통(苦痛)을 풀어주기도 하며, 이러한 일을 통해서 자신(自身)의 입지(立地)를 크고 넓게 닦아세우는 현실적(現實的)인 사람이라네.
단지 변명(辨明)을 하지 않은 성격(性格)으로 인(因)하여 많은 오해(誤解)를 받기도 하는 사람이나 결국(結局)에는 진실(眞實)이란 밝혀지는 일이니, 그다지 신경(神經) 쓸 일이 아니라네.
타인(他人)의 되지도 않은 말에 크게 신경(神經) 쓰지 말기를 바란다네.

- 여자(女子): 양(陽) → 소양(少陽) ☲, 리(離)

여성(女性)다운 애교(愛嬌)가 많으며 뭇 남자(男子)의 마음을 녹이는 여인(女人)이며, 자신(自身)의 마음에 들지 않거나 맞지 않으면 능청을 떨며 구렁이 담 넘듯 넘어가는 사람이라네.
잘못이나 허물이 있더라도 부끄러운 줄 모르고 예사(例事)로이 넘기는 여인(女人)으로써 말과 행동(行動)이 뻰뻰스러운 성격(性格)이라네.
자신(自身)의 잇속 앞에서는 때나 경우(境遇)에 따라 적절(適切)한 융통성(融通性)을 보이는 사람이며, 또한 시기(時機)를 놓치지 않고 타인의 실세(實勢)에 영합(迎合)하는 눈치가 빠르면서 발 빠른 성격(性格)을 지닌 사람이라네.
처세술(處世術)에 능(能)한 여자(女子)로써 주목(注目) 받기를 즐기면서 자신(自身)을 내세우고 온갖 수단(手段)과 방법(方法)을 동원(動員)해서라도 자신(自身)이 원하는 것을 얻기 위해 노력(努力)하고 반드시 제 손에 넣은 여성(女性)이라네.
또한 타인(他人)으로부터 인정(認定)을 받기 위해 잠시(暫時)나마 스스로의 위신(威信)이나 체면(體面)을 대수롭지 않게 보아 넘기거나 여기면서, 목적(目的)을 위해 몸과 마음을 다하는 여인(女人)이지만 목적(目的)한 바를 충분(充分)하게 이룬 후에는 자신(自身)의 위신(威信)이나 체면(體面)을 챙기면서 서투른 데가 없이 익숙한 말과 행동(行動)으로 천연(天然)하게 처신(處身)하는 성격(性格)이라네.
매사(每事)에 욕심(慾心)이 앞서는 까닭으로 감정(感情)의 기복(起伏)이 심한 편이며, 이해득실(利害得失)에 밝은 성격(性格)으로 이득(利得)을 보거나 손해(損害)를 보게 되는 마땅찮은 상황(狀況)에 처하거나 놓이게 되면 말과 행동(行動)이 유별(有別)나게 변하는 사람이라네.

때로는 말이 먼저 앞서는 까닭으로 스스로의 위신(威信)이나 체면(體面)을 깎아 먹으며, 결과(結果)에만 집착(執着)함으로 인(因)하여 앞뒤가 맞지 않은 일에 맞닥뜨리게 되고 자신(自身)의 의지(意志)와는 전혀 다르게 벌어지면서 자존심(自尊心)에 큰 상처(傷處)를 받는다네.

자기(自己)가 남보다는 뛰어나다고 젠체하며, 스스로의 우월감(優越感)을 보이기 위해서 일의 앞뒤를 헤아리지 않고 나서는 까닭으로 보기에 시답잖은 행태(行態)를 보란 듯이 하고 남이 이러한 행태(行態)를 보이거나 취(取)하면 냉소적(冷笑的)이거나 그러한 태도(態度)를 보인다네.

모든 것을 내줄 듯 좋은 성격(性格)을 보이지만 자신(自身)의 이해득실(利害得失) 앞에서는 말과 행동(行動)이 시기(時機)에 따라 변하고 이득(利得) 앞에서는 적극적(積極的)인 융통성(融通性)을 보이면서 마음을 활짝 열지만, 손해(損害) 앞에서는 마음을 닫고 자리를 바로 바꿔 앉는다네.

현실적(現實的)인 성격(性格)이라지만 너무 도에 지나친 면이 없지 않으며, 때때로 이러한 모습으로 인하여 스스로를 고립(孤立)시키는 일이 벌어지기도 하지만 정작 본인(本人) 스스로는 주위의 따가운 시선(視線)을 즐기는 듯하면서 대수롭지 않게 여기고 예사(例事)로이 넘기는 유들유들한 사람이라네.

자신(自身)의 잔꾀에 스스로를 옭아매는 아둔한 일을 벌이기도 하지만 타인의 도움으로 많은 위기(危機)를 모면(謨免)하는 여자(女子)이며, 자신(自身)의 어려움을 감추지 않고 온갖 애교(愛嬌)로 주위(周圍) 사람을 끌어들이면서 고된 난관(難關)을 넘기는 수완(手腕)이 좋은 성격(性格)이라네.

언변(言辯)에 매우 능(能)한 까닭으로 그럴듯한 말로 자신(自身)의 잘못이나 허물을 감추고 잘난 척에 있는 척을 하지만 바로 드러나는 성격(性格)이며, 소탐대실(小貪大失), 곧 작은 것을 탐내다가 큰 것을 잃은 성격(性格)이니, 사소취대(捨小取大), 곧 작은 것을 버리고 큰 것을 취하는 길이 제대로 살아갈 수 있는 방법(方法)이 아니겠는가.

남에게 어여쁘게 보여 지기를 바라는 애정(愛情)이라 조금은 가식적(假飾的)인 사랑이며, 밑바닥에 계산(計算)이 깔린 정(情)이라 원하는 바를 얻으면 변해버리는 사랑이 아닌가 하네.

가정(家庭)이라는 울타리보다는 사회적(社會的)인 성격(性格)으로 주위(周圍)로부터 인정(認定)받기를 원하면서 말로다 앞서 나가는 성격(性格)이라네.

가족(家族)에 대한 사랑이야 남다르지 않지만 남편(男便)이나 자식(子息)에게 인정(認定)을 받기 위해 몸과 마음을 다하는 여성(女性)이면서도 밖으로 시선(視線)을 돌리는 여자(女子)라네.

그러나 안과 밖을 아우르며 나갈 수 있는 사람으로 마땅히 지켜야 할 도리(道理)를 지키면서 자신(自身)의 마땅한 위치(位置)를 세우고 체면(體面)을 차리는 당찬 여자(女子)라네.

뻔뻔하고 유들유들한 성격(性格)의 소유자(所有者)로써 자신의 겉치레를 위해서 가족(家族)을 떳떳하게 세워야 하는 까닭으로, 그럴싸한 말과 행위(行爲)로 많은 포장(包裝)을 하며 그럴듯하게 꾸미기 위해 노력(努力)을 한다네.

때문에 변화(變化)가 많은 가정(家庭)이며, 가족(家族) 나름대로 불만(不滿)이 많으나 크게 모나지 않은 여자(女子)의 성격(性格)으로 인해 그다지 문제(問題)삼지 않고 따라주기는 한다네.

자신(自身)의 우월감(優越感)을 내세우려는 까닭으로 주변(周邊) 사람들과 작은 다툼은 있어도 무리(無理)없이 대인관계(對人關係)를 이루고 이해득실(利害得失) 앞에서 잦은 마찰(摩擦)은 있으나 커다란 싸움으로는 번지지 않으며, 능수능란(能手能爛)한 언변(言辯)으로 중재(仲裁)한다네.

적당(適當)한 기회(機會)를 놓치지 않고 자신(自身)의 위신(威信)이나 체면(體面) 등을 지키면서 잇속을 챙기며 몹시 현실적(現實的)으로 구는 까닭으로, 남으로부터 시기(猜忌)와 질투(嫉妬)를 많이 받고 견제(牽制)를 당하는 여인(女人)이라네.

그러나 줄 듯 말 듯 밀고 당기는 에누리에 능(能)하기에 자기(自己)에게 큰 피해(被害)가 없다면 대수롭지 않게 넘기며, 오히려 이러한 면을 즐기는 성질(性質)이기도 하다네.

있지도 않은 결과(結果)에 먼저 말이 앞서는 까닭으로 질책(叱責)과 지적(指摘)을 받기도 하지만 되잖은 그럴듯한 말로 책임(責任)을 모면(謀免)하면서 자신(自身)의 허물을 엉뚱한 사람에게 뒤집어씌우고 오히려 이러한 일을 바탕으로 삼아 자신(自身)의 위치(位置)를 단단하게 잡아 챙기며, 위신(威信)과 명예(名譽), 체면(體面) 따위를 지키는 여자(女子)라네.

타인(他人)의 잘못이나 허물은 자신(自身)의 겉치레를 위한 좋은 장신구(裝身具)이며, 스스로의 잘못이나 허물은 자신(自身)을 변명(辨明)하기 위한 도구(道具)라네.

융통성(融通性)을 발휘(發揮)하기는 하지만 매우 현실적(現實的)인 성격(性格)으로 인(因)하여 자신(自身)의 잇속을 위해서만 쓰이고 타인(他人)을 배려(配慮)하는 마음이 작은 까닭으로 한쪽으로는 인정(認定)을 받으면서도 다른 한쪽으로는 외면(外面)을 당하고 무시(無視)를 당한다네.

계산된 말과 행동으로 때에 따라서는 일의 앞뒤가 맞지 않은 까닭에 많은 이로부터 눈총을 받기도 하지만, 타고난 유들유들한 성격(性格)으로 예사(例事)로이 넘기면서 반전(反轉)을 꾀하는 엉뚱한 여인(女人)이기도 하다네.

작은 집착(執着)으로 인(因)하여 번번이 일을 그르쳐놓기도 하지만, 시기(時機)를 놓치지 않고 늘 기회(機會)를 잡은 여인(女人)이라네.

- 여자(女子): 양(陽) → 태음(太陰) ☳, 진(震)

사람됨이 잔꾀에 능(能)하면서 부끄러운 줄 모르고 뻔뻔한 성격(性格)을 지녔으며, 스스로의 잘못이나 허물은 전혀 인지(認知)하지 못하고 남의 허물이나 잘못에 대해서는 어찌 그리도 당사자(當事者)보다 더 잘 아는지 기가 막힐 따름이라네.

눈앞에 드러난 진실(眞實)에 대하여 자신(自身)의 작은 소견(所見)이나 삿된 견해(見解)로 사뭇 왜곡(歪曲)된 시선(視線)으로 바라보고 자신(自身)의 잣대로 모든 것을 판단(判斷)하려는 올바르지 못한 성격(性格)을 지녔다네.

일이 돌아가는 사정(事情)이나 형편(形便)을 모르면서 자신(自身)의 잇속과 관계(關係)된 일이라면 사정(事情)을 봐주는 성격(性格)이 아니며, 내 일이 아닌 남의 일이라면 무덤덤하게 흘려버리는 무심(無心)한 여자(女子)라네.

겉으로는 모든 것을 아는 듯, 되바라진 듯이 보이지만 사실(事實)은 아는 것이 없는 까닭으로 그런 척하는 뻔뻔한 사람이며, 매사(每事)에 우유부단(優柔不斷)하고 하는 짓이 빤히 들여다보이게 얄팍한 수단(手段)을 쓰며, 귀가 매우 얇은 여인(女人)으로 남의 그럴듯한 속임수에 휩쓸려서 많은 것을 빼앗기는 여자(女子)라네.

가까운 지인(知人)들의 진심(眞心)어린 충고(忠告)를 받아들이지 않고 자신(自身)의 얕은 꾀만을 믿으면서 매사(每事)에 성급(性急)한 판단(判斷)을 하는 까닭으로 늘 힘겨워하고 어려운 길로 들어서는 여인(女人)이라네.

잔머리에 잔꾀로 부지런함을 대신(代身)하고 되지도 않은 말로 게으름을 정당화(正當化)하며, 도리(道理)에 맞지 않은 억지스러움으로 명예(名譽)나 위신(威信), 체면(體面) 따위를 마구 몰아대어 닦아세우는 못난 성격(性格)이라네.

진실(眞實)을 가장(假裝)한 말과 행동(行動)으로 스스로의 잘못이나 허물을 감추는 성격(性格)에 더하여 잘잘못을 가름하지 못하고, 늘 이렇다 할 별다른 해명(解明)도 없이 얼렁뚱땅 속여 넘기면서 억지를 쓰는 여인(女人)이라네.

그러나 남의 비위(脾胃)를 맞추려고 더럽게 아첨하지는 않으며, 오히려 남의 환심(歡心)을 사기 위하여 알랑거리며 붙좇거나 남에게 잘 보이려고 알랑거리며 비위(脾胃)를 맞추는 그러한 사람을 무척 싫어하는 성격(性格)이라네.

매사(每事)에 억지를 부리는 것 같으나 현실적(現實的)인 성격(性格)을 지닌 까닭으로 때때로 밝은 시선(視線)으로 세상(世上)을 보고 올바른 견해(見解)에 깊게 수긍(首肯)을 하면서 자신(自身)을 낮추고 인정(認定)하는 모습을 보이나 이내 아둔함으로 눈을 가리는 것은 어찌할 수 없다네.

목적(目的) 달성(達成)을 위해 매우 계산(計算)된 말과 행동(行動)으로 타인(他人)을 그럴싸하게 속이고 좋다고 하나, 늘 들통이 나는 까닭에 얼굴 붉히는 일이 많으며, 남들이야 무엇이라고 하든 묵묵부답(默默不答)으로 대신(代身)하는 사람이라네.

언변(言辯)에 능(能)한 듯이 보이기는 하나 말의 차례(次例)나 조리(條理)가 맞지 않으며, 여기에 더하여 일의 차례(次例)나 갈피를 모르고 사람됨이 잔꾀에 능하지만 지혜(智慧)를 끄집어낼 수 있는 꾀가 없다네.

때문에 융통성(融通性) 없이 고지식하고 매사(每事)에 되지도 않은 말로 억지를 부리면서도 천연(天然)덕스럽게 보이는 여인(女人)이라네.

매사(每事)에 주연(主演)이 될 수 있는 성격(性格)이나 배움이 적고 깨우치지를 못하면 늘 그 자리가 그 자리인 것과 같이 스스로가 지닌 것마저도 빼앗기며 살아가는 사람이라네.

당당(堂堂)하고 믿음직한 애정(愛情) 같으나 가까이 다가설 수 있는 사랑이 아니며, 작은 세상(世上)에 갇힌 정(情)이라 늘 위태롭게 흔들리는 사랑이라네.

한쪽 어깨를 늘 내어주는 사랑이 필요(必要)한 앞뒤가 막혀있는 이라네.

대인(對人) 관계(關係)에 있어서 다분(多分)히 이해득실(利害得失)을 따르는 편이며, 잇속을 떠난 말이나 행동(行動)에는 몹시 어색(語塞)함을 보이고 무난(無難)하거나 원만(圓滿)하지 못하며, 매우 거북한 감정(感情)이 끼는 관계(關係)라네.

앞뒤를 헤아림이 없이 닥치는 대로 함부로 타인(他人)을 무시(無視)하거나 깎아내리지는 않으며, 작지만 항상 타당(妥當)한 이유(理由)나 까닭이 있고 밖으로 드러날 정도(程度)로 흉(凶)하지는 않다네.

한번 믿음이 가면 끝까지 믿어주는 사람이라 많은 사람들이 따르기도 하지만 장단점(長短點)을 많이 가지고 있는 까닭으로 심적(心的) 혼란(混亂)을 많이 겪는 사람이라네.

몸과 마음을 다한 정성에도 불구(不拘)하고 뒤에서 욕을 먹기도 하며, 때로는 남으로부터 외면(外面) 당하기도 하지만 밖으로부터의 좋지 않은 일이나 좋은 일에 무덤덤하게 대처(對處)하면서 살아간다네.

많은 사람과 일들을 겪고 배워가면서 스스로의 타고난 본성(本性)을 깨우치기는 하지만 오래된 습관(習慣)은 바꾸기가 쉽지 않은 일이라 꽤 오랫동안 마음고생(苦生)을 한다네.

또한 남의 속임수에 쉽게 넘어가는 성격(性格)은 아니나 자신의 잔꾀에 쏠리는 까닭으로 스스로를 옭아매기도 하면서 손해를 보고 남들로부터 곱지 않은 시선(視線)을 받기도 한다네.

가진 것이 있을 때는 주변(周邊)에 사람이 모이고 없을 때는 사람이 떠나버리는 까닭으로 눈앞의 이득(利得)에 욕심(慾心)을 내기도 하지만 그래도 한 가닥 양심(良心)으로 남의 것을 취하지 않은 여인이라네.
타인(他人)의 실세(實勢)에 영합(迎合)하지 않은 까닭에 매우 강(强)한 듯이 보이지만 타고난 성격(性格)은 연약(軟弱)한 여인(女人)라네.

- 여자(女子): 음(陰) → 태양(太陽) ☱, 손(巽)

여인(女人)으로써 타고난 배포(排布)가 매우 부드러운 까닭으로 어렵거나 급(急)한 형편(形便)에도 당황(唐慌)하지 않고 여유(餘裕)를 보일 만큼 성미(性味)가 유들유들하며, 마음 씀씀이가 여느 사람들 못지않게 모나지 않고 부드러우면서 일을 처리(處理)함에 있어 막힘없이 순조(順調)로이 이끈다네.
사고방식(思考方式)이 매우 유연(柔軟)한 까닭으로 경험(經驗)과 학문(學文)을 통(通)해 얻은 지식(知識)을 일의 상황에 따라 유효(有效)하게 적용(適用)하면서 일이 돌아가는 이치(理致)에 맞게끔 해결(解決)을 하고 때에 따라 대처(對處)하는 능력(能力)이 탁월(卓越)한 성격(性格)이라네.
경우(境遇)에 어긋나는 말이나 행동(行動)을 삼가지만, 스스로가 놓여 있는 사정(事情)이나 형편(形便)을 고려(考慮)하지 않고 자신(自身)의 의사(意思)를 머뭇거림 없이 상대방(相對方)에게 전달(傳達)하는 당찬 여인(女人)이라네.
말과 행동(行動)에 은근하고 친근(親近)함이 묻어나며, 때때로 단호(斷乎)한 면을 보이기도 하지만 타고나기를 뒤탈이 없다네.
미색(美色)이 남과 다르게 타고났으며, 주위에 이성(異性)들이 많이 따르기는 하지만 그리 쉽게 무너지지 않고 오히려 상대방(相對方)을 쥐락펴락하면서 자기(自己) 손아귀에 넣고 마음대로 휘두르면서 자신의 뜻을 믿고 따르게 만드는 용의주도(用意周到)한 사람이라네.
말이 많기 보다는 행동(行動)으로 앞서며, 자신(自身)이 앞에 나서기보다는 뒤를 받쳐주면서 철저(徹底)하게 실속을 차리는 성격(性格)이라네.
아니꼽거나 언짢은 일을 잘 견디는 성격(性格)으로 늘 웃음을 잃지 않으며, 크게 마음에 두고 속이 상하는 사람이 아니라네.

타고난 미색(美色)도 미색(美色)이지만 배움이 많고 크다면 문예(文藝)에 타고난 끼를 키우면서 자신(自身)의 위치(位置)를 찾을 것이라네.

일을 벌이기에 앞서 생각이 많으며, 늘 일의 앞과 뒤를 살펴가면서 활달(豁達)하게 움직이는 여자라네.

애정(愛情) 표현(表現)에 있어서 겉으로는 부끄러운 척, 여인(女人)의 모습을 보이면서 마음을 쉽게 열어 주지는 않지만 한번 마음을 열면 늘 떨어지지 않고 안기는 사랑이라네.

농도(濃度) 짙은 끈끈한 애정(愛情) 표현(表現)에 때때로 가슴 설레는 사랑과 어깨를 다독이며 머리를 맞대는 애정이라네.

집안의 대소사(大小事)를 이끌어 간다지만 앞서지 않고 항상 뒷전에 앉아 이끄는 여인(女人)이며, 조금은 소극적(消極的)인 모습을 보이면서 스스로의 연약(軟弱)함을 드러내는 여인(女人)이라네.

그래도 미움을 받지 않은 것은 유난스럽지 않은 성격에 밝고 모나지 않은 성품(性品) 때문이라네.

더하여 위아래를 분명(分明)하게 구분(區分) 짓고 일의 사정(事情)이나 형편(形便)에 따라 몸과 마음을 다하는 성실(誠實)함을 보이면서 경우(境遇)에 맞게 처신(處身)하기 때문이라네.

남편(男便)과의 사랑을 돈독(敦篤)하게 유지(維持)하며, 또 몸과 마음을 다한 노력을 하면서 자식을 가르치는 일에 힘을 보태고 때때로 분에 넘치는 사랑으로 몸이 고달프다네.

남편(男便)과 자식 뒷바라지에 힘쓰면서도 자신의 입지(立志)를 세우고 스스로의 삶을 위해 노력(努力)하는 여인(女人)이라네.

가정(家庭)이라는 울타리를 소중(所重)하게 여기고 기품(氣品)있게 가꾸기를 좋아하며, 남부럽잖게 안과 밖을 깨끗하게 이끌어간다네.

사람을 사귀는 일에 있어 선이 분명한 까닭에 쉽게 마음을 열지 못하지만 잇속이 따르는 일에 있어서만큼은 욕심(慾心)에 따라 속마음을 비추기도 한다네.

그러나 깊은 속내는 보이지 않은 성격(性格)으로 조금은 까다로운 인간관계(人間關係)를 이루며, 나름대로의 인생관(人生觀)에 충실(充實)하게 따르면서 자신(自身)의 삶을 살아간다네.

무리와 어울리기도 좋아하지만 위신(威信)이나 체면(體面)을 차리려는 까닭으로 말과 행동(行動)에 제약(制約)이 따르면서 매우 어색(語塞)한 관계(關係)를 연출(演出)하기도 한다네.

이로 인하여 젠체하며 자신(自身)을 내세우기도 하지만 원만(圓滿)한 관계(關係)를 일구어 간다네.

주변(周邊)에 많은 남자(男子)가 따르지만 두려워하지 않고 오히려 밀고 당기면서 나름대로 즐기는 쪽에 가까우며, 속내를 들키지 않은 용의주도(用意周到)한 사람이라네.

사실 드러내놓고 자신의 잇속을 챙기고 뻔뻔한 모습을 보이기도 하지만 남에게 피해(被害)를 주기 보다는 자신이 받아야 할 정당(正當)한 잇속을 이치(理致)에 맞게 요구하고 자신(自身)의 것을 찾아가는 당찬 여인(女人)이라네.

마음이 밝은 여인(女人)으로 책임감(責任感)이 있으며, 유연(柔軟)한 사고방식(思考方式)에 긍정적(肯定的)이고 대체로 원만(圓滿)한 삶을 살아가는 여인(女人)이라네.

- 여자(女子): 음(陰) → 소음(少陰) ☱, 감(坎)

타고난 성품이 조용하고 소극적(消極的)인 것 같으나 기실(其實) 속내를 따지자면 스스로의 잇속을 챙기면서 자신(自身)을 드러내 보이지 않은 성격(性格)이며, 앞에 나서는 성미(性味)가 아니라네.

자신(自身)의 말과 행동(行動)에 되도록이면 책임(責任)을 지며, 머리가 영활(靈活)하게 돌아가는 까닭으로 불필요(不必要)한 손해(損害)를 보지 않으면서 자신의 위치(位置)를 높이고 체면(體面)을 세우면서 자존심(自尊心)을 지키는 여인(女人)이라네.

맞상대하기가 까다로운 여자(女子)로 말에 조리(條理)가 있고 일이 돌아가는 사정이나 차례(次例)에 따라 민감(敏感)하게 반응(反應)하면서 세심(細心)하게 처리(處理)한

다네.

상대방(相對方)을 자기(自己) 손아귀에 넣고 마음대로 휘두르기는 하나 드러나지 않게 하면서 스스로의 뜻이나 생각을 확실(確實)하게 전(傳)하며, 위신(威信)을 분명(分明)하게 세우는 여인(女人)이라네.

일의 앞뒤를 분명하게 밝히고 일의 사정(事情)이나 상황(狀況)에 따라 밀고 당기는 일에 있어서 매우 능(能)한 까닭으로 무리수(無理手)를 두는 어리석은 사람이 아니며, 세상(世上)을 살아가는 처세술(處世術)이 뛰어나고 그렇다고 밖으로 크게 드러나지 않은 사람이라네.

속내를 드러내지 않으니 묘(妙)한 매력(魅力)을 지닌 여인이 아닌가.

차분한 이성(理性)을 지닌 여자(女子)로써 일이 돌아가는 전체(全體)를 눈여겨보아 살피면서 때에 따라 유효(有效)하게 대처(對處)하고 작은 일이라 하더라도 보람이 되는 일로 만들며, 가슴 뿌듯해하는 성품(性品)의 소유자(所有者)라네.

일을 꾸미거나 치러 나가는 재간(才幹)이 좋은 사람으로 눈앞에 드러나는 이익(利益)을 놓치지 않고 잡으며, 적은 것을 가지고 많이 불리는 여인(女人)이라네.

지나친 욕심을 부리기보다는 매우 현실적(現實的)인 성격(性格)으로 실질적(實質的)인 이득(利得)을 취하는 성미(性味)라네.

감성적(感性的)인 사랑보다 차분한 이성(理性)에 따르는 실질적(實質的)인 애정(愛情)을 따른다네.

급격(急激)한 감정(感情)을 따르는 애정(愛情)보다는 찬찬하게 기다려주는 사랑이며, 겉으로 드러내기보다는 안으로 안아주는 가슴 따스한 사랑이라네.

말보다는 행동(行動)이 앞서는 여자(女子)로써 가정사(家庭事)를 조용하게 이끌어 가고 말없이 남편(男便)이나 자식(子息)의 뒤를 챙기면서 사랑을 받은 아내이고 어머니며, 늘 일의 앞과 뒤를 생각하면서 가정을 이끄는 현명(賢明)함이 있다네.

밀고 당기는 일에 있어서 능(能)한 까닭으로 격하게 움직이는 감정(感情)에 호소(呼訴)하기보다는 앞뒤가 들어맞고 체계가 서는 갈피를 잡아 한집안을 조용하게 이끌면서 자신(自身)의 위치(位置)를 견고(堅固)하게 한다네.

잘잘못에 대한 상벌(賞罰)이 분명(分明)하지만 어떠한 틀에 고집(固執)을 피우며 맞추기보다는 잘잘못의 사정(事情)이나 상황(狀況)에 따라 적절(適切)하게 풀어가는 유(柔)한 성품(性品)이면서 스스로의 생각을 변화(變化)시키는 여인(女人)이라네.

스스로의 잣대나 틀에 잡혀 세상을 보는 성격이 아니며, 자신(自身)만의 편협(偏狹)한 틀을 깨고 세상사(世上事)를 받아들인다네.

그렇다고 스스로의 가치관(價值觀)을 쉽게 버리는 성격(性格)이 아니며, 중심(中心)을 잃지 않고 효율적(效率的)으로 키워 나가는 매우 현명(賢明)한 여인(女人)이라네.

주변(周邊)에 많은 사람들이 따르는 여자(女子)로서 서로간의 다툼이나 분쟁(分爭)을 잦아들게 하고 실(失)보다는 득(得)이 될 수 있도록 이끌어주며, 서로 화합(和合)할 수 있도록 만들어 주면서 자신(自身)의 위치(位置)를 견고(堅固)하게 만들고 스스로의 잇속을 충분(充分)하게 챙긴다네.

다툼보다는 상생(相生)의 길을 찾은 성격(性格)으로 남을 위하고 나를 위하는 일에 능(能)하며, 손해(損害)를 보기보다 적은 힘을 들이고도 많은 것을 이루고 얻는다네.

작은 잇속 앞에 매정함을 보이기도 하지만, 자신(自身)의 실수(失手)를 바로 인정(認定)하고 사소(些少)한 실수(失手)를 만회(挽回)하기 위하여 노력하는 까닭으로 타인(他人)으로부터 위함을 받은 여인(女人)이라네.

또한 타인(他人)의 어려움이나 큰 아픔 앞에 모른 척 돌아서지 않으며, 다독이고 이끌어주는 여자(女子)이며, 인간관계(人間關係)에 있어서 두루 원만(圓滿)하고 막힘이나 걸림이 없고 늘 주변(周邊) 사람들에게 누(累)가 되지 않도록 노력(努力)한다네.

언변(言辯)에 능(能)하고 조리(條理)가 있으나 말보다는 행동(行動)으로 스스로를 내보이며, 앞에 나서서 이끌기보다 뒤에서 힘을 보태주고 밀어주는 성품이라네.

주변(周邊)으로부터 유혹(誘惑)이 많으면서 이용(利用)하려고 대들지만 그렇게 호락호락한 성격(性格)이 아니며, 오히려 밀고 당기면 이를 즐기는 강단(剛斷)있는 여자(女子)라네.

자존심(自尊心)을 지키고 체면(體面)이나 위신(威信)을 세우면서 제 앞가림을 철저(徹底)하게 하는 성품(性品)으로 담담(淡淡)하게 세상사(世上事)를 대하며, 크게 무리수(無理手)를 두지 않으면서도 많은 이들과 원만(圓滿)한 관계(關係)를 이룬다네. 다만 스스로에게는 솔직하기는 하나 자신(自身)의 속내를 드러내지 않으면서 많은 아픔을 혼자 끌어안고 가는 그 가슴의 상처(傷處)야 오죽하겠는가.

- 여자(女子): 음(陰) → 소양(少陽) ☶, 간(艮)

융통성(融通性)이 좋은 반면(反面)에 때가 아닌 변덕(變德)을 부리며, 작은 잇속 앞에서 서슴없이 욕심(慾心)을 내고 밉지 않은 말과 행동(行動)으로 자신(自身)을 쉽게 드러낸다네.
꺼리거나 어려워함이 없이 올차고 다부지게 보이지만 모든 말과 행동에 앞서 나름 꼼꼼하게 계산(計算)된 말과 행동을 하며, 처세(處世)에 능한 까닭으로 자신이 입을 손해를 극소화(極小化)한다네.
크게 잇속을 챙기는 듯하나 드러내고 보면 욕심(慾心)것 챙기지 못하는 사람이며, 오히려 남에게 이용(利用)을 당하는 일이 많다네.
드러나는 감정(感情)을 감추지 못하며, 있는 그대로의 감정(感情)을 거리낌 없이 표현(表現)하는 까닭으로 때때로 되지도 않은 오해(誤解)를 불러일으키거나 잦은 분쟁(分爭)이나 다툼을 일으키기도 하지만 그렇게 밉보이는 성격(性格)은 아니라네.
숨김없이 모든 것을 말로써 드러내는 까닭으로 제 앞가림을 제대로 하지 못하며, 스스로의 허물을 덮지 못하고 잘잘못의 경계(境界)가 흐릿하며 분명(分明)치 않다네.
크지 않은 잇속을 욕심 부리기에 말과 행동이 앞뒤가 맞지 않으며, 자신(自身)의 잘못이나 허물이 드러나더라도 한 번의 웃음과 애교(愛嬌)로 넘기는 여자(女子)라네.
말재간에 능(能)한 성격(性格)으로 임기응변(臨機應變)에 강(剛)하지만 이는 임시변통(臨時變通)일 뿐, 지속적(持續的)이지 않은 까닭으로 따지고 보면 인내심(忍耐心)과 의지(意志)가 약한 성품(性品)이라네.
또한 스스로의 잘못이나 허물에 대하여 지나치게 변명을 일삼기도 하면서 스스로를 합리화(合理化) 시키는 이기적(利己的)이고 편협(偏狹)된 성격(性格)이 있다네.
적게 아는 것으로, 곧 알량한 지식(知識)으로 매사(每事)에 나서기를 좋아하고 말은 많지만 자신(自身)의 위치(位置)를 세우기에는 부족(不足)하며, 오히려 자신(自身)이 이루어 온 명예(名譽)나 위신(威信) 따위를 떨어뜨리거나 잃는다네.

기다리지 않고 스스로 찾아다니는 애정(愛情)으로 때에 따라 실익(實益)을 따르는 사랑이며, 깊고 온유(溫裕)한 사랑보다는 겉으로 드러난 격렬(激烈)한 애정(愛情)을 원(願)한다네.

상대방(相對方)을 위하는 애정(愛情)이라기보다는 처세술(處世術)의 하나로 생각하는 모진 사랑을 하며, 때때로 험난(險難)한 삶을 살아가는 여인(女人)이라네.

가족 간(家族 間)의 우애(友愛)를 돈독(敦篤)하게 하면서 한 집안을 잘 이끌어 간다고는 하지만, 자신(自身)의 남편(男便)과 자식(子息)만을 위하는 편협(偏狹)된 애정(愛情)으로 인(因)하여 잦은 다툼을 일으킨다네.

그렇다고 큰 싸움으로 번지는 일은 매우 드물며, 또한 자신(自身)의 위치(位置)를 잃지는 않고 밉살맞게 굴지 않는다네.

때에 따라서는 얄밉기도 하지만 천연(天然)덕스러운 처세술(處世術)로 쫓길수록 유연(悠然)하게 대처(對處)하는 성격(性格)이며, 허탈(虛脫)한 웃음을 불러일으키는 여인(女人)이라네.

타고나기를 천생(天生) 여자(女子)인지라 유혹(誘惑)에 쉽게 빠질 수 있는 성격(性格)이니, 타인의 말과 행동을 믿지 말고 한번은 생각을 하고 움식이기를 바란나네.

앞을 내다보지 못한 말이나 행동(行動)이 마지막에 시기(猜忌)와 분쟁(分爭)을 일으키지 않던가.

하는 짓이나 생각하는 것이 고리삭고 시원한 맛이 없이 따분하진 않으나 가정(家庭)을 위한 작은 잇속 앞에 생각이나 도량(度量)이 좁아지고 한쪽으로 기울거나 치우치는 경향(傾向)이 있으며, 자신(自身)만의 잣내로 말과 행동(行動)을 하면서 합리화(合理化)하고 정당화(正當化)시키는 못 말리는 여인(女人)이라네.

그러나 가족(家族)을 위하는 일이며, 한 집안을 위하는 일이라면 큰 허물은 없을 것이라네.

주변(周邊) 사람들과의 관계(關係)에 있어서 큰 무리수(無理手)를 두는 성격(性格)은 아니나 수완(手腕)이 좋은 여자(女子)로써 처세(處世)에 능하며, 스스로의 잇속을 챙기기 위해서는 수단(手段)과 방법을 가리지 않고 얻고자 하는 것은 꼭 손에 쥐는 여자(女子)라네.
타인(他人)에게 고의적(故意的)으로 피해(被害)를 주거나 상처(傷處)를 주려는 성격(性格)은 아니나 상대방(相對方)의 입장(立場)에 있어서는 그렇지 않은 것이 문제(問題)라면 큰 문제(問題)라네.
때문에 사소(些少)한 일로 인하여 잦은 분쟁(分爭)에 휘말리기도 하며, 잡스러운 말에 시달리기도 한다네.
또 작은 잇속을 챙기기 위해 스스로를 잡도리하는 성격이 아닌 까닭으로 엄(嚴)한 냉대(冷待)에 상처(傷處)를 받는다네.
그래도 능(能)한 처세술(處世術)과 융통성(融通性)으로 잘잘못이나 허물을 떠나 유하게 세상사(世上事)를 풀어가며 산다네.
일이 돌아가는 사정(事情)이나 상황(狀況)을 알지 못하고 자신(自身)의 뜻이나 생각대로 가당찮은 고집(固執)을 피우기도 하지만 타인의 어려움이나 고통(苦痛)을 함께 하려는 여린 마음을 지닌 까닭으로 두루 원만(圓滿)한 인간관계(人間關係)를 이룬다네.
단지 스스로의 잘못이나 허물을 남의 탓으로 돌리거나 시시하고 보잘 것 없는 자존심(自尊心)으로 자신을 합리화(合理化)하거나 정당화(正當化)하는 아둔함이 그지없이 안타깝다네.

- 여자(女子): 음(陰) → 태음(太陰) ☷, 곤(坤)

배움이 많거나 적거나 세상사(世上事)에 밝게 눈을 뜨며 남 못지않은 달변가(達辯家)에 매사(每事)를 처리(處理)함에 있어서 능수능란(能手能爛)한 처세술(處世術)을 가진다네.
또한 다른 여인(女人)이 지니지 못한 계산(計算)된 교태(嬌態)와 교성(嬌聲)에 능(能)하므로 얼뜬 남자(男子)의 마음을 제 마음대로 쥐락펴락한다네.
타인(他人)의 말이나 하는 짓이 제 마음에 거슬리고 밉살스럽더라도 이해득실(利害得

失)에 따라 능(能)히 받아주며, 내용(內容)이나 실질(實質)이 따르지 않으나 제 마음의 뜻과 정(情)이 한쪽으로 치우치면 뒷일을 생각하지 않고 스스로의 몸과 마음을 다하는 아둔한 성품(性品)이라네.

슬기롭지 못하여 하는 짓이 어리석고 둔하다면 소탐대실(小貪大失)하는 일이 빈번(頻繁)하고 스스로 자기(自己)를 책망(責望)하거나 스스로 자기(自己)를 학대(虐待)하거나 스스로 자기(自己)의 몸을 해치기도 하는 성미(性味)라네.

스스로의 힘으로 구속(拘束)에서 벗어나지 못하면서 남의 도움을 바라지 않은 성격(性格)이며, 일이 돌아가는 사정(事情)이나 상황(狀況)을 분명하게 알지 못하지만 자신(自身)과 결부(結付)된 일의 잘잘못이나 허물을 제 스스로 짊어지는 성품(性品)이라네.

때문에 대범(大汎)하고 그릇이 큰 여자(女子)인 듯하나 사실(事實) 알고 보면 일의 전후(前後) 사정(事情)이나 상황(狀況)에 따른 잘잘못을 모르기 때문이라네.

그러나 세상사(世上事)에 눈을 뜨고 일이 되어가는 사정(事情)이나 상황(狀況)에 눈을 뜨면 남부럽지 않은 위신(威信)과 명예(名譽)를 얻는다네.

이성적(理性的)이거나 감성적(感性的)이기보다 본능(本能)을 따라 움직이는 성품(性品)으로 순하고 순한 여인이라네.

비위(脾胃)가 좋은 편으로 경우에 맞지 않은 체면(體面)을 내세우거나 알량한 자존심(自尊心)으로 자신(自身)을 포장(包裝)하고 말과 행동(行動)을 과대(誇大)하게 표현(表現)하지만, 두서(頭緖)없이 차분하게 입을 다물고 멍석을 깔아주면 도망을 간다네.

밖으로 드러내기보다는 늘 마음 한구석에 의문을 지니는 성미(性味)로 조심스럽게 세상사(世上事)를 바라보며 제 모습에 취해서 살아간다네.

더하여 세상사(世上事)의 복잡(複雜)함을 싫어하고 단지 스스로의 잔재미에 묻혀 살아가며, 타인(他人)의 좋은 말과 따스한 시선(視線)만을 바라면서 스스로의 마음을 열지 못하는 성품(性品)이라네.

애정(愛情)을 받은 일에 있어서나 주는 일에 있어서, 조건(條件)이 없는 사랑이며 눈먼 사랑이라네.

스스로의 부족(不足)함을 탓하는 애정(愛情)이며, 사랑하는 이를 원망(怨望)하지 않은 애정(愛情)이라네.

다만 신뢰(信賴)가 깨지거나 사물의 바른 이치(理致)에 밝게 눈을 뜨면 등을 마주 대하고 다른 하늘을 바라보는 사랑이라네.

본능적(本能的)인 애정(愛情)을 따르는 까닭으로 집착(執着)에 가까운 면을 보이기도 한다네.

친인척(親姻戚)이나 가족(家族)의 비위(脾胃)를 맞추면서 나름 제 할 도리(道理)를 지키는 여자(女子)이며, 마음과 몸을 다해 이바지하더라도 돌아오는 것은 때 이른 불평불만(不平不滿)이라네.

투정이나 모진 타박을 받아가면서도 아내로서 마땅히 지켜야 할 바른 길을 가지만 얼굴에 흐르는 눈물을 어찌할거나.

주기보다는 늘 받기를 원하는 가족(家族)으로 인해 마음의 상처(傷處)를 많이 받으면서도 여자(女子)라는 이유(理由)로 정성(精誠)을 들인다네.

때때로 자신(自身)의 목소리를 높이지만 바르게 받아주는 이가 없으니 늘 허공(虛空)에 흩어지고, 까닭이나 필요(必要)가 없어 보이는 말과 행동(行動)으로 스스로가 허탈감(虛脫感)에 빠지기도 한다네.

단 한마디의 칭찬(稱讚)과 따스한 눈길이라면 얼어버린 마음이 풀리기도 하련만, 늘 홀로 가슴을 부여잡고 밤을 새우며 잡념(雜念)에 시달린다네.

인간관계(人間關係)에 있어서 신뢰(信賴)와 의지(依支)를 바탕으로 삼고 싶으나 주변(周邊) 사람들이 필요(必要)에 따라 밀고 당기는 까닭에 제 위치(位置)를 잃기 쉬는 여자(女子)라네.

때문에 잘하면 본전(本錢), 못하면 손해를 보는 삶이며, 스스로를 잡도리하면 그나마 몸을 바로 세울 수 있겠으나 늘 주변(周邊)에서 일어나는 일로 인해 쉽게 휩쓸리는 경우가 많다네.

득(得)보다는 실(失)이 많은 인간관계(人間關係)지만 굳이 남을 탓하기보다는 스스로의 부족(不足)함을 인정(認定)하면서, 나름 계산적(計算的)인 말과 행동(行動)으로 세상사(世上事)에 대처(對處)하는 여인(女人)이라네.

늘 손해(損害)만 보는 인생(人生)은 아니지 않은가.

유혹(誘惑)에 약(弱)한 모습을 보이는 여자(女子)이며, 마음이나 생각이 어느 한쪽으로 기울거나 치우치면 전후좌우(前後左右)를 돌아보지 않고 몸과 마음을 다하여 정성을 들이며, 집착(執着)에 가까운 성향(性向)을 보인다네.

돈이라는 현실적(現實的)인 문제(問題)에 부딪히면 몸 따로, 마음 따로, 현찰(現札)을 따르는 여인(女人)이며, 그에 따르는 잘잘못에 연연(戀戀)하지 않는다네.

때문에 숱한 우여곡절(迂餘曲折)이 많은 연(緣)을 맺으며, 많은 오해(誤解)를 받기도 하고 때로는 시기와 질투(嫉妬)를 한 몸에 받기도 한다네.

늘 그렇듯 제 스스로 배신(背信)을 하지 않으나 타인(他人)의 배신(背信)으로 상처(傷處)를 많이 받고 의지처(依支 處)를 찾아 떠도는 여인(女人)이라네.

올바른 배움이 있다면 진실(眞實)한 사랑에 눈을 뜨고 가정(家庭)의 참다운 의미(意味)에 뜻을 두며, 세상사(世上事)를 바라보는 눈에 지혜(智慧)가 있어 밝은 인간관계(人間關係)를 이루지만, 배움이 없어 아둔하다면 참다운 마음, 진실(眞實)한 사랑, 가정(家庭)이나 가족(家族)의 참다운 의미(意味) 등은 하늘에 핀 화려(華麗)한 꽃과 같다네.

또한 인간관계(人間關係)에 있어서 서로가 서로를 위하기보다는 이해득실(利害得失)에 따른 모진 관계(關係)를 형성(形成)하지 않겠는가.

10) 양류목(楊柳木): 바람에 하늘거리는 목(木)의 기운(氣運)

임오(壬午)-양(陽)	계미(癸未)-음(陰)

16상론(十六象論) 및 행태론(行態論)

• 남자(男子)

양(陽) → 태양(太陽)/건(乾)-부(父) ☰	음(陰) → 태양(太陽)/손(巽)-장녀(長女) ☴
양(陽) → 소음(少陰)/태(兌)-소녀(少女) ☱	음(陰) → 소음(少陰)/감(坎)-중남(中男) ☵
양(陽) → 소양(少陽)/리(離)-중녀(中女) ☲	음(陰) → 소양(少陽)/간(艮)-소남(少男) ☶
양(陽) → 태음(太陰)/진(震)-장남(長男) ☳	음(陰) → 태음(太陰)/곤(坤)-모(母) ☷

• 여자(女子)

양(陽) → 태양(太陽)/건(乾)-부(父) ☰	음(陰) → 태양(太陽)/손(巽)-장녀(長女) ☴
양(陽) → 소음(少陰)/태(兌)-소녀(少女) ☱	음(陰) → 소음(少陰)/감(坎)-중남(中男) ☵
양(陽) → 소양(少陽)/리(離)-중녀(中女) ☲	음(陰) → 소양(少陽)/간(艮)-소남(少男) ☶
양(陽) → 태음(太陰)/진(震)-장남(長男) ☳	음(陰) → 태음(太陰)/곤(坤)-모(母) ☷

- 남자(男子): 양(陽) → 태양(太陽) ☰, 건(乾)

본디부터 타고난 기운(氣運)이 올바른 선비와도 같은 사람이라네.

자신(自身)의 생각이나 하고 싶은 말 등을 안으로 감추지를 못하며, 있는 그대로를 밖으로 표출(表出)하고 스스로의 감정(感情)을 분명(分明)하게 드러내는 성품(性品)이라네.

알량한 자존심(自尊心)을 내세우기보다는 학자(學者)로서의 많은 배움이 있는 사람이며, 스스로의 학문(學問)을 바탕으로 하여 논리적(論理的)으로 스스로의 의사(意思)를 피력(披瀝)한다네.

자신(自身)의 뜻이나 생각이 받아들여지지 않으면 앞으로 나서서 설득(說得)하기보다는 뒤로 물러서서 행동력(行動力)이 없이 무관심(無關心)하게 보거나 수수방관(袖手傍觀)한다네.

굳이 나서서 분란(紛亂)을 일으키는 성격(性格)이 아니고 오히려 유유자적(悠悠自適)하면서 돌아가는 세태(世態)를 즐기는 사람이며, 시대(時代)의 주류(主流)에 편승(便乘)하기보다는 비판적(批判的)인 견해(見解)를 보이는 성격(性格)이라네.

그렇다고 비주류(非主流)라 하여 주류(主流)와 반목(反目)을 일삼은 성격(性格)은 아니며, 원줄기가 되는 큰 흐름을 수용(受容)하는 사람이라네.

말과 행동(行動)이 솔직 담백(淡白)한 성격(性格)이며, 남을 가르치려 하고 남을 가르칠 만큼 부족(不足)하지 않은 학식(學識)을 지녔으며, 사물(事物)이든 학문(學問)이든 새로운 것에 대한 호기심(好奇心)이 많은 사람이라네.

작은 바람에도 쉽게 움직일 수 있는 사람 같으나 스스로의 판단(判斷)을 소중(所重)하게 여기고 소신(所信)을 굽히지 않은 바른 사람이라네.

겉으로 드러나는 행동(行動)을 보면 매우 부드러워 보이지만 안과 밖이 강(强)한 사람이고 무리를 올바른 길로 이끌어주는 인도자(引導者)라네.

많은 사람이 따르는 성품(性品)으로 봄바람과 같이 온화(溫和)하기는 하나 노는 일에 있어서는 남에게 뒤지지 않는다네.

물론 음주가무(飮酒歌舞)는 당연지사(當然之事)이며, 늘 옆에는 많은 여자(女子)가 따르는 좋은 팔자(八字)가 아닌가.

그렇다고 여자(女子)에게 매이는 성격(性格)이 아니며, 분명(分明)한 선을 긋는 남자(男子)다움이 있다네.

날이 선 칼날보다는 부드러운 버드나무 가지와 같은 성격(性格)으로, 날카롭게 드러내어 되받아치는 머리보다는 스스로를 자중(自重)시키면서 부드럽게 머리를 쓰는 성격

(性格)의 소유자(所有者)라네.

체면치레를 하지 않은 사람이지만 스스로의 위신(威信)이나 명예(名譽)만큼은 지키려고 하며, 자신(自身)의 권세(權勢)로 타인(他人)을 누르지 않는 사람으로서 남의 권세(權勢)에 기대어 안주(安住)하는 사람을 원 없이 조롱(嘲弄)하는 남자(男子)라네.

작은 자존심(自尊心)의 상처(傷處)로 일을 그르치지 않으며, 뒤끝이 없는 성질(性質)로써 스스로가 벌인 말이나 행동(行動), 또는 일 등에 대해서 마지막까지 책임(責任)을 지는 남자(男子)라네.

놀기 좋아하고 활달(豁達)한 기질(氣質)을 지닌 까닭으로 주위(周圍)에 많은 사람들이 모이고 따르면서 많은 말이 떠도는 남자(男子)라네.

거침없이 세상(世上)을 살아가는 듯이 보이지만 남을 배려(配慮)하는 마음이 말이나 행동(行動)에서 드러난다네.

때문에 가정(家庭)에 소홀(疎忽)할 수가 있는 것이니 때때로 밖에서는 호인(好人)이란 소리를 들으면서 가정(家庭)에서는 쪽박이라는 타박을 받기도 한다네.

주변머리 없는 애정(愛情)이지만 나름 최선(最善)을 다하는 사랑으로 처음 가진 애정(愛情)을 마지막까지 지키고 늘 웃음을 잃지 않는 마음씨 좋은 사랑이라네.

부인(婦人)의 입장에서 본다면 늘 남에게 빼앗기는 남편이 아닌가.

유순(柔順)하고 편하게 가족(家族)을 대하며, 강압적(强壓的)이기보다는 말로서 풀어가고 가정(家庭)이라는 울타리를 소중(所重)하게 여기면서 항상 가족(家族)을 위해 노력(努力)하는 사람이라네.

스스로의 성품(性品)으로 인하여 때때로 상처(傷處)를 주기도 하지만 미안한 마음으로 감싸는 따뜻한 남자(男子)의 품이라네.

때문에 가족(家族)으로부터 미움보다는 더 많은 사랑을 받으면서 행복(幸福)해 하고 내가 가지고 있기보다는 지니고 있는 모든 것을 가정(家庭)으로 돌리는 사람이라네.

무난(無難)한 가정사(家庭事)이기에 친가(親家)든 외가(外家)든 모두 아우르고 살아가며, 있는 만큼 현실적(現實的)으로 도움을 주고 살아간다네.

자식(子息)에 대한 애정(愛情)이 남과 다른 바 친구(親舊)와 같이 대하면서 밖으로 서로의 사랑을 확인(確認)한다네.

늘 여난(女難)이 따르는 남자(男子)이기 때문에 말과 행동(行動)을 삼가야 할 것이라네.

자신의 뜻과는 다르게 가족에게 큰 상처(傷處)를 주기 때문이라네.

사람을 좋아하고 술도 좋아하고 여자(女子)도 좋아하는 기분(氣分) 좋은 성격(性格)으로 밖으로 나돌면서 삶을 즐기는 남자(男子)라네.

때문에 많은 사람이 무리를 지어 따르기도 하면서 이 남자(男子)와 어울리기를 기꺼워한다네.

인간관계(人間關係)가 막힘이나 걸림이 없이 두루 원만(圓滿)하고 매사(每事)에 남보다 앞서가는 성격(性格)이며, 집안의 애경사(哀慶事)보다는 가까운 이들의 애경사(哀慶事)에 열의(熱意)를 보인다네.

믿음이 가면 몸과 마음을 다해 이웃을 위하는 사람이며, 뒤끝이 없는 사람이고 남을 먼저 배려(配慮)하는 마음이 있는 까닭으로 남으로부터 인정(認定)을 받은 남자(男子)라네.

스스로의 권세(權勢)를 내세우지 않고 자신(自身)을 숙일 수 있는 성품(性品)이라 대인관계(對人關係)가 늘 한결 같으면서 변함이 없는 모습을 보여준다네.

사람을 대함에 있어 계산적(計算的)이지 않고 솔직 담백(淡白)한 까닭으로 손해(損害)를 보기도 하지만 그 이상(以上)의 보상(報償)이 따르는 남자(男子)라네.

바르지 못한 세태(世態)에 매우 냉소적(冷笑的)이고 비판(批判)을 아끼지 않은 사람이며, 타인(他人)의 잘잘못에 대해 말을 아끼지 않고 조언(助言)을 해주는 성격(性格)이라네.

체면치레에 신경(神經)을 쓰지 않으면서 위신(威信)과 명예(名譽)를 따르는 까닭으로 때때로 물질적(物質的)인 손해(損害)를 많이 보기도 하며, 그렇다고 자신(自身)의 잇속을 챙기기 위해 타인(他人)에게 피해(被害)를 주는 이는 아니라네.

자신(自身)을 어떠한 위치(位置)에 세우기 위해 힘 있는 세력(勢力)의 어깨를 빌리는 사람이 아니며, 고통(苦痛)스럽고 멀리 돌아가더라도 자신(自身)이 선택(選擇)한 길을 가는 남자(男子)라네.

좋지 않은 현실(現實) 세태(世態)에 매우 냉소적(冷笑的)이면서도 노력(努力)하는 남

자(男子)라네.

사람과 어울리는 것은 좋아해도 사업(事業)과는 먼 사람이며, 남을 가르치고 이끌어주는 지도자(指導者)의 길이 좋으며, 세상(世上)을 주유(周遊)하면서 안목(眼目)을 넓히고 거침없는 독설가(毒舌家)가 되어 세상(世上)의 스승이 되는 길이 좋지 않겠는가.

- 남자(男子): 양(陽) → 소음(少陰) ☱, 태(兌)

스스로의 속내를 좀처럼 드러내지 않은 성격(性格)이라 소심(小心)한 듯이 보이지만 세상(世上)을 냉정(冷情)한 시선(視線)으로 바라보는 남자(男子)라네.

스스로의 성품(性品)을 돌아보고 분수(分數)에 맞게 처신(處身)을 하는 성격(性格)이며, 매우 유(柔)한 성품(性品)을 지닌 사람이지만 스스로에게만큼은 냉정(冷情)을 유지(維持)하는 성격(性格)이라네.

시대(時代)의 주류(主流) 사상(思想)에 휩쓸리는 듯하나 스스로의 소신(所信)을 굽히지 않으며, 비판적(批判的)인 견해(見解)를 바탕에 깔고 심사숙고(深思熟考)하는 가볍지 않은 성격(性格)이라네.

말이 없는 가운데 리더십을 발휘(發揮)하는 사람으로서 그 진가(眞價)가 쉽게 드러나지 않으나 어지러운 세상사(世上事)속에서는 그 본마음이 강하게 드러나는 남자(男子)다운 성격(性格)이 있다네.

쉽게 들었다 놨다할 수 있는 사람이 아니며, 까다로운 성격(性格)은 아니나 쉽게 상대(相對)할 수 있는 사람도 아니라네.

또한 스스로의 감정(感情)을 쉽게 드러내지 않으면서도 자신(自身)의 뜻이나 생각을 상대방(相對方)에게 쉽게 전달(傳達)하는 사람이며, 자신(自身)의 의지(意志)대로 무리를 이끄는 성품(性品)이라네.

어지간한 일에 몸과 마음을 움직이지 않으나 스스로의 위신(威信)이나 체면(體面), 명분(名分)이 바르게 선다면 거침없이 나서서 이끄는 성품(性品)도 지녔다네.

물이 깊어야 고기가 많이 모이듯이 사람이 아량 있고 품성(品性)이 좋아야 많은 사람의 존경(尊敬)을 받는다는 것을 인지(認知)하고서, 강가 옆의 곧은 나무보다는 길고 크게 늘어진 버드나무로 많은 물고기들에게 그늘을 만들어주어 모이게 하며, 물이 깊을 수록 조용하듯이 깊이 흐르는 물이 소리가 나지 않음을 인지(認知)하고, 겉으로 떠벌이면서 잘난 체하거나 뽐내지 않으며 때에 따라 겸손(謙遜)하게 스스로를 낮추는 성품(性品)이라네.

또한 물이 너무 맑으면 고기가 모이지 않듯이 때때로 스스로의 결백(潔白)함을 내세우지 않으며, 사람을 사귐에 있어 참된 마음을 바탕으로 한 의리를 가지고 사귀며, 스스로의 잇속을 챙기기 위해 사람을 사귀지는 않는다네.

행동(行動) 하나하나에 신중(愼重)함을 기하는 성격(性格)이며, 말 한마디에도 믿음을 가지게 하는 성품(性品)이라네.

많은 사람들이 따르는 남자(男子)로 본래 타고난 기운(氣運)을 보면 놀기 좋아하면서 사람들과 어울리기를 좋아하고 술과 여자를 좋아하지만 매우 삼가는 조심스러운 마음을 지녔다네.

그렇다고 대놓고 내숭을 떠는 남자(男子)는 아니며, 나름 정해놓은 규칙(規則)을 따르고 사람들과 어울리면서 소소(小小)한 일에 휩쓸려 다니기보다는 그래도 남에게 떳떳하게 내세울 수 있는 대의명분(大義名分)을 찾아 움직이는 행동가(行動家)라네.

큰 위기(危機) 앞에 침착(沈着)함을 보이고 사전(事前)에 준비(準備)를 단단히 하는 성격(性格)으로 안으로 생각이 많은 남자(男子)라네.

때에 따라서는 남을 가르치길 좋아하는 성품(性品)으로 쓸데없는 말을 늘어놓기도 하지만 이는 아랫사람을 대할 때만 드러나는 성격(性格)이라네.

사실(事實) 겉으로 드러나는 말이나 행동(行動)이 매우 강(强)한 듯이 보이나 본래 타고난 기질(氣質)이 작은 바람에도 하늘거리는 버드나무인지라 배움이나 경험(經驗)이 적으면 소심(小心)하고 경거망동(輕擧妄動)하기 쉬운 성품(性品)이라네.

때문에 늘 스스로의 마음을 열고 배움에 힘을 써야 제대로 된 삶을 살아갈 수 있으며, 남들을 가르치고 이끌 수 있는 자리에 오를 수 있다네.

만일 학문(學問)이 짧고 감각(感覺)및 스스로의 말이나 행동(行動)을 통하여 얻게 되는 주관적(主觀的) 의식(意識)이 약하면 변죽만 울리고 사는 삶이 되는 까닭으로 바로 집어 말하지 못하고 상대방(相對方)이 어림짐작 알도록 에둘러서 말하는 이가 된다네. 마음만 착하면 무엇 하겠는가.

스스로의 삶을 챙길 수 있는 남자(男子)이기를 빈다네.

타인(他人)의 권세(權勢)나 위신(威信)도 때에 따라서는 필요(必要)한 것들이 아닌가. 하잘 것 없는 알량한 자존심(自尊心)이란 스스로를 망치는 길이 아니겠는가.

솔직 담백(淡白)한 애정(愛情)을 바라지만 여자(女子)를 좋아하는 조금은 바람기가 있는 까닭으로 사랑하는 이의 마음에 상처(傷處)를 주는 남자(男子)라네.

여자(女子)를 세심(細心)하게 이끌어주는 성격(性格)이며, 이러한 연유(緣由)로 상처(傷處)를 주게 되고 남들로부터 많은 오해(誤解)를 받은 사랑이라네.

스스로가 자유연애주의자(自由戀愛主義者)이면서 사랑하는 이가 자신(自身)과 같은 성격(性格)이라면 질색(窒塞)을 하는 이기적(利己的)인 면이 있으며, 이성(理性)이 많이 따르는 외모(外貌)와 부드러운 성품(性品)을 지니고 있는 매력적(魅力的)인 남자(男子)라네.

많은 여자(女子)로부터 구애(求愛)를 받은 행복(幸福)한 사람이며, 애정(愛情)에 여유(餘裕)를 가진 남자(男子)라네.

밖으로 많이 나도는 성격(性格)이나 가정(家庭)이나 가족(家族), 한 집안을 이끄는 자이며, 지닌 재물(財物)을 아낌없이 베푸는 성품(性品)이라네.

가정사(家庭事)를 이끌어감에 있어서 내심(內心) 나름대로 신중(愼重)을 기하고 책임(責任)지는 사람이며, 일을 처리(處理)함에 있어서 독단적(獨斷的)이거나 강압적(强壓的)이기보다는 가족(家族)의 의사(意思)를 존중(尊重)하면서 되도록 여유(餘裕)있게 풀어가는 성품(性品)이라네.

때문에 가족(家族)에게 사랑을 받으며, 존경(尊敬)을 받은 부드러운 이미지의 아버지상이지만 때때로 밖으로부터의 일을 집안으로 끌어들이는 까닭에 가족(家族)에게 상처(傷處)를 주기도 한다네.

그러나 오해(誤解)는 오해(誤解)일 뿐, 가족(家族)의 따뜻한 사랑과 이해심(理解心)으로 무난(無難)한 가정(家庭)을 이끌어가는 성품(性品)이라네.

될 수 있는 대로 가족(家族)과 함께 할 수 있도록 항상 노력(努力)하는 성격(性格)이며, 가족(家族)을 벼랑 끝으로 몰거나 올바르지 못한 길로 이끌어가는 어리석은 사람은 아니라네.

때때로 자신(自身)의 삶의 방식(方式)이나 자신(自身)의 뜻이나 생각을 이해(理解)하지 못하면 가정(家庭)이라는 울타리 밖으로 나돌면서 주위(周圍)를 맴도는 성질(性質)이 있는 남자(男子)라네.

마음은 순하고 부드러운 편이나 가족(家族) 앞에서는 때에 따라서 스스로의 약한 모습을 보이는 아버지 상이라네.

마음에 쌓인 화(火)를 가정(家庭)에서 풀지 않고 밖에서 풀어버리는 세심(細心)한 면도 있으며, 이러한 까닭으로 두 가정(家庭)을 이루는 일이 있다네.

어렵지 않게 두 가정(家庭)을 이루지만 어느 한쪽으로 편애(偏愛)하는 성격(性格)이 아니며, 가능(可能)한한 애정(愛情)을 갖고 움직인다네.

인간관계(人間關係)에 있어서 무리(無理)없이 두루 원만(圓滿)하면서 막힘이나 걸림이 없고 주위(周圍)의 많은 사람들로부터 신임(信任)을 받으며, 또한 많은 사람들이 따르는 성품(性品)이라네.

자신(自身) 스스로 또한 타인(他人)에게 말과 행동(行動)을 삼가고 스스로의 감정(感情)에 솔직 담백(淡白)하며, 변명(辨明)이 없이 간결(簡潔)하게 밝히는 성품(性品)을 지녔다네.

타인의 위엄(威嚴)이나 권세(權勢) 앞에 스스로를 굽히지 않으며, 타협(妥協)을 하기보다는 등을 돌리고 멀리 떠나버리는 강한 의지(意志)를 보이는 남자(男子)라네.

이러한 성질(性質)로 인하여 한직(閒職)으로 밀려나거나 외면(外面)을 당하기도 하지만 본래 타고난 기질(氣質)이 리더십이 강(强)한 외강내유(外剛內柔)의 순한 말이라 많은 사람들로부터 인정(認定)을 받으며, 곧바로 원상복귀(原狀復歸)하는 운이 좋은 사람이라네.

자신(自身)의 작은 잇속보다는 무리의 안전(安全)이나 행복(幸福), 이익(利益)을 위해 자신(自身) 스스로를 희생(犧牲)하는 남자(男子)라네.

일이 되어가는 형편(形便)이나 사정(事情), 앞과 뒤를 생각하고 움직이는 신중(愼重)한 성격(性格)이며, 뒷일을 깨끗하게 마무리하는 깔끔한 남자(男子)라네.

- 남자(男子): 양(陽) → 소양(少陽) ☲, 리(離)

타고난 기질(氣質)이 뒤탈이 많은 성질(性質)이라 일의 끝마무리가 깨끗하지 못한 성격(性格)이며, 모든 일을 자신(自身)이 앞서서 이끈다고는 하지만 그 결과(結果)가 미진(未盡)한 부분(部分)이 많은 사람이라네.

그래도 책임(責任)을 지려고 노력(努力)하는 성품(性品)이라 그리 미워할 수 없는 남자(男子)라네.

가진 것이 적다하더라도 많이 있는 척을 해야 마음이 편한 사람이며, 몰라도 아는 척을 하고 못나도 잘난 척을 하면서 자신(自身)을 앞에 내세워야 만족(滿足)하는 성격(性格)이라네.

자신(自身)이 처한 형편(形便)이나 사정(事情)을 돌보지 않고 지인(知人)의 애경사(哀慶事)를 돌보는 남자(男子)이며, 바라는 바 없이, 머무는 바 없이 끌어안으면서 당연(當然)하다는 듯 이웃의 어려움을 돌아보는 성품(性品)이라네.

작은 것을 내세워 부풀려 자랑을 하고 적은 것을 많게 부풀려 위신(威信)을 세워야 하고, 조금 알면서 모두 아는 척 자존심(自尊心)을 내세워야 하고 스스로의 덕망(德望)을 알려야 하는 성격(性格)이니 일은 없으나 바쁘게 살아가는 남자(男子)라네.

모두와 어울려 노는 일에 탐닉(耽溺)을 하는 사람이며, 뒤끝이 없는 성격(性格)이나 마무리가 영 시원치 않고 주위(周圍) 사람들의 머리를 갸우뚱하게 만든다네.

일이 돌아가는 앞뒤의 형편(形便)이나 사정(事情)을 생각하지 않고 일을 벌이는 성격(性格) 때문에 많은 시행착오(試行錯誤)를 겪으며, 기복(起復)이 많은 삶을 살아가고 이성적(理性的)인 면이 앞서기보다는 감정(感情)이 먼저 앞서면서 일을 그르치는 경우(境遇)가 많다네.

때때로 감정(感情)에 치우치는 까닭으로 인(因)하여 마음에 상처(傷處)를 크게 받으면서 세상을 바라보는 시각(視角)이 해학적(諧謔的)으로 흐르기도 하고, 주색(酒色)에 빠져 자신(自身)이 처한 현실(現實)을 부정(否定)한다네.

그러나 워낙 낙천적(樂天的)이며 스스로에 대한 긍정적(肯定的)인 성품(性品)으로 인하여 본래(本來)의 자리로 돌아오는 남자(男子)이고 언제 그런 일이 있었다는 듯 툭툭 털고 쓴웃음을 지으며, 스스로를 위로(慰勞)하고 감싸는 성격(性格)이라네.

자신(自身)의 위치(位置)를 치켜세우기 위하여 힘이 있는 세력가(勢力家), 많은 것을 지닌 이들, 덕망(德望)과 학식(學識)이 있는 이들을 가까이 하면서 많은 이들의 이름을 자신(自身) 앞에 세우는 성격(性格)이라네.

스스로의 뜻이나 생각과 맞지 않으면 억지를 써서라도 자신(自身)의 의지(意志)를 세우고 스스로의 생각을 합리화(合理化)시키면서 독단적(獨斷的)으로 이끌고 나가는 성질(性質)이라네.

그래도 밉지 않은 것은 뒤에라도 자신(自身)의 잘잘못을 분명(分明)하게 밝히면서 인정(認定)하고 바르게 돌아서는 성품(性品) 때문이며, 그러면서도 껄끄러운 면은 잘한 점을 내세워 잘못된 점을 덮으려고 하기 때문이라네.

주위(周圍) 사람들이 허허 웃고 말 것이 아닌가.

술과 여자(女子)를 좋아한다고 거짓이나 숨김이 없이 있는 그대로 밝히는 편이며, 로맨틱한 현장(現場) 분위기(雰圍氣)를 잘 띄우고 노는 일에 있어서는 완벽(完璧)함을 구사(驅使)하면서 엉큼한 속마음을 있는 그대로 보여주는 남자(男子)라네.

때문에 뒤가 무른 성격(性格)임에도 불구(不拘)하고 많은 여자(女子)들이 뒷일을 생각하지 않고 따르며, 이 남자(男子)에게 몸과 마음을 다하는 것이라네.

물론 후회(後悔)야 따르겠지만 그 순간(瞬間)만을 즐기는 사람에게는 그 무슨 대수(大事)겠는가.

늘 주머니에 돈이 떨어지지 않은 남자(男子)이니 이 또한 복(福)이 아니겠으며, 많은 여자(女子)들이 아낌없이 퍼부어주니 이 또한 여복(女福) 가운데 큰 여복(女福)이 아니겠는가.

환한 달빛 아래 흐느적거리는 팔자(八字)야 말로 남자(男子)들이 바라는 이상(理想)이 아니겠는가.

그러나 준비(準備)가 되지 않은 삶이란 결국(結局)에 스스로를 망치는 지름길이 아니겠는가.

스스로의 삶을 깊이 돌아보면서 말과 행동(行動)을 삼가고 몸과 마음을 단단히 잡도리하여 들뜨거나 어지러운 생각을 엄하게 다스려야 하겠네.

감정(感情)에 따른 마음의 기복(起復)이 심한 까닭으로 한쪽으로 치우치는 성격(性格)이라 이 사람, 저 사람, 이 여자(女子), 저 여자(女子)를 가리지 않고 가슴에 끌어안고 살아가며, 이러한 연유(緣由)로 뒤탈과 뒷말이 따라다니는 남자(男子)라네.

나를 세우기에 앞서 늘 준비(準備)하고 한번은 더 생각하기를 빌며, 지인(知人)을 위하는 것도 좋지만 먼저 자신(自身)이 처한 형편(形便)이나 사정(事情)을 알고 베풀면서 사랑도 하면서 즐거운 삶을 살기를 빈다네.

머리는 나쁘지 않으나 배움이 앞서기보다는 몸과 마음의 즐거움을 먼저 찾는 까닭으로, 자신(自身)의 위치(位置)를 세우기 위해서는 오랜 세월(歲月)을 두고 노력(努力)을 해야 하지 않겠는가.

새로운 애정(愛情)이 찾아들기를 기다리고 또 스스로가 찾아나서는 부평초(浮萍草) 같은 사랑이라 몹시 애처롭고 슬픈 정(情)이 아니겠는가.

사랑은 마음속에서 자란다고 하지 않던가.

곧 모든 생활(生活)을 같이 하면서 무릇 그 가운데 움트고 자라는 것이 애정(愛情)이 아니던가.

본래(本來) 사랑하는 이에게서는 미워 보이는 것이 하나도 없고 미워하는 사람에게서는 곱게 보이는 것이 하나도 없듯이, 사랑과 미움 가운데서 늘 어느 한쪽에 치우친 까닭으로 다른 한곳을 보지 못하는 어리석은 애정(愛情)이라네.

돈이나 육신(肉身)을 따라가는 애정(愛情)이 오래도록 유지(維持)가 되겠는가.

잠시 스쳐지나가는 인연(因緣)에 불과(不過)하지 않던가.

가정(家庭)이라는 울타리보다는 지인(知人)의 애경사(哀慶事)에 마음이 쓰이는 남자(男子)로서 밖에서는 호인(好人)이란 소리를 듣고 안에서는 무책임(無責任)한 까닭으로 잘못하면 홀대를 받은 신세(身世)로 전락(轉落)한다네.

집안일을 등한시(等閑視)하는 성격(性格)이며, 집안 식구가 냉소(冷笑)와 냉대(冷待)를 하면 울타리 밖에서 맴돌고 타인(他人)에게 신세(身世) 타령을 늘어놓은 남자(男子)라네.

가정사(家庭事)에 관심(關心)이라도 가질라 치면 너무 뜨겁게 달궈지는 성격(性格)으로 인(因)하여 도(道)에 넘칠뿐더러 마무리가 깔끔하지가 못하고 욕이나 먹지 않았으면 한다네.

한결 같은 마음으로 가족(家族)을 위하는 것이 사람으로서 마땅히 지켜야 할 근본(根本)이 아니던가.

늘 울타리 밖에서 맴돌고 떠돌다가 어쩌다 한번 가족(家族)을 위한다면서 진한 애정(愛情)을 보이면 받은 가족(家族)이 얼마나 어색(語塞)하겠는가.

이를 보고 서운해 하거나 가족(家族)을 탓하지 말게나.

모든 것이 자업자득(自業自得)인 것을…… 밖에서의 생활(生活)은 항상 즐겁고 흥겨운 사람이며, 막힘이나 걸림이 없이 두루 원만(圓滿)하고 번듯하게 체면(體面)을 차리는 성격(性格)이라네.

그러나 스스로의 체면(體面)이 사나워지거나 체면(體面)에 몰리게 되면 많이 가진 자(者), 학식(學識)이 높은 이, 세력(勢力)을 가진 사람들을 들먹이면서 억지 춘향으로 자신(自身)을 정당화(正當化)하는 남자(男子)라네.

때문에 이 사람에 대하여 많은 사람들이 매우 상반(相反)된 견해(見解)를 보이고 머리를 갸우뚱거리다 시간(時間)이 흐른 후 어이없는 웃음을 지으며 고개를 끄덕이는 것이라네.

그래도 미워하지 않고 가까이 하는 것은 바라는 바 없이, 머무는 바 없이 지인(知人)들의 애경사(哀慶事)에 몸과 마음을 다하는 여리고 순한 마음 때문이라네.

스스로가 앞장을 서서 나아가고는 싶지만 따라주지 않은 것이 이 사람의 인연(因緣)이 여기까지라 본인(本人) 스스로도 답답해하며 가슴을 친다네.

잘난 척, 있는 척, 아는 척을 하고는 싶지만 따라주지 않은 팔자(八字)라 늘 타인(他人)의 힘을 의지(依支)하려는 까닭에 상처(傷處)를 많이 받으며, 잘못하면 늘 주변(周邊)

을 걷도는 삶이 된다네.

자신(自身)의 잇속을 버려가면서까지도 남을 위하지만 돌아오는 것은 이용(利用)을 당했다는 모멸감(侮蔑感)뿐이라네.

가족(家族)에게 100원을 주면 1000원이 생기는 법(法)이며, 애인(愛人)에게 100원을 주면 1000원을 손해(損害)보지 않던가.

타인(他人)의 이름으로 살지 말고 본래(本來) 자신(自身)의 이름을 내세워 살기를 빈다네.

타인(他人)이 떠나면 그로 인해 이룩한 것이 물거품이 되고 자기(自己) 자신(自身)은 본래(本來) 스스로의 그 자리가 아니던가.

본래(本來) 그 자리에는 잃고 자시고 할 것이 없지 않던가.

- 남자(男子): 양(陽) → 태음(太陰) ☳, 진(震)

배우고 익히는 일에 게으르고 또한 배우고 익힌 것이 시시하고 보잘 것 없으면서 주색잡기(酒色雜技)를 배워 알아, 주색잡기(酒色雜技)에 탐닉(耽溺)을 하게 되면 두문불출(杜門不出) 두주불사(斗酒不辭)하는 성격(性格)이라네.

때때로 눈치를 보면서 눈이 맞은 여자(女子)를 만나면 이미 동(動)한 욕정(欲情)을 풀어서 없어질 때까지 두문불출(杜門不出)하는 성격(性格)이며, 모든 행위(行爲)를 자신(自身)이 리드를 한다고 하나 늘 끌려 다니는 팔자(八字)에 늘 그 신세(身世)라네.

끝을 모르는 모호(模糊)한 자존심(自尊心)은 자신(自身) 스스로를 밑이 없는 어두운 구멍으로 밀어버리고 있는 정(情), 없는 정(情), 있는 것, 없는 것을 모두 다 빼앗기는 성품(性品)이라네.

욕심(慾心)은 욕심(慾心)으로 끝나는 일인 것을 그 작은 욕심(慾心)으로 스스로가 가진 모든 것을 빼앗기는 모진 팔자(八字)라네.

체면(體面)이나 체통(體統)을 지키려 무진(無盡) 애를 쓰면서도 늘 따르는 것은 체면(體面) 때문에 시답지 않고, 변변하지 못한 사람에게 딱한 꼴을 당하고 체면(體面)이 서지 않아 부끄럽고 분한 마음만이 따른다네.

때문에 두문불출(杜門不出) 두주불사(斗酒不辭)하는 것이 아닌가.

타인(他人)의 아부(阿附)에 쉽게 넘어가는 성격(性格)이니 이 또한 체면치레 때문이며, 겉으로는 강해 보이니 속은 따뜻하고 유약(柔弱)하며 순한 이 사람을 이용(利用)하고 가진 것을 빼앗기 위하여 갖은 아부(阿附)를 하는 것이라네.

그러나 이러한 까닭을 눈치 체지 못하는 성격(性格)이며, 오히려 타인(他人)의 구구절절(句句節節)한 거짓에 속아 유약(柔弱)하고 순한 마음에 큰 상처(傷處)를 받은 남자(男子)라네.

스스로의 잘잘못을 감추려고 하나 늘 드러나는 성질(性質)이며, 처세술(處世術)에 능한 듯하지만 제 분수(分數)에 넘치는 말과 행동(行動)으로 인(因)하여 몸가짐이 경망(輕妄)스럽게 볼꼴이 사나와 지고 위신(威信)이 없어진다네.

겉으로 드러난 풍채(風采)만 번듯하면 무엇에 쓰겠는가. 실속이 있어야지.

든 척, 난 척, 된 척을 겉으로 드러내 보이기 위해 부단(不斷)한 노력(努力)을 기울이는 성격(性格)이며, 많은 사람들이 따르기는 하나 재물(財物)을 많이 가지고 있거나 이용(利用) 가치(價値)가 있을 때만 사람이 붙는다네.

때문에 마음 붙일 곳이 없는 까닭으로 늘 외로워하면서 주량(酒量)은 많지 않으나 주색(酒色)에 의존(依存)하며 살아가는 남자(男子)라네.

스스로의 말과 행동(行動)을 책임(責任)지려고 무던히도 노력(努力)하지만 그러한 행운(幸運)은 꼭 비껴가는 운이 없는 사람이라네.

한번 얻으면 크게 얻어 가지는 팔자(八字)이며, 한번 잃으면 모든 것을 잃어버리는 팔자(八字)인지라 선(善)하고 선(善)한 인연(因緣)을 맺어야 한다네.

타인(他人)을 멀리하거나 경계(警戒)하지 말고 본인 스스로의 말과 행동(行動)을 다잡아 잡도리하여 늘 삼가고 아부(阿附)에 유약(柔弱)하고 순한 스스로의 마음을 경계(警戒)해야만 한다네.

배움이 없어 조금 아는 것을 가지고 자신(自身)을 세우기 위하여 말이 많아지면 경망(輕妄)하게 보이고 적게 가지고 있는 것을 부풀리다 보면 때에 따라서는 체면(體面)이나 위신(威信)이 서지 않은 것이니 늘 삼가고 스스로의 마음을 위하여 몸과 마음을 다하여야 한다네.

체면(體面)을 세우지 못해 부끄럽고 분한 마음이 일거나 체면(體面)으로 인하여 시답지 않고 변변치 못한 사람에게 딱한 꼴을 당하면 이때도 또한 두문불출(杜門不出) 두주불사(斗酒不辭)하며, 때에 따라서는 자신(自身)의 입에서 어떤 험한 말이 나가는지 알지 못하고 아무 말이나 가리지 않고 함부로 구는 성질(性質) 있다네.

술을 먹었을 때와 먹지 않았을 때의 성격(性格)이 매우 다른 사람이니, 술을 먹지 않았을 때는 말이 없고 무게를 잡고 있지만 술에 취하면 억지를 부리면서 자신(自身)이 할 말만 하며, 쓸데없는 고집(固執)을 피우는 성품(性品)이라네.

부단(不斷)한 노력(努力) 아니면 제대된 스스로의 길을 가지 못하는 팔자(八字)이니 늘 자신(自身)을 스승으로 삼아 말과 행동(行動)을 삼가고 몸과 마음을 다하여 스스로 지어가는 삶을 존중(尊重)해야 한다네.

필요(必要)하다면 적(敵)과도 손을 잡은 성격(性格)에 작은 잇속에 욕심(慾心)을 부리는 까닭으로 많은 것을 잃으면서 후회(後悔)를 하는 성품(性品)이며, 후회(後悔)를 하면서도 또 다시 똑같은 일을 반복(反復)하는 남자(男子)라네.

이곳저곳 따스한 품을 찾아나서는 다분히 바람기가 있는 애정(愛情)이라 상대(相對)에게 상처(傷處)를 주는 애정(愛情)이라네.

육욕(肉慾)에 대한 애증(愛憎)의 갈등(葛藤)이 심하고 이성(理性) 앞에서 기회(機會)가 된다면 매우 저돌적(豬突的)으로 들이대는 강렬(强烈)한 사랑이며, 자기(自己)의 의지(意志)대로 동(動)한 욕정(欲情)이 모두 채워지면 미련을 두지 않고 냉정(冷情)하게 돌아서는 사랑이라 믿을 수 있는 남자(男子)의 따스한 정(情)이 아니라네.

음욕(淫慾)이 동(動)하면 밤낮을 가리지 않고 돌아야 하는 성격(性格)이니…… 그래도 순하고 순한 사람이라 그렇게 강도(强度)를 높여 탓할 남자(男子)도 아니라네.

일찌감치 가정(家庭)이라는 울타리를 가지나 어찌 처음과 같은 마음이 얼마나 가겠는가.

자신(自身)은 힘이 들어도 가족(家族)을 위해 몸과 마음을 다하나 내 마음과 같지 않은 것이 세상사(世上事)가 아니던가.

자신(自身)의 뜻대로 되지 않으면 그 여파(餘波)를 가족(家族)에게로 돌리는 성격(性

格)이니 가족(家族)과의 관계(關係)가 그렇게 순탄(順坦)하게 돌아가지 않는다네.
모든 것을 돈으로 해결(解決)하려는 까닭으로 애정(愛情)을 바탕으로 이루어지는 가족(家族)이 아니라 필요(必要)에 따라 성립(成立)되어지는 위와 아래의 관계(關係)라네.
일의 전후(前後) 사정(事情)이나 형편(形便)이 어찌 되었든 일방(一方) 통행(通行)으로 가정사(家庭事)를 이끌어가는 남자(男子)이며, 자기(自己)의 의지(意志)를 시험(試驗)하는 가족(家族)은 가차 없이 스스로의 잣대로 판단(判斷)하고 억지에 가까운 말과 행동(行動)을 통하여 자신(自身)의 의지(意志)를 관철(貫徹)시킨다네.
그래도 잠이 든 가족(家族)의 머리맡에 앉아 뜨거운 눈물을 흘리는 가슴이 아픈 남자(男子)라네.
이 남자(男子)의 마음을 누가 헤아려 줄 것인지…… 배움이 있고 경험(經驗)이 많다면 모르지만 유약(柔弱)하고 순(順)한 마음으로 인(因)하여 재물(財物)의 손실(損失)이 많고 가까운 이들로부터 또한 지인(知人)들로부터 상처(傷處)를 많이 받은 사람이라네.
자신(自身)의 유약(柔弱)한 마음을 들키지 않기 위해 일부러 말과 행동(行動)을 무겁게 보이면서 거칠고 강하게 밀어붙이는 위엄(威嚴)을 세운다네.
때문에 한번 무너지면 일어서기가 힘든 사람이며, 작은 일에도 마음을 졸이는 섯이라네.
이러한 겉모습에 크게 신경(神經)을 쓰는 까닭으로 참된 의리(義理)를 바탕으로 하여 사람을 사귀지 못하고 필요(必要)에 따라 또는 잇속에 따라 이합집산(離合集散)하는 이들이 주위(周圍)에 모여드니, 이는 오합지졸(烏合之卒)이 모이는 것과 같지 않는가.
때문에 필요(必要)에 따라 아부(阿附)하는 이를 크게 신임(信任)을 하게 되고 자신(自身)이 지닌 모든 것을 과시(誇示)하다가 가지고 있는 모든 것을 빼앗기게 되는 것이라네.
때문에 인간관계(人間關係)가 서로 솔직 담백(淡白)하지 않고 스스로의 작은 잇속을 챙기기 위해 모인 사람들이며, 이러한 상황(狀況)에서 누구를 믿고 의지(依支)할 수 있겠는가.
오로지 믿을 수 있는 것은 자신(自身)이 지닌 재물(財物)이나 명예(名譽), 위신(威信)과 체면(體面), 그리고 권세(權勢)가 아닌가.
때문에 겉으로 드러나 보이는 모양새에 집착(執着)하는 지도……

- 남자(男子): 음(陰) → 태양(太陽) ☱, 손(巽)

시대(時代)의 주류(主流) 사상(思想)에 대하여 매우 비판적(批判的)인 시각(時角)을 가지는 성품(性品)이며, 겉으로는 모든 것을 받아들이면서 아무 생각 없이 수용(受容)을 하는 것 같지만 사고방식(思考方式)이 활달(豁達)한 두뇌(頭腦)인지라 늘 냉담(冷淡)한 마음으로 바라보고 있는 성품(性品)이라네.

말보다는 먼저 행동(行動)이 앞서는 성격(性格)으로 리더십이 강(强)하고 무리를 이끄는 인도자(引導者)로서 부족(不足)함이 없으며, 부드러움 가운데 힘 있는 흡인력(吸引力)으로 무리를 휘어잡은 성품(性品)의 소유자(所有者)라네.

세상사(世上事)를 바라보는 눈이 남다른 사람이며, 흘러가는 세상(世上)의 리듬을 타고 개방적(開放的)인 사념(思念)의 강을 따라 흐른다네.

공(公)과 사(私)가 뚜렷한 성격(性格)이나 때때로 닥치는 일에 따라 유효(有效) 적절(適切)하게 대처(對處)해 가는 남자(男子)라네.

부드러우면서 강하고 질긴 승부(勝負)사의 기질(氣質)을 지녔지만 무리의 리더로서 자신(自身)을 희생(犧牲)하는 사람이며, 바라는 바 없이 바른길로 이끌어주는 남자(男子)라네.

생활(生活)이 늘 바지런하고 주변(周邊)을 깨끗하게 정리(整理)하면서 가까이 다가오는 이들을 편안(便安)하게 해주는 남자(男子)이며, 남보다 앞서 나아가 길을 터주는 성품(性品)이라네.

그러나 자신(自身)의 영역(領域)이나 권위(權威)에 침범(侵犯)을 하거나 위해(危害)가 될 경우(境遇)에는 단 한 발자국도 물러나지 않은 성격(性格)이며, 강(强)한 말과 행동(行動)으로 자신(自身)의 의사(意思)를 분명(分明)하고 정확(正確)하게 표시(表示)하는 사람이라네.

삶의 목적(目的)이 늘 분명(分明)하고 목적(目的)을 향해 나아가는 그 뜻이나 생각이 행동(行動)으로 밝게 보이는 투명(透明)한 남자(男子)라네.

또한 땀을 흘리며 일하는 이들의 이마를 시원하게 해주는 상쾌(爽快)한 바람과도 같은 남자(男子)이며, 자신(自身)의 잇속을 챙기기보다는 지인(知人)들의 어려움을 돌아보고 살피면서 상처(傷處)가 되지 않게 가볍게 토닥이는 성품(性品)이라네.

상대방(相對方)에 대한 배려(配慮)하는 마음이 깊고 먼저 따스한 손을 내밀어 잡아주는 남자(男子)이며, 어느 한쪽으로 치우친 사고방식(思考方式)이 아니면서도 본인(本人)에게는 매우 보수적(保守的)인 경향(傾向)을 보인다네.

한 단체(團體)의 리더로서 부족(不足)함이 없는 까닭은 마음의 시야(視野)가 넓은 사람으로서 쓸데없는 오류(誤謬)를 범(犯)하지 않고 가고자하는 목적지(目的地)를 향해 곧바로 인도(引導)할 수 있는 사람이기 때문이라네.

스스로의 말과 행동(行動)에 대하여 분명(分明)하게 책임(責任)을 지는 남자(男子)이며, 처세(處世)에 능하기도 하고 있는 만큼, 아는 만큼, 잘난 만큼 제 분수(分數)를 지키는 성품(性品)이라네.

도(道)에 넘치게 나서는 성격(性格)도 아니며, 타인(他人)의 세력(勢力)에 빌붙은 것을 부끄럽게 생각하고 또한 남의 위세(威勢) 앞에 꺾이는 성품(性品)도 아니라네.

그렇다고 대쪽과 같은 성품(性品)은 아니며, 사실(事實) 자기(自己) 자신(自身)이 처한 사정(事情)이나 형편(形便)을 밝게 인지(認知)하고 있으면서 있는 그대로 말하고 행동(行動)하는 밝은 사람이라네.

많은 여성(女性)이 기다리던 남자(男子)가 아닌가 한다네.

부드럽고 친절(親切)하며, 먼저 여성(女性)을 배려(配慮)하고 위하는 애정(愛情)이라 한번 맺은 인연(因緣)을 끊어내기란 어렵고 여자(女子)가 늘 주위(周圍)에 맴도는 사랑이라네.

때문에 때때로 오해(誤解)를 사기도 하며, 많은 말들이 오고가는 입방아에 시달리는 사랑이지만 이것마저도 행복(幸福)해 하는 눈물겨운 정(情)이라네.

타고나기를 여자(女子)에게 어필할 수 있는 기운(氣運)이 강(强)하고 갖출 만큼 갖추고 태어난 남자(男子)인지라 여난(女亂)도 복(福)이라면 큰 복(福)이지 않는가.

순간(瞬間) 순간(瞬間) 최선(最善)을 다하는 사랑이며, 책임(責任)을 지고 이끌어주는 애정(愛情) 관계(關係)라네.

남들로부터 시기(猜忌)와 질투(嫉妬)를 받을 만큼 부러운 사랑이라 늘 기다리며 행복

(幸福)해 하는 애정(愛情)이라네.

그러나 사랑은 움직이는 거라며…… 애증(愛憎)의 깊은 바다가 늘 조용하고 부드럽지만은 않다네.

말과 행동(行動)을 삼가고 몸가짐을 신중(愼重)하게 움직이는 남자(男子)이기에 그리 염려(念慮)할 바가 없는 사랑이라네.

타고난 성품(性品)이 가족(家族)을 먼저 생각하는 남자(男子)로서 몸과 마음을 다해 가정(家庭)이라는 울타리를 소중(所重)하게 지키며, 가장(家長)으로서의 본분(本分)을 다하고 모든 일을 늘 가족(家族)과 함께 하며, 독단적(獨斷的)이거나 이기적(利己的)이지 않고 가족(家族)의 의견(意見)을 존중(尊重)하면서 자신(自身)의 입지(立志)를 바르게 세우는 남자(男子)라네.

매를 들거나 잔소리보다는 가족(家族)을 배려(配慮)하면서 풀어가고 스스로를 희생(犧牲)하면서 행동(行動)으로 가르친다네.

가정사(家庭事)에 적극적(積極的)이며, 상호(相互) 협동(協同)을 통해 문제(問題)를 해결(解決)하고 칭찬(稱讚)을 아끼지 않고 해주면서 가족(家族)에게 힘을 실어주는 부정(父情)이라네.

가족(家族)으로부터 존경(尊敬)을 받은 남자(男子)이며, 늘 가정(家庭)을 든든하게 지켜주는 파수꾼이라네.

두루 원만(圓滿)한 인간관계(人間關係)를 형성(形成)하고 무리에서 리더가 될 만한 자질(資質)을 갖추었으며, 조용하고 부드러운 가운데 카리스마를 지닌 남자(男子)라네.

때문에 많은 사람들이 따르고 신뢰(信賴)를 하며, 많은 이들이 주변(周邊)에 모여드는 것이라네.

배움을 게을리 하는 사람이 아니며, 편협(偏狹)된 생각으로 사람을 대하지 않고 늘 동등(同等)한 입장(立場)으로 대하면서 상대방(相對方)의 체면(體面)을 세워주며, 나보다는 우선 남을 배려(配慮)하는 성품(性品)이라네.

불의(不義)와는 타협(妥協)을 하지 않은 성격(性格)이며, 바르지 않은 길은 가지를 않고 타인(他人)의 잘잘못에 대한 충고(忠告)도 아끼지 않으며, 스스로는 말과 행동(行

動)을 삼가고 몸가짐을 신중(愼重)히 하는 까닭으로 많은 이들과 다툼 없이 어우러지는 남성(男性)이라네.

많은 사람과 어우러져도 자신(自身)을 낮추고 타인(他人)을 세워주며, 사리(事理)에 맞게 스스로를 갖추는 사람이라네.

작은 잇속에 연연(戀戀)하지 않은 성격(性格)으로 내 것 외에는 욕심(慾心)을 부리지 않고 남이 놓치는 잇속을 챙겨주는 마음 착한 사람이라네.

사람이 완벽(完璧)할 수는 없는 것이니, 자칫 잘못 주색잡기(酒色雜技)를 배워 알아 빠지게 되면 영 벗어나지 못하고 허송세월(虛送歲月)한다네.

술이면 술, 여자(女子)면 여자(女子), 도박(賭博)이면 도박(賭博)의 유혹(誘惑)에 약한 사람이라 늘 삼가고 삼가야 할 것이라네.

사실(事實) 배움이 적거나 아는 것이 없어 세상(世上)의 이치(理致)에 어두우면 쉽게 이 길로 들어서는 남자(男子)가 많다네.

외유내강(外柔內剛)의 성품(性品)을 지닌 남자(男子)라 크게 걱정할 일은 아니지만 강가의 버드나무란 한번 베어지면 그 푸른 잎을 오랫동안 보지 못할 것이 아닌가.

또한 한여름 강가 베어진 버드나무 가까이의 벤치에 쏟아지는 뜨거움은…… 나무도 크게 자라야 소를 맬 수가 있는 법이며, 쓸 만한 것이 먼저 베이는 것이 아닌가.

한번 실수(失手)는 병가(兵家)의 상사(常事)라 하지만 술, 여자(女子), 도박(賭博)은 엎질러진 물이 아닌가.

늘 경계(警戒)하고 경계(警戒)할 일이라네.

- 남자(男子): 음(陰) → 소음(少陰) ==, 감(坎)

말과 행동(行動)이 늘 조심스럽고 자신감(自信感)이 없어 보이는 남자(男子)라네.

자신(自身)의 의견(意見)이나 견해(見解)를 피력(披瀝)하기보다는 타인(他人)의 의사(意思)에 귀를 기울이고 씩씩하게 앞에 나서기보다는 무리의 뒤를 따르면서 곧잘 주위(周圍)를 경계(警戒)하는 성격(性格)이라네.

자신(自身)의 뜻이나 생각을 조심스럽게 밝히면서 스스로의 입지(立志)를 세우려고 하나 뒷심이 받쳐주지 못하고 기운(氣運)이 따라주지 못한다네.

일이 되어가는 사정(事情)이나 형편(形便)을 돌보기는 하나 생각만 많을 뿐이지 머뭇거리다 많은 것을 놓치는 간이 작은 남자(男子)라네.

신중(愼重)해도 너무 신중(愼重)한 사람이라 사람 됨됨이가 괜찮아 보이지만 시간을 함께 하다보면 답답한 마음이 드는 성격(性格)이며, 자잘한 일에 마음 쓰는 것을 보면 안쓰러워 보이기까지 한다네.

정(情)에 약한 까닭으로 인(因)하여 많은 오해(誤解)와 불신(不信)을 일으키고 많은 사람들의 질타(叱咤) 앞에서 동요(動搖)하기는 하나, 무사(無事) 무난(無難)하게 지나가는 사람이라네.

물론 놀기를 좋아하면서 무리와 어울리기를 또한 좋아하지만 자신(自身)이 먹고 쉴 수 있도록 꼭 필요(必要)한 잇속을 챙기는 성격(性格)이며, 아무런 준비(準備)없이 나대는 남자(男子)는 아니라네.

때에 따라서는 철없이 나대는 성격(性格)으로 보이기도 하지만 나름 계산(計算)이 깔린 언행(言行)이며, 스스로가 손해(損害)를 보거나 위신(威信)이나 체면(體面)이 깎이는 말과 행동(行動)을 조심하고 일을 키우기보다는 일이 되어가는 과정(過程)이나 형편(形便)을 보아 정도(程度)에 지나치거나 모자라지 않게 마무리하는 사람이라네.

말과 행동(行動)이 얼뜨고 굼뜬 것 같지만 무리의 잇속이나 작은 행복(幸福)을 위해서는 스스로를 희생(犧牲)하면서 재빠르게 움직이는 성격(性格)이라네.

작은 바람 앞에 움직이는 순한 마음이라 오는 이 막지 않고 조건(條件)없이 감싸는 남자(男子)이며, 사람을 좋아하는 성격(性格)에 타인(他人)에 대한 배려심(配慮心)이 큰 성품(性品)이라네.

많은 여자(女子)들이 따르는 복이 많은 남자(男子)로서 여자(女子)에게 베푸는 친절(親切)함이 지나친 까닭으로 되지도 않은 오해(誤解)를 불러일으키거나 친구(親舊)들로부터 질투(嫉妬)와 시기(猜忌)를 받는, 나름 가슴 뿌듯한 애정(愛情)이라네.

어떻게 보면 부러움을 받은 사랑이기는 하지만 때때로 보는 눈이나 마음이 다른 곳으로 움직이는 까닭에 상대방(相對方)에게 상처(傷處)를 주는 일이 있으며, 순간(瞬間)

의 감정(感情)이나 느낌에 치우침으로 인(因)하여 일을 그르치고 후회(後悔)하는 경우(境遇)가 있다네.

그래도 사랑이라는 이름으로 용서(容恕)를 받은 남자(男子)이며, 여성(女性)으로부터 구애(求愛)를 받은 애정(愛情)이라네.

때문에 크게 걸림이 없이 여자(女子)와 사귀는 편이며, 사랑이라는 이름 앞에 얽매이지 않고 깊지는 않지만 가벼운 사랑을 하는 남자(男子)라네.

기분(氣分)에 휩쓸리면 스스로를 제어(制御)하지 못하고 느끼는 대로 폭주(暴注)하는 애정(愛情)이라 그 뒤를 제대로 알 수 없는 막막(寞寞)한 사랑이라네.

또한 약속(約束)되지 않은 지난 일이나 자신(自身)의 입으로 뱉은 말 외에는 책임(責任)지지 않으며, 즐겁게 노는 일에만 마음을 쓰는 애정관(愛情觀)이라네.

자식(子息)에게는 강(强)한 부정(父情)을 쏟으며, 부인(婦人)에게는 살뜰한 정(情)을 주는 남자(男子)라네.

때문에 가족(家族)으로부터 사랑을 받고 소소(小小)한 일에 대해서는 용서(容恕)를 받으며, 늘 가정(家庭)을 위하는 모습을 보이는 까닭으로 화목(和睦)하게 보이는 가족(家族) 관계(關係)를 형성(形成)한다네.

가정사(家庭事)에 있어서는 말이나 행동(行動)으로 억압(抑壓)하기보다는 가슴으로 감싸면서 웃음으로 이끄는 성격(性格)이라 우유부단(優柔不斷)해 보이지만 늘 양쪽을 돌아보면서 일의 해결(解決) 방안(方案)을 찾는다네.

가족(家族)과 함께 어울리기 좋아하는 사람으로 기회(機會)가 된다면 되도록 함께 있어주고 움직여준다네.

물론 자기(自己) 위주(爲主)의 작은 틀로 감싸지만 가족(家族)으로부터 신뢰(信賴)를 받은 가장(家長)이며, 자식(子息)으로부터 전폭적(全幅的)인 지지를 받는다네.

가정(家庭) 일을 두루 원만(圓滿)하게 대처(對處)하면서 막힘이나 걸림이 없이 이끌어가며, 가정(家庭)이라는 울타리가 소중(所重)한 것임을 잊지 않고 몸과 마음을 다한 노력(努力)으로 지키며, 자신(自身)의 입지(立志)를 단단하게 세우는 남자(男子)라네.

가정(家庭)을 이끌어가는 일에 있어서 크게 부족(不足)함이 없는 성품(性品)의 소유자

(所有者)라네.

대인관계(對人關係)에 있어서는 양쪽의 의견(意見)을 들어주는 성격(性格)으로 두루 원만(圓滿)하게 이끌어주며, 굳이 앞에 나서기보다는 뒤에서 힘을 받쳐주면서 무리 내에서의 위치(位置)를 잡은 성품(性品)이라네.

소극적(消極的)이지만 자신(自身)의 위신(威信)이나 체면(體面) 등을 세우는 사람이나 남의 권세(權勢)에 빌붙은 남자(男子)는 아니며, 오히려 타인(他人)의 권위(權威)를 내세워 남을 핍박(逼迫)하고 잘난 척하는 이들을 조롱(嘲弄)한다네.

시대(時代) 주류(主流) 사상(思想)에 야합(野合)하지 않으며, 오히려 잘못된 흐름에 대하여 매우 비판적(批判的)이고 명분(名分)이 서는 근거(根據)가 있다면 분명(分明)하게 자신(自身)의 의사(意思)를 밝히는 사람이라네.

자신(自身)의 잇속을 챙기기에 앞서 남을 먼저 배려(配慮)하고 자신(自身)을 희생(犧牲)하는 사람으로 많은 이로부터 존경(尊敬)과 신뢰(信賴)를 받기도 하며, 때때로 리더의 자리에 앉아 무리를 이끄는 남자(男子)라네.

많은 것을 가지고 있어도 크게 있는 척을 하지 않으며, 많이 배우고 알고 있더라도 애써 아는 척을 하지 않고 남보다 좋은 높은 위치(位置)에 서더라도 약자(弱者)를 깔보거나 무시(無視)하는 사람이 아니라네.

스스로의 주변(周邊)을 깨끗하게 정리(整理)하고 말과 행동(行動)에 신중(愼重)을 기하면서 일이 돌아가는 사정(事情)이나 형편(形便)을 돌아보고 뒷마무리를 해가는 성격(性格)이라네.

그러나 뒤에서 힘이 받쳐주지 못하면 어렵게 풀어가면서 많이 힘겨워하는 사람이며, 유순(柔順)한 성품(性品)으로 인(因)하여 많은 어려움에 봉착(逢着)하는 까다로운 삶을 사는 사람이라네.

일정(一定)한 주견(主見)이 없이 덮어놓고 타인(他人)의 어려움에 대해 배려(配慮)하는 것은 분수(分數)에 넘치는 일이 아니던가.

또한 일이란 반드시 주어진 환경(環境)과 조건(條件)에 따라 거기에 맞춰 벌어지는 것이 아니던가.

남을 위하는 유순(柔順)한 마음으로 인(因)하여 타인(他人)이 죄짓지 않기를 삼가고 삼가야 한다네.

곧 스스로의 유순(柔順)한 마음을 움직이는 일에 있어서 삼가고 신중(愼重)해야 한다는 것이네.

- 남자(男子): 음(陰) → 소양(少陽) ☶, 간(艮)

이랬다저랬다 하며 변하기를 잘하는 성질(性質)에 제 마음에 들지 않으면 그 마음이 십리 밖으로 돌아서는 남자(男子)라네.

그것도 잠시, 자신(自身)을 이해(理解)하거나 감싸는 말 한마디에 언제 그랬냐는 듯 냉큼 돌아서는 얄미운 성격(性格)의 소유자(所有者)라네.

타고난 기질(氣質)이 일보다는 잘 노는 일에 온 마음이 쏠리는 남자(男子)이며, 있는 것 없는 것, 모두 다 드러내어 가진 밑천을 보이는 성격(性格)에 제 잘난 멋을 따라 한쪽으로 치우치는 경향(傾向)을 보이고 여자(女子)에게 목을 매는 여린 마음을 지닌 남자(男子)라네.

자신(自身)이 강한 듯 설치고 나서지만 일의 뒷감당을 하지 못하는 여린 성품(性品)이며, 스스로가 감당(堪當)하지 못할 일을 저지르고는 여인(女人)의 치마폭으로 숨어버리는 염치없는 성격(性格)에 스스로의 허물이나 잘못에 대하여 책임(責任)지지 못하고 늘 변명(辨明)과 자기(自己) 합리화(合理化)로 일관(一貫)한다네.

시대(時代)의 주류(主流) 사상(思想)에 야합(野合)하면서 스스로의 위신(威信)이나 체면(體面)을 세우는 성격(性格)이며, 세력(勢力)있는 자의 힘을 등에 업고 자신(自身)을 앞세우는 밉지 않은 성격(性格)을 지닌 사람이라네.

이러한 까닭으로 때때로 처신(處身)사나운 일이 일어나기도 하지만 그나마 무사(無事)무난(無難)하게 넘어가는 복(福) 많은 사람이라네.

없어도 있는 척하며, 몰라도 아는 척을 하고 자신(自身)이 잘난 척을 해야 하는 성격(性格) 때문에 처음에는 많은 이들이 따르지만 날이 갈수록 실망(失望)을 하고 떠나는 이가 많다네.

스스로의 이러한 성격(性格)으로 인(因)하여 작은 잇속을 따라 이합집산(離合集散)하는 이들이 주변(周邊)에 많이 모이는 편이며, 작은 잇속 앞에서 경쟁(競爭)과 다툼이 많은 삶이라네.

배움이 있고 재물(財物)이 많으면 사실(事實) 멋있는 인생(人生)을 산다고 말할 수 있지만 배움이 없고 가진 것이 없다면 동가식서가숙(東家食西家宿)할 신세(身世)에 겉치레에 평생(平生)을 허비(虛費)할 팔자(八字)라네.

자신(自身)의 기분(氣分)에 따라, 또는 작은 잇속을 따라 감정(感情)의 기복(起伏)이 심하고 돈이라도 조금 있을라치면 힘들고 외로운 마음을 달래기 위해 이 여자(女子), 저 여자(女子)의 품을 가리지 않고 불나방처럼 찾아 들었다가 미련 없이, 하염없이 돌아서는 쓸쓸한 성격(性格)이라네.

이는 의리(義理)를 바탕으로 사람을 사귀기보다는 때에 따라, 잇속을 따라, 기분(氣分)에 따라 한쪽으로 너무 치우치게 만나고 헤어지기 때문이 아니겠는가.

자기(自己)만 위하는 애정(愛情)에 자신(自身)만을 위해주는 사랑을 찾기에 만나고 헤어지는 일이 늘 따라다니는 남자(男子)이며, 여자(女子)의 마음을 녹이는 매력(魅力)이 있으나 자신(自身)의 진정(眞正)한 멋을 모르고 타인(他人)의 뜻에 따라 매달리 듯 이끌려 다니는 사랑을 한다네.

감정(感情)의 기복(起伏)에 따른 애정(愛情) 표현(表現)이라 늘 항상(恒常)하지 않은 사랑으로 인(因)하여 오해(誤解)와 불신(不信)만을 얻은 정(情)이며, 이로 인한 마음의 상처(傷處)가 커지는 사랑이라네.

겉으로 드러난 버겁고 과도(過度)한 애정(愛情) 표현(表現)이란 깊고 살가운 애정(愛情)보다는 쉽게 사그라지고 또한 믿고 따르기가 힘든 것이 사실(事實)이 아니던가.

사랑을 앞세워 자신(自身)의 입지(立志)를 세우려는 어리석음이란, 서로가 서로에게 상처(傷處)를 주고 끝내 원망(怨望)의 눈초리를 보내면서 등을 돌려버리고 마는 애정(愛情)이라네.

가진 것이 많을 때는 뜨겁고 가진 것이 없을 때는 차갑게 식어버리는 사랑이며, 눈앞에 있을 때는 내 사랑이고 눈앞에 보이지 않으면 곧 잊어버리는 애정(愛情)이라네.

사랑을 나눌 때는 열정적(熱情的)이나 곧 식어버리는 남자(男子)이기에 사랑하는 이에게 깊은 상처(傷處)를 주는 나쁜 남자(男子)라네.

그래도 유약(柔弱)하고 유순(柔順)한 마음을 지녔다는 이유(理由) 아닌 이유(理由) 하나로 모든 잘못이나 허물 등이 용인(容認)되는 운수(運數) 좋은 남자(男子)라네.

가정(家庭)이라는 울타리를 소중(所重)하게 여기면서 나름 몸과 마음을 다하여 힘을 쓴다고는 하지만 늘 미진(未盡)한 부분(部分)이 많은 남자(男子)이며, 자신(自身)의 잘못이나 허물에 대하여 가족(家族)으로부터 용인(容認)받은 가장(家長)이라네.

늘 밖으로 나도는 사람이지만 자식(子息)이나 부인(婦人)을 위해서는 흔쾌히 제 몸과 마음을 희생(犧牲)하는 사람이며, 해주고 싶은 만큼 해주지를 못하여 마음이 아픈 남자(男子)라네.

때때로 가족(家族)에게 상처(傷處)를 주기도 하지만 기쁨을 주기 위해 노력하는 사람으로서 뒷심이 따라주지 못하는 까닭에 늘 안타까워하는 남자(男子)라네.

다만 과도(過度)한 감정(感情)의 기복(起伏)으로 인(因)하여 밖으로부터의 좋지 않은 일을 집안으로 끌어들이는 일과, 자신(自身)의 잘못이나 허물을 가족(家族)의 탓으로 돌려버리고 나 몰라라 눈감아버리는 못난 성품(性品)을 보이는 남자(男子)라네.

물론 마음이 약하고 순하기 때문이라고 이해(理解)할 수는 있으나 도(度)에 넘치는 말과 행동(行動)이 문제(問題)이며, 때에 따라서 가족(家族)이나 스스로를 책임(責任)지지 못하는 나약(懦弱)한 가장(家長)의 모습을 보이는 것이 문제(問題)라네.

대인관계(對人關係)를 깊이 들여다보면 타고난 성품(性品)이 유순유약(柔順柔弱)한 까닭으로, 작은 잇속을 따라 이합집산(離合集散)하면서 힘 있는 자의 이름을 빌려 자신(自身)을 세우려한다네.

이러한 까닭으로 많은 이들로부터 경계(警戒)의 대상(對象)이 되기도 하지만 특유(特有)의 처세술(處世術)로 위기(危機)를 모면(謀免)하고 오히려 이들로부터 믿음을 이끌어내는 남자(男子)라네.

자기(自己)의 못난 점이나 모자란 것, 부족(不足)한 것 등을 채우기 위해서라면 체면(體面)이나 위신(威信) 등을 잠시나마 버릴 수 있는 유연(悠然)한 사고방식(思考方式)

의 소유자(所有者)이며, 체면(體面)이나 위신(威信), 권세(權勢) 등은 언제든 충분(充分)하게 구할 수 있고 마음만 먹으면 취(取)할 수 있다고 생각하는 남자(男子)라네.
때문에 눈앞의 실속 앞에 잔꾀를 많이 쓰고 억지에 가까운 말과 행동(行動)을 앞세우면서, 남보다 앞서 많이 가지려 욕심(慾心)을 부리고 자신(自身)의 위세(威勢)나 체면(體面)을 차리기 위해 권세(權勢)있는 타인(他人)의 힘을 빌리는 남자(男子)라네.
제법 처세술(處世術)에 능한 사람인 것 같지만 결과(結果)를 보면 늘 기대(期待)에 미치지 못하고 오히려 주위(周圍) 사람들로부터 외면(外面)을 당한다네.
그래도 미움을 받지 않고 다시금 사람들로부터 환대(歡待)를 받는 것은 자신(自身)의 잘못이나 허물을 바로 인정(認定)하면서 용서(容恕)를 바라는 착한 성품(性品)을 지니고 있기 때문이라네.
모든 일에 리더가 되어 이끌어간다고는 하나, 뒷심이 받쳐주지 않으면 끝내 마무리를 하지 못하고 타인(他人)의 힘을 빌려서 마무리하게 되는 일이 다반사(茶飯事)라네.
늘 기대치(期待値)에 미치지 못하는 까닭으로 질책(叱責)을 받고 실망(失望)을 주지만 늘 무던한 관계(關係)를 맺으며 살아가는 삶이라네.

- 남자(男子): 음(陰) → 태음(太陰) ☷, 곤(坤)

이 사람의 마음은 들여다볼 수 없는 물건(物件)이니 너그러울 때는 한없이 너그럽고 좀스러울 때는 너무너무 좀스러운 성격(性格)이라네.
타인(他人)의 의견(意見)을 듣고 따르는 듯하지만 오로지 스스로의 생각에만 의지(依支)하고 독선적(獨善的)이며, 스스로의 생각에 도취(陶醉)되어 있는 까닭으로, 첫째는 개체적(個體的)으로 이루어진 자아(自我)를 참다운 실체(實體)인 것으로 믿고 집착(執着)하며, 둘째는 자기중심(自己中心)의 좁은 생각이나 소견(所見) 또는 이러한 좁은 생각이나 소견(所見)에 사로잡혀 고집(固執)을 피우는 성품(性品) 때문이라네.
가진 것을 밖으로 끌어내어 스스로의 모자란 면을 감추고 위신(威信)이나 체면(體面) 치레를 위해 아깝기는 하나 내색하지 못하고 베풀며, 마음이 매우 약하고 여린 까닭으로 돈이든 물건(物件)이든 빌려주고도 받지 못하는 사람이라네.

내세워 하는 짓이나 말이 약삭빠르지 못하고 순진(純眞)하며, 되바라지지 않고 좀 어리석은 데가 있는 성품(性品)이라네.

화(火)가 치밀어 오르면 말문이 막히는 성격(性格)에 억울(抑鬱)해도 막힘이 없이 잘 둘러대는 말재주가 없는 까닭에, 원 없이 하소연을 하지 못하고 마음만 애태우는 안타까운 남자(男子)라네.

된 척, 난 척, 든 척을 하면서 자신(自身)을 세우려는 성품(性品)이나 지나친 이 성품(性品)으로 인(因)하여 가진 재물(財物)을 무던히도 빼앗기는 성격(性格)이며, 이를 눈치 못 채는 무딘 남자(男子)라네.

꼭 시간(時間)이 지난 후에 눈치를 채고 후회(後悔)를 하면서도 다음에 또 당하는 사람이라 이 사람의 마음을 이용(利用)하는 사람이 나쁜 것인지 아니면 당하는 사람이 바보인지 알 수가 없다네.

본래(本來) 타고난 성품(性品)이 무리를 이끄는 기운(氣運)을 강(强)하게 타고난지라 늘 사람을 곁에 두려는 마음이 있으며, 이로 인(因)하여 빼앗기는 것이 많은 사람이라네.

사람을 가려서 볼 줄 아는 눈이 꼭 필요(必要)한 사람이며, 타인(他人)의 아부(阿附)에 쉽게 넘어가지 않도록 일러주고 이끌어주는 지인(知人)이 필요(必要)하나네.

그러나 남의 말을 듣지 않은 성품(性品)에 아는 것이 많은 척 나서면서 두서(頭序)없는 말을 많이 하는 잔소리쟁이라 오랜 세월(歲月)이 흐른 후에 자신(自身)을 볼 것이라네.

선업(善業)과 악업(惡業)이란 무엇이던가.

A라는 사람과 B라는 사람이 있고 두 사람에게 각각(各各) 1000원을 주었으며, A라는 사람은 1000원을 가지고서 어떠한 일이든지 간에 좋은 일에 썼으며, B라는 사람은 위험(危險)한 물건(物件)을 구해서 타인(他人)을 위험(危險)에 빠뜨리는 일을 벌였다면 A라는 사람의 선업(善業)은 누구의 착한 업(業)이 되어 선(善)을 쌓으며, B라는 사람의 악업(惡業)은 과연 누구의 악한 업(業)이 되어 악(惡)을 쌓게 되는 것인가.

선업(善業)이든 악업(惡業)이든 1000원을 손에 쥐어준 베푼 사람의 몫이 아닌가.

물론 A라는 사람의 착한 업(業)은 돈을 쥐어준 이와 합(合)하여 몇 배의 기쁨을 주고,

B라는 사람의 악한 업(業)은 B라는 사람 스스로가 죄를 짓고 1000원을 쥐어준 사람마저도 죄를 짓게 만들지 않던가.

B라는 사람에게 1000원을 쥐어주지 않았다면 악한 업(業)을 짓지는 않았을 것이 아닌가. 때문에 베푸는 일에 있어서도 신중(愼重)해야 하는 것이라네.

스스로의 아둔하고 어리석은 마음이란 타인(他人)이 죄를 짓도록 만드는 세상(世上)에서 가장 무서운 무기(武器)가 되는 것이라네.

베푸는 일에 있어서 스스로의 아둔하고 어리석은 마음을 경계(警戒)하고 삼가야 할 중요(重要)한 일이라네.

어떠한 업(業)이든 모든 것은 스스로에게 달린 것을…… 상황(狀況)에 따라 변화(變化)가 몹시 심하여 이루 헤아려 알기가 어려운 애정(愛情)과 융통성(融通性)을 배제(排除)한 집착(執着)에 가까운 사랑이라네.

여리고 못난 마음을 감추기 위해 애정(愛情)을 드러내는 일에 있어서 매우 거칠고 육욕(肉慾)이 충분(充分)히 채워지고 나면 차갑게 식어버리는 육신(肉身)에 대한 사랑이라네.

마음 한구석으로 살며시 와 닻은 애정(愛情)이 아니라, 서로가 서로에게 계산(計算)이 깔린 사랑이기에 그 뒤끝은 씁쓸한 웃음만이 남은 덧없는 애정(愛情)이라네.

자신(自身)의 감정(感情)만을 중요시(重要視)하는 남자(男子)이며, 상대방(相對方)의 감정(感情)이나 기분(氣分)은 자신(自身)의 욕구(欲求) 충족(充足)을 위한 잠시 빌려쓰는 일시적(一時的)인 도구(道具)일 뿐이라네.

또한 재물(財物)을 바탕으로 하는 사랑이라, 따스함보다는 차가운 기운(氣運)이 흐르는 정(情)일 뿐이며, 늘 욕구불만(欲求不滿)에 차있고 한쪽으로 크게 치우치는 애정(愛情)을 바라고 또한 그러한 사랑을 나눈다네.

가정(家庭)에 큰 애착(愛着)을 가지기보다는 밖에서 새로운 가정(家庭)을 꾸리기를 꿈꾸며 한번쯤은 시도(試圖)를 하지만, 타고난 기질(氣質)이 뒤가 무르고 여린 까닭으로 열정적(熱情的)으로 세운 계획(計劃)이 불발(不發)로 끝나면서 가족(家族)에게 씻지 못할 상처(傷處)를 준다네.

이는 물론 재물(財物)이 많고 능력(能力)이 있을 때의 일이며, 가진 것이 없고 능력(能力)이 없다면 그 어떤 여인(女人)이 함께 하겠는가.

가족(家族)이 자신(自身)을 따르지 않거나 자가(自己)의 의견(意見)에 부정적(否定的)이면 독단적(獨斷的)으로 이끌어가면서도 여리고 무른 성격(性格)으로 인(因)하여 마음만 애태우면서 입을 닫아버리는 가장(家長)이라네.

때때로 술에 취해 말과 행동(行動)이 거칠어지고 그보다 더한 선을 넘기도 하지만, 후회(後悔)로 얼룩진 아침을 덧없이 맞이하는 일뿐이라네.

젊을 때야 몸이 따라주기 때문에 되는대로 산다지만 나이가 들어 몸이 쇠약(衰弱)해지면 누구에게 의지(依支)하고 이 몸을 어디에 의탁(依託)하겠는가.

가족(家族)이란 삶을 이루는 기본(基本)이 아니던가.

자신(自身)의 허물이나 잘못에 대해 책임(責任)지지 못하고 가족(家族)을 탓하기에 앞서 스스로의 무지(無知)함과 어리석은 마음이 가정(家庭)을 깨는 가장 무서운 무기(武器)임을 분명(分明)하게 알고, 스스로의 아둔하며 어리석은 마음을 경계(警戒)하고 말과 몸가짐 등을 삼가야 한다네.

타인(他人)의 권세(權勢)를 빌려 체면(體面)을 세우고 자신(自身)의 입지(立志)를 굳히는 사람이며, 이로 인해 주변(周邊) 사람들로부터 경멸(輕蔑)을 받기도 하지만 많은 이들이 잇속을 따라 모이기도 한다네.

그러나 일이 되어가는 앞뒤를 제대로 파악(把握)하지 못하고 더하여 타인(他人)의 의견(意見)을 무시(無視)하면서 스스로의 작은 소견(所見)을 고집(固執)하는 까닭에 일의 끝마무리가 미진(未盡)한 사람이며, 리더십의 기운(氣運)이나 실력(實力)이 크게 달리는 사람이라네.

때문에 주위(周圍)에 솔직 담백(淡白)한 사람들이 모이기보다는 잇속에 밝은 사람들이 모이면서 작은 잇속을 따라 이합집산(離合集散)하는 일이 빈번(頻繁)하고, 비위(脾胃)를 맞추는 달콤한 말과 이로운 조건(條件)만들어 그럴듯하게 꾸며 말하는 아부(阿附)꾼들이 설치는 것이라네.

또한 자신(自身)의 잘못이나 허물 따위를 인정(認定)하지 않으면서 모든 것을 남의 탓으로 돌리며, 책임(責任)을 타인(他人)에게 전가(轉嫁)하고 자기(自己) 자신(自身)의 우둔(愚鈍)하고 무지(無知)한 마음을 정당화(正當化)하면서 피하려고만 한다네.
때문에 처음에는 주변(周邊) 사람들로부터 많은 신뢰(信賴)와 함께 전폭적(全幅的) 지지를 받지만 시간(時間)이 지나면서 먹고 마시며 되는대로 노는 일에만 사람들이 모이고 진정(眞正)한 일에는 사람들이 떠나며, 잇속에 밝은 사람이나 아부(阿附)꾼이 빌붙은 것이라네.
큰 재물(財物)을 지키기에는 힘든 일이니 늘 스스로의 아둔하고 어리석은 마음을 경계(警戒)해야 한다네.
또한 주색(酒色)을 삼가야 하는 것이니 가정(家庭)이 삶의 바탕임을 분명(分明)하게 알아야 할 것이라네.

- 여자(女子): 양(陽) → 태양(太陽) ≡, 건(乾)

큰 무리의 맨 앞에 서서 이끌고 가는 대장부(大丈夫)의 성품(性品)을 지닌 여자(女子)이며, 스스로의 잘못이나 허물에 대하여 변명(辨明)하거나 핑계를 대지 않고 무슨 일이든 까다롭지 않게 풀어가는 성격(性格)이며, 부드러운 듯 강(强)하게 휩쓸어가는 여자(女子)라네.
말과 행동(行動)이 굼뜨거나 모나지 않고 막힘이나 걸림이 없이 두루 원만(圓滿)한 성격(性格)이며, 일이 되어가는 사정(事情)이나 형편(形便)을 올바르게 파악(把握)하고 사람이 마땅히 지켜야 할 바른 도리(道理)를 지키면서 주어진 목표(目標)에 매진(邁進)하는 당찬 여인(女人)이라네.
놀 때는 놀고 일할 때는 그 일에만 몸과 마음을 다하는 힘이 넘치는 성격(性格)의 소유자(所有者)이며, 타고난 기질(氣質)이 웬만한 남자(男子) 서넛의 기운(氣運)을 합한 것보다 강(强)하고 타고난 운(運), 그 운세(運勢)가 무리의 우두머리가 되어 이들을 올바르게 이끌면서 가르쳐야 하는 야물고 오달진 여인(女人)이라네.
자신(自身)의 나이나 겉으로 드러난 모습, 처지(處地) 등에 비해 마음이나 행동(行動) 반경(半徑)이 넓고 깊으며, 활발(活潑)하게 움직이는 성격(性格)에 웬만한 남자(男子)

는 눈에 차지 않은 여자(女子)로서 마음에 드는 남자(男子)가 있으면 거침없이 뜨거운 가슴으로 되레 남자(男子)를 강(强)하게 끌어안은 여인(女人)이라네.

그렇다고 말이나 행실(行實) 따위가 지저분하고 잡스럽지 않으며, 품위(品位)가 없이 거칠고 막되지 않으며, 오히려 부드럽고 기품(氣品)이 있는 여인(女人)이라네.

처세술(處世術)에 매우 능(能)한 성격(性格)으로 타인(他人)의 도움이 없이도 자신(自身)의 앞가림을 잘하는 편이며, 더불어 타인(他人)의 당혹(當惑)스런 사정(事情)이나 형편(形便)을 그냥 보아 넘기지 않고 그 어려움을 함께 하면서 돌봐주는 성격(性格)이며, 함께 풀어주고 이끌어 줄 수 있는 마음의 여유(餘裕)를 지닌 여인(女人)이라네.

또한 조잡(粗雜)한 일에 야합(野合)을 하거나 줏대가 없고 품성(品性)이 천한 여인(女人)이 아니며, 무슨 일을 대하든 그 어떤 사람을 대하든 늘 자신(自身)의 의사(意思)를 분명(分明)하게 밝히면서 할 말은 하고 할 일은 확실(確實)하게 밀고 가는 여인(女人)이라네.

난 사람이든 못난 사람이든, 든 사람이든 배우지 못한 사람이든, 된 사람이든 되지 못한 사람이든 가리지 않고 있는 그대로의 모습을 존중(尊重)해주면서 감싸는 성품(性品)이라네.

세상사(世上事)에 밝은 여인(女人)이며, 잇속에도 매우 밝은 성격(性格)으로 행동(行動)이 빠르면서 머리가 명석(明晳)하게 돌아가는 재원(才媛)이라네.

항상 어려운 이들의 손을 부드럽게 잡아주고 정성(精誠)을 다해 이끌어주는 가슴 따스한 여인(女人)이라네.

배움에 게으르면 제 갈 길을 가지 못하는 것이니 늘 배우고 익히는 일에 노력(努力)해야 할 것이라네.

일에도 정열적(情熱的)이 듯이 사랑 또한 그러하며, 매달리 듯 찾아나서는 애정(愛情)이 아니며, 당차고 야무지게 스스로가 취(取)하는 뜨거운 사랑이라네.

안으로 감추고 부끄러워하는 애정(愛情)이 아니라 밖으로 드러내어 보여주는 예쁜 사랑에 솔직 담백(淡白)하고 진솔(眞率)한 마음을 담아내는 정(情)이라네.

사랑에 체면(體面)이 무슨 소용(所用)이며, 알량한 자존심(自尊心)은 세워서 무엇 하겠는가.

때때로 선이 없는 애정(愛情)으로 인(因)하여 작은 다툼이 일어나기도 하지만 품위(品位)를 잃거나 웃음을 잃은 사랑이 아니라네.

내 하나의 사랑을 지키는 사랑이라 늘 애정(愛情)이 듬뿍 담긴 따스한 마음이라네.

또한 사랑하는 이의 그늘이 되어주는 속 깊은 여인(女人)이라네.

가족(家族)을 따가운 햇빛으로부터 보호(保護)하고 가정(家庭)의 소중(所重)함을 누구보다도 잘 알며, 가족(家族)의 행복(幸福)을 위해 스스로를 희생(犧牲)하고 더하여 남편(男便)의 위신(威信)과 체면(體面)을 세워주면서 스스로를 귀하게 만드는 지혜(智慧)를 지닌 엄마이며, 집안을 편안(便安)하게 다스려가는 여인(女人)이라네.

가진 것이 많든 적든, 어려운 일이 있든 쉬운 일이 있든 늘 평정심(平靜心)을 잃지 않고 가정사(家庭事)를 이끌면서 다부지게 일을 이끌어가는 강(强)한 엄마라네.

가족(家族)에 대한 애정(愛情)이 깊은 여인(女人)으로서 이상적(理想的)인 가정(家庭)을 이루기 위해 노력(努力)하며, 때때로 지나친 사랑으로 인(因)하여 자식(子息)이나 남편(男便)이 방만(放漫)하게 되는 까닭에 심한 가슴앓이를 하게 되고 때에 따라서는 가족(家族)에 대한 실망(失望)으로 밖으로 나돌며 방황(彷徨)하는 힘든 시기(時期)를 나 홀로 오래도록 보내기도 한다네.

물론 밝은 지혜(智慧)로 슬기롭게 극복(克服)을 하지만 때로는 홀로 가는 길을 선택(選擇)하기가 쉬운 여인(女人)이라네.

스스로는 늘 당당(堂堂)한 지도자(指導者)의 모습으로 집안을 이끌어가기를 바라는 마음이 간절(懇切)하지만 여자(女子)의 몸으로, 여자(女子)라는 이유(理由) 하나로 인정(認定)을 받지 못하고 내침을 받은 경우가 있다네.

많은 이들로부터 사랑을 받고 크게 인정(認定)을 받으면서 세상사(世上事)에 뛰어들며, 늘 긍정적(肯定的)이고 소탈(疏脫)한 모습으로 막힘이나 걸림이 없이 두루 원만(圓滿)하게 인간관계(人間關係)를 이루어간다네.

감성적(感性的)이며 부드러운 여인(女人)의 이미지보다는 남자(男子)들과 어울리면서 본능적(本能的)으로 숨어있는 자신(自身)의 리더십을 이끌어내며, 스스로가 지도자

(指導者)의 길을 걷은 여인(女人)이라네.

자기(自已)에게 주어진 좋지 않은 환경(環境)이나 처지(處地)에 전혀 굴하지 않으며, 타인(他人)의 힘 앞에 비굴(卑屈)하지 않고 떳떳하고 당당(堂堂)하게 자신(自身)을 세워가면서 기지개를 펴는 여인(女人)이라네.

올바르지 않은 길과는 야합(野合)하지 않고 바른 길이라면 어렵고 힘들더라도 이 길을 택하며, 타인(他人)의 잘잘못에 대하여 충고(忠告)를 아끼지 않은 오랜 친구(親舊) 같은 여자(女子)라네.

때문에 주변(周邊)에 많은 사람들이 모여들고 좋은 언니나 누나로 알고 따르는 이들이 많으며, 자신(自身) 또한 이러한 면을 싫어하지 않고 오히려 이를 더욱 활성화(活性化) 시키는 성품(性品)이라네.

말이나 행동(行動)이 나긋나긋하지 못한 여자(女子)지만 매우 감성적(感性的)이며 눈물이 많고 잡아주는 손길이 몹시 부드러우며, 늘 따스한 정(情)으로 가득한 여인(女人)이라네.

자신(自身)의 잇속을 챙기기보다는 타인(他人)의 어려움을 보살피고 도와주는 길을 택하면서 타인(他人)의 잘못이나 허물을 탓하기보다는 자신(自身)의 잘못이나 허물을 경계(警戒)하고 삼가면서 인도자(引導者)의 길을 가는 여인(女人)이라네.

그 어디에 내놔도 부드러우면서도 강(强)한 리더십이 밖으로 튀는 여인(女人)이라네.

또한 부드러우면서 강(强)한 리더십에 걸맞게 일의 뒷마무리가 깔끔하고 자신(自身)의 말과 행동(行動)에 책임(責任)을 진다네.

그러나 배움이 적고 궁핍(窮乏)하면 자신(自身)의 몸을 밖으로 내돌리는 절박(切迫)한 삶을 살아간다네.

- 여자(女子): 양(陽) → 소음(少陰) ☱, 태(兌)

일반적(一般的)인 감정(感情)의 경향(傾向)으로 본 이 여자(女子)의 성질(性質)을 보면 겉으로는 남자와 같은 강인(强靭)한 모습을 보이지만 매사(每事)에 조신(操身)하고 신중(愼重)하며, 말이나 행동(行動)을 삼가는 성격(性格)이라네.

이재(理財)에 밝은 여인(女人)으로 제 앞가림에 충실(充實)한 성격(性格)이며, 세상사(世上事)를 바라보는 눈이 매우 긍정적(肯定的)이면서 겉으로 보기에는 아닌 듯하지만 능동적(能動的)이며, 적극적(積極的)인 성격(性格)이라네.

스스로의 잘잘못에 대하여 밝은 여인(女人)이며, 자신(自身)의 잘못이나 허물에 대하여 냉담(冷淡)한 성격(性格)이며, 물론 타인(他人)의 잘잘못에 대한 판단(判斷) 또한 냉담(冷淡)한 시선(視線)으로 밝게 바라보고 부드럽게 질책(叱責)하는 여인(女人)이라네.

그렇다고 겉으로 크게 드러내어 내색하지 않으며, 여자(女子)라는 본분(本分)을 잊지 않고 일이 되어가는 흐름에 몸과 마음을 맡기는 성품(性品)이라네.

그러면서 자신(自身)의 뜻이나 생각을 밝히는 일에 있어서 앞뒤가 들어맞고 체계(體系)가 서는 갈피를 잡아 틀림없이 확실(確實)하게 전하는 성격(性格)이며, 스스로의 판단(判斷)이 옳고 바른 것이라면 타협(妥協)이나 야합(野合)을 하지 않은 여인(女人)이며, 일의 승패(勝敗)를 떠나 뒤돌아보지 않은 성품(性品)이라네.

이렇듯 단호(斷乎)한 면을 보이기도 하지만 따스한 손길을 잊지 않은 여인(女人)이며, 타인(他人)의 어려운 상황(狀況)이나 형편(形便)을 이용(利用)하여 스스로의 자존심(自尊心)을 세우거나 자기(自己)의 잇속을 챙기는 몰염치(沒廉恥)한 성격(性格)의 소유자(所有者)가 아니며, 오히려 이해(理解)하고 감싸주면서 어깨를 두드려주는 착한 언니나 누나와 같은 성품(性品)이라네.

처세(處世)에 밝고 능(能)한 여인(女人)이지만 여자(女子)라는 이점(利點)을 팔아가면서까지 스스로의 자존심(自尊心)이나 이득(利得)을 취(取)하지 않으며, 타고난 자질(資質)이 자질구레하지 않고 자잘하지 않으며, 또렷하게 자신(自身)의 위치(位置)를 찾은 여인(女人)이라네.

제 위치(位置)를 찾기 위해 발 빠르게 움직이는 분명(分明)하고도 똑똑한 두뇌(頭腦)를 지녔으며, 은연중(隱然中)에 모든 것을 취(取)하고 이루어나가면서 말과 행동(行動)을 무겁게 하는 성품(性品)이라네.

많은 사람들 앞에 서더라도 부끄러워하거나 기(氣)가 죽지 않은 여인(女人)이며, 오히려 드러난 여인(女人)의 상(像)이 돋보이는 성품(性品)이라네.

늘 스스로의 말과 행동(行動)을 삼가고 여인(女人)이 갖추어야 할 기품(氣稟)이나 위엄(威嚴)을 지키면서 지도자(指導者)의 능력(能力)을 키우는 성격(性格)이라네.

강(强)하지만 감정(感情)의 선이 섬세(纖細)한 애정(愛情)이며, 야단스럽지 않고 꾸준한 사랑에 마음속으로 생각하는 정(情)이 깊은 여인(女人)이라네.

정도(程度)에 지나친 사랑을 하지는 않지만 사방(四方) 막힌 방에 들어서면 매우 정열적(情熱的)으로 변하고 남자(男子)를 리드하는 당찬 사랑을 하며, 드러나지 않게 사랑하는 이를 치켜세워주는 애정(愛情)이라네.

상대방(相對方)의 마음을 어루만져주며, 늘 따스한 손으로 잡아주면서 이끌어주고 무슨 일이든 항상 함께하는 오붓한 사랑을 한다네.

그렇다고 하염없이 매달리고 집착(執着)하는 사랑이 아니며, 유효적절(有效適切)하게 때를 따르고 많은 이성(異性)으로부터 뜨거운 사랑을 받은 여인(女人)이라네.

자신(自身)의 삶을 중요(重要)하게 여기듯이 가정(家庭)이라는 울타리를 소중(所重)하게 여기면서 남편(男便)의 위신(威信)이나 체면(體面)을 세워주고 자식(子息)을 키우는 일에 있어서 분명(分明)한 목표(目標)를 세워 이끌어주는 여인(女人)이라네.

놀 때는 마음껏 놀고 무슨 일을 할 때는 그 일에 몸과 마음을 다하도록 이끌며, 늘 뒤에서 말없이 밀어주고 앞에서 이끌어주며, 어떠한 상황(狀況)에 처하든 항상 함께 길을 가주고 제 앞가림을 할 수 있도록 가르치는 똑똑한 엄마라네.

그러나 제 자신(自身)의 삶에 집착(執着)을 하게 되면 쉽게 가정(家庭)으로부터 멀어질 수 있는 성격(性格)을 지녔으며, 자신(自身)의 가치(價値)를 우선(于先)하면서 남편(男便)이나 자식(子息)을 밖으로 내몰고 자신(自身)의 울타리를 높고 튼튼하게 하여 자기(自己)에게 접근(接近)하는 이들을 차단(遮斷)하기도 한다네.

그래도 늘 제자리에 돌아와 해야 할 일을 놓지 않은 것은 타고난 성품(性品)이 밝고 유순(柔順)하기 때문이며, 무리를 이끌고 가는 강(强)한 기운(氣運)이 있기 때문이라네.

많은 사람들과 어울리는 일에 있어서 있고 없고, 좋고 나쁜 것을 따지지 않고 두루 원만(圓滿)한 관계(關係)를 맺으며, 상대방(相對方)을 먼저 배려(配慮)하는 여인(女人)

이라 주변(周邊)에 남자(男子)든 여자(女子)든 가리지 않고 따르고 이 여인(女人)에게 많은 면을 의지(依支)하는 편이라네.

또한 처세(處世)에 능(能)한 까닭으로 세상사(世上事)를 헤쳐 나가는 지혜(智慧)가 있으며, 자신(自身)의 위치(位置)를 분명(分明)하고 확실(確實)하게 챙기면서 자존심(自尊心)이면 자존심(自尊心), 체면(體面)이면 체면(體面), 위신(威信) 등을 제대로 지켜가는 여인(女人)이라네.

놀기 좋아하는 성격(性格)이지만 정도(程度)를 벗어나지는 않으며, 혼자보다는 늘 지인(知人)과 함께 하면서 리드하는 것을 좋아하고 분위기(雰圍氣)를 띄워주고는 뒤로 빠지는 매너가 있으며, 자신(自身)을 높이 세우기보다는 지인(知人)의 자존심(自尊心)을 세워주면서 되도록 양보(讓步)를 하는 마음이 넓은 여인(女人)이라네.

일이 되어가는 사정(事情)이나 형편(形便)을 돌아보고 그 뒤를 생각하는 사려(思慮)깊은 성격(性格)으로 일의 뒷마무리가 깨끗하고 자신(自身)의 잘못이나 허물에 대하여 솔직하게 인정(認定)하며, 회피(回避)를 하거나 변명(辨明)을 하지 않고 스스로가 책임(責任)을 지는 가볍지 않은 여인(女人)이라네.

삶이 절박(切迫)하거나 고통(苦痛)이 있더라도 내색하지 않고 홀로 짊어지고 가는 무거운 여인(女人)이라네.

- 여자(女子): 양(陽) → 소양(少陽) ☲, 리(離)

말을 먼저 앞세우면서 큰소리를 치고 제 잘난 멋에 살아가는 조금은 가벼운 성격(性格)의 소유자(所有者)라네.

생긴 것과는 다르게 여우짓을 하면서 밀고 당기는 일에 매우 능(能)한 여자(女子)인지라 꽤나 까다롭고 신경(神經)을 쓰게 만드는 여자(女子)라네.

무리와 함께 나서면 자기(自己)가 대장(大將)이 되어야 하고 자신(自身)의 뜻이나 생각을 따르지 않으면 온갖 방법(方法)을 동원(動員)해서라도 관철(貫徹)시키며, 자신(自身)의 뜻이나 생각대로 이루어진 후에는 모든 일에 대하여 시큰둥하면서 모르쇠로 일관(一貫)하고 때에 따라서는 나 몰라라 냉큼 등을 돌리는 여인(女人)이라네.

자존심(自尊心)이나 체면(體面)을 지키기 위해서 아는 것이나 모르는 것이나 우선(于先)은 그저 덮어놓고 다 모른다고 잡아떼는 여자(女子)이며, 더하여 작은 잇속 앞에서 사사로운 마음을 곧 드러내고 갖은 애교(愛嬌)로 작은 욕심(慾心)을 내보는 여인(女人)이라네.

말이나 어떤 사물(事物)에 대한 감정(感情)이나 생각 따위가 겉으로 드러나는 모습을 보면 진지(眞摯)함에서는 조금 벗어나는 성격(性格)으로 복잡(複雜)하고 어려운 모든 것을 싫어하는 성격(性格)이며, 늘 가볍고 쉬운 길을 택하면서 스스로의 겉모습을 가꾸기에 손과 발이 바쁘고 배움의 길보다는 즐겁게 노는 일에 시간(時間)을 할애(割愛)하면서 뒤따르는 결과(結果)에 무관심(無關心)한 성격(性格)이라네.

당장 눈앞에 드러나는 잇속이나 칭찬(稱讚), 아부(阿附)에 눈과 귀가 매우 밝은 여인(女人)이며, 타인(他人)의 힘들고 어려운 일에는 눈과 귀를 닫고 무엇이든지 돈으로 해결(解決)지으려는 경향(傾向)이 있다네.

그러나 가까운 지인(知人)의 어려움이나 고통(苦痛)에 대해서는 자신(自身)의 일처럼 여기면서 몸과 마음을 다하여 애경사(哀慶事)를 챙기는 큰언니, 큰누나와 같은 마음 착한 여인(女人)이기도 하다네.

있으나 없으나 잘난 척, 알거나 모르거나 큰소리치는 거침이 없는 성격(性格)이나 마음이 여리기는 매 한가지라 뒤끝이 무르고 강단(剛斷)이 없는 유약(柔弱)한 여인(女人)이라네.

이렇듯 어려움을 꿋꿋이 견디어 나가는 힘이 없는 까닭에 타인(他人)에게 모든 것을 의지(依支)하려는 경향(傾向)이 있고 이러한 의타심(依他心)으로 인(因)하여 때때로 가까운 이들로부터 배신(背信)을 당하면서 크게 상처(傷處)를 받고 홀로 눈물을 흘리는 여인(女人)이라네.

필요(必要)나 잇속을 따라 야합(野合)을 하는 성격(性格)이나 타인(他人)에게 피해(被害)를 주지 않으려는 마음 착한 여인(女人)이기는 하다네.

그러나 마음이 한쪽으로 쏠리거나 치우치면 그 한곳에 집착(執着)을 보이는 성격(性格)이라 주색(酒色)에 잘못 빠지면 몸과 마음을 함부로덤부로 굴리는 여인(女人)이기도 하다네.

자기(自己) 자신(自身)만을 위해주는 사랑을 하며, 자기(自己)를 칭찬(稱讚)하고 높이 세워주는 말에 몸과 마음이 쉽게 움직이는 성격(性格)의 소유자(所有者)로 기분(氣分)에 따라 분명(分明)하게 색깔이 가려지는 애정(愛情)이라네.

필요(必要)에 따라 잇속을 따라 변하는 진지(眞摯)함을 조금은 배제(排除)한 애정(愛情)이며, 기복(起伏)이 심한 사랑과 정(情)을 나누지만 나름 몸과 마음을 다한 애정(愛情)이라고 여기는 여자(女子)라네.

굳이 사람을 가리지 않은 사랑이지만 겉으로 드러난 모습이나 그 사람이 지닌 지위(地位), 권세(權勢) 따위를 따르는 애정(愛情)으로 체면(體面)을 차리지 않고 부끄러움을 모르는 사랑을 한다네.

그래도 여성(女性)으로서의 매력(魅力)을 풍기는 여인(女人)이라 많은 이성(異性)이 따르는 편이며, 동성(同性)의 질투(嫉妬)와 시기(猜忌)를 즐기는 여인(女人)이라네.

또한 남에게 보여주기 위한 사랑을 하는 까닭으로 이성(異性)에게 까다로운 요구(要求)가 많은 사랑이기도 하다네.

나긋나긋한 성격(性格)이라 볼 수 있지만 그래도 대가 센 여인(女人)으로서 마음의 상처(傷處)가 있더라도 홀로 끌고 가는 사랑이라네.

자신(自身)의 위신(威信)이나 체면(體面)을 위해 남편(男便)과 자식(子息)에게 의존(依存)하는 성격(性格)으로 자신(自身)이 원하는 기대치(期待値)에 가까워지도록 다그치고 몰아치면서 강하게 이끌어가는 여인(女人)이라네.

그렇다고 무지막지(無知莫知)한 편이 아니며, 아는 것이 없고 사리(事理)에 어두우면 집착(執着)에 가까운 외고집을 부리면서 가족(家族)을 괴롭히고 힘들게 만드는 성품(性品)이라네.

가족(家族)으로부터 인정(認定)을 받기위해 노력(努力)하면서도 감정(感情)의 기복(起伏)이 심하고 자신(自身)의 기분(氣分)에 따라 많은 차이가 있는 까닭으로 그리 깊은 신뢰(信賴)를 받지는 못하면서 가족(家族)의 냉소(冷笑)에 담담하게 넘어가는 성격(性格)이라네.

배움이 많아 보이며 귀티가 흐르는 여인(女人)으로 가정(家庭)이라는 울타리를 벗어나게 되면 주변(周邊)으로부터 유혹(誘惑)이 끊이지 않은 여인(女人)이라 늘 말과 행동(行動)을 삼가야 한다네.

한 집안을 이끌기에 부족(不足)함이 없는 여인(女人)으로 독선적(獨善的)인 면이 없지 않으나 혼란(混亂)을 야기(惹起)하는 성격(性格)이 아니며, 집안의 크나큰 어려움이나 힘든 상황(狀況) 앞에 물러서지 않고 짊어지는 당찬 여인(女人)이기도 하다네.

깊은 애정(愛情)이나 사랑이 아닌 사람으로서 마땅히 지켜야 할 바른 도리(道理)를 바탕으로 가정(家庭)을 이끌어가는 여인(女人)이며, 의리(義理)를 바탕으로 한 삶을 살아가는 까닭에 때때로 인연(因緣)을 잘못 맺으면 두 집 아이를 가슴에 안거나 두 집 살림을 이끌어야 하는 박복(薄福)한 팔자(八字)라네.

스스로를 바르게 이끌지 못하면 훗날 가슴을 치고 후회(後悔)할 일이 많을 것이니, 울타리 밖으로 나돌며 도망 다니지 말고 가정(家庭)이라는 공동체(共同體)를 소중(所重)하게 여기기를…… 행위(行爲)가 앞서기보다는 말이 먼저 앞서는 까닭으로 주변(周邊) 사람들로부터 신뢰(信賴)를 얻지 못하나 타고난 기질(氣質)이나 겉으로 드러난 모습이 천생(天生) 여자(女子)에 은근(慇懃)하고 친근감(親近感)함을 지닌 까닭에 큰 미움을 받기보다는 오히려 많은 지인(知人)으로부터 작은 시기(猜忌)와 질투(嫉妬)를 받는다네.

남들보다 앞에 나서기를 좋아하고 타인(他人)의 시선(視線)을 즐기는 성격(性格)에 더하여 자신(自身)을 너무 앞세우면서 혼자의 생각만으로 모든 일을 결정(決定)하기 때문에 모든 일에 있어서 단호(斷乎)하고 강단(剛斷)이 있어 보이지만, 속내를 들여다보면 매우 여리고 무딘 성품(性品)의 소유자(所有者)라네.

사람이 된 척, 스스로가 난 척, 남보다 는 척, 젠체하며 뽐내는 여인(女人)이며, 작은 잇속을 따라, 또는 떳떳하지 못한 자신(自身)의 욕심(慾心)을 채우기 위해 힘이 있는 자나 많이 가진 이들과 야합(野合)하는 여인(女人)이라네.

때때로 한쪽으로 치우치는 마음으로 인(因)하여 옳지 않은 길을 가기도 하지만 힘이 있는 이들이나 가진 자들에게 무조건(無條件) 순종(順從)하는 어리석은 여인(女人)이 아니며, 오히려 처세술(處世術)에 능(能)하다고 볼 수 있고 지인(知人)의 아픔이나 어려움에 자신(自身)의 몸과 마음을 다하여 도움을 주는 의리(義理)가 있는 여인(女人)이라네.

다만 일을 벌이고 뒤를 책임(責任)지지 못하는 약한 면이 있고 뒤가 무른 까닭으로 주변(周邊) 사람들로부터 신뢰(信賴)를 잃는 여인(女人)이라네.

그래도 사람들로부터 미움을 받지 않고 두루 원만(圓滿)한 관계(關係)를 유지(維持)하며 살아가는 것은 마침내는 스스로의 속내를 드러내어 밝히기 때문이라네.

또한 이 품안으로 저 품안으로 자주 넘나든다는 큰 오해(誤解)를 받기도 하지만 말 한마디로 싸잡아 미워할 수 없는 여인(女人)이라네.

- 여자(女子): 양(陽) → 태음(太陰) ☳, 진(震)

스스로 배워 알고 경험(經驗)을 통하여 안 것이 전부(全部)인양 세상사(世上事)를 자신(自身)만의 잣대로 판단(判斷)하고 타인(他人)의 견해(見解)나 의사(意思)를 무시(無視)하면서 옳지 못하거나 보잘것없는 자기(自己)만의 말과 행동(行動)으로 마주 대하여 드러난 사물(事物)의 존재(存在)나 가치(價値)를 알아주지 않고 또한 상대방(相對方)을 업신여기는 성격(性格)이라네.

자신(自身)이 처한 상황(狀況)이나 형편(形便)을 제대로 파악(把握)하지 못하면서 모든 일에 앞장서는 여자(女子)이며, 자신(自身)의 리더십을 믿고 움직이기는 하나 모든 일의 끝마무리를 분명(分明)히 맺지 못하고 흐리멍덩하게 넘겨버리는 여인(女人)으로서 자신(自身) 스스로에게 무척이나 아둔한 성품(性品)이라네.

이렇듯 스스로의 잘잘못에 대하여 매우 어두운 여인(女人)으로 제 눈에 걸린 대들보는 보지 못하면서 타인(他人)의 잘못이나 허물은 제대로 보는 성격(性格)이라네.

또한 마주 대하여 드러난 여러 사물(事物)이나 일반(一般) 현상(現象)에 두루 적용(適用)되는 법칙(法則)을 바탕으로 세상사(世上事)를 바라보지 않고 자신(自身)의 좁은 관점(觀點)으로 들여다보면서 공정(公正)하지 못하고 한쪽으로 치우치는 성격(性格)이며, 생각이나 도량(度量)이 좁은 까다로운 여인(女人)이라네.

겉으로 드러난 생김새나 타고난 성품(性品)이 탁 트인 마음을 지닌 것 같지만 그 마음이 그다지 넓지 못하고, 말과 행동(行動)이 남을 위하면서 감싸는 것 같지만 남의 형편(形便)이나 사정(事情)을 헤아리는 아량(雅量)이 없고, 모든 일에 앞서 여러 가지로 신중(愼重)하게 생각하는 것 같지만 생각하는 바가 깊지 못한 성격(性格)의 소유자(所有者)라네.

자신(自身)의 환심(歡心)을 사기 위하여 이성(異性)이든 동성(同性)이든 알랑거리며 붙좇으면 겉으로는 싫은 척하지만 나름 즐기면서 자못 우쭐해하는 여인(女人)이라네.

이러한 성격(性格)을 지닌 까닭으로 자신(自身)보다 강(强)한 사람, 많이 가진 사람, 잘난 사람에게 의존(依存)하기를 좋아하며, 때에 따라서는 야합(野合)을 하면서 힘이 있는 자의 논리(論理)나 있는 자의 논리(論理)에 휩쓸리고 쉽게 시대(時代)의 흐름에 편승(便乘)하여 살아가는 여자(女子)라네.

그렇다고 처세술(處世術)에 능(能)한 여인(女人)이 아니며, 자기(自己)에게 유리(有利)한 기회(機會)를 포착(捕捉)하더라도 이를 남에게 빼앗기는 아둔한 성격(性格)이라네.

바로 눈앞에 드러나는 잇속만을 보고 움식이기는 하나 그래도 남의 어려움을 돌아보는 가슴이 따스한 여인(女人)이며, 이러한 성격(性格)으로 인(因)하여 남에게 이용(利用)을 많이 당하며 살아가는 편이라네.

스스로의 잘못이나 허물을 인정(認定)하지 않고 죄책감(罪責感)을 가지는 성질(性質)이 아니며, 올바르게 아는 것이 없다면 무섭고 독하게 변하는 성질(性質)의 소유자(所有者)라네.

그나마 시간(時間)이 흐른 후에 스스로의 잘못이나 허물을 흔쾌(欣快)히 수긍(首肯)하고 책임(責任)을 지려는 그 마음이 이쁜 여인(女人)이라네.

한 남자(男子)를 바라보는 해바라기 같은 사랑이라 어느 정도(程度)는 집착(執着)하는 편이며, 애정(愛情)과 증오(憎惡) 사이에서 오락가락하면서 갈등(葛藤)하고 한쪽으로 치우친 애정(愛情)을 보이는 여인(女人)이라네.

스스로의 감정(感情)에 충실(充實)하는 까닭으로 자신(自身)의 뜻에 어긋나거나 마음에 들지 않으면 미련을 두지 않은 사랑을 한다네.

뒷날에 후회(後悔)를 할망정 가차(假借) 없이 돌아서는 정(情)이라 얄미울 정도(程度)로 인정(人情)이 없어 보이지만 애잔한 마음을 속으로 감추는 가슴이 찡한 사랑이라네.

부드러운 듯 거칠게 몰아붙이면서 가족(家族)을 대하는 것 같으나 살뜰하게 아끼고 염려(念慮)하는 그 여린 마음을 누가 있어 밝게 알아주겠는가.

스스로의 잘못이나 허물에 대하여 어둡고 아둔한 편이나 남편(男便)이나 자식(子息)을 밝게 이끌고 나가며, 남에게 흠이 잡히지 않도록 보듬어 주는 여인(女人)이라네.

물론 때때로 스스로의 기대(期待)에 반(反)하는 결과(結果)가 나오면 몹시 성내고 분개(憤慨)하며 흥분(興奮)하지만 자신(自身)의 본래(本來) 위치(位置)만큼은 잃지 않으며, 스스로를 달래고 위로(慰勞)하는 여인(女人)이라네.

이득(利得)이나 잇속을 바라지 않고 친인척(親姻戚)의 어려움을 돌봐주는 여인(女人)이며, 자신(自身)의 가정(家庭)뿐만 아니라 한 집안을 이끌어가는 당찬 여성(女性)이기도 하다네.

다만 어이없는 일에 휩싸여 무너지고 다치기도 하지만 무난(無難)하고 여유(餘裕)있게 가정(家庭)을 이끄는 여자(女子)라네.

바르고 밝게 알아서 무리를 이끄는 리더십이 아니라 일의 전후(前後) 사정(事情)을 알아보지 않고 자신(自身)의 감정(感情)이나 당시(當時)의 상황(狀況)에 따라 임기응변(臨機應變)으로 대처(對處)하는 까닭으로 크게 신임(信任)을 받지 못하는 처세(處世)를 한다네.

그렇다고 크게 불신(不信)을 받거나 무시(無視)를 당하지 않으며, 오히려 주변(周邊) 사람들이 동조(同調)를 하고 따르면서 뒷바라지를 하는 일이 비일비재(非一非再)하다네.

많은 사람들과 어울리기를 좋아하는 성격(性格)으로 무사(無事) 무난(無難)한 인간관계(人間關係)를 형성(形成)하지만 남보다는 잘난 척, 있는 척, 많이 든 척을 해야 하는 까닭으로 가끔은 미움을 받기도 하며, 괜한 소문(所聞)에 휩싸이면서 애먼 욕을 먹기도 한다네.

까맣게 타들어가는 그 마음이야 모르는 바가 아니지만 세상사(世上事)가 내 마음대로 되는 일이 있던가.
나서는 성격(性格)에 놀기 좋아하는 여자(女子)로서 타인(他人)의 엄한 말에 그리 주눅이 드는 성질(性質)이 아니며, 오히려 뒷일을 생각하지 않고 스스로의 감정(感情)에 충실(充實)하면서 좌중(座中)을 압도(壓倒)하며 자신(自身)을 세운다네.
매사(每事)에 신중(愼重)하고 최선(最善)을 다하는 여인(女人)이나 일의 뒷마무리가 흐지부지한 까닭으로 인(因)하여 시간(時間)이 지난 후에는 사람을 잃고 만다네.
자신(自身)의 잇속을 챙기지 않고 남을 위하는 마음이 지극(至極)한 여인(女人)이나 이러한 여린 마음으로 인(因)하여 타인(他人)에게 이용(利用)을 많이 당하면서 안과 밖으로 상처(傷處)를 받은 여자(女子)라네.
자신(自身)이 처한 어려운 상황(狀況)을 생각하지 않고 지인(知人)의 애경사(哀慶事)에 몸과 마음을 다하는 여인(女人)이며, 전혀 모르는 타인(他人)의 아픔에 눈물을 흘릴 줄 아는 마음 착한 성품(性品)의 소유자(所有者)라네.
또한 이러한 성품(性品) 때문에 자잘한 잘못이나 허물은 모두 용서(容恕)를 받은 여인(女人)이며, 인간관계(人間關係)를 원만(圓滿)하게 이루어 간다네.
배움의 끈을 놓지 말고 항상 노력(努力)하기를 빈다네.

- 여자(女子): 음(陰) → 태양(太陽) ☴, 손(巽)

타고난 성격(性格)이나 그 마음이 선(善)하고 부드러우며, 밝고 명랑(明朗)하지만 고집(固執)만큼은 남보다 더하면 더했지 모자라지 않는다네.
감정(感情)보다는 밝은 이성(理性)을 바탕으로 스스로가 처한 상황(狀況)이나 때에 따라 벌어지는 본인(本人)의 사정(事情)을 빠르게 판단(判斷)하고, 자기(自己)에게 편리(便利)하면서 유리(有利)한 쪽으로 몰고 가는 꾀바른 데가 있는 성질(性質)이라네.
자신(自身)의 판단(判斷)만을 믿고 스스로의 잣대로 세상사(世上事)를 재가면서도 늘 타인(他人)의 유혹(誘惑)이나 감언이설(甘言利說)에 약(弱)하며, 매양 당하는 입장(立場)에 처하고 솔직하게 하소연하는 약자(弱者) 아닌 약자(弱者)의 성격(性格)을 지녔다네.

타고난 자질(資質)이야 남부럽지 않지만 매사(每事)에 능동적(能動的)이지 못하고 게으른 편이며, 자율적(自律的)이지 못하고 타인(他人)의 지시(指示)를 따르는 자유의지(自由意志)가 부족(不足)한 성품(性品)이라네.

다만 먹고 노는 일에 있어서만큼은 매우 능동적(能動的)인 자유의지(自由意志)와 강(强)한 리더십을 발휘(發揮)하는 여인(女人)이라네.

또한 욕심(慾心)을 챙기고 체면(體面)을 차리기 위해서 남을 앞세우는 경향(傾向)이 강(强)한 편이며, 겉으로는 유약(柔弱)한 모습을 보이면서 속으로는 강(强)한 본성(本性)을 잊지 않은 성격(性格)에 더하여 필요(必要)에 따라서는 말과 행동(行動)을 다잡고 날카로운 반응(反應)을 보이는 여인(女人)이라네.

뭇시선을 즐기면서 어울리기를 좋아하고 뭇사람의 총애(寵愛)를 한 몸에 받는 여인(女人)이며, 어떠한 무리와 섞여 움직이면서도 가장 먼저 눈에 들어오는 화사(華奢)한 여인(女人)이라네.

자신(自身)의 가치(價値)를 높이면서 세상사(世上事)와 적당(適當)한 타협(妥協)을 할 줄 알고 또한 무리의 안전(安全)이나 행복(幸福)을 찾아주며, 자신(自身)이 지닌 리더십을 드러내 보이는 성품(性品)이라네.

더하여 한 무리가 누릴 수 있는 더 높은 가치(價値)를 위해 자신(自身)을 희생(犧牲)하는 성품(性品)이며, 명분(名分)이 바르게 서는 일이라면 몸과 마음을 다하여 이끌어가는 마음 착한 여자(女子)라네.

시원한 강바람에 설레는 가벼운 애정(愛情)이라 신중(愼重)하고 까다로운 사랑은 받아들이지 않으며, 늘 스쳐지나가면서 아쉬움이 남은 정(情)이라네.

한 남자(男子)에게 매이는 애정(愛情)보다는 뭇사람의 시선(視線)을 끌고 싶은 화려(華麗)한 사랑을 꿈꾸며, 남보다 튀는 사랑을 하면서도 매정(媒精)한 뒷모습을 보이는 여인(女人)이라네.

표면상(表面象)으로 드러나는 이유(理由)나 구실(口實)을 달아 만남을 이어가는 애정(愛情)이란 외부(外部)의 변화(變化)를 따라가는 매우 수동적(受動的)인 사랑이 아니던가.

너른 들판 저 너머를 바라보는 애틋하고 아련한 마음이라네.

알뜰한 아낙네로 살뜰하게 가족(家族)을 보듬은 여자(女子)이며, 너그럽고 인정(人情)이 도타운 마음으로 조용하면서도 아늑한 가정(家庭)을 꾸려가는 성품(性品)이라네.

강압적(强壓的)이지 않으며, 차가운 이성(理性)보다는 따스한 감성(感性)으로 대하고 어둡고 칙칙한 그늘진 구석보다는 밝고 쾌적(快適)한 넓은 장소(場所)로 이끌어가는 여인(女人)이라네.

가족(家族)을 위해 혼신(渾身)을 다하지만 크게 인정(認定)을 받지 못하는 딱한 신세(身世)이며, 때문에 밖으로 눈이 떠지면 매몰차게 돌아서기도 하지만 혼자서 버티기에는 험난(險難)한 세상(世上)이 아니던가.

외로움을 이겨내기에는 여리고 여린 마음이라 늘 담장 넘어 푸른 들판을 애틋하게 바라보는 여인(女人)이며, 따뜻한 말 한마디, 따스한 손길 한 번에 무너지는 아렴풋한 의식(意識)이라네.

마음의 상처(傷處)를 씻어내기에는 여린 마음을 지닌 여인(女人)이라 항상 의지(依支)할 이를 찾아나서는 까닭으로 엄한 오해(誤解)를 받기도 하며, 한 집안으로부터 내몰리고 큰 상처(傷處)를 받기도 한다네.

그나마 긍정적(肯定的)인 사고방식(思考方式)을 지닌 까닭에 무사(無事) 무난(無難)한 가정(家庭)을 이루고 산다네.

남편(男便)의 사랑이란 늘 눈앞에 아른거리는 아지랑이와 같은 것이니 크게 마음을 쓰지 말고 지나가는 바람으로 생각하게나.

많은 사람과 어울리기를 좋아하면서도 언제나 뒷전에 앉아 조용하게 지내는 편이며, 주제넘게 나서는 성격(性格)이 아닌지라 주변(周邊) 사람들로부터 참하다는 말을 듣는다네.

변변치 못한 처지(處地)에 있더라도 난감(難堪)하고 딱한 상황(狀況)에 처한 이를 보면 따스한 손길을 내미는 성품(性品)이며, 부담감(負擔感)이 가득한 타인(他人)의 부탁(付託)을 냉정(冷靜)하게 거절(拒絶)하지 못하는 여인(女人)이라네.

이러한 까닭으로 많은 오해(誤解)와 함께 불필요(不必要)한 이들이 주위(周圍)에 서성대고 타성(惰性)에 쉽게 의지(依支)하는 까닭으로 있지도 않은 구설수(口舌數)에 시기(猜忌)와 질투(嫉妬)를 많이 받은 여인(女人)이라네.

본인(本人) 스스로에게 아둔하지 않은 성품(性品)이라 자신(自身)과의 타협(妥協)에 어려움이 없으며, 처세(處世)에 능(能)하고 이재(理財)에 밝은 까닭으로 규모(規模)있게 재물(財物)을 불리는 여자(女子)라네.

까탈진 성격(性格)은 아니나 자신(自身)의 뜻이나 생각에 어긋나면 남의 말을 들으려 하지 않고 생떼를 쓰면서 자기(自己)의 의지(意志)대로 나아가는 여자(女子)라네.

물론 올바른 판단(判斷)에 따라 움직이는 성격(性格)이기는 하나 차가운 이성(理性)보다는 여린 감성(感性)에 의지(依支)하는 까닭으로 주변(周邊) 사람들로부터 조건(條件)없는 사랑을 받은 여인(女人)이며, 애정(愛情)어린 눈길을 무한(無限)히 받는다네.

작은 잇속을 따라 이합집산(離合集散)하는 성격(性格)이나 무리(無理)하게 욕심(慾心)을 부리지 않으며, 제 분수(分數)에 맞게 챙기는 까닭에 주변(周邊) 사람들과 원만(圓滿)한 관계(關係)를 이룬다네.

은근(慇懃)하게 사람을 이끄는 여인(女人)으로 고상(高尙)한 몸가짐을 잃지 않으며, 체면(體面)을 구기지 않으면서 자신(自身)의 자리를 지킨다네.

타고난 기질(氣質)이 겉으로는 나긋나긋하지만 안으로는 자신(自身)을 굳건하게 지키는 강(强)한 성격(性格)이라네.

또한 일의 뒷마무리가 깔끔하고 선(線)이 분명(分明)한 여인(女人)이라네.

- 여자(女子): 음(陰) → 소음(少陰) ☵, 감(坎)

드러나 보이는 성품(性品)이 매우 조용하고 몸가짐이 얌전하며, 말과 행동(行動)을 삼가는 부드러운 성격(性格)의 여인(女人)이라네.

자신(自身)의 사회적(社會的)인 자리나 지위(地位)를 잃지 않고 더욱 견고(堅固)하게 만들어가는 현명(賢明)한 성격(性格)이며, 말이나 행위(行爲)에 앞서 한 번 더 생각을 한 후에 잘못이나 실수(失手) 따위가 없도록 크게 마음을 쓰는 성품(性品)의 소유자(所有者)라네.

많은 사람과 어울려 노는 것을 좋아하기는 하지만 늘 무리의 뒷전에서 조용하게 있기를 즐기고 언행(言行)이나 성격(性格) 따위가 본래(本來) 수선스럽지 아니하고 차분하고 얌전한 여인(女人)이라네.

자기(自己)의 잇속을 챙기기 위해 수선을 떠는 성격(性格)이 아니며, 오히려 가까운 지인(知人)의 체면(體面)이나 잇속을 찾아주면서 무리의 든든한 울타리가 되어주는 유(柔)한 성품(性品)이라네.

난 척, 든 척, 된 척을 하며 밖으로 내세우지 않은 성품(性品)이지만 스스로의 마음에 들거나 눈에 차는 이성(異性) 앞에서는 눈에 띠게 내숭을 떨면서 자신(自身)을 내세우는 속 좁은 성격(性格)을 보이기도 한다네.

주변(周邊) 환경(環境)을 깨끗이 하고 주어진 사물(事物)을 제대로 정리(整理) 정돈(整頓)하며, 자신(自身)의 뜻이나 생각을 세심(細心)하게 돌아보는 성격(性格)이라네.

겉으로 드러나는 허영(虛榮)을 좇기보다는 겉으로 드러나지 않은 알찬 알맹이를 찾아가지는 여인(女人)이며, 어정쩡한 감성(感性)이나 감정(感情)보다는 부드러운 이성(理性)을 바탕으로 마주 대하여 드러난 사물(事物)을 판단(判斷)하고 주어진 상황(狀況)에 맞게 처신(處身)하는 성격(性格)이라네.

뜨겁게 타오르는 사랑보다는 차분하게 가라앉은 이성(理性)을 바탕으로 한 애정(愛情)이며, 한 자리에서 오래토록 기다려줄 줄 아는 여인(女人)이라네.

자신(自身)이 먼저 손을 내밀어 이끄는 애정(愛情)이 아니며, 손길을 기다리면서 여성(女性)스러움을 드러내 보이고 조용하고 얌전한 사랑을 한다네.

혼란(混亂)하거나 어수선하지 않으며, 솔직하고 담백(淡白)한 애정(愛情) 관계(關係)를 이끌어 간다네.

가족(家族)과 함께 자연(自然)을 즐기는 편이며, 남편(男便)이나 자식(子息) 앞에서 솔직하고 자신(自身)의 의사(意思)를 분명(分明)하게 밝히면서 매우 다정스럽게 안아주는 여인(女人)이라네.

가정(家庭)이라는 울타리를 위주(爲主)로 살아가는 여인(女人)으로 잘못이나 허물에 매우 관대(寬待)하고 기대치(期待値)에 모자라는 부분(部分)이 있더라도 끝까지 참고 기다리는 엄마의 모습을 보인다네.

크게 앞서는 모습을 보이지 않은 성격(成格)으로 항상 뒤에서 밀어주고 힘을 실어주는 말없는 엄마로서 가족(家族)을 위해 희생(犧牲)을 마다하지 않으며, 사고방식(思考方式)이나 말, 행동(行動) 따위의 패턴이 늘 가족(家族)을 중심(中心)으로 돌아가고 혼란(混亂)스럽지 않게 질서(秩序)를 잡아가면서 가족(家族)이라는 가치관(價値觀)을 바르게 세우는 여자(女子)라네.

어쩌다가 세상사(世上事)에 물이 들어 이따금 가정(家庭)이라는 울타리에서 멀어지기도 하지만 제자리로 돌아가는 여인(女人)이며, 순하고 여린 마음을 지닌 여자(女子)로서 가족(家族)을 버리지 못하고 마지막까지 안고 가는 성품(性品)이라네.

많은 사람들과 두루 원만(圓滿)한 관계(關係)를 이루고 살지만 자신(自身)의 위신(威信)이나 명예(名譽), 체면(體面) 등을 세우기 위해 타인(他人)의 권세(權勢)에 야합(野合)하는 성격(性格)이며, 이러한 성격(性格)으로 인(因)하여 작은 잇속에 연연(戀戀)하는 듯이 보이지만 매우 조심스럽게 접근(接近)하는 성격(性格)으로 그다지 미움을 받거나 질책(叱責)을 받지 않는다네.

사람들과의 관계(關係)에 있어서 말과 행동(行動)을 삼가고 스스로의 잘못이나 허물을 인정(認定)하며, 마음에 딴 생각이나 그릇된 욕심(慾心)을 가지지 않고 인간(人間) 관계(關係)를 만들어가는 여인이라네.

무리의 잇속을 먼저 챙기는 성격(性格)이 있기 때문에 때때로 보이지 않은 리더십을 보이는 여인(女人)으로 많은 사람을 바른 길로 이끌기도 하며, 시원함을 전해주는 전달자(傳達者)이기도 하다네.

물론 이성(異性) 앞에서 내숭을 떨고 당혹(當惑)한 일을 피하거나 무엇인가 필요(必要)할 때 타인(他人)의 위세(威勢)에 빌붙기도 하지만 밉지 않은 여인(女人)이라 욕을 먹거나 주변(周邊) 사람들로부터 내몰림을 당하지는 않으며, 오히려 주변(周邊) 사람들로부터 위로(慰勞)를 받는다네.

세상사(世上事)에 큰 관심(關心)을 가지기보다는 자신(自身)의 주변(周邊)이 주된 관심사(關心事)이며, 크게 나서지는 않지만 말 한마디, 행동(行動) 하나에 무게가 실리는 여성(女性)이라네.

- 여자(女子): 음(陰) → 소양(少陽) ☶, 간(艮)

타고나기를 여자(女子)의 성적(性的)인 매력(魅力)이 매우 강(强)한 여성(女性)으로서 나긋나긋한 성격(性格)에 이성(異性)이 많이 따르고 갖은 애교(愛嬌)에 많은 남자(男子)들이 쉬이 넘어가며, 자신(自身)이 하고자 하는 생각이나 마음에 어긋나면 타인(他人)의 말을 들으려 하지 않고 생떼를 쓰면서 앙큼하게 구는 성격(性格)의 소유자(所有者)라네.

때문에 매사(每事)에 엉뚱한 욕심(慾心)을 품고 제 분수(分數) 밖의 짓을 하려는 태도(態度)를 쉽게 드러내며, 난 척, 든 척, 된 척을 하면서 위신(威信)이나 체면(體面)치레를 위해 권위(權威)와 세력(勢力)을 지닌 이들에게 빌붙어 스스로의 사회적(社會的)인 지위(地位) 등을 세우면서 타인(他人)의 위에 군림(君臨)하려는 성품(性品)이라네.

이재(理財)에 밝다고 스스로 자신(自身)을 믿고 말하지만 제 잇속을 마음먹은 대로 챙기지 못하는 맹한 구석이 있고 뒷심이 약한 까닭으로 매사(每事)에 뒷마무리가 깨끗하지 못한 성격(性格)이라네.

마음에 드는 이성(異性) 앞에서는 몸이 흐트러지고 목소리가 변하는 여인(女人)으로서 말과 행동(行動) 등을 겉가량으로 헤아려 잡을 수 없고 겉으로 드러난 모습만을 보고는 믿을 수 있는 여성(女性)이 아니며, 자신(自身)의 그 어떠한 행위(行爲) 하나에도 계산적(計算的)이고 철저(徹底)하게 자기(自己)만을 위하는 성품(性品)이라네.

스스로의 목적(目的)을 이루기 위해 수단(手段)과 방법(方法)을 가리지 않고 타고난 여색(女色)을 때에 따라 이용(利用)하기도 하면서 자기(自己) 자신(自身)을 속이는 성품(性品)이라네.

때문에 자기(自己) 스스로에게 아둔한 것이며, 이러한 까닭으로 자신(自身)의 잘못이나 허물을 밝게 구별(區別)하여 알지 못하고 자기(自己)만의 작은 잣대로 세상사(世上事)를 판단(判斷)하면서 많은 오류(誤謬)를 범하는 성격(性格)이라네.

이기적(利己的)이고 앙큼한 여자(女子)이지만 감정(感情)에 치우치고 여린 감성(感

性)을 지닌 까닭에 이성(異性)에게 이용(利用)을 많이 당하며, 타인(他人)으로부터 애먼 누명(陋名)을 쓰는 성품(性品)이라네.

억울(抑鬱)하게 뒤집어 쓴 불명예(不名譽)에 때문에 상처(傷處)를 크게 받기도 하지만 마음에 두어 생각하는 성격(性格)이 아니며, 자기(自己) 스스로를 위로(慰勞)하는 외로운 여인(女人)이라네.

또한 스스로의 말과 행동(行動)에 책임(責任)을 지는 성격(性格)이 아니며, 어떻게 하든 그 순간(瞬間)만을 모면(謀免)하려는 여인(女人)이라네.

계산(計算)이 따라야만 하는 사랑에 잇속이 따라야만 하는 애정(愛情)이라 오래도록 지속(持續)되어지는 정(情)이 아니라네.

감정(感情)이나 감성(感性), 또는 이성(理性)에 바탕을 둔 사랑이 아니라 겉으로 드러난 육신(肉身)의 쾌락(快樂)을 바탕에 두는 사랑이라 늘 새로움을 찾아다니는 애정(愛情)이라네.

거짓이 없는 참된 정(情)이나 애틋한 사랑을 한다지만 마침내는 애교(愛嬌)와 앙탈, 앙큼함이 따르는 사랑이라네.

가정(家庭)이라는 울타리를 이루기도 하지만 오래지 않아 싫증을 느끼고 흥미(興味)를 잃기 때문에 스스로가 이루고 가꾼 것을 쉽게 깨트리는 여자(女子)이며, 가정사(家庭事)에 관심(關心)을 두기보다는 제 몸을 가꾸고 치장(治粧)하는 일에 주된 관심(關心)을 가지고 주변(周邊) 환경(環境)은 되는대로 두는 여인(女人)이라네.

나만 편안(便安)하고 배만 부르다면 늘 즐거운 시간(時間)에 행복(幸福)한 삶을 살아가며, 남편(男便)이나 자식(子息)은 안중(眼中)에 두지 않는다네.

말이 먼저 앞서는 여인(女人)으로 가족(家族)으로부터 신뢰(信賴)를 얻지 못하고 밖에서 스스로의 존재(存在)를 찾아 헤매는 성격(性格)이며, 스스로를 탓하기보다는 자신(自身)의 잘못이나 허물 등을 남의 탓으로 돌리고 가정(家庭)이라는 울타리로부터 벗어나기 위해 자신(自身)을 합리화(合理化)시키는 엉뚱한 여인(女人)이라네.

순간(瞬間) 순간(瞬間)의 기분(氣分)에 따라 변하는 사람이라 마음 맞추기가 힘이 들고 많은 오해(誤解)와 불신(不信)을 일으킨다네.

또한 자식(子息)에 대한 기대치(期待値)가 큰 엄마로서 자기(自己)의 이해관계(利害關係)를 돌보지 아니하고 몸과 마음을 다하여 힘쓰기도 하지만, 종당(從當)에는 자기(自己) 밖에 모르는 독선적(獨善的)인 삶을 살아간다네.

또한 자신(自身)의 뜻이나 생각에 반(反)하거나 마음에 어긋나면 가족(家族)을 매몰차게 대하는 여인(女人)이며, 처세(處世)에 매우 능(能)한 듯 보이지만 얕은 수에 불과(不過)한 것이며, 인간(人間) 관계(關係)를 순탄(順坦)하게 이끌고 가는 것 같지만 대개는 계산(計算)이 깔린 관계(關係)라네.

잇속을 따라 많이 가진 자(者)와 야합(野合)하고 목적(目的)을 이루기 위해 부끄럼 없이 자신(自身)을 팔며, 타인(他人)의 이름을 빌려 자신(自身)을 세우는 여인(女人)이라네.

때문에 순탄(順坦)치 못한 삶을 살아가며, 주변(周邊) 사람들로부터 곱지 않은 시선(視線)을 받고 애먼 일이나 불공평(不公平)한 일을 당하면서 속상하고 분할 때가 많아지는 신세(身世)를 면치 못한다네.

잘되지 않을 일을 무리(無理)하게 해내려는 고집(固執)이 강(强)하고 일이 돌아가는 형편(形便)이나 사정(事情)을 돌아보지 않으면서 매사(每事)에 욕심(慾心)을 부리는 까닭으로 일의 마지막이 늘 깔끔하지 못하고 책임감(責任感)이 없다네.

무리의 리더가 되어 자신(自身)을 세우기 위해 노력(努力)하지만 스스로가 원한만큼 이루어지지 않은 팔자(八字)이며, 선한 일을 베풀고도 욕을 먹은 신세(身世)라네.

그래도 미움을 받지 않은 여인(女人)으로 남자(男子)들이 많이 따르고 위해주는 묘한 관계(關係)를 이루며, 언니 동생하며 따르는 이들이 많다네.

제 앞가림에 능(能)하지 못한 여인(女人)이니, 스스로의 아둔함을 밝게 알아 자신(自身)에게 의지(依支)할 수 있는 지혜(智慧)를 가지기를…… 잰체하며 자신(自身)을 내세우는 것은 스스로가 나약(懦弱)하다는 것을 드러내는 일이 아닌가.

- 여자(女子): 음(陰) → 태음(太陰) ☷, 곤(坤)

세상(世上)에 나면서부터 인생(人生)의 쓴맛 단맛을 다 알아버리고 무의미(無意味)한 세상사(世上事)에 술기운에 의지(依支)한 채 무기력(無氣力)하게 대응(對應)하면서 깊은 탄식(歎息)을 몰아내는 성품(性品)이라네.

선(善)하고 순(順)하며, 유약(柔弱)한 여인(女人)으로 모든 일을 홀로 감내(堪耐)하고 가지고 있는 모든 것을 빼앗기면서 서러움을 당하며, 몸과 마음을 다한 정성(精誠)을 들여도 돌아오는 것은 모진 말과 매몰차게 몰아치는 눈길이라네.

그늘진 구석에 홀로 앉아 사계절(四季節)을 보내고 자기(自己)만의 작은 잣대로 세상(世上)을 바라보는 성격(性格)이며, 늘 뒤늦은 후회(後悔)를 하면서 스스로를 자책(自責)하는 여인(女人)이라네.

이는 곧, 매사(每事)에 스스로 행(行)한 말과 행동(行動)이 결국(結局)에는 자기(自己)에게 불리(不利)한 결과(結果)를 초래(招來)한다는 것이네.

동쪽으로 가도 내 길이 아니며, 서쪽, 남쪽, 북쪽으로 가도 내 길이 아니니 항상 자신(自身)의 길을 찾지 못하고 가두어진 강물처럼 제자리를 맴도는 답답한 성격(性格)이라네.

사방(四方)이 트인 듯 타인(他人)의 의견(意見)을 따르는 것 같지만 스스로를 혼자만의 틀에 가두어놓은 성격(性格)이며, 때문에 배움이 없으면 사방(四方)이 암울(暗鬱)한 겨울과 같고 마주 대하여 드러난 모든 사물(事物)에 부담감(負擔感)과 불안감(不安感)을 가지는 여인(女人)이라네.

자신(自身)의 위신(威信)이나 체면(體面)을 지키기 위해 남에게 빌붙은 성격(性格)이 아니며, 오히려 타인(他人)의 조건(條件)없는 호의(好意)를 불안(不安)한 마음과 의심(疑心)의 눈길로 바라보는 빗나간 성격(性格)이라네.

마음을 열기에는 오랜 시간(時間)이 필요(必要)하지만 한 번 마음을 열고 믿음이 생기면 몸과 마음을 다해 위하고 따르는 순(順)한 성품(性品)이라네.

이러한 성품(性品)으로 인(因)하여 몸과 마음, 재물(財物) 등을 빼앗기고 이용(利用)을 당하며, 안타까운 것은 이를 알아채지 못하고 모르쇠로 고집(固執)을 피우면서 자신(自身)의 아둔함에 안돈(安頓)하려는 어리석은 마음 때문이라네.

따스한 애정(愛情)을 간절(懇切)하게 원하고 바라지만 제 마음에 차지 않은 사랑이며, 정(情)을 받기보다는 사랑을 얻기 위해 힘쓰고 늘 몸과 마음, 재물(財物)에 따라 달라지는 애정(愛情)이라네.

여린 마음에 담아두려는 애정(愛情)이라 단 한 번의 믿음이 집착(執着)으로 가는 안타까운 사랑이며, 늘 안타깝고 가슴이 아픈 아렴풋한 애정(愛情)이라네.

제 마음이 아리고 몸이 흐트러져도 가족(家族)을 위하는 마음은 남보다 더하면 더했지 하나 모자람이 없는 여인(女人)이며, 가족(家族)을 위해 희생(犧牲)하는 성품(性品)이라네.

때때로 그늘진 어두운 마음으로 인(因)하여 가정(家庭)이라는 가치관(價値觀)이 흔들리고 무너지기도 하지만 인연(因緣)의 끈을 놓지 않은 여인(女人)이며, 고집(固執)스럽게 자식(子息)을 끌어안고 간다네.

다만 스스로의 잘잘못을 헤아려 밝게 알지 못하고 아는 것이나 모르는 것이나 그저 덮어놓고 다 모른다고 잡아떼는 고집(固執)으로 인(因)한 아둔함으로 자신(自身)의 잘못이나 허물에 대하여 죄책감(罪責感)을 느끼지 못하는 안쓰러움이 있다네.

두루 원만(圓滿)하지 못하고 설끄러운 인간(人間) 관계(關係)지만 그렇다고 몰인정(沒人情)하거나 서로에게 매몰차지 않으며, 따스한 인정(人情)으로 많은 이들과 어우러지는 삶이라네.

타인(他人)에게 있는 그대로의 모습을 보이면서도 내심(內心) 불안(不安)하고 껄끄러운 마음을 놓지 못하는 여인(女人)이며, 자신(自身)에게 쥐어지지 않은 사물(事物)에는 마음을 두지 않는다네.

주위(周圍)로부터 곱지 않은 시선(視線)을 받기도 하지만 눈치코치도 모르는 성격(性格) 때문에 타인(他人)의 일이나 타인(他人)의 생각을 노무지 알아차리지 못하는 아둔함으로 파도처럼 거센 세상살이의 어려움을 무던하게 헤쳐 나간다네.

남의 일에 나서는 성격(性格)아니며, 늘 무리의 뒷전에 머물러 앉아 관망(觀望)하면서 잇속을 챙기기 위해 노심초사(勞心焦思)하는 여인(女人)이라네.

마음을 열고 지내는 지인(知人)의 애경사(哀慶事)에 몸과 마음을 다하여 함께 하는 여인(女人)으로 본인(本人)의 서럽고 애달픈 마음은 풀지 못하면서 가까운 지인(知人)들의 어려움을 받아주고 풀어주면서 따스하게 다독이는 성격(性格)이라네.

때문에 이 여인(女人)을 바라보는 시선(視線)이 일정(一定)한 견해(見解)를 보이지 않으며, 보는 이의 시각(視角)에 따라 그 해석(解釋)이 사뭇 다르다네.

노력(努力)한만큼 제 손에 쥐어지는 것이 적고 나름 호의(好意)로 베푼 그 모든 것이 부정적(否定的)으로 돌아오면서, 오히려 애먼 일이나 불공평(不公平)한 일을 당하는 신세(身世)라네.

이러한 연유(緣由)로 남의 일에 무관심(無關心)한 것이며, 세상사(世上事)가 돌아가는 형편(形便)이나 상태(狀態) 따위를 넌지시 바라보면서 이득(利得)이 아니면 발을 들이지 않는다네.

잇속을 챙기기 위해 이합집산(離合集散)을 하고 일이 돌아가는 형편(形便)이나 사정(事情)을 돌아보지 않으며, 오로지 자신(自身)만을 위하는 독선적(獨善的)인 면이 있다네.

좋아하는 사람과 싫어하는 사람의 선을 분명(分明)하게 나누는 성격(性格)으로 매우 편협(偏狹)된 여인(女人)이기는 하지만, 남에게 피해(被害)를 주지 않은 여린 마음의 소유자(所有者)라네.

또한 타인(他人)의 어려움이나 아픔 앞에 가슴을 쓸어안고 아파하며, 진정(眞情) 눈물을 흘리면서 울어주는 선(善)한 여인(女人)이라네.

11) 천중수(泉中水): 샘 가운데서 솟아나는 수(水)의 기운(氣運)

갑신(甲申)-양(陽)	을유(乙酉)-음(陰)

16상론(十六象論) 및 행태론(行態論)

• 남자(男子)

양(陽) → 태양(太陽)/건(乾)-부(父) ☰	음(陰) → 태양(太陽)/손(巽)-장녀(長女) ☴
양(陽) → 소음(少陰)/태(兌)-소녀(少女) ☱	음(陰) → 소음(少陰)/감(坎)-중남(中男) ☵
양(陽) → 소양(少陽)/리(離)-중녀(中女) ☲	음(陰) → 소양(少陽)/간(艮)-소남(少男) ☶
양(陽) → 태음(太陰)/진(震)-장남(長男) ☳	음(陰) → 태음(太陰)/곤(坤)-모(母) ☷

• 여자(女子)

양(陽) → 태양(太陽)/건(乾)-부(父) ☰	음(陰) → 태양(太陽)/손(巽)-장녀(長女) ☴
양(陽) → 소음(少陰)/태(兌)-소녀(少女) ☱	음(陰) → 소음(少陰)/감(坎)-중남(中男) ☵
양(陽) → 소양(少陽)/리(離)-중녀(中女) ☲	음(陰) → 소양(少陽)/간(艮)-소남(少男) ☶
양(陽) → 태음(太陰)/진(震)-장남(長男) ☳	음(陰) → 태음(太陰)/곤(坤)-모(母) ☷

- 남자(男子): 양(陽) → 태양(太陽) ☰, 건(乾)

맑고 차가운 이성(理性)을 바탕으로 한 지혜(智慧)가 있고 마주 대하여 드러난 사물(事物)을 밝게 이해(理解)하는 빠른 직관(直觀)을 가진 남성(男性)이며, 이 남자(男子)가 지닌 능력(能力)이란, 곧 판단(判斷)이나 추리(推理), 경험(經驗) 따위의 간접(間接) 수단(手段)에 따르지 않고 마주 대하여 드러난 사물(事物)을 직접(直接) 파악(把

握)하는 작용(作用)이 빠른 성격(性格)이라네.

자신(自身)의 능력(能力)을 정확(正確)하게 판단(判斷)하고 스스로의 잘잘못을 올바르게 가감(加減)없이 드러내면서 어지럽게 뒤섞여 매우 수선수선한 마음을 편안(便安)하게 하며, 혼란(混亂)하게 돌아가는 세상사(世上事)를 논리화(論理化)하여 쉽게 이해(理解)할 수 있도록 하는 성품(性品)이라네.

마주 대하여 드러나는 사물(事物)이나 주어진 어떠한 상태(狀態)에 따라 일어나는 마음의 현상(現象)에 치우치거나 따르지 않고, 사물(事物)의 이치(理致)를 논리적(論理的)으로 생각하고 판단(判斷)하는 마음의 작용(作用)이나 바른 이치(理致)에 따라 판단(判斷)하고 행동(行動)으로 움직이는 능력(能力)을 따르는 성격(性格)이라네.

마주 대하여 드러난 사물(事物)에 대한 본인(本人)의 뜻이나 생각이 직접적(直接的)이며, 또한 본인(本人)의 말이나 행동(行動)이 마주 대하여 드러난 사물(事物)에 직접적(直接的)으로 작용(作用)하고 이를 구체화(具體化)하여 드러내는 남자(男子)라네.

또한 이러한 지적(知的) 수준(水準)을 과시(誇示)하고 자신(自身)을 드러내 보이는 성격(性格)이지만 내적(內的)으로는 매우 활발(活潑)하고 진취적(進取的)이며, 외적(外的)으로는 매우 조용하면서 여유(餘裕)가 있고 재물(財物)에 관심(關心)을 가지기보다는 학문(學文)의 바탕이 되어 흐르는 지식(知識)이나 지혜(智慧)를 얻기 위해 노력(努力)하는 성격(性格)이라네.

또한 타인(他人)의 어려움이나 고통(苦痛)을 함께 하고 바라는 바 없이, 또 아끼지 않고 가진 모든 것을 베푸는 올바른 성품(性品)의 소유자(所有者)라네.

섬세(纖細)한 감수성(感受性)을 바탕으로 한 사랑이 아니고 맑은 이성(理性)을 바탕으로 한 사랑이라 매우 딱딱하면서 어색(語塞)할 것 같지만 늘 한자리에서 기다려주는 온전(穩全)한 남자(男子)이며, 조건(條件)없이, 또 한없이 내어주는 맑은 애정(愛情)이라네.

때때로 주체할 수 없이 폭주(暴注)하는 애정(愛情)으로 곤란(困難)한 지경(地境)에 이르기도 하지만, 타고난 밝고 맑은 지혜(智慧)로 무난(無難)하게 원하는 사랑을 이루어가는 부드럽고 후덕(厚德)한 애정(愛情)이라네.

깨지지 않은 온전(穩全)한 가정(家庭)을 이루고 부족(不足)함이 없이 지원(支援)을 아끼지 않으며, 늘 용서(容恕)와 화해(和解), 그리고 상생(相生)으로 이끌면서 가족(家族)으로부터 신뢰(信賴)와 존경(尊敬)을 받는다네.

시도 때도 없이 넘치는 씩씩한 애정(愛情)으로 이불 속에서 활개를 치는 남성(男性)이며, 항상 가족(家族)을 위해 깨어있는 부성애(父性愛)를 지녔다네.

가정(家庭) 내에서의 말과 행동(行動)이나 가정(家庭) 밖에서의 말과 행동(行動)이 다르지 않고 늘 일관성(一貫性)을 지니며, 마르지 않고 변하지 않은 가족(家族) 사랑이라네.

인간(人間) 관계(關係)가 막힘이나 걸림이 없이 두루 원만(圓滿)하고 주변(周邊) 많은 이들에게 정(情)을 베푸는 남자(男子)이며, 또한 본인(本人)의 주위(周圍)로 많은 사람이 모여드는 편이니 이는 떡고물이라도 주워 먹으려는 속이 좁은 이들이라네.

덕(德)이 많은 남자(男子)로서 스스로 지닌 모든 것을 바라는 마음 하나 없이 베푸는 사람이며, 또한 인덕(仁德) 많은 남자(男子)로서 주변(周邊) 많은 이들로부터 무한(無限)한 도움을 받고 또한 여러 방면(方面)으로 도움을 받는다네.

밖으로 드러나지 않게 움직이는 성격(性格)이며, 맑은 이성(理性)을 바탕으로 학문(學文)에 몰두(沒頭)하는 편이고 일이 되어가는 형편(形便)이나 사정(事情)을 밝게 알아 정성(精誠)어린 조언(助言)을 아끼지 않으면서 육체적(肉體的)인 노동(勞動)에는 직접(直接) 나서지 않는다네.

타인(他人)으로부터 존경(尊敬)과 신뢰(信賴)를 받고 탄탄대로의 삶을 살아갈 수 있는 기본(基本)을 갖춘 남자(男子)이며, 나름대로 최고(最高)가 되기 위하여 노력(努力)을 아끼지 않고 실속을 추구(追求)하는 사람이라네.

긍정적(肯定的)이며 맑은 성격(性格)에 쓸데없이 체면치레를 하거나 위신(威信)을 세우지 않고 매우 솔직하게 세상사(世上事)를 대하는 성품(性品)이라네.

마음이 풍족(豊足)한 사람으로 많은 사람들이 따르고 일에 대한 조언(助言)을 구하며, 이들과 원만(圓滿)한 관계(關係)를 만들어 간다네.

꾸준하게 노력(努力)하는 성격(性格)에 여유(餘裕)까지 지닌 이며, 오관(五官)이 뚜렷하듯 타고난 성품(性品) 또한 변함이 없고 강(强)하지만 유순(柔順)하게 마땅한 도리(道理)나 이치(理致)를 따른다네.
다만 모든 것을 차가운 이성(理性)에 바탕을 두는 까닭으로 자신(自身)의 잘잘못에 대하여 냉정(冷情)하며, 또한 타인(他人)의 잘못이나 허물에도 냉정(冷情)하다네.

- 남자(男子): 양(陽) ➜ 소음(少陰) ☱, 태(兌)

자기(自己)의 재능(才能)이나 학문(學問), 또는 직업(職業) 따위에 자신감(自信感)을 가지고 스스로를 자랑스럽게 생각하는 성격(性格)이며, 위신(威信)을 세우거나 체면치레를 위해 남의 힘을 필요(必要)로 하지 않은 남자(男子)라네.
다만 자신(自身)이 이룩한 학문적(學問的) 성과(成果)나 정당(正當)하지 못한 반박성(反駁性) 질타(叱咤)에는 매우 민감(敏感)하게 반응(反應)하는 성격(性格)이며, 자신(自身)이 처한 상황(狀況)이나 형편(形便)을 밝게 알아서 스스로의 위치(位置)를 분명(分明)하게 지키는 남자(男子)라네.
맑은 이성(理性)을 바탕으로 처세(處世)를 잘하고 감정(感情)이나 감성(感性)을 따르는 성격(性格)이 아니며, 타인(他人)의 잘잘못에 대한 가르침보다는 스스로의 잘못이나 허물에 매우 예민(銳敏)하게 반응(反應)하는 성격(性格)이라네.
때문에 말이나 행동(行動)을 삼가며, 밖으로 너무 드러나지 않도록 노력(努力)을 하면서 자신(自身)의 실력(實力)을 키우고 스스로가 모든 면에서 완벽(完璧)하기를 바라는 성품(性品)이라네.
작은 잇속을 챙기기 위해 욕심(慾心)을 부리지 않고 오히려 가까운 이들의 잇속을 위해 조언(助言)을 해주며, 자신(自身)보다 못한 이들에게 작은 도움이나마 힘을 실어주는 착한 남자(男子)라네.
겉으로 드러난 재물(財物)이나 큰 부(富)에 관심(關心)을 두지 않고 배움에 커다란 욕심(慾心)을 부리는 남자로서, 배움에서만큼은 이기적(利己的)이면서 자신(自身)을 숨기고 스스로를 속이는 성품(性品)이라네.
타고난 재주가 특별(特別)한 남자(男子)이며, 그렇다고 이를 내세워 자신(自身)을 드러내지 않고 마음의 여유(餘裕)를 부리면서 바라는 바 없이, 머무는 바 없이 베푸는 성품(性品)이라네.

겉보기와는 다르게 머뭇거리는 애정(愛情)이라 사랑을 이루기에는 많은 시간(時間)이 흐르고 이성(異性)에 크게 관심(關心)이 없는 듯하나 겉으로 드러내지 않은 끈적끈적한 사랑을 원하며, 실눈을 뜨고 몰래 훔쳐보는 남성(男性)이라네.

정력(精力)이 흘러넘치는 타고난 바람둥이 기질(氣質)이나, 자신(自身)의 위신(威信)이나 신뢰(信賴), 체면(體面) 등을 나름 지키려고 노력(努力)하는 성격(性格)이라 위험(危險)을 감수(甘受)하면서까지 애정(愛情)을 깨는 남자(男子)는 아니라네.

가족(家族)을 위해 지원(支援)을 아끼지 않은 남자(男子)로서 충분(充分)한 지원(支援)뒤에 무언가를 바라며, 가족(家族)에게 조금은 생색을 내는 귀여운 남자(男子)라네.

때문에 가끔은 가족(家族) 사이에 어색(語塞)함이 흐르지만 가족(家族)으로부터 존경(尊敬)과 신뢰(信賴)를 잃지 않고 가족(家族)에게 깊은 믿음을 주는 남자(男子)라네.

가정(家庭)에 대한 올바른 가치관(價値觀)을 세우고 이를 지키기 위해 몸과 마음을 다해 노력(努力)하면서 가족(家族)에게 애정(愛情)을 쏟은 남자(男子)라네.

강압적(强壓的)이기나 억압(抑壓)으로 이끌지 않고 늘 유순(柔順)한 말과 행동(行動)으로 가족(家族)을 이끌어가며, 여유(餘裕)있는 관계(關係)를 형성(形成)한다네.

디만 부인(婦人)과 자식(子息)에 한정(限定)된 삭은 그릇이라 제 가족(家族)만을 위할 뿐 부모(父母) 형제(兄弟)와의 관계(關係)는 서먹하다네.

이는 감성(感性)이나 감정(感情)을 따르지 않고 너무 이성(理性)쪽으로 치우친 똑똑함 때문이 아닌가.

그나마 제 가족(家族) 하나만큼은 바르게 지켜나가는 사람이라 다행(多幸)이 아닌가 한다네.

부모(父母) 마음속에는 부처가 들어있고 자식(子息)의 마음속에는 앙탈이 들어있다고 하지 않던가.

곧 부모(父母)는 자식(子息)을 사랑하는데 있어서 자애(慈愛)로우며, 자식(子息)은 불효(不孝)는 물론이고 하나라도 더 뜯어내지 못해서 앙탈을 부린다고 하는 것이 아닌가.

타고난 성품(性品)이 이렇지 않은가 돌아보기를 바란다네.

강(强)한 듯 세심(細心)한 성격(性格)으로 인(因)하여 이기적(利己的)이고 과묵(寡默)하게 보이는 성격(性格)이지만 베푸는 일에 있어서는 넉넉한 마음을 지닌 사람이며, 단지 베풀기는 하되, 내 사람으로 만들려는 욕심(慾心) 때문에 정도(程度)에 지나친 모습을 보이는 것이라네.

자기(自己) 관리(管理)에 철저(徹底)한 남자(男子)로서 밖으로부터의 유혹(誘惑)에 강(强)한 성격(性格)이며, 이러한 까닭으로 정당(正當)하지 못한 일에 얽매이지 않고 주변(周邊)에서 벌어지는 일에 대해 공정(公正)하게 대처(對處)하면서 원만(圓滿)한 관계(關係)를 이루는 남성(男性)이라네.

또한 처세(處世)에 밝은 사람으로서 제 위치(位置)를 잃지 않은 현명(賢明)한 사람이며, 또한 일이 돌아가는 형편(形便)이나 사정(事情)을 밝게 알아 손해(損害)를 줄이고 더하여 지인(知人)이나 주위(周圍) 사람들에게 조언(助言)을 아끼지 않은 솔직한 남성(男性)이라네.

남들 앞에 나서서 이끌기를 싫어하고 늘 곁에서 말을 거들거나 일깨워주는 유순(柔順)한 사람이며, 제 잇속을 챙기려는 남자(男子)가 아니라네.

늘 넘치는 정(情)으로 이웃을 아끼면서 상생(相生)을 이뤄가는 어질고 사리(事理)에 밝은 좋은 이웃이라네.

- 남자(男子): 양(陽) ➜ 소양(少陽) ☲, 리(離)

마음에 담아두거나 속이지는 않은 성격(性格)이지만 밖으로 드러내 보이는 말이나 행동(行動)이 보통(普通) 사람들보다는 정도(程度)에 너무 지나치며, 작은 것을 큰 것처럼 부풀리고 적은 것을 많은 것처럼 부풀리면서 자신(自身)을 드러내어 밝힌다네.

물론 타고난 성품(性品)대로 맑은 이성(理性)을 바탕으로 현실(現實)을 직시(直視)하지만 감정(感情)이나 감성(感性)에 치우치는 성격(性格)으로서 난 척, 든 척, 된 척을 하며, 자기(自己)를 자랑하고 드러내야 마음이 편한 남자(男子)라네.

겉으로는 강(强)하게 보이려고 노력(努力)을 하지만 사실(事實) 그 마음은 부드러우며, 매사(每事)에 분명(分明)하지 않고 흐릿하며, 겉모양만 차리고 실속이 없는 사람이며, 제 앞을 제대로 꾸려 나가지 못하는 성품(性品)이라네.

이쪽도 저쪽도 아닌 어중간(於中間)한 성격(性格)에 마땅히 해야 할 일은 하지 않고 몹시 엉뚱하고 덤벙대기만 하는 남자(男子)라네.

말이나 행동(行動)이 분수(分數)에 넘치는 성격(性格)으로 제 앞가림을 제대로 하지 못하고 엉뚱한 욕심(慾心)을 품고는 분수(分數) 밖의 짓을 하면서 하는 일이 야무지지 못하고 짜임새가 없으며, 몹시 어설픈 까닭에 미덥지가 않은 남자(男子)라네.

난 척, 든 척, 된 척을 하며 젠체를 하지만 사실(事實)은 보람이나 실속이 없이 세월(歲月)만 헛되게 보내는 남자(男子)로 말이나 행동(行動)이 실답지 못한 성품(性品)의 소유자(所有者)라네.

그러나 자신(自身)의 위치(位置)를 잃지 않고 스스로의 잘못이나 허물을 인정(認定)하며, 남자(男子)답게 처신(處身)하는 까닭으로 위신(威信)이나 체면(體面)은 깎이지 않은 괜찮은 남자(男子)라네.

넘치는 끼를 밖으로 드러내는 성격(性格)으로 자기(自己) 과시(誇示)를 위한 애정(愛情)이며, 욕구불만(欲求不滿)을 해소(解消)하기 위한 사랑이라네.

그렇다고 사랑하는 이의 마음에 상처(傷處)를 주지는 않으며, 기분(氣分)에 따라 감정(感情)의 기복(起伏)이 심하고 자아도취(自我陶醉)에 따른 부작용(副作用)이 잦은 애정(愛情)이라네.

또한 분위기(雰圍氣)를 타는 사랑으로 때때로 이성(理性)의 마음을 감싸면서 훈훈(薰薰)하고 황홀(恍惚)하게 만들어주는 매너 있는 남자(男子)라네.

다만 그 끝이 미미(微微)한 것이 문제(問題)이며, 분명(分明)하지 못하고 뒷기약이 없는 망연(茫然)한 사랑이라네.

말이나 행동(行動)에 진실성(眞實性)이 결여(缺如)된 까닭으로 가족(家族)으로부터의 믿음과 신뢰(信賴)를 깨버리며, 가정(家庭)이라는 울타리 밖에서 서성이는 남자(男子)라네.

자존심(自尊心)을 내세우는 성격(性格)으로 스스로가 난 척, 든 척에 도취(陶醉)되어,

있지도 않은 이유(理由)와 핑계를 대면서 온갖 잔소리를 하는 남자(男子)라네.

물론 가장(家長)으로서의 위신(威信)이나 체면(體面)을 되찾기 위해 노력(努力)하는 모습을 보이지만, 오랜 시간(時間)을 필요(必要)로 하는 가족(家族) 관계(關係)라네.

그래도 자신(自身)의 잘못을 인정(認定)하고 가족(家族)을 위하는 마음은 남 못지않은 남자(男子)이며, 마지막까지 가장(家長)으로서의 끈을 놓지 않는다네.

가족(家族)을 대함에 있어서 허영(虛榮)에 들뜬 마음이나 물량(物量) 공세(攻勢)보다는 진실(眞實)이 담긴 말 한마디가 중요(重要)하지 않던가.

맑은 이성(理性)을 바탕으로 한 성품(性品)이지만 객관적(客觀的)이기보다는 매우 주관적(主觀的)인 성격(性格)으로, 이성(理性)보다는 감정(感情)이나 감성(感性)이 풍부(豊富)한 남자(男子)라네.

때문에 위신(威信)이나 체면(體面), 권세(權勢)를 위해서 제 분수(分數)에 넘치는 외관상(外觀上)의 영화(榮華), 곧 필요(必要) 이상(以上)의 겉치레에 많은 힘을 들이고 하나를 가지고 있으면서 열을 가지고 있다 우기면서 잘난 척, 많이 배운 척, 사람이 된 척, 스스로를 합리화(合理化)하는 남자(男子)라네.

그렇다고 자신(自身)의 위세(威勢)를 내세우는 성격(性格)은 아닌지라 모든 사람과 큰 문제(問題) 없이, 탈 없이 잘 지내며, 주위(周圍) 사람들로부터 호감(好感)을 얻고 처신(處身)과 처세(處世)를 잘하는 남자(男子)라네.

다만 일을 대처(對處)해 나가는 방법(方法)에 있어서 그 뒷마무리가 깨끗하지 못하고 스스로의 말이나 행동(行動)에 책임(責任)지지 못하면서, 스스로의 잘못이나 허물에 대해서는 말이 많은 까닭에 가볍고 실없는 사람이 되고 만다네.

뜻이나 생각, 말이나 행동(行動)이 신중(愼重)하지 못한 까닭으로 힘들여 노력(努力)한만큼 잇속을 챙기지 못하고 제 잘난 멋에 허허 웃으면서 쓴 마음을 속으로 감춘다네.

그렇다고 교활(狡猾)하게 남을 속이고 제 잇속을 차리는 남자(男子)가 아닌 까닭에 주위(周圍) 사람들로부터 호인(好人)이라는 말을 듣는다네.

– 남자(男子): 양(陽) → 태음(太陰) ☳, 진(震)

자신(自身)이 지닌 역량(力量)을 알지 못하고 허송세월(虛送歲月)을 보내는 남자(男子)로서 본인(本人) 스스로에 대하여 매우 아둔한 성격(性格)이라네.

감정(感情)의 기복(起伏)을 떠나 종잡을 수 없는 남자(男子)이며, 말은 끝까지 들어보라고 했듯이 먼저 한 말과 뒤에 하는 말이 영 들어맞지가 않고 서론(序論)과 결론(結論)은 물론, 본론(本論)조차도 어정쩡하다네.

타인(他人)의 이해(理解)를 구하기 위하여 말은 많으나 본인(本人)조차도 스스로가 한 말을 이해(理解)하지 못하니 말하는 사람이나 듣는 사람이 얼마나 답답하겠는가.

사람을 사귀는 일에 있어서 자신(自身)이 가진 재물(財物)을 앞세우는 성격(性格)이며, 재물(財物)마저도 없다면 눈만 껌벅이면서 시간(時間)을 죽이는 허울 좋은 남자(男子)라네.

겉모양만 번드르르하고 속은 보잘 것 없는 사람이며, 실속은 없이 몸만 바쁜 삶을 살아가는 남자(男子)라네.

말이나 행동(行動)에 있어서 무엇인가 하나는 꼭 모자란 성격(性格)으로 그 부족(不足)함을 채우기 위하여 노력(努力)을 하지만 부족(不足)한 그 하나가 무엇인지를 모르는 것이 문제(問題)라네.

배움이 많고 경험(經驗)이 풍부(豊富)하다면 쉬이 알 것을, 타고난 성품(性品)이 본인(本人) 스스로에게 아둔한 편이라 맑은 이성(理性)의 눈을 제대로 뜨지 못하면 자가당착(自家撞着)이나 자기모순(自己矛盾)에 빠지는 남자(男子)라네.

때문에 뜻이나 생각을 제대로 정리(整理)하지 못하고 말이나 행동(行動)이 두서(頭緖)가 없는 것이며, 이러한 스스로의 진실(眞實)된 모습을 있는 그대로 보지 않고 제 분수(分數)에 맞지 않게 겉치레에 몸과 마음을 다하는 매우 어리석은 행위(行爲)를 부끄러움 없이 행하는 성격(性格)이라네.

맑은 이성(理性)에 어둡고 감성(感性)이나 감정(感情)이 매우 무딘 남자(男子)이기 때문에 매우 독선적(獨善的)이고 몹시 이기적(利己的)인 성격(性格)을 겉으로 드러내며, 말이나 행동(行動)에 있어서 거짓이나 숨김이 없이 바르고 곧은 남자(男子) 같지만 이는 본인 스스로에게 아둔한 까닭으로 말미암아 잘잘못을 가름할 수 있는 판단력(判斷力) 부재(不在) 때문이라네.

때문에 가진 재물(財物)이 많더라도 제대로 활용(活用)하지 못하고 남에게 빼앗기는 사람이며, 이러한 본인(本人)의 실태(實態)를 제대로 인지(認知)하지 못하는 아둔한 성격(性格)이라네.

더하여 타인(他人)의 아부(阿附)에 금세 넘어가고 기분(氣分) 좋은 말 한마디에 의심(疑心)없이 사람을 믿어버리는 성격(性格)으로 인하여 많은 손해(損害)를 보며, 손해(損害)를 보고도 반론(反論) 한번 제기(提起)하지 못하는 어두운 사람이라네.

가까운 이들의 진실(眞實)어린 말에 귀를 기울이고 한번만이라도 좋으니, 믿고 따라주기를 빈다네.

쓸데없이 새나가는 재물(財物)을 막아주는 사람들이라네.

애틋하거나 진실(眞實)한 애정(愛情)에는 눈뜬 봉사와 같으니 마음이나 정신(精神)을 떠나서 육신(肉身)을 바탕으로 한 사랑에 힘을 쏟는다네.

남아도는 힘을 주체하지 못하는 애정(愛情)이라 느끼는 그대로 들이대는 사랑이며, 욕구(欲求)를 채운 후에는 무심(無心)히 돌아서는 정(情)이라네.

이렇게 하는 것이 남자(男子)다운 모습이라는 듯, 멋쩍은 웃음을 보내는 참으로 마음 편한 사랑을 한다네.

가족(家族)을 챙겨주거나 제대로 감싸지를 못하고 대화(對話)마저도 단절(斷絶)된 가정(家庭)이라 서로 등을 대고 살아가는 상황(狀況)이 벌어진다네.

아버지가 아버지답지 못하고 어머니가 어머니답지 못하다면 자식(子息)은 어떠하겠는가.

가족(家族)이야 무엇을 먹고 입든 가정사(家庭事)에 관심(關心)이 없고 제 몸만 배부르고 깨끗하게 입으면 그만이며, 큰 명절(名節) 때 할 도리(道理)만 하면 스스로가 할 일은 다 했다고 생각하는 매정(媒精)한 사람이라네.

그러면서 남의 자식(子息)이나 다른 여자(女子)에게는 왜 그렇게 주저 없이 베푸는가.

물론 배움이 있고 깨우친 남자(男子)라면 크게 다르기는 다르겠지만 본인(本人) 스스로에게 아둔한 면은 그리 큰 변화(變化)는 없다네.

인간(人間) 관계(關係)를 신중(愼重)하게 해야 하는 법(法)이니 본인(本人)의 환심(歡心)을 사기 위하여 알랑거리며 붙좇은 사람을 조심(操心)하고 본인(本人)에게 충고(忠告)를 아끼지 않은 사람을 따르게나.
손해(損害)를 보더라도 겉으로 드러내지 않은 까닭에 호인(好人)이라는 말을 듣지만, 이 말은 본인(本人)에게 빛 좋은 개살구라네.
본인 스스로에게 아둔한 까닭으로 인(因)해 매사(每事)에 그 뒷마무리가 짜임새 없고 허술하며, 함께 어울리는 사람들의 말이나 행동(行動)이 야무지지 못하고 일부러 어물쩍 넘어가는 것이 아닌가.
뜻이나 생각을 정리(整理)해서 바르게 세우고 말이나 행동(行動)을 신중(愼重)하게 하며, 배우고 익히는 일을 게을리 하지 말게나.
늘그막에 돈 없고 힘없으면 누가 거두어주겠는가.
스스로의 능력(能力)이나 역량(力量)을 자세히 알아서 늘 좋은 날이 되기를 빈다네.

- 남자(男子): 음(陰) → 태양(太陽) ☴, 손(巽)

자신(自身)이 지닌 능력(能力)이나 역량(力量)을 드러내지 않고 내실(內實)을 다지는 매우 현명(賢明)한 성품(性品)이며, 겉으로는 유(柔)한 모습을 보이지만 말이나 행동(行動)이 어느 쪽으로도 치우치지 않고 중립(中立)의 위치(位置)를 굳게 지키는 성격(性格)이라네.
맑은 이성(理性)을 바탕으로 모든 일을 지혜(智慧)로 풀어가고 타인(他人)의 견해(見解)나 의사(意思)를 존중(尊重)하면서 남을 높이고 자기(自己)를 낮추는 성품(性品)이며, 친하고 친하지 않은 구별(區別)이 없이 모든 사람을 하나같이 이해(理解)하면서 감싸는 성격(性格)이라네.
뜻이나 생각이 뒤섞여서 분잡(紛雜)하지 않고 맑고 깨끗하며, 말이나 행동(行動)이 어수룩하거나 어정쩡하지 않고 분명(分明)하고 확실(確實)하게 드러내 보이는 남자(男子)라네.
자신(自身)의 뜻이나 생각을 꺾은 성격(性格)은 아니지만 타인(他人)의 의견(意見)을 가감(加減)없이 수용(受容)하고 거리껴 하거나 어려워하는 빛이 없이 의견(意見)을 나누면서 자신(自身)의 견해(見解)를 밝게 밝히는 성격(性格)이라네.

권위(權威)나 체면(體面)을 지키기 위해 자신(自身)을 내세우거나 말이 많은 남자(男子)가 아니며, 또한 타인(他人)의 힘을 빌리거나 빌붙은 성격(性格)이 아니라네.

본인(本人) 스스로에 대하여 밝게 아는 남자(男子)로서 끝까지 자존심(自尊心)을 지키고 오히려 밝은 지혜(智慧)로 아둔한 이를 일깨워주는 성격(性格)이라네.

본인(本人)이 이미 알고 있으면서 누적(累積)된 깊은 사상적(思想的) 견해(見解)에 새로운 사상(思想)을 받아들여 한걸음 나아가 진취적(進取的)인 의식(意識)을 이뤄내는 선각자(先覺者)라네.

내적(內的)인 가치(價值)를 충실(充實)하게 다지면서 늘 열려있는 마음으로 세상사(世上事)를 밝게 바라보고 긍정적(肯定的)이며 능동적(能動的)인 사고방식(思考方式)으로 매사(每事)에 신중(愼重)을 기하는 맑은 성격(性格)이라네.

타고난 성품(性品) 그대로 밝고 투명(透明)한 애정(愛情)이라네.

맑은 이성(理性)을 바탕으로 한 사랑이지만 감성(感性)이나 감정(感情)도 밝고 투명(透明)하며, 겉으로 화려(華麗)하게 드러내 보이기보다는 안으로 알차게 쌓아가는 애정(愛情)이라네.

가정(家庭)이라는 가치관(價值觀)이 뚜렷한 성품(性品)으로 많은 시간(時間)을 가족(家族)에게 할애(割愛)하고 몸과 마음을 다해 이바지하며, 맑고 환하게 집안을 이끌어 가는 남자(男子)라네.

가정사(家庭事)를 함께 걱정하고 고민(苦悶)하면서 유대(紐帶) 관계(關係)를 넓고 깊게 만들어 가며, 늘 한결같은 마음으로 최선(最善)을 다하는 가장(家長)이라네.

차분하고 조용하게 주변(周邊) 사람들과 관계(關係)를 맺으며, 사람을 가리지 않고 사귀면서 실속을 챙기는 남자(男子)라네.

겉으로 드러난 모습을 개의(介意)치 않고 자신(自身)의 뜻이나 생각 등을 분명(分明)하게 전달(傳達)하며, 상대방(相對方)의 마음을 헤아리면서 긍정적(肯定的)이고 능동적(能動的)으로 받아들이는 성격(性格)이라 많은 이들이 주변(周邊)으로 모여들고 어려운 이들에게 도움 아닌 도움을 주는 남자(男子)라네.

또한 따끔한 충고(忠告)를 아끼지 않은 성격(性格)으로 잘잘못에 대한 판가름이 한쪽으로 치우치지 않고 또한 본인(本人)의 잘못이나 허물에 대하여 엄격(嚴格)하며, 솔직하게 시인(是認)하는 남자(男子)라네.

다만 공(公)과 사(私)가 너무 정확(正確)한 까닭으로 매정(媒精)하게 보이기는 하지만 겉으로 드러난 유(柔)한 성품(性品)에 고개를 끄덕인다네.

인간(人間) 관계(關係)가 두루 원만(圓滿)하기는 하지만 물이 맑으면 고기가 모여들지 않듯이 때때로 지인(知人)들과 친분(親分)이 더 가까워지지 못하고 오히려 멀어지는 경우(境遇)가 있다네.

그렇다고 쓸데없는 오해(誤解)를 하거나 되지도 않은 이유(理由)나 핑계를 대면서 남을 탓하는 사람이 아니라네.

자존심(自尊心)을 세우기는 하지만 큰 분쟁(分爭)을 일으키는 성격(性格)이 아니고 적절(適切)한 순간(瞬間)에 물러설 줄 아는 남자(男子)이며, 일이 돌아가는 사정(事情)이나 형편(形便)을 밝게 알고 뒷마무리를 깨끗하게 처리(處理)하는 남자(男子)라네.

말이나 행동(行動)에 앞서 생각을 하고 말보다는 행동(行動)으로 보여주는 남자(男子)이며, 맡은 일에 대해서 몸과 마음을 다하는 까닭에 사람들로부터 신뢰(信賴)와 사랑을 얻는다네.

- 남자(男子): 음(陰) → 소음(少陰) ☵, 감(坎)

새로운 것에 대한 학문적(學問的) 욕구(欲求), 배우고자 하는 욕심(慾心)이 매우 큰 성격(性格)으로 겉으로는 드러내어 내색하지 않으나 부족(不足)한 면을 채우기 위해 늘 노력(努力)하는 남자(男子)라네.

또한 자기(自己)가 처해있는 지금의 형편(形便)이나 사정(事情)에 대해 밝게 알아서 유효적절(有效適切)하게 처신(處身)하는 현명(賢明)한 성격(性格)이며, 때에 따르는 처세술(處世術)로 자기(自己)가 원하는 바를 얻어가지는 영리(怜悧)한 남자(男子)라네.

남보다 잘난 면과 남보다 많이 배웠다는 점과 남보다 뛰어난 됨됨이 등을 안으로 감추는 성품(性品)으로 마주 대하여 드러난 모든 사물(事物)을 면밀(綿密)하게 들여다보고 얻어지는 모든 지식(知識)을 자기(自己) 것으로 만드는 지혜(智慧)로운 성격(性格)이라네.

의식주(衣食住)라는 현실(現實)에 둔감(鈍感)한 편이며, 본인(本人)이 바라보는 시선(視線)은 늘 새로운 지식(知識)에 대한 굶주린 자신(自身)이라네.

배우고 익히는 일에 있어서는 지나칠 정도(程度)로 욕심(慾心)을 부리는 성격(性格)으로 한쪽으로 치우치는 면이 없지 않아 있는 까닭에, 생각이나 도량(度量)이 좁아지며 공정(公正)하지 못하고 한쪽으로 치우치는 경향(傾向)이 있다네.

때문에 타인(他人)의 뜻이나 생각, 견해(見解) 등을 포용(包容)하는 아량(雅量)이 없고 자신(自身)이 알고 있는 것이 전부(全部)인양 스스로가 만든 틀이나 잣대에 갇히는 경우(境遇)가 많다네.

이러한 성격(性格)으로 말미암아 마음의 문을 닫고 독선적(獨善的)이며 이기적(利己的)으로 변하면서 자기(自己)를 한쪽으로 몰아붙이는 남자(男子)이기도 하다네.

또한 원하는 바를 얻기 위해 형식적(形式的)으로 야합(野合)을 하기도 하며, 자기(自己)의 본모습을 숨기는 남자(男子)이기도 하다네.

매우 이성적(理性的)인 성격(性格)의 소유자(所有者)이나 감수성(感受性)이 매우 풍부(豊富)한 까닭으로 본인(本人)이 뜻한 바와는 다르게 다른 길을 걸어가면서 큰 만족(滿足)을 얻기도 한다네.

주체 못할 정력(精力)에 넘치는 애정(愛情)이지만 안으로 숨기면서 자신(自身)을 낮추는 사랑에 말없이 늘 곁에서 등을 대주는 남자(男子)라네.

때때로 무안(無顔)하고 어색(語塞)해지는 사랑이지만 문제(問題)를 현명(賢明)하게 풀어가면서 돈독(敦篤)한 애정(愛情)을 가꾸어가는 따스한 남자(男子)라네.

내적(內的) 가치(價値)를 우선(于先)하는 성격(性格)으로 가정(家庭)이라는 울타리를 소중(所重)하게 여기고 이를 지키기 위해 몸과 마음을 다해 노력(努力)하며, 스스로의 지적(知的) 욕구(慾求)도 중요(重要)하지만 가족(家族) 서로간의 우애(友愛)를 더욱 돈독(敦篤)하게 만들고 본인(本人) 스스로가 솔선수범(率先垂範)하는 남자(男子)라네.

때문에 가족(家族)이 서로 믿고 의지(依支)하며, 자신(自身)이 하고자 하는 일에 걸림이 없이 원하는 바, 얻고자 하는 것을 이룩하는 것이라네.
부드러운 가장(家長)의 모습을 보이면서 말로 앞서기보다는 행동(行動)으로 보여주고 다급(多級)하게 몰아붙이지 않으면서 충분(充分)한 시간(時間)을 두고 기다려주는 성품(性品)이라네.
인간(人間) 관계(關係)에 있어서 껄끄러운 면이 없지 않으나 분수(分數)에 맞게 처신(處身)하고 세상사(世上事)를 밝게 알아 처신(處世)하는 까닭으로 두루 원만(圓滿)한 관계(關係)를 이뤄가는 슬기로운 남자(男子)라네.
다만 마음이 한쪽으로 쏠리거나 치우치게 되면 매우 애매(曖昧)한 경우(境遇)까지 이르게 되기도 하지만, 본인(本人) 자신(自身)에게 아둔하지 않은 까닭으로 금세 제자리를 찾아가는 남자(男子)라네.
눈앞에 드러나는 재물(財物)에 무관심(無關心)한 편이지만 늘 새로운 것에 대한 욕심(慾心)이 지나친 까닭으로 잇속을 챙기려는 경향(傾向)을 보이고 본의(本意) 아니게 남에게 피해(被害)를 주는 남자(男子)라네.
그렇다고 고의적(故意的)으로 남을 속이거나 자기(自己) 자신(自身)을 속이면서까지 욕구(慾求)를 충족(充足)시키는 어리석은 남자(男子)가 아니라네.
타인(他人)에게 신뢰(信賴)를 주는 사람이며, 그렇다고 신뢰(信賴)를 얻기 위해 쓸데없는 아부(阿附)를 하지 않고, 있는 그대로 드러난 모습을 보이는 성격(性格)이라네.
또한 일이 돌아가는 사정(事情)이나 형편(形便)을 정확(正確)하게 진단(診斷)하고 일의 뒷마무리를 깨끗하게 처리(處理)하면서 위신(威信)이나 체면(體面)을 제대로 지키는 남자(男子)이며, 늘 책임(責任)을 다하기 위해 노력(努力)하는 성격(性格)이라네.

- 남자(男子): 음(陰) → 소양(少陽) ☶, 간(艮)

모든 면에서 부드럽고 약(弱)한 성품(性品)이라네.
지나칠 정도(程度)로 겉치레에 치중(置重)을 하면서 화려(華麗)하게 드러내 보이는 것을 좋아하고 겉으로 드러나는 위신(威信)이나 체면(體面) 따위에 흔들리며, 되지도 않은 자존심(自尊心)을 세우는 못난 성격(性格)이라네.

많이 알지도 못하면서 아는 듯 나서며, 적게 가지고 있으면서 많이 가진 듯 자랑을 하고 됨됨이가 속 좁은 남자(男子)이면서도 제법 도량(度量)이나 아량(雅量)이 넓은 듯 위세(威勢)를 떤다네.

또한 뚜렷한 계획(計劃)이나 목적(目的)이 없이 덮어놓고 일을 벌이는 어리석은 성격(性格)이며, 제 잘난 멋에 지금의 상황(狀況)이나 형편(形便)을 무시(無視)하고 책임(責任)지지 못할 일들을 벌이는 남자(男子)라네.

또한 뒤가 여리고 여린 성격(性格)으로 인(因)하여 매사(每事)에 뒷감당을 하지 못하고 곤란(困難)하면서 당혹(當惑)한 결과(結果)를 초래(招來)한다네.

본인(本人)의 여리고 나약(懦弱)한 모습을 감추기 위해 분수(分數)에 넘치는 외관상(外觀上)의 영화(榮華)에 들뜨고 겉모양만 번지르르하고 속은 보잘 것 없는 사람으로 변하며, 헛된 욕심(慾心)으로 패가(敗家)를 자초(自初)하는 남자(男子)라네.

시시하고 보잘 것 없는 앎을 가지고서 위신(威信)이나 체면(體面)을 지키기 위해 권세(權勢)있는 이들에게 빌붙어 스스로 무덤을 파고 실속이 없이 겉으로만 보기에 좋은 허세(虛勢)를 부리는 어리석은 성격(性格)이라네.

스스로 본인(本人)에게 아둔한 까닭으로 하는 짓이 앞뒤를 재지 못하고 미련하기만 한 남자(男子)라네.

물론 여리고 여린 마음이라 그럴 수도 있다고 이해(理解)를 한다지만, 허우대 멀쩡한 남자(男子)가 제 앞가림을 하지 못하는 것은 어찌 이해(理解)를 해야 하겠는가.

이러지도 저러지도 못하는 애정(愛情)이라 이 여자(女子)의 품, 저 여자(女子)의 품으로 옮겨 다니는 팔자(八字) 좋은 사랑이 아닌가.

매번 빼앗기는 애정(愛情)이며, 늘 갈증(渴症)에 시달리는 남자(男子)로서 목이 마를 때 물을 찾듯 의지(依支)할 곳을 찾아 헤매는 사랑이라네.

물이 마르면 떠나는 것은 인지상정(人之常情)이 아니던가.

늘 이 우물 저 우물을 찾아다니는 떠돌이 사랑이라네.

그래도 마르지 않은 정력(精力)에 멀쩡한 허우대와 지칠 줄 모르는 물량(物量) 공세

(攻勢)로 원하는 애정(愛情)을 얻어 가지는 집요(執拗)한 남자(男子)라네.

무엇인가 생기면 제 앞가림을 위해 챙기기에 앞서 사랑하는 이의 마음을 얻기 위해 모두 바쳐버리니 제자리를 언제쯤이나 찾을 수 있겠는가.

사실 가진 것도 잘난 것도 없으면서 가족(家族) 앞에서 위세(威勢)를 떨어가며 되지도 않은 잔소리에 말만 앞세우는 까닭으로 가정(家庭) 내에서는 투명(透明) 인간(人間)이 된다네.

가족(家族)을 위하기보다는 자기(自己)만 위하기를 강요(强要)하면서 가족(家族) 개개인(箇箇人)의 상처(傷處)를 드러내면서 믿음과 희망(希望)을 꺾어버리고 이 세상(世上)의 모든 고민(苦悶)을 혼자 짊어진 듯이 한다네.

자신(自身)의 무기력(無氣力)함을 타인(他人)의 탓으로 돌리기만 하고 제 자신(自身)의 잘못이나 허물은 돌아보지 않으며, 잘한 일은 제 탓, 못한 일은 남의 탓을 하면서 쓸데없는 고집(固執)을 피운다네.

또한 가족(家族)을 위해 큰 생색을 내는 성격(性格)이니 하나를 해주고 모든 것을 다 해주었다고 생떼를 쓰며, 더하여 내 것에 대한 집착(執着)이 강(强)한 까닭으로 가족(家族)을 힘든게만 한다네.

다만 여린 마음으로 인(因)하여 눈물이 많은 남자(男子)이며, 진정(眞情)으로 감싸고 보듬어주면 마음을 열고 눈을 뜨는 똑똑한 남자(男子)라네.

일없이 사람을 불러 세우고 쓸데없는 말을 늘어놓으며 실없이 구는 사람이라 주변(周邊)의 지인(知人)들은 그러려니 고개를 끄덕이고, 본인(本人) 또한 일상적(日常的)인 생활(生活)이 그날이 늘 그날 같은 삶의 연속(連續)이라네.

실속이 없는 갑론을박(甲論乙駁)에 하루를 보내면서 무엇인가 부쉈다가 세우기를 쉼 없이 이어가는 이상(理想)을 꾼꾸는 힘 있는 사람이며, 일이 돌아가는 차례(次例)나 갈피를 잡지 못하고 덮어놓고 일을 벌이면서 때에 따라, 필요(必要)에 따라 물러서거나 나서기를 반복(反復)하는 눈치 빠른 남자(男子)라네.

처신(處身)과 처세(處世)에 능(能)한 듯하지만 실속을 챙기기보다는 화려(華麗)하게 드러나는 겉치레에 들뜨기 쉬운 마음이며, 일에 대한 일관성(一貫性)이 없는 사람이니 일의 잘잘못을 떠나 그때그때의 상황(狀況)에 따라 또는 기분(氣分)에 따라 달라지는 남자(男子)라네.
본인(本人)의 뜻이나 생각에 어긋나거나 다르면 마음이 비틀어져 토라지기를 잘하고, 조금이라도 제 마음에 들기라도 하면 뻰질나게 간과 쓸개를 빼다 넣었다 하는 눈치 빠른 성격(性格)이라네.
그래도 사람들과 두루 원만(圓滿)한 관계(關係)를 이루는 사람이니 다툼이나 분쟁(分爭)이 생길 것 같으면 그 자리를 피해버리고 마는 여린 성격(性格)이라 시비(是非)에 휘말리지 않은 영리(怜悧)한 면이 있다네.
때문에 크게 시끄러운 일이 없이 많은 사람과 어울리면서 제 나름대로는 즐겁게 살아가는 사람이라네.

- 남자(男子): 음(陰) → 태음(太陰) ☷, 곤(坤)

우선(于先)은 매사(每事)에 생각이 많은 성격(性格)이나 과연(果然) 무엇에 대하여 그렇듯 고민(苦悶)을 하는지 스스로가 분명(分明)하게 알지 못하는 것이 문제(問題)라네.
세상사(世上事)에 눈이 밝다고는 말하지만 본인(本人) 자신(自身)에게 슬기롭지 못하여 말이나 행동(行動)이 참으로 딱하고 가여운 성품(性品)이라네.
스스로의 역량(力量)을 제대로 가늠하지 못하면서 엉뚱한 곳에서 힘에 겨운 일을 이루려고 온 힘을 다하는 성격(性格)이며, 그 뒤를 생각하지 않은 참으로 무던한 성품(性品)의 소유자(所有者)라네.
보통(普通) 사람으로서 으레 가지고 있을 일반적(一般的)인 지식(知識)이나 판단력(判斷力)이 부족(不足)하고 드러난 사물(私物)을 마주 대하여 깨달아 아는 바가 적으며, 사리(事理)에 매우 어두운 성격(性格)이라네.
또한 이성(理性)보다는 감정(感情)에 치우치는 성격(性格)으로 잘잘못에 대한 판단(判斷)이 때에 따라서 변하고 스스로를 자제(自制)하지 못하는 남자(男子)라네.
때때로 감정(感情)이 폭주(暴注)하는 상태(狀態)가 되면 스스로를 통제(統制)하지 못하는 성격(性格)이며, 일이 벌어진 후에야 후회(後悔)하고 용서(容恕)를 비는 사람이

라네.

본래(本來) 타고난 성품(性品)이 유약(柔弱)하고 선(善)한 사람이며, 한곳에 집중을 하면 오로지 그 하나만을 생각하는 성격(性格)으로 흔들리거나 흐트러지지 않은 정신세계(精神世界)를 지녔다네.

때문에 자못 큰일을 이루는 남자(男子)이며, 그만한 시간적(時間的), 경제적(經濟的)인 여건(與件)이 주어진다면 큰 기대치(期待値)에 실망(失望)을 주지 않은 성격(性格)이라네.

또한 혼자 있기를 좋아하는 성품(性品)이며, 늘 어느 하나에 대한 생각에 몰입(沒入)하면서 해결(解決)의 실마리를 놓치지 않고 몸과 마음을 다해 문제(問題) 해결(解決)에 집중(集中)한다네.

다만 일의 차례(次例)나 갈피를 잡지 못하고 말이나 행동(行動)에 조리(條理)가 없는 까닭에 이것인지 저것인지 분명(分明)하지 못하고 희미(稀微)한 것이 문제(問題)라면 문제(問題)라네.

그러나 이는 사물(事物)의 이치(理致)를 논리적(論理的)으로 생각하고 판단(判斷)하는 마음의 작용(作用)이나 도리(道理)에 따라 판단(判斷)하면서 행동(行動)으로 옮기는 능력(能力)이 부족(不足)한 것뿐이라네.

무엇이 문제(問題)가 된다는 것인지…… 무조건적(無條件的)인 애정(愛情)에 모두 다 줘버리고 모두 다 받아주는 사랑이라네.

바라는 바 없이 베풀어주는 애정(愛情)이며, 계산(計算)이 따르지 않은 사랑에 늘 변함이 없이 제자리를 지켜줄 줄 아는 미더운 정(情)이라네.

때때로 이해(理解)할 수는 없지만 언제든 얼마든지 감싸고 보듬어 안을 수 있는 사랑이라네.

가족(家族)을 위해 무조건적(無條件的)으로 헌신(獻身)하며, 제 몸과 마음을 생각하지 않고 온전하게 위하는 뜨거운 부정(父情)을 지닌 남자(男子)라네.

가정(家庭), 가족(家族)이라는 가치관(價値觀)에 앞서 이를 몸으로 실천(實踐)하는 남자(男子)이며, 모든 것을 제 몸과 마음으로 다 받아주는 가족(家族) 사랑이라네.

다만 가족(家族)이 이를 소중(所重)하게 생각하지 못하고 대수롭지 않게 보아 넘기거나 여기는 것이 안타까울 뿐이라네.
두루 원만(圓滿)하게 세상사(世上事)를 넘기면서 지인(知人)들의 애경사(哀慶事)를 제 일처럼 여기며, 물론 타인(他人)의 어려움이나 고통(苦痛)을 등한시(等閑視) 않고 따스한 손을 내밀어 이끌어주는 성품(性品)이라네.
일이 돌아가는 형편(形便)이나 사정(事情)을 알지 못하는 까닭으로 스스로의 잘못이나 허물을 제대로 파악(把握)하지 못하지만, 뒷감당을 하는 책임(責任)있는 성격(性格)으로 힘에 부치고 힘들어도 끝까지 짊어지고 가는 남자(男子)라네.

- 여자(女子): 양(陽) → 태양(太陽) ☰, 건(乾)

이지(理智), 곧 감정(感情)이나 본능(本能)에 치우치지 않고 깊은 지식(知識)으로 사물(事物)을 분별(分別)하고 이해(理解)하는 슬기가 있는 여인(女人)이라네.
차가운 이성(理性)을 바탕으로 무장(武裝)된 성격(性格)이며, 일을 처리(處理)하는 방법(方法)이 남다르고 자기(自己) 자신(自身)에 대하여 밝게 알고 다부지면서 똑똑한 여자(女子)이며, 자신(自身)을 책임(責任)질 줄 아는 강(强)한 성격(性格)이라네.
어느 한쪽으로 치우치지 않는 공정(公正)한 성격(性格)으로 세상사(世上事)를 바라보는 눈이 날카롭고 보이지 않은 것까지 유추(類推)하여 들여다보는 여인(女人)이며, 외부(外部)로부터의 영향(影響)에 흔들리지 않고 자기(自己)가 믿고 생각하는 바를 굽히지 않은 성격(性格)이라네.
그렇다고 자신(自身)을 드러내어 자랑을 하지 않은 성격(性格)으로 타인(他人)의 권세(權勢) 앞에 아부(阿附)를 하거나 그들에게 꺾이지 않은 당찬 여인(女人)이기도 하다네.
늘 바르고 마땅한 길을 걷은 성격(性格)이며, 심신(心身)의 활동(活動)이 건강(健康)한 성품(性品)이라네.
또한 재능(才能)이 출중(出衆)하며, 남을 생각하고 아끼는 마음이 남다른 여성(女性)으로 바라는 바 없이 베푸는 마음을 여는 착한 성품(性品)이라네.
깔끔하고 조용한 사랑을 하는 여인(女人)이며, 아낌없이 주는 애정(愛情)으로 변함이 없는 사랑을 보여준다네.

다만 이성(理性)에 바탕을 둔 정(情)이라 차가워 보이기도 하지만 최선(最善)을 다하는 애정(愛情)이라네.

가정(家庭)이라는 울타리의 안과 밖이 깨끗하고 가족(家族)을 위하는 마음이야 모두 같겠지만 온 정성(精誠)을 들이는 따스한 모정(母情)이라네.

자신(自身)보다는 가족(家族)을 먼저 위하는 여인(女人)으로 남편(男便)과 자식(子息)으로부터 신뢰(信賴)와 존경(尊敬)을 받고, 그 신뢰(信賴)와 존경(尊敬)을 깨지 않은 여인(女人)이라네.

제 일을 제쳐두더라도 가정(家庭)의 일에 최선(最善)을 다 하고 뒷바라지를 잘하는 여성(女性)이라네.

세상(世上)을 바라보는 마음이 늘 긍정적(肯定的)이며, 매사(每事)에 적극적(積極的)이고 능동적(能動的)으로 대처(對處)해 나가는 여인(女人)으로서 제 분수(分數)에 맞게 움직이는 성격(性格)이며, 말과 행동(行動)을 늘 삼가고 모든 일을 신중(愼重)하게 처리(處理)하는 성품(性品)이라네.

이런 사람, 저런 사람, 부사(富者)와 가난한 자, 배움이 많든 적든, 사람을 가리지 않고 대하는 성격(性格)으로 늘 자신(自身)을 낮추고 남을 세워주는 여성(女性)이며, 난 척, 든 척, 된 척하며 나서기보다는 내실(內實)을 충실(充實)하게 다지는 매우 현명(賢明)하고 아름다운 마음을 지닌 여인(女人)이라네.

- 여자(女子): 양(陽) → 소음(少陰) ☱, 태(兌)

매사(每事) 전면(前面)에 나서는 성격(性格)이기는 하나 스스로의 존재(存在)를 부각(浮刻)시키지는 않으며, 신중(愼重)하게 자신(自身)을 돌아보는 성품(性品)이라네.

자기(自己)의 뜻이나 생각, 말이나 행동(行動)에 대하여 늘 책임(責任)을 지고 움직이는 기질(氣質)이 강한 여인(女人)이며, 잘잘못에 대한 판단(判斷)이 밝고 명쾌(明快)하고 이성적(理性的)인 두뇌(頭腦)를 지닌 여성(女性)이라네.

사고방식(思考方式)은 능동적(能動的)이고 적극적(積極的)이지만 말이나 행동(行動)

은 매우 조용한 성격(性格)으로 좌중(座中)을 주도(主導)하면서 제 위치(位置)를 올바르게 지켜나가는 다부진 여인(女人)이며, 어느 한쪽에 치우치지 않고 올바르게 마음을 쓰는 성품(性品)의 소유자(所有者)라네.

일의 실마리에 대하여 그 끈을 놓치지 않고 꾸준하게 매진(邁進)하는 성격(性格)이며, 중도(中途)에서 포기(拋棄)를 하거나 바꾸는 성격(性格)이 아니라네.

자신(自身)의 실력(實力)을 갖추기 위하여 크게 욕심(慾心)을 부리면서 부단(不斷)히 노력(努力)을 하고 자기(自己) 자신(自身)을 믿은 긍정적(肯定的)인 여인(女人)이라네.

세상사(世上事)에 비판적(批判的)이기보다는 매우 긍정적(肯定的)으로 바라보면서 수긍(首肯)하고 나름 깊은 안목(眼目)으로 세상(世上)을 들여다보는 성격(性格)이라네.

남을 앞세워 자신(自身)을 세우는 여인(女人)이 아니며, 있어도 내세우지를 않고 넘치는 끼와 부(富)를 안으로 감추는 여인(女人)이라네.

뜨거운 마음을 감추고 차가운 이성(理性)을 앞세운 애정(愛情)에 안으로만 감추려고 하는 부끄럼 많은 사랑이라네.

밝고 올바르며 뜨겁고 진실(眞實)한 사랑을 원하고 늘 스스로의 마음을 환하게 열고 기다리는 사랑이라네.

까다롭지 않은 애정(愛情)으로 상대방(相對方)을 편하게 하는 여인(女人)이라네.

가정(家庭)이라는 울타리를 소중(所重)하게 여기는 성격(性格)으로 가족(家族)으로부터 사랑과 존경(尊敬)을 받고 본인(本人) 또한 가족(家族)을 위하는 여인(女人)이며, 밖으로 나돌기보다는 가정(家庭)이라는 울타리 안에서 마음이 편하고 가족(家族)을 위해 몸과 마음을 다해 노력(努力)하면서 실력을 갖추기 위해 자신(自身)을 독려(督勵)하는 성격(性格)이라네.

주변(周邊) 이웃들과 두루 원만(圓滿)한 관계(關係)를 이루며, 늘 상대방(相對方)의 입장(立場)을 헤아려주면서 자신(自身)의 자리를 올바르게 지키는 까닭으로 처신(處身)과 처세(處世)에 능(能)하다는 말을 듣고 또한 제 앞가림을 제대로 하는 여인(女人)이라네.

제 잇속에 욕심(慾心)을 부리기는 하나 내 것이 아닌 물건(物件)이나 돈에 대해서는 욕심(慾心)을 내지 않은 맑은 성격(性格)을 지녔으며, 오히려 타인(他人)의 어려움에 도움이 되어주는 여성(女性)이라네.
어떠한 일에 대하여 감정적(感情的)으로 대하기보다는 맑은 이성(理性)에 바탕을 두는 성격(性格)으로 타인(他人)의 잘잘못이나 본인(本人)의 잘잘못에 대하여 분명(分明)하게 밝히는 여인(女人)이며, 스스로의 잘못이나 허물에 대하여 인정(認定)하고 용서(容恕)를 비는 솔직한 성격(性格)의 여성(女性)이라네.
일의 뒷마무리가 깨끗하고 모든 일에 대하여 깔끔하게 책임(責任)을 지는 성격(性格)이라네.

- 여자(女子): 양(陽) → 소양(少陽) ☲, 리(離)

자신(自身)이 지닌 재능(才能)이나 실력(實力) 따위를 밖으로 드러내어 자랑을 하기 좋아하는 성격(性格)으로 난 척, 든 척, 된 척을 하면서 스스로를 과대포장(過大包裝)하는 성격(性格)이라네.
자신(自身)을 떳떳하게 세우기 위해서 타인(他人)의 힘이나 이름을 빌리기 좋아하고 또한 있는 자의 환심(歡心)을 사기 위해 아부(阿附)하며, 목적(目的)한 바를 이루고 나면 언제 그랬냐는 듯 말이나 행동(行動)을 바꾸는 여인(女人)이라네.
매우 현실적(現實的)인 성격(性格)으로 처세(處世)에 능(能)한 여인(女人)이며, 제 앞가림을 철저(徹底)하게 하고 자신(自身)의 위신(威信)이나 체면(體面)을 구기지 않은 나름대로 영리(怜悧)한 두뇌(頭腦)를 지닌 여인(女人)이라네.
때문에 잘못이나 허물이 있더라도 밉지 않은 여인(女人)으로 제 위치(位置)를 잃지 않은 현명(賢明)한 성품(性品)이라네.
다만 자신(自身)의 알량한 재능(才能)이나 재주를 믿고 안일(安逸)하게 세상사(世上事)를 대처(對處)하다가 마음에 상처(傷處)를 받거나 재물(財物)을 잃게 되는 사람이라네.
스스로가 벌인 일에 대하여 책임(責任)을 지려 노력(努力)은 하나 늘 주위(周圍) 사람들로부터 도움을 받아야 해결(解決)할 수 있고 또 도움의 손길이 많은 여인(女人)으로 무난(無難)하게 큰일을 넘기는 운(運)이 좋은 여인(女人)이라네.

이재(理財)에 밝은 여인(女人)으로 제 잇속을 챙기기 위해 노력(努力)을 하고 적당(適當)한 이유(理由)나 구실(口實)을 대고는 어렵거나, 힘든 일을 벗어나는 얄미운 성격(性格)이지만 그리 미움을 받은 여인(女人)은 아니라네.

저변(底邊)에 조금은 계산(計算)이 깔린 사랑이라 때때로 다툼이나 분쟁(分爭)이 일어나기도 하지만, 늘 웃음이 떠나지 않은 애정(愛情)과 서로를 위해 노력(努力)하고 염려(念慮)하는 사랑이라네.

때로는 감정적(感情的)이고 격정적(激情的)인 사랑에 불붙기도 하는 격한 사랑이기도 하다네.

겉으로는 가정(家庭)을 최우선(最于先)으로 하는 여인(女人)이나 제 앞가림에 바쁜 여자(女子)로서 가정(家庭)일에 등한시(等閑視)하는 경우(境遇)가 많고 때에 따라서는 가정(家庭)이라는 울타리를 맴도는 성격(性格)이며, 가족(家族)을 대하는 일에 있어서 자신(自身)의 감정(感情)에 치우치는 일이 많고 불평불만(不平不滿)을 가족(家族)으로 돌리는 여인(女人)이라네.

그래도 가족(家族)을 사랑하는 그 마음이야 어련하겠는가.

잘못된 허영심(虛榮心)에 빠져 밖으로 눈길을 돌리기는 하나 금세 제자리를 찾아 돌아오는 바른 심성(心性)이라네.

대인관계(對人關係)가 두루 원만(圓滿)한 성격(性格)으로 제 잇속이나 제 위신(威信)과 체면(體面)을 차리면서도 상대방(相對方)의 입장(立場)을 헤아리는 성격(性格)이며, 지나친 욕심(慾心)을 부리지 않고 적당(適當)한 선에서 일을 마무리하는 똑똑한 여인(女人)이라네.

물론 난 척, 든 척, 된 척, 있는 척을 하면서 자랑을 하고 빳빳하게 고개를 세우지만 마음이 여린 까닭으로 인(因)하여 제 것을 제대로 챙기지 못하고 양보(讓步)하는 성격(性格)이라네.

때문에 주변(周邊) 사람들로부터 미움을 받지 않고 어려움 없이 세상(世上)과 인연(因緣)을 맺은 것이며, 제 위치(位置)를 잃거나 빼앗기지 않고 보호(保護)를 받은 것이라네.

가끔 욕심(慾心)에 눈이 멀어 자신(自身)의 참 모습을 잃기도 하지만 곧바로 제자리로 돌아와 마음을 잡은 여린 성격(性格)이며, 기본(基本)을 지키려고 노력(努力)하는 여인(女人)이라네.

- 여자(女子): 양(陽) → 태음(太陰) ☳, 진(震)

배움이 따르지 않으면 자신(自身)이 가진 것을 빼앗기는 여린 성품(性品)이니, 배우고 익히는 일에 욕심(慾心)을 부리고 노력(努力)해야 한다네.

어찌되었든 타고난 근본(根本)을 지키려고 노력을 하지만 주변(周邊)에서 가만두지를 않은 여인(女人)으로 자신(自身)을 잃고 오랜 시간(時間) 방황(彷徨)을 한다네.

겉으로는 강(强)한 듯 스스로를 세워보지만 여린 마음으로 인(因)하여 본인(本人)의 뜻이나 생각을 밖으로 드러내지 못하고 안으로만 삭이면서 가슴을 쓸어안은 성격(性格)이라네.

물론 알아도 모른 척, 있어도 없는 척하며 스스로를 낮추는 성격(性格)이며, 늘 말이나 행동(行動)을 조심(操心)하고 스스로를 챙기려고 노력(努力)하는 여인(女人)이라네.

본인 스스로의 재능(才能)이나 재주가 있음을 알지 못하고 타인(他人)에게 의지(依支)하는 까닭으로 자기(自己)가 가진 것을 눈앞에서 빼앗기는 사람이며, 또한 이를 알아채지 못하는 안타까운 여인(女人)이라네.

이는 본인(本人)에 대하여 매우 아둔한 성격(性格)으로 마음에 상처(傷處)를 받으면 견디지 못하는 까닭으로 극단적(極端的)으로 자신(自身)을 이끌어가는 상황(狀況)이 벌어지고 자존심(自尊心)에 금이 가면 견디지 못하는 약(弱)한 성격(性格)을 지녔다네.

스스로가 갖추기 위해 무진(無盡) 애를 쓰지만 타인(他人)의 말뜻을 알아듣기에는 오랜 시간(時間)이 걸리고 제 앞가림에 바쁜 까닭으로 늘 제자리에서 맴도는 삶을 살아가는 어려운 여인(女人)이라네.

그래도 재물(財物)은 떨어지지 않으니 이는 복(福)중에 복(福)이 아니겠는가.

다만 이를 지키기에는 처신(處身)과 처세(處世)에 능(能)하지 못한 까닭으로 늘 전전긍긍(戰戰兢兢)하는 마음 착한 여인(女人)이며, 본인 스스로에게 어리석기는 하지만 자신(自身)의 잘못이나 허물에 대해서는 밝게 아는 성격(性格)으로 훗날 큰 보상(報償)이 따르는 여인(女人)이라네.
잘잘못에 대한 판단(判斷)이 느릴 뿐이지 어찌 보면 매우 이성적(理性的)인 성격(性格)이라네.
스스로가 알지 못하는 사랑이라 또한 스스로가 선택(選擇)한 애정(愛情)이 아니라 선택(選擇)되어진, 그렇게 강요(强要)받은 사랑이라네.
사랑이란 그냥 사치(奢侈)에 지나지 않은 것으로 본능(本能)에 따르는 애정(愛情)일 뿐이라네.
또한 무감각(無感覺)하게 지나가는 덤덤한 사랑이라네.
두루 원만(圓滿)한 관계(關係)를 이루고 살아가는 편으로 제 잇속을 챙기면서 타인(他人)을 생각하지 않은 성격(性格)이나 남에게 피해(被害)를 주지 않은 삶이라네.
때문에 무리와 쉽게 어울릴 수 있는 여인(女人)이며, 자신(自身)을 앞세우기보다는 뒤로 물러서는 성격(性格)으로 본인(本人) 스스로에게 아둔하고 또한 처신(處身)과 처세(處世)가 매우 늦은 여인(女人)이라네.
주변(周邊) 사람들로부터 미움을 받지 않은 성격(性格)으로 여린 마음에 지극(至極)히 착한 여인(女人)이며, 타인(他人) 앞에서 흘리지 못하는 눈물이지만 마음의 깊은 상처(傷處)에 돌아서서 남 몰래 눈물을 흘리는 여인(女人)이라네.
또한 지인(知人)의 애경사(哀慶事)에 몸과 마음을 다해 위로(慰勞)하고 기뻐해주는 성품(性品)이라네.
때때로 계산(計算)이 깔린 행위(行爲)를 보이지만 일시적(一時的)인 감정(感情)의 변화(變化)에 의한 것일 뿐 타고난 착한 본성(本性)을 잃지 않은 여인(女人)이라네.
또한 쓸데없는 고집(固執)을 피우기도 하지만 합당(合當)한 이유(理由)나 합리적(合理的)인 설명(說明) 앞에서는 자신(自身)의 고집(固執)을 꺾는 여인(女人)이라네.
때문에 눈앞에서 빼앗기는 것이 많기도 하다네.

- 여자(女子): 음(陰) → 태양(太陽) ☴, 손(巽)

말이나 행동(行動)이 딱딱하거나 거칠지 않고 사람의 마음에 휘감기어 여운(餘韻)을 남기는 여인(女人)이나 늘 감정(感情)에 치우치지 않고 맑은 이성(理性)을 따르는 성품(性品)이라네.

생각이나 판단(判斷)이 분명(分明)하고 똑똑한 두뇌(頭腦)를 지녔으며, 이재(理財)에 밝은 성격(性格)으로 내 것과 남에 것에 대한 관념(觀念)이 정확(正確)하고 사리(事理)에 맞도록 앞뒤를 생각하는 신중(愼重)함이 있다네.

또한 마주 대하여 드러난 사물(事物)의 시비(是非)나 선악(善惡) 등을 밝게 분별(分別)할 수 있는 이성적(理性的)인 성격(性格)이며, 그 어떠한 대상(對象)에 관계(關係)없이 대상(對象)을 인식(認識)하는 일에 있어서 경험(經驗)에 의한 것이 아닌 태어날 때부터 갖추고 있는 선천적(先天的)인 면이 강한 성품(性品)을 지닌 여인(女人)이라네.

맑은 이성(理性)에 의지(依支)하는 성품(性品)으로 스스로의 마음을 냉정(冷情)하게 가두어 두는 편이나 겉으로는 드러내지 않으면서 말이나 행동(行動)을 부드럽게 가지는 여인(女人)이라네.

늘 촉촉한 눈으로 참된 사랑을 쫓으며, 깊은 애정(愛情)을 지녔지만 겉으로 드러내지는 않고 안으로 감추고 살아가는 지혜(智慧)로운 여인(女人)이라네.

또한 늘 젖어있는 몸을 지닌 여인(女人)이나 감정(感情)이나 감성(感性)보다는 이성(理性)이라는 틀에 늘 갈등(葛藤)을 느끼고 살아가는 여린 성품(性品)이라네.

가정사(家庭事)에 충실(充實)하는 성격(性格)이며, 잘잘못에 대하여 명확(明確)하게 가름하고 상벌(賞罰)에 대하여 분명(分明)한 규칙(規則)을 따르며, 냉정(冷情)하게 대처(對處)하는 성품(性品)의 소유자(所有者)라네.

때문에 가족(家族)이 겉으로는 존경(尊敬)하고 따르지만 마음속으로는 불만(不滿)을 가지고 있는 것이 아닌가.

세상사(世上事)에 대하여 지혜(智慧)가 있듯이 또한 가정사(家庭事)를 슬기롭게 이끌어가는 현명(賢明)함이 있으며, 겉으로 드러내어 화를 내기보다는 조용히 타이르고 이끄는 엄마의 손길을 지녔다네.

때때로 너무 냉정(冷情)한 모습을 보이는 까닭에 가족(家族)이 질려하기도 하지만 크게 개의치 않은 여인(女人)으로서 자신의 의사(意思)를 지혜(智慧)롭게 펼쳐가는 여인(女人)이라네.

많은 이성(異性)을 설레게 만드는 여자(女子)로서 늘 많은 사람들이 뒤를 따르고 관심(關心)을 가지며, 본인(本人) 또한 타인(他人)의 시선(視線)을 즐기는 성격(性格)이며, 밝은 마음으로 세상(世上)을 바라보는 성품(性品)이라네.

많은 사람들과 두루 원만(圓滿)하게 어울리면서 자신(自身)의 위신(威信)이나 체면(體面)을 지키고, 더하여 상대방(相對方)이 처한 형편(形便)이나 사정(事情)을 밝게 알아 그 마음을 보듬어주고 보탬이 되어주는 성품(性品)이라네.

또한 일을 처리(處理)함에 있어서 어느 한쪽으로 치우치거나 휩쓸리지 않고 공평무사(公平無私)하게 풀어가는 성격(性格)이라네.

때문에 주변(周邊) 사람들로부터 신망(信望)을 받은 여인(女人)이며, 때때로 이러한 신뢰(信賴)를 바탕으로 도(度)에 넘은 어리석은 짓을 일삼기도 하지만 타고난 명석(明晳)한 두뇌(頭腦)로 교묘(巧妙)하게 피하면서 자신(自身)의 본심(本心)을 숨길 줄 아는 여인(女人)이라네.

늘 스스로의 말과 행동(行動)에 신중(愼重)을 기하고 본인(本人)의 위치(位置)를 잃지 않기 위해 노력(努力)하면서 세상사(世上事)를 편견(偏見)없이 받아들이는 여자(女子)이며, 늘 이성적(理性的)인 말과 행동(行動)을 잃지 않는다네.

또한 스스로가 여성(女性)임을 잊지 않고 자신(自身)이 처한 형편(形便)이나 사정(事情)을 밝게 알며, 일이 돌아가는 앞과 뒤를 밝혀서 일의 마무리를 깨끗하게 책임(責任)지는 여인(女人)이라네.

- 여자(女子): 음(陰) ➜ 소음(少陰) ☵, 감(坎)

매사(每事)에 이렇다 저렇다 말이 없는 성격(性格)으로 본분(本分)을 충실(充實)하게 지키는 여성(女性)이며, 자신(自身)의 말이나 행동(行動)에 책임(責任)을 지고 자신(自身)이 한 일을 돌이켜 보면서 자기(自己)의 행위(行爲)에 대하여 옳고 그름을 판단

(判斷)하고 바른 말과 행동(行動)을 하려는 성품(性品)이라네.

자기(自己) 자신(自身)을 책임(責任)지는 성격(性格)으로 앞가림에 매우 능(能)하고 처신(處身)이나 처세(處世)를 잘하지만 더하여 자신(自身)을 숨기는 일에도 능(能)한 성격(性格)이라네.

때문에 사고방식(思考方式)이 어떠한 틀을 벗어나 조금은 자유(自由)롭게 잘잘못의 선을 자주 넘나드는 여성(女性)이며, 이러저러한 일에 대하여 분명(分明)하게 스스로를 변호(辯護)하고 스스로의 행위(行爲)에 대하여 타당성(妥當性)을 부여(附與)하면서 떳떳하고 당당(堂堂)하게 서는 성품(性品)이라네.

꺼리거나 어려워함이 없이 올차고 다부진 여인(女人)이지만 그리 미움을 받은 여인(女人)이 아니며, 오히려 귀염과 위로(慰勞)를 받은 묘한 성격(性格)이라네.

자신(自身)을 쉽게 드러내지 않은 성격(性格)이나 자기(自己)의 생각이나 견해(見解)를 분명(分明)하게 표현(表現)하고 꾸준하게 이끌어가는 질기고 차진 기운(氣運)이 있으며, 매사(每事)에 쉽게 단념(斷念)하지 않고 꾸준히 견디어 나가는 기질(氣質)이 강(强)하다네.

타인(他人)의 감언이설(甘言利說)에 넘어가지 않고 오히려 냉정(冷情)하게 대하기는 하지만 이를 즐기면서 더 바라는 성격(性格)이라네.

이성(異性)이 이끌어주기를 바라는 여인(女人)으로 피동적(被動的)인 태도(態度)를 보이지만 겉으로 그럴 뿐, 보기와는 다르게 애정(愛情) 앞에서는 매우 적극적(積極的)이며, 평소(平素)와 다른 속마음을 드러내 보이는 여성(女性)이라네.

이성(異性) 앞에 서면 말이나 행동(行動)이 평소(平素)와는 매우 다르게 변하면서 사랑을 얻기 위해 승부욕(勝負慾)을 보이는 여성(女性)이며, 이를 부끄럽게 여기는 성품(性品)이 아니라네.

그렇다고 쉽게 마음을 내주는 여인(女人)은 아니며, 쉽게 움직일 수 있는 마음이 아니라네.

시끄럽지 않게 가정(家庭)을 이끌어가면서 엄마나 아내로서의 책임(責任)을 다하고 가정사(家庭事)의 전면(前面)에 나서기보다는 뒤에서 챙겨주고 밀어주는 든든한 여성

(女性)이라네.

가족(家族)으로부터 존경(尊敬)과 신뢰(信賴)를 받고 사랑을 받은 여인(女人)이며, 슬기롭게 가족(家族)이라는 울타리를 지키는 성품(性品)이라네.

몸가짐을 조심하고 마음을 다잡아 움직이는 성격(性格)으로 인(因)하여 매우 차가운 기운(氣運)을 뿌리는 것 같지만 늘 젖어있는 몸에 뜨거운 가슴을 지닌 여인(女人)으로 조용하게 기다리는 성품(性品)이라네.

밖으로 나도는 성격(性格)은 아니지만, 그렇다고 틀을 만들어 자신(自身)을 가두는 성격(性格)이 아니라 많은 사람들과 막힘이나 걸림이 없이 원만(圓滿)하게 지내며, 때에 따라서는 분에 넘치지 않게 얌치없는 행위(行爲)를 통(通)하여 작은 잇속이나 사랑을 챙기는 밉지 않은 여인(女人)이기도 하다네.

자기(自己)를 크게 내세우지 않지만 조금은 샘바르고 남을 시기(猜忌)하는 마음이 있는 까닭으로 관심(關心)이 가는 이성(異性) 앞에서 평소(平素)와는 다르게 말과 행동(行動)이 변하는 여성(女性)이라네.

때문에 가까운 지인(知人)으로부터 따가운 시선(視線)이나 질책(叱責)을 받기도 하지만 오히려 이를 즐기는 마음 편한 삶을 살아간다네.

그렇다고 든 척, 난 척, 된 척을 하거나 남의 힘을 빌려 자기(自己)의 잇속을 챙기거나 하면서 제 분수(分數)에 넘치는 말이나 행동(行動)을 하지 않는다네.

이러한 까닭으로 주변(周邊) 사람들로부터 미움을 받지 않고 서로 어울려 가면서 위로(慰勞)받고 도움을 받은 것이라네.

- 여자(女子): 음(陰) → 소양(少陽) ☶, 간(艮)

겉모습을 치장(治粧)하기에 바쁜 성격(性格)이며, 자기(自己)의 장점(長點)을 분에 넘치게 드러내려 하고 단점(短點)을 감추기에 바쁜 여성(女性)이라네.

좋아하고 싫어하는 감정(感情)을 거르지 못하고 그대로 드러나는 여인(女人)으로서 이성(理性)을 바탕으로 한 스스로의 감정(感情)에 충실(充實)하며, 오욕칠정(五慾七情)을 있는 그대로 표출(表出)한다네.

하나를 알아도 열을 아는 것처럼 만드는 재주가 있고 하나를 가지고도 열 개를 가진 것처럼 자랑하는 재주가 있고 되지도 못한 못난 성격(性格)이면서도, 자기(自己)가 잘난 것처럼 자신(自身)을 내세우는 묘한 여자(女子)라네.

그렇다고 오르지 못할 나무를 욕심(慾心)내는 성격(性格)이 아니고 제 분수(分數)에 맞게 움직이는 차가운 이성(理性)을 지닌 여인(女人)이며, 얻고자 하는 무엇인가가 마음에서 일어나면 치밀(緻密)한 계산(計算)을 바탕으로 수단(手段)과 방법(方法)을 아끼지 않은 성질(性質)이라네.

또한 자신(自身)의 잘못이나 허물에 대해서 매우 능동적(能動的)이며 적극적(積極的)으로 대처(對處)하고 이를 위해 자신(自身)의 잘난 면을 부각(浮刻)시키며, 타인(他人)의 잘잘못을 드러내어 자신(自身)을 철저(徹底)하게 감추는 맹랑(孟浪)한 성격(性格)이라네.

타인(他人)의 환심(歡心)을 사기 위하여 번지르르하게 발라맞추는 말과 알랑거리는 낯빛이 전혀 어색(語塞)하지 않은 여인(女人)으로서, 실상(實相)이 없이 교묘(巧妙)하게 꾸며대는 말에 매우 능(能)하고 계산(計算)을 바탕으로 한 아부(阿附)에 능(能)한 성격(性格)이라네.

때문에 잘되고 잘난 일은 나의 것, 잘못되고 못난 일은 남의 탓으로 돌리고 또한 칭찬받고 선(善)한 말을 듣는 것은 나의 복(福), 꾸지람 듣고 욕을 먹은 것은 남의 불행(不幸)으로 돌리는 밉지 않은, 미움을 받지 않은 여성(女性)이라네.

오로지 자기(自己)만을 위한 애정(愛情)이어야 하며, 차가운 이성(理性)이 바탕이 되는 사랑에 계산(計算)이 바탕에 깔리는 깔끔한 정(情)이라네.

한 손에 남편(男便)과 애인(愛人)을 거느려야 편한 팔자(八字)이니 늘 자기(自己)만을 위한, 노 계산(計算)에 따른 교성(嬌聲)과 교태(嬌態)에 녹아드는 뜨거운 밤이라네.

얻고자 하는 욕심(慾心)이 채워지면 급하게 식어가는 사랑이며, 아직도 채워지지 못한 욕심(慾心)이 있다면 늘 현재진행형(現在進行形)인 애정(愛情)이라네.

눈빛이 흐려진 사랑이라네.

가족(家族)을 위하고 사랑한다지만 내 남편(男便)과 자식(子息)만을 위한 일이며, 또한 남편(男便)과 자식(子息)은 자기(自己)만을 위해야만 한다네.

독선적(獨善的)이고 이기적(利己的)인 성격(性格)이지만 본인(本人)은 결코 아니라고 항변(抗辯)하면서 자신(自身)을 합리화(合理化)시키는 여인(女人)이라네.

그렇다고 가족(家族)이라는 울타리를 어두운 곳으로 이끌지 않고 늘 밝은 곳으로 이끌기 위해 노력(努力)하는 여자(女子)라네.

현명(賢明)하고 공평무사(公平無私)한 성격(性格) 같으나 계산(計算)에 따라, 이익(利益)에 따라 한쪽으로 치우치는 여자(女子)이며, 이러한 까닭으로 주변(周邊) 사람들과 두루 원만(圓滿)한 관계(關係)를 이루지 못할 것 같지만 이 여자(女子)에게는 그리 큰 문제(問題)가 되지 않는다네.

미움을 받지 않은 진짜 여우가 아닌가 한다네.

작은 잇속을 따라 이합집산(離合集散)하면서 큰 욕심(慾心)을 부리고 자기(自己)만 알고 남에게 큰 피해(被害)를 주는 여성(女性) 같지만 손해(損害)를 보지 않으려는 작은 자존심(自尊心) 때문이며, 스스로가 베풀 수 있는 능력(能力)만큼 베푸는 맹한 여자(女子)이기도 하다네.

때문에 잘못된 길로 들어서면 벗어나기가 어려운 성격(性格)이라 말이나 행동(行動)에 신중(愼重)을 기해야 하는 법(法)이며, 몸가짐을 분명(分明)하고 바르게 해야 한다네.

때때로 쓸데없는 허영심(虛榮心)으로 인(因)하여 주변(周邊)으로부터 많은 질타(叱咤)를 받기도 하지만 타인(他人)으로부터 부러움을 받기도 하는 여성(女性)이라네.

단지 스스로의 잘못이나 허물을 필요(必要)에 따라 남의 탓으로 돌리는 좋지 않은 버릇으로 인(因)하여 어두운 길로 들어서는 일이 많은 여자(女子)라네.

그래도 처신(處身)과 처세(處世)에 밝고 차가운 이성(理性)을 바탕으로 분수(分數)에 맞게 욕심(慾心)을 내는 까닭으로 무사(無事) 무난(無難)한 인간관계(人間關係)를 이루고 살아간다네.

- 여자(女子): 음(陰) → 태음(太陰) ☷, 곤(坤)

입이 있어도 할 말을 하지 못하고 귀가 있어도 제대로 듣지를 못하는 성격(性格)이라 오로지 자신(自身)이 만든 틀에 갇혀 세상(世上)을 보낸다네.

물론 여인(女人)으로서의 할 일을 못하지는 않으나 제 스스로가 가진 능력(能力)을 알지 못하면 평생(平生) 고된 삶을 살아야 하는 여인(女人)이라네.

자신(自身)의 뜻이나 생각, 견해(見解) 따위를 표현(表現)하지 못하고 매우 피동적(被動的)인 태도(態度)를 보이는 성격(性格)이며, 타인(他人)의 지시(指示)에 따르는 여인(女人)이지만 자기(自己) 자신(自身)을 희생(犧牲)하는 성품(性品)이라네.

또한 일상적(日常的)으로 필요(必要)한 모든 것은 남의 도움을 받지 않고 제 스스로 노력(努力)하여 모든 것을 얻은 여성(女性)이라네.

얽매인 삶을 원망(怨望)하지 않은 성격(性格)으로 매사(每事)에 몸과 마음을 다해 정성(精誠)을 들이나, 노력(努力)한만큼 손에 쥐지를 못하고 있는 것마저 빼앗기는 형국(形局)이라네.

자신(自身)의 뜻과는 다르게 돌아가는 세상사(世上事)에 있는 몸 그대로 부딪히며 살아가는 성품(性品)이며, 어려움을 피해가거나 나아지기 위하여 잔꾀를 부리지 않은 참 아둔한 성격(性格)을 지녔다네.

그렇다고 변화(變化)를 두려워하는 여인(女人)은 아니며, 제대로 배워 세상사(世上事)에 눈을 뜨면 남 못지않은 재능(才能)을 지닌 여인(女人)으로 태어날 수 있다네.

슬기롭지 못하여 하는 짓이 미련하고 번번이 하는 일을 그르쳐 놓기도 하지만, 그래도 제 앞가림도 못하는 남자(男子)보다는 나름 난 여인(女人)이라네.

이성(理性)보다는 감정(感情)을 따른다고 하지만 한쪽으로 크게 치우치는 성품(性品)이 아니며, 좋은 사람, 나쁜 사람을 가리는 성격(性格)도 아니라네.

때때로 타고난 끼로 인(因)하여 상처(傷處)를 받기도 하며, 배움이 없어 사리(事理)에 어두우면 극단적(極端的)인 길로 치닫는 성격(性格) 때문에 스스로의 인생(人生)을 망치는 여인(女人)이라네.

바라지 않은 애정(愛情), 원(願)하지 않은 사랑이라지만 끝내 늘 아쉬움을 남기는 애정(愛情)과 사랑에 눈물이 마르지 않은 여인(女人)이라네.
따뜻한 말 한마디, 따스한 손길 한 번에 무너지는 마음을 누가 탓하겠는가.
그래도 몸과 마음을 다하여 스스로를 희생(犧牲)하는 사랑이라네.
또한 기다리고 기다리는 애절(哀切)하고 애틋한 정(情)이라네.
가족(家族)이라는 울타리에 의지(依支)하는 여인(女人)이라 가족(家族)을 위해 자신(自身)이 가진 모든 것을 희생(犧牲)하고 몸과 마음을 다해 정성(精誠)을 들인다네.
가족(家族)이 꼭 필요(必要)한 것이라면 제 몸까지 던지는 여인(女人)이며, 타인(他人)의 곱지 않은 시선(視線)이나 질타(叱咤)가 있더라도 포기(抛棄)를 하지 않은 여성(女性)이라네.
이렇듯 몸과 마음을 다하여 뒷바라지를 하면 무엇 하겠는가.
조금이라도 알아주지 않은 매정(媒精)한 가족(家族)이라네.
인간관계(人間關係)가 두루 원만(圓滿)한 것은 예민(銳敏)하게 반응(反應)하는 본능(本能), 곧 감정(感情)보다는 차가운 이성(理性)을 바탕으로 한 타고난 본능(本能)을 따르기 때문이며, 본인(本人)의 의지(意志)와는 다르게 깊이 숨어있는 맑은 성품(性品)이 움직여 아둔함을 떨쳐낸다네.
또한 스스로를 희생(犧牲)하는 기꺼운 마음 때문이며, 지인(知人)들이 애틋한 시선(視線)으로 바라봐주고 늘 한쪽 어깨를 내주기 때문이 아니겠는가.
처신(處身)과 처세(處世)에 능(能)하지는 못하지만 구태여 본인(本人)의 잇속이나 위신, 체면(體面) 따위를 위해 거짓말을 하거나 젠체하며 나서지 않은 성격(性格)이며, 오히려 몸과 마음을 다해 자신(自身)을 희생(犧牲)하면서까지 지인(知人)들의 애경사(哀慶事)에 힘을 모으는 여인(女人)이라네.
또한 사람이 마땅히 지켜야 할 바른 길을 가기 위해 노력(努力)을 하는 성품(性品)으로서 늘 스스로의 부족(不足)함을 인지(認知)하고 있으며, 이를 부끄럽게 생각하지 않고 스스로 수긍(首肯)하는 맑은 성품(性品)이기도 하다네.
다만 큰 상처(傷處) 앞에서는 견디기 힘든 성품(性品)이라, 들뜨거나 어지러운 마음을 늘 다그쳐 바로 잡아야 한다네.

12) 옥상토(屋上土): 지붕에 있는 토(土)의 기운(氣運)

병술(丙戌)-양(陽)	정해(丁亥)-음(陰)

16상론(十六象論) 및 행태론(行態論)

• 남자(男子)

양(陽) → 태양(太陽)/건(乾)-부(父) ☰	음(陰) → 태양(太陽)/손(巽)-장녀(長女) ☴
양(陽) → 소음(少陰)/태(兌)-소녀(少女) ☱	음(陰) → 소음(少陰)/감(坎)-중남(中男) ☵
양(陽) → 소양(少陽)/리(離)-중녀(中女) ☲	음(陰) → 소양(少陽)/간(艮)-소남(少男) ☶
양(陽) → 태음(太陰)/진(震)-장남(長男) ☳	음(陰) → 태음(太陰)/곤(坤)-모(母) ☷

• 어자(女子)

양(陽) → 태양(太陽)/건(乾)-부(父) ☰	음(陰) → 태양(太陽)/손(巽)-장녀(長女) ☴
양(陽) → 소음(少陰)/태(兌)-소녀(少女) ☱	음(陰) → 소음(少陰)/감(坎)-중남(中男) ☵
양(陽) → 소양(少陽)/리(離)-중녀(中女) ☲	음(陰) → 소양(少陽)/간(艮)-소남(少男) ☶
양(陽) → 태음(太陰)/진(震)-장남(長男) ☳	음(陰) → 태음(太陰)/곤(坤)-모(母) ☷

- 남자(男子): 양(陽) → 태양(太陽) ☰, 건(乾)

남자(男子)라는 이름을 겸연쩍고 부끄럽게 만드는 혹독(酷毒)한 현실(現實)이 눈앞에 닥치더라도 물러서지 않고 힘 있게 앞으로 나아가는 성격(性格)이며, 제 고집(固執)을 피우기도 하지만 사방(四方)으로부터의 충고(忠告)나 조언(助言)을 따지거나 가리지 않고 받아들이는 성품(性品)이라네.

또한 매사(每事)에 남을 탓하는 속이 좁은 남자(男子)가 아니며, 더하여 남을 원망(怨望)하지 않은 성격(性格)에 주어진 형편(形便)이나 상황(狀況)을 늘 감사(感謝)하며 살아가는 넉넉한 마음을 지닌 남자(男子)라네.

재물욕(財物慾), 명예욕(名譽慾), 식욕(食慾), 수면욕(睡眠慾), 색욕(色慾) 따위와 기쁘고, 화나고, 슬프고, 즐겁고, 미운 따위의 감정(感情)에 휩쓸리지 않기 위하여 무진(無盡) 애를 쓰는 성품(性品)이며, 많은 배움과 많은 경험(經驗)을 얻기 위해서 몸과 마음을 다해 노력(努力)하는 남자(男子)라네.

희망(希望)을 갖고 오직 앞만을 바라보며 달려가는 성격(性格)으로 고집(固執)을 피우고 집착(執着)을 하는 것 같지만, 이 사람에게 있어서는 고집(固執)이라고 단정(斷定)지을 수 없으며 집착(執着)이라고 이를 수 없다네.

변함이 없이 한 우물만을 파는 부지런한 성품(性品)이라네.

겉으로 드러나는 위세(威勢)나 체면(體面) 따위를 중요시(重要視)하나 늘 현실(現實)을 직시(直視)하는 현명(賢明)한 성격(性格)이며, 자기(自己)가 노력(努力)한 만큼 제 잇속을 당당(堂堂)하게 챙기는 남자(男子)이며, 잘못이나 허물에 대하여 직언(直言)을 하고 잘잘못을 가리는 일에 있어서 허언(虛言)을 하지 않은 성품(性品)의 소유자(所有者)라네.

무엇인가를 바라는 마음은 없지만 주는 만큼 되돌아오지 않은 사랑이며, 깊이 다가서는 애정(愛情)보다는 가볍게 지나가는 정(情)이며, 잠시 머물렀다 가는 사랑이라네.

상처(傷處)로만 다가오는 애정(愛情)이라도 늘 진실(眞實)한 마음으로, 가슴으로 내어주는 진득한 사랑이라네.

가정(家庭)이라는 울타리를 소중(所重)하게 생각하고 가족(家族)을 위하고 부양(扶養)하는 일에 몸과 마음을 다하며, 가장(家長)으로서의 의무(義務)를 다 한다네.

다만 위하고 정(情)을 들인 만큼 돌아오는 것은 냉담(冷淡)한 반응(反應)에 무덤덤한 얼굴이라네.

그래도 제가 벌인 일에 마지막까지 책임(責任)을 다하면서 그러려니 본인(本人) 스스로를 위로(慰勞)하는 남자(男子)라네.

공동체(共同體)와 함께하는 성격(性格)으로 이기적(利己的)이거나 독단적(獨斷的)인 견해(見解)를 버리고 늘 상생(相生)의 길을 찾는 성품(性品)이며, 때문에 원만(圓滿)한 관계(關係)를 이루고 살아가는 남자(男子)라네.
할 수 있는 만큼, 힘에 닿은 만큼 부지런하게 움직이는 남자(男子)로서 지인(知人)들로부터 인정(認定)을 받은 성품(性品)이며, 일의 뒷마무리를 깨끗하게 정리(整理)하면서 책임(責任)을 소신(所信)것 지고 가는 괜찮은 남자(男子)라네.
또한 자신(自身)의 위신(威信)이나 체면(體面) 따위를 세우기 위해 타인(他人)의 힘을 빌리거나 젠체하며 나서는 성격(性格)이 아니며, 오히려 자신(自身)의 처지(處地)를 분명(分明)하게 알아 제 분수(分數)를 제대로 지키면서 겸손(謙遜)하게 세상사(世上事)를 마주 대하고 제대로 처신(處身)하는 남자(男子)라네.
공동체(共同體)의 의지(意志)와 함께 하면서 제 잇속을 당당(堂堂)하게 챙기는 현실적(現實的)인 남자(男子)이며, 늘 희망(希望)과 꿈을 잃지 않고 이를 실현(實現)하기 위하여 쉼 없이 노력(努力)하면서 자신(自身)의 정당(正當)한 자리를 찾아가는 멋진 남자(男子)라네.

- 남자(男子): 양(陽) → 소음(少陰) ☱, 태(兌)

수변(周邊)을 꽤나 의식(意識)하는 까다로운 성격(性格)이며, 몹시 소심(小心)한 성품(性品)의 소유자(所有者)인지라 부딪히는 모든 일에 대하여 적극적(積極的)이지 못하고 매우 수동적(受動的)인 면을 보이는 남자(男子)라네.
그러나 잇속이나 명예(名譽), 체면(體面), 위신(威信) 앞에서는 강(强)한 욕심(慾心)을 드러내는 성격(性格)으로 말보다는 행동(行動)으로 공격적(攻擊的)인 성향(性向)을 보이며, 선후좌우(前後左右)를 살펴가면서 목표(目標)를 좇는다네.
밖으로부터의 유혹(誘惑)에 약한 성격(性格)으로 자신(自身)의 인생(人生)길을 어렵게 하기도 하지만, 일을 크게 벌이지는 않은 까닭에 매사(每事) 무난(無難)하게 넘기는 성품(性品)의 소유자(所有者)라네.
어느 한쪽으로 보면 처신(處身)과 처세(處世)에 능(能)한 듯이 보이지만 달리 생각해

보고 내심(內心)을 들여다보면 세상사(世上事)에 대하여 의구심(疑懼心)을 가지는 남자(男子)라네.

세상(世上) 일에 대하여 의심(疑心)하고 두려워하는 이러한 성품(性品)으로 인(因)하여 늘 남보다 한발자국이 뒤처지는, 꼭 하나가 모자라는 모양새를 갖추면서 후회(後悔)하는 일이 많다네.

타인(他人)의 말에 귀를 기울이지 않은 성격(性格)이며, 오로지 자신(自身)의 판단(判斷)에 의지(依支)하고 두말없이 제 할 일을 꾸려나가는 남자(男子)라네.

말은 많지 않으나 분명(分明)하게 자신(自身)의 생각이나 뜻을 밝히고, 떳떳하고 당당(堂堂)해지기 위하여 자신(自身)의 위치(位置)와 위신(威信)을 지키려 노력(努力)한다네.

노력(努力)한 만큼 제 손에 쥐어지는 것이 적은 편이며, 그에 대한 크나큰 불만(不滿)을 늘 가지고 있지만 겉으로 드러낼 만큼 강심장(强心臟)을 가진 남자(男子)는 아니며, 그 모양 그대로 바라보면서 뇌까리는 성격(性格)이라네.

일이 돌아가는 형편(形便)이나 사정(事情)에 대하여 명쾌(明快)하고 정확(正確)하게 판단(判斷)한다고 하지만, 성격(性格)이 급한 까닭에 스스로의 육감(肉感)에 크게 의존(依存)하면서 빠르게 몰아치고 다그치는 성질(性質)이라네.

때문에 돌이킬 수 없는 상황(狀況)에 처하기도 하지만 의외(意外)로 어려움 속에서 쉽게 빠져나오는 남자(男子)라네.

이른바 순발력(瞬發力)이 뛰어난 사람이라네.

또한 소심(小心)하지만 그렇지 않은 듯 말과 행동(行動)을 보이면서 대범(大汎)한 듯 보이려고 노력(努力)하는 성격(性格)이라네.

조심스럽게 다가서는 사랑이지만 제 손에 들어오면 앞으로 내달리는 애정(愛情)이라 조금은 당혹(當惑)하게 만드는 남자(男子)라네.

또한 상황(狀況)에 따라 조건(條件)이 맞는다면 좌우(左右)로 눈을 돌리는 사랑이라 상처(傷處)가 많이 따르고 쓸데없는 말에 크게 휩쓸리는 힘든 애정(愛情)이라네.

또한 끈기 있게 따라붙은 애정(愛情)이지만 더 좋은 조건(條件)이 따르면 바로 멈추어서는 사랑이라네.

가정(家庭)이라는 울타리를 처음에는 애지중지(愛之重之) 아끼고 소중(所重)하게 여기지만 오래 가지 않은 성격(性格)으로 밖에서의 어려운 일을 안으로 끌어들이고 가족(家族)에게 의존(依存)하는 일이 많으며, 가정사(家庭事)를 귀찮아하면서 피하는 성격(性格)이라네.

또한 위계질서(位階秩序)를 따지는 까다로운 성격(性格)으로 늘 위에 서기를 좋아하고 잔소리를 앞세워 가족(家族)을 손아귀에 잡으려는 맹한 사람이라네.

그래도 자식(子息)을 끌어안고 가는 부정(父情)이 강(强)하다네.

많은 이들과 어우러지는 성격(性格)으로 서로의 목표(目標)를 위한 협동심(協同心)이 강(强)하고 리더의 지시(指示)에 잘 따르는 편이며, 지시(指示)하는 내용(內容)을 충실(充實)하게 지켜나간다네.

때문에 현실적(現實的)으로 보면 공동(共同)의 목표(目標)를 위해서는 인간관계(人間關係)가 무난(無難)한 편이며, 공동(共同)의 목표(目標)를 떠난 제 잇속 앞에서는 날카로운 이빨을 세우는 냉정(冷情)한 관계(關係)라네.

일을 처리(處理)하는 데 있어서 이성적(理性的)인 판단(判斷)에 의존(依存)하기보다는 스스로의 육감적(肉感的)인 판단(判斷)에 크게 의지(依支)하며, 이로 인(因)하여 고된 삶을 살아간다네.

사소(些少)한 분쟁(分爭)이 따르기도 하지만 원만(圓滿)하게 공동(共同)의 목표(目標)를 이뤄가면서 부족(不足)하지 않게 제 잇속을 챙기며 살아간다네.

- 남자(男子): 양(陽) → 소양(少陽) ☲, 리(離)

전후좌우(前後左右)를 분명(分明)하게 알아서 판단(判斷)하고 나름 자신(自身)이 처한 상황(狀況)을 밝게 이끈다지만, 욕심(慾心)을 바탕으로 한 육감(肉感)에 의존(依存)하기 때문에 행하여지는 일의 처리(處理)에 따라 감정(感情)의 기복(起伏)이 매우 심한 성격(性格)이라네.

일이 돌아가는 사정(事情)이나 형편(形便)에 따라 한쪽으로 치우치거나 휩쓸리는 경향

(傾向)이 심하고 전후좌우(前後左右)로 내닫고 치달리는 성격(性格)이며, 자신(自身)의 판단(判斷)만을 믿고서 타인(他人)의 뜻이나 생각을 무시(無視)하는 일이 많다네. 때문에 독단적(獨斷的)이고 매우 이기적(利己的)인 모습을 보이며, 자신(自身)의 뜻이나 생각을 따르지 않으면 강요(强要)를 하기보다는 홀로 앞서는 성질(性質)의 남자(男子)라네.

스스로의 작은 잣대로 일이 돌아가는 형편(形便)이나 사정(事情)을 판단(判斷)하고 때에 따라 일어나는 감정(感情)을 거르지 않고 드러내기 때문에 쓸데없는 말이 많으며, 도움이 되지 않은 행동(行動)을 많이 저지르는 성격(性格)이라네.

또한 스스로의 말과 행동(行動)으로 인(因)하여 벌어지는 잘못이나 허물에 대하여 책임(責任)을 진다고는 하지만 타인(他人)의 탓으로 돌리는 성격(性格)이며, 이를 계기(契機)로 자신(自身)의 입지(立地)를 세우려는 약간(若干)은 몰염치한 이빨을 드러내기도 하면서 자신(自身)의 체면(體面)이나 위신(威信)을 내세우는 사람이라네.

잘난 것을 겉으로 드러내기를 좋아하고 자신(自身)을 세우면서 나보다 난 이를 무시(無視)하며, 많이 아는 듯, 가진 듯하지만 바탕에 깔린 마음은 매우 현실적(現實的)인 성격(性格)으로 이득(利得)이 되지 않으면 나서는 남자(男子)가 아니라네.

그렇다고 이재(理財)에 밝거나 재물(財物)을 탐(貪)하지는 않으며, 제 스스로 한만큼 잇속을 챙기는 양심(良心)있는 성품(性品)이라네.

그러나 노력(努力)한 만큼 얻어지지는 않으며, 제 욕심(慾心)에 차지 않은 까닭에 거침없는 말과 행동(行動)으로 자신(自身)을 몰아치는 사람이라네.

자신(自身)의 뜻이나 생각에 따르기를 바라는 사랑이라 상대방(相對方)에게 부담(負擔)을 주는 정(情)이며, 자신(自身)의 뜻이나 생각에 반(反)하는 애정(愛情)이라면 가차 없이 뒤돌아서는 사랑이라네.

겉으로 드러내어 과시(誇示)하고 싶은 성격(性格)으로 때때로 과격(過激)한 표현(表現)으로 말미암아 상처(傷處)를 많이 받는 애정(愛情)이라네.

가정(家庭)이라는 울타리를 소중(所重)하게 여기지만 자신(自身)의 체면(體面)이나 위신(威信)을 세우기 위한 필요(必要) 조건(條件)으로 여기는 성격(性格)으로 큰 애정

(愛情)을 보이지는 않는다네.

가부장적(家父長的)이며 보수적(保守的)인 남자(男子)로서 자신(自身)의 뜻이나 생각만을 내세우고, 가족(家族)이 바라는 모든 것을 막아 세우면서 자신(自身)이 원하는 것만을 얻어가지는 성격(性格)이라네.

물론 가장(家長)으로서의 책임(責任)을 다 한다고는 하지만 말이 앞설 뿐이며, 행동(行動)으로는 미흡(未洽)한 부분(部分)이 많은 남자(男子)라네.

다만 양심(良心)것 노력(努力)하는 모습이 그나마 다행(多幸)이라면 다행(多幸)이라네.

인간관계(人間關係)에 있어서 타인(他人)의 의견(意見)이나 견해(見解)를 무시(無視)하고 자신(自身)의 의지(意志)에 따라 몰고 다니는 까닭으로, 많은 견제(牽制)와 질타(叱咤)를 받지만 이 모든 것을 배제(排除)하고 움직이는 남자(男子)라네.

육감(肉感)에 따라 한쪽으로 몰아세우는 성격(性格)으로 집단(集團) 의지(意志)를 원하는 쪽으로 이끌어가면서 유효적절(有效適切)하게 큰 이득을 꾀하지만 원하는 만큼 얻지를 못하고 다소 실망감(失望感)을 던져주는 남자(男子)라네.

그렇다고 기(氣)가 죽거나 뒤로 물러나는 성격(性格)이 아니며, 오히려 스스로의 잘못이나 허물을 집단(集團) 의지(意志)의 잘못으로 돌리고 스스로 뒤로 빠져버리는 냉정(冷情)함이 있다네.

때문에 두루 원만(圓滿)한 인간관계(人間關係)를 이룬다고 하지만 사실 잇속에 따른 관계(關係)이며, 나름 자기(自己)만을 위한 것이라네.

또한 스스로의 체면(體面)이나 위신(威信) 따위를 세우기 위해 아닌 척, 그런 척, 있는 척, 없는 척, 아는 척, 모르는 척하면서 자신(自身)을 위장(僞裝)하고 잘잘못에 대하여 의뭉스러운 면을 보이면서, 스스로의 잘못이나 허물에 대해서는 뒤로 숨어버리고 잘한 일은 드러내어 자랑하는 남자(男子)라네.

- 남자(男子): 양(陽) → 태음(太陰) ☳, 진(震)

막무가내(莫無可奈)로 밀어붙이는 성격(性格)으로서 타인(他人)의 의사(意思)를 받아들이는 척하지만 자기(自己)의 뜻이나 생각대로만 밀고 끌고 가는 남자(男子)라네.

물론 보는 눈에 따라 강(强)한 남자(男子) 같이 보이지만 참으로 어리석은 성품(性品)이 아닌가.
때문에 처음은 기대치(期待値)가 높고 그에 부응(副應)하여 믿고 따르지만 곧이어 따르는 것은 실망감(失望感)이라네.
일이 돌아가는 상황(狀況)이나 그 형편(形便)을 제대로 파악(把握)하지 않고 자신(自身)의 의지(意志)대로 밀어붙이는 성격(性格)으로 인(因)하여 자신(自身)은 물론, 무리의 이익에까지 해(害)를 끼치면서 주변(周邊)을 얼어붙게 만드는 성품(性品)이라네.
그렇다고 스스로의 잘못이나 허물을 인정(認定)하는 사람이 아니며, 오히려 타인(他人)을 탓하면서 자신(自身)의 잘난 면을 부각(浮刻)시키려는 성격(性格)이라네.
잘잘못에 대한 판단(判斷)이 어두우며, 본인(本人) 스스로의 아둔함을 알지 못하는 까닭으로 얻은 것보다는 잃은 것이 많은 편이고 타인(他人)의 질타(叱咤)나 원망(怨望)을 알아채지 못하면서 자신(自身)의 뜻이나 생각만을 내세우며, 자기(自己)의 입지(立志)만을 지키려는 고집(固執)을 피운다네.
이러한 자기(自己) 중심적(中心的)인 사고방식(思考方式)으로 주변(周邊)에서 돌아가는 상황(狀況)이나 형편(形便)을 곡해(曲解)하고 이를 바탕으로 모든 일을 이끌어가는 까닭에 늘 구설수(口舌數)나 뜻하지 않은 어려움에 봉착(逢着)하며, 타인(他人)의 원망(怨望)을 듣는 남자(男子)라네.
이렇다 할 목적(目的)이나 목표(目標)를 가지고 제 스스로의 판단(判斷)에 따라 움직이는 성격(性格)이 아니라 육감(肉感)에 의존(依存)하면서 작은 잇속에 따라 이합집산(離合集散)하는 성격(性格)이 강(强)하며, 사실(事實) 현실적(現實的)인 사람이 아니라 허무맹랑(虛無孟浪)한 이야기를 따르는 남자(男子)라네.
때문에 눈앞에 드러나는 작은 잇속마저도 챙기지 못하고, 늘 보이지 않은 먼 곳을 바라보면서 터무니없는 꿈을 꾸는 성품(性品)의 소유자(所有者)라네.
눈앞의 작은 사랑은 보지 못하고 보이지 않고 잡을 수 없는 사랑을 쫓는다네.
준다고 주는 사랑이지만 늘 아쉬움이 남은 애정(愛情)이며, 그 실체(實體)가 드러나지 않은 맹한 사랑이라네.

제 욕심(慾心)만을 채우려는 남자(男子)로서 사랑하는 사람을 위한 애정(愛情)보다는 늘 자기(自己) 중심적(中心的)이며 매우 이기적(利己的)인 사랑에 집착(執着)을 하는 남자(男子)라네.

또한 어디로 튈지 모르는 사랑이라 늘 불안(不安)한 마음을 가지고 가는 애정(愛情)이라네.

나름대로 가정(家庭)이라는 울타리를 지키지만 독단적(獨斷的)이며 자기(自己) 중심적(中心的)인 사람이라 매우 폐쇄적(閉鎖的)인 가정(家庭)을 이루며, 가족(家族)의 의견(意見)을 무시(無視)한 채 자기(自己) 위주(爲主)로 끌고 가는 남자(男子)라네.

말보다는 감정(感情)의 기복(起伏)을 따르면서 행동(行動)을 먼저 앞세우지만 늘 자신(自身)의 잘난 면만을 내세우며, 잘못이나 허물에 대해서는 의뭉스럽게 넘어가는 남자(男子)라네.

때문에 가족(家族)으로부터 인정(認定)을 받지 못하고 미움을 받으면서 늘 겉도는 가족(家族) 사랑을 한다네.

바로 눈앞의 잇속마저도 챙기지 못하는 성격(性格)이면서 타인(他人)의 잘못이나 허물을 드러내고 이를 바탕으로 자신(自身)을 세우는 까닭에 구설수(口舌數)와 어려운 일에 힘들어하는 남자(男子)라네.

알지 못하면서도 아는 척, 많이 가지고 있지 못하면서도 많이 가진 척, 해결(解決)할 수 없으면서도 해결(解決)할 수 있는 척 나서며, 제 위신(威信)이나 체면(體面)을 지키려고 하지만 늘 마음에 큰 상처(傷處)를 받은 남자(男子)라네.

무리의 잇속을 챙겨주기보다는 작은 잇속을 따라 말과 행동(行動)이 달라지는 까닭으로 무리 속에서 내침을 당하는 성격(性格)이며, 더하여 이를 눈치 채지 못하는 아둔한 남자(男子)라네.

두루 원만(圓滿)한 인간관계(人間關係)를 이루는 듯하지만 늘 겉도는 남자(男子)이며, 제 마음을 열지 못하면서 오히려 타인(他人)의 좁은 마음을 탓하고 큰 무리에 융합(融合)하지 못하는 성품(性品)이라네.

또한 무리의 우두머리가 된다고는 하지만 무리를 이끄는 일에 있어서 현실적(現實的)

이며 맑은 이성(理性)을 바탕으로 하기보다는 육감(肉感)에 의존(依存)한 판단(判斷)에 따르고, 타인(他人)의 견해(見解)를 따르기보다는 자신의 의지(意志)를 앞세우는 성품(性品)의 소유자(所有者)라네.

전후좌우(前後左右)를 가리지 않고 열심히 뛴다고는 하지만 잘되면 제 탓, 잘못되면 남에 탓이라네.

- 남자(男子): 음(陰) → 태양(太陽) ☴, 손(巽)

겉보기와는 다르게 마음의 작용(作用)이 큰 성격(性格)으로 우연(偶然)을 가장(假裝)하여 스스로의 육감(肉感)에 따라 감정(感情)의 기복(起伏)을 이겨내고 타고난 본능(本能)을 충족(充足)시키는 사람이며, 이성(理性)을 바탕으로 한 철저(徹底)한 계산(計算)보다는 눈앞에 드러난 상황(狀況)이나 형편(形便)에 따른 현실적(現實的)이고 실질적(實質的)인 잇속을 챙기는 냉정(冷情)한 성격(性格)이라네.

자신(自身)의 잘못이나 허물을 감추고 잘난 면만을 밖으로 끄집어내어 스스로의 입지(立志)를 당당(堂堂)하게 하면서 자기(自己)의 의사(意思)를 독단적(獨斷的)으로 이끌어가며, 주변(周邊)에서 돌아가는 상황(狀況)을 제대로 파악(把握)하고 때에 따라 움직이는 현명(賢明)한 성격(性格)이라네.

다만 스스로의 잣대가 작은 줄 모르고 그것이 전부(全部)인양 타인(他人)의 의견(意見)을 무시(無視)하면서, 자신(自身)의 뜻이나 생각을 굽히지 않고 고집(固執)스럽게 나가는 것이 문제(問題)라네.

말과 행동(行動)에 있어서 매사(每事) 자기(自己) 중심적(中心的)으로 움직이는 성격(性格)으로 스스로의 의사(意思)에 반(反)하거나 따르지 않더라도 끝내 그 길로 나서는 참으로 고집(固執)스런 사람이며, 후회(後悔)나 다시금 되돌리는 성격(性格)이 아니라네.

주어진 여건(餘件)이 만족(滿足)스럽게 돌아간다면 크게 욕심(慾心)을 부리지 않은 성격(性格)이며, 다만 일이 돌아가는 상황(狀況)이나 형편(形便)에 따르지 않고 늘 자기(自己)의 판단(判斷)만을 믿은 까닭으로 더욱 나아지는 결과(結果)를 볼 수 없다는 것이 문제(問題)라네.

작지만 작은 잇속에 만족(滿足)하는 까닭으로 크게 문제(問題)를 일으키지 않은 성격(性格)이지만 무리의 이익에서 보면 꽤난 성가신 성품(性品)을 지닌 사람이라네.

사방(四方)에서 다가오는 사랑을 보지 못하고 눈앞에서 드러난 작은 애정(愛情)에 마음이 끌리는 사랑이며, 오직 하나만을 가슴에 묻어 안은 정(情)이라네.

순수(純粹)한 마음을 바탕으로 한 애정(愛情)이지만 본능(本能)에 따르는 또 육감(肉感)에 따르는 애정(愛情)이라 감정(感情)의 기복(起伏)이 심해지는 사랑이며, 늘 어디론가 떠날 듯 불안(不安)한 정(情)이라네.

늘 한자리에서 기다리는 사랑이며, 만족(滿足)스러운 한 번의 애정(愛情)으로 오랜 세월(歲月)을 참고 견디는 가슴 답답한 정(情)이라네.

가족(家族) 대한 사랑은 일방적(一方的)이며, 달리 다른 길을 제시(提示)할 수 있는 성격(性格)의 것이 아니고 늘 제 마음대로 몰아치고 이끌어가는 관계(關係)라네.

나름 몸과 마음을 다하여 가족(家族)을 위하여 노력(努力)을 한다지만, 자신(自身)의 목표(目標)나 목적(目的)을 위해 열중에 하나는 감추고 있는 남자(男子)라네.

개방적(開放的)인 듯 가족(家族)을 풀어주는 것 같지만 매우 보수적(保守的)이면서 가부장적(家父長的)이며, 가족(家族)이라는 존재(存在)는 자신(自身)의 위신(威信)이나 체면(體面) 따위를 위한 것이라 여기면서 위세(威勢)를 떠는 남자(男子)라네.

그러나 위세(威勢)를 떠는 만큼 가족(家族)으로부터 크게 인정(認定)을 받지 못하고 오히려 가족(家族)으로부터 핀잔을 듣는 맹한 남자(男子)라네.

무리를 이끄는 일에 있어서 전후좌우(前後左右)를 밝게 알아 이끄는 편이지만 그렇게 큰 신뢰(信賴)를 발휘(發揮)하지 못하는 편이며, 믿고 따르는 이가 많지 않다네.

육감(肉感)을 따르는 까닭으로 이성적(理性的)인 판단(判斷)이 뒤처지기는 하지만 때때로 커다란 이윤(利潤)을 남기기 때문에 무리가 따르는 것이며, 이윤(利潤)이 창출(創出)되지 않는다면 곧바로 내침을 당하는 딱한 사람이라네.

때문에 두루 원만(圓滿)한 인간관계(人間關係)를 위해서 무섭게 앞으로 내달리며 노력(努力)하는 남자(男子)이며, 그만큼 부담감(負擔感)을 지고 살아가는 삶이라네.

- 남자(男子): 음(陰) → 소음(少陰) ⚍, 감(坎)

밖으로 드러내어 밝히는 외성적(外性的)인 성격(性格)은 아니지만 자신(自身)의 뜻이나 생각을 굽히지 않은 고집(固執)스런 성격(性格)이며, 타인(他人)의 강요(强要)나 강압(强壓)이 있더라도 두루뭉술하게 넘기는 여유로운 마음을 지닌 성격(性格)이라네.

아닌 듯, 그런 듯 모든 것에 의미(意味)를 두고 자신(自身)의 위신(威信)이나 체면(體面) 따위를 위해 말과 행동(行動)을 하며, 모든 것에 의미(意味)를 둔 이유(理由)가 남을 위한 따뜻한 마음이기보다는 자기(自己) 자신(自身)만을 위한 욕심(慾心)이 많은 성격(性格)이라네.

한자리에 편안(便安)하게 있기를 좋아하는 성격(性格)으로 기회(機會)가 주어진다면 움직이지 않고 하루를 생각이 없이 지내는 남자(男子)이며, 늘 자기(自己)만의 세상(世上)을 가지고 생각 속의 그 세상(世上)속에서 만족(滿足)을 하기도 하며, 자기(自己)만의 세상(世上)을 자랑스럽게 여기는 성격(性格)이라네.

겉으로 보기에 매우 우유부단(優柔不斷)한 모습을 보이지만 자기(自己)의 잇속 앞에서는 과감(果敢)한 면을 보이고 목적(目的)한 바를 갖기 위해 거침없이 앞으로 치닫는 성격(性格)의 소유자(所有者)라네.

보기와는 다르게 본인(本人)의 위신(威信)이나 체면(體面) 등을 위해 힘 있고 있는 자들에게 빌붙은 성격(性格)이며, 자신(自身)의 욕망(慾望)을 충분(充分)하게 이루고 나면 가차 없이 저버리는 냉정(冷情)한 성품(性品)을 지닌 사람이라네.

없지만 있는 척, 모르지만 아는 척하며, 자신(自身)을 세우고 당당(堂堂)하게 세상(世上)에 나서지만 사실(事實)은 게으른 성격(性格)으로 본인(本人)이 가진 모든 것을 깨먹으면서 허송세월(虛送歲月)하는 마음 편한 성품(性品)의 소유자(所有者)라네.

잇속 앞에서 본인(本人)의 속마음을 들키고 마는 맹한 성격(性格)의 남자(男子)이기도 하다네.

자신(自身)의 잘못이나 허물에 대하여 이렇다 할 변명(辨明)이나 해명(解明)이 없이 넘기는 성격(性格)으로 그런 듯 아닌 듯 넘기는 남자(男子)이며, 내 탓, 남에 탓을 함에 있어서 매우 모호(模糊)하게 만드는 성품(性品)이라네.

선이 분명(分明)하지 않은 사랑이란 혼란(混亂)만 가중(加重)시키는 정(情)이 아니겠는가.

본인(本人)만을 위한 애정(愛情)은 이성(理性)에게 부담감(負擔感)을 주고 따뜻한 마음에서 한 발짝 물러서게 만드는 요인(要因)이 아니겠는가.

본인(本人)의 마음을 활짝 열고 있다 말하지만 하나쯤은 열지 않은 채 두고 가는 사랑은 아닌지…… 가정(家庭)이라는 울타리를 지키지 위해 몸과 마음을 다해 노력(努力)하는 성격(性格)이며, 가족(家族)의 뜻이나 생각을 무시(無視)하기는 하나 제대로 된 실속을 챙겨주는 남자(男子)이기 때문에 가족(家族)으로부터 신뢰(信賴)를 받기는 한다네.

그러나 가부장적(家父長的)이며 자기(自己) 중심적(中心的)인 성격(性格)으로 인(因)하여 가족(家族)으로부터 냉대(冷待)를 받고 때때로 겉도는 남자(男子)라네.

물론 약속(約束)을 한 이후(以後)에 게으름을 피우지 않는다면 가정(家庭)이라는 울타리는 든든한 배경(背景)이 아니겠는가.

제 잇속에 눈이 가려지기는 하나 전후좌우(前後左右)를 살피면서 받을 것은 받고 버릴 것은 버리는 성격(性格)이라 주변(周邊) 사람들에게 선한 이미지를 던지는 남자(男子)이며, 나름 그렇게 보이도록 노력(努力)을 기울이는 편이고 두루 원만(圓滿)한 인간관계(人間關係)를 맺기 위해 조그만 제 잇속을 버릴 수 있는 남자(男子)라네.

육감(肉感)에 의존(依存)한 판단(判斷)을 따라 사람을 가리는 성격(性格)이지만 집단(集團)의 의견(意見)을 따르는 성격(性格)으로 이를 빌미로 삼아 제 위신(威信)이나 체면(體面)을 차린다네.

어찌 보면 처세(處世)에 능(能)한 듯이 보이지만 얕은 수에 지나지 않은 것이며, 본래(本來) 목적(目的)은 제 잇속을 챙기기 위한 주된 방법(方法)일 뿐이라네.

되도록 자신(自身)의 힘을 들이지 않고 타인(他人)의 힘을 빌려 제 위치(位置)나 세력(勢力)을 키우려는 성격(性格)으로서 매우 게으름을 피우는 사람이며, 우물을 파게 되면 한 우물만 파고 들어가는 외골수적인 면을 보이는 남자(男子)라네.

- 남자(男子): 음(陰) → 소양(少陽) ☶, 간(艮)

제 잘난 멋에 밀고 당기는 성격(性格)으로 이성적(理性的)인 판단(判斷)에 따르기보다는 감정(感情)의 기복(起伏)이 따른 육감(肉感)에 의존(依存)하면서 제 멋대로 세상사(世上事)를 분별(分別)하고 자기(自己)만의 잣대로 판단(判斷)하는 성격(性格)이라네. 본인(本人)의 뜻이나 생각에 반(反)하는 일과 사람에 대하여 냉랭(冷冷)한 모습을 보이는 남자(男子)이며, 하늘 높은 줄 모르고 쓸데없는 오기(傲氣)를 부리면서 되지도 않은 만용(蠻勇)을 부리는 성품(性品)이라네.

일의 이치(理致)를 분별(分別)함이 없이 함부로 날뛰는 용기(勇氣)란 본인 스스로에 대하여 매우 아둔한 까닭으로 인(因)한 것이며, 타인(他人)의 의사(意思)를 도외시(度外視)하면서 쓸데없이 자신(自身)을 높이기 때문이라네.

자기(自己)의 체면(體面)이나 위신(威信) 따위를 세우기 위해 타인(他人)의 힘에 빌붙어 아부(阿附)를 하는 성격(性格)이며, 목적(目的)을 이루거나 욕구(欲求)가 충족(充足)이 되면 쓸데없는 미련(未練)을 떨지 않고 인연(因緣)을 끊어버리는 매몰찬 성품(性品)의 소유자(所有者)라네.

가진 것이 없어도 많이 가진 척, 알지도 못하면서 많이 아는 척, 이기지도 못할 거면서 본인(本人)이 이기는 척하며, 늘 자신감(自信感)에 차있는 듯이 보이지만 항상 뒤가 무른 성격(性格)으로 강(强)한 듯 자신(自身)을 가장(假裝)하는 남자(男子)라네.

세상(世上)을 바쁘게 살아가는 것처럼 보이지만 쓸데없는 말과 행동(行動)만이 무성(茂盛)할 뿐 실속이 없는 행위(行爲)에 제대로 게으름을 피우는 성격(性格)이라네.

욕심(慾心)만이 밖으로 드러날 뿐 뭐 하나 득(得)이 되는 일이 없이 늘 동서남북(東西南北)으로 바쁘게 돌아가는 사람이며, 일이 돌아가는 상황(狀況)이나 형편(形便)을 제대로 알지 못하고 막무가내(莫無可奈)로 밀어붙이는 성격(性格)이라네.

상대방(相對方)의 기분(氣分)이나 감정(感情)을 헤아리지 않고 자기(自己)의 기분(氣分)이나 감정(感情)에 따라 애정(愛情)을 퍼붓는 성격(性格)이며, 타인(他人)이 무어라 말을 하건 개의치 않고 자기(自己)의 목적(目的)만을 취하는 사랑이라네.

직접(直接) 다가서는 사랑이 아니라 남이 다가서는 애정(愛情)을 바라는 성격(性格)으로 우유부단(優柔不斷)하면서 부끄러운 모습을 보이고 수동적(受動的)인 사랑을 하는 남자(男子)라네.

가족(家族)에 대한 관념(觀念)이 약한 성격(性格)으로 책임감(責任感)이 희박(稀薄)한 남자(男子)이며, 가정사(家庭事)에 대한 모든 것을 가족(家族)의 책임(責任)으로 돌리면서 본인의 잘못이나 허물을 가족(家族)에게 돌리는 성격(性格)이라네.

게으른 성품(性品)으로 뒷방 하나를 차지하고서는 의식주(衣食住)의 모든 것을 요구(要求)하는 남자(男子)라네.

스스로 노력(努力)하여 가족(家族)을 부양(扶養)하기보다는 타인(他人)의 힘을 빌리는 가족(家族) 사랑이라네.

좋은 인연(因緣)을 떠나 제 잇속을 챙기기 위해 몸과 마음을 다하는 성품(性品)이지만 손에 쥐어지는 것은 마음에 차지 않고 늘 허기진 배를 채우기 위해 노력(努力)한다네.

기복(起伏)이 심한 인간관계(人間關係)로 인(因)하여 때때로 구설수(口舌數)와 질타(叱咤)를 받지만 전혀 개의치 않은 성격(性格)이며, 스스로의 마음을 열지 않고 세상사(世上事)에 대하여 비판적(批判的)인 면을 보이는 편이라네.

본인(本人)의 잘못이나 허물에 대하여 인정(認定)을 하지 않은 성격(性格)이며, 오히려 자신(自身)을 세우고 자랑하기 위하여 자신(自身)의 잘못이나 허물을 정당화(正當化)하는 남자(男子)라네.

타인(他人)과 쉽게 융합(融合)하지 못하는 성격(性格)으로 모진 말과 거친 행동(行動)을 서슴지 않고 내뱉은 남자(男子)이며, 무리와 함께 어울리기보다는 자신(自身)이 만든 사유(思惟)의 세계(世界)에 노닐면서 된 척, 난 척, 든 척을 하면서 체면(體面)치레를 하는 남자(男子)라네.

또한 눈앞의 잇속만을 좇은 까다로운 성격(性格)이며, 욕심(慾心)을 부리더라도 일이 돌아가는 상황(狀況)이나 형편(形便)을 제대로 알지 못하고 늘 제멋대로 제 마음 가는 대로 몸과 마음만 분주(奔走)하게 이리저리 떠도는 남자(男子)라네.

타인(他人)이 내미는 따스한 손길을 고맙게 여길 수도 있건만 스스로의 힘으로 제어(制御)할 수 없는 일이 벌어지면 가족(家族)의 등 뒤로 숨어버리는 못난 남자(男子)라네.

- 남자(男子): 음(陰) → 태음(太陰) ☷, 곤(坤)

스스로의 잘못이나 허물을 따지지 않고 끌어안은 성격(性格)으로 매사(每事)를 긍정(肯定)도 부정(否定)도 아닌, 있는 그대로 모든 것을 인정(認定)하고 마냥 제 할 일을 해나가는 성품(性品)의 소유자(所有者)라네.

남을 탓하기에 앞서 제 할 일에 몸과 마음을 다하는 남자(男子)이며, 누가 무어라 떠들든 말든 개의치 않고 온 몸이 부서져라 일만 하는 성품(性品)이라네.

자신(自身)이 사리(事理)에 어두우며, 스스로의 성품(性品)이 아둔한 것을 알아 지혜(智慧) 있는 이들의 말을 따라 움직여 행(行)하는 사람이며, 이익(利益)이 되거나 손해(損害)를 보거나 앞과 뒤를 재지 않고 애를 쓰는 성격(性格)이라네.

본래(本來) 동서남북(東西南北)이 어두운 것을 알아 그 속에 편안(便安)하게 머물러도 되건만 제 힘으로도 가누지 못하는 육신(肉身)을 이끌고서 거친 세상사(世上事)를 헤쳐 나가는 남자(男子)라네.

눈 감고 귀를 닫고 입을 막고 몇 년을 살아야 이 인생(人生)의 끊을 놓을 수 있을는지, 가늠하지 못하는 세월(歲月)을 바라는 바 없이 본인(本人) 스스로를 놓아버리고 살아가는 성격(性格)이라네.

바라고 하고자 하는 욕심(慾心)이 없는 것은 아니나 제 분수(分數)를 알아 움직이는 성격(性格)이며, 얻고자 하는 그 무엇인가가 있더라도 자신(自身)보다는 타인(他人)에게 양보(讓步)를 하고 못난 듯 뒤로 물러서는 남자(男子)라네.

말로 따지다 보면 남을 위하는 좋은 사람 같아 보이지만 사실(事實)을 드러내놓고 보면 본인(本人) 스스로가 얼마나 답답하겠는가.

스스로도 어찌 할 수 없는 거친 세상사(世上事) 앞에서 아무도 모르게 눈물을 흘리는 마음이 아픈 남자(男子)라네.

외따로 멀리 던져놓은, 아니 숨겨놓은 진실(眞實)한 마음이란 치유(治癒)할 수 없는 병(病)이 되어 남을까봐 밖으로 드러내지 않은 것인지…… 제 본모습을 감추고 납작 엎드려 살아가는 모습이 애틋해 보이지만 이 또한 사람이 살아가는 모습의 단편(斷片)이 아닌가.

다만 본인(本人)이 처한 어려운 상황(狀況)이나 형편(形便)이라도 타인(他人)의 어려움을 내치지 않고, 도움의 손길을 내미는 그 마음이 애틋한 남자(男子)라네.

사랑은 무엇이며, 정(情)은 또 무엇이던가.

인연(因緣)을 따라 만나고 헤어지는 일이 다반사(茶飯事)라지만 마음에 지닌 깊은 애정(愛情)을 쉽게 내어주는 성격(性格)이 아니라네.

어렵게 만나 정(情)을 주고 헤어지는 일에 가슴을 부여안고 말을 하지 못하는 아픔이며, 자신(自身)보다는 사랑하는 이의 마음을 달래는 참 모질고 모진 가슴앓이를 하는 애정(愛情)이라네.

가정(家庭)을 이루기도 쉽지 않은 성격(性格)이지만 이 가정(家庭)을 유지(維持)하는 일이 더욱 어려운 사람이라네.

모든 것을 끝내 인내(忍耐)하며 이끌어가지만 알아주지 않고, 떠나는 사랑하는 가족(家族)으로 인(因)하여 상처(傷處) 위에 또 다시 상처(傷處)를 입은 남자(男子)라네.

어찌 되었든 몸과 마음을 다해 가족(家族)을 부양(扶養)하고 책임(責任)을 다하기 위해서 노력(努力)하는 성품(性品)이라네.

많은 이들로부터 도움을 받은 관계(關係)를 만들어가며, 본인 또한 남을 위하는 마음이 남다르고 조건(條件)없이 무리의 뜻과 생각에 동참(同參)하는 성격(性格)이라네.

혼자 있기를 두려워하는 사람으로서 많은 이들과 어울리기 위해서 본인(本人)이 가진 모든 것을 있는 그대로 보여주는 남자(男子)이며, 서슴없이 내가 아닌 전혀 다른 기운(氣運)에 동화(同和)되는 성품(性品)이라네.

그렇다고 자신(自身)의 본바탕을 버리는 것이 아니며, 이는 두려움을 깨버리는 본인(本人)만의 성격(性格)으로 남을 위하고 나를 위하는 길이라 생각하면서 늘 나보다는 남을 먼저 생각하는 것이라네.

처신(處身)과 처세(處世)에 능(能)한 남자(男子)가 아니며, 오히려 그러한 일에 매우 아둔한 사람으로서 다만 그리 어색(語塞)해 보이지 않을 뿐이라네.

어찌 되었든 한번 왔다가 가는 인생(人生)이 아니던가.

본인(本人)이 막장 인생(人生)을 살더라도 타인(他人)의 화려(華麗)한 삶을 부러워하지 않은 성격(性格)이며, 오히려 이를 본보기 삼아 스스로를 단련(鍛鍊)하면서 노력(努力)하는 남자(男子)라네.

- 여자(女子): 양(陽) ➜ 태양(太陽) ☰, 건(乾)

드러난 모든 것을 제 손에 쥐어 잡고 가는 성격(性格)으로 타인(他人)의 규제(規制)나 억압(抑壓) 따위에 절대 눌리거나 뒤로 물러서는 여자(女子)가 아니며, 외려 자신(自身)의 뜻이나 생각 등을 강(强)하게 표현(表現)하는 성품(性品)이라네.
자신(自身)의 위신(威信)이나 체면(體面)을 위해서라면 떳떳하고 당당(堂堂)하게 타인(他人)의 힘을 빌리는 성격(性格)이며, 입에 발린 소리를 하지 않은 당찬 여성(女性)이라네.
주변(周邊)으로부터 들어오는 많은 의견(意見)을 따르는 것 같지만 본인(本人)의 의사(意思)를 쉽게 버리는 성격(性格)이 아니며, 고집(固執)스럽게 본인(本人)의 뜻이나 생각을 버리지 않고 매사(每事) 자신(自身)의 틀에 맞추는 여자(女子)라네.
앞만을 보고 목표(目標)를 향해 내달리는 성격(性格)으로 뒤를 돌아보지 않으며, 오로지 목적(目的)을 이루기 위하여 노력(努力)하고 일이 돌아가는 형편(形便)이나 사정(事情)을 밝게 알아서 나름 물러나고 나아감을 제대로 펼치는 성품(性品)이라네.
물론 자신(自身)만의 잣대로 세상사(世上事)를 판단(判斷)하나 본인(本人)의 사고방식(思考方式)만큼은 매우 자유분방(自由奔放)한 여인(女人)이라네.
그러나 대놓고 받아들이거나 내치는 사고방식(思考方式)이 아니라 일반적(一般的)인 규범(規範)을 넘어서지 않은 자유(自由)이며, 분수(分數)에 넘치도록 스스로를 놓아버리지 않고 때에 따르는 현명(賢明)한 사고방식(思考方式)이라네.
달리 보면 몹시 되바라진 성격(性格)으로 보이지만 내심(內心) 여린 마음을 지닌 성격(性格)으로, 늘 말과 행동(行動)을 조심(操心)하면서도 제 할 말은 하고 살아가는 당돌(唐突)한 여인(女人)이기도 하다네.
체면(體面)이나 관습(慣習), 격식(格式) 같은 것에 얽매이지 아니하고 말과 행동(行動)이 자유(自由)로운 성격(性格)이지만 자신(自身)을 다잡아 움직이는 신중(愼重)한 면이 있다네.

스스로의 잘못이나 허물에 대하여 인정(認定)하면서도 제 잇속 앞에서는 욕심(慾心)이 담긴 이빨을 서슴없이 세우고, 있는 그대로의 모습으로 확실(確實)하게 본인(本人)의 뜻대로 밀어붙이는 성격(性格)의 소유자(所有者)라네.

때때로 한쪽으로 치우치거나 휩쓸리는 성격(性格)으로 쓸데없는 것에 집착(執着)을 하기도 하지만, 터무니없는 일을 벌이거나 허튼 짓을 하지 않은 성격(性格)이라네.

내 사랑은 내가 알아서 챙기는 여자(女子)로서 뜨겁고 진한 애정(愛情)을 바라는 사랑이며, 사랑을 찾아 동서남북(東西南北)으로 눈이 돌아가고 한번 맺은 인연(因緣)은 놓치지 않은 정(情)이라네.

지겹도록 끈질긴 인연(因緣)에 몸부림치면서도 이 순간(瞬間)의 고통(苦痛)을 즐기는 사랑이라네.

가족(家族)을 생각하고 위하는 마음이 끔찍한 성격(性格)으로 제자리에서 벗어난 가족(家族)을 물어 나르는 여인(女人)이며, 본인(本人)의 힘이 닿은 곳까지 몸과 마음을 다하는 성품(性品)이라네.

때에 따라서는 넘나들지 말아야 할 규범(規範)의 선을 넘나들면서도 가정(家庭)이라는 울타리를 놓지 않은 여인(女人)이며, 가족(家族)을 품안에서 놓지 않은 뜨거운 모정(母情)이라네.

인간관계(人間關係)에 있어서 솔직하며, 주변(周邊) 사람들과 두루 원만(圓滿)하게 지내지만 자신(自身)의 뜻이나 생각을 피력(披瀝)하는 까닭으로 때에 따라서는 구설수(口舌數)나 분쟁(分爭)에 휘말린다네.

예민(銳敏)한 육감(肉感)을 타고난 여인(女人)으로 모든 일에 앞서는 성격(性格)을 지녔으며, 이러한 성격(性格)으로 인(因)하여 리더십을 발휘(發揮)하기도 하지만 득(得)보다는 실(失)이 많은 삶이기도 하다네.

자기(自己) 중심적(中心的)인 사고방식(思考方式)이지만 어느 면에서는 유연(悠然)한 생각을 가지고 있으며, 자신(自身)의 잇속을 챙기면서 타인(他人)의 눈치를 보는 여린 성격(性格)도 지녔다네.

자신감(自信感)에 늘 충만(充滿)한 성격(性格)이지만 상처(傷處) 받기 쉬운 여성(女性)스러운 성품(性品)을 지녔으며, 단지 자신(自身)의 뜻이나 생각에 반(反)하게 되면 거침없는 입담과 서슴없는 행동(行動)으로 튀는 여자(女子)이며, 여린 가슴을 쓸어안고 사방(四方)을 둘러보는 슬픈 눈이라네.

무리와 어울리기를 좋아하는 성격(性格)으로 혼자 있기를 싫어하고 혼자보다는 집단(集團)의 잇속 앞에서 제 능력(能力)을 크게 발휘(發揮)하는 성품(性品)이라네.

- 여자(女子): 양(陽) → 소음(少陰) ☱, 태(兌)

본인(本人)의 이득(利得) 앞에서 타인(他人)의 눈치를 보는 여린 성격(性格)의 소유자(所有者)이지만, 기회(機會)가 주어지는 그 순간(瞬間)에 잇속을 챙기는 매우 현실적(現實的)이면서 실속을 위주(爲主)로 행위(行爲)를 하는 여인(女人)이라네.

그렇다고 남에게 아부(阿附)를 하거나 입에 발린 소리를 터무니없이 던지는 성격(性格)이 아니며, 일이 돌아가는 상황(狀況)이나 형편(形便)에 따라 말없이 유효적절(有效適切)하게 대처(對處)하고 대응(對應)을 해가는 당당(堂堂)한 여인(女人)이기도 하다네.

차가운 이성(理性)보다는 동물적(動物的)인 육감(肉感)을 따르는 성격(性格)이며, 기복(起伏)이 심한 감정(感情)을 따르지 않고 차분(差分)하게 일이 돌아가는 상황(狀況)을 살펴보면서 제 분수(分數)에 맞게 판단(判斷)하며, 적절(適切)한 선을 넘지 않은 성격(性格)의 소유자(所有者)라네.

시원한 그늘 밑에 안주(安住)하고픈 여인(女人)이나 편하고 쉬운 길을 버리고 자신(自身)이 원하고 바라는 길을 가는 성격(性格)으로, 욕심(慾心)은 많으나 사방(四方)을 둘러보면서 조심(操心)스럽게 가는 성품(性品)이라네.

그러나 타고난 성정(性情)이 믿고 따르는 이에게 충실(充實)한 여인(女人)이며, 자신(自身)의 본분(本分)을 잊지 않고 제자리를 지키며 살아가는 성품(性品)이라네.

차분(差分)하게 보이면서 겉으로 드러난 모습에 치우치는 성격(性格)이 아닌 까닭으로 차가운 이성(理性)을 바탕으로 한 듯이 보이지만, 따지고 보면 사실(事實), 감정(感

情)의 기복(起伏)이 심한 육감(肉感)을 따르는 여인(女人)이며, 단지 본인(本人)의 마음을 숨기고 스스로의 뜻이나 생각마저도 감추면서 한쪽으로 치우치는 성격(性格) 때문이라네.

애정(愛情)을 안으로 감추고 사랑하는 이가 알지 못하도록 가슴 졸이는 정(情)이라네.

크게 드러내지 않은 애정(愛情)이지만 늘 한쪽 가슴에 끌어안고 가는 사랑이며, 늘 주지 못해 안타까워하는 여인(女人)의 사랑이라네.

씁쓸한 마음을 열고 모든 것을 받아들이려는 애정(愛情)이지만 시간(時間)이 어느 정도(程度) 지나고 나면 늘 상처(傷處)만 남은 사랑이라네.

가정(家庭)이라는 울타리에 안주(安住)하려는 성격(性格)이나 스스로의 마음을 다스리지 못하고 늘 일탈(逸脫)을 꿈꾸는 여인(女人)이며, 때때로 이러한 생각을 행동(行動)으로 실천(實踐)한다네.

이러한 연유(緣由)로 가정(家庭)이라는 울타리가 흔들리기도 하지만 타고난 성품(性品)이 가족(家族)을 위하는 마음이 더욱 크기에 항상 제자리로 돌아오는 여인(女人)이라네.

일의 변화(變化)에 따라 발이 닳기보다는 조용하게 돌아가는 상황(狀況)이나 형편(形便)을 알아보고 나름 신중(愼重)하게 이끌어가는 여성(女性)이라네.

차가운 이성(理性)보다는 감정(感情)에 의존(依存)하면서 가정사(家庭事)를 해결(解決)하는 성품(性品)이기도 하다네.

무리와 어울리기를 좋아하는 성격(性格)이면서 위계질서(位階秩序), 위와 아래를 분명(分明)하게 지키고 자신(自身)의 자리에서 노력(努力)을 하는 여인(女人)이며, 넘치거나 모자라지 않게 세상사(世上事)에 대처(對處)한다네.

제 잇속을 챙기는 성격(性格)이나 그렇다고 분수(分數)에 넘치도록 욕심(慾心)을 부리지 않으며, 스스로가 한만큼 가져가는 성품(性品)이라네.

타인(他人)의 잘잘못에 대하여 무덤덤한 성격(性格)으로 구설수(口舌數)나 잦은 분쟁(分爭)에 휘말리기를 싫어하고 세상사(世上事)에 무관심(無關心)한 여인(女人)이라네.

다만 자신(自身)의 무리나 무리의 영역(領域)에 큰 관심(關心)을 드러내는 성격(性格)

으로 집단(集團) 의지(意志)를 소중(所重)하게 여기고 그 의지(意志)에 힘을 보태는 여인(女人)이라네.
때문에 두루 원만(圓滿)한 인간관계(人間關係)를 이루고 그 속에서 안도감(安堵感)을 얻은 여성(女性)이며, 한번 믿으면 변하지 않은 마음을 지닌 여인(女人)이라네.
주변(周邊) 사람들로부터 신뢰(信賴)를 얻기는 하지만 이 믿음이 오래가지 못하고 쉽게 깨지는 것이 안타까울 뿐이라네.
타인(他人)의 믿음을 져버리는 성격(性格)이 아니며, 오히려 그 믿음을 바탕으로 하여 자신(自身)을 이끌어가고 스스로의 존재감(存在感)을 드러내는 여성(女性)이라네.
난 척, 든 척, 된 척하며, 자신(自身)을 드러내어 내보이기보다는 자신(自身)을 낮추고 지극(至極)히 원하는 것을 얻은 여인(女人)이라네.

- 여자(女子): 양(陽) → 소양(少陽) ☲, 리(離)

능동적(能動的)이며 적극적(積極的)인 성격(性格) 같지만 매우 수동적(受動的)이며 소극적(消極的)인 여인(女人)이며, 자기(自己)의 잘못이나 허물에 대하여 장황(張皇)하게 변명(辨明)을 늘어놓은 성격(性格)이라네.
제 욕심(慾心), 잇속만을 챙기려는 성품(性品)으로 남을 위하는 듯, 가장(假裝)된 모습을 보이고 목적(目的)을 이루기 위해 감정(感情)에 의지(依支)하며, 감성(感性)에 호소(呼訴)하는 영리(怜悧)한 여자(女子)라네.
그리고 목적(目的)을 이루고 나면 곧바로 마음을 돌리는 성격(性格)의 소유자(所有者)라네.
물론 가벼운 말이나 행동(行動)으로 인(因)하여 자신(自身)의 권위(權威)가 실추(失墜)되기도 하지만 보기와는 다르게 갖은 행위(行爲)를 통하여 실추(失墜)된 명예(名譽)나 권위(權威) 따위를 제자리로 되돌리는 성격(性格)이며, 뒤가 무른 성격(性格)으로 인(因)하여 타인(他人)의 눈치를 보는 여인(女人)이라네.
없어도 있는 척, 몰라도 아는 척하며, 자기(自己)의 위신(威信)이나 체면(體面)을 내세우고 세우기 위해 노력(努力)하는 성격(性格)이며, 심사(心事)가 뒤틀리거나 본인(本

人)의 뜻과 생각에 맞지 않으면 온갖 으름장을 놓으면서 자존심(自尊心)을 지키려고 애쓰는 여인(女人)이라네.

자기(自己)의 몸이나 마음에 맞으면 적극적(積極的)으로 스스로를 밖으로 몰아세우고 타인(他人)의 감언이설(甘言利說)에 쉽게 무너지는 여인(女人)으로 말보다는 행동(行動)이 먼저 앞서는 여자(女子)라네.

질투(嫉妬)와 시기심(猜忌心)이 많은 성격(性格)으로 작은 일을 앞에 두고 따지기 좋아하며, 불평불만(不平不滿)에 시비(是非)가 많은 여자(女子)라네.

겉으로 드러난 화려(華麗)한 모습에 마음을 빼앗기는 사람으로 자기(自己)의 잘못이나 못난 점을 감추기 위해 치장(治粧)을 하거나 쓸데없는 말을 많이 하는 편이며, 터무니없는 말이나 행동(行動)으로 인(因)하여 주변(周邊) 사람들로부터 질책(叱責)을 받은 여인(女人)이라네.

그렇다고 주변(周邊)의 질책(叱責)이나 질타(叱咤)에도 눈 하나 깜짝이지 않은 뻔뻔한 성격(性格)의 소유자(所有者)로서, 늘 그날이 그날인 것과 같이 눈치 빠르게 또 무덤덤하게 넘어가는 성격(性格)이라네.

필요(必要)에 따라 움직이는 사랑이라 크게 믿고 따를 수 있는 애정(愛情)이 아니라네.

애정(愛情)에 이해타산(利害打算)적인 성격(性格)으로 자기(自己)만 위하기를 바라며, 모든 일이 자신(自身) 위주(爲主)로 돌아가야 마음이 편한 사랑이라네.

때때로 사랑을 위해 밤이슬을 밟고 다니면서 몸을 고달프게 하고 스스로의 가슴을 쓸어안은 외로운 애정(愛情)이라네.

가정(家庭)이라는 울타리에 힘을 실어주는 여자(女子)이며, 가족(家族)이라는 관계(關係)를 돈독(敦篤)하게 하지만 사랑을 받고자 하는 욕구(慾求)가 강(强)한 까닭에, 울타리 밖에서 마음을 위로(慰勞)받고 욕구(慾求)를 풀어가는 여인(女人)이라네.

또한 스스로의 잘못이나 허물을 가족(家族)의 탓으로 돌리고 잔소리를 해대는 성격(性格)으로 자기(自己) 뜻대로 제 마음대로 가정사(家庭事)를 좌지우지(左之右之)한다네.

그래도 강(强)한 모정(母情)을 지닌 엄마로서 자식(子息)을 위하는 마음은 남다른 여인(女人)이라네.

매사(每事)에 욕심(慾心)만이 앞서는 까닭으로 구설수(口舌數)나 잦은 다툼이 많고 자신(自身)의 허물이나 잘못에 대하여 온갖 변명(辨明)을 늘어놓으면서 또 모든 것을 타인(他人)의 탓으로 돌리는 성격(性格) 때문에 인간관계(人間關係)에 있어서 조금은 극단적(極端的)인 관계(關係)를 형성(形成)한다네.

집단(集團) 의지(意志)에 반(反)하는 성격(性格)은 아니나, 잇속 앞에서는 개인주의(個人主義)적인 여자(女子)로서 본인(本人)의 이익(利益)을 먼저 생각하는 성격(性格)이라네.

늘 반복적(反復的)이며 단순(單純)한 사고방식(思考方式)으로 세상사(世上事)를 판단(判斷)하고 자기(自己)만의 잣대를 벗어나지 못하는 까닭에 늘 계속(繼續)되는 실수(失手)의 연장(延長)이라네.

타인(他人)의 감언이설(甘言利說)에 쉽게 넘어가는 성격(性格)으로 세상사(世上事)에 휩쓸리고 남에게 이용(利用)을 많이 당하며, 가진 재물(財物)을 쉽게 잃어버리는 어리석은 여인(女人)이라네.

물론 남을 믿고 따르는 마음이야 잘못이 아니지만 자신(自身)에게 충고(忠告)하고 꾸짖은 이의 말을 듣지 않으면서 타인(他人)의 아부(阿附)에 놀아나는 것은 본인(本人) 스스로의 잘못이 아닌가.

시답잖게 시끄럽게 따지고 사소(些少)한 일로 따라다니면서 귀찮게 하는 성격(性格)이지만 타들어가는 그 속마음이야 누가 알아주겠는가.

- 여자(女子): 양(陽) → 태음(太陰) ☳, 진(震)

앞으로 나가지도 못하고 뒤로 물러서지도 못하는 참으로 딱한 팔자(八字)가 아닌가.

좌우(左右)를 둘러보아도 아득한 세상(世上)이라네.

자기(自己) 자신(自身)에 대하여 아둔한 여인(女人)이라 많은 일을 마주 대해도 그다지 흥미(興味)를 느끼지 못하고, 늘 제자리에 한없이 머물면서 따스한 눈길과 손길만을 기다리는 게으른 성격(性格)이라네.

편협(偏狹)된 사고방식(思考方式)으로 제 감정(感情)에 충실(充實)하면서 자기(自己)

중심적(中心的)으로 움직이고 타인(他人)의 염려(念慮)나 충고(忠告)를 귀담아 듣지 않으며, 제 눈앞의 먹이에만 온통 마음이 가있는 여인(女人)이라네.

잘잘못에 대한 갈피를 잡지 못하며, 스스로의 잘못이나 허물에 대하여 분간(分揀)하지 못하고 천방지축(天方地軸) 나서면서 매사(每事)에 참견(參見)하며 나서는 못난 성격(性格)이라네.

본인(本人)에 대하여 모든 것을 크게 과장(誇張)하여 드러내길 좋아하고 매사(每事)에 말과 행동(行動)이 터무니없으며, 있을 때는 감당(堪當)하지 못할 정도(程度)로 많고 없을 때는 땔거리도 없는 여인(女人)이면서 있는 척, 배가 부른 척, 체면(體面)을 차리는 성격(性格)이라네.

때가 아닐 때 말하고 움직이는 성격(性格)으로 말미암아 말과 행동(行動)을 예측(豫測)할 수 없고 그 속마음을 제대로 알 수가 없는 여인(女人)이라네.

제 몸을 힘들여 움직이는 여인(女人)이 아니며, 기회(機會)가 된다면 늘 타인(他人)의 손을 빌려 움직이고 자기(自己)의 허물이나 책임(責任) 따위를 타인(他人)에게 덮어씌우는 성품(性品)의 소유자(所有者)라네.

하나를 얻어가지면 꼭 하나를 더 얻어가지기 위하여 욕심(慾心)을 부리고 더하여 열을 얻어가지기 위해 과욕(過慾)을 부리는 사람이라네.

남을 위하는 사랑이라기보다는 오로지 스스로의 몸과 마음이 편하기 위한 사랑을 하며, 내 마음을 먼저 열어 받아들이기보다는 제 마음을 닫고 사랑하는 이의 마음을 얻으려는 욕심(慾心)을 부리고 자기(自己)가 가진 것을 베풀어 사랑하기보다는 사랑하는 이의 지닌 것을 가지고 정(情)을 주는 여인(女人)이라네.

재물(財物)이 많으면 애정(愛情)이요, 재물(財物)이 없으면 사랑도 정(情)도 아니라네.

까닭 없이 늘 바라고 바라는 애정(愛情)이라 고달픔이 항상 따르는 깊지 않은 사랑이라네.

남에게 지기 싫어하는 성격(性格)으로 남편(男便)이나 자식(子息)에게 난데없이 감당치 못할 애정(愛情)을 보이는 성격(性格)이며, 자신(自身)의 기대치(期待值)에 미치지 못하면 온갖 잡일을 시키면서 잔소리를 해대는 여인(女人)이라네.

시기적절(時機適切)하지 못한 말과 행동(行動)으로 말미암아 가족(家族)들이 우왕좌왕(右往左往) 갈피를 잡지 못하고 늘 눈치를 보면서 가슴을 졸인다네.

해줄 것 다 해주고도 욕(辱)을 먹은 여인(女人)으로 우울해지면 뒷방에 혼자 앉아 한숨을 깊이 몰아쉰다네.

그래도 가족(家族)을 위해서라면 온갖 노력(努力)을 아끼지 않은 여인(女人)이기도 하다네.

인정(人情)만큼은 남 못지않은 여자(女子)라네.

본인(本人)의 자리를 끝까지 지키면서 타인(他人)에게 줄 여분(餘分)의 자리를 남기지 않은 성격(性格)이며, 어려운 상황(狀況)이나 형편(形便)에 처하더라도 남에게 아쉬운 소리를 하거나 도움을 바라며 자신(自身)을 굽히는 여인(女人)이 아니라네.

많은 분쟁(分爭)이나 시비(是非)가 일어날 것도 같지만 늘 입을 닫음으로 분쟁(分爭)이나 시비(是非)를 피하고 자신(自身)의 자리를 지키는 성격(性格)이라네.

남들 앞에서 자신(自身)을 추켜세우지는 않으나 그렇다고 타인(他人) 앞에서 비굴(卑屈)하지도 않으며, 힘들고 어려운 일을 싫어하고 게으르기는 하지만 그렇다고 굳이 회피(回避)하는 성격(性格)은 아니라네.

남들과 크게 어울리는 성격(性格)은 아니며 유독(唯獨) 유별(有別)나게 유난을 떨지는 않으며, 본능적(本能的)으로 무리의 의지(意志)에 따르는 성품(性品)이라네.

- 여자(女子): 음(陰) → 태양(太陽) ☴, 손(巽)

스스로의 안전(安全)이나 원활(圓滑)한 활동(活動)을 위하여, 자신(自身)이 처한 상황(狀況)이나 형편(形便)에 대한 그 실태(實態)를 분명(分明)하게 인지(認知)하고 주변(周邊) 관계(關係)를 정확(正確)하게 인식(認識)하고 있는 성격(性格)이라네.

그러나 마주 대하여 드러난 사물(事物)의 중요성(重要性)이나 가치(價値)를 바르게 이해(理解)하고 판별(判別)하는 마음의 작용(作用)이 어두운 성품(性品)으로, 이성적(理性的)이지 못하고 감정(感情)에 치우치는 경향(傾向)이 심한 여인(女人)이라네.

때문에 자신(自身)의 작은 잣대를 바탕으로 하여 현재(現在) 처한 상황(狀況)이나 실태(實態)를 파악(把握)하고 해결(解決)을 한다고 나서기는 하나 늘 오류(誤謬)를 범(犯)하는 성격(性格)이며, 이러한 그릇된 인식(認識)으로 말미암아 사물(事物)의 중요성(重要性)이나 가치(價値)에 대하여 어둡다네.

또한 자신(自身)의 잘못이나 허물에 대하여 인정(認定)하고 타인(他人)의 충고(忠告)나 조언(助言)에 귀를 기울이지만 결국(結局)에는 본인(本人)의 판단(判斷)을 따르는 성격(性格)이라 그 좁은 마음을 놓지 못하고 열지 못하는 속이 좁은 여인(女人)이라네.

때문에 자신(自身)의 몸과 마음을 고단(孤單)하게 만들어 내가 아닌 남을 위해 노력(努力)을 기울이지만 돌아오는 것은 차가운 시선(視線)과 냉담(冷淡)한 반응(反應)이라네.

자유방임적(自由放任的)인 태도(態度)를 취(取)하면서 제 앞가림만을 하는 성격(性格)으로 체면(體面)이나 관습(慣習), 격식(格式) 같은 것에 얽매이고 생각이나 행동(行動)이 자유(自由)롭지 못한 여인(女人)이라네.

본인(本人) 스스로에 대하여 아둔하지는 않지만, 세상사(世上事)를 대처(對處)하는 일에 있어서는 슬기롭지 못하고 하는 짓이 미련한 까닭으로 인(因)하여 많은 일을 그르쳐놓기만 하는 성격(性格)이라네.

때때로 제 몸과 마음을 놓아버리는 성격(性格)으로 인(因)하여 일의 뒷마무리가 허술하고 되바라진 삶을 살아가는 여인(女人)이며, 본인(本人)의 의지(意志)와는 다르게 주변(周邊) 사람들로부터 냉대(冷待)를 당하는 사람이라네.

자신(自身)의 틀을 깨고 지나치게 똑똑한 척을 하지만 크게 인정(認定)을 받지 못하고, 상처(傷處)만 받은 슬픈 인생(人生)이기도 하다네.

받은 만큼 주어지는 애정(愛情)이라 따스함보다는 어색(語塞)함이 따르는 사랑이며, 집착(執着)에 가까운 정(情)을 보이면서도 드러내어 표현(表現)하지 못하는 애정(愛情) 관계(關係)라네.

자신(自身)이 원하는 쪽으로 따라야 하는 사랑이라 늘 한쪽으로 치우치는 정(情)이며, 이러한 까닭으로 쉽게 변질(變質)되는 애정(愛情)이라네.

강(强)한 모성애(母性愛)를 지닌 성격(性格)이나 가족(家族)으로부터 사랑을 받지 못하면 가정(家庭)이라는 틀을 벗어나 밖으로 나도는 성격(性格)이며, 냉정(冷情)하게 몸과 마음을 닫아버리는 여자(女子)라네.

자식(子息)에 대한 애정(愛情)이 깊지 않고 본인(本人)의 기대치(期待値)에 따라 오도록 다그치며, 말보다는 행동(行動)으로 앞서는 훈계(訓戒)를 통하여 엄(嚴)하게 잡도리하여 이끄는 여인(女人)이라네.

줄 때는 한없이 퍼주는 사랑이지만 그 변덕(變德)을 누가 이해(理解)하고 감싸겠는가.

처신(處身)과 처세(處世)에 능(能)하지는 않지만 본인(本人)이 가진 것을 베풀어 사람을 끌어들이고 자기(自己)의 체면(體面)이나 위신(威信)을 지키는 여인(女人)이며, 겉으로 드러난 모양이나 모습에 현혹(眩惑)이 되는 성격(性格)으로 타인(他人)의 꾐에 쉽게 넘어가고 또한 타인(他人)의 감언이설(甘言利說)에 속아서 많은 것을 잃은 여자(女子)라네.

본인(本人) 스스로에게는 아둔하지 않지만 세상사(世上事)가 아닌 사람을 보는 눈에 있어서는 매우 어두운 성격(性格)이며, 본인(本人)은 믿음을 바탕으로 대한다지만 세상(世上) 사람들의 마음이 제 마음과 같겠는가.

인간관계(人間關係)가 원만(圓滿)하고 무난(無難)하지만 늘 한쪽으로는 만족(滿足)스럽지 못한 결과(結果)와 맞닥뜨리고 제 것을 내주면서 대리만족(代理滿足)을 하는 여자(女子)이며, 좋고 나쁜, 그 선(線)을 분명(分明)하게 가리면서 인간관계(人間關係)를 이루어가는 성격(性格)이라네.

때때로 되바라진 말이나 행동(行動)으로 인(因)하여 구설수(口舌數)나 작은 분쟁(分爭)에 휩쓸리는 여인(女人)이며, 큰 상처(傷處)에 자신(自身)의 몸과 마음을 닫아버리고 집안에 들어앉은 게으른 여인(女人)이기도 하다네.

본인(本人)이 똑똑한 척, 깨있는 척 티를 내지만 체면(體面)이나 관습(慣習), 격식(格式)같은 것에 얽매이고 행동(行動)이 자유(自由)롭지 못한 성격(性格)은 자신(自身)도 어찌할 수 없는 본능적(本能的)인 것이라네.

때문에 밖으로 나돌다가도 마침내는 제자리를 찾아 돌아가는 여자(女子)라네.

- 여자(女子): 음(陰) → 소음(少陰) ☵, 감(坎)

가끔은 저돌적(豬突的)인 모습을 보이는 성격(性格)이나 자신(自身)의 체면(體面)이나 위신(威信) 따위를 위해 말과 행동(行動)을 신중(愼重)하게 하고 자기(自己)의 정체(正體)를 감추기 위하여 마음속의 감정(感情)이나 정서(情緖) 따위의 심리(心理) 상태(狀態)를 감추고 겉으로 드러나는 본래(本來)의 모습을 매만져서 잘 꾸미거나 새롭게 모양(模樣)을 내는 성격(性格)이라네.

자기(自己)의 잘못이나 허물을 덮기 위해서 허무맹랑(虛無孟浪)한 변명(辨明)을 일삼기보다는 입을 다물고 몇 날 몇 칠을 버텨내는 독한 여인(女人)이며, 생각이나 행동(行動) 등의 활동반경(活動半徑)이 넓지 않으나 터무니없지만 나름 이론적(理論的) 근거(根據)를 바탕으로 자신(自身)의 잣대, 곧 마주 대하여 드러난 사물을 판단(判斷)하거나 평가(評價)하는 기준(基準)을 가지고 세상(世上)을 바라보는 성품(性品)의 소유자(所有者)라네.

제 나름대로는 처신(處身)과 처세(處世)를 잘한다고 내세우지만 자신(自身)의 뜻이나 생각에 반(反)하거나 어긋나면 앞뒤 헤아림 없이 곧장 돌진(突進)하거나 바로 실행(實行)에 옮기는 성질(性質)을 지닌 여자(女子)라네.

자신(自身)의 몸과 마음을 힘들여 움직이지 않고 치르는 값이나 조건(條件)없이 주어지는 모든 것에 큰 욕심(慾心)을 부리는 여인(女人)이며, 타인(他人)의 어려움이나 고통(苦痛)에 대하여 무덤덤하고 무심(無心)하게 바라보는 성격(性格)이라네.

오로지 본인(本人)만 편하고 배부르면 그만이며, 자기(自己)의 불평불만(不平不滿)에 대한 답만을 요구(要求)하면서 버겁고 타들어가는 가슴을 끌어안고 가는 여인(女人)이라네.

또한 주어진 환경(環境)이나 조건(條件)에 만족(滿足)하지 않으면서 그렇다고 개선(改善)할 의지(意志)도 갖지 않은 성격(性格)이며, 욕심(慾心)을 내면서도 제자리를 맴도는 여자(女子)라네.

때때로 돌출(突出)된 말이나 행동(行動)으로 인(因)하여 큰 오해(誤解)와 미움을 받기도 하며, 자신(自身)의 행동반경(行動半徑)이나 영역(領域)을 잃으면서 대단치 않은 듯 말하고 행동(行動)을 하지만 큰 상처(傷處)를 받은 여자(女子)라네.

밉다 곱다 말을 하지 못하는 사랑이라 서로가 답답한 마음을 풀지 못하고 멀어지는 정(情)이며, 이러니저러니 해도 제 몸과 마음만 편하면 되는 애정(愛情)이라 가까이 하려할수록 멀어지는 사랑이라네.

자신(自身)의 가슴으로 모질게 쓸어안은 사랑이 아니라 겉으로 드러난 모습에 현혹(眩惑)이 되어 집착(執着)에 가까운 애정(愛情)을 보이는 여인(女人)이라네.

가족(家族)에 대한 사랑이 감정(感情)을 앞세워 극단(極端)으로 달리는 성격(性格)으로 애정(愛情)을 줄 때는 상대방(相對方)이 부담감(負擔感)이 느낄 정도(程度)로 주지만 자기(自己)의 뜻이나 생각에 어긋나기라도 하면 가차(假借) 없이 모질게 내몰아붙이는 여인(女人)이라네.

자신(自身)의 잘못이나 허물에 대해서는 관대(寬貸)하지만 가족(家族)의 잘잘못에 대해서는 단호(斷乎)한 성격(性格)이며, 매사(每事) 자기(自己) 중심적(中心的)이고 이기적(利己的)이면서 독단적(獨斷的)인 모습을 보인다네.

때때로 가정사(家庭事)에 무심(無心)하고 되어가는 대로 놓아두는 성격(性格)이며, 자신(自身)의 감정(感情)만을 앞세우면서 제 욕심(慾心)을 부리고 또한 챙기는 여인(女人)이기도 하다네.

제 잇속을 챙기기 위해 여념(餘念)이 없는 여인(女人)이기도 하지만 제 품안의 자식(子息)이 귀(貴)하듯이 본인(本人)의 울타리에 들어오는 이들과는 두루 원만(圓滿)한 관계(關係)를 이루고 사는 성격(性格)이라네.

다만 자기(自己)의 뜻이나 생각에 어긋나거나 반(反)하면 바로 내치는 성격(性格)이 문제(問題)이며, 이로 인(因)하여 구설수(口舌數)와 다툼이 잦은 편이라네.

세상사(世上事)에 불평불만(不平不滿)이 많은 편이나 본인(本人)의 작은 잣대로 판단(判斷)하고 그 울타리 안에서 만족(滿足)하는 여인(女人)이며, 그다지 세상사(世上事)에 관심(關心)을 가지지 않는다네.

제 앞가림에 능(能)한 듯 보이지만 본인(本人)이 베푼 만큼 노력(努力)이나 공(功)을 들인 만큼 크게 거두거나 얻지를 못하고 보이지 않게 늘 손해(損害)를 보는 삶을 살아간다네.

본인(本人) 스스로에 대하여 그리 아둔하지 않은 까닭으로 처신(處身)과 처세(處世)에 있어서 나름 머리를 쓰고 제대로 행위(行爲)를 한다지만 답답하고 버거운 삶은 어찌할 수 없는 자신(自身)만의 삶이며, 하소연을 들어주거나 받아주는 이가 없이 홀로 풀어 가야 하는 외로운 여인(女人)이라네.

- 여자(女子): 음(陰) → 소양(少陽) ☶, 간(艮)

바로 눈앞의 잇속에 마음을 빼앗기는 여인(女人)으로 멀리 내다보는 눈을 지니지 못한 성격(性格)이며, 매사(每事)에 감정(感情)만을 앞세우면서 사소(些少)한 분쟁(分爭)을 자주 일으키는 성품(性品)이라네.

바른 생각을 배제(排除)한 말과 행동(行動)으로 자기(自己)의 뜻이나 생각을 고집(固執)하고 전혀 융통성(融通性)을 보이는 성격(性格)이 아니며, 체면(體面)이나 관습(慣習), 격식(格式) 같은 것에 얽매이지 않고 행동(行動)이 자유로운 여인(女人)이라네.

또한 타인(他人)의 말이나 행동(行動), 뜻이나 생각에 대하여 각자(各自)의 자유(自由)에 맡길 뿐, 전혀 간섭(干涉)하지 않으며, 자기(自己)의 처지(處地)만을 생각하고 남의 처지(處地)는 생각하지 않은 냉정(冷情)한 여인(女人)이라네.

본인(本人)의 잇속이나 욕심(慾心)을 챙기기 위해서 자기(自己)에 대하여 과장(誇張)되게 부풀려 말하고 없어도 있는 척, 몰라도 아는 척, 못나도 잘난 척하는 따위의 행위(行爲)를 드러내는 성격(性格)이라네.

겉으로 드러나는 체면(體面)이나 위신(威信) 등에 급급(汲汲)하는 여자(女子)로서 필요(必要)하든 필요(必要)치 않아도 타인(他人)의 위세(威勢)나 신망(信望)에 빌붙은 성격(性格)이며, 이를 바탕으로 당당(堂堂)하게 전면(前面)에 나선다네.

지나치게 똑똑한 티를 내고 드러내기를 좋아하나 본인(本人)에 대하여 아둔한 성격(性格)으로 눈치가 없으며, 처세(處世)에 능(能)한 듯 말과 행동(行動)을 앞세우지만 참으로 어리석기가 짝이 없는 여인(女人)이라네.

자신(自身)의 잘못이나 허물은 보지 못하고 남의 잘못이나 허물은 기막히게 보는 성격(性格)으로 본인(本人)의 잘못이나 허물은 인정(認定)하지 않고 타인(他人)의 잘못이나 허물을 바탕으로 하여 자신(自身)을 돋보이게 하거나 잇속을 챙기는 성품(性品)이라네.

남의 잘못이나 허물을 디딤돌 삼아 자신(自身)의 어려움이나 난처(難處)함을 덮어버리거나 피하는 성격(性格)으로 막되고 문란(紊亂)한 행동(行動)을 하는 여자(女子)라네.

의심(疑心)이 많은 여인(女人)이기는 하지만 본인(本人)의 비위(脾胃)를 맞추는 달콤한 말이나 자신(自身)에게 이로운 조건(條件)만 들어 그럴듯하게 꾸미는 말에 쉽게 넘어가는 어리석은 여자(女子)이며, 이로 인(因)하여 모든 것을 빼앗기고 스스로의 정체성(正體性)을 잃는 여인(女人)이라네.

본인(本人)의 처지(處地)에 따라 달라지는 애정(愛情)으로 달콤한 말이나 화려(華麗)한 유혹(誘惑)에 쉽게 넘어가는 사랑이며, 타인(他人)의 조언(助言)이나 충고(忠告)를 따르지 않고 질투(嫉妬)와 시기(猜忌)를 앞세우는 사랑이라네.

가정(家庭)이라는 울타리에 그다지 정(情)을 들이지 않고 쓸데없는 자존심(自尊心)만을 내세우면서 본인(本人)의 체면(體面)이나 위신(威信)을 세우기 위하여 가족(家族)이 필요(必要)한 여인(女人)이라네.

자기(自己)의 뜻이나 생각을 조금이라도 따르지 않으면 말과 행동(行動)으로 가족(家族)을 위협(威脅)하고 본인(本人)의 잘못이나 허물에 대해서는 변명(辨明)이나 억지(抑止)를 부리면서 피하는 성격(性格)이라네.

따스한 애정(愛情)보다는 짜증과 불평불만(不平不滿)만을 늘어놓은 여인(女人)으로 이기적(利己的)이며 자기(自己) 중심적(中心的)이고 더하여 게으르기까지 한 여인(女人)이며, 매사(每事)에 긍정적(肯定的)이기보다는 늘 따지면서 시비(是非)와 분쟁(分爭)을 일으킨다네.

또한 본인(本人)의 잘못이나 허물에 대하여 인정(認定)하지 않고 그 모든 것을 가족(家族)의 탓으로 돌리면서 가족(家族)이라는 품을 벗어나 겉도는 여인(女人)이라네.

자기(自己)의 체면(體面)이나 명예(名譽), 위신(威信) 따위를 위해 타인(他人)의 힘에 빌붙은 성격(性格)이며, 안으로 깊이 내재(內在)되어 있는 실력(實力)이나 힘보다는 겉으로 드러나는 화려(華麗)하고 가벼운 힘에 쉽게 휩쓸리는 여인(女人)으로서 타인(他

人)의 달콤한 말이나 행동(行動)에 쉽게 자신(自身)의 모든 것을 내어주고 속수무책(束手無策) 당하는 성격(性格)이라네.

일의 뒷마무리가 깨끗하지 못하고 책임(責任)지지 못하는 성격(性格)으로 주변(周邊) 사람들과의 관계(關係)가 그리 원만(圓滿)하지 않으며, 집단(集團)의 잇속보다는 기회(機會)가 닿으면 본인(本人)의 잇속만을 위해 애를 쓰고 스스로의 잘못이나 허물을 남의 탓으로 돌리면서 책임(責任)을 회피(回避)하는 사람이라네.

또한 뒤가 무른 성격(性格)으로 눈앞에 드러난 본인(本人)의 잘잘못에 대하여 명암(明暗)이 극명(克明)하게 달라지는 여인(女人)이며, 그 동안의 냉랭(冷冷)하고 뻔뻔한 모습을 버리고 나약(懦弱)하면서 무딘 감정(感情)을 내보이는 여인(女人)이라네.

또한 어렵고 힘든 일은 늘 남을 앞세우고 타인(他人)의 등 뒤에 머물면서 눈치를 본다네.

- 여자(女子): 음(陰) ➜ 태음(太陰) ☷, 곤(坤)

처신(處身), 처세(處世)에 능(能)하지는 않지만 본인(本人)이 처한 상황(狀況)이나 형편(形便)에 굴하지 않고 맡은 일을 묵묵(黙黙)히 해나가는 성격(性格)이며, 옳다거나 그르다거나, 찬성(贊成)한다거나 반대(反對)한다거나 하는 일이 없이 오로지 수어진 일에만 몸과 마음을 다하는 성품(性品)이라네.

그렇다고 능동적(能動的)이면서 적극적(積極的)인 성격(性格)이 아니고, 매우 수동적(受動的)이면서 소극적(消極的)인 성격(性格)으로 피동적(被動的)인 태도(態度)를 보이는 여인(女人)이라네.

본인(本人) 스스로의 아둔함을 알지 못하는 성격(性格)으로 폐쇄(閉鎖)된 감성(感性)에 메마른 감정(感情)이며, 밖으로부터의 웬만한 자극(刺戟)에는 별다른 감흥(感興)을 받지 않은 성격(性格)의 소유자(所有者)라네.

자신(自身)과도 타협(妥協)하지 않은 여인(女人)이며, 또한 타인(他人)과의 타협(妥協) 또한 쉽지 않고 행위(行爲)를 통하여 마음을 드러내는 여자(女子)라네.

욕심(慾心)이 앞서는 성격(性格)이기보다는 당장 눈앞에서 벌어지는 의식주(衣食住)의 어려움에 눈이 가고 이를 위해 몸과 마음을 다하는 여인(女人)이며, 타협(妥協)을 모르는 이러한 모습을 보이기 때문에 타인(他人)의 눈에는 오로지 제 것만을 챙기는 듯이 보일뿐이라네.

자신(自身)의 어려움을 벗어나기 위해 남에게 빌붙은 성격(性格)이 아니며, 곁눈질 하지 않고 오로지 앞만을 보고 달려가는 여인(女人)이라네.

타인(他人)의 입방아에 흔들리지 않고 귀담아 듣지 않으며, 스스로의 처지(處地)를 밝게 알아 때에 맞게 처신(處身)을 하고 일반적(一般的)인 사유(思惟)의 세계(世界)를 벗어나 자신(自身)만의 세계(世界)에 몸과 마음을 맡기는 성품(性品)이라네.

늘 한쪽으로 내몰리며 구박(驅迫)을 받은 여인(女人)이지만 불평불만(不平不滿)을 겉으로 드러내지 않는 성격(性格)이며, 어찌 보면 그 속을 알 수 없는 여인(女人)이라네.

뜨겁든 차든 별반(別般) 반응(反應)이 없는 애정(愛情)이라 쉽게 뜨거워지지도 않고 뜨거워지면 또한 쉬이 식어버리지 않은 사랑이며, 때문에 욕정(欲情)에 집착(執着)하는 정(情)이라네.

애정(愛情)에 있어서는 매우 실속 있고 현실적(現實的)인 까닭으로 자식(子息)에 대한 집착(執着)이 강(强)하며, 이를 보고 성관계(性關係)를 문란(紊亂)하게 보는 것이라네.

오로지 자식(子息)을 가지기 위한 몸부림인 것을…… 그 시간(時間)이 지나면 그 어떠한 애정(愛情) 행위(行爲)에도 목석(木石) 같은 반응(反應)을 보이는 사랑이라네.

가정(家庭)이라는 울타리를 지키고 자식(子息)을 위해, 가족(家族)을 위해 노력(努力)하며, 자신(自身)의 몸과 마음을 아끼지 않으면서 갖은 애를 쓰는 여인(女人)이라네.

내 남자(男子), 남에 남자(男子)를 따지지 않은 여인(女人)이지만 가족(家族)을 놓지 않은 성격(性格)이며, 본인(本人)의 잘못이나 허물, 잘잘못에 대하여 정확(正確)하게 인지(認知)하지 못하는 까닭으로 모진 삶을 살아가는 여인(女人)이라네.

인간관계(人間關係)에 있어서 감정(感情)의 이빨을 세우기보다는 모르는 척 돌아서는 성격(性格)으로 주변(周邊)의 다툼이나 시끄러운 일에 무감각(無感覺)하고 오로지 본인(本人)의 일에만 관심을 갖은 여자(女子)라네.

때문에 제한(制限)된 인간관계(人間關係)를 형성(形成)하며, 쉽게 어울리기도 어렵지만 어울리다보면 쉬이 끊어버리기도 힘든 인연(因緣)을 맺는다네.

자신(自身)이 속한 그룹에 애착(愛着)을 가지면서 세상(世上)과 소통(疏通)을 하는 성격(性格)으로 좁은 시야(視野)를 가지고 있지만 스스로가 불편(不便)함을 느끼지 않은 마음 편한 성격(性格)이라네.

자신(自身)의 아둔함을 제대로 인지(認知)하지 못하고 피동적(被動的)인 성격(性格)으로서 제 앞가림이나 처신(處身)을 제대로 하지 못하지만 본인(本人)에게 맡겨진 일에서만큼은 최선(最善)을 다하는 사람이라네.

또한 본인(本人)이 노력(努力)한만큼 거두지를 못하지만 남을 탓하기에 앞서 자신(自身)의 무능(無能)과 어리석음을 탓하는 여인(女人)이며, 이익(利益)이 되지 않은 일이라도 몸과 마음을 다하는 착한 여자(女子)라네.

다만 속 좁은 아녀자의 마음으로 욕심(慾心)을 부리게 되면 모든 인연(因緣)의 끈을 끊어버리고 아둔함에 더하여 자기(自己) 중심적(中心的)이며 독단적(獨斷的)으로 돌아가는 사고방식(思考方式)이 문제(問題)라네.

13) 벽력화(霹靂火): 허공에 내려치는 화(火)의 기운(氣運)

무자(戊子)-양(陽)	기축(己丑)-음(陰)

16상론(十六象論) 및 행태론(行態論)

• 남자(男子)

양(陽) → 태양(太陽)/건(乾)-부(父) ☰	음(陰) → 태양(太陽)/손(巽)-장녀(長女) ☴
양(陽) → 소음(少陰)/태(兌)-소녀(少女) ☱	음(陰) → 소음(少陰)/감(坎)-중남(中男) ☵
양(陽) → 소양(少陽)/리(離)-중녀(中女) ☲	음(陰) → 소양(少陽)/간(艮)-소남(少男) ☶
양(陽) → 태음(太陰)/진(震)-장남(長男) ☳	음(陰) → 태음(太陰)/곤(坤)-모(母) ☷

• 여자(女子)

양(陽) → 태양(太陽)/건(乾)-부(父) ☰	음(陰) → 태양(太陽)/손(巽)-장녀(長女) ☴
양(陽) → 소음(少陰)/태(兌)-소녀(少女) ☱	음(陰) → 소음(少陰)/감(坎)-중남(中男) ☵
양(陽) → 소양(少陽)/리(離)-중녀(中女) ☲	음(陰) → 소양(少陽)/간(艮)-소남(少男) ☶
양(陽) → 태음(太陰)/진(震)-장남(長男) ☳	음(陰) → 태음(太陰)/곤(坤)-모(母) ☷

- 남자(男子): 양(陽) → 태양(太陽) ☰, 건(乾)

일이 되어가는 전후(前後) 사정(事情)이나 일이 돌아가는 형편(形便) 등을 자세(仔細)하게 알아보지 않고 급(急)하게 몰아치는 성격(性格)이며, 일의 결과(結果)만을 다급(多級)하게 바라는 남자(男子)라네.

스스로가 매우 논리적(論理的)이며 이성적(理性的)인 판단(判斷)을 한다고 내세우지만 지극(至極)히 감정적(感情的)이면서 매우 독단적(獨斷的)인 뜻이나 생각을 바탕으로 판단(判斷)하는 몹시 이기적(利己的)이며, 자기(自己) 중심적(中心的)인 성향(性向)을 보이는 남자(男子)라네.

때문에 대단히 남성(男性)답고 박력(迫力)이 있어 보이지만 말만 앞서는 남자(男子)로서 일의 뒷감당을 하지 못하는 허풍쟁이라네.

그래도 책임지고 일을 해결(解決)하기 위해 노력(努力)을 하지만 늘 그 급(急)한 성격(性格)으로 인(因)하여 어수선한 말만 무성(茂盛)할 뿐이라네.

자신(自身)의 뜻이나 생각을 따르지 않거나 어긋나면 큰소리를 치면서 억압(抑壓)하려는 성격(性格)이며, 스스로의 잘잘못에 대하여 분명(分明)하게 가리면서도 본인(本人)의 잘못이나 허물에 대하여 굳게 입을 다물고 모르쇠로 일관(一貫)하는 성격(性格)에 어렵고 곤란(困難)한 일은 주변(周邊) 사람들에게 돌리고 칭찬(稱讚)받을만한 일에 대해서는 자신(自身)을 내세워 자랑하는 속이 좁은 성품(性品)이라네.

아는 것이나 모르는 것이나 다 모른다고 잡아떼는 일에 있어서는 남 못지않은 실력(實力)을 갖춘 자이며, 처신(處身)과 처세(處世)를 하는 일에 있어서 재빠르게 머리를 굴리는 성격(性格)의 소유자(所有者)라네.

일에 앞서 무조건(無條件) 큰소리를 앞세우는 성격(性格)이며, 매우 긍정적(肯定的)인 마인드를 가진 남자(男子)로서 리더십을 강(强)하게 갖추었지만 그 뒤가 말만 무성(茂盛)할 뿐 실속이 없고 현실적(現實的)이지 않기 때문에 처음에는 호감(好感)을 크게 얻지만 시간(時間)이 지나가면서 신뢰(信賴)를 잃은 성격(性格)이라네.

다만 권세(權勢)있고 재력(財力)이 큰 사람 밑에서는 본인(本人)이 가진 능력(能力)을 재빠르게 보여주는 남자(男子)이며, 혼자서는 큰일을 이룰 수 없는 그릇이라네.

성과(成果)가 눈앞에 빠르게 드러나야 마음이 편한 남자(男子)이며, 이 급(急)한 성격(性格)으로 말미암아 대업(大業)을 놓치는 어리석음을 범(犯)하고 마는 성격(性格)이라네.

또한 쓸데없는 자존심(自尊心)을 내세워 스스로의 잘못이나 허물을 감추는 못난 남자(男子)이며, 모든 일을 한꺼번에 몰아서 해나가는 성격(性格)으로 인(因)하여 실수(失手)를 하거나 잘못이 많은 사람이라네.

다급(多級)하게 몰아치는 사랑이라 애틋하고 따스한 애정(愛情)이 따르지 않은 정(情)을 주며, 독단적(獨斷的)이며 이기적(利己的)으로 제 마음에 맞도록 일을 저지르고 마는 정(情)이라 상처(傷處)만이 남은 아픈 사랑을 준다네.

잠시(暫時)라도 기다려주지 못하는 사랑이라 늘 아쉬움이 남은 애정(愛情)이기도 하다네.

자기(自己)가 뜻한 바대로 가족(家族)을 이끌어가는 성격(性格)이며, 자신(自身)의 뜻이나 생각을 따르지 않거나 벗어나면 가차(假借)없는 징벌(懲罰)을 통(通)하여 자기(自己)의 힘을 드러내어 과시(誇示)하고, 제 탓으로 돌리는 일은 하나도 없이 그 모든 잘못이나 허물을 가족(家族)의 탓으로 돌리는 못난이라네.

물론 가정(家庭)이라는 울타리를 지키고 가족(家族)을 보호(保護)하고 양육(養育)하려고 책임(責任)을 다하는 남자(男子)이기도 하다네.

앞뒤를 헤아리지 않고 말이나 행동(行動)을 함부로 하는 성격(性格)으로 인(因)하여 인간관계(人間關係)가 그리 원만(圓滿)하지 않지만, 권세(權勢)와 재력(財力)이라는 조건(條件)이 충족(充足)된다면 강(强)한 리더십을 발휘(發揮)하는 남자(男子)로서 많은 이들에게 희망(希望)을 주는 성품(性品)이라네.

또한 충분(充分)하게 준비(準備)되어진 일 앞에서는 폭발적(爆發的)인 추진력(推進力)을 지닌 성격(性格)으로 무리를 힘 있게 이끄는 남자(男子)다운 남자(男子)라네.

또한 박력(迫力)있게 일을 이끌어가는 성격(性格)으로 처음에는 깊은 신뢰(信賴)를 얻고 희망(希望)을 줌으로 인(因)하여 무리가 따르면서 많은 기대치(期待値)를 가지지만 시간(時間)이 흐르면서 기대치(期待値)에 미치지 못하는 까닭으로 신뢰(信賴)를 쉬이 잃게 되는 남자(男子)라네.

또한 권세(權勢)와 재력(財力)있는 이들이 뒤를 받쳐줄 때는 책임(責任)을 지고 크게 움직이는 남자(男子)지만, 권세(權勢)와 재력(財力)이 사라지면 곧 힘을 잃고 뒤로 물러서는 뒤가 무른 남자(男子)라네.

때문에 인간관계(人間關係)가 감정적(感情的)으로 흐르고, 무리와 무리 간에 잦은 분쟁(分爭)을 일으키게 하면서 분란(紛亂)을 야기(惹起)하는 마음 약한 남성(男性)이라네.

그래도 타고난 성품(性品)이 밝고 긍정적(肯定的)이며, 책임(責任)을 지려는 성격(性格) 때문에 그렇게 큰 질책(叱責)이나 질타(叱咤)를 받지 않는다네.

- 남자(男子): 양(陽) ➜ 소음(少陰) ☱, 태(兌)

자기(自己) 스스로에 대하여 배려(配慮)하는 마음이 없는 성격(性格)으로 본인(本人)의 말과 행동(行動)을 엄격(嚴格)히 하고 매사(每事)에 신중(愼重)을 기울이는 성품(性品)이기는 하지만, 급급(急急)하게 타고난 성질(性質)은 어찌할 수 없는 일이라 무슨 일이든 시작(始作)과 함께 결과(結果), 성과(成果) 따위만이 무성(茂盛)하고 높은 기대치(期待値)만을 막연(漠然)하게 늘어놓은 성격(性格)이라네.

겉으로 드러내어 보여주지는 않지만 안과 밖으로 생각이 많은 남자(男子)이며, 변화무쌍(變化無雙)한 감정(感情)의 기복(起伏)을 감추고 인내(忍耐)를 주목적(主目的)으로 삼은 남성(男性)이라네.

현실적(現實的)이며 이성적(理性的) 판단(判斷)으로 세상사(世上事)를 바라보고 이해

(理解)하는 듯하지만 말이나 생각 따위가 현실(現實)과 동떨어진 사람으로서 막연(漠然)하게 떠오르는 것을 쫓아다니고 또한 현실(現實)이나 실제(實際)에 근거(根據)를 두지 않아 내용(內容)이 불분명(不分明)하면서 구체성(具體性)이 없는 의론(議論)의 요지(要旨)나 취지(趣旨)에 빠지는 성격(性格)이라네.

때문에 생각이 앞서고 말이 앞서는 것이며, 본인(本人)이 바란 만큼 성과물(成果物)이 없으면 그 반응(反應)이 일반적(一般的)인 상식(常識)을 뛰어넘어 상대방(相對方)을 곤혹(困惑)하게 만들고 마음을 진정(鎭靜)시키지 못할 정도(程度)로 다그치는 사람이라네.

스스로의 잘못이나 허물에 대하여 분명(分明)하게 알고 있지만 굳이 드러내어 본인(本人)의 위신(威信)이나 체면(體面) 등을 깎아내리는 어리석은 성격(性格)은 아니며, 늘 위기(危機)속에서 기회(機會)를 노리고 전화위복(轉禍爲福)을 꿈꾸는 성격(性格)의 소유자(所有者)라네.

또한 스스로의 잘못이나 실수(失手)를 만회(挽回)하기 위하여 무진(無盡)애를 쓰기는 하지만 정작 본인(本人)에게 돌아오는 것은 시간(時間)이 모자라거나 없다는 자괴감(自愧感)뿐이라네.

본인(本人)의 안과 밖으로 실속을 챙기고 체면(體面)이나 위신(威信)을 세우려고 하나 끝끝내 자신(自身)의 잇속만을 챙기고 스스로의 위신(威信)이나 체면(體面) 따위만을 세우는 남자(男子)라네.

자신(自身)의 뜻이나 생각과는 다르게 변하는 현실(現實)에 굳세게 버티면서 상생(相生)을 추구(追求)하지만 결국(結局)은 자기(自己) 중심적(中心的)이며, 독단적(獨斷的)이고 이기적(利己的)으로 흐르는 성품(性品)이라네.

급(急)하게 몰아치고 다그치는 애정(愛情)이라 서로를 알아가기에는 너무도 먼 사랑이며, 면면(面面)이 빠르게 다가오는 정(情)이기에 알기도 전에 스쳐지나가는 깊지 않은 애정(愛情)이라네.

본인(本人)의 의지(意志)대로 끌고 가는 가정사(家庭事)에 서로에 대한 애정(愛情)은 메마르고 가족(家族) 관계(關係)가 서로에 대한 불신(不信)만이 팽배(澎湃)하도록 만든다네.

큰소리 뒤에 따르는 두려움과 놀란 가슴으로 말 한마디 못하고 숨죽이며 눈치를 보는 가족(家族)이 아니던가.

가족(家族)에 대한 애정(愛情)이 다가설 때는 급(急)하게 다가서고 또 멀어질 때는 빠르게 멀어지는 까닭으로 냉랭(冷冷)한 기운(氣運)만 도는 가정(家庭)이라네.

가족(家族)의 의사(意思)를 존중(尊重)하지 않은 성격(性格)으로 늘 자기(自己)의 생각만을 강요(强要)하고 자신(自身)의 뜻이나 생각을 따르지 않거나 반(反)하면 이해(理解)를 돕기보다는 말 한마디로 윽박지르는 좋지 않은 성질(性質)이라네.

또한 말보다 행위(行爲)를 통하여 억누르는 방법(方法)으로 가족(家族)을 통제(統制)하는 남자(男子)이기도 하다네.

모든 일을 본인(本人)의 의지(意志)대로 한꺼번에 몰아치고 밀어붙이는 성격(性格)으로 인(因)하여 주변(周邊) 사람들이 얼마나 피곤(疲困)하고 힘들겠는가.

또한 급(急)한 마음에 있지도 않은 성과물(成果物)을 보여주고 실제(實際)하지 않은 것을 있는 듯 합리화(合理化)시키면서 잘 보이려고 아부(阿附)를 하지 않겠는가.

그렇다면 그 무슨 일이 제대로 이치(理致)에 맞게 이루어지겠는가.

때문에 인간관계(人間關係)가 두루 원만(圓滿)치 않으니, 본인(本人) 스스로가 권세(權勢)와 재력(財力)이 있을 때만 리더로서의 힘을 과시(誇示)하여 따르게 할 뿐이며, 권세(權勢)와 재력(財力)이 없을 때는 그 누구와 두루 원만(圓滿)한 관계(關係)를 이룰 수 있겠는가.

타인(他人)에 대한 배려(配慮)하는 마음이 없는 성격(性格)으로 자기(自己)의 판단(判斷)이나 의사(意思)만이 중요(重要)하며, 타협(妥協)이라는 것을 모르는 남자(男子)라네.

처음에는 큰 기대감(期待感)이나 희망(希望)으로 무리가 따르지만 시간(時間)이 흐를수록 실망감(失望感)을 안겨주고 오히려 신뢰(信賴)하고 따르는 무리의 힘에 빌붙어 자신(自身)의 권세(權勢)나 신뢰(信賴)를 과시(誇示)하는 매우 서투르고 보잘것없는 남자(男子)라네.

이러하니 그 마음과 몸이 어떻게 버틸 수가 있겠으며, 현실적(現實的)이지 못하면서 어떻게 현실적(現實的)인 것을 바탕으로 한 그 이면(裏面), 곧 겉으로 드러나지 않은 속 사정을 알겠는가.
이 이면(裏面)을 알지 못하면, 사리(事理)의 옳고 그름과 시비(是非)의 분간(分揀)이나 일이 전개(展開)되어 온 과정(過程)을 알거나 체면(體面)을 차릴만한 지각(知覺)이 없다네.
때문에 늘 세상사(世上事)에 뒤처지는 사람이며, 매사(每事)에 뒷북을 치면서 후회(後悔)를 하는 어리석은 남자(男子)로 남는다네.

- 남자(男子): 양(陽) → 소양(少陽) ☲, 리(離)

스스로가 잘나고 똑똑한 척 자랑을 하면서 모든 일을 급(急)하게 결정(決定)하고, 걸리거나 막힘이 없이 씩씩하게 몰아쳐가지만 기대(期待)한만큼 결과(結果)나 성과물(成果物)이 없다네.
일이 작거나 큰 것을 떠나 자기(自己)의 위세(威勢)나 체면(體面), 명예(名譽) 따위를 위하여 일을 크게 부풀려 과시(誇示)하는 성격(性格)이며, 더하여 일의 성패(成敗)를 떠나 첫 삽을 뜨기도 전에 무성(茂盛)한 결과물(結果物)을 두고 서로 잘났다고 논공행상(論功行賞)을 벌이면서 잦은 분쟁(分爭)을 일으키는 못난 성격(性格)이라네.
스스로의 위신(威信)이나 체면(體面)을 위하여 타인(他人)의 힘이나 재력(財力)을 빌리는 성격(性格)이기는 하나 무턱대고 자신(自身)을 낮추어 비굴(卑屈)하게 굴지 않으며, 오히려 큰소리를 치면서 자기(自己) 자신(自身)을 합리화(合理化)하고 분명(分明) 이루어지지 않은 일임을 알면서도 다 이루어지는 척 매진(邁進)하는 남자(男子)라네.
가진 것이 없어도 많이 가진 척, 아는 것이 없어도 세상(世上)을 다 아는 척, 단 하나를 가지고 모든 것을 대변(代辯)하는 척 나서며, 그 뒤를 책임(責任)지지 못하고 날다람쥐처럼 본인(本人)이 머물던 자리에서 느닷없이 사라지는 몰지각(沒知覺)한 성격(性格)의 남자(男子)라네.
단호(斷乎)하고 박력(迫力)있는 말이나 행동(行動)으로 터무니없는 희망(希望)과 꿈을 던지고 잘되면 자기(自己) 탓, 못되면 모든 것을 믿고 따른 이들의 탓으로 돌리면서 제 잇속만을 챙기는 남자(男子)라네.

또한 자신(自身)의 위신(威信)이나 명예(名譽), 체면(體面)을 위하여 영악(靈惡)한 머리를 돌리지만 마지막에는 자신(自身)의 몸과 마음마저도 제대로 가눌 수 없는 상황(狀況)에까지 끌고 가는 사람이며, 스스로를 구석으로 몰고 가는 성격(性格)이라네.

잇속에 밝고 몹시 약은 성격(性格)이지만 일을 추진(推進)하는 폭발적(爆發的)인 힘이 있는 까닭에 많은 이들로부터 인정(認定)을 받고 신뢰(信賴)를 얻은 남자(男子)라네.

사랑을 얻기 위해 지속적(持續的)인 정(情)보다는 순간(瞬間)의 환심(歡心)을 사기 위한 말과 행동(行動)이라 진실성(眞實性)이 결여(缺如)된 사랑이라네.

또한 필요(必要)에 따라 번복(翻覆)이 되는 애정(愛情)이라 처음의 믿음이 흔들리고 흩어지는 사랑을 준다네.

세상사(世上事)에서 부딪히는 불평불만(不平不滿)을 가족(家族)에게 생각 없이 해대는 성격(性格)으로 가정(家庭)이라는 울타리를 무너뜨리는 남자(男子)라네.

가정사(家庭事)에 대하여 무관심(無關心)하고 가족(家族)에 대하여 미련을 가지지 않은 남자(男子)이며, 제 몸과 마음이 힘들고 어려울 때만 필요(必要)로 하는 안식처(安息處)와 같은 장소(場所)라네.

실제(實際)로 뒤집고 보면 내세울 것이 없는 남자(男子)로서 뒤를 받칠 수 있는 힘이 약(弱)하고, 하자고 할 것이 없이 시시하면서 대수롭지 않으며, 보잘 것 없는 사람이면서도 배움이 없어도 많이 배운 척, 어찌 되었든 제일 잘난 척, 사람이 된 척 큰소리를 내는 성격(性格)이라네.

때문에 이해득실(利害得失)에 따라 이합집산(離合集散)하면서 이익(利益)이 되면 끝없이 빌붙고, 손실(損失)이 나면 가차(假借) 없이 끊어버리면서 제 안위(安慰)만을 생각하는 남자(男子)라네.

본인(本人)에게 이익(利益)이 따르지 않는다면 그 어떠한 타협(妥協)도 보지 않은 성격(性格)으로 사람을 알고 지내는 일에 있어서 극단적(極端的)으로 간다네.

또한 제 감정(感情)의 기복(起伏)을 따라 사람을 대하는 일에 있어서 제멋대로인 까닭으로 그 관계(關係) 형성(形成)이 매우 까다로운 남자(男子)라네.

일의 앞뒤를 깊이 생각하지 않은 성격(性格)으로 본인(本人) 스스로에 대하여 아둔하지는 않으나, 까닭 없는 자존심(自尊心)을 내세우는 일로 인(因)하여 번번이 일을 그르쳐 놓기만 하는 남자(男子)라네.

인연(因緣)의 처음에는 신뢰(信賴)를 바탕으로 서로 상생(相生)의 길을 함께 하지만, 가면 갈수록 상생(相生)의 길을 가기보다는 잇속에 따라 모이고 흩어지는 관계(關係)로 변한다네.

스스로의 잘못이나 허물을 인정(認定)하지 않고 핑계와 자기(自己) 변명(辨明)만을 일삼으면서 지인(知人)들과의 인연(因緣)마저도 끊어버리는 남자(男子)라네.

또한 뒤를 돌아보지 않은 성격(性格)으로 본인(本人)의 잘잘못을 과거(過去)에 묻어버리는 남자(男子)지만 타인(他人)의 잘못이나 허물에 대해서는 뒷말이 많고 뒤끝이 작렬(炸裂)하는 못된 성격(性格)이며, 칭찬(稱讚)을 하지 않은 전형적(典型的)인 사람이지만 본인(本人)의 잇속이나 위신(威信), 체면(體面)이 걸린 일 앞에서는 바로 없는 일도 만들어내어 칭찬(稱讚)을 하는 남자(男子)라네.

- 남자(男子): 양(陽) → 태음(太陰) ☳, 신(震)

성질(性質)이 고집(固執)스럽고 융통성(融通性)이 없으며, 본인(本人)이 원하는 대로 되지 않거나 얻지 못하면, 말과 행동(行動)을 막무가내(莫無可奈)로 해대면서 마음의 상처(傷處)를 크게 키우는 아둔한 성격(性格)이라네.

본인(本人) 스스로를 대단하고 몹시 중한 사람으로 생각하지만 사실(事實) 실체(實體)를 드러내 보이면 실속이 없으면서 더하여 허명무실(虛名無實)하고 제 앞가림도 하지 못하는 허우대만 멀쩡한 남자(男子)라네.

또한 허장성세(虛張聲勢)를 부리는 성격(性格)으로 남 앞에서의 말이나 행동(行動), 몸가짐이 경망(輕妄)스러워 볼꼴이 사나우며 위신(威信)이 서지 않고 제 스스로 명예(名譽)나 권위(權威)를 실추(失墜)시키면서 스스로를 가볍게 만드는 성격(性格)의 소유자(所有者)라네.

앞뒤 가리지 않고 밀어붙이면서 몰아치는 성격(性格)이지만 매사(每事)에 머뭇거리고 망설이는 까닭으로 그 진위(眞僞)를 의심(疑心)하게 만드는 남자(男子)이며, 우유부단(優柔不斷)한 성격(性格)은 짝을 찾기 힘든 사람이라네.

또한 뒤가 무른 성격(性格)으로 큰소리에 위세(威勢) 당당(堂堂)한 모습을 보이지만 자신(自身)의 몸과 마음에 부대끼는 일이 닥치면 힘 있고 재력(財力)이 있는 이의 그늘로 숨어드는 성격(性格)이며, 이들의 힘에 빌붙어 자신(自身)을 과시(誇示)하는 남자(男子)라네.

또한 뒤끝이 심한 남자(男子)로서 터무니없는 말로 화려(華麗)하게 포장(包裝)하고 자기(自己)의 체면(體面)이나 위신(威信), 명예(名譽)를 위해 타인(他人)의 잘못이나 허물을 드러내어 자신(自身)을 부각(浮刻)시키는 성격(性格)이라네.

처신(處身)과 처세(處世)에 능(能)하다고는 하지만 재력(財力)을 동원(動員)하여 세상사(世上事)를 대하는 사람이며, 재력(財力)이나 권세(權勢)가 없다면 감언이설(甘言利說)로 자신(自身)의 지위(地位)를 지키고 이치(理致)나 도리(道理)나 조리(條理)에 맞지 않은 말로 억지를 부리는 남자(男子)라네.

일이 돌아가는 사정(事情)이나 형편(形便)을 돌아보지 않고 본인(本人)의 입맛대로 대처(對處)하고 처리(處理)하는 까닭에 매우 독선적(獨善的)이며 이기적(利己的)인 모습을 보이고 자기(自己) 중심적(中心的)인 행태(行態)를 보이는 성격(性格)이라네.

강(强)하게 끌어당기는 사랑이지만 뒤가 물러지는 애정(愛情)이라네.

처음에는 화려(華麗)한 사랑을 꿈꿀 수 있으나 시간(時間)이 지나면서 색이 바래지는 애정(愛情)이라네.

가정(家庭)이라는 울타리에 머물지 못하고 밖으로 나도는 남자(男子)이며, 가족(家族)에 대한 책임감(責任感)보다는 체면(體面)이나 위신(威信)을 세우기에 몸과 마음을 다하면서 가정사(家庭事)를 내던지고 돌보지 않은 남자(男子)라네.

다 해줄 것처럼 큰소리를 치고는 뒤로 숨은데 급급(急急)한 성격(性格)으로 주절주절 말만 앞세우면서 가족(家族)을 탓하는 성격(性格)이라네.

매사(每事)에 자신감(自信感)을 가지고 큰소리를 치지만 마무리에 있어서는 늘 실망감(失望感)을 던져주며, 고개를 흔들게 만드는 우유부단(優柔不斷)한 남자(男子)라네.

타인(他人)의 힘에 빌붙어 자신(自身)을 세우고 남의 재력(財力)과 권세(權勢)를 빌려 자신(自身)보다 약한 이들을 누르는 못난 성격(性格)이라 인연(因緣)이 들쑥날쑥한 남자(男子)라네.

때문에 감정(感情)의 기복(起伏)에 따라 변덕(變德)이 심하고 비위(脾胃)를 맞추기가 어려운 사람이며, 세상사(世上事)에 쉽게 적응(適應)하지 못하는 남자(男子)라네.

인간관계(人間關係)가 그리 원만(圓滿)하다고 볼 수 없으며, 잇속을 따라 이합집산(離合集散)하는 까닭으로 진실성(眞實性)이 결여(缺如)된 관계(關係)라고 보면 맞는다네.

또한 터무니없는 말로 타인(他人)을 공격(攻擊)하는 성격(性格)으로 분쟁(紛爭)을 일으키는, 아니 분쟁(紛爭)이 따라다니는 남자(男子)이며, 뒤가 몹시 무른 사람이라 일을 저질러 놓고는 두려움에 숨어버리는 성격(性格)이라네.

또한 뻔뻔한 성격(性格)으로 잘못을 저질러 놓고도 얼굴을 디밀고 말을 섞는 남자(男子)이며, 성깔은 있어서 맞대 놓고 언짢게 꾸짖거나 비웃으면 되레 대놓고 대드는 성격(性格)이라네.

이러한 까닭으로 막힘이나 걸림이 없이 두루 원만(圓滿)한 관계(關係)를 이루지 못하고 늘 데면데면한 사이로 인연(因緣)을 맺은 성격(性格)이라네.

- 남자(男子): 음(陰) → 태양(太陽) ☴, 손(巽)

욱하는 성미(性味)지만 쉽게 드러내지 못하는 사람으로 안으로는 부글부글 끓어오르는 마음 때문에 가슴앓이가 심한 남자(男子)라네.

앞뒤를 헤아리지 않고 말이나 행동(行動)을 함부로 하지만 어리석고 고지식하게 맡은 일에 대해서는 마무리까지 제대로 이끌어가는 성품(性品)이며, 자신(自身)의 생각이나 의견(意見)만을 내세워 굽히지 않고 쓸데없이 고집(固執)을 부리는 성질(性質)이라네.

조용하게 있다가도 느닷없는 말과 행동(行動)으로 주변(周邊) 사람들을 당황(唐惶)하게 만들고 본인(本人)은 아무렇지 않은 듯 넘어가는 참으로 무던한 사람이며, 무미(無味)한 생활(生活)을 되풀이하는 성격(性格)이라네.

체면(體面)이나 위신(威信)을 지키려고 노력(努力)하기보다는 실속을 챙기려고 몸과 마음을 다하는 남자(男子)이며, 남에게 뒤처지고 모자라거나 어려움이 따르더라도 되도록 남보다 나서지 않고 뒤를 따르는 성격(性格)이라네.

때때로 일에 치이는 까닭으로 힘들어하지만 추진력(推進力)이 폭발적(爆發的)인 남자(男子)로서 매섭게 몰아치고 몰입(沒入)하는 성격(性格)이며, 일에 대해 욕심(慾心)이 많은 사람이라네.

또한 인정(人情)이 많고 입바른 소리를 하는 성격(性格)이며, 바른말을 하는 데 있어서 거침이 없고 이러쿵저러쿵 쓸데없이 입을 놀리는 남자(男子)가 아니며, 입발림 소리에 동요(動搖)하지 않은 성품(性品)이라네.

고지식하기만 하고 융통성(融通性)이 없는 사람으로 처신(處身)과 처세(處世)에 능(能)하지는 않지만 세상사(世上事)를 긍정적(肯定的)으로 보고 느리지만 바른 길을 찾아가는 솔직한 성격의 소유자(所有者)라네.

지극(至極)히 자기(自己) 중심적(中心的)인 사고방식(思考方式)이며, 매우 이기적(利己的)며 독단적(獨斷的)인 성격(性格)이지만 현실적(現實的)이면서 실질적(實質的)인 잇속을 추구(追求)하고 타인(他人)의 뜻이나 생각을 무시(無視)하면서도 귀를 기울이는 신중(愼重)한 성격(性格)이라네.

이성적(理性的)이기보다는 감정적(感情的)인 남자(男子)지만 주어진 일을 대처(對處)하고 처리(處理)하는데 있어서 매우 꼼꼼하게 살피고 넘어가는 성격(性格)이며, 결과물(結果物)을 급(急)하게 원하기는 하지만 인내심(忍耐心)을 갖고 노력(努力)하는 남자(男子)라네.

타고난 성질(性質)이 급(急)하기는 하지만, 하는 짓이나 생각하는 것이 고리삭고 시원한 맛이 없이 따분하며, 늘 제 생각에 사로잡혀 살아가는 남자(男子)라네.

급(急)한 마음에 일을 벌이는 사랑이며, 끝끝내 책임(責任)을 지고 밀어붙이는 애정(愛情)이라 믿음을 주는 사랑이기는 하지만, 너무 저돌적(豬突的)인 애정(愛情) 표현(表現)으로 인(因)하여 상대방(相對方)을 당황(唐惶)하게 만드는 정(情)이라네.

가족(家族)에게 애정(愛情)을 표현(表現)하는 일에 있어서 일반적(一般的)인 상식(常識)을 벗어나는 남자(男子)로 줄 때는 한꺼번에 너무 많이 주는 성격(性格)이며, 주고 나서는 할 일을 다 했다는 듯 곧 무덤덤하게 가족(家族)을 대하는 성품(性品)이라네. 복잡(複雜)한 생각으로 가족(家族)을 대하기보다는 매우 단순(單純)한 생각을 바탕으로 가족(家族)을 사랑하며, 변함이 없는 마음으로 최선(最善)을 다하는 남자(男子)라네.

내일, 남의 일을 따지지 않고 몸과 마음을 다하는 성격(性格)으로 인간관계(人間關係)가 그리 나쁜 남자(男子)가 아니며, 인연(因緣)을 맺고 풀어가는 일에 있어서 매우 급(急)하지만 크게 모나지 않고 두루 너그러우며 구순한 성품(性品)이라네.

또한 감정(感情)의 기복(起伏)이 심(甚)한 편이나 감정(感情)을 밖으로 드러내어 타인(他人)의 마음을 불편(不便)하게 만드는 사람이 아니며, 자기(自己)의 감정(感情)을 안으로 감추고 실질적(實質的)인 잇속을 챙기기 위해 노력(努力)하는 사람으로 리더로서의 길을 가는 성질(性質) 급(急)한 남자(男子)라네.

때때로 극단적(極端的)인 말이나 행동(行動)으로 주변(周邊) 사람들을 당혹(當惑)스럽게 만들기는 하지만 앞길을 막막(漠漠)하게 이끌지는 않으며, 그렇다고 속 시원하게 풀어주는 능력(能力)이 있지도 않다네.

제 감정(感情)에 충실(充實)하게 반응(反應)하는 성격(性格)으로 드러나는 감정(感情)을 속이는 사람이 아니며, 있는 그대로의 감정(感情)을 드러내는 일로 인(因)하여 때때로 본인(本人)의 의사(意思)와는 다르게 오해(誤解)를 받지만 무탈(無頉)하고 무던하게 풀어가는 성품(性品)이라네.

- 남자(男子): 음(陰) → 소음(少陰) ⚍, 감(坎)

무슨 일이든 적극적(積極的)으로 하고자 하는 마음과 나름 많은 생각을 하지만, 급(急)한 성질(性質)을 따라주지 못하는 몸과 머리 때문에 기운(氣運)을 잃고 풀이 죽어버리는 남자(男子)라네.

그래도 능동적(能動的)이며 적극적(積極的)인 면을 잃지 않고 나름 세상사(世上事)에 긍정적(肯定的)으로 다가서면서 제 위치(位置)를 제대로 찾아가는 성격(性格)이며, 잡다(雜多)한 많은 생각을 정리(整理)하는 남자(男子)라네.

말과 행동(行動)으로 옮기기 전에 급(急)한 마음을 자제(自制)하면서 조용히 생각을 다듬지만 기복(起伏)이 심(甚)한 감정(感情)을 다스리지 못하고 타인(他人)의 입발림 소리에 휘둘리는 성격(性格)이라네.

또한 자기(自己)의 지위(地位)나 능력(能力)을 믿고 지나치게 장담(壯談)을 하면서 본인(本人)의 위신(威信)이나 체면(體面) 등을 세우기 위해 과신(過信)을 하는 성격(性格)이라네.

남을 배려(配慮)하는 마음이 있지만 조급(早急)한 자기(自己)의 마음을 감추지 못하는 성격(性格)으로 매사(每事)에 남을 믿지 못하고 독단적(獨斷的)이면서 우직하게 제 길을 가는 남자(男子)라네.

일이 돌아가는 사정(事情)이나 형편(形便)을 알아보지 않고 미리 앞서는 말과 행동(行動)으로 후회(後悔)를 하지만 지나간 일에 대하여 무관심(無關心)한 까닭으로 크게 영향(影響)을 받지 않은 성격(性格)이며, 어리석고 고지식하게 일만 하는 사람이라네.

성질(性質)이 외곬으로 곧아 융통성(融通性)이 없는 사람이나 제 앞가림은 제대로 하는 성격(性格)으로 자신(自身)이 먹고 자는 일에는 부지런한 남자(男子)라네.

그러나 남의 힘에 의하여 움직이는 태도(態度)를 보임으로 인(因)하여 지극(至極)히 소심(小心)한 마음을 드러내 보이고 남을 높이면서 자기(自己)를 낮추는 몸가짐을 보이지만 크게 믿을만한 모양새는 아니라네.

시대(時代)의 흐름에 매우 둔감(鈍感)한 듯이 보이는 사람이나 겉으로 드러난 모습을 바꾸기보다는 지닌 뜻이나 생각을 빠르게 바꾸어가는 성격(性格)이라네.

때나 경우(境遇)에 따라 맞추어가지 못하는 사랑이라 늘 남보다 한 템포 늦춰지는 애정(愛情)을 보이고 급한 마음에 행동(行動)이 앞서는 사랑을 한다네.

타인(他人)의 눈치를 보지 않은 애정(愛情) 표현(表現)에 늘 성급(性急)하게 다가가는 성격(性格)으로 인(因)하여 사랑하는 이의 마음을 놀라게 하는 남자(男子)라네.

가정(家庭)을 이끌고 가족(家族)을 대하는 일에 있어서 피를 말리는 성격(性格)으로 인(因)하여 겉으로는 친한 체하면서 실제(實際)로는 꺼리어 서로 멀리하고 서로가 겉도는 가족(家族) 관계(關係)를 이룬다네.

가족(家族)에 대한 배려(配慮)하는 마음보다는 조급(早急)하게 굴면서 속을 태우는 사람이며, 제 성질(性質)을 이기지 못해 스스로를 괴롭히는 남자(男子)라네.

본인(本人)의 힘들고 어려운 면만을 내세우는 성격(性格)으로 말은 그리 많이 하지 않으나 모양의 됨됨이로 스스로의 어두운 면을 드러내는 남자(男子)라네.

독단적(獨斷的)이며 이기적(利己的)인 마음으로 자신(自身)의 잇속을 위해 급(急)하게 몰아치는 성격(性格)이며, 타인(他人)의 안전(安全)이나 행복(幸福)에는 무관심(無關心)하다네.

또한 상대방(相對方)의 사정(事情)이나 형편(形便)을 생각하지 않고 모든 일을 한꺼번에 몰아서 밀어붙이는 사람이며, 이러한 까닭으로 많은 이들이 떠나가는 상황(狀況)이 벌어지고 늘 일에 치이는 남자(男子)라네.

세상사(世上事)에 아쉬움이 없을 듯이 보이는 사람이나 늘 누군가의 따스한 손길을 기다리는 남자(男子)이며, 뒤가 무른 성격(性格)으로 감당(堪當)치 못할 일이 닥치면 남의 등 뒤로 숨은 사람이라네.

그렇다고 필요(必要)에 따라 움직이는 파렴치(破廉恥)한 성격(性格)의 소유자(所有者)는 아니며, 주어진 일에 우직(愚直)하게 몸과 마음을 다하는 성품(性品)으로 무사(無事) 무난(無難)한 인간관계(人間關係)를 맺는다네.

이성적(理性的)이며 계산적(計算的)인 사람이기보다는 감정적(感情的)이면서 이해득실(利害得失)에 어둡고 어리석고 고지식하게 제 앞가림만을 해가는 남자(男子)라네.

제 마음의 모양새를 감추려고 노력(努力)을 하지만 늘 조급(早急)한 성격(性格)으로 인(因)하여 감정(感情)의 기복(起伏)을 감추지 못하고 자신(自身)을 한쪽 구석으로 몰아가는 어리석은 면이 있다네.

누가 그 마음을 이해(理解)하고 감싸겠는가.

- 남자(男子): 음(陰) → 소양(少陽) ☳, 간(艮)

매사(每事)에 신중(愼重)하지 못하고 감정(感情)이 가는대로 말과 행동(行動)을 함으로 인(因)하여 후회막급(後悔莫及)한 상황(狀況)에 처하는 사람이며, 이해득실(利害得失)을 앞에 두고 늘 뒤로 물리는 성격(性格)이라네.

본인(本人)이 몸과 마음을 다해 노력(努力)한만큼 크게 얻은 것이 없으며 오히려 하는 일마다 타박이라네.

말과 행동(行動)이 앞서는 성격(性格)으로 제 앞가림을 위해 무던히도 애를 쓰는 사람이나 제 앞가림은커녕 위신(威信)이나 체면(體面)만 깎이고 불평불만(不平不滿)만 늘어놓으면서 불같은 성격(性格)을 밖으로 표출(表出)하는 남자(男子)라네.

잘난 척에 똑똑한 척하면서 자신(自身)의 잘못이나 허물을 감추기에 급급(急急)한 성격(性格)이며, 남의 잘못이나 허물에 대해서는 매몰차게 몰아붙이면서 면박(面駁)을 주는 성미(性味)라네.

인정(人情)이 없이 아주 쌀쌀하고 독(毒)한 모습을 보이면서 가까운 사람들에게 상처(傷處)를 주고 모른 척 등을 돌리며, 자기(自己) 중심적(中心的)인 사고방식(思考方式)을 버리지 못한다네.

겉으로는 매우 진득하면서 열정적(熱情的)인 애정(愛情)을 보이지만 단발(單發)에 끝나면서 싸늘하게 변하는 사랑이라네.

모든 것을 다 해 줄 듯 한 애정(愛情)을 표현(表現)하지만 자기(自己) 만족(滿足)만을 위해 노력(努力)하는 남자(男子)라네.

가족(家族)을 위해 몸과 마음을 다하는 성품(性品)이나 원하는 만큼, 기대(期待)하는 만큼 이루어지지 못하는 까닭으로 성급(性急)하게 판단(判斷)하면서 온갖 불평불만(不平不滿)을 쏟아내는 남자(男子)라네.

또한 노력(努力)을 통해 얻어지는 것보다는 일확천금(一攫千金)을 노리는 성격(性格)으로 인하여 많은 스트레스에 내몰리는 사람이며, 이를 한꺼번에 풀어버리면서 가족(家族)을 힘들게 한다네.

물론 가정(家庭)이라는 울타리를 지키기 위해 노력(努力)하지만 제 마음대로, 제 뜻대로 되는 일이 어디 있던가.

앞으로 이끌어주지를 못하고 늘 제자리를 맴돌며 서로를 힘들게 만드는 가장(家長)이라네.

이웃 간에 돈독(敦篤)한 정(情)을 나누기보다는 이해득실(利害得失)에 따라 움직이는 까닭으로 얻은 것보다는 잃은 것이 많은 남자(男子)이며, 일의 마무리가 깨끗하지 못한 까닭으로 매사(每事)에 지적(指摘)을 당하고 욕을 먹는다네.
그렇다고 스스로의 잘못이나 허물을 제대로 인정(認定)하는 성격(性格)이 아니며, 되레 자신(自身)의 잘못이나 허물을 남의 탓으로 돌리는 사람이라네.
때문에 인간관계(人間關係)가 그리 원만(圓滿)하지 않고 오래도록 지인(知人) 관계(關係)를 유지(維持)하지 못하며, 그 끝이 아름답지 못하다네.
다만 그 마음이 착하고 여린 까닭으로 시간(時間)이 지난 후에 후회(後悔)하면서 가슴을 치고 한숨만을 내쉬는 남자(男子)라네.
또한 제 복(福)을 제 스스로 내차는 어수룩한 남자(男子)라네.

- 남자(男子): 음(陰) → 태음(太陰) ☷, 곤(坤)

본인(本人)이 한 말이나 행동(行動)을 이해(理解)하지 못하고 이것인지 저것인지 뚜렷이 분간(分揀)하지 못하지만 자기(自己) 실속은 꼭 챙기는 성격(性格)이며, 일을 대함에 있어서 늘 대강 짐작으로 헤아려 볼뿐 잘잘못을 제대로 인지(認知)하지 못하는 성품(性品)이라네.
갑작스럽고도 엉뚱한 말로 혼란(混亂)을 주는 사람이며, 타인(他人)의 핀잔이나 지적(指摘)에 말을 하지 못하고 머뭇거리면서 매우 망설이지만 돌아서서는 뜻 모를 말을 거침없이 내뱉은 남자(男子)라네.
스스로의 잘못이나 허물에 대하여 어두운 성격(性格)이나 크게 신경(神經)을 쓰는 사람이 아니며, 묵묵(默默)하게 제 할 일을 해나가는 남자(男子)라네.
뜻이나 생각을 정확(正確)하게 전달(傳達)하지는 못하지만 늘 행동(行動)으로 자신(自身)의 의지(意志)를 표현(表現)하는 편이며, 몸과 마음을 다해 노력(努力)하는 사람이라네.
뒤가 무르고 여린 성격(性格)도 있지만 어찌되었든 자신(自身)의 말과 행동(行動)에 따른 모든 일에 대하여 책임(責任)을 지려는 남자(男子)이며, 제 힘에 부치더라도 물러서지 않은 성품(性品)의 소유자(所有者)라네.

좋게 말하자면 늘 노력(努力)하고 인내(忍耐)하는 사람이며, 나쁘게 말하면 일의 이치(理致)나 본인(本人) 스스로에 대하여 아둔한 사람으로서 일을 성사(成事) 시키기보다는 번번이 그르쳐 놓기만 하는 사람이라네.

본인(本人)의 잘못이나 허물에 대하여 어둡기는 하지만 늘 노력(努力)하는 그 모습이 좋아 보이는 남자(男子)로서 무거운 짐을 지고 살아가는 성품(性品)이라네.

사랑 표현(表現)에 능하지는 못하지만 엉뚱한 말과 행동(行動)으로 애정(愛情)을 표현(表現)하고 쑥스럽지만 따스한 손을 내미는 남자(男子)이며, 어색(語塞)하게 마음을 내보이는 남자(男子)라네.

자잘한 정(情)보다는 한꺼번에 몰아대는 애정(愛情)으로 상대방(相對方)을 당혹(當惑)하게 만드는 사람이며, 때때로 큰 감동(感動)과 함께 눈물을 주는 애정(愛情)이라네.

가정(家庭), 가족(家族)에 대하여 애절(哀切)한 남자(男子)로 말이 없고 무뚝뚝하지만 한이 없는 마음으로 끌어안고 가는 가장(家長)이라네.

여린 마음에 뒤가 약한 남자(男子)지만 가족(家族)의 일 앞에서만큼은 자신(自身)을 희생(犧牲)하고 모든 질책(叱責)이나 질타(叱咤)를 감내(堪耐)하는 남자(男子)라네.

가족(家族)의 누구를 탓하기보다는 말이 없음으로 자신(自身)을 표현(表現)하는 가장(家長)이며, 자기(自己) 중심적(中心的)인 성격(性格)이지만 가족(家族) 앞에서만큼은 모든 것을 용서(容恕)하는 사람이라네.

배가 부를 때는 원 없이 부르고 배가 고플 때는 왜 그리도 배가 고픈지…… 굴곡(屈曲)이 매우 심한 가정사(家庭事)라네.

인간관계(人間關係)에 있어서 원만(圓滿)함을 이루지만 이는 스스로가 손해(損害)를 보면서까지 사람을 끌어당기기 때문이며, 제 몸과 마음이 상처(傷處)를 받으면서도 제 앞가림을 위해 인내(忍耐)하기 때문이라네.

힘이 달리면서도 남에게 지기 싫어하는 마음이 강한 남자(男子)로 나름 큰소리를 치고 과장(誇張)된 모습을 보이지만 그 뒤가 무른 것이 문제(問題)라면 문제(問題)라네.

때문에 타인(他人)의 지적(指摘)이나 질타(叱咤)에 시달리고 우유부단(優柔不斷)하거나 아니면 막무가내(莫無可奈)의 모습을 보이는 남자(男子)이며, 때때로 극단적(極端

的)인 행동(行動)을 보이는 성미(性味)라네.
또한 진정(眞正)한 용기(勇氣)보다는 끝까지 오기(傲氣)로 버티는 고집(固執)있는 사람이라네.
체면(體面)이나 위신(威信)을 지키기 위해 노력(努力)하지만 의식주(衣食住), 제 앞가림에 급한 남자(男子)라네.

- 여자(女子): 양(陽) → 태양(太陽) ☰, 건(乾)

어떻게 보면 사람됨이 교만(驕慢)하여 남을 업신여기는 듯이 말과 행동(行動)을 함부로 하는 것도 같지만, 달리 보면 사리(事理)에 밝고 명쾌(明快)한 두뇌(頭腦)를 지닌 듯 이성적(理性的)으로 보이는 성격(性格)이라네.
그러나 타고난 성품(性品)이 이성적(理性的)이기보다는 매우 감정적(感情的)인 성격(性格)으로 기분파(氣分派)이며, 말과 행동(行動)을 안으로 감추지 못하고 모든 것을 밖으로 쏟아내는 당차면서도 못난 성격(性格)이기도 하다네.
때때로 너무 과(過)한 것이 문제(問題)이기는 하나 처신(處身)과 처세(處世)에 밝은 성품(性品)으로 지나친 면을 순간적(瞬間的)으로 감주는 여자(女子)이며, 하고 싶은 말은 다하고 살아가는 성미(性味)라네.
매사(每事)에 앞뒤를 확인(確認)하지 않고 급하게 밀어붙이는 성격(性格)으로 후회(後悔)하는 일이 없으며, 냉정(冷情)하게 돌아서고 물러나는 여자(女子)라네.
그러나 뒤끝이 강(强)한 성격(性格)으로 인하여 잦은 분쟁(紛爭)을 불러일으키는 여자(女子)이며, 이러한 잦은 다툼을 즐기면서 늘 타인(他人)의 위에 서려는 까다로운 성미(性味)라네.
긍정적(肯定的)이며 능동적(能動的)인 면은 좋아 보이지만 자신(自身)의 명예(名譽)나 위신(威信), 체면(體面)을 세우기 위해 있지도 않은 말과 엉뚱한 행동(行動)으로 남의 시선(視線)을 바라는 마음은 그리 좋아 보이지 않는다네.
또한 타인(他人)의 잘못이나 허물에 대해서는 거칠게 몰아붙이면서 본인(本人)의 잘못이나 허물에 대해서는 관대(寬貸)한 성격(性格)이며, 제 잇속을 챙기기 위해 분투

(奮鬪)하는 여인(女人)이라네.

또한 제 뜻대로 이루어지지 않거나 위해(危害)가 가해지면 어떠한 방법(方法)으로든 바로 응징(膺懲)을 하는 성격(性格)이라네.

자기(自己) 중심적(中心的)이며, 든 척, 난 척, 된 척을 하며 자신(自身)을 세우는 여인(女人)이라네.

상대방(相對方)의 뜻이나 생각을 헤아리지 않고 본인(本人)의 사랑을 진실(眞實)이라 믿으면서 애정(愛情)을 주며, 아니라면 시원하게 돌아서는 사랑을 한다네.

매우 빠르게 흘러가면서 만나고 헤어지는 애정(愛情)이며, 독단적(獨斷的)이고 일방적(一方的)인 사랑을 하는 여인(女人)이라네.

가정(家庭事)에 있어서는 기본(基本)만 지키는 여인(女人)으로 매우 관심(關心)을 보이는 듯하지만 그리 믿을 수 있는 성품(性品)의 소유자(所有者)가 아니라네.

가족(家族)이라는 존재(存在)란 본인(本人)의 위신(威信)이나 체면(體面)을 지키기 위해 필요(必要)한 부분(部分)이라 생각하고, 이를 위해 재산(財産)이나 공부(工夫)에 집착(執着)을 보이면서 남편(男便)이나 자식(子息)을 괴롭히는 여인(女人)이라네.

포기(抛棄)도 빠른 성격(性格)으로 가족(家族)이 만족(滿足)함을 주지 못하면 대리만족(代理滿足)을 할 수 있는 것이나, 곳으로 빠지며, 본인(本人) 스스로가 찾아나서는 성품(性品)이라네.

인간관계(人間關係)에 있어서는 그리 원만(圓滿)한 편이 아니며, 그 까닭은 자신(自身)을 너무 내세우고 목소리가 크기 때문이고 상대방(相對方)의 마음을 헤아리지 않고 자신(自身)의 잣대로 판단(判斷)하고 또 함부로 말하기 때문이라네.

큰소리치면서 자랑을 하지만 사실(事實) 득(得)보다는 실(失)이 많은 여인(女人)이며, 말이 먼저 앞서는 성격(性格)에 참견(參見)하기를 좋아하고 일이 되어가는 사정(事情)이나 형편(形便)보다는 결과(結果)만을 먼저 바라고 결과물(結果物)만을 중시(重視)하는 여자(女子)라네.

- 여자(女子): 양(陽) → 소음(少陰) ☱, 태(兌)

세상사(世上事)에 현명(賢明)하게 대처(對處)하는 성품(性品)이나 무언가 늘 한쪽은 비어있는 듯 허(虛)한 모습을 보이며, 공정(公正)하지 못하고 한쪽으로 치우치는 성격(性格)이라네.

물론 나름대로 일이 돌아가는 사정(事情)이나 형편(形便)을 보아 제대로 판단(判斷)하면서 말하고 행동(行動)을 하지만 밑바닥에 깔린 생각은 매우 독선적(獨善的)이며, 자기(自己) 중심적(中心的)인 사고방식(思考方式)에 매우 이해타산적(利害打算的)인 성격(性格)을 지녔다네.

보이지 않게, 남이 모르게, 조용하게 제 잇속을 챙겨가면서 할 말은 다하는 여인(女人)으로 일의 끝을 보면 제 위신(威信)과 체면(體面)을 차리는 성격(性格)이며, 손해(損害)를 보지 않으려는 욕심쟁이고 밖으로 드러나는 자신(自身)의 기운(氣運)을 안으로 감추면서 남을 억압(抑壓)하려는 강한 성미(性味)라네.

타인(他人)의 큰소리에 과다(過多)하게 반응(反應)하면서 자신(自身)이 약하다는 듯 여린 모습을 과장(誇張)되게 보이고 이성(異性)의 이목(耳目)을 끄는 똑똑한 여인(女人)이며, 사리(事理)를 분별(分別)하여 아는 일에 재빠른 성격(性格)이라네.

좋지 않은 일에 대해서는 매사(每事)에 나는 아닌 척하면서 변명(辨明)을 내세우고 좋은 일 앞에서는 모든 것이 자신(自身)의 힘으로 이루어졌다는 듯 내숭을 떨며, 이렇듯 처신(處身)과 처세(處世)를 하는 성격(性格)이라네.

자신(自身)의 잘못이나 허물에 대해서는 일절(一切) 말 한마디 하지 않은 성격(性格)으로 이현령비현령(耳懸鈴鼻懸鈴)하는 못난 여인(女人)이라네.

있는 그대로 솔직하게 살아간다고는 말하지만 마음이 여리고 작은 일 하나에도 제 성질(性質)을 이기지 못하고 온몸을 움츠리는 성품(性品)에 또한 뒤끝이 작렬(炸裂)하는 성격(性格)이라네.

자신(自身)의 위신(威信)과 체면(體面)을 세워주는 사랑을 찾으면서 제자리를 찾아가는 여인(女人)이며, 자기(自己) 만족(滿足)을 위한 애정(愛情)을 나누고 철새처럼 떠나는 사랑을 한다네.

순간적(瞬間的)으로 빠져드는 애정(愛情)이면서 또한 순간적(瞬間的)으로 식어버리는 사랑이라네.

가족(家族)을 부양(扶養)하는 일이 버거운 여인(女人)으로 늘 무언가에 쫓기듯 어수선하며, 가정사(家庭事)를 깨끗하게 정리(整理)하지 못하고 서로가 서로를 빗대어 다투는 일이 연출(演出)된다네.

물론 기본적(基本的)인 삶을 살아가기는 하지만 잦은 분쟁(紛爭)이 일을 따라 일어나는 까닭으로 늘 제자리를 맴도는 가족(家族)을 이뤄간다네.

되었든, 났든, 들었든 아무도 알아주지 않은 여인(女人)으로 두루 원만(圓滿)하지 못한 인간관계(人間關係)를 이루면서도 나름 몸과 마음을 다해 노력(努力)하는 성격(性格)이며, 늘 몸소 나서는 일이 많지만 여럿이 모이면 꼭 윗자리에 앉고 싶어 하는 그 마음을 버리지 못한다네.

때문에 잦은 다툼이 일어나고 본인(本人)의 뜻과는 전혀 다르게 흘러가면서 묘한 미움을 받은 것이라네.

타인(他人)과의 경쟁(競爭)에서 지거나 무시(無視)를 당하면 그 꽁한 마음을 버리지 못하고 가슴에 묻어두었다가 나중에 어떠한 형식(形式)으로든 반응(反應)을 보이는 성격(性格)이며, 쉽게 풀리는 여자(女子)는 아니라네.

또한 뒤끝이 작렬(炸裂)하는 성격(性格)으로 많은 이들이 눈치를 보거나 피하는 편이며, 본인(本人) 또한 이를 즐기는 성격(性格)의 여인(女人)이라네.

때문에 편협(偏狹)된 인간관계(人間關係)를 형성(形成)하며, 본인(本人)이 좋아하고 싫어하는 사람의 가림이 심하다네.

또한 일이 돌아가는 과정(過程)에 마음을 기울이기보다는 늘 결과(結果)만을 중요시(重要視)하는 까닭으로 많은 이로부터 질책(叱責)을 받은 여인(女人)이라네.

그래도 제 잇속을 챙기면서 앞가림은 잘해나가는 성품(性品)이라네.

- 여자(女子): 양(陽) → 소양(少陽) ⚌, 리(離)

부드럽고 다정스럽게 보이는 여인(女人)이지만 그렇다고 만만하게 대할 수 있는 성격(性格)이 아니며, 웬만한 남자(男子)는 거들떠보지도 않고 안중(眼中)에도 두지 않은 당찬 성격(性格)의 소유자(所有者)라네.

그러나 큰소리에 으름장을 놓으면서 강한 듯이 보이지만 사실(事實) 깊이 알고 나면 뒤가 매우 무른 성격(性格)에 뒤끝만 작렬(炸裂)하는 맥없는 여인(女人)이라네.

난 척에 든 척, 된 척을 하면서 자신(自身)을 드러내지만 열중에 하나가 비어있는 듯 무언가가 빠져있는 삶을 살아가는 묘한 성격(性格)이라네.

다른 사람보다 늘 앞서는 사고방식(思考方式)이나 그 바탕이 단단하지 못한 까닭으로 매사(每事)에 제대로 이루는 일이 없으며, 늘 말만 앞서는 사람이라는 낙인(烙印)이 따라다닌다네.

독선적(獨善的)이며 이기적(利己的)이면서 자기(自己) 기만(欺瞞)을 일삼은 성격(性格)으로 자신(自身)의 말과 행동(行動)에 책임(責任)지지 않은 여자(女子)이며, 자신(自身)의 잣대로 남을 판단(判斷)하고 임의(任意)로운 말과 행동(行動)으로 상처(傷處)를 준다네.

늘 밝은 모습을 보이는 여인(女人)이지만 한쪽 구석에 어두운 그늘을 달고 다니는 얼굴이며, 잘난 척에 말이 많고 활동적(活動的)이지만 몸과 마음은 외로움에 지쳐가는 여인(女人)이라네.

자신만만(自身滿滿)하게 내 사랑이라고 말을 하지만, 잠시 잠깐 머물다 가는 애정(愛情)이라 상처(傷處)만이 남은 사랑을 한다네.

늘 마음을 열고 이성(異性)을 기다리는 여인(女人)이며, 마음에 차지 않으면 스스로 사랑을 찾아가는 성격(性格)이라네.

또한 본인(本人)의 조급(早急)한 마음으로 인(因)하여 좋은 인연(因緣)을 잃고 외로운 사랑을 한다네.

가정(家庭)이라는 울타리를 다급(多急)하게 이루고 가족(家族)을 대하는 일에 있어서 몹시 자기(自己) 중심적(中心的)으로 몰아치는 성격(性格)이며, 본인(本人)이 원하는 대로 따라주지 않거나 눈에서 벗어나면 곧바로 잘못을 뉘우치도록 징계(懲戒)를 가하는 성미(性味)라네.

또한 잘잘못에 대하여 변덕(變德)이 심한 편이며, 매우 감정적(感情的)으로 가족(家族)을 대하는 성격(性格)에 늘 제 잘난 멋에 취해서 가정사(家庭事)를 처리(處理)하고 본인(本人)의 잘못이나 허물에 대해서는 변명(辨明)에 되레 으름장을 놓으면서 큰소리치는 여인(女人)이라네.

난 척, 든 척, 된 척을 하면서 온갖 잡일을 부려먹은 성격(性格)으로 인(因)하여 뒷말이 많이 따라다니는 여인(女人)이며, 자신(自身)의 체면(體面)이나 위신(威信), 겉치레를 위하여 타인(他人)의 권세(權勢)나 명예(名譽)를 끌어들인다네.

일이 돌아가는 사정(事情)이나 형편(形便)을 생각하지 않고 자기 마음대로 말과 행동(行動)을 함으로 인(因)하여 주변(周邊) 사람들에게 손해(損害)와 상처(傷處)를 주면서도 이를 전혀 생각하지 않은 독선적(獨善的)인 성격(性格)이라네.

때문에 오래 사귀기보다는 이해득실(利害得失)에 따라 사람을 만나는 성격(性格)이며, 무슨 일이든 앞에 나서기를 좋아하고 사람들 위에 서기를 바라는 욕심(慾心)이 큰 여인(女人)이라네.

타인(他人)의 잘못이나 허물에 대해서는 매우 비판적(批判的)이면서 지적(指摘)을 일삼은 사람이지만 자신(自身)의 잘못이나 허물에 대해서는 눈 가리고 아웅하는 성격(性格)이라네.

또한 속이 빤히 들여다보이는 것을 숨겨 보려고 얕은 수로 어리석게 행동(行動)하는 성격(性格)이며, 자신(自身)의 잇속이나 허물을 감추기 위해 보람도 없을 일을 공연(空然)히 형식적(形式的)으로 하는 체하는 여인(女人)이라네.

그나마 제 앞가림을 위해 노력(努力)하는 그 모습이 좋아 보일 뿐이라네.

- 여자(女子): 양(陽) → 태음(太陰) ☳, 진(震)

매사(每事)에 매우 감정적(感情的)으로 대처(對處)하고 자기(自己) 자신(自身)에 대하여 몹시 아둔하며, 쉽게 알아들을 수 있는 설명(說明)이나 내용(內容)을 힘들고 어렵게 받아들이는 성격(性格)이라네.

일에 앞서 우선 윽박지르고 몰아치는 여자(女子)이면서 남자(男子)와도 같은 성향(性向)을 보이지만 목소리만 클 뿐, 스스로를 절제(節制)하지 못하는 성격(性格)이라네.

남이야 상처(傷處)를 받든 말든 사정(事情)이나 형편(形便)을 고려(考慮)하지 않고 일단 내뱉은 성격(性格)이면서 죄의식(罪意識)을 갖지 않은 애물과 같은 여성(女性)이라네.

앞뒤를 가리지 않고 일단은 일을 저지르는 성격(性格)으로 슬기롭지 못하여 하는 짓이 미련하기만 하며, 주변(周邊)을 의식(意識)하지 않은 어두운 여인(女人)이라네.

내 것과 남에 것을 구분(區分)하지 않고 욕심(慾心)을 부리며, 모든 일에 억지를 쓰고 자기(自己)가 매우 똑똑한 듯 말하고 재빠르게 행동(行動)하지만 남에 대하여 배려(配慮)하는 마음이 없으며, 자기(自己) 자신(自身)만을 아는 속이 좁은 성미(性味)라네.

보기에는 제법 위신(威信)과 체면(體面)을 지키는 것 같지만 처신(處身)과 처세(處世)에 매우 어두운 여인(女人)이며, 모질고 끈질긴 태도(態度)를 보이면서 드러난 사실(事實)에 의하지 않고 제멋대로 어림잡아 헤아린다네.

때문에 때때로 애먼 허물이나 잘못을 뒤집어쓰기도 하며, 아무 잘못도 없이 누명(陋名)을 쓰거나 책망(責望)을 듣게 되는 억울(抑鬱)한 일을 당하기도 하는 것이라네.

이러하니 그 마음이야 얼마나 오죽하겠는가.

눈먼 사랑에 벼락이 치듯 지나가는 애정(愛情)이라네.

상처(傷處)가 많이 나는 사랑이며, 깊은 애정(愛情)보다는 이해득실(利害得失)에 따라 변죽을 울리는 묘한 정(情)을 나눈다네.

잔정에 크게 연연(戀戀)하지 않은 여인(女人)이며, 늘 먼 산을 바라보면서 한숨을 쉬는 애정(愛情)이라네.

가족(家族)의 뜻이나 생각을 헤아리지 않고 자신(自身)의 의사(意思)대로 마냥 이끌고 가는 성격(性格)이며, 먼 미래(未來)를 내다보면서 계획(計劃)하지 않고 움직이며, 늘 순간(瞬間)에 일어나는 감정(感情)을 따르는 여인(女人)이라네.

자신(自身)의 기분(氣分)에 따라 가족(家族)을 좌지우지(左之右之)하는 성격(性格)이며, 본인(本人)의 뜻이나 생각에 맞지 않거나 어긋나기라도 하면 말과 행동(行動)으로 대차게 억누르는 여자(女子)라네.

당연(當然)히 본인(本人)의 잘못이나 허물에 대해서는 가족(家族) 어느 누구라도 말할 수 없음은 물론이며, 탓할 수도 없는 일이라네.

잘 알고 있는 사람이나 전혀 모르는 사람이나 제 마음대로 쥐락펴락하려는 성격(性格)으로 억지(抑止)에 가까운 말과 행동(行動)을 보이는 여인(女人)이며, 제 것이 아닌 것을 가지고도 떳떳하게 내 것인 양 한다네.

제 잇속 앞에 이빨을 쉽게 드러내는 여인(女人)으로서 누가 뭐라고 하든 말든 제멋대로 휘둘러 잡고 내흔드는 성격(性格)이며, 이해득실(利害得失)에 따라 말과 행동(行動)으로 난타전(亂打戰)을 벌이는 여인(女人)이라네.

타인(他人)에 대한 배려(配慮)하는 마음이 없으며, 막상 얼굴을 대하고 보면 할 말이 없어지는 여인(女人)이며, 자신(自身)의 잘못이나 허물을 남의 탓으로 돌리고 입을 다물어버리는 묘한 성격(性格)의 소유자(所有者)라네.

때문에 인간관계(人間關係)가 그리 원만(圓滿)하지가 않고 잦은 다툼이 많은 여인(女人)이며, 극단적(極端的)인 말과 행동(行動)을 일삼으면서 제 욕심(慾心)을 채우지 못하면 일을 처리(處理)하는데 있어서 매우 극단적(極端的)이라네.

때문에 뒷말이 수없이 많이 따라다니고 애먼 소리에 상처(傷處)를 받은 일이 많은 것이라네.

자신(自身)의 잘못이나 허물, 위신(威信)과 체면(體面)을 위해 타인(他人)의 잘못이나 허물을 이용(利用)하고 타인(他人)의 권위(權威)와 명예(名譽)에 빌붙은 여인(女人)이며, 자신(自身)의 뜻이나 생각을 관철(貫徹)시키기 위해 뜬금없는 헛소리로 혼란(混亂)을 가중(加重)시키는 사람이라네.

- 여자(女子): 음(陰) → 태양(太陽) ☴, 손(巽)

겉으로 드러난 모습에 비해 매우 강단(剛斷)이 있는 성격(性格)이며, 매사(每事)에 능동적(能動的)이면서 매우 긍정적(肯定的)인 사고방식(思考方式)의 소유자(所有者)라네.

또한 뒷심을 가지고 일을 벌이는 여자(女子)이며, 급하게 몰아붙이고 큰소리를 치기는 하지만 그래도 상대방(相對方)을 배려(配慮)하는 성품(性品)이라네.

본래(本來) 타고난 성품(性品)은 어찌할 수 없는 일로 밝고 명랑한 성격(性格)이지만 매사(每事)에 급하고 몹시 서두르는 편이며, 일이 되어가는 사정(事情)이나 형편(形便)을 생각하지 않고, 일이 되어가는 과정(過程)을 무시(無視)하면서 늘 결과(結果)와 결과물(結果物)에만 치중(置重)을 한다네.

그리고 한편으로 치우쳐 공평(公平)하지 못한 성질(性質)이나 그러한 특성(特性)을 대놓고 드러내는 여인(女人)이며, 제 것을 당당(堂堂)하게 요구(要求)하고 타인(他人)의 잘못이나 허물에 대하여 목소리를 높이는 사람이라네.

물론 제 자신(自身)의 잘못이나 허물에 대해서는 관대(寬貸)하며, 자부심(自負心)과 자긍심(自矜心)이 강하고 자기만족(自己滿足)에 빠지기 쉬운 성품(性品)이라네.

타인(他人)의 질타(叱咤)나 질책(叱責)에 부드럽지만 매우 강(强)하게 반응(反應)하면서 남모르게 앙갚음을 하기 위하여 시간(時間)이 걸리더라도 준비(準備)를 하는 성격(性格)이며, 이를 잊지 않고 꼭 실행(實行)에 옮기는 여자(女子)라네.

이해득실(利害得失)에 따라 감정(感情)의 기복(起伏)이 심하고 체면(體面)이나 위신(威信)을 세우려고 노력(努力)하며, 남에게 지지 않으려는 자존심(自尊心) 강한 성격(性格)이라네.

뜨겁고 격렬(激烈)한 사랑을 하는 여인(女人)이며, 남자(男子)에게 끌려가는 애정(愛情)보다는 자신(自身)이 이끌어가는 사랑을 한다네.

또한 사랑에 연연(戀戀)하지 않은 여인(女人)이며, 지속적(持續的)인 사랑보다는 늘 새로운 사랑을 꿈꾼다네.

자신(自身)의 체면(體面)이나 위신(威信)을 세우기 위해 남편(男便)과 자식(子息)을 꾸미는 성격(性格)으로 온갖 자랑을 늘어놓은 얄미운 여인(女人)이기도 하다네.

남에게 보이기 위한 겉치레에 치중(置重)을 하며, 이를 위해 재물(財物)에 집착(執着)하고 남편(男便)의 사회적(社會的) 지위(地位)나 자식(子息)의 공부(工夫)에 몹시 집착(執着)하는 여인(女人)이라네.

때문에 들어오고 나가는 소득(所得)과 지출(支出)에 따라 감정(感情)의 기복(起伏)이 심하고 가족(家族)이 눈치를 보는 편이며, 가족(家族)을 제 마음대로 쥐락펴락하는 것이라네.

모든 일에 남보다 앞서거나 위에 있어야 하는 성격(性格)으로 밉상을 보이기는 하지만 남으로부터 큰 욕을 먹지 않은 여인(女人)이며, 오히려 적을 친구(親舊)로 만드는 성품(性品)이라네.

한쪽으로 치우치는 사고방식(思考方式)이지만 분명(分明) 이해타산(利害打算)에 밝는 여자(女子)이며, 잇속 앞에서는 제 몫을 당당(堂堂)하게 요구(要求)하고 때에 따라서는 억지(抑止)를 써서라도 제 것을 챙기는 여인(女人)이라네.

처신(處身)과 처세(處世)에 크게 능(能)하지는 않으나 그렇다고 제 앞가림을 하지 못하는 여인(女人)이 아니며, 체면(體面)과 위신(威信)을 세우기 위하여 잠시나마 자존심(自尊心)을 꺾고 남과 타협(妥協)할 줄 아는 터프하고 야심(野心)을 지닌 성격(性格)의 소유자(所有者)라네.

그리고 난 척, 된 척, 든 척을 위해 노력(努力)을 아끼지 않은 성격(性格)으로 인(因)하여 밉상을 떨지만 욕을 먹지 않은 것이라네.

여자(女子)지만 한탕주의, 일확천금(一攫千金)을 꿈꾸고 또한 이를 실행(實行)에 옮기는 묘한 매력(魅力)을 지닌 여인(女人)이며, 감정(感情)의 기복(起伏)이 심하기는 하지만 그때그때의 기분(氣分)에 따라 행동(行動)하는 기분파(氣分派)라네.

- 여자(女子): 음(陰) → 소음(少陰) ☱, 감(坎)

기복(起伏) 심한 감정(感情)을 안으로 감추는 성격(性格)으로 본인(本人)의 참모습을 숨기고 가식적(假飾的)인 태도(態度)를 보이기는 하지만 타고난 조급(早急)한 성미(性味)는 버리지 못하는 여인(女人)이라네.

겉으로 드러나 보이는 말이나 행동(行動)을 보면 매우 조신(操身)하고 신중(愼重)하게 보이지만 그 내면(內面)을 들여다보면 몹시 독선적(獨善的)이면서 자기(自己) 중심적(中心的)이라네.

또한 이익(利益)과 손해(損害)를 이모저모 따져 셈하는데 밝으며, 일을 도모(圖謀)하고 실행(實行)으로 옮기는데 있어서 일의 전후(前後) 사정(事情)이나 형편(形便)을 신중(愼重)하게 생각하고 비밀(秘密)스럽게 움직이는 것 같지만 모든 일이 백일하(白日下)에 드러나는 성품(性品)이라네.

타인(他人)의 큰 목소리나 윽박지르는 소리에 놀라는 이가 아니며, 오히려 자신(自身)이 질러댄 소리에 크게 놀라고 자꾸 이랬다저랬다 하여 도무지 요량(料量)이 없는 사람이라네.

잇속을 앞에 두고 욕심(慾心)을 부리지 않은 듯하나 단지 조심스럽게 움직일 뿐, 체면(體面)과 위신(威信)이 구겨질까 걱정하는 성격(性格)이며, 은근(慇懃)하게 자신(自身)을 내세우는 여인(女人)이라네.

남이 알게 모르게 애정(愛情)을 나누는 여인(女人)이며, 부드러운 애정(愛情) 표현(表現)보다는 격정적(激情的)이고 격렬(激烈)한 사랑을 한다네.

다만 단발(單發)에 그치고 마는 짧은 사랑을 하는 여인(女人)이며, 자신(自身)이 원하는 대로 이끄는 사랑을 한다네.

야단스럽지 않고 꾸준하게 가족(家族)을 이끄는 성품(性品)으로 가정(家庭)이라는 울타리에 크게 집착(執着)을 하고 감정(感情)의 기복(起伏)을 따라 대하는 태도(態度)가 늘 변하며, 이랬다저랬다 하는 통에 그 마음을 읽을 수가 없고 자주 변덕(變德)을 부리는 까닭으로 가족(家族)으로부터 신임(信任)을 잃는다네.

남편(男便)이나 자식(子息)이 원하는 대로 챙겨주는 여자(女子)지만 자신(自身)을 섭섭하게 만들거나 자기(自己)의 뜻이나 생각에 어긋나게 되면 바로 응징(膺懲)에 나서는 매서운 성미(性味)를 지녔다네.

물론 잘잘못에 대하여 상벌(賞罰)이 바로 이루어지나 때에 따라 그 크기가 달라지는 성격(性格)으로 제 기분(氣分)에 따라 변화(變化)가 심하여 이루 헤아리기 어려운 모정(母情)의 마음이라네.

남이 알아주지 않아도 자신(自身)의 겉치레에 치중(置重)하고 처신(處身)과 처세(處世)에 신중(愼重)을 기하는 까닭에 그나마 주변(周邊) 사람들과 두루 원만(圓滿)하게 지내며, 스스로가 많이 인내(忍耐)하고 자제(自制)하는 여자(女子)라네.

어떠한 상황(狀況)에 처하더라도 자존심(自尊心)을 지키기는 하나 그리 오래 참지 못하는 성격(性格)이며, 타인(他人)의 곱지 않은 질책(叱責)이나 질타(叱咤)에 매우 민감(敏感)하게 반응(反應)을 하고 그 어떤 방법(方法)으로든 반드시 앙갚음을 하는 여인(女人)이라네.

많은 이와 일을 벌이더라도 늘 남보다 앞서고 남보다 위에 서야 마음이 편한 성격(性格)으로 제 잘난 멋에 자부심(自負心)을 가지는 여인(女人)이며, 잇속을 앞에 두고 점잖을 떠는 밉상이라네.

물론 제 잇속은 남에게 빼앗기지 않은 성격(性格)이며, 또한 제 앞에 놓인 먹이를 놓치지 않는다네.

남의 잘못이나 허물에 대하여 관여(關與)하는 것을 싫어하고 또한 자신(自身)의 잘못이나 허물에 대해서도 마찬가지이며, 자신(自身)을 감추고 숨기는 여인(女人)이라네.

- 여자(女子): 음(陰) → 소양(少陽) ☶, 간(艮)

자잘한 일에 잔소리와 뒤끝이 작렬(炸裂)하는 성격(性格)으로 얻고자 하는 것이 있거나 바라는 것이 있으면 살갑게 굴면서 교태(嬌態)를 부리는 여인(女人)이며, 얻을 것을 제대로 얻고 바라는 바를 이루면 바로 말과 행동(行動)을 바꾸는 카멜레온 같은 성품(性品)이라네.

말이나 행동(行動)에 가식(假飾)이 따르는 여인(女人)으로 잘난 척, 많이 든 척, 사람이 된 척을 하면서 자신(自身)을 내세우는 밉살맞은 성격(性格)이며, 무얼 해도 믿음이 가지 않은 여인(女人)이라네.

자신(自身)의 잘못이나 허물에 대하여 핑계와 구구한 변명(辨明)만을 잔뜩 늘어놓은 성격(性格)이며, 철없는 말과 행동(行動)으로 지인(知人)을 곤란(困難)하게 만들고 자잘한 잇속 앞에서 잦은 다툼을 벌이면서 논쟁(論爭)의 가운데 서있는 성미(性味)라네.

되지도 않은 말과 행동(行動)으로 자신(自身)을 내세우고 본인(本人)의 체면(體面)이나 위신(威信) 따위를 위해 타인(他人)의 힘을 빌리는 성격(性格)이며, 남의 권위(權威)나 명예(名譽) 등을 등에 업고 자신(自身)보다 약한 이를 괴롭히는 못난 성질(性質)

을 부린다네.

내 것과 남의 것을 따지지 않고 함부로 손을 대며, 모든 것이 제 것인 양 억지(抑止)를 부리기도 하고 제 뜻이나 생가에 맞지 않거나 어긋나면 온갖 재주와 아양을 떨어서라도 관철(貫徹)시키는 성격(性格)이며, 이래도 안 되고 저래도 되지 않으면 으름장에 되지도 않은 협박(脅迫)으로 고집(固執)을 피운다네.

또한 심술이 나면 남의 잇속을 챙기지 못하도록 온갖 훼방(毁謗)을 놓으면서 체면(體面)을 구기는 사람이라네.

제 욕심(慾心)만을 챙기는 여인(女人)으로 자기(自已) 자신(自身)만을 위하는 사랑을 하며, 자기(自已)만 바라보아야 하고 제가 원하는 모든 것을 챙겨주어야 하는 애정(愛情)을 바란다네.

상대방(相對方)을 배려(配慮)하는 정(情)보다는 필요(必要)에 의해 바뀌는 사랑을 하는 못난이라네.

시간(時間)을 두고 기다려주는 애틋한 애정(愛情)이라기보다는 본인(本人)의 현실적(現實的)인 감정(感情)을 따라가는 정(情)이라네.

순간(瞬間)의 감정(感情)에 이끌려 가정(家庭)을 이루고 곧 후회(後悔)를 하는 성격(性格)으로 가족(家族)을 위해 몸과 마음을 다해 노력을 하기는 하지만 진실성(眞實性)이 크게 떨어지는 여인(女人)이라네.

집안에서는 자기(自已)가 가장 큰 어른으로 생각하고 본인(本人)은 손 하나 까닥하지 않으면서 모든 일을 부려먹은 미운 성격(性格)이며, 일이라도 할라치면 구시렁구시렁 잔소리를 늘어놓는다네.

가족(家族)의 잘못이나 허물에 대하여 말이 많고 자신(自身)의 잘못이나 허물에 대해서는 되레 짜증을 부리면서 골을 부리는 여인(女人)이며, 어렵고 힘는 모는 일에서 기막히게 빠져나가는 성격(性格)이라네.

뒤끝이 작렬(炸裂)하는 까닭으로 오히려 가족(家族)들이 눈치를 보며 살아가는 형편(形便)이라네.

참으로 까다로운 여인(女人)의 마음이 아닌가.

저만 잘났다고 소리치는 성격(性格)으로 남의 잘난 면을 쉽게 인정(認定)하지 않으면서 자신(自身)보다 잘나고 잘된다고 여기면 훼방(毁謗)을 놓기 일쑤고 꼭 제 것으로 만들려고 욕심(慾心)을 부린다네.

때문에 주변(周邊) 사람들과 원만(圓滿)한 관계(關係)를 맺지 못하고 잦은 분쟁(紛爭)을 일으키는 것이며, 또한 많은 뒷말과 구설수(口舌數), 다툼이 따라다니는 것이라네.

이해득실(利害得失)을 따라 옮겨 다니는 성격(性格)으로 잇속 앞에서 쉽게 이빨을 드러내고 제 것이나 남에 것이나 모든 욕심(慾心)을 부리면서 원하는 것을 얻기 위해 억지(抑止)를 쓰는 여인(女人)이라네.

제 잘못이나 허물을 돌아보지 않으면서 남의 잘못이나 허물에 대해서는 지극(至極)히 편파적(偏頗的)이며, 자기(自己) 중심적(中心的)이고 매우 이기적(利己的)인 면을 보이는 여자(女子)라네.

또한 본인(本人)이 얻고자 하는 것이나 바라는 것이 있으면 되지도 않은 모든 말과 행동(行動)을 동원(動員)하여 반드시 가지고야 마는 고집(固執)스러운 성격(性格)이며, 타인(他人)의 힘을 빌려서라도 원하는 바를 얻고 남의 잘못이나 허물을 드러내어 본인(本人)의 잘못이나 허물을 감추면서 자기(自己)의 체면(體面)과 위신(威信) 따위를 세우는 밉상이라네.

- 여자(女子): 음(陰) → 태음(太陰) ☷, 곤(坤)

급하고 격렬(激烈)한 성격(性格)을 누르고 묵묵(黙黙)하게 제 할 일만을 해나가는 성격(性格)으로 그 많은 화(火)를 가슴으로 묻어 안고 살아가는 여인(女人)이며, 제 것을 빼앗겨도 말 한마디 하지 못하고 남의 눈치만을, 처분(處分)만을 바라는 성품(性品)이라네.

본인(本人) 스스로에게 아둔한 성품(性品)이지만 제 앞가림을 위해 몸과 마음을 다하는 노력파(努力派)이며, 잘잘못을 가리는 일에 있어서 갈피를 잡지 못하는 까닭으로 타인(他人)의 잘못이나 허물을 제대로 알지 못하고 본인(本人)의 잘못이나 허물 또한 가리지 못하는 성격(性格)이라네.

자신(自身)의 뜬금없는 말이나 행동(行動)으로 인(因)하여 많은 실수(失手)와 손해(損害)를 일으키지만 이를 가늠하지 못하며, 애먼 누명(陋名)이나 잘못 등을 뒤집어쓰게 되는 성격(性格)이라네.

나름 제 앞가림을 위해 노력(努力)을 다하지만 쓸데없이 힘만 허비(虛費)하는 격이며, 남의 배만 부르게 만드는 참으로 딱한 여인(女人)이라네.

주된 관심사(關心事)가 의식주(衣食住)에 있으며, 이를 손에 쥐기 위하여 욕심(慾心)을 부리기는 하나 쉽게 얻어가지지를 못하고 많은 고생(苦生)을 하면서 얻은 여자(女子)이며, 남은 적은 힘을 들이지만 본인(本人)은 몸과 마음을 다해 노력(努力)해야지만 얻어진다네.

사랑? 애정(愛情)?

크게 관심(關心)을 가지지 않으며 무덤덤하다네.

한번 맺은 인연(因緣)에 목숨을 거는 사랑이며, 단발(單發)에 끝난 애정(愛情)에 목을 매는 여인(女人)이라네.

가족(家族)에 대하여 지속적(持續的)인 애정(愛情)을 베풀고 몸과 마음을 다한 사랑으로 마음에 묻어버리며, 자신(自身)의 모든 것을 희생(犧牲)하는 여인(女人)이라네.

거친 세상사(世上事)에 거침없이 발을 내딛은 성격(性格)이지만 세상(世上)을 잘못 알게 되면 몸과 마음을 버리고 가족(家族)마저 버리게 되는 여인(女人)이며, 자신(自身)을 믿지 못하고 자포자기(自暴自棄)한다네.

그래도 가정(家庭)이라는 울타리를 잊지 않고 몸과 마음을 다해 이바지하는 모질고 질긴 여인(女人)이며, 끝내 자신(自身)의 모든 것을 불태워 희생(犧牲)하는 뜨거운 모정(母情)을 지닌 여인(女人)이라네.

사물(事物)의 이치(埋致)에 어둡고 본인(本人) 스스로에게 아둔한 여인(女人)이지만 사람들과 두루 원만(圓滿)한 관계(關係)를 이루고 살며, 지인(知人)들로부터 인정(認定)을 받은 성품(性品)이라네.

물론 답답한 면이 없지 않은 여인(女人)이지만, 또 뜬금없는 말과 행동(行動)으로 혼란(混亂)을 주지만 그리 밉지 않은 것은 무거운 삶의 무게를 홀로 짊어지고 가는 모성애(母性愛) 때문이라네.

먹고 사는 일을 앞에 두고는 어떤 일이든 죄의식(罪意識)을 느끼지 않은 성격(性格)이며, 무슨 일이든 가리지 않고 최선(最善)을 다하는 여인(女人)이라네.

제멋대로인 여자(女子)이기는 하지만 늘 앞만을 보고 살아가는 성품(性品)으로서 탓할 수 있는 이가 아니며, 남의 잘못이나 허물에 마음을 두지 않고 본인(本人)의 잘못이나 허물에 대하여 그리 부정(否定)하지 않은 성격(性格)이라네.

일확천금(一攫千金)을 꿈꿀 만도 하건만…… 홧김에 일을 저지르면 아무도 막지 못하는 성격(性格)이라네.

14) 송백목(松柏木): 산에 홀로 서있는 목(木)의 기운(氣運)

경인(庚寅)-양(陽)	신묘(辛卯)-음(陰)

16상론(十六象論) 및 행태론(行態論)

• 남자(男子)

양(陽) → 태양(太陽)/건(乾)-부(父) ☰	음(陰) → 태양(太陽)/손(巽)-장녀(長女) ☴
양(陽) → 소음(少陰)/태(兌)-소녀(少女) ☱	음(陰) → 소음(少陰)/감(坎)-중남(中男) ☵
양(陽) → 소양(少陽)/리(離)-중녀(中女) ☲	음(陰) → 소양(少陽)/간(艮)-소남(少男) ☶
양(陽) → 태음(太陰)/진(震)-장남(長男) ☳	음(陰) → 태음(太陰)/곤(坤)-모(母) ☷

• 여자(女子)

양(陽) → 태양(太陽)/건(乾)-부(父) ☰	음(陰) → 태양(太陽)/손(巽)-장녀(長女) ☴
양(陽) → 소음(少陰)/태(兌)-소녀(少女) ☱	음(陰) → 소음(少陰)/감(坎)-중남(中男) ☵
양(陽) → 소양(少陽)/리(離)-중녀(中女) ☲	음(陰) → 소양(少陽)/간(艮)-소남(少男) ☶
양(陽) → 태음(太陰)/진(震)-장남(長男) ☳	음(陰) → 태음(太陰)/곤(坤)-모(母) ☷

- 남자(男子): 양(陽) → 태양(太陽) ☰, 건(乾)

지극(至極)히 깐깐하고 엄격(嚴格)한 성격(性格)에 자기(自己) 중심적(中心的)인 사고방식(思考方式)을 지녔으며, 매우 독선적(獨善的)이면서 자존심(自尊心)이 강한 성품(性品)이라네.

사물(事物)의 이치(理致)에 몹시 밝은 성격(性格)으로 일이 돌아가는 사정(事情)이나 형편(形便)을 제대로 알고 자신(自身)의 위신(威信)이나 체면(體面) 등을 바르게 세우며, 타인(他人)에게 굽히지 않은 곧은 성품(性品)의 소유자(所有者)로 본인(本人)의 잘못이나 허물에 대하여 분명(分明)하게 알고 처신(處身)과 처세(處世)를 하는 현명(賢明)한 남자(男子)라네.

안에서나 밖에서나 매우 권위적(權威的)인 성격(性格)으로 잘잘못에 대한 가름이 확실(確實)한 남자(男子)이며, 그에 따르는 징계(懲戒)나 상벌(賞罰) 등이 그 어느 한쪽으로 치우치지 않고 공정(公正)한 성품(性品)이라네.

또한 감정(感情)에 치우치는 성격(性格)이 아니며, 매사(每事)에 이성적(理性的)이며 바른 이치(理致)를 따르고 눈앞의 잇속에 관심(關心)을 두기보다는 명분(名分)을 세우는 일에 큰 관심(關心)을 둔다네.

사람이 도덕적(道德的)으로 지켜야 할 도리(道理), 곧 명분(名分)이 있어야만 움직이는 성격(性格)으로 남을 가르치고 이끌어가면서 줏대를 세우는 성품(性品)이라네.

체면(體面)이나 위신(威信)을 앞세우는 사랑이라 살갑지 않은 애정(愛情)으로 어색(語塞)함이 따르는 정(情)이라네.

겉으로는 엄(嚴)하면서도 관대(寬貸)한 모습을 보이지만 사실(事實) 표현(表現)을 하지 않을 뿐이지 솔직 담백(淡白)한 애정(愛情)을 주는 깐깐한 남자(男子)라네.

가정(家庭)의 기강(紀綱)을 바르게 세우고 말이나 태도(態度), 규칙(規則) 따위를 매우 엄(嚴)하고 철저(徹底)하게 교육(敎育)시키며, 가족(家族)들 앞에서 빈틈을 보이지 않은 부정(父情)이라네.

잘못이나 허물에 대하여 분명(分明)하게 지적(指摘)하고 그에 따르는 잔소리든 회초리든 그 대가(代價)가 있으며, 가족(家族)을 위해 몸과 마음을 다해 노력(努力)하는 남자(男子)라네.

사람들을 권위적(權威的)으로 억누르려는 기질(氣質)이 있으나 제멋대로 함부로 보이는 모습이 아니니, 올바른 것은 추켜세우고 바르지 못한 것은 바로 가르침을 내리는 남자(男子)라네.

난 척, 된 척, 든 척을 하며 스스로를 내세우고 자랑을 하지만 자부심(自負心)과 자긍심(自矜心)을 가지고 사는 올바른 이라네.

타인(他人)의 스승이 되어 이끄는 자질(資質)을 지니고 늘 긍정적(肯定的)이며 능동적(能動的)인 모습으로 타인(他人)의 모범(模範)이 되는 남자(男子)라네.

작은 잇속이나 재물(財物)을 쫓기보다는 대의명분(大義名分)을 따르는 성격(性格)으로 대쪽 같은 성품(性品)을 내세워 올바른 길과 일에 몸과 마음을 다하는 깐깐한 삶의 모습을 보이는 남자(男子)라네.

- 남자(男子): 양(陽) → 소음(少陰) ☱, 태(兌)

자신(自身)의 장단점(長短點)에 대하여 자세하게 알고 사리(事理)에 밝은 사람으로서 일이 돌아가는 사정(事情)이나 형편(形便)을 제대로 파악(把握)하고 처신(處身) 처세(處世)를 하는 성격(性格)이라네.

위신(威信)이나 체면(體面), 명예(名譽) 등에 치중(置重)하는 편이며, 이를 세우고 지키기 위해 노력(努力)하고 자신(自身)의 허물이나 잘못을 밖으로 드러내지 않으면서 맡은 일에 정성(精誠)을 들이는 성품(性品)이라네.

긍정적(肯定的)이며 능동적(能動的)이면서도 자신(自身)의 뜻이나 생각을 직설적(直說的)으로 내는 성격(性格)이며, 매우 현실적(現實的)으로 세상(世上)을 바라본다네. 대의명분(大義名分)을 따르기도 하지만 때에 따라서는 눈앞에 놓인 잇속에 욕심(慾心)을 부리면서 그 마음을 적절(適切)하게 조절(調節)하는 지혜(知慧)가 있으며, 깐깐하게 타고난 성질(性質)을 잊지 않은 남자(男子)라네.

단 하나만이라는 사랑을 믿지 않은 남자(男子)로서 때로는 곁눈질을 하는 애정(愛情)이며, 맡은 바 책임(責任)을 다하려는 사랑을 한다네.

얼굴을 붉히는 사랑보다는 서로를 위하는 애정(愛情)을 바라고 늘 고고(孤高)하게 빛나는 서로이기를 바라는 사랑이라네.

가족(家族)에게도 엄격(嚴格)한 규칙(規則)을 적용(適用)하지만 본인(本人) 스스로 또한 이를 따르는 성격(性格)이며, 말을 앞세우기보다는 행동(行動)으로 보여주는 남자(男子)라네.

자신(自身)의 잘못이나 허물을 제대로 인지(認知)하고 이를 곧 인정(認定)하면서 시정(是正)을 통하여 바꾸어가는 사람이며, 모든 것을 실행(實行)으로 옮기면서 가족(家族)을 가르치는 현명(賢明)한 남자(男子)라네.

또한 가정(家庭)이라는 울타리를 굳게 지키고 가족(家族)을 올바른 길로 이끌어가는 가장(家長)이라네.

뜻이나 생각을 무겁게 가지는 성격(性格)으로 자신(自身)만의 잣대로 세상(世上)을 보진 않으며, 때로는 남의 의견(意見)에 귀를 기울이기도 한다네.

사람이 야단스럽지 않으나 할 소리는 하고 마는 성격(性格)으로 잔소리가 많은 듯 보이지만 그 뒤를 보면 올바른 지적(指摘)을 하는 남자(男子)이며, 무리의 잇속을 위해 움직이는 성품(性品)이라네.

잘난 척, 많이 든 척, 사람이 된 척을 하면서 자부심(自負心)과 자긍심(自矜心)을 가지기는 하지만 자기(自己)의 욕심(慾心)만을 내세워 권위(權威)나 체통(體統)을 깨는 어리석은 사람이 아니라네.

본래(本來) 타고난 기질(氣質)이 남을 가르치고 이끌어주면서 스스로의 체면(體面)이나 위신(威信)을 세워가는 남자(男子)이며, 이를 위해 노력(努力)하고 배움을 가지는 성품(性品)이라네.

또한 일을 벌이는 데 있어서 일의 전후(前後) 사정(事情)을 제대로 알고 대처(對處)하기에 늘 좋은 결과(結果)와 결과물(結果物)을 얻고 사람들과 두루 원만(圓滿)한 관계(關係)를 형성(形成)한다네.

- 남자(男子): 양(陽) → 소양(少陽) ☲, 리(離)

체면(體面)이나 위신(威信), 명예(名譽) 따위를 중시(重視)하며, 본인(本人)의 잘못이나 허물을 인정(認定)하지 않고 오히려 스스로의 잘못이나 허물은 남의 탓으로 돌리면서 변명(辨明)만 늘어놓은 잘난 성격(性格)이라네.

타고난 깐깐한 기질(氣質)을 버리지 않고 본인(本人)의 잇속이나 체면(體面) 유지(維持)에 이용(利用)하며, 자기(自己)의 작은 잣대로 세상(世上)을 바라보고 난 척, 든 척, 된 척을 하면서 자랑하는 성품(性品)이라네.

처세(處世)에 능(能)한 듯, 처신(處身)에 능(能)한 듯이 세상(世上)을 활보(闊步)하지만 말만이 앞서고 무성(茂盛)할 뿐이며, 실속을 챙기지 못하면서 실없는 사람으로 남는다네.

사고방식(思考方式)이 자기(自己) 중심적(中心的)이며, 매우 독선적(獨善的)이고 이기적(利己的)이지만 이는 깐깐하고 당당(堂堂)한 자존심(自尊心)을 버리면서 쓸데없는 작은 욕심(慾心)을 부리는 속이 좁은 못난 남자(男子)라네.

타인(他人)의 권세(權勢)에 빌붙은 성격(性格)으로 이를 등에 업고 남을 업신여기며 깔보는 남자(男子)이며, 세상(世上)에 명망(名望)있는 일을 쫓으면서 스스로가 지닌 체통(體統)을 깨버리는 성격(性格)이라네.

점잖은 체면(體面)으로 상대방(相對方)의 눈을 가리고 본인(本人)의 마음을 감추면서 엉큼하게 다가서는 애정(愛情)이라네.

곧 엉뚱한 욕심(慾心)을 품고서 분수(分數) 밖의 짓을 벌이려는 성향(性向)이 있으며, 그 끝을 헤아려 알 수 있는 사랑이 아니라네.

타고난 깐깐한 성격(性格)을 그대로 보이면서 밖의 일을 안으로 끌어들여 가족(家族)을 괴롭히고 사람됨이 교만(驕慢)하여 가족(家族)을 업신여기는 남자(男子)라네.

가족(家族)의 잘못이나 허물에 대하여 잔소리가 심하고 질타(叱咤)와 질책(叱責)을 일삼으면서 몰아치는 성격(性格)이며, 자신(自身)은 왕처럼 군림(君臨)을 하면서 손 하나 까딱하지 않고 가족(家族)을 부리는 남자(男子)라네.

일일이 하나씩 지적(指摘)을 해가며 잔소리를 하는 성격(性格)으로 가족(家族)이 질릴 정도(程度)로 만들며, 본인(本人)이 더 짜증을 부리면서 화를 내고 주접을 떤다네.

상대방(相對方)의 사정(事情)이나 형편(形便)을 제대로 알지 못하고 괜스레 아는 척에 위로(慰勞)하는 척을 하면서 자신(自身)의 체면(體面)이나 위신(威信), 명예(名譽) 따위를 세우려고 용을 쓰는 얌치없는 남자(男子)라네.

사람들과 깊은 인연(因緣)을 맺은 사람이 아니며, 이해득실(利害得失)에 따라 만나고 헤어지며, 또한 자신(自身)을 세워주고 채워주며 크게 만들어주고 이끌어주는 이들에게 빌붙고 이를 등에 업고는 기고만장(氣高萬丈)한 모습을 보인다네.

이러하니 인간관계(人間關係)가 원만(圓滿)하겠는가.

제 주머니만을 채우는 성격(性格)으로 평소(平素)에 늘 의리(義理)와 우애(友愛)를 말하지만 제 몸과 마음만이 편하면 그만인 남자(男子)로서 크게 바래봐야 나오는 것 하나 없는 성격(性格)이라네.

타인(他人)의 잘못이나 허물에 대해서는 잔소리가 심해지나 본인(本人)의 잘못이나 허물에 대해서는 항상 꿀 먹은 벙어리가 되어버리는 묘한 남자(男子)라네.

일을 벌이는데 있어서 거대(巨大)하고 거창(巨創)하게 말을 하지만 뚜껑을 열고 보면 텅 비어있는 솥이라네.

제가 노력(努力)한 땀으로 세상(世上)을 해쳐나가는 이가 아니며, 늘 누군가의 도움을 바라는 남자(男子)이며, 제 자신(自身)이 제일 잘난 듯 제멋에 살아가는 남자(男子)라네.

- 남자(男子): 양(陽) → 태음(太陰) ☳, 진(震)

겉으로 드러난 모양새는 똑똑하고 당당(堂堂)해 보이지만 자기(自己) 스스로에게 어두운 남자(男子)로서 배움이 조금이라도 있다면 쉽게 알아듣고 이해(理解) 할 수 있는 말이나 내용(內容)을 몇 번을 통해야 알아듣는 꽤나 아둔한 성품(性品)이라네.

기세(氣勢)가 당당(堂堂)하고 힘은 있어 보이나 뒷심이 약하고 마무리가 깨끗하지 못한 성격(性格)이며, 쓸데없는 고집(固執)을 피우면서 억지(抑止)를 쓰고 제 이익(利益)만을 앞세우면서 없는 자를 억압(抑壓)한다네.

명분(名分)만을 내세우면서 사람들을 끌어들이는 성격(性格)으로 겉모양만 번드르르하고 속은 보잘것없는 남자(男子)이며, 일의 마무리를 들여다보면 속 빈 강정과 같다네.

자신(自身)의 잘못이나 허물에 대하여 분간(分揀)하지 못하고 제법 무게를 잡으면서 똑똑한 척 철없이 나대는 성격(性格)이며, 한마디의 칭찬(稱讚)이나 조금이라도 힘이 되어주면 우쭐거리며 뽐내는 모양새가 참 볼만한 남자(男子)라네.

때문에 권세(權勢)있고 힘이 있는 자에게 의지(依支)하면서 한탕주의에 일확천금(一攫千金)을 노리며, 하늘의 구름 한 점을 믿고 비가 내리기를 기다리는 어리석은 남자(男子)라네.

또한 극단적(極端的)으로 내달리는 성격(性格)이기도 하다네.

잡으려고 하면 멀리 달아나는 애정(愛情)에 혼자서 마음만 태우는 사랑을 한다네.

말이나 몸으로 표현(表現)을 하지 못하고 안으로 숨어버리며, 늘 불만(不滿)이 따라다니는 애정(愛情)에 제 욕심(慾心)을 채우고 나면 돌아서는 정(情)이라네.

가족(家族)에 대한 마음이 그리 따스하지 못하고 말이 없음으로 사랑을 대변(代辯)하는 남자(男子)이며, 가족(家族)의 근황(近況)에 매우 어두운 성격(性格)이라네.

나름대로 감정(感情)을 표현(表現)하지만 어색(語塞)함이 흐르는 상황(狀況)이 벌어지고 서로가 서로를 멋쩍어 한다네.

그래도 엉뚱하지만 가족(家族)의 기강(紀綱)을 세우고 제 마음대로지만 가르치고 이끌어주는 가장(家長)이라네.

세상사(世上事)란 돈이 있으면 사람이 붙은 법이고 돈이 사라지면 사람이 떠나는 것이 아니던가.

있을 때는 거드름을 피우고 없을 때는 꼬리를 내리는 성격(性格)으로 인(因)하여 많은 사람들이 주변(周邊)에서 이합집산(離合集散)하며, 많은 사람들에게 이용(利用)을 당하는 맹한 남자(男子)라네.

잘 났을 때 못난 척, 있을 때 없는 척을 해야 하는 성품(性品)이니, 아는 척 나섰다가 늘 손해(損害)를 보는 남자(男子)라네.

일이 돌아가는 앞뒤나 사정(事情)과 형편(形便) 등을 밝게 알지 못하고 총대를 짊어지는 성격(性格)으로 인(因)하여 신뢰(信賴)와 희망(希望)이 꺾이는 남자(男子)이며, 타인(他人)의 충고(忠告)나 지적(指摘)에 귀를 기울여야 한다네.

독선적(獨善的)이며 아둔한 자신(自身)을 밝게 알지 못하면 삶의 기복(起伏)이 심할 것이며, 근심과 걱정이 늘 함께 할 것이라네.

또한 타인(他人)의 힘에 빌붙어 자존심(自尊心)을 꺾음으로 인(因)하여 제 스스로 설 수 있는 힘을 잃은 것이니, 자부심(自負心)을 가지고 움직이기를 바란다네.

- 남자(男子): 음(陰) → 태양(太陽) ☴, 손(巽)

사람이 마땅히 지켜야 할 바른 길을 가는 성격(性格)으로 어질고 사물(事物)의 이치(理致)에 밝으며, 제자리를 제대로 지키면서 흐트러지지 않은 모습을 보이는 사람이라네.

주어진 일에 대하여 앞뒤를 정확(正確)하게 판단(判斷)하고 제 몫을 온전(穩全)하게 이루어가는 성품(性品)이며, 본인(本人)이 행한 일에 대하여 책임을 지는 남자(男子)이며, 좋은 일은 타인(他人)의 공(功)으로 돌리면서 자신(自身)의 입지(立地)를 세우는 현명(賢明)한 남자(男子)라네.

자신(自身)의 잘못이나 허물을 남의 탓으로 돌리지 않고 또한 남의 잘못이나 허물을 내 탓으로 돌리면서 체면(體面)이나 위신(威信) 따위를 세워가는 성격(性格)으로 자신(自身)의 명분(名分)만을 만들고 찾아가지는 사람이기도 하다네.

잇속 앞에서 욕심(慾心)을 부리기는 하지만 자존심(自尊心)을 버리면서까지 챙기려는 사람은 아니며, 사정(事情)이나 형편(形便)에 맞게 움직이는 똑똑한 사람이라네.

부드럽지만 깐깐한 성격(性格)의 소유자(所有者)로서 자신(自身)의 영역(領域)을 침범(侵犯)하거나 자신(自身)의 뜻이나 생각에 어긋나기라도 하면 동물적(動物的)인 감각(感覺)으로 격렬(激烈)하게 반응(反應)한다네.

독선적(獨善的)이고 이기적(利己的)인 성향(性向)이 강하지만 여린 마음으로 인해서 상처(傷處)를 많이 받은 성품(性品)이면서 자신(自身)도 또한 상처(傷處)를 많이 주는 남자(男子)라네.

이내 싫증을 느끼는 성격(性格)으로 처음에는 한꺼번에 몰아치며 애정(愛情)을 퍼붓지만 곧 식어버리는 사랑이며, 싫으면 시원스럽게 돌아서주는 남자(男子)이기도 하다네.

때에 따라서는 본인(本人)의 체통(體統)을 위해서 끝끝내 놓아주지 않고 고통(苦痛)을 주는 정(情)이라네.

깐깐하고 강한 듯 보이지만 가족(家族)을 위해서라면 물불을 가리지 않은 성격(性格)으로 몸과 마음을 다해 가족(家族)을 뒷바라지하고 본인(本人)을 희생(犧牲)하는 성품(性品)이라네.

다만 제 마음대로의 방식(方式)을 적용(適用)하는 까닭에 잦은 다툼이 있기는 하지만 고집(固執)을 꺾지 않고 독단적(獨斷的)으로 끌고 가는 것이 문제(問題)라네.

그래도 가정(家庭)이라는 울타리를 지켜가면서 자긍심(自矜心)을 가지는 밝은 성격(性格)의 남자(男子)라네.

옳지 않은 억압(抑壓)이나 억지(抑止) 앞에서 바른 말과 행동(行動)을 보이는 성격(性格)으로 인(因)하여 동조(同調)하며 따르는 이가 많고 충분(充分)히 작은 무리를 이끌 수 있는 성품(性品)이라네.

일이 돌아가는 전후(前後) 사정(事情)이나 형편(形便)을 밝게 알아 전체(全體)의 이익(利益)을 도모(圖謀)하고 서로를 위해 움직이며, 본인(本人)은 이러한 모든 일을 통해서 명분(名分)이나 체면(體面), 위신(威信) 등을 굳건하게 만들고 자기(自己)의 세력(勢力)을 키워나가는 남자(男子)라네.

큰 이득(利得)을 위해 작은 잇속에 연연(戀戀)하지 않은 성격(性格)으로 처신(處身)과 처세(處世)에 신중(愼重)을 기하는 사람이며, 자신(自身)의 잘못이나 허물을 용납(容

納)하지 않고 같은 실수(失手)를 반복(反復)하지 않은 남자(男子)라네.
남의 잘못이나 허물을 탓하는 성격(性格)은 아니나 자신(自身)의 영역(領域)을 침범(侵犯)하거나 자신(自身)의 약점(弱點)을 들키거나 지적(指摘)을 당할 때는 말싸움뿐만 아니라 몸싸움까지도 불사(不辭)하는 성미(性味)라네.

- 남자(男子): 음(陰) → 소음(少陰) ☱, 감(坎)

매사(每事)에 신중(愼重)하고 명분(名分)없이 나서지 않은 성격(性格)으로 야단스럽지 않고 꾸준하게 자신(自身)의 뜻이나 생각을 드러내고 입을 열지 않으면서 웃음을 띠는 것으로 자신(自身)의 마음을 전하는 성격(性格)이라네.
그 속을 쉽게 드러내지 않으면서 보이지 않은 부드러운 리더십으로 사람을 설득(說得)하고 무리를 올바른 길로 이끌어가는 현명(賢明)한 성품(性品)이라네.
물론 기회(機會)가 주어진다면 터무니없는 말과 행동(行動)으로 엉뚱한 욕심(慾心)을 품고 제 분수(分數) 밖의 짓을 하려는 내숭을 떠는 남자(男子)지만, 그렇다고 이를 실행(實行)에 옮기는 어리석은 사람은 아니라네.
일이 돌아가는 사정(事情)이나 형편(形便)을 보아서 전혀 손해(損害)볼 일을 저지르지 않은 성격(性格)이며, 아닌 듯 그런 듯 깐깐한 성미(性味)를 버리지 않고 제대로 된 처신(處身)과 처세(處世)를 통해 스스로의 체면(體面)이나 위신(威信) 따위를 세우는 성품(性品)이라네.
타고난 기질(氣質)이 밝으면서도 보이지 않게 날카롭고 사나운 남자(男子)로서 마음대로 휘어잡고 뒤흔들 수 있는 사람이 아니라네.
겉으로 드러내지 않은 사랑을 하며, 남이 모르게 안아주고 다독이는 무뚝뚝한 정(情)에 그저 고개만 끄덕여주는 센스 없는 사랑을 한다네.
또한 자기(自己)만을 바라봐주기를 원하는 사랑이라 피곤(疲困)하기도 한 애정(愛情)이라네.
남을 위하고 아끼면서 감싸는 것 같지만 자기(自己) 자신(自身)만을 위하는 이기적(利己的)인 사람으로 가족(家族)을 등한시(等閑視)하는 면을 보인다네.

물론 입으로야 다 해줄 듯이, 해주는 듯이 자랑을 하지만 밖에서의 말과 행동(行動), 안에서의 말과 행동(行動)이 다른 사람으로 이중적(二重的)인 잣대를 지닌 똑똑한 남자(男子)라네.

감정(感情)을 앞세우기보다는 이성(理性)을 앞세우지만 이는 가정(家庭)에서 기득권(旣得權)을 가지기 위한 것이며, 또한 자기 합리화(合理化) 및 가장(家長)으로서의 권위(權威)를 잃지 않기 위해서라네.

깐깐하고 까다로운 성격(性格)으로 인(因)하여 그 기분(氣分)이나 마음을 맞추기가 매우 힘든 남자(男子)이며, 이러한 까닭으로 인간관계(人間關係)가 원만(圓滿)하지 못하고 늘 혼자만의 길을 가는 것이라네.

물론 혼자 있고 놀기를 자연(自然)스럽게 받아들이는 사람이지만 달리 생각해보면 타인(他人)의 눈에는 외롭게 보인다네.

그러나 일을 앞에 두고 전체(全體)의 이익(利益)을 위해 밝은 슬기로 이끌면서 리더십을 발휘(發揮)하는 멋진 남자(男子)이며, 작은 잇속에 욕심(慾心)을 부리지 않고 남의 잘못이나 허물을 나의 탓으로 돌리면서 명분(名分)을 세우고 체면(體面)이나 위신(威信)을 지키는 사람이라네.

겉으로는 우유부단(優柔不斷)하며 부드러워 보이지만 안으로는 이기적(利己的)이며 제 것을 지키려는 강(强)한 남성적(男性的)인 면을 지닌 사람이라네.

- 남자(男子): 음(陰) → 소양(少陽) ☶, 간(艮)

스스로가 채우지 못하는 것이나 무언가 하나가 부족(不足)한 면을 감추기 위해 깐깐하고 까다로우며 까칠한 모양의 됨됨이를 보이지만 사실 마음이 여리고 매우 감정(感情)에 치우치는 성격(性格)이라네.

말은 많으나 그리 진실(眞實)한 면을 볼 수 없으며, 많은 것을 실질적(實質的) 행동(行動)으로 옮기기는 하지만 힘을 들인 만큼 실속이 없는 사람이라네.

본인(本人)의 잘못이나 허물에 대하여 시원하지 못하고 늘 변명(辨明)이나 남의 탓만을 하면서 허송세월(虛送歲月)하며, 주변(周邊) 사람들을 괴롭히고 상처(傷處)를 준다네.

매사(每事)에 말이 먼저 앞서는 성격(性格)으로 실력(實力)없는 사람이 연장 탓을 하듯이 말이 많고 말도 안 되는 핑계를 앞세워 어렵고 힘든 일에 빠져나가는 염치없는 남자(男子)라네.

작은 잇속 앞에서 제 것이 아닌 것을 욕심(慾心)부리고 잦은 분쟁(紛爭)을 일으키면서 전체(全體)의 이미지를 흐리며, 얻을 수 있는 이득(利得)마저도 깨버리는 성미(性味)라네.

잘된 일은 내 탓, 안된 일은 남에 탓을 하면서 뒤탈을 부리고 뒷심이 약한 사람으로 책임(責任)을 회피(回避)하는 성격(性格)이라네.

툭 던지는 사랑이라 믿음이 가지 않으며, 행동(行動)이 앞서는 성격(性格)이라 일을 저지르는 애정(愛情)이며, 책임감(責任感)없는 남자(男子)라 상처(傷處)와 눈물만 흘리게 하는 사랑을 준다네.

굉장할 듯 사랑을 과대포장(誇大包裝)하고 모든 것을 다해줄 듯 말만 무성(茂盛)한 정(情)을 준다네.

가족(家族)들 앞에서 이빨 빠진 호랑이지만 그래도 가장(家長)이라고 권위(權威)를 내세우는 얌치없는 사람이라네.

쓸데없는 트집을 잡아 잔소리를 해대고 밖의 일을 안으로 끌고 들어와 가족(家族)을 괴롭히면서 자신(自身)은 손가락 하나 까닥이지 않고 부려먹으니 그 누가 좋아하겠는가.

그래도 가장(家長)은 가장(家長)인지라 제 딴에는 몸과 마음을 다한다고 어깃장을 놓는다네.

남들 앞에서 스스로의 잘난 점을 드러내어 자랑하지만 남이 알아주지 않은 혼자만의 착각(錯覺)에 빠지는 성격(性格)이며, 쓸데없는 자부심(自負心)과 자긍심(自矜心)을 가지고 젠체하는 아둔한 남자(男子)라네.

타인(他人)의 잘못이나 허물을 발판삼아 자신(自身)을 세우고 이득(利得)을 취하려는 성격(性格)으로 늘 남으로부터 질타(叱咤)와 질책(叱責)을 받으면서도 자신(自身)과는 무관(無關)하다는 듯 무시(無視)하는 사람이라네.

본인(本人)과 관계도 없는 될 만한 일에 괜스레 끼어들어 잇속을 넘보면서 기회(機會)

를 노리는 성격(性格)으로 스스로 노력(努力)하여 얻은 것보다는 힘들이지 않고 얻은 길을 선택(選擇)하는 남자(男子)라네.
때로는 일확천금(一攫千金)을 노리면서 타인(他人)에게 적지 않은 피해(被害)를 주는 사람으로 늘 물귀신처럼 가까운 지인(知人)을 끌어들이는 성격(性格)이며, 잘되면 자신(自身)의 탓으로 돌리면서 온갖 자랑을 하고 안되면 제 탓이 아니라면서 나 몰라라 등을 돌리는 사람이라네.
또한 타인(他人)의 힘을 빌려 제 것인 양 오만 가지 거드름을 피우고 어렵고 힘든 일이 닥치면 남의 등 뒤로 숨어버리는 남자(男子)라네.

- 남자(男子): 음(陰) → 태음(太陰) ☷, 곤(坤)

자신(自身) 스스로에 대하여 알지 못하는 사람이며, 알면 아는 대로 모르면 모르는 대로 말이든, 행동(行動)이든, 어떠한 일이든 일단 저질러 놓고 보는 간이 무척 큰 성격(性格)이라네.
또한 타인(他人)의 잘못이나 허물을 밝게 보지 못하고 자신(自身)의 탓으로 돌리면서 애먼 죄를 뒤집어쓰는 사람이며, 이렇다 저렇다 할 말을 하지 못하고 겁에 질린 큰 눈을 껌벅이면서 무언(無言)의 도움을 바란다네.
이러한 사람이 누굴 이용(利用)하고 속이겠는가.
그러나 타고난 기질(氣質)이 여리고 여린 순한 사람이라지만 제 잇속 앞에서는 핏대를 세우는 성격(性格)이며, 제 딴에는 체면(體面)이나 위신(威信) 따위를 중요시(重要視)하고 남에게 꺾이지 않은 권위(權威)를 가지기 위해 온갖 노력(努力)을 아끼지 않은 심지(心地)가 곧은 성품(性品)이라네.
때문에 때때로 많은 이들로부터 존경(尊敬)과 신뢰(信賴)를 받은 남자(男子)이며, 어렵고 힘들게 걸어온 길인만큼 겸손(謙遜)한 삶을 살아간다네.
원하는 것을 다해줘 가며 얻어지는 사랑이며, 주고 나면 바로 잊어버리는 애정(愛情)에 자기(自己)만 만족(滿足)하고 돌아서는 사랑이라 상처(傷處)가 크게 남은 사랑을 한다네.

가정(家庭)이라는 울타리를 치장(治粧)하기에 애를 쓰고 가족(家族)을 대하는 일에 있어서 끝없는 권위(權威)를 세우면서 무언(無言)의 압력(壓力)을 행한다네.

사랑과 정(情)보다는 자신(自身)의 감정(感情)에 충실(充實)하면서 가족(家族)의 생각이나 의견(意見)을 무시(無視)하고 제 마음대로 몰아치고 밀어붙이는 남자(男子)라네.

늘 벼랑 끝에 서있는 듯, 긴장감(緊張感)을 주는 성격(性格)으로 이를 통하여 가장(家長)으로서의 권위(權威)를 지키며, 체면(體面)과 위신(威信)을 세우는 눈물겨운 부정(父情)이라네.

자기(自己) 자신(自身)에게 아둔한 사람으로 가진 것이 많으면 사람들로부터 이용(利用)을 당하고 가진 것이 없으면 배척(排斥)을 당하는 남자(男子)이기에 기를 쓰고 겉치레에 힘을 쓰는 것이며, 재물(財物)을 얻고 쌓기 위해 수단(手段)과 방법(方法)을 가리지 않는 성질(性質)이라네.

때문에 때때로 이러지도 저러지도 못하는 길에 들어서서 방황(彷徨)하는 일이 잦으며, 늘 벼랑 끝을 따라 걸어가는 삶을 살아간다네.

또한 권세(權勢)와 위신(威信), 체면(體面)을 얻기 위해 힘 있는 이들을 등에 업기도 하고 이들의 이름을 빌리기도 하며, 많은 돈을 써가면서 자존심(自尊心)을 꺾은 서글픈 남자(男子)라네.

- 여자(女子): 양(陽) → 태양(太陽) ☰, 건(乾)

똑똑하고 깐깐하고 직선적(直線的)인 성격(性格)에 거짓을 말하지 못하고 깔끔하며, 강(强)한 자존심(自尊心)에 뒷심이 깨끗한 성격(性格)이라네.

바늘로 찔러도 눈 하나 깜짝하지 않은 여자(女子)로서 명예(名譽)나 권위(權威) 의식(意識)이 대단하고 그 어떠한 일이 닥치더라도 물러서지 않은 당당(堂堂)한 사람이며, 공사(公私)가 뚜렷한 성품(性品)이라네.

밖으로 강(强)하게 튀는 성격(性格)이며, 그만큼 몸과 마음을 다해 노력(努力)하고 일의 핵심(核心)을 정확(正確)하게 진단(診斷)하면서 움직이는 매우 지혜(智慧)로운 여인(女人)이라네.

물론 남보다 난 척, 든 척, 된 척을 하면서 젠체하지만 그리 밉지 않은 것은 그럴만하기 때문이 아니겠는가.

자신(自身)의 잘못이나 허물에 있어서 시원스럽게 인정(認定)하고 이를 번복(飜覆)하지 않기 위해 노력(努力)하는 여인(女人)이며, 또한 타인(他人)의 잘못이나 허물에 대해서 깔끔하게 지적(指摘)하여 질책(叱責)을 하고 시원스럽게 끝내는 여인(女人)이라네.

내 것이 아닌 물건(物件)이나 일에는 무관심(無關心)하고 욕심(慾心)도 부리지 않으며, 스스로가 맡은 일이나 주어진 일에 최선(最善)을 다하는 사람이라네.

다만 자신(自身)만의 잣대로 세상(世上)을 판단(判斷)하고 그 잣대로 보지 않기를 바란다네.

시원하고 솔직한 사랑을 하지만 끌려가는 사랑이기보다는 스스로가 이끌고 자존심(自尊心)을 세우고 가는 애정(愛情)이라네.

사랑이다 아니다가 분명(分明)한 여자(女子)로 돌아설 때는 미련을 두지 않은 사랑을 한다네.

가족(家族)을 대하는 일에 있어서 강함 모양새를 취하고 잘못이나 허물에 대하여 용서(容恕)보다는 매를 드는 성격(性格)이며, 감정(感情)에 호소(呼訴)하기보다는 이성(理性)의 차가운 회초리로 때리는 쪽을 택하는 여인(女人)이라네.

가족(家族)을 이바지하는 일에 최선(最善)을 다하는 성격(性格)으로 밖으로 부끄러운 모습을 보이는 여인(女人)이 아니며, 늘 즐거운 모습만을 보이기 위해 노력(努力)하고 자기(自己) 방식(方式)대로 이끌어가는 여인(女人)이라네.

타인(他人)의 시선(視線)을 무척 의식(意識)하는 여인(女人)으로 처신(處身)과 처세(處世)에 신중(愼重)하고 단 한 번의 실수(失手)도 용납(容納)하지 못하는 여인(女人)이며, 그렇다고 남에게 잘 보이기 위하여 이러는 것이 아니라네.

자신(自身)의 몸과 마음을 다하여 스스로를 높이고 실력(實力)을 갖추기 위해 부단(不斷)한 노력(努力)을 아끼지 않으며, 자신(自身)에게 모자란 것이나 부족(不足)한 것을 남에게 의지(依支)하거나 얻으려하지 않은 깐깐한 성격(性格)이라네.

공사(公私)가 뚜렷한 성격(性格)으로 인(因)하여 큰 신뢰(信賴)를 얻은 여인(女人)이며, 전체(全體)의 이익(利益)을 위해 노력(努力)하고 스스로를 희생(犧牲)할 줄 아는 당찬 여인(女人)이라네.

타인(他人)의 잘못이나 허물에 대하여 강하게 질책(叱責)하고 또한 본인(本人)의 잘못이나 허물에 대하여 시원하게 인정(認定)하며, 무리를 이끌 수 있는 리더십을 발휘(發揮)한다네.

다만 단호(斷乎)한 일면(一面)이 좋아 보이기도 하지만 때때로 건방지고 시답잖은 모습으로 보일까 걱정이라네.

- 여자(女子): 양(陽) → 소음(少陰) ☱, 태(兌)

타고난 기질(氣質)이 똑똑하고 깐깐하며 깔끔한 성격(性格)으로 남을 가르치기 좋아하면서도 배우기에 힘을 아끼지 않고 감정적(感情的)으로 억압(抑壓)하고 윽박지르기보다는 이성적(理性的) 판단(判斷)에 따라 조용하게 움직이고 때때로 자신(自身)을 내세워 일일이 풀어가기는 하지만 밖으로 크게 드러내어 튀는 성격(性格)이 아니라네.

물론 공사(公私)가 뚜렷한 성격(性格)의 소유자(所有者)로서 내 것과 남의 것에 대하여 분명(分明)하게 가름하고 잘잘못에 대한 상벌(賞罰)이 정확(正確)하고, 난 사람과 든 사람과 된 사람의 개념(槪念)을 확실(確實)하게 의식(意識)하는 사람이라네.

물론 자신(自身)의 잘못이나 허물에 대하여 엄격(嚴格)하고 이를 바탕으로 자신(自身)의 줏대를 바르게 세우는 여인(女人)으로서 남부끄럽지 않은 자리를 스스로 만들어 가는 성품(性品)이라네.

이해득실(利害得失)에 무관심(無關心)하며, 자신(自身)의 세계(世界)를 넓히고 안목(眼目)을 밝게 가지기 위해 몸과 마음을 아끼지 않은 사람이라네.

싫은 애성(愛情)을 쫓기보다는 서로를 존중(尊重)하는 관계(關係)로서 정(情)을 나누며, 좀 더 나은 세상(世上)을 위해 서로 노력(努力)하는 사랑을 한다네.

깔끔하고 시원한 애정(愛情)을 원하며 끌려가기보다는 함께 가기를 원하는 애정(愛情)을 보인다네.

가족(家族)을 대함에 있어서 시원하고 조용한 성품(性品)이지만 잘못이나 허물에 대해서만큼은 강(强)한 징벌(懲罰)을 가하고 좋은 일에 대해서는 칭찬(稱讚)을 아끼지 않으면서 그에 따르는 특별(特別)한 상을 주는 현명(賢明)한 여자(女子)라네.

가족(家族)을 뒷바라지하는 일에 있어서는 최선(最善)을 다하는 모습을 보이고 자신(自身)을 희생(犧牲)하며, 이를 감당(堪當)하기 위해 일일이 정확(正確)하게 지적(指摘)하여 질타(叱咤)와 질책(叱責)을 다하는 여인(女人)이라네.

또한 자신(自身)의 뜻이나 생각을 따르지 않으면 제 마음대로 휘어잡고 가는 욕심(慾心) 많은 모정(母情)이라네.

사귀기에 까다로운 성격(性格)을 지닌 여인(女人)이지만 알고 보면 기본적(基本的)인 생활(生活) 패턴을 알면 그리 까다로운 여인(女人)이 아니라네.

일이 돌아가는 사정(事情)이나 형편(形便)을 밝게 알아 움직이고 잘못이나 허물에 대하여 잔소리가 심하면서 잘난 척을 하지만 그리 밉지 않은 여인(女人)이며, 무리의 앞에 나서기는 하지만 신중(愼重)하게 움직이면서 이치(理致)에 맞게 제 분수(分數)를 넘지 않은 성품(性品)이라네.

남을 탓하기에 앞서 자신(自身)을 돌아보고 자존심(自尊心)을 지키는 성격(性格)으로 체면(體面)과 위신(威信)을 끝까지 잃지 않은 지혜(智慧)로운 여인(女人)이라네.

또한 바른 일 앞에서는 제 의지(意志)를 꺾고 따르지만 바르지 않은 일 앞에서는 부러질지언정 제 의지(意志)를 꺾지 않은 줏대 있는 여인(女人)이라네.

- 여자(女子): 양(陽) → 소양(少陽) ☲, 리(離)

똑똑하고 제 앞가림을 잘하는 성격(性格)으로 시시비비(是是非非)에 밝은 여인(女人)이며, 단호(斷乎)한 일면(一面) 속에 잠시 머뭇거리면서 망설이는 여린 마음을 지닌 성품(性品)이라네.

잘못이나 허물에 대하여 까다롭고 깐깐하게 잔소리를 하는 사람으로 남으로부터 욕을 많이 먹은 여인(女人)이며, 이를 개의치 않고 단단히 잡도리하여 엄격(嚴格)하게 다스리고 본인(本人)의 들뜨거나 어지러운 마음을 곧바로 다그쳐 바로잡는 성격(性格)이라네.

눈치를 보는 성격(性格)이 아니나 때때로 돌아가는 기운(氣運)에 따라 자신(自身)을 낮추는 사람으로 처신(處身)과 처세(處世)에 여유(餘裕)를 갖은 여인(女人)이며, 제 잇속을 찾아 챙기는 똑똑한 사람이라네.

또한 스스로에게 힘이 없을 때는 잠시 뒤로 물러나는 여인(女人)으로 준비(準備)가 되지 않으면 나서지 않은 현명(賢明)함이 있으며, 실수(失手)나 손해(損害)를 보지 않기 위해 일의 전후(前後) 사정(事情)이나 형편(形便)을 꼼꼼하게 살핀다네.

그러나 스스로가 공(功)을 들이고 노력(努力)한만큼 사람들이 알아주지 않고 또 그만큼 손에 쥐어지지 않은 까닭으로 힘들어하는 여인(女人)이라네.

그렇다고 꺾이거나 뒤로 물러서는 성격(性格)이 아니며, 늘 새로운 마음으로 노력(努力)하는 여인(女人)이라네.

감정(感情)을 따라 움직이는 시시콜콜한 사랑보다는 단도직입적(單刀直入的)인 사랑을 하며, 남을 의식(意識)하고 눈치를 보는 애정(愛情)보다는 서로가 서로를 진정(眞正) 원하는 애정(愛情)을 바란다네.

가정(家庭)이라는 울타리를 튼튼하게 지키는 여인(女人)으로 가르치고 이끄는 일에 있어서 남과 다르게 단호(斷乎)하고 집안에서 더러운 꼴을 보지 않으며, 매를 들어서라도 가르치고 다그쳐잡은 성격(性格)이라네.

대개는 자식(子息)에게 집착(執着)하는 성향(性向)이 있으나 자식(子息)이 원치 않거나 어긋난 길을 가면 바로 내쳐버리는 강(强)한 모정(母情)을 지닌 여인(女人)이라네.

남편(男便)에 대한 마음도 또한 자식(子息)을 대하는 것과 같이 본인(本人)이 원치 않거나 밖으로 나돌면 시원하게 등을 돌려버리는 강(强)한 여자(女子)라네.

사리(事理)에 밝은 지혜(智慧)로운 여인(女人)으로 명쾌(明快)하게 세상사(世上事)를 바라보고 타인(他人)의 시시비비(是是非非)에 대하여 깔끔히 처리(處理)하고 제 위치(位置)를 찾아가는 당찬 여인(女人)이라네.

매사(每事)에 자기(自己) 중심적(中心的)으로 풀어가고 이기적(利己的)이면서 독선적(獨善的)이지만 그래도 마음 한구석에 여유(餘裕)를 가지고 돌아보는 사람이며, 일이 돌아가는 사정(事情)이나 형편(形便)을 봐서 그 마음을 풀고 받아주는 여인(女人)이라네.

자신(自身)의 이익(利益)을 위해 움직이기는 하나 자신(自身)보다는 그래도 남을 먼저 생각하는 성격(性格)으로 아쉽지만 제 먹이를 놓아줄 수 있는 마음 여린 여인(女人)이라네.

타인(他人)의 잘못이나 허물에 대하여 따끔한 질책(叱責)을 아끼지 않은 성격(性格)으로 잘잘못을 제대로 가리고 상벌(賞罰)을 정확(正確)하게 하면서 본인(本人)의 권위(權威)와 위신(威信)을 지켜가는 현명(賢明)한 성품(性品)을 지닌 여인(女人)이라네.

또한 올바른 길이라면 자존심(自尊心)을 꺾고 따르지만 옳지 않은 길이라면 부러지면 부러질지언정 본인(本人)의 자존심(自尊心)을 꺾은 성품(性品)이 아니라네.

- 여자(女子): 양(陽) → 태음(太陰) ☳, 진(震)

겉으로 드러난 모양의 됨됨이가 꽉 찬 듯이 보이나 말과 행동(行動)만이 앞설 뿐 실속이 없는 여인(女人)이며, 자신(自身)의 아둔한 면을 제대로 알지 못하고 감정(感情)의 기복(起伏)을 따라 오락가락하는 성격(性格)이라네.

물론 깔끔하고 똑똑한 모습을 보이려고 노력(努力)을 하지만 그게 좀 어색(語塞)하고 어정쩡하게 보이는 까닭으로 탈도 많고 말도 많은 여인(女人)이라네.

타인(他人)의 잘못이나 허물은 눈에 잘 보이나 본인(本人)의 잘못이나 허물은 제대로 보지 못하는 성격(性格)으로 시시비비(是是非非)에 휩쓸리면 감정(感情)에 따라 어느 한쪽으로 치우치는 성향(性向)을 보이고 본인(本人)의 의사(意思)와는 다르게 억지(抑止) 아닌 억지(抑止)를 쓰는 눈물겨운 여인(女人)이라네.

잘잘못을 제대로 가리지 못하는 성격(性格)으로 인(因)하여 망설이고 머뭇거리는 통에 순간(瞬間)의 판단력(判斷力)이 흐려지고 아무런 잘못도 없이 질책(叱責)과 질타(叱咤)를 받기도 하며 사람들로부터 이용(利用)을 다하거나 손해(損害)를 본다네.

애정(愛情)을 주어도 손해(損害)를 보며, 진정(眞情) 사랑을 주어도 거짓으로 다가오는 사랑이라네.

늘 그리워하며 기다리는 정(情)이지만 돌아오는 것은 가슴만 시린 사연(事緣)뿐이라네.

뒤늦게 후회(後悔)한들 아무도 알아주지 않은 혼자만의 사랑이라네.

가족(家族)에 대한 집착(執着)이 강(强)한 여인(女人)으로 온갖 이바지를 다하지만 알아주지 않으며, 정(情)에 허기지는 가여운 여인(女人)이라네.

남이 쉽게 이해(理解)하고 알아듣는 말이나 내용(內容)을 본인(本人)이 알아듣지 못하기 때문이기도 하지만 잔잔한 일에 일일이 따지고 들면서 잔소리를 하기 때문이라네.

잘잘못을 가리지 못하고 아둔하기는 하지만 가족(家族)을 사랑하는 마음만은 남 못지않은 모정(母情)이라네.

세상사(世上事)를 대하면서도 이해(理解)의 폭이 좁은 성격(性格)으로 매사(每事)에 어두우며, 서툴기는 하지만 나름대로 몸과 마음을 다해 노력(努力)하고 제 앞가림과 잇속을 챙기기 위해 배움을 놓지 않는다네.

사람들과 두루 원만(圓滿)한 관계(關係)를 맺기보다는 안으로만 숨어드는 여인(女人)이며, 정(情)이라도 한번 줄라치면 온 마음을 쏟아 붓는 여인(女人)이며, 이로 인(因)하여 이용(利用)을 당하고 손해(損害)를 보면서 마음의 상처(傷處)를 많이 받은 여인(女人)이라네.

때문에 때때로 엉뚱한 말과 행동(行動)으로 주변(周邊) 사람들을 혼란(混亂)하게 만들고 극단적(極端的)인 말과 행동(行動)을 벌이면서 주변(周邊) 사람들을 불안(不安)하게 만들기도 한다네.

소심(小心)하고 우유부단(優柔不斷)해 보이지만 매우 까다롭고 앙칼진 성향(性向)을 보이는 여인(女人)이라네.

- 여자(女子): 음(陰) → 태양(太陽) ☴, 손(巽)

단호(斷乎)하게 거절(拒絶)하거나 행동(行動)으로 보여질 때 차갑고 인정미(人情味) 없는 모양새를 보이지 않고 되도록 상대방(相對方)을 배려(配慮)하는 성품(性品)이라네.

타고난 기질(氣質)이 똑똑하고 깐깐하며, 남에게 굽힘이 없고 제 몸이나 품위(品位)를 스스로 높이는 여인(女人)이며, 들뜨거나 어지러운 마음을 단단히 잡도리하여 바로잡고 스스로를 다스리는 참 깐깐한 성품(性品)의 소유자(所有者)라네.

타인(他人)에게는 부드러운 모습을 보이는 여인(女人)이지만 본인(本人) 스스로에게는 매우 엄격(嚴格)한 성격(性格)이며, 타인(他人)의 잘못이나 허물에 대해서 따끔하게 훈계(訓戒)하고 가르침을 주는 성격(性格)이지만 나서야 할 자리와 나서지 말아야 할 자리를 분명(分明)하게 가리고 제 분수(分數)를 지키는 여자(女子)라네.

사물(事物)의 도리(道理)나 선악(善惡) 따위를 잘 분별(分別)하는 마음의 작용(作用)이 참 밝은 성격(性格)으로 세상(世上)을 바라보는 눈이 늘 긍정적(肯定的)이며, 매사(每事)에 능동적(能動的)이고 매우 이성적(理性的)이라네.

또한 스스로가 마음의 여유(餘裕)를 가지면서 자신(自身)의 앞길을 생각하는 슬기로운 여인(女人)이며, 불의(不義)와는 타협(妥協)을 하지 않은 성격(性格)이라네.

올바르고 기다려주는 사랑을 하며, 상대방(相對方)이 다칠세라 조심스레 다가서는 애정(愛情)에 밝게 안아주고 바르게 가는 사랑을 한다네.

유(柔)하고 따스한 웃음을 짓는다고는 하지만 타고난 기질(氣質)은 가정(家庭)에서 일어나는 것이니, 잘못이나 허물에 대해서는 거침없이 징벌(懲罰)을 가하고 잘했거나 옳은 일을 했다면 무한(無限)한 애정(愛情)을 보이면서 칭찬(稱讚)을 아끼지 않고 해주는 여인(女人)이라네.

사소(些少)한 잘못 하나라도 놓치지 않은 꼼꼼한 성격(性格)으로 매서운 감시(監視)의 눈초리를 보내면서 가족(家族)을 위해 자신(自身)의 이해관계(利害關係)를 돌보지 않고 몸과 마음을 다하여 힘을 쓰는 모정(母情)이라네.

주변(周邊) 사람들과 막힘이나 걸림이 없이 두루 원만(圓滿)한 관계(關係)를 맺기 위하여 노력(努力)하며, 먼저 다가설 수 있는 용기(勇氣)는 없지만 까다롭고 깐깐한 마음을 열고 항상(恒常) 제자리에서 좋은 인연(因緣)을 기다리는 여인(女人)이라네.

때문에 처신(處身)과 처세(處世)에 신중(愼重)을 기하고 타인(他人)과 어울리기 위해 마음의 준비(準備)를 하면서 자신(自身)을 놓아버리는 여인(女人)이라네.

이해득실(利害得失)을 따라 이합집산(離合集散)을 하지 않고 어느 한쪽으로 치우치지 않으면서 무난(無難)한 인간관계(人間關係)를 이루고 산다네.

내 것이 아닌 것에 욕심(慾心)을 부리는 성격(性格)이 아니며, 남의 이득을 챙겨주고 어우러지면서 본인(本人)의 체면(體面)이나 위신(威信) 따위를 지키고 나름대로 스스로의 세계(世界)를 만들어가는 여인(女人)이라네.

- 여자(女子): 음(陰) → 소음(少陰) ☵, 감(坎)

사물(事物)의 이치(理致)에 밝고 제 앞가림을 잘하면서 처신(處身)과 처세(處世)에 능한 사람으로 매우 현실적(現實的)이면서 시기적절(時期適切)하게 적응(適應)하고 실속을 챙기는 똑똑한 여인(女人)이라네.

타인(他人)의 잘못이나 허물에 대하여 질책(叱責)이나 질타(叱咤)를 앞세우기보다는 먼저 자신의 체면(體面)이나 위신(威信)을 지키는 성격(性格)으로 굳이 나서서 분란(紛亂)을 일으키지 않고 시간(時間)을 두고 기다리면서 돌아가는 전후(前後) 사정(事情)이나 형편(形便)을 살핀 후에 기회(機會)를 보는 성품(性品)이라네.

더하여 앞에서 훈계(訓戒)를 하고 뒤에서 밀어주고 힘을 실어주는 현명(賢明)한 여인(女人)이며, 때때로 까다롭고 깐깐한 성미(性味)를 보이지만 그래도 늘 따스한 마음을 잃지 않으려고 노력(努力)하는 사람이라네.

또한 자기(自己)만이 똑똑한 척, 이기적(利己的)인 모습을 보이지만 타고난 여성(女性)다운 마음의 씀씀이로 자신(自身)의 모자란 섬이나 부족(不足)한 번을 채우고 본인(本人)의 지위(地位)나 위치(位置)를 굳건하게 만들어가는 지혜(智慧)로운 성품(性品)이라네.

여린 듯 강(强)하게 이끄는 사랑이며, 상대방(相對方)을 배려(配慮)하는 애정(愛情)이라네.

서로가 챙겨주고 밀어주는 사랑을 원하면서 늘 웃음으로 화답(和答)하고픈 애정(愛情)을 주는 여인(女人)이라네.

가정(家庭)을 이루는 일에 있어서 신중(愼重)하며, 몸과 마음을 가지런히 하고 제대로 된 규범(規範)을 세워 이끌어가는 여인(女人)이며, 잘못이나 허물에 대해서는 서슴없이 훈계(訓戒)를 하면서 가족(家族)을 믿고 몸과 마음을 다하는 성품(性品)이라네.

때때로 잔소리가 심해지지만 분명(分明)하게 잘못이나 허물에 대한 원인(原因)과 결과(結果)를 말할 뿐이지 뜬금없이 헛된 잔소리를 하지 않은 깔끔한 성격(性格)이라네.

또한 집안의 좋지 않은 일이 밖으로 흐르는 것을 막고 밖에 일을 안으로 끌어들이지 않은 슬기로운 여인(女人)이라네.

그리고 집안의 대소사(大小事)를 깔끔하게 처리(處理)하고 잡된 말이 나오지 않게 만드는 여자(女子)로서 늘 제 위치(位置)를 당당(堂堂)하게 지키는 성품(性品)이라네.

사람을 사귀고 헤어지는 일에 있어서 감정(感情)의 기복(起伏)을 따르지 않은 성격(性格)이며, 본인(本人)이 늘 한발자국 물러서는 여유(餘裕)를 가지고 상대방(相對方)을 배려(配慮)하면서 자신(自身)의 견해(見解)를 조용하면서도 정확(正確)하게 전하고 아니라면 시원하게 인정(認定)하는 여인(女人)이라네.

만나고 헤어지는 인연(因緣)을 소중(所重)하게 여기는 사람으로 무리의 앞에 나서는 성격(性格)은 아니나 본인(本人)의 의사(意思)를 분명(分明)하게 전하고 전체(全體)의 이득을 위해 목소리를 높이는 여인(女人)이라네.

물론 제 잇속도 중요(重要)하게 생각하지만 본인의 체면(體面)이나 위신(威信)을 깎으면서까지 굳이 나서거나 챙기는 여인(女人)이 아니며, 분명(分明)하게 제 분수(分數)를 확실(確實)하게 지킨다네.

때문에 사람들과 원만(圓滿)한 관계(關係)를 이루고 그 속에서 자신(自身)의 지위(地位)나 위치(位置)를 잃지 않는다네.

- 여자(女子): 음(陰) → 소양(少陽) ☶, 간(艮)

따질 것은 따지고 말할 것은 말하면서 이성적(理性的)일 것 같지만 잔소리에 가까운 뜬금없는 말일 뿐이며, 본인(本人)의 잘못이나 허물을 감추기 위해 또는 자기(自己)의 위신(威信)이나 체면(體面) 등을 세우기 위해 말을 앞세우고 겉치레를 중시(重視)하는 성격(性格)이라네.

또한 제 잇속을 챙기기 위해 하잘것없는 일에 시시콜콜 따져가면서 시비(是非)를 걸고 잇속을 챙기고 나면 언제 그랬냐는 듯 얼굴을 바꾸며, 처한 상황(狀況)에서 재빠르게 발을 빼는 얌치없는 여인(女人)이라네.

몰라도 아는 척, 알아도 모르는 척, 있어도 없는 척, 없어도 있는 척하는 성격(性格)으로 필요(必要)에 따라 또는 이해득실(利害得失)에 따라 아니면 감정(感情)의 기복(起伏)을 따라 말을 바꾸는 성격(性格)이라네.

남에게 지기 싫어하는 성미(性味)로 인(因)하여 시기(猜忌)와 질투(嫉妬)가 남 못지않으며, 말도 안 되는 억지(抑止)를 부려 자신(自身)을 합리화(合理化)하고 남보다 더 가질 수 있거나 더 높이 오르기 위해서 타인(他人)의 힘을 빌리는 영악(靈惡)한 여인(女人)이라네.

그래도 제 분수(分數)를 알고 불의(不義)와는 타협(妥協)하지 않은 성격(性格)이 있기에 미움을 받지 않으면서 제 마음대로 고집(固執)을 피우는 것이라네.

필요(必要)에 따라 달라지는 애정(愛情)으로 말보다는 현실적(現實的)인 사랑을 하며, 애정(愛情) 표현(表現)에 늘 잔소리가 따라다니고 언제든 변할 수 있는 것은 사랑이라고 말한다네.

가족(家族)을 이루고 살아가는 모든 일에 있어서 늘 행복(幸福)으로 가득하다는 듯 허상(虛像)을 좇는 성격(性格)이며, 감정(感情)의 기복(起伏)을 따라 집안의 분위기(雰圍氣)가 바뀌고 때에 맞추어 가족(家族)이 눈치를 보면서 혼란(混亂)스러워 한다네.

필요(必要)에 따라 그때그때의 감정(感情)에 따라 제 마음을 드러내어 표현(表現)을 하지만 제대로 알아듣고 이해(理解)해주는 가족(家族)이 없는 까닭으로 늘 외로워하는 여인(女人)이라네.

잔소리에 변덕(變德)이 심한 성격(性格)의 소유자(所有者)지만 가족(家族)을 위하고 사랑하는 마음은 남 못지않다네.

사람들과의 관계(關係)에서 유독(唯獨) 앞으로 튀는 여인(女人)이지만 크게 실속이 없는 일에 휘말리는 성격(性格)으로 자기 꾀에 빠지는 맹한 여인(女人)이라네.

그렇다고 사리분별(事理分別)에 어두운 성품(性品)이 아니며, 오히려 뜬금없는 말이나 행동(行動)으로 자신(自身)의 까다롭고 직설적(直說的)인 면을 원만(圓滿)한 관계(關係)를 위해 희석(稀釋)시키는 것이라네.

누가 그 마음을 헤아려주고 알아주겠는가.

타인(他人)의 잘못이나 허물을 그대로 덮어두는 성격(性格)이며, 굳이 나서서 분란(紛

亂)을 일으키기 싫어하고 차라리 손해(損害)를 보고 뒤로 물러설지언정 쓸데없는 다툼을 피해버리는 여린 성격(性格)이라네.
물론 때에 따라서는, 곧 불의(不義)를 보거나 좋지 않은 일이 닥치면 뒤로 물러서지 않는다네.
그렇다고 마음이 독하거나 강한 여인(女人)이 아니며, 오히려 겁이 많고 유약(柔弱)한 마음을 지닌 사람이면서 눈치가 빠르고 잇속에 밝으며 매우 약은 여인(女人)이라네.

- 여자(女子): 음(陰) ➜ 태음(太陰) ☷, 곤(坤)

자신(自身)의 마음을 죽이고 삶을 죽이고 살아간다면 멀지 않은 미래(未來)에 조금이나마 여유(餘裕)가 있을는지…… 행복(幸福)이 무엇인지 불행(不幸)이 무엇인지를 모르고 또한 알고 싶지도 않은 무덤덤한 성격(性格)이라네.
제 앞가림을 위해 몸과 마음을 다해 노력(努力)할 뿐이며, 자신(自身)의 불행(不幸)을 남의 탓으로 돌리지 않고 내 팔자(八字)인 양 스스로를 위로(慰勞)하는 여인(女人)이라네.
타인(他人)의 잘못이나 허물에 관심(關心)이 없고 더하여 남의 행복(幸福)이나 불행(不幸)에 대해서도 관심(關心)이 없으며, 내 것이 아닌 남에 것에 무관심(無關心)하고 오로지 내가 가야 할 길만을 나서는 성품(性品)이라네.
자존심(自尊心)이나 체면(體面), 위신(威信) 따위를 버리고 사람이 지켜야 할 기본적(基本的)인 도리(道理)를 지키면서 세상사(世上事)에 묻혀 살아가는 여인(女人)이라네.
하는 일마다 많은 말이 따라다니며 괴롭히지만 이를 개의치 않은 여인(女人)이며, 오히려 이를 계기(契機)로 삼아 한층 더 앞서 나가고 되레 그들의 마음을 마냥 가슴에 쓸어안고 가는 성격(性格)이라네.
자신(自身)의 몸과 마음을 깊숙이 감추고 외지고 모진 길을 나서는 여린 육신(肉身)을 지닌 여인(女人)이라네.
바라지도 않고 기다리지도 않은 사랑이며, 바라는 바 없이 주는 애정(愛情)에 주어도 상대방(相對方)이 등을 돌려버리는 슬픈 정(情)이라네.

상처(傷處)를 마음 깊숙이 감추고 가는 정(情)이며, 되돌아오면 다시 받아주는 모질고 질긴 사랑이라네.

가족(家族)을 위해 무엇 하나 바라는 바 없이 몸과 마음을 다하며, 있는 모든 것을 쏟아 부어 가족(家族)을 부양(扶養)하고 몸이 부서져나갈지언정 가족(家族)을 놓지 않은 여인(女人)이라네.

그 짐을 혼자 짊어지고 가는 여인(女人)으로 누구 하나 나누어 들어주지 않은 기구(崎嶇)한 삶이지만 남이 알아주든 아니든 묵묵히 제 길을 간다네.

사람들과의 관계(關係)에 있어서 무난(無難)한 성격(性格)으로 좋은 인연(因緣)이든 나쁜 인연(因緣)이든 큰 의미(意味)를 두지 않은 여인(女人)이라네.

남의 잇속이든 제 잇속이든 서로가 챙겨주면서 인연(因緣)의 의미(意味)를 가슴에 안고 살아가는 여인(女人)이며, 타인(他人)의 고통(苦痛) 앞에 눈물을 흘려주고 그 마음을 함께하는 마음이 여린 성품(性品)이라네.

크게 욕심(慾心)을 가지는 사람은 아니나 제 앞가림을 위해서는 작으나마 욕심(慾心)을 부리는 성격(性格)으로 남은 것은 어려운 이에게 되돌리는 여인(女人)이며, 때에 따라 현명(賢明)하게 대처(對處)한다네.

본인(本人)이 잘났어도 못난 척하고 많이 배웠어도 모른 척하고 사람 됨됨이가 되었어도 모자란 척, 나를 낮추는 지혜(智慧)로운 여인(女人)이라네.

15) 장류수(長流水): 대지(大地)를 흐르는 수(水)의 기운(氣運)

임진(壬辰)-양(陽)	계사(癸巳)-음(陰)

16상론(十六象論) 및 행태론(行態論)

• 남자(男子)

양(陽) → 태양(太陽)/건(乾)-부(父) ☰	음(陰) → 태양(太陽)/손(巽)-장녀(長女) ☴
양(陽) → 소음(少陰)/태(兌)-소녀(少女) ☱	음(陰) → 소음(少陰)/감(坎)-중남(中男) ☵
양(陽) → 소양(少陽)/리(離)-중녀(中女) ☲	음(陰) → 소양(少陽)/간(艮)-소남(少男) ☶
양(陽) → 태음(太陰)/진(震)-장남(長男) ☳	음(陰) → 태음(太陰)/곤(坤)-모(母) ☷

• 여자(女子)

양(陽) → 태양(太陽)/건(乾)-부(父) ☰	음(陰) → 태양(太陽)/손(巽)-장녀(長女) ☴
양(陽) → 소음(少陰)/태(兌)-소녀(少女) ☱	음(陰) → 소음(少陰)/감(坎)-중남(中男) ☵
양(陽) → 소양(少陽)/리(離)-중녀(中女) ☲	음(陰) → 소양(少陽)/간(艮)-소남(少男) ☶
양(陽) → 태음(太陰)/진(震)-장남(長男) ☳	음(陰) → 태음(太陰)/곤(坤)-모(母) ☷

- 남자(男子): 양(陽) → 태양(太陽) ☰, 건(乾)

앞날에 대하여 매우 희망적(希望的)이고 낙관적(樂觀的)인 성격(性格)으로 자신(自身)의 뜻이나 생각을 머뭇거리거나 망설임 없이 밀어붙이고 제 의지(意志)를 끝까지 끌고 가는 남자(男子)라네.

타고난 성품(性品)이 한번 마음을 먹고 움직이면 변함이 없고 시대(時代)의 흐름을 따라 분수(分數)에 맞게 편승(便乘)하며, 일의 잘잘못을 떠나 집착(執着)하지 않은 성격(性格)으로 일을 시원하게 처리(處理)하는 남자(男子)라네.

자기(自己)의 잘못이나 허물에 대하여 엄격(嚴格)하기보다는 때에 따르는 형편(形便)이나 사정(事情)에 따라 그 무게를 달리하는 여유(餘裕)로운 마음을 지닌 성격(性格)으로 다가올 날을 대처(對處)하는 슬기로운 남자(男子)라네.

또한 타인(他人)의 잘못이나 허물에 대하여 부드러운 편으로 잘잘못의 무게를 달리하여 현실적(現實的)으로 대하고 매사(每事)에 늘 긍정적(肯定的)으로 이끌어가면서 시대(時代)의 흐름에 적절(適切)하게 따르는 현명(賢明)한 사람이라네.

작은 잇속을 앞에 두고 아옹다옹 다투지 않은 밝은 성격(性格)으로 일이 돌아가는 전후(前後) 사정(事情)이나 형편(形便)을 살펴서 그 이득(利得)을 극대화(極大化)하는 한편 서로가 공생(共生)할 수 있는 길을 찾은 밝은 성품(性品)이라네.

리더십을 발휘(發揮)하는 한편 이재(理財)에 밝은 사람으로 재물에 대한 욕심(慾心)이 크고 한자리에 머물기보다는 시대(時代)의 흐름에 몸과 마음을 맡기고 노력(努力)하는 대담(大膽)한 성격(性格)이라네.

만나고 헤어지는 일이 반복(反復)되는 정(情)이라 한곳에 집착(執着)하지 않는 사랑이지만 한번 정(情)을 주면 그 마음이 변함이 없고 깊은 사랑을 주는 남자(男子)라네.

가족(家族)에 대한 사랑이 남과 다른 남자(男子)로서 거침없이 세상사(世上事)의 가운데로 이끄는 성격(性格)으로 강(强)한 듯 부드러운 마음으로 안아주고 바라는 바 없이 모든 것을 받아주는 성품(性品)이라네.

매서운 눈초리보다는 따스한 손을 내미는 성격(性格)으로 늘 가족(家族)과 함께 움직이려는 가장(家長)이며, 가족(家族)의 의견(意見)을 조금은 무시(無視)하면서 억지(抑止)를 부리기는 하지만 무리(無理)없이 이끌고 가는 부드러운 가장(家長)이라네.

미래지향적(未來指向的)인 성격(性格)으로 늘 남보다 먼저 앞서가는 남자(男子)이며, 능동적(能動的)이고, 매우 현실적(現實的)인 사람으로 형식적(形式的)이면서 가식적(假飾的)이지 않고 언제나 솔직 담백(淡白)하게 이끌어가는 성격(性格)으로 말미암아 많은 사람들이 좋아하고 또한 스스로가 어울리기를 좋아한다네.

작은 일에 집착(執着)하지 않고 그렇다고 큰일을 저질러가면서 자신(自身)이나 남을 힘들게 만드는 성격(性格)이 아니며, 한 사람, 하나의 일, 한 곳에 집착(執着)하지 않으면서 하나로 묶어 현명(賢明)하게 이끌고 가는 남자(男子)라네.

뒤돌아보지 않은 성격(性格)으로 대범(大汎)하게 나서는 사람이며, 더하여 일의 전후(前後) 사정(事情)이나 형편(形便)을 밝게 알아 머뭇거리거나 망설임이 없고 많은 사람들과 막힘이나 걸림이 없이 두루 원만(圓滿)하게 지내면서 운명(運命)을 함께하는 의리(義理)있는 남자(男子)라네.

또한 셈에 밝은 성격(性格)이지만 약은 사람이 아니며, 늘 남보다 앞서가는 성격(性格)이지만 혼자 가기보다는 남과 함께 어울려가는 남자(男子)라네.

- 남자(男子): 양(陽) → 소음(少陰) ☱, 태(兌)

자기(自己)의 뜻이나 생각을 굽히지 않고 밀어붙이는 성격(性格)으로 꽤나 거칠어 보이는 남자(男子)지만 타인(他人)의 의견(意見)에 귀 기울이면서 신중(愼重)하게 움직이고 말과 행동(行動)을 크게 내지 않은 성품(性品)이라네.

그렇다고 본인(本人)의 의지(意志)를 꺾는 성격(性格)이 아니며, 감정(感情)보다는 이성(理性)을 바탕으로 한 판단(判斷)에 따라 매사(每事)에 매우 현실적(現實的)이며 능동적(能動的)으로 대처(對處)해 나가는 지혜(智慧)로운 남자(男子)라네.

남의 잘못이나 허물을 탓하기에 앞서 자신(自身)의 잘못이나 허물을 돌아보는 성격(性格)으로 몹시 관대(寬貸)한 마음을 지닌 남자(男子)이며, 큰 포용력(包容力)으로 사람을 감싸 안은 현명(賢明)한 사람이라네.

일의 전후좌우(前後左右)를 돌아보고 정확(正確)하게 판단(判斷)하면서 형평성(衡平性)에 어긋나지 않으며, 일이 돌아가는 사정(事情)이나 형편(形便)에 따라 강약(强弱)을 조절(調節)하는 지혜(智慧)가 있다네.

이재(理財)에 밝고 제 잇속에 밝은 사람이지만 나 아닌 타인(他人)에 대한 배려(配慮)하는 마음이 큰 사람으로 이를 통해 본인(本人)의 이윤(利潤)을 극대화(極大化)하면서, 더하여 자신(自身)의 위신(威信)이나 체면(體面) 등 입지(立地)를 강화(强化)하는 똑똑한 남자(男子)라네.

때때로 고집(固執)을 피우거나 욕심(慾心)을 부리기도 하지만 부딪히는 상황(狀況)에 따라 융통성(融通性)을 발휘(發揮)하면서 난제(難題)를 풀어가기도 하며, 공생(共生)의 길을 가는 밝은 성격(性格)의 소유자(所有者)라네.

사랑에서만큼은 제 욕심(慾心)을 차리는 남자(男子)로 여자(女子)에 대한 소유욕(所有慾)이 강(强)하고 또 그만큼 사랑을 주는 남자(男子)라네.

그렇다고 미련(未練)을 두는 애정(愛情)이라기보다는 자기(自己)의 사랑을 찾아 떠나면서 나름대로 욕심(慾心)을 부리는 정(情)이라네.

때때로 불분명(不分明)한 애정(愛情)으로 상처(傷處)를 주는 남자(男子)라네.

가족(家族)에 대한 끈끈한 정(情)은 남 못지않고 그 믿음 또한 강(强)하며 집착(執着)하는 면이 있다네.

멀리 떠나 있어도 떠나지 않은 가족(家族) 생각에 마음을 졸이고 늘 제자리로 돌아오는 가장(家長)이라네.

뒤에서 밀어주고 이끄는 사랑이 크고 넓은 포용력(包容力)으로 가정(家庭)을 이끌면서 가장(家長)으로서의 힘을 보여주는 남자(男子)라네.

현재(現在)에 머물지 않고 넓은 세상(世上)으로 이끌면서 어려움에 부딪히기도 하지만 가족(家族)이라는 이름 하나에 힘을 얻고 무거운 짐을 짊어지는 든든한 가장(家長)이라네.

함께 공생(共生)의 길을 찾은 성격(性格)으로 급하지도 느리지도 않게 세상사(世上事)에 뛰어들면서 밝은 마음과 밝은 눈으로 바라보고 이해득실(利害得失)을 떠나 인정(人情)으로 인연(因緣)을 맺으며, 현실적(現實的)이면서 능동적(能動的)으로 이웃과 함께 공존(共存)의 길을 가는 성품(性品)이라네.

말이나 행동(行動)에 앞서 다시 생각하고 움직이는 사람이며, 일이 벌어지기 전에 미리 앞서서 준비(準備)하고 이득(利得)을 극대화(極大化)시키기 위해 움직이면서도 여유(餘裕)를 가지는 똑똑한 남자(男子)라네.

- 남자(男子): 양(陽) → 소양(少陽) ☲, 리(離)

급하게 돌아가는 세상사(世上事)에 여유만만(餘裕滿滿)하고 이성(理性)을 바탕으로 말이나 행동(行動)을 한다지만 지극(至極)히 감정적(感情的)이며, 감성(感性)에 빠지는 여린 성격(性格)의 소유자(所有者)로 게으르고 비판적(批判的)인 시각(視覺)을 지닌 성격(性格)이라네.

본인(本人)이 좋아하면서 편한 일에는 집중(集中)을 하지만 싫어하거나 힘이 드는 일 앞에서는 뒤로 물러서는 매우 약은 남자(男子)라네.

또한 분위기(雰圍氣)를 타는 성격(性格)이라 시대(時代)의 주류(主流) 사상(思想)에 쉽게 휩쓸리면서 기존(旣存)의 사고방식(思考方式)을 버리고 새로운 사상(思想)을 쉽게 받아들이면서 믿어버리는 남자(男子)라네.

일이 돌아가는 사정(事情)이나 형편(形便), 과정(過程)을 보지 않고 늘 일의 결과(結果)에 대해 궁금해 하는 성격(性格)으로 미리 뚜껑을 열어보는 바람에 자신(自身)의 뜻과는 다르게 손해(損害)를 본다네.

때때로 권위(權威)와 권세(權勢)를 갖거나 얻기 위해 난 척, 든 척, 된 척 나서는 남자(男子)이기는 하나 그 결과(結果)가 본인(本人)이 바라는 만큼 이루어지지 않고 늘 마음의 상처(傷處)만이 남은 사람이라네.

타인(他人)의 잘못이나 허물에 대하여 탓하는 이가 아니며, 또한 본인(本人)의 잘못이나 허물에 대해서도 있는 듯 없는 듯 흐지부지하는 성격(性格)이라네.

이러한 유야무야(有耶無耶)한 성격(性格)으로 인(因)하여 제 잇속을 제대로 챙기지 못하고 욕심(慾心)을 부려도 제 풀에 제가 꺾이고 인간관계(人間關係)에 있어서도 좋은 인연(因緣)보다는 늘 무언가에 따라 이합집산(離合集散)하면서 혼란(混亂)만 더한다네.

뒷심이 부족(不足)하고 변명(辨明)이 많으며, 시원스럽지 못한 성격(性格)으로 남보다 앞서기보다는 늘 뒤로 처지는 삶을 살아간다네.

강한 듯 자신(自身)을 내세워 보이지만 뒤가 무른 성품(性品)으로 인하여 아집(我執)만이 강(强)할 뿐이라네.

처음에는 늘 뜨겁고 격렬(激烈)한 사랑이지만 가면 갈수록 물러지는 애정(愛情)에 짜증 지수(指數)만 올라가는 인연(因緣)이라네.

상대방(相對方)의 큰소리에 놀라 멀리 도망가는 정(情)이며, 늘 가슴을 쓸어안고 자신(自身)을 위로(慰勞)하는 남자(男子)라네.

새로운 애정(愛情)을 만들어 간다지만 늘 제자리를 맴도는 사랑을 한다네.

가족(家族)에 대한 사랑이 지극(至極)한 남자(男子)지만 게으른 본인(本人)의 성격(性格)으로 말미암아 가장(家長)으로서의 체면(體面)을 구기는 사람이며, 제 딴에는 몸소 가정(家庭)을 이끌고 부양(扶養)을 한다지만 가족(家族)의 입장(立場)에서는 무언가 하나가 비어있는 듯 허한 사랑이라네.

조금 아는 것을 가지고 다 아는 것처럼 가족(家族)을 대함으로써 늘 말만이 앞서는 가족(家族) 사랑에, 가장(家長)으로서의 권위(權威)를 지키지 못하는 남자(男子)라네.

- 남자(男子): 양(陽) → 태음(太陰) ☳, 진(震)

세월(歲月)의 무게에 힘없이 떠밀리는 어설픈 성품(性品)이라 강물의 흐름대로 몸과 마음을 맡겨버리니, 세상사(世上事)를 보는 눈은 있고 본인(本人) 스스로에게 밝거나 슬기롭지 못하여 하는 짓이 야무지지 못하고 설기만 하다네.

흐르는 강물을 막는다고 설치며 나서기는 하지만 번번이 일을 그르쳐 놓기만 하는 성격(性格)이며, 때때로 무모(無謀)한 행동(行動)으로 주변(周邊) 사람들을 당황(唐慌)스럽게 만들고 스스로는 의욕(意慾)을 상실한 채 물이 흐르는 대로 힘없이 끌려가는 우유부단(優柔不斷)한 사람이라네.

물론 겉으로야 조용하게 흐르며 세상사(世上事)에 대하여 관조(觀照)하듯 여유(餘裕)를 부리지만 자신(自身)에게 스스로 쫓기듯 시달리는 남자(男子)이며, 일이 돌아가는 사정(事情)이나 형편(形便)을 돌아보지 못하고 늘 잘못된 판단(判斷)으로 인(因)하여 제 발등을 찍은 조금은 아둔한 성품(性品)의 소유자(所有者)라네.

더하여 적게 가지고서도 많이 가진 척 젠체하며, 자신(自身)의 위세(威勢)나 명예(名譽)를 내세우고 아는 것이 적으면서도 다 아는 척, 말만을 앞세우는 남자(男子)라네.

또한 지인(知人)이나 타인(他人)의 진심(眞心)어린 충고(忠告)나 가르침에 눈을 가리고 귀를 막고 삿된 제 마음을 닫아버리는 성격(性格)이라네.

무슨 일이든 마주 대하여 행동력(行動力)이 없이 무관심(無關心)하게 보거나 수수방관(袖手傍觀)하는 성격(性格)으로 말미암아 인간관계(人間關係)가 그리 원만(圓滿)하지 않은 남자(男子)이며, 본인(本人)의 잘못이나 허물에 대하여 그럴싸한 변명(辨明)이나 자기(自己)을 합리화(合理化)시키는 못난 사람이라네.

이재(理財)에 밝다고 스스로를 추켜세우기는 하지만 제 잇속을 제대로 챙기지 못하고 눈앞에서 놓치는 일이 비일비재(非一非再)한 사람이라네.

늘 눈앞에서 떠난 뒤에야 무릎을 치는 남자(男子)라네.

사랑도 또한 타고난 제 성품(性品)을 떠나지 못하는지라 늘 아쉬움이 남은 애정(愛情)에 멀리 달아나기만 하는 사랑이라네.

손에 쥐었을 때는 알지 못하는 사랑이지만 떠나고 나면 그제야 가슴을 치는 여린 정(情)이라네.

가정(家庭)이라는 울타리에 그다지 정(情)이 없는 성격(性格)으로 본인(本人)의 일이 먼저 앞서는 남자(男子)이며, 그 다음이 가족(家族)이라는 생각을 하면서 나름 몸과 마음을 다하는 성품(性品)이기는 하다네.

물론 눈물이 많고 정(情)이 많은 것은 사실(事實)이나 세월(歲月)의 흐름에 따라 변해가는 것이 정(情)이 아니던가.

한 곳에 머물지 않은 성격(性格)으로 새로운 사람을 만나면서 더 넓은 곳으로 나가는 남자(男子)에다 어찌 보면 매우 진취적(進取的)인 듯 보이지만 게으르고 뒷심이 약한 가장(家長)의 모습을 보인다네.

또한 가족(家族)에 대한 욕심(慾心)이 어설프고 본인(本人)의 잘못이나 허물을 가족(家族)의 탓으로 돌리면서 정작 본인(本人)은 책임(責任)을 회피(回避)하며, 늘 뒷전으로 숨어버리는 여린 가장(家長)이라네.

- 남자(男子): 음(陰) → 태양(太陽) ☴, 손(巽)

겉으로는 찬찬하고 부드럽게 흐르는 듯하지만 마음 또는 정신(精神)의 활동(活動)이 매우 기민(機敏)한 사람으로 처신(處身)과 처세(處世)에 매우 능(能)하고 시대(時代)의 흐름에 민감(敏感)하게 반응(反應)하면서 스스로의 권위(權威)나 명예(名譽), 체면(體面) 따위를 세우고 이를 제대로 지켜가는 밝은 성품(性品)이라네.

또한 잇속에도 밝은 사람으로 무(無)에서 유(有)를 만들어 내듯 스스로를 이용(利用)하여 자기(自己)의 가치(價値)를 높이고 현실적(現實的)이면서 실속을 제대로 챙기는 성격(性格)이라네.

지나간 일에 대하여 미련(未練)을 두는 성격(性格)이 아니며, 매우 이성적(理性的)으로 세상사(世上事)를 바라보고 매사(每事)에 이치(理致)에 맞게 움직이면서 본인(本人)의 권위(權威)나 명예(名譽), 체면(體面) 등을 손상(損傷)시키지 않은 밝은 남자(男子)라네.

타인(他人)을 밀어주고 이끌어 주는 일에 힘을 아끼지 않은 사람으로 많은 이들로부터 존경(尊敬)을 받으며, 밝고 명랑(明朗)하게 제 갈 길을 가는 남자(男子)라네.

한번 마음을 먹으면 거침이 없이 밀어붙이는 강단(剛斷)이 있고 인내(忍耐)와 끈기라면 남 못지않은 성격(性格)이며, 늘 남보다 한발 앞서가는 미래(未來) 지향적(指向的)이면서 긍정적(肯定的)이고 능동적(能動的)인 성품(性品)이라네.

자신(自身)의 허물이나 잘못을 있는 그대로 드러내며, 이를 계기(契機)로 본인(本人)의 가치(價値)나 신용(信用)을 높이고 무리 속에서 자신(自身)을 높이 세우는 쾌활(快闊)한 남자(男子)라네.

어찌 보면 그 속내를 알 수 없는 남자(男子)지만 어려운 일을 앞에 두고 리더십을 발휘(發揮)하는 성격(性格)이며, 스스로가 벌인 일에 대하여 몸과 마음을 다해 노력(努力)하고 모든 것을 책임(責任)질 줄 아는 착한 남자(男子)라네.

또한 뒤탈이 없고 깨끗하게 마무리하는 뒷심 있는 성격(性格)이며, 타인(他人)의 의견(意見)을 받아들이는 일에 있어서 무난(無難)하고 이를 알맞게 적용(適用)하여 가치(價値)를 이끌어내는 사람이라네.

늘 바쁘게 살아가면서도 챙겨줄 줄 아는 남자(男子)로서 오래토록 이끌어주는 사랑에 끈끈하게 이어지는 애정(愛情)을 준다네.

겉으로 화려(華麗)하게 드러나는 사랑은 아니지만 변함이 없이 이끌어주고 밀어주는 애정(愛情)을 준다네.

가족(家族)에 대한 사랑이 큰 사람이며, 늘 함께 하기를 원하고 매사(每事)에 거침없이 이끌어주면서 밀어주는 가장(家長)이라네.

가족(家族)에 대한 믿음이 남다른 남자(男子)이며, 확실(確實)하게 제 모습을 보여주면서 솔직 담백(淡白)하게 가족(家族)을 이끄는 성격(性格)이라네.

또한 머뭇거림 없이 애정(愛情)을 표현(表現)하고 무슨 일에 부닥치든 가족(家族)을 끌어안고 가는 가장(家長)이라네.

- 남자(男子): 음(陰) → 소음(少陰) ☵, 감(坎)

일을 시작(始作)하거나 실행(實行)한 후에도 일이 되어가는 과정(過程)이나 상황(狀況)에 대하여 깊이 생각하고 각각(各各)의 의견(意見)을 수렴(收斂)하여 맞닥트린 사정(事情)이나 형편(形便)에 따르는 매우 현실적(現實的)인 성격(性格)의 소유자(所有者)라네.

겉으로 드러나 보이기에는 우유부단(優柔不斷)하면서 강단(剛斷)이 없어 보이는 사람 같지만 겉보기와는 다르게 부드러우면서 매우 강한 성격(性格)이며, 처음부터 끝까지 일관성(一貫性)을 가지는 남자(男子)로서 초심(初心)을 잃지 않고 가는 성품(性品)이라네.

물론 시대(時代)의 흐름에 크게 영향(影響)을 받거나 민감(敏感)한 반응(反應)을 보이기는 하지만 쉽게 동요(動搖)하는 성격(性格)이 아니며, 이끌고 있는 무리의 잇속을 위해서나 제 잇속을 위해 생각하고 그에 따라 계획(計劃)을 수정(修正)하는 신중(愼重)함을 보인다네.

은연(隱然)중에 스스로의 권위(權威)나 명예(名譽) 따위를 내세워 체면(體面)치레에 힘을 쓰기도 하지만 스스로의 잘못이나 허물을 통하여 자신(自身)을 깎아내리는 어둡고 아둔한 사람은 아니라네.

처신(處身)과 처세(處世)에 능(能)한 성격(性格)으로 때에 따라 스스로를 조절(調節)하는 힘을 가지고 있고 일이 돌아가는 사정(事情)이나 형편(形便)에 따라 유효적절(有效適切)하게 사용(使用)하는 현명(賢明)한 사람이며, 하나만을 고집(固執)하는 아둔한 성격(性格)이 아니라네.

또한 뒷심이 강한 남자(男子)로서 일의 뒷마무리가 깨끗하고 막힘이나 걸림이 없이 두루 원만(圓滿)한 인간관계(人間關係)를 이루고 살아가는 사람이라네.

화려(華麗)하게 드러나지 않은 사랑이지만 늘 변함이 없이 감싸주는 남자(男子)이며, 말 없음으로 따스한 정(情)을 전하는 사람이라네.

가족(家族)에 대한 사랑이 깊은 남자(男子)로 늘 가족(家族)과 함께 모든 일을 함께 하려고 노력(努力)하는 성격(性格)이며, 말없이 뒤에서 밀어주고 앞에서 이끌어주는 가장(家長)이라네.

모든 허물이나 잘못에 대하여 관대(寬貸)하고 가족(家族)에 대한 믿음으로 내일을 준비(準備)하면서 능동적(能動的)이고 미래(未來) 지향적(指向的)으로 나아가며, 본인(本人)의 의지(意志)를 실현(實現)해 가는 가장(家長)이라네.

가족(家族)으로부터 사랑과 존경(尊敬)을 받으며, 한 집안을 이끌어가는 가장(家長)으로서의 길을 걷고 또 그만한 리더십을 발휘(發揮)하는 성품(性品)이라네.

말보다는 행동(行動)으로 모든 것을 보여주고 가정사(家庭事)에 대하여 무관심(無關心) 듯하나 꼼꼼하고 알뜰하게 살피는 세심(細心)한 마음을 지닌 남자(男子)라네.

- 남자(男子): 음(陰) → 소양(少陽) ☶, 간(艮)

장강(長江)을 막아서려는 무모(無謀)한 성격(性格)으로 매사(每事)에 나름대로 계획(計劃)을 세워가면서 일을 벌이지만 늘 조급(早急)한 마음으로 인(因)하여 일을 그르치고 마는 털털한 성품(性品)을 지닌 남자(男子)라네.

또한 자신(自身)의 의지(意志)대로 일을 앞세우고 그에 따르는 잘잘못에 대하여 가름이 불분명(不分明)하며, 따라서 자신(自身)의 잘못이나 허물에 대하여 어두운 모습을 보이면서 책임(責任)을 회피(回避)하려는 성격(性格)이라네.

잇속 앞에서 욕심(慾心)을 부리는 솔직한 성격(性格)이며, 위신(威信)이나 체면(體面), 권위(權威) 등을 내세울 때 부끄러운 마음을 가지지 않은 뻔뻔한 남자(男子)이기도 하고 검증(檢證)되지 않은 리더십으로 무리를 이끄는 성질(性質)이 있다네.

타인(他人)의 잘못이나 허물에 대하여 무던한 성격(性格)이지만 그렇다고 잘잘못을 가리지 못하는 아둔한 남자(男子)가 아니며, 필요(必要)에 따라 그 잘잘못의 무게가 달라지는 편이고 자신(自身)의 체면(體面) 유지(維持)나 권위(權威), 명예(名譽) 등을 세우는 일에 적절(適切)하게 이용(利用)하는 남자(男子)라네.

잘난 척, 많이 배운 척, 사람이 된 척 젠체하며 나서는 남자(男子)로 여유만만(餘裕滿滿)하고 당당(堂堂)한 모습을 보이지만 처신(處身)과 처세(處世)에 매우 서투른 까닭으로 그 끝이 그리 아름다운 모습을 보여주지 못하는 성격(性格)이라네.

말만 앞서는 큰소리에 대범(大汎)한 듯 나서는 성격(性格)이며, 그렇다고 기대(期待)할 만큼 그 결과(結果)가 좋은 편이 아니고 늘 헛바람을 잡게 하는 꽤나 허탈(虛脫)하게 만드는 사람이라네.

깊고 좋은 인연(因緣)보다는 이익(利益)을 따라 달라지는 만남으로 때에 따라 이합집산(離合集散)하면서 여유(餘裕)롭게 세상사(世上事)에 몸과 마음을 던지는 사람이라네.

한번 지나간 인연(因緣)에 미련(未練)을 두지 않은 사랑이며, 깊고 진한 애정(愛情)보다는 때에 따라 기분(氣分)에 따라 변하는 정(情)을 준다네.

자기(自己)만을 위해주는 사랑을 하고 남에 대해 배려(配慮)하는 마음을 잃어버린 차가운 애정(愛情)이라네.

가정(家庭)이라는 울타리는 잠시 몸과 마음을 쉬는 곳으로 여기면서 감정(感情)의 기복(起伏)에 따라 가족(家族)을 대하는 마음이 달라지고 본인(本人)만을 위하는 이기적(利己的)인 마음을 보이는 사람이라네.

물론 가족(家族)을 위하는 마음이야 남 못지않지만 이러한 마음을 겉으로 드러내어 표현(表現)하는 성격(性格)이 아닌지라 때때로 오해(誤解)를 받기도 한다네.

양면성(兩面性)을 지닌 성품(性品)으로 주어진 환경(環境)이나 형편(形便)에 따라 본인(本人)의 마음을 표현(表現)하기는 하지만 깊은 내면(內面)의 모습은 쉽게 드러내지 않은 성격(性格)이라네.
여린 듯 끝없이 밀어붙이는 힘을 지니고 있는 성품(性品)으로 마지막까지 가족(家族)과 함께 하는 사람이며, 게으른 모습을 보이면서 뻔뻔하게 굴기는 하지만 제 위신(威信)이나 체면(體面)은 지키려고 노력(努力)하는 사람이라네.

- 남자(男子): 음(陰) → 태음(太陰) ☷, 곤(坤)

매사(每事)에 하고자 하는 욕심(慾心)만이 앞설 뿐 제대로 실행(實行)에 옮겨지거나 따라주지 않은 삶이라네.
인생사(人生事)와 세상사(世上事)에 대한 어설픈 실랑이는 삶에 대한 의욕(意慾)마저도 잃게 만들지 않던가.
세월(歲月)의 흐름에 몸과 마음을 맡기고 살아가는 성격(性格)으로 모든 잘못이나 허물을 제 탓으로 돌리는 사람이며, 따지고 들기보다는 무관심(無關心)으로 대하는 남자(男子)라네.
게으르고 의욕(意慾)을 상실(喪失)하기는 했지만 제 의무(義務)는 다하는 성격(性格)으로 남이 무어라고 떠들든 지적(指摘)을 하던지 무시(無視)하고 자신(自身)의 뜻이나 생각을 꺾지 않고 나아가는 성품(性品)이라네.
세상사(世上事)에 대하여 눈을 가리고 귀를 막고 마음을 닫은 남자(男子)라고는 하나 권위(權威)나 명예(名譽), 체면(體面)마저 버린 사람이 아니며, 남 못지않게 제대로 된 권위(權威)나 체면(體面) 따위를 지키기 위해 몸과 마음을 다해 노력(努力)하는 남자(男子)라네.
다만 본인(本人) 스스로에 대하여 아둔한 까닭으로 사물(事物)의 이치(理致)에 어둡고, 일이 돌아가는 사정(事情)이나 형편(形便)에 대하여 쉽게 납득(納得)할만한 지혜(智慧)가 없기 때문에 세상사(世上事)에 등을 돌리는 것뿐이라네.
뒤가 무른 성격(性格)에 여린 마음을 지닌 남자(男子)로 매우 우유부단(優柔不斷)하고 소심(小心)한 사람이지만 그 답답한 마음이 한번 터지면 그 누구도 막지 못할 것이라네.

처신(處身)과 처세(處世)에 그리 능(能)하지는 못하지만 주변(周邊) 사람들과 두루 원만(圓滿)한 관계(關係)를 맺고 유연(柔然)하게 어울리는 성격(性格)이며, 고리타분하게 굴지는 않는다네.

때문에 그나마 제 잇속이라도 챙기며 살아갈 수 있는 것이라네.

제 앞가림에 바쁜 까닭으로 사랑에는 어두운 사람이며, 한번 맺은 인연(因緣)에 대하여 애틋한 마음을 지닌 남자(男子)라네.

잊을 듯 잊지 못하고 미련(未練)을 두는 애정(愛情)이며, 마지못해 어쩔 수 없이 인연(因緣)의 손끝을 놓아버리는 사랑이라네.

가족(家族)에 대하여 애틋한 마음을 지닌 가장(家長)으로 챙겨주지 못해 가슴이 아픈 사람이며, 늘 몸과 마음을 다해 부양(扶養)을 한다지만 노력(努力)한만큼 밀어주거나 이끌어주지 못해서 시린 마음을 안고 살아가는 여린 가장(家長)이라네.

뒤가 무른 성격(性格)에 책임(責任)지지 못하지만 그래도 마지막까지 나름 노력(努力)을 해가며 가장(家長)으로서의 의무(義務)를 다하려는 착한 남자(男子)라네.

남이 인정(認定)하지 않아도, 알아주지 않아도 자기(自己)의 잘못이나 허물을 가족(家族)의 탓으로 돌리지 않고 모두 제 탓으로 돌리는 성격(性格)이며, 제 스스로 모든 것을 끌어안고 가는 서러운 남자(男子)라네.

때때로 한꺼번에 몰아치고 밀어붙이는 성격(性格)으로 인(因)해 있는 모든 것을 망치기도 하지만 저변(底邊)에 깔린 끈기로 다시 일어서는 성품(性品)이라네.

- 여자(女子): 양(陽) → 태양(太陽) ≡, 건(乾)

매사(每事)에 시원스러운 성격(性格)으로 강(强)한 리더십을 발휘(發揮)하는 여인(女人)이며, 한번 마음먹은 일은 변함없이 그대로 밀어붙이고 그 뒤를 깨끗하게 마무리하는 성품(性品)이면서 지나간 잘못이나 허물에 대하여 시시콜콜하게 따지는 속이 좁은 여인(女人)이 아니라네.

또한 모든 일을 명쾌(明快)하고 확실(確實)하게 처리(處理)하는 분명(分明)한 성격(性格)으로 감정(感情)을 앞세우기보다는 매우 차가운 이성(理性)을 앞세우고 잘잘못에 대한 상벌(賞罰)이 명확(明確)한 여인(女人)이며, 늘 사람이 마땅히 지켜야 할 올바른 이치(理致)에 맞게 모든 일을 처리(處理)하는 당찬 성격(性格)의 소유자(所有者)라네.

잇속 앞에 솔직하게 욕심(慾心)을 드러내는 성격(性格)이며, 그렇다고 제 잇속만을 챙기는 속 좁은 여인(女人)은 아니고 제 것을 챙기더라도 무리의 잇속을 먼저 챙기는 매우 의리(義理)가 있는 여장부(女丈夫)다운 여인(女人)이라네.

권위(權威)를 세우지만 권위(權威)를 내세워 남을 핍박(逼迫)하는 이를 경멸(輕蔑)하고 체면(體面)을 세우려고 노력(努力)하지만, 남의 힘을 빌리거나 앞세우지 않고 늘 제 힘으로 권위(權威)와 체면(體面), 명예(名譽) 따위를 제대로 세우고 지켜가는 당당(堂堂)한 성품(性品)이라네.

때때로 자기(自己) 중심적(中心的)인 사고방식(思考方式)을 따라 스스로를 합리화(合理化)시키면서 고집(固執)을 피우기도 하지만 자신(自身)의 잘못이나 허물을 곧바로 인정(認定)하고 올바른 길로 돌아서는 성격(性格)이라네.

지나간 일에 대해 미련(未練)을 두지 않은 여인(女人)으로 미래(未來) 지향적(指向的)인 성격(性格)에 매우 능동적(能動的)이면서 긍정적(肯定的)인 성품(性品)이라네.

때문에 매사(每事)에 활발(活潑)한 모양(模樣)의 됨됨이를 보여주고 누구에게나 보범(模範)이 되는 삶의 모양새를 보이는 여인(女人)이며, 막힘이나 걸림이 없이 두루 원만(圓滿)한 인간관계(人間關係)를 이뤄가면서 리더로서의 기질(氣質)이나 조언자(助言者)로서의 성품(性品)을 환하게 드러내는 당당(堂堂)한 성품(性品)이라네.

이성(理性)에게 끌려가는 사랑보다는 본인(本人)이 이끌어가는 사랑으로 자존심(自尊心)을 세우고 애정(愛情)에 연연(戀戀)하지 않은 여인(女人)이라네.

때때로 격렬(激烈)한 사랑에 몸을 떨지만 곧 잠잠하게 가라앉은 깊은 애정(愛情)을 준다네.

한 집안이 어울려 살아가는 것을 좋아하고 가족(家族)에 대한 믿음이나 사랑이 깊고 따뜻하며, 스스로 융화(融和)되어 살아가는 가슴 따스한 여인(女人)이라네.

물론 가정사(家庭事)에 있어서 독단적(獨斷的)인 면이 없지 않으나 상대방(相對方)의 뜻이나 생각을 받아들이는 성품(性品)으로 그리 큰 문제(問題)를 일으키는 성격(性格)

은 아니라네.

한 집안을 세우기 위해 고생(苦生)을 하나, 충분(充分)히 감당(堪當)할만한 여인(女人)으로 거침없이 도리(道理)에 맞게 이끌어가는 당찬 여인(女人)이라네.

가족(家族)에게 믿음을 주고 희망(希望)을 주는 성품(性品)으로 책임감(責任感)있게 뒷심으로 받쳐주는 성격(性格)이며, 잘못이나 허물에 대하여 가타부타 말을 하지 않은 시원한 성격(性格)의 여인(女人)이라네.

다만 쓸데없는 자만심(自慢心)은 자신(自身)을 망치는 지름길이란 것을 늘 가슴에 새겨야 할 것이라네.

- 여자(女子): 양(陽) ➜ 소음(少陰) ☱, 태(兌)

스스로의 당당(堂堂)한 모양(模樣)의 됨됨이를 겉으로 드러내지만 내심(內心) 매우 신중(愼重)한 성격(性格)으로 말이나 행동(行動)을 막하는 듯하지만 늘 분명(分明)하게 계산(計算)을 깔고 행하는 여인(女人)이라네.

제법 감정적(感情的)인 면을 드러내 보이지만 안으로는 차가운 이성(理性)의 강물이 흐르는 성격(性格)으로 잘잘못에 대한 명쾌(明快)한 논리(論理)가 확실(確實)하며, 이 논리(論理)를 바탕으로 스스로의 위신(威信)이나 체면(體面) 따위를 당당(堂堂)하게 세우고 제 잇속을 넉넉하게 챙기면서 제 앞가림을 철저(徹底)하게 해가는 현명(賢明)한 성품(性品)이라네.

권위(權威)를 내세울 듯이 하지만 내세우지 않고 체면(體面)치레를 하지만 그리 샷되지 않은 여인(女人)이며, 이 모든 말이나 행동(行動)이 그리 어색(語塞)하지 않으면서 스스로의 자존심(自尊心)을 지키는 당찬 여인(女人)이라네.

매사(每事)에 적극적(積極的)인 성격(性格)이지만 타고난 모양새를 부드럽게 하여 실행(實行)에 옮기고 늘 능동적(能動的)으로 움직이지만 그 움직임을 편안(便安)하게 하고, 모든 생각에 있어서 긍정적(肯定的)이지만 일이 돌아가는 사정(事情)이나 형편(形便)을 분명(分明)하게 알아서 이치(理致)에 맞게 대처(對處)해 가는 슬기로운 여인(女人)이라네.

남 앞에서의 몸가짐이나 행동(行動)을 신중(愼重)히 하며, 남들과 사귀면서 살아가는 일에 있어서 두루 원만(圓滿)하고 자신(自身)을 드러내어 자랑하지 않으면서 서로 어울려 화목(和睦)하게 살아가는 둥근 성품(性品)이라네.

제 잇속에 크게 욕심(慾心)을 부리기보다는 이를 바탕으로 하여 서로 어울릴 수 있도록 마음을 쓰는 매우 지혜(智慧)로운 성품(性品)의 소유자(所有者)라네.

또한 스스로의 잘못이나 허물에 대하여 책임(責任)을 지는 성격(性格)으로 뒷마무리가 밝은 여인(女人)이라네.

내성적(內省的)으로 보이기는 하나 매우 적극적(積極的)인 사랑을 원하고 또 사랑을 하며, 구질구질한 애정(愛情)에 얽매이지 않은 여인(女人)이며, 감정(感情)에 따르는 사랑보다는 이성(理性)에 따르는 매우 현실적(現實的)인 사랑을 한다네.

가족(家族)에 대한 사랑이 애틋한 여인(女人)으로 몸과 마음을 다해 온 가족(家族)을 부양(扶養)하고 바라는 바 없는 따스한 모정(母情)으로 모든 것을 끌어안고 가는 여인(女人)이라네.

지극(至極)한 애정(愛情)을 쏟아 붓는 모정(母情)이지만 잘잘못에 대한 가름이 분명(分明)한 여인(女人)으로 상벌(賞罰)을 정확(正確)하게 하여 자식(子息)을 경우(境遇) 있게 키우는 당찬 여인(女人)이라네.

가정(家庭)을 잘 돌보는 여인(女人)으로 주변(周邊) 이웃들과 함께 살아가는 길을 찾아가며, 메마른 대지(大地)를 넉넉하게 살찌우는 착한 성품(性品)이라네.

- 여자(女子): 양(陽) → 소양(少陽) ☲, 리(離)

제 앞가림을 위해 욕심(慾心)을 부리는 성격(性格)이지만 원한만큼 얻지 못하는 묘한 삶이라네.

좋은 일을 앞에 두고는 남보다 자신(自身)을 앞세우며, 좋지 않은 일에 부닥치면 재빠르게 발을 빼는, 얄밉지만 그리 밉지 않은 여인(女人)이라네.

솔직 담백(淡白)한 성격(性格)이지만 너무 너무 솔직해서 탈이 나는 여인(女人)이며, 때에 따라서는 푼수라는 말까지 들어가면서도 그 성격(性格)을 바꾸질 못하고 늘 이리

저리 휘몰고 다니는 성품(性品)이라네.

잘난 척을 해도 그리 밉상이 아니며, 많이 배운 척 나서도 또 그리 밉지가 않은 여인(女人)이며, 사람의 됨됨이가 된 척 어설프게 굴어도 그리 어리석게 보이지 않은 착한 성품(性品)의 소유자(所有者)라네.

긍정적(肯定的)인 말과 행동(行動) 패턴이 되바라져 보이지만 그렇게 모나거나 어색(語塞)해 보이지 않고 능동적(能動的)이며 적극적(積極的)으로 밀어붙이는 모습을 보이지만 그렇게 과하게 보이지 않은 여인(女人)이라네.

잇속 앞에 솔직한 감정(感情)을 드러내고 조금은 뻔뻔하게 제 것이 아닌 것도 챙기는 성격(性格)으로 자신(自身)의 위신(威信)이나 체면(體面)을 세우기 위해 타인(他人)의 힘이나 이름을 빌리는 여인(女人)이며, 그렇다고 이들에게 얽매이는 성격(性格)도 아니라네.

엄벙덤벙 마구잡이로 일을 벌이는 것 같지만 나름대로 철저(徹底)한 계산(計算)을 바탕으로 움직이며, 조금은 무모(無謀)하게 행동(行動)으로 옮기는 여인(女人)으로 일의 전후(前後) 사정(事情)이나 형편(形便) 등을 생각지 않고 긴 강의 흐름을 막아 놓고서는 결과(結果)에 마음을 쓰는 조급(早急)한 성격(性格)이라네.

본인(本人)의 잘못이나 허물에 대해서는 입을 다물고 또 남이 못하게 만들어 놓고는 타인(他人)의 잘못이나 허물에 대하여 바른 말을 해가면서 질타(叱咤)와 질책(叱責)을 거리낌 없이 하는 미운 성격(性格)이라네.

이로 인(因)하여 남들과 두루 원만(圓滿)한 관계(關係)를 이루지 못할 듯도 하지만 막힘이나 걸림이 없이 두루 원만(圓滿)한 인간관계(人間關係)를 이루고 살아가는 여린 여인(女人)이라네.

큰소리치며 나대기는 하지만 뒤가 무른 성격(性格)으로 미움을 크게 받지 않고 도움을 주고받으며 살아가는 여인(女人)이라네.

제 사랑을 얻기 위해 온갖 방법(方法)을 동원(動員)하는 여인으로 얻고 난 후에는 늘 차갑게 식어버리는 여인(女人)이며, 말로만 사랑이지 몸과 마음은 이미 멀리 떠나버린 뒤라네.

처음에야 매우 적극적(積極的)인 구애(求愛)를 하지만 바로 현실적(現實的)으로 돌아서는 사랑이라네.
가족(家族)을 위하는 마음이야 남 못지않은 성격(性格)이지만 늘 해주지 못해서 가슴 아파하는 여인(女人)이며, 가족(家族)을 위해서라면 앞뒤를 생각하지 않고 몸과 마음을 다하는 모정(母情)이라네.
기대(期待)한만큼 이루어지지 않아도 가족(家族)을 탓하기보다는 제 탓으로 여기면서 주책을 떨지만 끝까지 어떡하든 제 몫을 해나가는 여인(女人)이라네.
집안에 머물질 못하고 밖으로 움직여야 마음이 편한 여자(女子)로서 늘 새로운 것을 찾아 움직이며, 가정(家庭)에 활력(活力)을 불어넣은 성품(性品)이라네.

- 여자(女子): 양(陽) → 태음(太陰) ☳, 진(震)

마음의 문을 열고 세상사(世上事)의 흐름에 따르지만 본인(本人)의 뜻이나 생각과는 다른 결과(結果)로 말미암아 매사(每事)에 의기소침(意氣銷沈)하는 성격(性格)이라네.
본인(本人)의 잘못이나 허물에 대하여 어둡고 잘잘못에 대한 가름이 불분명(不分明)한 여자(女子)로 본인(本人) 스스로에 대하여 몹시 아둔한 성품(性品)이며, 일의 전후(前後) 사정(事情)이나 형편(形便)을 헤아리지 못한다네.
본인(本人)의 허물이나 잘못을 덮기 위해 자기(自己) 변명(辨明)이나 자기(自己) 합리화(合理化)가 심하고 체면(體面)이나 위신(威信), 권위(權威) 따위를 내세우면서 자기(自己) 중심적(中心的)인 사고방식(思考方式)으로 세상사(世上事)를 이해(理解)하려는 성품(性品)이라네.
잇속을 앞에 두고 내 것인지 아니면 남에 것인지를 제대로 인지(認知)하지 못하는 까닭으로 애먼 죄를 뒤집어쓰기도 하며, 좋은 일이나 남을 도와주고도 구설수(口舌數)에 시달리는 사람이라네.
때때로 터무니없는 말이나 행동(行動)으로 주변(周邊) 사람들을 어찌할 바를 모르게 만들고 되지도 않은 억지(抑止)를 부려가면서 자신(自身)을 세워가며, 잘못이나 허물을 남의 탓으로 돌리는 여인(女人)이라네.

겉으로 드러난 모습의 됨됨이가 그렇다할지라도 마음만은 타고나기를 천생(天生) 여자(女子)의 성격(性格)으로 모든 것을 혼자 끌어안고 가는 여인(女人)이라네.

짊어진 짐이 무겁고 힘이 들더라도 마지막까지 최선(最善)을 다하는 마음이 아름다운 여인(女人)이며, 제 할 도리(道理)를 지켜나가는 모진 성격(性格)의 여인(女人)이라네.

또한 뒤가 무른 성격(性格)으로 어리석고 어설퍼 보이기는 하지만, 나름 몸과 마음을 다하는 성격(性格)으로 사람들과 두루 원만(圓滿)한 관계(關係)를 이루고 서로에게 의지(依支)하며 살아가는 무던한 삶을 살아가는 사람이라네.

자신(自身)을 낮추고 남을 받아들이는 사랑에 떠나간 임을 그리워하는 가슴 시린 애정(愛情)을 주고 늘 뒤돌아보면서 후회(後悔)를 하는 여인(女人)이라네.

바보 같은 사랑을 하면서도 천생(天生) 여인(女人)의 품으로 안아주는 애정(愛情)을 준다네.

가정(家庭)이라는 울타리를 튼튼하게 지키면서 가족(家族)을 위해, 해야 할 도리(道理)를 다하지만 그 노력(努力)을 알아주는 이가 없어 슬픈 여인(女人)이며, 어찌 되었든 의무(義務)를 다하는 성품(性品)이라네.

한 집안의 대소사(大小事)를 이끌어가면서 이런저런 고생(苦生)을 다하지만 알아주는 이가 없는 이로 노력(努力)한만큼 되돌려 받은 것이 없는 여인(女人)이라네.

때로는 서러움에 몸과 마음을 돌리기도 하지만 한 집안 며느리로서의 도리(道理)에서 벗어나지 않은 성격(性格)이며, 남편(男便)과 자식(子息)에게 부족(不足)하나마 몸과 마음을 다해 이바지하는 바보 같은 모정(母情)이라네.

- 여자(女子): 음(陰) → 태양(太陽) ☴, 손(巽)

마음 또는 정신(精神)의 활동(活動)이 매우 기민(機敏)하고 일을 대함에 있어 능동적(能動的)으로 대처(對處)하는 성격(性格)이며, 머뭇거리거나 망설임이 없이 자신(自身)의 뜻이나 생각대로 실행(實行)에 옮기는 성품(性品)이라네.

모든 일에 대하여 뒤돌아보는 여린 성격(性格)이 아니며, 강(强)한 리더십으로 잘잘못을 명확(明確)하게 가름하고 그에 따르는 명분(名分)이나 명예(名譽), 잘못이나 허물에 대한 책임(責任)을 짊어지는 여인(女人)이라네.

거침없는 말과 행동(行動)으로 남보다 먼저 앞서가는 사람이지만 일이 돌아가는 사정(事情)이나 형편(形便) 등을 분명(分明)하게 알고, 뒤에서 밀어주며 앞에서 이끌고 가는 현명(賢明)한 여인(女人)이라 매사(每事)에 좋은 결과(結果)를 얻는다네.

한곳에 얽매이는 성격(性格)이 아니며, 늘 새로운 것을 추구(追求)하면서 제 앞가림을 제대로 하고 남에게 기대어 편안(便安)함을 바라기보다는 모든 일을 앞에 두고 적극적(積極的)으로 대처(對處)하는 성격(性格)에 세상사(世上事)에 대하여 긍정적(肯定的)인 성품(性品)을 지녔다네.

작은 잇속에 마음을 두지 않은 여인(女人)으로 무리의 큰 잇속을 위해 몸과 마음을 다하는 여장부(女丈夫)이며, 매사(每事)에 차분차분하게 처신(處身)하는 성격(性格)에 밝은 눈으로 주변(周邊)을 둘러보는 여유(餘裕)를 지녔다네.

본인(本人)의 잘못이나 허물에 대하여 시원하게 인정(認定)하고 새로운 인연(因緣)을 맺어가는 일에 서슴없는 성격(性格)이며, 남의 잘못이나 허물을 있는 그대로 감싸주면서 본인(本人)의 체면(體面)이나 위신(威信) 따위를 세우는 매우 현명(賢明)한 여인(女人)이라네.

제 권위(權威)나 지위(地位), 명예(名譽) 등을 세우기 위해 타인(他人)의 힘이나 이름을 빌리지 않은 성품(性品)이면서 현시대(現時代)의 주류(主流) 사상(思想)에 편승(便乘)하는 현실적(現實的)인 성격(性格)의 소유자(所有者)이기도 하다네.

또한 실속을 따르는 성격(性格)으로 냉정(冷情)하기도 하지만 유연(柔然)한 사고방식(思考方式)으로 사람들과 인연(因緣)을 맺고 한번 맺은 인연(因緣)을 오래토록 이어가는 착한 여인(女人)이며, 난 척, 든 척, 된 척 젠체하며 나서기보다는 서로 함께 공생(共生)의 길을 걸어가는 멋진 성격(性格)이라네.

다만 한번이라도 잘못 휩쓸리게 되면 자신(自身)과 주변 모든 이를 다치게 만드는 결과(結果)를 보이니 늘 말과 행동(行動)을 삼가야 할 것이라네.

아닌 듯 조용하면서도 격렬(激烈)한 사랑을 하며, 좋게 맺은 인연(因緣)을 악연(惡緣)으로 돌리지 않고 옳든 그르든 제 스스로 끌고 가는 여인(女人)이라네.

깊은 믿음을 바탕으로 애정(愛情)을 주는 여인(女人)이며, 잘못이나 허물을 감싸주는 선한 사랑이라네.
깊은 신뢰(信賴)를 바탕으로 가족(家族)을 대하는 성격(性格)이며, 늘 긍정적(肯定的)인 사고방식(思考方式)으로 가정사(家庭事)를 밝게 이끌어가고 한 집안을 일으켜 세우는 당찬 여인(女人)이라네.
잘못이나 허물을 보듬어 안은 모정(母情)으로 가정(家庭)이라는 울타리에 대하여 큰 애정(愛情)을 가지고 늘 가꾸고 다듬어 가는 밝은 여인(女人)이라네.

- 여자(女子): 음(陰) ➔ 소음(少陰) ☵, 감(坎)

장강(長江)의 강(强)한 흐름을 내재(內在)하고 있는 성격(性格)으로 매사(每事)에 조용하게 물러서서 깊이 생각하고 말과 행동(行動)에 신중(愼重)을 기하는 여인(女人)이며, 잘못이나 허물에 대하여 매우 민감(敏感)한 성격(性格)으로 체면(體面)이나 위신(威信), 명예(名譽) 등에 신경(神經)을 쓴다네.
유연(悠然)한 사고방식(思考方式)으로 앞으로 다가올 일에 대하여 준비(準備)하는 성격(性格)이며, 타인(他人)의 마음을 속속들이 파악(把握)하면서 아우르고 달래는 성품(性品)이며, 많은 사람과 두루 원만(圓滿)한 인연(因緣)을 맺고 가는 사람이라네.
작은 잇속에 연연(戀戀)하지 않은 성격(性格)이며, 무리의 잇속을 위해 지혜(智慧)를 모으는 여인(女人)으로 멀리 내다보는 안목(眼目)을 가지고 넓은 마음으로 돌아가는 주변(周邊) 상황(狀況)을 파악(把握)하면서 큰 이익(利益)을 위해 움직이는 슬기로운 성품(性品)이라네.
능동적(能動的)으로 세상사(世上事)에 대처(對處)하지만 되나가나 나부대는 여인(女人)이 아니며, 세상사(世上事)에 대하여 매우 긍정적(肯定的)이나 그렇다고 무조건(無條件) 고개를 끄덕여주는 여인(女人)이 아니며, 매사(每事)에 적극적(積極的)이지만 무턱대고 나서거나 대드는 성격(性格)이 아니라네.
또한 생각이나 도량이 좁고 편벽(偏僻)된 여인(女人)이 아니며, 늘 합당(合當)한 이치(理致)를 따라 판단(判斷)하고 이해(理解)하면서 주변(周邊) 사람들과 막힘이나 걸림이 없이 두루 원만(圓滿)한 관계(關係)를 이어가는 성품(性品)이라네.

본인(本人)이 지닌 장점(長點)을 제대로 파악(把握)하고 이를 바탕으로 하여 몸가짐이나 행동(行動)을 삼가며, 거친 세상사(世上事)를 마주 대하여 슬기롭게 대처(對處)한다네.

내성적(內省的)인 면을 보이기는 하지만 늘 할 말은 꼭 하고야 마는 당찬 성품(性品)을 지닌 여인(女人)이라네.

애정(愛情) 표현(表現)에 부끄러워하는 여인(女人)으로 부드러운 사랑을 하면서 깊은 정(情)을 안으로 감추고 늘 행복(幸福)해 하는 긍정적(肯定的)인 사랑을 한다네.

서로 함께 하기를 원하는 여인(女人)으로 따스한 손으로 이성(異性)을 이끄는 여린 사랑이라네.

차가운 이성(理性)으로 가족(家族)을 대하기보다는 따뜻한 감정(感情)으로 가정(家庭)이라는 울타리를 감싸고 가족(家族)의 의견(意見)에 귀 기울이면서 서로 함께 의지(依支)하며 이끌어주는 가족(家族)이라네.

제 의지(意志)에 반(反)하더라도 그 뜻이나 생각이 옳고 바른 것이라면 본인(本人)의 판단(判斷)을 접어두고 함께 가주는 모정(母情)이라네.

꼼꼼하게 가정사(家庭事)를 돌보는 여인(女人)이며, 한 집안의 대소사(大小事)를 현명(賢明)하게 이끌고 무리(無理)하는 일 없이 원만(圓滿)하게 처리(處理)하면서 제 위치(位置)를 분명(分明)하게 자리매김하는 성품(性品)이라네.

- 여자(女子): 음(陰) → 소양(少陽) ☶, 간(艮)

제 힘에 부치는 줄 모르고 적극적(積極的)으로 나섰다가 번번이 일을 그르치고 마는 여인(女人)으로 있는 척, 아는 척, 온갖 설레발을 떨면서 큰소리치는 엉뚱한 성격(性格)이라네.

제 눈앞에 놓인 잇속이나 위신(威信), 체면(體面) 따위를 위해 말이나 행동(行動)이 격에 맞지 않게 지나치고 하잘 것 없는 욕심(慾心)으로 분수(分數) 밖의 짓을 하려는 사람이며, 뻔뻔하게 이를 실행(實行)으로 옮기는 여인(女人)이라네.

제 잇속에 따라 공정(公正)하지 못하고 생각이나 마음이 한쪽으로 치우치는 성격(性

格)이며, 그 누군가 지적(指摘)이나 질책(叱責)을 할 경우(境遇) 별일 아니라는 듯, 본래(本來) 그렇다는 듯 웃음 한번으로 넘겨버리는 밉지 않은 여인(女人)이라네.

애써 웃음으로 제 마음을 감추려고 하나 그 마음이야 오죽하겠는가.

타인(他人)의 잘못이나 허물에 대하여 지적(指摘)하거나 질타(叱咤)와 질책(叱責)을 아끼지 않으며, 이를 바탕으로 하여 자신(自身)의 잘난 점이나 체면(體面)등을 내세우는 참 얄미운 여인(女人)이라네.

더하여 자기(自己)에게 유리(有利)하도록 여론(輿論)을 이끌고 이러한 결과(結果)에 이른 것을 스스로 자축(自祝)하면서 행복(幸福)해하는 귀엽고도 끔찍한 여인(女人)이라네.

그러나 본인(本人)의 잘못이나 허물에 대해서는 일언반구(一言半句)의 사과(謝過)도 없이 말 한마디 하지 못하게 입막음을 하는 성격(性格)이며, 타인(他人)의 질책(叱責)이나 질타(叱咤)에 말과 행동(行動)으로 강력(强力)하게 반발(反撥)하는 못난 사람이라네.

때때로 독선적(獨善的)이며 이기적(利己的)인 성향(性向)을 보이지만 이는 자존심(自尊心)이 상하거나 위신(威信)등이 깎였을 때 보이는 단순(單純)한 반응(反應)일 뿐이라네.

더하여 뒤가 무른 성격(性格)으로 인(因)한 것이며, 달리 다른 욕심(慾心)이 있어서가 아니라네.

매사(每事)에 적극적(積極的)이나 노력(努力)한만큼 돌아오는 것이 기대(期待)에 미치지 못하고 세상사(世上事)에 대하여 매우 긍정적(肯定的)이나 따스한 시선(視線)보다는 차가운 시선(視線)을 보내고 능동적(能動的)으로 앞서 나가기는 하나 뒤를 밀어주는 이가 없는 혼자만의 길을 가는 여인(女人)이라네.

솔직 담백(淡白)하게 적극적(積極的)으로 구애(求愛)를 하지만 남자(男子)에게 끌려가는 사랑보다는 은근(慇懃)하게 본인(本人)의 의지(意志)대로 이끌고 가는 사랑이라네.

뒤를 밀어주고 등을 두드려주는 애정(愛情)으로 온화(溫和)하게 챙겨주는 사랑이지만 크게 연연(戀戀)하지 않은 애정(愛情)이라네.

한 집안의 대소사(大小事)를 이끌면서 몸과 마음을 다 하고도 좋은 소리를 듣지 못하는 여인(女人)이며, 제 잘난 멋에 가족(家族)을 쥐락펴락하며 살아가는 성격(性格)이라네.
할 때는 잘하지만 자존심(自尊心)에 상처(傷處)를 입거나 위신(威信)이나 체면(體面) 따위가 깎이면 곧바로 돌변(突變)하면서 냅다 튀어버리는 여인(女人)이라네.
그렇다고 까다롭게 구는 성격(性格)은 아니며, 제 마음을 스스로 풀어버리는 착한 여인(女人)이라네.
가족(家族)에 대한 사랑만큼은 남 못지않은 성품(性品)이라네.

- 여자(女子): 음(陰) → 태음(太陰) ☷, 곤(坤)

타고난 성품(性品)이 모든 것을 가슴에 묻어 안고 가는 여인(女人)이라 그 마음의 아픔이나 슬픔을 헤아려 알 수 있는 일이 아니며, 이 여인(女人)이 짊어진 짐의 무게를 추측(推測)이나 할 수 있을 뿐 함께 할 수 있는 삶의 무게가 아니라네.
잘났어도 그렇지 않은 척, 많이 배워 알고 있어도 모른 척, 사람의 됨됨이가 참하더라도 되지 않은 척 하면서 겸손(謙遜)해도 늘 시기(猜忌)와 질투(嫉妬)를 받은 성격(性格)이라네.
그렇게 경계심(警戒心)을 갖지 않아도 될 여인(女人)이지만 늘 타인(他人)으로부터 견제(牽制)를 당하는 성격(性格)이며, 애먼 죄를 뒤집어쓰거나 엉뚱하게 뒤통수를 맞는다네.
세상사(世上事)를 마주 대하여 긍정적(肯定的)이며 능동적(能動的)으로 대처(對處)하지만 주변(周邊)에서 돌아가는 사정(事情)이나 형편(形便)을 따라 몸과 마음이 따라주지 못하고 늘 뒤처지는 현실(現實)에 의지(意志)가 꺾이는 성품(性品)이라네.
이러한 좋지 않은 여건(與件)하에서도 몸과 마음을 다해 최선(最善)을 다하는 착한 여인(女人)이며, 본인(本人) 스스로에 대하여 아둔하다고는 하지만 분명(分明)하게 제 자신(自身)에 대하여 인지(認知)하고 있는 사람으로 잘못이나 허물을 만들지 않기 위해 애를 쓰면서 본인(本人)의 의지(意志)를 단단하게 다져가는 성품(性品)이라네.

매사(每事)에 적극적(積極的)이지만 알맞은 때를 맞추지 못하는 까닭으로 기회(機會)를 잃고 세상사(世上事)에 매우 긍정적(肯定的)이지만 본인(本人)의 아둔한 성품(性品)으로 인(因)하여 바르게 인지(認知)하지 못하면서 곡해(曲解)를 하게 되는 사람이라네.

잇속을 앞에 두고 욕심(慾心)을 부리기보다는 사람들과 어울리기 위해 노력(努力)하는 여인(女人)이며, 제 잇속을 잃더라도 두루 원만(圓滿)한 인간관계(人間關係)를 위해 욕심(慾心)을 놓아버리는 여린 성격(性格)의 여인(女人)이라네.

또한 일이 되어가는 사정(事情)이나 형편(形便)을 생각하지 않고 온 몸과 마음을 다하여 모든 것을 쏟아 붓은 까닭으로 늘 돌아오는 것은 불평불만(不平不滿)뿐이라네.

독선적(獨善的)이지도 못하고 이기적(利己的)이지도 못한 착함이란, 어찌 보면 바보 같은 여인(女人)이 아닌가 한다네.

제 사랑을 눈앞에 두고도 빼앗기는 여인(女人)이며, 그렇다고 할 말을 제대로 하지 못하는 성격(性格)으로 가슴에 울화증(鬱火症)만 담고 가는 가슴 시린 애정(愛情)이라네.

그래도 변함없이 기다리는 사랑이라네.

가족(家族)을 위해 해야 할 도리(道理)를 지키는 여인(女人)이며, 누가 무슨 말을 하든 말든 가족(家族)에 대한 신뢰(信賴)를 놓지 않고 가정(家庭)이라는 울타리를 지키기 위해 노력(努力)한다네.

알아주는 이가 없어도 제 갈 길을 가면서 뒷날 후회(後悔)하는 일이 없도록 힘을 쓰는 여인(女人)이며, 몸과 마음을 다하여 가족(家族)을 부양(扶養)하고 끝끝내 제자리를 지키는 강(强)한 모정(母情)이라네.

16) 사중금(沙中金): 모래와 섞인 금(金)의 기운(氣運)

갑오(甲午)-양(陽)	을미(乙未)-음(陰)

16상론(十六象論) 및 행태론(行態論)

• 남자(男子)

양(陽)	음(陰)
양(陽) → 태양(太陽)/건(乾)-부(父) ☰	음(陰) → 태양(太陽)/손(巽)-장녀(長女) ☴
양(陽) → 소음(少陰)/태(兌)-소녀(少女) ☱	음(陰) → 소음(少陰)/감(坎)-중남(中男) ☵
양(陽) → 소양(少陽)/리(離)-중녀(中女) ☲	음(陰) → 소양(少陽)/간(艮)-소남(少男) ☶
양(陽) → 태음(太陰)/진(震)-장남(長男) ☳	음(陰) → 태음(太陰)/곤(坤)-모(母) ☷

• 여자(女子)

양(陽)	음(陰)
양(陽) → 태양(太陽)/건(乾)-부(父) ☰	음(陰) → 태양(太陽)/손(巽)-장녀(長女) ☴
양(陽) → 소음(少陰)/데(兌)-소녀(少女)☱	음(陰) → 소음(少陰)/감(坎)-중남(中男) ☵
양(陽) → 소양(少陽)/리(離)-중녀(中女) ☲	음(陰) → 소양(少陽)/간(艮)-소남(少男) ☶
양(陽) → 태음(太陰)/진(震)-장남(長男) ☳	음(陰) → 태음(太陰)/곤(坤)-모(母) ☷

- 남자(男子): 양(陽) → 태양(太陽) ☰, 건(乾)

자신(自身) 지닌 재주나 능력(能力)에 대하여 대단한 듯 과신(過信)하는 성격(性格)을 지닌 남자(男子)로 겉으로 화려(華麗)하게 드러나는 것을 좋아하고, 가진 것보다 과대(誇大) 포장(包裝)하기를 즐기는 성품(性品)이라네.

스스로는 무너질 듯 세상사(世上事)를 맞닥트리면서 무리의 앞에 서서 리드해가는 자존심(自尊心) 강한 성격(性格)이며, 하나를 가지고 있으면서 열을 가지고 있다고 허세(虛勢)를 부리고 하나를 알고서는 그 이상(以上)을 알고 있다고 큰소리치는 성격(性格)이라네.

타고나기를 남에게 지기 싫어하는 남자(男子)이며, 말이나 행동(行動)에 허풍(虛風)과 허세(虛勢)가 늘 따르고 화려(華麗)하게 치장(治粧)하기를 즐기면서 현란(絢爛)한 모양(模樣)의 됨됨이를 보여주는 성품(性品)이라네.

일이 돌아가는 사정(事情)이나 형편(形便)을 알아보기에 앞서 또는 무슨 일인지를 알기에 앞서 하고자 하는 일이 본인(本人)을 얼마나 화려(華麗)하게 만들어줄 수 있는지, 또는 겉으로 드러내는 일에 있어서 남보다 튀게 만들어 줄 수 있는지에 마음을 쓰는 남자(男子)라네.

현실적(現實的)인 실속보다는 겉으로 드러나는 폼에 죽고 폼에 살아가는 성질(性質)이며, 매사(每事)에 이러한 말과 행동(行動)이 따르는 성격(性格)으로 인위적(人爲的)으로 보기 좋게 꾸며진 화려(華麗)함을 쫓는다네.

편안(便安)하게 현실(現實)에 안주(安住)하면서도 때때로 착각(錯覺)을 일으키는 성격(性格)으로 현실(現實)과 꿈 사이에서 변죽을 울리는 남자(男子)라네.

제 앞가림이나 잇속을 챙기기보다는 겉으로 드러나는 위신(威信)이나 체면(體面), 권위(權威) 따위에 몸과 마음을 다 맡기는 성격(性格)이며, 대의명분(大義名分)이나 명예(名譽)를 높이는 일에 제 목숨을 내맡기는 성품(性品)이라네.

무엇이든 가진 것이 많을 때는 사람이 주위(周圍)로 모여들고 가진 것이 없을 때는 주변(周邊) 사람들이 떠나버리는 사람으로 거짓을 진실(眞實)로 가장(假裝)하고 따르는 이들이 많으며, 본인(本人)의 잘못이나 허물을 참된 것으로 합리화(合理化)하고 화려(華麗)한 언변(言辯)으로 덮어버리는 성격(性格)이라네.

처신(處身)과 처세(處世)에 능(能)하다고는 하나 늘 진실(眞實)을 숨겨놓은 채 넘어가버리는 성격(性格)이며, 자신(自身)의 말과 행동(行動)에 책임(責任)지지 않은 남자(男子)라네.

겉으로 드러난 화려(華麗)한 모양새에 정(情)을 느끼고 말을 앞세운 사랑을 하며 동상

이몽(同床異夢)하는 사랑을 한다네.
가족(家族)에 대한 사랑보다는 본인(本人)을 너무 너무 사랑하고 아끼는 남자(男子)이며, 쌀독이 텅 비어 가족(家族)이 굶더라도 자신(自身)의 위신(威信)이나 체면(體面)을 위한 유지비(維持費)는 꼭 챙기는 남자(男子)라네.
또한 스스로가 잘난 양 책임(責任)지지 않으려하고 가족(家族)이 자신(自身)을 믿고 따르겠지 생각하면서 가족(家族) 앞에서 위세(威勢)를 떠는 성격(性格)이라네.
물론 험난(險難)한 세상사(世上事)와 맞닥트리면서 변하지만 타고난 제 성질(性質)을 버리지 못하고 많은 시간(時間)을 쓸데없이 허비(虛費)하는 남자(男子)라네.

- 남자(男子): 양(陽) → 소음(少陰) ☱, 태(兌)

밖으로 튀려는 마음의 들썩임을 애써 가라앉히고 철저(徹底)한 자기(自己) 합리화(合理化)에 더하여 스스로의 단점(短點)을 정당화(正當化)시키면서 위신(威信)이나 명예(名譽), 체면(體面) 따위를 굳게 지키는 나름대로 매우 현명(賢明)한 성격(性格)이라네.
본인(本人)의 능력(能力)을 과신(過信)하면서 말이나 행동(行動)을 통하여 스스로를 높이 평가(評價)하고 또한 그렇게 인정(認定)을 받기 위해 노력(努力)하며, 그 혼란(混亂) 가운데서 제 잇속을 챙기는 남자(男子)라네.
스스로의 잘못이나 허물, 단점(短點) 따위를 감추기 위해 말이나 행동(行動)이 과장(誇張)되고 말주변을 앞세워 본인(本人) 스스로를 미화(美化)시키면서 자신(自身)이 대단한 듯 스스로를 뿌듯해하는 남자(男子)라네.
말이 없음으로 답변(答辯)을 대신(代身)하는 제스처를 즐겨하면서 자신(自身)이 매우 무게 있는 남자(男子)인 것처럼 드러내고, 성실성(誠實性)이 없는 형식적(形式的)인 태도(態度)를 일삼으면서 세상(世上)을 향해 소리 없는 속임수를 쓰는 성품(性品)이라네.
물론 인위적(人爲的)으로 꾸며진 아름다움을 쫓은 남자(男子)지만 그래도 삶에 대한 애착(愛着)이 강(强)한 성격(性格)으로, 인생(人生)을 즐기면서도 제 앞가림에 몸과 마음을 다하는 착한 남자(男子)라네.
쉽게 남들 앞에 나서지 않은 성격(性格)으로 오지랖 넓게 타인(他人)의 일에 끼이는 일도 싫어하고 자신(自身)의 영역(領域)에 가까이 다가서면 민감(敏感)하게 반응(反應)하면서 경계(警戒)를 하는 성격(性格)이며, 크게 가깝지 않은 이상 마음을 열지 않은 남자(男子)라네.

대범(大汎)한 듯 말이나 행동(行動)을 함에 있어서 과장(誇張)하지만 이는 스스로의 잘못이나 허물, 약점(弱點) 따위를 감추기 위한 것이며, 사실(事實)은 뒤가 무른 약한 성격(性格)의 소유자(所有者)이면서 그래도 남을 배려(配慮)하는 마음을 지닌 착한 남자(男子)라네.

난 척, 든 척, 된 척 젠체하지만 때에 따라, 상황(狀況)에 따라 드러내기에 그리 밉지 않은 남자(男子)로 이웃과 원만(圓滿)하게 어울린다네.

인위적(人爲的)으로 꾸며진 화려(華麗)함을 앞세우기는 하지만 이를 생산적(生産的)인 생활(生活) 형태(形態)로 바꾸어가면서 이익(利益)을 창출(創出)하는 현명(賢明)함도 있으며, 오너의 자리에 앉아 리더십을 발휘(發揮)하는 남자(男子)라네.

스스로의 품위(品位) 유지비(維持費) 앞에서는 매우 강단(剛斷)이 있는 성격(性格)이지만 매사(每事)에 우유부단(優柔不斷)함은 주변(周邊) 사람을 짜증나게 만드는 지름길이라네.

화려(華麗)한 사랑을 꿈꾸면서도 때에 따라서는 현실적(現實的)인 사랑을 하면서 스스로의 존재(存在) 가치(價値)를 찾은 남자(男子)이며, 늘 새로운 사랑을 찾아 헤매는 바람 같은 애정(愛情)을 준다네.

가족(家族)에 대한 어설픈 생각으로 말미암아 가족(家族)을 위하기보다는 가족(家族)으로부터 위함을 받아야 된다는 위험(危險)한 사고(思考)로 책임감(責任感)을 느끼지 못하는 남자(男子)지만, 가족(家族)의 고통(苦痛) 앞에 시간(時間)이 지나면서 스스로의 의무(義務)를 알아가는 사람이라네.

- 남자(男子): 양(陽) → 소양(少陽) ☲, 리(離)

나름 열심히 살아가는 모습을 보이기는 하지만 매사(每事)에 형식적(形式的)인 행태(行態)를 보이는 성격(性格)이며, 겉으로 드러나는 화려(華麗)한 치장(治粧)에 힘을 쓸

뿐 제 앞가림에는 매우 게으름을 피우는 성품(性品)이라네.

본인(本人)의 잘못이나 허물은 생각하지 않고 잘못되어지는 모든 일을 남의 탓으로 돌리면서 몸과 마음을 다해 힘을 쓸 줄 모르고 권위(權威)와 위신(威信), 체면(體面)만을 내세우면서 허송세월(虛送歲月)하는 답답한 성격(性格)의 소유자(所有者)라네.

본인(本人)의 현재(現在) 모습에 안주(安住)하면서 가까운 미래(未來)를 내다보지 못하고 작은 잇속에 욕심(慾心)을 부려가면서 집착(執着)을 하며, 무슨 일이든 나 아니면 누군가 해주겠지 라는 생각에 매사(每事)에 손을 놓고 기다리는 여린 남자(男子)라네.

되지도 않은 말이나 행동(行動)으로 좌중(座中)을 혼란(混亂)스럽게 만들어 가면서 자신(自身)에게 유리(有利)하도록 여론(輿論)을 이끌어내고 이를 틈타 제 잇속을 챙기며, 더하여 위신(威信)이나 체면(體面) 따위를 지키는 남자(男子)라네.

권세(權勢)나 명예(名譽)를 얻기 위해 타인(他人)의 힘에 빌붙기도 하는 성격(性格)으로 스스로의 감정(感情)을 조절(調節)하지 못하고 막무가내(莫無可奈)로 주변(周邊) 사람들을 쥐락펴락하는 사람이라네.

본인(本人)의 잘못이나 허물을 남에게 덮어씌우면서 자신(自身)의 위치(位置)를 지키고 남을 업신여기는 몰염치한 모습을 보이는 남자(男子)이며, 어렵고 힘든 일은 남의 것으로 돌리고 어렵지 않고 쉬운 일은 기세(氣勢)좋게 나서는 얌체라네.

일이 돌아가는 사정(事情)이나 형편(形便)을 알아보지도 않고 남의 말에 솔깃해서 일을 벌이는 성격(性格)이며, 뒤가 무른 성격(性格)으로 말미암아 결과(結果)를 제대로 얻지 못하고 끝나는 일이 많다네.

큰소리에 잘난 척을 하면서 일의 결과(結果)를 낙관(樂觀)하지만 일이란 늘 뚜껑을 열어봐야 알지 않던가.

그런데도 매사(每事)에 결과(結果)만을 앞세우는 까닭으로 사람들로부터 신뢰(信賴)를 잃고 외톨이가 되는 성격(性格)이며, 자신(自身)의 잘못은 생각하지 않고 불평불만(不平不滿)을 늘어놓은 남자(男子)라네.

분위기(雰圍氣)를 타는 성격(性格)으로 감정(感情)의 기복(起伏)에 따라 슬퍼지거나 행복(幸福)해 지는 센스, 곧 마주 대하여 드러난 사물(事物)의 미묘(微妙)한 속내를 직감(直感)하는 능력(能力)을 지닌 남자(男子)라네.

즉 감수성(感受性)이 풍부(豊富)한 성품(性品)의 소유자(所有者)라네.

열렬(熱烈)하게 사랑을 고백(告白)하고 얻은 사랑이지만 곧 식어버리는 애정(愛情)이며, 집착(執着)에 가까운 사랑을 하더라도 새로운 사랑에 금방 잊어버리는 얄미운 애정(愛情)을 보인다네.

가족(家族)에 대한 배려(配慮)하는 마음이 없는 남자(男子)로 제 앞가림도 못하면서 무슨 그리 잔소리가 심한지…… 가족(家族)을 제대로 부양(扶養)하지 못하면서 아비로서의 권위(權威)를 세우는 성격(性格)이며, 다 해줄 듯 큰소리를 치지만 말에 그치고 허풍(虛風)에 허세(虛勢)를 부리면서 허황(虛荒)된 꿈을 꾸는 가슴 찡한 부정(父情)이라네.

이러니 가장(家長)으로서의 권위(權威)가 제대로 서겠는가.

- 남자(男子): 양(陽) → 태음(太陰) ☳, 진(震)

자신(自身)의 뜻이나 생각대로 움직여주지 않은 세상사(世上事)에 몸과 마음이 빠르게 지쳐버리는 남자(男子)로 스스로를 고되게 만드는 성격(性格)이며, 그런 와중(渦中)에도 위신(威信)이나 체면(體面) 따위를 위해 겉모습을 화려(華麗)하게 치장(治粧)하는 성격(性格)이라네.

스스로의 잘못이나 허물에 대하여 밝지 못한 까닭으로 시시비비(是是非非)를 가리는 일에 서투른 성격(性格)이며, 타인(他人)의 지적(指摘)이나 질책(叱責)에 합당(合當)하게 대응(對應)하지 못하고 쓸데없는 말과 행동(行動)으로 변명(辨明) 아닌 변명(辨明)이 앞서면서 억지(抑止)에 가까운 자기(自己)를 합리화(合理化)시킨다네.

세상사(世上事)에 적극적(積極的)으로 응(應)하기는 하나 사물(事物)의 이치(理致)에 어두운 까닭으로 손해(損害)를 보지 않을 일인데도 불구(不拘)하고 손해(損害)를 보며, 매사(每事)에 능동적(能動的)으로 움직이지만 일이 돌아가는 전후(前後) 사정(事情)이나 형편(形便)에 본인(本人) 스스로가 무지(無知)하고 무관심(無關心)한 까닭으로 그 끝을 보기 좋게 마무리 짓지 못하는 성격(性格)이라네.

때문에 큰소리로 허풍(虛風)을 떨며, 인위적(人爲的)이면서 가식적(假飾的)인 허세(虛勢)를 부리고 되지도 않은 권위(權威)를 내세우면서 허무맹랑(虛無孟浪)한 아집(我執), 곧 자기중심(自己中心)의 좁은 생각이나 소견(所見) 또는 그러한 것에 사로잡혀 고집(固執)을 피우는 성격(性格)이라네.

나름대로 리더십을 발휘(發揮)하여 무리의 이익(利益)을 위해 몸과 마음을 다해 노력(努力)하지만 이는 홀로 가시밭길을 걸어가는 격이며, 돌아오는 것은 위로(慰勞)나 칭찬(稱讚)의 말보다는 시기(猜忌)와 질투(嫉妬)가 섞인 모진 구설수(口舌數)뿐이라네.

가진 것이 많을 때는 주위(周圍)에 아부(阿附)하는 이들이 모여들고 가진 것을 다 쓰고 나면 사람이 떠나버리는 상황(狀況)이니 아무리 마음의 문을 열고 인정(人情)을 베푼다 해도 그 무슨 소용(所用)이 있겠는가.

그래도 자존심(自尊心)은 있는 성격(性格)으로 힘들고 어려운 일에 부딪혀도 남에게 손을 내밀지 않은 사람이며, 오히려 본인(本人)의 몸과 마음을 열고 남에게 베풀어버리는 여린 성격((性格)의 소유자(所有者)라네.

눈물 많은 사랑에 마음이 아픈 정(情)을 주고 금세 잊어버리는 인연(因緣)의 끈을 잡기위해 노력(努力)하며, 자신(自身)을 드러내 보이지만 알아주는 이가 없는 외로운 남자(男子)라네.

몸과 마음을 다한 사랑이지만 그 끝은 마무리가 아름답지 못하다네.

때문에 여자(女子)가 다가와도 마음을 열기 어려운 남자(男子)라네.

가정(家庭)과 가족(家族)이라는 울타리에 애착(愛着)을 갖지만 크게 책임감(責任感)을 느끼지 못하는 남자(男子)로 제 앞가림이나 위신(威信), 체면(體面) 따위를 먼저 앞세우고 이를 챙기기에도 몸과 마음이 벅찬 사람이라네.

물론 가족(家族)을 위하는 마음이야 누구 못지않지만 쓸데없는 자손심(自尊心)을 앞세우는 까닭으로 가족(家族)이라는 벅찬 감정(感情)을 인지(認知)하지 못한다네.

그래도 가족(家族)을 부양(扶養)하기 위해 몸과 마음을 다해 노력(努力)하는 남자(男子)이며, 그 결과(結果)가 좋지 않더라도 손을 놓지 않은 성품(性品)이라네.

때때로 가족(家族)으로부터 무시(無視)를 당하거나 버림을 받기도 하지만 가족(家族)

이라는 인연(因緣)의 끈을 잃지 않기 위해 노심초사(勞心焦思)하는, 참 못났지만 마음이 매우 여린 부정(父情)이라네.

- 남자(男子): 음(陰) ➜ 태양(太陽) ☴, 손(巽)

자신(自身)이 처해있는 사정(事情)이나 형편(形便)에 대하여 자세(仔細)하고 밝게 알고 있는 사람으로서, 겉으로 드러난 인위적(人爲的)인 화려(華麗)함보다는 사고(思考)나 감정(感情)의 작용(作用)을 다스리는 마음이 매우 화려(華麗)한 꿈을 꾸는 성격(性格)이라네.

겉으로 치달아 오르는 마음속의 욕구(慾求)를 참아내면서 착하고 여린 본 모습을 드러내 보이는 성격(性格)으로 본인(本人)의 잘못이나 허물에 대하여 신중(愼重)하게 생각하고 매사(每事)에 실수(失手)를 하지 않기 위해 노력(努力)한다네.

일을 크게 벌이기보다는 현실적(現實的)이면서 실속을 챙기기 위해 노력(努力)을 하는 남자(男子)지만 끈기와 인내심(忍耐心)이 없는 까닭으로 일의 뒷마무리가 깨끗하지 못하고 흐트러지는 일이 많다네.

본인(本人)의 의지(意志)와는 다르게 얻어지는 결실(結實)에 할 말도 없으려니와 곧바로 기운을 잃고 풀이 죽어버리는 여린 성격(性格)의 소유자(所有者)이며, 머뭇거리고 망설이는 행태(行態)를 보이는 남자(男子)라네.

나름대로 주어진 일에 책임(責任)을 지려고 노력(努力)을 하지만 어디 세상사(世上事)가 마음대로 되는 일이 있던가.

없어도 있는 척 스스로를 내세워 보이지만 처음에는 그렇다 치고 나중에는 차가운 시선(視線)이 따르고 몰라도 아는 척 나서기는 하지만 사람들이 따라주기를 망설이고, 힘이 없어도 힘이 있는 척 나름 애를 쓰지만 끝내 마무리를 짓지 못하고 돌아서서 한숨을 짓은 착한 사람이라네.

혼자 가기에도 힘에 부치는 인생(人生)길이라 때때로 자기(自己) 합리화(合理化)에 되지도 않을 정당성(正當性)을 부여(附與)하고, 남이 인정(認定)하지 않은 허풍(虛風)과 허세(虛勢)를 부리면서 쓸데없는 위신(威信)이나 체면(體面) 따위를 세우는 성격(性

格)이라네.

제 앞가림을 위해 화려(華麗)하게 치장(治粧)하기는 하나 자존심(自尊心)까지 버리면서 내세우는 성격(性格)은 아니며, 소심(小心)한 본인(本人)의 성격(性格)을 버리지 못하고 가진 모든 것을 드러내어 보이는 어리석은 면을 지닌 남자(男子)라네.

우유부단(優柔不斷)한 성격(性格)이지만 때때로 제 잘난 멋에 쓸데없이 욱하고 나섰다가 손해(損害)를 보며, 그 여린 마음에 크게 상처(傷處)를 받은 남자(男子)라네.

할 말은 하고 산다는 남자(男子)지만 자신(自身)에게 정 필요(必要)한 말은 하지 못하고 엉뚱하고 쓸데없는 말만 하는 뒤가 무른 남자(男子)라네.

사랑하는 이에게 스스로의 마음을 제대로 전하지 못하고 늘 머뭇거리다가 놓쳐버리는 애정(愛情)이라네.

크게 용기(勇氣)를 내보지만 망설이는 그 모습에 오해(誤解)만 사는 남자(男子)라네.

화려(華麗)한 말만 앞세우다 놓친 사랑에 전전긍긍(戰戰兢兢)하며 목을 매는 남자(男子)이기도 하다네.

큰마음 먹지 않고서는 깨지기 쉬는 가정(家庭)을 이루는 사람이며, 이 울타리를 지키기 위해 몸과 마음을 다하기는 하지만 쉽게 싫증을 느끼는 성격(性格)으로 늘 새로운 방법(方法)을 시도(試圖)하면서 이끌어가는 남자(男子)라네.

가족(家族)이라는 유대감(紐帶感)을 보여주기 위해서 허풍(虛風)이나 허세(虛勢)를 떠는 성격(性格)이며, 재물(財物)을 빌려서라도 화려(華麗)함을 드러내어 자랑해야 속이 편한 남자(男子)라네.

뿔뿔이 흩어지기 쉬는 가족(家族)이며, 쏟아 붓고 쏟아 부어도 채워지지 않은 허전함이 따르고 허탈감(虛脫感)에 뒤가 물러지는 가정사(家庭事)라네.

- 남자(男子): 음(陰) → 소음(少陰) ☵, 감(坎)

제 잇속이나 앞가림을 위해 무던히도 노력(努力)하는 성격(性格)으로 본인(本人) 스스로 가시밭길을 가는 당찬 면을 지녔으며, 쓸데없이 타인(他人)의 일에 나서가나 참견(參見)하지 않고 제 할 일에만 몸과 마음을 다하는 알찬 남자(男子)라네.

밖으로부터의 자극(刺戟)에 경거망동(輕擧妄動)하지 않고 말과 행동(行動)을 삼가며, 매사(每事)에 신중(愼重)을 기하는 성격(性格)의 소유자(所有者)라네.
알아도 모른 척, 있어도 없는 척 스스로의 본모습을 감추고 제가 원하는 것만을 취하면서 갖출 것은 갖추는 남자(男子)이며, 남을 믿기보다는 제 자신(自身)을 믿고 움직이는 성격(性格)이라네.
매사(每事)에 적극적(積極的)이면서 능동적(能動的)이지만 다급(多級)하고 조급(早急)해하는 감정(感情)을 감추고 여유(餘裕)있는 모양새를 내보이는 매우 약은 성격(性格)이며, 아닌 듯 부정(否定)을 하지만 제 할 말은 다하면서 우유부단(優柔不斷)한 모습을 보이는 사람이라네.
보이지 않게 알 듯 모를 듯 권위(權威), 또는 체면(體面)이나 명예(名譽) 따위에 집착(執着)하고 이를 내세우면서 본인(本人)의 지위(地位)나 위치(位置)를 높이며, 자기(自己)의 세계(世界)를 견고(堅固)하게 만들어가는 사람이라네.
본인(本人)의 잘못이나 허물에 대하여 그다지 신경(神經)을 쓰는 성품(性品)이 아니며, 타인(他人)의 잘못이나 허물을 바탕으로 자신(自身)의 잘못이나 허물을 감추면서 스스로를 바르게 세우고 때에 따라 뒤로 물러설 줄 아는 현명(賢明)한 남자(男子)라네.
때문에 때때로 얄밉기도 하지만 너무 튀지 않은 성격(性格)으로 미움을 받지 않은 남자(男子)이며, 오히려 분에 넘치는 대우(待遇)를 받고 제 앞길을 탄탄하게 만드는 남자(男子)이기도 하다네.
그렇다고 처신(處身)과 처세(處世)에 그리 능한 사람이 아니며, 시류(時流)를 잘 타는 성격(性格)으로 어떠한 환경(環境)이나 상황(狀況)에 잘 적응(適應)하고 주어진 조건(條件)하에서 최선(最善)을 다하는 성품(性品)이라네.
긍정적(肯定的)인 사고방식(思考方式)의 소유자(所有者)이기는 하나 지극(至極)히 자기(自己) 중심적(中心的)인 남자(男子)이며, 겉으로 드러나지 않을 뿐 매우 이기적(利己的)인 성격(性格)으로 타인(他人)의 의견(意見)을 듣지 않고 제 고집(固執)을 부리는 남자(男子)라네.
그렇지만 인정(人情)이 많고 착하면서 소심(小心)한 성격(性格)에 뒤가 무른 여린 마음을 지닌 남자(男子)라네.

조심스럽게 다가서는 사랑에 매번 상처(傷處)를 받은 남자(男子)로서 바라는 바 없이 주는 애정(愛情)이지만 늘 돌아서는 여인(女人)이라네.

그래도 끝까지 지분거리며 찾아 챙기는 사랑이라네.

그나마 가족(家族)을 챙기려는 마음은 남 못지않고 가정(家庭)이라는 울타리를 소중(所重)하게 생각하면서 마음이 아프고 쓰리지만 제 것을 내주는 남자(男子)라네.

가족(家族)에게 의지(依支)하는 마음이 크고 때 따라 약한 모습을 보이기는 하지만 아비로서의 책임(責任)을 다하려는 착한 남자(男子)라네.

제 힘에 부딪치더라도 몸과 마음을 다해 이바지하는 성격(性格)이며, 늘 따스한 손을 내밀어 이끌고 가족(家族)에게 인정(認定)을 받지 못하더라도 서로 등을 맞대는 가족(家族)을 안고 가는 남자(男子)라네.

- 남자(男子): 음(陰) → 소양(少陽) ☶, 간(艮)

매사(每事)에 말만 앞세우면서 엉뚱한 행동(行動)을 함으로 말미암아 자신(自身)의 뜻과는 다르게 말싸움이나 구설수(口舌數)가 따르고 애먼 누명(陋名)을 뒤집어쓰고는 억울(抑鬱)해 하는 남자(男子)라네.

나름대로 몸과 마음을 다해 노력(努力)을 한다지만 진실성(眞實性)이 부족(不足)한 남자(男子)로 없어도 있는 척 허풍(虛風)을 치는 성격(性格)이며, 몰라도 아는 척 허세(虛勢)를 떨면서 분수(分數)넘치는 짓을 서슴없이 저지르는 뻔뻔한 남자(男子)라네.

제 앞가림이나 잇속을 제대로 챙기지 못하면서 타인(他人)의 일에 시시콜콜 참견(參見)하기를 좋아하고 무슨 일이든 저 아니면 안 된다는 듯 나서기를 즐기는 성격(性格)이며, 잇속을 챙겨주기 위해 동분서주(東奔西走)하는 사람이라네.

더하여 이를 핑계로 자신(自身)의 잘못이나 허물을 타인(他人)의 탓으로 돌리면서 제 몫을 요구(要求)하는 맹한 사람이며, 제 뜻에 따르지 않거나 어긋나면 괜한 억지(抑止)를 써가면서 자신(自身)을 보호(保護)하고 합리화(合理化)에 스스로를 정당화(正當化)시키는 성격(性格)이라네.

일이 돌아가는 전후(前後) 사정(事情)이나 형편(形便)은 항상 뒷전으로 미루고 겉으로 화려(華麗)하게 드러나는 결과(結果)만을 바라면서 대책(對策)없이 게으름을 피우는 성격(性格)이라네.

매사(每事)에 자기(自己) 위주(爲主)로 따지기를 좋아하고 위신(威信)이나 체면(體面) 따위를 중요(重要)하게 여기면서 제 위신(威信)이나 체면(體面)을 깎은 말과 행동(行動)을 일삼으며, 보잘 것 없는 권위(權威)를 내세워 스스로를 초라하게 만드는 아둔하고 어리석은 성품(性品)이라네.

이런 일 저런 일 따지지 않고 들쑤시고 다니지만 돌아오는 것은 질책(叱責)과 질타(叱咤)만 따라다니고 제대로 이루는 일없이 귀찮은 일만 늘어나게 만드는 사람이며, 책임감(責任感)이 없는 성격(性格)으로 말미암아 하는 일마다 지적(指摘)을 당하는 남자(男子)라네.

본인(本人)의 잘못이나 허물을 감추거나 핑계를 대기위해 화려(華麗)한 언변(言辯)을 구사(驅使)하는 남자(男子)라네.

다 해줄 듯 말만 앞서는 사랑이라 오래토록 유지(維持)할 수 없는 애정(愛情)이라네.

책임(責任)이 따르지 않은 사랑이며 겉치레에 마음만 다치는 애정(愛情)을 주고 자신(自身)의 욕구(慾求)만을 채우는 사랑이라네.

가정사(家庭事)에 대하여 대책(對策)이 없는 남자(男子)로 늘 쫓기듯 가정사(家庭事)를 피하는 성격(性格)이며, 겉으로 드러난 화려(華麗)함만을 추구(追求)하는 까닭에 가족(家族)으로부터 신뢰(信賴)를 잃고 가정(家庭)이라는 울타리 밖에서 겉도는 남자(男子)라네.

또한 뒤가 무른 성격(性格)으로 인(因)하여 억지(抑止)에 가까운 자기(自己) 변명(辨明)만을 앞세우고 잘못이나 허물을 가족(家族)의 탓으로 돌리면서 자신(自身)을 합리화(合理化)시키고 한탕주의, 일확천금(一攫千金)을 꿈꾸고 살아가는 남자(男子)라네.

가족(家族)에 대하여 배려(配慮)하는 마음이 없이 자신(自身)만을 위하는 이기적(利己的)인 성격(性格)이라네.

- 남자(男子): 음(陰) → 태음(太陰) ☷, 곤(坤)

온갖 구박(驅迫), 질투(嫉妬), 질책(叱責), 잘못, 허물 따위를 혼자서 고스란히 받아들이는 성격(性格)으로 모진 세월(歲月)을 감내(堪耐)하는 남자(男子)이며, 말 한마디 변명(辨明)도 하지 못한 채 소심(小心)한 모습을 보이고 푸석거리는 삶을 묵묵히 끌고 가는 성품(性品)이라네.

제 잇속이나 앞가림에 신경(神經)을 쓰기보다는 가족(家族)이나 이웃을 위해 몸과 마음을 다하는 성격(性格)이며, 있는 것을 다 주어가면서 노력(努力)을 하지만 사람들로부터 크게 인정(認定)을 받지 못하고 스스로는 외로움을 외로움이라 알지 못하는 아둔한 남자(男子)라네.

타인(他人)의 자그만 인정(人情)에 감동(感動)하는 성격(性格)이며, 조그마한 칭찬(稱讚)에도 몸과 마음을 다하여 받들어주고 어떠한 일이든 몸을 사리지 않고 나서주는 착한 성격(性格)이라네.

주어진 조건(條件) 외에는 무언가를 따로 요구(要求)하지 않고 자신(自身)이 처한 상황(狀況)에 따라 일만 하는 사람이며, 일이 돌아가는 사정(事情)이나 형편(形便)을 돌아보지 않은 매우 고지식하면서 몹시 보수적(保守的)인 성향(性向)을 지녔다네.

말이나 행동(行動)에 있어서 앞뒤를 가리지 않은 까닭으로 난처(難處)하고 어려운 일에 휩쓸리기도 하지만 특유(特有)의 넉살좋은 성격(性格)으로 난관(難關)을 벗어나고 어떻든 제 위신(威信)이나 체면(體面) 따위를 지키려는 사람이며, 타인(他人)의 배신(背信)에도 너털웃음으로 털고 가는 사람이라네.

물론 돌아서서는 가슴을 치면서 몹시 한탄(恨歎)을 하고 후회(後悔)를 하는 성격(性格)이지만 남들 앞에서는 약한 모습을 보이지 않은 고집(固執)있는 사람이며, 잘잘못에 대한 가름이 불분명(不分明)하지만 자신(自身)의 잘못이나 허물에 대해서는 제대로 인지(認知)하고 주변(周邊)으로부터의 질책(叱責)이나 책망(責望) 따위는 하염없이 마냥 그대로 받아들이는 성품(性品)이라네.

무너져 내리는 자존심(自尊心)에 치를 떨 것도 같지만 되도록 몸과 마음을 신중(愼重)하게 움직이는 성격(性格)이며, 본인 스스로에 대해서 어둡기는 하지만 스스로의 줏대를 세우기 위해서 많은 노력(努力)을 한다네.

그래도 인정(人情)이 많은 성격(性格)으로 재물(財物)이 안 되면 몸으로라도 힘을 써서 남을 돕는 사람이며, 타인(他人)의 슬픔에 눈물이 많은 착한 사람으로 훗날 좋은 인연(因緣)을 통해서 보상(報償)을 받은 성품(性品)이라네.

주어도 채워지지 않은 사랑이라 늘 배고픔에 칭얼거리는 여인(女人)의 애정(愛情)이라네.

이미 주어진 사랑에 등을 돌려버리는 까닭으로 상처(傷處)로만 남은 사랑이며, 제자리를 찾지 못하고 멀리 돌아서 찾아오는 힘겨운 정(情)이라네.

흩어지는 가족(家族)을 바라보는 그 마음이야 오죽하겠는가.

몸과 마음을 다해 이바지하고 받들어준다지만 늘 돌아오는 것은 원망(怨望)뿐이며, 가족(家族)으로부터 인정(認定)을 받지 못한 채 가정(家庭)이라는 울타리를 겉도는 외로운 부정(父情)이라네.

때때로 게으른 모양새를 보이기는 하지만 나름 몸과 마음을 아끼지 않은 남자(男子)라고 자부(自負)하면서, 미우나 고우나 어찌되었든 가족(家族)의 품으로 돌아가는 사람이라네.

뒤가 무른 성격(性格)이 문제(問題)라면 큰 문제(問題)로 우유부단(優柔不斷)하고 여린 성격(性格)을 버려야 한다네.

또한 말만 앞세우거나 일확천금(一攫千金)을 바라지 말고 작더라도 가족(家族)에게 솔직한 모습을 보이면서, 있는 그대로를 손에 쥐어주면 그나마 인정(認定)을 받을 것이라네.

- 여자(女子): 양(陽) → 태양(太陽) ☰, 건(乾)

자고이래(自古以來)로 육덕(肉德)진 여인(女人)이 좋다하지 않던가.

세상사(世上事)에 대하여 긍정적(肯定的)이며 적극적(積極的)이면서 능동적(能動的)인 면은 좋으나, 너무 과장(誇張)되게 드러내어 표현(表現)하는 것이 문제(問題)라네.

체면(體面)이나 위신(威信)을 지키기 위해 쓸데없는 권위(權威)를 내세워 여인(女人)

으로서의 모습을 잃고 겉으로 드러난 화려(華麗)함에 치중(置重)을 하는 성격(性格)이며, 실속을 챙기기보다는 보잘 것 없는 허세(虛勢)를 부리고 큰소리로 허풍(虛風)을 치는 매우 당차게 보이는 여인(女人)이라네.

매사(每事)에 앞서 나서는 성격(性格)이면서 본인(本人)과 관계(關係)도 없는 일에 일일이 참견(參見)하고 상대방(相對方)의 잘못이나 허물, 또는 잘잘못에 대하여 시시비비(是是非非)를 가려가면서 모든 일에 있어서 리더십을 발휘(發揮)하려는 성격(性格)이라네.

제 잇속에 욕심(慾心)을 부리는 성격(性格)으로 하나를 가지면 열을 가지고 싶어 하는 여인(女人)이며, 때로는 남의 잇속에까지 거침없이 손을 대는 까닭으로 매서운 눈총을 받기도 하는 여인(女人)이라네.

겉으로 드러난 화려(華麗)함을 추구(追求)하는 일에 있어서 일반적(一般的)인 상식(常識)을 벗어나는 성격(性格)으로 빚을 얻더라도 남보다 더 좋은 명품(名品)을 걸쳐야하는 사람이며, 남보다 더 높은 권위(權威), 위신(威信), 명예(名譽)를 원하고 이를 위해 제 몸과 마음마저도 팔아가면서 제 욕구(慾求)를 채워가는 욕심(慾心) 많은 여인(女人)이라네.

자기(自己) 중심적(中心的)이며 이기적(利己的)인 성격(性格)으로 제 먹이에 대하여 집착(執着)이 강(强)하고 철저(徹底)하게 자기(自己) 자신(自身)을 합리화(合理化)하며, 남을 위하는 척 자기(自己) 자랑에 빠진 여인(女人)이라네.

물론 매사(每事)에 신중(愼重)하고 말과 행동을 삼가는 성격(性格)이기는 하지만 일이 돌아가는 전후(前後) 사정(事情)이나 형편(形便)을 돌아보지 않고 경솔(輕率)하게 결실(結實)만을 바라는 성격(性格)이라네.

일시적(一時的)인 쾌락(快樂)을 즐기면서 일확천금(一攫千金)을 꿈꾸는 여인(女人)으로 수입(收入)에 비해 쓸데없는 지출(支出), 그 씀씀이가 매우 크고 늘 이러한 스트레스에 몸과 마음이 상하는 여인(女人)이라네.

필요(必要)에 따라 달라지는 말과 행동(行動)은 때에 따라 거짓말로 변질(變質)되기 쉬운 것이니, 말로만 앞세운 장밋빛 미래(未來)에 남은 인생(人生)을 걸지 말고 겉치레보다는 실속을 챙기면서 살아가기를 바란다네.

화려(華麗)하게 이끌고 가는 사랑이지만 꿈에서 깨고 나면 후회(後悔)가 따르는 애정(愛情)이며, 늘 반복(反復)되는 감정(感情) 표현(表現)에 짜증이 따르고 제각각 욕구(慾求)를 채우고 나면 깊은 인연(因緣)을 맺기보다는 제 갈 길을 찾아나서는 사랑이라네.

살림의 규모(規模)나 그 씀씀이에 있어서 이렇다 할 대책(對策)이 없는 여인(女人)으로 세상사(世上事)에 잘못 물이 들면 가정(家庭)을 돌보지 않고 밖으로 나도는 성격(性格)이라네.

가정사(家庭事)는 뒷전으로 물리고 제 한 몸만을 치장(治粧)하기에도 바쁜 여인(女人)이니 남편(男便)이나 자식(子息)이 눈에 들어오겠는가.

물론 제 위신(威信)이나 체면(體面)을 세우기 위해 집안을 화려(華麗)하게 꾸미거나 가족(家族)을 가꾸지만 이도저도 아니라면 밖으로 튀어버리는 성격(性格)이라네.

속된 말로 가족(家族)들이 돈 때문에 많이 시달릴 것이라네.

- 여자(女子): 양(陽) → 소음(少陰) ☱, 태(兌)

남에게 굽힘이 없는 자존자만(自尊自慢), 곧 본인(本人) 스스로를 높여서 잘난 체하며 뽐내고 싶은 마음을 겉으로 드러내어 보이기보다는 안으로 감추면서 은근(慇懃)하게 자신(自身)의 위신(威信)이나 체면(體面), 명예(名譽) 따위를 내세우고 본인(本人)의 지위(地位)나 위치(位置)를 세우는 여인(女人)이라네.

본인(本人)의 뜻이나 생각을 내세우지 않은 듯하나 은연(隱然) 중에 본인(本人)의 의사(意思)를 관철(貫徹)시키면서 매사(每事)에 자기(自己) 중심적(中心的)으로 이끌어 가며, 남들 앞에 나서기를 좋아하는 성격(性格)의 소유자(所有者)라네.

세상사(世上事)에 매우 능동적(能動的)으로 대처(對處)하는 듯하나 제 잇속이나 명예(名譽)등이 따르지 않으면 마주 대하여 드러난 사물(事物)에 대하여 무관심(無關心)하고, 매사(每事)에 적극적(積極的)인 듯하나 얻을 것이 없다고 판단(判斷)되면 보기 좋은 말과 행동(行動)으로 아닌 듯 부드럽게 거절(拒絶)하고, 세상사(世上事)에 대하여 긍정적(肯定的)인 듯하나 본인(本人)과 무관(無關)한 일에는 꽤나 부정적(否定的)인

사람이라네.

본인(本人)의 잘못이나 허물을 감추고 자신(自身)이 내세울 수 있는 좋은 면만을 드러내는 성격(性格)이며, 매사(每事)에 좋은 결실(結實)만을 바라는 여인(女人)으로 나름 몸과 마음을 다해 노력(努力)하는 성품(性品)이라네.

일이 돌아가는 사정(事情)이나 형편(形便)을 제대로 판단(判斷)하고 현실적(現實的)으로 실속을 챙기는 여인(女人)이며, 약간(若干)은 허황(虛荒)된 꿈을 꾸기도 하지만, 대부분은 기본적(基本的)인 생활(生活) 패턴을 벗어나지 않으면서 차림새나 행동(行動) 따위를 남과는 다르게 하여 스스로를 특별(特別)하게 만들려는 엉뚱한 성격(性格)을 지녔다네.

남들과는 다르다는 듯 말이나 행동(行動)에 많은 신경(神經)을 쓰고 겉치레에 애정(愛情)을 쏟으면서도 자신(自身)은 그렇지 않다는 듯 옷차림이나 성격(性格), 태도(態度) 따위를 별스러운 데가 없이 무던하게 드러내 보이는 여인(女人)이라네.

마음만은 여리고 착한 성격(性格)으로 일을 마무리하는데 있어서 매우 무른 편이지만 매사(每事)에 늘 책임(責任)을 지고 먼저 나서는 성격(性格)에 앞서가는 성품(性品)이라네.

화려(華麗)한 사랑을 꿈꾸는 여인(女人)이지만 제 마음과는 다르게 변질(變質)되어버리는 애정(愛情)이라 마음에 상처(傷處)만이 남은 사랑이라네.

눈먼 사랑에 앞으로 내달리는 여인(女人)이지만 다시 돌아오기에는 너무 멀리 달아난 사랑이라 되찾기 어려운 애절(哀切)한 정(情)이라네.

가정(家庭)이라는 울타리에 여유(餘裕)를 가지는 여인(女人)으로 아담하지만 넉넉하고 화려(華麗)한 가정(家庭)을 바라면서 이를 갖기 위해 많은 힘과 돈, 시간(時間)을 투자(投資)하고 제 몸가짐이나 말투 따위를 고상(高尙)하고 깨끗하게 가지면서 본인(本人)의 뜻이나 생각, 행태(行態) 따위를 가족(家族)에게 강요(强要)하는 얄미운 성격(性格)의 여자라네.

고상(高尙)한 척, 고결(高潔)한 척하며 밉상을 보이는 여인(女人)이지만 본인(本人)의 앞가림은 물론 집안의 대소사(大小事)를 아우르고 올바르고 참다운 길로 이끌어가기 위해 몸과 마음을 다하며, 힘이 닿은 만큼 가족(家族)을 이바지하는 여인(女人)이라네. 때때로 제 몸치장에만 온 정성(精誠)을 쏟으면서 게으름을 피우는 여인(女人)이기는 하지만, 자존심(自尊心)을 버려가면서까지 가정(家庭)이라는 울타리를 함부로 방치(放置)하는 사람은 아니라네.

- 여자(女子): 양(陽) → 소양(少陽) ☲, 리(離)

본인(本人)의 인품(人品)이나 학문(學文), 취미(趣味), 몸가짐 따위가 남과는 다르게 정도(程度)가 높으면서 품위(品位)가 있다고 생각하는 성격(性格)으로 하나를 가지고도 열을 가지고 있다고 큰소리치는 여인(女人)이며, 몰라도 아는 척, 되지못한 성질(性質)이면서 참한 척하고 그렇게 입상을 떨면서 어리광에 엄살을 부리는 여인(女人)이라네. 분위기(雰圍氣)에 쉽게 휩쓸리는 성격(性格)으로 감정(感情)의 기복(起伏)을 따라 마음이 쉽게 변하고 작은 일에 시시콜콜 미주알고주알 따지고 캐는 여인(女人)이며, 본인(本人)의 뜻이나 생각과는 다르게 어긋나거나 받아지지 않으면 온갖 말과 못돼먹은 행태(行態)로 억지(抑止)를 부리는 사람이라네.

기어코 제 고집(固執)대로 이끌고 마무리 짓은 성격(性格)이며, 본인(本人)의 잘못이나 허물을 인정(認定)하지 않고 오히려 되지도 않은 변명(辨明)에 핑계를 일삼으면서, 모든 잘못이나 허물을 타인(他人)의 탓으로 돌리고 자신(自身)을 합리화(合理化)시키는 성격(性格)의 소유자(所有者)라네.

말주변이 화려(華麗)하면서 논리적(論理的)인 듯하나 이치(理致)에 맞지 않고 얼토당토아니한 말을 일삼으며, 자기(自己) 중심적(中心的)인 사고(思考)에 매우 이기적(利己的)인 행태(行態)를 보이는 여인(女人)이라네.

처신(處身)과 처세(處世)를 잘하기 위해 타인(他人)의 권위(權威)나 신뢰(信賴), 명예(名譽) 따위에 빌붙고 시류(時流)를 잘 타는 성격(性格)이며, 유행(流行)에 매우 민감(敏感)한 여인(女人)으로 이를 채우고 따라가기 위해 제 몸과 마음을 파는 성격(性格)이라네.

또한 이익(利益)을 보거나 손해(損害)를 보는 것에 따라 극명(克明)하게 갈라지는 냉정(冷情)한 성격(性格)으로 이익(利益)이 따르면 몸과 마음을 다해 충성(忠誠)을 하고 손해(損害)가 날 것 같으면 서슴없이, 가차(假借) 없이 떠나는 사람이라네.

때문에 인정(認定)받지 못하고 어떠한 자리에 가도 대접(待接)받지 못하는 것이며, 충동적(衝動的)이면서 생색(生色)을 내는 여인(女人)이라네.

본인(本人)이 바라는 욕구(慾求)를 채우고 나면 떠나는 사랑이라 늘 이익(利益)이나 손해(損害)를 따지는 여인(女人)이며, 감정(感情)의 기복(起伏)을 따라 변덕(變德)이 심한 정(情)이라 단단하지 못하고 푸석푸석한 사랑을 한다네.

사랑을 얻기 위해서는 어울리지 않게 엄살에 어리광을 부리지만 크게 믿음이 가지 않은 사랑이며, 본인(本人)으로 인해 상처(傷處)를 받은 여인(女人)이라네.

가정(家庭)의 행불행(幸不幸)에 대하여 행복(幸福)은 모두 자신(自身)의 노력(努力)이라 우기고 불행(不幸)은 모두 가족의 탓으로 돌리는 고집불통(固執不通)으로 돈 돈 돈이라는 말을 입에 달고 사는 여인(女人)이며, 빚을 내더라도 제 몸치장에 온갖 정성(精誠)을 들이는 사람이라네.

정작 가족(家族)의 행불행(幸不幸)에 대해서는 무관심(無關心)하고 유독(惟獨) 자신(自身)의 행불행(幸不幸)에 집착(執着)을 하면서 가족(家族)을 못살게 굴고 온갖 핑계를 대면서 갖은 게으름을 피우는 여인(女人)이라네.

사실(事實) 쌀독에 쌀이 있는지 없는지조차 모르는 성격(性格)이면서 말로는 온갖 고생(苦生)은 자기(自己)만 한다고 억지(抑止)를 쓰며, 자기(自己)의 심사(心事)나 형편(形便)만을 알아달라고 엄살에 생떼를 부리는 뒤가 무른 여인(女人)이라네.

큰일을 저지르고 뒤로 물러서서 책임(責任)을 회피(回避)하는 여인(女人)이며, 가정(家庭)을 이루고 가족(家族)을 이바지하는 일에 어둡고 매사(每事)에 꾀를 부리면서 일하기를 꺼리어 선뜻 나서지 않은 게으른 여인(女人)이라네.

- 여자(女子): 양(陽) → 태음(太陰) ☳, 진(震)

모든 어려움이나 무거운 짐을 혼자 짊어지려는 성격(性格)으로 늘 마음이 무겁고 온몸이 쑤시고 아픈 여인(女人)이며, 스스로의 겉모습을 생각하지 않고 온갖 노력(努力)을 아끼지 않으면서 제 앞가림에 힘쓰는 사람이라네.

나서고 싶어도 나설 수 없는 사정(事情)이나 형편(形便)으로 인하여 본인(本人) 스스로에 대한 자신감(自信感)을 잃고 한숨으로 세월(歲月)을 보내는 여인(女人)이며, 이유(理由)없이 자신(自身)을 낮추고 욕구(慾求)를 참아내는 여린 성격(性格)이라네.

본인(本人)의 못난 점이나 허물 따위를 감추기 위해 난 척, 든 척, 된 척을 하면서 젠체하지만 사실(事實)을 드러내놓고 보면 보잘 것 없는 사소(些少)한 일에 매달려 전전긍긍(戰戰兢兢)하고 걱정거리를 만들어가면서 확대해석(擴大解釋)하는 여인(女人)이라네.

처신(處身)과 처세(處世)에 능(能)하지는 않지만 어찌되었든 자존심(自尊心)을 지키기 위해 노력(努力)하며, 위신(威信)이나 체면(體面) 따위에 신경(神經)쓰지 않은 성격이나 본인(本人)의 성질(性質)을 참아내지 못하고 홧김에 또는 충동적(衝動的)으로 일을 저지르는 성품(性品)이라네.

잘잘못에 대하여 어두운 편으로 본인(本人)의 잘못이나 허물을 제대로 파악(把握)하지 못하고 이러한 연유(緣由)로 엉뚱한 말이나 행동(行動)으로 혼란(混亂)을 야기(惹起)하며, 애먼 누명(陋名)을 쓰기도 하면서 힘들어 하는 여인(女人)이라네.

본인(本人) 스스로에 대하여 어두운 성격(性格)으로 자기(自己) 성질(性質)을 이기지 못하고 제풀에 꺾이는 사람이며, 원하는 만큼, 힘들여 공을 들인 만큼 손에 쥐지를 못하고 불평불만(不平不滿)만 늘어나는 여인(女人)이라네.

만일 재물(財物)이 따르는 여인(女人)이라면 물 쓰듯 돈을 뿌리고 다니는 성격(性格)으로 그 사치(奢侈)를 막을 수가 없고 허풍(虛風)과 허세(虛勢), 권위(權威) 의식(意識)이나 명예(名譽), 체면(體面) 따위를 강(强)하게 내세우면서 스스로를 과대평가(過大評價)하는 성격(性格)이라네.

때문에 과대망상(誇大妄想)에 빠지기 쉬는 여인(女人)이라네.

작은 틀에 가두어버린 애정(愛情)으로 늘 답답해하면서 한숨을 쉬는 사랑이며, 본인(本人) 자신(自身)마저도 믿지를 못하는 정(情)이라네.

이성(異性)으로부터 늘 상처(傷處)를 받아가면서 착하다 못해 바보 같은 사랑을 하고 주기만하는 사랑에 몸과 마음이 지치는 여인(女人)이라네.

가정(家庭)이라는 울타리에 최선(最善)을 다하는 여인(女人)이며, 누가 뭐라고 하든 말든 여자(女子)로서의 기본적(基本的)인 생활(生活) 패턴을 잃지 않고 가족(家族)을 부양(扶養)하고 이끄는 성품(性品)이라네.

힘에 부치더라도 포기(抛棄)하지 않은 성격(性格)이며, 스스로에게 아둔하고 어리석지만 이를 부끄럽게 여기지 않고 온갖 노력(努力)을 아끼지 않으면서 가족(家族)을 챙기는 사람이라네.

때때로 울타리 밖으로 나돌기는 하지만 가족(家族)이란 끈을 놓치지 않고 연연(戀戀)해하는 여린 사람이며, 지친 몸을 기대기 위해 때에 따라서는 새로운 둥지를 찾아 떠나는 여인(女人)이라네.

- 여자(女子): 음(陰) → 태양(太陽) ☴, 손(巽)

솔직 담백(淡白)하지만 진실성(眞實性)없이 화려(華麗)한 미사여구(美辭麗句)만 늘어놓은 언변(言辯)으로 좌중(座中)을 이끌어가는 성격(性格)이며, 톡톡 튀는 말과 행동(行動)으로 여인(女人)으로서의 자존심(自尊心)을 지키고 더하여 스스로의 잘못이나 허물을 덮어버리는 똑똑한 사람이라네.

가진 것이 없어도 기죽지 않으면서 여인(女人)이라는 무기(武器)를 내세워 제 위치(位置)를 지키고 깊이 아는 것이 없어도 부끄러워하지 않으면서, 제 할 말은 하고야 마는 콧대 높은 여자(女子)라네.

잇속을 앞에 두고 우물쭈물하는 성격(性格)이 아니며, 일을 앞에 두고 머뭇거리거나 망설이지도 않는 여인(女人)이며, 결과(結果)나 결실(結實)을 따지기에 앞서 일이 되어가는 과정(過程)에 있어서 크고 화려(華麗)함만을 쫓고 본인(本人)의 권위(權威)나 체면(體面), 명예(名譽)를 지켜주면서 얼마나 크고 화려(華麗)하게 만들어주느냐에 거나란 욕심(慾心)을 부리는 성격(性格)이라네.

필요(必要)하다면 권세(權勢)있고 명예(名譽)나 신뢰(信賴)가 있는 이들과 야합(野合)을 하는 사람이며, 주류사상(主流思想)에 편승(便乘)하여 시류(時流)를 잘 타고 충실(充實)하게 제 욕심(慾心)을 채워가는 여인(女人)이라네.

또한 유행(流行)에 민감(敏感)하게 작용(作用)하는 성격(性格)으로 얻고자 하는 것은 어떠한 방법(方法)을 써서라도 기어코 손에 쥐는 여인(女人)이며, 새로운 것을 재빠르게 받아들이는 감각(感覺)있는 여인(女人)이라네.

차분하게 보이는 여인(女人)이지만 쉽게 흥분(興奮)하면서 격렬(激烈)하게 변하는 성격(性格)이며, 본인(本人)의 의지(意志)에 어긋나거나 자신(自身)의 뜻과 생각이 받아들여지지 않으면 제 성질(性質)을 이기지 못하고 파르르하는 여인(女人)이며, 기어이 제 고집(固執)대로 풀어가면서 억지를 부리는 사람이라네.

가진 것이 없으면서 큰소리로 허풍(虛風)을 떨고 본인(本人)의 위신(威信)이나 체면(體面)을 위해 보잘 것 없는 허세(虛勢)를 부리는 밉지 않은 여인(女人)이라네.

겉모습은 그래도 착하고 여린 마음의 소유자(所有者)로서 정(情)이 많고 눈물이 많은 여인(女人)이며, 타인(他人)의 부탁(付託)을 딱 잘라 거절(拒絶)하지 못하고 되도록 타인(他人)의 부탁(付託)을 들어주는 성격(性格)으로 많은 손해(損害)를 보는 순한 여인(女人)이라네.

자기(自己) 중심적(中心的)이지만 양보(讓步)를 하는 성격(性格)이며, 잇속에 밝은 여인(女人)이지만 제 것만을 중요(重要)하게 여기지 않고 남의 것도 소중(所重)하게 생각해주는 긍정적(肯定的)인 사람이라네.

능동적(能動的)이며 적극적(積極的)이지만 크게 나대지 않고 조용하게 움직이면서, 차분하게 있는 듯 없는 듯 머무는 여인(女人)이라네.

따지지 않고 늘 제자리에서 기다리고 받아들이는 사랑에 원하는 대로 들어주는 착한 애정(愛情)이라네.

나보다는 사랑하는 이를 먼저 생각하는 여인(女人)으로 화려(華麗)함을 쫓기는 하지만, 마음으로부터 우러난 애정(愛情)을 주고 또 바라는 여인(女人)이라네.

가족(家族)이라는 굴레에 갇혀 몸과 마음을 희생(犧牲)하는 여인(女人)으로 남이 알아주지 않아도 제 할 일을 잃지 않고 노력(努力)하며, 자신(自身)의 몸과 마음을 팔아서라도 가족(家族)을 부양(扶養)하고 가정(家庭)이라는 울타리를 지키기 위해 애를 쓰는 여인(女人)이라네.

버림받은 몸과 마음이지만 자신(自身)의 책임(責任)을 남의 탓으로 돌리지 않고 제 스스로 무겁고 힘든 짐을 짊어지는 성격(性格)이며, 제 앞가림을 제대로 해가면서 자존심(自尊心)을 지키는 사람이라네.

때때로 본인(本人)의 의사(意思)와는 다른 길을 걷기도 하지만 본연(本然)의 마음을 잃지 않고 스스로가 지켜야 할 도리(道理)를 지키면서 가슴 아픈 세월(歲月)을 홀로 가는 외로운 여인(女人)이라네.

- 여자(女子): 음(陰) → 소음(少陰) ☵, 감(坎)

천생(天生) 여인(女人)의 모양새를 갖추었지만 과묵(寡黙)하고 몸가짐이나 언행(言行)을 무겁게 하면서 삼가고 자신(自身)의 일이 아니면 무관심(無關心)하게 지나치며, 잇속 앞에서도 본인(本人)의 마음을 보이지 않은 성격(性格)이라네.

좋은 의미(意味)로 보자면 조심성(操心性)있는 성격(性格)이지만 나쁜 의미(意味)로 보면 내숭을 떠는 여인(女人)이며, 겉으로 드러나 보이지 않지만 매우 되바라진 성격(性格)의 소유자(所有者)라네.

겉으로는 아닌 척하면서 미주알고주알 따지고 캐면서 할 말은 다해가며 사람을 피곤(疲困)하게 만드는 여인(女人)이며, 있어도 없는 척을 하면서 상대방(相對方)의 마음을 애타게 만들고 알아도 모르는 척을 하면서 가까운 이들의 마음을 뒤집어놓은 못된 성격(性格)을 지닌 사람이라네.

본인(本人)의 잘못이나 허물에 대하여 나 몰라라 모르쇠로 일관(一貫)하면서 그저 덮어놓고 고집(固執)을 피우고 융통성(融通性)을 보이지 않으며, 자신(自身)과는 무관(無關)하다는 듯 상대방(相對方)으로 하여금 폭력성(暴力性)을 일깨우는 모질고 각진 성격(性格)이라네.

물론 모든 일이 상대적(相對的)이기는 하지만, 어찌됐든 마음만큼은 어질고 착하면서 여린 성품(性品)을 지닌 여인(女人)으로 제 앞가림에 충실(充實)하고 제 잇속을 밝게 알아서 판단(判斷)하고 실속을 챙기는 사람이라네.

자기(自己)의 능력(能力), 용모(容貌), 지위(地位) 등을 과대(誇大)하게 평가(評價)하면서 내세우기는 하지만 정도(程度)를 벗어나 지나치게 내세우지는 않으며, 필요(必要)에 따라 적절(適切)하게 조절(調節)하는 여인(女人)이라네.

일이 돌아가는 사정(事情)이나 형편(形便)을 바르게 판단(判斷)하고 인내심(忍耐心)을 발휘(發揮)하면서 결과(結果)를 기다리며, 그 결과(結果)에 따라 거취(去取), 버릴 것과 취할 것을 정하면서 떳떳하고 당당(堂堂)한 제 잇속을 챙기고 매우 현실적(現實的)인 삶을 살아가는 여인(女人)이라네.

본인(本人)이 힘들고 어려워도 남에게 기대지 않은 성격(性格)이며, 매사(每事)에 신중(愼重)을 기하면서 자존심(自尊心)을 잃지 않고 자신(自身)의 뜻이나 생각대로 스스로를 이끄는 여인(女人)이라네.

때때로 감정(感情)에 치우치는 성격(性格)으로 잘못된 판단(判斷)하에 그릇된 사고방식(思考方式)을 보이지만, 그래도 자기(自己) 중심적(中心的)이면서 매우 이기적(利己的)인 마음을 버리고 서로를 위하는 여인(女人)이며, 남을 배려(配慮)하는 마음을 지닌 성품(性品)이라네.

세상사(世上事)에 능동적(能動的)으로 대처(對處)하지만 지나치게 되바라진 모습을 보이지 않은 여인(女人)이며, 매사(每事)에 적극적(積極的)으로 대처(對處)하지만 경우(境遇)에 어긋나거나 제 욕심(慾心)만을 챙기는 사람이 아니라네.

화려(華麗)하지만 수수한 사랑을 하는 여인(女人)으로 무던하게 상대방(相對方)을 감싸는 애정(愛情)이며, 자신(自身)의 사랑도 중요(重要)하지만 상대방(相對方)의 마음을 조금은 배려(配慮)하는 사랑이라네.

그러나 현실적(現實的)인 사랑을 하는 여인(女人)으로 경우(境遇)에 벗어나거나 도리(道理)에 어긋나면 머뭇거리거나 망설임 없이 마음을 돌려버리는 애정(愛情)이라네.

지극(至極)히 가정적(家庭的)인 여인(女人)이면서 가족(家族)에 대한 사랑이 남 못지않은 성격(性格)이며, 몸과 마음을 다해 가족을 부양(扶養)하고 자신(自身)을 희생(犧牲)하는 천생(天生) 여자(女子)라네.

때때로 일확천금(一攫千金)을 꿈꾸기도 하지만, 엉뚱하고 되지도 않을 일을 벌이지 않은 성격(性格)으로 스스로를 현실(現實)에 얽매이도록 이끄는 여인(女人)이며, 자기

(自己)가 바라보는 현실(現實)에서 어긋나거나 벗어나면 마음을 접고 제 갈 길을 찾아 나서는 현명(賢明)한 여인(女人)이라네.
가족(家族)으로부터 인정(認定)을 받지 못하는 여인(女人)으로 가슴 아픈 세월(歲月)을 보내기도 하지만 끝내 가족(家族)이라는 인연(因緣)을 매정(媒精)하게 끊지 못하고 연연(戀戀)하면서 살아가는 여인(女人)이기도 하다네.

- 여자(女子): 음(陰) → 소양(少陽) ☶, 간(艮)

자신의 능력(能力)이나 용모(容貌), 지위(地位), 재물(財物) 등을 과대(誇大)하게 평가(評價)하면서 이를 사실(事實)인 것처럼 믿고 생각하는 성격(性格)이며, 따라서 제 분수(分數)를 지키지 못하고 말이나 행동(行動), 몸가짐을 함부로 내돌리는 여인(女人)이라네.
서슴없는 말이나 행동(行動)으로 제 복(福)을 스스로 차버리는 성격(性格)이지만 제가 원하거나 필요(必要)한 것을 얻기 위해서는 온갖 아양을 떨고 스스로를 낮추면서 꼭 이루고 마는 여인(女人)이며, 매우 충동적(衝動的)이면서 감정(感情)의 기복(起伏)을 따르고 좋아하고 싫어하는 표정(表情)이 극명(克明)하게 드러나는 사람이라네.
자신(自身)의 잘못이나 허물을 교묘(巧妙)하게 남의 탓으로 돌리고 기막히게 시치미를 떼는 여인(女人)이며, 타인(他人)의 잘못이나 허물을 빗대어 자신(自身)의 위신(威信)이나 체면(體面), 권위(權威) 등을 세우는 얌치없는 여인(女人)이라네.
주류사상(主流思想)에 편승(便乘)하여 시류(時流)를 잘 따르고 떳떳하지 못한 일이나 목표(目標)를 위하여 남과 어울리면서 제 욕심(慾心)만을 채우는 성격(性格)이며, 순간(瞬間)의 감정(感情)을 참지 못하고 분위기(雰圍氣)에 따라 한쪽으로 치우치는 매우 편파적(偏頗的)이면서 이기적(利己的)인 여인(女人)이라네.
처신(處身)과 처세(處世)에 능(陵)한 행태(行態)를 보이지만 자신(自身)의 잇속이나 욕구(慾求)를 충족(充足)시키기 위해 시시하고 보잘 것 없는 자존심(自尊心)마저 버리는 성격(性格)이며, 제 잇속이나 욕구(慾求)를 충분(充分)하게 채우고 나면 함부로덤부로 생각 없이 구는 얄미운 여인(女人)이라네.

사소(些少)한 일에 시시콜콜 미주알고주알 따지고 캐는 성격(性格)으로 억지(抑止)에 고집(固執)을 피우면서 융통성(融通性)이라고는 눈곱만큼도 보이지 않은 여인(女人)이며, 사실(事實) 별일 아닌 것을 가지고서 매를 버는 성격(性格)이라네.

일확천금(一攫千金)을 바라는 성격(性格)으로 그 씀씀이가 헤프고 덩어리가 크면서 앞뒤를 가리지 못하는 까닭으로 뒷감당을 하지 못하면서도 일을 저지르는 아둔한 여인(女人)이며, 자신(自身)의 무덤을 스스로 파는 어리석은 성격(性格)이라네.

실력(實力)이나 능력(能力)이 되지 않으면서 앞뒤를 헤아림이 없이 닥치는 대로 함부로 하는 까닭으로 일을 시작(始作)도 하기 전에 망치는 결과(結果)를 초래(招來)하고 자신(自身)의 위신(威信)이나 체면(體面) 따위를 앉아서 깎아먹은 사람으로 참 어리석고 슬기롭지 못하여 하는 짓이 미련하기만한 여인(女人)이라네.

때문에 번번이 일을 그르쳐놓기만 하는 것이 아닌가.

사랑은 필요(必要)에 따라 변하는 것이라 믿고 있는 여인(女人)이며, 이를 충실(充實)하게 지키면서 애정(愛情)을 나누고 식어버리면 늘 새로운 둥지를 찾아 떠나는 사랑이라네.

바라고 원하는 것을 얻고 나면 등을 돌리 듯 사랑 또한 그러하며, 모든 사람이 자기(自己)만을 사랑한다는 믿음을 버리지 못하고 이를 사실(事實)인양 바탕에 깔고서는 필요(必要)에 따라 자신(自身)을 합리화(合理化)하는 사랑이라네.

가족(家族)을 대하는 일에 있어서 너무 이기적(利己的)인 사람으로 자기(自己) 밖에 모르는 성격(性格)이며, 집안 관리(管理)에 매우 소홀(疎忽)하면서 겉치레, 겉치장에 온 마음을 쏟아 붓은 여인(女人)이라네.

가정(家庭)이야 어떻게 돌아가든 무관심(無關心)하고 제 몸, 제 먹을 것만을 중요(重要)하게 여기면서 집안에서나 집밖에서나 몸가짐을 함부로 하고 말이나 행동(行動)에 절제(節制)가 없이 기분(氣分)이 내키는 대로 나대는 되바라진 여인(女人)이라네.

가족(家族)을 대하는 일에 있어서 사소(些少)한 일을 시시콜콜 따지고 캐물으면서 괴롭히는 사람이며, 자신(自身)의 불행(不幸), 잘못이나 허물 등을 모두 가족(家族)의 탓으로 돌리면서 스스로를 정당화(正當化)하고 큰소리치는 못난 여인(女人)이라네.

줄 때는 남 못지않은 사랑을 주면서 돌아설 때는 매정(媒精)한 여인(女人)으로 감정(感情)의 기복(起伏)을 따라 변덕(變德)을 부리는 사람이라네.

- 여자(女子): 음(陰) → 태음(太陰) ☷, 곤(坤)

마음씨나 행동(行動)이 바르고 어질면 무엇 하겠는가.

그 누가 알아주지 않아도 주어진 여건(與件)에 적응(適應)하면서 나름 몸과 마음을 다한 노력(努力)을 아끼지 않고 제 앞가림이나 책임(責任)을 다하려는 성격(性格)이며, 구차(苟且)한 변명(辨明)이나 핑계를 늘어놓지 않은 여자(女子)라네.

변명(辨明)이나 핑계를 늘어놓기 전에 눈앞에 널려있는 일감을 해결(解決)하기에 바쁜 여인(女人)이며, 이곳저곳에 흩어져 있는 하잘 것 없는 일에 몸만 바쁘고 몸과 마음을 다한 노력(努力)만큼 얻어가질 수 있는 것이 적지만 말 한마디, 불평(不平) 한마디 하지 못하는 성품(性品)이라네.

본인(本人) 스스로에 대하여 아둔한 까닭으로 인(因)하여 자신감(自信感)이 부족(不足)한 성격(性格)이며, 세상사(世上事)에 적극적(積極的)으로 대처(對處)를 한다지만 어딘가 한구석이 비어있는 듯, 허전함을 면치 못하고 매사(每事)에 능동적(能動的)으로 대처(對處)를 한다지만 늘 어색(語塞)하면서 그 뒤끝이 깔끔하지 못하고 삶에 대하여 긍정적(肯定的)인 사고(思考)를 한다지만 자신(自身)의 의지(意志)를 정해진 틀 속에 감추는 성격(性格)이라네.

겉으로 드러나는 화려(華麗)함을 좇아가는 성격(性格)이지만 본인(本人)의 의지(意志)보다는 타인(他人)의 말이나 행동(行動), 겉치레 따위에 휩쓸리면서 본인(本人)만의 특색(特色)이나 독특(獨特)한 면을 잃고 생각 없이 보잘 것 없는 시류(時流)에 이끌려가는 성품(性品)이라네.

자신(自身)의 잘못이나 허물을 판단(判斷)하는 일에 있어서 어둡고 현실적(現實적)인 잇속을 챙기기에는 여린 마음을 지닌 까닭으로 환심(歡心)을 사기 위하여 알랑거리며 붙좇은 타인(他人)의 사탕발린 말에 쉽게 넘어가는 성격(性格)이며, 이로 인(因)해 본인(本人)의 의사(意思)와는 다르게 늘 손해(損害)를 보거나 마음의 상처(傷處)가 큰 여인(女人)이라네.

처신(處身)과 처세(處世)에 그리 능(能)하지 못하지만 그렇다고 남의 힘을 빌릴 만큼 어리석지 않으면서 나름 대세(大勢)를 가름하여 알 수 있는 여인(女人)으로 잘잘못을 떠나 모든 것에 대해 이해(理解)하고 마음으로 감쌀 수 있는 대범(大汎)함이 남자(男子) 못지않은 여인(女人)이라네.

타인(他人)의 따뜻한 말 한마디나 칭찬(稱讚) 한 마디, 또는 주어진 환경(環境)이나 동기(動機) 부여(附與)에 따라 크게 바뀔 수 있는 성격(性格)의 소유자(所有者)라네.

사랑이나 정(情)에 대하여 관심(關心)을 가지기보다는 제 앞가림에 필요(必要)한 부분(部分)이라 인식(認識)하고 때에 따라 애정(愛情)을 가지는 여인(女人)이라네.

이미 여자(女子)로서의 의무(義務)를 잊은 여인(女人)으로 주고받은 애정(愛情)이 깊지 못하고 겉으로 떠돌기만 한다네.

가정(家庭)이라는 울타리에 집착(執着)에 가까운 애정(愛情)을 보이고 가족(家族)을 위해 무조건적(無條件的)인 사랑을 보이면서 제 몸과 마음을 아끼지 않고 이바지하는 모정(母情)이라네.

가족(家族)으로부터 냉대(冷待)와 멸시(蔑視)를 받더라도 늘 변함이 없는 마음과 열정(熱情)으로 부양(扶養)을 하면서 제 몸을 상하게 만드는 여인(女人)이며, 몸과 마음을 다한 노력(努力)에 비해 돌아오는 것은 허전함이라네.

때때로 가정(家庭)이라는 울타리를 버리고 새로운 둥지를 찾아 떠돌기도 하지만 여건(與件)만 충족(充足)이 된다면 자신(自身)의 자리를 제대로 찾아가는 여인(女人)이라네.

17) 산하화(山下火): 산 아래서 타오르는 화(火)의 기운(氣運)

병신(丙申)-양(陽)	정유(丁酉)-음(陰)

16상론(十六象論) 및 행태론(行態論)

• 남자(男子)

양(陽) → 태양(太陽)/건(乾)-부(父) ☰	음(陰) → 태양(太陽)/손(巽)-장녀(長女) ☴
양(陽) → 소음(少陰)/태(兌)-소녀(少女) ☱	음(陰) → 소음(少陰)/감(坎)-중남(中男) ☵
양(陽) → 소양(少陽)/리(離)-중녀(中女) ☲	음(陰) → 소양(少陽)/간(艮)-소남(少男) ☶
양(陽) → 태음(太陰)/진(震)-장남(長男) ☳	음(陰) → 태음(太陰)/곤(坤)-모(母) ☷

• 여자(女了)

양(陽) → 태양(太陽)/건(乾)-부(父) ☰	음(陰) → 태양(太陽)/손(巽)-장녀(長女) ☴
양(陽) → 소음(少陰)/태(兌)-소녀(少女) ☱	음(陰) → 소음(少陰)/감(坎)-중남(中男) ☵
양(陽) → 소양(少陽)/리(離)-중녀(中女) ☲	음(陰) → 소양(少陽)/간(艮)-소남(少男) ☶
양(陽) → 태음(太陰)/진(震)-장남(長男) ☳	음(陰) → 태음(太陰)/곤(坤)-모(母) ☷

- 남자(男子): 양(陽) → 태양(太陽) ☰, 건(乾)

누가 보더라도 굴곡(屈曲)이 많은 인생(人生)으로 매우 정열적(情熱的)이면서 행동(行動)이나 성격(性格)이 적극적(積極的)이고 쩨쩨하지 않으면서 시원시원한 남자(男子)이며, 주어진 환경(環境)이나 조건(條件)에 따라 이해(理解)의 폭이나 감정(感情)의 기복(起伏)이 심한 사람이라네.

여자(女子)가 많이 따르고 또 여자(女子)를 참 좋아하는 남자(男子)로 한번 맺은 인연(因緣)에 온 몸과 마음을 불사르는 성격(性格)이며, 앞뒤 가리지 않고 애정(愛情) 행각(行脚)을 벌이지만 욕구(慾求)를 챙기고 나면 쉽게 식어버리면서 변덕(變德)을 부리는 종잡을 수 없는 성격(性格)의 남자(男子)라네.

매사(每事)에 거침없이 몰아치고 밀어붙이는 성격(性格)으로 매우 긍정적(肯定的)인 사고방식(思考方式)의 소유자(所有者)이지만 자기(自己) 중심적(中心的)이면서 이기적(利己的)인 성격(性格)이며, 독선적(獨善的)이고 독단적(獨斷的)으로 끌고 가는 남자(男子)로서 타인(他人)의 의견(意見)을 무시(無視)하고 자기(自己)를 합리화(合理化)하며 정당화(正當化)시키는 사람이라네.

자신(自身)의 잘못이나 허물에 대하여 인지(認知)를 하고도 억지(抑止)에 가까운 언변(言辯)으로 자신(自身)에게 유리(有利)하도록 만드는 재주가 있으며, 이도저도 아니라면 남에게 덮어씌우는 뻔뻔한 성격(性格)이라네.

그렇다고 타인(他人)의 힘에 빌붙어 위신(威信)이나 체면(體面) 등, 권위(權威)를 내세우는 못난 성격(性格)은 아니며, 스스로에 대하여 자부심(自負心)과 자긍심(自矜心)을 가진 사람이라네.

세상사(世上事)에 적극적(積極的)으로 대처(對處)하지만 지나친 면이 너무 많은 까닭으로 오해(誤解)를 불러일으키고, 때 아닌 구설수(口舌數)에 시답잖은 사소(些少)한 일에 휘말리면서 위신(威信)이나 체면(體面)을 잃은 남자(男子)라네.

매사(每事)에 시시콜콜 미주알고주알 따지고 캐는 성격(性格)이지만 뒤탈이나 뒷말이 없는 시원시원한 성격(性格)이며, 머뭇거리거나 망설임 없이 일을 처리(處理)하는 남자(男子)라네.

가진 것이 없어도 있는 척 강(强)하게 자신감(自信感)을 앞세우고 아는 것이 없어도 다 알고 있는 척하면서 억지(抑止)에 가까운 논리(論理)를 펼치는 성격(性格)이라네.

잇속 앞에 솔직하게 제 욕심(慾心)을 부리는 성격(性格)으로 사람이 솔직해도 너무 솔직한 까닭으로 분란(紛亂)을 일으키지만 뒷날에 벌어질 일을 생각하면 매우 현명(賢明)한 사람이며, 벌어들일 때는 원 없이 벌어들이고 망할 때는 단 한 번에 망해버리는 묘한 인생(人生)이라네.

때때로 한탕주의에 일확천금(一攫千金)을 꿈꾸지만 세상을 바라보는 밝은 눈으로 자신(自身)을 돌아보는 사람이라네. 한꺼번에 불태우는 사랑이라 부담(負擔)이 따르는 애정(愛情)이며, 곧 식어버리고 새둥지를 찾은 사랑이기에 마음에 상처(傷處)가 남은 애정(愛情)을 준다네.

정열적(情熱的)인 사랑이기에 쉽게 빠져드는 정(情)이지만 언제나 잠시(暫時) 앉아다가는 바람 같은 사랑이며, 늘 아쉬움이 남은 애정(愛情)이라네.

가정(家庭)을 소중(所重)하게 여기고 가꾸는 남자(男子)지만 바람기를 잠재우지 못하면 끌고 가기가 힘든 사람으로, 새로운 둥지에 정성(精誠)을 들이는 성격(性格)이면서 이쪽도 저쪽도 놓지 않고 감싸고 가는 남자(男子)라네.

감정(感情)의 기복(起伏)을 따르는 기분파(氣分派)이면서 눈치가 빠른 남자(男子)이며, 가족(家族)을 위하는 마음이야 누구 못지않지만 본인(本人)의 삶을 중요(重要)하게 생각하는 성격(性格)으로 가정사(家庭事)에 매우 무관심(無關心)하고 시시비비(是是非非)만 따지고 드는 성격(性格)이라 가족(家族)들로부터 따가운 눈총을 받는다네.

- 남자(男子): 양(陽) → 소음(少陰) ☱, 태(兌)

활달(豁達)하고 시원시원한 성격(性格)을 내보이면서 제 잇속을 챙기기에 여념(餘念)이 없는 남자(男子)이며, 위신(威信)이나 체면(體面), 권위(權威) 등을 내세우지 않은 척하면서 결국(結局)에는 이 모든 것을 내세워, 젠체하고 불같이 뜨거운 언변(言辯)으로 자기(自己) 합리화(合理化)에 정당성(正當性)을 억지로 부여(附與)하면서 매우 이기적(利己的)이고 잘못이나 허물 따위를 감추는 사람이라네.

남 보기에 화끈하고 시원시원한 모습을 보여주기 위해 노력(努力)하고 넉넉한 마음의 소유자(所有者)인 듯, 말없이 고개를 끄덕이면서 위신(威信)이나 체통(體統)을 지키며, 모든 것을 이해(理解)하고 알아들었다는 듯, 일반적(一般的)인 행동양식(行動樣式)이나 행태(行態)를 보이지만 사실(事實) 제 앞가림이나 제 잇속을 챙기기 위해 눈치껏 재주를 부리는 것이라네.

본인의 잘못이나 허물을 남에게 들키지 않기 위해 노력(努力)하고 말이나 행동(行動), 몸가짐 등을 삼가는 성격(性格)이며, 시답잖은 말과 행동(行動)으로 스스로를 실추(失墜)시키지 않은 신중(愼重)한 성격(性格)의 소유자(所有者)이기도 하다네.

일이 돌아가는 전후(前後) 사정(事情)이나 형편(形便)에 대하여 감정적(感情的)으로 대처(對處)하기보다는 밝은 지혜(智慧)로 막힘이나 걸림 없이 풀어가는 재주 있는 사람이며, 스스로를 크게 내세우지 않으면서도 스스로의 존재가치(存在價値)를 높이는 당당(堂堂)한 남자(男子)라네.

세상사(世上事)에 대하여 긍정적(肯定的)이면서도 매우 비판적(批判的)인 시각(視覺)을 지닌 성격(性格)으로 따질 것은 따지고 캘 것은 캐가면서 할 말은 꼭 하고야마는 조금은 까칠한 성격(性格)이며, 매사(每事)에 적극적(積極的)이면서 능동적(能動的)이지만 본인(本人)이 처한 입장(立場)을 고려(考慮)하면서 이익(利益)과 손해(損害)를 이모저모 따져 셈하는, 달리 보면 섬세(纖細)한 성격(性格)을 지닌 남자(男子)라네.

본인(本人)의 감정(感情)을 안으로 감추려는 남자(男子)이며, 조금은 엉큼한 마음을 숨기기 위해 어색(語塞)한 웃음을 지으면서 은근(慇懃)슬쩍 이성(異性)의 영역(領域)에 발을 들이밀며, 본인(本人)의 감정(感情)을 살짝 내보이는 소심(小心)한 사람이라네.

마음속으로는 적극적(積極的)으로 바라는 사랑이면서도 크게 드러내지 못하고 어색(語塞)한 애정(愛情)을 표현(表現)하면서 스스로를 매우 부끄럽게 생각하는 소심(小心)한 정(情)을 준다네.

새로운 둥지를 조심스럽게 찾아나서는 사랑이며, 수선스럽지 않고 조용하게 이끌어가는 애정(愛情)이라네.

가족(家族)에게 상처(傷處)를 주지 않기 위해 노력(努力)을 하며, 눈치껏 제 욕심(慾心)대로, 하고 싶은 대로 일을 저지르고 주어진 일에 책임(責任)을 지면서 소신(所信)것 가족(家族)을 이끌어가는 남자(男子)지만 가정사(家庭事)에 대하여 시시콜콜 따지고 캐는 성격(性格)이며, 이를 통해 가장(家長)으로서의 체통(體統)을 지키면서 눈치껏 제 욕구(慾求)만을 채우는 남자(男子)라네.

아닌 척 내숭을 떠는 성격(性格)이지만 사실(事實) 위신(威信)이나 체면(體面) 때문에 안으로 숨기고 있을 뿐, 적절(適切)한 환경(環境)이나 기회(機會)가 주어지면 본인(本人)이 세상사(世上事)를 가름 짓은 작은 잣대나 모가 난 틀을 깨버리는 강(强)한 남자(男子)라네.

- 남자(男子): 양(陽) → 소양(少陽) ☲, 리(離)

화끈하다.

막힘이나 걸림 없이 시원시원한 성격(性格)이다.

남자(男子)다운 남자(男子)다. 라고 말들은 하지만 실속이 있어야지. 눈앞에 닥친 현실(現實)은 도외시(度外視)한 채 제대로 된 모양(模樣)의 됨됨이보다는 분수(分數)에 넘치는 외관상(外觀上)의 영화(榮華)나 필요(必要) 이상(以上)의 겉치레에 힘을 아끼지 않은 성격(性格)으로, 아예 대놓고 잘나지 못했음에도 난 척을 하고 머리가 비었음에도 많이 든 척을 하고 사람됨이 모자라면서도 된 척을 하면서 큰소리만치는 남자(男子)라네. 앞뒤를 가리지 않고 말과 행동(行動)을 서슴없이 내뱉은 사람으로 일이 돌아가는 사정(事情)이나 형편(形便)을 알지 못하면서 본인(本人)의 잣대로 함부로 평가(評價)하고, 그 결과(結果)에 대하여 시시콜콜 미주알고주알 따지고 캐면서 사람들을 귀찮고 싸증나게 만드는 성격(性格)이라네.

그래도 자존심(自尊心)은 있어서 본인(本人)의 잘못이나 허물에 대하여 지극(至極)히 관대(寬貸)하고 이를 합리화(合理化)하고 정당성(正當性)을 주기 위해 관계(關係)도 없는 이들을 끌어들여 전가(轉嫁)시키며, 곧 자기(自己)의 허물이나 책임(責任) 따위를 남에게 덮어씌우고 본인(本人)은 보기 좋게 빠져버리는 뻔뻔한 성격(性格)이라네.

그래도 자신(自身)이 옳다고 큰소리치면서 끝까지 책임(責任)을 회피(回避)하는 성격(性格)이며, 본인(本人)의 잘못이나 허물이 드러나도 부끄러워하거나 두려워하지 않고 과거를 뒤집어 올라가 잘한 점을 부각(浮刻)시켜 현재(現在)를 무마(撫摩)시키는 엉뚱한 남자(男子)라네.

겉모양만 번드르르하고 속은 보잘 것 없는 사람이며, 실속이 없이 겉으로 보기에만 화려(華麗)한 남자(男子)로 위신(威信)이나 체면(體面), 명예(名譽) 따위를 중요시(重要

視)하고 이를 얻기 위해 시류(時流)에 야합(野合)하면서 자신(自身)이 지닌 장점(長點)을 잃어버리는 아둔한 성격(性格)이라네.

세상사(世上事)를 대처(對處)하는 일에 있어서 이해타산(利害打算)적이며 이기적(利己的)이고 매사(每事)에 덤벙대는 듯 가볍게 움직이는 것 같지만, 계산적(計算的)이면서 목적의식(目的意識)을 가지고 움직인다네.

어린애와 같은 유치(幼稚)하고 철없는 감정(感情)이나 기분(氣分)을 아무렇지 않은 듯 말하고 행동(行動)으로 보여주지만 이 또한 나름대로 자기(自己)만의 계산(計算)을 따른 것이라네.

싫으면 싫다, 좋으면 좋다, 라고 분명(分明)하게 선을 긋는 사랑을 하면서 보란 듯 새로운 품을 찾아드는 뻔뻔한 남자(男子)라네.

상대방(相對方)이야 상처(傷處)를 받든 말든 제 욕구(慾求)만을 채우고 떠나는 애정(愛情)이며, 늘 가슴 졸이고 살얼음판을 걸으면서 스릴을 즐기는 사랑을 한다네.

대놓고 바람을 피우면서 이것도 자랑인양 목소리를 높이고 당당하게 굴면서 밉상을 보이는 남자(男子)라네.

가족(家族)이든 타인(他人)이든 무시(無視)하는 성향(性向)으로 자기(自己) 밖에 모르는 성격(性格)이며, 스스로의 기분(氣分)이 좋거나 나쁘냐에 따라서 가족(家族)을 대하는 감정(感情)의 기복(起伏)이 심하고 아닌 말로 상처(傷處)를 주는 가장(家長)이라네.

본인(本人)이 힘들거나 어려운 상황(狀況)에 처하면 모든 것을 전적(全的)으로 가족(家族)에게 의지(依支)하면서 본인(本人)의 잘못이나 허물, 책임(責任) 따위를 가족(家族)의 탓으로 돌리고 시시콜콜 따지고 캐물어가면서 괴롭히는 그리 밉지 않은 가장(家長)이라네.

- 남자(男子): 양(陽) → 태음(太陰) ☳, 진(震)

세상사(世上事)가 제 마음대로 따라와 주는 일이 있던가.

자신(自身)의 뜻이나 생각대로 움직여주지 않은 세상사(世上事)에 마음에는 불평불만(不平不滿)이 가득 차 있는 남자(男子)로 본인(本人)의 성질(性質)을 느닷없이 밖으로 표출(表出)시키면서 좋았던 분위기(雰圍氣)를 불안(不安)하게 만드는 성격(性格)이라네.

본인(本人)의 목적(目的)이나 잇속을 챙기기 위해 온갖 말이나 행동(行動), 몸가짐 따위를 다소 격렬(激烈)하게 드러내고 이기적(利己的)이면서 분수(分數)에 맞지 않은 욕심(慾心)을 부리며, 격(格)에 맞지 않은 억지를 부리거나 고집(固執)을 피운다네.

본인(本人)에게 권세(權勢)나 재물(財物) 등이 남보다 많게 주어지면 자신(自身)보다 못한 이들을 업신여기거나 무시(無視)하고 사물(事物)의 존재(存在)나 가치(價値)를 알아주지 않으면서 제 잇속에 따라, 또는 자신(自身)의 잣대에 따라 규정(規定)하며, 자신(自身)의 위신(威信)이나 체면(體面)을 세우는 성격(性格)이라네.

본인(本人)의 잘못이나 허물에 대하여 아둔한 사람으로 스스로가 제대로 인지(認知)하지 못할뿐더러 타인(他人)의 충고(忠告)나 잘못된 점에 대한 지적(指摘)을 끝내 받아들이지 않은 융통성(融通性)없는 성격(性格)이며, 남의 잘못이나 허물에 대해서도 밝게 헤아리지 못하는 까닭으로 제대로 된 충고(忠告)나 지적(指摘)보다는 본인(本人)의 작은 잣대나 잇속, 또는 감정(感情)에 따라 움직이면서 자기(自己) 중심적(中心的)인 사고방식(思考方式)을 합리화(合理化)시키고 정당화(正當化)하는 고지식한 성질(性質)이라네.

본인(本人)의 아둔하고 서투른 면을 감추기 위해 있는 척, 아는 척, 사람이 된 척을 하는 것은 기본(基本)이고 난 척, 든 척, 된 척을 위해서 자신(自身)을 사실(事實) 이상(以上)으로 크게 불리는 성격(性格)이며, 본인(本人)의 능력(能力), 용모(容貌), 지위(地位) 등을 과대(誇大)하게 평가(評價)하면서 이를 사실(事實)인 것처럼 믿는다네.

때문에 억지에 가까운 말이나 행동(行動)으로 주변(周邊) 사람들을 당혹(當惑)하게 만들고 더하여 많은 이들로부터 이용(利用)을 당하는 성품(性品)이며, 거짓을 앞세워 허풍(虛風)을 치면서 변명(辨明)을 일삼고 변덕(變德)을 부리면서 격(格)에 맞지 않은 허세(虛勢)를 부린다네.

또한 실속이 없이 겉으로 보기에만 번지르르한 면을 좋아하면서, 실권(實權)이 없는 자리나 위치(位置) 등에 집착(執着)하고 뚜렷한 계획(計劃)이나 목적(目的)이 없이 덮어놓고 일을 벌이는 어리석은 면을 지녔다네.

제 욕심(慾心)만을 채우는 사랑으로 일찌감치 애정(愛情)을 떠나 본인의 일에 미치는 남자(男子)이며, 욕구(慾求) 충족(充足)을 위해 재물(財物)을 아끼지 않고 무던하게 정(情)을 이끌어가는 성품(性品)이라네.

자유분방(自由奔放)하게 가족(家族)을 이끌어가는 듯하지만 꽤나 보수적(保守的)인 가장(家長)의 모습을 보이는 성격(性格)이며, 본인(本人)의 말이 곧 법(法)으로 따르면 상(賞)이 주어지고 따르지 않으면 가차(假借)없이 벌(罰)이 따르는 가장(家長)이라네.

일일이 잔소리하지 않은 시원한 성격(性格)이지만 분위기(雰圍氣)에 따라 달라지는 편이며, 때때로 격(激)한 감정(感情)을 드러내면서 불안(不安)하게 만들고 어이없는 말과 행동(行動)으로 가족(家族)을 몰아붙이는 가장(家長)의 모습을 보인다네.

본인(本人)의 잘못이나 허물을 인정(認定)하지 않고 도리어 가족(家族)의 탓으로 돌리면서 화부터 내는 못난 사람이며, 말수가 적고 침착해 보이지만 뜨겁게 타고 있는 마음을 안으로 감추고 있는 남자(男子)라네.

- 남자(男子): 음(陰) → 태양(太陽) ☱, 손(巽)

강(强)한 성품(性品)의 소유자(所有者)이지만 여린 듯, 은근(慇懃)하게 포장(包裝)을 하는 성격(性格)으로 은연중(隱然中)에 본인(本人)의 의사(意思)를 드러내면서 시기적절(時機適切)하게 폭발(暴發)시키는 단호(斷乎)한 사람이라네.

작든 크든 잇속을 앞에 두고 위신(威信)이나 체면(體面) 등을 지키는 듯이 보이지만 분명(分明)한 명분(名分)을 갖고 제 잇속을 챙기는 성격(性格)이며, 자존심(自尊心)이 매우 강(强)한 남자(男子)로서 타인(他人)의 권세(權勢)나 명예(名譽), 권위(權威) 따위에 스스로를 굽히거나 꺾이지 않고 오히려 스스로가 권세(權勢)를 휘둘러 타인(他人)을 억누르려고 하는 사고방식(思考方式)이나 행동(行動) 양식(樣式)을 드러내 보이는 성품(性品)이라네.

본인(本人)의 잘못이나 허물에 대하여 밝게 보고 판단(判斷)하면서 남의 눈에 띄지 않게 스스로의 말이나 행동(行動)을 삼가는 성격(性格)이며, 마주 대하여 드러난 세상사(世上事)에 대하여 매우 긍정적(肯定的)이고 매사(每事)에 적극적(積極的)으로 대처

(對處)하면서 제자리나 위치(位置), 지위(地位) 따위를 세우는 남자(男子)라네.

물론 난 척, 든 척, 된 척을 하며 젠체하지만 일반적(一般的)인 기준(基準)을 벗어나 크게 과장(誇張)하지 않으면서 늘 경우(境遇)에 맞게 처신(處身)을 하고 모나지도 않고, 그렇다고 아주 둥글지도 않은 언행(言行)이나 태도(態度), 성격(性格) 등을 보이면서 본인(本人)의 본 모양새를 안으로 감추는 남자(男子)라네.

뜨거운 열정(熱情)을 안으로 감추고 거친 세상사(世上事)에 당당(堂堂)하게 맞서는 성격(性格)이며, 허술한 데가 없이 야무지고 실속이 있게 처세(處世)하면서 안이나 밖을 튼튼하게 다지는 성품(性品)이라네.

감정적(感情的)으로 일을 처리(處理)하기보다는 감정(感情)의 기복(起伏)을 스스로 조절(調節)하면서 일이 돌아가는 사정(事情)이나 형편(形便)을 제대로 판단(判斷)하고 일의 마무리를 깔끔하게 처리(處理)하는 성격(性格)이며, 때때로 분위기(雰圍氣)를 타면서 이를 따라가기도 하지만 쉽게 휘둘리거나 본분(本分)을 잃어버리는 남자(男子)가 아니라네.

때때로 제 분수(分數)를 잊고 쓸데없는 분위기(雰圍氣)에 휘둘리기도 하지만, 곧 제자리를 찾아가는 현명(賢明)한 남자(男子)라네.

여자(女子)를 좋아하고 정열적(情熱的)인 남자(男子)이며, 조금은 과도(過度)한 애정(愛情) 표현(表現)으로 여인(女人)의 몸을 괴롭히는 성격(性格)이면서 자신(自身)의 욕구(慾求)만을 채우고 돌아서는 남자(男子)라네.

한 여인(女人)에게 연연(戀戀)하지 않은 성격(性格)으로 마음의 상처(傷處)를 남기기도 하지만 끝난 뒤를 생각하고 움직이는 명료(明瞭)한 사랑을 한다네.

가족(家族)을 이바지하는데 몸과 마음을 다하는 가장(家長)으로 보수적(保守的)인 면을 보이면서 개방적(開放的)으로 가족(家族)을 대하는 남자(男子)이며, 뒤를 책임(責任)지는 강(强)한 가장(家長)의 모습을 보인다네.

감정(感情)의 기복(起伏)을 따라 변덕(變德)을 부리기보다는 현실(現實)에 맞은 당위성(當爲性)을 따르는 성격(性格)이며, 되지도 않은 억지를 부리지 않는다네.

때때로 현실적(現實的)이기보다는 일확천금(一攫千金)을 바라면서 쓸데없는 이상(理

想)을 꿈꾸지만 욕심(慾心)은 욕심(慾心)일 뿐, 늘 현실(現實)을 바라보는 안목(眼目)을 잃지 않은 남자(男子)라네.

- 남자(男子): 음(陰) → 소음(少陰) ☵, 감(坎)

말수가 적고 행동(行動)이 들뜨지 않으면서 찬찬한 가운데 자신(自身)을 보호(保護)하려는 본능(本能)을 강(强)하게 내비치면서 마음이나 감정(感情) 따위가 모진 데가 없이 무르고 약한 듯, 본인(本人)의 욕망(慾望)이나 격(激)한 감정(感情) 따위를 스스로 억제(抑制)하는 성격(性格)이라네.

매사(每事)에 말이나 행동(行動), 몸가짐 등을 삼가는 성격(性格)으로 잇속을 앞에 두고 조급(早急)하게 굴지 않으면서 실속을 챙기는 현실적(現實的)인 사람이며, 있는 그대로의, 또는 마주 대하여 드러난 그대로의 상태(狀態)나 형편(形便)의 이해(理解)에 밝은 사람이라네.

때문에 일의 시작(始作)부터 과정(過程), 결과(結果)에 이르기까지 매사(每事)에 신중(愼重)을 기하는 성품(性品)이며, 처음부터 끝까지 마무리를 깨끗하게 처리(處理)하면서 본인(本人)의 위신(威信)이나 체면(體面) 따위를 세우고 은근(慇懃)하면서도 끈기 있게 자신(自身)을 높여가는 남자(男子)라네.

세상사(世上事)에 대하여 무관심(無關心)한 모습을 보이지만 제 밥그릇에 대해서만큼은 눈꼬리를 세우는 성격(性格)으로 일의 앞뒤를 따져 묻은 눈치가 빠르고 처신(處身)과 처세(處世)에 매우 능(能)한 남자(男子)라네.

남이 알게 모르게 위신(威信)과 체면(體面)을 중시(重視)하면서 있는 척, 아는 척하며 스스로를 드러내어 자랑하고, 긍정적(肯定的)이면서 적극적(積極的)인 성품(性品) 깊숙이 자기(自己) 중심적(中心的)이면서 이기적(利己的)인 마음을 숨긴다네.

겉으로는 순하고 여리게 보이나 속은 엉뚱한 욕심(慾心)을 품고 분수(分數) 밖의 짓을 하려는 성향(性向)을 보이는 남자(男子)로서 마음이 없는 듯, 있는 듯 눈치를 보는 성격(性格)이라네.

결국(結局)에는 말과 행동(行動)으로 옮기는 사람이지만 때때로 머뭇거리거나 망설이는 까닭으로 인(因)하여 본인(本人)의 의지(意志)와는 다르게 손해(損害)를 보거나 되지도 않은 행태(行態)를 보이는 단순(單純)함도 있는 사람이라네.

권위(權威)나 위세(威勢)를 내세우지 않으나 위신(威信)이나 체면(體面)을 중시(重視)하는 자존심(自尊心) 강(强)한 성격(性格)으로, 본인(本人)의 잘못이나 허물에 대하여 민감(敏感)하게 반응(反應)하고 타인(他人)의 질책(叱責)이나 충고(忠告)에 매우 까다롭게 굴며, 까칠한 성질(性質)을 지닌 남자(男子)라네.

크게 모나지도 그렇다고 아주 둥글지도 않은 성품(性品)으로 제 앞가림에 충실(充實)하면서 지혜(智慧)로 풀어가고, 마음에 지닌 큰 이상(理想)을 자제(自制)하며 살아가는 사람이라네.

뜨거운 마음을 숨기고 찬찬히 다가서는 사랑을 하며, 보일 듯 말 듯, 끈끈한 애정(愛情)을 표현(表現)하면서 여인(女人)의 마음을 끓이는 사랑을 한다네.

자기(自己) 보호본능(保護本能)이 강(强)한 남자(男子)로 사랑하는 이를 밖으로 드러내지 않은 사람이며, 안으로 감추고 집착(執着)하는 성향(性向)을 보인다네.

가족(家族)에 대한 사랑이 지극(至極)한 가장(家長)으로 몸과 마음을 다한 정성(精誠)을 들이고, 가장(家長)으로서의 책임(責任)을 다하기 위해 노력(努力)하면서 조심스럽게 다독이는 성품(性品)이라네.

가정(家庭)이라는 울타리를 소중(所重)하게 여기고 가족(家族)을 위하는 마음이 남 못지 않으나 경제권(經濟權)을 넘기지 않는 성격(性格)으로 가정사(家庭事)에 일일이 참견(參見)하고 따져 물으면서 아주 하찮은 일까지 속속들이 파헤치는 가장(家長)이라네.

그렇다고 목소리를 높이거나 격분(激忿)하는 성격(性格)이 아니며, 엉큼하고 능청스러운 모습을 보이면서 찬찬하게 제 할 말을 다 하고야마는 성격(性格)이라네.

- 남자(男子): 음(陰) → 소양(少陽) ☶, 간(艮)

겉으로 드러나 보이기에는 말수가 적고 신중(愼重)한 듯하지만 제 잇속 앞에서는 말이나 행동(行動)을 분명(分明)하게 앞세워 자신(自身)의 의사(意思)를 어김없이 보이는 성격(性格)이며, 분수(分數)에 맞지 않은 큰 욕심(慾心)을 부리고 제 잘난 멋, 제 자랑에 젖어 살아가는 남자(男子)라네.

자신(自身)의 잘못이나 허물에 대하여 밝게 인지(認知)하고 있으면서도 터무니없는 말과 행동(行動)으로 어깃장을 놓은 성격(性格)이며, 자신(自身)의 못난 점이나 없는 것들을 감추기 위하여 겉으로 드러나는 모양새에 치중(置重)을 하고 권세(權勢)있는 이들에게 빌붙어 스스로를 세우는 성질(性質)이라네.

본인(本人)의 위신(威信)이나 체면(體面), 명예(名譽)를 지키기 위해 뻔뻔한 말과 행동(行動)으로 자신(自身)의 치부(恥部)를 감추면서 타인(他人)의 잘못이나 허물을 빗대어 스스로를 높이고 이를 통해 되지도 않은 잇속을 챙기는 남자(男子)이며, 이러한 일에 대하여 부끄러워하기는커녕 제 목소리를 높이면서 늘 떳떳하게 여기는 성격(性格)의 소유자(所有者)라네.

본인(本人)의 의사(意思)에 따라 일을 벌이는 성격(性格)이지만 뒤가 무른 까닭으로 책임감(責任感)이 없는 남자(男子)이며, 유치(幼稚)하고 철없는 감정(感情)이나 기분(氣分)등을 여과(濾過)없이 밖으로 드러내는 이기적(利己的)인 남자(男子)라네.

난 척, 든 척, 된 척하면서 스스로를 밝게 드러내 보이나 이는 어떠한 목적(目的) 아래에 계산(計算)되어진 것들이며, 자신(自身)의 본마음을 감추면서 남의 눈을 피해 욕심(慾心)을 채우고 자신(自身)의 잘못이나 허물에서 벗어나려는 것뿐이라네.

스스로의 권위(權威)나 명예(名譽)를 앞세워 남을 업신여기고 필요(必要)에 따라 말과 행동(行動)을 바꾸면서 본인(本人)에게 이로운 쪽으로 이끌고 가는 성격(性格)이며, 타인(他人)의 어렵거나 고통(苦痛)받은 형편(形便)에 대해서는 늘 심드렁한 반응(反應)만을 보이는 속 좁은 남자(男子)라네.

화려(華麗)한 성공(成功)의 뒷모습에는 늘 말할 수 없는 상처(傷處)를 지고 있는 남자(男子)이며, 또한 남에게 알리고 싶지 않은 부끄러운 부분(部分)을 감추고 있으면서 자기(自己)만 알아주기를 바라는 여린 남자(男子)이기도 하다네.

하나를 더 가지기 위해 몸과 마음을 다한 욕심(慾心)을 부리지만 돌아오는 것은 늘 상처(傷處)가 아니면 어수선한 뒷말뿐이지 않던가.

남의 눈을 피하는 애정(愛情) 행각(行脚)에 가치를 두는 사람으로 거리낌 없이 대놓고 움직이는 사랑이며, 그렇지 않은 듯, 치기(稚氣) 어린 행동(行動)을 보이면서 사랑을 찾아가는 남자(男子)라네.

본인(本人) 스스로에게는 매우 개방적(開放的)인 면을 보이지만 사랑하는 이에게는 매우 보수적(保守的)인 면을 강요(强要)하면서, 자기(自己)만을 위하길 바라는 이기적(利己的)인 사랑이라네.

가정(家庭)이라는 울타리에 대하여 보수적(保守的)인 성격(性格)으로 매우 이기적(利己的)이면서 독단적(獨斷的)으로 이끌어가며, 자신(自身)이 마땅히 해야 할 도리(道理)보다는 가족(家族)이 해야 할 마땅한 도리(道理)에 대하여 집착(執着)하고 자신(自身)의 뜻이나 생각에 어긋나거나 벗어나면 일언지하(一言之下)에 밀쳐내는 못난 가장(家長)이면서 자기(自己)만 위하길 바라는 남자(男子)라네.

그러면서 본인(本人)이 힘들고 어려운 일에 봉착(逢着)하면 전적(全的)으로 가족(家族)에게 의지(依支)하는 남자(男子)이며, 안 그런 척하면서 큰 소리를 치고 허세(虛勢)를 부린다네.

잘못이나 허물이 있더라도 가족(家族) 앞에서는 늘 떳떳하고 당당(堂堂)한 가장(家長)이며, 가장(家長)으로서의 체통(體統)을 지키기 위해 가족(家族)을 마음대로 휘삽고 돌리는 성격(性格)이라네.

제 기분(氣分)이나 감정(感情)에 따라 급하게 달라지는 성격(性格)으로, 맞추어 살기가 힘든 남자(男子)라네.

- 남자(男子): 음(陰) → 태음(太陰) ☷, 곤(坤)

이기적(利己的)이면서 매우 독선적(獨善的)인 성격(性格)으로 철저(徹底)하게 자신(自身)밖에 모르는 남자(男子)이며, 세상사(世上事)를 다 이해(理解)하는 듯하지만 타인(他人)의 말에 귀를 기울이지 않을 뿐더러 말하고자 하는 뜻을 알아듣지 못하는 몹시 아둔한 성품(性品)이라네.

슬기롭지 못한 까닭으로 매사(每事)에 하는 짓이 미련하고 자신(自身)의 잘못이나 허물에 대하여 어두운 까닭으로. 타인(他人)의 질타(叱咤)나 질책(叱責)에 덮어놓고 윽박지르면서 자신을 합리화(合理化)시키는 남자(男子)라네.

일이 돌아가는 상황(狀況)이나 형편(形便)을 알아보지 않고 무조건(無條件) 몰아치고 내치는 성격(性格)의 소유자(所有者)로서, 잘되면 본인(本人)의 탓으로 돌리고 잘못되면 모든 것을 남의 탓으로 돌려버리는 남자(男子)라네.

융통성(融通性)이라고는 눈곱만치도 없는 성격(性格)으로 매사(每事)에 일을 벌이면서도 뒷일을 감당(堪當)치 못하는 사람이며, 큰 잘못이나 허물을 일으키고도 이를 제대로 인지(認知)하지 못하고 앞뒤를 가리지 못하면서 쓸데없이 고집(固執)을 피우는 밝지 못한 남자(男子)라네.

있으면 있는 그대로를 드러내 보이는 남자(男子)로서 이로 인(因)하여 남에게 이용(利用)을 당하는 사람이며, 자신(自身)은 남을 이용(利用)한다고 당연(當然)하게 생각하지만 남에게 이용(利用)을 당할 뿐이지 결코 남을 이용(利用)할 수 있는 사람이 아니라네.

감정(感情)을 표현(表現)하는 일에 있어서 매우 어두운 까닭으로 이것인지, 저것인지 많은 오해(誤解)를 불러일으키는 성격(性格)이며, 이로 인(因)해 매사(每事)를 명료(明瞭)하게 이끌어가지 못하면서 제 풀에 제가 꺾이는 매우 답답한 성격(性格)의 소유자(所有者)라네.

주변(周邊)에서 돌아가는 상황(狀況)이나 형편(形便)에 어둡고 본인(本人) 스스로에 대하여 밝지 못한 까닭으로 스스로 노력(努力)하여 이룩하기보다는 타인(他人)의 힘을 빌리거나 도움을 통해 이루어가는 남자(男子)라네.

많은 것을 물려받거나 지닌 것이 많아도 세월(歲月)이 지나면서 남에게 모두 빼앗기는 사람이며, 또 그만큼 벌기도 하겠지만 자신(自身)이 지닌 것이 얼마인지도 알지 못하는 어리석은 사람이라네.

숫자에 민감(敏感)한 성격(性格)일 뿐이지 이를 지킬만한 능력(能力)을 지닌 남자(男子)는 아니며, 권위(權威)나 체면(體面), 명예(名譽)를 얻기 위해 재물(財物)을 아끼지 않으면서 작은 잣대로 세상사(世上事)를 바라보는 사람이라네.

처신(處身)과 처세(處世)에 매우 능(能)한 듯이 보이는 사람이지만 사실(事實)을 드러내놓고 보면 재물(財物)을 지녔을 때일 뿐, 재물(財物)이 다하고 나면 주변(周邊)에 사람이 없는 남자(男子)라네.

지신(自身)의 뜻이나 생각에 어긋나거나 맞지 않으면 터무니없는 말과 행동(行動)으로 쓸데없는 고집(固執)을 피우고 제 잘못이나 허물을 남의 탓으로 돌리는 남자(男子)라네.

상대방(相對方)의 기분(氣分)이나 감정(感情)을 헤아리지 않고 본인(本人)의 감정(感情)이나 기분(氣分)에 따라 사랑을 하면서 많은 상처(傷處)를 주는 사람이며, 때에 따라서 사랑하는 사람에게 변명(辨明)과 거짓말로 일관(一貫)하면서 자기(自己) 중심적(中心的)인 사랑을 하는 남자(男子)라네.

가정사(家庭事)에 대하여 매우 게으르고 책임감(責任感)이 없으며, 돈이면 다 된다는 고리타분한 성격(性格)을 지닌 가장(家長)으로 하는 짓이나 생각하는 것이 고리삭고 시원한 맛이 없이 따분하며, 이따금 허풍(虛風)과 허세(虛勢)를 부리는 남자(男子)라네.

그래도 가장(家長)으로서의 책임(責任)을 다하려고 하나 기대(期待)에 미치지 못하는 까닭으로 아니함만 못하고 늘 가족(家族)에게 실망감(失望感)만을 안겨주는 가장(家長)이라네.

때문에 가족(家族)으로부터 외면(外面)을 당하고 가정(家庭)이라는 울타리를 겉도는 외로운 남자(男子)이며, 늘 애정(愛情)에 목말라하는 사람이라네.

- 여자(女子): 양(陽) → 태양(太陽) ☰, 건(乾)

매우 격한 감정(感情)의 소유자(所有者)이면서 정열적(情熱的)이며, 행동(行動)이나 성격(性格)이 쩨쩨하지 않으면서 적극적(積極的)이고 시원시원한 성격(性格)의 여인(女人)이라네.

능동적(能動的)이면서 활달(豁達)한 성격(性格)의 소유자(所有者)로 매사(每事)에 독선적(獨善的)이면서 자기(自己) 중심적(中心的)이지만 타인(他人)의 뜻이나 생각을 존중(尊重)하고 받아들이는 사람이며, 융통성(融通性)을 크게 발휘(發揮)하는 통이 큰 성격(性格)이라네.

타고나기를 화끈한 여인(女人)으로 처신(處身)과 처세(處世)에 매우 능(能)한 성격(性格)이며, 제 앞가림에 있어 능수능란(能手能爛)한 솜씨를 보이고 큰일을 앞에 두고도 천연덕스럽고 숫기가 좋은 여인(女人)이라네.

어디에 나서든 수줍어하거나 부끄러워하는 기색(氣色)이 없이 활발(活潑)한 성격(性格)의 여인(女人)이며, 매사(每事)에 아무 데고 잘 나서는 오지랖 넓은 성품(性品)으로 일 처리(處理)에 있어서만큼은 여느 남자(男子)보다 낫다네.

난 척을 해도 그리 어색(語塞)하지 않은 여인(女人)이며, 든 척, 된 척을 하며, 젠체를 해도 밉지 않은 성격(性格)이면서, 바르지 않은 길이면 가지를 않고 타인(他人)의 잘못이나 허물에 대하여 충고(忠告)를 아끼지 않고 바른말을 해주는 성품(性品)이라네.

타인(他人)의 권위(權威)나 권세(權勢) 앞에 꺾이지 않은 사람이며, 오히려 이들의 위선(僞善)이나 허세(虛勢)를 비꼬면서 적극적(積極的)으로 맞서는 당찬 성격(性格)이라네.

하고 싶은 말을 마음에 담아두지 못하는 성격(性格)으로 때로는 오해(誤解)나 불신(不信), 작은 다툼을 일으키지만 어느 한쪽으로 치우치거나 휩쓸리는 여인(女人)이 아니며, 뒤를 책임(責任)지는 당당(堂堂)한 성격(性格)의 소유자(所有者)라네.

일이 돌아가는 상황(狀況)이나 형편(形便)을 밝게 알아 움직이고 본인(本人) 스스로에 대하여 밝게 아는 까닭으로 일 처리(處理)가 아주 야무지면서 뒤가 깔끔하며, 지나간 일에 대해서는 미련을 두지 않은 시원시원한 성품(性品)이라네.

제 잇속에 밝은 사람이지만 타인(他人)을 생각하는 마음이 넓은 성격(性格)으로 제 것이 아니면 욕심(慾心)을 부리지 않은 여인(女人)이며, 솔직 담백(淡白)하게 자기(自己)의 의견(意見)을 말하고 결심(決心)이 서면 머뭇거리지 않는 성품(性品)이라네.

제 분수(分數)를 스스로가 알아 움직이는 여인(女人)으로 본인(本人)의 잘못이나 허물을 제대로 인지(認知)하는 성격(性格)이며, 책임(責任)을 회피(回避)하지 않고 줏대를 잃지 않은 현명(賢明)한 여인(女人)이며, 타인(他人)의 어려움 앞에 따스한 손을 내주는 성품(性品)이라네.

남자(男子)라는 존재(存在)에 대하여 미련을 두지 않은 여인(女人)으로 크게 집착(執

着)하지 않고 오히려 화끈하게 지내고 마는 시원한 애정(愛情)을 주며, 지나간 인연(因緣)에 끌려가는 여인(女人)이 아니라네.

남자(男子)를 끌어안으면 안았지, 남자(男子)의 품에 안겨 여우짓은 못하는 성격(性格)이며, 대개는 가까운 친구(親舊)처럼 지내는 이들이 많다네.

가정(家庭)이라는 울타리를 엄하게 지키는 성격(性格)으로 아이들을 엄격(嚴格)하게 키우면서도 개방적(開放的)인 면이 있으며, 몸과 마음을 다하여 가족을 부양(扶養)하고 남편(男便)을 떠나 홀로 가정(家庭)을 일으켜 세우는 당찬 사람으로 굴곡(屈曲)이 깊은 가정사(家庭事)를 써간다네.

스스로의 책임(責任)을 다하는 모정(母情)으로 한 집안을 일으켜 세우는 뜨거운 가슴을 지닌 여인(女人)이며, 자신(自身)의 몸과 마음을 다하는 성품(性品)이라네.

- 여자(女子): 양(陽) → 소음(少陰) ☱, 태(兌)

매사(每事)에 적극적(積極的)인 성격(性格)을 보이지만 매우 신중(愼重)함을 기하는 여인(女人)이며, 세상사(世上事)에 능동적(能動的)으로 대처(對處)하는 사람이지만 늘 삼가는 조심스러운 성품(性品)을 지닌 여인(女人)이라네.

안으로 감추는 듯이 모양새를 보이기는 하지만 조용하게 따질 것은 따지고 물을 것은 물어가면서 일을 처리(處理)해 가는 현실적(現實的)인 성격(性格)이며, 자기(自己)를 합리화(合理化)시키는 여인(女人)이라네.

급한 듯 몰아붙이는 성격(性格)을 지닌 것 같지만 스스로의 감정(感情)을 조절(調節)하고 차가운 이성(理性)을 따르는 매우 현명(賢明)한 성격(性格)이며, 자신(自身)이 지닌 모든 것을 쉽게 드러내지 않으면서 본인(本人)의 지위(地位)나 위치(位置)를 지키는 여인(女人)이라네.

여인(女人)의 몸으로서 위신(威信)이나 체면(體面)을 매우 중시(重視)하는 성격(性格)으로 잘잘못에 대한 판단(判斷)에 따라 질책(叱責)을 무겁게 하면서, 본인(本人)의 잘못이나 허물에 대하여 민감(敏感)하게 반응(反應)하고 스스로를 채찍질하는 성품(性品)의 여인(女人)이라네.

매사(每事)에 수줍어하거나 부끄러워하는 기색(氣色)이 없이 활달(豁達)하게 움직이는 성격(性格)은 아니지만, 이해득실(利害得失)이 따르는 일 앞에서는 분명(分明)하게 할 말을 하고야마는 당찬 성격(性格)을 드러내면서 제 것을 챙기는 강(强)한 여인(女人)의 모습을 보인다네.

삶의 여러 면에서 융통성(融通性)을 보이는 성격(性格)으로 막힘이나 걸림이 없이 두루 원만(圓滿)한 패턴을 보이는 사람이며, 모든 일에 지속적(持續的)인 관심(關心)을 보이면서 기존(旣存)에 있는 사실(事實) 위에 새로운 것을 받아들여 새로운 관점(觀點)을 만들어가는 창조성(創造性)을 지닌 사람이라네.

일이 되어가는 과정(過程)의 상황(狀況)이나 형편(形便)에 대하여 자세(仔細)하게 살펴보고 준비(準備)하는 성격(性格)으로, 매사(每事)에 야단스럽지 않으면서 허술한 데가 없이 야무지고 실속이 있게 일을 처리(處理)한다네.

겉보기와는 다르게 아주 작고 하찮은 부분까지 구체적(具體的)이면서 분명(分明)한 성격(性格)이며, 이러한 연유(緣由)로 매우 속이 좁은 사람으로 오해(誤解)를 받지만 많은 사람이 믿고 따르는 바탕이기도 한 것이라네.

겸손(謙遜)한 모양새를 갖추는 여인(女人)이지만 자긍심(自矜心)을 가진 성격(性格)으로 매사(每事)에 몸과 마음을 다하여 노력(努力)을 하는 사람이라네.

때때로 독선적(獨善的)이면서 이기적(利己的)인 모습을 보이지만 그리 밉지 않은 여인(女人)이며, 타인(他人)으로부터 미움을 받지 않은 성품(性品)이라네.

겉으로 드러내지 않은 따스한 사랑을 주는 여인(女人)으로 타인(他人)의 눈을 피하는 애정(愛情)에 열을 올리고 지나간 인연(因緣)에 연연하지 않은 사랑을 한다네.

모성애(母性愛)를 바탕으로 한 사랑이라 한없이 부드럽고 따뜻하지만 언제든지 매몰차게 내칠 수 있는 애정(愛情)을 준다네.

가정(家庭)을 지키는 일에 몸과 마음을 다하면서 제 앞가림에 소홀(疎忽)하지 않은 성격(性格)이며, 가족(家族)을 부양(扶養)하는 일에 있어서 몸과 마음을 아끼지 않지만 본인 스스로를 제대로 챙기는 여인(女人)이라네.

엄(嚴)한 듯 소극적(消極的)인 모습을 보이지만 잘잘못에 대한 판단(判斷)이 분명(分

明)하고 더하여 상벌(賞罰)을 가차(假借) 없이 실행(實行)에 옮기며, 조금이라도 감정(感情)을 내비치는 성품(性品)이 아니라네.
매우 지속적(持續的)인 관심(關心)으로 이끌어주는 모정(母情)이며, 사랑하는 마음이 남 못지않은 성격(性格)에 밤이슬을 밟고 다니더라도 삼시 삼 때를 거르지 않고 가족(家族)을 봉양(奉養)하는 어미라네.

- 여자(女子): 양(陽) → 소양(少陽) ☲, 리(離)

본인(本人)의 그릇에 맞지 않게 욕심(慾心)을 부리는 성격(性格)으로 제 것이 아닌 남에 것을 탐내는 여인(女人)이며, 이러한 까닭으로 시기(猜忌)와 질투(嫉妬), 투기(妬忌)가 심하고 남이 잘되는 꼴을 보지 못하는 성격(性格)이라네.
어린애 같은 유치(幼稚)하고 철없는 치기(稚氣) 어린 말과 행동(行動)으로 주변(周邊) 사람들을 몹시 당혹(當惑)하게 만드는 여인(女人)이며, 제 앞가림은 하지도 못하면서 오지랖 넓게 나서기를 좋아하면서 남이 챙겨야 할 잇속을 챙기지 못하도록 훼방(毁謗)이라도 놓은 듯, 묘한 모양새를 드러내 보이고 오해(誤解) 아닌 온갖 오해(誤解)를 불러일으키거나 갖은 구설수(口舌數)에 휘말리는 여인(女人)이라네.
자신(自身)의 잘못이나 허물은 돌아보지 않으면서 타인(他人)의 잘못이나 허물에 대하여 지적(指摘)을 해가며 강도(强度) 높은 질책(叱責)이나 질타(叱咤)를 하는 성격(性格)에, 되지도 않은 허풍(虛風)이나 허세(虛勢)를 보이는 여인(女人)이라네.
하나를 가지고서는 열을 가지고 있는 척 자신(自身)을 내세우며, 일이 아직도 결과(結果)보다는 과정(過程)에 있음에도 불구(不拘)하고 모든 일이 자신(自身)의 뜻대로 이루어지는 양, 큰소리에 잘난 척을 있는 대로 해대는 성격(性格)이라네.
그렇다고 뒷일을 책임(責任)지고 본인(本人)의 뜻대로 움직이기보다는 일이 돌아가는 사정(事情)이나 형편(形便)에 따라 뒤바뀌면서 제 잇속만을 챙기려는 못난 속내를 드러내 보이는 성격(性格)이며, 잘되면 모든 일을 자신(自身)의 탓으로 돌리고 일이 하나라도 잘못되면 결과(結果)를 보기도 전에 발을 빼버리는 이기적(利己的)인 성격(性格)이라네.

좋게 봐서 말하면 매우 현실적(現實的)이면서 실속을 챙긴다고 보지만 여러모로 보면 매우 밉상을 떠는 여인(女人)이라네.

감정(感情)의 기복(起伏)이 심한 성격(性格)으로 본인(本人)의 뜻이나 생각대로 이루어지지 않거나 어긋나면 이를 제대로 조절(調節)하지 못하고 상대방(相對方)을 아랑곳 않으면서 모든 것을 밖으로 쏟아내며, 변명(辨明)과 함께 제멋대로 미주알고주알 떠드는 여인(女人)이라네.

난 척, 든 척, 된 척을 해가면서 자신(自身)보다 없거나 못난 사람을 업신여기는 속 좁은 성격(性格)에 이해득실(利害得失)에 따라 융통성(融通性)을 보이면서도 막무가내(莫無可奈)에 제멋대로 고집(固執)을 피우는 사람이라네.

능동적(能動的)인 면을 보이기는 하지만 잇속이 있느냐 없느냐에 따라서 수동적(受動的)으로 바뀌며, 적극적(積極的)인 면을 보이기는 하지만 이득(利得)이나 손해(損害)를 따라 매우 소극적(消極的)으로 바뀌는 성격(性格)을 지닌 여인(女人)이라네.

기분(氣分)에 따라 잘할 때는 지극(至極)히 잘하고 못할 때는 참으로 밉상을 보이는 여인(女人)이며, 위신(威信)이나 체면(體面)을 몹시 따지면서 자신(自身)을 세우고 수줍어하거나 부끄러워하는 성격(性格)이 아니라네.

그렇다고 숫기가 있는 활발(活潑)한 성격(性格)이 아니며, 단지 내숭, 곧 겉으로는 순해 보이나 사실(事實) 속을 들여다보면 엉뚱한 욕심(慾心)을 품고 분수(分數) 밖의 짓을 하려는 경향(傾向)을 지닌 여자(女子)라네.

스스로가 노력(努力)하여 얻기보다는 일확천금(一攫千金)을 바라는 허황(虛荒)된 성격(性格)으로 몹시 게으르고 자기(自己) 자신(自身)을 속이는 여인(女人)이라네.

이성(異性)을 만나는 일에 있어 계산(計算)이나 목적(目的)이 따르고 얻고자 한 바를 다 얻고 나면 내치는 사랑이라 상대방(相對方)에게 상처(傷處)를 주는 여인(女人)이며, 상처(傷處)를 주면서 오히려 큰 상처(傷處)를 받았다고 되받아치며, 자신(自身)만을 소중(所重)하게 여기는 애정(愛情)이라네.

겉으로는 화려(華麗)하게 드러나 보이는 가정(家庭)이지만 그 안은 곪을 대로 곪아버린 관계(關係)에 늘 서로가 밖으로 겉돌면서 서로를 그리워하는 가족(家族)이라네.

자신(自身)의 잘못이나 허물은 생각하지 않고 모든 것을 가족(家族)의 탓으로 돌리면서 불평불만(不平不滿)에 늘 만족(滿足)하지 못하는 성격(性格)이며, 가족(家族)에 대한 기대치(期待値)가 매우 높은 여인(女人)이라네.

가족(家族)을 부양(扶養)하기 위해 몸과 마음을 다하지만 그 마음을 누가 알아주겠는가.

늘 공염불(空念佛)에 끝나는 남편(男便)도 남편(男便)이 아니겠는가.

스스로 짊어져야 할 짐이라면 피한다고 피할 수 있는 일이 아니라네.

만일 밖아 바람을 맡게 되면 모진 삶을 살아가는 여인(女人)이 되어 끝내 스스로를 속이는 거짓된 삶을 살아갈 것이라네.

- 여자(女子): 양(陽) → 태음(太陰) ☳, 진(震)

자기(自己) 중심적(中心的)인 사고방식(思考方式)으로 세상사(世上事)를 제멋대로 판단(判斷)하고 큰 오류(誤謬)를 범하는 성격(性格)이며, 어떤 사물(事物)이나 현상(現象)에 대한 의견(意見)이나 생각 등을 다 안다는 듯 고개를 끄덕이기는 하지만 결국(結局)은 하나도 이해(理解)하지 못하는 아둔한 성품(性品)이라네.

마주 대하여 드러난 사물(事物)의 모양(模樣)이나 상태(狀態), 또는 시간(時間)과 공간(空間) 속에 나타나는 대상(對象)에 대하여 제대로 인지(認知)하지 못하고 자신(自身)만의 작은 잣대로 이를 이해(理解)하는 사람이며, 눈앞에 드러나는 매우 작은 잇속을 얻기 위해 몸과 마음을 다하는 성품(性品)이라네.

본인(本人) 스스로에게 어두운 성격(性格)을 지닌 까닭으로 매사(每事)에 제 하고 싶은 대로 일을 처리(處理)하면서 타인(他人)의 의견(意見)이나 충고(忠告) 따위를 무시(無視)하고, 뒤늦은 후회(後悔)를 하면서 가슴을 치는 여인(女人)이라네.

본인(本人)의 큰 허물이나 잘못에 대하여 알지 못하고 더하여 남의 잘못이나 허물에 대해서도 또한 밝지 못한 까닭으로, 늘 웃은 얼굴로 매사(每事)를 대처(對處)한다지만 본인(本人) 스스로는 얼마나 답답하겠는가.

일이 되어가는 처음부터 마지막까지의 과정(過程)이나 일이 돌아가는 사정(事情)이나 형편(形便)에 대하여 어두운 까닭으로 타인(他人)의 거짓이나 아부(阿附)에 쉽게 넘어가는 성격(性格)이며, 지인(知人)의 따끔한 충고(忠告)나 질책(叱責)은 싫어하면서 본인(本人)의 환심(歡心)을 사기 위하여 알랑거리며 붙좇은 사람에게 쉽게 휩쓸리는 아둔한 머리를 지닌 여인(女人)이라네.

때문에 이득(利得)보다는 손실(損失)이 많은 것이며, 내가 있을 때는 사람이 모이고 내가 없을 때는 사람이 떠나는 것이라네.

겉으로 드러나는 화려(華麗)함을 좇은 성격(性格)의 소유자(所有者)로 이는 본인(本人)의 모자란 점이나 부족(不足)한 면을 감추기 위함이며, 일을 벌이는데 있어서 실속보다는 겉으로 드러나는 외양(外樣)을 좇아다니면서 드러나지 않은 알찬 이익(利益)을 챙기지 못하는 여인(女人)이라네.

처신(處身)과 처세(處世)에 능(能)한 듯하지만 현실적(現實的)이지 못한 성품(性品)으로 인(因)하여 하는 짓이 미련한 까닭으로 번번이 일을 그르치기만 하는 사람이라네.

자신(自身)의 허물이나 잘못, 실수(失手) 따위를 인정(認定)하지 않은, 곧 융통성(融通性)이 매우 부족(不足)한 성격(性格)으로 되지도 않은 억지를 부리면서 자신(自身)의 위신(威信)이나 체면(體面) 따위를 지키기 위해 애쓰고, 얄팍한 자존심(自尊心)을 내세워 본인(本人)의 위치(位置)나 지위(地位) 향상(向上)을 위해 몸과 마음을 다해 노력(努力)하는 억센 여인(女人)이라네.

이해득실(利害得失)에 따라 움직이는 가벼운 성격(性格)으로 뒷일을 감당(堪當)하지 못하는 여인(女人)이며, 실질적(實質的)인 행위(行爲)보다는 말이 먼저 앞서고 뒤가 무른 까닭으로 매사(每事)에 책임(責任)지지 못하는 사람이라네.

육욕(肉慾)을 풀고 나면 곧 잊어버리는 사랑이며, 육신(肉身)의 정(情)에 한번 빠지면 낮과 밤을 가리지 않고 넓은 강을 수시로 넘나드는 여인(女人)이라네.

그렇다고 한명의 이성(異性)에게 집착(執着)하지 않고 더운 밥, 차가운 밥을 가리지 않은 애정(愛情)이라네.

또한 애증(愛憎)의 갈등(葛藤)에 무심(無心)한 여인(女人)이라네.

자식(子息)에게 무섭도록 집착(執着)을 하는 성격(性格)으로 무슨 일이 벌어지든 끝까지 함께하는 모정(母情)이며, 본인(本人)의 몸을 팔아서라도 부양(扶養)하는 여인(女人)이라네.
물론 가족(家族)을 위하는 마음이야 남과 다르지 않지만 그 마음이야 오죽하겠는가.
가정(家庭)이라는 울타리를 잃어버리고 밤이슬을 밟지만 본인(本人) 스스로의 아둔함을 깨고 나면 남 못지않은 재물(財物) 복(福)과 인복(人福), 자식(子息)에 대한 복(福)을 크게 누릴 수 있는 성품(性品)이라네.
자기(自己)가 본래(本來)부터 지니고 태어난 복(福)에 어두울 뿐이며, 이를 찾기만 하면 그 누구나 탄탄한 길이 눈앞에 드러난다네.

- 여자(女子): 음(陰) → 태양(太陽) ☴, 손(巽)

겉으로 드러난 모양새는 부드러운 기운(氣運)을 흘리지만 속내는 뜨겁고 앞뒤 헤아림 없이 곧장 돌진하거나 실행(實行)하는 성격(性格)이며, 거침없는 말과 행동(行動)으로 자신(自身)의 뜻이나 생각을 가감(加減) 없이 표현(表現)하는 당찬 여인(女人)이라네.
일이 되어가는 사정(事情)이나 형편(形便)을 밝게 헤아리는 성격(性格)으로 때나 경우(境遇)에 따라 임기응변(臨機應變)으로 변통(變通)할 수 있는 성질(性質)이나 재주가 매우 우월(優越)한 성격(性格)의 소유자(所有者)로서, 매사(每事)에 막힘이나 걸림이 없이 두루 원만(圓滿)한 성품(性品)을 드러내는 여인(女人)이라네.
적극적(積極的)이면서 능동적(能動的)인 성격(性格)을 지녔지만 그렇다고 충동적(衝動的)인 성격(性格)이 아니며, 늘 말이나 행동(行動)에 앞서 신중(愼重)을 기하고 본인(本人)이 저지른 일에 대하여 늘 염두(念頭)에 두는 사람으로서 처신(處身)과 처세(處世)를 가볍게 하지 않는다네.
타인(他人)의 잘못이나 허물에 대하여 따끔한 충고(忠告)나 질책(叱責)을 아끼지 않은 성품(性品)이며, 또한 자신(自身)의 잘못이나 허물에 대하여 충고(忠告)를 하거나 질책(叱責)이 따르면 반론(反論)을 재기(再起)하지 않고 흔쾌히 받아들이는 활달(豁達)한 성격(性格)이라네.
세상사(世上事)를 마주 대하는 일에 있어서 매우 조심스럽지만 마음에서 결정(決定)

이 되면 머뭇거리거나 망설이지 않고 실행(實行)하는 성격(性格)이며, 현실적(現實的)이면서 실속을 챙기는 여인(女人)이라네.

바르지 않은 길이면 아예 발도 들이지 않은 성격(性格)으로 말이나 행동, 행태(行態) 따위가 바짝 다잡아 몰아치는 타입이며, 쩨쩨하지 않고 시원시원한 여인(女人)이라네.

겉으로 드러나는 위신(威信)이나 체면(體面)치레보다는 내적(內的)인 가치(價値)나 충실(充實)을 다지는 성품(性品)이며, 위선(僞善)이나 거짓을 대하면 망설임 없이 단호(斷乎)하게 처단(處斷)하는 여인(女人)이라네.

본인(本人)에 대하여 밝게 아는 여인(女人)으로 잇속 앞에서 자존심(自尊心)을 버리면서까지 굳이 챙기지 않으며, 상생(相生)의 길을 찾은 매우 현명(賢明)한 성격(性格)으로 이를 통해 자신(自身)의 입지(立志)를 강화(强化)시키면서 본인(本人)의 역량(力量)을 넓혀가는 지혜(智慧)를 지녔다네.

다만 본인(本人) 스스로를 믿지 못하고 남의 힘을 의지(依支)하여 자신(自身)을 내세우거나 타인(他人)의 권세(權勢)와 명예(名譽)를 빌려 욕심(慾心)을 부린다면, 화려(華麗)한 성공(成功) 뒤에는 늘 상처(傷處)만이 남는다는 것을 마음에 새겨야 할 것이라네.

늘 따스한 손을 내밀어주는 사랑이며, 이도저도 아니라면 당당(堂堂)하게 밤이슬을 밟고 살아가고 애정(愛情)이 없다면 미련을 두지 않는 여인(女人)이라네.

뜨거운 가슴을 끌어안고 살아가기에는 벅찬 여인(女人)으로 자칫 잘못하면 농염(濃艶)함으로 굴곡(屈曲)이 심한 애증(愛憎)의 갈등(葛藤)을 일으키는 정(情)이라네.

부드러우면서 엄격(嚴格)하게 가정사(家庭事)를 이끌고 가정(家庭)이란 울타리 내에서의 위치(位置)를 분명(分明)히 하면서 줏대를 가지고 가족(家族)을 이끈다네.

몸과 마음을 다한 가족(家族)에 대한 사랑은 더할 나위없고 가족(家族)을 부양(扶養)하기 위하여 노력(努力)을 아끼지 않으며, 늘 변함없는 항상(恒常) 함으로 정(情)을 들이는 모정(母情)이라네.

때때로 시원시원한 성격(性格)으로 인해, 잃지 않을 것을 잃기도 하지만 늘 제자리를 찾을 수 있도록 이끌어주는 여인(女人)이라네.

- 여자(女子): 음(陰) → 소음(少陰) ☱, 감(坎)

일상(日常)의 행동(行動), 곧 행실(行實)이 바른 성격(性格)으로 충동적(衝動的)인 감정을 때와 경우(境遇)에 맞게 조절(調節)하고 말과 행동(行動)을 삼가는 성품(性品)이라네.

자신(自身)에 대한 보호본능(保護本能)이 매우 강한 여인(女人)으로 속내를 쉽게 드러내지 않으며, 깊은 인연(因緣)이 아니면 말을 섞지 않고 매사(每事)에 신중(愼重)을 기하는 성품(性品)이라네.

그러나 스쳐지나가는 인연(因緣)이라도 소중(所重)하게 생각하고 함부로 대하거나 모욕(侮辱)을 주지 않은 성격(性格)이며, 오히려 호의(好意)를 베풀어 사람을 끌어당기는 여인(女人)이라네.

때때로 지나친 호의(好意)를 베풀므로 인(因)하여 자신(自身)의 뜻과는 다르게 오해(誤解)와 불신(不信)을 일으키나, 본인(本人)이 올바르다면 전혀 개의(介意)치 않은 여인(女人)이라네.

언짢은 일 따위에 마음을 두어 속 좁게 구는 성격(性格)이 아니며, 보기와는 다르게 대범(大汎)하게 마음을 쓰고 겉으로 드러나지 않게 자신(自身)의 입지(立志)를 단단하게 굳히며, 제 앞가림을 철저(徹底)히 하는 성품(性品)이라네.

일이 돌아가는 사정(事情)이나 형편(形便)에 대하여 속속들이 꿰뚫어 미치어 빈틈이나 부족(不足)함이 없이 밑바닥까지 본인(本人)이 분명(分明)하게 알아보고 난 후에야 움직임을 보이는 성품(性品)으로서 어찌 보면 매우 까다로운 성격(性格)이기도 하다네.

제 잘못이나 허물을 쉽게 인정(認定)하거나 드러내지 않으며, 그렇다고 쓸데없는 고집(固執)을 피우면서까지 알량한 자존심(自尊心)을 지키려는 어리석은 여인(女人)이 아니라네.

겉으로 드러나 보이는 행동(行動)이나 성격(性格)이 적극적(積極的)이고 시원시원하지는 않으나 그렇다고 쩨쩨하게 구는 여인(女人)은 아니라네.

매사(每事)에 능동적(能動的)이지 않으나 그렇다고 수동적(受動的)이거나 피동적(被動的)이지 않고, 단지 자신(自身)의 힘으로 다른 것에 작용(作用)을 주기 싫어하는 성격(性格)일 뿐이라네.

쉽게 말하면 오지랖 넓게 남의 일에 끼기를 싫어하는 여인(女人)이라네.

때때로 스스로를 정당화(正當化)시키고 합리화(合理化)시키지만 두루 원만(圓滿)한 인간관계(人間關係)를 유지(維持)하며, 허물이나 잘못에 대하여 나중에 조용히 따져 물으면서 차갑게 굴지만 마음은 따스한 여인(女人)이라네.

경우(境遇)에 어긋나거나 벗어나지 않은 조용한 사랑으로 상대방(相對方)의 마음이나 분위기(雰圍氣) 따위를 차분차분히 하고 마음과 몸의 문을 쉽게 열지 않으나, 한번 열면 뜨거운 애정(愛情)을 쏟아 붓은 여인(女人)이라네.

그렇다고 단 하나의 사랑에 집착(執着)하지 않은 성격(性格)이며, 은연(隱然)중에 상대방(相對方)을 끌어당기고 부드러우면서 격렬(激烈)하게 이끄는 사랑을 한다네.

가족(家族)을 위하는 마음이 남과 다르며, 몸과 마음을 다해 온 정성(精誠)을 들여 이바지하고 차분하게 가정(家庭)을 이끌어가는 성격(性格)이며, 잘못이나 허물에 대하여 격하게 반응(反應)을 보이기보다는 논리정연(論理整然)하게 사태(事態)를 진정(鎭靜)시키는 사람이라네.

모성애(母性愛)가 깊은 여인(女人)으로 자식(子息)을 위하는 마음이 애틋하고 모자람이 없지만 자칫 잘못하면 밖으로 나도는 삶을 살기도 한다네.

- 여자(女子): 음(陰) → 소양(少陽) ☶, 간(艮)

겉으로 부드럽고 나약(懦弱)한 모습을 보이지만 속내를 보면 힘이 달리면서도 남에게 지기 싫어하는 마음이 강(强)하고, 소유(所有)하기를 원하거나 바라는 사물(事物)이 있다면 온갖 방법(方法)을 써서라도 꼭 취하는 성격(性格)이라네.

매사(每事)에 대중없이 덤벙대는 성격(性格)으로 제 앞가림이 미흡(未洽)하고 잘못이나 허물에 대한 생각도 또한 미진(未盡)한 면을 보이면서 아주 하찮은 일까지 속속들이 따지고 드는 성격(性格)이며, 철저(徹底)하게 자기(自己) 중심적(中心的)인 여인(女人)이라네.

제대로 아는 바가 없이 다 아는 척을 하면서 자신(自身)을 세우고 가지고 있지도 않으면서 다 가지고 있는 척을 하며, 되지도 않은 심보를 가지고 선(善)한 척 자신(自身)을 속이면서 오만(午慢)함을 부리는 성격(性格)이라네.

물론 힘이 있고 가진 자 앞에서는 스스로를 낮추는 성격(性格)이지만, 젠체하며 남을 업신여기는 태도(態度)를 버리지 못하고 자기(自己)의 체면(體面)이나 위신(威信) 따위를 세우기 위해 허영심(虛榮心)으로 겉치레에 치중(置重)하는 여인(女人)이며, 남의 권세(權勢)나 위신(威信), 명예(名譽) 따위를 내세운다네.

뒷심이 약하고 뒤가 무른 성격(性格)으로 착하기는 하지만 자신(自身)을 화려(華麗)하게 내세워야 한다는 어리석은 생각으로 이해득실(利害得失)에 따라, 이용(利用) 가치(價値)에 따라 사람을 차별(差別)하는 성격(性格)이며, 자신(自身)의 본마음을 감추고 스스로를 속이는 여인(女人)이라네.

그래도 크게 밉보이지 않는 것은 여린 성품(性品) 때문이며, 사람 됨됨이가 곰과 같지 않고 사정(事情)이나 형편(形便)에 따라 눈치 것 움직여주면서 나름대로 제 할 일 찾아가는 여인(女人)이기 때문이라네.

능동적(能動的)이기보다는 피동적(被動的)인 태도(態度)를 보이고 제 몸을 움직여 구하기보다는 남의 손을 빌리는 여인(女人)이며, 스스로를 잘난 척 내세워야 마음이 편한 성격(性格)이라네.

현실적(現實的)인 면을 보이나 이는 필요(必要)에 따른 것이며, 사실(事實) 허황(虛荒)된 꿈을 꾸는 성격(性格)에 제 기분(氣分)에 도취(陶醉)되어 살아가는 여인(女人)이라네.

분수(分數)에 맞지 않게 엉뚱한 짓을 벌이는 성격(性格)이며, 잘못이나 허물에 대하여 어둡고 번번이 일을 그르치면서도 욕심(慾心)을 너무 앞세운 나머지 반복(反復)되는 실수(失手)를 저지른다네.

또한 뒷감당을 하지 못하는 나약(懦弱)함으로 가까운 이들을 힘들게 하고 본인(本人)은 뒤로 빠져버리면서 모든 책임(責任)으로부터 도망가는 여인(女人)이라네.

잘못이나 허물을 정당화(正當化)시키면서 스스로를 합리화(合理化)시키는 성격(性格)이라네.

깊지 않고 가벼운 사랑을 주는 여인(女人)으로 늘 상처(傷處)를 받은 여린 마음이며,

한곳에 집착(執着)하지 않고 애정(愛情)을 찾아 나선다네.

분위기(雰圍氣)에 민감(敏感)한 몸으로 계산(計算)된 사랑이란 스스로를 멍들게 하지 않던가.

가족(家族)이란 자신(自身)의 체면(體面)이나 명예(名譽)를 세우기 위해 필요(必要)한 존재(存在)로 생각하면서, 이를 위해 온갖 방법(方法)을 동원(動員)하고 이도저도 아니라면 제멋대로 구는 여인(女人)이라네.

물론 가정(家庭)이라는 울타리를 지키기 위해 노력(努力)하지만 늘 선결(先決) 조건(條件)은 빚을 지더라도 남보다는 잘 입고 잘 쓰고 잘 사는 것처럼 꾸며야 하기에, 때때로 빛 좋은 개살구와 같이 겉만 번지르르하고 실속이 없는 여인(女人)이라네.

- 여자(女子): 음(陰) → 태음(太陰) ☷, 곤(坤)

겉보기와는 다르게 자신(自身)을 다 내어주는 여인(女人)으로 자신(自身)이 처한 사정(事情)이나 형편(形便)을 돌보지 않고 묵묵하게 제 할 도리(道理)를 다 하는 성격(性格)이며, 무슨 일이든 어떠한 일이든 마다하지 않은 여인(女人)이라네.

제 한 몸을 편하게 두지 않은 성격(性格)이며, 세상사(世上事)에 무감각(無感覺)하게 반응(反應)하면서 처신(處身)과 처세(處世)에 무디지만 본인(本人)의 뜻과 생각대로 나아가는 성품(性品)이라네.

본인(本人) 스스로에게 매우 아둔한 편이지만 잘못이나 허물에 대해서는 분명(分明)하게 인지(認知)하고 자기(自己) 변명(辨明)을 늘어놓지 않은 곧은 성품(性品)이며, 고집(固執)스럽게 제 길을 가는 여인(女人)이라네.

일이 돌아가는 사정(事情)이나 형편(形便)을 따지지 않으며, 그 결과(結果)에 대해서도 크게 바라는 바 없이 제 앞가림만을 하면서 크게 욕심(慾心)을 부리지 않고 늘 변함없이 자신(自身)의 자리를 지키는 성품(性品)이라네.

말이라도 하면 답답하지 않겠지만 가타부타 말이 없는 성격(性格)의 소유자(所有者)로 잘했든 잘못했든 마음의 동요(動搖)를 보이지 않고, 말이 없음으로 자신(自身)의 의사(意思)를 전달(傳達)하면서 일상(日常)을 보내는 여인(女人)이라네.

적극적(積極的)이면서 능동적(能動的)인 것 같지만 크게 눈에 띠는 여인(女人)은 아니며, 동선(動線)이 복잡(複雜)하지 않고 매우 단순(單純)하며, 천편일률적(千篇一律的)인 행태(行態)와 사고방식(思考方式)을 보이고 이를 답답하게 여기지 않으면서 당연시(當然視)하는 여인(女人)이라네.

되지도 않은 구설수(口舌數)에 눈 하나 깜박이지 않은 성격(性格)이며, 오지랖 넓게 남의 일에 끼어들기를 싫어하고 남을 탓하기보다는 자신(自身)의 탓으로 돌리는 여인(女人)이라네.

그렇다고 도움의 손길을 매정(媒精)하게 뿌리치는 사람이 아니며, 본인(本人)이 힘들더라도 몸과 마음을 다한 정성(精誠)으로 도움을 주는 성품(性品)이라네.

잇속 앞에 욕심(慾心)을 부릴 만도 하건만 제 것이 아니면 쓸데없는 욕심(慾心)을 부리는 성격(性格)이 아니며, 스스로 노력(努力)한만큼 거두어들이고 주변(周邊) 사람들과 두루 원만(圓滿)한 관계(關係)를 이룬다네.

자신(自身)이 처한 그때그때의 상황(狀況)에 따라 적응(適應)하면서 스스로의 입지(立志)를 세우기는 하나 알아주는 이가 없이 늘 혼자 서있는 여인(女人)이며, 외로움에 이골이 난 성격(性格)이라네.

애정(愛情) 표현(表現)에 무덤덤한 여인(女人)으로, 늘 먼 산만 바라보고 행위(行爲)에 몰두하기보다는 크게 동요(動搖)됨이 없이 매우 수동적(受動的)인 사랑을 한다네.

주면 주는 대로 받으면 받은 대로 반응(反應)이 없는 사랑이라 웃음도 눈물도 잃은 몸이라네.

가족(家族)을 위해 자신(自身)의 모든 것을 희생(犧牲)하고 바라는 바 없는 사랑으로 주기만 하는 모정(母情)에 스스로의 삶을 포기(抛棄)하는 여인(女人)이라네.

자신(自身)을 알아주지 않아도 변함이 없으며, 자신(自身)의 배를 채우기보다는 아낌없이 가족(家族)을 채워주면서 스스로를 위로(慰勞)하는 여인(女人)이라네.

자신(自身)의 몸을 내주는 한이 있더라도 가족(家族)을 위하는 여인(女人)이라네.

18) 평지목(平地木): 들판에 홀로 서있는 목(木)의 운(氣運)

무술(戊戌)-양(陽)	기해(己亥)-음(陰)

16상론(十六象論) 및 행태론(行態論)

• 남자(男子)

양(陽) → 태양(太陽)/건(乾)-부(父) ☰	음(陰) → 태양(太陽)/손(巽)-장녀(長女) ☴
양(陽) → 소음(少陰)/태(兌)-소녀(少女) ☱	음(陰) → 소음(少陰)/감(坎)-중남(中男) ☵
양(陽) → 소양(少陽)/리(離)-중녀(中女) ☲	음(陰) → 소양(少陽)/간(艮)-소남(少男) ☶
양(陽) → 태음(太陰)/진(震)-장남(長男) ☳	음(陰) → 태음(太陰)/곤(坤)-모(母) ☷

• 여자(女子)

양(陽) → 태양(太陽)/건(乾)-부(父) ☰	음(陰) → 태양(太陽)/손(巽)-장녀(長女) ☴
양(陽) → 소음(少陰)/태(兌)-소녀(少女) ☱	음(陰) → 소음(少陰)/감(坎)-중남(中男) ☵
양(陽) → 소양(少陽)/리(離)-중녀(中女) ☲	음(陰) → 소양(少陽)/간(艮)-소남(少男) ☶
양(陽) → 태음(太陰)/진(震)-장남(長男) ☳	음(陰) → 태음(太陰)/곤(坤)-모(母) ☷

- 남자(男子): 양(陽) → 태양(太陽) ☰, 건(乾)

막힘이나 걸림이 없이 두루 원만(圓滿)한 성격(性格)이지만 인복(人福)이 없는 남자(男子)로, 부모(父母)로부터 받은 복(福) 또한 충분(充分)하지가 않고 처복(妻福), 자식(子息) 복(福)마저도 없는 외로운 남자(男子)라네.

그래도 밝은 성격(性格)의 소유자(所有者)로서 많은 사람들과 어울리기를 좋아하고 성정(性情)이 곧은 남자(男子)이며, 착한 성격(性格)에 남을 배려(配慮)하는 속이 깊은 사람이라네.
여린 성격(性格)이야 타고났다지만 혼자 잘 놀고 스스로를 위로(慰勞)하며 살아가는 남자(男子)로서 매사(每事)에 열심히 노력(努力)을 하지만 힘들여 노력(努力)한만큼 제 손에 쥐어지는 것이 없으며, 온갖 타박을 받으면서 이용(利用)을 당하는 남자(男子)라네.
주변(周邊)을 밝게 내다보는 눈을 지니고 있으나 제대로 활용(活用)을 하지 못하고 늘 고립(孤立)되는 처지(處地)에, 많은 사람들로부터 견제(牽制)를 당하고 자신(自身)의 뜻이나 생각대로 이끌어가기가 힘든 성품(性品)이라네.
그렇다고 스스로의 줏대를 꺾지 않은 성격(性格)으로 본인(本人)의 행동(行動) 패턴을 잃지 않고 나름대로 계산(計算)된 움직임을 보이는 남자(男子)이며, 이재(理財)에 매우 밝은 사람으로 이해득실(利害得失)에 민감(敏感)하게 반응(反應)하면서 재빠르게 움직여 제 잇속을 챙기는 현실적(現實的)인 사람이라네.
그리 크지 않은 마음 그릇이라 큰 이득(利得)보다는 작은 잇속에 목매는 남자(男子)이며, 제 앞가림에는 제법 능숙(能熟)함을 보이지만 무리와 함께 움직여야 하는 일에는 매우 미숙(未熟)한 면을 보이는 성격(性格)이라네.
밝은 성격(性格)이지만 매우 독단적(獨斷的)이면서 독선적(獨善的)인 면을 드러내는 성격(性格)으로 어떠한 면에서는 발군(拔群)의 기지(機智)를 발휘(發揮)하지만, 오래 지속(持續)되지 못하고 단발(單發)에 끝나는 남자(男子)라네.
지구력(持久力)이 몹시 약한 편이며, 매사(每事)에 싫증을 금방 느끼는 성격(性格)에 사람을 대하는 일에 있어서도 쉽게 싫증을 느끼고 새로운 일이나 새로운 사람들을 만나는 일에 관심(關心)이 많다네.
본인(本人)에게 들어온 기회(機會)나 행운(幸運) 따위를 남에게 빼앗기는 일이 많은 사람으로, 이를 딛고 자수성가(自手成家)하는 매우 전형적(典型的)인 남자(男子)이며, 자기(自己) 자랑을 앞세우면서 위신(威信)이나 체면(體面), 명예(名譽) 따위를 지키면서도 무엇인가 하나가 빠진 듯한, 허(虛)한 모양새를 보이는 사람이라네.

사랑을 나누는 방식(方式)이 이기적(利己的)인 면을 보이고 어느 정도는 계산(計算)에 따른 애정(愛情)을 주면서 뒤늦게 진실(眞實)을 드러내는 남자(男子)라네.

오래 가지 않은 사랑으로 외로움을 많이 타는 성격(性格)이며, 사랑하는 이도 힘들고 본인(本人)도 힘든 사랑을 한다네.

만나고 헤어지는 일에 크게 연연(戀戀)하지 않으나, 힘이 들수록 집착(執着)하는 성향(性向)을 보이는 남자(男子)라네.

가족(家族)이 가까이 있어도 그리워하는 성격(性格)이며, 애정(愛情) 표현(表現)이 서툴기는 하지만 나름 가족(家族)을 위해 노력(努力)하는 남자(男子)로서 밝게 이끌고 가는 사람이라네.

본인(本人)이 사랑을 주는 만큼 받지 못하는 남자(男子)이며, 가정(家庭)이라는 울타리 안에서도 외로워하고 밖으로 맴돌면서 가족(家族)의 사랑을 찾은 속이 좁은 남자(男子)라네.

똑똑한 듯 제 앞가림을 하고 가족(家族)을 위한다지만 늘 뒷전으로 밀리면서 책임(責任)지지 못하고 말만 앞세우는 가장(家長)의 모습을 보이는 마음 약한 남자(男子)라네.

- 남자(男子): 양(陽) → 소음(少陰) ☱, 태(兌)

오지랖 넓게 나서려는 성격(性格)이지만 본인(本人)의 뜻이나 생각대로 이루어지는 일이 적으며, 늘 타인(他人)으로부터 손해(損害)를 보는 일이 많고 말없이 이를 감내(堪耐)하면서 자신(自身)을 이끄는 성품(性品)이라네.

자신(自身)의 위신(威信)이나 체면(體面), 명예(名譽) 따위를 남 못지않게 챙기고 스스로를 앞세우기는 하지만, 남들로부터 크게 인정(認定)을 받지 못하는 사람이며, 오히려 시기(猜忌)와 질투(嫉妬)에 의한 견제(牽制)를 많이 받는 사람이라네.

전후좌우(前後左右)를 살피면서 주변(周邊) 동태(動態)에 밝으나 이를 현실적(現實的)이며 직접적(直接的)인 행위로 옮기지 못하고 망설이거나 머뭇거리다가 기회(機會)를 놓치는 성격(性格)이며, 제 잇속을 챙겼다고 스스로를 위로(慰勞)하지만 크게 챙기는 것이 없이 말만 무성(茂盛)한 남자(男子)라네.

한번 맺은 인연(因緣)을 소중(所重)하게 여기는 성격(性格)이지만 사람이 한번 좋으면 끝까지 좋고 한번 싫으면 끝까지 싫어하면서 제 편과 남의 편을 만드는 소심(小心)한 성격(性格)이라네.

때문에 자신(自身)의 감정(感情)이나 기분(氣分)에 따라 한쪽으로 치우치거나 휩쓸리는 경향(傾向)을 보이고 진실(眞實)을 들여다보기 위해 노력(努力)하기보다는 좋아하는 사람 말 한마디에 집착(執着)하면서 고집(固執)을 피운다네.

일이 돌아가는 형편(形便)이나 사정(事情)을 밝게 알면서도 제 고집(固執)에 스스로를 꺾고 들어가는 성질(性質)로 인(因)하여 번번이 일을 그르치는 남자(男子)이며, 본인(本人)의 육감(肉感)이나 직감(直感)에 따라 자리를 옮기면서 제대로 찾아드는 좋은 기회(機會)를 남에게 넘겨주는 사람이라네.

하고 싶은 말이 있더라도 사람을 앞에 두고 말하지 못하는 사람이며, 오히려 뒤에 가서 혼잣말로 되새기면서 스스로를 합리화(合理化)시키고 자기(自己) 변명(辨明)을 하는 뒤가 무른 성격(性格)이라네.

타인(他人)에게 의지(依支)하려는 성향(性向)이 강(强)하고 작은 잇속 앞에서 제 욕심(慾心)을 부리기는 하지만, 자신(自身)보다 못한 어렵고 고통(苦痛)을 받은 이들에게는 마음을 열고 도움의 손길을 주는 따스한 성격(性格)이기도 하다네.

뒤가 무른 성격(性格)으로 인(因)하여 남에게 이용(利用)을 당하고 많은 손해(損害)를 보지만 두루 원만(圓滿)한 인간관계(人間關係)를 유지(維持)하는 사람이며, 그래도 마음을 연 인연(因緣)있는 이에게는 거짓이 없이 진실(眞實)만을 전하는 성품(性品)의 소유자(所有者)라네.

또한 아낌없는 사랑을 주는 남자(男子)이며, 한없이 안아주고 다독여주는 착한 성격(性格)이라네.

한 여자(女子)에게 집착(執着)하는 사랑이기보다는 늘 마음이 이끌리는 대로 주는 애정(愛情)이라 상처(傷處)를 주고 또 상처(傷處)를 받으면서 외로워하고, 이곳저곳을 기웃거리는 알팍한 사랑을 한다네.

한번 마음이 떠나면 돌아서지 않은 성격(性格)이지만 그렇다고 매정(媒精)하게 끊지를 못하고 늘 주위(周圍)를 맴돌며 미련을 떠는 소심(小心)한 사랑이라네.

가족(家族)에 대하여 애틋함을 느끼기보다는 본인(本人)이 처한 외로운 상황(狀況)에 무게를 주는 남자(男子)이며, 가정(家庭)이라는 울타리 안에서 자신(自身)의 자리를 제대로 찾지 못하고 겉도는 가장(家長)이라네.

물론 가족(家族)을 위해 노력(努力)을 아끼지 않은 성격(性格)이지만 힘들여 이바지한만큼 사랑을 받지 못하는 가장(家長)으로서 유독(惟獨) 외로움을 타는 성격(性格)이며, 가족(家族)이라는 유대(紐帶) 관계(關係)에서 밀려나는 사람이라네.

그렇다고 크게 유난을 떠는 성격(性格)이 아니며, 쓸쓸히 뒷전으로 물러나는 마음 약한 가장(家長)이라네.

- 남자(男子): 양(陽) → 소양(少陽) ☲, 리(離)

시시하고 보잘것없는 자존심(自尊心)을 내세워 스스로의 잘못이나 허물 따위에 대하여 변명(辨明)으로 일삼고 본인(本人)의 책임(責任)을 남에게 돌리는 성격(性格)이며, 제 잘난 멋에 제멋대로 구는 남자(男子)라네.

강(强)한 면모(面貌)를 보이기는 하지만 타고난 성질(性質)이 매우 무른 편으로 남 탓으로 아까운 시간(時間)을 축내면서 게으름을 피우고 타인(他人)에게 인정(認定)을 받지 못하면서도 매사(每事)에 입방정을 떨어가면서 개입(介入)하는 성격(性格)이며, 일의 잘잘못을 떠나 제 자랑에 여념(餘念)이 없는 남자(男子)라네.

뒤를 생각하지 않고 일을 벌이는 성격(性格)에 앞뒤를 재지 않은 무모(無謀)한 행동(行動)을 하면서 잇속 앞에서 욕심(慾心)을 크게 드러내는 남자(男子)이며, 눈치껏 치고 빠지는 일에 능(能)하고 스스로의 잘못이나 허물을 일순간(一瞬間)에 덮어버리는 사람이라네.

물론 오래가지 않은 거짓으로 순간(瞬間)의 변명(辨明)일뿐이며, 이러한 잔머리를 쓰는 까닭으로 말이나 행동(行動)에 진득한 면이 부족(不足)하고 한 번의 실수(失手)로 신뢰(信賴)를 깨버리는 성품(性品)이라네.

강(强)한 자(者) 앞에서는 나약(懦弱)한 면을 보이는 성격(性格)이며, 약자(弱者) 앞에서는 거드름을 피우면서 깔보거나 업신여기고, 자기(自己) 중심적(中心的)인 사고방식(思考方式)에 스스로의 부족(不足)한 점이 드러날까 전전긍긍(戰戰兢兢)하면서 마음을 열지 못하는 유약(柔弱)한 성격(性格)의 소유자(所有者)라네.

소극적(消極的)인 성품(性品)을 지녔으면서도 매우 적극적(積極的)인 척, 강(强)한 모습을 보이고 스스로의 감정(感情)에 솔직하지 못하면서 분위기(雰圍氣)를 타며 순간(瞬間)을 즐기는 남자(男子)라네.

난 척, 든 척, 된 척하며 나서는 성격(性格)이지만 남들에게 그리 미움을 받지 않은 남자(男子)라네. 이는 타고난 천성(天性)이 착할 뿐만 아니라 타인(他人)의 아픔이나 슬픔 따위를 남 몰라라 하지 않고 몸과 마음을 다한 정성(精誠)으로 베푸는 성품(性品) 때문이라네.

때때로 얄미울 정도로 제 잇속만을 챙기는 성격(性格)이기도 하지만 크게 다른 생각을 가지고 움직이는 남자(男子)가 아니며, 오히려 이해득실(利害得失)에 따른 싸움에서 밀려나는 사람이라네.

나름대로 열심히 노력(努力)을 한다고는 하지만 타인(他人)이 보기에는 매우 게으른 남자(男子)이며, 편하고 제 마음에 드는 일만을 찾아하는 얌체에 어렵고 힘든 일에는 아예 돌아보지도 않은 얄미운 남자(男子)라네.

처음에는 열정(熱情)을 가진 사랑이지만 곧 식어버리는 애정(愛情)이라네.

만나고 헤어지는 일에 분위기(雰圍氣)를 따지는 성격(性格)으로 비련(悲戀)의 주인공(主人公)으로 남은 사랑을 하며, 곡절(曲折)없이 스스로를 애틋하고 가련(可憐)하게 여긴다네.

제 스스로가 떠나는 애절(哀切)함보다는 버림을 받고 눈물을 흘리는 쪽에 비중(比重)을 두는 사랑을 한다네.

가정(家庭)이란 울타리 내에서 가장(家長)으로서의 권위(權威)를 잃고 항상 밖으로 나돌며 마음을 잡지 못하고, 자신(自身)의 위치(位置)를 든든하게 지키지 못하는 남자(男子)라네.

가족(家族)에 대한 배려(配慮)하는 마음이 없고 자신(自身)만을 위해주길 바라는 속이 좁은 남자(男子)이며, 나이에 맞지 않게 칭얼거리며 어리광을 부리는 가장(家長)이라네. 제 한 몸 잘 먹고 배부르면 그만인 성격(性格)으로 뒤가 무른 성격(性格)에 책임감(責任感)이 떨어지지만 그래도 가장(家長)으로서의 의무(義務)를 다하기 위해 노력(努力)하고 마지막에는 나름 가족(家族)을 위해 희생(犧牲)하는 남자(男子)라네.

- 남자(男子): 양(陽) → 태음(太陰) ☳, 진(震)

스스로가 지닌 지식(知識)의 잣대에 매여 남의 말에 귀 기울이지 않고 제 고집(固執)대로 모든 일을 처리(處理)하는 성격(性格)이며, 일의 잘잘못을 떠나 본인 스스로에 대하여 아둔한 성품(性品)으로 제대로 일을 가름하는 판단력(判斷力)이 매우 흐린 남자(男子)라네.

본인(本人)이 무엇을 잘했는지, 잘못했는지에 대한 판단(判斷)이 매우 부족(不足)한 남자(男子)로서 일이 돌아가는 전후(前後) 사정(事情)이나 형편(形便)에 어두우며, 유약(柔弱)한 성품(性品)에 독선적(獨善的)인 까닭으로 늘 주변(周邊) 가까운 사람들로부터 이용(利用)을 당하는 사람이라네.

항상 제 살을 깎아먹은 성격(性格)으로 타인(他人)의 아부(阿附)에 쉽게 넘어가는 남자(男子)이며, 있을 때는 사람들이 붙고 돈이 떨어지면 사람들이 떠나는 행태(行態)를 보이지만, 이를 알아볼 수 있는 머리를 지닌 남자(男子)가 아닌 까닭에 늘 되지도 않은 구설수(口舌數)에 휘말리는 남자(男子)라네.

제 살을 깎아주고도 욕을 먹은 남자(男子)이며, 재물(財物)이나 권세(權勢), 위신(威信) 따위가 있을 때는 어깨를 펴고 당당(堂堂)한 모양새를 떨치지만 이것이 없을 때는 풀이 죽은 모습으로 꼬랑지를 내리는 사람이라네.

솔직 담백(淡白)하고 단순(單純)한 성격(性格)에 앞뒤를 재지 못하는 아둔한 성품(性品)이지만, 모든 것을 끌어안고 홀로 움직여가는 강(强)한 사람이기도 하다네.

자신(自身)의 잘못이나 허물을 제대로 인지(認知)하지 못하는 까닭으로 애먼 죄를 뒤집어쓰거나 까닭 없는 다툼에 휩싸이기도 하며, 입을 굳게 다물고 있음으로 스스로의 결백(潔白)을 표현(表現)하고 매사(每事)에 융통성(融通性)을 발휘(發揮)하지 못하는 것이라네.

처신(處身)과 처세(處世)에 어두운 성품(性品)이며, 매우 게으른 남자(男子)로서 스스로의 아둔함으로 자신(自身)을 옭아매고 가까운 사람의 충고(忠告)나 질책(叱責)에 무심(無心)한 까닭으로 마음을 얻지 못하고 오히려 사람을 잃은 남자(男子)라네.

하나 아는 것을 다 아는 것처럼 착각(錯覺)하고 하나 가진 것을 다 가진 것처럼 여기는 성격(性格)으로 온 힘을 다하여 애를 쓰지만, 돌아오는 것은 늘 가슴 한구석을 허(虛)하게 만드는 차가운 바람이라네.

스스로가 있을 때는 두루 원만(圓滿)한 관계(關係)를 맺고 있지만 스스로가 가진 것이 없을 때는 자리를 피하는 성격(性格)이며, 마주 대하여 드러난 세상사(世上事)에 두려움이 없지만 인연(因緣)을 따라 만나고 헤어지는 일에 두려움을 가지는 사람이라네.

생각은 많지만 깊지 않은 생각으로 번민(煩悶)만을 더하고 인연(因緣)에 깊은 의미(意味)를 두고는 살지만, 맺고 끊은 일에 능(能)하지 못한 까닭으로 스스로의 인생(人生)을 꼬이게 만드는 성품(性品)이라네.

애먼 누명(陋名)에 제대로 변명(辨明)하지 못하는 까닭으로 죄가 아닌 죄를 짓게 되면서, 자신(自身)을 어둠의 길로 이끌어가는 억울(抑鬱)한 남자(男子)라네.

본인(本人)의 마음을 제대로 전하지 못하는 사랑에 늘 멀리 달아나는 사람을 쫓는다네.

단편적(斷片的)으로 잠시(暫時) 머물다 가버리는 사랑을 하면서 상처(傷處)를 주기보다는 스스로가 상처(傷處)를 내는 애정(愛情)에 잠시나마 애틋해지는 사랑을 한다네.

가정(家庭)이라는 울타리에 대하여 배려(配慮)하는 마음이 크고 있는 그대로를 보여주면서 자신(自身)의 위치(位置)를 찾지만, 늘 불평불만(不平不滿)을 가지는 가장(家長)이라네.

따스한 감정(感情)이 실린 말보나는 매사(每事)에 돈으로만 해결(解決)지려는 성격(性格)으로 쓸데없는 큰소리에 허풍(虛風)을 떠는 가장(家長)이며, 늘 같은 모습에 변함이 없는 말없음으로 스스로를 감춘다네.

애정(愛情) 표현(表現)에 서툰 가장(家長)이지만 본인(本人)의 기분(氣分)에 따라 뒤바뀌는 성격(性格)이며, 때때로 자신(自身)을 잊고 잘못이나 허물을 드러내지만 쉽게 마음을 보여주는 가장(家長)이 아니라네.
또한 자식(子息)을 위한 부정(父情)이 뜨거운 남자(男子)로서 몸과 마음을 다한 정성(精誠)으로 뒷바라지하는 가장(家長)이라네.

- 남자(男子): 음(陰) → 태양(太陽) ☴, 손(巽)

속에 있는 것을 겉으로 드러내어 표현(表現)하기보다는 안으로 갈무리하여 겸손(謙遜)함을 보이는 성격(性格)으로 본인(本人)의 속마음을 쉽게 드러내지 않은 남자(男子)이며, 잘못이나 허물에 대해서만큼은 곧바로 인정(認定)하고 그 사실(事實)을 드러내어 밝히는 현명(賢明)한 성품(性品)이라네.
여리고 착하게 보이는 남자(男子)지만 현실적(現實的)으로 보면 강(强)하고 매우 계산적(計算的)이며, 이해득실(利害得失)에 따라 눈을 번뜩이는 성격(性格)에 잇속 앞에서 재빠르게 머리를 굴리는 남자(男子)라네.
스스로가 의지(依支)할 사람과 내가 거두어야할 사람을 가름하고 이에 대하여 분명(分明)하게 선을 긋고 말과 행동(行動)을 삼가며, 신중(愼重)하게 스스로의 마음을 다그쳐잡은 성품(性品)이라네.
부드러운 듯 강(强)하게 가르침을 주는 성격(性格)으로 꺾일 듯 꺾이지 않은 성품(性品)의 소유자(所有者)이며, 한번 맺은 인연(因緣)을 소중(所重)하게 여기면서 좋은 관계(關係)를 유지(維持)하기 위해 노력(努力)하는 사람이라네.
때때로 눈앞에 놓인 잇속에 욕심(慾心)이 앞서는 까닭으로 좋은 인연(因緣)을 하찮게 여기면서 눈을 돌리기도 하지만 마지막에는 인연(因緣)을 쫓아 움직이는 성격(性格)이며, 스스로를 대견하게 여기면서 자긍심(自矜心)을 지닌 남자(男子)라네.
타고난 성정(性情)이 매우 게으른 남자(男子)지만 주어진 사정(事情)이나 형편(形便)에 맞추어 노력(努力)을 아끼지 않고 몸과 마음을 다해 일의 뒷마무리를 깨끗이 하면서 제 앞가림을 잘하기 위해 힘을 쓰는 성품(性品)이라네.
처신(處身)과 처세(處世)에 크게 능(能)하지는 않지만 일을 앞에 두고 뒤로 물러서는 성격(性格)은 아니며, 그렇다고 변변치 못한 처지(處地)로 앞에 나서는 사람이 아니라네.

일이 되어가는 사정(事情)이나 형편(形便), 과정(過程)등을 헤아려 밝게 이끌어가는 성격(性格)의 소유자(所有者)로서 남에게 일러주고 가르칠 수 있는 성품(性品)을 지녔으며, 자신(自身)이 알고 있는 것을 아낌없이 전해주는 남자(男子)라네.

허나 걸림이나 막힘이 없이 시원시원한 성격(性格)이라기보다는 사고방식(思考方式)의 유형(類型)이 매우 자기(自己) 중심적(中心的)이면서 이기적(利己的)이고, 뜻이나 생각 따위가 판에 박은 듯 일정(一定)하게 짜여있는 어떠한 틀과도 같다네.

때문에 매사(每事)에 융통성(融通性)을 갖지 못하고 어느 것 한 가지에 집착(執着)하는 성향(性向)을 보이기도 하면서 본인 스스로를 답답하게 여기고 세상사(世上事)와 담을 쌓기도 하는 것이며, 타인(他人)의 말에 귀를 기울이지 않으면서 자신(自身)의 직감(直感)만을 따르다 일을 그르치고 마는 것이라네.

자신(自身)의 부족(不足)한 면을 채워줄 수 있는 사랑을 찾아다니면서 제 욕심(慾心)만을 채우는 남자(男子)지만 사랑하는 사람으로부터 인정(認定)을 받고 자신(自身)이 처한 상황(狀況)을 좋은 방향(方向)으로 이끈다네.

상대방(相對方)에게 무조건(無條件) 베푸는 사랑 같지만, 늘 계산(計算)이 깔린 애정(愛情)을 바탕으로 한 사랑을 한다네.

그나마 가족(家族)으로부터 인정(認定)을 받은 가장(家長)으로서 가정(家庭)이라는 울타리에 크게 의존(依存)하는 성격(性格)이며, 가족(家族)의 의사(意思)를 받아들이기는 하지만 매사(每事)에 자기(自己) 방식(方式)대로 이끌어가고 본인(本人)의 뜻이나 생각에 어긋나거나 벗어나기라도 하면 크게 삐치는 성격(性格)이라네.

가족(家族)이란 자기(自己)만을 위하는 존재(存在)라 착각(錯覺)하면서 제멋대로 쥐락펴락하려는 성격(性格)으로, 가족(家族)으로부터 무시(無視)를 당하는 가장(家長)이기도 하다네.

- 남자(男子): 음(陰) → 소음(少陰) ☱, 감(坎)

마음은 넓지 않으나 그 속내의 깊이를 알 수가 없는 성격(性格)으로 매사(每事)에 신중(愼重)을 기하는 성품(性品)이며, 말이나 행동(行動)을 삼가면서 제 잇속을 챙기고 스스로의 잘못이나 허물을 밖으로 드러내지 않으면서 드러난 모든 것을 안으로 갈무리하는 남자(男子)라네.

잘잘못에 대하여 이렇다 할 말이나 변명(辨明), 표현(表現) 따위를 내색하지 않은 성격(性格)으로, 말이나 행동(行動), 표정(表情)으로는 그 마음을 알 수가 없고 철저(徹底)하게 계산(計算)된 자기(自己) 방식(方式)만으로 스스로의 뜻이나 생각을 전하는 남자(男子)라네.

그렇다고 강(强)한 남자(男子)답다거나 매우 거친 성미(性味)를 의미(意味)하는 것이 아니며, 안과 밖이 모두 작지만 몹시 현실적(現實的)이고 이기적(利己的)인 면에서의 의미(意味)라네.

일의 전후(前後) 사정(事情)이나 형편(形便)에 대하여 아둔하지 않고 오히려 밝게 알고서 움직이는 성격(性格)이며, 본인(本人)의 이러한 면을 드러내지 않은 남자(男子)로서 이를 무기(武器)로 삼아 남보다 앞서가려는 현명(賢明)한 사람이라네.

어찌 보면 속이 매우 좁아 보이거나 타인(他人)의 눈과 귀를 속이면서 제 잇속만을 챙기는 음흉(陰凶)한 남자(男子)처럼 보이지만 사실(事實) 겉만 그렇게 보일 뿐, 뒤가 무르고 모질지 못한 성격(性格)에 눈물을 꾹 참고 감추는 마음 착한 남자(男子)라네.

때때로 알량한 자존심(自尊心)에 목숨을 거는 어리석은 사람으로 쓸데없는 고집(固執)을 피우는 성질(性質)에 아닌 척 은근(慇懃)하게 삐치면서 상대방(相對方)을 괴롭히고 자신(自身)을 한쪽 구석으로 내모는 속 좁은 남자(男子)라네.

외고집을 피우다 자신(自身)에게 불리(不利)하게 돌아가거나 큰 소리라도 나게 되면 언제 그랬냐는 듯 태도(態度)를 곧바로 바꾸고 뒤로 물러나는 사람이며, 방문을 걸어 잠그고 입을 닫아버리는 못난 성질(性質)이라네.

은연(隱然)중에 난 척, 든 척, 된 척하면서 자신(自身)을 내세우고 위신(威信)이나 체면(體面), 명예(名譽)에 집착(執着)하는 사람이며, 이해득실(利害得失)에 따라 이합집산(離合集散)하는 성격(性格)이라네.

주어진 권세(權勢)나 위신(威信), 명예(名譽)에 쉽게 물이 들고 이를 바탕으로 그 힘을 남용(濫用)하는 성격(性格)이며, 제 이득(利得)을 챙기면서 제 것이 아닌 것까지 챙기려드는 사람이라네.

가진 것이 없을 때는 매우 겸손(謙遜)한 모습을 보이지만 가진 것이 많을 때는 안하무인격(眼下無人格)인 행동(行動)을 보이면서 인정(人情)으로 맺어진 이들과 인연(因緣)을 끊어버리는 사람이라네.

그러나 사람됨이 교만(驕慢)하지 않으며, 남을 업신여기는 사람이 아니라네. 단지 주어진 것이 문제(問題)라네.

쉽게 내보이지 않은 마음속의 사랑이라 상대방(相對方)을 혼란(混亂)에 빠트리고 자신(自身)의 의지(意志)대로 끌고 가는 남자(男子)라네.

뒷날을 책임(責任)진다는 애정(愛情)이지만 그리 믿을만한 남자(男子)가 아니며, 상처(傷處)만이 남은 사랑이라네.

그러나 자신(自身)의 그늘에 들어온 여자(女子)라면 놓아주지를 않고 집착(執着)에 가까운 애정(愛情)을 보인다네.

가족(家族)의 눈에 띠지 않게 밖으로 나돌면서 가정(家庭)을 등한시(等閑視)하는 가장(家長)이며, 자기(自己)만을 위해주기를 바라고 가정사(家庭事)에 대하여 모든 것을 책임지듯이 하면서 매사(每事)에 우유부단(優柔不斷)하게 대처(對處)하는 남자(男子)라네.

단호(斷乎)한 일면(一面)을 보일 때는 자신(自身)에게 꼭 필요(必要)하거나 원하는 것이 있기 때문이며, 그렇지 않을 때는 무책임(無責任)으로 일관(一貫)하는 사람이라네. 때문에 가족(家族)으로부터 외면(外面)을 당하는 것이 아닌가.

그래도 문밖에 서있으면서 반가운 얼굴을 기다리는 가장(家長)으로 애틋함을 싸안고 몸을 떠는 마음 여린 남자(男子)라네.

- 남자(男子): 음(陰) → 소양(少陽) ☶, 간(艮)

허우대만 멀쩡할 뿐 말과 행동(行動)에 신뢰감(信賴感)이 없으며, 뒤가 무르고 우유부단(優柔不斷)함을 벗어나지 못하는 성격(性格)에 매사(每事)에 자기(自己) 변명(辨明)만을 앞세우는 사람이라네.

일에 앞서 오지랖 넓게 나서기는 하지만 결정적(決定的)인 순간(瞬間)에 뒤로 물러나는 성격(性格)이며, 제 앞으로 이득(利得)이라도 떨어지면 몰라도 얻을 것이 없다 판단(判斷)되면 안면(顔面)을 바꾸는 남자(男子)라네.

일이 돌아가는 형편(形便)이나 사정(事情)을 제대로 알면서도 남에게 알려주기를 꺼리면서 까칠하게 구는 성격(性格)이며, 이를 십분(十分) 활용(活用)하여 제 잇속으로 돌리고서는 모른 척 시치미를 떼는 조금은 미운 남자(男子)라네.

일을 처리(處理)함에 있어서 짐짓 알고도 모르는 체하거나 자기(自己)가 하고서도 안 한 체하는 성격(性格)으로, 주변(周邊) 사람들을 혼란(混亂)에 빠트리고 자신(自身)은 멀찌감치 물러서서 돌아가는 상황(狀況)을 보고서는 일거양득(一擧兩得)의 효과(效果)를 바라며, 제 위신(威信)이나 체면(體面)만을 지키려는 성격(性格)이라네.

본인(本人)의 잘못이나 허물에 대해서도 알고도 모른 척하면서 위기(危機)를 모면(謀免)하려는 성격(性格)이며, 얄팍한 머리를 써서 잘못이나 허물을 덮으려는 남자(男子)라네.

세력(勢力)을 지닌 자들이나 있는 자들에게 빌붙기를 좋아하는 성격(性格)이며, 이들의 힘을 빌려 자신(自身)의 위신(威信)이나 체면(體面)을 세우고 남을 업신여기면서 깔보는 남자(男子)라네.

그러나 크게 교만(驕慢)하거나 제멋대로인 성격(性格)은 아니며, 시간(時間) 좀 지나면 곧바로 여리고 무른 성격(性格)으로 돌아오면서 언제 그랬냐는 듯 뻔뻔한 얼굴을 들이미는 남자(男子)라네.

때문에 주변 사람들로부터 크게 미움을 받지 않은 사람이며, 남에게 크게 손해(損害)를 끼치거나 위협(威脅)을 주는 이가 아니고 오히려 주변 사람들로부터 이용(利用)을 많이 당하는 남자(男子)라네.

대범(大汎)한 척하면서 자랑을 해보이지만 가벼워 보이는 사람이며, 말만을 앞세우는 성격(性格)으로 인(因)하여 주변(周邊) 사람들로부터 늘 질책(叱責)과 질타(叱咤)를 받으면서도 이를 알아듣지 못하고 허송세월(虛送歲月)하는 사람이라네.

매사(每事)에 제법 능숙(能熟)하게 일을 해나가는 듯 보이지만 결과(結果)를 놓고 보면 늘 다시 손이 가게 만드는 성격(性格)이며, 함께하는 사람들을 피곤(疲困)하게 만들고 미안함에 어색(語塞)한 웃음만을 흘리는 그리 밉지 않은 사람이라네.

제 앞가림을 제대로 하지 못하면서도 마음은 여린 까닭에 본인(本人)의 마음을 감추고 거짓으로 사람을 대하면서 이기적(利己的)으로 구는 성격(性格)이며, 쓸데없는 고집(固執)을 피우고 소란(騷亂)을 피우는 것이라네.

의지(意志)가 약(弱)하고 속이 좁은 남자(男子)이며, 꽁한 성격(性格)에 소심(小心)하기까지 한 사람이라네.

때문에 작은 칭찬(稱讚) 한마디에 꽁한 마음을 곧바로 풀어버리고 타인(他人)의 아부(阿附)에 껌벅 넘어가 곧잘 이용(利用)을 당하는 아둔한 남자(男子)이며, 섭섭한 말 한마디에 삐쳐버리고는 금방 새침해지는 사람이라네.

본인(本人)이 아쉬울 때 찾아가는 사랑이며, 상대방(相對方)을 배려(配慮)하지 않은 사랑으로 인(因)하여 상처(傷處)를 주고야마는 애정(愛情)이라네.

사랑하는 사람이 조금이라도 잘해주면 좋아라하고, 조금이라도 서운하게 하면 곧바로 투정(妬情)을 부리면서 삐치고 영 미덥지 않은 남자(男子)라네.

가족(家族)을 위한다고는 하지만 믿음이 가지 않은 가장(家長)으로 말만 앞세우고 약속(約束)을 지키지 않으면서, 가족(家族)에게 요구(要求)하는 것이 많은 남자(男子)라네.

자기중심적(自己中心的)으로 가족(家族)을 이끄는 것은 좋으나 그 결과(結果)가 좋지 않게 끝나는 까닭으로 가족(家族)에게 실망감(失望感)을 안겨주는 가장(家長)이며, 본인(本人)은 몸과 마음을 다해 노력(努力)한다지만 늘 자신(自身)의 의사(意思)는 다르게 돌아가는 까닭으로 고민(苦悶)도 많은 남자(男子)라네.

노력(努力)한만큼 돌아오는 것이 적은 까닭으로 늘 밖으로 나돌면서 의지(依支)할 곳을 찾은 남자(男子)라네.

가정(家庭)이라는 울타리를 일구어도 끝내 지키지를 못하고, 몇 해를 돌고 돌아 제자리로 찾아드는 사람이라네.

- 남자(男子): 음(陰) → 태음(太陰) ☷, 곤(坤)

마음의 중심(中心)이 되는 생각이나 태도(態度)가 불확실(不確實)하고 매사(每事)에 우유부단(優柔不斷)하며, 본인(本人)의 잘못이나 허물에 대하여 제대로 인지(認知)하지 못하면서 쓸데없는 고집(固執)을 피우는 성격(性格)이라네.

일이 돌아가는 전후(前後) 사정(事情)이나 형편(形便)을 살피지 않고 제 하고 싶은 대로 처리(處理)하며, 일의 성패(成敗)를 떠나 책임(責任)지지 않고 꾀를 부리는 사람이라네.

일하기를 꺼리어 선뜻 나서지 않은 게으른 성격(性格)으로 제 앞가림도 못하면서 남을 가르치려고 나서는 아둔한 사람이며, 슬기롭지 못하여 하는 짓이 미련하고 번번이 일을 그르쳐 놓기만 하는 남자(男子)라네.

늘 자기(自己) 변명(辨明)에 바쁜 사람으로 거짓말에 능(能)하고 피동적(被動的)인 성격(性格)으로 남의 힘에 의하여 움직이면서 항상 이유(理由)와 핑계로 자신(自身)을 보호(保護)하며, 남을 탓하면서 세월(歲月)을 보내는 남자(男子)라네.

본인 자신(自身)에 대하여 어두운 까닭으로 타인(他人)의 충고(忠告)나 질책(叱責)을 전혀 알아듣지 못하고, 세상사(世上事)에 대하여 밝지 못한 까닭으로 처신(處身)과 처세(處世)를 제대로 하지 못하는 성품(性品)이라네.

타고난 성정(性情)이 매우 착하기는 하지만 이 착한 성정(性情)으로 인(因)하여 여러 사람에게 이용(利用)을 당하면서도 실없는 웃음만 짓고 애먼 누명(陋名)이나 욕을 먹으며 살아가는 남자(男子)라네.

제 잇속을 앞에 두고도 남에게 빼앗기는 마음 약한 성격(性格)으로 타인(他人)의 권세(權勢)나 위신(威信)에 의지(依支)하며, 이러한 성격(性格)으로 말미암아 많은 손해(損害)를 보거나 또는 애먼 일이나 불공평(不公平)한 일을 당하여 속상하고 분하지만 달리 하소연할 곳도 없는 사람으로 인덕(人德)이 없는 남자(男子)라네.

있으면 있는 대로 억지 트집을 잡아 까다롭게 구는 성격(性格)이며, 또한 없으면 없는 대로 되지도 않은 까탈을 부리면서 매사(每事)에 자신(自身)의 의사(意思)와는 달리 어긋나거나 틀어지면 속 좁은 마음을 드러내면서 짜증을 부리는 못난 남자(男子)라네.

사소(些少)한 말 한마디에도 뿌루퉁하게 삐치는 성격(性格)으로 스스로의 감정(感情)이나 기분(氣分)을 조절(調節)하지 못하고 또한 남을 배려(配慮)하는 마음이 없으면서 남들이 자기(自己)만을 위해주길 바라는 욕심(慾心)이 많은 사람이며, 본인(本人)의 뜻이나 생각이 받아들여지지 않으면 스스로가 만든 창살 없는 감옥(監獄)에 빠져 사는 까닭으로 주변(周邊) 사람들을 답답하게 만드는 성격(性格)이라네.

타고난 복(福)으로 굶어 죽지는 않지만 본래(本來) 게으르고 지저분하며 융통성(融通性)이 없으면서 외곬으로 순진(純眞)하고 어수룩하며, 격식(格式)을 모르거나 우악스러운 성격(性格)의 소유자(所有者)라네.

사랑하는 사람의 마음을 답답하게 만드는 남자(男子)로서 단발(單發)에 끝나는 애정(愛情)을 주며, 진실(眞實)한 사랑을 앞에 두고도 늘 찾아 헤매는 사람이라네.

제 뜻이나 생각에 따라주지 않으면 온갖 투정과 불평불만(不平不滿)으로 삐치는 남자(男子)라네.

가족(家族)에게 모든 것을 의지(依支)하는 남자(男子)로서 자신(自身)의 위치(位置)를 잃고 자신(自身)의 자리를 잊고 살아가며, 본인(本人)의 잘못이나 허물을 가족(家族)의 탓으로만 돌리면서 늘 불평불만(不平不滿)으로 잔소리만 해대는 남자(男子)라네.

가정(家庭)을 두고 밖으로 나도는 날이 많은 사람으로 가정사(家庭事)에는 무관심(無關心)하고 손에 돈을 쥐면 밖으로 향하는 마음을 주체 못하는 성격(性格)이며, 손에 쥔 것이 없으면 밖으로 나서기를 두려워하는 남자(男子)라네.

제 딴에는 저도 남자(男子)라고 말이 많고 변명(辨明)을 하지만 말은 말로서 끝날 뿐, 행동(行動)으로 옮기지 못하는 사람이며, 안에서나 밖에서나 게으른 성품(性品)을 버리지 못하고 허황(虛荒)된 꿈만을 좇아다니는 남자(男子)라네.

- 여자(女子): 양(陽) → 태양(太陽) ☰, 건(乾)

스스로를 속이는 것이 없이 솔직 담백(淡白)한 성격(性格)이지만 지나치게 똑똑한 티를 드러내는 여인(女人)이며, 현실적(現實的)인 면에 지나치게 깨어있는 듯, 오롯한 모습을 보이면서도 외로워하는 성품(性品)의 여인(女人)이라네.

주변(周邊)에서 돌아가는 평상시(平常時)의 형편(形便)이나 사정(事情) 따위를 제대로 밝게 보는 성품(性品)으로 무슨 일이든 주도적(主導的)으로 이끌고 가기는 하지만, 뒤에서 받쳐주는 힘이 없으면 마무리가 싶지 않은 사람이라네.

소위 말하면 해줄 것 다 해주고도 욕을 먹은 여인(女人)이며, 스스로 노력(努力)하여 얻은 공(功)과 덕(德)을 남에게 빼앗기고 본인(本人)은 뒷전으로 밀려나는 삶을 살아간다네.

능동적(能動的)이며 적극적(積極的)인 성격(性格)은 좋으나 지구력(持久力)이 매우 약한 편이면서 질기고 차진 기운(氣運)이 많이 부족(不足)한 여인(女人)이라네.

스스로 좋은 나무가 되기 위하여 나름 노력(努力)을 아끼지 않으면서 몸과 마음을 다하지만, 돌아오는 것은 그리 만족(滿足)스럽지 않고 늘 외따로이 스스로를 위로(慰勞)하는 성격(性格)이라네.

스스로의 잘못이나 허물에 대하여 툭 터놓은 성격(性格)으로 거짓을 이르거나 감추려 하지 않고 솔직하게 드러내놓은 사람이며, 타인(他人)의 잘못이나 허물에 대하여 솔직하게 지적(指摘)하고 충고(忠告)를 아끼지 않은 성품(性品)의 소유자(所有者)라네.

본래 타고나기를 똑똑하고 식복(食福)이 있으며, 자수성가(自手成家)하는 여인(女人)이지만 인복(人福)이 따르지 않은 까닭으로 허술한 사람들이 모여들고 이들의 뒤치다꺼리에 몸과 마음을 크게 상하는 여인(女人)이라네.

여자(女子)의 몸으로 짊어지는 삶의 무게가 무거운 사람이며, 이를 감당(堪當)하기 위해 노력(努力)을 아끼지 않고 든 척, 난 척, 된 척을 하면서 스스로를 내세우는 성격(性格)이라네.

명예(名譽)나 위신(威信), 체면(體面), 권세(權勢) 따위를 매우 중요(重要)하게 생각하는 성품(性品)으로, 이를 얻기 위해 모든 것을 아끼지 않은 허황(虛荒)된 사람이라네.

스스로를 세우기 위해서는 허설(虛說)과 허세(虛勢)를 부리면서 일단은 밀고 나아가는 성격(性格)이며, 이도 저도 아니라면 쉽게 무릎을 꿇은 마음 약한 여인(女人)이라네.

거리낌 없이 드러내놓고 외로움을 표현(表現)하는 성격(性格)으로, 남자(男子)를 찾아다니면서 한 사람에게 머물지 못하고 제 마음을 내주는 여린 성격(性格)의 소유자(所

有者)라네.

눈앞의 작은 잇속에 마음을 빼앗기는 여인(女人)이지만 남을 위하는, 남을 배려(配慮)하는 마음이 더 큰 성격(性格)으로 늘 아낌없이 내주는 마음 착한 여인(女人)이라네.

일을 벌이기는 하지만 뒤가 무른 성격(性格)으로 마무리가 깨끗하지 못하고 책임(責任)지지 못하는 여린 사람이라네.

남자(男子)에게 크게 미련을 가지는 여인(女人)이 아니며, 깊은 인연(因緣)보다는 필요(必要)에 따라 만났다 헤어지고 마음의 상처(傷處)를 많이 가진 슬픈 사랑이라네.

예민(銳敏)한 성격(性格)의 소유자(所有者)로 눈치가 빠른 사람이며, 상처(傷處)를 받기 전에 스스로가 마음을 돌려세우고 스스로를 위로(慰勞)하는 애정(愛情)이라네.

가족(家族)을 위하는 마음이야 남 못지않지만 제 몸, 제 마음을 건사하기에 바쁜 여인(女人)이며, 그래도 가정(家庭)이라는 울타리에 대해 책임(責任)을 다하면서 눈은 늘 울타리 넘어 먼 산을 바라보는 여인(女人)이라네.

가족(家族)의 잘못이나 허물에 대하여 밝게 밝히고 그에 따른 질책(叱責)이나 질타(叱咤)를 아끼지 않으며, 가정(家庭)을 몸과 마음을 다해 이끌어가는 여인(女人)이라네.

어린 자식(子息)을 등에 업고 힘들게 걸어가는 엄마의 뒷모습을 생각나게 하는 여인(女人)이라네.

- 여자(女子): 양(陽) ➜ 소음(少陰) ☱, 태(兌)

대담(大膽)한 듯 모양새를 갖추지만 여린 마음을 지닌 여인(女人)이며, 아닌 듯 보이지만 작은 잇속 앞에서 욕심(慾心)을 부리고 현실적(現實的)이며 실속을 챙기는 여인(女人)이라네.

계산적(計算的)인 일면(一面)을 보이기는 하지만 스스로의 허물이나 잘못에 대하여 제대로 파악(把握)하고 자신(自身)의 실수(失手)를 꼼꼼하게 살피는 성격(性格)으로, 두 번 다시 실수(失手)를 허용(許容)하지 않은 여인(女人)이라네.

타인(他人)의 잘못이나 허물에 대하여 나서지 않으면서도 은연(隱然)중에 타이르고 이끌어주는 사람이며, 크게 나서기보다는 되도록 껄끄러운 자리를 피하면서 본인(本人)

의 위신(威信)이나 체면(體面), 명예(名譽) 따위를 손상(損傷)시키지 않은 성품(性品)의 소유자(所有者)라네.

때때로 독선적(獨善的)인 모습을 보이면서 냉정(冷情)하게 굴지만 사실(事實) 알고 보면 매우 여린 마음의 소유자(所有者)로 타인(他人)의 요구(要求)를 모두 들어주는 착한 여인(女人)이라네.

자신(自身)의 몸과 마음을 다하여 노력(努力)한 만큼 얻지 못하고 늘 손해(損害)를 보는 타입이기는 하지만 타고난 식복(食福)으로 어려움을 극복(克服)하는 여자(女子)라네.

쓸데없는 자존심(自尊心)을 내세워 본인(本人)의 외로움이나 허전함을 내비치지는 않으나, 결국(結局)에는 겉으로 다 드러나고 마는 여인(女人)으로 본인(本人) 스스로를 속이지 못하는 성품(性品)의 소유자(所有者)라네.

잘못 만난 인연(因緣)으로 인(因)하여 상처(傷處)를 많이 받으며, 혼자만의 세계(世界)로 깊이 빠져들면서 말을 잃고 외고집으로 제 갈 길만을 가는 여자(女子)이기도 하다네.

비록 자신(自身)의 마음을 드러내어 표현(表現)하지 않지만, 위신(威信)이나 체면(體面) 등을 중요시(重要視)하는 성격(性格)으로 이를 지키기 위해 몸과 마음을 다하는 여인(女人)이며, 조금이라도 다치거나 본인(本人)의 뜻과는 다르게 어긋나기라도 하면 이내 마음의 문을 닫아버리고 입을 막은 여인(女人)이라네.

한번 마음을 닫으면 쉽게 열지 않은 성격(性格)으로 속이 좁으며, 자존심(自尊心)에 제가 가진 것이 없더라도 기어코 내주고서는 쓰린 마음을 한쪽 구석에 늘 가지고 있는 여자(女子)라네.

난 척, 든 척, 된 척을 하지 않지만 이를 늘 꿈꾸고 있는 성격(性格)으로 은연(隱然)중에 드러내고, 이성적(理性的)이기보다는 감정적(感情的)으로 흐르면서 스스로의 슬픈 마음을 극대화(極大化)시키는 여인(女人)이라네.

작은 마음을 잇대어 스스로를 위로(慰勞)하는 여인(女人)으로 외로워하지만 혼자 인내(忍耐)하면서 살아가고 본인(本人)의 무거운 짐을 남에게 전가(轉嫁)하지 않는다네.

마음이 여린 여자(女子)이지만 본인(本人)이 저지른 일에 대하여 몸과 마음을 다해 책임(責任)지고 스스로를 지켜가는 착한 여인(女人)이라네.

다만 주변(周邊)의 잘못된 시선(視線)이나 판단(判斷)으로 인(因)하여 마음의 상처(傷處)가 많은 여인(女人)으로 마땅히 의지(依支)할 든든한 동반자(同伴者)가 필요(必要)하다네.

마음의 문을 닫으면 쉽게 열리지 않은 애정(愛情)이며, 자신(自身)을 보호(保護)하고 위하려는 욕심(慾心) 많은 사람으로 자신(自身)만을 위해주기를 바라지만 그렇다고 떠난 사람을 잡으며 미련을 가지는 성격(性格)이 아니라네.

오히려 새로운 사랑을 찾아나서는 당돌(唐突)한 여인(女人)이라네.

보이지 않게 사랑의 매를 들고 가정(家庭)을 지키는 여인(女人)이며, 가족(家族)을 위해 몸과 마음을 다하고 이바지하는 여자(女子)라네.

형편(形便)이나 사정(事情)에 따라 감정(感情)의 변화(變化)가 많고 또 이를 감추지 못하면서 자존심(自尊心)에 상처(傷處)를 받으며, 스스로의 마음을 닫아버리는 모정(母情)이기도 하다네.

그러나 마음이 여린 까닭으로 자식(子息)에게 만큼은 이내 마음을 열고 받아주는 여인(女人)이라네.

- 여자(女子): 양(陽) → 소양(少陽) ☲, 리(離)

혼자라는 외로움을 참지 못하고 이 남자(男子), 저 남자(男子)의 품으로 찾아드는 불나방 같은 여인(女人)으로 스스로의 말이나 행동(行動)에 책임(責任)지지 못하는 성격(性格)이며, 몸으로 실천(實踐)하기에 앞서 말이 먼저 앞서는 사람이라네.

겉으로 드러나는 모양새에 치중(置重)하면서 스스로를 높이고 없어도 있는 척, 몰라도 아는 척해가며 위세(威勢)나 지위(地位) 등을 갖추려 노력하는 성격(性格)이라네.

자신(自身)의 잘못이나 허물을 감추기 위해 스스로를 합리화(合理化)하고 정당화(正當化)시키는 성격(性格)으로 잘되면 모든 것이 제 탓, 잘못되면 모든 것을 남의 탓으로 돌리면서 상처(傷處)를 준다네.

일이 돌아가는 사정(事情)이나 형편(形便)에 대해 알지도 못하면서 제 고집(固執)대로 일을 이끌어가고 쓸데없는 자존심(自尊心)을 내세워 일의 진행(進行)을 멋대로 바꾸며, 본인(本人)의 뜻이나 생각에 어긋나거나 맞지 않으면 나 몰라라 등을 돌려버리고 피해버리는 성격(性格)을 지녔다네.

사소(些少)한 일에 쉽게 삐치는 여인(女人)으로 매사(每事)에 큰소리치면서 앞서나가기는 하지만, 일을 감당(堪當)할만한 능력(能力)을 지니고 있지 않으며 제 앞가림도 제대로 하지 못하는 성품(性品)의 소유자(所有者)라네.

늘 계산(計算)이 깔린 말과 행동(行動)으로 인(因)하여 처세(處世)와 처신(處身)에 능한 듯이 보이지만, 작은 잇속이나 필요(必要)에 따라 움직이는 까닭으로 처음에는 상대방(相對方)으로 하여금 호감(好感)을 느끼게 하고 나중에는 늘 실망감(失望感)을 안겨주는 여인(女人)이라네.

순간(瞬間) 위기(危機)를 모면(謀免)하기 위하여 거짓말을 하고 제 잘못을 만회(挽回)하기 위하여 타인(他人)의 힘을 끌어들이면서 남의 환심(歡心)을 사기 위하여 알랑거리며 붙좇은 여인(女人)이라네.

필요에 따라 변하는 애정(愛情)이라 믿을 만하지 못한 사랑이며, 계산(計算)이 깔린 정(情)이라 늘 오래가지 못하는 인연(因緣)을 맺어가면서 상처(傷處)를 받는다네.

제대로 된 인연(因緣)을 만나지 못하면 고생(苦生)이 따르고 많은 구설수(口舌數)에 시달리면서 마음고생이 심한 사람이라네.

사랑 때문에 마음의 상처(傷處)가 많지만 본인(本人) 스스로가 외로워하면서 남자(男子)를 찾아다니고, 마음을 한번 열면 집착(執着)이 강한 편이라네.

그러나 오래가지 않은 성격(性格)으로 늘 따돌림을 받는다네.

감정(感情)의 기복(起伏)이 심한 편으로 비위(脾胃)를 맞추기 힘들고 가족(家族)을 힘들게 하는 여인(女人)이며, 가정사(家庭事)에는 관심(關心)이 없고 겉으로 드러난 몸치장에 몸과 마음을 다하는 여자(女子)라네.

불평불만(不平不滿)이 많고 이를 가족(家族)의 탓으로 돌리면서 늘 밖으로 싸돌아다닐 궁리만 하는 성격(性格)이며, 쓸데없는 자존심(自尊心)을 내세워 집안의 공기(空氣)를 흐린다네.

해줄 때는 남부럽지 않게 잘해주는 성격(性格)이지만 변덕(變德)이 심한 까닭으로 가족(家族)이 피하는 편이고, 그러면서 스스로는 늘 외롭다고 투정(妬情)을 부린다네. 큰소리를 치며 제 잘난 멋에 살아가는 여인(女人)이지만 마음은 여리고 착한 성품(性品)을 지닌 사람이라네.

- 여자(女子): 양(陽) → 태음(太陰) ☳, 진(震)

전후좌우(前後左右)에서 돌아가는 일의 사정(事情)이나 형편(形便)을 분명(分明)하게 인지(認知)하고 있으면서도 스스로의 성품(性品)이 아둔한 까닭으로 그 실제(實際)를 제대로 파악(把握)하지 못하는 성격(性格)이라네.
또한 스스로의 잘못이나 허물에 대해서 매우 어두운 까닭으로 잘된 일이나 잘못된 일이나 반복(反復)하는 경향(傾向)이 있으며, 이를 명확(明確)하게 인지(認知)하지 못하고 시간(時間), 돈, 물건, 노력(努力) 따위를 헛되이 쓰는 사람이라네.
스스로의 작은 잣대로 세상사(世上事)를 판단(判斷)하면서 말을 가리지 않고 제멋대로 내뱉은 경우(境遇)가 다반사(茶飯事)이며, 되지도 않은 억지를 부리면서까지 뜻이나 생각을 관철(貫徹)하고 바르지 않은 길이나 일을 바르다고 고집(固執)을 피우면서 스스로의 뜻이나 생각을 물리지 않은 아둔한 성품(性品)이라네.
재물(財物), 명예(名譽), 권세(權勢) 따위가 있더라도 남에게 빼앗기는 여인(女人)으로 타인(他人)의 아부(阿附)에 좋아하고 충고(忠告)나 질책(叱責)에 마음을 닫아버리면서 인연(因緣)을 끊으며, 다시는 돌아보지 않은 성격(性格)이라네.
처신(處身)과 처세(處世)에 능(能)하지는 않지만 생활력(生活力)이 강(强)한 여인(女人)으로 잇속을 앞에 두고는 타인(他人)의 시선(視線)을 의식(意識)하지 않은 성격(性格)이며, 남의 뒤를 봐주는 성품(性品)이 아니라네.
자신(自身)이 원하는 것이나 꼭 필요(必要)한 것이라면 수단(手段)과 방법(方法)을 가리지 않고 취하는 성격(性格)이며, 매사(每事)에 조급(早急)한 판단(判斷)으로 인(因)하여 본인(本人)의 의사(意思)와는 다르게 손해(損害)를 본다네.
스스로의 나약(懦弱)한 모습이나 성격(性格)을 감추기 위해서 대범(大汎)한 듯 위세(威勢)를 떨어보고 큰소리를 치지만, 사실(事實) 그 안을 들여다보면 실속은 챙기지 못하고 빈 수레라네.

스스로의 아픔이나 슬픔 따위를 밖으로 드러내지 못하고 안으로만 삭히는 고집(固執)으로 스스로를 고통(苦痛)속으로 몰아붙이는 성격(性格)이며, 자신(自身)이 짊어져야 할 짐이라면 그 무엇이라도 따지지 않고 스스로 짊어지고 불속으로 뛰어드는 여인(女人)이라네.

매사(每事)에 매우 능동적(能動的)이며 적극적(積極的)으로 움직이나 손아귀에 잡을 수 있는 것이 극히 제한적(制限的)이고 본인 스스로에 대해 아둔한 까닭으로 하는 일마다 그르치는 사람이며, 늘 스스로를 외롭게만 여기는 여인(女人)이라네.

사람들과 처음에는 두루 원만(圓滿)한 관계(關係)를 유지(維持)하지만 시간(時間)이 지나면서 사람들로부터 따돌림을 당하는 성격(性格)으로, 마음의 상처(傷處)가 많으면서도 한번 인연(因緣)을 맺은 지인(知人)의 애경사(哀慶事)에는 몸과 마음을 다해 정성(精誠)을 들이는 착한 여인(女人)이기도 하다네.

사랑하는 이를 남에게 빼앗기고 눈물을 흘리는 여인(女人)이며, 남자(男子)의 바람기에 두 손, 두 발을 다 놓고 어둠속에 홀로서서 언제까지라도 기다리는 애정(愛情)이라네.

큰 상처(傷處)로 힘들어하면서 제 앞가림을 위해 노력(努力)하고 제가 가진 모든 것을 희생(犧牲)하는 사랑이라네.

생활력(生活力)이 강(强)하다고는 하나 세상사(世上事)에 물이 들면 가정(家庭)을 버리는 여인(女人)으로 한번 버리면 다시는 돌아서지 않은 성격(性格)이며, 과거(過去)에 미련을 두지 않은 모진 여인(女人)이라네.

가족(家族)이라는 개념(槪念)이 희박(稀薄)한 여인(女人)으로 가족(家族)으로부터의 사랑이 진실(眞實)하다면 가정(家庭)을 버리는 일이 없을 것이며, 가족(家族)으로부터 상처(傷處)를 받거나 무시(無視)를 당한다면 제 갈 길을 찾아나서는 여인(女人)이라네.

그렇다고 남편(男便)의 바람기에 맞서면서 바람을 피우는 성격(性格)은 아니며, 세상(世上)의 인연(因緣)을 따르는 것뿐이라네.

- 여자(女子): 음(陰) → 태양(太陽) ☴, 손(巽)

제 앞가림을 남에게 맡기지 않고 자존심(自尊心)을 세우는 사람이며, 타고나기를 똑똑하고 올곧은 성품(性品)의 소유자(所有者)로서 본인(本人)의 말과 행동(行動)에 책임(責任)지는 여인(女人)이면서 세상사(世上事)를 밝게 보는 마음을 지닌 성품(性品)이라네.

스스로의 잘잘못에 대하여 분명(分明)하게 인지(認知)하면서 분명(分明)하게 선을 긋고 잇속을 챙기는 성격(性格)이며, 내 것과 남에 것을 확실(確實)하게 구분(區分)지면서 스스로의 위신(威信)이나 체면(體面), 신뢰(信賴) 따위를 세우고 이를 지키기 위해 몸과 마음을 다하는 신중(愼重)한 여인(女人)이라네.

스스로의 잘못이나 허물에 대하여 곧 인정(認定)을 하고 모든 것을 제 탓으로 돌리면서 한 번뿐인 기회(機會)를 놓치지 않고 실속을 챙기기 위해 노력(努力)하는 현실주의자(現實主義者)라네.

처신(處身)과 처세(處世)에 능(能)하면서 남을 가르치고 이끄는 일에 밝은 성격(性格)이며, 매사(每事)에 말이나 행동(行動)을 삼가면서 스스로의 격(格)을 높이고 자신(自身)의 모자란 점이나 부족(不足)한 점을 채우기 위해 노력(努力)을 아끼지 않은 착실(着實)한 여인(女人)이라네.

일이 돌아가는 형편(形便)이나 사정(事情)을 판단(判斷)하는데 있어서 매우 밝고 바르게 보는 성품(性品)이며, 일을 진행(進行)하는데 있어서 신중(愼重)을 기하는 성격(性格)에 더하여 빈틈이 없이 자세(仔細)하고 찬찬(燦燦)한 여인(女人)이라네.

본인(本人)의 깊은 마음을 드러내는 성격(性格)이 아니며, 여성(女性)다운 모양새를 잃지 않으면서 부드러운 일면(一面)을 보이고 본인(本人)의 마음을 단단히 잡도리하는 성품(性品)이라네.

물론 든 척, 난 척, 된 척을 하면서 자랑을 하지만 그리 미움을 받지 않은 성격(性格)의 소유자(所有者)로, 눈치가 빠르고 닥치는 상황(狀況)에 따라 적절(適切)히 응하는 까닭에 오히려 사랑을 받은 여인(女人)이라네.

본인(本人)의 잘난 면을 드러내면서 못난 점이나 부족(不足)한 점을 감추는 현명(賢

明)한 여인(女人)이며, 타인(他人)의 충고(忠告)나 조언(助言)을 받아들이고 이를 활용(活用)하는 착한 여인(女人)이라네.

본래(本來) 타고나기를 외로운 여인(女人)이라 늘 혼자 놀기를 좋아하고 잘 삐지는 마음 약한 여인(女人)이라네.

사랑하는 이로부터 상처(傷處)를 받아도 내색하지 않고 혼자 마음을 추스르는 여린 성격(性格)의 소유자(所有者)이며, 한번 간 사랑을 돌아보지 않은 성품(性品)으로 새로운 상대(相對)를 찾아나서는 당찬 여인(女人)이라네.

한번 준 사랑에 목을 매기도 하며, 집착(執着)에 가까운 모습을 보이지만 진실(眞實)이 담겼다고 보기에는 어려운 일이라네.

만나고 헤어짐의 굴곡이 많은 여인(女人)이라네.

가정(家庭)을 이루게 되면 제 남편(男便)과 자식(子息)만이 중하고 낳아주고 길러준 부모(父母)는 뒷전이라네.

가족(家族)을 위해 무던히도 애정(愛情)을 쏟은 성격(性格)이며, 본인(本人)이 선생이기를 자처(自處)하면서 가르치고 스스로의 뜻이나 생각에 맞추어 기르는 욕심(慾心) 많은 사람이라네.

늘 몸과 마음을 다해 가족(家族)에게 이바지하는 여인(女人)이지만, 본인(本人)의 의사(意思)에 어긋나거나 반하면 까탈을 부리고 삐지는 성격(性格)으로 비위(脾胃)를 맞추기가 어려운 여인(女人)이라네.

- 여자(女子): 음(陰) → 소음(少陰) ☵, 감(坎)

우유부단(優柔不斷)하지 않고 은연(隱然)중에 자신(自身)의 의견(意見)을 피력(披瀝)하는 성격(性格)이며, 일을 처리(處理)하는 방법(方法)에 있어서 합리적(合理的)이면서 제 능력(能力)에 맞게 움직이는 여인(女人)이라네.

또한 일이 돌아가는 사정(事情)이나 형편(形便)을 제대로 알아서 일의 마무리를 깔끔하게 처리(處理)하는 성격(性格)으로 그 뒤를 책임(責任)지는 여인(女人)이라네.

제 앞가림은 분명(分明)하게 하는 성격(性格)으로 말보다는 행동(行動)이 앞서는 여인

(女人)이며, 말이 없는 가운데 제 잇속을 정확(正確)하게 챙기는 여인(女人)이라네.
본인(本人)의 잘못이나 허물에 대하여 충분(充分)히 인지(認知)하고 스스로 인정(認定)을 하면서 제 탓으로 돌리는 성격(性格)이며, 자신(自身)의 말과 행동(行動)을 책임(責任)지는 사람이라네.
처신(處身)과 처세(處世)에 능(能)한 사람으로 남에게 욕을 먹지 않은 여인(女人)이며, 말이나 행동(行動)을 신중(愼重)히 하는 성품(性品)이라네.
자신의 위신(威信)이나 체면(體面), 명예(名譽) 따위를 중하게 여기고 이를 지키기 위해 노력(努力)을 아끼지 않으면서 매사(每事)에 부드럽게 대처(對處)하는 여인(女人)이라네.
겉치레보다는 현실적(現實的)이며 실속을 챙기는 성격(性格)으로 세상사(世上事)에 적절(適切)하게 대처(對處)하면서 잇속을 극대화(極大化)하는 똑똑한 여인(女人)이라네.
된 척, 든 척, 난 척을 하지만 때에 따라서 자신(自身)이 가진 것을 감추는 현명(賢明)함이 있으며, 스스로를 감추면서도 자존심(自尊心)을 꺾지 않고 스스로의 입지(立地)를 다지는 당돌한 여인(女人)이라네.
애정(愛情) 관계(關係)에 있어서는 매우 계산적(計算的)이면서 자신(自身) 스스로를 아끼는 여인(女人)이며, 외로워하면서도 한 두 번은 매달리는 성격(性格)이지만 돌아서고 나면 다시는 돌아보지 않은 냉정(冷情)한 여인(女人)이라네.
때때로 집착(執着)에 가까운 애정(愛情)을 보이지만 이 또한 어떠한 목적(目的)을 위해서이며, 남자(男子)를 진실(眞實)로 사랑해서가 아니라네.
늘 반복(反復)되는 일상(日常)을 싫어하는 성격(性格)으로, 가정(家庭)에 대한 애착(愛着)보다는 본인(本人)의 행복(幸福)을 추구(追求)하는 여인(女人)이라네.
따라서 기본적(基本的)인 가정(家庭)의 흐름을 따르지만 자신(自身)의 행복(幸福)을 위해 많은 시간(時間)을 할애(割愛)하는 여인(女人)이라네.

- 여자(女子): 음(陰) → 소양(少陽) ☶, 간(艮)

원하는 것이 있거나 잇속을 따라 능동적(能動的)이거나 수동적(受動的)인 성격(性格)을 보이고 이해득실(利害得失)을 따라 움직이는 경향(傾向)이 강(强)하다네.

제 잇속이 많을 경우(境遇)에는 매우 적극적(積極的)이면서 책임감(責任感)있게 일을 처리(處理)하는 성격(性格)이지만, 잇속을 챙기지 못하는 경우(境遇)라면 피동적(被動的)으로 돌아서는 성격(性格)을 지녔다네.

제 앞가림을 못하지만 생활력(生活力)은 강(强)한 여인(女人)으로 어떤 일이든 마다하지 않지만 조금의 자존심(自尊心)을 내세우고, 스스로 움직이기보다는 게으름을 피우면서 약간(若干)의 재주로 남을 부리며 살아가는 여자(女子)라네.

스스로의 잘못이나 허물에 대하여 인정(認定)하지 않고 변명(辨明)을 앞세우면서 남의 탓으로 돌리는 성격(性格)이며, 타인(他人)의 잘못이나 실수(失手)를 바탕으로 제 잇속을 챙기려드는 속 좁은 여인(女人)이라네.

그래도 밉지 않은 것은 되나가나 제멋대로 나서지 않으면서 눈치껏 움직여주는 마음 때문이라네.

스스로의 잘못이나 허물에 대하여 책임(責任)지지 않은 사람이며, 오히려 자신(自身)의 어렵고 힘든 면만을 부각(浮刻)시키면서 자신(自身)의 책임(責任)을 회피(回避)하는 여인(女人)이라네.

체면(體面)이나 위신(威信), 명예(名譽) 따위를 무겁게 여기고 이를 얻거나 지키기 위해 타인(他人)의 힘에 빌붙은 성격(性格)이며, 본인(本人)이 얻은 힘만큼이나 허세(虛勢)를 부리고 큰소리라네.

그러나 이는 겉치레일 뿐, 뒤가 무른 성격(性格)으로 실속을 챙기지 못하는 성격(性格)이며, 소리만 요란(搖亂)한 빈 바구니라네.

노력(努力)한만큼 쥐어지지 않으니 욕심(慾心)을 부리는 것이며, 눈앞에서 제 잇속을 빼앗기는 일이 많은 까닭으로 시기심(猜忌心)과 질투심(嫉妬心)이 많은 여인(女人)이라네.

타고난 성질(性質)이 남보다 된 척, 난 척, 든 척을 하는 사람으로 여리고 무른 성격(性

格)에 착한 여인(女人)이지만 주어진 사정(事情)이나 형편(形便)에 따라 겉으로 드러내어 있는 자랑, 없는 자랑을 다하는 여인(女人)이라네.

본래 타고나기를 외롭게 태어나는 사람이라 꼭 누군가에게 의지(依支)하려는 마음이 강(强)한 편이며, 사람을 쉽게 믿고 따르는 선한 성품(性品)이라 마음의 상처(傷處)가 많은 여인(女人)이라네.

때때로 집착(執着)에 가까운 애정(愛情)을 보이면서 몸과 마음을 다해 사랑을 하지만 마음만은 늘 허전한 까닭으로 밖으로 떠돌면서 마음을 잡지 못하는 일이 많고, 스스로의 삶을 방치(放置)하는 경향(傾向)이 있다네.

그러므로 처음부터 인연(因緣)을 제대로 맺어야 편한 삶을 살아갈 수 있을 것이라네.

자신(自身)보다는 가족(家族)을 먼저 앞세우는 여인(女人)으로 가정(家庭)을 위해 최선(最善)을 다하는 성격(性格)이며, 이도저도 아니라면 쉽게 포기(抛棄)하는 성질(性質)로 인(因)하여 무관심(無關心)으로 흐르는 경향(傾向)이 강(强)하다네.

밖아 바람에 한번 몸을 맡기면 흐르는 마음을 잡지 못하고 오랜 세월(歲月)을 덧없이 보내는 여인(女人)이라네.

- 여자(女子): 음(陰) → 태음(太陰) ☷, 곤(坤)

소극적(消極的)이며, 수동적(受動的)이고 님의 힘에 의하여 움식이는 태도(態度)를 보이는 성격(性格)이면서 우유부단(優柔不斷)한 면까지 보인다네.

일의 앞뒤를 헤아리지 못하고 돌아가는 상황(狀況)마저 제대로 파악(把握)하지 못하는 까닭에 일을 그르치는 경우가 많으며, 뒤를 책임(責任)지지 못하는 마음 약한 여인(女人)이라네.

생활력(生活力)이 강하다고는 하나, 제 앞가림을 하지 못하고 계획(計劃)없이 무턱대고 일만 하는 성격(性格)으로 인하여 제 몸만이 고될 뿐, 힘을 들인 만큼 제 몫을 챙기지 못하는 삶이라네.

스스로의 잘못이나 허물에 대하여 인정(認定)도 부정(否定)도 못하고 어찌 보면 뻔뻔스럽게까지 보이는 성격(性格)의 소유자(所有者)지만 본인 스스로에 대하여 매우 아둔하기 때문이며, 남은 한 번에 알아들을 말을 누차(屢次)에 걸쳐 말해주어야 알아듣는 말귀가 어두운 여인(女人)일 뿐이라네.

제 몸과 마음만을 추스르면 모든 일이 끝난 것이 양, 모든 것을 뒷전으로 미루고 무위도식(無爲徒食)하는 성격(性格)이며, 책임감(責任感)이라고는 일점 하나 없고 자신만의 세상(世上)에 빠져들어 마음의 문을 닫고 사는 삶이라네.

위신(威信)이나 명예(名譽), 체면(體面) 따위를 차리지 않고 필요(必要)에 따라 이익(利益)에 따라 남에게 빌붙어 가는 사람이며, 이도 저도 아니라면 조용히 눈앞에서 사라지는 성격(性格)이라네.

허세(虛勢)를 부릴지도 모르고 또 허풍(虛風)도 떨지 못하는 사람으로 상대방(相對方)의 기세(氣勢)에 눌려 입도 열지 못하며, 늘 보면 주눅이 들어 살아가는 여인(女人)이라네.

그러나 제 먹이를 앞에 두고는 절대 돌아서지 않는 성격(性格)으로 먹은 것에 많은 욕심(慾心)을 부리고 제 밥그릇만큼은 빼앗기지 않으려고 애를 쓰는 여인(女人)이라네.

겉치레에 신경(神經)을 쓴다고는 하지만 크게 관심(關心)이 없으며, 옷을 입거나 화장(化粧)을 하고 꾸민다고는 하지만 제 몸에 맞지 않은 어색(語塞)한 옷차림에 때 지난 감으로 인하여 스스로의 격을 낮추고 오히려 하지 않은 것만 못한 꼴이라네.

그렇다고 남의 시선(視線)을 의식(意識)하는 않은 성격(性格)으로 세상(世上)의 눈총에 매우 둔감(鈍感)한 감각(感覺)이라네.

지닌 것이 많으면 있는 척을 하는 것이 당연지사(當然之事)지만 이 여인(女人)은 본인(本人) 스스로의 가치(價値)를 알지 못하고 자신(自身)이 지닌 재물(財物)이 얼마인지도 모르며, 있든 없던 오로지 배부른 것 외에는 무관심(無關心)하다네.

배운 것이 많으면 든 척이라도 하건만 배움에 게으른 성품(性品)이며, 가정(家庭) 교육(教育)이라도 제대로 받았더라면 된 척이라도 하건만 된 척도 못하고 늘 욕심(慾心)만 부리는 모습뿐이라네.

사랑을 받을 줄 모르고 주는 방법(方法)도 모르면서 집착(執着)하며, 오로지 번식(繁殖) 능력(能力)에 종사(從事)할 뿐이라네.

육정(肉情)에 큰 감흥(感興)을 느끼지 못하고 또한 낳고 기르는 양육(養育)의 기쁨을 깊이 알지 못한 채, 어머니로서의 본능(本能)만을 충실(充實)하게 수행(遂行)한다네.

가족(家族) 대한 감정(感情) 또한 별반 다를 바 없이 엄마로서의 본능(本能)에 충실(充實)하는 성격(性格)으로 몸과 마음을 다해 이바지하는 여인(女人)이며, 타인(他人)의 눈으로 보면 매우 외롭고 힘든 삶이지만 자신은 외로움을 느끼지 못하고 배부르면 늘 만족(滿足)해 한다네.

이래도저래도 모든 것을 받아주고 받들어주면서 제 한 몸을 희생(犧牲)하는 유순(柔順)한 순둥이 같은 여인이라네.

19) 벽상토(壁上土): 벽으로 둘러싸인 토(土)의 기운(氣運)

경자(庚子)-양(陽)	신축(辛丑)-음(陰)

16상론(十六象論) 및 행태론(行態論)

• 남자(男子)

양(陽) → 태양(太陽)/건(乾)-부(父) ☰	음(陰) → 태양(太陽)/손(巽)-장녀(長女) ☴
양(陽) → 소음(少陰)/태(兌)-소녀(少女) ☱	음(陰) → 소음(少陰)/감(坎)-중남(中男) ☵
양(陽) → 소양(少陽)/리(離)-중녀(中女) ☲	음(陰) → 소양(少陽)/간(艮)-소남(少男) ☶
양(陽) → 태음(太陰)/진(震)-장남(長男) ☳	음(陰) → 태음(太陰)/곤(坤)-모(母) ☷

• 여자(女子)

양(陽) → 태양(太陽)/건(乾)-부(父) ☰	음(陰) → 태양(太陽)/손(巽)-장녀(長女) ☴
양(陽) → 소음(少陰)/태(兌)-소녀(少女) ☱	음(陰) → 소음(少陰)/감(坎)-중남(中男) ☵
양(陽) → 소양(少陽)/리(離)-중녀(中女) ☲	음(陰) → 소양(少陽)/간(艮)-소남(少男) ☶
양(陽) → 태음(太陰)/진(震)-장남(長男) ☳	음(陰) → 태음(太陰)/곤(坤)-모(母) ☷

- 남자(男子): 양(陽) → 태양(太陽) ☰, 건(乾)

자신과 관련(關聯)된 일에 대해서만큼은 적극적(積極的)이지만 밖으로의 대외적(對外的)인 일에 대해서는 소극적(消極的)이며, 무관심(無關心)으로 대처(對處)하는 성격(性格)이라네.

곧 자신(自身)의 일과 제 잇속에만 관심(關心)을 둘뿐 타인(他人)의 감정(感情)이나 일, 잇속에는 무관심(無關心)하다네.

성격(性格)은 밝고 쾌활(快活)하지만 속이 좁은 까닭으로 말과 행동(行動)이 주변 사람들을 답답하게 만드는 편이고, 알면서도 알량한 자존심(自尊心)을 내세워 마음의 문을 닫아버린다네.

맡은 바 직무(職務)에 대해서는 신속(迅速)하게 처리(處理)하고 뒷마무리를 깨끗하게 정리(整理)하며 책임(責任)을 지는 사람이며, 그렇다고 뒷심이 강하기보다는 좁은 시야(視野)를 가진 성격(性格)으로 작은 일이나 간단하고 단순(單純) 반복적(反復的)인 일에 강하다네.

제 앞가림을 제대로 하기는 하지만 쓸데없는 생각이 많은 까닭으로 시행착오(試行錯誤)가 많은 편이며, 자신(自身)의 좁은 잣대로 세상사(世上事)를 재기 때문에 행동반경(行動半徑)이 매우 좁은 성격(性格)의 소유자(所有者)라네.

때문에 생활력(生活力)이 작은 일에는 민첩(敏捷)하고 세심(細心)하나 큰일을 앞에 두고는 스스로가 작아지는 성격(性格)이며, 본인(本人)의 잘못이나 허물 따위를 인정(認定)하지 않고 뻔뻔하게 구는 아둔함이 있다네.

이는 좁은 시야(視野)로 세상사(世上事)를 바라보기 때문이며, 뻔뻔하고 아둔한 모습을 보이는 것은 모르기 때문이라네.

나름 자신(自身)의 세상(世上)속에서는 자부심(自負心)을 가지면서 위신(威信)이나 체면(體面), 명예(名譽) 따위를 내세우지만 허풍(虛風)이나 허세(虛勢), 허설(虛說) 따위를 늘어놓지 않으며, 제자리에서 제 일만 책임(責任)지고 분수(分數)를 지킨다네.

이재(理財)에 밝은 사람으로 허영심(虛榮心)보다는 실속을 챙기고 겉치레는 적당(適當)한 선에서 스스로 아끼는 성격(性格)이며, 쓸데없는 일에 돈을 낭비(浪費)하지 않은 속이 좁은 남자(男子)라네.

안으로 쌓아놓기만 하는 성격(性格)으로 타인(他人)의 어려움이나 고통(苦痛)에 인색(吝嗇)한 면을 보이고, 늘 제 먹이와 잇속에 신경(神經)이 가 있는 남자(男子)로 경쟁(競爭)에 들어가면 모든 것을 버리고 욕심(慾心)을 부린다네.

자기(自己)만의 세계(世界)속에 빠져 된 척, 난 척, 든 척을 하면서 스스로를 위로(慰勞)하고 살아가는 남자(男子)로 밝고 명랑한 듯이 하지만 조금은 폐쇄적(閉鎖的)인 면을 보인다네.

때문에 처신(處身)을 함에 있어서 자신감(自信感)이 부족(不足)하며, 처세(處世)를 하는 일에 있어서 사람을 가리고 편을 갈라 세우면서 한쪽으로 치우치거나 쏠리는 성격(性格)이라네.

한번 붙잡으면 놓아주지 않은 집착(執着)을 지닌 까닭으로 사랑을 하든 아니던 한쪽 구석으로 가두어 넣은 성격(性格)이며, 의식주(衣食住)에 대한 모든 경제권(經濟權)을 쥐고 살아가며, 살림을 조이고 조이면서 한 푼 두 푼 착실하게 재산(財産)을 불려가는 구두쇠라네.

가정(家庭)이라는 울타리에 깊은 애정(愛情)을 쏟은 편이나 지극(至極)히 틀에 박힌 성격(性格)으로 모든 것을 규정(規定)짓고, 자기(自己)의 방식(方式)대로 몰아붙이는 성격(性格)으로 인하여 현실적(現實的)이지를 못하고 이기적(利己的)인 가장(家長)이며, 가족(家族)들의 마음을 답답하게 만들고 속 터지게 만드는 선수라네.

이러나 저러나 소소(小小)한 일에 몸과 마음이 무척 바쁘다네.

- 남자(男子): 양(陽) → 소음(少陰) ☱, 태(兌)

얻어지는 잇속에 따라 적극적이기도 소극적(消極的)이기도 한 사람이며 이기적(利己的)인 성격을 바탕으로 때에 따라 피동적(被動的)이고, 속내를 감추면서 우유부단(優柔不斷)한 모습을 보이는 성격이라네.

크고 복잡한 일을 해나갈 수 있는 능력(能力)이 부족(不足)하지만 작고 신경(神經)을 써야하는 세심(細心)한 일에는 강한 면을 보이고 일을 처리(處理)함에 있어서 책임(責任)을 다하는 남자(男子)이며, 다만 타인(他人)의 말을 듣지 않은 고집(固執)이 있는 까닭으로 일이 늦어지는 경향(傾向)이 많으면서 그르치는 면이 있다네.

제 앞가림을 위해 바쁘게 움직이는 사람이기는 하나 스스로가 들인 노력(努力)만큼 얻어지는 것이 적은 까닭으로 몸과 마음이 남보다 무거워지는 사람이며, 그만큼 더 바쁘게 움직이면서 뒤를 챙기는 성격(性格)이라네.

자신의 잘못이나 허물에 대하여 인정(認定)도 부정(否定)도 하지 않고 뻔뻔하게 구는 경향(傾向)이 있으며, 스스로 알고 있으면서도 자존심(自尊心) 상해하는 남자(男子)라네.

알량한 자존심(自尊心)을 지키기 위해 책임(責任)을 지려는 성격으로 피할 수 있다면 남의 탓으로 돌리고 되도록 제 앞가림에 충실(充實)하는 남자(男子)라네.

겉으로 드러나는 허풍(虛風)이나 허설(虛說), 허세(虛勢)는 없으나 가진 것이나 배운 것, 무르익지도 않은 몸과 마음으로 위신(威信)이나 명예(名譽) 따위를 내세우는 급한 면도 있는 편이라 주위(周圍)로부터 질책(叱責)이나 질타(叱咤)를 받는다네.

그렇다고 굴하는 성격(性格)이 아니며, 오히려 스스로의 담을 높고 튼튼하게 쌓아올리면서 자신만의 세계(世界)에 깊게 빠지는 집착(執着)형 인물(人物)이라네.

겉치레에 신경(神經)을 쓰거나 허영심(虛榮心)에 들떠 눈앞의 잇속을 잃어버리지 않은 성격(性格)으로 실속을 챙기고 이재(理財)에 밝은 척, 스스로를 내세우기는 하나 작은 이익(利益) 앞에 움직이는 사람으로, 그 움직임이 가볍고 제법 큰 잇속 앞에서는 그 크기를 헤아리지 못하면서 분수(分數)에 맞지 않게 욕심(慾心)을 부리다가도 두려움에 물러서는 속이 좁고 마음 약한 남자(男子)라네.

때문에 처신(處身), 곧 제 앞가림에는 능하다 할 수 있지만 처세(處世), 곧 세상사(世

上事)에 대처(對處)하는 일에 있어서는 조금은 어둡고 아둔한 편이라네.

제 욕정(欲情)을 채우면서 안으로 잡아들이고 한곳에 잡아두려는 애정을 보이는 까닭으로 깨가 쏟아지는 듯하나 이는 집착(執着)에 가까운 행태(行態)가 아닌가 한다네.

물론 상대방(相對方)이 어떻게 생각하는 것에 따라 다르기는 하지만 한 여자(女子)에게 크게 집착(執着)하는 성향(性向)을 보이고 본인(本人)의 갈증(渴症)만을 해소(解消)하는 사랑이라네.

가족(家族)에 대한 애착(愛着)이야 이루 말할 수 없지만 스스로의 몸과 마음을 더 소중(所重)하게 여기는 사람으로, 자신(自身)의 감정(感情)에 매우 충실(充實)하면서도 가족(家族) 서로와의 의사소통(意思疏通)에는 소홀(疎忽)하다네.

가족(家族)으로부터 착실함은 인정(認定)을 받지만 사이좋게 서로 어울리지 못하고 자신들만의 세상(世上)을 가지면서 가족(家族) 서로가 등한시(等閑視)하게 만드는 가장(家長)이라네.

- 남자(男子): 양(陽) → 소양(少陽) ☲, 리(離)

이성적(理性的)이기보다는 매우 감정적(感情的)인 사람으로 겉으로 드러난 성격(性格)은 강단(剛斷)있고 적극적(積極的)이지만, 실속은 없으면서 몸과 마음만이 바쁜 남자(男子)라네.

상대방(相對方)의 질책(叱責)이나 지적(指摘)에 목소리를 높이지만 마음이 여린 까닭으로 매우 소극적(消極的)인 자세를 취하면서 스스로를 자책(自責)하고 한쪽으로 몰고 가는 성격(性格)이라네.

매사(每事)에 신중(愼重)하지를 못하고 가볍게 움직이는 까닭에 일의 마무리가 그리 깨끗하지 못한 성품(性品)이며, 일의 성패(成敗)를 떠나 미리 앞서고 잇속을 챙기려는 사람이라네.

제 앞가림에 능(能)하다고는 볼 수 있지만 사실(事實) 알찬 알맹이는 챙기지를 못하고 남에게 빼앗기는 사람이며, 겉으로 드러난 모양새에 치중을 하는 까닭으로 주변 사람들로부터 질타(叱咤)와 질책(叱責)을 받은 남자(男子)라네.

스스로의 잘못이나 허물을 정당화(正當化)시키면서 속된 자신(自身)의 견해(見解)로 세상사(世上事)를 자질하는 사람이며, 알면서도 모른 척, 은근 슬쩍 얼버무리는 성격(性格)이라네.

어떠한 부분(部分)에서는 매우 뻔뻔한 모습을 보이면서 스스로가 자신(自身)의 아둔함을 드러내는 잔꾀를 쓰기도 하고, 때에 따라서는 인정(認定)도 부정(否定)도 하지 않은 사람이라네.

스스로가 맡은 일에 대해서는 책임(責任)지고 움직이려 노력은 하나 뒷감당을 하지 못하는 여린 성격(性格)으로 인하여, 곪아 터질 때까지 이끌고 가는 사람으로 사람들을 답답하게 만든다네.

책임감(責任感)을 떠나 매사(每事)에 신중(愼重)하게 움직여야 한다네.

말과 행동(行動)을 삼가고 일의 경중(輕重)을 제대로 헤아려 일이 돌아가는 사정(事情)이나 형편(形便)에 마음을 써야 한다네.

위신(威信)이나 체면(體面), 명예(名譽)에 마음을 쓰는 사람으로 하나의 힘을 가지고 열의 힘을 쓰려는 허세(虛勢)가 있으며, 하나를 알고서 모든 것을 다 알고 있는 것처럼 아는 체를 하고 100원을 가지고 1000원이 있는 것처럼 허풍(虛風)이 있다네.

실속보다는 이름 좋은 빈껍데기에 관심(關心)을 가지는 사람이며, 이재(理財)에 밝은 듯 보이지만 조금은 어두운 편이고 허영심(虛榮心)에 들뜬 마음으로 가지고 있는 작은 재산(財産)을 무척 크게 생각하는 착각(錯覺)에 빠진 사람이라네.

된 척, 난 척, 든 척을 매사(每事)에 앞세우는 가벼운 사람으로 처신(處身)에 능한 듯 스스로를 앞세워 보지만 늘 무언가 하나가 비어있는 듯, 맹랑한 성격(性格)의 소유자(所有者)이며, 스스로의 잣대로 세상사(世上事)를 몰아가는 어리석은 사람이라네.

조금이나마 스스로를 돌아볼 수 있는 마음의 여유(餘裕)를 가진다면 스스로의 참모습을 들여다볼 수 있으련만, 성질(性質)이 너그럽지 못하고 소견(所見)이 좁은 그 마음 때문에 스스로를 옭아매는 어둡고 가벼운 남자(男子)라네.

자신(自身)의 감정(感情)에 따르는 애정(愛情)으로 그 기복(起伏)이 심한 편이면서 제 욕심(慾心)만 챙기는 까닭에 늘 티격태격하는 사랑을 한다네.

본인(本人)만 편하고 배부르면 세상(世上)에 부러울 것이 없고 상대방(相對方)의 마음을 헤아려주지 않은 속이 좁은 사람이라네.
가족(家族)에 대한 집착(執着)이 남과는 다르게 강한 편이지만 때에 따라서 달라지는 변덕으로 인하여 신뢰(信賴)를 잃고 스스로가 꽁하는 가장(家長)의 모습을 보인다네.
때때로 가정적(家庭的)인 모습을 보이기도 하지만 책임감(責任感)이라기보다는 본인의 기분(氣分)을 따르는 것이라네.
매우 이기적(利己的)인 마음을 지닌 가장(家長)이 아닌가 한다네.

- 남자(男子): 양(陽) → 태음(太陰) ☳, 진(震)

겉모습은 그런대로 남자(男子)같아서 봐줄만하다지만 지닌 그 마음이 너무 엉큼하고 늘 스스로를 감추는 성격(性格)으로, 잇속이 따른다면 매우 적극적(積極的)인 자세를 취하고 별로 이득(利得)이 따르지 않는다면 등을 돌리는 남자(男子)라네.
때때로 자신(自身)을 숨기고 매우 피동적(被動的)인 모습을 보이면서 일이 돌아가는 사정(事情)이나 형편(形便)을 모른 척하고 일의 성패(成敗)를 남의 손에 맡기는 아둔한 면을 보인다네.
뒤가 강한 척하면서 다부진 모습을 보이지만 이렇다 저렇다 말이 없는 까닭으로 주위 사람들을 답답하게 만들고 남의 말에 귀 기울이지 않으면서 제 고집(固執)만을 피우며, 말귀가 어두운 까닭으로 늘 고개만 끄덕이고 있는 남자(男子)라네.
스스로의 잘못이나 허물을 제대로 알지 못하는 성격(性格)으로 어찌 보면 뻔뻔하게 보이기도 하지만 그리 탓할 일이 아니라네.
자신(自身)의 본성(本性)에 어둡고 사물의 이치(理致)에 어두운 까닭에 스스로가 책임져야 할 일을 알지 못하는 것이며, 오로지 자신(自身)의 세상(世上)에 갇혀 좁게만 보는 것이라네.
스스로 본인(本人)에 대하여 알지 못하는 까닭으로 자신(自身)이 지닌 재능(才能)이나 재산(財産), 지니고 있는 실력(實力) 따위를 밝게 파악(把握)하지 못하고 하지도 않을, 아니 할 필요도 없는 고생(苦生)을 하는 남자(男子)라네.

있으면 있는 대로 위신(威信)과 체면(體面), 명예(名譽)에 쏟아 붓고 결국 돌아서면 모든 것을 빼앗기고 빈털터리라네.

입을 굳게 다무는 입이 무거운 사람이지만 이는 알고서 입을 닫은 것이 아니고 몰라서 입을 닫은 경우(境遇)이니 타인(他人)의 허세(虛勢)와 허설(虛說), 허풍(虛風) 등이나 타인(他人)의 아부(阿附)나 칭찬(稱讚) 한마디에 모든 것을 내주고 사기꾼이나 거짓말 따위에 쉽게 넘어가는 것이라네.

있을 때는 제법 허풍(虛風)이나 허세(虛勢)를 부릴 만도 하지만 세상사(世上事)의 이치(理致)에 어두운 까닭으로 겉치레에 쉽게 넘어가는 남자(男子)라네.

처신(處身)에 어둡고 처세(處世)에 능하지 못한 까닭으로 된 척도 제대로 하지 못하고 난 척도, 든 척도 제대로 하지 못하면서 타인(他人)으로부터 대우(待遇)를 받으려고 하는 성격(性格)이라네.

배움이 깊든 얕든 스스로의 감정(感情)을 숨기지 못하는 성격으로 한순간에 모든 일을 그르치는 어리석은 사람이며, 작게 벌어 크게 모으고서는 한꺼번에 잃은 남자(男子)라네.

아닌 척하면서 마음 한구석으로는 엉큼한 행동(行動)을 꿈꾸고 이를 실행(實行)에 옮기는 남자(男子)이며, 본인의 욕정(欲情)만을 챙기고 나면 등을 보이는 남자(男子)라네.

때때로 육신(肉身)에 집착(執着)하는 경향(傾向)이 있으며, 스스로를 위로(慰勞)하며 살아가고 워낙 어둡고 컴컴한 사각(四角)의 방을 좋아하는 까닭으로 오해(誤解)를 많이 받은 남자(男子)라네.

가족(家族)이라는 울타리에 대해서 크게 미련을 두지 않지만 그래도 제 품으로 끌어안고 가는 가장(家長)이라네.

도탑고 살가운 정(情)을 보이지는 않지만 늘 이를 꿈꾸고 나름 노력(努力)을 하지만 한만큼 운이 따라주지 않은 사람이라네.

- 남자(男子): 음(陰) → 태양(太陽) ☴, 손(巽)

타고난 천품(天稟)이 우직(愚直)하고 말이 없는 편이며, 자신(自身)이 맡은 일에만 오로지 매진(邁進)하는 성격(性格)이며, 스스로의 판단(判斷)에 바르고 밝은 일이라면 굽히지 않고 남의 말을 듣지 않은 참으로 고지식한 성질을 지닌 남자(男子)라네.

말은 없지만 맡은 일에 대해서는 강단(剛斷)있게 이끌어가면서도 적극적(積極的)이기보다는 소극적(消極的)이며 수동적(受動的)이고 자신(自身)의 의견(意見)을 행동(行動)으로 보여준다네.

일을 처리(處理)함에 있어서 세심(細心)하거나 찬찬하지 않고 앞뒤를 헤아려 움직이기는 하나 뒤를 생각하지 못하는 사람이며, 뒷심은 있는 편이어서 어찌되었든 끝까지 가는 성격(性格)이라네.

제 앞가림에 충실(忠實)한 사람으로 남에게 피해를 주지 않으면서 제 밥벌이는 남에게 빼앗기지 않은 성격(性格)이며, 생활력(生活力)만큼은 인정(認定)을 받기는 하지만 제 것만을 챙기려는 속이 좁은 남자(男子)로 따돌림을 당한다네.

자신(自身)의 잘못이나 허물에 대하여 솔직하게 응하는 성격이며, 뻔뻔하고 아둔한 면을 보이기보다는 성질(性質)이 외곬으로 곧아 융통성(融通性)이 없는 모습을 보인다네.

스스로가 책임(責任)진 일에서만큼은 큰 힘을 발휘(發揮)하고 스스로 알아서 움직이는 성품(性品)이기보다는 남이 시켜서하는 일에 마음을 편하게 가지는 남자(男子)라네.

힘이 들거나 고통(苦痛)이 따르더라도 남에게 아부(阿附)를 하거나 빌붙은 성격(性格)이 아니며, 위신(威信)이나 체면(體面), 체통(體統)을 따지지 않고 눈앞에 드러난 매우 현실적(現實的)인 면에 민감(敏感)한 사람이라네.

가진 것이 많아도 드러내어 자랑하는 사람이 아니며, 배운 것이 많아도 남보다 앞서 나가지 않은 성격(性格)이면서 제 잇속 챙기기에는 매우 충실(忠實)한 남자(男子)라네.

큰 것을 바라지 않은 성격으로 작더라도 실속을 챙기는 사람이며, 겉치레에 치중(置重)하는 허영심(虛榮心)보다는 배고픔을 먼저 생각하고 안으로 끌어들이는 성격(性格)에 한번 들어가면 나오지 않은 구두쇠라네.

처신(處身)이나 처세(處世)를 떠나 자신(自身)의 주변만을 정리하고 타인(他人)의 고통(苦痛)이나 어려움에는 크게 마음을 주지 않고 있어도 없는 척, 알아도 모른 척하면서 복잡(複雜)한 세상사(世上事)를 피해버리는 성격(性格)이라네.

애정(愛情)에 적극적(積極的)인 면을 보이기는 하지만 곧 시들해지는 남자(男子)로 무겁게 한번 처신(處身)하고는 무덤덤하게 하늘만 바라보면서 딴청을 피우는 남자(男子)이며, 살가운 애정(愛情)보다는 번식(繁殖) 능력(能力)에 힘을 쓴다네.
가정(家庭)에 대한 애착(愛着)이 강한 남자(男子)로 가족(家族)에게 집착(執着)하면서 정성(精誠)을 쏟기는 하지만, 본인(本人)이 하는 만큼 가족(家族)으로부터 사랑을 받지 못하고 늘 뒷전으로 뒷방으로 몰리는 착한 가장(家長)의 모습이라네.
가정(家庭)을 끝까지 지키려는 강한 애착을 보이기는 하지만 세상사(世上事)가 어찌 자기 마음대로 되는 일이 있던가.
타인(他人)의 말에 귀를 기울이는 것이 가장 필요한 남자(男子)라네.

- 남자(男子): 음(陰) → 소음(少陰) ☵, 감(坎)

눈빛을 날카롭게 갈아가면서 무척 강인(强靭)한 인상(人相)을 풍기고 매우 적극적(積極的)인 모습을 보이지만 외고집에 외통수로 절대 남의 말을 듣지 않은 성격(性格)이며, 한마디로 쇠귀에 경 읽기를 바로 보여주는 남자(男子)라네.
스스로 판단(判斷)하고 모든 일을 처리(處理)해가는 사람으로 달리 좋은 방법(方法)이 있어도 제 방식(方式)만을 고수하며, 세심(細心)한 듯이 하지만 매우 투박하게 이끌어 가고 뒷심 있게 일을 처리(處理)하지만 누군가의 손질이 필요한 사람이라네.
말과 행동(行動)이 우직하고 미련스럽게 보이는 남자(男子)지만 제 잇속 앞에서는 솔직하게 이빨을 드러내는 사람이며, 생활력(生活力)이 강해 보이는 성격(性格)으로 보이지만 매우 게으르고 무척 피동적(被動的)으로 움직이는 남자(男子)라네.
그러나 먹이 앞에서 만큼은 매우 적대적(敵對的)인 모습을 보인다네.
스스로의 잘못이나 허물에 대해서 인정(認定)도 부정(否定)도 않으면서 기회(機會)를 보아 타인(他人)의 잘못을 끌어들여 본인(本人)의 잘못이나 허물을 덮어버리고 빠져나가는 사람이라네.
또한 타인(他人)의 질책(叱責)이나 질타(叱咤)에 참지를 못하고 우직하게 받아버리는 남자(男子)이며, 이렇다 저렇다 할 책임(責任)을 회피하고 뻔뻔하게 구는 사람이라네.
그러면서 위신(威信)이나 명예(名譽), 체면(體面) 따위를 내세우고 아무 것도 아닌 것에 허풍(虛風)이나 허세(虛勢)를 부리면서 실속을 확실(確實)하게 챙기는 남자(男子)라네.

객기(客氣) 아닌 객기를 부리는 남자(男子)이기는 하나 그래도 양심(良心)은 있기는 있는 까닭으로 겉치레에 신경을 쓰기보다는 알찬 잇속에 마음이 가는 사람이라네.

은연(隱然)중에 된 척, 난 척, 든 척을 하지만 그다지 미움이 가지 않고 오히려 믿음이 가는 남자(男子)로 기본적(基本的)인 면에서 처신(處身)과 처세(處世)를 하는 까닭에 인간관계(人間關係)가 두루 원만(圓滿)한 남자(男子)라네.

애정(愛情)에 있어서도 무엇이든 아껴가며 서로를 위하는 사랑이라 남자(男子)가 속이 좁고 조잔(凋殘)하다는 말을 듣지만, 이를 무시하고 제 욕심(慾心)만을 챙기는 애정(愛情)이라네.

상대방(相對方)의 감정(感情)이나 기분(氣分)을 생각하지 않고 제 기분이나 감정(感情)을 따르는 애정(愛情)으로, 늘 자기(自己)만을 위해주고 바라봐 주기를 바라는 남자(男子)라네.

가족(家族)에 대한 마음이야 남 다른 성격(性格)을 지닌 사람으로 사소한 일에, 돈에 가정사(家庭事)에 큰 목소리를 내지 못하면서 알아듣지도 못할 작은 목소리로 온갖 산소리를 해댄다네.

꼼꼼하고 찬찬하며 가족(家族)을 위하는 마음이야 십분 이해하지만 가족(家族)을 한 곳으로 몰아넣고 집착(執着)하는 것이 아닌가 한다네.

본인(本人)의 틀에 가족(家族)을 잡아두지 말고 서로 함께 어우러진다면 이것이 행복(幸福)이 아니겠는가.

그러면 가장(家長)으로서의 자리가 탄탄해지는 것을……

- 남자(男子): 음(陰) → 소양(少陽) ☶, 간(艮)

필요(必要)에 따라, 잇속에 따라 이합집산(離合集散)하는 편이나 그래도 고집(固執)은 있어서 한번 믿으면 끝까지 가려는 성격이며, 이로 인하여 적극적(積極的)이다가도 매우 수동적(受動的)으로 변하고 말이나 행동(行動) 패턴에 일관성(一貫性)이 없으면서 사정(事情)이나 형편(形便)에 따라 변화(變化)가 많은 사람이라네.

나름 꼼꼼하면서도 다부지게 일을 처리(處理)한다고는 하나 일이 돌아가는 사정(事情)이나 형편(形便)을 제대로 알아보지 않고 앞뒤를 헤아리지 않으면서 제 방식(方式)대로 처리하는 까닭에 그르치는 경우(境遇)가 허다하며, 뒷심이 부족(不足)하고 뒤가 매우 무른 성격(性格)의 소유자라네.

때문에 제 앞가림에 무척 어두운 성격(性格)으로 생활력(生活力)이 뒤떨어지면서 남에게 의존(依存)하는 편이며, 잇속에나 눈이 밝을 뿐, 매우 게으른 남자(男子)라네.

스스로의 잘못이나 허물 따위를 남의 탓으로 돌리거나 아니면 입을 다물고 안으로 숨어버리는 성격(性格)으로, 주위(周圍) 사람들을 답답하게 만들고 스스로를 옭아매는 사람이라네.

때에 따라서는 뻔뻔한 얼굴을 내세워 주위를 당혹(當惑)하게 만들고 스스로의 아둔함을 인정(認定)하지 않고 고집(固執)을 피우면서 자신의 책임(責任)을 남에게 덮어씌우는 몰인정한 면을 보이며, 본인(本人)의 체면(體面)만을 지키는 냉정(冷情)한 사람이라네.

타인(他人)의 위신(威信)이나 명예(名譽) 따위에 쉽게 꺾이는 사람으로 귀가 얇고 터무니없는 남의 말을 잘 믿은 성격(性格)이며, 조금이라도 잘해주면 자신(自身)을 다 내어줄 듯 움직이면서 타인(他人)의 힘에 빌붙어 스스로를 과시(誇示)하고 내세운다네.

겉치레와 허영심(虛榮心)이 심한 편이기는 하지만 제 분수를 지키는 요량(料量)이 있는 사람으로 그리 과하지는 않으며, 잇속을 챙기기 위해 애를 쓰기도 하면서 노력(努力)은 한다네.

다만 쉽게 꺾이는 의지(意志)로 인하여 게으름을 피우고 남에게 의존(依存)하려는 의타심(依他心)이 심한 남자(男子)라네.

사람이 돼야 된 척을 할 수 있는 것이 아닌가.

또한 사람이 잘났어야 난 척을 할 수 있는 것이 아니가.

그리고 배움이 많아야 든 척을 할 수 있는 것이 아닌가.

이 모든 것을 배제(排除)하고 스스로의 세계(世界)에 빠져 사는 어리석은 남자(男子)

이기도 하다네.

자신(自身)의 마음에 들고 기분(氣分)이 좋아야 움직이는 마음으로 애정(愛情) 표현(表現)이 각별한 것 같으나 믿음이 가지 않으며, 가벼운 말과 행동(行動)으로 인하여 상대방(相對方)에게 적지 않은 실망감(失望感)을 안겨주는 사랑이라네.

가정이란 울타리는 편히 쉴 수 있는 자리라고 하는 말이 맞긴 맞으나 이 사람에게 있어서는 크게 쉴 곳도 되지 못하고, 크게 의지(依支)할 곳도 되지 못하는 막막한 공간(空間)일 뿐이라네.

성적(性的) 욕구(慾求)를 밝히기는 하지만 상대방(相對方)이 쉽게 따라주지 않은 까닭으로 본인 스스로가 위로(慰勞)를 하면서 주위를 겉도는 가장(家長)이라네.

밖에서는 남 밑의 사람으로 허리를 굽히면서 어찌 안에서는 허리를 꼿꼿하게 세우고 가족이 등을 돌리게 만드는가.

- 남자(男子): 음(陰) → 태음(太陰) ☷, 곤(坤)

어리석고 고지식한 성격(性格)에 폐쇄적(閉鎖的)인 면까지 보이면서 타인(他人)의 진심 어린 충고나 질책(叱責)을 아예 무시하고 본인(本人)의 성격(性格)대로 빌어붙이는 남자(男子)라네.

앞뒤 헤아림 없이 곧장 앞으로 돌진하거나 실행(實行)하는 사람으로 진짜 남자(男子)와 같은 힘을 보여주기는 하나, 슬기롭지 못하여 하는 짓이 미련한 까닭으로 번번이 일을 그르쳐 놓기만 하는 남자(男子)이며, 본인 스스로에 대하여 어둡고 제대로 파악(把握)하지 못하는 까닭으로 뒤가 무른지 아니면 강한지를 스스로가 모르는 사람이라네.

생활력(生活力)이 남보다 강한 사람이기는 하나 힘들여 애를 쓴 보람만큼 얻어가지는 것이 적은 삶이라, 늘 만족하지 못하는 인생(人生) 길을 외롭게 걸어가는 사람이라네.

자신(自身)의 잘못이나 허물을 제대로 인지(認知)하지 못하는 사람으로 어둡고 아둔함을 떠나서, 또 뻔뻔함을 떠나서 크게 탓할 사람은 아닌 것이, 나름 살아가기 위해 노력하기 때문이며, 말귀가 어둡기도 하려니와 스스로 벽을 쌓아놓고 안으로만 숨어버리면서 세상(世上)과 인연(因緣)을 끊기 때문이라네.

스스로의 몸 하나만이라도 책임(責任)을 진다면 그런대로 괜찮지만 제 몸과 마음을 추스르기에도 힘이 벅찬 남자(男子)로 세상사(世上事)에 힘겹게 휩쓸려 가는 삶을 살아간다네.

위신(威信)이나 체면(體面), 명예(名譽) 따위에 무관심한 사람이며, 남에게 아부할 줄도 모르고 허풍도 칠 줄 모르고 매사(每事)에 묵묵부답(默默不答)하는 성격(性格)으로 인하여 많은 인연(因緣)을 맺지 못하고 홀로 갇힌 인생(人生)이라네.

겉치레든, 허영심(虛榮心)이든, 실속이든 간에 관심(關心)이 없으며, 오로지 제 할 일만 죽을 힘을 다해 밀고 나가는 억척같은 사람이라네.

처신(處身)과 처세(處世)에 능하지는 못하지만 우유부단(優柔不斷)하고 여린 성품(性品)으로 인하여 많은 사람들에게 이용을 당하거나 애먼 죄를 되짚어 쓰기도 하면서, 타인의 죄를 대신 짊어지고 그 죄의 값을 치르는 사람이기도 하다네.

여인(女人)과의 꿈같은 사랑은 생각하지도 않은 남자(男子)이며, 종족(種族) 보존(保存)의 본능(本能)만이 남아있는 성격(性格)으로 그때만큼은 거칠게 몰아붙이는 힘을 과시(誇示)한다네.

가족(家族)에 대한 관념(觀念)이란 스스로가 책임져야만 한다는 의무감(義務感)으로 이바지하는 사람이며, 가족(家族)의 따스한 정을 잃고 살아가는 가장(家長)이라네.

남에게 받지도 않고 주지도 않은 성격(性格)으로 오로지 한마음 한 생각이 눈앞에 닥친 일만 보이는 남자(男子)이며, 때문에 융통성(融通性)없이 외길을 가는 아비의 모습을 보인다네.

- 여자(女子): 양(陽) → 태양(太陽) ☰, 건(乾)

자신의 감정(感情)이나 때에 따르는 기분(氣分)에 집착(執着)하고 제 마음에 맞거나 흡족하면 매우 저돌적(猪突的)인 모습을 보이지만 제 마음에 어긋나거나 틀어지면 몸을 돌리는 성격(性格)이라네.

물론 현명(賢明)하게 대처(對處)하는 여인(女人)이지만 조그만 이해득실(利害得失)

앞에서 속이 좁은 마음의 모양이 드러나고 손해(損害)라도 날라치면 소극적(消極的)이고 피동적(被動的)이라네.

자세(仔細)하고 세심(細心)하다 못해 어느 것 하나 놓치지 않으면서 일이 되어가는 사정(事情)이나 형편(形便)에 크게 집착(執着)하고 사소(些少)한 것 하나까지 따지는 까닭으로 일을 그르치는 경우(境遇)가 많은 소심(小心)한 성격(性格)이라네.

제대로 이루어지는 일 앞에서는 앞뒤를 헤아리면서 뒷심을 가지지만 일이 꼬이거나 어려운 상황(狀況)에 처하게 되면 우유부단(優柔不斷)해지는 것은 물론 남에게 전적으로 떠넘긴다네.

바로 눈앞에서 일어나는 일이나 현실(現實)에 강한 성격(性格)이라 제 앞가림은 제대로 하면서 생활력(生活力)이 강하지만, 제 잇속이나 손해(損害)에 매우 민감(敏感)한 성격(性格)과 더불어 멀리 내다보지 못하는 속 좁은 마음으로 인하여 1,000원을 챙길 수 있는 일을 100원만 챙기고 돌아서는 여인이라네.

스스로의 잘못이나 허물에 대하여 밝게 알고 있으면서도 이를 자신(自身)에게 떨어지는 이해득실(利害得失)에 따라 들먹이면서 인정(認定)을 하거나 부정(否定)을 하는 뻔뻔한 성격(性格)이지만, 그렇다고 막무가내(莫無可奈)로 밀어붙이는 아눈한 여인은 아니라네.

그나마 자신(自身)의 삶을 책임질 줄 아는 여인(女人)으로 돌발적(突發的)인 위기(危機) 상황(狀況) 앞에서 밝게 대처(對處)하고 주위를 돌아보면서 챙길 것은 꼭 챙겨가지는 여인(女人)이라네.

실속은 없이 겉치레뿐인 명예(名譽)나 체면(體面), 위신(威信) 따위에 코웃음을 치는 현실적(現實的)인 여인(女人)이며, 하나를 얻어가지더라도 알이 들어찬 실속적인 것을 따르면서 하나 둘을 모아 큰 재산(財産)을 이루고 내색하지 않는 사람이라네.

곧 남은 돈이 떨어져도 이 여인(女人)의 주머니는 비어있지 않다네.

다른 것은 몰라도 제 잇속을 챙기기 위해 든 척, 난 척, 된 척을 하면서 처신(處身)을 하는 경향(傾向)이 있지만 욕을 먹을 정도로 크게 과하지도 않으면서 작고 조심스럽게 움직여도 크게 눈에 띄는 여인(女人)이라네.

넓은 세상사(世上事)에 그리 밝지 못한 성품(性品)이지만 나름 현명(賢明)하게 대처(對處)하기 위해 노력(努力)하는 편이며, 이러한 처세(處世)에 크게 능하지는 못하지만 세상과의 소통(疏通)이 막힘이나 걸림이 없이 두루 원만(圓滿)하다네.

내 것은 내 것, 남에 것은 남에 것이라는 분별(分別)이 심한 성격으로 세상(世上)을 바라보는 마음의 문이 자유롭지 못한 까닭에 한 번 정(情)을 주면 강하게 집착(執着)라는 여인(女人)이라네.

자신(自身)의 남자(男子)라는 철저(徹底)한 믿음과 더불어 내 남자(男子)는 절대 남과 같을 수 없어 라는 생각에 깊이 빠져 그 참된 실상(實相)을 들여다보지 못하는 여인(女人)이며, 이러한 믿음이 깨지면 돌이킬 수 없는 길을 걷은 여자(女子)라네.

물론 현명(賢明)하게도 끝까지 제 것은 챙기고 한때마나 애정(愛情)을 나누었던 이를 거덜 내는 독한 여인이라네.

돌아설 때는 안면몰수(顔面沒收)에 뻔뻔함이 극(極)을 이룬다네.

가정(家庭)에 충실(忠實)하고 몸과 마음을 다해 이바지하면서 자식(子息)에 대한 사랑이 남과 다른 편이며, 작게는 가족(家族)에게 집착(執着)하는 경향(傾向)을 보이고 심적(心的)으로 크게 의지(依支)하는 모정(母情)이라네.

그러나 자신(自身)만의 세계(世界)를 지닌 여인(女人)으로 욕심(慾心) 또한 너무 많은 까닭에 본인(本人)의 뜻이나 생각과는 다르게 가족(家族)을 힘들게 하고, 독선적(獨善的)이면서 이기적(利己的)으로 마음의 문을 닫아버리는 모질고 질긴 모정(母情)을 보이는 속 좁은 여인(女人)이라네.

- 여자(女子): 양(陽) ➜ 소음(少陰) ☱, 태(兌)

타고난 성품(性品)이야 안으로 감싸면서 끌어당기는 여인(女人)이며, 그렇다고 눈에 드러나도록 되바라진 모습을 보이지는 않고 아닌 듯, 그런 듯 자신(自身)의 본마음을 보이지 않으면서 자신(自身)의 의도(意圖)대로 이끌고 가는 성격(性格)이라네.

수동적(受動的)이면서 소극적(消極的)인 자세(姿勢)를 취하지만 이해득실(利害得失)에 따라 일의 앞뒤를 세세하게 살피는 여인이며, 일을 처리(處理)함에 있어서 제 잇속을 따르고 재빠르게 행동(行動)을 취하는 조금은 약삭빠른 성격(性格)이라네.

생활력(生活力)이 강한 편이기는 하지만 제 편한 일만 하려는 성격(性格)으로 마음에 맞지 않거나 수틀리면 게으름을 피우면서 안으로만 숨어버리는 사람이며, 겉으로는 내색조차 하지 않으면서 뒷일을 기약(期約)하고서는 마음의 문에 빗장을 걸고 입을 앙다문다네.

스스로의 잘못이나 허물에 대하여 본인(本人)이 잘 알면서도 남의 눈에 띄지 않는다면 그냥 덮고 가려는 뻔뻔함이 있으며, 본인(本人) 스스로에게 아둔하지는 않은 까닭에 매사(每事)를 두루 원만(圓滿)하게 이끌어가는 여자(女子)라네.

책임감(責任感)이라기보다는 의무(義務)에 충실(忠實)하는 편으로 맡은 일에 대해서 처음과 끝을 책임(責任)을 진다고는 하지만 스스로 일을 찾아서 하는 능동적(能動的)인 여인(女人)이 아니며, 오히려 타인(他人)의 지시(指示)를 따라 일하는 사람이라네.

보기와는 다르게 위신(威信)이나 체면(體面)을 따지는 성격(性格)으로 남에게 아부를 하거나 허세(虛勢)를 부리지는 않지만 제 스스로를 지키려는 아주 작은 자존심(自尊心)을 내세우면서 별반 다르지 않은 명예(名譽)나 권위(權威)에 집착(執着)한다네.

이러한 까닭으로 몸과 마음만이 쓸데없이 바쁠 뿐이고 매사(每事)에 일을 벌여놓고는 후회(後悔)하는 속이 좁은 사람이며, 답답한 제 자신(自身)의 모습을 들여다보면서 깊은 한숨을 내쉰다네.

때때로 겉치레에 마음을 쓰면서 몸과 마음을 다하는 사람으로 허영심(虛榮心)과 알량한 자존심(自尊心)에 빠지기도 하지만, 늘 현실(現實)을 직시(直視)하는 성품(性品)이 있는 까닭에 마지막에는 제 분수(分數)를 지키는 여인(女人)이기도 하다네.

이재(理財)에 밝은 듯이 말과 행동(行動)을 하지만 큰 것을 굴려 많은 것을 창출(創出)하는 대범(大汎)함보다는 작고 소소(小小)한 것을 굴려 제 힘으로 크게 이루는 여자라네.

제 자신(自身)을 들여다보고 지금 처한 형편이나 사정을 아는 여인으로 때에 따라서는 된 척을 하면서 스스로를 감추기도 하며, 스스로를 내세워 젠체하면서 위기(危機)를 넘기기도 하고 주머니에 가진 것이 없어도 있는 척을 하면서 자신(自身)을 세운다네.

처신(處身)과 처세(處世)에 크게 능하지는 못하지만 그렇다고 그냥 앉아서 당하는 여인(女人)은 아니라네.

누구든 다들 비슷한 성향(性向)을 보이겠지만 사랑과 정(情)보다는 현찰(現札)을 먼저 앞세우는 여인(女人)으로 자신(自身)이나 가족(家族)을 위해 현찰(現札)을 바라는 것이 아니라 이를 통해 만족(滿足)함을 느끼는 전형적(典型的)인 사람이라네.

물론 가족(家族)을 위해 몸과 마음을 다해 이바지를 하는 여인이며, 가족(家族)에 대한 감정(感情)이나 사랑이 남보다 더하면 더했지 모자라는 여인(女人)이 아니며, 오히려 집착(執着)에 가까운 애정(愛情)을 보이는 여자(女子)라네.

때로는 가족(家族)으로부터 인정(認定)을 받지 못하거나 마음의 상처(傷處)를 받기도 하지만 스스로를 자제(自制)하고 스스로를 위로(慰勞)하는 모정(母情)이라네.

- 여자(女子): 양(陽) → 소양(少陽) ☲, 리(離)

이모저모 따져 가면서 이해득실(利害得失)을 따라 가볍게 움직이고 강한 듯 첫 모습을 보이지만 그 끝마무리가 실하지 못하며, 무척 바쁘게 움직이면서 열심히 하는 것 같지만 매우 피동적(被動的)인 성향(性向)을 지닌 성격(性格)이라네.

물론 제 잇속 앞에서는 물불을 가리지 않고 욕심(欲心)을 부리지만 그리 필요(必要)하지 않거나 보탬이 되지 않는다면 가차 없이 몸과 마음을 돌리고 미련을 거두는 얄미운 성격이라네.

매사(每事)를 대함에 있어서 얼렁뚱땅 넘기려는 여인(女人)이며, 남의 비위를 맞추려고 더럽게 아첨하는 모양새를 보이고 잇속 앞에서 약속(約束)을 저버리는 뒷모습이 미운 여자(女子)라네.

그래도 생활력(生活力)은 강한 성품(性品)을 지닌 까닭에 제 앞가림이나 자신(自身)의 울타리를 지켜나가기는 하지만 식소사번(食少事煩)하는 삶이라 힘겹기는 매 한가지라네.

곧 얻어지는 소득(所得)은 적으나 하는 일이 많은 까닭으로 그 마른 몸을 이끌고 혼자서 동분서주(東奔西走)하는 힘든 삶이라네.

본인(本人)의 사정(事情)이나 형편(形便)에 따라 스스로의 잘못이나 허물을 인정(認定)하지 않고 남의 탓을 하며, 자기(自己) 변명(辨明)만을 늘어놓으면서 아둔하게 굴고 전후좌우(前後左右)를 꾹 닫아버리는 뻔뻔함을 보인다네.

곧 스스로가 책임(責任)져야 할 일을 남에게 전가(轉嫁)시키면서 자신(自身)의 세계(世界)만을, 지존심(自尊心)만을 지키려고 하며, 밝게 알고 있으면서도 끈끝내 고집(固執)을 피우는 여인(女人)이라네.

그러나 제 욕심(欲心)에 따라 손바닥 뒤집듯 마음을 바꾸는 까닭에 인심(人心)을 크게 잃어버리고 마음의 상처를 받기도 한다네.

힘이 없으면서도 있는 척 허세(虛勢)를 부리고 제대로 알지 못하면서 잇속에 현혹(眩惑)이 되어 말 같지도 않은 허언(虛言)에 쉽게 속아 넘어가면서 손해를 본다네.

위신(威信)과 체면(體面)을 차리기 위해 노력(努力)을 한다지만 뒤를 받쳐주는 힘이나 재물(財物)이 크게 따르지 않은 까닭으로 실속을 챙기기에 여념(餘念)이 없는 여인(女人)이며, 쉽고 편한 일과 쉽게 얻을 수 있는 이득(利得)에 마음을 쓴다네.

그래도 하나를 벌어 헤프게 쓰기보다는 모으는 성격(性格)으로 때로는 대단한 재산(財産)을 불리기도 하지만, 겉치레에 허영심(虛榮心)에 속 빈 강정과 같이 알찬 알맹이는 없이 겉만 그럴듯한 삶을 살아간다네.

이재(理財)에 매우 밝은 듯이 말과 행동(行動)을 보여주지만 제 욕심(欲心)만을 채우려는 속이 좁은 여인(女人)임에는 틀림없다네.

처신(處身)에 능한 듯이 보이지만 융통성(融通性)이 크게 모자라는 성격(性格)으로 인하여 주변 사람들과 두루 원만(圓滿)한 관계(關係)를 유지(有志) 못하고 이득(利得)이나 손해(損害)에 따라 움직이는 여인(女人)이며, 처세(處世)에 밝은 듯이 하나 세상사(世上事)에 크게 관심(關心)을 두지 않은 성격(性格)으로 늘 제 잇속을 따라 잣대를 대는 여인(女人)이라네.

그래도 다행인 것은 제 것을 추슬러 끌어안고 가는 성품(性品)이라네.

이유(理由) 아닌 이유(理由)를 대면서 집착(執着)을 하지만 필요(必要)에 따라 본마음을 드러내는 애정(愛情) 관계(關係)이며, 밖으로 나돌아 다니기보다는 안으로 끌어들이고 자기(自己)가 목적(目的)한 바만 끝나면 식어버리는 사랑이라네.

가족(家族)에 대하여 뜨거운 감정(感情)이나 사랑이 있기보다는 사람으로서 당연히 해야 할 일이라 생각하는 성격(性格)으로 그래도 자존심(自尊心)과 책임감(責任感)을 가지고 가정(家庭)이라는 울타리를 지켜가는 고집(固執) 센 여인(女人)이라네.
또한 자신(自身)의 틀에 맞추려는 까닭으로 잦은 다툼을 일으키면서 늘 다사다난(多事多難)하게 끌어간다네.

- 여자(女子): 양(陽) → 태음(太陰) ☳, 진(震)

겉으로는 마음이 터진 듯이 말하고 행동(行動)을 보이지만 참으로 융통성(融通性)이 결여(缺如)된 성격(性格)으로 적극적(積極的)이지만, 매우 우유부단(優柔不斷)하고 능동적(能動的)인 듯이 하지만 매우 피동적(被動的)인 성격이라네.
스스로 일을 찾아 하는 타입이 아니고 늘 남의 지시(指示) 사항(事項)에 따르는 여인(女人)이며, 말귀에 어두운 까닭으로 주위 사람들을 답답하게 만든다네.
일의 앞뒤를 헤아리지 못하고 무작정 벌이는 성격(性格)에 더하여 실속보다는 겉으로 드러나는 모양새에 집착하는 까닭으로 일마다 늘 손해(損害)를 보면서 제 몸만 괴로운 여인(女人)이며, 일을 밝게 헤아려 알지 못하고 같은 실수를 반복(反復)한다네.
늘 쳇바퀴 돌 듯 제자리를 맴돌면서 희망(希望)을 가지는 여자로 앞을 내다보지 못하는 어두운 마음의 그늘을 가지고 있으며, 이로 인해 미래에 대한 불안감(不安感)을 지니고 있는 사람이라네.
매사(每事)에 앞서는 척, 힘을 내어보기는 하지만 본래 태어나기를 뒤가 무른 까닭에, 곧 뒷심이 없는 까닭에 늘 뒤로 물러나 앉은 성품(性品)의 소유자(所有者)라네.
때문에 제 앞가림에 능하지 못한 까닭으로 생활력(生活力)은 강하지만 자신의 몸과 마음만을 혹사(酷使)시킬 뿐, 노력 한만큼 따라주지를 않고 늘 갈증(渴症)에 허덕이는 여인(女人)이라네.
본인(本人) 스스로에 대하여 매우 어두운 까닭으로 잘잘못을 제대로 가리지 못하는 편이며, 타인(他人)의 질타(叱咤)나 지적(指摘)에 마음의 문을 닫아버리고 자신(自身)의 세계(世界)로 빠져드는 성격(性格)으로 인하여 세상(世上)과의 인연(因緣)을 끊어버리는 여인(女人)이라네.

또한 잘못을 잘못으로 인정(認定)하지 못하는 어리석음으로 인하여 주위 사람들로부터 아둔하고 뻔뻔한 사람으로 각인(刻印)되어 운신(運身)의 폭이 매우 좁아지는 성품(性品)이라네.

스스로를 책임(責任)진다고는 하지만 늘 타인(他人)의 보살핌을 기다리는 여인(女人)이며, 또한 이를 바라면서 스스로의 환경을 게으르게 만드는 사람이라네.

자신(自身)에게 힘이 있음에도 불구하고 제대로 역량(力量)을 발휘(發揮)하지 못하는 성격(性格)으로, 쓸데없는 자존심(自尊心)을 내세워 위신(威信)이나 체면(體面) 따위를 구기는 어리석은 여인(女人)이라네.

스스로에게 아둔한 까닭으로 허세(虛勢) 아닌 허세(虛勢)를 부리게 되며, 허언(虛言) 아닌 허언(虛言)을 해버리는 여인(女人)이라 그 까닭이 참으로 불쌍한 사람이기는 하나 신뢰를 잃고 살아간다네.

배움이 많고 가진 것이 많으면 스스로를 돌아보겠지만 그렇지 않다면 겉치레와 허영심(虛榮心)으로 삶을 허비(虛費)하고 매우 고된 삶을 살아가는 여인(女人)이며, 이것도 저것도 아니라면 사방이 막혀있는 세계(世界)에 갇혀 눈 감고 귀 막고 살아가는 여인(女人)이라네.

처신(處身)과 처세(處世)에 어려움이 많은 성격(性格)으로 융통성(融通性)이 없는 성격(性格)이며, 오로지 제 밥벌이에만 욕심(慾心)을 부리는 참 답답한 사람이라네.

상대방(相對方)의 마음을 이해(理解)하지 못하는 애정(愛情)으로 일방(一方) 통행(通行)으로 애정(愛情)을 던지는 여자(女子)이며, 제 욕구(慾求)만 만족(滿足)하고나면 몸과 마음을 돌리고 언제 그랬냐는 듯이 무덤덤해지는 여인(女人)이라네.

어떻든 무던하게 사랑을 이끌어가는 여인(女人)이지만 늘 뒷전으로 밀려 골방을 차지하고 앉아있는 외로운 팔자(八字)라네.

가족(家族)에 대한 집착(執着)이 강한 여인(女人)으로 제 손아귀에 쥐고 살려는 까닭에 외면(外面)을 당하며, 가족(家族)으로부터 인정(認定)을 받기보다는 다툼의 대상(對象)으로 늘 잦은 분쟁(紛爭)을 일으키는 여인(女人)이라네.

물론 애틋한 마음이야 남보다 못지않지만 구태여 가족(家族)으로부터 애정(愛情)을 구걸하지 않으며, 오히려 알량한 자존심(自尊心)을 꼿꼿하게 세우면서 고집(固執)있는 모습을 내보이는 가슴 시린 모정(母情)이라네.

- 여자(女子): 음(陰) ➜ 태양(太陽) ☴, 손(巽)

입을 다물고 말을 하지 않음으로 자신의 의지(意志)를 보이면서 몸으로 적극적(積極的)며 능동적(能動的)인 면을 드러내고 타인(他人)의 뜻이나 생각을 받아들이지 않은 강단(剛斷)이 있다네.

스스로가 사물의 이치(理致)에 매우 밝다고 생각하면서 말이나 생각보다 앞서 행동(行動)으로 옮기는 노력파(努力派)라네.

나름 일의 앞뒤를 헤아리고 살피면서 꾸준하게 행하기는 하지만 일의 성과(成果)가 그리 크게 나타나지 않은 사람으로서, 새로운 방법(方法)이나 진취적(進取的)인 사고방식(思考方式)보다는 과거(過去)에 답습(踏襲)해온 방법만을 고수(固守)하는 편이라 늘 시대에 조금씩 뒤처지는 여인(女人)이라네.

또한 뒷심이 강하기는 하지만 홀로 이끌어가기에는 너무도 힘든 세상이 아니던가.

제 잇속을 챙기면서 앞가림에는 능할지는 모르지만 무리와 섞여 함께 움직이는 것을 꿈에도 꾸지 않은 여인(女人)이며, 생활력(生活力) 하나만큼은 남부럽지 않은 성격(性格)이라네.

스스로의 허물이나 잘못에 대하여 깊이 인정(認定)하는 사람이며, 말로서 설명하기보다는 몸으로 보여주는 여자(女子)이고 매사(每事)에 몸으로 때워 넘기는 우직(愚直)함이 있으면서 일이 지난 뒤를 생각하지 못하는 아둔한 면이 있다네.

또한 본인(本人)의 잘못이나 허물을 용서하고 이해(理解)를 해주어도 고지식하게 스스로를 낮추는 여인(女人)이라네.

물론 뻔뻔하고 몰염치한 사람보다야 낫지만 상대방(相對方)을 당황(唐惶)하게 할 만큼 좀 심한 편이라네.

때문에 스스로가 벌인 일이나 벌어진 일에 대하여 책임을 지는 편이며, 제 능력(能力)이 닿지 않더라도 우선 행동(行動)으로 옮기고 그 결과(結果)를 겸허(謙虛)하게 받아들이는 여인(女人)이라네.

위신(威信)이나 체면(體面), 명예(名譽) 따위보다는 눈앞에 드러나는 현실적(現實的)인 면을 중시하는 성격(性格)으로 남이 무어라고 하던 제 할 일만 우직하니 끌고 가는 여인(女人)이며, 허세(虛勢)나 허언(虛言)을 할 줄 모르고 아부도 또한 할 줄 모르는 전후좌우(前後左右)가 꽉 막힌 사람이라네.

또한 겉모습에 신경(神經)을 쓰지 않은 성격(性格)으로 허영심(虛榮心)이나 허례허식(虛禮虛飾)을 모르고 실속을 챙기면서 작은 잇속에 매우 밝은 눈을 지니고 있는 이라네.

처신(處身)을 하는 일에 있어서도 또한 어리석고 고지식하며, 알아도 모르는 척, 있어도 없는 척하면서 스스로를 낮추는 까닭에 주변 사람들과 두루 원만(圓滿)한 관계를 이루어가는 여자(女子)라네.

세상사(世上事)에 대하여 편견(偏見)이 없는 시선으로 바라보면서 늘 긍정적(肯定的)으로 생각하고 움직이는 밝은 여인(女人)이라네.

오랜 세월(歲月)이 지나도록 쌓아가는 애정(愛情)을 주는 사람으로 약간은 구속적(拘束的)인 면을 보이는 성격(性格)이며, 본인(本人)의 틀에서 벗어나거나 어긋나기라도 한다면 아무런 미련을 두지 않고 몸과 마음을 돌리는 성품(性品)이라네.

그러나 늘 변함없이 제자리에서 기다리는 성격(性格)으로 사랑하는 이를 질리게 만드는 그 어떤 면이 있는 까닭에 마음의 상처가 많은 사랑을 하면서 스스로를 위로하는 사람이라네.

가족(家族)에 대하여 매우 밝은 몸과 마음으로 뒷바라지를 하고 늘 희망(希望)을 지니고 살아가는 모정(母情)으로 남보다 더한 집착(執着)을 보이면서 무언(無言)의 압박을 가하며, 스스로는 뒷전에서 지긋하게 바라만 보는 여인(女人)이라네.

가정(家庭)이라는 울타리, 또 한 집안이라는 짐을 지고 아무런 불평불만(不平不滿)없이 삶을 살아가는 무던한 여인이라네.

- 여자(女子): 음(陰) → 소음(少陰) ☵, 감(坎)

적극적(積極的)이고 능동적(能動的)인 성품(性品)을 안으로 감추고 매우 조심스러우면서 신중(愼重)하게 움직이는 여인(女人)이며, 이 때문에 매우 소극적(消極的)이면서 줏대 없이 어물거리기만 하고 게을러 보이기까지 한 사람이라네.

지극히 말과 행동(行動)을 적고 작게 하는 성격(性格)으로 인하여 그 속을 알 수 없는 여인(女人)이며, 그 어떠한 상황(狀況)에 부딪치더라도 당황(唐惶)하지 않으면서 제 잇속을 챙기는 끈덕진 여인(女人)이라네.

일을 앞에 두고 생각이 많은 성격(性格)이기는 하지만 늘 생각이 앞서기보다는 행동(行動)이 앞서는 사람이며, 힘든 일이든 편한 일이든 이득(利得)이 된다면 가리지 않는 편이고 은근(慇懃)하게 뒷심을 가지고 있는 강한 성품(性品)이라네.

자신(自身)의 것과 남의 것을 분명(分明)하게 구분(區分)하면서 오지랖 넓게 남의 것을 탐하는 성격(性格)이 아니며, 늘 제 분수(分數)를 지키기 위해 노력(努力)하는 여인(女人)이라네.

제 앞가림에 충실(忠實)한 여인(女人)으로 생활력이 강하기는 하지만 한곳에, 하나의 일에 안주(安住)하려는 성격(性格)으로 인하여 조그만 변화(變化)에도 민감(敏感)하게 반응(反應)하는 성격이며, 행동반경(行動半徑)이 넓지 않으면서 그 좁은 마음으로 세상을 보고 스스로의 잣대로 판단(判斷)하려는 어리석음이 있다네.

스스로의 잘못이나 허물에 대하여 잘 알고 있는 여인(女人)으로 모든 것을 스스로의 탓으로 돌리면서 가슴을 쓸어안은 사람이며, 변명(辨明) 한마디 하지 않고 입을 다무는 여인(女人)이라네.

어찌 보면 뻔뻔하게 보이는 성격(性格)이지만 그렇게 몰염치한 사람이 아닌 까닭에 스스로를 낮추는 성품(性品)이며, 제 할 일만 묵묵하게 이끌어가는 무거운 여인(女人)이라네.

타고나기를 천생(天生) 여자(女子)인지라 타고난 제 운명(運命)을 책임(責任)지기 위해 몸과 마음을 다하고 맡겨진 일에 대하여 과묵(寡黙)하게 실행(實行)하는 성격(性格)이라네.

위신(威信)이나 명예(名譽), 체면(體面) 따위에 눈을 돌리지 않고 아부할 줄도 모르는 고지식한 여인(女人)이며, 되바라진 말이나 행동(行動)에 맞닥트리면 마음의 문을 닫아버리고 자신(自身)의 세계(世界)로 빠져드는 독선적(獨善的)인 사람이라네.

스스로가 자신(自身)에 대하여 아둔하지는 않으나 스스로를 옭아매는 어리석은 습관(習慣)으로 인하여 늘 삶에 허덕이는 여인(女人)이라네.

제법 큰 잇속은 알아보지 못하고 작은 잇속을 따라가는 여인(女人)으로 매우 현실적(現實的)이기는 하지만 마음의 문을 열지 않고 제 고집(固執)으로 인하여 1000원의 잇속이 있는 일을 가지고 100원만 챙겨 가지는 여인이며, 항상 몸만 바쁘고 힘만 들면서 늘 지쳐있는 사람이라네.

나름 처신(處身)을 잘한다고 생각을 하지만 제 마음 그릇이 늘 그 모양이 그 모양인 까닭으로 가까운 사람 외에는 사람 사귀기를 어려워하는 여인(女人)이며, 처세(處世)에 능한 듯이 보이기는 하지만 주변 사람들과 두루 원만(圓滿)한 관계(關係)를 이루지 못하고 늘 겉돌면서 스스로의 마음을 열지 못하는 여인(女人)이라네.

쉽게 마음의 문을 열지 못하는 까닭으로 애정(愛情) 또한 더디고 더딘지라 남이 이끌어야 움직이고 남자(男子)가 이끌어 주어야 그나마 반응(反應)을 보이면서 사랑의 눈을 떠가는 여인(女人)이라네.

그러나 한번 애정(愛情)이라는 길이 열리게 되면 사랑한다는 핑계로 집착(執着)하는 경향(傾向)이 매우 심한 까닭에 독수공방(獨守空房)하는 외로운 여인(女人)이라네.

가족(家族)에게 몸과 마음을 다해 이바지하고 희생(犧牲)하는 편이며, 그 감정(感情)이 남과 다른지라 늘 마음이 무겁고 혼자 모든 것을 짊어지고 가려는 성격(性格)이며, 자식(子息)에게 크게 의지(依支)하는 모정(母情)의 모습을 보인다네.

제 몸과 마음만이 상처(傷處)를 받을 뿐 가족(家族)으로부터 크게 사랑을 받지 못하는 여인(女人)이라네.

- 여자(女子): 음(陰) → 소양(少陽), ☶ 간(艮)

매사(每事)에 어려움을 꿋꿋하게 견디어 나가는 힘이 부족(不足)하고, 지극히 소극적(消極的)이며 수동적(受動的)인 자세를 취하지만 제 잇속 앞에서는 아무리 작더라도 목소리를 높이는 성격(性格)이며, 그러면서도 매우 피동적(被動的)인 모습을 보이는 여인(女人)이라네.

능력(能力)이 되지 않으면서 행동(行動)보다는 말만 앞세우고 제 마음이 가는대로 편을 갈라 세우면서 자신의 입지(立志)를 세우며, 모든 일을 타인(他人)에게 의지(依支)하려는 여인(女人)이라네.

일이 돌아가는 사정(事情)이나 형편(形便)을 알아보지 않고 스스로가 편한 쪽으로 이끌고 가면서 잘되면 내 것으로 돌리고 잘못되면 바로 뒤로 빠져버리는 뒤가 매우 무른 성격(性格)이라네.

제 앞가림에는 조금이나마 보탬이 될지언정 생활력이 약하고 모든 것을 남에게 의지(依支)하려는 성격(性格)으로 인하여 제 스스로 한 가지 일에 오래토록 집중(集中)하지 못하는 성격이며, 짧고 간단하면서 단순(單純) 반복적(反復的)인 일에 맞은 사람이라네.

스스로의 잘못이나 허물을 제대로 파악(把握)하지 못하는 까닭에 늘 뻔뻔한 모습을 보이는 여인(女人)이며, 일을 저질러 놓고서는 안절부절 갈피를 잡지 못하고 스스로의 잘못이나 허물을 부정(否定)하면서 고집을 부린다네.

이도 저도 아니라면 체면(體面) 불구하고 숨어버리는 여인(女人)이며, 시간(時間)이 지나 잠잠해지면 아닌 척 앞에 나서는 성격(性格)이라 주변 사람들로부터 신뢰(信賴)를 잃기도 하지만, 스스로가 가까운 이들과 인연(因緣)을 끊어버리고 스스로를 자책(自責)하며 살아가는 여리면서고 아둔한 여인이라네.

나름 융통성(融通性)을 보이기 위해 노력(努力)을 하지만 모든 것이 변명(辨明)으로만 들리고 보이는 까닭에 신뢰(信賴)를 얻기 위해서는 남보다 더한 공덕(功德)이 필요하다네.

본인이 책임져야 할 말이나 행동(行動)에 대하여 어두운 까닭으로 자기(自己) 변명(辨明)에 합리화(合理化)를 꾀하는 여인(女人)이며, 매사(每事)에 자신감(自信感)이 없는 까닭으로 사소한 실수 하나에 몸을 움츠리고 의욕(意慾)을 상실(喪失)한다네.
스스로의 잘못이나 허물을 감추기 위해 허세(虛勢)를 부리고 스스로의 못난 점을 가리기 위해 허풍(虛風)을 떠는 여인(女人)으로 의타심(依他心)이 심한 까닭에 마음에만 든다면 아부를 한다네.
스스로의 못난 모습을 감추기 위해 겉치레에 치중을 하는 사람이며, 실속은 챙기지 못하고 늘 속빈 강정이 되어 비웃음을 받고 허영심(虛榮心)에 마음이 묶여 허송세월(虛送歲月)한다네.
그러면서 마음의 상처(傷處)를 홀로 끌어안고 가는 외로운 여인이라네.
되로 갚고 말로 갚은 상황(狀況)에 무거운 짐을 지고 가는 삶이라네.
처신(處身)과 처세(處世)에 능하지 못한 것은 솔직하지 못하고 없는 말과 없는 일을 만들어 스스로를 보호하면서 제 마음에 맞지 않은 모든 것을 제 탓보다는 남의 탓으로 돌리려는 소갈머리 때문이며, 애정결핍(愛情缺乏)에 따른 마음의 스트레스 때문이라네.
스스로의 못된 소가지는 생각하지 않고 오로지 바라는 애정(愛情)이라 늘 다툼을 일으키는 여인(女人)으로서 좋아하고 싫어하는 그 마음이 바로 나타나는 것은 좋으나 금방 싫증을 느끼고 몸과 마음을 바꿔버리는 냉정(冷情)한 여인이라네.
애정(愛情)에서만큼은 늘 불평불만(不平不滿)이 쌓인 까닭으로 스스로를 위로하며 살아가는, 마음의 문을 꽉 닫아버리고 살아가는 여린 여자(女子)라네.
가정(家庭)이라는 공간(空間)에 대하여 꿈을 가진 성격(性格)으로 제 의지(意志)대로 이끌어가기는 하지만 늘 겉도는 스스로의 마음을 인정(認定)하지 않으면서 모든 것을 가족(家族)의 탓으로 돌리는 탓에 외면(外面)을 받으며, 여자(女子)로서의 행복(幸福)을 찾지 못하고 몸과 마음만이 지쳐가는 답답한 인생(人生)이라네.

- 여자(女子): 음(陰) → 태음(太陰) ☷, 곤(坤)

참으로 무덕(無德)한 성품(性品)에 고지식하기는 이루 말할 수 없으며, 이도저도 아닌 어정쩡한 성격(性格)을 지닌 까닭에 주위(周圍) 사람들을 답답하게만 만들고 홀로 여유(餘裕)가 있다네.

적극적(積極的)이지도 소극적(消極的)이지도 않으면서 게으르고 남의 힘에 의하여 움직이는 피동적(被動的)인 삶을 살아가며, 매우 우유부단(優柔不斷)하고 무감각(無感覺)한 여인(女人)이라네.

일이 돌아가는 사정(事情)이나 형편(形便)에 대하여 무지(無知)하고 오히려 알려고도 하지 않은 성격(性格)으로 오로지 자기(自己)만의 세상(世上)을 만들어가며 이에 집착(執着)하고 매우 물러터진 삶을 살아가는 어둡고 쓸쓸한 여인(女人)이라네.

제 앞가림은 물론이려니와 가까운 이들의 형편(形便)에 어둡고 지극히 제가 하고자 하는 욕심(慾心) 밖에 모르는 여자(女子)로서, 생활력(生活力)없이 가족(家族)에게 의탁(依託)하는 신세(身世)라네.

또한 스스로의 잘못이나 허물에 대해서 매우 어두운 성격(性格)으로 제 눈앞의 밥그릇만을 보는 여자(女子)이며, 뻔뻔함이나 아둔함을 떠나 아예 이를 인지(認知)하지 못하고 있는 그대로의 모습을 보여주는 참 가슴 답답한 여인(女人)이라네.

부정(否定)도 인정(認定)도 하지 못하는 본인으로서 답답하기도 하련만 상대하는 사람만이 답답할 뿐이며, 오히려 이를 이상하게 바라보는 성격(性格)의 소유자(所有者)라네.

책임(責任)이라는 단어를 생소(生疎)하게 느껴질 만큼 생각이 없으며, 오로지 등 따습고 배부르면 만사(萬事)가 편한 사람이라네.

그러니 위신(威信), 체면(體面), 명예 따위가 무슨 소용이 있겠으며, 그 무슨 눈치코치가 있겠는가.

남의 생각이나 남의 일을 도무지 알아차리지 못하는 아둔함 때문에 눈치레와 실속을 제대로 파악(把握)하지 못하고 남에게 이용을 당하며, 타인(他人)의 허세(虛勢)와 허풍(虛風)에 놀아나는 여인이라네.

실속은 없이 겉으로만 번지르르하게 꾸민 것에 마음이 쏠리면서 제 분수(分數)에 맞지 않게 허영심(虛榮心)을 부리는 까닭에 힘들게 모아온 재산(財産)을 한순간에 잃어버리고 늘 처음으로 돌아가 항상 제자리를 맴돌며 살아가는 여자(女子)라네.

앞뒤를 모르고 타인(他人)의 아양을 떠는 말이나 몸짓에 휩쓸리면서 처신(處身)하고 처세(處世)를 하는 까닭으로 재주는 본인(本人)이 부리고 실익(實益)은 남이 가져가면서 그에 따르는 잘못이나 허물을 그대로 짊어지는 여자(女子)라네.
때문에 애먼 죄를 되짚어 쓰고 고통(苦痛)을 당하는 사람이며, 그래도 상대방(相對方)을 탓하지 않은 어리석음이 있다네.
아니 알지 못하는 까닭으로 있는 죄에 더하여 더 덮어쓴다네.
본능(本能)만이 남은 애정(愛情)으로 그 의미(意味)에 대하여 어둡고 강물에 배가 지나간 듯이 그 감흥(感興)을 느끼지 못하는 사람이며, 잔정이나 잔재미를 모르는 삶을 살아간다네.
가족(家族)에 대한 관념(觀念)은 남보다 더한 까닭으로 크게 집착(執着)을 하면서 온갖 정성(精誠)을 들이지만 몸과 마음을 다한 그 마음을 알아주는 가족(家族)이 없으며, 늘 독수공방(獨守空房)에 뜬 눈으로 날을 세우는 여인(女人)이라네.
스스로의 마음을 닫아버리고 자신(自身)만의 세계로 빠져드는 사람으로 세상사에 대하여 매우 어둡고 단순하면서 융통성(融通性)이 없다네.
그러면서도 가족(家族)을 위해서라면 어떠한 일도 마다하지 않고 고통(苦痛)을 감수하는 강한 모정(母情)을 지니고 있다네.

20) 금박금(金箔金): 금에다 금을 입힌 금(金)의 기운(氣運)

임인(壬寅)-양(陽)	계묘(癸卯)-음(陰)

16상론(十六象論) 및 행태론(行態論)

• 남자(男子)

양	음
양(陽) ➜ 태양(太陽)/건(乾)-부(父) ☰	음(陰) ➜ 태양(太陽)/손(巽)-장녀(長女) ☴
양(陽) ➜ 소음(少陰)/태(兌)-소녀(少女) ☱	음(陰) ➜ 소음(少陰)/감(坎)-중남(中男) ☵
양(陽) ➜ 소양(少陽)/리(離)-중녀(中女) ☲	음(陰) ➜ 소양(少陽)/간(艮)-소남(少男) ☶
양(陽) ➜ 태음(太陰)/진(震)-장남(長男) ☳	음(陰) ➜ 태음(太陰)/곤(坤)-모(母) ☷

• 여자(女子)

양	음
양(陽) ➜ 태양(太陽)/건(乾)-부(父) ☰	음(陰) ➜ 태양(太陽)/손(巽)-장녀(長女) ☴
양(陽) ➜ 소음(少陰)/태(兌)-소녀(少女) ☱	음(陰) ➜ 소음(少陰)/감(坎)-중남(中男) ☵
양(陽) ➜ 소양(少陽)/리(離)-중녀(中女) ☲	음(陰) ➜ 소양(少陽)/간(艮)-소남(少男) ☶
양(陽) ➜ 태음(太陰)/진(震)-장남(長男) ☳	음(陰) ➜ 태음(太陰)/곤(坤)-모(母) ☷

- 남자(男子): 양(陽) ➜ 태양(太陽) ☰, 건(乾)

타고난 성품(性品)이 매우 강하고 적극적(積極的)이면서 늘 앞서가고 타인(他人)의 뜻이나 생각에 좌우되지 않은 성격(性格)이며, 몸과 마음이 지극히 긍정적(肯定的)이면서 능동적(能動的)이라네.

리더십이 강한 반면에 너무 독선적(獨善的)인 면을 보이기는 하지만 밝고 무거운 기운

(氣運)에 가려지는 면이 강하게 나타나며, 늘 자부심(自負心)을 가지고 있는 남자(男子)다운 사내대장부라네.

매사(每事)에 큰 선을 긋고 사는 남자(男子)로서 보잘 것 없고 사소한 일에는 마음을 두지 않은 대범(大汎)한 사람이며, 일이 돌아가는 사정(事情)이나 형편(形便)을 분명하게 파악(把握)하고 하나의 실수도 없이 돌아가게 만드는 능력(能力)을 지녔다네.

또한 뒷심이 강하고 일에 앞서 신중(愼重)하게 판단하는 사람이며, 일의 성패(成敗)를 떠나 그 과정(過程)을 중요시하고 부분적(部分的)인 면보다는 전체적(全體的)인 그림을 들여다보면서 앞날을 내다보고 생각하고 움직이는 현명(賢明)한 남자(男子)라네.

제 앞가림은 물론 한 집단(集團)의 리더로서의 자질(資質)을 지녔으며, 강한 힘으로 무리를 이끌고 앞서가는 남자(男子)라네.

생활력(生活力)이 강할 뿐만 아니라 강단(剛斷)있는 성격(性格)으로 큰 이익(利益)을 창출(創出)하고 이를 굳게 지키는 사람이며, 올바르게 마음을 써가면서 내가 아닌 남을 위할 줄 아는 남자라네.

스스로의 잘못이나 허물을 시원하게 인정(認定)하고 반복(反復)되는 실수를 하지 않기 위해 크게 노력하는 남자(男子)로서 남에게 꺾이지 않은 자존심(自尊心)을 지녔다네.

또한 뻔뻔할 정도로 너무 솔직한 면을 지닌 사람으로 자신(自身) 스스로에 대하여 밝게 알고 움직이는 성격(性格)이며, 하고 싶은 말이나 행위(行爲)를 머뭇거리지 않고 행한다네.

뒤에 후회(後悔)를 남기지 않은 단호(斷乎)한 성격(性格)으로 인하여 까다롭다는 평가를 받기는 하지만 사실 기본(基本)에 충실(忠實)하고 제 할 일을 제대로 해나가면서 큰 소리를 치는 남자(男子)라네.

때문에 책임감(責任感)이 강한 남자(男子)로서 본인(本人)이 한 일에 대하여 변명(辨明)이나 핑계가 없으며, 있는 그대로를 밖으로 드러내어 밝히는 밝은 성격(性格)이라네.

위신(威信)이나 체면(體面), 명예(名譽) 따위에 집착(執着)을 하지만 제 것이 아닌 남의 힘을 빌리지 않은 자존심 강한 남자(男子)이며, 오히려 남에게 빌붙어 허우적대는 이들을 질타(叱咤)하는 사람이라네.

남 밑에 들어가서는 절대 있지 못하는 남자로 뱀의 머리보다는 용의 꼬리를 붙잡고 가는 성격(性格)이며, 겉치레와 허영심(虛榮心)에 마음이 붙잡히기는커녕 매우 이재(理財)에 밝은 사람이면서 실리(實利)와 실세(實勢)를 꾸준하게 만들어가는 남자(男子)라네.

든 척, 난 척, 된 척을 해도 그리 어색하지 않은 남자(男子)로 지닌 그 기운(氣運)이 삶을 이끌어가는 원동력(原動力)이면서 운이 크게 따르도록 만드는 강한 인연(因緣)이 되는 줄이라네.

때문에 처신과 처세에 있어서 항상 당당하고 자긍심(自矜心)이 있으며, 늘 자신만만(自身滿滿)하게 세상사와 부딪히고 승부욕(勝負慾)에 강한 일면을 보여주는 남자(男子)라네.

다만 제 힘만을 믿고 사람을 아래로 보는 경향(傾向)이 있으니 늘 말과 행동(行動)을 삼가고 신중(愼重)해야 할 것이라네.

본인(本人)은 가만히 있어도 사람이 늘 따르는 기운(氣運)이니 늘 마음을 열고 밝게 깨어 있어야 좋은 인연(因緣)을 만날 것이라네.

애정(愛情)에 있어서는 말 그대로 맺은 인연을 소중하게 여기면서 처음에 먹은 마음을 마지막까지 지니고 가는 남자(男子)이며, 주변(周邊) 사람들을 가슴 깊이 묻어 안고 정(情)을 주는 사람이라네.

가족(家族)을 이끄는 일에 있어서도 무겁고 신중(愼重)한 편이며, 말로 앞서기보다는 행동(行動)으로 이끌어주는 부정(父情)에 깊은 애정(愛情)으로 또 웃음으로 이끌어가는 멋진 남자(男子)라네.

때때로 감정(感情)보다는 차가운 이성(理性)을 앞세우는 까닭으로 사람들이 가까이 하기를 꺼려하기도 하지만, 세상사(世上事)와 막힘이나 걸림이 없이 두루 원만(圓滿)하게 어울리며 살아가는 올바르고 정직한 남자라네.

크게 보면 나라의 녹을 먹고 사는 인생(人生)으로서 권력(權力)을 향한 집착(執着)이 강한 남자(男子)이며, 또한 이를 충실(忠實)하게 이끌어나가는 사람이기도 하다네.

- 남자(男子): 양(陽) → 소음(少陰) ☱, 태(兌)

겉으로 드러나는 강한 기세(氣勢)를 안으로 감추면서 스스로의 본성(本性)을 부드럽게 가지는 속이 찬 남자(男子)이며, 적극적(積極的)이면서 능동적(能動的)인 성격(性格)을 지녔지만 신중(愼重)하고 무겁게 움직이는 성품(性品)을 지녔다네.

또한 매사(每事)에 어영부영하는 일이 없이 끊고 맺음이 분명하고 사물(事物)의 이치(理致)에 밝은 성품(性品)으로서, 강단(剛斷)있는 리더십으로 무리를 이끄는 대장부라 할 수 있다네.

단호(斷乎)한 모습을 보이는 남자(男子)지만 주어진 일에서만큼은 세심(細心)하면서 밝게 헤아리는 성격(性格)으로 뒷심이 강하고 모든 문제(問題)를 확실하게 짚고 넘어가는 사람이라네.

생활력(生活力) 또한 강한 남자로서 자존심(自尊心)도 강한 편이며, 제 앞가림에 있어서 밝고 올바르게 스스로의 가치를 높이고 자신(自身)의 앞길을 탄탄하게 만들어가는 현명(賢明)한 남자라네.

스스로의 허물이나 잘못에 대하여 속 시원하게 인정(認定)하고 자기(自己) 변명(辨明)을 하지 않은 입이 무거운 사람이며, 타인(他人)의 잘못이나 허물에 대해서 매우 관대(寬大)하게 대하고 한 번 실수(失手)는 용서를 하는 성격(性格)이지만 같은 일에 두 번의 실수(失手)를 벌인다면 가차 없이 끊은 사람이라네.

스스로에 대하여 매우 밝은 사람으로 늘 자신(自身)을 돌아보면서 잘못이나 허물을 되짚고 바꿔간다네.

때문에 책임감(責任感)이 강한 남자(男子)이며, 스스로가 맡은 일에 대해서는 마지막까지 마음을 놓지 않고 노력하며, 일이 끝날 때까지 세심(細心)한 배려를 하는 넉넉한 남자라네.

위신(威信)이나 체면(體面), 권세(權勢)나 명예(名譽) 따위에 지대한 관심(關心)을 가지고 있는 남자(男子)로서 이를 얻고자 몸과 마음을 다하는 성격(性格)이며, 또한 자신(自身)이 원하는 만큼 높은 지위(地位)에 오르고 스스로의 행동반경(行動半徑)을 크게 넓히면서 힘을 가지는 사람이며, 그렇다고 교만(驕慢)하거나 남을 업신여기는 사람이 아니라네.

꼴답지 않은 허풍(虛風)이나 허세(虛勢)를 우습게 보는 성격(性格)으로 말은 없지만 눈에는 눈, 이에는 이로서 매우 현실적(現實的)이고 이재(理財)에 매우 밝은 사람으로서 실속을 챙기는 남자(男子)이며, 그 속이 매우 단단하게 차있는 실력(實力)있는 알찬 남자(男子)라네.

처신(處身)을 하는 일에 있어서 막힘이나 걸림이 없이 두루 원만하고 매사에 융통성(融通性)을 가지면서 입지(立地)를 단단하게 다지며, 당당한 모습으로 든 척, 난 척, 된 척을 하는 남자(男子)라네.

세상(世上)을 마주 대하는 일에 있어서 거짓이 없이 솔직 담백한 성격(性格)에 밝은 지혜로 풀어가며, 주변 사람들의 신뢰(信賴)를 두텁게 쌓아가는 든든한 남자(男子)라네.

때때로 자기(自己)만의 주장으로 사람들을 당혹스럽게 만들기는 하지만 삿된 길을 가지 않은 밝은 성품(性品)으로 인하여 크게 인정(認定)을 받고 자신(自身)의 자리를 굳건하게 지킨다네.

애정(愛情)을 주는 일에 있어서 뭐 하나 속이는 일이 없이 온전하고 한번 준 사랑을 거둠이 없이 늘 항상 한 마음을 주는 멋진 남자이며, 겉으로 드러내어 표현(表現)을 하지는 않지만 그 애정(愛情)의 깊이가 크고 넓은 남자(男子)라네.

물론 스스로의 손아귀에 쥐고 흔들려는 면이 작용(作用)하기는 하나 늘 시원스럽게 풀어가는 성격(性格)으로 남이 싫어하지 않고 사람들이 믿고 따르는 카리스마를 지닌 괜찮은 남자(男子)라네.

가족(家族)에 대한 사랑도 또한 제 성품(性品)대로 가는 까닭에 모든 가족(家族)이 믿고 따르면서 받들어주는 남자(男子)로서 그 기대치에 충분(充分)하게 보상해주는 사내대장부이며, 가족(家族)에 대한 감정(感情)이나 책임감(責任感) 등이 현실적이고 매우 솔직하면서도 지극히 기본(基本)에 충실(忠實)하는 사람이라네.

때때로 강압적(强壓的)인 모습을 보이기도 하지만 분명(分明)한 이유와 까닭이 있을 때 행위(行爲)로 옮기는 사람으로, 쓸데없이 스스로를 격하시키지 않은 지혜(智慧)로운 남자(男子)라네.

- 남자(男子): 양(陽) → 소양(少陽) ☲, 리(離)

쓸데없는 일에 능동적(能動的)이면서 정작 중요한 일을 앞에 두고는 딴짓거리에 다른 생각을 하면서 주어진 기회(機會)를 놓치는 성격으로 나름 신중(愼重)하고 무겁게 움직인다지만 사실 덤벙대는 일이 많으며, 남자(男子)라는 것을 과시(誇示)하면서 강단(剛斷)있게 보이지만 지극히 우유부단(優柔不斷)하고 가볍게 움직이는 성격(性格)이라네.

잇속이 따르지 않으면 게으른 행태(行態)를 보이면서 매우 소극적(消極的)이고 수동적(受動的)인 자세를 드러나게 보이며, 이러쿵저러쿵 말만 앞세우는, 조금은 입방정을 떠는 사람으로서 제 복을 말로서 까먹고 살아가는 어리석은 남자(男子)이기도 하다네.

매사(每事)에 일의 앞뒤를 자세하게 헤아려보지 않고 앞서는 까닭으로 낭패를 보는 일이 많은 사람이며, 뒷심이 무르고 약한 성격(性格)으로서 변명(辨明)과 핑계를 앞세우고 스스로가 똑똑한 척, 정당화(正當化)에 합리화(合理化)한다네.

무른 성격(性格)도 성격이지만 쓸데없는 말과 생각 없는 행동(行動)으로 스스로의 격을 낮추고 힘들게 쌓아온 신뢰(信賴)를 잃으면서 배척을 당하는 일이 문제라네.

스스로의 앞가림을 위해 노력(努力)을 한다지만 하는 척만 할 뿐이며, 남을 부려먹기 좋아하면서 움직이기를 싫어하고 몸과 마음을 남에게 의탁(依託)하는 성격(性格)으로, 늘 돈 냄새를 좇아 살아가는 불나방과 같은 남자(男子)이며 남에게 신세(身世)지는 것을 당연시하는 뻔뻔한 성격(性格)이라네.

스스로의 잘못이나 허물을 대하여 뻔뻔하게 변명(辨明)으로 일관하며, 잘되고 좋은 것은 내 탓, 내 것으로 휘어잡으려는 남자(男子)로서 하찮은 일에 목숨을 걸고 크게 집착(執着)하며, 주변 가까운 사람들을 수시로 괴롭히는 못난 남자(男子)이기도 하다네.

책임감(責任感)이 크게 결여(缺如)된 성격(性格)으로 인하여 스스로 나서서 맡은 일에 대해서도 그다지 무게를 두지 않으며, 타인(他人)의 시선이 느껴질 때만 노력(努力)하는 모습을 보이면서 일에 비해 과도(過度)한 말과 행동(行動)으로 자신을 드러내고 하나를 일하고 열을 얻어가지려는 엉뚱한 남자(男子)라네.

그러면서 체면(體面)을 내세우고 위신(威信)이나 명예(名譽)를 얻기 위해 있는 것 없는 것 다 주고 몸과 마음을 다해 알랑거리며 빌붙고 타인(他人)의 위세(威勢)를 빌려 스스로가 힘을 지닌 양 허세(虛勢)를 부리는 어두운 남자(男子)라네.

때문에 겉치레에 몸과 마음을 다하는 성격(性格)이며, 먹을 것은 떨어져도 좋은 차에 좋은 옷은 입고 다녀야 하는 사람이며, 실속은 없어도 겉만 번지르르한 일을 찾아다니는 남자(男子)라네.

이재(理財)에 밝고 현실적이라고 스스로를 내세우지만 지극히 비현실적(非現實的)인 성격(性格)에 허영심(虛榮心)으로 차있고 화려함만을 좇아다니는 하루살이 같은 삶을 살아가기 쉽다네.

스스로의 못된 면을 감추고 사람이 된 척을 하며, 스스로가 잘나지도 않으면서 남의 힘을 빌려 난 척을 하며, 배움이 적으면서도 매우 많이 든 척을 하는 남자(男子)라네.

처신(處身)과 처세(處世)를 함에 있어서 융통성(融通性)을 보이지만 제 잇속에 따라 마음을 여닫은 까닭으로 주변 사람들로부터 신뢰(信賴)를 받지 못하는 남자(男子)이며, 때때로 중요한 일을 앞에 두고는 배척(排斥)을 당하는 사람이라네.

스스로의 기분(氣分)에 따라 달라지는 애정(愛情)을 보이면서 제 욕심(慾心)만을 채우고 끝나는 남자(男子)이며, 제 감정(感情)이 가는대로 몸과 마음을 줘버리는 까닭으로 주변(周邊)이 늘 허전하고 텅 비어있는 듯 외로워하는 남자(男子)라네.

기대치에 미치지 못하는 사랑으로 인하여 만나고 헤어지는 일에 그리 생각을 크게 두지 않은 성격(性格)이며, 무슨 일인지는 몰라도 여자에 대하여 자신감(自信感)을 가지고 자기(自己) 방식(方式)대로 밀어붙이는 묘한 남자(男子)라네.

가족(家族)에 대하여 그다지 큰 책임감을 가지지 않으면서 모든 것을 부인에게 미루는 성격(性格)이며, 여기에 더하여 잘난 척을 하면서 잔소리에 요구 사항이 많고 제 고집(固執)대로 가정사(家庭事)를 처리하면서 가족들에게 마음의 상처(傷處)를 많이 주는 남자(男子)라네.

그래도 할 때는 몸과 마음을 다해 사랑을 주는 사람이지만, 준만큼 얻어가지려는 욕심(慾心)으로 인하여 늘 겉도는 사람이라네.

- 남자(男子): 양(陽) → 태음(太陰) ☳, 진(震)

무지(無知)한 상태(狀態)에서 의지(意志)만을 가지고 적극적(積極的)으로 밀어붙이는 성격(性格)의 소유자(所有者)로서 매우 즉흥적(卽興的)이면서 감정(感情)의 기복(起伏)을 따르며, 상대방(相對方)에 대한 배려하는 마음이 없는 아둔한 성품을 지녔다네. 본인(本人) 스스로에 대하여 지극히 어둡고 생각이 없는 까닭으로 일이 돌아가는 형편(形便)이나 사정(事情)에 세심(細心)함이 없으며, 무작정 힘으로 밀어붙이면서 위압적(威壓的)인 모습을 보이고 우락부락한 리더십으로 주변 사람을 구석으로 몰아가는 성격이라네.

모르니까 뒷심이 강한 것이지, 사실을 알고 나면 뒤로 빠지면서 그렇듯 기세(氣勢)좋게 밀어붙이던 당당함을 버리고 우유부단(優柔不斷)하게 타인(他人)의 처분(處分)을 기다리며, 묵묵부답(黙黙不答)으로 일관하고 한줄 이해(理解)를 하지 못한 채 시간만 죽이면서 다 알고 있어다는 척 고개를 끄덕이는 사람이라네.

생활력(生活力)이 강한 것은 의심(疑心)의 여지없이 인정(認定)하지만 제 앞가림에 대해서는 마음을 놓지 못하는 사람으로서, 늘 제 밥그릇을 남에게 빼앗기는 까닭에 분한 마음만이 늘어나고 의심(疑心)만이 깊어지면서 삶에 회의(懷疑)를 느끼는 남자라네.

잘잘못에 대한 가름이 밝지 못한 까닭으로 스스로의 잘못이나 허물을 제대로 알지 못하고 용서를 빌어야 할 일에 큰소리를 치면서 역정을 부리는 사람이며, 칭찬 받을 일에 마음을 졸이면서 안절부절 하는 성격(性格)이라네.

때때로 배움이 너무 적은 까닭으로 뻔뻔함을 보이는 남자(男子)지만 그래도 강한 자존심(自尊心)을 지닌 사람으로서 지난 일에 대하여 인정할 것은 인정하고 한 발짝 물러서는 사람이라네.

스스로에 대해서 아둔하기는 하지만 그렇게 꽉 막힌 사람은 아니기에 어느 정도 융통성(融通性)을 지녔고 스스로가 책임(責任)져야 할 일을 아는 사람으로 시원스럽게 받아들일 일은 거침없이 받아들이는 남자(男子)라네.

위신(威信)이나 명예(名譽), 체면(體面) 따위에 관심을 두지 않으나 그 힘에 한번 눈을 뜨게 되면 지나치게 집착(執着)하는 성격(性格)으로 아부를 일삼고 허풍(虛風)에 허설

(虛說)을 늘어놓으면서 스스로를 과시(誇示)하기에 바빠지는 남자(男子) 아닌 남자가 된다네.

따라서 겉치레에 관심을 두고 허영심에 들떠 빈 수레를 쫓아다니면서 남의 곳간에 쌀을 가득 채워주고 정작 본인(本人)은 얻지를 못하며, 힘의 근원(根源), 그 주변을 겉돌면서 배척을 당하는 사람이라네.

그래도 남을 속이지 않고 있는 그대로를 드러내는 성품으로 인하여 처신(處身)과 처세(處世)를 함에 무리가 따르지는 않고, 남에게 이용(利用)을 당하면서 제 복을 남에게 줘버리는 것이 안타깝고 늘 마음이 쓰이는 아까운 사람이라네.

무던하게 이끌어가는 애정(愛情)을 보여주는 사람으로 스스로가 아는 만큼, 있는 만큼, 줄 수 있는 만큼 사랑을 쏟고 미련을 두지 않은 남자(男子)같은 성격(性格)을 지녔지만 자기(自己) 것에 대하여 크게 집착(執着)하고 매달리는 까닭으로 사랑하는 이에게 때로는 외면을 당하는 착하고 여린 남자(男子)라네.

가족(家族)에 대한 애정(愛情)이 깊기보다는 기대치를 크게 가지는 남자(男子)로서 이를 위해 몸과 마음을 다하는 남자(男子)다운 행태(行態)를 보이고, 가족(家族)에 대해서만큼은 큰 믿음으로 일관하는 성품(性品)이라네.

그러나 지나치게 성과물에 집착(執着)하면서 부담을 주는 까닭에 가족들이 겉도는 일이 수시로 발생(發生)하고, 따라서 서로가 서로에게 상처를 주고 받은 일이 늘 따라다닌다네.

무지(無知)하고 슬기롭지 못하여 하는 짓이 미련하기는 하지만 가족(家族)을 위하는 마음만큼은 유독 밝고 올바른 사람이라네.

- 남자(男子): 음(陰) → 태양(太陽) ☴, 손(巽)

스스로의 강인(强靭)한 성격(性格)이나 리더십을 안으로 감추고 유순(柔順)한 모습을 드러내지만, 안으로 갖추어진 마음의 자세를 들여다보면 지극히 현명(賢明)하고 현실(現實)을 바라보는 생각이 밝고 올바른 성품(性品)이라네.

외유내강(外柔內剛)의 전형적(典型的)인 모습을 보이는 남자이며, 독선적(獨善的)이거나 우유부단(優柔不斷)한 모습을 보이지 않고 남을 배려(配慮)하면서 상생(相生)의 길을 걸어가는 남자(男子)라네.

일이 돌아가는 사정(事情)이나 형편(形便)에 따라 세심(細心)한 성격(性格)으로 융통성(融通性)을 보이는 사람이며, 본인(本人)의 의지(意志)대로 이끌어가면서 주변 사람들의 의견(意見)을 가감(加減)없이 수렴(收斂)하고 일의 진행(進行) 상황(狀況)을 올바르게 판단(判斷)하는 사람이며, 일이 돌아가는 과정(過程)을 깨끗하게 정리하는 남자(男子)라네.

또한 뒷심을 가지고 일을 처리(處理)하는 남자(男子)로 그 뒤가 무르지 않고 단단한 성격(性格)의 소유자(所有者)이며, 타인(他人)의 마음을 헤아려주는 부드러운 남자이기도 하다네.

알미울 정도로 제 앞가림에 매우 능한 사람으로 생활력이 강하고 스스로의 몸과 마음을 돌보면서 타인(他人)을 배려(配慮)하는 그 속이 매우 깊은 사람으로서 섬세(纖細)한 면을 지니고 있다네.

스스로의 잘못이나 허물에 대하여 시원하게 인정(認定)하고 변명(辨明)이나 핑계를 대는 소인배(小人輩)가 아니며, 늘 말이나 행동(行動)에 있어서 그 선이 굵고 확실(確實)하면서 스스로를 당당하고 단호(斷乎)하게 만들어가는 남자(男子)라네.

본인(本人)에 대하여 매우 밝은 사람으로서 밝은 지혜(智慧)로 아둔한 이들을 이끌어가는 리더십이 있으며, 타인(他人)의 잘못이나 허물을 밝게 밝혀주고 이끌어주는 남자라네.

때문에 스스로가 맡은 일이나 해야 할 일에 책임감이 매우 강하며, 한 집단(集團)의 리더로서 그 힘을 발휘(發揮)하고 스스로가 지닌 역량(力量)을 최대한으로 이끌어내는 강한 사람이라네.

쓸데없는 위신(威信)이나 체면(體面), 명예(名譽) 따위에 기대어 스스로의 격을 낮추는 남자(男子)가 아니며, 위신(威信)과 체면(體面)을 분명(分明)하게 내세울 때 내세우고 물리칠 때 물리칠 줄 아는 현명(賢明)한 남자(男子)로서 위신(威信)이나 체면(體面), 명예(名譽)에 따위에 이끌려 다니지 않고 또한 타인(他人)을 억압(抑壓)하지 않으면서 오히려 이를 이용하여 상생(相生)의 길을 찾는 성품(性品)이라네.

때문에 허울 좋은 겉치레를 좋아하는 성격(性格)이 아니며, 늘 실속 있는 일에 큰마음을 쓰는 지혜로운 성품(性品)에 본인(本人)의 욕심(慾心)을 버리고 서로의 이익(利益)에 마음을 쓰면서 무리의 리더로서 그 자질(資質)을 인정(認定)받은 남자라네.

처신(處身)을 함에 있어서 스스로를 자랑하여 내세우는 사람이 아니며, 오히려 자신(自身)을 낮추어가면서 사람을 제대로 이끌고 차분하게 시간(時間)을 갖고 까다로운 사람을 이해하고 받아준다네.

세상사(世上事)를 바라보는 시선이 매우 긍정적(肯定的)인 사람으로 많은 사람들과 막힘이나 걸림이 없이 두루 원만(圓滿)하게 지내며, 늘 무리에서 돋보이는 남자(男子)로서 된 척, 난 척, 든 척을 하며 나서지 않아도 시간(時間)이 흐르면서 마음자리가 분명(分明)하게 잡혀감에 따라 하나씩 하나씩 갖추어져가는 남자(男子)라네.

말과 행동이 부드러운 사람이지만 안으로는 단단하고 강한 사람이라 한번 애정(愛情)을 주면 그 마음을 소중하게 간직하는 사람이며, 늘 밝은 마음으로 상대방을 감싸주고 이끌어주는 남자(男子)라네.

가족(家族)에 대하여 책임(責任)을 다하는 남자(男子)로서 그 씀씀이가 몸과 마음을 다하는 사랑이며, 늘 신중(愼重)하고 말과 행동(行動)을 삼가는 사람이라네.

스스로의 권위(權威)를 내세워 강압적(强壓的)이 모습을 보이지 않고 본인(本人)의 의사(意思)도 중요(重要)하게 여기지만 가족(家族)의 작은 뜻 하나라도 놓치지 않고 들어주는 사람이라네.

가정(家庭)이라는 울타리를 소중하게 여기면서 안정감(安定感)있게 가꾸는 밝은 성격(性格)을 지닌 남자(男子)라네.

- 남자(男子): 음(陰) → 소음(少陰) ☱, 감(坎)

보기와는 다르게 어려움을 꿋꿋이 견디어 나가는 힘이 강하고 겉으로 드러나 보이지 않지만 매우 적극적이면서 능동적(能動的)이며, 타인(他人)의 힘에 의하여 움직이지 않은 의지(意志)가 있으면서 남과 타협할 줄 모르는 강인(强靭)한 성품(性品)을 지녔다네.

강단(剛斷)있게 일을 처리(處理)하는 성품(性品)으로 타인(他人)의 의견(意見)을 존중(尊重)하면서도 제 의지를 굽히지 않고 소신(所信)것 일을 행사(行事)해 나아가는 남자(男子)이며, 아닌 듯 그런 듯 뒷심이 두둑한 성격(性格)을 지닌 부드러운 사람이라 겉으로 드러난 모습을 보고 판단(判斷)하기에는 어려움이 따른다네.

철저하게 제 앞가림을 하는 깔끔한 성격(性格)으로 내 것과 남의 것이라는 선이 분명(分明)한 사람으로서 때로는 까다롭고 아니꼬운 면도 있기는 하지만, 먼 앞날을 내다보고 관계(關係)를 맺는다면 그리 손해(損害)를 주거나 피해(被害)를 입히는 사람이 아니며, 오히려 편하게 대할 수 있는 무던한 사람이라네.

다만 처음에 마음을 열기가 어려울 뿐이지 한번 마음을 열고나면 쉽게 변하지 않은 끈끈한 정(情)을 지닌 여린 성품(性品)이라네.

스스로의 잘못이나 허물에 대하여 시원스런 성격(性格)으로 크게 드러내어 스스로를 피력(披瀝)하지는 않지만 옳고 그름을 분명(分明)하게 짚고 넘어가는 성격(性格)으로 그 뒤탈이 없는 깔끔한 남자(男子)라네.

스스로에 대한 책임감(責任感)이 강한 사람이며, 때때로 게으름을 피우기도 하지만 마음이 크게 깨어있는 사람으로서 제 할 일을 놓치지 않은 남자라네.

위신(威信)이나 체면(體面), 권세(權勢) 따위에 이끌리지 않으면서 오히려 이를 이용(利用)해 스스로의 권익(權益)을 추구(追求)하고 타인(他人)의 어려움이나 고통(苦痛)을 덜어주는 일에 쓰며, 스스로의 실속을 챙기는 현실적(現實的)인 남자(男子)라네.

또한 남에게 아부를 하거나 힘이 있는 자에게 빌붙지 않으면서 꼿꼿하게 자신(自身)의 일을 찾아가는 성격(性格)이며, 명분(名分)이 서는 일이라면 돈을 떠나서라도 나서는 남자라네.

허세(虛勢)와 허풍(虛風)을 부릴 줄 모르는 성격(性格)으로 오히려 이러한 사람을 지극히 싫어하고 질타(叱咤)하는 사람이며, 사물(事物)의 이치(理致)에 맞지 않거나 거짓된 일이라면 끝까지 굽히지 않고 맞서 대응(對應)하는 강한 성품(性品)이라네.

매우 현실적(現實的)인 성격(性格)으로 인하여 겉치레나 허영심(虛榮心)을 멀리하고 피하는 남자(男子)이며, 이재(理財)에 밝은 사람으로서 실속을 챙기고 스스로를 알차게 채우고 가는 똑똑한 남자(男子)라네.

있어도 크게 있는 척을 하지 않으며, 없어도 없는 척을 하지 않은 성격(性格)을 지닌 남자(男子)로서 때로는 스스로가 똑똑한 척을 하면서 처신(處身)하고 말 그대로 스스로가 한 말을 책임지는 사람이라네.

세상을 살아가면서 무난하고 두루 원만(圓滿)한 삶을 살아가면서 남 앞에 도드라지게 나서지는 않으며, 제 분수(分數)를 알고 시기(時氣)를 따르는 현명(賢明)한 남자라네.

드러내지 않으면서 깊은 애정(愛情)을 주는 남자(男子)이며, 한번 준 사랑을 거두지 않은 미련함도 지닌 성격(性格)으로 마음을 연 여자(女子)에게 깊이 집착(執着)하는 경향(傾向)을 보이고 여린 성품(性品)으로 모든 것을 이해하고 용서하는 사람이라네.

가족(家族)을 사랑하는 마음이야 이루 말할 것도 없이 깊으며, 몸과 마음을 다해 이바지를 하면서 헌신(獻身)한다네.

때때로 잘못된 버릇으로 인하여 권위적인 모습을 보이기도 하지만 아둔하지 않은 성품(性品)을 지닌 까닭으로 늘 현실(現實)에 초점을 맞추고 살아가는 사람이기 때문에 크게 문제(問題) 삼지 않아도 된다네.

- 남자(男子): 음(陰) → 소양(少陽) ☱, 간(艮)

눈앞에 놓여있는 아니 주어진 이득(利得)을 놓고 말이 많은 사람으로 잇속을 따라 움직이는 기회주의적(機會主義的)인 면을 보이고 마음의 씀씀이가 필요하면 삼키고 쓰면 뱉어버리는 면이 있으며, 자신(自身)의 뜻이나 생각대로 말과 행동(行動)을 하는 사람이라네.

때문에 어떤 면에서는 강단이 있는 남자의 모습을 보여주기도 하지만 때로는 제 잇속에 따라 몰염치한 모습을 보이기도 하면서 능치고 넘어가려는 우유부단(優柔不斷)한 남자(男子)라네.

뒷심이 약한 까닭으로 다그치면 고개를 숙이는 남자(男子)로서 타인(他人)으로부터 인정(認定)을 받기를 원하는 성격(性格)이며, 일이 돌아가는 사정(事情)이나 형편(形便)을 제대로 파악하지 않고 급하게 몰아대는 성격(性格)으로 인하여 그르치는 일이 많다네.

뒤가 무른 성격(性格)으로 인하여 자기(自己) 변명(辨明)과 핑계로 일관(一貫)하기도 하면서 크게 잘못되지 않을 일을 어리석게도 놓치는 경우가 많으며, 이 모든 것을 뒤로 미루고 피해버리거나 모른 척 하는 사람이라네.

제 앞가림을 한다고는 하지만 주변 사람들의 도움이 필요한 사람이며, 제 힘으로는 입에 풀칠하기도 힘든 사람으로서 행동(行動)이 앞서기보다는 말만 앞세우는 성격(性格)이며, 생활력(生活力)없이 매사(每事)에 게으름을 피우는 남자(男子)라네.

그러면서도 큰소리를 치는 남자(男子)로 제 머리만을 믿고 일확천금(一攫千金)을 꿈꾸면서 되지도 않은 일에 매달려 시간(時間)을 죽이는 어리석은 사람이라네.

스스로의 잘못이나 허물을 남의 탓으로 돌리면서 빠져나가고 이를 부정(否定)하면서 뻔뻔함을 보이는 아둔한 남자(男子)로서 잘되면 내 탓, 못되면 남에 탓을 하는 무책임한 사람이라네.

때문에 큰일을 맡기기에는 어려움이 따르는 사람으로 처음에는 두터운 신뢰(信賴)를 얻어 승승가도(乘勝街道)를 달리지만 후에는 신뢰(信賴)를 잃고 빈껍데기만 남은 남자(男子)라네.

되지도 않은 위신(威信)을 세우고 허울 좋은 명예(名譽)를 얻기 위해 스스로를 낮추어 가면서 비굴해지고 체면(體面)을 지키기 위해 타인(他人)의 힘에 빌붙어 가지만 돌아오는 것은 손가락질에 욕된 말들이 아니던가.

그래도 이를 알지 못하고 스스로가 잘난 것인 양 의기양양(意氣揚揚)하게 면을 세우면서 자신(自身)보다 없는 이들 앞에서 허세(虛勢)를 부리고 말도 안 되는 허풍(虛風)을 치고 다니는 마음이 어린 남자(男子)라네.

때문에 유독 겉치레에 관심(關心)이 많은 편이며, 말 같지도 않은 유혹(誘惑)에 약하고 쉽게 넘어가서는 이용을 당하면서 제 잘못이나 허물은 전혀 생각지 않고 세상(世上) 사람 모두를 싸잡아 욕하는 가벼운 남자(男子)라네.

그러면서 이재(理財)에 밝은 척, 남의 뒤를 봐주는 사람이며, 스스로가 된 척, 난 척, 든 척을 하면서 처신(處身)하고 세상(世上)을 우롱하는 듯, 처세술(處世術)을 보인다네.

알량한 자존심(自尊心)을 내세운 애정(愛情)을 보이는 남자(男子)로 때에 따라 달라지는 감정(感情)의 이면(裏面)을 보이면서 일관(一貫)되지 못한 말과 행동(行動)으로 당황(唐惶)하게 만들며, 애정(愛情)에 이해득실(利害得失)의 잣대를 들이대는 사람이라네.
가족(家族)에 대한 사랑 또한 손익(損益)의 잣대를 들이대고 제 마음대로 판단(判斷)하면서 따지는 까닭으로 사랑이라는 감정(感情)보다는 철저하게 계산(計算)된 정(情)이 흐르며, 한울타리에 살아가면서도 서로 다른 세계를 이루고 살아가게 만든다네.
이러한 연유(緣由)로 늘 외로움을 느끼면서 때때로 하지 않아도 될 억압적(抑壓的)이고 매우 나약(懦弱)한 두 모습을 보이는 것이라네.

- 남자(男子): 음(陰) ➔ 태음(太陰) ☷, 곤(坤)

밖으로 드러나는 모양새가 소극적(消極的)이며 수동적(受動的)이지만 마음을 표현(表現)하지 않을 뿐, 우유부단(優柔不斷)하지 않으면서 무엇이든 매우 적극적(積極的)으로 받아들이고 거두어들이는 사람이며, 금방 알아듣지 못하고 말과 행동(行動)으로 드러내지 못할 뿐, 뒤늦게 깨달아 가는 성품(性品)이라네.
일의 전후(前後) 사정(事情)이나 형편((形便)에 어두운 편이나, 특유(特有)의 지속성(持續性)으로 마침내는 상황(狀況)을 파악하고 앞뒤를 헤아리는 사람으로서 주변 사람을 가슴 조이게 만드는 이라네.
매사(每事)에 신경(神經)을 써가며 세심(細心)하게 이끌기는 하지만 늘 시행착오(試行錯誤)를 겪은 사람으로 무던하게 구는 사람이며, 스스로를 낮추고 늘 배움의 자세로 임하는 성격(性格)이지만 쓸데없는 자존심(自尊心)이 있는 까닭으로 한번 고집(固執)을 피우면 되돌릴 수 없는 마음을 지닌 사람이라네.
제 앞가림을 위하여 무던히도 노력(努力)을 기울이기는 하지만 몸과 마음을 다한 만큼 손에 쥐는 것이 적은 사람으로서, 타고나기를 인복(人福)이 없는 삶을 살아가는 남자(男子)이며 마음이 여린 까닭으로 있는 것을 가지고도 써먹지를 못한다네.
스스로의 잘못이나 허물에 어두운 까닭에 어찌 보면 매우 뻔뻔하게 보이면서 몰염치하게 보이는 사람이지만, 어떠한 경우든 예를 지키고 기본 도리(道理)를 지키기 위해 힘쓰고 스스로가 인정(認定)을 받기 위해 노력(努力)하는 사람이라네.

본인(本人)으로서는 얼마나 답답하겠는가.

책임감(責任感)은 있지만 무엇에 대하여 책임(責任)을 져야하는지 아니면 책임지지 않아도 될 일인지를 가름하지 못하는 까닭에 때때로 애먼 죄를 되짚어 쓰기도 하고 지나간 일을 돌이켜보면서 홀로 고개를 끄덕이며 화를 누르는 이라네.

시답지 않은 위신(威信)이나 권세(權勢), 명예(名譽) 따위를 몸에 두르기는 하지만 이내 싫증을 느끼는 사람으로 매우 인간적(人間的)인 맛을 바라고 원하는 남자(男子)이며, 가끔은 허세(虛勢)와 허풍(虛風)을 치기는 하지만 이내 장난을 멈추고 무엇이든 진지(眞摯)하게 하려는 사람이라네.

실질적(實質的)으로는 실속을 챙기기 위해 노력을 하는 사람이며, 그렇다고 크게 잇속을 챙기기보다는 늘 손해(損害)를 보는 성격으로, 착하고 착한 이웃집 형이나 아저씨 같은 남자(男子)라네.

때에 따라서 제 잇속을 챙기기 위해 도에 넘치는 말과 행동을 보이지만 근본(根本) 뼈대는 나를 위하고 남을 위하는 정당(正當)한 사람이며, 겉치레와 허영심(虛榮心)에 흔들리지 않고 알게 모르게 말과 행동을 삼가고 신중(愼重)하게 처신(處身)한다네.

물론 제대로 배워 아는 것이라면 곧이곧대로 실행(實行)하는 사람이며, 타인(他人)의 의견(意見)을 무시하는 성격(性格)이지만 때가 되면 그 의견(意見)을 받아들이고 이해를 하는 남자(男子)이며, 처세(處世)를 함에 있어서 꽤나 늦게 현명(賢明)해지는 사람이라네.

스스로가 마음에 두고 생각하기를 사람이 됐어야 된 척을 하지, 사람이 잘났어야 잘난 척을 하지, 사람이 많이 배웠어야 든 척을 하는 것이지 하면서 자중(自重)한다네.

어찌 되었든 사람들과 두루 원만(圓滿)하게 어우러져 살아가는 이라네.

표현(表現) 방법(方法)을 몰라 거친 면을 보이기는 하지만 애정(愛情)을 줌에 있어서 앞과 뒤가 없는 까닭으로 상대방(相對方)이 혼란(混亂)스럽기는 하겠지만 늘 솔직 담백한 사랑을 하고 싶어 하는 욕심(慾心)을 가진 남자로서 그 마음을 드러내는 사람이라네.

다만 마음이 조금이라도 동한 사람이라면 상대방(相對方)의 의사(意思)는 전혀 생각하지 않고 마음 내키는 대로 하는 까닭에 오해(誤解)를 받은 사람이라네.
이래도저래도 늘 외롭기는 매 한가지인 쓸쓸한 남자(男子)라네.
가정(家庭)이라는 울타리에 대하여 큰 기대치를 가진 사람으로 사소한 것보다는 좀 더 큰 것을 향해 마음을 쓰는 성격(性格)이며, 조금은 독선적(獨善的)이면서 이기적(利己的)으로 움직이고 아닌 말로 있지도 않은 일을 핑계로 삼아 가족(家族)을 한곳으로 몰아세우는 못된 버릇을 가지고 있다네.
그러나 본래 타고난 성품(性品)이 바르고 곧은 편이라 바로 제자리를 찾아가면서 안정(安定)을 찾아주는 남자(男子)라네.

- 여자(女子): 양(陽) → 태양(太陽) ☰, 건(乾)

보통 남자(男子)보다는 강인(强靭)하고 매사(每事)에 적극적이며, 어떠한 어려움이라도 꿋꿋하게 견디어 나가는 힘이 있는 여자로서 똑똑하고 지극히 현명(賢明)하며 리더십이 강한 여인(女人)이라네.
더하여 세심(細心)한 면을 지니고 있는 성격(性格)으로 일이 돌아가는 사정(事情)이나 형편(形便)을 깊이 헤아리고 모든 과정(過程)을 속속들이 알고 움직이는 여인(女人)이며, 단 하나의 실수(失手)라도 용납(容納)하지 못하는 성격(性格)이라네.
여자(女子)의 몸으로 우유부단(優柔不斷)한 성격(性格)이 아니며, 뒷심이 매우 강하면서 딱 부러지는 성격(性格)에 일절 머뭇거리는 법이 없이 즉각적(卽刻的)으로 움직임을 보이고 뒤에 후회(後悔)할만한 일을 만들지 않은 당찬 여인(女人)이라네.
물론 생활력(生活力)이 강한 것은 당연한 일이며, 더하여 슬기롭게 매사(每事)를 처리(處理)하는 성격(性格)으로 그 끝을 깨끗하고 깔끔하게 마무리하고 제 잇속을 충실하게 챙겨가는 매우 현실적(現實的)인 사람이라네.
스스로의 잘못이나 허물에 대하여 시원하게 인정(認定)하고 맺을 것은 맺고 풀 것은 빠르고 확실(確實)하게 처리(處理)하면서 스스로의 위치(位置)나 체면(體面) 따위를 단단하게 하고 남으로부터 잔소리를 듣지 않은 똑소리가 나는 여인(女人)이라네.
본인 스스로에 대해서 아둔하지 않은 까닭으로 주변 사람들로부터 크나큰 신뢰(信賴)

를 얻은 여인(女人)이며, 또한 그만큼 제 할 도리(道理)를 분명하게 해나가는 성품(性品)이라네.

책임감 또한 여느 남자(男子)보다 강한 여성(女性)으로서 주어진 일이나 맡은 일이나 매사에 주도면밀(周到綿密)하게 이끌어가고 스스로의 위치나 제자리를 단단하게 다지는 여인(女人)이라네.

필요(必要)하다면 위신(威信)이나 명예(名譽) 따위를 내세워 스스로의 체면(體面)을 세우면서 자신(自身)을 드러내기는 하지만 쓸데없는 말과 행동(行動)을 함부로 하는 성격(性格)이 아니며, 늘 상황(狀況)에 따른 경우와 기본(基本) 도리(道理)를 따진다네.

이 여인(女人)에게 허풍(虛風)이나 허설(虛說) 따위는 통하지 않고 진실(眞實)을 담은 말과 행동(行動)만이 통하는 여인(女人)으로 거짓 앞에서는 단호(斷乎)하고 참됨 앞에서는 어떠한 일이든 막론하고 이해(理解)와 용서가 된다네.

겉치레와 허영(虛榮)에 들뜨기보다는 눈앞에 드러나는 실속을 찾고 이재(理財)에 밝은 성격(性格)을 지닌 까닭으로 제 것과 남의 것을 분명(分明)하게 가름지면서 지극히 현실적(現實的)으로 살아가는 여인(女人)이라네.

부닥치는 상황(狀況)에 따라 없어도 있는 척, 있어도 없는 척, 볼라도 아는 척, 알아도 모른 척을 하면서 분수에 맞게 처신하며, 세상사(世上事)를 마주 대함에 있어서도 사사로운 감정(感情)이나 의견(意見)을 배제(排除)하고 크게 마음을 열고서 막힘이나 걸림이 없이 두루 원만하게 받아들이며, 처세(處世)에 능한 모습을 보여주는 당당한 여인(女人)이라네.

남자(男子)를 리드해가는 강한 여인(女人)이지만 애정(愛情)을 주거나 받은 일에 매우 어색해하는 성격(性格)이며, 여자(女子)답지 못하게 애정(愛情)을 표현하는 일에 있어서 매우 남세스럽게 여기는 까닭으로 깊은 애정(愛情)을 가시고는 있으나 늘 뒷전으로 밀어내는 사람이라네.

가족(家族)에 대한 사랑이야 말로해서야 무엇하겠는가.

타고난 제 본성(本性)대로 가족(家族)을 이끄는 여인(女人)이며, 잘잘못에 대한 가름이 분명(分明)하고 상벌(賞罰)이 확실히 따르며, 잘못이나 허물에 대해서는 가차 없이 징벌이 따르면서 더불어 한쪽으로는 사탕을 내주는 현명(賢明)한 모정(母情)이라네. 그러면서 겉으로 드러나는 카리스마를 숨기지 못하는 여인이라네.

- 여자(女子): 양(陽) → 소음(少陰) ☱, 태(兌)

겉으로 드러난 모양새야 단호(斷乎)하면서 강한 인상(印象)을 주지만 마음만큼은 부드러우면서 남을 배려(配慮)하는 성품(性品)이며, 알맞은 때에 따라 강단(剛斷)있게 그리고 적극적(積極的)이면서 매우 능동적(能動的)으로 움직이는 지혜(智慧)로운 성격(性格)이라네.

일이 돌아가는 사정(事情)이나 형편(形便)에 대하여 밝게 알아서 일이 되어가는 시기(時期)에 따라 유효적절(有效適切)하게 움직이고 쓸데없는 힘이나 시간(時間)을 낭비(浪費)하지 않으며, 매우 현실적(現實的)으로 판단하면서 강하게 밀고 나가는 여인이라네.

또한 겉으로는 단답형(短答形)의 모습을 보이면서 선을 긋지만 지극히 세심(細心)하면서 부드러운 마음을 지닌 여인(女人)이며, 그러면서도 뒤가 무르지 않고 여느 남자(男子)보다 강한 여인이라네.

생활력(生活力)이야 말할 것도 없으며, 제 앞가림에 매우 충실(忠實)하고 자존심(自尊心)이 강한 까닭에 타인(他人)의 힘을 빌리지 않은 성격(性格)이며, 오히려 스스로의 어려움이나 고통(苦痛)을 감내(堪耐)해가면서 타인(他人)의 곤란(困難)함이나 어려움을 도와주고 다독이는 이라네.

그렇다고 오지랖 넓게 아무 때나 무슨 일에든 나서는 성격이 아니며, 늘 경우에 맞고 명분(名分)이 있으며, 올바른 일에만 나선다네.

스스로의 잘못이나 허물을 서슴없이 인정(認定)하고 남의 잘못이나 허물에 대해서는 이해하면서 감싸주는 넓은 여인이며, 부정(否定)보다는 늘 긍정적(肯定的)으로 생각하고 움직이면서 한쪽으로 치우치거나 쏠리는 어리석음을 보이지 않고 늘 능동적(能動的)으로 잘못이나 허물을 고쳐나가는 밝은 여인이라네.

어떠한 일에 부닥치든 말을 앞세우지 않고 인내(忍耐)하면서 자신(自身)이 책임져야 할 일에 대하여 물러서지 않은 성격(性格)이며, 남자(男子) 못지않은 완력(腕力)과 힘을 가지고 마지막까지 깔끔하게 마무리하는 칼칼한 성격(性格)을 지닌 이라네.

보잘것없는 위신(威信)이나 권세(權勢), 명예(名譽)에 따위에 바탕이 되는 마음을 빼앗기지 않은 여인(女人)으로서 자신(自身)이 가진 것이 없거나 힘이 없거나 아는 것이 없어도 타인(他人)의 힘에 빌붙지 않은 강한 성품(性品)이며, 굶어 죽을지언정 남에게 구걸(求乞)하지 않고 바르지 않고 삿된 길이라면 목숨을 내놓더라도 가지 않은 여인이라네.

때문에 쓸데없이 허세(虛勢)를 부리거나 허풍(虛風)을 치면서 남을 억압(抑壓)하고 업신여기는 이들에게 일침을 가하는 성격이며, 이들에게 절대 꺾이지 않은 자존심(自尊心) 강한 여인(女人)이라네.

지극히 현실적(現實的)이면서 밝고 신중(愼重)한 성격(性格)으로서 겉으로 번지르르한 것보다는 실속을 챙기는 여인(女人)이며, 이재(理財)에 밝은 까닭에 손해(損害)를 보지 않고 늘 화려함과 허영심(虛榮心)을 경계(警戒)하는 청렴한 성품이라네.

때에 따라서는 처신(處身)이나 처세(處世)를 위해 어쩔 수 없이 스스로의 위신(威信)이나 체면(體面) 등을 내세우는 여인(女人)이지만, 이를 내세워 부당(不當)한 이익(利益)을 취하거나 엉뚱한 욕심(慾心)을 부리면서 분수(分數)에 넘치는 짓을 벌이는 어리석고 아둔한 여인(女人)이 아니라네.

때문에 처신(處身)과 처세(處世)에 있어서 말과 행동(行動)을 삼가고 여자(女子)의 몸으로서 매우 신중(愼重)하게 움직인다네.

타고난 성품(性品)이 속이 깊은 여인(女人)인지라 뜨거운 가슴을 감추고 부드러운 웃음으로 맞이하는 애정(愛情)이며, 한번 맺은 인연(因緣)을 소중하게 여기면서 처음을 잊지 않고 늘 마지막까지 함께 길을 가는 든든한 사랑을 수는 여인(女人)이라네.

적극적(積極的)인 애정(愛情) 표현(表現)은 하지 않으나 주어진 환경(環境)이나 여건(餘件)이 좋다면 남자(男子)를 거칠고 부드럽게 다루면서 마음에 가득 찰만큼 오래도록 육신(肉身)을 불태우는 여인(女人)이라네.

그래도 어려운 것은 쉽게 불이 붙지 않은 육신(肉身) 때문이라네.

가족(家族)을 대하는 일에 있어서 부드럽지만 잘잘못에 대한 가름이 분명(分明)하면서 규칙(規則)을 세우고 이를 어길 시에는 가차 없는 징벌(懲罰)을 내리는 여인(女人)이며, 뱉은 말을 주워 담은 성격(性格)이 아닌 까닭으로 말 그대로 실행(實行)하는 여인(女人)으로서 냉정하고 모질어 보이지만 먼 훗날을 내다보는 지극히 현명(賢明)하면서 지혜로운 여인이라네.

한손에는 매를 들고 한손에는 사탕을 들고 있는 여인(女人)으로 융통성(融通性)을 크게 발휘(發揮)하는 편이며, 매사(每事)에 두루 원만하게 이해하고 용서하면서 풀고 가는 이라네.

그래도 타고난 카리스마는 버릴 수가 없는 것이라네.

- 여자(女子): 양(陽) → 소양(少陽) ☲, 리(離)

소신(所信) 것 강단(剛斷)있게 결정(決定)지어야 할 때와 여유(餘裕)를 가지고 유유자적(悠悠自適)할 때를 구분 짓지 못하면서 능동적(能動的)이어야 할 때 지극히 수동적(受動的)이며, 수동적(受動的)이어야 할 때 매우 능동적(能動的)이고 이러니저러니 말이 많아도 꽤나 독선적(獨善的)인 모습을 보인다네.

말이나 행동(行動)에 있어서 거의 거침이 없는 성격(性格)으로 매우 적극적(積極的)이고 성깔이 있어 보이는 여자(女子)이며, 까닭 없이 말을 앞세우면서 자신을 세우는 자화자찬(自畵自讚)이라네.

뒤가 그다지 무른 성격(性格)이 아니면서도 덤벙대는 까닭에 일이 돌아가는 사정(事情)이나 형편(形便)을 헤아리지 못하고 일의 마무리를 제대로 짓지 못하는 말만 앞서는 여인(女人)이라네.

타고난 자존심(自尊心)은 있어서 제 앞가림에 남의 힘을 빌리지 못하고 쉽게 풀어갈 수 있는 일들을 어렵게 이끌어 가는 성격(性格)이며, 스스로의 몸과 마음을 지치게 만드는 여인(女人)이라네.

스스로의 잘못이나 허물에 대하여 부정(否定)하고 뻔뻔스럽지 않으나 사소(些少)한 일을 앞에 두고는 괜한 고집(固執)을 피우면서 트집을 잡고 힘을 앞세워 스스로의 면을 세우려는 여인(女人)이면서, 타인(他人)을 억압(抑壓)하고 독선적(獨善的)으로 이끌어 간다네.

이렇듯 아둔하고 미련한 모습을 보이기는 하지만 바로 말과 행동(行動)을 바꾸어 바른 길로 나서는 성격(性格)이며, 주어진 일을 책임(責任)지기 위해서 노력(努力)하는 여인(女人)이라네.

위신(威信)이나 체면(體面), 명예(名譽) 따위에 마음을 두고 이를 만들기 위해서나 지키기 위해 애를 쓰는 성격(性格)이지만 쓸데없이 허풍(虛風)을 떨거나 허세(虛勢)를 부리지 않으며, 남에게 필요(必要) 이상으로 빌붙거나 아부를 떨지는 않는다네.

겉으로 드러나는 위선적(僞善的)인 모습보다는 실속을 앞세우면서 타인(他人)으로부터 진심(眞心)이 어린 존경(尊敬)을 받고 싶어 하며, 이를 위한 말이나 행동(行動)에 신중(愼重)을 기하고 본인(本人)의 뜻이나 생각보다는 시류(時流)를 타는 여인(女人)이라네.

때문에 처신(處身)과 처세(處世)를 하는 일에 있어서 조심(操心)하고 자신(自身)의 의사(意思)와는 다르게 길이 아닌 길을 가면서 스스로의 몸과 마음을 힘들게 만들고 지치게 하는 여인(女人)이라네.

이러한 까닭으로 된 척에 난 척에 든 척을 하면서 본마음을 숨기고 자신(自身)의 뜻과는 다르게 말과 행동(行動)을 하면서 주위 사람들로부터 신뢰(信賴)를 잃어가는 여인(女人)이며, 큰소리치고 앞서다가 늘 뒤로 빠져버리는 못난 모습을 보인다네.

이기적(利己的)이고 쓸데없는 고집을 부리는 것은 타고난 것이라네.

본인(本人)의 감정(感情)에 따르는 애정(愛情)이라 큰 기복(起伏)은 없어도 상대방(相對方)을 당황(唐惶)하게 만들며, 숨김없이 드러내어 정을 표현(表現)하면서도 만족(滿足)하지 못하고 늘 채워주기를 바라는 사랑을 한다네.

가족(家族)에 대한 사랑이나 감정(感情)은 애틋하고 깊으면서도 감정(感情)의 변화(變化)에 따라 대하는 방법(方法)이 다른 까닭에 잦은 다툼은 늘 따라 다니는 여인(女人)이며, 가족(家族)들로부터 크게 인정(認定)을 받고 싶어 하는 성격(性格)으로 인정(認定)을 해주지 않으면 매우 이기적(利己的)으로 변한다네.

- 여자(女子): 양(陽) → 태음(太陰) ☳, 진(震)

이기적(利己的)이고 독선적(獨善的)인 성격(性格)으로 냉정(冷情)하며, 자기(自己)와 관련(關聯)된 일에는 적극적(積極的)이면서 능동적이지만 관련(關聯)이 없다면 무관심(無關心)한 여인(女人)으로 매우 피동적(被動的)인 모습을 보이면서 게으름을 피우는 성격이라네.

일을 처리(處理)하는 방법론(方法論)에 있어서 생각이 많고 세심(細心)하며 치밀(緻密)한 것 같지만 본인(本人)의 작은 잣대로 함부로 들쑤시는 성격(性格)으로 일이 돌아가는 전후(前後) 사정(事情)이나 형편(形便)을 알아보지 않고 일의 잘잘못을 떠나 쉽게 흥미(興味)를 잃어버리는 여인(女人)이라네.

먹고 사는 일에 있어서의 생활력(生活力)은 강한 편이지만 제 앞가림에만 능할 뿐, 주변 환경(環境)과 쉽게 어울리지 못하고 독단적(獨斷的) 사고방식(思考方式)을 지녔으며, 눈앞에 드러난 사실(事實)을 보고도 이를 알아보지 못하는 아둔함을 보이는 여자(女子)라네.

스스로의 잘못이나 허물을 볼 수 있는 지혜(智慧)가 없는 까닭으로 인정(認定)도 부정(否定)도 하지 않은 성격(性格)이며, 오로지 본인(本人)이 손해(損害)를 보거나 자존심이 상할 때만큼은 자신(自身)의 잘못을 알지 못하고 뻔뻔하게 구는 여인(女人)이라네.

또한 보기와는 다르게 말귀가 어두운 까닭으로 매사(每事)에 듬성듬성 넘어가려는 성격(性格)의 소유자(所有者)로서 자신(自身)이 책임(責任)져야 할 일을 구분(區分)하지 못하고 중구난방(衆口難防)으로 떠들어대는 여인(女人)이라네.

위신(威信)이나 체면(體面) 따위를 중요시하는 사람이면서도 겉보기와는 다르게 힘이 있는 자에게 빌붙기를 쉽게 하고 허풍(虛風)이나 허세(虛勢)를 부리기도 하면서, 타인의 아부 섞인 말이나 행동(行動)에 쉽게 넘어가는 사람이라네.

때문에 겉치레에 허영심(虛榮心)이 심한 여인(女人)이며, 실속보다는 허울 좋은 겉껍데기를 따르면서 제 잇속을 챙기기보다는 제 것마저도 빼앗기는 어리석은 사람이라네.

또한 이재(理財)에 밝은 척을 하면서 아는 체를 하지만 사실 본인 스스로에 대하여 아둔한 까닭으로 매사(每事)에 많은 손해(損害)를 보고 살아가는 여인(女人)이라네.

더하여 못된 짓을 하면서도 사람이 된 척을 하고 스스로가 잘나지도 못하면서 아는 척을 하며, 배움이 적으면서도 크게 든 척을 하는 사람이라네.

이러한 까닭으로 막힘이나 걸림이 없이 두루 원만(圓滿)하지 못하고 처신(處身)과 처세(處世)에 있어서 밝지 못하며, 애먼 죄나 잘못을 되짚어 쓰는 지극히 어리석고 보기와는 다르게 매우 답답하게 구는 속이 좁은 여자(女子)라네.

엉뚱한 일면을 지닌 성격(性格)으로 애정(愛情)을 나누는 일에 있어 아닌 척 스스로를 까발리는 성격이며, 목적(目的)을 이루고 나면 언제 그랬냐는 듯이 돌아서고 욕망(慾望)을 이루거나 풀기 위해서는 스스로를 내놓은 여인이라네.

상대방(相對方)의 참 사랑을 알아보지 못하는 성격(性格)으로 대상(對象)을 찾아 울타리 밖을 나도는 사람이라네.

가족(家族)에 대하여 이렇든 저렇든 불평불만(不平不滿)이 많고 제 위주(爲主)로만 움직이는 여인(女人)으로 처음에는 가족을 위해 몸과 마음을 다한 사랑을 쏟지만 시간(時間)이 흐를수록 제 몸과 마음만을 생각하는 여인(女人)으로 가족(家族)으로부터 정(情)을 끊어버리는 성격(性格)이며, 스스로를 게으르게 만들어가는 미련한 여인(女人)이라네.

- 여자(女子): 음(陰) → 태양(太陽) ☴, 손(巽)

겉으로 드러난 모습이야 천생(天生) 여자(女子)로 부드러워 보이지만 매우 강단(剛斷)있고 능동적(能動的)이면서 리더십이 강하며, 우유부단(優柔不斷)함을 제일 경계(警戒)하는 여자(女子)이면서 스스로의 격을 높이고 가치(價値)있게 만들어가는 여인(女人)이라네.

지혜(智慧)에 밝고 사물(事物)의 이치(理致)에 밝은 성격(性格)으로 일이 돌아가는 상황(狀況)이나 형편(形便)을 밝게 파악(把握)하면서 스스로에게 주어진 일에 몸과 마음을 다하는 여인(女人)이며, 뒷심이 강하고 무르지 않은 성격(性格)으로 인하여 일을 앞에 두고는 매우 되바라진 행동(行動)을 보이기는 하지만 매사(每事)에 현명(賢明)하게 대처(對處)하는 여인(女人)으로 제 앞가림을 빈틈없이 해나가는 다부지고 당찬 성품

(性品)이라네.

마음 씀씀이가 올바르면서 앞길을 제대로 다지고 가는 성격(性格)이며, 강한 생활력(生活力)으로 매사(每事)에 거침없이 이끌어 가면서 밝은 이성(理性)으로 길이 아니면 가지 않은 여인(女人)이라네.

스스로의 잘못이나 허물에 대해서 속 시원하게 인정(認定)하고 맺을 것은 맺고 풀 것은 풀어버리는 솔직 담백한 여인(女人)으로 지지부진하거나 뻔뻔하게 굴면서 스스로의 격을 떨어트리지 않으며, 본인(本人) 스스로에게 아둔하지 않고 매우 밝은 까닭에 두 번은 실수(失手)하지 않은 완벽(完璧)함을 보이는 여인이라네.

때문에 책임감(責任感)이 강한 성격(性格)으로서 매사(每事)에 신중(愼重)하게 움직이는 여인(女人)이며, 말과 행동(行動)을 삼가고 일을 이끌어가는 현명(賢明)한 사람이라네.

위신(威信)이나 체면(體面), 명예(名譽) 따위를 중요시하기는 하나 그렇다고 이를 믿고 경거망동(輕擧妄動)하거나 남을 업신여기지 않고, 타인(他人)의 힘에 빌붙기 싫어하며 아부를 모르는 여인(女人)이라네.

허세(虛勢)나 허풍(虛風) 떠는 이들을 싫어하는 성격(性格)으로 겉으로 드러내 보이는 것을 경계(警戒)하고 허례허식(虛禮虛飾)을 쫓기보다는 실속을 챙기는 스타일이며, 이재(理財)에 밝은 까닭으로 쓸데없는 허영심(虛榮心)을 버린다네.

타고난 기질(氣質)이 잘났으면 잘난 척, 못났으면 못난 척, 있으면 있는 척, 없으면 없는 척하면서 솔직 담백하고, 처신(處身)과 처세(處世)가 이러한 까닭으로 두루 원만(圓滿)하며 막힘이나 걸림이 없이 무리의 리더가 되어 신뢰(信賴)를 받는다네.

난 척, 된 척, 든 척을 해도 미움이 가지 않은 여인(女人)으로 본래(本來) 타고나기를 모든 면에서 안으로나 밖으로나 잘났다네.

한번 맺은 인연(因緣)을 소중하게 여기면서 어떠한 경우에도 마음이 변하지 않은 든든한 성격(性格)이며, 한번 준 애정(愛情)을 마지막까지 버리지 않은 여인(女人)이라네.

조용히 있어도 스스로가 빛나는 여인(女人)인지라 많은 이성(異性)으로부터 관심(關心)을 받고 사랑을 받지만 가볍게 끌려 다니지 않은 단호(斷乎)한 성격(性格)으로 오히려 무리를 이끄는 당찬 여장부(女丈夫)라네.

가족(家族)을 위해 몸과 마음을 다하면서도 제 위치를 잃지 않고 말과 행동(行動)을 삼가면서 할 소리는 다하고 사는 당찬 여인이며, 한 집안의 대소사(大小事)를 이끌어가면서도 힘든 내색을 하지 않고 마무리까지 깔끔한 성격(性格)이라네.

때문에 뒤에서 군말이 없으며, 집안에서 큰 신뢰(信賴)를 얻고 크고 중요(重要)한 일에 결정권(決定權)을 가지는 성격(性格)이며, 거침없이 일을 해나가는 현명(賢明)하고 당당한 여인(女人)이라네.

– 여자(女子): 음(陰) → 소음(少陰) ☵, 감(坎)

겉으로 드러나는 행동거지(行動擧止)를 보면 지극히 여성(女性)스럽고 이성적(理性的)이면서 매우 신중(愼重)한 성격(性格)이며, 드러나지 않은 가운데 적극적(積極的)이면서 능동적(能動的)이고 남의 감정(感情)을 상하게 하지 않은 부드러움으로 끊고 맺는 일을 분명하게 하는 강단(剛斷)있는 여인(女人)이라네.

세심(細心)한 성격(性格)은 물론이려니와 일의 핵심(核心)을 들여다보는 예민(銳敏)한 머리를 지닌 까닭으로 일이 돌아가는 앞뒤 사정(事情)이나 형편(形便) 등을 밝게 파악하고 명확(明確)하게 처리(處理)해가는 신중(愼重)한 여인(女人)이며, 알게 모르게 강한 뒷심으로 뒤를 받쳐주는 힘 있는 사람이라네.

때문에 생활력(生活力)이 강할 뿐 아니라 내가 아닌 남을 위해 몸과 마음을 다해 도움을 주는 성격(性格)으로 큰 신뢰(信賴)와 함께 존경(尊敬)을 받은 여인(女人)이며, 어렵고 고통(苦痛)받은 이들을 이끌어주는 어진 사람이라네.

스스로의 잘못이나 허물을 대하는 일에 있어서 늘 경계(警戒)하고 남의 잘못이나 허물에 대해서는 관대(寬大)한 편이면서, 늘 따스한 말로 경책(警責)하기를 놓치지 않은 당찬 여인(女人)이라네.

본인(本人) 스스로에 대하여 제대로 알고 움직이는 까닭으로 스스로가 책임(責任)져야 할 일과 아닌 것을 분명하게 하는 성격이며, 스스로에게 주어진 일이거나 제 일에 책임감(責任感)이 강하고 어떠한 경우든 남을 탓하지 않은 강직(剛直)한 성품(性品)이라네.

때때로 냉정(冷情)한 모습을 보이기는 하지만 스스로의 잘못이나 허물을 감추려는 뻔뻔함이 아니며, 스스로를 들여다보면서 잘잘못을 판단하는 신중(愼重)함 때문이라네. 위신(威信)이나 명예(名譽), 체면(體面) 등이 필요한 것이라 생각하나 크게 의지(依支)하는 여인(女人)이 아니며, 오히려 이러저러한 힘만을 믿고 제멋대로인 사람들을 경계(警戒)하고 올바른 말 한마디로 이들을 끊어내는 당찬 여인(女人)으로서 참된 자존심(自尊心)을 내세우고 자신을 강하게 세우는 사람이라네.

아부(阿附)나 아양을 떨면서 남의 힘에 빌붙지 않거니와 허풍(虛風)이나 허세(虛勢)를 부리지 않고 오히려 이러한 자들을 불쌍하게 여기면서 감싸는 당찬 여인이라네.

때문에 쓸데없는 겉치레를 무척이나 싫어하는 성격(性格)이며, 허영심(虛榮心)을 경계(警戒)하고 실속을 챙기는 현명한 사람이며, 이재(理財)에 밝은 사람이지만 내 것이 아닌 남에 것에 욕심을 부리지 않으면서 외려 남의 것을 챙겨주는 지혜(智慧)로운 여인(女人)이라네.

처신(處身)과 처세(處世)를 하는 일에 있어서 겸손(謙遜)한 까닭으로 막힘이나 걸림이 없이 두루 원만(圓滿)한 인간관계(人間關係)를 이루고, 이들로부터 신뢰(信賴)를 받으면서 리더로서의 힘을 발휘(發揮)한다네.

된 척, 난 척, 든 척을 하며 자신(自身)을 내세우기는 하지만 이는 타고난 성격(性格)이 강한 자에게는 강하게 자신(自身)을 세우고 약한 자에게는 스스로를 더욱 낮추기 때문이며, 이를 믿고 경거망동(輕擧妄動)하는 어리석은 여인(女人)이 아니라네.

맺은 인연(因緣)을 스스로 끊어버리는 아둔한 여인(女人)이 아니며, 한번 맺으면 변함없이 인연(因緣)의 끈을 잃지 않는 사람으로서 온전한 애정(愛情)을 만들어 가면서 스스로의 격을 자연스럽게 높이고, 상대방의 위신(威信)이나 체면(體面), 명예(名譽) 따위를 세워주며, 바라는 바 없는 마음으로 주어진 환경(環境)에 최선을 다한다네.

가족(家族)에 대한 사랑이 남보다 더한 까닭으로 큰 기대치를 지닌 여자(女子)지만 있는 자리에서 몸과 마음을 다해 노력하기를 바라는 모정(母情)이며, 본인(本人)의 욕심(慾心)으로 몰아붙이거나 이끌지 않으면서 각자의 능력(能力)을 최대한 이끌어 낼 수 있도록 도움을 주고 늘 한 발짝 물러서서 무한한 애정(愛情)을 쏟은 여인(女人)이라네.

- 여자(女子): 음(陰) → 소양(少陽) ☶, 간(艮)

천생(天生) 여자(女子)인지라 필요(必要)에 따라 적극적(積極的)이지만 남의 힘에 의지(依支)하면서 지극히 피동적(被動的)으로 움직이며, 강단(剛斷)있는 면을 보이기보다는 유약(柔弱)한 모습을 보이면서 스스로를 챙기고 세우는 영악(靈惡)한 여인(女人)이라네.

타인(他人)의 힘을 등에 업고 앞에 나서는 성격(性格)이지만 그래도 크게 미움을 받지 않은 성격(性格)의 소유자(所有者)로 주위(周圍) 사람들로부터 크게 신뢰(信賴)를 얻기도 하며, 이러니저러니 해도 귀엽게만 봐주는 남자(男子)들이 많다네.

일을 처리함에 있어서 유약(柔弱)한 성품(性品)으로 인하여 타인(他人)의 뜻이나 생각을 따르는 면이 많은 성격(性格)으로 뒷심이 여리고 일의 앞뒤를 재지 못하는 무른 마음과 어렵고 힘든 일을 싫어하면서 남을 부려먹은 여인(女人)이며, 어떻게든 게으름을 피우면서 편하기만을 바라는 사람이라네.

때문에 제 한 몸을 추스르기에 바쁜 여인(女人)으로 생활력(生活力)이 본인(本人)의 뜻과는 다르게 매우 약하고 행동(行動)보다는 말을 앞세우면서 스스로를 변명(辨明)하는 편이라네.

또한 스스로의 잘못이나 허물을 남의 탓으로 돌리고 스스로를 부정(否定)하는 뻔뻔함이 있는 성격(性格)으로 지기(自己) 합리화(合理化)에 얕은 머리를 쓰는 여인(女人)이며, 입이 가볍고 몸과 마음을 쉽게 놀리면서 난처(難處)함에서 벗어나며, 알량한 자존심(自尊心)으로 스스로를 가리는 성품(性品)이라네.

맡아서 해야 할 임무(任務)나 의무(義務)에 약한 성격(性格)으로 매사(每事)에 남의 힘을 빌든지 남에게 모든 것을 맡기는 여인이며, 잘잘못을 가리기에 앞서 무조건 남 탓에 타박을 하고는 제 한 몸만 빠져나가는 조금 아둔한 성격(性格)을 지닌 사람이라네.

더하여 위신(威信)이나 명예(名譽), 체면(體面) 따위를 중히 여기면서 타인(他人)의 힘에 빌붙기를 좋아하고 이를 바탕으로 자신을 세우며, 이러한 힘을 등에 업고 까불대는 성격(性格)에 겁이 많고 여린 마음을 지닌 아담한 여인(女人)이라네.

타인(他人)의 허풍(虛風)이나 허세(虛勢)에 쉽게 넘어가는 사람이며, 겉치레에 신경

(神經)을 많이 쓰고 허영심(虛榮心)에 들뜬 여인으로 꽉 찬 알맹이는 다 빼앗기고 빈 그릇만 들고서 이재(理財)에 밝은 척하는 참 일없는 사람이라네.
여기에 더하여 되지 못한 자존심(自存心)을 내세우면서 든 척, 난 척, 된 척을 하며, 스스로의 격을 떨어트리고 제 멋에, 제 맛에 겨워 살아가는 밉지 않은 여인(女人)이라네.
필요(必要)에 따라 움직이는 애정관(愛情觀)이라 쉽게 마음을 줄 수 없는 여인(女人)이며, 본인(本人)의 마음에 들면 다른 시선을 아랑곳 하지 않는 성격(性格)에 몸과 마음을 다하여 이바지하는 참한 여인(女人)이지만 그 마음이 오래가지를 못하고 쉽게 싫증을 느끼는 여자(女子)라네.
이러한 연유(緣由)로 마음을 하나에 정착(定着)시키지 못하고 한 마음에 의지(依支)할 곳을 여럿 두는 여인(女人)이며, 엉뚱하게도 이를 실제 행동(行動)으로 옮기는 당돌한 성격이라네.
물론 그 뒤의 여파(餘波)를 생각지 않은 것은 당연(當然)한 일이며, 순간(瞬間)의 즐거움이나 스릴을 꽤나 좋아하는 편이라네.
가족(家族)에 대한 감정(感情)이나 의무(義務) 따위를 제치고 자신(自身)의 몸과 마음만 편하면 되는 여인(女人)으로서 집안일에 매우 게으른 성격(性格)이며, 은연(隱然)중에 가족(家族)을 부려먹고 피곤하게 만드는 스타일이며, 가족(家族)의 감정(感情)은 도외시(度外視)하면서 제 기분(氣分)에 따라 집안 분위기(雰圍氣)를 주도(主導)하고 제 욕심(慾心)을 채우기 위해서 가족(家族)을 괴롭힌다네.

- 여자(女子): 음(陰) → 태음(太陰) ☷, 곤(坤)

마음이 여리고 착한 것이 곧바로 드러나는 여인(女人)으로서 자신(自身) 스스로에게 아둔하고 어두운 까닭에 매사(每事)에 우유부단(優柔不斷)하고 소극적(消極的)이며, 지극히 피동적(被動的)인 자세를 취하는 여린 성격(性格)이라네.
누군가 뒤를 받쳐준다면 힘을 가지고 나서는 여인(女人)이지만 홀로 서기에는 나약(懦弱)한 심성(心性)에 몸까지 단단하지 못하다네.
뒷심이 무른 것은 당연(當然)한 일이며, 일의 앞뒤를 헤아리지 못하면서 세심(細心)하지 못하고 늘 일에 치이면서 살아가는 착한 성격(性格)을 지닌 여인(女人)이라네.

제 앞가림이나 제대로 했으면 좋으련만 제 할 일은 하지 못하고 늘 남의 일 때문에 가슴 졸이면서 생활(生活) 패턴이 항상 불안정(不安定)한 삶을 살아가는 여자라네.

잘잘못을 가름할 수 있는 지혜(智慧)가 없는 까닭으로 스스로의 잘못이나 허물을 제대로 파악(把握)하지 못하고, 애먼 누명(陋名)을 쓰거나 타인(他人)의 잘못을 짊어지게 되면서 스스로의 울타리를 벗어나 고생(苦生)하는 여인(女人)이라네.

때때로 스스로에 대하여 아둔한 까닭으로 모든 잘못이나 허물을 부정(否定)하면서 뻔뻔하게 굴기는 하지만 크게 탓할 수 있는 여인(女人)이 아니며, 스스로가 교만(驕慢)하지 않고 겸손(謙遜)한 까닭에 욕을 먹진 않으나 타인(他人)에게 이용(利用)당하는 것이 안타까운 사람이라네.

하나만 알고 둘을 모르는 까닭으로 주어지거나 맡겨진 일에만 책임감(責任感)을 가지는 성격(性格)이며, 제 할 일 외에는 달리 다른 생각을 가지지 않은 외골수라네.

특히나 아부할 줄 모르고 허세(虛勢)나 허풍(虛風)을 칠 줄 모르면서 체면(體面)이나 위신(威信) 따위에 목숨 걸지 않고 오로지 눈앞에 주어진 일만을 끌어안고 가는 성격(性格)이라네.

겉치레나 허영심(虛榮心)에 들뜨는 성격(性格)이 아니며, 실속이 있거나 없거나에 밝지 못하고 주어진 입밋대로 능력 것 앞가림을 해나가는 참으로 무던한 사람이며, 하나의 힘을 들여 하나를 버는 단순(單純)한 사고방식이라네.

처신(處身)과 처세(處世)에 능하지는 못하지만 제 나름대로는 몸과 마음을 다해 열심히 살아가는 여인(女人)이며, 기울어져가는 마음을 곧추 세우면서 노력(努力)하는 사람이라네.

주는 애정(愛情)만을 배운 것인지, 오로지 주기만 할 뿐 늘 정(情)에 굶주린 여인(女人)으로 스스로를 위로하며 살아간다네.

인연(因緣)을 따라 만나고 헤어지는 일에 마음을 쓰지 못하고 그저 멍하니 바라보면서 한숨만을 쉬는 성격(性格)이며, 이성적(理性的)이지도 감성적(感性的)이지도 않아 그 마음을 쉽게 읽을 수 있는 편이 아니며, 마음을 닫고 입을 막으면 있는 듯, 없는 듯 조용한 여인(女人)이라네.
가족(家族)을 위해 몸과 마음을 다해 이바지를 한다지만 알아주는 이가 없으니, 그 마음이 더욱 고달프고 힘든 삶이라 선한 마음으로 스스로를 달래며 가슴으로 안고 가는 모정(母情)이라네.

이론적(理論的) 근거(根據)를 세워보자

앞으로 전개(展開)되는 10갑자(十甲子)에 대해서는 각 병납음이 상징(象徵)하는 의미(意味)나 전달(傳達)하고자 하는 내용(內容)에 대하여 서술(敍述)하고, 16상론(十六象論)에 따른 기본적(基本的)인 행태론(行態論)을 서술하여 공부(工夫)하고자 하는 이들 나름대로 의미(意味)의 재발견(再發見)을 하길 바라며, 나름 이론적(理論的) 근거(根據)를 추출(抽出)하거나 세우길 바라면서 글을 마치기로 한다.
덧붙일 것은 사주(四柱)가 크면 말이나 행동(行動), 사고방식(思考方式), 내다보는 시야(視野), 마음 씀씀이 등이 넓고 큰 것을 분명(分明)하게 알아야 할 것이며, 타고난 사주(四柱)가 작으면 말이나 행동(行動), 사고방식(思考方式), 내다보는 시야(視野), 마음 씀씀이 등이 좁고 작은 것을 확실(確實)하게 알아야 한다.
또 화수목금토(火水木金土) 오행(五行)의 성격(性格)이나 성질(性質), 성품(性品)이나 타고난 자질(資質) 등을 밝게 파악(把握)하여 논리적(論理的) 근거(根據)를 탄탄하게 만든 후에야, 정확(正確)한 행태적(行態的) 이론(理論)을 세울 수 있는 것이다.
이론적(理論的)으로 필요(必要)한 내용(內容)은 앞에서 서술(敍述)한 음양 2론(陰陽二論), 4상론(四象論), 8상론(八象論)에서 유추(類推)하여 세워나간다면 그리 어렵지 않다.
이렇게 추출(抽出)한 내용(內容)을 가지고 16상론(十六象論)에 따른 행태(行態)를 정확(正確)하게 분별(分別)하여 나름대로 이론(理論)을 세워 스스로 갖추기를 바란다.

21) 복등화(覆燈火): 엎어진 등불, 이 화(火)의 기운(氣運)

갑진(甲辰)-양(陽)	을사(乙巳)-음(陰)

22) 천하수(天下水): 하늘 밑에 있는 모든 수(水)의 기운(氣運)

병오(丙午)-양(陽)	정미(丁未)-음(陰)

23) 대역토(大驛土): 역참에 있는 토(土)의 기운(氣運)

무신(戊申)-양(陽)	기유(己酉)-음(陰)

24) 차천금(釵釧金): 황금빛을 띠는 금(金)의 기운(氣運)

경술(庚戌)-양(陽)	신해(辛亥)-음(陰)

25) 상자목(桑柘木): 산뽕나무의 목(木)의 기운(氣運)

임자(壬子)-양(陽)	계축(癸丑)-음(陰)

26) 대계수(大溪水): 큰 계곡을 흐르는 수(水)의 기운(氣運)

갑인(甲寅)-양(陽)	을묘(乙卯)-음(陰)

27) 사중토(沙中土): 모래와 뒤섞인 토(土)의 기운(氣運)

병진(丙辰)-양(陽)	정사(丁巳)-음(陰)

28) 천상화(天上火): 태양과 같은 화(火)의 기운(氣運)

무오(戊午)-양(陽)	기미(己未)-음(陰)

29) 석류목(石榴木): 석류나무와 같은 목(木)의 기운(氣運)

경신(庚申)-양(陽)	신유(辛酉)-음(陰)

30) 대해수(大海水): 바다와 같은 수(水)의 기운(氣運)

임술(壬戌)-양(陽)	계해(癸亥)-음(陰)

16상론(十六象論) 및 행태론(行態論)

• 남자(男子)

양(陽) → 태양(太陽)/건(乾)-부(父) ☰	음(陰) → 태양(太陽)/손(巽)-장녀(長女) ☴
양(陽) → 소음(少陰)/태(兌)-소녀(少女) ☱	음(陰) → 소음(少陰)/감(坎)-중남(中男) ☵
양(陽) → 소양(少陽)/리(離)-중녀(中女) ☲	음(陰) → 소양(少陽)/간(艮)-소남(少男) ☶
양(陽) → 태음(太陰)/진(震)-장남(長男) ☳	음(陰) → 태음(太陰)/곤(坤)-모(母) ☷

- 여자(女子)

양(陽) → 태양(太陽)/건(乾)-부(父) ☰	음(陰) → 태양(太陽)/손(巽)-장녀(長女) ☴
양(陽) → 소음(少陰)/태(兌)-소녀(少女) ☱	음(陰) → 소음(少陰)/감(坎)-중남(中男) ☵
양(陽) → 소양(少陽)/리(離)-중녀(中女) ☲	음(陰) → 소양(少陽)/간(艮)-소남(少男) ☶
양(陽) → 태음(太陰)/진(震)-장남(長男) ☳	음(陰) → 태음(太陰)/곤(坤)-모(母) ☷

- 남자(男子): 양(陽) → 태양(太陽) ☰, 건(乾)

외강내강(外剛內剛)의 성격(性格)에 남자답고 할 말은 하고 산다.

강단(剛斷)있고 거침이 없으며, 능동적(能動的)이면서 적극적(積極的)이다.

뒷심이 강한 남자(男子)이며, 일의 앞뒤를 제대로 헤아리고 강한 리더십으로 이끌어가는 사람이다.

생활력(生活力)이 매우 강한 남자(男子)로 잘못이나 허물을 있는 그대로 밝히는 성격(性格)에 책임감(責任感)이 강하고 작은 것에 연연하지 않으면서, 겉으로 드러나는 정보다는 안으로 숨어있는 정이 많은 남자(男子)다.

체면(體面)이나 위신(威信), 명예(名譽) 따위를 지키는 사람으로 아부할 줄 모르고 허세(虛勢)와 허풍(虛風)을 모르고 이재(理財)에 밝으면서 실속을 챙기는 남자(男子)이며, 쓸데없는 허영심(虛榮心)을 경계(警戒)하는 밝은 성품(性品)이다.

있는 만큼 가진 만큼 젠체를 하며 나서는 성격(性格)이지만 처신(處身)과 처세(處世)에 능하고 밝게 움직이는 남자(男子)다.

애정(愛情)이나 가정사(家庭事)에 대해서도 위와 같은 성격(性格)으로 겉으로 내세우는 정이나 사랑보다는 남자(男子)다움을 내세운다.

- 남자(男子): 양(陽) → 소음(少陰) ☱, 태(兌)

외강내유(外剛內柔)의 성격(性格)에 매우 신중(愼重)한 남자이며, 말과 행동(行動)을 삼가고 부드럽지만 강단(剛斷)있는 사람이면서 드러나지 않게 적극적(積極的)이면서 능동적(能動的)이다.

알게 모르게 뒷심이 강한 남자(男子)로서 강압적(强壓的)이고, 억압적(抑壓的)인 힘보다는 부드러운 리더십으로 무리(無理) 없이 이끌고 가는 현명(賢明)한 남자(男子)다.

굳이 스스로의 잘못이나 허물을 드러내지 않으면서 스스로를 돌아보고 반성(反省)하며 자기성찰(自己省察)을 하는 자이며, 말보다는 행동(行動)으로 자신(自身)의 뜻이나 생각을 보여주고 말을 매우 아끼는 사람으로서 무거운 남자(男子)다.

위신(威信)이나 체면(體面), 명예(名譽) 따위를 보기와는 다르게 소중하게 여기는 남자(男子)로 지켜야 할 기본적(基本的)인 자존심(自尊心)을 지킨다.

남에게 빌붙기를 싫어하고 아부를 떨지 못하며 허풍(虛風)이나 허세(虛勢)에 기가 눌리지 않은 남자(男子)로, 허영심(虛榮心)을 크게 경계(警戒)하면서 실속을 챙기고 가까운 이들의 실속도 챙겨주는 멋진 남자(男子)다.

매사에 신중(愼重)하고 말과 행동(行動)을 삼가는 성격(性格)으로 처신(處身)과 처세(處世)에 신경(神經)을 쓰면서 조심스럽게 세상(世上)을 바라보고 움직이는 강한 남자(男子)이다.

애정과 가정사(家庭事)를 대함에 있어서 부드럽고 유하게 이끌며, 막힘이나 걸림이 없이 두루 원만(圓滿)하게 이끌어간다.

- 남자(男子): 양(陽) → 소양(少陽) ☲, 리(離)

외강내약(外剛內弱)의 성격에 남자 같지만 신중(愼重)하지 못하고 말과 행동(行動)이 가볍고 늘 들떠있으면서 우유부단(優柔不斷)하며, 뒤가 무른 남자(男子)라네.

필요(必要)에 따라 적극적(積極的)이고 능동적(能動的)이지만 자신(自身)과 연관(聯關)이 없는 일이라면 매우 피동적(被動的)이면서, 말과 행동(行動)을 함부로 하는 가벼운 남자(男子)다.

일의 앞뒤를 헤아리지 못하고 자신(自身)의 힘이나 머리만을 믿으면서 스스로의 잘못이나 허물을 남 탓으로 돌리고 부정(否定)하고 뻔뻔하게 구는 못난 성격(性格)이다.

크게 아둔하지는 않지만 책임감(責任感)이 부족(不足)한 남자이며, 제 앞가림을 하지 못하는 사람으로 생활력(生活力)이 부족하고 행동(行動)보다는 말이 앞서는 남자(男子)로 위신(威信)이나 명예(名譽), 체면(體面) 따위나 지키려 하고 겉으로 드러난 모양새에 치중하는 조금은 어리석은 남자(男子)다.

타인(他人)의 힘에 빌붙어 허세(虛勢)와 허풍(虛風)을 치면서 겉치레에 허영심(虛榮心)을 부리는 성격(性格)이며, 실속보다는 빈껍데기를 쫓으면서 허송세월(虛送歲月)하는 사람이다.

이재(理財)에 밝은 듯 하나 얕게 알고 움직이는 까닭에 제 마음대로 이루어지는 일이 없이 늘 헛손질이 많은 사람이며, 처신(處身)과 처세(處世)에 있어서 경망(輕妄)된 까닭에 처음에는 신뢰(信賴)를 얻은 듯하지만 끝내 신뢰(信賴)를 잃고 뒤로 밀리는 삶을 살아간다.

사랑과 애정(愛情), 가족관계(家族關係)가 또한 이와 같으며, 책임(責任)지기보다는 회피(回避)를 하고 자기(自己) 합리화(合理化)에 자가당착(自家撞着)에 빠진 사람이다.

- 남자(男子): 양(陽) → 태음(太陰) ☳, 진(震)

외강내약(外剛內弱)의 성격(性格)에 아둔하고 우유부단(優柔不斷)하며, 말귀를 알아듣지 못하면서 사물의 이치에 어두운 남자(男子)이며, 우물쭈물 어영부영하고 지극히 생각이 없는 사람이다.

말이 없이 무게감을 보이는 성격(性格)이지만 뒷심이 매우 부족(不足)하고 뒤가 무른 성격(性格)으로 일이 돌아가는 사정이나 형편(形便)을 파악하지 못하는 사람이며, 단순(單純)하지만 무슨 생각을 하고 있는지 영 알 수가 없고 주머니에 돈이 있으면 생활력(生活力)이 강하지만 무일푼이면 무척이나 게으르고 소심(小心)한 남자(男子)다.

사람이 경망(輕妄)되지는 않으나 사물의 이치에 어두운 까닭으로 이용(利用)을 당하거나 많은 것을 빼앗기는 형편에 처한다.

스스로의 잘잘못을 가릴만한 인지(認知) 능력(能力)이 떨어지는 까닭에 때로는 스스로의 잘못이나 허물을 부정(否定)하면서 뻔뻔함을 보이지만, 그리 크게 탓할 상황(狀況)은 아니다.

되지도 않은 고집(固執)을 피우기도 하지만 인내심을 가지고 여러 번에 걸쳐 자세하게 설명(說明)하면 알아듣고 스스로 제 고집을 풀고 이해(理解)를 하는 남자(男子)다.
곧 늦게 깨치는 사람으로 이는 말귀가 어둡고 아둔하기 때문이다.
위신(威信)과 체면(體面), 명예(名譽) 따위를 손에 쥐어줘도 이를 지키기에는 힘겨운 사람이며, 오히려 이로 인하여 애먼 소리나 욕을 먹지 않으면 다행이고 겉치레에 한번 잘못 들이면 패가망신(敗家亡身)하는 사람이다.
때문에 애먼 누명(陋名)을 쓰고도 이를 알지 못하는 성격(性格)이며, 누군가 이끌어줄 사람이 필요(必要)하고 처신(處身)과 처세(處世)를 함에 있어서 앞가림해줄 사람이 필요하다.
그래도 난 척을 하거나 아부를 하지 않아서 다행이며, 허세(虛勢)나 허풍(虛風)을 떨지 않아서 좋고 어찌 되었든 타인(他人)의 진심 어린 충고에 귀를 기울여야 한다.
재산(財産)이 많은 것을 내세워 권세(權勢)를 부리지만, 늘 남에게 빼앗기고 이용당하면서 상처(傷處)를 많이 받은 사람이다.

- 남자(男子): 음(陰) → 태양(太陽) ☴, 손(巽)

외유내강(外柔內剛)의 성격에 밝고 올바른 심성(心性)을 지녔으며, 겉으로는 부드럽지만 보기와 다르게 제법 강단(剛斷)있고 능동적(能動的)이면서 적극적(積極的)이며, 마음 씀씀이가 세심(細心)하고 솔직 담백한 성격(性格)을 지녔다.
일이 돌아가는 사정(事情)이나 형편(形便)을 제대로 알고 움직이며, 뒷심이 있는 까닭에 일이 끝까지 책임(責任)지고 가는 남자이며, 누구에게도 굴하지 않은 자존심(自尊心)을 가지고 제 의지(意志)대로 밀고 가는 강한 남자(男子)의 모습을 보인다.
스스로의 잘못이나 허물에 대하여 속 시원하게 풀고 가는 성격이며, 책임감(責任感)이 강하고 제 할 일을 남에게 떠넘기지 않으며, 사물의 이치(理致)에 밝은 까닭으로 무리(無理)를 하지 않고 부드러운 리더로서의 자질(資質)을 크게 보이는 남자(男子)다.
위신(威信), 명예(名譽), 체면(體面) 따위를 지키지만 자존심(自尊心)을 소중하게 여기는 성격(性格)으로 절대로 자신(自身)의 격을 떨어트리지 않은 남자(男子)이며, 아부를 하지 않고 허풍이나 허세를 부리지 않는다.

겉치레를 비웃는 성격(性格)이면서 실속을 챙기는 이재(理財)에 밝은 남자(男子)이며, 처신(處身)과 처세(處世)에 능하고 크게 신뢰(信賴)를 얻은 사람이다.

든 척, 난 척, 된 척을 하면서 자신(自身)을 내세워도 밉지가 않고 오히려 당연하게만 느껴지는 성격(性格)의 남자(男子)로, 애정(愛情)에 밝고 이치(理致)를 따르는 사람이며 늘 가정(家庭)에 충실(忠實)하는 남자(男子)다.

- 남자(男子): 음(陰) → 소음(少陰) ☵, 감(坎)

외유내유(外柔內柔)의 성격(性格)에 지극히 신중(愼重)하고 무거우며, 말과 행동(行動)을 삼가면서 매사에 섬세하게 반응하는 사람이다.

신중한 판단(判斷) 아래 부드럽지만 강한 리더십을 발휘(發揮)하면서 무리(無理)하지 않고 집단(集團)을 이끌며, 앞뒤를 잘 헤아려 세심(細心)하게 일을 처리(處理)하는 사람이다.

은근(慇懃)하게 뒷심이 강한 성격(性格)으로 무른 듯, 아닌 듯 하면서도 스스로의 의사(意思)를 관철(貫徹)시키고, 또한 눈에 띄지 않게 제 앞가림에 철저(徹底)한 사람으로 자신(自身)만이 아닌 남의 것도 알아서 챙겨주면서 배려하는 사람이다.

스스로의 잘못이나 허물에 대하여 부끄러워하는 성격(性格)으로 말은 하지 않으나 모든 것을 인정(認定)하는 시원한 사람이며, 큰 잘못을 저지를 정도로 아둔한 성품(性品)이 아니다.

책임감(責任感)이 강하면서 제 할 일에 몸과 마음을 다하는 사람이며, 늘 앞을 생각하면서 대비책(對備策)을 세우는 사람으로서 매사(每事)에 늘 준비(準備)를 철저하게 하는 피곤한 사람이지만 주위로부터 크게 인정(認定)을 받고 믿음을 얻는 성격(性格)이다.

위신(威信)이나 명예(名譽), 체면(體面) 따위 등을 중요시하지만 크게 얽매여 스스로의 행동반경(行動半徑)을 작게 만드는 이가 아니며, 오히려 때때로 이를 내세워 스스로의 격을 높이고 실속을 확실(確實)하게 챙기는 현명(賢明)한 성격(性格)이며, 남의 힘을 빌리는 것에 크게 부끄러워하는 사람으로 아부(阿附)할 줄 모르고 허풍(虛風)과 허세(虛勢)를 모른다.

지극히 현실적(現實的)인 남자(男子)로 겉치레나 허영심(虛榮心)에 들뜨는 가벼운 성격(性格)이 아니며, 이재(理財)에 밝으면서 늘 실속을 따르는 지혜(智慧)로운 사람이다.

있어도 없는 척, 알아도 모르는 척하는 겸손(謙遜)한 사람이며, 처신(處身)과 처세(處世)를 하는 일에 있어서 어두운 것 같으나 매우 능한 사람으로 늘 제 위치(位置)를 잃지 않은 지혜로운 사람이다.

애정(愛情)이나 가족(家族)에 대한 감정(感情), 책임감 등이 위와 같은 행태(行態)를 보임으로 인하여 신뢰(信賴)를 받고 존경(尊敬)을 받은 현명(賢明)한 사람이다.

- 남자(男子): 음(陰) → 소양(少陽) ☶, 간(艮)

외유내약(外柔內弱)의 성격(性格)에 약하고 가벼운 남자(男子)이며, 지극히 게으르고 잇속이나 필요에 따라 이합집산(離合集散)하면서 말과 행동(行動)을 바꾸고 우유부단(優柔不斷)하게 구는 사람이다.

쓸데없는 자존심(自尊心)을 내세우면서 강한 척을 하지만 소극적(消極的)이면서 수동적(受動的)인 행태(行態)를 보이고 행동(行動)을 앞세우지 못하고 매사(每事)에 말을 앞세우는 사람이며, 세심(細心)한 듯이 여린 모습을 보이지만 일의 앞뒤를 밝게 헤아리는 지혜(智慧)가 모자란 까닭으로 일을 그르치는 경우가 많은 사람이다.

제 앞가림에 능한 듯이 바쁘게 움직이기는 하나 몸만 바쁘게 움직일 뿐, 힘들인 만큼 손에 쥐는 것이 적은 사람이며, 매사(每事)에 게으름을 피우다 기회(機會)를 잃어버리고 늘 뒷북을 치면서 후회(後悔)를 하는 여린 성격(性格)이다.

스스로의 잘못이나 허물에 대하여 변명(辨明)이나 합리화(合理化)하면서 남 탓을 즐기는 남자(男子)이며, 끝내는 스스로를 부정(否定)하고 뻔뻔하게 구는 못난 성격(性格)이다.

착하고 인정(人情)이 많은 것은 이해(理解)를 하겠지만 스스로에 대하여 책임(責任)지지 못하는 아둔함은 어찌 할거나.

타인(他人)의 권세(權勢)나 명예(名譽)에 빌붙기를 좋아하고 이를 등에 업고 때에 따라 남을 업신여기면서 억압(抑壓)을 하며, 허풍(虛風)과 허세(虛勢)를 부리는 실속이 없는 사람이다.

하잘 것 없는 위신(威信)이나 체면(體面), 명예(名譽)에 따위에 목을 매는 어리석은 사람으로, 겉치레를 중요시하고 실속보다는 겉만 번지르르한 빈 수레에 몸과 마음을 맡기면서 자기모순(自己矛盾)에 빠지는 착하지만 어리석은 사람이다.

깊게 알지 못하고 얕게 알은 것을 진실(眞實)이라 착각(錯覺)하고 된 척, 난 척, 든 척을 하지만 주변으로부터 크게 신뢰(信賴)를 잃은 남자(男子)이며, 처신(處身)과 처세(處世)를 함에 있어서 현명(賢明)하지 못한 까닭에 늘 뒷전으로 밀리면서 자리를 빼앗기는 사람이다.

필요에 따라 움직이는 애정(愛情)이라 처음에는 좋지만 늘 그 뒤끝이 깨끗하지 않고 미련을 남기면서 질질 끌고 가는 피곤한 성격(性格)이다.

말과 행동(行動)에 철이 없으며, 가볍고 앞뒤 재지 못하면서 까부는 여린 남자(男子)다.

- 남자(男子): 음(陰) → 태음(太陰) ☷, 곤(坤)

외유내약(外柔內弱)의 성격(性格)에 매우 약하고 어리석으며, 말귀를 알아듣지 못하면서 아둔한 행태(行態)를 보이지만 남이 보기에는 지극히 착하고 법(法)이 없어도 살아가는 사람과 같다.

입이 무거운 사람이나 스스로가 사물(事物)의 이치에 어두운 까닭이며, 피동적(被動的)인 말과 행동(行動) 등을 보이나 이는 스스로가 알아서 할 수 있거나 또는 일을 찾아서 할 수 있는 강단이 없는 까닭에 소극적(消極的)이며, 마냥 모든 것을 수용(受容)하는 듯, 행태(行態)를 보이는 것이다.

사실(事實) 안을 들여다보면 매우 우유부단(優柔不斷)한 사람이며, 세상(世上)의 모든 짐을 짊어진 듯 삶을 살아가는 남자(男子)지만 일이 돌아가는 과정(過程)이나 사정(事情), 형편(形便) 등에 대하여 깊이 들여다보는 지혜(智慧)가 무척 부족한 성격(性格)이며, 더하여 여리고 착한 성품(性品)에 뒤가 매우 무른 까닭으로 인하여 제 앞가림도 제대로 하지 못하는 남자(男子)다.

말없이 몸과 마음을 다하여 힘을 들이는 성격(性格)이지만 노력(努力)한 만큼 돌아오는 것이 적은 사람이며, 공을 들인 만큼 칭찬이나 격려(激勵)보다는 삿대질에 이유(理由) 없는 질타(叱咤)와 질책(叱責)이 따르고 애먼 누명(陋名)을 쓰거나 남의 잘못을 되짚어 쓰는 남자(男子)다.

그렇다고 이에 대하여 반박(反駁)을 하거나 대항(對抗)하기보다는 다 내 탓이려니 고개를 끄덕이면서 받아들이는 아둔한 사람이다.

그러나 제 앞가림을 위해 남에게 의지(依支)하는 성격이 아니며, 있으면 있는 대로 없으면 없는 대로 현실(現實)에 안주(安住)하면서 꿈이나 희망(希望), 이상(理想)을 접어버리고 그 무엇에라도 의미(意味)를 두지 않는 무미건조(無味乾燥)한 삶이다.

스스로의 잘잘못을 떠나 무조건 제 탓으로 돌리는 사람으로 때때로 뻔뻔하고 똑똑한 면을 보이기는 하지만 눈앞에 놓인 제 잇속마저도 챙기지 못하는 너무 착한 사람이라 늘 남에게 양보(讓步)하는 행태(行態)를 보일 뿐, 사물(事物)의 이치(理致)에 어둡고 여린 성격(性格)을 지닌 남자다.

위신(威信)이나 명예(名譽), 체면(體面) 등을 중요시하기는 하나 이 사람에게 있어 모든 것은 거추장스러운 것일 뿐이며, 아부(阿附)나 허세(虛勢), 허풍(虛風)이라는 개념(概念)에 어둡고, 어둡고 아둔한 마음으로 세상사(世上事)를 바라보는 사람이다.

때문에 처신(處身)과 처세(處世)에 능하지 못한 남자(男子)이며, 고지식하고 융통성(融通性)이 없으면서 착하고 여린 성격(性格) 때문에 타인(他人)의 아부 섞인 말 한마디나 칭찬, 자신(自身)을 추켜세우는 말이나 행동(行動)에 쉽게 넘어가며, 이용(利用)을 당하고 상처(傷處)를 많이 받은 사람이다.

애정(愛情)에 있어서도 상처(傷處)가 많은 사람이며, 가족(家族)으로부터 본인(本人)의 뜻과는 다르게 멀어지고 그 책임(責任)을 다하지만 인정(認定)을 받지 못하는 외로운 사람이다.

- 여자(女子): 양(陽) → 태양(太陽) ☰, 건(乾)

외강내강(外剛內剛)의 성격(性格)에 거침이 없는 여자(女子)로 말과 행동(行動)이 되바라지고 거칠게 몰아대는 성격(性格)이며, 강한 리더십을 지녔으나 주변(周邊) 사람들이 힘들어하는 타입에 일을 함에 있어 자기(自己) 방식(方式)대로 밀어붙이는 여인이다.

강단(剛斷)있는 성격(性格)에 지지부진 미련을 떠는 여인이 아니며, 매사(每事)에 적극적(積極的)이면서 능동적(能動的)이고 융통성(融通性)을 크게 발휘(發揮)하기는 하지만 스스로의 뜻이나 생각을 바꾸는 성격(性格)이 아니며, 우선은 제 생각대로 밀어붙이고 이끌어가는 당찬 여인(女人)이다.

때문에 효율성(效率性)에 있어서는 조금 떨어지는 성격(性格)이며, 일이 돌아가는 과정(過程)이나 형편(形便), 사정(事情) 따위를 한 눈에 꿰뚫어보는 현명(賢明)한 여인(女人)으로 맡은 일이나 주어진 일에 몸과 마음을 다하여 책임지는 여자이며, 뒷심이 강하고 자신(自身)을 강하게 세우는 당당한 성품(性品)이다.

제 앞가림이나 생활력(生活力)이 강한 여인(女人)이며, 스스로의 잘못이나 허물 따위를 부끄럽게 생각하지 않고 속 시원하게 드러내어 밝히는 털털한 성격(性格)이며, 삿되지 않고 올바른 성품(性品)을 지닌 단호(斷乎)한 여인(女人)이다.

위신(威信)이나 체면(體面), 명예(名譽)등을 중요시하기는 하나 이를 내세워 스스로를 부끄럽게 만드는 어리석은 여인이 아니며, 아부하는 사람을 경멸(輕蔑)하고 허풍이나 허세에 웃음을 짓고 이에 맞서 자존심(自尊心)을 세우면서 꺾이지 않은 강한 사람이다.

겉치레보다는 실속을 챙기고 이재(理財)에 밝은 여인(女人)이며, 처신(處身)과 처세(處世)에 밝고 능한 여인(女人)으로서 주변 사람들과 막힘이나 걸림이 없이 두루 원만한 관계를 이루며, 이들 가운데 단연 돋보이는 여자(女子)로 대장이 되는 성격이다.

사람이 좋아하고 많이 따르지만 젠체하면서 스스로를 내세우지 않은 성격(性格)으로 겸손한 편이며, 되바라지기는 했으나 삿되지 않은 성품(性品)에 신뢰(信賴)와 따뜻하게 인정(認定)을 받고 사는 여인(女人)이다.

애정(愛情) 관계(關係)나 가족(家族)에 대한 모든 면이 위와 같고 늘 노력(努力)하면서 몸과 마음을 다하는 강한 모정(母情)이 있다.
또한 내뱉은 말은 꼭 지키는 신용(信用)있는 여인(女人)이다.

- 여자(女子): 양(陽) → 소음(少陰) ☱, 태(兌)

외강내유(外剛內柔)의 성격(性格)에 말과 행동(行動)을 삼가고 매사(每事)에 신중(愼重)을 기하는 조심스런 성격(性格)이며, 일단 결정(決定)이 되고 나면 말보다는 행동으로 가차 없이 옮기면서 강단(剛斷)있게 밀고 나가는 당차고 당당한 여인(女人)이다.
또한 스스로의 뜻이나 생각만을 내세우지 않고 타인(他人)의 의견(意見)에 귀를 기울이는 성격으로 융통성이 있으며, 일이 되어가는 사정(事情)이나 형편(形便)을 세심하게 살피면서 마무리까지 깔끔하게 처리(處理)하는 부드러운 여인(女人)이다.
자신(自身)의 앞가림은 물론 남의 앞가림마저도 해주는 여유가 있고 남을 배려(配慮)하면서 자신(自身)의 위치를 확고하게 만들어가는 현명(賢明)함도 겸비(兼備)한 올바른 성품(性品)이라네.
때로는 제 잇속만을 챙기기 위해 욕심(慾心)을 부리기도 하지만 이는 일시적(一時的)인 현상(現像)일 뿐, 그 속을 들여다보면 멀리 내다보는 시야(視野)를 지닌 지혜(智慧)로운 여인(女人)이다.
스스로의 잘못이나 허물을 부정하지 않고 깨끗하게 인정하는 여자이며, 이러한 사소한 일에 얽매여 시간을 보내는 어리석은 사람이 아니고 책임감(責任感)을 가지고 매사(每事)에 임하는 여인(女人)이다.
위신(威信)이나 체면(體面), 명예(名譽)를 중요시하기는 하나 크게 집착(執着)을 하거나 미련을 두는 여인(女人) 아니며, 이를 유효적절(有效適切)하게 이용하여 스스로의 가치를 높이고 스스로를 더욱 당당하고 당차게 만들어가는 지혜로운 여인이다.
아부를 할 줄 모르고 허풍이나 허세에 기죽지 않은 여인(女人)이며, 강한 자에게는 강하게 약한 자에게는 약하게 대하는 단호한 성격에 겉치레를 싫어하고 실속을 챙기는 지극히 현실적인 여인(女人)이며, 쓸데없는 허영심(虛榮心)에 들떠 시간을 허비하지 않은 사람이다.

이재(理財)에 매우 밝은 여자(女子)로서 든 척, 난 척, 된 척을 때에 따라 이용하면서 처신(處身)과 처세(處世)를 하는 까닭에 늘 무난(無難)한 인간관계(人間關係)를 이루고 서로가 서로를 위하고 감싸주면서 베풀어가는 삶을 살아간다.
애정(愛情)이나 가정(家庭)에 대한 모든 면이 위와 같으며, 늘 말과 행동(行動)을 삼가고 매사(每事)에 신중(愼重)하며, 조심스럽게 이끌어가는 지혜(智慧)롭고 현명한 여인(女人)이다.

- 여자(女子): 양(陽) → 소양(少陽) ☲, 리(離)

외강내약(外剛內弱)의 성격(性格)에 약하고 못되게 되바라진 여인으로 필요(必要)나 잇속에 따라 말과 행동(行動)이 달라지며, 까닭 없는 고집(固執)을 피우면서 제 마음대로 휘젓는 성격(性格)에 매사(每事)에 아는 척하며 나서는 조금은 얄미운 사람이다.
단호하고 당찬 모양새를 보이지만 계산(計算)이 깔린 말과 행동(行動)으로 진실성(眞實性)이 부족하고 남의 것을 끌어대서 스스로를 합리화(合理化)시키며, 자신(自身)의 삿되거나 작은 잣대를 정당화(正當化)하는 성격이다.
자신(自身)의 잘못이나 허물을 남의 탓으로 돌리면서 또는 남과 비교(比較)를 하면서 스스로의 실수를 인정하지 않고 늘 뒤로 빠져나가려는 마음 약한 여인이며, 일의 당위성(當爲性)을 제대로 인지(認知)하지 못하는 어리석음으로 매사(每事)에 뒤가 흐려지고 물러지는 까닭에 처음에는 크게 신뢰(信賴)를 얻다가 후에는 실망(失望)을 준다.
제 앞가림을 제대로 못하면서 남의 앞가림에 신경을 쓰는 여인으로 때때로 분수에 넘치는 말과 행동(行動)으로 인하여 주변으로부터 질책이나 질타를 받은 꽤나 어리석은 사람이며, 이를 알면서도 늘 같은 실수를 반복(反復)하는 어두운 성격이라네.
책임감(責任感)이 없는 성격(性格)으로 제 몸과 마음만이 편하고 즐거우면 만사(萬事)를 놓아버리고 자신(自身)만의 세계(世界)에 빠져들어 살아가는 여인(女人)이다.
위신(威信)이나 체면(體面), 명예(名譽) 따위를 지키기 위해 몸과 마음을 다하는 여인(女人)으로 온갖 방법(方法)을 동원하여 이를 얻기 위해 노력(努力)하고, 타인(他人)의 권세(權勢)나 위명에 빌붙어 제 것인 양 착각하면서 허세(虛勢)를 부리고 허풍(虛

風)을 치는 마음 약한 여인이다.

때문에 겉치레를 좋아하고 허영심(虛榮心)에 들떠 삶을 허비하며, 이재(理財)에 밝은 척을 하면서 얕은 지식(知識)으로 현혹(眩惑)하고 된 척, 난 척, 든 척을 하는 가벼운 여인(女人)이다.

처신(處身)과 처세(處世)에 능한 척을 하지만 두루 원만한 인간관계(人間關係)를 이루지 못하고 늘 잇속에 따라 부평초처럼 이리저리 떠도는 사람이며, 애정(愛情)이나 가족(家族)에 대한 마음 자세가 위와 같은 까닭으로 진실성(眞實性)이 크게 부족한 삶을 살아간다.

사람이 악하지는 않으나 그렇다고 착하지도 않은 여인(女人)으로 그래도 무사무난(無事無難)한 삶을 살아가는 현실적인 면이 있다.

- 여자(女子): 양(陽) → 태음(太陰) ☳, 진(震)

외강내약(外剛內弱)의 성격(性格)에 사물의 이치에 어둡고 말귀를 알아듣지 못하며, 어리석고 아둔한 여인(女人)이면서 묵묵히 자신(自身)의 일만 해나가는 어찌 보면 선한 사람이다.

그러나 상대방(相對方)을 답답하게 만드는 성격(性格)으로 인하여 상처(傷處)를 많이 받은 여인(女人)이며, 이를 가슴에 묻어 둘 뿐, 밖으로 표현(表現)하지 못하고 늘 가슴앓이에 자기가 자기 자신에 대하여 가슴을 치는 사람이다.

일이 돌아가는 사정(事情)이나 형편(形便) 등이 중요한 것이 아니라 잇속이 있느냐 없느냐가 가장 중요(重要)한 문제로서 매사(每事)에 이익을 따라 이합집산(離合集散)하는 성격(性格)이며, 배부르고 등이 따뜻하면 세상(世上)에서 제일 편하고 잘잘못을 떠나 이를 가름하지 못하는 아둔한 면 때문에 남의 잘못을 되짚어 쓰거나 애먼 누명에 시달리는 여인(女人)이다.

잘못이나 허물을 인지(認知)하는 까닭에 뻔뻔해 보이지만 그리 탓할 수만은 없는 사람이며, 몰라서 고집(固執)을 피우는 것이지, 알면 아둔하게 구는 사람이 아니다.

때문에 융통성(融通性)이 전혀 없는 까닭으로 마음을 돌리기가 어렵고 이해(理解)시키기가 힘든 상대(相對)이며, 본인(本人) 스스로도 남이 시키는 일에 만족하는 성격(性格)으로 지극히 게으름을 피우는 여인(女人)이다.

본인 스스로에 대하여 어둡고 사물의 이치에 어두운 까닭으로 타인(他人)의 감언이설(甘言利說)에 쉽게 넘어가는 여인(女人)이며, 이로 인해 마음의 상처(傷處) 많고 재산상의 손실(損失)이 많다.

위신(威信), 명예(名譽), 체면(體面) 따위에 무관심한 편이며, 처신(處身)과 처세(處世)에 능한 편은 아니지만 늦게 깨이는 성격(性格)으로 한번 깨이고 나면 편한 삶을 살아간다.

본능(本能)에 집착(執着)하는 성격(性格)으로 가족(家族)에 대한 집착이 강한 여인(女人)이지만 자기(自己)를 우선시하는 욕심(慾心) 많은 모정(母情)이다.

- 여자(女子): 음(陰) → 태양(太陽) ☴, 손(巽)

외유내강(外柔內剛)의 성격(性格)에 타고나기를 여자(女子)의 몸으로서 매우 활동적(活動的)이고 이성적(理性的)이며, 능동적(能動的)이다.

세심(細心)한 여자(女子)의 성격(性格)으로 현명(賢明)하게 일을 처리(處理)하고 마무리까지 헤아리면서 깔끔하게 뒤를 정리하는 여인(女人)이며, 융통성(融通性)을 발휘(發揮)하여 안 되는 일도 일으켜 세운다.

생활력(生活力)이 강함은 물론이고 지혜(智慧)로운 까닭으로 스스로의 본분(本分)을 제대로 지키는 여인(女人)이며, 제 앞가림에 충실(忠實)하면서 남을 생각하는 여유(餘裕)가 있고 잘잘못에 대한 가름이 분명(分明)한 성격(性格)으로 남을 이끄는 리더십을 강하게 발휘(發揮)하는 여인(女人)이다.

스스로의 잘못이나 허물에 대하여 이를 숨기거나 부정하지 않고 밖으로 드러내어 환부(患部)를 도려내듯이 하는 성격(性格)이며, 실수를 두려워하지 않은 당차고 씩씩한 성품(性品)이다.

책임감(責任感)이 강한 사람으로 매사(每事)에 당당하게 해나가고 자신(自身)의 일을 남에게 맡기지 않으며, 말보다는 행동(行動)을 앞세우면서 늘 앞장서는 당찬 여인(女

人)이다.

매사(每事)에 긍정적(肯定的)인 성격(性格)이며, 늘 자신감(自信感)에 차있는 여자(女子)로 자긍심(自矜心)이 강하고 스스로를 대견하게 여기면서 살아가는 지혜로운 여인(女人)이다.

위신(威信)이나 명예(名譽), 체면(體面) 등을 중요시하지만 이를 바탕으로 스스로를 얽매이게 만들거나 스스로의 격을 떨어트려 남으로부터 욕을 먹는 여인이 아니며, 오히려 이를 이용(利用)하여 자신(自身)의 위치를 굳건히 만드는 지극히 현명(賢明)하고 슬기로운 여인(女人)이다.

남에게 빌붙지 않으면서 스스로를 당차게 세우는 여인(女人)이며, 허세(虛勢)를 부리지 않으면서 자신(自身)의 힘을 보이고 큰소리치지 않지만 말 한마디로 신뢰(信賴)를 얻은 사람이다.

허설(虛說)을 내뱉지 않은 올바른 여인(女人)으로서 이재(理財)에 밝으면서 겉치레를 싫어하고 허영심(虛榮心)을 경계하며, 스스로에게 도움이 되는 실속을 챙긴다.

또한 처신(處身)과 처세(處世)에 능한 여인(女人)으로 스스로를 내세울 때는 분명(分明)하게 내세우면서 부끄럽지 않게 하고, 물러설 때는 분명(分明)하게 물러서서 오해를 만들지 않는다네.

위아래 없이 두루 원만(圓滿)한 인간관계(人間關係)를 이루면서 늘 즐겁고 행복하게 살아가는 지극히 현실적(現實的)인 사람이며, 긍정적(肯定的)인 사고(思考)로 세상사(世上事)를 바라보고 꿈과 희망을 잃지 않고 살아가는 여인(女人)이다.

애정(愛情)이나 가족(家族)간의 사랑도 위와 같으며, 늘 주위로부터 신뢰(信賴)를 받고 가족(家族)으로부터 사랑을 받는 현명(賢明)하고 슬기로운 모정이다.

- 여자(女子): 음(陰) → 소음(少陰) ☵, 감(坎)

외유내유(外柔內柔)의 성격에 매우 세심(細心)하고 신중(愼重)하며, 말과 행동(行動)을 삼가고 조심스럽게 움직이는 여인(女人)이며, 말과 행동(行動)으로 옮기기 전에 늘 다시 한 번 생각하고 움직인다.

일을 앞에 두고는 머뭇거리거나 뒤로 물러서는 성격(性格)이 아니며, 당차고 당당하게 이끌고 나가는 강단(剛斷)있는 여인(女人)이다.

말을 아끼는 여인(女人)으로 일이 돌아가는 사정(事情)이나 형편(形便)을 세심하게 파악(把握)하여 뒤를 생각하고 깔끔하게 끝내는 깐깐한 성격(性格)이며, 매사(每事)에 정확(正確)하게 짚고 넘어가는 피곤한 여인(女人)이다.

제 앞가림을 분명(分明)하게 하여 욕됨이 없게 하고 생활력(生活力)이 강한 까닭에 본업(本業)을 튼실하게 만들며, 남에게 손을 벌리지 않은 강한 자존심(自尊心)을 지닌 여인(女人)이다.

잘잘못에 대한 가름이 정확(正確)하면서 인정할 것은 인정(認定)하고 아닌 것은 아닌 것으로 마무리 짓은 성격(性格)이며, 스스로의 잘못이나 허물에 대하여 말을 숨기는 밉지 않은 사람이다.

스스로에 대하여 아둔하거나 어둡지 않은 여인(女人)이며, 책임(責任)져야 할 일에 대해 분명(分明)하게 선을 긋는 책임감(責任感)이 강한 사람이다.

위신(威信)이나 명예(名譽), 체면(體面) 따위에 무관심하지만 필요(必要)에 따라 이를 바탕으로 스스로를 격상(格上)시키며, 제 잇속을 분명(分明)하게 챙기는 현명(賢明)한 여인(女人)이며, 타인(他人)의 감언이설(甘言利說)에 쉽게 넘어가지 않은 마음이 곧고 올바른 당찬 여인(女人)이다.

남의 아부나 허언, 허세, 허풍 따위를 밝게 파악하는 여인(女人)으로 이들의 속셈을 간파(看破)하면서도 말을 아끼면서 제 실속을 챙기는 조금은 무서운 여인(女人)이다.

겉치레나 허영심(虛榮心)을 크게 경계(警戒)하는 성격(性格)으로 지극히 현실적(現實的)이면서 이성적(理性的)인 여인(女人)이며, 이재(理財)에 밝은 사람으로 손해(損害)를 보지 않는 사람이다.

격식(格式)에 제대로 맞는다면 때때로 된 척, 든 척, 난 척을 하면서 처신(處身)과 처세(處世)를 당차게 해나가는 성격(性格)이며, 기본(基本)을 떠난 허례허식(虛禮虛飾)은 단칼에 베어버리는 여인이다.

애정(愛情)이나 가족(家族)간이 관계(關係)에 있어서도 늘 기본(基本)을 따지는 깐깐한 성격(性格)으로 올바르게 가정사(家庭事)를 이끌어가는 현명(賢明)한 여인(女人)이다.

- 여자(女子): 음(陰) → 소양(少陽) ☶, 간(艮)

외유내약(外柔內弱)의 성격(性格)에 매우 약하고 여린 여인(女人)으로 말과 행동(行動)이 신중(愼重)하지 못하고 가볍게 움직이는 성격이며, 필요에 따라 잇속에 따라 언행(言行)이 바뀌는 어리석은 여인이다.

그렇다고 그리 밉상은 아닌 여인(女人)으로 타고난 여자(女子)의 유약(柔弱)함을 보이는 까닭에 이성(異性)으로부터 보호본능(保護本能)을 일으키게 하는 여인이며, 늘 남에게 의존(依存)하려는 성격(性格)에 게으른 몸과 마음이다.

필요(必要)하면 적극성(積極性)을 띄는 성격(性格)으로 제 욕심(慾心)을 채우고 나면 몸과 마음을 돌려세우는 여인(女人)이며, 힘들고 어려운 일을 하기 싫어하고 남을 부려먹기 좋아하는 성격으로 남에게 눈총을 많이 받은 여인(女人)이다.

하나를 알고서 열을 아는 것처럼 스스로가 착각(錯覺)을 하는 까닭에, 세심(細心)한 듯하면서 꼭 무언가 하나가 빈듯함을 보이며, 일의 앞뒤를 헤아리지 못하고 제 머리만을 믿고 움직인다.

뒷심도 없으면서 힘이 있는 사람을 등에 업고 뻔뻔하게 굴며, 스스로 책임(責任)져야 할 일을 남에게 떠넘기기 예사고 좋은 일에는 앞장서면서 그렇지 않을 때는 뒤로 물러서는 얌체며, 이를 당연시하는 한 대 쥐어박고 싶은 여인(女人)이다.

제 앞가림에 능하지 못한 까닭으로 남에게 빌붙기를 좋아하며, 제대로 민폐(民弊)를 끼치는 여인(女人)으로 고마움을 모르면서 입에 발린 소리만 앵무새처럼 뇌까리는 여인(女人)이다.

스스로의 잘못이나 허물에 대하여 부정(否定)을 하고 뻔뻔하게 굴면서 스스로를 합리화(合理化)시키는 여인(女人)이며, 이도저도 아니라면 눈물로 호소(呼訴)하는 성격(性格)이면서, 더하여 하나에 하나를 덧붙여 순간을 피해가는 잔꾀에 능하다.

매사(每事)에 크게 책임감(責任感)을 느끼지 않은 여인(女人)으로 위신(威信)이나 체면(體面), 명예(名譽) 따위에 무게를 두고 기회(機會)가 주어지면 곧바로 젠체하며 가볍게 구는 성격(性格)이며, 이를 지키기 위해 아양을 떨어가면서 자존심을 버리는 사람이다. 지극히 감정적(感情的)인 여인(女人)으로 변덕(變德)이 심하고 겉치레에 정성을 들이며, 허영심(虛榮心)에 낭비벽이 있으며, 늘 채워지지 않은 욕심(慾心)으로 스스로를 고달프게 만드는 여인이다.

실속은 애시당초 꿈도 꾸지 않은 성격(性格)으로 처신(處身)과 처세(處世)를 하는 일에 있어서 허례허식을 좋아하며, 허세(虛勢)를 부리고 허풍(虛風)을 떠는 어리석은 여인(女人)이다.

되지 못한 여인(女人)이 된 척을 하고 잘나지도 못했으면서 잘난 척을 하고 배움이 적으면서 많이 든 척을 하는 여인(女人)이지만 이성(異性)으로부터 사랑을 받은 천생(天生) 여자(女子)의 몸이라네.

필요에 따라 움직이는 진실성(眞實性)이 결여(缺如)된 애정이라 서로의 욕심(慾心)만 챙기고 나면 몸과 마음을 돌리며, 매우 현실적(現實的)으로 본능적(本能的) 쾌락을 즐기는 여인이다.

가족(家族)에 대한 지극한 사랑이나 정보다는 본인(本人)을 제일 우선시하는 성격(性格)으로 주기보다는 받기만을 바라는 욕심(慾心) 많은 여인(女人)이며, 늘 불평불만(不平不滿)을 늘어놓고 사는 어리석은 여인(女人)이다.

- 여자(女子): 음(陰) → 태음(太陰) ☷, 곤(坤)

외유내약(外柔內弱)의 성격(性格)에 사물의 이치와 말귀에 어둡고 어리석으면서 아둔한 여인(女人)이지만 모정(母情)으로 거친 세상사(世上事)에 몸과 마음을 던지는 성격이며, 약하고 여린 마음이지만 강한 어머니의 모습을 보여주는 선한 여인(女人)이라네.

무슨 일이든 어떠한 일이든 가리지 않고 해나가는 고지식한 성격이며, 적극적(積極的)이라거나 소극적(消極的)이라는 것을 떠나 여자(女子)로서의 의무감(義務感)으로 살아가는 여인(女人)으로 일의 앞뒤를 헤아리지 않고 몸과 마음을 사리지 않으면서 매사(每事)에 늘 온 정성(精誠)을 들이는 여인(女人)이다.

제 앞가림을 잘한다거나 생활력(生活力)이 강하다는 의미를 떠나 처한 상황(狀況)에서 몸과 마음을 사리지 않고 움직이는 여인이며, 잘잘못을 가름하지 않고 오로지 본업(本業)에 충실(忠實)하면서 하나만을 생각하고 앞으로 나가는 성격(性格)이다.

스스로의 잘못이나 허물에 대하여 알지도 알려고도 않으며, 인정(認定)을 하든 부정(否定)을 하든지 간에 무관심(無關心)하고 융통성(融通性)없이 본능적(本能的)으로 움직이면서 하나라도 제 것으로 만들어가려는 입을 꼭 닫은 여인(女人)이다.

실속이 있네, 없네 하며 따지기에 앞서 손이 먼저 잡아버리며, 무엇이든 꼭 쥐고 놓지 않은 성격(性格)에 스스로를 희생(犧牲)하며 살아가는 사람이다.

체면(體面)이나 위신(威信)을 생각하지 않고 오로지 하나의 생각, 하나의 행위(行爲)에 집중(集中)하는 여인으로, 필요(必要)하다면 시키는 대로 할 수만 있다면 다 하는 성격이며, 이러한 처신(處身)과 처세(處世)로 인하여 스스로의 몸과 마음을 고달프게 만드는 여인(女人)이다.

사랑이니 애정(愛情)이니, 이러한 것을 따지기에 앞서 여자(女子)로서의 의무(義務)에 충실(忠實)하는 여인(女人)이며, 스스로의 몸과 마음을 희생(犧牲)하여 가족을 이바지하지만 늘 한 구석으로 내몰리는 여인(女人)으로 인정(認定)을 받지 못하고 늘 무거운 짐만을 짊어지고 가는 고지식한 모정(母情)이다.

5. 육십갑자병납음 오행 활용론(六十甲子竝納音 五行 活用論)

지식(知識), 즉 알음알이는 색(色)이요, 지혜(智慧), 즉 슬기는 공(空)이다.

알음알이는 색(色), 즉 가득 찬 것이라 한계(限계)에 부딪히며 머무는 바가 있는 것이고, 슬기는 공(空), 즉 텅 빈 것이라 어느 한 곳에 머무는 바 없이 한없는 쓰임새(用)가 있는 것이다.

조용히 앉아 문자(文字)로 세운 알음알음에 머물지 말고 가없는 지혜(智慧), 슬기와 하나가 되기를 간절(懇切)히 빌고 빈다.

지식(知識)은 평면(平面)이요, 지혜(智慧)는 공간(空間)이다.

부디 날개를 달고 훨훨 날기를 촛불 켜고 기도(祈禱)한다네.

육십갑자병납음 오행(六十甲子竝納陰 五行)을 단편적(斷片的)인 알음알이가 아닌, 깊은 통찰력(洞察力)을 가진 밝은 지혜(智慧)로 자세(仔細)하게 들여다보기를…… 그러면 자연법(自然法)의 올바른 이치(理致)를 밝게 알아서, 스스로가 태어나 죽고, 죽었다 다시 태어나는 것을 환하게 통(通)할 것이다.

봄, 여름, 가을, 겨울, 1년 365일의 기운(氣運)을 놓지 말게나.

자연(自然)은, 봄(春)은 봄대로 어진 마음(仁)으로써 만물(萬物)을 소생(蘇生)시키며, 여름(夏)은 여름대로 의로운 마음(義)으로써 만물(萬物)을 성(盛)하게 키우며, 가을(秋)은 가을대로 예(禮)를 지키는 마음으로써 거두어들이며, 겨울(冬)은 겨울대로 지혜(智慧)를 가진 마음으로써 혹독(酷毒)한 추위를 이겨낸다.

봄, 여름, 가을, 겨울이 참되게 돌아가는 바른 바탕은, 즉 인(仁), 의(義), 예(禮), 지(智)의 근본(根本)이 되는 바탕은 믿음(信)이다.

때문에 365일의 기운(氣運)을 놓치지 말라고 부탁하고 또 부탁하는 것이다.

이 참된 믿음(信)이 있은 다음에 이해(理解)를 바르게 할 수 있는 것이다.

사람이 믿음(信)만 있고 이해(理解)를 하지 못한다면 우둔함을 벗지 못할 것이며, 이해(理解)만 있고 믿음(信)이 없다면 자신(自身)을 속이고 남을 속인다.

믿음(信)과 이해(理解)를 올바르게 한 후에 바르게 닦고 행(修)하는 바탕이 되며, 그런 후에 참다운 결과(證)를 얻게 되는 것이다.(능엄경의 信解修證을 이른다.)

자연(自然)의 일부분(一部分)으로써 인간(人間)이란, 안(眼), 이(耳), 비(鼻), 설(舌), 신(身), 의(意), 곧 번뇌(煩惱)의 뿌리가 되는 육근(六根)과 색(色), 성(聲), 향(香), 미(味), 촉(觸), 법(法), 곧 티끌 같은 번뇌(煩惱)인 육진(六塵)과 안식(眼識), 이식(耳識), 비식(鼻識), 설식(舌識), 신식(身識), 의식(意識), 곧 헛되고 망령된 알음알이가 되는 육식(六識)의 18계(十八界)와 지(地), 수(水), 화(火), 풍(風), 견(見), 식(識), 공(空), 즉 7대(七大)와 함께 25계(二十五界)뿐이다.

여기서 이르는 7대(七大)의 식(識)이란, 곧 음양(陰陽)을 이르는 것이니, 음(陰)은 무명불각의(無明不覺義), 곧 밝지 못하여 깨달음을 얻지 못했다는 것이며, 양(陽)은 혜명본각의(慧明本覺義), 곧 밝은 지혜(智慧)로 본바탕을 깨달아 얻었다는 것이다.

즉 7대(七大)에서의 식(識, 알음알음)이란 육십갑자병납음 오행(六十甲子竝納音 五行)을 이르는 것이다.

이는 육십갑자병납음 오행(六十甲子竝納音 五行) 하나하나가 삶에서 깊이 묻어나는 공안(公案)이 아닌가 한다.

삼라만상(森羅萬象)의 삼라(森羅)라고 하는 것은, 과거(過去), 현재(現在), 미래(未來), 곧 인간(人間)이 태어나기 이전(以前)과 태어나 있을 때와 죽고 난 후(後)를 이른다.

부모(父母)가 서로 사귀어 합(合)하지 않았을 때는, 아직 이 몸이 생겨나기 전(前)이지 아닌가.

그때 마주 대한 삼라만상(森羅萬象)이 있었던가. 아니면 삼라만상(森羅萬象)에 이름이 있었던가. 또 나라고 하는 물건이 있었던가.

마침내 넋이 흩어지는 날에는 내가 이미 죽은 뒤의 일이다.

그때 마주 대한 삼라만상(森羅萬象)이 있겠는가. 아니면 삼라만상(森羅萬象)에 그 무슨 이름이 있겠는가. 또 나라는 물건이 끝끝내 있겠는가.

내가 존재(存在)하든 아니든, 만상(萬象)은 삼라(森羅)를 걸쳐 늘 항상 그러하다.

그러므로 육십갑자병납음 오행(六十甲子竝納音 五行)이란 태어나서 죽을 때까지의 변화(變化)를 밝힌 것이다.

내가 이전(以前)에도 이후(以後)에도 없다는 것을 깨우쳐 아는 것이 알음알음(七大의 識) 다음의 공(空)이다.

때문에 빈손으로 왔다가 빈손으로 간다고 이르는 것이다.

그러나 내가 없는 이전(以前)과 이후(以後)에도 만상(萬象)이 있음은 참된 실상(實相)이다.

이 참된 공(空)을 깨우쳐 알면, 곧바로 도(道)에 입류(入流)하는 것이다.

병납음 오행(竝納音 五行) 하나하나를 화두(話頭)로 삼아 밝은 지혜(智慧)로 더 넓은 세상(世上)을 주유(周遊)하기를……

비교(比較)할 수 있는 대략적(大略的)인 구성(構成)

1	남자(男子) 양(陽)	⟷	남자(男了) 양(陽)
2	남자(男子) 음(陰)	⟷	남자(男子) 음(陰)
3	남자(男子) 양(陽)	⟷	남자(男子) 음(陰)
4	여자(女子) 양(陽)	⟷	여자(女子) 양(陽)
5	여자(女子) 음(陰)	⟷	여자(女子) 음(陰)
6	여자(女子) 양(陽)	⟷	여자(女子) 음(陰)
7	남자(男子) 양(陽)	⟷	여자(女子) 양(陽)

8	남자(男子) 음(陰)	↔	여자(女子) 음(陰)
9	남자(男子) 양(陽)	↔	여자(女子) 음(陰)
10	남자(男子) 음(陰)	↔	여자(女子) 양(陽)

기본적(基本的)인 비교(比較) 구성(構成)은 육십갑자병납음 오행(六十甲子竝納陰 五行)의 순서(順序)에 따라 위의 1번을 예(例)로 들어, 일주(日柱)만을 해중금(海中金)대 해중금(海中金)을 풀어보면,

• 남자(男子)

양(陽) → 태양(太陽) 건(乾)☰	음(陰) → 태양(太陽) 손(巽) ☴
양(陽) → 소음(少陰) 태(兌)☱	음(陰) → 소음(少陰) 감(坎) ☵
양(陽) → 소양(少陽) 리(離)☲	음(陰) → 소양(少陽) 간(艮) ☶
양(陽) → 태음(太陰) 진(震)☳	음(陰) → 태음(太陰) 곤(坤) ☷

의 논(論)이 이루어지며, 1번을 앞세워 각각(各各)의 병납음 오행(竝納音 五行)을 비교(比較)하여 구성(構成)하면 미묘(微妙)한 차이(差異)를 알 것이다.

너무 많은 논(論)이 성립(成立)되기에 16상론(十六象論)만을 서술(敍述)한 것이며, 이 16상론(十六象論)의 원리(原理)를 깊이 알아 얻으면 활용론(活用論)은 그리 어려운 것이 아니다.

년주(年柱) 16상(十六象) 보는 법(法)

• 양년(陽年)

입춘(立春)-입하(立夏) → 태양(太陽) 건(乾) ☰
입하(立夏)-입추(立秋) → 소음(少陰) 태(兌) ☱
입추(立秋)-입동(立冬) → 소양(少陽) 리(離) ☲
입동(立冬)-입춘(立春) → 태음(太陰) 진(震) ☳

• 음년(陰年)

입춘(立春)-입하(立夏) → 태양(太陽) 손(巽)☴
입하(立夏)-입추(立秋) → 소음(少陰) 감(坎)☵
입추(立秋)-입동(立冬) → 소양(少陽) 간(艮)☶
입동(立冬)-입춘(立春) → 태음(太陰) 곤(坤)☷

이렇듯 양년(陽年)의 4상(四象)과 음년(陰年)의 4상(四象)이 합하여 8상(八象)이 이루어진다.

남자(男子) 양(陽)의 4상(四象)과 음(陰)의 4상(四象), 여자(女子) 양(陽)의 4상(四象)과 음(陰)의 4상(四象)이 합하여 16상(十六象)을 이룬다.

월주(月柱), 일주(日柱), 시주(時柱) 또한 이를 따른다.

월주(月柱) 16상(十六象) 보는 법(法)

• 양년(陽年)

동지(冬至)-춘분(春分) → 태양(太陽) 건(乾)☰
춘분(春分)-하지(夏至) → 소음(少陰) 태(兌)☱
하지(夏至)-추분(秋分) → 소양(少陽) 리(離)☲
추분(秋分)-동지(冬至) → 태음(太陰) 진(震)☳

• 음년(陰年)

동지(冬至)-춘분(春分) → 태양(太陽) 손(巽) ☴
춘분(春分)-하지(夏至) → 소음(少陰) 감(坎) ☵
하지(夏至)-추분(秋分) → 소양(少陽) 간(艮) ☶
추분(秋分)-동지(冬至) → 태음(太陰) 곤(坤) ☷

이렇듯 양년(陽年)의 4상(四象)과 음년(陰年)의 4상(四象)이 합하여 8상(八象)이 성립(成立)된다.

일주(日柱) 16상(十六象) 보는 법(法)

• 1월(一月)–양월(陽月)

입춘(立春) 후 8일까지 ➜ 태양(太陽) 건(乾)☰
입춘(立春) 8일 후부터 우수(雨水)까지 ➜ 소음(少陰) 태(兌)☱
우수(雨水) 후 8일까지 ➜ 소양(少陽) 리(離)☲
우수(雨水) 8일 후부터 경칩(驚蟄)까지 ➜ 태음(太陰) 진(震)☳

• 2월(二月)–음월(陰月)

경칩(驚蟄) 후 8일까지 ➜ 태양(太陽) 손(巽)☴
경칩(驚蟄) 8일 후부터 춘분(春分)까지 ➜ 소음(少陰) 감(坎)☵
춘분(春分) 후 8일까지 ➜ 소양(少陽) 간(艮)☶
춘분(春分) 8일 후부터 청명(清明)까지 ➜ 태음(太陰) 곤(坤)☷

• 3월(三月)–양월(陽月)

청명(清明) 후 8일까지 ➜ 태양(太陽) 건(乾) ☰
청명(清明) 8일 후부터 곡우(穀雨)까지 ➜ 소음(少陰) 태(兌) ☱
곡우(穀雨) 후 8일까지 ➜ 소양(少陽) 리(離) ☲
곡우(穀雨) 8일 후부터 입하(立夏)까지 ➜ 태음(太陰) 진(震) ☳

• 4월(四月)–음월(陰月)

입하(立夏) 후 8일까지 ➜ 태양(太陽) 손(巽) ☴
입하(立夏) 8일 후부터 소만(小滿)까지 ➜ 소음(少陰) 감(坎) ☵
소만(小滿) 후 8일까지 ➜ 소양(少陽) 간(艮) ☶
소만(小滿) 8일 후부터 망종(亡種)까지 ➜ 태음(太陰) 곤(坤) ☷

• 5월(五月)–양월(陽月)

망종(芒種) 후 8일까지 ➜ 태양(太陽) 건(乾) ☰
망종(亡種) 8일 후부터 하지(夏至)까지 ➜ 소음(少陰) 태(兌) ☱
하지(夏至) 후 8일까지 ➜ 소양(少陽) 리(離) ☲
하지(夏至) 8일 후부터 소서(小暑)까지 ➜ 태음(太陰) 진(震) ☳

• 6월(六月)–음월(陰月)

소서(小暑) 후 8일까지 ➜ 소태양(太陽) 손(巽) ☴
소서(小暑) 8일 후부터 대서(大暑)까지 ➜ 소소음(少陰) 감(坎) ☵
대서(大暑) 후 8일까지 ➜ 소소양(少陽) 간(艮) ☶
대서(大暑) 8일 후부터 입추(立秋)까지 ➜ 소태음(太陰) 곤(坤) ☷

• 7월(七月)–양월(陽月)

입추(立秋) 후 8일까지 ➜ 태양(太陽) 건(乾) ☰
입추(立秋) 8일 후부터 처서(處暑)까지 ➜ 소음(少陰) 태(兌) ☱
처서(處暑) 후 8일까지 ➜ 소양(少陽) 리(離) ☲
처서(處暑) 8일 후부터 백로(白露)까지 ➜ 태음(太陰) 진(震) ☳

• 8월(八月)–음월(陰月)

8월(八月)–음월(陰月)
백로(白露) 후 8일까지 → 태양(太陽) 손(巽) ☴
백로(白露) 8일 후부터 추분(秋分)까지 → 소음(少陰) 감(坎) ☵
추분(秋分) 후 8일까지 → 소양(少陽) 간(艮) ☶
추부(秋分) 8일 후부터 한로(寒露)까지 → 태음(太陰) 곤(坤) ☷

• 9월(九月)–양월(陽月)

9월(九月)–양월(陽月)
한로(寒露) 후 8일까지 → 태양(太陽) 건(乾) ☰
한로(寒露) 8일 후부터 상강(霜降)까지 → 소음(少陰) 태(兌) ☱
상강(霜降) 후 8일까지 → 소양(少陽) 리(離) ☲
상강(霜降) 8일 후부터 입동(立冬)까지 → 태음(太陰) 진(震) ☳

• 10월(十月)–음월(陰月)

10월(十月)–음월(陰月)
입동(立冬) 후 8일까지 → 태양(太陽) 손(巽) ☴
입동(立冬) 8일 후부터 소설(小雪)까지 → 소음(少陰) 감(坎) ☵
소설(小雪) 후 8일까지 → 소양(少陽) 간(艮) ☶
소설(小雪) 8일 후부터 대설(大雪)까지 → 태음(太陰) 곤(坤) ☷

• 11월(十一月)–양월(陽月)

11월(十一月)–양월(陽月)
대설(大雪) 후 8일까지 → 태양(太陽) 건(乾) ☰
대실(大雪) 8일 후부터 동지(冬至)까지 → 소음(少陰) 태(兌) ☱
동지(冬至) 후 8일까지 → 소양(少陽) 리(離) ☲
동지(冬至) 8일 후부터 소한(小寒)까지 → 태음(太陰) 진(震) ☳

• 12월(十二月)–음월(陰月)

소한(小寒) 후 8일까지 ➜ 태양(太陽) 손(巽) ☴
소한(小寒) 8일 후부터 대한(大寒)까지 ➜ 소음(少陰) 감(坎) ☵
대한(大寒) 후 8일까지 ➜ 소양(少陽) 간(艮) ☶
대한(大寒) 8일 후부터 입춘(立春)까지 ➜ 태음(太陰) 곤(坤) ☷

이렇듯 양일(陽日) 4상(四象)과 음일(陰日) 4상(四象)이 합하여 일주(日柱) 8상(八象)이 이루어진다.

시주(時柱) 16상(十六象) 보는 법(法)

• 양일(陽日) : 갑(甲), 병(丙), 무(戊), 경(庚), 임(壬)
• 음일(陰日) : 을(乙), 정(丁), 기(己), 신(辛), 계(癸)

밤 11시	12시	새벽 1시
자초(子初)	자정(子正)	자말(子末)

새벽 1시	2시	새벽 3시
축초(丑初)	축정(丑正)	축말(丑末)

새벽 3시	4시	새벽 5시
인초(寅初)	인정(寅正)	인말(寅末)

새벽 5시	6시	아침 7시
묘초(卯初)	묘정(卯正)	묘말(卯末)

아침 7시	8시	오전 9시
진초(辰初)	진정(辰正)	진말(辰末)

오전 9시	10시	오전 11시
사초(巳初)	사정(巳正)	사말(巳末)

오전 11시	12시	오후 1시
오초(午初)	오정(午正)	오말(午末)

오후 1시	2시	오후 3시
미초(未初)	미정(未正)	미말(未末)

오후 3시	4시	오후 5시
신초(申初)	신정(申正)	신말(申末)

오후 5시	6시	저녁 7시
유초(酉初)	유정(酉正)	유말(酉末)

저녁 7시	8시	밤 9시
술초(戌初)	술정(戌正)	술말(戌末)

밤 9시	10시	밤 11시
해초(亥初)	해정(亥正)	해말(亥末)

- 양일(陽日)

태양(太陽): 건(乾) ☰, 밤 11시~5시
소음(少陰): 태(兌) ☱, 새벽 5시~오전 11시
소양(少陽): 리(離) ☲, 오전 11시~오후 5시
태음(太陰): 진(震) ☳, 오후 5시~밤 11시까지

이며,

- 음일(陰日)

태양(太陽): 손(巽) ☴, 밤 11시~5시
소음(少陰): 감(坎) ☵, 새벽 5시~오전 11시
소양(少陽): 간(艮) ☶, 오전 11시~오후 5시
태음(太陰): 곤(坤) ☷, 오후 5시~밤 11시까지

이며, 음일(陰日), 양일(陽日) 4상(四象)을 합하여 8상(八象)이 이루어진다.

괘(卦)를 이루는 방법(方法)

64괘 괘효사(六十四卦 卦爻辭)

- 건(乾) ☰ : 위에 있어서 굳셈, 다스림, 비롯함 등의 상(象)
- 태(兌) ☱ : 못, 가을, 소녀(少女), 서쪽 등에 배당(配當)됨
- 리(離) ☲ : 사물(事物)에 대하여 분명(分明)한 모양, 화(火), 중녀(中女), 남(南) 등에 배치(配置)됨
- 진(震) ☳ : 떨쳐 나오려는 상(象), 우레, 동쪽, 장남(長男), 나무, 토(土) 등에 배치

(配置)됨

- 손(巽) ☴ : 사물(事物)을 받아들여 감싸는 덕(德)을 나타내는 상(象), 바람, 장녀(長女)
- 감(坎) ☵ : 물, 달(月), 악인(惡人), 북쪽, 굳은 마음, 숨다, 괴로워하다 등의 상(象)
- 간(艮) ☶ : 산을 본뜨며, 머물러 나아가지 아니하는 상(象), 젊은 남자, 동북(東北)쪽
- 곤(坤) ☷ : 지(地), 모(母), 부(釜), 인색(吝嗇)의 상(象), 서남(西南)쪽

1. 건(乾) ☰ 〈乾下, 乾上〉//건위천(乾爲天): 강건 불식(剛健不息)의 상(象)

아침에 해가 뜨는 곳이나, 초목(草木)의 싹이 향하는 위는 하늘이므로 '하늘'의 뜻을 나타낸다.

2. 곤(坤) ☷ 〈坤下, 坤上〉//곤위지(坤爲地): 유순 함용(柔順含容)의 상(象)

부드럽게 순응(順應)하며, 머금어 안은 것이라네.

곤(坤): 土의 자리는 12지(十二支)의 신(申)에 있다는 뜻.

3. 둔(屯) ☳ 〈震下, 坎上〉//수뢰둔(水雷屯): 험난(險難)하여 나아가기 어려운 상(象)

대지(大地)를 뚫고 싹이 움터 나오려고 애쓰는 모양으로 어려움을 나타낸 것이다.

4. 몽(蒙) ☵ 〈坎下, 艮上〉//산수몽(山水蒙): 사물(死物)이 희미(稀微)하여 밝지 아니한 상(象)

지금은 작고 힘이 없으나 무한(無限)한 가능성(可能性)을 내포(內包)하고 있는 상(象)

5. 수(需) ☰ 〈乾下, 坎上〉//수천수(水天需): 때를 기다리면 이루어실 상(象)

몸과 마음을 키우면서 시기(時機)를 기다리면서 참아야 하고 언행(言行)을 삼가야 한다네.

6. 송(訟) ☵ 〈坎下, 乾上〉//천수송(天水訟): 서로 다툴 상(象)

지금은 힘들고 어려운 시기(時機)이니, 고집(固執)을 버리고 상생(相生)을 위해 힘을 쏟아야 할 것이다.

〈易經〉: 천여수위행, 송(天與水違行, 訟)

7. 사(師) ☵ 〈坎下, 坤上〉//지수사(地水師): 여러 사람을 통솔(統率)할 임금, 장수 등의 상(象)

지도자(指導者)로서의 자질(資質)을 말하는 것이니, 언제나 올바른 도(道)를 따라야 한다.

8. 비(比) ☷ 〈坤下, 坎上〉//수지비(水地比): 천하(天下)가 임금 한 사람만을 우러르는 상(象)

서로가 서로를 도와주는 이해(理解)하는 격이니, 화목(和睦)함으로써 만물(萬物)을 낳고 기르는 것이다.

9. 소축(小畜) ☰ 〈乾下, 巽上〉//풍천소축(風天小畜): 작은 힘으로 큰 것을 누르는 상(象)

조급(早急)하게 굴면 다치는 일뿐이며, 때문에 언행(言行)을 삼가고 신중(愼重)해야 한다.

10. 이(履) ☱ 〈兌下, 乾上〉//천택이(天澤履): 위험(危險)이 따라도 실천(實踐)하는 상(象)

실제(實際)로 이행(履行)함에는 위험(危險)이 따르니, 스스로의 힘을 생각하고 조심스럽게 나가야 한다.

11. 태(泰) ☰ 〈乾下, 坤上〉//지천태(地天泰): 음양(陰陽)이 조화를 이루어 만사형통하고 편안함을 누리는 상(象)

위아래가 화합하는 기운(氣運)이니, 서로 마음이 통하고 사람을 편한 길로 이끌어가는 힘이다.

12. 비(否) ☷☰ 〈坤下, 乾上〉//천지비(天地否): 하늘과 땅의 음양(陰陽)이 서로 통하지 않아 사물(事物)이 꽉 막힌 상(象)

서로가 어긋나고 사면(四面)이 막힌 형상(形象)이라 머뭇거리지 말고 현실(現實)과 맞부딪쳐야 한다.

13. 동인(同人) ☲☰ 〈離下, 乾上〉//천화동인(天火同人): 널리 인물(人物)을 찾아 구하는 상(象)

높은 곳을 지향(志向)하면서 뜻을 함께 할 수 있는 많은 사람이 모여야 일을 도모(圖謀)할 수 있다.

14. 대유(大有) ☰☲ 〈乾下, 離上〉//화천대유(火天大有): 선악(善惡)을 가려내어 악(惡)을 누르는 상(象)

대유(大有)란 크게 가진다는 뜻이니, 포용(包容)하는 기운(氣運)이 왕성(旺盛)하다.

15. 겸(謙) ☶☷ 〈艮下, 坤上〉//지산겸(地山謙): 남에게 겸손(謙遜)할 상(象)

많은 것에서 적은 것으로 보태어 마주 대하여 드러난 사물(事物)의 균형(均衡)을 맞추고 공평(公平)하게 한다.

16. 예(豫) ☷☳ 〈坤下, 震上〉//뇌지예(雷地豫): 인심(人心)이 화락(和樂)할 상(象)

예(豫)란 사물(事物)의 이치(理致)에 순응(順應)하며 어긋나거나 변화(變化)가 없는 것이라.

17. 수(隨) ☳☱ 〈震下, 兌上〉//택뢰수(澤雷水): 물건과 물건이 서로 따르는 상(象)

본인(本人)의 작은 잣대로 세상(世上)을 보지 말고 좁은 테두리를 벗어나 많은 사람들과 어울린다면 편한 삶이 될 것이다. 〈易經〉: 택중유뢰(澤中有雷)

18. 고(蠱) ≡≡ 〈巽下, 艮上〉//산풍고(山風蠱): 괴란(壞亂)이 극(極)에 달하여 새로이 흥(興)할 상(象)

힘들고 어려운 일을 겪은 후에 찾아오는 희망(希望)이니, 궁하면 통하는 것이 세상사(世上事)다.

19. 림(臨) ≡≡ 〈兌下, 坤上〉//지택림(地澤臨): 나아가 사물(事物)에 육박(肉薄)하는 상(象)

낮은 데로 향하여 대하며, 낮은 사람에게로 나아가고 한없이 포용(包容)하는 것이다.

20. 관(觀) ≡≡ 〈坤下, 巽上〉//풍지관(風地觀): 내순 외손(內順外遜)의 상(象)

안으로 자세히 살펴서 순응(順應)하며, 밖으로는 겸손(謙遜)함을 보여 사람들을 감화(感化)시킨다.

21. 서합(噬嗑) ≡≡ 〈震下, 離上〉//화뢰서합(火雷噬嗑): 좋지 않은 사물(事物)을 이로 씹어서 깨트리는 상(象)

좋지 않은 물건(物件)이 이빨 사이로 끼인 것을 씹어서 깨트리고 위아래가 서로 통하였다.

22. 비(賁) ≡≡ 〈離下, 艮上〉//산화비(山火賁): 강(剛)함과 유(柔)함이 왕래 교착(往來交錯)하여 무늬를 이루는 상(象)

산 아래에 불이니 석양을 이르는 것이며, 겉으로 드러난 화려(華麗)하고 큰 이득(利得)에 혹하지 말아야 할 것이다. 〈易經〉: 산하유화, 비(山下有火, 賁)

23. 박(剝) ≡≡ 〈坤下, 艮上〉//산지박(山地剝): 소인(小人)이 성(盛)하고 군자(君子)가 어려움을 겪은 상(象)

소인(小人)의 세력(勢力)이 강할 때이니, 굳이 나설 일이아니라면 나서지 말고 매사(每事)에 신중(愼重)해야 할 것이라네. 또한 말과 행동(行動)을 삼가야 할 것이다.

24. 복(復) ☷ 〈震下, 坤上〉//지뢰복(地雷復): 기운(機運)이 순환(循環)하는 상(象)

한 줄기 양 기운(陽氣運)이 돌아오는 것이니, 매사(每事)에 적극적(積極的)으로 대처(對處)하는 것이 좋다.

25. 무망(无妄) ☰ 〈震下, 乾上〉//천뢰무망(天雷无妄): 때에 맞춰 순응(順應)하고 몸과 마음을 다하여 만물(萬物)을 생육(生育)하는 상(象)

무위자연(無爲自然)의 도(道)와 같은 것이니, 하늘의 섭리(攝理)에 몸과 마음을 맡기고 받아들이는 것이라네. 그렇다고 소극적(消極的)인 행위(行爲)는 아니다.

26. 대축(大畜) ☶ 〈乾下, 艮上〉//산천대축(山天大畜): 하늘의 기(氣)가 산에 쌓이고 있는 상(象)

쌓은 덕(德)이 날마다 새로워지고 빛나는 것이니, 한 곳에 머물지 말고 크게 움직이면 좋다.

27. 이(頤) ☶ 〈震下, 艮上〉//산뢰이(山雷頤): 음식을 주어 남을 구제(救濟)할 상(象)

이(頤)는 아래턱과 위턱의 총칭(總稱)으로 온갖 것을 기르는 일에 있어서 신중(愼重)하고 말과 행동(行動)을 삼가야 한다.

28. 대과(大過) ☱ 〈巽下, 兌上〉//택풍대과(澤風大過): 조화(造化)를 이루지 못하고 일이 과중(過重)하여 힘들어하는 상(象)

힘들어도 일을 놓을 수는 없는 것이니, 세상사(世上事)에 두려워 말고 의연(毅然)하게 내처(對處)해야 한다.

29. 습감(習坎) ☵ 〈坎下, 坎上〉//감위수(坎爲水): 겹친데 또 겹치는 상(象)

어려움과 고통(苦痛)이 겹쳐있는 상태(狀態)이니, 두려워하지 말고 의지(意志)와 신념(信念)으로 세상사(世上事)와 맞서야 한다네. 또한 대처(對處)할 방법(方法)을 신중

(愼重)하게 행해야 한다.

〈역경〉: 습감입우감(習坎入于坎)

30. 리(離) ☲ 〈離上, 離下〉//이위화(離爲火): 차례(次例)를 지키면 일이 모두 이루어지는 상(象)

해와 달이 밝게 빛나고 사람은 밝은 지혜(智慧)로 바른 길을 걸으며, 천하(天下)를 밝힌다네. 그러나 말과 행동(行動)을 삼가고 경솔(輕率)하게 움직이면 안 된다.

31. 함(咸) ☱ 〈艮下, 兌上〉//택산함(澤山咸): 음양(陰陽)이 교감(交感)하는 상(象)

하늘과 땅이 교감(交感)하여 만물(萬物)을 생성(生成)하고 사람의 마음을 감화(感化)시켜 세상(世上)을 편하게 한다.

32. 항(恒) ☳ 〈巽下, 震上〉//뇌풍항(雷風恒): 항구 불변(恒久不變)의 상(象)

서로 호응(呼應)하는 것이 편안(便安)한 모습을 보여주고 서로가 서로에게 순화(循環)하면서 매사(每事)에 변함이 없는 안정(安定)된 흐름을 보여준다.

33. 둔(遯) ☰ 〈艮下, 乾上〉//천산둔(天山遯): 군자(君子)는 은퇴(隱退)하여 형통(亨通)하고, 소인(小人)은 바른 길을 지켜서 이득(利得)을 보는 상(象)

사람을 미워하지 말고 말과 행동(行動)을 삼가며, 소인(小人)은 멀리 해야 한다네. 시류(時流)에 따라 맞지 않을 경우는 재빨리 물러나는 것이 좋은 방법(方法)이다.

34. 대장(大壯) ☳ 〈乾下, 震上〉//뇌천대장(雷天大壯): 이치(理致)에 맞지 않는 일은 행하지 않는 상(象)

겉보기와는 다르게 실속이 없으며, 번개와 천둥은 치는데 비는 오지 않는다네. 일이 돌아가는 사정(事情)이나 형편(形便)을 한 번 더 되돌아볼 필요(必要)가 있다.

35. 진(晋) ☷☲ 〈坤下, 離上〉//화지진(火地晋): 지상(地上)에 광명(光明)이 나타나는 상(象)

어려운 일도 쉽게 풀릴 때이니, 무슨 일을 하던 사람들로부터 인정(認定)을 받고 노력(努力)한만큼의 내가(代價)를 얻을 것이나.

36. 명이(明夷) ☲☷ 〈離下, 坤上〉//지화명이(地火明夷): 지혜(智慧)의 덕(德)을 안으로 감추고 겉으로는 유순(柔順)하게 어려운 세상사(世上事)를 대처(對處)하는 상(象)

어리석은 자가 위에 서는 격이니, 어려움 속에서스스로를 갈고 닦아 노력(努力)하면 마침내 옥(玉)처럼 빛날 것이다.

37. 가인(家人) ☲☴ 〈離下, 巽上〉//풍화가인(風火家人): 작은 일이 큰일을 부르는 상(象)

작지만 좋은 일이 복(福)을 부르는 것이니, 말과 행동(行動)을 삼가고 일을 벌이는 데 있어서 올바르게 이끌고 다스려야 한다.

38. 규(睽) ☱☲ 〈兌下, 離上〉//화택규(火澤睽): 작은 일에 유리(有利)한 상(象)

서로가 등을 돌리는 격이니, 작은 일부터 처리(處理)해 나가면서 서로의 마음을 풀어야 한다.

39. 건(蹇) ☶☵ 〈艮下, 坎上〉//수산건(水山蹇): 험준(險峻)한 곳이 가로 놓여있어 나아가기 어려운 상(象)

나아가지도 못하고 물러서지도 못하는 상태(狀態)이니, 타인(他人)의 의견(意見)에 귀를 기울이는 것이 중요(重要)하며, 난제(難題)에 대처(對處)할 방법(方法)을 신중(愼重)하게 찾아야 한다.

40. 해(解) ☵☳ 〈坎下, 震上〉//뇌수해(雷水解): 어려움이 풀릴 상(象)

난제(難題)를 풀고 나면 물러서는 것이 좋으며, 눈이 녹고 만물(萬物)이 싹을 틔울 시기(時機)이니 가장 중요(重要)할 때다.

41. 손(損) ☶☱ 〈兌下, 艮上〉//산택손(山澤損): 아래를 감소(減少)시켜 위를 증가(增加) 시키는 상(象)

몸과 마음을 다해 행하면 좋은 것이니, 처음에 마음먹는 데로 이끌고 나아가는 것이 중요(重要)하며, 눈앞의 작은 잇속을 욕심(慾心)부리지 말고 다가올 내일을 찾은 것이 필요(必要)하다.

42. 익(益) ☴☳ 〈震下, 巽上〉//풍뢰익(風雷益): 위를 덜어서 아래를 더하는 상(象)

아래가 움직이니 위가 호응(呼應)하고 도움을 주는 것이며, 때문에 좋은 것을 보면 즉시 배우고 잘못이나 허물은 즉시 고치고 매사(每事)에 적극적(積極的)으로 나서는 것이 좋다.

43. 쾌(夬) ☱☰ 〈乾下, 兌上〉//택천쾌(澤天夬): 소인(小人)이 물러나고 군자(君子)가 뜻을 펴는 상(象)

아래로는 덕(德)을 베풀고 제 잇속을 탐내지 않으며, 올바르게 사물(事物)의 이치(理致)에 따라 일을 진행(進行)해야 한다네. 위아래를 화목(和睦)하게 만드는 마음이다.

44. 구(姤) ☰☴ 〈巽下, 乾上〉//천풍구(天風姤): 여자(女子)의 기운(氣運)이 성(盛)한 상(象)

음효(陰爻) 하나가 양효(陽爻) 다섯을 짊어지고 있는 것이니, 취할 일이 아니라네. 이렇다 저렇다 가름 짓기 전에 말과 행동(行動)을 삼가고 신중(愼重)하게 결정(決定)해야 한다.

45. 췌(萃) ☱☷ 〈坤下, 兌上〉//택지췌(澤地萃): 만물(萬物)이 모이는 상(象)

땅위에 연못이니, 초목(草木)이 무성(茂盛)하고 사람이 모이며 원하는 것이 제때에 이루어진다네. 그럴수록 젠체하며 나서지 말고 말과 행동(行動)을 삼가면서 겸허(謙虛)한 마음을 지녀야하며, 성실(誠實)해야 한다.

〈易經〉: 췌, 형, 왕가유묘, 이견대인(萃, 亨, 王假有廟, 利見大人)

46. 승(升) ☷ 〈巽下, 坤上〉//지풍승(地風升): 전진(前進)하고 향상(向上)하는 상(象)

땅속에서 나무의 싹이 솟아오르는 것이니, 운 때가 맞아야 하고 스스로의 실력(實力)을 높이면서 도움을 받아야 한다. 또한 순조(順調)롭게 커가기 위해서는 많은 위험(危險)이 따르는 법이니, 겸손(謙遜)함과 유순(柔順)한 마음을 지녀야 할 것이다.

47. 곤(困) ☱ 〈坎下, 兌上〉//택수곤(澤水困): 힘들고 어려운 때를 맞아 고군분투(孤軍奮鬪)하는 상(象)

사방을 둘러친 울타리 안(口)에 나무(木)가 있는 모양이라네. 오래된 집에는 고목나무가 있게 마련이니 묵고 낡은 집을 새롭게 바꾸어야 할 어려운 처지(處地)다. 때문에 어렵고 힘든 상황(狀況)에서 줏대를 잡고 나가야 하지 않겠는가.

48. 정(井) ☵ 〈巽下, 坎上〉//수풍정(水風井): 견고(堅固)하여 변함이 없는 상(象)

자신(自身)의 자리를 지키고 제 분수(分數)를 지키면서 정(情)을 베푸는 것이다. 마르거나 넘치지 않은 우물이지만 고인 물은 썩게 마련이니, 많이 베풀고 덕(德)을 높여야 할 것이나.

49. 혁(革) ☱ 〈離下, 兌上〉//택화혁(澤火革): 옛 것을 고칠 상(象)

물과 불이 싸우는 형상(形象)이니, 삿된 견해(見解)나 사리사욕(私利私慾)을 부리지 말며, 적극적(積極的)인 마음으로 정도에 맞게 움직이고 때를 알아 실천(實踐)해야 한다.

50. 정(鼎) ☲ 〈巽下, 離上〉//화풍정(火風鼎): 바른 지위(地位)에 처(處)할 상(象)

나무에 불이 타오르는 형상(形象)이니, 서로 협력(協力)하고 서로가 안정(安定)을 꾀하는 일이라네. 막힘이나 걸림이 없이 원만(圓滿)하게 풀릴 것이니, 서로가 서로를 위하는 마음을 잃지 말아야 한다.

〈易經〉: 목상유화, 정, 군자이정위응명(木上有火, 鼎, 君子以正位凝命)

51. 진(震) ≡ 〈震下, 震上〉//진위뢰(震爲雷): 만물(萬物)이 발동(發動)하는 상(象)

천둥소리가 겹치는 것이니, 두려워하는 마음이 있으나 그리 해가 되는 일이 없다. 그렇더라도 말과 행동(行動)을 삼가고 신중(愼重)해야 하며, 잘못이나 허물을 두려워하고 반성(反省)과 심신(心身) 수양(修養)에 힘써야 한다.

52. 간(艮) ≡ 〈艮下, 艮上〉//간위산(艮爲山): 머물러 나아가지 아니하는 상(象)

본래(本來)의 입장(立場)을 지키면서 경거망동(輕擧妄動)하지 않으며, 타인(他人)의 힘을 기대(期待)하지 말고 여유(餘裕)있는 마음으로 노력(努力)하면서 현재(現在)의 자리를 지키는 것이 현명(賢明)한 일이다.

〈易經〉: 겸산, 간, 군자이사불출기위(兼山, 艮, 君子以思不出其位)

53. 점(점) ≡ 〈艮下, 巽上〉//풍산점(風山漸): 차례(次例)를 좇아 나아가는 상(象)

때에 맞추어 나아가고 사물(事物)의 이치(理致)에 맞게 올바르게 잡아가면서 착실(着實)하게 행하여야 한다. 또한 어질고 밝은 덕(德)을 굳게 지키면서 차례(次例)에 따라 점차로 이끌어야 한다.

54. 귀매(歸妹) ≡ 〈兌下, 震上〉//뇌택귀매(雷澤歸妹): 일시적(一時的)으로 드러나는 형상을 버리고 영속적(永續的)인 형상(形象)에 마음을 두는 상(象)

겉으로 드러난 일시적(一時的)인 형상(形象)은 그 결합(結合)이 오래가지 않은 것이니, 선택(選擇), 결정(決定)하는 일에 있어서 신중(愼重)해야 하며, 줏대를 확실(確實)하게 세워야 한다.

55. 풍(豊) ≡ 〈離下, 震上〉//뇌화풍(雷火豊): 성대 광충(盛大光充), 곧 크게 성(盛)하고 빛이 충만(充滿)한 상(象)

넉넉하고 가득하다는 것이니, 밝은 지혜(智慧)로 말과 행동(行動)에 신중(愼重)함을 기할 것이며, 잡생각을 버리고 쓸데없는 근심 걱정은 할 필요(必要)가 없다.

56. 여(旅) ☶☲ 〈艮下, 離上〉//화산여(火山旅): 머물던 곳을 떠나서 있지 아니하는 상(象)

세상(世上)을 떠돌면서 스스로의 몸과 마음을 경계(警戒)하여 늘 삼가고 신중(愼重)해야 할 것이니, 불안정(不安定)한 나그네 생활(生活)은 몸과 마음을 피폐(疲弊)하게 만들기 때문이다.

57. 손(巽) ☴☴ 〈巽下, 巽上〉//손위풍(巽爲風): 사양(辭讓)하여 물러나는 유순(柔順)의 상(象)

바람이란 사물(事物)을 만나면 부드럽게 스쳐지나가는 성질(性質)이니, 어찌 보면 우유부단(優柔不斷)함을 보이기 쉽다. 인정(人情)에 치우치는 면이 있으니, 지혜(智慧) 있는 이의 도움이 필요(必要)하다.

58. 태(兌) ☱☱ 〈兌下, 兌上〉//태위택(兌爲澤): 바르게 하면 모든 일이 이루어지는 상(象)

서로 모여 화목(和睦)하게 조화(造化)를 이루는 것이니, 말과 행동(行動)이 올바르고 즐거운 마음으로 일을 행하는 까닭에 만사(萬事)가 순조(順調)롭게 풀리고 서로가 서로를 인도(引導)한다.

59. 환(渙) ☵☴ 〈坎下, 巽上〉//풍수환(風水渙): 뭍건이 흩어지는 상(象)

뿔뿔이 헤어진다는 것이니, 무슨 일을 하기에 앞서, 조언(助言)을 구하고 신중(愼重)하게 결정(決定)해야만 한다.

60. 절(節) ☱☵ 〈兌下, 坎上〉//수택절(水澤節): 막혀서 그치는 상(象)

대나무의 마디와 같이 세상사(世上事)를 대함에 있어서 너무 틀에 박힌 사고방식(思考方式)은 큰 문제(問題)가 되는 것이니, 맺고 끊는 일에 있어서 어느 한쪽으로 치우치지 말고 중용(中庸)의 도(道)를 잃어서는 안 된다. 무리(無理)하게 원칙(原則)만을 고집(固執)하면 그 한계(限界)가 있을 것이다.

61. 중부(中孚) ☱ 〈兌下, 巽上〉//풍택중부(風澤中孚): 움직임이 없는 것을 따스한 정으로 감화(感化)시키는 상(象)

연못 위에 바람이 불어 움직이게 하는 것이니, 몸과 마음을 다한 성의(誠意)는 사람의 마음을 감동(感動)시키는 것이다. 서로가 서로에게 호응(呼應)하면서 화답(和答)하는 것이니, 진실(眞實)과 성실(誠實)함은 서로를 함께 하게 만드는 것이다.

62. 소과(小過) ☳ 〈艮下, 震上〉//뇌산소과(雷山小過): 일어나는 일마다 겸허(謙虛)한 자세로 임하며, 몸과 마음을 낮추는 상(象)

산 위에서 천둥이 치는 것이니, 무리하게 일을 처리(處理)하려고 하면 문제(問題)가 일어날 것이다. 지금은 힘이 없을 때이니, 일에 따라 순응(順應)하는 것이 좋으며, 몸과 마음을 삼가고 말과 행동(行動)을 자제(自制)하면서 겸손(謙遜)해야 할 때이다.

63. 기제(旣濟) ☵ 〈離下, 坎上〉//수화기제(水火旣濟): 환란(患亂)에 대비(對備)하는 상(象)

물이 불을 끄려고 하는 것이니, 분열(分裂)과 다툼이 벌어지는 것이다. 몸과 마음을 삼가고 말과 행동(行動)에 신중(愼重)을 기해 앞으로 다가올 어렵고 힘든 시기(時期)를 밝은 지혜(智慧)로 미리 대비(對備)하고 준비(準備)해야 한다.

64. 미제(未濟) ☲ 〈坎下, 離上〉//화수미제(火水未濟): 신중(愼重)하게 판단(判斷)하는 상(象)

불이 물 위에 있는 것이니, 힘들고 어려우며 고통(苦痛)이 많이 따르면서 거친 일들이 계속 닥친다. 이 일을 두고 급하게 몰아치지 말아야하니, 일이 돌아가는 사정(事情)이나 형편(形便)을 신중(愼重)하게 판단(判斷)하여 차분하게 풀어가야 한다. 함께 협력(協力)하여 어려움을 이겨내는 것이 중요(重要)하다.

64괘 괘효사(六十四卦 卦爻辭) 찾기

상괘 / 하괘	☰	☱	☲	☳	☴	☵	☶	☷
☰	乾爲天	澤天夬	火天大有	雷天大壯	風天小畜	水天需	山天大畜	地天泰
☱	天澤履	兌爲澤	火澤睽	雷澤歸妹	風澤中孚	水澤節	山澤損	地澤臨
☲	天火同人	澤火革	履爲火	雷火豊	風火家人	水火旣濟	山火賁	地火明夷
☳	天雷无妄	澤雷隨	火雷噬嗑	震爲雷	風雷益	水雷屯	山雷頤	地雷復
☴	天風姤	澤風大過	火風鼎	雷風恒	巽爲風	水風井	山風蠱	地風升
☵	天水訟	澤水困	火水未濟	雷水解	風水渙	坎爲水	山水蒙	地水師
☶	天山遯	澤山咸	火山旅	雷山小過	風山漸	水山蹇	艮爲山	地山謙
☷	天地否	澤地萃	火地晋	雷地豫	風地觀	水地比	山地剝	坤爲地

사주(四柱)로 괘(卦) 세우기

1) 사주(四柱)가 순행(順行)할 경우

순행(順行)이라는 것은 양(陽)의 기운(氣運)이 일어나 활동(活動)하는 동지(冬至)부터 하지(夏至)까지를 이른다.

시주(時柱)가 평생 운(平生 運), 일주(日柱)가 초년 운(初年 運), 월주(月柱)가 중년 운(中年 運), 년주(年柱)가 말년 운(末年 運)을 보는 것이다.

또한 본인 일주(日柱)를 중심(中心)으로 시주(時柱)가 자식(子息)이나 후손(後孫), 월주(月柱)가 배우자(配偶者) 및 주변 사람, 년주(年柱)가 부모(父母), 조상(祖上)을 보는 것이다.

괘(卦)를 세우는 일에 있어서는 그 방법(方法)이 있는 것이니, 본인(本人) 일주(日柱)를 기준(基準)으로 하여 세운다.

여기서는 순행(順行)을 설명(說明)하는 것이니, 동지(冬至)부터 하지(夏至) 사이에 태어난 사람을 이르는 것이다.

양괘(陽卦)는 음괘(陰卦) 위로 올리고 음괘(陰卦)는 양괘(陽卦) 아래에 위치한다.

음괘(陰卦)와 음괘(陰卦)가 만났을 경우에는 음(陰)의 4상(四象)을 따르는 것이니, 태양(太陽)과 소양(少陽)은 위에 두며, 소음(少陰)과 태음(太陰)은 아래에 놓는다.

또 양괘(陽卦)와 양괘(陽卦)가 만났을 경우에는 양(陽)의 4상(四象)을 따르는 것이니, 태음(太陰)과 소음(少陰)은 아래에 두고 태양(太陽)과 소양(少陽)은 위에 놓은 것이다.

양(陽)				음(陰)			
건(乾)☰	태(兌)☱	리(離)☲	진(震)☳	손(巽)☴	감(坎)☵	간(艮)☶	곤(坤)☷
太陽	少陰	少陽	太陰	太陽	少陰	少陽	太陰

음력(陰曆): 1920년 2월 22일 아침 10시에 태어난 이의 괘상(卦象)

년주(年柱): 경신년(庚申年) → 석류목(石榴木)

양년(陽年): 입춘(立春)-입하(立夏)=〉태양(太陽) 건(乾) ☰

석류목(石榴木) → 양(陽)의 태양(太陽) 건(乾) ☰

월주(月柱): 경진월(庚辰月) → 백납금(白鑞金)

양월(陽月): 춘분(春分)-하지(夏至) → 소음(少陰) 태(兌) ☱

백납금(白鑞金) → 양(陽)의 소음(少陰) 태(兌) ☱

일주(日柱): 무술일(戊戌日) → 평지목(平地木)

양일(陽日): 청명(淸明) 후 8일까지 → 태양(太陽) 건(乾) ☰

평지목(平地木) → 양(陽)의 태양(太陽) 건(乾) ☰

시주(時柱): 정사시(丁巳時) → 사중토(沙中土)

음시(陰時): 새벽 5시~오전 11시 → 소음(少陰): 감(坎) ☵

사중토(沙中土) ➔ 음(陰)의 소음(少陰): 감(坎) ☵

위 사주(四柱)의 육십갑자병납음 오행(六十甲子竝納音 五行)과 괘(卦)를 세우면 이렇다.

년주(年柱): 석류목(石榴木) ➔ 양(陽)의 태양(太陽) 건(乾) ☰

월주(月柱): 백납금(白鑞金) ➔ 양(陽)의 소음(少陰) 태(兌) ☱

일주(日柱): 평지목(平地木) ➔ 양(陽)의 태양(太陽) 건(乾) ☰

시주(時柱): 사중토(沙中土) ➔ 음(陰)의 소음(少陰) 감(坎) ☵

이렇듯 삶을 아우르는 4괘(四卦)가 성립(成立)되는 것이다.

일주(日柱) 본인(本人)을 기준(基準)으로 시주(時柱)와 괘(卦)를 세운다면,

양(陽)의 태양(太陽) 건(乾) ☰,

음(陰)의 소음(少陰): 감(坎) ☵ (坎下, 乾上)으로

역경(易經)으로는 천수송 괘효사(天水訟卦爻辭)이며, 사중토(沙中土) 음(陰)의 소음(少陰) 기운(氣運) 위에 평지목(平地木) 양(陽)의 태양(太陽) 기운(氣運)이 있는 것이다.

일주(日柱) 본인(本人)을 기준(基準)으로 월주(月柱)와 괘(卦)를 세운다면,

양(陽)의 태양(太陽) 건(乾) ☰,

양(陽)의 소음(少陰) 태(兌) ☱ (兌下, 乾上)으로 역경(易經)으로는 천택이 괘효사(天澤履卦爻辭)가 된다.

백납금(白鑞金) 양(陽)의 소음(少陰) 기운(氣運) 위에 평지목(平地木) 양(陽)의 태양(太陽) 기운(氣運)이 있는 것이다.

일주(日柱) 본인(本人)을 기준(基準)으로 년주(年柱)와 괘(卦)를 세운다면,

양(陽)의 태양(太陽) 건(乾) ☰,

양(陽)의 태양(太陽) 건(乾) ☰ (乾下, 乾上)으로 역경(易經)으로는 건위천 괘효사(乾爲天卦爻辭)가 된다.

석류목(石榴木) 양(陽)의 태양(太陽) 기운(氣運) 위에 평지목(平地木) 양(陽)의 태양

(太陽) 기운(氣運)이 있는 것이다.

2) 사주(四柱)가 역행(逆行)할 경우

음(陰)의 기운(氣運)이 일어나 활동(活動)하는 하지(夏至)부터 동지(冬至)까지는 시주(時柱)가 말년 운(末年 運), 일주(日柱)가 중년 운(中年 運), 월주(月柱)가 초년 운(初年 運), 년주(年柱)가 평생 운(平生 運)이 되는 것이다.

또한 본인 월주(月柱)를 중심(中心)으로 년주(年柱)가 자식(子息)이나 후손(後孫), 일주(日柱)가 배우자(配偶者) 및 주변 사람, 시주(時柱)가 부모(父母), 조상(祖上)을 보는 것이다.

괘(卦)를 세우는 일에 있어서는 그 방법(方法)이 있는 것이니, 본인(本人) 월주(月柱)를 기준(基準)으로 하여 세운다.

여기서는 역행(逆行)을 설명(說明)하는 것으로, 하지(夏至)부터 동지(冬至) 사이에 태어난 사람을 이르는 것이다.

음괘(陰卦)는 양괘(陽卦) 위로 올리고 양괘(陽卦)는 음괘(陰卦) 아래에 위치한다.

양괘(陽卦)와 양괘(陽卦)가 만났을 경우에는 양(陽)의 4상(四象)을 따르는 것이니, 태양(太陽)과 소양(少陽)은 아래에 두며, 소음(少陰)과 태음(太陰)은 위에 놓는다.

또 음괘(陰卦)와 음괘(陰卦)가 만났을 경우에는 양(陽)의 4상(四象)을 따르는 것이니, 태음(太陰)과 소음(少陰)은 위에 두고 태양(太陽)과 소양(少陽)은 아래에 놓은 것이다.

음력(陰曆): 1963년 5월 12일 아침 10시에 태어난 이의 괘상(卦象)

년주(年柱): 계묘년(癸卯年) → 금박금(金薄金)

음년(陰年): 입하(立夏)-입추(立秋) → 소음(少陰) 감(坎) ☵ 금박금(金薄金) →
음(陰)의 소음(少陰) 감(坎) ☵

월주(月柱): 무오월(戊午月) → 천상화(天上火)

양월(陽月): 하지(夏至)-추분(秋分) → 소양(少陽) 간(艮) ☶

천상화(天上火) ➜ 양(陽)의 소양(少陽) 간(艮) ☶

일주(日柱): 병오일(丙午日) ➜ 천하수(天河水)

양일(陽日): 하지(夏至) 8일 후부터 소서(小暑)까지 ➜ 태음(太陰) 진(震) ☳

천하수(天河水) ➜ 양(陽)의 태음(太陰) 진(震) ☳

시주(時柱): 계사시(癸巳時) ➜ 장류수(長流水)

음시(陰時): 새벽 5시~오전 11시 ➜ 소음(少陰) 감(坎) ☵

장류수(長流水) ➜ 음(陰)의 소음(少陰) 감(坎) ☵

위 사주(四柱)의 육십갑자병납음 오행(六十甲子竝納音 五行)과 괘(卦)를 세우면 이렇다.

년주(年柱): 금박금(金薄金) ➜ 음(陰)의 소음(少陰) 감(坎) ☵

월주(月柱): 천상화(天上火) ➜ 양(陽)의 소양(少陽) 간(艮) ☶

일주(日柱): 천하수(天河水) ➜ 양(陽)의 태음(太陰) 진(震) ☳

시주(時柱): 장류수(長流水) ➜ 음(陰)의 소음(少陰) 감(坎) ☵

이렇듯 삶을 아우르는 4괘(四卦)가 성립(成立)되는 것이다.

월주(月柱) 본인(本人)을 기준(基準)으로 년주(年柱)와 괘(卦)를 세운다면,

음(陰)의 소음(少陰) 감(坎) ☵,

양(陽)의 소양(少陽) 간(艮) ☶ (艮下, 坎上)으로 역경(易經)으로는 수산건 괘효사(水山蹇 卦爻辭)가 된다.

천상화(天上火) 양(陽)의 소양(少陽) 기운(氣運) 위에 금박금(金薄金) 음(陰)의 소음(少陰) 기운(氣運)이 있는 형상(形象)이다.

월주(月柱) 본인(本人)을 기준(基準)으로 일주(日柱)와 괘(卦)를 세운다면,

양(陽)의 태음(太陰) 진(震) ☳,

양(陽)의 소양(少陽) 간(艮) ☶ (艮下, 震上)으로 역경(易經)으로는 뇌산소과 괘효사(雷山小過 卦爻辭)가 된다.

천상화(天上火) 양(陽)의 소양(少陽) 기운(氣運) 위에 천하수(天河水) 양(陽)의 태음

(太陰) 기운(氣運)이 있는 형상(形象)이다.

월주(月柱) 본인(本人)을 기준(基準)으로 시주(時柱)와 괘(卦)를 세운다면,

음(陰)의 소음(少陰) 감(坎) ☵,

양(陽)의 소양(少陽) 간(艮) ☶ (艮下, 坎上)으로 역경(易經)으로는 수산건 괘효사(水山蹇 卦爻辭)가 성립(成立)된다.

천상화(天上火) 양(陽)의 소양(少陽) 기운(氣運) 위에 장류수(長流水) 음(陰)의 소음(少陰) 기운(氣運)이 있는 상태(狀態)다.

타인(他人)과의 사주(四柱) 비교(比較)도 또한 위와 같으며, 순행(順行)일 때는 일주(日柱)를 본 사주(本四柱)로 하여 비교(比較) 분석(分析)하는 것이며, 역행(逆行)일 때는 월주(月柱)를 본 사주(本四柱)로 하여 서로의 사주(四柱)를 비교(比較) 분석(分析)하는 것이다.

또한 위와 같은 방법(方法)으로 본 사주(本四柱)를 기준(基準)으로 하여 연도별(年度別)로 괘(卦)를 만들어 자신(自身)의 운세(運勢)를 가름할 수 있는 것이며, 월별(月別)로 괘(卦)를 만들어 운세(運勢)를 움직일 수 있는 것이다. 또 일별(日別)로도 괘(卦)를 만들어 볼 수 있는 것이며, 시별(時別)로 하루의 운세(運勢)를 가름할 수 있는 것이다.

이는 올바르게 아는 선생을 만나 바르게 배워야 하는 것이니, 참다운 스승을 만나 바른 길을 얻길 바란다.

3) 년도(年度)마다 괘(卦)를 세우는 방법(方法)

양년(陽年): 입춘(立春)-입하(立夏) → 태양(太陽) 건(乾) ☰

입하(立夏)-입추(立秋) → 소음(少陰) 태(兌) ☱

입추(立秋)-입동(立冬) → 소양(少陽) 리(離) ☲

입동(立冬)-입춘(立春) → 태음(太陰) 진(震) ☳

음년(陰年): 입춘(立春)-입하(立夏) ➜ 태양(太陽) 손(巽) ☴

입하(立夏)-입추(立秋) ➜ 소음(少陰) 감(坎) ☵

입추(立秋)-입동(立冬) ➜ 소양(少陽) 간(艮) ☶

입동(立冬)-입춘(立春) ➜ 태음(太陰) 곤(坤) ☷

음력(陰曆) 1920년 2월 22일 아침 10시에 태어난 이의 괘상(卦象)에서
일주(日柱): 평지목(平地木) ➜ 양(陽)의 태양(太陽) 건(乾) ☰ 과 2012년을 세우면,
임진년(壬辰年): 장류수(長流水) ➜ 양(陽), 계사년(癸巳年): 장류수(長流水) ➜ 음(陰)

- 순행(順行)일 때: 동지(冬至)에서 하지(夏至) 사이에 태어남 -

양년(陽年): 입춘(立春)-입하(立夏) ➜ 태양(太陽) 건(乾) ☰ 이므로
일주(日柱): 평지목(平地木) ➜ 양(陽)의 태양(太陽) 건(乾) ☰
년주(年柱): 장류수(長流水) ➜ 양(陽)의 태양(太陽) 건(乾) ☰ (乾下, 乾上)으로 건위천괘(乾爲天卦)

양년(陽年): 입하(立夏)-입추(立秋) ➜ 소음(少陰) 태(兌) ☱ 이므로
일주(日柱): 평지목(平地木) ➜ 양(陽)의 태양(太陽) 건(乾) ☰
년주(年柱): 장류수(長流水) ➜ 양(陽)의 소음(少陰) 태(兌) ☱ (兌下, 乾上)으로 천택이괘(天澤履卦)

양년(陽年): 입추(立秋)-입동(立冬) ➜ 소양(少陽) 리(離) ☲ 이므로
일주(日柱): 평지목(平地木) ➜ 양(陽)의 태양(太陽) 건(乾) ☰
년주(年柱): 장류수(長流水) ➜ 양(陽)의 소양(少陽) 리(離) ☲ (離下, 乾上)으로 천화동인괘(天火同人卦)

양년(陽年): 입동(立冬)-입춘(立春) ➜ 태음(太陰) 진(震) ☳ 이므로
일주(日柱): 평지목(平地木) ➜ 양(陽)의 태양(太陽) 건(乾) ☰
년주(年柱): 장류수(長流水) ➜ 양(陽)의 태음(太陰) 진(震) ☳ (震下, 乾上)으로

천뢰무망괘(天雷无妄卦)

음년(陰年): 입춘(立春)-입하(立夏) → 태양(太陽) 손(巽) ☴ 이므로

일주(日柱): 평지목(平地木) → 양(陽)의 태양(太陽) 건(乾) ☰

년주(年柱): 장류수(長流水) → 음(陰)의 태양(太陽) 손(巽) ☴ (巽下, 乾上)으로

천풍구괘(天風姤卦)

음년(陰年): 입하(立夏)-입추(立秋) → 소음(少陰) 감(坎) ☵이므로

일주(日柱): 평지목(平地木) → 양(陽)의 태양(太陽) 건(乾) ☰

년주(年柱): 장류수(長流水) → 음(陰)의 소음(少陰) 감(坎) ☵ (坎下, 乾上)으로

천수송괘(天水訟卦)

음년(陰年): 입추(立秋)-입동(立冬) → 소양(少陽) 간(艮) ☶ 이므로

일주(日柱): 평지목(平地木) → 양(陽)의 태양(太陽) 건(乾) ☰

년주(年柱): 장류수(長流水) → 음(陰)의 소양(少陽) 간(艮) ☶ (艮下, 乾上)으로

천산둔괘(天山遯卦)

음년(陰年): 입동(立冬)-입춘(立春) → 태음(太陰) 곤(坤) ☷ 이므로

일주(日柱): 평지목(平地木) → 양(陽)의 태양(太陽) 건(乾) ☰

년주(年柱): 장류수(長流水) → 음(陰)의 태음(太陰) 곤(坤) ☷ (坤下, 乾上)으로

천지비괘(天地比卦)가 성립(成立)된다.

상괘(上卦)로 건(乾) ☰, 태(兌) ☱, 리(離) ☲, 진(震) ☳, 손(巽) ☴, 감(坎) ☵, 간(艮) ☶, 곤(坤) ☷ 과 하괘(下卦)로 건(乾) ☰, 태(兌) ☱, 리(離) ☲, 진(震) ☳, 손(巽) ☴, 감(坎) ☵, 간(艮) ☶, 곤(坤) ☷ 이 서로 짝을 이루어 64괘 괘효사(六十四卦 卦爻辭)를 이루었듯이,

곧

하괘 \ 상괘	☰	☱	☲	☳	☴	☵	☶	☷
☰	乾爲天	澤天夬	火天大有	雷天大壯	風天小畜	水天需	山天大畜	地天泰
☱	天澤履	兌爲澤	火澤睽	雷澤歸妹	風澤中孚	水澤節	山澤損	地澤臨
☲	天火同人	澤火革	履爲火	雷火豊	風火家人	水火旣濟	山火賁	地火明夷
☳	天雷无妄	澤雷隨	火雷噬嗑	震爲雷	風雷益	水雷屯	山雷頤	地雷復
☴	天風姤	澤風大過	火風鼎	雷風恒	巽爲風	水風井	山風蠱	地風升
☵	天水訟	澤水困	火水未濟	雷水解	風水渙	坎爲水	山水蒙	地水師
☶	天山遯	澤山咸	火山旅	雷山小過	風山漸	水山蹇	艮爲山	地山謙
☷	天地否	澤地萃	火地晋	雷地豫	風地觀	水地比	山地剝	坤爲地

를 말함이며, 이와 같이 육십갑자병납음 오행(六十甲子竝納音 五行) 하나가 하나를 만나 64괘 괘효사(六十四卦 卦爻辭)를 이룬다.

또한 자신(自身)의 본 사주(本四柱)와 년도(年度)의 괘상(卦象)이 서로 짝을 이루어 64괘(六十四卦)를 이루며, 자신(自身)의 본 사주(本四柱)와 월(月)의 괘상(卦象)이 서로 짝을 이루어

양년(陽年): 동지(冬至)-춘분(春分) → 태양(太陽) 건(乾) ☰
춘분(春分)-하지(夏至) → 소음(少陰) 태(兌) ☱
하지(夏至)-추분(秋分) → 소양(少陽) 리(離) ☲
추분(秋分)-동지(冬至) → 태음(太陰) 진(震) ☳
음년(陰年): 동지(冬至)-춘분(春分) → 태양(太陽) 손(巽) ☴
춘분(春分)-하지(夏至) → 소음(少陰) 감(坎) ☵
하지(夏至)-추분(秋分) → 소양(少陽) 간(艮) ☶
추분(秋分)-동지(冬至) → 태음(太陰) 곤(坤) ☷

64괘(六十四卦)를 이루는 것이다.

그리고 자신(自身)의 본 사주(本四柱)와 시주(時柱)의 괘상(卦象)이 서로 짝을 이루어

양일(陽日): 태양(太陽) → 건(乾) ☰, 밤 11시~5시
소음(少陰) → 태(兌) ☱, 새벽 5시~오전 11시
소양(少陽) → 리(離) ☲, 오전 11시~오후 5시
태음(太陰) → 진(震) ☳, 오후 5시~밤 11시까지이며,

음일(陰日): 태양(太陽) → 손(巽) ☴, 밤 11시~5시
소음(少陰) → 감(坎) ☵, 새벽 5시~오전 11시
소양(少陽) → 간(艮) ☶, 오전 11시~오후 5시
태음(太陰) → 곤(坤) ☷, 오후 5시~밤 11시까지이며,

64괘를 이루는 것이며, 자신(自身)의 본 사주(本四柱)의 괘상(卦象)과 본 사주(本四柱)의 괘상(卦象)이 어울려

- 1월(一月)-양월(陽月)

입춘(立春) 후 8일까지 → 태양(太陽) 건(乾)☰
입춘(立春) 8일 후부터 우수(雨水)까지 → 소음(少陰) 태(兌)☱
우수(雨水) 후 8일까지 → 소양(少陽) 리(離)☲
우수(雨水) 8일 후부터 경칩(驚蟄)까지 → 태음(太陰) 진(震)☳

- 2월(二月)-음월(陰月)

경칩(驚蟄) 후 8일까지 → 태양(太陽) 손(巽)☴
경칩(驚蟄) 8일 후부터 춘분(春分)까지 → 소음(少陰) 감(坎)☵
춘분(春分) 후 8일까지 → 소양(少陽) 간(艮)☶
춘분(春分) 8일 후부터 청명(淸明)까지 → 태음(太陰) 곤(坤)☷

• 3월(三月)–양월(陽月)

청명(清明) 후 8일까지 → 태양(太陽) 건(乾) ☰
청명(清明) 8일 후부터 곡우(穀雨)까지 → 소음(少陰) 태(兌) ☱
곡우(穀雨) 후 8일까지 → 소양(少陽) 리(離) ☲
곡우(穀雨) 8일 후부터 입하(立夏)까지 → 태음(太陰) 진(震) ☳

• 4월(四月)–음월(陰月)

입하(立夏) 후 8일까지 → 태양(太陽) 손(巽) ☴
입하(立夏) 8일 후부터 소만(小滿)까지 → 소음(少陰) 감(坎) ☵
소만(小滿) 후 8일까지 → 소양(少陽) 간(艮) ☶
소만(小滿) 8일 후부터 망종(亡種)까지 → 태음(太陰) 곤(坤) ☷

• 5월(五月)–양월(陽月)

망종(芒種) 후 8일까지 → 태양(太陽) 건(乾) ☰
망종(亡種) 8일 후부터 하지(夏至)까지 → 소음(少陰) 태(兌) ☱
하지(夏至) 후 8일까지 → 소양(少陽) 리(離) ☲
하지(夏至) 8일 후부터 소서(小暑)까지 → 태음(太陰) 진(震) ☳

• 6월(六月)–음월(陰月)

소서(小暑) 후 8일까지 → 소태양(太陽) 손(巽) ☴
소서(小暑) 8일 후부터 대서(大暑)까지 → 소소음(少陰) 감(坎) ☵
대서(大暑) 후 8일까지 → 소소양(少陽) 간(艮) ☶
대서(大暑) 8일 후부터 입추(立秋)까지 → 소태음(太陰) 곤(坤) ☷

• 7월(七月)–양월(陽月)

입추(立秋) 후 8일까지 → 태양(太陽) 건(乾) ☰
입추(立秋) 8일 후부터 처서(處暑)까지 → 소음(少陰) 태(兌) ☱
처서(處暑) 후 8일까지 → 소양(少陽) 리(離) ☲
처서(處暑) 8일 후부터 백로(白露)까지 → 태음(太陰) 진(震) ☳

• 8월(八月)–음월(陰月)

백로(白露) 후 8일까지 → 태양(太陽) 손(巽) ☴
백로(白露) 8일 후부터 추분(秋分)까지 → 소음(少陰) 감(坎) ☵
추분(秋分) 후 8일까지 → 소양(少陽) 간(艮) ☶
추부(秋分) 8일 후부터 한로(寒露)까지 → 태음(太陰) 곤(坤) ☷

• 9월(九月)–양월(陽月)

한로(寒露) 후 8일까지 → 태양(太陽) 건(乾) ☰
한로(寒露) 8일 후부터 상강(霜降)까지 → 소음(少陰) 태(兌) ☱
상강(霜降) 후 8일까지 → 소양(少陽) 리(離) ☲
상강(霜降) 8일 후부터 입동(立冬)까지 → 태음(太陰) 진(震) ☳

• 10월(十月)–음월(陰月)

입동(立冬) 후 8일까지 → 태양(太陽) 손(巽) ☴
입동(立冬) 8일 후부터 소설(小雪)까지 → 소음(少陰) 감(坎) ☵
소설(小雪) 후 8일까지 → 소양(少陽) 간(艮) ☶
소설(小雪) 8일 후부터 대설(大雪)까지 → 태음(太陰) 곤(坤) ☷

• 11월(十一月)-양월(陽月)

대설(大雪) 후 8일까지 → 태양(太陽) 건(乾) ☰
대설(大雪) 8일 후부터 동지(冬至)까지 → 소음(少陰) 태(兌) ☱
동지(冬至) 후 8일까지 → 소양(少陽) 리(離) ☲
동지(冬至) 8일 후부터 소한(小寒)까지 → 태음(太陰) 진(震) ☳

• 12월(十二月)-음월(陰月)

소한(小寒) 후 8일까지 → 태양(太陽) 손(巽) ☴
소한(小寒) 8일 후부터 대한(大寒)까지 → 소음(少陰) 감(坎) ☵
대한(大寒) 후 8일까지 → 소양(少陽) 간(艮) ☶
대한(大寒) 8일 후부터 입춘(立春)까지 → 태음(太陰) 곤(坤) ☷

64괘(六十四卦)를 이루는 것이 자연(自然)을 바탕으로 사람을 보는 것이다.

병납음 오행(竝納陰 五行)을 들어 덧붙이자면,

병납음 오행(竝納音 五行) 가운데 해중금(海中金)을 상괘(上卦)

건(乾) ☰, 태(兌) ☱, 리(離) ☲, 진(震) ☳, 손(巽) ☴, 감(坎) ☵, 간(艮) ☶, 곤(坤) ☷ 에 붙이고 병납음 오행(竝納音 五行) 가운데 산하화(山下火)를 하괘(下卦)

건(乾) ☰, 태(兌) ☱, 리(離) ☲, 진(震) ☳, 손(巽) ☴, 감(坎) ☵, 간(艮) ☶, 곤(坤) ☷ 에 붙여서 64괘(六十四卦)를 이룬다. 곧 상괘(上卦) 해중금(海中金), 하괘(下卦) 산하화(山下火)가 서로 짝을 이루어 64괘(六十四卦)인

상괘 하괘	☰	☱	☲	☳	☴	☵	☶	☷
☰	乾爲天	澤天夬	火天大有	雷天大壯	風天小畜	水天需	山天大畜	地天泰
☱	天澤履	兌爲澤	火澤睽	雷澤歸妹	風澤中孚	水澤節	山澤損	地澤臨
☲	天火同人	澤火革	履爲火	雷火豊	風火家人	水火旣濟	山火賁	地火明夷
☳	天雷无妄	澤雷隨	火雷噬嗑	震爲雷	風雷益	水雷屯	山雷頤	地雷復
☴	天風姤	澤風大過	火風鼎	雷風恒	巽爲風	水風井	山風蠱	地風升
☵	天水訟	澤水困	火水未濟	雷水解	風水渙	坎爲水	山水蒙	地水師
☶	天山遯	澤山咸	火山旅	雷山小過	風山漸	水山蹇	艮爲山	地山謙
☷	天地否	澤地萃	火地晋	雷地豫	風地觀	水地比	山地剝	坤爲地

를 성립(成立)한다.

이렇듯 상대방(相對方)과의 괘상(卦象) 성립(成立) 또한 64괘(六十四卦)의 변화(變化)를 가지는 것이며, 그 깊이를 더하는 것이 병납음 오행(竝納音 五行)이다.

- 역행(逆行)일 때: 하지(夏至)에서 동지(冬至) 사이에 태어남 -

이 또한 순행(順行)할 때와 마찬가지이며, 같은 방식(方式)과 형식(形式)으로 이루어지는 관계(關係)로 생략(省略)한다.

년(年), 월(月), 일(日), 시(時)에 따라 순행(順行)일 때 각 64괘상(六十四卦象)이 이루어지는 까닭으로 256괘상(二百五十六卦象)의 변화(變化)가 있으며, 또한 역행(逆行)일 때 년(年), 월(月), 일(日), 시(時)에 따라 각 64괘상(六十四卦象)이 이루어지는 까닭으로 256괘상(二百五十六卦象)의 변화(變化)가 있다.

따라서 순행(順行)과 역행(逆行)의 괘상(卦象) 변화(變化)는 512괘상(五百十二卦象)의 많은 변화(變化)가 있다.

육십갑자병납음 오행(六十甲子竝納音 五行)에 따른 64괘 괘효사해제(六十四卦 卦爻辭解題) 도표(圖表)

병납음 오행(竝納音 五行) 중 화(火)의 기운(氣運)

1) 천상화(天上火): 무오(戊午) → 양(陽), 기미(己未) → 음(陰)

양(陽)	음(陰)
양(陽) → 태양(太陽) 건(乾) ☰	음(陰) → 태양(太陽) 손(巽) ☴
양(陽) → 소음(少陰) 태(兌) ☱	음(陰) → 소음(少陰) 감(坎) ☵
양(陽) → 소양(少陽) 리(離) ☲	음(陰) → 소양(少陽) 간(艮) ☶
양(陽) → 태음(太陰) 진(震) ☳	음(陰) → 태음(太陰) 곤(坤) ☷

64괘 괘효사(六十四卦 卦爻辭), 곧

상괘 / 하괘	☰	☱	☲	☳	☴	☵	☶	☷
☰	乾爲天	澤天夬	火天大有	雷天大壯	風天小畜	水天需	山天大畜	地天泰
☱	天澤履	兌爲澤	火澤睽	雷澤歸妹	風澤中孚	水澤節	山澤損	地澤臨
☲	天火同人	澤火革	離爲火	雷火豊	風火家人	水火旣濟	山火賁	地火明夷
☳	天雷无妄	澤雷隨	火雷噬嗑	震爲雷	風雷益	水雷屯	山雷頤	地雷復
☴	天風姤	澤風大過	火風鼎	雷風恒	巽爲風	水風井	山風蠱	地風升
☵	天水訟	澤水困	火水未濟	雷水解	風水渙	坎爲水	山水蒙	地水師
☶	天山遯	澤山咸	火山旅	雷山小過	風山漸	水山蹇	艮爲山	地山謙
☷	天地否	澤地萃	火地晋	雷地豫	風地觀	水地比	山地剝	坤爲地

를 바탕으로 상괘(上卦) 천상화(天上火)에 병납음 오행(竝納音 五行) 가운데 하나인 해중금(海中金)을 서로 짝을 이루게 하여 순행(順行) 64괘(六十四卦)를 이루고 역행(逆行)으로도 64괘(六十四卦)를 이루면서 128괘(百二十八卦)를 이룬다. 또한 년(年), 월(月), 일(日), 시(時)를 따라 512괘(五百十二卦)의 변화(變化)를 가지는 것이다.

따라서 병납음 오행(竝納音 五行)이 음양(陰陽)을 합하여 30번의 변화(變化)가 있으니, 곧

(1) 해중금(海中金): 갑자(甲子) ━, 을축(乙丑) --

(2) 노중화(爐中火): 병인(丙寅) ━, 정묘(丁卯) --

(3) 대림목(大林木): 무진(戊辰) ━, 기사(己巳) --

(4) 노방토(路傍土): 경오(庚午) ━, 신미(辛未) --

(5) 검봉금(劍鋒金): 임신(壬申) ━, 계유(癸酉) --

(6) 산두화(山頭火): 갑술(甲戌) ━, 을해(乙亥) --

(7) 간하수(澗下水): 병자(丙子) ━, 정축(丁丑) --

(8) 성두토(城頭土): 무인(戊寅) ━, 기묘(己卯) --

(9) 백랍금(白鑞金): 경진(庚辰) ━, 신사(辛巳) --

(10) 양류목(楊柳木): 임오(壬午) ━, 계미(癸未) --

(11) 천중수(泉中水): 갑신(甲申) ━, 을유(乙酉) --

(12) 옥상토(屋上土): 병술(丙戌) ━, 정해(丁亥) --

(13) 벽력화(霹靂火): 무자(戊子) ━, 기축(己丑) --

(14) 송백목(松柏木): 경인(庚寅) ━, 신묘(辛卯) --

(15) 장류수(長流水): 임진(壬辰) ━, 계사(癸巳) --

(16) 사중금(沙中金): 갑오(甲午) ━, 을미(乙未) --

(17) 산하화(山下火): 병신(丙申) ━, 정유(丁酉) --

(18) 평지목(平地木): 무술(戊戌) ━, 기해(己亥) --

(19) 벽상토(壁上土): 경자(庚子) ━, 신축(辛丑) --

(20) 금박금(金薄金): 임인(壬寅) ━, 계묘(癸卯) --

(21) 복등화(覆燈火): 갑진(甲辰) ━ , 을사(乙巳) --

(22) 천하수(天下水): 병오(丙午) ━ , 정미(丁未) --

(23) 대역토(大驛土): 무신(戊申) ━ , 기유(己酉) --

(24) 차천금(釵釧金): 경술(庚戌) ━ , 신해(辛亥) --

(25) 상자목(桑柘木): 임자(壬子) ━ , 계축(癸丑) --

(26) 대계수(大溪水): 갑인(甲寅) ━ , 을묘(乙卯) --

(27) 사중토(沙中土): 병진(丙辰) ━ , 정사(丁巳) --

(28) 천상화(天上火): 무오(戊午) ━ , 기미(己未) --

(29) 석류목(石榴木): 경신(庚申) ━ , 신유(辛酉) --

(30) 대해수(大海水): 임술(壬戌) ━ , 계해(癸亥) --

를 말하는 것이며, 각각의 병납음 오행(竝納音 五行)에 512괘(五百十二卦)의 조화(造化)가 있고 모두 움직여서 들여다보면 15,360괘(萬五千三百六十卦)의 변화(變化)가 있다.

병납음 오행(竝納音 五行)을 오행(五行)별로 보인 것은 화(火)의 기운(氣運)이라도 위 아래가 있음을 보여준 것이며, 화(火)라는 하나의 성질(性質)로는 설명(說明)할 수 없는 인간사(人間事)이기 때문이다.

병납음 음양오행(竝納音 陰陽五行) 29갑자(二十九甲子)는 지면상 생략(省略)한다.

2) 벽력화(霹靂火): 무자(戊子) → 양(陽), 기축(己丑) → 음(陰)

양(陽) → 태양(太陽) 건(乾) ☰
양(陽) → 소음(少陰) 태(兌) ☱
양(陽) → 소양(少陽) 리(離) ☲
양(陽) → 태음(太陰) 진(震) ☳

음(陰) → 태양(太陽) 손(巽) ☴
음(陰) → 소음(少陰) 감(坎) ☵
음(陰) → 소양(少陽) 간(艮) ☶
음(陰) → 태음(太陰) 곤(坤) ☷

64괘 괘효사(六十四卦 卦爻辭), 곧

하괘＼상괘	☰	☱	☲	☳	☴	☵	☶	☷
☰	乾爲天	澤天夬	火天大有	雷天大壯	風天小畜	水天需	山天大畜	地天泰
☱	天澤履	兌爲澤	火澤睽	雷澤歸妹	風澤中孚	水澤節	山澤損	地澤臨
☲	天火同人	澤火革	離爲火	雷火豊	風火家人	水火旣濟	山火賁	地火明夷
☳	天雷无妄	澤雷隨	火雷噬嗑	震爲雷	風雷益	水雷屯	山雷頤	地雷復
☴	天風姤	澤風大過	火風鼎	雷風恒	巽爲風	水風井	山風蠱	地風升
☵	天水訟	澤水困	火水未濟	雷水解	風水渙	坎爲水	山水蒙	地水師
☶	天山遯	澤山咸	火山旅	雷山小過	風山漸	水山蹇	艮爲山	地山謙
☷	天地否	澤地萃	火地晋	雷地豫	風地觀	水地比	山地剝	坤爲地

를 바탕으로 상괘(上卦) 벽력화(霹靂火)에 병납음 오행(竝納音 五行) 가운데 하나인 해중금(海中金)을 서로 짝을 이루게 하여 순행(順行) 64괘(六十四卦)를 이루고 역행(逆行)으로도 64괘(六十四卦)를 이루면서 128괘(百二十八卦)를 이룬다. 또한 년(年), 월(月), 일(日), 시(時)를 따라 512괘(五百十二卦)의 변화(變化)를 가지는 것이다.

따라서 병납음 오행(竝納音 五行)이 음양(陰陽)을 합하여 30번의 변화(變化)가 있으니, 곧

(1) 해중금(海中金): 갑자(甲子) ―, 을축(乙丑) --

(2) 노중화(爐中火): 병인(丙寅) ―, 정묘(丁卯) --

(3) 대림목(大林木): 무진(戊辰) ―, 기사(己巳) --

(4) 노방토(路傍土): 경오(庚午) ―, 신미(辛未) --

(5) 검봉금(劍鋒金): 임신(壬申) ―, 계유(癸酉) --

(6) 산두화(山頭火): 갑술(甲戌) ―, 을해(乙亥) --

(7) 간하수(澗下水): 병자(丙子) ―, 정축(丁丑) --

(8) 성두토(城頭土): 무인(戊寅) ―, 기묘(己卯) --

(9) 백랍금(白鑞金): 경진(庚辰) ―, 신사(辛巳) --

(10) 양류목(楊柳木): 임오(壬午) ━, 계미(癸未) ╍

(11) 천중수(泉中水): 갑신(甲申) ━, 을유(乙酉) ╍

(12) 옥상토(屋上土): 병술(丙戌) ━, 정해(丁亥) ╍

(13) 벽력화(霹靂火): 무자(戊子) ━, 기축(己丑) ╍

(14) 송백목(松柏木): 경인(庚寅) ━, 신묘(辛卯) ╍

(15) 장류수(長流水): 임진(壬辰) ━, 계사(癸巳) ╍

(16) 사중금(沙中金): 갑오(甲午) ━, 을미(乙未) ╍

(17) 산하화(山下火): 병신(丙申) ━, 정유(丁酉) ╍

(18) 평지목(平地木): 무술(戊戌) ━, 기해(己亥) ╍

(19) 벽상토(壁上土): 경자(庚子) ━, 신축(辛丑) ╍

(20) 금박금(金薄金): 임인(壬寅) ━, 계묘(癸卯) ╍

(21) 복등화(覆燈火): 갑진(甲辰) ━, 을사(乙巳) ╍

(22) 천하수(天下水): 병오(丙午) ━, 정미(丁未) ╍

(23) 대역토(大驛土): 무신(戊申) ━, 기유(己酉) ╍

(24) 차천금(釵釧金): 경술(庚戌) ━, 신해(辛亥) ╍

(25) 상자목(桑柘木): 임자(壬子) ━, 계축(癸丑) ╍

(26) 대계수(大溪水): 갑인(甲寅) ━, 을묘(乙卯) ╍

(27) 사중토(沙中土): 병진(丙辰) ━, 정사(丁巳) ╍

(28) 천상화(天上火): 무오(戊午) ━, 기미(己未) ╍

(29) 석류목(石榴木): 경신(庚申) ━, 신유(辛酉) ╍

(30) 대해수(大海水): 임술(壬戌) ━, 계해(癸亥) ╍

를 말하는 것이며, 각각의 병납음 오행(竝納音 五行)에 512괘(五百十二卦)의 조화(造化)가 있고 모두 움직여서 들여다보면 15,360괘(萬五千三百六十卦)의 변화(變化)가 있다.

병납음 오행(竝納音 五行)을 오행(五行)별로 보인 것은 화(火)의 기운(氣運)이라도 위아래가 있음을 보여준 것이며, 화(火)라는 하나의 성질(性質)로는 설명(說明)할 수 없는 인간사(人間事)이기 때문이다.

병납음 음양오행(竝納音 陰陽五行) 29갑자(二十九甲子)는 지면상 생략(省略)한다.

3) 산두화(山頭火): 갑술(甲戌) → 양(陽), 을해(乙亥) → 음(陰)

양(陽) → 태양(太陽) 건(乾) ☰
양(陽) → 소음(少陰) 태(兌) ☱
양(陽) → 소양(少陽) 리(離) ☲
양(陽) → 태음(太陰) 진(震) ☳

음(陰) → 태양(太陽) 손(巽) ☴
음(陰) → 소음(少陰) 감(坎) ☵
음(陰) → 소양(少陽) 간(艮) ☶
음(陰) → 태음(太陰) 곤(坤) ☷

64괘 괘효사(六十四卦 卦爻辭), 곧

상괘 / 하괘	☰	☱	☲	☳	☴	☵	☶	☷
☰	乾爲天	澤天夬	火天大有	雷天大壯	風天小畜	水天需	山天大畜	地天泰
☱	天澤履	兌爲澤	火澤睽	雷澤歸妹	風澤中孚	水澤節	山澤損	地澤臨
☲	天火同人	澤火革	離爲火	雷火豊	風火家人	水火旣濟	山火賁	地火明夷
☳	天雷无妄	澤雷隨	火雷噬嗑	震爲雷	風雷益	水雷屯	山雷頤	地雷復
☴	天風姤	澤風大過	火風鼎	雷風恒	巽爲風	水風井	山風蠱	地風升
☵	天水訟	澤水困	火水未濟	雷水解	風水渙	坎爲水	山水蒙	地水師
☶	天山遯	澤山咸	火山旅	雷山小過	風山漸	水山蹇	艮爲山	地山謙
☷	天地否	澤地萃	火地晋	雷地豫	風地觀	水地比	山地剝	坤爲地

를 바탕으로 상괘(上卦) 산두화(山頭火)에 병납음 오행(竝納音 五行) 가운데 하나인 해중금(海中金)을 서로 짝을 이루게 하여 순행(順行) 64괘(六十四卦)를 이루고 역행(逆行)으로도 64괘(六十四卦)를 이루면서 128괘(百二十八卦)를 이룬다. 또한 년(年), 월(月), 일(日), 시(時)를 따라 512괘(五百十二卦)의 변화(變化)를 가지는 것이다.

따라서 병납음 오행(竝納音 五行)이 음양(陰陽)을 합하여 30번의 변화(變化)가 있으니, 곧

(1) 해중금(海中金): 갑자(甲子) ━, 을축(乙丑) --

(2) 노중화(爐中火): 병인(丙寅) ━, 정묘(丁卯) --

(3) 대림목(大林木): 무진(戊辰) ━, 기사(己巳) --

(4) 노방토(路傍土): 경오(庚午) ━, 신미(辛未) --

(5) 검봉금(劍鋒金): 임신(壬申) ━, 계유(癸酉) --

(6) 산두화(山頭火): 갑술(甲戌) ━, 을해(乙亥) --

(7) 간하수(澗下水): 병자(丙子) ━, 정축(丁丑) --

(8) 성두토(城頭土): 무인(戊寅) ━, 기묘(己卯) --

(9) 백랍금(白鑞金): 경진(庚辰) ━, 신사(辛巳) --

(10) 양류목(楊柳木): 임오(壬午) ━, 계미(癸未) --

(11) 천중수(泉中水): 갑신(甲申) ━, 을유(乙酉) --

(12) 옥상토(屋上土): 병술(丙戌) ━, 정해(丁亥) --

(13) 벽력화(霹靂火): 무자(戊子) ━, 기축(己丑) --

(14) 송백목(松柏木): 경인(庚寅) ━, 신묘(辛卯) --

(15) 장류수(長流水): 임진(壬辰) ━, 계사(癸巳) --

(16) 사중금(沙中金): 갑오(甲午) ━, 을미(乙未) --

(17) 산하화(山下火): 병신(丙申) ━, 정유(丁酉) --

(18) 평지목(平地木): 무술(戊戌) ━, 기해(己亥) --

(19) 벽상토(壁上土): 경자(庚子) ━, 신축(辛丑) --

(20) 금박금(金薄金): 임인(壬寅) ━, 계묘(癸卯) --

(21) 복등화(覆燈火): 갑진(甲辰) ━, 을사(乙巳) --

(22) 천하수(天下水): 병오(丙午) ━, 정미(丁未) --

(23) 대역토(大驛土): 무신(戊申) ━, 기유(己酉) --

(24) 차천금(釵釧金): 경술(庚戌) ━, 신해(辛亥) --

(25) 상자목(桑柘木): 임자(壬子) ━ , 계축(癸丑) --

(26) 대계수(大溪水): 갑인(甲寅) ━ , 을묘(乙卯) --

(27) 사중토(沙中土): 병진(丙辰) ━ , 정사(丁巳) --

(28) 천상화(天上火): 무오(戊午) ━ , 기미(己未) --

(29) 석류목(石榴木): 경신(庚申) ━ , 신유(辛酉) --

(30) 대해수(大海水): 임술(壬戌) ━ , 계해(癸亥) --

를 말하는 것이며, 각각의 병납음 오행(竝納音 五行)에 512괘(五百十二卦)의 조화(造化)가 있고 모두 움직여서 들여다보면 15,360괘(萬五千三百六十卦)의 변화(變化)가 있다.

병납음 오행(竝納音 五行)을 오행(五行)별로 보인 것은 화(火)의 기운(氣運)이라도 위아래가 있음을 보여준 것이며, 화(火)라는 하나의 성질(性質)로는 설명(說明)할 수 없는 인간사(人間事)이기 때문이다.

병납음 음양오행(竝納音 陰陽五行) 29갑자(二十九甲子)는 지면상 생략(省略)한다.

4) 산하화(山下火): 병신(丙申) → 양(陽), 정유(丁酉) → 음(陰)

양(陽)	음(陰)
양(陽) → 태양(太陽) 건(乾) ☰	음(陰) → 태양(太陽) 손(巽) ☴
양(陽) → 소음(少陰) 태(兌) ☱	음(陰) → 소음(少陰) 감(坎) ☵
양(陽) → 소양(少陽) 리(離) ☲	음(陰) → 소양(少陽) 간(艮) ☶
양(陽) → 태음(太陰) 진(震) ☳	음(陰) → 태음(太陰) 곤(坤) ☷

64괘 괘효사(六十四卦 卦爻辭), 곧

상괘 / 하괘	☰	☱	☲	☳	☴	☵	☶	☷
☰	乾爲天	澤天夬	火天大有	雷天大壯	風天小畜	水天需	山天大畜	地天泰
☱	天澤履	兌爲澤	火澤睽	雷澤歸妹	風澤中孚	水澤節	山澤損	地澤臨
☲	天火同人	澤火革	履爲火	雷火豊	風火家人	水火旣濟	山火賁	地火明夷
☳	天雷无妄	澤雷隨	火雷噬嗑	震爲雷	風雷益	水雷屯	山雷頤	地雷復
☴	天風姤	澤風大過	火風鼎	雷風恒	巽爲風	水風井	山風蠱	地風升
☵	天水訟	澤水困	火水未濟	雷水解	風水渙	坎爲水	山水蒙	地水師
☶	天山遯	澤山咸	火山旅	雷山小過	風山漸	水山蹇	艮爲山	地山謙
☷	天地否	澤地萃	火地晋	雷地豫	風地觀	水地比	山地剝	坤爲地

를 바탕으로 상괘(上卦) 산하화(山下火)에 병납음 오행(竝納音 五行) 가운데 하나인 해중금(海中金)을 서로 짝을 이루게 하여 순행(順行) 64괘(六十四卦)를 이루고 역행(逆行)으로도 64괘(六十四卦)를 이루면서 128괘(百二十八卦)를 이룬다. 또한 년(年), 월(月), 일(日), 시(時)를 따라 512괘(五百十二卦)의 변하(變化)를 가지는 것이다.

따라서 병납음 오행(竝納音 五行)이 음양(陰陽)을 합하여 30번의 변화(變化)가 있으니, 곧

(1) 해중금(海中金): 갑자(甲子) —, 을축(乙丑) --

(2) 노중화(爐中火): 병인(丙寅) —, 정묘(丁卯) --

(3) 대림목(大林木): 무진(戊辰) —, 기사(己巳) --

(4) 노방토(路傍土): 경오(庚午) —, 신미(辛未) --

(5) 검봉금(劍鋒金): 임신(壬申) —, 계유(癸酉) --

(6) 산두화(山頭火): 갑술(甲戌) —, 을해(乙亥) --

(7) 간하수(澗下水): 병자(丙子) —, 정축(丁丑) --

(8) 성두토(城頭土): 무인(戊寅) —, 기묘(己卯) --

(9) 백랍금(白鑞金): 경진(庚辰) —, 신사(辛巳) --

(10) 양류목(楊柳木): 임오(壬午) ━, 계미(癸未) --

(11) 천중수(泉中水): 갑신(甲申) ━, 을유(乙酉) --

(12) 옥상토(屋上土): 병술(丙戌) ━, 정해(丁亥) --

(13) 벽력화(霹靂火): 무자(戊子) ━, 기축(己丑) --

(14) 송백목(松柏木): 경인(庚寅) ━, 신묘(辛卯) --

(15) 장류수(長流水): 임진(壬辰) ━, 계사(癸巳) --

(16) 사중금(沙中金): 갑오(甲午) ━, 을미(乙未) --

(17) 산하화(山下火): 병신(丙申) ━, 정유(丁酉) --

(18) 평지목(平地木): 무술(戊戌) ━, 기해(己亥) --

(19) 벽상토(壁上土): 경자(庚子) ━, 신축(辛丑) --

(20) 금박금(金薄金): 임인(壬寅) ━, 계묘(癸卯) --

(21) 복등화(覆燈火): 갑진(甲辰) ━, 을사(乙巳) --

(22) 천하수(天下水): 병오(丙午) ━, 정미(丁未) --

(23) 대역토(大驛土): 무신(戊申) ━, 기유(己酉) --

(24) 차천금(鎈釧金): 경술(庚戌) ━, 신해(辛亥) --

(25) 상자목(桑柘木): 임자(壬子) ━, 계축(癸丑) --

(26) 대계수(大溪水): 갑인(甲寅) ━, 을묘(乙卯) --

(27) 사중토(沙中土): 병진(丙辰) ━, 정사(丁巳) --

(28) 천상화(天上火): 무오(戊午) ━, 기미(己未) --

(29) 석류목(石榴木): 경신(庚申) ━, 신유(辛酉) --

(30) 대해수(大海水): 임술(壬戌) ━, 계해(癸亥) --

를 말하는 것이며, 각각의 병납음 오행(竝納音 五行)에 512괘(五百十二卦)의 조화(造化)가 있고 모두 움직여서 들여다보면 15,360괘(萬五千三百六十卦)의 변화(變化)가 있다.

병납음 오행(竝納音 五行)을 오행(五行)별로 보인 것은 화(火)의 기운(氣運)이라도 위아래가 있음을 보여준 것이며, 화(火)라는 하나의 성질(性質)로는 설명(說明)할 수 없는 인간사(人間事)이기 때문이다.

병납음 음양오행(竝納音 陰陽五行) 29갑자(二十九甲子)는 지면상 생략(省略)한다.

5) 노중화(爐中火): 병인(丙寅) → 양(陽), 정묘(丁卯) → 음(陰)

양(陽)	음(陰)
양(陽) → 태양(太陽) 건(乾) ☰	음(陰) → 태양(太陽) 손(巽) ☴
양(陽) → 소음(少陰) 태(兌) ☱	음(陰) → 소음(少陰) 감(坎) ☵
양(陽) → 소양(少陽) 리(離) ☲	음(陰) → 소양(少陽) 간(艮) ☶
양(陽) → 태음(太陰) 진(震) ☳	음(陰) → 태음(太陰) 곤(坤) ☷

64괘 괘효사(六十四卦 卦爻辭), 곧

상괘 / 하괘	☰	☱	☲	☳	☴	☵	☶	☷
☰	乾爲天	澤天夬	火天大有	雷天大壯	風天小畜	水天需	山天大畜	地天泰
☱	天澤履	兌爲澤	火澤睽	雷澤歸妹	風澤中孚	水澤節	山澤損	地澤臨
☲	天火同人	澤火革	履爲火	雷火豊	風火家人	水火旣濟	山火賁	地火明夷
☳	天雷无妄	澤雷隨	火雷噬嗑	震爲雷	風雷益	水雷屯	山雷頤	地雷復
☴	天風姤	澤風大過	火風鼎	雷風恒	巽爲風	水風井	山風蠱	地風升
☵	天水訟	澤水困	火水未濟	雷水解	風水渙	坎爲水	山水蒙	地水師
☶	天山遯	澤山咸	火山旅	雷山小過	風山漸	水山蹇	艮爲山	地山謙
☷	天地否	澤地萃	火地晉	雷地豫	風地觀	水地比	山地剝	坤爲地

를 바탕으로 상괘(上卦) 노중화(爐中火)에 병납음 오행(竝納音 五行) 가운데 하나인 해중금(海中金)을 서로 짝을 이루게 하여 순행(順行) 64괘(六十四卦)를 이루고 역행(逆行)으로도 64괘(六十四卦)를 이루면서 128괘(百二十八卦)를 이룬다. 또한 년(年), 월(月), 일(日), 시(時)를 따라 512괘(五百十二卦)의 변화(變化)를 가지는 것이다.

따라서 병납음 오행(竝納音 五行)이 음양(陰陽)을 합하여 30번의 변화(變化)가 있으니, 곧

(1) 해중금(海中金): 갑자(甲子) ㅡ, 을축(乙丑) --

(2) 노중화(爐中火): 병인(丙寅) ㅡ, 정묘(丁卯) --

(3) 대림목(大林木): 무진(戊辰) ㅡ, 기사(己巳) --

(4) 노방토(路傍土): 경오(庚午) ㅡ, 신미(辛未) --

(5) 검봉금(劍鋒金): 임신(壬申) ㅡ, 계유(癸酉) --

(6) 산두화(山頭火): 갑술(甲戌) ㅡ, 을해(乙亥) --

(7) 간하수(澗下水): 병자(丙子) ㅡ, 정축(丁丑) --

(8) 성두토(城頭土): 무인(戊寅) ㅡ, 기묘(己卯) --

(9) 백랍금(白鑞金): 경진(庚辰) ㅡ, 신사(辛巳) --

(10) 양류목(楊柳木): 임오(壬午) ㅡ, 계미(癸未) --

(11) 천중수(泉中水): 갑신(甲申) ㅡ, 을유(乙酉) --

(12) 옥상토(屋上土): 병술(丙戌) ㅡ, 정해(丁亥) --

(13) 벽력화(霹靂火): 무자(戊子) ㅡ, 기축(己丑) --

(14) 송백목(松柏木): 경인(庚寅) ㅡ, 신묘(辛卯) --

(15) 장류수(長流水): 임진(壬辰) ㅡ, 계사(癸巳) --

(16) 사중금(沙中金): 갑오(甲午) ㅡ, 을미(乙未) --

(17) 산하화(山下火): 병신(丙申) ㅡ, 정유(丁酉) --

(18) 평지목(平地木): 무술(戊戌) ㅡ, 기해(己亥) --

(19) 벽상토(壁上土): 경자(庚子) ㅡ, 신축(辛丑) --

(20) 금박금(金薄金): 임인(壬寅) ㅡ, 계묘(癸卯) --

(21) 복등화(覆燈火): 갑진(甲辰) ㅡ, 을사(乙巳) --

(22) 천하수(天下水): 병오(丙午) ㅡ, 정미(丁未) --

(23) 대역토(大驛土): 무신(戊申) ㅡ, 기유(己酉) --

(24) 차천금(釵釧金): 경술(庚戌) ㅡ, 신해(辛亥) --

(25) 상자목(桑柘木): 임자(壬子) —, 계축(癸丑) --

(26) 대계수(大溪水): 갑인(甲寅) —, 을묘(乙卯) --

(27) 사중토(沙中土): 병진(丙辰) —, 정사(丁巳) --

(28) 천상화(天上火): 무오(戊午) —, 기미(己未) --

(29) 석류목(石榴木): 경신(庚申) —, 신유(辛酉) --

(30) 대해수(大海水): 임술(壬戌) —, 계해(癸亥) --

를 말하는 것이며, 각각의 병납음 오행(竝納音 五行)에 512괘(五百十二卦)의 조화(造化)가 있고 모두 움직여서 들여다보면 15,360괘(萬五千三百六十卦)의 변화(變化)가 있다.

병납음 오행(竝納音 五行)을 오행(五行)별로 보인 것은 화(火)의 기운(氣運)이라도 위아래가 있음을 보여준 것이며, 화(火)라는 하나의 성질(性質)로는 설명(說明)할 수 없는 인간사(人間事)이기 때문이다.

병납음 음양오행(竝納音 陰陽五行) 29갑자(二十九甲子)는 지면상 생략(省略)한다.

6) 복등화(覆燈火): 갑진(甲辰) → 양(陽), 을사(乙巳) → 음(陰)

양(陽) → 태양(太陽) 건(乾) ☰
양(陽) → 소음(少陰) 태(兌) ☱
양(陽) → 소양(少陽) 리(離) ☲
양(陽) → 태음(太陰) 진(震) ☳

음(陰) → 태양(太陽) 손(巽) ☴
음(陰) → 소음(少陰) 감(坎) ☵
음(陰) → 소양(少陽) 간(艮) ☶
음(陰) → 태음(太陰) 곤(坤) ☷

64괘 괘효사(六十四卦 卦爻辭), 곧

상괘 / 하괘	☰	☱	☲	☳	☴	☵	☶	☷
☰	乾爲天	澤天夬	火天大有	雷天大壯	風天小畜	水天需	山天大畜	地天泰
☱	天澤履	兌爲澤	火澤睽	雷澤歸妹	風澤中孚	水澤節	山澤損	地澤臨
☲	天火同人	澤火革	履爲火	雷火豊	風火家人	水火旣濟	山火賁	地火明夷
☳	天雷无妄	澤雷隨	火雷噬嗑	震爲雷	風雷益	水雷屯	山雷頤	地雷復
☴	天風姤	澤風大過	火風鼎	雷風恒	巽爲風	水風井	山風蠱	地風升
☵	天水訟	澤水困	火水未濟	雷水解	風水渙	坎爲水	山水蒙	地水師
☶	天山遯	澤山咸	火山旅	雷山小過	風山漸	水山蹇	艮爲山	地山謙
☷	天地否	澤地萃	火地晋	雷地豫	風地觀	水地比	山地剝	坤爲地

를 바탕으로 상괘(上卦) 복등화(覆燈火)에 병납음 오행(竝納音 五行) 가운데 하나인 해중금(海中金)을 서로 짝을 이루게 하여 순행(順行) 64괘(六十四卦)를 이루고 역행(逆行)으로도 64괘(六十四卦)를 이루면서 128괘(百二十八卦)를 이룬다. 또한 년(年), 월(月), 일(日), 시(時)를 따라 512괘(五百十二卦)의 변화(變化)를 가지는 것이다.

따라서 병납음 오행(竝納音 五行)이 음양(陰陽)을 합하여 30번의 변화(變化)가 있으니, 곧

(1) 해중금(海中金): 갑자(甲子) ━ , 을축(乙丑) --

(2) 노중화(爐中火): 병인(丙寅) ━ , 정묘(丁卯) --

(3) 대림목(大林木): 무진(戊辰) ━ , 기사(己巳) --

(4) 노방토(路傍土): 경오(庚午) ━ , 신미(辛未) --

(5) 검봉금(劍鋒金): 임신(壬申) ━ , 계유(癸酉) --

(6) 산두화(山頭火): 갑술(甲戌) ━ , 을해(乙亥) --

(7) 간하수(澗下水): 병자(丙子) ━ , 정축(丁丑) --

(8) 성두토(城頭土): 무인(戊寅) ━ , 기묘(己卯) --

(9) 백랍금(白鑞金): 경진(庚辰) ━ , 신사(辛巳) --

(10) 양류목(楊柳木): 임오(壬午) ━, 계미(癸未) ╌

(11) 천중수(泉中水): 갑신(甲申) ━, 을유(乙酉) ╌

(12) 옥상토(屋上土): 병술(丙戌) ━, 정해(丁亥) ╌

(13) 벽력화(霹靂火): 무자(戊子) ━, 기축(己丑) ╌

(14) 송백목(松柏木): 경인(庚寅) ━, 신묘(辛卯) ╌

(15) 장류수(長流水): 임진(壬辰) ━, 계사(癸巳) ╌

(16) 사중금(沙中金): 갑오(甲午) ━, 을미(乙未) ╌

(17) 산하화(山下火): 병신(丙申) ━, 정유(丁酉) ╌

(18) 평지목(平地木): 무술(戊戌) ━, 기해(己亥) ╌

(19) 벽상토(壁上土): 경자(庚子) ━, 신축(辛丑) ╌

(20) 금박금(金薄金): 임인(壬寅) ━, 계묘(癸卯) ╌

(21) 복등화(覆燈火): 갑진(甲辰) ━, 을사(乙巳) ╌

(22) 천하수(天下水): 병오(丙午) ━, 정미(丁未) ╌

(23) 대역토(大驛土): 무신(戊申) ━, 기유(己酉) ╌

(24) 차천금(釵釧金): 경술(庚戌) ━, 신해(辛亥) ╌

(25) 상자목(桑柘木): 임자(壬子) ━, 계축(癸丑) ╌

(26) 대계수(大溪水): 갑인(甲寅) ━, 을묘(乙卯) ╌

(27) 사중토(沙中土): 병진(丙辰) ━, 정사(丁巳) ╌

(28) 천상화(天上火): 무오(戊午) ━, 기미(己未) ╌

(29) 석류목(石榴木): 경신(庚申) ━, 신유(辛酉) ╌

(30) 대해수(大海水): 임술(壬戌) ━, 계해(癸亥) ╌

를 말하는 것이며, 각각의 병납음 오행(竝納音 五行)에 512(五百十二卦)의 조화(造化)가 있고 모두 움직여서 들여다보면 15,360괘(萬五千三百六十卦)의 변화(變化)가 있다.

병납음 오행(竝納音 五行)을 오행(五行)별로 보인 것은 화(火)의 기운(氣運)이라도 위 아래가 있음을 보여준 것이며, 화(火)라는 하나의 성질(性質)로는 설명(說明)할 수 없는 인간사(人間事)이기 때문이다.

병납음 음양오행(竝納音 陰陽五行) 29갑자(二十九甲子)는 지면상 생략(省略)한다.

병납음 오행(竝納音 五行) 중 수(水)의 기운(氣運)

1) 천하수(天下水): 병오(丙午) → 양(陽), 정미(丁未) → 음(陰)

양(陽) → 태양(太陽) 건(乾) ☰
양(陽) → 소음(少陰) 태(兌) ☱
양(陽) → 소양(少陽) 리(離) ☲
양(陽) → 태음(太陰) 진(震) ☳

음(陰) → 태양(太陽) 손(巽) ☴
음(陰) → 소음(少陰) 감(坎) ☵
음(陰) → 소양(少陽) 간(艮) ☶
음(陰) → 태음(太陰) 곤(坤) ☷

64괘 괘효사(六十四卦 卦爻辭), 곧

상괘 / 하괘	☰	☱	☲	☳	☴	☵	☶	☷
☰	乾爲天	澤天夬	火天大有	雷天大壯	風天小畜	水天需	山天大畜	地天泰
☱	天澤履	兌爲澤	火澤睽	雷澤歸妹	風澤中孚	水澤節	山澤損	地澤臨
☲	天火同人	澤火革	履爲火	雷火豊	風火家人	水火旣濟	山火賁	地火明夷
☳	天雷无妄	澤雷隨	火雷噬嗑	震爲雷	風雷益	水雷屯	山雷頤	地雷復
☴	天風姤	澤風大過	火風鼎	雷風恒	巽爲風	水風井	山風蠱	地風升
☵	天水訟	澤水困	火水未濟	雷水解	風水渙	坎爲水	山水蒙	地水師
☶	天山遯	澤山咸	火山旅	雷山小過	風山漸	水山蹇	艮爲山	地山謙
☷	天地否	澤地萃	火地晋	雷地豫	風地觀	水地比	山地剝	坤爲地

를 바탕으로 상괘(上卦) 천하수(天河水)에 병납음 오행(竝納音 五行) 가운데 하나인 해중금(海中金)을 서로 짝을 이루게 하여 순행(順行) 64괘(六十四卦)를 이루고 역행(逆行)으로도 64괘(六十四卦)를 이루면서 128괘(百二十八卦)를 이룬다. 또한 년(年), 월(月),

일(日), 시(時)를 따라 512괘(五百十二卦)의 변화(變化)를 가지는 것이다.

따라서 병납음 오행(竝納音 五行)이 음양(陰陽)을 합하여 30번의 변화(變化)가 있으니, 곧

(1) 해중금(海中金): 갑자(甲子) ㅡ, 을축(乙丑) --

(2) 노중화(爐中火): 병인(丙寅) ㅡ, 정묘(丁卯) --

(3) 대림목(大林木): 무진(戊辰) ㅡ, 기사(己巳) --

(4) 노방토(路傍土): 경오(庚午) ㅡ, 신미(辛未) --

(5) 검봉금(劍鋒金): 임신(壬申) ㅡ, 계유(癸酉) --

(6) 산두화(山頭火): 갑술(甲戌) ㅡ, 을해(乙亥) --

(7) 간하수(澗下水): 병자(丙子) ㅡ, 정축(丁丑) --

(8) 성두토(城頭土): 무인(戊寅) ㅡ, 기묘(己卯) --

(9) 백랍금(白鑞金): 경진(庚辰) ㅡ, 신사(辛巳) --

(10) 양류목(楊柳木): 임오(壬午) ㅡ, 계미(癸未) --

(11) 천중수(泉中水): 갑신(甲申) ㅡ, 을유(乙酉) --

(12) 옥상토(屋上土): 병술(丙戌) ㅡ, 정해(丁亥) --

(13) 벽력화(霹靂火): 무자(戊子) ㅡ, 기축(己丑) --

(14) 송백목(松柏木): 경인(庚寅) ㅡ, 신묘(辛卯) --

(15) 장류수(長流水): 임진(壬辰) ㅡ, 계사(癸巳) --

(16) 사중금(沙中金): 갑오(甲午) ㅡ, 을미(乙未) --

(17) 산하화(山下火): 병신(丙申) ㅡ, 정유(丁酉) --

(18) 평지목(平地木): 무술(戊戌) ㅡ, 기해(己亥) --

(19) 벽상토(壁上土): 경자(庚子) ㅡ, 신축(辛丑) --

(20) 금박금(金薄金): 임인(壬寅) ㅡ, 계묘(癸卯) --

(21) 복등화(覆燈火): 갑진(甲辰) ㅡ, 을사(乙巳) --

(22) 천하수(天下水): 병오(丙午) ㅡ, 정미(丁未) --

(23) 대역토(大驛土): 무신(戊申) ㅡ, 기유(己酉) --

(24) 차천금(釵釧金): 경술(庚戌) ━, 신해(辛亥) --

(25) 상자목(桑柘木): 임자(壬子) ━, 계축(癸丑) --

(26) 대계수(大溪水): 갑인(甲寅) ━, 을묘(乙卯) --

(27) 사중토(沙中土): 병진(丙辰) ━, 정사(丁巳) --

(28) 천상화(天上火): 무오(戊午) ━, 기미(己未) --

(29) 석류목(石榴木): 경신(庚申) ━, 신유(辛酉) --

(30) 대해수(大海水): 임술(壬戌) ━, 계해(癸亥) --

를 말하는 것이며, 각각의 병납음 오행(竝納音 五行)에 512괘(五百十二卦)의 조화(造化)가 있고 모두 움직여서 들여다보면 15,360괘(萬五千三百六十卦)의 변화(變化)가 있다.

병납음 오행(竝納音 五行)을 오행(五行)별로 보인 것은 수(水)의 기운(氣運)이라도 위아래가 있음을 보여준 것이며, 수(水)라는 하나의 성질(性質)로는 설명(說明)할 수 없는 인간사(人間事)이기 때문이다.

병납음 음양오행(竝納音 陰陽五行) 29갑자(二十九甲子)는 지면상 생략(省略)한다.

2) 대해수(大海水): 임술(壬戌) → 양(陽), 계해(癸亥) → 음(陰)

양(陽) → 태양(太陽) 건(乾) ☰	음(陰) → 태양(太陽) 손(巽) ☴
양(陽) → 소음(少陰) 태(兌) ☱	음(陰) → 소음(少陰) 감(坎) ☵
양(陽) → 소양(少陽) 리(離) ☲	음(陰) → 소양(少陽) 간(艮) ☶
양(陽) → 태음(太陰) 진(震) ☳	음(陰) → 태음(太陰) 곤(坤) ☷

64괘 괘효사(六十四卦 卦爻辭), 곧

상괘 / 하괘	☰	☱	☲	☳	☴	☵	☶	☷
☰	乾爲天	澤天夬	火天大有	雷天大壯	風天小畜	水天需	山天大畜	地天泰
☱	天澤履	兌爲澤	火澤睽	雷澤歸妹	風澤中孚	水澤節	山澤損	地澤臨
☲	天火同人	澤火革	履爲火	雷火豊	風火家人	水火旣濟	山火賁	地火明夷
☳	天雷无妄	澤雷隨	火雷噬嗑	震爲雷	風雷益	水雷屯	山雷頤	地雷復
☴	天風姤	澤風大過	火風鼎	雷風恒	巽爲風	水風井	山風蠱	地風升
☵	天水訟	澤水困	火水未濟	雷水解	風水渙	坎爲水	山水蒙	地水師
☶	天山遯	澤山咸	火山旅	雷山小過	風山漸	水山蹇	艮爲山	地山謙
☷	天地否	澤地萃	火地晋	雷地豫	風地觀	水地比	山地剝	坤爲地

를 바탕으로 상괘(上卦) 대해수(大海水)에 병납음 오행(竝納音 五行) 가운데 하나인 해중금(海中金)을 서로 짝을 이루게 하여 순행(順行) 64괘(六十四卦)를 이루고 역행(逆行)으로도 64괘(六十四卦)를 이루면서 128괘(百二十八卦)를 이룬다. 또한 년(年), 월(月), 일(日), 시(時)를 따라 512괘(五百十二卦)의 변화(變化)를 가지는 것이다.

따라서 병납음 오행(竝納音 五行)이 음양(陰陽)을 합하여 30번의 변화(變化)가 있으니, 곧

(1) 해중금(海中金): 갑자(甲子) ―, 을축(乙丑) --

(2) 노중화(爐中火): 병인(丙寅) ―, 정묘(丁卯) --

(3) 대림목(大林木): 무진(戊辰) ―, 기사(己巳) --

(4) 노방토(路傍土): 경오(庚午) ―, 신미(辛未) --

(5) 검봉금(劍鋒金): 임신(壬申) ―, 계유(癸酉) --

(6) 산두화(山頭火): 갑술(甲戌) ―, 을해(乙亥) --

(7) 간하수(澗下水): 병자(丙子) ―, 정축(丁丑) --

(8) 성두토(城頭土): 무인(戊寅) ―, 기묘(己卯) --

(9) 백랍금(白鑞金): 경진(庚辰) ―, 신사(辛巳) --

(10) 양류목(楊柳木): 임오(壬午) ㅡ, 계미(癸未) --

(11) 천중수(泉中水): 갑신(甲申) ㅡ, 을유(乙酉) --

(12) 옥상토(屋上土): 병술(丙戌) ㅡ, 정해(丁亥) --

(13) 벽력화(霹靂火): 무자(戊子) ㅡ, 기축(己丑) --

(14) 송백목(松柏木): 경인(庚寅) ㅡ, 신묘(辛卯) --

(15) 장류수(長流水): 임진(壬辰) ㅡ, 계사(癸巳) --

(16) 사중금(沙中金): 갑오(甲午) ㅡ, 을미(乙未) --

(17) 산하화(山下火): 병신(丙申) ㅡ, 정유(丁酉) --

(18) 평지목(平地木): 무술(戊戌) ㅡ, 기해(己亥) --

(19) 벽상토(壁上土): 경자(庚子) ㅡ, 신축(辛丑) --

(20) 금박금(金薄金): 임인(壬寅) ㅡ, 계묘(癸卯) --

(21) 복등화(覆燈火): 갑진(甲辰) ㅡ, 을사(乙巳) --

(22) 천하수(天下水): 병오(丙午) ㅡ, 정미(丁未) --

(23) 대역토(大驛土): 무신(戊申) ㅡ, 기유(己酉) --

(24) 차천금(鎈釧金): 경술(庚戌) ㅡ, 신해(辛亥) --

(25) 상자목(桑柘木): 임자(壬子) ㅡ, 계축(癸丑) --

(26) 대계수(大溪水): 갑인(甲寅) ㅡ, 을묘(乙卯) --

(27) 사중토(沙中土): 병진(丙辰) ㅡ, 정사(丁巳) --

(28) 천상화(天上火): 무오(戊午) ㅡ, 기미(己未) --

(29) 석류목(石榴木): 경신(庚申) ㅡ, 신유(辛酉) --

(30) 대해수(大海水): 임술(壬戌) ㅡ, 계해(癸亥) --

를 말하는 것이며, 각각의 병납음 오행(竝納音 五行)에 512괘(五百十二卦)의 조화(造化)가 있고 모두 움직여서 들여다보면 15,360괘(萬五千三百六十卦)의 변화(變化)가 있다.

병납음 오행(竝納音 五行)을 오행(五行)별로 보인 것은 수(水)의 기운(氣運)이라도 위 아래가 있음을 보여준 것이며, 수(水)라는 하나의 성질(性質)로는 설명(說明)할 수 없는 인간사(人間事)이기 때문이다.

병납음 음양오행(竝納音 陰陽五行) 29갑자(二十九甲子)는 지면상 생략(省略)한다.

3) 장류수(長流水): 임진(壬辰) → 양(陽), 계사(癸巳) → 음(陰)

양(陽)	음(陰)
양(陽) → 태양(太陽) 건(乾) ☰	음(陰) → 태양(太陽) 손(巽) ☴
양(陽) → 소음(少陰) 태(兌) ☱	음(陰) → 소음(少陰) 감(坎) ☵
양(陽) → 소양(少陽) 리(離) ☲	음(陰) → 소양(少陽) 간(艮) ☶
양(陽) → 태음(太陰) 진(震) ☳	음(陰) → 태음(太陰) 곤(坤) ☷

64괘 괘효사(六十四卦 卦爻辭), 곧

상괘 / 하괘	☰	☱	☲	☳	☴	☵	☶	☷
☰	乾爲天	澤天夬	火天大有	雷天大壯	風天小畜	水天需	山天大畜	地天泰
☱	天澤履	兌爲澤	火澤睽	雷澤歸妹	風澤中孚	水澤節	山澤損	地澤臨
☲	天火同人	澤火革	履爲火	雷火豊	風火家人	水火旣濟	山火賁	地火明夷
☳	天雷无妄	澤雷隨	火雷噬嗑	震爲雷	風雷益	水雷屯	山雷頤	地雷復
☴	天風姤	澤風大過	火風鼎	雷風恒	巽爲風	水風井	山風蠱	地風升
☵	天水訟	澤水困	火水未濟	雷水解	風水渙	坎爲水	山水蒙	地水師
☶	天山遯	澤山咸	火山旅	雷山小過	風山漸	水山蹇	艮爲山	地山謙
☷	天地否	澤地萃	火地晋	雷地豫	風地觀	水地比	山地剝	坤爲地

를 바탕으로 상괘(上卦) 장류수(長流水)에 병납음 오행(竝納音 五行) 가운데 하나인 해중금(海中金)을 서로 짝을 이루게 하여 순행(順行) 64괘(六十四卦)를 이루고 역행(逆行)으로도 64괘(六十四卦)를 이루면서 128괘(百二十八卦)를 이룬다. 또한 년(年), 월(月), 일(日), 시(時)를 따라 512괘(五百十二卦)의 변화(變化)를 가지는 것이다.

따라서 병납음 오행(竝納音 五行)이 음양(陰陽)을 합하여 30번의 변화(變化)가 있으

니, 곧

(1) 해중금(海中金): 갑자(甲子) ㅡ, 을축(乙丑) --

(2) 노중화(爐中火): 병인(丙寅) ㅡ, 정묘(丁卯) --

(3) 대림목(大林木): 무진(戊辰) ㅡ, 기사(己巳) --

(4) 노방토(路傍土): 경오(庚午) ㅡ, 신미(辛未) --

(5) 검봉금(劍鋒金): 임신(壬申) ㅡ, 계유(癸酉) --

(6) 산두화(山頭火): 갑술(甲戌) ㅡ, 을해(乙亥) --

(7) 간하수(澗下水): 병자(丙子) ㅡ, 정축(丁丑) --

(8) 성두토(城頭土): 무인(戊寅) ㅡ, 기묘(己卯) --

(9) 백랍금(白鑞金): 경진(庚辰) ㅡ, 신사(辛巳) --

(10) 양류목(楊柳木): 임오(壬午) ㅡ, 계미(癸未) --

(11) 천중수(泉中水): 갑신(甲申) ㅡ, 을유(乙酉) --

(12) 옥상토(屋上土): 병술(丙戌) ㅡ, 정해(丁亥) --

(13) 벽력화(霹靂火): 무자(戊子) ㅡ, 기축(己丑) --

(14) 송백목(松柏木): 경인(庚寅) ㅡ, 신묘(辛卯) --

(15) 장류수(長流水): 임진(壬辰) ㅡ, 계사(癸巳) --

(16) 사중금(沙中金): 갑오(甲午) ㅡ, 을미(乙未) --

(17) 산하화(山下火): 병신(丙申) ㅡ, 정유(丁酉) --

(18) 평지목(平地木): 무술(戊戌) ㅡ, 기해(己亥) --

(19) 벽상토(壁上土): 경자(庚子) ㅡ, 신축(辛丑) --

(20) 금박금(金薄金): 임인(壬寅) ㅡ, 계묘(癸卯) --

(21) 복등화(覆燈火): 갑진(甲辰) ㅡ, 을사(乙巳) --

(22) 천하수(天下水): 병오(丙午) ㅡ, 정미(丁未) --

(23) 대역토(大驛土): 무신(戊申) ㅡ, 기유(己酉) --

(24) 차천금(釵釧金): 경술(庚戌) ㅡ, 신해(辛亥) --

(25) 상자목(桑柘木): 임자(壬子) ㅡ, 계축(癸丑) --

(26) 대계수(大溪水): 갑인(甲寅) ⚊, 을묘(乙卯) ⚋

(27) 사중토(沙中土): 병진(丙辰) ⚊, 정사(丁巳) ⚋

(28) 천상화(天上火): 무오(戊午) ⚊, 기미(己未) ⚋

(29) 석류목(石榴木): 경신(庚申) ⚊, 신유(辛酉) ⚋

(30) 대해수(大海水): 임술(壬戌) ⚊, 계해(癸亥) ⚋

를 말하는 것이며, 각각의 병납음 오행(竝納音 五行)에 512괘(五百十二卦)의 조화(造化)가 있고 모두 움직여서 들여다보면 15,360괘(萬五千三百六十卦)의 변화(變化)가 있다.

병납음 오행(竝納音 五行)을 오행(五行)별로 보인 것은 수(水)의 기운(氣運)이라도 위아래가 있음을 보여준 것이며, 수(水)라는 하나의 성질(性質)로는 설명(說明)할 수 없는 인간사(人間事)이기 때문이다.

병납음 음양오행(竝納音 陰陽五行) 29갑자(二十九甲子)는 지면상 생략(省略)한다.

4) 대계수(大溪水): 갑인(甲寅) → 양(陽), 을묘(乙卯) → 음(陰)

양(陽) → 태양(太陽) 건(乾) ☰	음(陰) → 테양(太陽) 손(巽) ☴
양(陽) → 소음(少陰) 태(兌) ☱	음(陰) → 소음(少陰) 감(坎) ☵
양(陽) → 소양(少陽) 리(離) ☲	음(陰) → 소양(少陽) 간(艮) ☶
양(陽) → 태음(太陰) 진(震) ☳	음(陰) → 태음(太陰) 곤(坤) ☷

64괘 괘효사(六十四卦 卦爻辭), 곤

상괘 / 하괘	☰	☱	☲	☳	☴	☵	☶	☷
☰	乾爲天	澤天夬	火天大有	雷天大壯	風天小畜	水天需	山天大畜	地天泰
☱	天澤履	兌爲澤	火澤睽	雷澤歸妹	風澤中孚	水澤節	山澤損	地澤臨
☲	天火同人	澤火革	履爲火	雷火豊	風火家人	水火旣濟	山火賁	地火明夷
☳	天雷无妄	澤雷隨	火雷噬嗑	震爲雷	風雷益	水雷屯	山雷頤	地雷復
☴	天風姤	澤風大過	火風鼎	雷風恒	巽爲風	水風井	山風蠱	地風升
☵	天水訟	澤水困	火水未濟	雷水解	風水渙	坎爲水	山水蒙	地水師
☶	天山遯	澤山咸	火山旅	雷山小過	風山漸	水山蹇	艮爲山	地山謙
☷	天地否	澤地萃	火地晋	雷地豫	風地觀	水地比	山地剝	坤爲地

를 바탕으로 상괘(上卦) 대계수(大溪水)에 병납음 오행(竝納音 五行) 가운데 하나인 해중금(海中金)을 서로 짝을 이루게 하여 순행(順行) 64괘(六十四卦)를 이루고 역행(逆行)으로도 64괘(六十四卦)를 이루면서 128괘(百二十八卦)를 이룬다. 또한 년(年), 월(月), 일(日), 시(時)를 따라 512괘(五百十二卦)의 변화(變化)를 가지는 것이다.

따라서 병납음 오행(竝納音 五行)이 음양(陰陽)을 합하여 30번의 변화(變化)가 있으니, 곧

(1) 해중금(海中金): 갑자(甲子) —, 을축(乙丑) --

(2) 노중화(爐中火): 병인(丙寅) —, 정묘(丁卯) --

(3) 대림목(大林木): 무진(戊辰) —, 기사(己巳) --

(4) 노방토(路傍土): 경오(庚午) —, 신미(辛未) --

(5) 검봉금(劍鋒金): 임신(壬申) —, 계유(癸酉) --

(6) 산두화(山頭火): 갑술(甲戌) —, 을해(乙亥) --

(7) 간하수(澗下水): 병자(丙子) —, 정축(丁丑) --

(8) 성두토(城頭土): 무인(戊寅) —, 기묘(己卯) --

(9) 백랍금(白鑞金): 경진(庚辰) —, 신사(辛巳) --

(10) 양류목(楊柳木): 임오(壬午) ━ , 계미(癸未) --

(11) 천중수(泉中水): 갑신(甲申) ━ , 을유(乙酉) --

(12) 옥상토(屋上土): 병술(丙戌) ━ , 정해(丁亥) --

(13) 벽력화(霹靂火): 무자(戊子) ━ , 기축(己丑) --

(14) 송백목(松柏木): 경인(庚寅) ━ , 신묘(辛卯) --

(15) 장류수(長流水): 임진(壬辰) ━ , 계사(癸巳) --

(16) 사중금(沙中金): 갑오(甲午) ━ , 을미(乙未) --

(17) 산하화(山下火): 병신(丙申) ━ , 정유(丁酉) --

(18) 평지목(平地木): 무술(戊戌) ━ , 기해(己亥) --

(19) 벽상토(壁上土): 경자(庚子) ━ , 신축(辛丑) --

(20) 금박금(金薄金): 임인(壬寅) ━ , 계묘(癸卯) --

(21) 복등화(覆燈火): 갑진(甲辰) ━ , 을사(乙巳) --

(22) 천하수(天下水): 병오(丙午) ━ , 정미(丁未) --

(23) 대역토(大驛土): 무신(戊申) ━ , 기유(己酉) --

(24) 차천금(釵釧金): 경술(庚戌) ━ , 신해(辛亥) --

(25) 상자목(桑柘木): 임자(壬子) ━ , 계축(癸丑) --

(26) 대계수(大溪水): 갑인(甲寅) ━ , 을묘(乙卯) --

(27) 사중토(沙中土): 병진(丙辰) ━ , 정사(丁巳) --

(28) 천상화(天上火): 무오(戊午) ━ , 기미(己未) --

(29) 석류목(石榴木): 경신(庚申) ━ , 신유(辛酉) --

(30) 대해수(大海水): 임술(壬戌) ━ , 계해(癸亥) --

를 말하는 것이며, 각각의 병납음 오행(竝納音 五行)에 512괘(五百十二卦)의 조화(造化)가 있고 모두 움직여서 들여다보면 15,360괘(萬五千三百六十卦)의 변화(變化)가 있다.

병납음 오행(竝納音 五行)을 오행(五行)별로 보인 것은 수(水)의 기운(氣運)이라도 위 아래가 있음을 보여준 것이며, 수(水)라는 하나의 성질(性質)로는 설명(說明)할 수 없는 인간사(人間事)이기 때문이다.

병납음 음양오행(竝納音 陰陽五行) 29갑자(二十九甲子)는 지면상 생략(省略)한다.

5) 천중수(泉中水): 갑신(甲申) → 양(陽), 을유(乙酉) → 음(陰)

양(陽) → 태양(太陽) 건(乾) ☰
양(陽) → 소음(少陰) 태(兌) ☱
양(陽) → 소양(少陽) 리(離) ☲
양(陽) → 태음(太陰) 진(震) ☳

음(陰) → 태양(太陽) 손(巽) ☴
음(陰) → 소음(少陰) 감(坎) ☵
음(陰) → 소양(少陽) 간(艮) ☶
음(陰) → 태음(太陰) 곤(坤) ☷

64괘 괘효사(六十四卦 卦爻辭), 곧

하괘 \ 상괘	☰	☱	☲	☳	☴	☵	☶	☷
☰	乾爲天	澤天夬	火天大有	雷天大壯	風天小畜	水天需	山天大畜	地天泰
☱	天澤履	兌爲澤	火澤睽	雷澤歸妹	風澤中孚	水澤節	山澤損	地澤臨
☲	天火同人	澤火革	履爲火	雷火豊	風火家人	水火旣濟	山火賁	地火明夷
☳	天雷无妄	澤雷隨	火雷噬嗑	震爲雷	風雷益	水雷屯	山雷頤	地雷復
☴	天風姤	澤風大過	火風鼎	雷風恒	巽爲風	水風井	山風蠱	地風升
☵	天水訟	澤水困	火水未濟	雷水解	風水渙	坎爲水	山水蒙	地水師
☶	天山遯	澤山咸	火山旅	雷山小過	風山漸	水山蹇	艮爲山	地山謙
☷	天地否	澤地萃	火地晋	雷地豫	風地觀	水地比	山地剝	坤爲地

를 바탕으로 상괘(上卦) 천중수(泉中水)에 병납음 오행(竝納音 五行) 가운데 하나인 해중금(海中金)을 서로 짝을 이루게 하여 순행(順行) 64괘(六十四卦)를 이루고 역행(逆行)으로도 64괘(六十四卦)를 이루면서 128괘(百二十八卦)를 이룬다. 또한 년(年), 월(月), 일(日), 시(時)를 따라 512괘(五百十二卦)의 변화(變化)를 가지는 것이다.

따라서 병납음 오행(竝納音 五行)이 음양(陰陽)을 합하여 30번의 변화(變化)가 있으

니, 곧

(1) 해중금(海中金): 갑자(甲子) —, 을축(乙丑) --

(2) 노중화(爐中火): 병인(丙寅) —, 정묘(丁卯) --

(3) 대림목(大林木): 무진(戊辰) —, 기사(己巳) --

(4) 노방토(路傍土): 경오(庚午) —, 신미(辛未) --

(5) 검봉금(劍鋒金): 임신(壬申) —, 계유(癸酉) --

(6) 산두화(山頭火): 갑술(甲戌) —, 을해(乙亥) --

(7) 간하수(澗下水): 병자(丙子) —, 정축(丁丑) --

(8) 성두토(城頭土): 무인(戊寅) —, 기묘(己卯) --

(9) 백랍금(白鑞金): 경진(庚辰) —, 신사(辛巳) --

(10) 양류목(楊柳木): 임오(壬午) —, 계미(癸未) --

(11) 천중수(泉中水): 갑신(甲申) —, 을유(乙酉) --

(12) 옥상토(屋上土): 병술(丙戌) —, 정해(丁亥) --

(13) 벽력화(霹靂火): 무자(戊子) —, 기축(己丑) --

(14) 송백목(松柏木): 경인(庚寅) —, 신묘(辛卯) --

(15) 장류수(長流水): 임진(壬辰) —, 계사(癸巳) --

(16) 사중금(沙中金): 갑오(甲午) —, 을미(乙未) --

(17) 산하화(山下火): 병신(丙申) —, 정유(丁酉) --

(18) 평지목(平地木): 무술(戊戌) —, 기해(己亥) --

(19) 벽상토(壁上土): 경자(庚子) —, 신축(辛丑) --

(20) 금박금(金薄金): 임인(壬寅) —, 계묘(癸卯) --

(21) 복등화(覆燈火): 갑진(甲辰) —, 을사(乙巳) --

(22) 천하수(天下水): 병오(丙午) —, 정미(丁未) --

(23) 대역토(大驛土): 무신(戊申) —, 기유(己酉) --

(24) 차천금(釵釧金): 경술(庚戌) —, 신해(辛亥) --

(25) 상자목(桑柘木): 임자(壬子) —, 계축(癸丑) --

(26) 대계수(大溪水): 갑인(甲寅) ━, 을묘(乙卯) --

(27) 사중토(沙中土): 병진(丙辰) ━, 정사(丁巳) --

(28) 천상화(天上火): 무오(戊午) ━, 기미(己未) --

(29) 석류목(石榴木): 경신(庚申) ━, 신유(辛酉) --

(30) 대해수(大海水): 임술(壬戌) ━, 계해(癸亥) --

를 말하는 것이며, 각각의 병납음 오행(竝納音 五行)에 512괘(五百十二卦)의 조화(造化)가 있고 모두 움직여서 들여다보면 15,360괘(萬五千三百六十卦)의 변화(變化)가 있다.

병납음 오행(竝納音 五行)을 오행(五行)별로 보인 것은 수(水)의 기운(氣運)이라도 위아래가 있음을 보여준 것이며, 수(水)라는 하나의 성질(性質)로는 설명(說明)할 수 없는 인간사(人間事)이기 때문이다.

병납음 음양오행(竝納音 陰陽五行) 29갑자(二十九甲子)는 지면상 생략(省略)한다.

6) 간하수(澗下水): 병자(丙子) → 양(陽), 정축(丁丑) → 음(陰).

양(陽) → 태양(太陽) 건(乾) ☰	음(陰) → 태양(太陽) 손(巽) ☴
양(陽) → 소음(少陰) 태(兌) ☱	음(陰) → 소음(少陰) 감(坎) ☵
양(陽) → 소양(少陽) 리(離) ☲	음(陰) → 소양(少陽) 간(艮) ☶
양(陽) → 태음(太陰) 진(震) ☳	음(陰) → 태음(太陰) 곤(坤) ☷

64괘 괘효사(六十四卦 卦爻辭), 곧

상괘 하괘	☰	☱	☲	☳	☴	☵	☶	☷
☰	乾爲天	澤天夬	火天大有	雷天大壯	風天小畜	水天需	山天大畜	地天泰
☱	天澤履	兌爲澤	火澤睽	雷澤歸妹	風澤中孚	水澤節	山澤損	地澤臨
☲	天火同人	澤火革	履爲火	雷火豊	風火家人	水火旣濟	山火賁	地火明夷
☳	天雷无妄	澤雷隨	火雷噬嗑	震爲雷	風雷益	水雷屯	山雷頤	地雷復
☴	天風姤	澤風大過	火風鼎	雷風恒	巽爲風	水風井	山風蠱	地風升
☵	天水訟	澤水困	火水未濟	雷水解	風水渙	坎爲水	山水蒙	地水師
☶	天山遯	澤山咸	火山旅	雷山小過	風山漸	水山蹇	艮爲山	地山謙
☷	天地否	澤地萃	火地晋	雷地豫	風地觀	水地比	山地剝	坤爲地

를 바탕으로 상괘(上卦) 간하수(澗下水)에 병납음 오행(竝納音 五行) 가운데 하나인 해중금(海中金)을 서로 짝을 이루게 하여 순행(順行) 64괘(六十四卦)를 이루고 역행(逆行)으로도 64괘(六十四卦)를 이루면서 128괘(百二十八卦)를 이룬다. 또한 년(年), 월(月), 일(日), 시(時)를 따라 512괘(五百十二卦)의 변화(變化)를 가지는 것이다.

따라서 병납음 오행(竝納音 五行)이 음양(陰陽)을 합하여 30번의 변화(變化)가 있으니, 곧

(1) 해중금(海中金): 갑자(甲子) ━, 을축(乙丑) --

(2) 노중화(爐中火): 병인(丙寅) ━, 정묘(丁卯) --

(3) 대림목(大林木): 무진(戊辰) ━, 기사(己巳) --

(4) 노방토(路傍土): 경오(庚午) ━, 신미(辛未) --

(5) 검봉금(劍鋒金): 임신(壬申) ━, 계유(癸酉) --

(6) 산두화(山頭火): 갑술(甲戌) ━, 을해(乙亥) --

(7) 간하수(澗下水): 병자(丙子) ━, 정축(丁丑) --

(8) 성두토(城頭土): 무인(戊寅) ━, 기묘(己卯) --

(9) 백랍금(白鑞金): 경진(庚辰) ━, 신사(辛巳) --

(10) 양류목(楊柳木): 임오(壬午) ㅡ, 계미(癸未) --

(11) 천중수(泉中水): 갑신(甲申) ㅡ, 을유(乙酉) --

(12) 옥상토(屋上土): 병술(丙戌) ㅡ, 정해(丁亥) --

(13) 벽력화(霹靂火): 무자(戊子) ㅡ, 기축(己丑) --

(14) 송백목(松柏木): 경인(庚寅) ㅡ, 신묘(辛卯) --

(15) 장류수(長流水): 임진(壬辰) ㅡ, 계사(癸巳) --

(16) 사중금(沙中金): 갑오(甲午) ㅡ, 을미(乙未) --

(17) 산하화(山下火): 병신(丙申) ㅡ, 정유(丁酉) --

(18) 평지목(平地木): 무술(戊戌) ㅡ, 기해(己亥) --

(19) 벽상토(壁上土): 경자(庚子) ㅡ, 신축(辛丑) --

(20) 금박금(金薄金): 임인(壬寅) ㅡ, 계묘(癸卯) --

(21) 복등화(覆燈火): 갑진(甲辰) ㅡ, 을사(乙巳) --

(22) 천하수(天下水): 병오(丙午) ㅡ, 정미(丁未) --

(23) 대역토(大驛土): 무신(戊申) ㅡ, 기유(己酉) --

(24) 차천금(鎈釧金): 경술(庚戌) ㅡ, 신해(辛亥) --

(25) 상자목(桑柘木): 임자(壬子) ㅡ, 계축(癸丑) --

(26) 대계수(大溪水): 갑인(甲寅) ㅡ, 을묘(乙卯) --

(27) 사중토(沙中土): 병진(丙辰) ㅡ, 정사(丁巳) --

(28) 천상화(天上火): 무오(戊午) ㅡ, 기미(己未) --

(29) 석류목(石榴木): 경신(庚申) ㅡ, 신유(辛酉) --

(30) 대해수(大海水): 임술(壬戌) ㅡ, 계해(癸亥) --

를 말하는 것이며, 각각의 병납음 오행(竝納音 五行)에 512괘(五百十二卦)의 조화(造化)가 있고 모두 움직여서 들여다보면 15,360괘(萬五千三百六十卦)의 변화(變化)가 있다.

병납음 오행(竝納音 五行)을 오행(五行)별로 보인 것은 수(水)의 기운(氣運)이라도 위 아래가 있음을 보여준 것이며, 수(水)라는 하나의 성질(性質)로는 설명(說明)할 수 없는 인간사(人間事)이기 때문이다.

병납음 음양오행(竝納音 陰陽五行) 29갑자(二十九甲子)는 지면상 생략(省略)한다.

병납음 오행(竝納陰 五行) 중 목(木)의 기운(氣運)

1) 대림목(大林木): 무진(戊辰) → 양(陽), 기사(己巳) → 음(陰)

양(陽) → 태양(太陽) 건(乾) ☰
양(陽) → 소음(少陰) 태(兌) ☱
양(陽) → 소양(少陽) 리(離) ☲
양(陽) → 태음(太陰) 진(震) ☳

음(陰) → 태양(太陽) 손(巽) ☴
음(陰) → 소음(少陰) 감(坎) ☵
음(陰) → 소양(少陽) 간(艮) ☶
음(陰) → 태음(太陰) 곤(坤) ☷

64괘 괘효사(六十四卦 卦爻辭), 곧

상괘 / 하괘	☰	☱	☲	☳	☴	☵	☶	☷
☰	乾爲天	澤天夬	火天大有	雷天大壯	風天小畜	水天需	山天大畜	地天泰
☱	天澤履	兌爲澤	火澤睽	雷澤歸妹	風澤中孚	水澤節	山澤損	地澤臨
☲	天火同人	澤火革	離爲火	雷火豊	風火家人	水火旣濟	山火賁	地火明夷
☳	天雷无妄	澤雷隨	火雷噬嗑	震爲雷	風雷益	水雷屯	山雷頤	地雷復
☴	天風姤	澤風大過	火風鼎	雷風恒	巽爲風	水風井	山風蠱	地風升
☵	天水訟	澤水困	火水未濟	雷水解	風水渙	坎爲水	山水蒙	地水師
☶	天山遯	澤山咸	火山旅	雷山小過	風山漸	水山蹇	艮爲山	地山謙
☷	天地否	澤地萃	火地晋	雷地豫	風地觀	水地比	山地剝	坤爲地

를 바탕으로 상괘(上卦) 대림목(大林木)에 병납음 오행(竝納音 五行) 가운데 하나인 해중금(海中金)을 서로 짝을 이루게 하여 순행(順行) 64괘(六十四卦)를 이루고 역행(逆行)으로도 64괘(六十四卦)를 이루면서 128괘(百二十八卦)를 이룬다. 또한 년(年), 월(月),

일(日), 시(時)를 따라 512괘(五百十二卦)의 변화(變化)를 가지는 것이다.

따라서 병납음 오행(竝納音 五行)이 음양(陰陽)을 합하여 30번의 변화(變化)가 있으니, 곧

(1) 해중금(海中金): 갑자(甲子) ━, 을축(乙丑) ╍
(2) 노중화(爐中火): 병인(丙寅) ━, 정묘(丁卯) ╍
(3) 대림목(大林木): 무진(戊辰) ━, 기사(己巳) ╍
(4) 노방토(路傍土): 경오(庚午) ━, 신미(辛未) ╍
(5) 검봉금(劍鋒金): 임신(壬申) ━, 계유(癸酉) ╍
(6) 산두화(山頭火): 갑술(甲戌) ━, 을해(乙亥) ╍
(7) 간하수(澗下水): 병자(丙子) ━, 정축(丁丑) ╍
(8) 성두토(城頭土): 무인(戊寅) ━, 기묘(己卯) ╍
(9) 백랍금(白鑞金): 경진(庚辰) ━, 신사(辛巳) ╍
(10) 양류목(楊柳木): 임오(壬午) ━, 계미(癸未) ╍
(11) 천중수(泉中水): 갑신(甲申) ━, 을유(乙酉) ╍
(12) 옥상토(屋上土): 병술(丙戌) ━, 정해(丁亥) ╍
(13) 벽력화(霹靂火): 무자(戊子) ━, 기축(己丑) ╍
(14) 송백목(松柏木): 경인(庚寅) ━, 신묘(辛卯) ╍
(15) 장류수(長流水): 임진(壬辰) ━, 계사(癸巳) ╍
(16) 사중금(沙中金): 갑오(甲午) ━, 을미(乙未) ╍
(17) 산하화(山下火): 병신(丙申) ━, 정유(丁酉) ╍
(18) 평지목(平地木): 무술(戊戌) ━, 기해(己亥) ╍
(19) 벽상토(壁上土): 경자(庚子) ━, 신축(辛丑) ╍
(20) 금박금(金薄金): 임인(壬寅) ━, 계묘(癸卯) ╍
(21) 복등화(覆燈火): 갑진(甲辰) ━, 을사(乙巳) ╍
(22) 천하수(天下水): 병오(丙午) ━, 정미(丁未) ╍
(23) 대역토(大驛土): 무신(戊申) ━, 기유(己酉) ╍

(24) 차천금(釵釧金): 경술(庚戌) ━ , 신해(辛亥) --

(25) 상자목(桑柘木): 임자(壬子) ━ , 계축(癸丑) --

(26) 대계수(大溪水): 갑인(甲寅) ━ , 을묘(乙卯) --

(27) 사중토(沙中土): 병진(丙辰) ━ , 정사(丁巳) --

(28) 천상화(天上火): 무오(戊午) ━ , 기미(己未) --

(29) 석류목(石榴木): 경신(庚申) ━ , 신유(辛酉) --

(30) 대해수(大海水): 임술(壬戌) ━ , 계해(癸亥) --

를 말하는 것이며, 각각의 병납음 오행(竝納音 五行)에 512괘(五百十二卦)의 조화(造化)가 있고 모두 움직여서 들여다보면 15,360괘(萬五千三百六十卦)의 변화(變化)가 있다.

병납음 오행(竝納音 五行)을 오행(五行)별로 보인 것은 목(木)의 기운(氣運)이라도 위아래가 있음을 보여준 것이며, 목(木)이라는 하나의 성질(性質)로는 설명(說明)할 수 없는 인간사(人間事)이기 때문이다.

병납음 음양오행(竝納音 陰陽五行) 29갑자(二十九甲子)는 지면상 생략(省略)한다.

2) 송백목(松柏木): 경인(庚寅) → 양(陽), 신묘(辛卯) → 음(陰)

양(陽)	음(陰)
양(陽) → 태양(太陽) 건(乾) ☰	음(陰) → 태양(太陽) 손(巽) ☴
양(陽) → 소음(少陰) 태(兌) ☱	음(陰) → 소음(少陰) 감(坎) ☵
양(陽) → 소양(少陽) 리(離) ☲	음(陰) → 소양(少陽) 간(艮) ☶
양(陽) → 태음(太陰) 진(震) ☳	음(陰) → 태음(太陰) 곤(坤) ☷

64괘 괘효사(六十四卦 卦爻辭), 곧

하괘 \ 상괘	☰	☱	☲	☳	☴	☵	☶	☷
☰	乾爲天	澤天夬	火天大有	雷天大壯	風天小畜	水天需	山天大畜	地天泰
☱	天澤履	兌爲澤	火澤睽	雷澤歸妹	風澤中孚	水澤節	山澤損	地澤臨
☲	天火同人	澤火革	履爲火	雷火豊	風火家人	水火旣濟	山火賁	地火明夷
☳	天雷无妄	澤雷隨	火雷噬嗑	震爲雷	風雷益	水雷屯	山雷頤	地雷復
☴	天風姤	澤風大過	火風鼎	雷風恒	巽爲風	水風井	山風蠱	地風升
☵	天水訟	澤水困	火水未濟	雷水解	風水渙	坎爲水	山水蒙	地水師
☶	天山遯	澤山咸	火山旅	雷山小過	風山漸	水山蹇	艮爲山	地山謙
☷	天地否	澤地萃	火地晋	雷地豫	風地觀	水地比	山地剝	坤爲地

를 바탕으로 상괘(上卦) 송백목(松柏木)에 병납음 오행(竝納音 五行) 가운데 하나인 해중금(海中金)을 서로 짝을 이루게 하여 순행(順行) 64괘(六十四卦)를 이루고 역행(逆行)으로도 64괘(六十四卦)를 이루면서 128괘(百二十八卦)를 이룬다. 또한 년(年), 월(月), 일(日), 시(時)를 따라 512괘(五百十二卦)의 변화(變化)를 가지는 것이다.

따라서 병납음 오행(竝納音 五行)이 음양(陰陽)을 합하여 30번의 변화(變化)가 있으니, 곧

(1) 해중금(海中金): 갑자(甲子) ⚊, 을축(乙丑) ⚋

(2) 노중화(爐中火): 병인(丙寅) ⚊, 정묘(丁卯) ⚋

(3) 대림목(大林木): 무진(戊辰) ⚊, 기사(己巳) ⚋

(4) 노방토(路傍土): 경오(庚午) ⚊, 신미(辛未) ⚋

(5) 검봉금(劍鋒金): 임신(壬申) ⚊, 계유(癸酉) ⚋

(6) 산두화(山頭火): 갑술(甲戌) ⚊, 을해(乙亥) ⚋

(7) 간하수(澗下水): 병자(丙子) ⚊, 정축(丁丑) ⚋

(8) 성두토(城頭土): 무인(戊寅) ⚊, 기묘(己卯) ⚋

(9) 백랍금(白鑞金): 경진(庚辰) ⚊, 신사(辛巳) ⚋

(10) 양류목(楊柳木): 임오(壬午) ━ , 계미(癸未) --

(11) 천중수(泉中水): 갑신(甲申) ━ , 을유(乙酉) --

(12) 옥상토(屋上土): 병술(丙戌) ━ , 정해(丁亥) --

(13) 벽력화(霹靂火): 무자(戊子) ━ , 기축(己丑) --

(14) 송백목(松柏木): 경인(庚寅) ━ , 신묘(辛卯) --

(15) 장류수(長流水): 임진(壬辰) ━ , 계사(癸巳) --

(16) 사중금(沙中金): 갑오(甲午) ━ , 을미(乙未) --

(17) 산하화(山下火): 병신(丙申) ━ , 정유(丁酉) --

(18) 평지목(平地木): 무술(戊戌) ━ , 기해(己亥) --

(19) 벽상토(壁上土): 경자(庚子) ━ , 신축(辛丑) --

(20) 금박금(金薄金): 임인(壬寅) ━ , 계묘(癸卯) --

(21) 복등화(覆燈火): 갑진(甲辰) ━ , 을사(乙巳) --

(22) 천하수(天下水): 병오(丙午) ━ , 정미(丁未) --

(23) 대역토(大驛土): 무신(戊申) ━ , 기유(己酉) --

(24) 차천금(鎈釧金): 경술(庚戌) ━ , 신해(辛亥) --

(25) 상자목(桑柘木): 임자(壬子) ━ , 계축(癸丑) --

(26) 대계수(大溪水): 갑인(甲寅) ━ , 을묘(乙卯) --

(27) 사중토(沙中土): 병진(丙辰) ━ , 정사(丁巳) --

(28) 천상화(天上火): 무오(戊午) ━ , 기미(己未) --

(29) 석류목(石榴木): 경신(庚申) ━ , 신유(辛酉) --

(30) 대해수(大海水): 임술(壬戌) ━ , 계해(癸亥) --

를 말하는 것이며, 각각의 병납음 오행(竝納音 五行)에 512괘(五百十二卦)의 조화(造化)가 있고 모두 움직여서 들여다보면 15,360괘(萬五千三百六十卦)의 변화(變化)가 있다.

병납음 오행(竝納音 五行)을 오행(五行)별로 보인 것은 목(木)의 기운(氣運)이라도 위아래가 있음을 보여준 것이며, 목(木)이라는 하나의 성질(性質)로는 설명(說明)할 수 없는 인간사(人間事)이기 때문이다.

병납음 음양오행(竝納音 陰陽五行) 29갑자(二十九甲子)는 지면상 생략(省略)한다.

3) 양류목(楊柳木): 임오(壬午) → 양(陽), 계미(癸未) → 음(陰)

양(陽)	음(陰)
양(陽) → 태양(太陽) 건(乾) ☰	음(陰) → 태양(太陽) 손(巽) ☴
양(陽) → 소음(少陰) 태(兌) ☱	음(陰) → 소음(少陰) 감(坎) ☵
양(陽) → 소양(少陽) 리(離) ☲	음(陰) → 소양(少陽) 간(艮) ☶
양(陽) → 태음(太陰) 진(震) ☳	음(陰) → 태음(太陰) 곤(坤) ☷

64괘 괘효사(六十四卦 卦爻辭), 곧

상괘 / 하괘	☰	☱	☲	☳	☴	☵	☶	☷
☰	乾爲天	澤天夬	火天大有	雷天大壯	風天小畜	水天需	山天大畜	地天泰
☱	天澤履	兌爲澤	火澤睽	雷澤歸妹	風澤中孚	水澤節	山澤損	地澤臨
☲	天火同人	澤火革	履爲火	雷火豊	風火家人	水火旣濟	山火賁	地火明夷
☳	天雷无妄	澤雷隨	火雷噬嗑	震爲雷	風雷益	水雷屯	山雷頤	地雷復
☴	天風姤	澤風大過	火風鼎	雷風恒	巽爲風	水風井	山風蠱	地風升
☵	天水訟	澤水困	火水未濟	雷水解	風水渙	坎爲水	山水蒙	地水師
☶	天山遯	澤山咸	火山旅	雷山小過	風山漸	水山蹇	艮爲山	地山謙
☷	天地否	澤地萃	火地晋	雷地豫	風地觀	水地比	山地剝	坤爲地

를 바탕으로 상괘(上卦) 양류목(楊柳木)에 병납음 오행(竝納音 五行) 가운데 하나인 해중금(海中金)을 서로 짝을 이루게 하여 순행(順行) 64괘(六十四卦)를 이루고 역행(逆行)으로도 64괘(六十四卦)를 이루면서 128괘(百二十八卦)를 이룬다. 또한 년(年), 월(月), 일(日), 시(時)를 따라 512괘(五百十二卦)의 변화(變化)를 가지는 것이다.

따라서 병납음 오행(竝納音 五行)이 음양(陰陽)을 합하여 30번의 변화(變化)가 있으

ㄴ, 곧

(1) 해중금(海中金): 갑자(甲子) ━, 을축(乙丑) --

(2) 노중화(爐中火): 병인(丙寅) ━, 정묘(丁卯) --

(3) 대림목(大林木): 무진(戊辰) ━, 기사(己巳) --

(4) 노방토(路傍土): 경오(庚午) ━, 신미(辛未) --

(5) 검봉금(劍鋒金): 임신(壬申) ━, 계유(癸酉) --

(6) 산두화(山頭火): 갑술(甲戌) ━, 을해(乙亥) --

(7) 간하수(澗下水): 병자(丙子) ━, 정축(丁丑) --

(8) 성두토(城頭土): 무인(戊寅) ━, 기묘(己卯) --

(9) 백랍금(白鑞金): 경진(庚辰) ━, 신사(辛巳) --

(10) 양류목(楊柳木): 임오(壬午) ━, 계미(癸未) --

(11) 천중수(泉中水): 갑신(甲申) ━, 을유(乙酉) --

(12) 옥상토(屋上土): 병술(丙戌) ━, 정해(丁亥) --

(13) 벽력화(霹靂火): 무자(戊子) ━, 기축(己丑) --

(14) 송백목(松柏木): 경인(庚寅) ━, 신묘(辛卯) --

(15) 장류수(長流水): 임진(壬辰) ━, 계사(癸巳) --

(16) 사중금(沙中金): 갑오(甲午) ━, 을미(乙未) --

(17) 산하화(山下火): 병신(丙申) ━, 정유(丁酉) --

(18) 평지목(平地木): 무술(戊戌) ━, 기해(己亥) --

(19) 벽상토(壁上土): 경자(庚子) ━, 신축(辛丑) --

(20) 금박금(金薄金): 임인(壬寅) ━, 계묘(癸卯) --

(21) 복등화(覆燈火): 갑진(甲辰) ━, 을사(乙巳) --

(22) 천하수(天下水): 병오(丙午) ━, 정미(丁未) --

(23) 대역토(大驛土): 무신(戊申) ━, 기유(己酉) --

(24) 차천금(釵釧金): 경술(庚戌) ━, 신해(辛亥) --

(25) 상자목(桑柘木): 임자(壬子) ━, 계축(癸丑) --

(26) 대계수(大溪水): 갑인(甲寅) ━, 을묘(乙卯) ╍

(27) 사중토(沙中土): 병진(丙辰) ━, 정사(丁巳) ╍

(28) 천상화(天上火): 무오(戊午) ━, 기미(己未) ╍

(29) 석류목(石榴木): 경신(庚申) ━, 신유(辛酉) ╍

(30) 대해수(大海水): 임술(壬戌) ━, 계해(癸亥) ╍

를 말하는 것이며, 각각의 병납음 오행(竝納音 五行)에 512괘(五百十二卦)의 조화(造化)가 있고 모두 움직여서 들여다보면 15,360괘(萬五千三百六十卦)의 변화(變化)가 있다.

병납음 오행(竝納音 五行)을 오행(五行)별로 보인 것은 목(木)의 기운(氣運)이라도 위 아래가 있음을 보여준 것이며, 목(木)이라는 하나의 성질(性質)로는 설명(說明)할 수 없는 인간사(人間事)이기 때문이다.

병납음 음양오행(竝納音 陰陽五行) 29갑자(二十九甲子)는 지면상 생략(省略)한다.

4) 평지목(平地木): 무술(戊戌) → 양(陽), 기해(己亥) → 음(陰)

양(陽) → 태양(太陽) 건(乾) ☰	음(陰) → 태양(太陽) 손(巽) ☴
양(陽) → 소음(少陰) 태(兌) ☱	음(陰) → 소음(少陰) 감(坎) ☵
양(陽) → 소양(少陽) 리(離) ☲	음(陰) → 소양(少陽) 간(艮) ☶
양(陽) → 태음(太陰) 진(震) ☳	음(陰) → 태음(太陰) 곤(坤) ☷

64괘 괘효사(六十四卦 卦爻辭), 곧

하괘＼상괘	☰	☱	☲	☳	☴	☵	☶	☷
☰	乾爲天	澤天夬	火天大有	雷天大壯	風天小畜	水天需	山天大畜	地天泰
☱	天澤履	兌爲澤	火澤睽	雷澤歸妹	風澤中孚	水澤節	山澤損	地澤臨
☲	天火同人	澤火革	履爲火	雷火豊	風火家人	水火旣濟	山火賁	地火明夷
☳	天雷无妄	澤雷隨	火雷噬嗑	震爲雷	風雷益	水雷屯	山雷頤	地雷復
☴	天風姤	澤風大過	火風鼎	雷風恒	巽爲風	水風井	山風蠱	地風升
☵	天水訟	澤水困	火水未濟	雷水解	風水渙	坎爲水	山水蒙	地水師
☶	天山遯	澤山咸	火山旅	雷山小過	風山漸	水山蹇	艮爲山	地山謙
☷	天地否	澤地萃	火地晋	雷地豫	風地觀	水地比	山地剝	坤爲地

를 바탕으로 상괘(上卦) 평지목(平地木)에 병납음 오행(竝納音 五行) 가운데 하나인 해중금(海中金)을 서로 짝을 이루게 하여 순행(順行) 64괘(六十四卦)를 이루고 역행(逆行)으로도 64괘(六十四卦)를 이루면서 128괘(百二十八卦)를 이룬다. 또한 년(年), 월(月), 일(日), 시(時)를 따라 512괘(五百十二卦)의 변화(變化)를 가지는 것이다.

따라서 병납음 오행(竝納音 五行)이 음양(陰陽)을 합하여 30번의 변화(變化)가 있으니, 곧

(1) 해중금(海中金): 갑자(甲子) —, 을축(乙丑) --

(2) 노중화(爐中火): 병인(丙寅) —, 정묘(丁卯) --

(3) 대림목(大林木): 무진(戊辰) —, 기사(己巳) --

(4) 노방토(路傍土): 경오(庚午) —, 신미(辛未) --

(5) 검봉금(劍鋒金): 임신(工中) —, 계유(癸酉) --

(6) 산두화(山頭火): 갑술(甲戌) —, 을해(乙亥) --

(7) 간하수(澗下水): 병자(丙子) —, 정축(丁丑) --

(8) 성두토(城頭土): 무인(戊寅) —, 기묘(己卯) --

(9) 백랍금(白鑞金): 경진(庚辰) —, 신사(辛巳) --

(10) 양류목(楊柳木): 임오(壬午) ㅡ, 계미(癸未) --

(11) 천중수(泉中水): 갑신(甲申) ㅡ, 을유(乙酉) --

(12) 옥상토(屋上土): 병술(丙戌) ㅡ, 정해(丁亥) --

(13) 벽력화(霹靂火): 무자(戊子) ㅡ, 기축(己丑) --

(14) 송백목(松柏木): 경인(庚寅) ㅡ, 신묘(辛卯) --

(15) 장류수(長流水): 임진(壬辰) ㅡ, 계사(癸巳) --

(16) 사중금(沙中金): 갑오(甲午) ㅡ, 을미(乙未) --

(17) 산하화(山下火): 병신(丙申) ㅡ, 정유(丁酉) --

(18) 평지목(平地木): 무술(戊戌) ㅡ, 기해(己亥) --

(19) 벽상토(壁上土): 경자(庚子) ㅡ, 신축(辛丑) --

(20) 금박금(金薄金): 임인(壬寅) ㅡ, 계묘(癸卯) --

(21) 복등화(覆燈火): 갑진(甲辰) ㅡ, 을사(乙巳) --

(22) 천하수(天下水): 병오(丙午) ㅡ, 정미(丁未) --

(23) 대역토(大驛土): 무신(戊申) ㅡ, 기유(己酉) --

(24) 차천금(鎈釧金): 경술(庚戌) ㅡ, 신해(辛亥) --

(25) 상자목(桑柘木): 임자(壬子) ㅡ, 계축(癸丑) --

(26) 대계수(大溪水): 갑인(甲寅) ㅡ, 을묘(乙卯) --

(27) 사중토(沙中土): 병진(丙辰) ㅡ, 정사(丁巳) --

(28) 천상화(天上火): 무오(戊午) ㅡ, 기미(己未) --

(29) 석류목(石榴木): 경신(庚申) ㅡ, 신유(辛酉) --

(30) 대해수(大海水): 임술(壬戌) ㅡ, 계해(癸亥) --

를 말하는 것이며, 각각의 병납음 오행(竝納音 五行)에 512괘(五百十二卦)의 조화(造化)가 있고 모두 움직여서 들여다보면 15,360괘(萬五千三百六十卦)의 변화(變化)가 있다.

병납음 오행(竝納音 五行)을 오행(五行)별로 보인 것은 목(木)의 기운(氣運)이라도 위아래가 있음을 보여준 것이며, 목(木)이라는 하나의 성질(性質)로는 설명(說明)할 수 없는 인간사(人間事)이기 때문이다.

병납음 음양오행(竝納音 陰陽五行) 29갑자(二十九甲子)는 지면상 생략(省略)한다.

5) 석류목(石榴木): 경신(庚申) → 양(陽), 신유(辛酉) → 음(陰)

양(陽) → 태양(太陽) 건(乾) ☰
양(陽) → 소음(少陰) 태(兌) ☱
양(陽) → 소양(少陽) 리(離) ☲
양(陽) → 태음(太陰) 진(震) ☳

음(陰) → 태양(太陽) 손(巽) ☴
음(陰) → 소음(少陰) 감(坎) ☵
음(陰) → 소양(少陽) 간(艮) ☶
음(陰) → 태음(太陰) 곤(坤) ☷

64괘 괘효사(六十四卦 卦爻辭), 곧

상괘 / 하괘	☰	☱	☲	☳	☴	☵	☶	☷
☰	乾爲天	澤天夬	火天大有	雷天大壯	風天小畜	水天需	山天大畜	地天泰
☱	天澤履	兌爲澤	火澤睽	雷澤歸妹	風澤中孚	水澤節	山澤損	地澤臨
☲	天火同人	澤火革	履爲火	雷火豊	風火家人	水火旣濟	山火賁	地火明夷
☳	天雷无妄	澤雷隨	火雷噬嗑	震爲雷	風雷益	水雷屯	山雷頤	地雷復
☴	天風姤	澤風大過	火風鼎	雷風恒	巽爲風	水風井	山風蠱	地風升
☵	天水訟	澤水困	火水未濟	雷水解	風水渙	坎爲水	山水蒙	地水師
☶	天山遯	澤山咸	火山旅	雷山小過	風山漸	水山蹇	艮爲山	地山謙
☷	天地否	澤地萃	火地晋	雷地豫	風地觀	水地比	山地剝	坤爲地

를 바탕으로 상괘(上卦) 석류목(石榴木)에 병납음 오행(竝納音 五行) 가운데 하나인 해중금(海中金)을 서로 짝을 이루게 하여 순행(順行) 64괘(六十四卦)를 이루고 역행(逆行)으로도 64괘(六十四卦)를 이루면서 128괘(百二十八卦)를 이룬다. 또한 년(年), 월(月), 일(日), 시(時)를 따라 512괘(五百十二卦)의 변화(變化)를 가지는 것이다.

따라서 병납음 오행(竝納音 五行)이 음양(陰陽)을 합하여 30번의 변화(變化)가 있으

니, 곧

(1) 해중금(海中金): 갑자(甲子) ⚊, 을축(乙丑) ⚋
(2) 노중화(爐中火): 병인(丙寅) ⚊, 정묘(丁卯) ⚋
(3) 대림목(大林木): 무진(戊辰) ⚊, 기사(己巳) ⚋
(4) 노방토(路傍土): 경오(庚午) ⚊, 신미(辛未) ⚋
(5) 검봉금(劍鋒金): 임신(壬申) ⚊, 계유(癸酉) ⚋
(6) 산두화(山頭火): 갑술(甲戌) ⚊, 을해(乙亥) ⚋
(7) 간하수(澗下水): 병자(丙子) ⚊, 정축(丁丑) ⚋
(8) 성두토(城頭土): 무인(戊寅) ⚊, 기묘(己卯) ⚋
(9) 백랍금(白鑞金): 경진(庚辰) ⚊, 신사(辛巳) ⚋
(10) 양류목(楊柳木): 임오(壬午) ⚊, 계미(癸未) ⚋
(11) 천중수(泉中水): 갑신(甲申) ⚊, 을유(乙酉) ⚋
(12) 옥상토(屋上土): 병술(丙戌) ⚊, 정해(丁亥) ⚋
(13) 벽력화(霹靂火): 무자(戊子) ⚊, 기축(己丑) ⚋
(14) 송백목(松柏木): 경인(庚寅) ⚊, 신묘(辛卯) ⚋
(15) 장류수(長流水): 임진(壬辰) ⚊, 계사(癸巳) ⚋
(16) 사중금(沙中金): 갑오(甲午) ⚊, 을미(乙未) ⚋
(17) 산하화(山下火): 병신(丙申) ⚊, 정유(丁酉) ⚋
(18) 평지목(平地木): 무술(戊戌) ⚊, 기해(己亥) ⚋
(19) 벽상토(壁上土): 경자(庚子) ⚊, 신축(辛丑) ⚋
(20) 금박금(金薄金): 임인(壬寅) ⚊, 계묘(癸卯) ⚋
(21) 복등화(覆燈火): 갑진(甲辰) ⚊, 을사(乙巳) ⚋
(22) 천하수(天下水): 병오(丙午) ⚊, 정미(丁未) ⚋
(23) 대역토(大驛土): 무신(戊申) ⚊, 기유(己酉) ⚋
(24) 차천금(釵釧金): 경술(庚戌) ⚊, 신해(辛亥) ⚋
(25) 상자목(桑柘木): 임자(壬子) ⚊, 계축(癸丑) ⚋

(26) 대계수(大溪水): 갑인(甲寅) ⚊, 을묘(乙卯) ⚋

(27) 사중토(沙中土): 병진(丙辰) ⚊, 정사(丁巳) ⚋

(28) 천상화(天上火): 무오(戊午) ⚊, 기미(己未) ⚋

(29) 석류목(石榴木): 경신(庚申) ⚊, 신유(辛酉) ⚋

(30) 대해수(大海水): 임술(壬戌) ⚊, 계해(癸亥) ⚋

를 말하는 것이며, 각각의 병납음 오행(竝納音 五行)에 512괘(五百十二卦)의 조화(造化)가 있고 모두 움직여서 들여다보면 15,360괘(萬五千三百六十卦)의 변화(變化)가 있다.

병납음 오행(竝納音 五行)을 오행(五行)별로 보인 것은 목(木)의 기운(氣運)이라도 위아래가 있음을 보여준 것이며, 목(木)이라는 하나의 성질(性質)로는 설명(說明)할 수 없는 인간사(人間事)이기 때문이다.

병납음 음양오행(竝納音 陰陽五行) 29갑자(二十九甲子)는 지면상 생략(省略)한다.

6) 상자목(桑柘木): 임자(壬子) → 양(陽), 계축(癸丑) → 음(陰)

양(陽)	음(陰)
양(陽) → 태양(太陽) 건(乾) ☰	음(陰) → 태양(太陽) 손(巽) ☴
양(陽) → 소음(少陰) 태(兌) ☱	음(陰) → 소음(少陰) 감(坎) ☵
양(陽) → 소양(少陽) 리(離) ☲	음(陰) → 소양(少陽) 간(艮) ☶
양(陽) → 태음(太陰) 진(震) ☳	음(陰) → 태음(太陰) 곤(坤) ☷

64괘 괘효사(六十四卦 卦爻辭), 곤

상괘 하괘	☰	☱	☲	☳	☴	☵	☶	☷
☰	乾爲天	澤天夬	火天大有	雷天大壯	風天小畜	水天需	山天大畜	地天泰
☱	天澤履	兌爲澤	火澤睽	雷澤歸妹	風澤中孚	水澤節	山澤損	地澤臨
☲	天火同人	澤火革	履爲火	雷火豊	風火家人	水火旣濟	山火賁	地火明夷
☳	天雷无妄	澤雷隨	火雷噬嗑	震爲雷	風雷益	水雷屯	山雷頤	地雷復
☴	天風姤	澤風大過	火風鼎	雷風恒	巽爲風	水風井	山風蠱	地風升
☵	天水訟	澤水困	火水未濟	雷水解	風水渙	坎爲水	山水蒙	地水師
☶	天山遯	澤山咸	火山旅	雷山小過	風山漸	水山蹇	艮爲山	地山謙
☷	天地否	澤地萃	火地晋	雷地豫	風地觀	水地比	山地剝	坤爲地

를 바탕으로 상괘(上卦) 상자목(桑 木)에 병납음 오행(竝納音 五行) 가운데 하나인 해중금(海中金)을 서로 짝을 이루게 하여 순행(順行) 64괘(六十四卦)를 이루고 역행(逆行)으로도 64괘(六十四卦)를 이루면서 128괘(百二十八卦)를 이룬다. 또한 년(年), 월(月), 일(日), 시(時)를 따라 512괘(五百十二卦)의 변화(變化)를 가지는 것이다.

따라서 병납음 오행(竝納音 五行)이 음양(陰陽)을 합하여 30번의 변화(變化)가 있으니, 곧

(1) 해중금(海中金): 갑자(甲子) ━ , 을축(乙丑) --

(2) 노중화(爐中火): 병인(丙寅) ━ , 정묘(丁卯) --

(3) 대림목(大林木): 무진(戊辰) ━ , 기사(己巳) --

(4) 노방토(路傍土): 경오(庚午) ━ , 신미(辛未) --

(5) 검봉금(劍鋒金): 임신(壬申) ━ , 계유(癸酉) --

(6) 산두화(山頭火): 갑술(甲戌) ━ , 을해(乙亥) --

(7) 간하수(澗下水): 병자(丙子) ━ , 정축(丁丑) --

(8) 성두토(城頭土): 무인(戊寅) ━ , 기묘(己卯) --

(9) 백랍금(白鑞金): 경진(庚辰) ━ , 신사(辛巳) --

(10) 양류목(楊柳木): 임오(壬午) ━, 계미(癸未) ╍

(11) 천중수(泉中水): 갑신(甲申) ━, 을유(乙酉) ╍

(12) 옥상토(屋上土): 병술(丙戌) ━, 정해(丁亥) ╍

(13) 벽력화(霹靂火): 무자(戊子) ━, 기축(己丑) ╍

(14) 송백목(松柏木): 경인(庚寅) ━, 신묘(辛卯) ╍

(15) 장류수(長流水): 임진(壬辰) ━, 계사(癸巳) ╍

(16) 사중금(沙中金): 갑오(甲午) ━, 을미(乙未) ╍

(17) 산하화(山下火): 병신(丙申) ━, 정유(丁酉) ╍

(18) 평지목(平地木): 무술(戊戌) ━, 기해(己亥) ╍

(19) 벽상토(壁上土): 경자(庚子) ━, 신축(辛丑) ╍

(20) 금박금(金薄金): 임인(壬寅) ━, 계묘(癸卯) ╍

(21) 복등화(覆燈火): 갑진(甲辰) ━, 을사(乙巳) ╍

(22) 천하수(天下水): 병오(丙午) ━, 정미(丁未) ╍

(23) 대역토(大驛土): 무신(戊申) ━, 기유(己酉) ╍

(24) 차천금(鎈釧金): 경술(庚戌) ━, 신해(辛亥) ╍

(25) 상자목(桑柘木): 임자(壬子) ━, 계축(癸丑) ╍

(26) 대계수(大溪水): 갑인(甲寅) ━, 을묘(乙卯) ╍

(27) 사중토(沙中土): 병진(丙辰) ━, 정사(丁巳) ╍

(28) 천상화(天上火): 무오(戊午) ━, 기미(己未) ╍

(29) 석류목(石榴木): 경신(庚申) ━, 신유(辛酉) ╍

(30) 대해수(大海水): 임술(壬戌) ━, 계해(癸亥) ╍

를 말하는 것이며, 각각의 병납음 오행(竝納音 五行)에 512괘(五百十二卦)의 조화(造化)가 있고 모두 움직여서 들여다보면 15,360괘(萬五千三百六十卦)의 변화(變化)가 있다.

병납음 오행(竝納音 五行)을 오행(五行)별로 보인 것은 목(木)의 기운(氣運)이라도 위아래가 있음을 보여준 것이며, 목(木)이라는 하나의 성질(性質)로는 설명(說明)할 수 없는 인간사(人間事)이기 때문이다.

병납음 음양오행(竝納音 陰陽五行) 29갑자(二十九甲子)는 지면상 생략(省略)한다.

병납음 오행(竝納音 五行) 중 금(金)의 기운(氣運)

1) 금박금(金箔金): 임인(壬寅) ➜ 양(陽), 계묘(癸卯) ➜ 음(陰)

양(陽) ➜ 태양(太陽) 건(乾) ☰
양(陽) ➜ 소음(少陰) 태(兌) ☱
양(陽) ➜ 소양(少陽) 리(離) ☲
양(陽) ➜ 태음(太陰) 진(震) ☳

음(陰) ➜ 태양(太陽) 손(巽) ☴
음(陰) ➜ 소음(少陰) 감(坎) ☵
음(陰) ➜ 소양(少陽) 간(艮) ☶
음(陰) ➜ 태음(太陰) 곤(坤) ☷

64괘 괘효사(六十四卦 卦爻辭), 곧

상괘 / 하괘	☰	☱	☲	☳	☴	☵	☶	☷
☰	乾爲天	澤天夬	火天大有	雷天大壯	風天小畜	水天需	山天大畜	地天泰
☱	天澤履	兌爲澤	火澤睽	雷澤歸妹	風澤中孚	水澤節	山澤損	地澤臨
☲	天火同人	澤火革	履爲火	雷火豊	風火家人	水火旣濟	山火賁	地火明夷
☳	天雷无妄	澤雷隨	火雷噬嗑	震爲雷	風雷益	水雷屯	山雷頤	地雷復
☴	天風姤	澤風大過	火風鼎	雷風恒	巽爲風	水風井	山風蠱	地風升
☵	天水訟	澤水困	火水未濟	雷水解	風水渙	坎爲水	山水蒙	地水師
☶	天山遯	澤山咸	火山旅	雷山小過	風山漸	水山蹇	艮爲山	地山謙
☷	天地否	澤地萃	火地晋	雷地豫	風地觀	水地比	山地剝	坤爲地

를 바탕으로 상괘(上卦) 금박금(金薄金)에 병납음 오행(竝納音 五行) 가운데 하나인 해중금(海中金)을 서로 짝을 이루게 하여 순행(順行) 64괘(六十四卦)를 이루고 역행(逆行)으로도 64괘(六十四卦)를 이루면서 128괘(百二十八卦)를 이룬다. 또한 년(年), 월(月),

일(日), 시(時)를 따라 512괘(五百十二卦)의 변화(變化)를 가지는 것이다.

따라서 병납음 오행(竝納音 五行)이 음양(陰陽)을 합하여 30번의 변화(變化)가 있으니, 곧

(1) 해중금(海中金): 갑자(甲子) ━, 을축(乙丑) --

(2) 노중화(爐中火): 병인(丙寅) ━, 정묘(丁卯) --

(3) 대림목(大林木): 무진(戊辰) ━, 기사(己巳) --

(4) 노방토(路傍土): 경오(庚午) ━, 신미(辛未) --

(5) 검봉금(劍鋒金): 임신(壬申) ━, 계유(癸酉) --

(6) 산두화(山頭火): 갑술(甲戌) ━, 을해(乙亥) --

(7) 간하수(澗下水): 병자(丙子) ━, 정축(丁丑) --

(8) 성두토(城頭土): 무인(戊寅) ━, 기묘(己卯) --

(9) 백랍금(白鑞金): 경진(庚辰) ━, 신사(辛巳) --

(10) 양류목(楊柳木): 임오(壬午) ━, 계미(癸未) --

(11) 천중수(泉中水): 갑신(甲申) ━, 을유(乙酉) --

(12) 옥상토(屋上土): 병술(丙戌) ━, 정해(丁亥) --

(13) 벽력화(霹靂火): 무자(戊子) ━, 기축(己丑) --

(14) 송백목(松柏木): 경인(庚寅) ━, 신묘(辛卯) --

(15) 장류수(長流水): 임진(壬辰) ━, 계사(癸巳) --

(16) 사중금(沙中金): 갑오(甲午) ━, 을미(乙未) --

(17) 산하화(山下火): 병신(丙申) ━, 정유(丁酉) --

(18) 평지목(平地木): 무술(戊戌) ━, 기해(己亥) --

(19) 벽상토(壁上土): 경자(庚子) ━, 신축(辛丑) --

(20) 금박금(金薄金): 임인(壬寅) ━, 계묘(癸卯) --

(21) 복등화(覆燈火): 갑진(甲辰) ━, 을사(乙巳) --

(22) 천하수(天下水): 병오(丙午) ━, 정미(丁未) --

(23) 대역토(大驛土): 무신(戊申) ━, 기유(己酉) --

(24) 차천금(鎈釧金): 경술(庚戌) ㅡ, 신해(辛亥) --

(25) 상자목(桑柘木): 임자(壬子) ㅡ, 계축(癸丑) --

(26) 대계수(大溪水): 갑인(甲寅) ㅡ, 을묘(乙卯) --

(27) 사중토(沙中土): 병진(丙辰) ㅡ, 정사(丁巳) --

(28) 천상화(天上火): 무오(戊午) ㅡ, 기미(己未) --

(29) 석류목(石榴木): 경신(庚申) ㅡ, 신유(辛酉) --

(30) 대해수(大海水): 임술(壬戌) ㅡ, 계해(癸亥) --

를 말하는 것이며, 각각의 병납음 오행(竝納音 五行)에 512괘(五百十二卦)의 조화(造化)가 있고 모두 움직여서 들여다보면 15,360괘(萬五千三百六十卦)의 변화(變化)가 있다.

병납음 오행(竝納音 五行)을 오행(五行)별로 보인 것은 금(金)의 기운(氣運)이라도 위아래가 있음을 보여준 것이며, 금(金)이라는 하나의 성질(性質)로는 설명(說明)할 수 없는 인간사(人間事)이기 때문이다.

병납음 음양오행(竝納音 陰陽五行) 29갑자(二十九甲子)는 지면상 생략(省略)한다.

2) 검봉금(劍鋒金): 임신(壬申) → 양(陽), 계유(癸酉) → 음(陰)

양(陽) → 태양(太陽) 건(乾) ☰	음(陰) → 태양(太陽) 손(巽) ☴
양(陽) → 소음(少陰) 태(兌) ☱	음(陰) → 소음(少陰) 감(坎) ☵
양(陽) → 소양(少陽) 리(離) ☲	음(陰) → 소양(少陽) 간(艮) ☶
양(陽) → 태음(太陰) 진(震) ☳	음(陰) → 태음(太陰) 곤(坤) ☷

64괘 괘효사(六十四卦 卦爻辭), 곧

상괘 / 하괘	☰	☱	☲	☳	☴	☵	☶	☷
☰	乾爲天	澤天夬	火天大有	雷天大壯	風天小畜	水天需	山天大畜	地天泰
☱	天澤履	兌爲澤	火澤睽	雷澤歸妹	風澤中孚	水澤節	山澤損	地澤臨
☲	天火同人	澤火革	履爲火	雷火豊	風火家人	水火旣濟	山火賁	地火明夷
☳	天雷无妄	澤雷隨	火雷噬嗑	震爲雷	風雷益	水雷屯	山雷頤	地雷復
☴	天風姤	澤風大過	火風鼎	雷風恒	巽爲風	水風井	山風蠱	地風升
☵	天水訟	澤水困	火水未濟	雷水解	風水渙	坎爲水	山水蒙	地水師
☶	天山遯	澤山咸	火山旅	雷山小過	風山漸	水山蹇	艮爲山	地山謙
☷	天地否	澤地萃	火地晋	雷地豫	風地觀	水地比	山地剝	坤爲地

를 바탕으로 상괘(上卦) 검봉금(劍鋒金)에 병납음 오행(竝納音 五行) 가운데 하나인 해중금(海中金)을 서로 짝을 이루게 하여 순행(順行) 64괘(六十四卦)를 이루고 역행(逆行)으로도 64괘(六十四卦)를 이루면서 128괘(百二十八卦)를 이룬다. 또한 년(年), 월(月), 일(日), 시(時)를 따라 512괘(五百十二卦)의 변화(變化)를 가지는 것이다.

따라서 병납음 오행(竝納音 五行)이 음양(陰陽)을 합하여 30번의 변화(變化)가 있으니, 곧

(1) 해중금(海中金): 갑자(甲子) —, 을축(乙丑) --

(2) 노중화(爐中火): 병인(丙寅) —, 정묘(丁卯) --

(3) 대림목(大林木): 무진(戊辰) —, 기사(己巳) --

(4) 노방토(路傍土): 경오(庚午) —, 신미(辛未) --

(5) 검봉금(劍鋒金): 임신(壬申) —, 계유(癸酉) --

(6) 산두화(山頭火): 갑술(甲戌) —, 을해(乙亥) --

(7) 간하수(澗下水): 병자(丙子) —, 정축(丁丑) --

(8) 성두토(城頭土): 무인(戊寅) —, 기묘(己卯) --

(9) 백랍금(白鑞金): 경진(庚辰) —, 신사(辛巳) --

(10) 양류목(楊柳木): 임오(壬午) ㅡ, 계미(癸未) --

(11) 천중수(泉中水): 갑신(甲申) ㅡ, 을유(乙酉) --

(12) 옥상토(屋上土): 병술(丙戌) ㅡ, 정해(丁亥) --

(13) 벽력화(霹靂火): 무자(戊子) ㅡ, 기축(己丑) --

(14) 송백목(松柏木): 경인(庚寅) ㅡ, 신묘(辛卯) --

(15) 장류수(長流水): 임진(壬辰) ㅡ, 계사(癸巳) --

(16) 사중금(沙中金): 갑오(甲午) ㅡ, 을미(乙未) --

(17) 산하화(山下火): 병신(丙申) ㅡ, 정유(丁酉) --

(18) 평지목(平地木): 무술(戊戌) ㅡ, 기해(己亥) --

(19) 벽상토(壁上土): 경자(庚子) ㅡ, 신축(辛丑) --

(20) 금박금(金薄金): 임인(壬寅) ㅡ, 계묘(癸卯) --

(21) 복등화(覆燈火): 갑진(甲辰) ㅡ, 을사(乙巳) --

(22) 천하수(天下水): 병오(丙午) ㅡ, 정미(丁未) --

(23) 대역토(大驛土): 무신(戊申) ㅡ, 기유(己酉) --

(24) 차천금(鎈釧金): 경술(庚戌) ㅡ, 신해(辛亥) --

(25) 상자목(桑柘木): 임자(壬子) ㅡ, 계축(癸丑) --

(26) 대계수(大溪水): 갑인(甲寅) ㅡ, 을묘(乙卯) --

(27) 사중토(沙中土): 병진(丙辰) ㅡ, 정사(丁巳) --

(28) 천상화(天上火): 무오(戊午) ㅡ, 기미(己未) --

(29) 석류목(石榴木): 경신(庚申) ㅡ, 신유(辛酉) --

(30) 대해수(大海水): 임술(壬戌) ㅡ, 계해(癸亥) --

를 말하는 것이며, 각각의 병납음 오행(竝納音 五行)에 512괘(五百十二卦)의 조화(造化)가 있고 모두 움직여서 들여다보면 15,360괘(萬五千三百六十卦)의 변화(變化)가 있다.

병납음 오행(竝納音 五行)을 오행(五行)별로 보인 것은 금(金)의 기운(氣運)이라도 위 아래가 있음을 보여준 것이며, 금(金)이라는 하나의 성질(性質)로는 설명(說明)할 수 없는 인간사(人間事)이기 때문이다.

병납음 음양오행(竝納音 陰陽五行) 29갑자(二十九甲子)는 지면상 생략(省略)한다.

3) 백납금(白鑞金): 경진(庚辰) → 양(陽), 신사(辛巳) → 음(陰)

양(陽)
양(陽) → 태양(太陽) 건(乾) ☰
양(陽) → 소음(少陰) 태(兌) ☱
양(陽) → 소양(少陽) 리(離) ☲
양(陽) → 태음(太陰) 진(震) ☳

음(陰)
음(陰) → 태양(太陽) 손(巽) ☴
음(陰) → 소음(少陰) 감(坎) ☵
음(陰) → 소양(少陽) 간(艮) ☶
음(陰) → 태음(太陰) 곤(坤) ☷

64괘 괘효사(六十四卦 卦爻辭), 곧

상괘 / 하괘	☰	☱	☲	☳	☴	☵	☶	☷
☰	乾爲天	澤天夬	火天大有	雷天大壯	風天小畜	水天需	山天大畜	地天泰
☱	天澤履	兌爲澤	火澤睽	雷澤歸妹	風澤中孚	水澤節	山澤損	地澤臨
☲	天火同人	澤火革	履爲火	雷火豊	風火家人	水火旣濟	山火賁	地火明夷
☳	天雷无妄	澤雷隨	火雷噬嗑	震爲雷	風雷益	水雷屯	山雷頤	地雷復
☴	天風姤	澤風大過	火風鼎	雷風恒	巽爲風	水風井	山風蠱	地風升
☵	天水訟	澤水困	火水未濟	雷水解	風水渙	坎爲水	山水蒙	地水師
☶	天山遯	澤山咸	火山旅	雷山小過	風山漸	水山蹇	艮爲山	地山謙
☷	天地否	澤地萃	火地晋	雷地豫	風地觀	水地比	山地剝	坤爲地

를 바탕으로 상괘(上卦) 백납금(白鑞金)에 병납음 오행(竝納音 五行) 가운데 하나인 해중금(海中金)을 서로 짝을 이루게 하여 순행(順行) 64괘(六十四卦)를 이루고 역행(逆行)으로도 64괘(六十四卦)를 이루면서 128괘(百二十八卦)를 이룬다. 또한 년(年), 월(月), 일(日), 시(時)를 따라 512괘(五百十二卦)의 변화(變化)를 가지는 것이다.

따라서 병납음 오행(竝納音 五行)이 음양(陰陽)을 합하여 30번의 변화(變化)가 있으

니, 곧

(1) 해중금(海中金): 갑자(甲子) ━ , 을축(乙丑) ╌

(2) 노중화(爐中火): 병인(丙寅) ━ , 정묘(丁卯) ╌

(3) 대림목(大林木): 무진(戊辰) ━ , 기사(己巳) ╌

(4) 노방토(路傍土): 경오(庚午) ━ , 신미(辛未) ╌

(5) 검봉금(劍鋒金): 임신(壬申) ━ , 계유(癸酉) ╌

(6) 산두화(山頭火): 갑술(甲戌) ━ , 을해(乙亥) ╌

(7) 간하수(澗下水): 병자(丙子) ━ , 정축(丁丑) ╌

(8) 성두토(城頭土): 무인(戊寅) ━ , 기묘(己卯) ╌

(9) 백랍금(白鑞金): 경진(庚辰) ━ , 신사(辛巳) ╌

(10) 양류목(楊柳木): 임오(壬午) ━ , 계미(癸未) ╌

(11) 천중수(泉中水): 갑신(甲申) ━ , 을유(乙酉) ╌

(12) 옥상토(屋上土): 병술(丙戌) ━ , 정해(丁亥) ╌

(13) 벽력화(霹靂火): 무자(戊子) ━ , 기축(己丑) ╌

(14) 송백목(松柏木): 경인(庚寅) ━ , 신묘(辛卯) ╌

(15) 장류수(長流水): 임진(壬辰) ━ , 계사(癸巳) ╌

(16) 사중금(沙中金): 갑오(甲午) ━ , 을미(乙未) ╌

(17) 산하화(山下火): 병신(丙申) ━ , 정유(丁酉) ╌

(18) 평지목(平地木): 무술(戊戌) ━ , 기해(己亥) ╌

(19) 벽상토(壁上土): 경자(庚子) ━ , 신축(辛丑) ╌

(20) 금박금(金薄金): 임인(壬寅) ━ , 계묘(癸卯) ╌

(21) 복등화(覆燈火): 갑진(甲辰) ━ , 을사(乙巳) ╌

(22) 천하수(天下水): 병오(丙午) ━ , 정미(丁未) ╌

(23) 대역토(大驛土): 무신(戊申) ━ , 기유(己酉) ╌

(24) 차천금(釵釧金): 경술(庚戌) ━ , 신해(辛亥) ╌

(25) 상자목(桑柘木): 임자(壬子) ━ , 계축(癸丑) ╌

(26) 대계수(大溪水): 갑인(甲寅) ㅡ, 을묘(乙卯) --

(27) 사중토(沙中土): 병진(丙辰) ㅡ, 정사(丁巳) --

(28) 천상화(天上火): 무오(戊午) ㅡ, 기미(己未) --

(29) 석류목(石榴木): 경신(庚申) ㅡ, 신유(辛酉) --

(30) 대해수(大海水): 임술(壬戌) ㅡ, 계해(癸亥) --

를 말하는 것이며, 각각의 병납음 오행(竝納音 五行)에 512괘(五百十二卦)의 조화(造化)가 있고 모두 움직여서 들여다보면 15,360괘(萬五千三百六十卦)의 변화(變化)가 있다.

병납음 오행(竝納音 五行)을 오행(五行)별로 보인 것은 금(金)의 기운(氣運)이라도 위 아래가 있음을 보여준 것이며, 금(金)이라는 하나의 성질(性質)로는 설명(說明)할 수 없는 인간사(人間事)이기 때문이다.

병납음 음양오행(竝納音 陰陽五行) 29갑자(二十九甲子)는 지면상 생략(省略)한다.

4) 해중금(海中金): 갑자(甲子) → 양(陽), 을축(乙丑) → 음(陰)

양(陽)	음(陰)
양(陽) → 태양(太陽) 건(乾) ☰	음(陰) → 태양(太陽) 손(巽) ☴
양(陽) → 소음(少陰) 태(兌) ☱	음(陰) → 소음(少陰) 감(坎) ☵
양(陽) → 소양(少陽) 리(離) ☲	음(陰) → 소양(少陽) 간(艮) ☶
양(陽) → 태음(太陰) 진(震) ☳	음(陰) → 태음(太陰) 곤(坤) ☷

64괘 괘효사(六十四卦 卦爻辭), 곧

상괘 / 하괘	☰	☱	☲	☳	☴	☵	☶	☷
☰	乾爲天	澤天夬	火天大有	雷天大壯	風天小畜	水天需	山天大畜	地天泰
☱	天澤履	兌爲澤	火澤睽	雷澤歸妹	風澤中孚	水澤節	山澤損	地澤臨
☲	天火同人	澤火革	離爲火	雷火豊	風火家人	水火旣濟	山火賁	地火明夷
☳	天雷无妄	澤雷隨	火雷噬嗑	震爲雷	風雷益	水雷屯	山雷頤	地雷復
☴	天風姤	澤風大過	火風鼎	雷風恒	巽爲風	水風井	山風蠱	地風升
☵	天水訟	澤水困	火水未濟	雷水解	風水渙	坎爲水	山水蒙	地水師
☶	天山遯	澤山咸	火山旅	雷山小過	風山漸	水山蹇	艮爲山	地山謙
☷	天地否	澤地萃	火地晋	雷地豫	風地觀	水地比	山地剝	坤爲地

를 바탕으로 상괘(上卦) 해중금(海中金)에 병납음 오행(竝納音 五行) 가운데 하나인 해중금(海中金)을 서로 짝을 이루게 하여 순행(順行) 64괘(六十四卦)를 이루고 역행(逆行)으로도 64괘(六十四卦)를 이루면서 128괘(百二十八卦)를 이룬다. 또한 년(年), 월(月), 일(日), 시(時)를 따라 512괘(五百十二卦)의 변화(變化)를 가지는 것이다.

따라서 병납음 오행(竝納音 五行)이 음양(陰陽)을 합하여 30번의 변화(變化)가 있으니, 곧

(1) 해중금(海中金): 갑자(甲子) —, 을축(乙丑) --

(2) 노중화(爐中火): 병인(丙寅) —, 정묘(丁卯) --

(3) 대림목(大林木): 무진(戊辰) —, 기사(己巳) --

(4) 노방토(路傍土): 경오(庚午) —, 신미(辛未) --

(5) 검봉금(劍鋒金): 임신(壬申) —, 계유(癸酉) --

(6) 산두화(山頭火): 갑술(甲戌) —, 을해(乙亥) --

(7) 간하수(澗下水): 병자(丙子) —, 정축(丁丑) --

(8) 성두토(城頭土): 무인(戊寅) —, 기묘(己卯) --

(9) 백랍금(白鑞金): 경진(庚辰) —, 신사(辛巳) --

(10) 양류목(楊柳木): 임오(壬午) ㅡ, 계미(癸未) --

(11) 천중수(泉中水): 갑신(甲申) ㅡ, 을유(乙酉) --

(12) 옥상토(屋上土): 병술(丙戌) ㅡ, 정해(丁亥) --

(13) 벽력화(霹靂火): 무자(戊子) ㅡ, 기축(己丑) --

(14) 송백목(松柏木): 경인(庚寅) ㅡ, 신묘(辛卯) --

(15) 장류수(長流水): 임진(壬辰) ㅡ, 계사(癸巳) --

(16) 사중금(沙中金): 갑오(甲午) ㅡ, 을미(乙未) --

(17) 산하화(山下火): 병신(丙申) ㅡ, 정유(丁酉) --

(18) 평지목(平地木): 무술(戊戌) ㅡ, 기해(己亥) --

(19) 벽상토(壁上土): 경자(庚子) ㅡ, 신축(辛丑) --

(20) 금박금(金薄金): 임인(壬寅) ㅡ, 계묘(癸卯) --

(21) 복등화(覆燈火): 갑진(甲辰) ㅡ, 을사(乙巳) --

(22) 천하수(天下水): 병오(丙午) ㅡ, 정미(丁未) --

(23) 대역토(大驛土): 무신(戊申) ㅡ, 기유(己酉) --

(24) 차천금(釵釧金): 경술(庚戌) ㅡ, 신해(辛亥) --

(25) 상자목(桑柘木): 임자(壬子) ㅡ, 계축(癸丑) --

(26) 대계수(大溪水): 갑인(甲寅) ㅡ, 을묘(乙卯) --

(27) 사중토(沙中土): 병진(丙辰) ㅡ, 정사(丁巳) --

(28) 천상화(天上火): 무오(戊午) ㅡ, 기미(己未) --

(29) 석류목(石榴木): 경신(庚申) ㅡ, 신유(辛酉) --

(30) 대해수(大海水): 임술(壬戌) ㅡ, 계해(癸亥) --

를 말하는 것이며, 각각의 병납음 오행(竝納音 五行)에 512괘(五白十二卦)의 조화(造化)가 있고 모두 움직여서 들여다보면 15,360괘(萬五千三百六十卦)의 변화(變化)가 있다.

병납음 오행(竝納音 五行)을 오행(五行)별로 보인 것은 금(金)의 기운(氣運)이라도 위 아래가 있음을 보여준 것이며, 금(金)이라는 하나의 성질(性質)로는 설명(說明)할 수 없는 인간사(人間事)이기 때문이다.

병납음 음양오행(竝納音 陰陽五行) 29갑자(二十九甲子)는 지면상 생략(省略)한다.

5) 차천금(鎈釧金): 경술(庚戌) → 양(陽), 신해(辛亥) → 음(陰)

양(陽) → 태양(太陽) 건(乾) ☰	음(陰) → 태양(太陽) 손(巽) ☴
양(陽) → 소음(少陰) 태(兌) ☱	음(陰) → 소음(少陰) 감(坎) ☵
양(陽) → 소양(少陽) 리(離) ☲	음(陰) → 소양(少陽) 간(艮) ☶
양(陽) → 태음(太陰) 진(震) ☳	음(陰) → 태음(太陰) 곤(坤) ☷

64괘 괘효사(六十四卦 卦爻辭), 곧

상괘 / 하괘	☰	☱	☲	☳	☴	☵	☶	☷
☰	乾爲天	澤天夬	火天大有	雷天大壯	風天小畜	水天需	山天大畜	地天泰
☱	天澤履	兌爲澤	火澤睽	雷澤歸妹	風澤中孚	水澤節	山澤損	地澤臨
☲	天火同人	澤火革	履爲火	雷火豊	風火家人	水火旣濟	山火賁	地火明夷
☳	天雷无妄	澤雷隨	火雷噬嗑	震爲雷	風雷益	水雷屯	山雷頤	地雷復
☴	天風姤	澤風大過	火風鼎	雷風恒	巽爲風	水風井	山風蠱	地風升
☵	天水訟	澤水困	火水未濟	雷水解	風水渙	坎爲水	山水蒙	地水師
☶	天山遯	澤山咸	火山旅	雷山小過	風山漸	水山蹇	艮爲山	地山謙
☷	天地否	澤地萃	火地晋	雷地豫	風地觀	水地比	山地剝	坤爲地

를 바탕으로 상괘(上卦) 차천금(鎈釧金)에 병납음 오행(竝納音 五行) 가운데 하나인 해중금(海中金)을 서로 짝을 이루게 하여 순행(順行) 64괘(六十四卦)를 이루고 역행(逆行)으로도 64괘(六十四卦)를 이루면서 128괘(百二十八卦)를 이룬다. 또한 년(年), 월(月), 일(日), 시(時)를 따라 512괘(五百十二卦)의 변화(變化)를 가지는 것이다.

따라서 병납음 오행(竝納音 五行)이 음양(陰陽)을 합하여 30번의 변화(變化)가 있으

니, 곤

(1) 해중금(海中金): 갑자(甲子) ━ , 을축(乙丑) --

(2) 노중화(爐中火): 병인(丙寅) ━ , 정묘(丁卯) --

(3) 대림목(大林木): 무진(戊辰) ━ , 기사(己巳) --

(4) 노방토(路傍土): 경오(庚午) ━ , 신미(辛未) --

(5) 검봉금(劍鋒金): 임신(壬申) ━ , 계유(癸酉) --

(6) 산두화(山頭火): 갑술(甲戌) ━ , 을해(乙亥) --

(7) 간하수(澗下水): 병자(丙子) ━ , 정축(丁丑) --

(8) 성두토(城頭土): 무인(戊寅) ━ , 기묘(己卯) --

(9) 백랍금(白鑞金): 경진(庚辰) ━ , 신사(辛巳) --

(10) 양류목(楊柳木): 임오(壬午) ━ , 계미(癸未) --

(11) 천중수(泉中水): 갑신(甲申) ━ , 을유(乙酉) --

(12) 옥상토(屋上土): 병술(丙戌) ━ , 정해(丁亥) --

(13) 벽력화(霹靂火): 무자(戊子) ━ , 기축(己丑) --

(14) 송백목(松柏木): 경인(庚寅) ━ , 신묘(辛卯) --

(15) 장류수(長流水): 임진(壬辰) ━ , 계사(癸巳) --

(16) 사중금(沙中金): 갑오(甲午) ━ , 을미(乙未) --

(17) 산하화(山下火): 병신(丙申) ━ , 정유(丁酉) --

(18) 평지목(平地木): 무술(戊戌) ━ , 기해(己亥) --

(19) 벽상토(壁上土): 경자(庚子) ━ , 신축(辛丑) --

(20) 금박금(金薄金): 임인(壬寅) ━ , 계묘(癸卯) --

(21) 복등화(覆燈火): 갑진(甲辰) ━ , 을사(乙巳) --

(22) 천하수(天下水): 병오(丙午) ━ , 정미(丁未) --

(23) 대역토(大驛土): 무신(戊申) ━ , 기유(己酉) --

(24) 차천금(釵釧金): 경술(庚戌) ━ , 신해(辛亥) --

(25) 상자목(桑柘木): 임자(壬子) ━ , 계축(癸丑) --

(26) 대계수(大溪水): 갑인(甲寅) ━, 을묘(乙卯) ╍

(27) 사중토(沙中土): 병진(丙辰) ━, 정사(丁巳) ╍

(28) 천상화(天上火): 무오(戊午) ━, 기미(己未) ╍

(29) 석류목(石榴木): 경신(庚申) ━, 신유(辛酉) ╍

(30) 대해수(大海水): 임술(壬戌) ━, 계해(癸亥) ╍

를 말하는 것이며, 각각의 병납음 오행(竝納音 五行)에 512괘(五百十二卦)의 조화(造化)가 있고 모두 움직여서 들여다보면 15,360괘(萬五千三百六十卦)의 변화(變化)가 있다.

병납음 오행(竝納音 五行)을 오행(五行)별로 보인 것은 금(金)의 기운(氣運)이라도 위 아래가 있음을 보여준 것이며, 금(金)이라는 하나의 성질(性質)로는 설명(說明)할 수 없는 인간사(人間事)이기 때문이다.

병납음 음양오행(竝納音 陰陽五行) 29갑자(二十九甲子)는 지면상 생략(省略)한다.

6) 사중금(沙中金): 갑오(甲午) → 양(陽), 을미(乙未) → 음(陰)

양(陽) → 태양(太陽) 건(乾) ☰	음(陰) → 태양(太陽) 손(巽) ☴
양(陽) → 소음(少陰) 태(兌) ☱	음(陰) → 소음(少陰) 감(坎) ☵
양(陽) → 소양(少陽) 리(離) ☲	음(陰) → 소양(少陽) 간(艮) ☶
양(陽) → 태음(太陰) 진(震) ☳	음(陰) → 태음(太陰) 곤(坤) ☷

64괘 괘효사(六十四卦 卦爻辭), 곧

상괘 / 하괘	☰	☱	☲	☳	☴	☵	☶	☷
☰	乾爲天	澤天夬	火天大有	雷天大壯	風天小畜	水天需	山天大畜	地天泰
☱	天澤履	兌爲澤	火澤睽	雷澤歸妹	風澤中孚	水澤節	山澤損	地澤臨
☲	天火同人	澤火革	履爲火	雷火豊	風火家人	水火既濟	山火賁	地火明夷
☳	天雷无妄	澤雷隨	火雷噬嗑	震爲雷	風雷益	水雷屯	山雷頤	地雷復
☴	天風姤	澤風大過	火風鼎	雷風恒	巽爲風	水風井	山風蠱	地風升
☵	天水訟	澤水困	火水未濟	雷水解	風水渙	坎爲水	山水蒙	地水師
☶	天山遯	澤山咸	火山旅	雷山小過	風山漸	水山蹇	艮爲山	地山謙
☷	天地否	澤地萃	火地晋	雷地豫	風地觀	水地比	山地剝	坤爲地

를 바탕으로 상괘(上卦) 사중금(沙中金)에 병납음 오행(竝納音 五行) 가운데 하나인 해중금(海中金)을 서로 짝을 이루게 하여 순행(順行) 64괘(六十四卦)를 이루고 역행(逆行)으로도 64괘(六十四卦)를 이루면서 128괘(百二十八卦)를 이룬다. 또한 년(年), 월(月), 일(日), 시(時)를 따라 512괘(五百十二卦)의 변화(變化)를 가지는 것이다.

따라서 병납음 오행(竝納音 五行)이 음양(陰陽)을 합하여 30번의 변화(變化)가 있으니, 곧

(1) 해중금(海中金): 갑자(甲子) —, 을축(乙丑) --

(2) 노중화(爐中火): 병인(丙寅) —, 정묘(丁卯) --

(3) 대림목(大林木): 무진(戊辰) —, 기사(己巳) --

(4) 노방토(路傍土): 경오(庚午) —, 신미(辛未) --

(5) 검봉금(劍鋒金): 임신(壬申) —, 계유(癸酉) --

(6) 산두화(山頭火): 갑술(甲戌) —, 을해(乙亥) --

(7) 간하수(澗下水): 병자(丙子) —, 정축(丁丑) --

(8) 성두토(城頭土): 무인(戊寅) —, 기묘(己卯) --

(9) 백랍금(白鑞金): 경진(庚辰) —, 신사(辛巳) --

(10) 양류목(楊柳木): 임오(壬午) ─, 계미(癸未) --

(11) 천중수(泉中水): 갑신(甲申) ─, 을유(乙酉) --

(12) 옥상토(屋上土): 병술(丙戌) ─, 정해(丁亥) --

(13) 벽력화(霹靂火): 무자(戊子) ─, 기축(己丑) --

(14) 송백목(松柏木): 경인(庚寅) ─, 신묘(辛卯) --

(15) 장류수(長流水): 임진(壬辰) ─, 계사(癸巳) --

(16) 사중금(沙中金): 갑오(甲午) ─, 을미(乙未) --

(17) 산하화(山下火): 병신(丙申) ─, 정유(丁酉) --

(18) 평지목(平地木): 무술(戊戌) ─, 기해(己亥) --

(19) 벽상토(壁上土): 경자(庚子) ─, 신축(辛丑) --

(20) 금박금(金薄金): 임인(壬寅) ─, 계묘(癸卯) --

(21) 복등화(覆燈火): 갑진(甲辰) ─, 을사(乙巳) --

(22) 천하수(天下水): 병오(丙午) ─, 정미(丁未) --

(23) 대역토(大驛土): 무신(戊申) ─, 기유(己酉) --

(24) 차천금(鎈釧金): 경술(庚戌) ─, 신해(辛亥) --

(25) 상자목(桑柘木): 임자(壬子) ─, 계축(癸丑) --

(26) 대계수(大溪水): 갑인(甲寅) ─, 을묘(乙卯) --

(27) 사중토(沙中土): 병진(丙辰) ─, 정사(丁巳) --

(28) 천상화(天上火): 무오(戊午) ─, 기미(己未) --

(29) 석류목(石榴木): 경신(庚申) ─, 신유(辛酉) --

(30) 대해수(大海水): 임술(壬戌) ─, 계해(癸亥) --

를 말하는 것이며, 각각의 병납음 오행(竝納音 五行)에 512괘(五百十二卦)의 조화(造化)가 있고 모두 움직여서 들여다보면 15,360괘(萬五千三百六十卦)의 변화(變化)가 있다.

병납음 오행(竝納音 五行)을 오행(五行)별로 보인 것은 금(金)의 기운(氣運)이라도 위아래가 있음을 보여준 것이며, 금(金)이라는 하나의 성질(性質)로는 설명(說明)할 수 없는 인간사(人間事)이기 때문이다.

병납음 음양오행(竝納音 陰陽五行) 29갑자(二十九甲子)는 지면상 생략(省略)한다.

병납음 오행(竝納音 五行) 중 토(土)의 기운(氣運)

1) 노방토(路傍土): 경오(庚午) → 양(陽), 신미(辛未) → 음(陰)

양(陽) → 태양(太陽) 건(乾) ☰
양(陽) → 소음(少陰) 태(兌) ☱
양(陽) → 소양(少陽) 리(離) ☲
양(陽) → 태음(太陰) 진(震) ☳

음(陰) → 태양(太陽) 손(巽) ☴
음(陰) → 소음(少陰) 감(坎) ☵
음(陰) → 소양(少陽) 간(艮) ☶
음(陰) → 태음(太陰) 곤(坤) ☷

64괘 괘효사(六十四卦 卦爻辭), 곧

상괘 / 하괘	☰	☱	☲	☳	☴	☵	☶	☷
☰	乾爲天	澤天夬	火天大有	雷天大壯	風天小畜	水天需	山天大畜	地天泰
☱	天澤履	兌爲澤	火澤睽	雷澤歸妹	風澤中孚	水澤節	山澤損	地澤臨
☲	天火同人	澤火革	履爲火	雷火豊	風火家人	水火旣濟	山火賁	地火明夷
☳	天雷无妄	澤雷隨	火雷噬嗑	震爲雷	風雷益	水雷屯	山雷頤	地雷復
☴	天風姤	澤風大過	火風鼎	雷風恒	巽爲風	水風井	山風蠱	地風升
☵	天水訟	澤水困	火水未濟	雷水解	風水渙	坎爲水	山水蒙	地水師
☶	天山遯	澤山咸	火山旅	雷山小過	風山漸	水山蹇	艮爲山	地山謙
☷	天地否	澤地萃	火地晋	雷地豫	風地觀	水地比	山地剝	坤爲地

를 바탕으로 상괘(上卦) 노방토(路傍土)에 병납음 오행(竝納音 五行) 가운데 하나인 해중금(海中金)을 서로 짝을 이루게 하여 순행(順行) 64괘(六十四卦)를 이루고 역행(逆行)으로도 64괘(六十四卦)를 이루면서 128괘(百二十八卦)를 이룬다. 또한 년(年), 월(月),

일(日), 시(時)를 따라 512괘(五百十二卦)의 변화(變化)를 가지는 것이다.

따라서 병납음 오행(竝納音 五行)이 음양(陰陽)을 합하여 30번의 변화(變化)가 있으니, 곧

(1) 해중금(海中金): 갑자(甲子) ━, 을축(乙丑) --

(2) 노중화(爐中火): 병인(丙寅) ━, 정묘(丁卯) --

(3) 대림목(大林木): 무진(戊辰) ━, 기사(己巳) --

(4) 노방토(路傍土): 경오(庚午) ━, 신미(辛未) --

(5) 검봉금(劍鋒金): 임신(壬申) ━, 계유(癸酉) --

(6) 산두화(山頭火): 갑술(甲戌) ━, 을해(乙亥) --

(7) 간하수(澗下水): 병자(丙子) ━, 정축(丁丑) --

(8) 성두토(城頭土): 무인(戊寅) ━, 기묘(己卯) --

(9) 백랍금(白鑞金): 경진(庚辰) ━, 신사(辛巳) --

(10) 양류목(楊柳木): 임오(壬午) ━, 계미(癸未) --

(11) 천중수(泉中水): 갑신(甲申) ━, 을유(乙酉) --

(12) 옥상토(屋上土): 병술(丙戌) ━, 정해(丁亥) --

(13) 벽력화(霹靂火): 무자(戊子) ━, 기축(己丑) --

(14) 송백목(松柏木): 경인(庚寅) ━, 신묘(辛卯) --

(15) 장류수(長流水): 임진(壬辰) ━, 계사(癸巳) --

(16) 사중금(沙中金): 갑오(甲午) ━, 을미(乙未) --

(17) 산하화(山下火): 병신(丙申) ━, 정유(丁酉) --

(18) 평지목(平地木): 무술(戊戌) ━, 기해(己亥) --

(19) 벽상토(壁上土): 경자(庚子) ━, 신축(辛丑) --

(20) 금박금(金薄金): 임인(壬寅) ━, 계묘(癸卯) --

(21) 복등화(覆燈火): 갑진(甲辰) ━, 을사(乙巳) --

(22) 천하수(天下水): 병오(丙午) ━, 정미(丁未) --

(23) 대역토(大驛土): 무신(戊申) ━, 기유(己酉) --

(24) 차천금(鎈釧金): 경술(庚戌) ━ , 신해(辛亥) --

(25) 상자목(桑柘木): 임자(壬子) ━ , 계축(癸丑) --

(26) 대계수(大溪水): 갑인(甲寅) ━ , 을묘(乙卯) --

(27) 사중토(沙中土): 병진(丙辰) ━ , 정사(丁巳) --

(28) 천상화(天上火): 무오(戊午) ━ , 기미(己未) --

(29) 석류목(石榴木): 경신(庚申) ━ , 신유(辛酉) --

(30) 대해수(大海水): 임술(壬戌) ━ , 계해(癸亥) --

를 말하는 것이며, 각각의 병납음 오행(竝納音 五行)에 512괘(五百十二卦)의 조화(造化)가 있고 모두 움직여서 들여다보면 15,360괘(萬五千三百六十卦)의 변화(變化)가 있다.

병납음 오행(竝納音 五行)을 오행(五行)별로 보인 것은 토(土)의 기운(氣運)이라도 위 아래가 있음을 보여준 것이며, 토(土)라는 하나의 성질(性質)로는 설명(說明)할 수 없는 인간사(人間事)이기 때문이다.

병납음 음양오행(竝納音 陰陽五行) 29갑자(二十九甲子)는 지면상 생략(省略)한다.

2) 대역토(大驛土): 무신(戊申) → 양(陽) 기유(己酉) → 음(陰)

양(陽) → 태양(太陽) 건(乾) ☰	음(陰) → 태양(太陽) 손(巽) ☴
양(陽) → 소음(少陰) 태(兌) ☱	음(陰) → 소음(少陰) 감(坎) ☵
양(陽) → 소양(少陽) 리(離) ☲	음(陰) → 소양(少陽) 간(艮) ☶
양(陽) → 태음(太陰) 진(震) ☳	음(陰) → 태음(太陰) 곤(坤) ☷

64괘 괘효사(六十四卦 卦爻辭), 곧

상괘 하괘	☰	☱	☲	☳	☴	☵	☶	☷
☰	乾爲天	澤天夬	火天大有	雷天大壯	風天小畜	水天需	山天大畜	地天泰
☱	天澤履	兌爲澤	火澤睽	雷澤歸妹	風澤中孚	水澤節	山澤損	地澤臨
☲	天火同人	澤火革	履爲火	雷火豊	風火家人	水火既濟	山火賁	地火明夷
☳	天雷无妄	澤雷隨	火雷噬嗑	震爲雷	風雷益	水雷屯	山雷頤	地雷復
☴	天風姤	澤風大過	火風鼎	雷風恒	巽爲風	水風井	山風蠱	地風升
☵	天水訟	澤水困	火水未濟	雷水解	風水渙	坎爲水	山水蒙	地水師
☶	天山遯	澤山咸	火山旅	雷山小過	風山漸	水山蹇	艮爲山	地山謙
☷	天地否	澤地萃	火地晋	雷地豫	風地觀	水地比	山地剝	坤爲地

를 바탕으로 상괘(上卦) 대역토(大驛土)에 병납음 오행(竝納音 五行) 가운데 하나인 해중금(海中金)을 서로 짝을 이루게 하여 순행(順行) 64괘(六十四卦)를 이루고 역행(逆行)으로도 64괘(六十四卦)를 이루면서 128괘(百二十八卦)를 이룬다. 또한 년(年), 월(月), 일(日), 시(時)를 따라 512괘(五百十二卦)의 변화(變化)를 가지는 것이다.

따라서 병납음 오행(竝納音 五行)이 음양(陰陽)을 합하여 30번의 변화(變化)가 있으니, 곧

(1) 해중금(海中金): 갑자(甲子) ━ , 을축(乙丑) --

(2) 노중화(爐中火): 병인(丙寅) ━ , 정묘(丁卯) --

(3) 대림목(大林木): 무진(戊辰) ━ , 기사(己巳) --

(4) 노방토(路傍土): 경오(庚午) ━ , 신미(辛未) --

(5) 검봉금(劍鋒金): 임신(壬申) ━ , 계유(癸酉) --

(6) 산두화(山頭火): 갑술(甲戌) ━ , 을해(乙亥) --

(7) 간하수(澗下水): 병자(丙子) ━ , 정축(丁丑) --

(8) 성두토(城頭土): 무인(戊寅) ━ , 기묘(己卯) --

(9) 백랍금(白鑞金): 경진(庚辰) ━ , 신사(辛巳) --

(10) 양류목(楊柳木): 임오(壬午) ━, 계미(癸未) --

(11) 천중수(泉中水): 갑신(甲申) ━, 을유(乙酉) --

(12) 옥상토(屋上土): 병술(丙戌) ━, 정해(丁亥) --

(13) 벽력화(霹靂火): 무자(戊子) ━, 기축(己丑) --

(14) 송백목(松柏木): 경인(庚寅) ━, 신묘(辛卯) --

(15) 장류수(長流水): 임진(壬辰) ━, 계사(癸巳) --

(16) 사중금(沙中金): 갑오(甲午) ━, 을미(乙未) --

(17) 산하화(山下火): 병신(丙申) ━, 정유(丁酉) --

(18) 평지목(平地木): 무술(戊戌) ━, 기해(己亥) --

(19) 벽상토(壁上土): 경자(庚子) ━, 신축(辛丑) --

(20) 금박금(金薄金): 임인(壬寅) ━, 계묘(癸卯) --

(21) 복등화(覆燈火): 갑진(甲辰) ━, 을사(乙巳) --

(22) 천하수(天下水): 병오(丙午) ━, 정미(丁未) --

(23) 대역토(大驛土): 무신(戊申) ━, 기유(己酉) --

(24) 차천금(釵釧金): 경술(庚戌) ━, 신해(辛亥) --

(25) 상자목(桑柘木): 임자(壬子) ━, 계축(癸丑) --

(26) 대계수(大溪水): 갑인(甲寅) ━, 을묘(乙卯) --

(27) 사중토(沙中土): 병진(丙辰) ━, 정사(丁巳) --

(28) 천상화(天上火): 무오(戊午) ━, 기미(己未) --

(29) 석류목(石榴木): 경신(庚申) ━, 신유(辛酉) --

(30) 대해수(大海水): 임술(壬戌) ━, 계해(癸亥) --

를 말하는 것이며, 각각의 병납음 오행(竝納音 五行)에 512괘(五百十二卦)의 조화(造化)가 있고 모두 움직여서 들여다보면 15,360괘(萬五千三百六十卦)의 변화(變化)가 있다.

병납음 오행(竝納音 五行)을 오행(五行)별로 보인 것은 토(土)의 기운(氣運)이라도 위 아래가 있음을 보여준 것이며, 토(土)라는 하나의 성질(性質)로는 설명(說明)할 수 없는 인간사(人間事)이기 때문이다.

병납음 음양오행(竝納音 陰陽五行) 29갑자(二十九甲子)는 지면상 생략(省略)한다.

3) 성두토(城頭土): 무인(戊寅) → 양(陽), 기묘(己卯) → 음(陰)

양(陽)	음(陰)
양(陽) → 태양(太陽) 건(乾) ☰	음(陰) → 태양(太陽) 손(巽) ☴
양(陽) → 소음(少陰) 태(兌) ☱	음(陰) → 소음(少陰) 감(坎) ☵
양(陽) → 소양(少陽) 리(離) ☲	음(陰) → 소양(少陽) 간(艮) ☶
양(陽) → 태음(太陰) 진(震) ☳	음(陰) → 태음(太陰) 곤(坤) ☷

64괘 괘효사(六十四卦 卦爻辭), 곧

상괘 / 하괘	☰	☱	☲	☳	☴	☵	☶	☷
☰	乾爲天	澤天夬	火天大有	雷天大壯	風天小畜	水天需	山天大畜	地天泰
☱	天澤履	兌爲澤	火澤睽	雷澤歸妹	風澤中孚	水澤節	山澤損	地澤臨
☲	天火同人	澤火革	履爲火	雷火豊	風火家人	水火旣濟	山火賁	地火明夷
☳	天雷无妄	澤雷隨	火雷噬嗑	震爲雷	風雷益	水雷屯	山雷頤	地雷復
☴	天風姤	澤風大過	火風鼎	雷風恒	巽爲風	水風井	山風蠱	地風升
☵	天水訟	澤水困	火水未濟	雷水解	風水渙	坎爲水	山水蒙	地水師
☶	天山遯	澤山咸	火山旅	雷山小過	風山漸	水山蹇	艮爲山	地山謙
☷	天地否	澤地萃	火地晋	雷地豫	風地觀	水地比	山地剝	坤爲地

를 바탕으로 상괘(上卦) 성두토(城頭土)에 병납음 오행(竝納音 五行) 가운데 하나인 해중금(海中金)을 서로 짝을 이루게 하여 순행(順行) 64괘(六十四卦)를 이루고 역행(逆行)으로도 64괘(六十四卦)를 이루면서 128괘(百二十八卦)를 이룬다. 또한 년(年), 월(月), 일(日), 시(時)를 따라 512괘(五百十二卦)의 변화(變化)를 가지는 것이다.

따라서 병납음 오행(竝納音 五行)이 음양(陰陽)을 합하여 30번의 변화(變化)가 있으

니, 곧

(1) 해중금(海中金): 갑자(甲子) ㅡ, 을축(乙丑) --
(2) 노중화(爐中火): 병인(丙寅) ㅡ, 정묘(丁卯) --
(3) 대림목(大林木): 무진(戊辰) ㅡ, 기사(己巳) --
(4) 노방토(路傍土): 경오(庚午) ㅡ, 신미(辛未) --
(5) 검봉금(劍鋒金): 임신(壬申) ㅡ, 계유(癸酉) --
(6) 산두화(山頭火): 갑술(甲戌) ㅡ, 을해(乙亥) --
(7) 간하수(澗下水): 병자(丙子) ㅡ, 정축(丁丑) --
(8) 성두토(城頭土): 무인(戊寅) ㅡ, 기묘(己卯) --
(9) 백랍금(白鑞金): 경진(庚辰) ㅡ, 신사(辛巳) --
(10) 양류목(楊柳木): 임오(壬午) ㅡ, 계미(癸未) --
(11) 천중수(泉中水): 갑신(甲申) ㅡ, 을유(乙酉) --
(12) 옥상토(屋上土): 병술(丙戌) ㅡ, 정해(丁亥) --
(13) 벽력화(霹靂火): 무자(戊子) ㅡ, 기축(己丑) --
(14) 송백목(松柏木): 경인(庚寅) ㅡ, 신묘(辛卯) --
(15) 장류수(長流水): 임진(壬辰) ㅡ, 계사(癸巳) --
(16) 사중금(沙中金): 갑오(甲午) ㅡ, 을미(乙未) --
(17) 산하화(山下火): 병신(丙申) ㅡ, 정유(丁酉) --
(18) 평지목(平地木): 무술(戊戌) ㅡ, 기해(己亥) --
(19) 벽상토(壁上土): 경자(庚子) ㅡ, 신축(辛丑) --
(20) 금박금(金薄金): 임인(壬寅) ㅡ, 계묘(癸卯) --
(21) 복등화(覆燈火): 갑진(甲辰) ㅡ, 을사(乙巳) --
(22) 천하수(天下水): 병오(丙午) ㅡ, 정미(丁未) --
(23) 대역토(大驛土): 무신(戊申) ㅡ, 기유(己酉) --
(24) 차천금(釵釧金): 경술(庚戌) ㅡ, 신해(辛亥) --
(25) 상자목(桑柘木): 임자(壬子) ㅡ, 계축(癸丑) --

(26) 대계수(大溪水): 갑인(甲寅) ━, 을묘(乙卯) ╍

(27) 사중토(沙中土): 병진(丙辰) ━, 정사(丁巳) ╍

(28) 천상화(天上火): 무오(戊午) ━, 기미(己未) ╍

(29) 석류목(石榴木): 경신(庚申) ━, 신유(辛酉) ╍

(30) 대해수(大海水): 임술(壬戌) ━, 계해(癸亥) ╍

를 말하는 것이며, 각각의 병납음 오행(竝納音 五行)에 512괘(五百十二卦)의 조화(造化)가 있고 모두 움직여서 들여다보면 15,360괘(萬五千三百六十卦)의 변화(變化)가 있다.

병납음 오행(竝納音 五行)을 오행(五行)별로 보인 것은 토(土)의 기운(氣運)이라도 위아래가 있음을 보여준 것이며, 토(土)라는 하나의 성질(性質)로는 설명(說明)할 수 없는 인간사(人間事)이기 때문이다.

병납음 음양오행(竝納音 陰陽五行) 29갑자(二十九甲子)는 지면상 생략(省略)한다.

4) 옥상토(屋上土): 병술(丙戌) → 양(陽), 정해(丁亥) → 음(陰)

양(陽) → 태양(太陽) 건(乾) ☰	음(陰) → 태양(太陽) 손(巽) ☴
양(陽) → 소음(少陰) 태(兌) ☱	음(陰) → 소음(少陰) 감(坎) ☵
양(陽) → 소양(少陽) 리(離) ☲	음(陰) → 소양(少陽) 간(艮) ☶
양(陽) → 태음(太陰) 진(震) ☳	음(陰) → 태음(太陰) 곤(坤) ☷

64괘 괘효사(六十四卦 卦爻辭), 곧

상괘 하괘	☰	☱	☲	☳	☴	☵	☶	☷
☰	乾爲天	澤天夬	火天大有	雷天大壯	風天小畜	水天需	山天大畜	地天泰
☱	天澤履	兌爲澤	火澤睽	雷澤歸妹	風澤中孚	水澤節	山澤損	地澤臨
☲	天火同人	澤火革	履爲火	雷火豊	風火家人	水火旣濟	山火賁	地火明夷
☳	天雷无妄	澤雷隨	火雷噬嗑	震爲雷	風雷益	水雷屯	山雷頤	地雷復
☴	天風姤	澤風大過	火風鼎	雷風恒	巽爲風	水風井	山風蠱	地風升
☵	天水訟	澤水困	火水未濟	雷水解	風水渙	坎爲水	山水蒙	地水師
☶	天山遯	澤山咸	火山旅	雷山小過	風山漸	水山蹇	艮爲山	地山謙
☷	天地否	澤地萃	火地晋	雷地豫	風地觀	水地比	山地剝	坤爲地

를 바탕으로 상괘(上卦) 옥상토(屋上土)에 병납음 오행(竝納音 五行) 가운데 하나인 해중금(海中金)을 서로 짝을 이루게 하여 순행(順行) 64괘(六十四卦)를 이루고 역행(逆行)으로도 64괘(六十四卦)를 이루면서 128괘(百二十八卦)를 이룬다. 또한 년(年), 월(月), 일(日), 시(時)를 따라 512괘(五百十二卦)의 변화(變化)를 가지는 것이다.

따라서 병납음 오행(竝納音 五行)이 음양(陰陽)을 합하여 30번의 변화(變化)가 있으니, 곧

(1) 해중금(海中金): 갑자(甲子) —, 을축(乙丑) --

(2) 노중화(爐中火): 병인(丙寅) —, 정묘(丁卯) --

(3) 대림목(大林木): 무진(戊辰) —, 기사(己巳) --

(4) 노방토(路傍土): 경오(庚午) —, 신미(辛未) --

(5) 검봉금(劍鋒金): 임신(壬申) —, 계유(癸酉) --

(6) 산두화(山頭火): 갑술(甲戌) —, 을해(乙亥) --

(7) 간하수(澗下水): 병자(丙子) —, 정축(丁丑) --

(8) 성두토(城頭土): 무인(戊寅) —, 기묘(己卯) --

(9) 백랍금(白鑞金): 경진(庚辰) —, 신사(辛巳) --

(10) 양류목(楊柳木): 임오(壬午) ㅡ, 계미(癸未) --

(11) 천중수(泉中水): 갑신(甲申) ㅡ, 을유(乙酉) --

(12) 옥상토(屋上土): 병술(丙戌) ㅡ, 정해(丁亥) --

(13) 벽력화(霹靂火): 무자(戊子) ㅡ, 기축(己丑) --

(14) 송백목(松柏木): 경인(庚寅) ㅡ, 신묘(辛卯) --

(15) 장류수(長流水): 임진(壬辰) ㅡ, 계사(癸巳) --

(16) 사중금(沙中金): 갑오(甲午) ㅡ, 을미(乙未) --

(17) 산하화(山下火): 병신(丙申) ㅡ, 정유(丁酉) --

(18) 평지목(平地木): 무술(戊戌) ㅡ, 기해(己亥) --

(19) 벽상토(壁上土): 경자(庚子) ㅡ, 신축(辛丑) --

(20) 금박금(金薄金): 임인(壬寅) ㅡ, 계묘(癸卯) --

(21) 복등화(覆燈火): 갑진(甲辰) ㅡ, 을사(乙巳) --

(22) 천하수(天下水): 병오(丙午) ㅡ, 정미(丁未) --

(23) 대역토(大驛土): 무신(戊申) ㅡ, 기유(己酉) --

(24) 차천금(鎈釧金): 경술(庚戌) ㅡ, 신해(辛亥) --

(25) 상자목(桑柘木): 임자(壬子) ㅡ, 계축(癸丑) --

(26) 대계수(大溪水): 갑인(甲寅) ㅡ, 을묘(乙卯) --

(27) 사중토(沙中土): 병진(丙辰) ㅡ, 정사(丁巳) --

(28) 천상화(天上火): 무오(戊午) ㅡ, 기미(己未) --

(29) 석류목(石榴木): 경신(庚申) ㅡ, 신유(辛酉) --

(30) 대해수(大海水): 임술(壬戌) ㅡ, 계해(癸亥) --

를 말하는 것이며, 각각의 병납음 오행(竝納音 五行)에 512괘(五百十二卦)의 조화(造化)가 있고 모두 움직여서 들여다보면 15,360괘(萬五千三百六十卦)의 변화(變化)가 있다.

병납음 오행(竝納音 五行)을 오행(五行)별로 보인 것은 토(土)의 기운(氣運)이라도 위아래가 있음을 보여준 것이며, 토(土)라는 하나의 성질(性質)로는 설명(說明)할 수 없는 인간사(人間事)이기 때문이다.

병납음 음양오행(竝納音 陰陽五行) 29갑자(二十九甲子)는 지면상 생략(省略)한다.

5) 벽상토(壁上土): 경자(庚子) → 양(陽), 신축(辛丑) → 음(陰)

양(陽) → 태양(太陽) 건(乾) ☰
양(陽) → 소음(少陰) 태(兌) ☱
양(陽) → 소양(少陽) 리(離) ☲
양(陽) → 태음(太陰) 진(震) ☳

음(陰) → 태양(太陽) 손(巽) ☴
음(陰) → 소음(少陰) 감(坎) ☵
음(陰) → 소양(少陽) 간(艮) ☶
음(陰) → 태음(太陰) 곤(坤) ☷

64괘 괘효사(六十四卦 卦爻辭), 곧

상괘 / 하괘	☰	☱	☲	☳	☴	☵	☶	☷
☰	乾爲天	澤天夬	火天大有	雷天大壯	風天小畜	水天需	山天大畜	地天泰
☱	天澤履	兌爲澤	火澤睽	雷澤歸妹	風澤中孚	水澤節	山澤損	地澤臨
☲	天火同人	澤火革	履爲火	雷火豊	風火家人	水火旣濟	山火賁	地火明夷
☳	天雷无妄	澤雷隨	火雷噬嗑	震爲雷	風雷益	水雷屯	山雷頤	地雷復
☴	天風姤	澤風大過	火風鼎	雷風恒	巽爲風	水風井	山風蠱	地風升
☵	天水訟	澤水困	火水未濟	雷水解	風水渙	坎爲水	山水蒙	地水師
☶	天山遯	澤山咸	火山旅	雷山小過	風山漸	水山蹇	艮爲山	地山謙
☷	天地否	澤地萃	火地晋	雷地豫	風地觀	水地比	山地剝	坤爲地

를 바탕으로 상괘(上卦) 벽상토(壁上土)에 병납음 오행(竝納音 五行) 가운데 하나인 해중금(海中金)을 서로 짝을 이루게 하여 순행(順行) 64괘(六十四卦)를 이루고 역행(逆行)으로도 64괘(六十四卦)를 이루면서 128괘(百二十八卦)를 이룬다. 또한 년(年), 월(月), 일(日), 시(時)를 따라 512괘(五百十二卦)의 변화(變化)를 가지는 것이다.

따라서 병납음 오행(竝納音 五行)이 음양(陰陽)을 합하여 30번의 변화(變化)가 있으

니, 곧

(1) 해중금(海中金): 갑자(甲子) ━ , 을축(乙丑) ╍
(2) 노중화(爐中火): 병인(丙寅) ━ , 정묘(丁卯) ╍
(3) 대림목(大林木): 무진(戊辰) ━ , 기사(己巳) ╍
(4) 노방토(路傍土): 경오(庚午) ━ , 신미(辛未) ╍
(5) 검봉금(劍鋒金): 임신(壬申) ━ , 계유(癸酉) ╍
(6) 산두화(山頭火): 갑술(甲戌) ━ , 을해(乙亥) ╍
(7) 간하수(澗下水): 병자(丙子) ━ , 정축(丁丑) ╍
(8) 성두토(城頭土): 무인(戊寅) ━ , 기묘(己卯) ╍
(9) 백랍금(白鑞金): 경진(庚辰) ━ , 신사(辛巳) ╍
(10) 양류목(楊柳木): 임오(壬午) ━ , 계미(癸未) ╍
(11) 천중수(泉中水): 갑신(甲申) ━ , 을유(乙酉) ╍
(12) 옥상토(屋上土): 병술(丙戌) ━ , 정해(丁亥) ╍
(13) 벽력화(霹靂火): 무자(戊子) ━ , 기축(己丑) ╍
(14) 송백목(松柏木): 경인(庚寅) ━ , 신묘(辛卯) ╍
(15) 장류수(長流水): 임진(壬辰) ━ , 계사(癸巳) ╍
(16) 사중금(沙中金): 갑오(甲午) ━ , 을미(乙未) ╍
(17) 산하화(山下火): 병신(丙申) ━ , 정유(丁酉) ╍
(18) 평지목(平地木): 무술(戊戌) ━ , 기해(己亥) ╍
(19) 벽상토(壁上土): 경자(庚子) ━ , 신축(辛丑) ╍
(20) 금박금(金薄金): 임인(壬寅) ━ , 계묘(癸卯) ╍
(21) 복등화(覆燈火): 갑진(甲辰) ━ , 을사(乙巳) ╍
(22) 천하수(天下水): 병오(丙午) ━ , 정미(丁未) ╍
(23) 대역토(大驛土): 무신(戊申) ━ , 기유(己酉) ╍
(24) 차천금(釵釧金): 경술(庚戌) ━ , 신해(辛亥) ╍
(25) 상자목(桑柘木): 임자(壬子) ━ , 계축(癸丑) ╍

(26) 대계수(大溪水): 갑인(甲寅) —, 을묘(乙卯) --

(27) 사중토(沙中土): 병진(丙辰) —, 정사(丁巳) --

(28) 천상화(天上火): 무오(戊午) —, 기미(己未) --

(29) 석류목(石榴木): 경신(庚申) —, 신유(辛酉) --

(30) 대해수(大海水): 임술(壬戌) —, 계해(癸亥) --

를 말하는 것이며, 각각의 병납음 오행(竝納音 五行)에 512괘(五百十二卦)의 조화(造化)가 있고 모두 움직여서 들여다보면 15,360괘(萬五千三百六十卦)의 변화(變化)가 있다.

병납음 오행(竝納音 五行)을 오행(五行)별로 보인 것은 토(土)의 기운(氣運)이라도 위아래가 있음을 보여준 것이며, 토(土)라는 하나의 성질(性質)로는 설명(說明)할 수 없는 인간사(人間事)이기 때문이다.

병납음 음양오행(竝納音 陰陽五行) 29갑자(二十九甲子)는 지면상 생략(省略)한다.

6) 사중토(沙中土): 병진(丙辰) → 양(陽), 정사(丁巳) → 음(陰)

양(陽) → 태양(太陽) 건(乾) ☰	음(陰) → 태양(太陽) 손(巽) ☴
양(陽) → 소음(少陰) 태(兌) ☱	음(陰) → 소음(少陰) 감(坎) ☵
양(陽) → 소양(少陽) 리(離) ☲	음(陰) → 소양(少陽) 간(艮) ☶
양(陽) → 태음(太陰) 진(震) ☳	음(陰) → 태음(太陰) 곤(坤) ☷

64괘 괘효사(六十四卦 卦爻辭), 곧

상괘 / 하괘	☰	☱	☲	☳	☴	☵	☶	☷
☰	乾爲天	澤天夬	火天大有	雷天大壯	風天小畜	水天需	山天大畜	地天泰
☱	天澤履	兑爲澤	火澤睽	雷澤歸妹	風澤中孚	水澤節	山澤損	地澤臨
☲	天火同人	澤火革	履爲火	雷火豊	風火家人	水火旣濟	山火賁	地火明夷
☳	天雷无妄	澤雷隨	火雷噬嗑	震爲雷	風雷益	水雷屯	山雷頤	地雷復
☴	天風姤	澤風大過	火風鼎	雷風恒	巽爲風	水風井	山風蠱	地風升
☵	天水訟	澤水困	火水未濟	雷水解	風水渙	坎爲水	山水蒙	地水師
☶	天山遯	澤山咸	火山旅	雷山小過	風山漸	水山蹇	艮爲山	地山謙
☷	天地否	澤地萃	火地晋	雷地豫	風地觀	水地比	山地剝	坤爲地

를 바탕으로 상괘(上卦) 사중토(沙中土)에 병납음 오행(竝納音 五行) 가운데 하나인 해중금(海中金)을 서로 짝을 이루게 하여 순행(順行) 64괘(六十四卦)를 이루고 역행(逆行)으로도 64괘(六十四卦)를 이루면서 128괘(百二十八卦)를 이룬다. 또한 년(年), 월(月), 일(日), 시(時)를 따라 512괘(五百十二卦)의 변화(變化)를 가지는 것이다.

따라서 병납음 오행(竝納音 五行)이 음양(陰陽)을 합하여 30번의 변화(變化)가 있으니, 곧

(1) 해중금(海中金): 갑자(甲子) —, 을축(乙丑) --

(2) 노중화(爐中火): 병인(丙寅) —, 정묘(丁卯) --

(3) 대림목(大林木): 무진(戊辰) —, 기사(己巳) --

(4) 노방토(路傍土): 경오(庚午) —, 신미(辛未) --

(5) 검봉금(劍鋒金): 임신(壬申) —, 계유(癸酉) --

(6) 산두화(山頭火): 갑술(甲戌) —, 을해(乙亥) --

(7) 간하수(澗下水): 병자(丙子) —, 정축(丁丑) --

(8) 성두토(城頭土): 무인(戊寅) —, 기묘(己卯) --

(9) 백랍금(白鑞金): 경진(庚辰) —, 신사(辛巳) --

(10) 양류목(楊柳木): 임오(壬午) ㅡ, 계미(癸未) --

(11) 천중수(泉中水): 갑신(甲申) ㅡ, 을유(乙酉) --

(12) 옥상토(屋上土): 병술(丙戌) ㅡ, 정해(丁亥) --

(13) 벽력화(霹靂火): 무자(戊子) ㅡ, 기축(己丑) --

(14) 송백목(松柏木): 경인(庚寅) ㅡ, 신묘(辛卯) --

(15) 장류수(長流水): 임진(壬辰) ㅡ, 계사(癸巳) --

(16) 사중금(沙中金): 갑오(甲午) ㅡ, 을미(乙未) --

(17) 산하화(山下火): 병신(丙申) ㅡ, 정유(丁酉) --

(18) 평지목(平地木): 무술(戊戌) ㅡ, 기해(己亥) --

(19) 벽상토(壁上土): 경자(庚子) ㅡ, 신축(辛丑) --

(20) 금박금(金薄金): 임인(壬寅) ㅡ, 계묘(癸卯) --

(21) 복등화(覆燈火): 갑진(甲辰) ㅡ, 을사(乙巳) --

(22) 천하수(天下水): 병오(丙午) ㅡ, 정미(丁未) --

(23) 대역토(大驛土): 무신(戊申) ㅡ, 기유(己酉) --

(24) 차천금(鎈釧金): 경술(庚戌) ㅡ, 신해(辛亥) --

(25) 상자목(桑柘木): 임자(壬子) ㅡ, 계축(癸丑) --

(26) 대계수(大溪水): 갑인(甲寅) ㅡ, 을묘(乙卯) --

(27) 사중토(沙中土): 병진(丙辰) ㅡ, 정사(丁巳) --

(28) 천상화(天上火): 무오(戊午) ㅡ, 기미(己未) --

(29) 석류목(石榴木): 경신(庚申) ㅡ, 신유(辛酉) --

(30) 대해수(大海水): 임술(壬戌) ㅡ, 계해(癸亥) --

를 말하는 것이며, 각각의 병납음 오행(竝納音 五行)에 512괘(五百十二卦)의 조화(造化)가 있고 모두 움직여서 들여다보면 15,360괘(萬五千三百六十卦)의 변화(變化)가 있다.

병납음 오행(竝納音 五行)을 오행(五行)별로 보인 것은 토(土)의 기운(氣運)이라도 위아래가 있음을 보여준 것이며, 토(土)라는 하나의 성질(性質)로는 설명(說明)할 수 없는 인간사(人間事)이기 때문이다.

병납음 음양오행(竝納音 陰陽五行) 29갑자(二十九甲子)는 지면상 생략(省略)한다.

병납음 음양오행(竝納音 陰陽五行) 30갑자(三十甲子)를 바탕으로 괘상(卦象)을 정리(整理)하면 1갑자(一甲子)에 15,360괘(萬五千三百六十卦)의 변화(變化)가 있으니, 그 괘상(卦象)의 조합(調合)이 460,800괘(四十六萬八百卦) 가 성립(成立)된다.

6. 일주 병납음 오행 16상 체질론(日柱 竝納音 五行 十六象 體質論)

남자(男子) 팔상(八象) 체질(體質)

양(陽)의 태양체질(太陽體質): 건(乾) ☰

양(陽)의 소음체질(少陰體質): 태(兌) ☱

양(陽)의 소양체질(少陽體質): 리(離) ☲

양(陽)의 태음체질(太陰體質): 진(震) ☳

음(陰)의 태양체질(太陽體質): 손(巽) ☴

음(陰)의 소음체질(少陰體質): 감(坎) ☵

음(陰)의 소양체질(少陽體質): 간(艮) ☶

음(陰)의 태음체질(太陰體質): 곤(坤) ☷ 을 이른다.

여자(女子) 팔상(八象) 체질(體質)

양(陽)의 태양체질(太陽體質): 건(乾) ☰

양(陽)의 소음체질(少陰體質): 태(兌) ☱

양(陽)의 소양체질(少陽體質): 리(離) ☲

양(陽)의 태음체질(太陰體質): 진(震) ☳

음(陰)의 태양체질(太陽體質): 손(巽) ☴

음(陰)의 소음체질(少陰體質): 감(坎) ☵

음(陰)의 소양체질(少陽體質): 간(艮) ☶

음(陰)의 태음체질(太陰體質): 곤(坤) ☷ 을 이른다.

남자(男子)의 팔상(八象) 체질(體質)과 여자(女子)의 팔상(八象) 체질(體質)이 합(合)해서 16상(十六象) 체질론(體質論)을 이룬다.

지간별(地干別) 병납음 오행(竝納音 五行)

자(子, 쥐) ➜ 양(陽)	축(丑, 소) ➜ 음(陰)
1) 갑자(甲子) ➜ 해중금(海中金)	1) 을축(乙丑) ➜ 해중금(海中金)
2) 병자(丙子) ➜ 간하수(澗下水)	2) 정축(丁丑) ➜ 간하수(澗下水)
3) 무자(戊子) ➜ 벽력화(霹靂火)	3) 기축(己丑) ➜ 벽력화(霹靂火)
4) 경자(庚子) ➜ 벽상토(壁上土)	4) 신축(辛丑) ➜ 벽상토(壁上土)
5) 임자(壬子) ➜ 상자목(桑柘木)	5) 계축(癸丑) ➜ 상자목(桑柘木)

인(寅, 호랑이) ➜ 양(陽)	묘(卯, 토끼) ➜ 음(陰)
1) 갑인(甲寅) ➜ 대계수(大溪水)	1) 을묘(乙卯) ➜ 대계수(大溪水)
2) 병인(丙寅) ➜ 노중화(爐中火)	2) 정묘(丁卯) ➜ 노중화(爐中火)
3) 무인(戊寅) ➜ 성두토(城頭土)	3) 기묘(己卯) ➜ 성두토(城頭土)
4) 경인(庚寅) ➜ 송백목(松柏木)	4) 신묘(辛卯) ➜ 송백목(松柏木)
5) 임인(壬寅) ➜ 금박금(金箔金)	5) 계묘(癸卯) ➜ 금박금(金箔金)

진(辰, 용) ➜ 양(陽)	사(巳, 뱀) ➜ 음(陰)
1) 갑진(甲辰) ➜ 복등화(覆燈火)	1) 을사(乙巳) ➜ 복등화(覆燈火)
2) 병진(丙辰) ➜ 사중토(沙中土)	2) 정사(丁巳) ➜ 사중토(沙中土)
3) 무진(戊辰) ➜ 대림목(大林木)	3) 기사(己巳) ➜ 대림목(大林木)
4) 경진(庚辰) ➜ 백납금(白鑞金)	4) 신사(辛巳) ➜ 백납금(白鑞金)
5) 임진(壬辰) ➜ 장류수(長流水)	5) 계사(癸巳) ➜ 장류수(長流水)

오(午, 말) ➜ 양(陽)	미(未, 양) ➜ 음(陰)
1) 갑오(甲午) ➜ 사중금(沙中金)	1) 을미(乙未) ➜ 사중금(沙中金)
2) 병오(丙午) ➜ 천하수(天下水)	2) 정미(丁未) ➜ 천하수(天下水)
3) 무오(戊午) ➜ 천상화(天上火)	3) 기미(己未) ➜ 천상화(天上火)
4) 경오(庚午) ➜ 노방토(路傍土)	4) 신미(辛未) ➜ 노방토(路傍土)
5) 임오(壬午) ➜ 양류목(楊柳木)	5) 계미(癸未) ➜ 양류목(楊柳木)

신(申, 원숭이) ➜ 양(陽)	유(酉, 닭) ➜ 음(陰)
1) 갑신(甲申) ➜ 천중수(泉中水)	1) 을유(乙酉) ➜ 천중수(泉中水)
2) 병신(丙申) ➜ 산하화(山下火)	2) 정유(丁酉) ➜ 산하화(山下火)
3) 무신(戊申) ➜ 대역토(大驛土)	3) 기유(己酉) ➜ 대역토(大驛土)
4) 경신(庚申) ➜ 석류목(石榴木)	4) 신유(辛酉) ➜ 석류목(石榴木)
5) 임신(壬申) ➜ 검봉금(劍鋒金)	5) 계유(癸酉) ➜ 검봉금(劍鋒金)

술(戌, 개) ➜ 양(陽)	해(亥, 돼지) ➜ 음(陰)
1) 갑술(甲戌) ➜ 산두화(山頭火)	1) 을해(乙亥) ➜ 산두화(山頭火)
2) 병술(丙戌) ➜ 옥상토(屋上土)	2) 정해(丁亥) ➜ 옥상토(屋上土)
3) 무술(戊戌) ➜ 평지목(平地木)	3) 기해(己亥) ➜ 평지목(平地木)
4) 경술(庚戌) ➜ 차천금(鎈釧金)	4) 신해(辛亥) ➜ 차천금(鎈釧金)
5) 임술(壬戌) ➜ 대해수(大海水)	5) 계해(癸亥) ➜ 대해수(大海水)

이렇듯 육십갑자 오행(六十甲子 五行)이 양월(陽月) 6개월(六個月)과 음월(陰月) 6개월(六個月)이 돌아서 360일(三百六十日)이 이루어지며, 남은 5일(五日)이 합(合)해서 윤년(閏年)에 윤월(閏月)이 있는 것이다.

오행별(五行別) 육십갑자병납음(六十甲子竝納陰)

화(火, 불)의 기운(氣運)

이 화(火)의 기운(氣運)은 가슴 그리고 마음의 병과 깊은 관련(關聯)이 있다.

타고난 성품(性品)에 따라 서로가 서로에게 이끌거나 내치는 힘이 강(强)하게 작용(作用)하는 것을 차례(次例)로 나열(羅列)하면,

천상화(天上火): 무오(戊午), 기미(己未)

벽력화(霹靂火): 무자(戊子), 기축(己丑)

산두화(山頭火): 갑술(甲戌), 을해(乙亥)

산하화(山下火): 병신(丙申), 정유(丁酉)

노중화(爐中火): 병인(丙寅), 정묘(丁卯)

복등화(覆燈火): 갑진(甲辰), 을사(乙巳)

수(水, 물)의 기운(氣運)

이 수(水)의 기운(氣運)은 혈관(血管)의 질병(疾病)과 깊은 관련(關聯)이 있다.

본인(本人) 사주(四柱) 중에 일주(日柱), 곧 태어난 날을 보아 양(陽)의 기운(氣運)이 강(强)하면 동맥(動脈)과 관련(關聯)된 질병(疾病)에 노출(露出)되기가 쉽고, 음(陰)의 기운(氣運)이 강(强)하면 정맥(靜脈)과 관련(關聯)된 질병(疾病)에 쉽게 노출(露出)된다.

타고난 성품(性品)에 따라 서로가 서로에게 이끌거나 내치는 힘이 강(强)하게 작용(作用)하는 것을 차례(次例)를 따라 나열(羅列)하면,

천하수(天下水): 병오(丙午), 정미(丁未)

대해수(大海水): 임술(壬戌), 계해(癸亥)

장류수(長流水): 임진(壬辰), 계사(癸巳)

대계수(大溪水): 갑인(甲寅), 을묘(乙卯)

천중수(泉中水): 갑신(甲申), 을유(乙酉)

간하수(澗下水): 병자(丙子), 정축(丁丑)

목(木, 나무)의 기운(氣運)

이 목(木)의 기운(氣運)은 몸에 내재(內在)해 있는 연골(軟骨)의 질병(疾病)과 깊은 연관(聯關)을 가지고 있다.

타고난 성품(性品)에 따라 서로가 서로에게 이끌거나 내치는 힘이 강(强)하게 작용(作用)하는 것을 차례(次例)를 따라 나열(羅列)하면,

대림목(大林木): 무진(戊辰), 기사(己巳)

송백목(松柏木): 경인(庚寅), 신묘(辛卯)

양류목(楊柳木): 임오(壬午), 계미(癸未)

평지목(平地木): 무술(戊戌), 기해(己亥)

석류목(石榴木): 경신(庚申), 신유(辛酉)

상자목(桑柘木): 임자(壬子), 계축(癸丑)

금(金, 철)의 기운(氣運)

이 금(金)의 기운(氣運)은 뼈의 질병(疾病)과 깊은 관련(關連)이 있다.

스스로의 사주(四柱) 가운데 일주(日柱), 곧 태어난 날을 보아서 양(陽)의 기운(氣運)이 강(强)하면, 강골(强骨)의 기세(氣勢)가 분명(分明)하게 드러나 보이고 음(陰)의 기운

(氣運)이 강(强)하면, 약골(弱骨)의 모양새가 드러나 보인다.

따라서 남자(男子, 陽)가 음(陰)의 기운(氣運)이 강(强)하다면, 남자로써 기세(氣勢)가 매우 약(弱)해보이고 여자(女子, 陰)가 양(陽)의 기운(氣運)이 강(强)하다면, 여자(女子)로써 그 기세(氣勢)가 매우 당당(堂堂)하게 보인다.

타고난 성품(性品)을 따라 서로가 서로에게 이끌거나 내치는 힘이 강(强)하게 작용(作用)하는 것을 차례(次例)를 따라 서술(敍述)하면,

금박금(金薄金): 임인(壬寅), 계묘(癸卯)
검봉금(劍鋒金): 임신(壬申), 계유(癸酉)
백납금(白鑞金): 경진(庚辰), 신사(辛巳)
해중금(海中金): 갑자(甲子), 을축(乙丑)
차천금(鎈釧金): 경술(庚戌), 신해(辛亥)
사중금(沙中金): 갑오(甲午), 을미(乙未)

토(土, 흙)의 기운(氣運)

이 토(土)의 기운(氣運)은 근육(筋肉), 피부(皮膚)의 질병(疾病)과 깊은 연관(聯關)을 가지고 있다.

타고난 성품(性品)에 따라 서로가 서로에게 이끌어주거나 내치는 힘이 강(强)하게 작용(作用)하는 것을 차례를 따라 나열(羅列)하면,

노방토(路傍土): 경오(庚午), 신미(辛未)
대역토(大驛土): 무신(戊申), 기유(己酉)
성두토(城頭土): 무인(戊寅), 기묘(己卯)
옥상토(屋上土): 병술(丙戌), 정해(丁亥)
벽상토(壁上土): 경자(庚子), 신축(辛丑)

사중토(沙中土): 병진(丙辰) 정사(丁巳)

오행별(五行別) 일주(日柱) 병납음(竝納音)에 따르는 체질론(體質論)

화생자(火生者)

천상화(天上火): 무오(戊午), 기미(己未)

벽력화(霹靂火): 무자(戊子), 기축(己丑)

산두화(山頭火): 갑술(甲戌), 을해(乙亥)

산하화(山下火): 병신(丙申), 정유(丁酉)

노중화(爐中火): 병인(丙寅), 정묘(丁卯)

복등화(覆燈火): 갑진(甲辰), 을사(乙巳)

화생자(火生者)는 크게는 심장(心臟)과 소장(小腸)의 질병(疾病)에 관련(關聯)이 있으며, 작게는 해수병(咳嗽病, 연거푸 기침을 하는 증세), 눈병, 목병과 관계(關係)가 있고 변비증(便秘症)이 있다.

각각(各各)의 화생자(火生者)에 따라 경중(輕重)의 차이(差異)가 있으며, 남자(男子)의 팔상체질(八象體質)과 여자(女子)의 팔상체질(八象體質)은 서로가 다르다.

신체(身體)가 크거나 작거나, 살이 찌거나 말랐거나, 화(火)에 따르는 질병(疾病)의 증세(症勢) 정도(程度)가 다르며, 또한 각각(各各)의 화생자(火生者)에 따라 다르다.

남자(男子) 천상화생자(天上火生者) 양(陽)의 기운(氣運)인 무오(戊午)와 음(陰)의 기운(氣運)인 기미(己未)를 보면, 무오생자(戊午生者)는 외형(外形)이나 내형(內形)이 크고 기미생자(己未生者)는 외형(外形)이나 내형(內形)이 작다.

또한 무오생자(戊午生者) 천상화(天上火) 양(陽)의 사상체질(四象體質)인

양(陽)의 태양체질(太陽體質), 건(乾) ☰

양(陽)의 소음체질(少陰體質), 태(兌)☱

양(陽)의 소양체질(少陽體質), 리(離)☲

양(陽)의 태음체질(太陰體質), 진(震)☳

무오생자(戊午生者) 천상화(天上火) 음(陰)의 사상체질(四象體質)인

음(陰)의 태양체질(太陽體質), 손(巽)☴

음(陰)의 소음체질(少陰體質), 감(坎)☵

음(陰)의 소양체질(少陽體質), 간(艮) ☶

음(陰)의 태음체질(太陰體質), 곤(坤) ☷ 에 따라 크기와 증세(症勢)의 강도(强度)가 다르며, 여자(女子) 또한 이를 따르지만 남자(男子)가 본래(本來) 양(陽)의 기운(氣運)을 바탕으로 태어나고 여자(女子)는 음(陰)의 기운(氣運)을 바탕으로 태어나는 까닭에 경중(輕重)의 차이는 분명(分明)하게 있다.

그리고 기미생자(己未生者) 천상화(天上火) 양(陽)의 사상체질(四象體質)인

양(陽)의 태양체질(太陽體質), 건(乾) ☰

양(陽)의 소음체질(少陰體質), 태(兌) ☱

양(陽)의 소양체질(少陽體質), 리(離) ☲

양(陽)의 태음체질(太陰體質), 진(震) ☳

기미생자(己未生者) 천상화(天上火) 음(陰)의 사상체질(四象體質)인

음(陰)의 태양체질(太陽體質), 손(巽) ☴

음(陰)의 소음체질(少陰體質), 감(坎) ☵

음(陰)의 소양체질(少陽體質), 간(艮) ☶

음(陰)의 태음체질(太陰體質), 곤(坤) ☷ 에 따라 크기와 증세(症勢)의 강도(强度)가 다르며, 여자(女子) 또한 이를 따르지만 남자(男子)가 본래(本來) 양(陽)의 기운(氣運)을 바탕으로 태어나고 여자(女子)는 음(陰)의 기운(氣運)을 바탕으로 태어나는 까닭에 경중(輕重)의 차이는 분명(分明)하게 있다.

벽력화생자(霹靂火生者), 산두화생자(山頭火生者), 산하화생자(山下火生者), 노중화생자(爐中火生者), 복등화생자(覆燈火生者)에 따라 모든 것이 다르고 제 각각(各各)임을

알아야 한다.

양(陽)의 태양체질(太陽體質)은 겉으로 드러난 모습이나 안이 크고 쾌활(快活)하며, 곧 신체(身體)나 장부(臟腑)가 크고 팽팽하다.

또한 안에 담아두지를 않고 밖으로 쏟아 붓은 성격(性格)에 자신(自身)의 의사(意思)를 분명(分明)하게 밝힌다.

양(陽)의 소음체질(少陰體質)은 겉으로 드러난 모습이나 안이 크지만 그렇게 쾌활(快活)하지 않고 곧 신체(身體)나 장부(臟腑)가 크고 처지면서 늘어진다.

또한 조용하게 자신(自身)의 의견(意見)을 밝히는 성격(性格)에 안으로 숨기려는 조심성이 있다.

양(陽)의 소양체질(少陽體質)은 겉으로는 커 보이나 안이 작으면서 유쾌(愉快)하며, 곧 신체(身體)는 크나 장부(臟腑)가 작다.

또한 작고 소소(小小)한 것을 내세워 자랑하는 성격(性格)에 별 일도 아닌 것을 가지고 호들갑을 떤다.

양(陽)의 태음체질(太陰體質)은 겉으로는 크게 보이나 안이 작고 불유쾌(不愉快)하다.

곧 신체(身體)가 큰데 비해 장부(臟腑)가 작고 약하다.

또한 대단한 듯이 보이나 속이 좁은 성격(性格)에 솔직하게 스스로를 드러내지 않으면서 음흉(陰凶)하다.

음(陰)의 태양체질(太陽體質)은 겉으로 드러난 모습이 작고 안이 큰 까닭으로 상쾌(爽快)하며, 곧 신체(身體)는 작은데 비해 장부(臟腑)가 크고 팽팽하다.

또한 몸집에 비해 다부지고 스스로를 강하게 피력(披瀝)하고 길이 아니면 가지를 않는 성격(性格)이다.

음(陰)의 소음체질(少陰體質)은 겉으로는 작으나 안이 큰 까닭으로 활발(活潑)하고 곧 신체(身體)는 작고 장부(臟腑)가 크면서 탄력(彈力)이 부족하다.

또한 상대방(相對方)에 대해 배려(配慮)하는 성격(性格)이며 조심하면서 조용하게 의사(意思)를 밝힌다.

음(陰)의 소양체질(少陽體質)은 겉으로나 안이 작은 까닭으로 그렇게 무리(無理)가 오지 않으며, 곧 신체(身體)나 장부(臟腑)가 적당(適當)하면서 든든하다.

또한 자신(自身)을 알아주기를 바라는 성격(性格)에 스스로를 내세워 자랑을 하는 사람이다.

음(陰)의 태음체질(太陰體質)은 겉으로나 안이 작으면서 불편(不便)하며, 곧 신체(身體)나 장부(臟腑)가 작으면서 무리(無理)가 따른다.

또한 대체로 이해(理解)를 잘하지 못하고 여러 번에 걸쳐서 설명(說明)을 해야 알아듣는다.

수생자(水生者)

천하수(天下水): 병오(丙午), 정미(丁未)

대해수(大海水): 임술(壬戌), 계해(癸亥)

장류수(長流水): 임진(壬辰), 계사(癸巳)

대계수(大溪水): 갑인(甲寅), 을묘(乙卯)

천중수(泉中水): 갑신(甲申), 을유(乙酉)

간하수(澗下水): 병자(丙子), 정축(丁丑)

수생자(水生者)는 크게는 신장(腎臟)과 관련(關聯)이 있으며, 또한 혈액(血液), 신경통(神經痛), 당뇨(糖尿), 방광(膀胱)에 작용(作用)을 한다.

각각(各各)의 수생자(水生者)에 따라 경중(輕重)의 차이(差異)가 있으며, 남자(男子)의 팔상체질(八象體質)과 여자(女子)의 팔상체질(八象體質)은 서로가 다르다.

신체(身體)가 크거나 작거나, 살이 찌거나 말랐거나, 수(水)에 따르는 질병(疾病)의 증세(症勢) 정도(程度)가 다르며, 또한 각각(各各)의 수생자(水生者)에 따라 다르다.

남자(男子) 천하수생자(天下水生者) 양(陽)의 기운(氣運)인 병오(丙午)와 음(陰)의 기운(氣運)인 정미(丁未)를 보면, 병오생자(丙午生者)는 외형(外形)이나 내형(內形)이 크고 정미생자(丁未生者)는 외형(外形)이나 내형(內形)이 작다.

또한 병오생자(丙午生者) 천하수(天下水) 양(陽)의 사상체질(四象體質)인

양(陽)의 태양체질(太陽體質), 건(乾) ☰

양(陽)의 소음체진(少陰體質), 태(兌) ☱

양(陽)의 소양체질(少陽體質), 리(離) ☲

양(陽)의 태음체질(太陰體質), 진(震) ☳

병오생자(丙午生者) 천하수(天下水) 음(陰)의 사상체질(四象體質)인

음(陰)의 태양체질(太陽體質), 손(巽) ☴

음(陰)의 소음체질(少陰體質), 감(坎) ☵

음(陰)의 소양체질(少陽體質), 간(艮) ☶

음(陰)의 태음체질(太陰體質), 곤(坤) ☷ 에 따라 크기와 증세(症勢)의 강도(强度)가 다르며, 여자(女子) 또한 이를 따르지만 남자(男子)가 본래(本來) 양(陽)의 기운(氣運)을 바탕으로 태어나고 여자(女子)는 음(陰)의 기운(氣運)을 바탕으로 태어나는 까닭에 경중(輕重)의 차이는 분명(分明)하게 있다.

그리고 정미생자(丁未生者) 천하수(天下水) 양(陽)의 사상체질(四象體質)인

양(陽)의 태양체질(太陽體質), 건(乾) ☰

양(陽)의 소음체질(少陰體質), 태(兌) ☱

양(陽)의 소양체질(少陽體質), 리(離) ☲

양(陽)의 태음체질(太陰體質), 진(震) ☳

정미생자(丁未生者) 천하수(天下水) 음(陰)의 사상체질(四象體質)인

음(陰)의 태양체질(太陽體質), 손(巽) ☴

음(陰)의 소음체질(少陰體質), 감(坎) ☵

음(陰)의 소양체질(少陽體質), 간(艮) ☶

음(陰)의 태음체질(太陰體質), 곤(坤) ☷ 에 따라 크기와 증세(症勢)의 강도(强度)가 다르며, 여자(女子) 또한 이를 따르지만 남자(男子)가 본래(本來) 양(陽)의 기운(氣運)을 바탕으로 태어나고 여자(女子)는 음(陰)의 기운(氣運)을 바탕으로 태어나는 까닭에 경중(輕重)의 차이는 분명(分明)하게 있다.

대해수생자(大海水生者), 장류수생자(長流水生者), 대계수생자(大溪水生者), 천중수생자(泉中水生者), 간하수생자(澗下水生者)에 따라 모든 것이 다르고 제 각각(各各)임을 알아야 한다.

양(陽)의 태양체질(太陽體質)은 겉으로 드러난 모습이나 안이 크고 쾌활(快活)하며, 곧 신체(身體)나 장부(臟腑)가 크고 팽팽하다.

또한 안에 담아두지를 않고 밖으로 쏟아 붓은 성격(性格)에 자신(自身)의 의사(意思)를 분명(分明)하게 밝힌다.

양(陽)의 소음체질(少陰體質)은 겉으로 드러난 모습이나 안이 크지만 그렇게 쾌활(快活)하지 않고 곧 신체(身體)나 장부(臟腑)가 크고 처지면서 늘어진다.

또한 조용하게 자신(自身)의 의견(意見)을 밝히는 성격(性格)에 안으로 숨기려는 조심성이 있다.

양(陽)의 소양체질(少陽體質)은 겉으로는 커 보이나 안이 작으면서 유쾌(愉快)하며, 곧 신체(身體)는 크나 장부(臟腑)가 작다.

또한 작고 소소(小小)한 것을 내세워 자랑하는 성격(性格)에 별 일도 아닌 것을 가지고 호들갑을 떤다.

양(陽)의 태음체질(太陰體質)은 겉으로는 크게 보이나 안이 작고 불유쾌(不愉快)하다.

곧 신체(身體)가 큰데 비해 장부(臟腑)가 작고 약하다.

또한 대단한 듯이 보이나 속이 좁은 성격(性格)에 솔직하게 스스로를 드러내지 않으면서 음흉(陰凶)하다.

음(陰)의 태양체질(太陽體質)은 겉으로 드러난 모습이 작고 안이 큰 까닭으로 상쾌(爽快)하며, 곧 신체(身體)는 작은데 비해 장부(臟腑)가 크고 팽팽하다.

또한 몸집에 비해 다부지고 스스로를 강하게 피력(披瀝)하고 길이 아니면 가지를 않는 성격(性格)이다.

음(陰)의 소음체질(少陰體質)은 겉으로는 작으나 안이 큰 까닭으로 활발(活潑)하고 곧 신체(身體)는 작고 장부(臟腑)가 크면서 탄력(彈力)이 부족하다.

또한 상대방(相對方)에 대해 배려(配慮)하는 성격(性格)이며 조심하면서 조용하게 의

사(意思)를 밝힌다.

음(陰)의 소양체질(少陽體質)은 겉으로나 안이 작은 까닭으로 그렇게 무리(無理)가 오지 않으며, 곧 신체(身體)나 장부(臟腑)가 적당(適當)하면서 든든하다.

또한 자신(自身)을 알아주기를 바라는 성격(性格)에 스스로를 내세워 자랑을 하는 사람이다.

음(陰)의 태음체질(太陰體質)은 겉으로나 안이 작으면서 불편(不便)하며, 곧 신체(身體)나 장부(臟腑)가 작으면서 무리(無理)가 따른다.

또한 대체로 이해(理解)를 잘하지 못하고 여러 번에 걸쳐서 설명(說明)을 해야 알아듣는다.

목생자(木生者)

대림목(大林木): 무진(戊辰), 기사(己巳)

송백목(松柏木): 경인(庚寅), 신묘(辛卯)

양류목(楊柳木): 임오(壬午), 계미(癸未)

평지목(平地木): 무술(戊戌), 기해(己亥)

석류목(石榴木): 경신(庚申), 신유(辛酉)

상자목(桑柘木): 임자(壬子), 계축(癸丑)

목생자(木生者)는 크게는 간장(肝臟)과 관련(關聯)이 있으면서 작게는 신경계통(神經系統), 담(膽, 쓸개) 등에 많은 작용(作用)을 한다.

각각(各各)의 목생자(木生者)에 따라 경중(輕重)의 차이(差異)가 있으며, 남자(男子)의 팔상체질(八象體質)과 여자(女子)의 팔상체질(八象體質)은 서로가 다르다.

신체(身體)가 크거나 작거나, 살이 찌거나 말랐거나, 목(木)에 따르는 질병(疾病)의 증세(症勢) 정도(程度)가 다르며, 또한 각각(各各)의 목생자(木生者)에 따라 다르다.

남자(男子) 대림목생자(大林木生者) 양(陽)의 기운(氣運)인 무진(戊辰)과 음(陰)의 기운(氣運)인 기사(己巳)를 보면, 무진생자(戊辰生者)는 외형(外形)이나 내형(內形)이 크고 기사생자(己巳生者)는 외형(外形)이나 내형(內形)이 작다.

또한 무진생자(戊辰生者) 대림목(大林木) 양(陽)의 사상체질(四象體質)인

양(陽)의 태양체질(太陽體質), 건(乾) ☰

양(陽)의 소음체질(少陰體質), 태(兌) ☱

양(陽)의 소양체질(少陽體質), 리(離) ☲

양(陽)의 태음체질(太陰體質), 진(震) ☳

무진생자(戊辰生者) 대림목(大林木) 음(陰)의 사상체질(四象體質)인

음(陰)의 태양체질(太陽體質), 손(巽) ☴

음(陰)의 소음체질(少陰體質), 감(坎) ☵

음(陰)의 소양체질(少陽體質), 간(艮) ☶

음(陰)의 태음체질(太陰體質), 곤(坤) ☷ 에 따라 크기와 증세(症勢)의 강도(强度)가 다르며, 여자(女子) 또한 이를 따르지만 남자(男子)가 본래(本來) 양(陽)의 기운(氣運)을 바탕으로 태어나고 여자(女子)는 음(陰)의 기운(氣運)을 바탕으로 태어나는 까닭에 경중(輕重)의 차이는 분명(分明)하게 있다.

그리고 기사생자(己巳生者) 대림목(大林木) 양(陽)의 사상체질(四象體質)인

양(陽)의 태양체질(太陽體質), 건(乾) ☰

양(陽)의 소음체질(少陰體質), 태(兌) ☱

양(陽)의 소양체질(少陽體質), 리(離) ☲

양(陽)의 태음체질(太陰體質), 진(震) ☳

기사생자(己巳生者) 대림목(大林木) 음(陰)의 사상체질(四象體質)인

음(陰)의 태양체질(太陽體質), 손(巽) ☴

음(陰)의 소음체질(少陰體質), 감(坎) ☵

음(陰)의 소양체질(少陽體質), 간(艮) ☶

음(陰)의 태음체질(太陰體質), 곤(坤) ☷ 에 따라 크기와 증세(症勢)의 강도(强度)가 다르며, 여자(女子) 또한 이를 따르지만 남자(男子)가 본래(本來) 양(陽)의 기운(氣運)

을 바탕으로 태어나고 여자(女子)는 음(陰)의 기운(氣運)을 바탕으로 태어나는 까닭에 경중(輕重)의 차이는 분명(分明)하게 있다.

송백목생자(松柏木生者), 양류목생자(楊柳木生者), 평지목생자(平地木生者), 석류목생자(石榴木生者), 상자목생자(桑柘木生者)에 따라 모든 것이 다르고 제 각각(各各)임을 알아야 한다.

양(陽)의 태양체질(太陽體質)은 겉으로 드러난 모습이나 안이 크고 쾌활(快活)하며, 곧 신체(身體)나 장부(臟腑)가 크고 팽팽하다.

또한 안에 담아두지를 않고 밖으로 쏟아 붓은 성격(性格)에 자신(自身)의 의사(意思)를 분명(分明)하게 밝힌다.

양(陽)의 소음체질(少陰體質)은 겉으로 드러난 모습이나 안이 크지만 그렇게 쾌활(快活)하지 않고 곧 신체(身體)나 장부(臟腑)가 크고 처지면서 늘어진다.

또한 조용하게 자신(自身)의 의견(意見)을 밝히는 성격(性格)에 안으로 숨기려는 조심성이 있다.

양(陽)의 소양체질(少陽體質)은 겉으로는 커 보이나 안이 작으면서 유쾌(愉快)하며, 곧 신체(身體)는 크나 장부(臟腑)가 작다.

또한 작고 소소(小小)한 것을 내세워 자랑하는 성격(性格)에 별 일도 아닌 것을 가지고 호들갑을 떤다.

양(陽)의 태음체질(太陰體質)은 겉으로는 크게 보이나 안이 작고 불유쾌(不愉快)하다. 곧 신체(身體)가 큰데 비해 장부(臟腑)가 작고 약하다.

또한 대단한 듯이 보이나 속이 좁은 성격(性格)에 솔직하게 스스로를 드러내지 않으면서 음흉(陰凶)하다.

음(陰)의 태양체질(太陽體質)은 겉으로 드러난 모습이 작고 안이 큰 까닭으로 상쾌(爽快)하며, 곧 신체(身體)는 작은데 비해 장부(臟腑)가 크고 팽팽하다.

또한 몸집에 비해 다부지고 스스로를 강하게 피력(披瀝)하고 길이 아니면 가지를 않는 성격(性格)이다.

음(陰)의 소음체질(少陰體質)은 겉으로는 작으나 안이 큰 까닭으로 활발(活潑)하고 곧 신체(身體)는 작고 장부(臟腑)가 크면서 탄력(彈力)이 부족하다.

또한 상대방(相對方)에 대해 배려(配慮)하는 성격(性格)이며 조심하면서 조용하게 의사(意思)를 밝힌다.

음(陰)의 소양체질(少陽體質)은 겉으로나 안이 작은 까닭으로 그렇게 무리(無理)가 오지 않으며, 곧 신체(身體)나 장부(臟腑)가 적당(適當)하면서 든든하다.

또한 자신(自身)을 알아주기를 바라는 성격(性格)에 스스로를 내세워 자랑을 하는 사람이다.

음(陰)의 태음체질(太陰體質)은 겉으로나 안이 작으면서 불편(不便)하며, 곧 신체(身體)나 장부(臟腑)가 작으면서 무리(無理)가 따른다.

또한 대체로 이해(理解)를 잘하지 못하고 여러 번에 걸쳐서 설명(說明)을 해야 알아듣는다.

금생자(金生者)

금박금(金薄金): 임인(壬寅), 계묘(癸卯)

검봉금(劍鋒金): 임신(壬申), 계유(癸酉)

백납금(白鑞金): 경진(庚辰), 신사(辛巳)

해중금(海中金): 갑자(甲子), 을축(乙丑)

차천금(鎈釧金): 경술(庚戌), 신해(辛亥)

사중금(沙中金): 갑오(甲午), 을미(乙未)

금생자(金生者)는 크게는 폐(肺)와 근골(筋骨)과의 관련(關聯)이 있으며, 또한 대장(大臟), 중풍(中風), 사지병(四肢病)과 깊은 작용(作用)을 한다.

각각(各各)의 금생자(金生者)에 따라 경중(輕重)의 차이(差異)가 있으며, 남자(男子)의 팔상체질(八象體質)과 여자(女子)의 팔상체질(八象體質)은 서로가 다르다.

신체(身體)가 크거나 작거나, 살이 찌거나 말랐거나, 금(金)에 따르는 질병(疾病)의 증세(症勢) 정도(程度)가 다르며, 또한 각각(各各)의 금생자(金生者)에 따라 다르다.

남자(男子) 금박금생자(金薄金生者) 양(陽)의 기운(氣運)인 임인(壬寅)과 음(陰)의 기운(氣運)인 계묘(癸卯)를 보면, 임인생자(壬寅生者)는 외형(外形)이나 내형(內形)이 크고 계묘생자(癸卯生者)는 외형(外形)이나 내형(內形)이 작다.

또한 임인생자(壬寅生者) 금박금(金薄金) 양(陽)의 사상체질(四象體質)인

양(陽)의 태양체질(太陽體質), 건(乾) ☰

양(陽)의 소음체질(少陰體質), 태(兌) ☱

양(陽)의 소양체질(少陽體質), 리(離) ☲

양(陽)의 태음체질(太陰體質), 진(震) ☳

임인생자(壬寅生者) 금박금(金薄金) 음(陰)의 사상체질(四象體質)인

음(陰)의 태양체질(太陽體質), 손(巽) ☴

음(陰)의 소음체질(少陰體質), 감(坎) ☵

음(陰)의 소양체질(少陽體質), 간(艮) ☶

음(陰)의 태음체질(太陰體質), 곤(坤) ☷ 에 따라 크기와 증세(症勢)의 강도(强度)가 다르며, 여자(女子) 또한 이를 따르지만 남자(男子)가 본래(本來) 양(陽)의 기운(氣運)을 바탕으로 태어나고 여자(女子)는 음(陰)의 기운(氣運)을 바탕으로 태어나는 까닭에 경중(輕重)의 차이는 분명(分明)하게 있다.

그리고 계묘생자(癸卯生者) 금박금(金薄金) 양(陽)의 사상체질(四象體質)인

양(陽)의 태양체질(太陽體質), 건(乾) ☰

양(陽)의 소음체질(少陰體質), 태(兌) ☱

양(陽)의 소양체질(少陽體質), 리(離) ☲

양(陽)의 태음체질(太陰體質), 진(震) ☳

계묘생자(癸卯生者) 금박금(金薄金) 음(陰)의 사상체질(四象體質)인

음(陰)의 태양체질(太陽體質), 손(巽) ☴

음(陰)의 소음체질(少陰體質), 감(坎) ☵

음(陰)의 소양체질(少陽體質), 간(艮) ☶

음(陰)의 태음체질(太陰體質)곤(坤) ☷ 에 따라 크기와 증세(症勢)의 강도(强度)가 다르며, 여자(女子) 또한 이를 따르지만 남자(男子)가 본래(本來) 양(陽)의 기운(氣運)을 바탕으로 태어나고 여자(女子)는 음(陰)의 기운(氣運)을 바탕으로 태어나는 까닭에 경중(輕重)의 차이는 분명(分明)하게 있다.

검봉금생자(劍鋒金生者), 백납금생자(白鑞金生者), 해중금생자(海中金生者), 차천금생자(鎈釧金生者), 사중금생자(沙中金生者)에 따라 모든 것이 다르고 제 각각(各各)임을 알아야 한다.

양(陽)의 태양체질(太陽體質)은 겉으로 드러난 모습이나 안이 크고 쾌활(快活)하며, 곧 신체(身體)나 장부(臟腑)가 크고 팽팽하다.

또한 안에 담아두지를 않고 밖으로 쏟아 붓은 성격(性格)에 자신(自身)의 의사(意思)를 분명(分明)하게 밝힌다.

양(陽)의 소음체질(少陰體質)은 겉으로 드러난 모습이나 안이 크지만 그렇게 쾌활(快活)하지 않고 곧 신체(身體)나 장부(臟腑)가 크고 처지면서 늘어진다.

또한 조용하게 자신(自身)의 의견(意見)을 밝히는 성격(性格)에 안으로 숨기려는 조심성이 있다.

양(陽)의 소양체질(少陽體質)은 겉으로는 커 보이나 안이 작으면서 유쾌(愉快)하며, 곧 신체(身體)는 크나 장부(臟腑)가 작다.

또한 작고 소소(小小)한 것을 내세워 자랑하는 성격(性格)에 별 일도 아닌 것을 가지고 호들갑을 떤다.

양(陽)의 태음체질(太陰體質)은 겉으로는 크게 보이나 안이 작고 불유쾌(不愉快)하다.

곧 신체(身體)가 큰데 비해 장부(臟腑)가 작고 약하다.

또한 대단한 듯이 보이나 속이 좁은 성격(性格)에 솔직하게 스스로를 드러내지 않으면서 음흉(陰凶)하다.

음(陰)의 태양체질(太陽體質)은 겉으로 드러난 모습이 작고 안이 큰 까닭으로 상쾌(爽快)하며, 곧 신체(身體)는 작은데 비해 장부(臟腑)가 크고 팽팽하다.

또한 몸집에 비해 다부지고 스스로를 강하게 피력(披瀝)하고 길이 아니면 가지를 않는 성격(性格)이다.

음(陰)의 소음체질(少陰體質)은 겉으로는 작으나 안이 큰 까닭으로 활발(活潑)하고 곧 신체(身體)는 작고 장부(臟腑)가 크면서 탄력(彈力)이 부족하다.

또한 상대방(相對方)에 대해 배려(配慮)하는 성격(性格)이며 조심하면서 조용하게 의사(意思)를 밝힌다.

음(陰)의 소양체질(少陽體質)은 겉으로나 안이 작은 까닭으로 그렇게 무리(無理)가 오지 않으며, 곧 신체(身體)나 장부(臟腑)가 적당(適當)하면서 든든하다.

또한 자신(自身)을 알아주기를 바라는 성격(性格)에 스스로를 내세워 자랑을 하는 사람이다.

음(陰)의 태음체질(太陰體質)은 겉으로나 안이 작으면서 불편(不便)하며, 곧 신체(身體)나 장부(臟腑)가 작으면서 무리(無理)가 따른다.

또한 대체로 이해(理解)를 잘하지 못하고 여러 번에 걸쳐서 설명(說明)을 해야 알아듣는다.

토생자(土生者)

노방토(路傍土): 경오(庚午), 신미(辛未)

대역토(大驛土): 무신(戊申), 기유(己酉)

성두토(城頭土): 무인(戊寅), 기묘(己卯)

옥상토(屋上土): 병술(丙戌), 정해(丁亥)

벽상토(壁上土): 경자(庚子), 신축(辛丑)

사중토(沙中土): 병진(丙辰), 정사(丁巳)

토생자(土生者)는 위장병(胃臟病) 및 소화불량(消化不良), 비장(脾臟, 지라), 피부병(皮膚病), 복부팽만(腹部膨滿)에 작용(作用)을 크게 한다. 각각(各各)의 토생자(土生者)에 따라 경중(輕重)의 차이(差異)가 있으며, 남자(男子)의 팔상체질(八象體質)과 여자

(女子)의 팔상체질(八象體質)은 서로가 다르다.

신체(身體)가 크거나 작거나, 살이 찌거나 말랐거나, 토(土)에 따르는 질병(疾病)의 증세(症勢) 정도(程度)가 다르며, 또한 각각(各各)의 토생자(土生者)에 따라 다르다.

남자(男子) 노방토생자(路傍土生者) 양(陽)의 기운(氣運)인 경오(庚午)와 음(陰)의 기운(氣運)인 신미(辛未)를 보면, 경오생자(庚午生者)는 외형(外形)이나 내형(內形)이 크고 신미생자(辛未生者)는 외형(外形)이나 내형(內形)이 작다.

또한 경오생자(庚午生者) 노방토(路傍土) 양(陽)의 사상체질(四象體質)인

양(陽)의 태양체질(太陽體質), 건(乾) ☰

양(陽)의 소음체질(少陰體質), 태(兌) ☱

양(陽)의 소양체질(少陽體質), 리(離) ☲

양(陽)의 태음체질(太陰體質), 진(震) ☳

경오생자(庚午生者) 노방토(路傍土) 음(陰)의 사상체질(四象體質)인

음(陰)의 태양체질(太陽體質), 손(巽) ☴

음(陰)의 소음체질(少陰體質), 감(坎) ☵

음(陰)의 소양체질(少陽體質), 간(艮) ☶

음(陰)의 태음체질(太陰體質), 곤(坤) ☷ 에 따라 크기와 증세(症勢)의 강도(强度)가 다르며, 여자(女子) 또한 이를 따르지만 남자(男子)가 본래(本來) 양(陽)의 기운(氣運)을 바탕으로 태어나고 여자(女子)는 음(陰)의 기운(氣運)을 바탕으로 태어나는 까닭에 경중(輕重)의 차이는 분명(分明)하게 있다.

그리고 신미생자(辛未生者) 노방토(路傍土) 양(陽)의 사상체질(四象體質)인

양(陽)의 태양체질(太陽體質), 건(乾) ☰

양(陽)의 소음체질(少陰體質), 태(兌) ☱

양(陽)의 소양체질(少陽體質), 리(離) ☲

양(陽)의 태음체질(太陰體質), 진(震) ☳

신미생자(辛未生者) 노방토(路傍土) 음(陰)의 사상체질(四象體質)인

음(陰)의 태양체질(太陽體質), 손(巽) ☴

음(陰)의 소음체질(少陰體質), 감(坎) ☵

음(陰)의 소양체질(少陽體質), 간(艮) ☶

음(陰)의 태음체질(太陰體質), 곤(坤) ☷ 에 따라 크기와 증세(症勢)의 강도(强度)가 다르며, 여자(女子) 또한 이를 따르지만 남자(男子)가 본래(本來) 양(陽)의 기운(氣運)을 바탕으로 태어나고 여자(女子)는 음(陰)의 기운(氣運)을 바탕으로 태어나는 까닭에 경중(輕重)의 차이는 분명(分明)하게 있다.

대역토생자(大驛土生者), 성두토생자(城頭土生者), 옥상토생자(屋上土生者), 벽상토생자(壁上土生者), 사중토생자(沙中土生者)에 따라 모든 것이 다르고 제 각각(各各)임을 알아야 한다.

양(陽)의 태양체질(太陽體質)은 겉으로 드러난 모습이나 안이 크고 쾌활(快活)하며, 곧 신체(身體)나 장부(臟腑)가 크고 팽팽하다.

또한 안에 담아두지를 않고 밖으로 쏟아 붓은 성격(性格)에 자신(自身)의 의사(意思)를 분명(分明)하게 밝힌다.

양(陽)의 소음체질(少陰體質)은 겉으로 드러난 모습이나 안이 크지만 그렇게 쾌활(快活)하지 않고 곧 신체(身體)나 장부(臟腑)가 크고 처지면서 늘어진다.

또한 조용하게 자신(自身)의 의견(意見)을 밝히는 성격(性格)에 안으로 숨기려는 조심성이 있다.

양(陽)의 소양체질(少陽體質)은 겉으로는 커 보이나 안이 작으면서 유쾌(愉快)하며, 곧 신체(身體)는 크나 장부(臟腑)가 작다.

또한 작고 소소(小小)한 것을 내세워 자랑하는 성격(性格)에 별 일도 아닌 것을 가지고 호들갑을 떤다.

양(陽)의 태음체질(太陰體質)은 겉으로는 크게 보이나 안이 작고 불유쾌(不愉快)하다. 즉 신체(身體)가 큰데 비해 장부(臟腑)가 작고 약하다.

또한 대단한 듯이 보이나 속이 좁은 성격(性格)에 솔직하게 스스로를 드러내지 않으면서 음흉(陰凶)하다.

음(陰)의 태양체질(太陽體質)은 겉으로 드러난 모습이 작고 안이 큰 까닭으로 상쾌(爽

快)하며, 곧 신체(身體)는 작은데 비해 장부(臟腑)가 크고 팽팽하다.

또한 몸집에 비해 다부지고 스스로를 강하게 피력(披瀝)하고 길이 아니면 가지를 않는 성격(性格)이다.

음(陰)의 소음체질(少陰體質)은 겉으로는 작으나 안이 큰 까닭으로 활발(活潑)하고, 곧 신체(身體)는 작고 장부(臟腑)가 크면서 탄력(彈力)이 부족하다.

또한 상대방(相對方)에 대해 배려(配慮)하는 성격(性格)이며 조심하면서 조용하게 의사(意思)를 밝힌다.

음(陰)의 소양체질(少陽體質)은 겉으로나 안이 작은 까닭으로 그렇게 무리(無理)가 오지 않으며, 곧 신체(身體)나 장부(臟腑)가 적당(適當)하면서 든든하다.

또한 자신(自身)을 알아주기를 바라는 성격(性格)에 스스로를 내세워 자랑을 하는 사람이다.

음(陰)의 태음체질(太陰體質)은 겉으로나 안이 작으면서 불편(不便)하며, 곧 신체(身體)나 장부(臟腑)가 작으면서 무리(無理)가 따른다.

또한 대체로 이해(理解)를 잘하지 못하고 여러 번에 걸쳐서 설명(說明)을 해야 알아듣는다.

초년(初年), 중년(中年), 말년(末年)이란

초년(初年)이란 말 그대로 중년(中年)이 되기까지며, 대개의 경우 결혼(結婚)하기 전까지를 말한다.

중년(中年)이란 40대 전후(前後)를 이르며 결혼(結婚)해서 아이를 낳고, 그 아이가 자라서 결혼(結婚)할 때까지다.

말년(末年)이란 자식(子息)이 손자(孫子), 손녀(孫女)를 안겨주면서부터 멸(滅)할 때까지다.

음양(陰陽)의 기운(氣運)에 따른 체질(體質)의 변화(變化)

양(陽)의 기운(氣運)이 일어나 활동(活動)하는 동지(冬至)부터 하지(夏至)까지는, 시주(時柱)가 평생(平生)을 따라가는 체질(體質)을, 일주(日柱)가 초년(初年)에 드러나는 자신(自身) 스스로의 본바탕이 되는 체질(體質)을, 월주(月柱)가 중년(中年)에 따라오는 체질(體質)의 변화(變化)를, 년주(年柱)가 말년(末年)에 드러나는 체질(體質)을 보는 것이다.

음(陰)의 기운(氣運)이 일어나 활동(活動)하는 하지(夏至)부터 동지(冬至)까지는, 시주(時柱)가 말년(末年)에 드러나는 체질(體質)을, 일주(日柱)가 중년(中年)에 따라오는 체질(體質)의 변화(變化)를, 월주(月柱)가 초년(初年)에 드러나는 자신(自身) 스스로의 본바탕이 되는 체질(體質)을, 년주(年柱)가 평생(平生)을 따라가는 체질(體質)을 보는 것이다.

남자(男子)는 어떤 여자(女子)를 만나는 것에 따라 체질(體質) 변화(變化)와 함께 질병(疾病)이 나기도 하며, 없이지기도 하고 심해지거나 덜해지기도 한다.

여자(女子) 또한 마찬가지이며, 스스로의 체질(體質)은 육십갑자병납음(六十甲子竝納音) 오행(五行)에 따라 초년(初年), 중년(中年), 말년(末년)을 따라 체질(體質)의 변화(變化)가 오고 병(病)이 나기도 하며 낫기도 하는 것이다.

물론 심해지거나 덜해지기도 한다.

7. 병납음 오행 16상 체질론 도표(竝納音 五行 十六象 體質論 圖表)

화생자(火生者)

천상화(天上火): 무오(戊午) 기미(己未)

벽력화(霹靂火): 무자(戊子) 기축(己丑)

산두화(山頭火): 갑술(甲戌) 을해(乙亥)

산하화(山下火): 병신(丙申) 정유(丁酉)

노중화(爐中火): 병인(丙寅) 정묘(丁卯)

복등화(覆燈火): 갑진(甲辰) 을사(乙巳)

화생자(火生者)는 크게는 심장(心臟)과 소장(小腸)의 질병(疾病)에 관련(關聯)이 있으며, 작게는 해수병(咳嗽病, 연거푸 기침을 하는 증세), 눈병, 목병과 관계(關係)가 있고 변비증(便秘症)이 있다.

각각(各各)의 화생자(火生者)에 따라 경중(輕重)의 차이(差異)가 있으며, 남자(男子)의 팔상체질(八象體質)과 여자(女子)의 팔상체질(八象體質)은 서로가 다르다.

1) 천상화(天上火): 무오(戊午), 기미(己未)

남자(男子) 8상 체질론(八象 體質論)

양(陽) → 남자(男子)				음(陰) → 남자(男子)			
건(乾)☰	태(兌)☱	리(離)☲	진(震)☳	손(巽)☴	감(坎)☵	간(艮)☶	곤(坤)☷
太陽	少陰	少陽	太陰	太陽	少陰	少陽	太陰

천상화(天上火): 남자(男子): 양(陽)에 태양(太陽) 체질(體質)
남자(男子): 양(陽)에 소음(少陰) 체질(體質)
남자(男子): 양(陽)에 소양(少陽) 체질(體質)
남자(男子): 양(陽)에 태음(太陰) 체질(體質)
남자(男子): 음(陰)에 태양(太陽) 체질(體質)
남자(男子): 음(陰)에 소음(少陰) 체질(體質)
남자(男子): 음(陰)에 소양(少陽) 체질(體質)
남자(男子): 음(陰)에 태음(太陰) 체질(體質)

여자(女子) 8상 체질론(八象 體質論)

양(陽) → 여자(女子)				음(陰) → 여자(女子)			
건(乾)☰	태(兌)☱	리(離)☲	진(震)☳	손(巽)☴	감(坎)☵	간(艮)☶	곤(坤)☷
太陽	少陰	少陽	太陰	太陽	少陰	少陽	太陰

천상화(天上火): 여자(女子): 양(陽)에 태양(太陽) 체질(體質)
여자(女子): 양(陽)에 소음(少陰) 체질(體質)
여자(女子): 양(陽)에 소양(少陽) 체질(體質)
여자(女子): 양(陽)에 태음(太陰) 체질(體質)
여자(女子): 음(陰)에 태양(太陽) 체질(體質)
여자(女子): 음(陰)에 소음(少陰) 체질(體質)
여자(女子): 음(陰)에 소양(少陽) 체질(體質)
여자(女子): 음(陰)에 태음(太陰) 체질(體質)

2) 벽력화(霹靂火): 무자(戊子), 기축(己丑)

남자(男子) 8상 체질론(八象 體質論)

양(陽) → 남자(男子)				음(陰) → 남자(男子)			
건(乾)☰	태(兌)☱	리(離)☲	진(震)☳	손(巽)☴	감(坎)☵	간(艮)☶	곤(坤)☷
太陽	少陰	少陽	太陰	太陽	少陰	少陽	太陰

벽력화(霹靂火): 남자(男子): 양(陽)에 태양(太陽) 체질(體質)
남자(男子): 양(陽)에 소음(少陰) 체질(體質)
남자(男子): 양(陽)에 소양(少陽) 체질(體質)
남자(男子): 양(陽)에 태음(太陰) 체질(體質)
남자(男子): 음(陰)에 태양(太陽) 체질(體質)
남자(男子): 음(陰)에 소음(少陰) 체질(體質)
남자(男子): 음(陰)에 소양(少陽) 체질(體質)
남자(男子): 음(陰)에 태음(太陰) 체질(體質)

여자(女子) 8상 체질론(八象 體質論)

양(陽) → 여자(女子)				음(陰) → 여자(女子)			
건(乾)☰	태(兌)☱	리(離)☲	진(震)☳	손(巽)☴	감(坎)☵	간(艮)☶	곤(坤)☷
太陽	少陰	少陽	太陰	太陽	少陰	少陽	太陰

벽력화(霹靂火): 여자(女子): 양(陽)에 태양(太陽) 체질(體質)
여자(女子): 양(陽)에 소음(少陰) 체질(體質)
여자(女子): 양(陽)에 소양(少陽) 체질(體質)

여자(女子): 양(陽)에 태음(太陰) 체질(體質)

여자(女子): 음(陰)에 태양(太陽) 체질(體質)

여자(女子): 음(陰)에 소음(少陰) 체질(體質)

여자(女子): 음(陰)에 소양(少陽) 체질(體質)

여자(女子): 음(陰)에 태음(太陰) 체질(體質)

3) 산두화(山頭火): 갑술(甲戌), 을해(乙亥)

남자(男子) 8상 체질론(八象 體質論)

양(陽) → 남자(男子)				음(陰) → 남자(男子)			
건(乾)☰	태(兌)☱	리(離)☲	진(震)☳	손(巽)☴	감(坎)☵	간(艮)☶	곤(坤)☷
太陽	少陰	少陽	太陰	太陽	少陰	少陽	太陰

산두화(山頭火): 남자(男子): 양(陽)에 태양(太陽) 체질(體質)

남자(男子): 양(陽)에 소음(少陰) 체질(體質)

남자(男子): 양(陽)에 소양(少陽) 체질(體質)

남자(男子): 양(陽)에 태음(太陰) 체질(體質)

남자(男子): 음(陰)에 태양(太陽) 체질(體質)

남자(男子): 음(陰)에 소음(少陰) 체질(體質)

남자(男子): 음(陰)에 소양(少陽) 체질(體質)

남자(男子): 음(陰)에 태음(太陰) 체질(體質)

여자(女子) 8상 체질론(八象 體質論)

양(陽) → 여자(女子)				음(陰) → 여자(女子)			
건(乾)☰	태(兌)☱	리(離)☲	진(震)☳	손(巽)☴	감(坎)☵	간(艮)☶	곤(坤)☷
太陽	少陰	少陽	太陰	太陽	少陰	少陽	太陰

산두화(山頭火): 여자(女子): 양(陽)에 태양(太陽) 체질(體質)
여자(女子): 양(陽)에 소음(少陰) 체질(體質)
여자(女子): 양(陽)에 소양(少陽) 체질(體質)
여자(女子): 양(陽)에 태음(太陰) 체질(體質)
여자(女子): 음(陰)에 태양(太陽) 체질(體質)
여자(女子): 음(陰)에 소음(少陰) 체질(體質)
여자(女子): 음(陰)에 소양(少陽) 체질(體質)
여자(女子): 음(陰)에 태음(太陰) 체질(體質)

4) 산하화(山下火): 병신(丙申), 정유(丁酉)

남자(男子) 8상 체질론(八象 體質論)

양(陽) → 남자(男子)				음(陰) → 남자(男子)			
건(乾)☰	태(兌)☱	리(離)☲	진(震)☳	손(巽)☴	감(坎)☵	간(艮)☶	곤(坤)☷
太陽	少陰	少陽	太陰	太陽	少陰	少陽	太陰

산하화(山下火): 남자(男子): 양(陽)에 태양(太陽) 체질(體質)
남자(男子): 양(陽)에 소음(少陰) 체질(體質)
남자(男子): 양(陽)에 소양(少陽) 체질(體質)

남자(男子): 양(陽)에 태음(太陰) 체질(體質)

남자(男子): 음(陰)에 태양(太陽) 체질(體質)

남자(男子): 음(陰)에 소음(少陰) 체질(體質)

남자(男子): 음(陰)에 소양(少陽) 체질(體質)

남자(男子): 음(陰)에 태음(太陰) 체질(體質)

여자(女子) 8상 체질론(八象 體質論)

양(陽) → 여자(女子)				음(陰) → 여자(女子)			
건(乾)☰	태(兌)☱	리(離)☲	진(震)☳	손(巽)☴	감(坎)☵	간(艮)☶	곤(坤)☷
太陽	少陰	少陽	太陰	太陽	少陰	少陽	太陰

산하화(山下火): 여자(女子): 양(陽)에 태양(太陽) 체질(體質)

여자(女子): 양(陽)에 소음(少陰) 체질(體質)

여자(女子): 양(陽)에 소양(少陽) 체질(體質)

여자(女子): 양(陽)에 태음(太陰) 체질(體質)

여자(女子): 음(陰)에 태양(太陽) 체질(體質)

여자(女子): 음(陰)에 소음(少陰) 체질(體質)

여자(女子): 음(陰)에 소양(少陽) 체질(體質)

여자(女子): 음(陰)에 태음(太陰) 체질(體質)

5) 노중화(爐中火): 병인(丙寅), 정묘(丁卯)

남자(男子) 8상 체질론(八象 體質論)

양(陽) → 남자(男子)				음(陰) → 남자(男子)			
건(乾)☰	태(兌)☱	리(離)☲	진(震)☳	손(巽)☴	감(坎)☵	간(艮)☶	곤(坤)☷
太陽	少陰	少陽	太陰	太陽	少陰	少陽	太陰

노중화(爐中火): 남자(男子): 양(陽)에 태양(太陽) 체질(體質)
남자(男子): 양(陽)에 소음(少陰) 체질(體質)
남자(男子): 양(陽)에 소양(少陽) 체질(體質)
남자(男子): 양(陽)에 태음(太陰) 체질(體質)
남자(男子): 음(陰)에 태양(太陽) 체질(體質)
남자(男子): 음(陰)에 소음(少陰) 체질(體質)
남자(男子): 음(陰)에 소양(少陽) 체질(體質)
남자(男子): 음(陰)에 태음(太陰) 체질(體質)

여자(女子) 8상 체질론(八象 體質論)

양(陽) → 여자(女子)				음(陰) → 여자(女子)			
건(乾)☰	태(兌)☱	리(離)☲	진(震)☳	손(巽)☴	감(坎)☵	간(艮)☶	곤(坤)☷
太陽	少陰	少陽	太陰	太陽	少陰	少陽	太陰

노중화(爐中火): 여자(女子): 양(陽)에 태양(太陽) 체질(體質)
여자(女子): 양(陽)에 소음(少陰) 체질(體質)
여자(女子): 양(陽)에 소양(少陽) 체질(體質)

여자(女子): 양(陽)에 태음(太陰) 체질(體質)

여자(女子): 음(陰)에 태양(太陽) 체질(體質)

여자(女子): 음(陰)에 소음(少陰) 체질(體質)

여자(女子): 음(陰)에 소양(少陽) 체질(體質)

여자(女子): 음(陰)에 태음(太陰) 체질(體質)

6) 복등화(覆燈火): 갑진(甲辰), 을사(乙巳)

남자(男子) 8상 체질론(八象 體質論)

양(陽) → 남자(男子)				음(陰) → 남자(男子)			
건(乾)☰	태(兌)☱	리(離)☲	진(震)☳	손(巽)☴	감(坎)☵	간(艮)☶	곤(坤)☷
太陽	少陰	少陽	太陰	太陽	少陰	少陽	太陰

복등회(覆燈火): 남자(男子): 양(陽)에 태양(太陽) 체질(體質)

남자(男子): 양(陽)에 소음(少陰) 체질(體質)

남자(男子): 양(陽)에 소양(少陽) 체질(體質)

남자(男子): 양(陽)에 태음(太陰) 체질(體質)

남자(男子): 음(陰)에 태양(太陽) 체질(體質)

남자(男子): 음(陰)에 소음(少陰) 체질(體質)

남자(男子): 음(陰)에 소양(少陽) 체질(體質)

남자(男子): 음(陰)에 태음(太陰) 체질(體質)

여자(女子) 8상 체질론(八象 體質論)

양(陽) → 여자(女子)				음(陰) → 여자(女子)			
건(乾)☰	태(兌)☱	리(離)☲	진(震)☳	손(巽)☴	감(坎)☵	간(艮)☶	곤(坤)☷
太陽	少陰	少陽	太陰	太陽	少陰	少陽	太陰

복등화(覆燈火): 여자(女子): 양(陽)에 태양(太陽) 체질(體質)
여자(女子): 양(陽)에 소음(少陰) 체질(體質)
여자(女子): 양(陽)에 소양(少陽) 체질(體質)
여자(女子): 양(陽)에 태음(太陰) 체질(體質)
여자(女子): 음(陰)에 태양(太陽) 체질(體質)
여자(女子): 음(陰)에 소음(少陰) 체질(體質)
여자(女子): 음(陰)에 소양(少陽) 체질(體質)
여자(女子): 음(陰)에 태음(太陰) 체질(體質)

수생자(水生者)

천하수(天下水): 병오(丙午), 정미(丁未)
대해수(大海水): 임술(壬戌), 계해(癸亥)
장류수(長流水): 임진(壬辰), 계사(癸巳)
대계수(大溪水): 갑인(甲寅), 을묘(乙卯)
천중수(泉中水): 갑신(甲申), 을유(乙酉)
간하수(澗下水): 병자(丙子), 정축(丁丑)

수생자(水生者)는 크게는 신장(腎臟)과 관련(關聯)이 있으며, 또한 혈액(血液), 신경통(神經痛), 당뇨(糖尿), 방광(膀胱)에 작용(作用)을 한다.

각각(各各)의 수생자(水生者)에 따라 경중(輕重)의 차이(差異)가 있으며, 남자(男子)의 팔상체질(八象體質)과 여자(女子)의 팔상체질(八象體質)은 서로가 다르다.

1) 천하수(天下水): 병오(丙午), 정미(丁未)

남자(男子) 8상 체질론(八象 體質論)

양(陽) → 남자(男子)				음(陰) → 남자(男子)			
건(乾)☰	태(兌)☱	리(離)☲	진(震)☳	손(巽)☴	감(坎)☵	간(艮)☶	곤(坤)☷
太陽	少陰	少陽	太陰	太陽	少陰	少陽	太陰

천하수(天下水): 남자(男子): 양(陽)에 태양(太陽) 체질(體質)
남자(男子): 양(陽)에 소음(少陰) 체질(體質)
남자(男子): 양(陽)에 소양(少陽) 체질(體質)
남자(男子): 양(陽)에 태음(太陰) 체질(體質)
남자(男子): 음(陰)에 태양(太陽) 체질(體質)
남자(男子): 음(陰)에 소음(少陰) 체질(體質)
남자(男子): 음(陰)에 소양(少陽) 체질(體質)
남자(男子): 음(陰)에 태음(太陰) 체질(體質)

여자(女子) 8상 체질론(八象 體質論)

양(陽) → 여자(女子)				음(陰) → 여자(女子)			
건(乾)☰	태(兌)☱	리(離)☲	진(震)☳	손(巽)☴	감(坎)☵	간(艮)☶	곤(坤)☷
太陽	少陰	少陽	太陰	太陽	少陰	少陽	太陰

천하수(天下水): 여자(女子): 양(陽)에 태양(太陽) 체질(體質)
여자(女子): 양(陽)에 소음(少陰) 체질(體質)
여자(女子): 양(陽)에 소양(少陽) 체질(體質)
여자(女子): 양(陽)에 태음(太陰) 체질(體質)
여자(女子): 음(陰)에 태양(太陽) 체질(體質)
여자(女子): 음(陰)에 소음(少陰) 체질(體質)
여자(女子): 음(陰)에 소양(少陽) 체질(體質)
여자(女子): 음(陰)에 태음(太陰) 체질(體質)

2) 대해수(大海水): 임술(壬戌), 계해(癸亥)

남자(男子) 8상 체질론(八象 體質論)

양(陽) → 남자(男子)				음(陰) → 남자(男子)			
건(乾)☰	태(兌)☱	리(離)☲	진(震)☳	손(巽)☴	감(坎)☵	간(艮)☶	곤(坤)☷
太陽	少陰	少陽	太陰	太陽	少陰	少陽	太陰

대해수(大海水): 남자(男子): 양(陽)에 태양(太陽) 체질(體質)
남자(男子): 양(陽)에 소음(少陰) 체질(體質)
남자(男子): 양(陽)에 소양(少陽) 체질(體質)
남자(男子): 양(陽)에 태음(太陰) 체질(體質)
남자(男子): 음(陰)에 태양(太陽) 체질(體質)
남자(男子): 음(陰)에 소음(少陰) 체질(體質)
남자(男子): 음(陰)에 소양(少陽) 체질(體質)
남자(男子): 음(陰)에 태음(太陰) 체질(體質)

여자(女子) 8상 체질론(八象 體質論)

양(陽) → 여자(女子)				음(陰) → 여자(女子)			
건(乾)☰	태(兌)☱	리(離)☲	진(震)☳	손(巽)☴	감(坎)☵	간(艮)☶	곤(坤)☷
太陽	少陰	少陽	太陰	太陽	少陰	少陽	太陰

대해수(大海水): 여자(女子): 양(陽)에 태양(太陽) 체질(體質)
여자(女子): 양(陽)에 소음(少陰) 체질(體質)
여자(女子): 양(陽)에 소양(少陽) 체질(體質)
여자(女子): 양(陽)에 태음(太陰) 체질(體質)
여자(女子): 음(陰)에 태양(太陽) 체질(體質)
여자(女子): 음(陰)에 소음(少陰) 체질(體質)
여자(女子): 음(陰)에 소양(少陽) 체질(體質)
여자(女子): 음(陰)에 태음(太陰) 체질(體質)

3) 장류수(長流水): 임진(壬辰), 계사(癸巳)

남자(男子) 8상 체질론(八象 體質論)

양(陽) → 남자(男子)				음(陰) → 남자(男子)			
건(乾)☰	태(兌)☱	리(離)☲	진(震)☳	손(巽)☴	감(坎)☵	간(艮)☶	곤(坤)☷
太陽	少陰	少陽	太陰	太陽	少陰	少陽	太陰

장류수(長流水): 남자(男子): 양(陽)에 태양(太陽) 체질(體質)
남자(男子): 양(陽)에 소음(少陰) 체질(體質)
남자(男子): 양(陽)에 소양(少陽) 체질(體質)

남자(男子): 양(陽)에 태음(太陰) 체질(體質)

남자(男子): 음(陰)에 태양(太陽) 체질(體質)

남자(男子): 음(陰)에 소음(少陰) 체질(體質)

남자(男子): 음(陰)에 소양(少陽) 체질(體質)

남자(男子): 음(陰)에 태음(太陰) 체질(體質)

여자(女子) 8상 체질론(八象 體質論)

양(陽) → 여자(女子)				음(陰) → 여자(女子)			
건(乾)☰	태(兌)☱	리(離)☲	진(震)☳	손(巽)☴	감(坎)☵	간(艮)☶	곤(坤)☷
太陽	少陰	少陽	太陰	太陽	少陰	少陽	太陰

장류수(長流水): 여자(女子): 양(陽)에 태양(太陽) 체질(體質)

여자(女子): 양(陽)에 소음(少陰) 체질(體質)

여자(女子): 양(陽)에 소양(少陽) 체질(體質)

여자(女子): 양(陽)에 태음(太陰) 체질(體質)

여자(女子): 음(陰)에 태양(太陽) 체질(體質)

여자(女子): 음(陰)에 소음(少陰) 체질(體質)

여자(女子): 음(陰)에 소양(少陽) 체질(體質)

여자(女子): 음(陰)에 태음(太陰) 체질(體質)

4) 대계수(大溪水): 갑인(甲寅), 을묘(乙卯)

남자(男子) 8상 체질론(八象 體質論)

양(陽) → 남자(男子)				음(陰) → 남자(男子)			
건(乾)☰	태(兌)☱	리(離)☲	진(震)☳	손(巽)☴	감(坎)☵	간(艮)☶	곤(坤)☷
太陽	少陰	少陽	太陰	太陽	少陰	少陽	太陰

대계수(大溪水): 남자(男子): 양(陽)에 태양(太陽) 체질(體質)
남자(男子): 양(陽)에 소음(少陰) 체질(體質)
남자(男子): 양(陽)에 소양(少陽) 체질(體質)
남자(男子): 양(陽)에 태음(太陰) 체질(體質)
남자(男子): 음(陰)에 태양(太陽) 체질(體質)
남자(男子): 음(陰)에 소음(少陰) 체질(體質)
남자(男子): 음(陰)에 소양(少陽) 체질(體質)
남자(男子): 음(陰)에 태음(太陰) 체질(體質)

여자(女子) 8상 체질론(八象 體質論)

양(陽) → 여자(女子)				음(陰) → 여자(女子)			
건(乾)☰	태(兌)☱	리(離)☲	진(震)☳	손(巽)☴	감(坎)☵	간(艮)☶	곤(坤)☷
太陽	少陰	少陽	太陰	太陽	少陰	少陽	太陰

대계수(大溪水): 여자(女子): 양(陽)에 태양(太陽) 체질(體質)
여자(女子): 양(陽)에 소음(少陰) 체질(體質)
여자(女子): 양(陽)에 소양(少陽) 체질(體質)

여자(女子): 양(陽)에 태음(太陰) 체질(體質)

여자(女子): 음(陰)에 태양(太陽) 체질(體質)

여자(女子): 음(陰)에 소음(少陰) 체질(體質)

여자(女子): 음(陰)에 소양(少陽) 체질(體質)

여자(女子): 음(陰)에 태음(太陰) 체질(體質)

5) 천중수(泉中水): 갑신(甲申), 을유(乙酉)

남자(男子) 8상 체질론(八象 體質論)

양(陽) → 남자(男子)				음(陰) → 남자(男子)			
건(乾)☰	태(兌)☱	리(離)☲	진(震)☳	손(巽)☴	감(坎)☵	간(艮)☶	곤(坤)☷
太陽	少陰	少陽	太陰	太陽	少陰	少陽	太陰

천중수(泉中水): 남자(男子): 양(陽)에 태양(太陽) 체질(體質)

남자(男子): 양(陽)에 소음(少陰) 체질(體質)

남자(男子): 양(陽)에 소양(少陽) 체질(體質)

남자(男子): 양(陽)에 태음(太陰) 체질(體質)

남자(男子): 음(陰)에 태양(太陽) 체질(體質)

남자(男子): 음(陰)에 소음(少陰) 체질(體質)

남자(男子): 음(陰)에 소양(少陽) 체질(體質)

남자(男子): 음(陰)에 태음(太陰) 체질(體質)

여자(女子) 8상 체질론(八象 體質論)

양(陽) → 여자(女子)				음(陰) → 여자(女子)			
건(乾)☰	태(兌)☱	리(離)☲	진(震)☳	손(巽)☴	감(坎)☵	간(艮)☶	곤(坤)☷
太陽	少陰	少陽	太陰	太陽	少陰	少陽	太陰

천중수(泉中水): 여자(女子): 양(陽)에 태양(太陽) 체질(體質)
여자(女子): 양(陽)에 소음(少陰) 체질(體質)
여자(女子): 양(陽)에 소양(少陽) 체질(體質)
여자(女子): 양(陽)에 태음(太陰) 체질(體質)
여자(女子): 음(陰)에 태양(太陽) 체질(體質)
여자(女子): 음(陰)에 소음(少陰) 체질(體質)
여자(女子): 음(陰)에 소양(少陽) 체질(體質)
여자(女子): 음(陰)에 태음(太陰) 체질(體質)

6) 간하수(澗下水): 병자(丙子), 정축(丁丑)

남자(男子) 8상 체질론(八象 體質論)

양(陽) → 남자(男子)				음(陰) → 남자(男子)			
건(乾)☰	태(兌)☱	리(離)☲	진(震)☳	손(巽)☴	감(坎)☵	간(艮)☶	곤(坤)☷
太陽	少陰	少陽	太陰	太陽	少陰	少陽	太陰

간하수(澗下水): 남자(男子): 양(陽)에 태양(太陽) 체질(體質)
남자(男子): 양(陽)에 소음(少陰) 체질(體質)
남자(男子): 양(陽)에 소양(少陽) 체질(體質)

남자(男子): 양(陽)에 태음(太陰) 체질(體質)

남자(男子): 음(陰)에 태양(太陽) 체질(體質)

남자(男子): 음(陰)에 소음(少陰) 체질(體質)

남자(男子): 음(陰)에 소양(少陽) 체질(體質)

남자(男子): 음(陰)에 태음(太陰) 체질(體質)

여자(女子) 8상 체질론(八象 體質論)

양(陽) → 여자(女子)				음(陰) → 여자(女子)			
건(乾)☰	태(兌)☱	리(離)☲	진(震)☳	손(巽)☴	감(坎)☵	간(艮)☶	곤(坤)☷
太陽	少陰	少陽	太陰	太陽	少陰	少陽	太陰

간하수(澗下水): 여자(女子): 양(陽)에 태양(太陽) 체질(體質)

여자(女子): 양(陽)에 소음(少陰) 체질(體質)

여자(女子): 양(陽)에 소양(少陽) 체질(體質)

여자(女子): 양(陽)에 태음(太陰) 체질(體質)

여자(女子): 음(陰)에 태양(太陽) 체질(體質)

여자(女子): 음(陰)에 소음(少陰) 체질(體質)

여자(女子): 음(陰)에 소양(少陽) 체질(體質)

여자(女子): 음(陰)에 태음(太陰) 체질(體質)

목생자(木生者)

대림목(大林木): 무진(戊辰), 기사(己巳)

송백목(松柏木): 경인(庚寅), 신묘(辛卯)

양류목(楊柳木): 임오(壬午), 계미(癸未)

평지목(平地木): 무술(戊戌), 기해(己亥)

석류목(石榴木): 경신(庚申), 신유(辛酉)

상자목(桑柘木): 임자(壬子), 계축(癸丑)

목생자(木生者)는 크게는 간장(肝臟)과 관련(關聯)이 있으면서 작게는 신경계통(神經系統), 담(膽, 쓸개) 등에 많은 작용(作用)을 한다.

각각(各各)의 목생자(木生者)에 따라 경중(輕重)의 차이(差異)가 있으며, 남자(男子)의 팔상체질(八象體質)과 여자(女子)의 팔상체질(八象體質)은 서로가 다르다.

1) 대림목(大林木): 무진(戊辰), 기사(己巳)

남자(男子) 8상 체질론(八象 體質論)

양(陽) → 남자(男子)				음(陰) → 남자(男子)			
건(乾)☰	테(兌)☱	리(離)☲	신(震)☳	손(巽)☴	감(坎)☵	간(艮)☶	곤(坤)☷
太陽	少陰	少陽	太陰	太陽	少陰	少陽	太陰

대림목(大林木): 남자(男子): 양(陽)에 태양(太陽) 체질(體質)
남자(男子): 양(陽)에 소음(少陰) 체질(體質)
남자(男子): 양(陽)에 소양(少陽) 체질(體質)
남자(男子): 양(陽)에 태음(太陰) 체질(體質)
남자(男子): 음(陰)에 태양(太陽) 체질(體質)
남자(男子): 음(陰)에 소음(少陰) 체질(體質)
남자(男子): 음(陰)에 소양(少陽) 체질(體質)
남자(男子): 음(陰)에 태음(太陰) 체질(體質)

여자(女子) 8상 체질론(八象 體質論)

양(陽) → 여자(女子)				음(陰) → 여자(女子)			
건(乾)☰	태(兌)☱	리(離)☲	진(震)☳	손(巽)☴	감(坎)☵	간(艮)☶	곤(坤)☷
太陽	少陰	少陽	太陰	太陽	少陰	少陽	太陰

대림목(大林木): 여자(女子): 양(陽)에 태양(太陽) 체질(體質)
여자(女子): 양(陽)에 소음(少陰) 체질(體質)
여자(女子): 양(陽)에 소양(少陽) 체질(體質)
여자(女子): 양(陽)에 태음(太陰) 체질(體質)
여자(女子): 음(陰)에 태양(太陽) 체질(體質)
여자(女子): 음(陰)에 소음(少陰) 체질(體質)
여자(女子): 음(陰)에 소양(少陽) 체질(體質)
여자(女子): 음(陰)에 태음(太陰) 체질(體質)

2) 송백목(松柏木): 경인(庚寅), 신묘(辛卯)

남자(男子) 8상 체질론(八象 體質論)

양(陽) → 남자(男子)				음(陰) → 남자(男子)			
건(乾)☰	태(兌)☱	리(離)☲	진(震)☳	손(巽)☴	감(坎)☵	간(艮)☶	곤(坤)☷
太陽	少陰	少陽	太陰	太陽	少陰	少陽	太陰

송백목(松柏木): 남자(男子): 양(陽)에 태양(太陽) 체질(體質)
남자(男子): 양(陽)에 소음(少陰) 체질(體質)
남자(男子): 양(陽)에 소양(少陽) 체질(體質)

남자(男子): 양(陽)에 태음(太陰) 체질(體質)

남자(男子): 음(陰)에 태양(太陽) 체질(體質)

남자(男子): 음(陰)에 소음(少陰) 체질(體質)

남자(男子): 음(陰)에 소양(少陽) 체질(體質)

남자(男子): 음(陰)에 태음(太陰) 체질(體質)

여자(女子) 8상 체질론(八象 體質論)

양(陽) → 여자(女子)				음(陰) → 여자(女子)			
건(乾)☰	태(兌)☱	리(離)☲	진(震)☳	손(巽)☴	감(坎)☵	간(艮)☶	곤(坤)☷
太陽	少陰	少陽	太陰	太陽	少陰	少陽	太陰

송백목(松柏木): 여자(女子): 양(陽)에 태양(太陽) 체질(體質)

여자(女子): 양(陽)에 소음(少陰) 체질(體質)

여자(女子): 양(陽)에 소양(少陽) 체질(體質)

여자(女子): 양(陽)에 태음(太陰) 체질(體質)

여자(女子): 음(陰)에 태양(太陽) 체질(體質)

여자(女子): 음(陰)에 소음(少陰) 체질(體質)

여자(女子): 음(陰)에 소양(少陽) 체질(體質)

여자(女子): 음(陰)에 태음(太陰) 체질(體質)

3) 양류목(楊柳木): 임오(壬午), 계미(癸未)

남자(男子) 8상 체질론(八象 體質論)

양(陽) → 남자(男子)				음(陰) → 남자(男子)			
건(乾)☰	태(兌)☱	리(離)☲	진(震)☳	손(巽)☴	감(坎)☵	간(艮)☶	곤(坤)☷
太陽	少陰	少陽	太陰	太陽	少陰	少陽	太陰

양류목(楊柳木): 남자(男子): 양(陽)에 태양(太陽) 체질(體質)
남자(男子): 양(陽)에 소음(少陰) 체질(體質)
남자(男子): 양(陽)에 소양(少陽) 체질(體質)
남자(男子): 양(陽)에 태음(太陰) 체질(體質)
남자(男子): 음(陰)에 태양(太陽) 체질(體質)
남자(男子): 음(陰)에 소음(少陰) 체질(體質)
남자(男子): 음(陰)에 소양(少陽) 체질(體質)
남자(男子): 음(陰)에 태음(太陰) 체질(體質)

여자(女子) 8상 체질론(八象 體質論)

양(陽) → 여자(女子)				음(陰) → 여자(女子)			
건(乾)☰	태(兌)☱	리(離)☲	진(震)☳	손(巽)☴	감(坎)☵	간(艮)☶	곤(坤)☷
太陽	少陰	少陽	太陰	太陽	少陰	少陽	太陰

양류목(楊柳木): 여자(女子): 양(陽)에 태양(太陽) 체질(體質)
여자(女子): 양(陽)에 소음(少陰) 체질(體質)
여자(女子): 양(陽)에 소양(少陽) 체질(體質)

여자(女子): 양(陽)에 태음(太陰) 체질(體質)

여자(女子): 음(陰)에 태양(太陽) 체질(體質)

여자(女子): 음(陰)에 소음(少陰) 체질(體質)

여자(女子): 음(陰)에 소양(少陽) 체질(體質)

여자(女子): 음(陰)에 태음(太陰) 체질(體質)

4) 평지목(平地木): 무술(戊戌), 기해(己亥)

남자(男子) 8상 체질론(八象 體質論)

양(陽) → 남자(男子)				음(陰) → 남자(男子)			
건(乾)☰	태(兌)☱	리(離)☲	진(震)☳	손(巽)☴	감(坎)☵	간(艮)☶	곤(坤)☷
太陽	少陰	少陽	太陰	太陽	少陰	少陽	太陰

평지목(平地木): 남자(男子): 양(陽)에 태양(太陽) 체질(體質)

남자(男子): 양(陽)에 소음(少陰) 체질(體質)

남자(男子): 양(陽)에 소양(少陽) 체질(體質)

남자(男子): 양(陽)에 태음(太陰) 체질(體質)

남자(男子): 음(陰)에 태양(太陽) 체질(體質)

남자(男子): 음(陰)에 소음(少陰) 체질(體質)

남자(男子): 음(陰)에 소양(少陽) 체질(體質)

남자(男子): 음(陰)에 태음(太陰) 체질(體質)

여자(女子) 8상 체질론(八象 體質論)

양(陽) → 여자(女子)				음(陰) → 여자(女子)			
건(乾)☰	태(兌)☱	리(離)☲	진(震)☳	손(巽)☴	감(坎)☵	간(艮)☶	곤(坤)☷
太陽	少陰	少陽	太陰	太陽	少陰	少陽	太陰

평지목(平地木): 여자(女子): 양(陽)에 태양(太陽) 체질(體質)
여자(女子): 양(陽)에 소음(少陰) 체질(體質)
여자(女子): 양(陽)에 소양(少陽) 체질(體質)
여자(女子): 양(陽)에 태음(太陰) 체질(體質)
여자(女子): 음(陰)에 태양(太陽) 체질(體質)
여자(女子): 음(陰)에 소음(少陰) 체질(體質)
여자(女子): 음(陰)에 소양(少陽) 체질(體質)
여자(女子): 음(陰)에 태음(太陰) 체질(體質)

5) 석류목(石榴木):경신(庚申), 신유(辛酉)

남자(男子) 8상 체질론(八象 體質論)

양(陽) → 남자(男子)				음(陰) → 남자(男子)			
건(乾)☰	태(兌)☱	리(離)☲	진(震)☳	손(巽)☴	감(坎)☵	간(艮)☶	곤(坤)☷
太陽	少陰	少陽	太陰	太陽	少陰	少陽	太陰

석류목(石榴木): 남자(男子): 양(陽)에 태양(太陽) 체질(體質)
남자(男子): 양(陽)에 소음(少陰) 체질(體質)
남자(男子): 양(陽)에 소양(少陽) 체질(體質)

남자(男子): 양(陽)에 태음(太陰) 체질(體質)
남자(男子): 음(陰)에 태양(太陽) 체질(體質)
남자(男子): 음(陰)에 소음(少陰) 체질(體質)
남자(男子): 음(陰)에 소양(少陽) 체질(體質)
남자(男子): 음(陰)에 태음(太陰) 체질(體質)

여자(女子) 8상 체질론(八象 體質論)

양(陽) → 여자(女子)				음(陰) → 여자(女子)			
건(乾)☰	태(兌)☱	리(離)☲	진(震)☳	손(巽)☴	감(坎)☵	간(艮)☶	곤(坤)☷
太陽	少陰	少陽	太陰	太陽	少陰	少陽	太陰

석류목(石榴木): 여자(女子): 양(陽)에 태양(太陽) 체질(體質)
여자(女子): 양(陽)에 소음(少陰) 체질(體質)
여자(女子): 양(陽)에 소양(少陽) 체질(體質)
여자(女子): 양(陽)에 태음(太陰) 체질(體質)
여자(女子): 음(陰)에 태양(太陽) 체질(體質)
여자(女子): 음(陰)에 소음(少陰) 체질(體質)
여자(女子): 음(陰)에 소양(少陽) 체질(體質)
여자(女子): 음(陰)에 태음(太陰) 체질(體質)

6) 상자목(桑柘木): 임자(壬子), 계축(癸丑)

남자(男子) 8상 체질론(八象 體質論)

양(陽) → 남자(男子)				음(陰) → 남자(男子)			
건(乾)☰	태(兌)☱	리(離)☲	진(震)☳	손(巽)☴	감(坎)☵	간(艮)☶	곤(坤)☷
太陽	少陰	少陽	太陰	太陽	少陰	少陽	太陰

상자목(桑柘木): 남자(男子): 양(陽)에 태양(太陽) 체질(體質)
남자(男子): 양(陽)에 소음(少陰) 체질(體質)
남자(男子): 양(陽)에 소양(少陽) 체질(體質)
남자(男子): 양(陽)에 태음(太陰) 체질(體質)
남자(男子): 음(陰)에 태양(太陽) 체질(體質)
남자(男子): 음(陰)에 소음(少陰) 체질(體質)
남자(男子): 음(陰)에 소양(少陽) 체질(體質)
남자(男子): 음(陰)에 태음(太陰) 체질(體質)

여자(女子) 8상 체질론(八象 體質論)

양(陽) → 여자(女子)				음(陰) → 여자(女子)			
건(乾)☰	태(兌)☱	리(離)☲	진(震)☳	손(巽)☴	감(坎)☵	간(艮)☶	곤(坤)☷
太陽	少陰	少陽	太陰	太陽	少陰	少陽	太陰

상자목(桑柘木): 여자(女子): 양(陽)에 태양(太陽) 체질(體質)
여자(女子): 양(陽)에 소음(少陰) 체질(體質)
여자(女子): 양(陽)에 소양(少陽) 체질(體質)

여자(女子): 양(陽)에 태음(太陰) 체질(體質)

여자(女子): 음(陰)에 태양(太陽) 체질(體質)

여자(女子): 음(陰)에 소음(少陰) 체질(體質)

여자(女子): 음(陰)에 소양(少陽) 체질(體質)

여자(女子): 음(陰)에 태음(太陰) 체질(體質)

금생자(金生者)

금박금(金薄金): 임인(壬寅) 계묘(癸卯)

검봉금(劍鋒金): 임신(壬申) 계유(癸酉)

백납금(白鑞金): 경진(庚辰) 신사(辛巳)

해중금(海中金): 갑자(甲子) 을축(乙丑)

차천금(釵釧金): 경술(庚戌) 신해(辛亥)

사중금(沙中金): 갑오(甲午) 을미(乙未)

금생자(金生者)는 크게는 폐(肺)와 근골(筋骨)과의 관련(關聯)이 있으며, 또한 대장(大臟), 중풍(中風), 사지병(四肢病)과 깊은 작용(作用)을 한다.

각각(各各)의 금생자(金生者)에 따라 경중(輕重)의 차이(差異)가 있으며, 남자(男子)의 팔상체질(八象體質)과 여자(女子)의 팔상체질(八象體質)은 서로가 다르다.

1) 금박금(金薄金): 임인(壬寅), 계묘(癸卯)

남자(男子) 8상 체질론(八象 體質論)

양(陽) → 남자(男子)				음(陰) → 남자(男子)			
건(乾)☰	태(兌)☱	리(離)☲	진(震)☳	손(巽)☴	감(坎)☵	간(艮)☶	곤(坤)☷
太陽	少陰	少陽	太陰	太陽	少陰	少陽	太陰

금박금(金箔金): 남자(男子): 양(陽)에 태양(太陽) 체질(體質)
남자(男子): 양(陽)에 소음(少陰) 체질(體質)
남자(男子): 양(陽)에 소양(少陽) 체질(體質)
남자(男子): 양(陽)에 태음(太陰) 체질(體質)
남자(男子): 음(陰)에 태양(太陽) 체질(體質)
남자(男子): 음(陰)에 소음(少陰) 체질(體質)
남자(男子): 음(陰)에 소양(少陽) 체질(體質)
남자(男子): 음(陰)에 태음(太陰) 체질(體質)

여자(女子) 8상 체질론(八象 體質論)

양(陽) → 여자(女子)				음(陰) → 여자(女子)			
건(乾)☰	태(兌)☱	리(離)☲	진(震)☳	손(巽)☴	감(坎)☵	간(艮)☶	곤(坤)☷
太陽	少陰	少陽	太陰	太陽	少陰	少陽	太陰

금박금(金箔金) 여자(女子): 양(陽)에 태양(太陽) 체질(體質)
여자(女子): 양(陽)에 소음(少陰) 체질(體質)
여자(女子): 양(陽)에 소양(少陽) 체질(體質)

여자(女子): 양(陽)에 태음(太陰) 체질(體質)

여자(女子): 음(陰)에 태양(太陽) 체질(體質)

여자(女子): 음(陰)에 소음(少陰) 체질(體質)

여자(女子): 음(陰)에 소양(少陽) 체질(體質)

여자(女子): 음(陰)에 태음(太陰) 체질(體質)

2) 검봉금(劍鋒金): 임신(壬申), 계유(癸酉)

남자(男子) 8상 체질론(八象 體質論)

양(陽) → 남자(男子)				음(陰) → 남자(男子)			
건(乾)☰	태(兌)☱	리(離)☲	진(震)☳	손(巽)☴	감(坎)☵	간(艮)☶	곤(坤)☷
太陽	少陰	少陽	太陰	太陽	少陰	少陽	太陰

검봉금(劍鋒金): 남자(男子): 양(陽)에 태양(太陽) 체질(體質)

남자(男子): 양(陽)에 소음(少陰) 체질(體質)

남자(男子): 양(陽)에 소양(少陽) 체질(體質)

남자(男子): 양(陽)에 태음(太陰) 체질(體質)

남자(男子): 음(陰)에 태양(太陽) 체질(體質)

남자(男子): 음(陰)에 소음(少陰) 체질(體質)

남자(男子): 음(陰)에 소양(少陽) 체질(體質)

남자(男子): 음(陰)에 태음(太陰) 체질(體質)

여자(女子) 8상 체질론(八象 體質論)

양(陽) → 여자(女子)				음(陰) → 여자(女子)			
건(乾)☰	태(兌)☱	리(離)☲	진(震)☳	손(巽)☴	감(坎)☵	간(艮)☶	곤(坤)☷
太陽	少陰	少陽	太陰	太陽	少陰	少陽	太陰

검봉금(劍鋒金): 여자(女子): 양(陽)에 태양(太陽) 체질(體質)
여자(女子): 양(陽)에 소음(少陰) 체질(體質)
여자(女子): 양(陽)에 소양(少陽) 체질(體質)
여자(女子): 양(陽)에 태음(太陰) 체질(體質)
여자(女子): 음(陰)에 태양(太陽) 체질(體質)
여자(女子): 음(陰)에 소음(少陰) 체질(體質)
여자(女子): 음(陰)에 소양(少陽) 체질(體質)
여자(女子): 음(陰)에 태음(太陰) 체질(體質)

3) 백납금(白鑞金): 경진(庚辰), 신사(辛巳)

남자(男子) 8상 체질론(八象 體質論)

양(陽) → 남자(男子)				음(陰) → 남자(男子)			
건(乾)☰	태(兌)☱	리(離)☲	진(震)☳	손(巽)☴	감(坎)☵	간(艮)☶	곤(坤)☷
太陽	少陰	少陽	太陰	太陽	少陰	少陽	太陰

백납금(白鑞金): 남자(男子): 양(陽)에 태양(太陽) 체질(體質)
남자(男子): 양(陽)에 소음(少陰) 체질(體質)
남자(男子): 양(陽)에 소양(少陽) 체질(體質)

남자(男子): 양(陽)에 태음(太陰) 체질(體質)

남자(男子): 음(陰)에 태양(太陽) 체질(體質)

남자(男子): 음(陰)에 소음(少陰) 체질(體質)

남자(男子): 음(陰)에 소양(少陽) 체질(體質)

남자(男子): 음(陰)에 태음(太陰) 체질(體質)

여자(女子) 8상 체질론(八象 體質論)

양(陽) → 여자(女子)				음(陰) → 여자(女子)			
건(乾)☰	태(兌)☱	리(離)☲	진(震)☳	손(巽)☴	감(坎)☵	간(艮)☶	곤(坤)☷
太陽	少陰	少陽	太陰	太陽	少陰	少陽	太陰

백납금(白鑞金): 여자(女子): 양(陽)에 태양(太陽) 체질(體質)

여자(女子): 양(陽)에 소음(少陰) 체질(體質)

여자(女子): 양(陽)에 소양(少陽) 체질(體質)

여자(女子): 양(陽)에 태음(太陰) 체질(體質)

여자(女子): 음(陰)에 태양(太陽) 체질(體質)

여자(女子): 음(陰)에 소음(少陰) 체질(體質)

여자(女子): 음(陰)에 소양(少陽) 체질(體質)

여자(女子): 음(陰)에 태음(太陰) 체질(體質)

4) 해중금(海中金): 갑자(甲子), 을축(乙丑)

남자(男子) 8상 체질론(八象 體質論)

양(陽) → 남자(男子)				음(陰) → 남자(男子)			
건(乾)☰	태(兌)☱	리(離)☲	진(震)☳	손(巽)☴	감(坎)☵	간(艮)☶	곤(坤)☷
太陽	少陰	少陽	太陰	太陽	少陰	少陽	太陰

해중금(海中金): 남자(男子): 양(陽)에 태양(太陽) 체질(體質)
남자(男子): 양(陽)에 소음(少陰) 체질(體質)
남자(男子): 양(陽)에 소양(少陽) 체질(體質)
남자(男子): 양(陽)에 태음(太陰) 체질(體質)
남자(男子): 음(陰)에 태양(太陽) 체질(體質)
남자(男子): 음(陰)에 소음(少陰) 체질(體質)
남자(男子): 음(陰)에 소양(少陽) 체질(體質)
남자(男子): 음(陰)에 태음(太陰) 체질(體質)

여자(女子) 8상 체질론(八象 體質論)

양(陽) → 여자(女子)				음(陰) → 여자(女子)			
건(乾)☰	태(兌)☱	리(離)☲	진(震)☳	손(巽)☴	감(坎)☵	간(艮)☶	곤(坤)☷
太陽	少陰	少陽	太陰	太陽	少陰	少陽	太陰

해중금(海中金): 여자(女子): 양(陽)에 태양(太陽) 체질(體質)
여자(女子): 양(陽)에 소음(少陰) 체질(體質)

여자(女子): 양(陽)에 소양(少陽) 체질(體質)

여자(女子): 양(陽)에 태음(太陰) 체질(體質)

여자(女子): 음(陰)에 태양(太陽) 체질(體質)

여자(女子): 음(陰)에 소음(少陰) 체질(體質)

여자(女子): 음(陰)에 소양(少陽) 체질(體質)

여자(女子): 음(陰)에 태음(太陰) 체질(體質)

5) 차천금(鎈釧金): 경술(庚戌), 신해(辛亥)

남자(男子) 8상 체질론(八象 體質論)

양(陽) → 남자(男子)				음(陰) → 남자(男子)			
건(乾)☰	태(兌)☱	리(離)☲	진(震)☳	손(巽)☴	감(坎)☵	간(艮)☶	곤(坤)☷
太陽	少陰	少陽	太陰	太陽	少陰	少陽	太陰

차천금(鎈釧金): 남자(男子): 양(陽)에 태양(太陽) 체질(體質)

남자(男子): 양(陽)에 소음(少陰) 체질(體質)

남자(男子): 양(陽)에 소양(少陽) 체질(體質)

남자(男子): 양(陽)에 태음(太陰) 체질(體質)

남자(男子): 음(陰)에 태양(太陽) 체질(體質)

남자(男子): 음(陰)에 소음(少陰) 체질(體質)

남자(男子): 음(陰)에 소양(少陽) 체질(體質)

남자(男子): 음(陰)에 태음(太陰) 체질(體質)

여자(女子) 8상 체질론(八象 體質論)

양(陽) → 여자(女子)				음(陰) → 여자(女子)			
건(乾)☰	태(兌)☱	리(離)☲	진(震)☳	손(巽)☴	감(坎)☵	간(艮)☶	곤(坤)☷
太陽	少陰	少陽	太陰	太陽	少陰	少陽	太陰

차천금(鎈釧金): 여자(女子): 양(陽)에 태양(太陽) 체질(體質)
여자(女子): 양(陽)에 소음(少陰) 체질(體質)
여자(女子): 양(陽)에 소양(少陽) 체질(體質)
여자(女子): 양(陽)에 태음(太陰) 체질(體質)
여자(女子): 음(陰)에 태양(太陽) 체질(體質)
여자(女子): 음(陰)에 소음(少陰) 체질(體質)
여자(女子): 음(陰)에 소양(少陽) 체질(體質)
여자(女子): 음(陰)에 태음(太陰) 체질(體質)

6) 사중금(沙中金): 갑오(甲午), 을미(乙未)

남자(男子) 8상 체질론(八象 體質論)

양(陽) → 남자(男子)				음(陰) → 남자(男子)			
건(乾)☰	태(兌)☱	리(離)☲	진(震)☳	손(巽)☴	감(坎)☵	간(艮)☶	곤(坤)☷
太陽	少陰	少陽	太陰	太陽	少陰	少陽	太陰

사중금(沙中金): 남자(男子): 양(陽)에 태양(太陽) 체질(體質)
남자(男子): 양(陽)에 소음(少陰) 체질(體質)

남자(男子): 양(陽)에 소양(少陽) 체질(體質)

남자(男子): 양(陽)에 태음(太陰) 체질(體質)

남자(男子): 음(陰)에 태양(太陽) 체질(體質)

남자(男子): 음(陰)에 소음(少陰) 체질(體質)

남자(男子): 음(陰)에 소양(少陽) 체질(體質)

남자(男子): 음(陰)에 태음(太陰) 체질(體質)

여자(女子) 8상 체질론(八象 體質論)

양(陽) → 여자(女子)				음(陰) → 여자(女子)			
건(乾)☰	태(兌)☱	리(離)☲	진(震)☳	손(巽)☴	감(坎)☵	간(艮)☶	곤(坤)☷
太陽	少陰	少陽	太陰	太陽	少陰	少陽	太陰

사중금(沙中金): 여자(女子): 양(陽)에 태양(太陽) 체질(體質)

여자(女子): 양(陽)에 소음(少陰) 체질(體質)

여자(女子): 양(陽)에 소양(少陽) 체질(體質)

여자(女子): 양(陽)에 태음(太陰) 체질(體質)

여자(女子): 음(陰)에 태양(太陽) 체질(體質)

여자(女子): 음(陰)에 소음(少陰) 체질(體質)

여자(女子): 음(陰)에 소양(少陽) 체질(體質)

여자(女子): 음(陰)에 태음(太陰) 체질(體質)

토생자(土生者)

노방토(路傍土): 경오(庚午), 신미(辛未)

대역토(大驛土): 무신(戊申), 기유(己酉)

성두토(城頭土): 무인(戊寅), 기묘(己卯)

옥상토(屋上土): 병술(丙戌), 정해(丁亥)

벽상토(壁上土): 경자(庚子), 신축(辛丑)

사중토(沙中土): 병진(丙辰), 정사(丁巳)

토생자(土生者)는 위장병(胃臟病) 및 소화불량(消化不良), 비장(脾臟, 지라), 피부병(皮膚病), 복부팽만(腹部膨滿)에 작용(作用)을 크게 한다. 각각(各各)의 토생자(土生者)에 따라 경중(輕重)의 차이(差異)가 있으며, 남자(男子)의 팔상체질(八象體質)과 여자(女子)의 팔상체질(八象體質)은 서로가 다르다.

1) 노방토(路傍土): 경오(庚午), 신미(辛未)

남자(男子) 8상 체질론(八象 體質論)

양(陽) → 남자(男子)				음(陰) → 남자(男子)			
건(乾)☰	태(兌)☱	리(離)☲	진(震)☳	손(巽)☴	감(坎)☵	간(艮)☶	곤(坤)☷
太陽	少陰	少陽	太陰	太陽	少陰	少陽	太陰

노방토(路傍土): 남자(男子): 양(陽)에 태양(太陽) 체질(體質)

남자(男子): 양(陽)에 소음(少陰) 체질(體質)

남자(男子): 양(陽)에 소양(少陽) 체질(體質)

남자(男子): 양(陽)에 태음(太陰) 체질(體質)

남자(男子): 음(陰)에 태양(太陽) 체질(體質)

남자(男子): 음(陰)에 소음(少陰) 체질(體質)

남자(男子): 음(陰)에 소양(少陽) 체질(體質)

남자(男子): 음(陰)에 태음(太陰) 체질(體質)

여자(女子) 8상 체질론(八象 體質論)

양(陽) → 여자(女子)				음(陰) → 여자(女子)			
건(乾)☰	태(兌)☱	리(離)☲	진(震)☳	손(巽)☴	감(坎)☵	간(艮)☶	곤(坤)☷
太陽	少陰	少陽	太陰	太陽	少陰	少陽	太陰

노방토(路傍土): 여자(女子): 양(陽)에 태양(太陽) 체질(體質)
여자(女子): 양(陽)에 소음(少陰) 체질(體質)
여자(女子): 양(陽)에 소양(少陽) 체질(體質)
여자(女子): 양(陽)에 태음(太陰) 체질(體質)
여자(女子): 음(陰)에 태양(太陽) 체질(體質)
여자(女子): 음(陰)에 소음(少陰) 체질(體質)
여자(女子): 음(陰)에 소양(少陽) 체질(體質)
여자(女子): 음(陰)에 태음(太陰) 체질(體質)

2) 대역토(大驛土): 무신(戊申), 기유(己酉)

남자(男子) 8상 체질론(八象 體質論)

양(陽) → 남자(男子)				음(陰) → 남자(男子)			
건(乾)☰	태(兌)☱	리(離)☲	진(震)☳	손(巽)☴	감(坎)☵	간(艮)☶	곤(坤)☷
太陽	少陰	少陽	太陰	太陽	少陰	少陽	太陰

대역토(大驛土): 남자(男子): 양(陽)에 태양(太陽) 체질(體質)
남자(男子): 양(陽)에 소음(少陰) 체질(體質)
남자(男子): 양(陽)에 소양(少陽) 체질(體質)

남자(男子): 양(陽)에 태음(太陰) 체질(體質)

남자(男子): 음(陰)에 태양(太陽) 체질(體質)

남자(男子): 음(陰)에 소음(少陰) 체질(體質)

남자(男子): 음(陰)에 소양(少陽) 체질(體質)

남자(男子): 음(陰)에 태음(太陰) 체질(體質)

여자(女子) 8상 체질론(八象 體質論)

양(陽) → 여자(女子)				음(陰) → 여자(女子)			
건(乾)☰	태(兌)☱	리(離)☲	진(震)☳	손(巽)☴	감(坎)☵	간(艮)☶	곤(坤)☷
太陽	少陰	少陽	太陰	太陽	少陰	少陽	太陰

대역토(大驛土): 여자(女子): 양(陽)에 태양(太陽) 체질(體質)

여자(女子): 양(陽)에 소음(少陰) 체질(體質)

여자(女子): 양(陽)에 소양(少陽) 체질(體質)

여자(女子): 양(陽)에 태음(太陰) 체질(體質)

여자(女子): 음(陰)에 태양(太陽) 체질(體質)

여자(女子): 음(陰)에 소음(少陰) 체질(體質)

여자(女子): 음(陰)에 소양(少陽) 체질(體質)

여자(女子): 음(陰)에 태음(太陰) 체질(體質)

3) 성두토(城頭土): 무인(戊寅), 기묘(己卯)

남자(男子) 8상 체질론(八象 體質論)

양(陽) → 남자(男子)				음(陰) → 남자(男子)			
건(乾)☰	태(兌)☱	리(離)☲	진(震)☳	손(巽)☴	감(坎)☵	간(艮)☶	곤(坤)☷
太陽	少陰	少陽	太陰	太陽	少陰	少陽	太陰

성두토(城頭土): 남자(男子): 양(陽)에 태양(太陽) 체질(體質)
남자(男子): 양(陽)에 소음(少陰) 체질(體質)
남자(男子): 양(陽)에 소양(少陽) 체질(體質)
남자(男子): 양(陽)에 태음(太陰) 체질(體質)
남자(男子): 음(陰)에 태양(太陽) 체질(體質)
남자(男子): 음(陰)에 소음(少陰) 체질(體質)
남자(男子): 음(陰)에 소양(少陽) 체질(體質)
남자(男子): 음(陰)에 태음(太陰) 체질(體質)

여자(女子) 8상 체질론(八象 體質論)

양(陽) → 여자(女子)				음(陰) → 여자(女子)			
건(乾)☰	태(兌)☱	리(離)☲	진(震)☳	손(巽)☴	감(坎)☵	간(艮)☶	곤(坤)☷
太陽	少陰	少陽	太陰	太陽	少陰	少陽	太陰

성두토(城頭土): 여자(女子): 양(陽)에 태양(太陽) 체질(體質)
여자(女子): 양(陽)에 소음(少陰) 체질(體質)
여자(女子): 양(陽)에 소양(少陽) 체질(體質)

여자(女子): 양(陽)에 태음(太陰) 체질(體質)

여자(女子): 음(陰)에 태양(太陽) 체질(體質)

여자(女子): 음(陰)에 소음(少陰) 체질(體質)

여자(女子): 음(陰)에 소양(少陽) 체질(體質)

여자(女子): 음(陰)에 태음(太陰) 체질(體質)

4) 옥상토(屋上土):병술(丙戌), 정해(丁亥)

남자(男子) 8상 체질론(八象 體質論)

양(陽) → 남자(男子)				음(陰) → 남자(男子)			
건(乾)☰	태(兌)☱	리(離)☲	진(震)☳	손(巽)☴	감(坎)☵	간(艮)☶	곤(坤)☷
太陽	少陰	少陽	太陰	太陽	少陰	少陽	太陰

옥상토(屋上土): 남자(男子): 양(陽)에 태양(太陽) 체질(體質)

남자(男子): 양(陽)에 소음(少陰) 체질(體質)

남자(男子): 양(陽)에 소양(少陽) 체질(體質)

남자(男子): 양(陽)에 태음(太陰) 체질(體質)

남자(男子): 음(陰)에 태양(太陽) 체질(體質)

남자(男子): 음(陰)에 소음(少陰) 체질(體質)

남자(男子): 음(陰)에 소양(少陽) 체질(體質)

남자(男子): 음(陰)에 태음(太陰) 체질(體質)

여자(女子) 8상 체질론(八象 體質論)

양(陽) → 여자(女子)

건(乾)☰ 태(兌)☱ 리(離)☲ 진(震)☳

太陽 少陰 少陽 太陰

음(陰) → 여자(女子)

손(巽)☴ 감(坎)☵ 간(艮)☶ 곤(坤)☷

太陽 少陰 少陽 太陰

옥상토(屋上土): 여자(女子): 양(陽)에 태양(太陽) 체질(體質)
여자(女子): 양(陽)에 소음(少陰) 체질(體質)
여자(女子): 양(陽)에 소양(少陽) 체질(體質)
여자(女子): 양(陽)에 태음(太陰) 체질(體質)
여자(女子): 음(陰)에 태양(太陽) 체질(體質)
여자(女子): 음(陰)에 소음(少陰) 체질(體質)
여자(女子): 음(陰)에 소양(少陽) 체질(體質)
여자(女子): 음(陰)에 태음(太陰) 체질(體質)

5) 벽상토(壁上土): 경자(庚子), 신축(辛丑)

남자(男子) 8상 체질론(八象 體質論)

양(陽) → 남자(男子)

건(乾)☰ 태(兌)☱ 리(離)☲ 진(震)☳

太陽 少陰 少陽 太陰

음(陰) → 남자(男子)

손(巽)☴ 감(坎)☵ 간(艮)☶ 곤(坤)☷

太陽 少陰 少陽 太陰

벽상토(壁上土): 남자(男子): 양(陽)에 태양(太陽) 체질(體質)
남자(男子): 양(陽)에 소음(少陰) 체질(體質)
남자(男子): 양(陽)에 소양(少陽) 체질(體質)

남자(男子): 양(陽)에 태음(太陰) 체질(體質)

남자(男子): 음(陰)에 태양(太陽) 체질(體質)

남자(男子): 음(陰)에 소음(少陰) 체질(體質)

남자(男子): 음(陰)에 소양(少陽) 체질(體質)

남자(男子): 음(陰)에 태음(太陰) 체질(體質)

여자(女子) 8상 체질론(八象 體質論)

양(陽) → 여자(女子)				음(陰) → 여자(女子)			
건(乾)☰	태(兌)☱	리(離)☲	진(震)☳	손(巽)☴	감(坎)☵	간(艮)☶	곤(坤)☷
太陽	少陰	少陽	太陰	太陽	少陰	少陽	太陰

벽상토(壁上土): 여자(女子): 양(陽)에 태양(太陽) 체질(體質)

여자(女子): 양(陽)에 소음(少陰) 체질(體質)

여자(女子): 양(陽)에 소양(少陽) 체질(體質)

여자(女子): 양(陽)에 태음(太陰) 체질(體質)

여자(女子): 음(陰)에 태양(太陽) 체질(體質)

여자(女子): 음(陰)에 소음(少陰) 체질(體質)

여자(女子): 음(陰)에 소양(少陽) 체질(體質)

여자(女子): 음(陰)에 태음(太陰) 체질(體質)

6) 사중토(沙中土): 병진(丙辰), 정사(丁巳)

남자(男子) 8상 체질론(八象 體質論)

양(陽) → 남자(男子)				음(陰) → 남자(男子)			
건(乾)☰	태(兌)☱	리(離)☲	진(震)☳	손(巽)☴	감(坎)☵	간(艮)☶	곤(坤)☷
太陽	少陰	少陽	太陰	太陽	少陰	少陽	太陰

사중토(沙中土): 남자(男子): 양(陽)에 태양(太陽) 체질(體質)
남자(男子): 양(陽)에 소음(少陰) 체질(體質)
남자(男子): 양(陽)에 소양(少陽) 체질(體質)
남자(男子): 양(陽)에 태음(太陰) 체질(體質)
남자(男子): 음(陰)에 태양(太陽) 체질(體質)
남자(男子): 음(陰)에 소음(少陰) 체질(體質)
남자(男子): 음(陰)에 소양(少陽) 체질(體質)
남자(男子): 음(陰)에 태음(太陰) 체질(體質)

여자(女子) 8상 체질론(八象 體質論)

양(陽) → 여자(女子)				음(陰) → 여자(女子)			
건(乾)☰	태(兌)☱	리(離)☲	진(震)☳	손(巽)☴	감(坎)☵	간(艮)☶	곤(坤)☷
太陽	少陰	少陽	太陰	太陽	少陰	少陽	太陰

사중토(沙中土): 여자(女子): 양(陽)에 태양(太陽) 체질(體質)
여자(女子): 양(陽)에 소음(少陰) 체질(體質)
여자(女子): 양(陽)에 소양(少陽) 체질(體質)

여자(女子): 양(陽)에 태음(太陰) 체질(體質)

여자(女子): 음(陰)에 태양(太陽) 체질(體質)

여자(女子): 음(陰)에 소음(少陰) 체질(體質)

여자(女子): 음(陰)에 소양(少陽) 체질(體質)

여자(女子): 음(陰)에 태음(太陰) 체질(體質)

8. 16상론(十六象論)을 바탕으로 한 혈기론 도표(血氣論 圖表)

혈기론(血氣論)

기(氣)에 대해서 말은 많지만 여기서는 심기(心氣), 골기(骨氣), 근기(筋氣), 혈기(血氣)에 대해 말하는 것이며, 심기(心氣), 골기(骨氣), 근기(筋氣)는 후천적(後天的)인 노력(努力)으로 바꾸어 갈 수 있지만 혈기(血氣)는 선천적(先天的)이란 것을 말하고자 하는 것이다.

물론 어떠한 강(强)한 동기(動機) 유발(誘發)에 의하여 변하기도 하지만 이를 떠나, 있는 그대로의 기질(氣質)을 말하는 것이다.

지(地), 수(水), 화(火), 풍(風)을 이르는 것이며, 지(地)의 기질(氣質)을 있는 그대로 살펴보면 만물(萬物)이 자생(自生)하는 터전이며, 수(水), 화(火), 풍(風)의 기운(氣運)을 받아주고 이끌어주면서 또 만들어 주고 수(水)의 기질(氣質)은 모든 그릇의 모양(模樣)대로 따라주고 변화(變化)하면서 스스로의 세상(世上)을 만들어가는 성질(性質)이 있다.

화(火)의 기질(氣質)은 뜨겁고 차가운 것을 분명(分明)하게 알게 해주는 성질(性質)로 선을 긋는 일에 있어서 간단 명료(明瞭)하며, 풍(風)의 기질(氣質)은 그 일어나고 움직이는 기운(氣運)을 종잡을 수 없고 변화(變化)에 민감(敏感)하고 때를 맞출 수 없는 기운(氣運)이다.

포괄적(包括的)인 의미(意味)를 지닌 까닭에 속속들이 드러내어 말로 다 표현(表現)할 수 없는 것이라 16상론(十六象論)을 바탕으로 한 행태론(行態論)을 통해 넓게 해득(解得)해야 한다.

또한 외래(外來)의 O형, A형, AB형, B형에 대해서는 굳이 밝히지 않고 다만 지(地)는 O형, 수(水)는 AB형, 화(火)는 A형, 풍(風)은 B형이라는 것만 말하는 것은 세상(世上)에 너무 많은 의론(議論)이 난립(亂立)하기 때문이다.

자연(自然)의 일부분(一部分)으로 인간(人間)이란 번뇌(煩惱)의 뿌리가 되는 안(眼), 이(耳), 비(鼻), 설(舌), 신(身), 의(意)의 육근(六根)과 티끌 같은 번뇌(煩惱)인 색(色), 성(聲), 향(香), 미(味), 촉(觸), 법(法)의 육진(六塵)과 헛되고 망령되게 인식(認識)하는 안식(眼識), 이식(耳識), 비식(鼻識), 설식(舌識), 신식(身識), 의식(意識)이라는 18계(十八界)와 함께 7대(七大), 곧 지(地), 수(水), 화(火), 풍(風), 견(見), 식(識), 공(空)의 25계(二十五界)이다.

여기서 18계(十八界)의 의식(意識)은 소위 이르기를 6식(六識)을 말하는 것이며, 7대(七大)의 지수화풍(地水火風)을 합하여 7식(七識)이라 하고 7대(七大)에서의 견(見)이 8식(八識), 식(識)이 9식(九識)을 뜻한다.

6식(六識)까지는 후천적(後天的)으로 노력(努力) 여하에 따라 변화(變化)할 수 있는 것이며, 7식(七識)의 지수화풍(地水火風)이 선천적(先天的)이라는 것은, 이것이 곧 혈기론(血氣論)으로서 누대(累代)로부터 윤회(輪廻)하며 이어져 온 기질(氣質)을 의미(意味)한다.

지륜(指輪), 수륜(水輪), 화륜(火輪), 풍륜(風輪)이라 함은 처음도 끝도 없이 윤회생사(輪廻生死)하는 것을 이르는 것이며, 지수화풍(地水火風), 곧 목숨을 유지(維持)하는 네 가지 형질(形質)의 피와 기운(氣運)이 상생(相生), 상극(相剋)하고 이합집산(離合集散)하면서 수레바퀴와 같이 끝없이 돌고 도는 것을 뜻하는 것이다.

견(見)이 8식(八識)이라는 것은 아뢰야식(阿賴耶識)으로 늘 항상 하나의 것이며, 자기(自己) 스스로 적극적(積極的)으로 능히 보는 것(能見)을 의미(意味)하고 이 8식(八識)인 아뢰야식(阿賴耶識)으로 인하여 번뇌(煩惱)의 바탕이 되는 무명(無明)이 있게 된다.

때문에 깨닫지 못한 것이 일어나서 볼 수도 있으며, 나타낼 수도 있고 경계(境界)를 가질 수도 있다. 그러므로 꼬리를 물고 일어나는 생각이 항상 뒤를 이어가므로 말이나 행동(行動), 그리고 상태(狀態)를 분명(分明)히 깨달아 아는 일체(一切)의 작용(作用)을 이른다.

여기에 성스럽고 위대한 모습과 더럽고 추한 모습도 함께 공존(共存)하는 것이다.

이것이 인간(人間)의 삶이 아니던가.

식(識)이 9식(九識)이라는 것은 암마라식(菴摩羅識)으로 일체(一切) 모든 것을 서로 구별(區別)짓고 나누어 밝히더라도 거기에 물들거나 집착(執着)함이 없는 것이며, 허물이 없다(無垢)라는 의미(意味)다.

이미 밝은 지혜(智慧)가 이루어졌음에도 식(識)이라고 한 것은 서로 구별을 지어 나눌 수 있기 때문이며, 서로 구별(區別)짓고 나누어 아는 것은 식(識)이라 하고, 서로 구별(區別)지어 나눔이 없는 것을 참으로 아는 것(知)이라 한다.

지륜(地輪), 수륜(水輪), 화륜(火輪), 풍륜(風輪)이라는 이것에 달리 무슨 미사여구(美辭麗句)가 필요(必要)하며, 또한 그 어떤 논의(論意)가 필요(必要)하겠는가.

참된 이법(理法)이란 매우 현실적(現實的)인 것이 아니던가.

1) 해중금(海中金): 갑자(甲子), 을축(乙丑)

남자(男子) 8상 혈기론(八象 血氣論)

양(陽) → 남자(男子)				음(陰) → 남자(男子)			
건(乾)☰	태(兌)☱	리(離)☲	진(震)☳	손(巽)☴	감(坎)☵	간(艮)☶	곤(坤)☷
太陽	少陰	少陽	太陰	太陽	少陰	少陽	太陰
지(地,O)	지(地,O)	지(地,O)	지(地,O)	지(地,O)	지(地,O)	지(地,O)	지(地,O)
수(水,AB)	수(水,AB)	수(水,AB)	수(水,AB)	수(水,AB)	수(水,AB)	수(水,AB)	수(水,AB)
화(火,A)	화(火,A)	화(火,A)	화(火,A)	화(火,A)	화(火,A)	화(火,A)	화(火,A)
풍(風,B)	풍(風,B)	풍(風,B)	풍(風,B)	풍(風,B)	풍(風,B)	풍(風,B)	풍(風,B)

해중금(海中金): 남자(男子) 양(陽)에 태양(太陽)의 지(地, O형)
양(陽)에 태양(太陽)의 수(水, AB형)
양(陽)에 태양(太陽)의 화(火, A형)
양(陽)에 태양(太陽)의 풍(風, B형)
양(陽)에 소음(少陰)의 지(地, O형)

양(陽)에 소음(少陰)의 수(水, AB형)
양(陽)에 소음(少陰)의 화(火, A형)
양(陽)에 소음(少陰)의 풍(風, B형)
양(陽)에 소양(少陽)의 지(地, O형)
양(陽)에 소양(少陽)의 수(水, AB형)
양(陽)에 소양(少陽)의 화(火, A형)
양(陽)에 소양(少陽)의 풍(風, B형)
양(陽)에 태음(太陰)의 지(地, O형)
양(陽)에 태음(太陰)의 수(水, AB형)
양(陽)에 태음(太陰)의 화(火, A형)
양(陽)에 태음(太陰)의 풍(風, B형)

해중금(海中金): 남자(男子) 음(陰)에 태양(太陽)의 지(地, O형)
음(陰)에 태양(太陽)의 수(水, AB형)
음(陰)에 태양(太陽)의 화(火, A형)
음(陰)에 태양(太陽)의 풍(風, B형)
음(陰)에 소음(少陰)의 지(地, O형)
음(陰)에 소음(少陰)의 수(水, AB형)
음(陰)에 소음(少陰)의 화(火, A형)
음(陰)에 소음(少陰)의 풍(風, B형)
음(陰)에 소양(少陽)의 지(地, O형)
음(陰)에 소양(少陽)의 수(水, AB형)
음(陰)에 소양(少陽)의 화(火, A형)
음(陰)에 소양(少陽)의 풍(風, B형)
음(陰)에 태음(太陰)의 지(地, O형)
음(陰)에 태음(太陰)의 수(水, AB형)
음(陰)에 태음(太陰)의 화(火, A형)

음(陰)에 태음(太陰)의 풍(風, B형)

여자(女子) 8상 혈기론(八象 血氣論)

양(陽) → 여자(女子)				음(陰) → 여자(女子)			
건(乾)☰	태(兌)☱	리(離)☲	진(震)☳	손(巽)☴	감(坎)☵	간(艮)☶	곤(坤)☷
太陽	少陰	少陽	太陰	太陽	少陰	少陽	太陰
지(地,O)	지(地,O)	지(地,O)	지(地,O)	지(地,O)	지(地,O)	지(地,O)	지(地,O)
수(水,AB)	수(水,AB)	수(水,AB)	수(水,AB)	수(水,AB)	수(水,AB)	수(水,AB)	수(水,AB)
화(火,A)	화(火,A)	화(火,A)	화(火,A)	화(火,A)	화(火,A)	화(火,A)	화(火,A)
풍(風,B)	풍(風,B)	풍(風,B)	풍(風,B)	풍(風,B)	풍(風,B)	풍(風,B)	풍(風,B)

해중금(海中金): 여자(女子) 양(陽)에 태양(太陽)의 지(地, O형)
양(陽)에 태양(太陽)의 수(水, AB형)
양(陽)에 태양(太陽)의 화(火, A형)
양(陽)에 태양(太陽)의 풍(風, B형)
양(陽)에 소음(少陰)의 지(地, O형)
양(陽)에 소음(少陰)의 수(水, AB형)
양(陽)에 소음(少陰)의 화(火, A형)
양(陽)에 소음(少陰)의 풍(風, B형)
양(陽)에 소양(少陽)의 지(地, O형)
양(陽)에 소양(少陽)의 수(水, AB형)
양(陽)에 소양(少陽)의 화(火, A형)
양(陽)에 소양(少陽)의 풍(風, B형)
양(陽)에 태음(太陰)의 지(地, O형)
양(陽)에 태음(太陰)의 수(水, AB형)

양(陽)에 태음(太陰)의 화(火, A형)

양(陽)에 태음(太陰)의 풍(風, B형)

해중금(海中金): 여자(女子) 음(陰)에 태양(太陽)의 지(地, O형)

음(陰)에 태양(太陽)의 수(水, AB형)

음(陰)에 태양(太陽)의 화(火, A형)

음(陰)에 태양(太陽)의 풍(風, B형)

음(陰)에 소음(少陰)의 지(地, O형)

음(陰)에 소음(少陰)의 수(水, AB형)

음(陰)에 소음(少陰)의 화(火, A형)

음(陰)에 소음(少陰)의 풍(風, B형)

음(陰)에 소양(少陽)의 지(地, O형)

음(陰)에 소양(少陽)의 수(水, AB형)

음(陰)에 소양(少陽)의 화(火, A형)

음(陰)에 소양(少陽)의 풍(風, B형)

음(陰)에 태음(太陰)의 지(地, O형)

음(陰)에 태음(太陰)의 수(水, AB형)

음(陰)에 태음(太陰)의 화(火, A형)

음(陰)에 태음(太陰)의 풍(風, B형)

2) 노중화(爐中火): 병인(丙寅), 정묘(丁卯)

남자(男子) 8상 혈기론(八象 血氣論)

양(陽) → 남자(男子)				음(陰) → 남자(男子)			
건(乾)☰	태(兌)☱	리(離)☲	진(震)☳	손(巽)☴	감(坎)☵	간(艮)☶	곤(坤)☷
太陽	少陰	少陽	太陰	太陽	少陰	少陽	太陰

지(地,O) 지(地,O) 지(地,O) 지(地,O) 지(地,O) 지(地,O) 지(地,O) 지(地,O)
수(水,AB)수(水,AB)수(水,AB)수(水,AB) 수(水,AB)수(水,AB)수(水,AB)수(水,AB)
화(火,A) 화(火,A) 화(火,A) 화(火,A) 화(火,A) 화(火,A) 화(火,A) 화(火,A)
풍(風,B) 풍(風,B) 풍(風,B) 풍(風,B) 풍(風,B) 풍(風,B) 풍(風,B) 풍(風,B)

노중화(爐中火): 남자(男子) 양(陽)에 태양(太陽)의 지(地, O형)
양(陽)에 태양(太陽)의 수(水, AB형)
양(陽)에 태양(太陽)의 화(火, A형)
양(陽)에 태양(太陽)의 풍(風, B형)
양(陽)에 소음(少陰)의 지(地, O형)
양(陽)에 소음(少陰)의 수(水, AB형)
양(陽)에 소음(少陰)의 화(火, A형)
양(陽)에 소음(少陰)의 풍(風, B형)
양(陽)에 소양(少陽)의 지(地, O형)
양(陽)에 소양(少陽)의 수(水, AB형)
양(陽)에 소양(少陽)의 화(火, A형)
양(陽)에 소양(少陽)의 풍(風, B형)
양(陽)에 태음(太陰)의 지(地, O형)
양(陽)에 태음(太陰)의 수(水, AB형)
양(陽)에 태음(太陰)의 화(火, A형)
양(陽)에 태음(太陰)의 풍(風, B형)

노중화(爐中火): 남자(男子) 음(陰)에 태양(太陽)의 지(地, O형)
음(陰)에 태양(太陽)의 수(水, AB형)
음(陰)에 태양(太陽)의 화(火, A형)
음(陰)에 태양(太陽)의 풍(風, B형)
음(陰)에 소음(少陰)의 지(地, O형)

음(陰)에 소음(少陰)의 수(水, AB형)

음(陰)에 소음(少陰)의 화(火, A형)

음(陰)에 소음(少陰)의 풍(風, B형)

음(陰)에 소양(少陽)의 지(地, O형)

음(陰)에 소양(少陽)의 수(水, AB형)

음(陰)에 소양(少陽)의 화(火, A형)

음(陰)에 소양(少陽)의 풍(風, B형)

음(陰)에 태음(太陰)의 지(地, O형)

음(陰)에 태음(太陰)의 수(水, AB형)

음(陰)에 태음(太陰)의 화(火, A형)

음(陰)에 태음(太陰)의 풍(風, B형)

여자(女子) 8상 혈기론(八象 血氣論)

양(陽) → 여자(女子)				음(陰) → 여자(女子)			
건(乾)☰	태(兌)☱	리(離)☲	진(震)☳	손(巽)☴	감(坎)☵	간(艮)☶	곤(坤)☷
太陽	少陰	少陽	太陰	太陽	少陰	少陽	太陰
지(地,O)	지(地,O)	지(地,O)	지(地,O)	지(地,O)	지(地,O)	지(地,O)	지(地,O)
수(水,AB)	수(水,AB)	수(水,AB)	수(水,AB)	수(水,AB)	수(水,AB)	수(水,AB)	수(水,AB)
화(火,A)	화(火,A)	화(火,A)	화(火,A)	화(火,A)	화(火,A)	화(火,A)	화(火,A)
풍(風,B)	풍(風,B)	풍(風,B)	풍(風,B)	풍(風,B)	풍(風,B)	풍(風,B)	풍(風,B)

노중화(爐中火): 여자(女子) 양(陽)에 태양(太陽)의 지(地, O형)

양(陽)에 태양(太陽)의 수(水, AB형)

양(陽)에 태양(太陽)의 화(火, A형)

양(陽)에 태양(太陽)의 풍(風, B형)

양(陽)에 소음(少陰)의 지(地, O형)

양(陽)에 소음(少陰)의 수(水, AB형)

양(陽)에 소음(少陰)의 화(火, A형)

양(陽)에 소음(少陰)의 풍(風, B형)

양(陽)에 소양(少陽)의 지(地, O형)

양(陽)에 소양(少陽)의 수(水, AB형)

양(陽)에 소양(少陽)의 화(火, A형)

양(陽)에 소양(少陽)의 풍(風, B형)

양(陽)에 태음(太陰)의 지(地, O형)

양(陽)에 태음(太陰)의 수(水, AB형)

양(陽)에 태음(太陰)의 화(火, A형)

양(陽)에 태음(太陰)의 풍(風, B형)

노중화(爐中火): 여자(女子) 음(陰)에 태양(太陽)의 지(地, O형)

음(陰)에 태양(太陽)의 수(水, AB형)

음(陰)에 태양(太陽)의 화(火, A형)

음(陰)에 태양(太陽)의 풍(風, B형)

음(陰)에 소음(少陰)의 지(地, O형)

음(陰)에 소음(少陰)의 수(水, AB형)

음(陰)에 소음(少陰)의 화(火, A형)

음(陰)에 소음(少陰)의 풍(風, B형)

음(陰)에 소양(少陽)의 지(地, O형)

음(陰)에 소양(少陽)의 수(水, AB형)

음(陰)에 소양(少陽)의 화(火, A형)

음(陰)에 소양(少陽)의 풍(風, B형)

음(陰)에 태음(太陰)의 지(地, O형)

음(陰)에 태음(太陰)의 수(水, AB형)

음(陰)에 태음(太陰)의 화(火, A형)

음(陰)에 태음(太陰)의 풍(風, B형)

3) 대림목(大林木): 무진(戊辰), 기사(己巳)

남자(男子) 8상 혈기론(八象 血氣論)

양(陽) → 남자(男子)				음(陰) → 남자(男子)			
건(乾)☰	태(兌)☱	리(離)☲	진(震)☳	손(巽)☴	감(坎)☵	간(艮)☶	곤(坤)☷
太陽	少陰	少陽	太陰	太陽	少陰	少陽	太陰
지(地,O)	지(地,O)	지(地,O)	지(地,O)	지(地,O)	지(地,O)	지(地,O)	지(地,O)
수(水,AB)	수(水,AB)	수(水,AB)	수(水,AB)	수(水,AB)	수(水,AB)	수(水,AB)	수(水,AB)
화(火,A)	화(火,A)	화(火,A)	화(火,A)	화(火,A)	화(火,A)	화(火,A)	화(火,A)
풍(風,B)	풍(風,B)	풍(風,B)	풍(風,B)	풍(風,B)	풍(風,B)	풍(風,B)	풍(風,B)

대림목(大林木): 남자(男子) 양(陽)에 태양(太陽)의 지(地, O형)

양(陽)에 태양(太陽)의 수(水, AB형)

양(陽)에 태양(太陽)의 화(火, A형)

양(陽)에 태양(太陽)의 풍(風, B형)

양(陽)에 소음(少陰)의 지(地, O형)

양(陽)에 소음(少陰)의 수(水, AB형)

양(陽)에 소음(少陰)의 화(火, A형)

양(陽)에 소음(少陰)의 풍(風, B형)

양(陽)에 소양(少陽)의 지(地, O형)

양(陽)에 소양(少陽)의 수(水, AB형)

양(陽)에 소양(少陽)의 화(火, A형)

양(陽)에 소양(少陽)의 풍(風, B형)
양(陽)에 태음(太陰)의 지(地, O형)
양(陽)에 태음(太陰)의 수(水, AB형)
양(陽)에 태음(太陰)의 화(火, A형)
양(陽)에 태음(太陰)의 풍(風, B형)

대림목(大林木): 남자(男子) 음(陰)에 태양(太陽)의 지(地, O형)
음(陰)에 태양(太陽)의 수(水, AB형)
음(陰)에 태양(太陽)의 화(火, A형)
음(陰)에 태양(太陽)의 풍(風, B형)
음(陰)에 소음(少陰)의 지(地, O형)
음(陰)에 소음(少陰)의 수(水, AB형)
음(陰)에 소음(少陰)의 화(火, A형)
음(陰)에 소음(少陰)의 풍(風, B형)
음(陰)에 소양(少陽)의 지(地, O형)
음(陰)에 소양(少陽)의 수(水, AB형)
음(陰)에 소양(少陽)의 화(火, A형)
음(陰)에 소양(少陽)의 풍(風, B형)
음(陰)에 태음(太陰)의 지(地, O형)
음(陰)에 태음(太陰)의 수(水, AB형)
음(陰)에 태음(太陰)의 화(火, A형)
음(陰)에 태음(太陰)의 풍(風, B형)

여자(女子) 8상 혈기론(八象 血氣論)

양(陽) → 여자(女子)				음(陰) → 여자(女子)			
건(乾)☰	태(兌)☱	리(離)☲	진(震)☳	손(巽)☴	감(坎)☵	간(艮)☶	곤(坤)☷
太陽	少陰	少陽	太陰	太陽	少陰	少陽	太陰
지(地,O)	지(地,O)	지(地,O)	지(地,O)	지(地,O)	지(地,O)	지(地,O)	지(地,O)
수(水,AB)	수(水,AB)	수(水,AB)	수(水,AB)	수(水,AB)	수(水,AB)	수(水,AB)	수(水,AB)
화(火,A)	화(火,A)	화(火,A)	화(火,A)	화(火,A)	화(火,A)	화(火,A)	화(火,A)
풍(風,B)	풍(風,B)	풍(風,B)	풍(風,B)	풍(風,B)	풍(風,B)	풍(風,B)	풍(風,B)

대림목(大林木): 여자(女子) 양(陽)에 태양(太陽)의 지(地, O형)
양(陽)에 태양(太陽)의 수(水, AB형)
양(陽)에 태양(太陽)의 화(火, A형)
양(陽)에 태양(太陽)의 풍(風, B형)
양(陽)에 소음(少陰)의 지(地, O형)
양(陽)에 소음(少陰)의 수(水, AB형)
양(陽)에 소음(少陰)의 화(火, A형)
양(陽)에 소음(少陰)의 풍(風, B형)
양(陽)에 소양(少陽)의 지(地, O형)
양(陽)에 소양(少陽)의 수(水, AB형)
양(陽)에 소양(少陽)의 화(火, A형)
양(陽)에 소양(少陽)의 풍(風, B형)
양(陽)에 태음(太陰)의 지(地, O형)
양(陽)에 태음(太陰)의 수(水, AB형)
양(陽)에 태음(太陰)의 화(火, A형)
양(陽)에 태음(太陰)의 풍(風, B형)

대림목(大林木): 여자(女子) 음(陰)에 태양(太陽)의 지(地, O형)
음(陰)에 태양(太陽)의 수(水, AB형)
음(陰)에 태양(太陽)의 화(火, A형)
음(陰)에 태양(太陽)의 풍(風, B형)
음(陰)에 소음(少陰)의 지(地, O형)
음(陰)에 소음(少陰)의 수(水, AB형)
음(陰)에 소음(少陰)의 화(火, A형)
음(陰)에 소음(少陰)의 풍(風, B형)
음(陰)에 소양(少陽)의 지(地, O형)
음(陰)에 소양(少陽)의 수(水, AB형)
음(陰)에 소양(少陽)의 화(火, A형)
음(陰)에 소양(少陽)의 풍(風, B형)
음(陰)에 태음(太陰)의 지(地, O형)
음(陰)에 태음(太陰)의 수(水, AB형)
음(陰)에 태음(太陰)의 화(火, A형)
음(陰)에 태음(太陰)의 풍(風, B형)

4) 노방토(路傍土): 경오(庚午), 신미(辛未)

남자(男子) 8상 혈기론(八象 血氣論)

양(陽) → 남자(男子)				음(陰) → 남자(男子)			
건(乾)☰	태(兌)☱	리(離)☲	진(震)☳	손(巽)☴	감(坎)☵	간(艮)☶	곤(坤)☷
太陽	少陰	少陽	太陰	太陽	少陰	少陽	太陰
지(地,O)	지(地,O)	지(地,O)	지(地,O)	지(地,O)	지(地,O)	지(地,O)	지(地,O)
수(水,AB)	수(水,AB)	수(水,AB)	수(水,AB)	수(水,AB)	수(水,AB)	수(水,AB)	수(水,AB)

화(火,A) 화(火,A) 화(火,A) 화(火,A) 화(火,A) 화(火,A) 화(火,A) 화(火,A)

풍(風,B) 풍(風,B) 풍(風,B) 풍(風,B) 풍(風,B) 풍(風,B) 풍(風,B) 풍(風,B)

노방토(路傍土): 남자(男子) 양(陽)에 태양(太陽)의 지(地, O형)

양(陽)에 태양(太陽)의 수(水, AB형)

양(陽)에 태양(太陽)의 화(火, A형)

양(陽)에 태양(太陽)의 풍(風, B형)

양(陽)에 소음(少陰)의 지(地, O형)

양(陽)에 소음(少陰)의 수(水, AB형)

양(陽)에 소음(少陰)의 화(火, A형)

양(陽)에 소음(少陰)의 풍(風, B형)

양(陽)에 소양(少陽)의 지(地, O형)

양(陽)에 소양(少陽)의 수(水, AB형)

양(陽)에 소양(少陽)의 화(火, A형)

양(陽)에 소양(少陽)의 풍(風, B형)

양(陽)에 태음(太陰)의 지(地, O형)

양(陽)에 태음(太陰)의 수(水, AB형)

양(陽)에 태음(太陰)의 화(火, A형)

양(陽)에 태음(太陰)의 풍(風, B형)

노방토(路傍土): 남자(男子) 음(陰)에 태양(太陽)의 지(地, O형)

음(陰)에 태양(太陽)의 수(水, AB형)

음(陰)에 태양(太陽)의 화(火, A형)

음(陰)에 태양(太陽)의 풍(風, B형)

음(陰)에 소음(少陰)의 지(地, O형)

음(陰)에 소음(少陰)의 수(水, AB형)

음(陰)에 소음(少陰)의 화(火, A형)

음(陰)에 소음(少陰)의 풍(風, B형)

음(陰)에 소양(少陽)의 지(地, O형)

음(陰)에 소양(少陽)의 수(水, AB형)

음(陰)에 소양(少陽)의 화(火, A형)

음(陰)에 소양(少陽)의 풍(風, B형)

음(陰)에 태음(太陰)의 지(地, O형)

음(陰)에 태음(太陰)의 수(水, AB형)

음(陰)에 태음(太陰)의 화(火, A형)

음(陰)에 태음(太陰)의 풍(風, B형)

여자(女子) 8상 혈기론(八象 血氣論)

양(陽) → 여자(女子)				음(陰) → 여자(女子)			
건(乾)☰	태(兌)☱	리(離)☲	진(震)☳	손(巽)☴	감(坎)☵	간(艮)☶	곤(坤)☷
太陽	少陰	少陽	太陰	太陽	少陰	少陽	太陰
지(地,O)	지(地,O)	지(地,O)	지(地,O)	지(地,O)	지(地,O)	지(地,O)	지(地,O)
수(水,AB)	수(水,AB)	수(水,AB)	수(水,AB)	수(水,AB)	수(水,AB)	수(水,AB)	수(水,AB)
화(火,A)	화(火,A)	화(火,A)	화(火,A)	화(火,A)	화(火,A)	화(火,A)	화(火,A)
풍(風,B)	풍(風,B)	풍(風,B)	풍(風,B)	풍(風,B)	풍(風,B)	풍(風,B)	풍(風,B)

노방토(路傍土): 여자(女子) 양(陽)에 태양(太陽)의 지(地, O형)

양(陽)에 태양(太陽)의 수(水, AB형)

양(陽)에 태양(太陽)의 화(火, A형)

양(陽)에 태양(太陽)의 풍(風, B형)

양(陽)에 소음(少陰)의 지(地, O형)

양(陽)에 소음(少陰)의 수(水, AB형)

양(陽)에 소음(少陰)의 화(火, A형)
양(陽)에 소음(少陰)의 풍(風, B형)
양(陽)에 소양(少陽)의 지(地, O형)
양(陽)에 소양(少陽)의 수(水, AB형)
양(陽)에 소양(少陽)의 화(火, A형)
양(陽)에 소양(少陽)의 풍(風, B형)
양(陽)에 태음(太陰)의 지(地, O형)
양(陽)에 태음(太陰)의 수(水, AB형)
양(陽)에 태음(太陰)의 화(火, A형)
양(陽)에 태음(太陰)의 풍(風, B형)

노방토(路傍土): 여자(女子) 음(陰)에 태양(太陽)의 지(地, O형)
음(陰)에 태양(太陽)의 수(水, AB형)
음(陰)에 태양(太陽)의 화(火, A형)
음(陰)에 태양(太陽)의 풍(風, B형)
음(陰)에 소음(少陰)의 지(地, O형)
음(陰)에 소음(少陰)의 수(水, AB형)
음(陰)에 소음(少陰)의 화(火, A형)
음(陰)에 소음(少陰)의 풍(風, B형)
음(陰)에 소양(少陽)의 지(地, O형)
음(陰)에 소양(少陽)의 수(水, AB형)
음(陰)에 소양(少陽)의 화(火, A형)
음(陰)에 소양(少陽)의 풍(風, B형)
음(陰)에 태음(太陰)의 지(地, O형)
음(陰)에 태음(太陰)의 수(水, AB형)
음(陰)에 태음(太陰)의 화(火, A형)
음(陰)에 태음(太陰)의 풍(風, B형)

5) 검봉금(劍鋒金): 임신(壬申), 계유(癸酉)

남자(男子) 8상 혈기론(八象 血氣論)

양(陽) → 남자(男子)				음(陰) → 남자(男子)			
건(乾)☰	태(兌)☱	리(離)☲	진(震)☳	손(巽)☴	감(坎)☵	간(艮)☶	곤(坤)☷
太陽	少陰	少陽	太陰	太陽	少陰	少陽	太陰
지(地,O)	지(地,O)	지(地,O)	지(地,O)	지(地,O)	지(地,O)	지(地,O)	지(地,O)
수(水,AB)	수(水,AB)	수(水,AB)	수(水,AB)	수(水,AB)	수(水,AB)	수(水,AB)	수(水,AB)
화(火,A)	화(火,A)	화(火,A)	화(火,A)	화(火,A)	화(火,A)	화(火,A)	화(火,A)
풍(風,B)	풍(風,B)	풍(風,B)	풍(風,B)	풍(風,B)	풍(風,B)	풍(風,B)	풍(風,B)

검봉금(劍鋒金): 남자(男子) 양(陽)에 태양(太陽)의 지(地, O형)
양(陽)에 태양(太陽)의 수(水, AB형)
양(陽)에 태양(太陽)의 화(火, A형)
양(陽)에 태양(太陽)의 풍(風, B형)
양(陽)에 소음(少陰)의 지(地, O형)
양(陽)에 소음(少陰)의 수(水, AB형)
양(陽)에 소음(少陰)의 화(火, A형)
양(陽)에 소음(少陰)의 풍(風, B형)
양(陽)에 소양(少陽)의 지(地, O형)
양(陽)에 소양(少陽)의 수(水, AB형)
양(陽)에 소양(少陽)의 화(火, A형)
양(陽)에 소양(少陽)의 풍(風, B형)
양(陽)에 태음(太陰)의 지(地, O형)
양(陽)에 태음(太陰)의 수(水, AB형)

양(陽)에 태음(太陰)의 화(火, A형)

양(陽)에 태음(太陰)의 풍(風, B형)

검봉금(劍鋒金): 남자(男子) 음(陰)에 태양(太陽)의 지(地, O형)

음(陰)에 태양(太陽)의 수(水, AB형)

음(陰)에 태양(太陽)의 화(火, A형)

음(陰)에 태양(太陽)의 풍(風, B형)

음(陰)에 소음(少陰)의 지(地, O형)

음(陰)에 소음(少陰)의 수(水, AB형)

음(陰)에 소음(少陰)의 화(火, A형)

음(陰)에 소음(少陰)의 풍(風, B형)

음(陰)에 소양(少陽)의 지(地, O형)

음(陰)에 소양(少陽)의 수(水, AB형)

음(陰)에 소양(少陽)의 화(火, A형)

음(陰)에 소양(少陽)의 풍(風, B형)

음(陰)에 태음(太陰)의 지(地, O형)

음(陰)에 태음(太陰)의 수(水, AB형)

음(陰)에 태음(太陰)의 화(火, A형)

음(陰)에 태음(太陰)의 풍(風, B형)

여자(女子) 8상 혈기론(八象 血氣論)

양(陽) → 여자(女子)				음(陰) → 여자(女子)			
건(乾)☰	태(兌)☱	리(離)☲	진(震)☳	손(巽)☴	감(坎)☵	간(艮)☶	곤(坤)☷
太陽	少陰	少陽	太陰	太陽	少陰	少陽	太陰
지(地,O)	지(地,O)	지(地,O)	지(地,O)	지(地,O)	지(地,O)	지(地,O)	지(地,O)
수(水,AB)	수(水,AB)	수(水,AB)	수(水,AB)	수(水,AB)	수(水,AB)	수(水,AB)	수(水,AB)

화(火,A) 화(火,A) 화(火,A) 화(火,A) 화(火,A) 화(火,A) 화(火,A) 화(火,A)

풍(風,B) 풍(風,B) 풍(風,B) 풍(風,B) 풍(風,B) 풍(風,B) 풍(風,B) 풍(風,B)

검봉금(劍鋒金): 여자(女子) 양(陽)에 태양(太陽)의 지(地, O형)
양(陽)에 태양(太陽)의 수(水, AB형)
양(陽)에 태양(太陽)의 화(火, A형)
양(陽)에 태양(太陽)의 풍(風, B형)
양(陽)에 소음(少陰)의 지(地, O형)
양(陽)에 소음(少陰)의 수(水, AB형)
양(陽)에 소음(少陰)의 화(火, A형)
양(陽)에 소음(少陰)의 풍(風, B형)
양(陽)에 소양(少陽)의 지(地, O형)
양(陽)에 소양(少陽)의 수(水, AB형)
양(陽)에 소양(少陽)의 화(火, A형)
양(陽)에 소양(少陽)의 풍(風, B형)
양(陽)에 태음(太陰)의 지(地, O형)
양(陽)에 태음(太陰)의 수(水, AB형)
양(陽)에 태음(太陰)의 화(火, A형)
양(陽)에 태음(太陰)의 풍(風, B형)

검봉금(劍鋒金): 여자(女子) 음(陰)에 태양(太陽)의 지(地, O형)
음(陰)에 태양(太陽)의 수(水, AB형)
음(陰)에 태양(太陽)의 화(火, A형)
음(陰)에 태양(太陽)의 풍(風, B형)
음(陰)에 소음(少陰)의 지(地, O형)
음(陰)에 소음(少陰)의 수(水, AB형)
음(陰)에 소음(少陰)의 화(火, A형)

음(陰)에 소음(少陰)의 풍(風, B형)
음(陰)에 소양(少陽)의 지(地, O형)
음(陰)에 소양(少陽)의 수(水, AB형)
음(陰)에 소양(少陽)의 화(火, A형)
음(陰)에 소양(少陽)의 풍(風, B형)
음(陰)에 태음(太陰)의 지(地, O형)
음(陰)에 태음(太陰)의 수(水, AB형)
음(陰)에 태음(太陰)의 화(火, A형)
음(陰)에 태음(太陰)의 풍(風, B형)

6) 산두화(山頭火): 갑술(甲戌), 을해(乙亥)

남자(男子) 8상 혈기론(八象 血氣論)

양(陽) → 남자(男子)				음(陰) → 남자(男子)			
건(乾)☰	태(兌)☱	리(離)☲	진(震)☳	손(巽)☴	감(坎)☵	간(艮)☶	곤(坤)☷
太陽	少陰	少陽	太陰	太陽	少陰	少陽	太陰
지(地,O)	지(地,O)	지(地,O)	지(地,O)	지(地,O)	지(地,O)	지(地,O)	지(地,O)
수(水,AB)	수(水,AB)	수(水,AB)	수(水,AB)	수(水,AB)	수(水,AB)	수(水,AB)	수(水,AB)
화(火,A)	화(火,A)	화(火,A)	화(火,A)	화(火,A)	화(火,A)	화(火,A)	화(火,A)
풍(風,B)	풍(風,B)	풍(風,B)	풍(風,B)	풍(風,B)	풍(風,B)	풍(風,B)	풍(風,B)

산두화(山頭火): 남자(男子) 양(陽)에 태양(太陽)의 지(地, O형)
양(陽)에 태양(太陽)의 수(水, AB형)
양(陽)에 태양(太陽)의 화(火, A형)
양(陽)에 태양(太陽)의 풍(風, B형)

양(陽)에 소음(少陰)의 지(地, O형)
양(陽)에 소음(少陰)의 수(水, AB형)
양(陽)에 소음(少陰)의 화(火, A형)
양(陽)에 소음(少陰)의 풍(風, B형)
양(陽)에 소양(少陽)의 지(地, O형)
양(陽)에 소양(少陽)의 수(水, AB형)
양(陽)에 소양(少陽)의 화(火, A형)
양(陽)에 소양(少陽)의 풍(風, B형)
양(陽)에 태음(太陰)의 지(地, O형)
양(陽)에 태음(太陰)의 수(水, AB형)
양(陽)에 태음(太陰)의 화(火, A형)
양(陽)에 태음(太陰)의 풍(風, B형)

산두화(山頭火): 남자(男子) 음(陰)에 태양(太陽)의 지(地, O형)
음(陰)에 태양(太陽)의 수(水, AB형)
음(陰)에 태양(太陽)의 화(火, A형)
음(陰)에 태양(太陽)의 풍(風, B형)
음(陰)에 소음(少陰)의 지(地, O형)
음(陰)에 소음(少陰)의 수(水, AB형)
음(陰)에 소음(少陰)의 화(火, A형)
음(陰)에 소음(少陰)의 풍(風, B형)
음(陰)에 소양(少陽)의 지(地, O형)
음(陰)에 소양(少陽)의 수(水, AB형)
음(陰)에 소양(少陽)의 화(火, A형)
음(陰)에 소양(少陽)의 풍(風, B형)
음(陰)에 태음(太陰)의 지(地, O형)
음(陰)에 태음(太陰)의 수(水, AB형)

음(陰)에 태음(太陰)의 화(火, A형)

음(陰)에 태음(太陰)의 풍(風, B형)

여자(女子) 8상 혈기론(八象 血氣論)

양(陽) → 여자(女子)				음(陰) → 여자(女子)			
건(乾)☰	태(兌)☱	리(離)☲	진(震)☳	손(巽)☴	감(坎)☵	간(艮)☶	곤(坤)☷
太陽	少陰	少陽	太陰	太陽	少陰	少陽	太陰
지(地,O)	지(地,O)	지(地,O)	지(地,O)	지(地,O)	지(地,O)	지(地,O)	지(地,O)
수(水,AB)	수(水,AB)	수(水,AB)	수(水,AB)	수(水,AB)	수(水,AB)	수(水,AB)	수(水,AB)
화(火,A)	화(火,A)	화(火,A)	화(火,A)	화(火,A)	화(火,A)	화(火,A)	화(火,A)
풍(風,B)	풍(風,B)	풍(風,B)	풍(風,B)	풍(風,B)	풍(風,B)	풍(風,B)	풍(風,B)

산두화(山頭火): 여자(女子) 양(陽)에 태양(太陽)의 지(地, O형)

양(陽)에 태양(太陽)의 수(水, AB형)

양(陽)에 태양(太陽)의 화(火, A형)

양(陽)에 태양(太陽)의 풍(風, B형)

양(陽)에 소음(少陰)의 지(地, O형)

양(陽)에 소음(少陰)의 수(水, AB형)

양(陽)에 소음(少陰)의 화(火, A형)

양(陽)에 소음(少陰)의 풍(風, B형)

양(陽)에 소양(少陽)의 지(地, O형)

양(陽)에 소양(少陽)의 수(水, AB형)

양(陽)에 소양(少陽)의 화(火, A형)

양(陽)에 소양(少陽)의 풍(風, B형)

양(陽)에 태음(太陰)의 지(地, O형)

양(陽)에 태음(太陰)의 수(水, AB형)

양(陽)에 태음(太陰)의 화(火, A형)

양(陽)에 태음(太陰)의 풍(風, B형)

산두화(山頭火): 여자(女子) 음(陰)에 태양(太陽)의 지(地, O형)

음(陰)에 태양(太陽)의 수(水, AB형)

음(陰)에 태양(太陽)의 화(火, A형)

음(陰)에 태양(太陽)의 풍(風, B형)

음(陰)에 소음(少陰)의 지(地, O형)

음(陰)에 소음(少陰)의 수(水, AB형)

음(陰)에 소음(少陰)의 화(火, A형)

음(陰)에 소음(少陰)의 풍(風, B형)

음(陰)에 소양(少陽)의 지(地, O형)

음(陰)에 소양(少陽)의 수(水, AB형)

음(陰)에 소양(少陽)의 화(火, A형)

음(陰)에 소양(少陽)의 풍(風, B형)

음(陰)에 태음(太陰)의 지(地, O형)

음(陰)에 태음(太陰)의 수(水, AB형)

음(陰)에 태음(太陰)의 화(火, A형)

음(陰)에 태음(太陰)의 풍(風, B형)

7) 간하수(澗下水): 병자(丙子), 정축(丁丑)

남자(男子) 8상 혈기론(八象 血氣論)

양(陽) → 남자(男子)				음(陰) → 남자(男子)			
건(乾)☰	태(兌)☱	리(離)☲	진(震)☳	손(巽)☴	감(坎)☵	간(艮)☶	곤(坤)☷
太陽	少陰	少陽	太陰	太陽	少陰	少陽	太陰
지(地,O)	지(地,O)	지(地,O)	지(地,O)	지(地,O)	지(地,O)	지(地,O)	지(地,O)
수(水,AB)	수(水,AB)	수(水,AB)	수(水,AB)	수(水,AB)	수(水,AB)	수(水,AB)	수(水,AB)
화(火,A)	화(火,A)	화(火,A)	화(火,A)	화(火,A)	화(火,A)	화(火,A)	화(火,A)
풍(風,B)	풍(風,B)	풍(風,B)	풍(風,B)	풍(風,B)	풍(風,B)	풍(風,B)	풍(風,B)

간하수(澗下水): 남자(男子) 양(陽)에 태양(太陽)의 지(地, O형)
양(陽)에 태양(太陽)의 수(水, AB형)
양(陽)에 태양(太陽)의 화(火, A형)
양(陽)에 태양(太陽)의 풍(風, B형)
양(陽)에 소음(少陰)의 지(地, O형)
양(陽)에 소음(少陰)의 수(水, AB형)
양(陽)에 소음(少陰)의 화(火, A형)
양(陽)에 소음(少陰)의 풍(風, B형)
양(陽)에 소양(少陽)의 지(地, O형)
양(陽)에 소양(少陽)의 수(水, AB형)
양(陽)에 소양(少陽)의 화(火, A형)
양(陽)에 소양(少陽)의 풍(風, B형)
양(陽)에 태음(太陰)의 지(地, O형)
양(陽)에 태음(太陰)의 수(水, AB형)

양(陽)에 태음(太陰)의 화(火, A형)

양(陽)에 태음(太陰)의 풍(風, B형)

간하수(澗下水): 남자(男子) 음(陰)에 태양(太陽)의 지(地, O형)

음(陰)에 태양(太陽)의 수(水, AB형)

음(陰)에 태양(太陽)의 화(火, A형)

음(陰)에 태양(太陽)의 풍(風, B형)

음(陰)에 소음(少陰)의 지(地, O형)

음(陰)에 소음(少陰)의 수(水, AB형)

음(陰)에 소음(少陰)의 화(火, A형)

음(陰)에 소음(少陰)의 풍(風, B형)

음(陰)에 소양(少陽)의 지(地, O형)

음(陰)에 소양(少陽)의 수(水, AB형)

음(陰)에 소양(少陽)의 화(火, A형)

음(陰)에 소양(少陽)의 풍(風, B형)

음(陰)에 태음(太陰)의 지(地, O형)

음(陰)에 태음(太陰)의 수(水, AB형)

음(陰)에 태음(太陰)의 화(火, A형)

음(陰)에 태음(太陰)의 풍(風, B형)

여자(女子) 8상 혈기론(八象 血氣論)

양(陽) → 여자(女子)				음(陰) → 여자(女子)			
건(乾)☰	태(兌)☱	리(離)☲	진(震)☳	손(巽)☴	감(坎)☵	간(艮)☶	곤(坤)☷
太陽	少陰	少陽	太陰	太陽	少陰	少陽	太陰
지(地,O)	지(地,O)	지(地,O)	지(地,O)	지(地,O)	지(地,O)	지(地,O)	지(地,O)
수(水,AB)	수(水,AB)	수(水,AB)	수(水,AB)	수(水,AB)	수(水,AB)	수(水,AB)	수(水,AB)

화(火,A) 화(火,A) 화(火,A) 화(火,A) 화(火,A) 화(火,A) 화(火,A) 화(火,A)

풍(風,B) 풍(風,B) 풍(風,B) 풍(風,B) 풍(風,B) 풍(風,B) 풍(風,B) 풍(風,B)

간하수(澗下水): 여자(女子) 양(陽)에 태양(太陽)의 지(地, O형)
양(陽)에 태양(太陽)의 수(水, AB형)
양(陽)에 태양(太陽)의 화(火, A형)
양(陽)에 태양(太陽)의 풍(風, B형)
양(陽)에 소음(少陰)의 지(地, O형)
양(陽)에 소음(少陰)의 수(水, AB형)
양(陽)에 소음(少陰)의 화(火, A형)
양(陽)에 소음(少陰)의 풍(風, B형)
양(陽)에 소양(少陽)의 지(地, O형)
양(陽)에 소양(少陽)의 수(水, AB형)
양(陽)에 소양(少陽)의 화(火, A형)
양(陽)에 소양(少陽)의 풍(風, B형)
양(陽)에 태음(太陰)의 지(地, O형)
양(陽)에 태음(太陰)의 수(水, AB형)
양(陽)에 태음(太陰)의 화(火, A형)
양(陽)에 태음(太陰)의 풍(風, B형)

간하수(澗下水): 여자(女子) 음(陰)에 태양(太陽)의 지(地, O형)
음(陰)에 태양(太陽)의 수(水, AB형)
음(陰)에 태양(太陽)의 화(火, A형)
음(陰)에 태양(太陽)의 풍(風, B형)
음(陰)에 소음(少陰)의 지(地, O형)
음(陰)에 소음(少陰)의 수(水, AB형)
음(陰)에 소음(少陰)의 화(火, A형)

음(陰)에 소음(少陰)의 풍(風, B형)

음(陰)에 소양(少陽)의 지(地, O형)

음(陰)에 소양(少陽)의 수(水, AB형)

음(陰)에 소양(少陽)의 화(火, A형)

음(陰)에 소양(少陽)의 풍(風, B형)

음(陰)에 태음(太陰)의 지(地, O형)

음(陰)에 태음(太陰)의 수(水, AB형)

음(陰)에 태음(太陰)의 화(火, A형)

음(陰)에 태음(太陰)의 풍(風, B형)

8) 성두토(城頭土): 무인(戊寅), 기묘(己卯)

남자(男子) 8상 혈기론(八象 血氣論)

양(陽) → 남자(男子)				음(陰) → 남자(男子)			
건(乾)☰	태(兌)☱	리(離)☲	진(震)☳	손(巽)☴	감(坎)☵	간(艮)☶	곤(坤)☷
太陽	少陰	少陽	太陰	太陽	少陰	少陽	太陰
지(地,O)	지(地,O)	지(地,O)	지(地,O)	지(地,O)	지(地,O)	지(地,O)	지(地,O)
수(水,AB)	수(水,AB)	수(水,AB)	수(水,AB)	수(水,AB)	수(水,AB)	수(水,AB)	수(水,AB)
화(火,A)	화(火,A)	화(火,A)	화(火,A)	화(火,A)	화(火,A)	화(火,A)	화(火,A)
풍(風,B)	풍(風,B)	풍(風,B)	풍(風,B)	풍(風,B)	풍(風,B)	풍(風,B)	풍(風,B)

성두토(城頭土): 남자(男子) 양(陽)에 태양(太陽)의 지(地, O형)

양(陽)에 태양(太陽)의 수(水, AB형)

양(陽)에 태양(太陽)의 화(火, A형)

양(陽)에 태양(太陽)의 풍(風, B형)

양(陽)에 소음(少陰)의 지(地, O형)

양(陽)에 소음(少陰)의 수(水, AB형)

양(陽)에 소음(少陰)의 화(火, A형)

양(陽)에 소음(少陰)의 풍(風, B형)

양(陽)에 소양(少陽)의 지(地, O형)

양(陽)에 소양(少陽)의 수(水, AB형)

양(陽)에 소양(少陽)의 화(火, A형)

양(陽)에 소양(少陽)의 풍(風, B형)

양(陽)에 태음(太陰)의 지(地, O형)

양(陽)에 태음(太陰)의 수(水, AB형)

양(陽)에 태음(太陰)의 화(火, A형)

양(陽)에 태음(太陰)의 풍(風, B형)

성두토(城頭土): 남자(男子) 음(陰)에 태양(太陽)의 지(地, O형)

음(陰)에 태양(太陽)의 수(水, AB형)

음(陰)에 태양(太陽)의 화(火, A형)

음(陰)에 태양(太陽)의 풍(風, B형)

음(陰)에 소음(少陰)의 지(地, O형)

음(陰)에 소음(少陰)의 수(水, AB형)

음(陰)에 소음(少陰)의 화(火, A형)

음(陰)에 소음(少陰)의 풍(風, B형)

음(陰)에 소양(少陽)의 지(地, O형)

음(陰)에 소양(少陽)의 수(水, AB형)

음(陰)에 소양(少陽)의 화(火, A형)

음(陰)에 소양(少陽)의 풍(風, B형)

음(陰)에 태음(太陰)의 지(地, O형)

음(陰)에 태음(太陰)의 수(水, AB형)

음(陰)에 태음(太陰)의 화(火, A형)

음(陰)에 태음(太陰)의 풍(風, B형)

여자(女子) 8상 혈기론(八象 血氣論)

양(陽) → 여자(女子)				음(陰) → 여자(女子)			
건(乾)☰	태(兌)☱	리(離)☲	진(震)☳	손(巽)☴	감(坎)☵	간(艮)☶	곤(坤)☷
太陽	少陰	少陽	太陰	太陽	少陰	少陽	太陰
지(地,O)	지(地,O)	지(地,O)	지(地,O)	지(地,O)	지(地,O)	지(地,O)	지(地,O)
수(水,AB)	수(水,AB)	수(水,AB)	수(水,AB)	수(水,AB)	수(水,AB)	수(水,AB)	수(水,AB)
화(火,A)	화(火,A)	화(火,A)	화(火,A)	화(火,A)	화(火,A)	화(火,A)	화(火,A)
풍(風,B)	풍(風,B)	풍(風,B)	풍(風,B)	풍(風,B)	풍(風,B)	풍(風,B)	풍(風,B)

성두토(城頭土): 여자(女子) 양(陽)에 태양(太陽)의 지(地, O형)

양(陽)에 태양(太陽)의 수(水, AB형)

양(陽)에 태양(太陽)의 화(火, A형)

양(陽)에 태양(太陽)의 풍(風, B형)

양(陽)에 소음(少陰)의 지(地, O형)

양(陽)에 소음(少陰)의 수(水, AB형)

양(陽)에 소음(少陰)의 화(火, A형)

양(陽)에 소음(少陰)의 풍(風, B형)

양(陽)에 소양(少陽)의 지(地, O형)

양(陽)에 소양(少陽)의 수(水, AB형)

양(陽)에 소양(少陽)의 화(火, A형)

양(陽)에 소양(少陽)의 풍(風, B형)

양(陽)에 태음(太陰)의 지(地, O형)

양(陽)에 태음(太陰)의 수(水, AB형)
양(陽)에 태음(太陰)의 화(火, A형)
양(陽)에 태음(太陰)의 풍(風, B형)
성두토(城頭土): 여자(女子) 음(陰)에 태양(太陽)의 지(地, O형)
음(陰)에 태양(太陽)의 수(水, AB형)
음(陰)에 태양(太陽)의 화(火, A형)
음(陰)에 태양(太陽)의 풍(風, B형)
음(陰)에 소음(少陰)의 지(地, O형)
음(陰)에 소음(少陰)의 수(水, AB형)
음(陰)에 소음(少陰)의 화(火, A형)
음(陰)에 소음(少陰)의 풍(風, B형)
음(陰)에 소양(少陽)의 지(地, O형)
음(陰)에 소양(少陽)의 수(水, AB형)
음(陰)에 소양(少陽)의 화(火, A형)
음(陰)에 소양(少陽)의 풍(風, B형)
음(陰)에 태음(太陰)의 지(地, O형)
음(陰)에 태음(太陰)의 수(水, AB형)
음(陰)에 태음(太陰)의 화(火, A형)
음(陰)에 태음(太陰)의 풍(風, B형)

9) 백납금(白鑞金): 경진(庚辰), 신사(辛巳)

남자(男子) 8상 혈기론(八象 血氣論)

양(陽) → 남자(男子)				음(陰) → 남자(男子)			
건(乾)☰	태(兌)☱	리(離)☲	진(震)☳	손(巽)☴	감(坎)☵	간(艮)☶	곤(坤)☷
太陽	少陰	少陽	太陰	太陽	少陰	少陽	太陰
지(地,O)	지(地,O)	지(地,O)	지(地,O)	지(地,O)	지(地,O)	지(地,O)	지(地,O)
수(水,AB)	수(水,AB)	수(水,AB)	수(水,AB)	수(水,AB)	수(水,AB)	수(水,AB)	수(水,AB)
화(火,A)	화(火,A)	화(火,A)	화(火,A)	화(火,A)	화(火,A)	화(火,A)	화(火,A)
풍(風,B)	풍(風,B)	풍(風,B)	풍(風,B)	풍(風,B)	풍(風,B)	풍(風,B)	풍(風,B)

백납금(白鑞金): 남자(男子) 양(陽)에 태양(太陽)의 지(地, O형)
양(陽)에 태양(太陽)의 수(水, AB형)
양(陽)에 태양(太陽)의 화(火, A형)
양(陽)에 태양(太陽)의 풍(風, B형)
양(陽)에 소음(少陰)의 지(地, O형)
양(陽)에 소음(少陰)의 수(水, AB형)
양(陽)에 소음(少陰)의 화(火, A형)
양(陽)에 소음(少陰)의 풍(風, B형)
양(陽)에 소양(少陽)의 지(地, O형)
양(陽)에 소양(少陽)의 수(水, AB형)
양(陽)에 소양(少陽)의 화(火, A형)
양(陽)에 소양(少陽)의 풍(風, B형)
양(陽)에 태음(太陰)의 지(地, O형)
양(陽)에 태음(太陰)의 수(水, AB형)

양(陽)에 태음(太陰)의 화(火, A형)
양(陽)에 태음(太陰)의 풍(風, B형)

백납금(白鑞金): 남자(男子) 음(陰)에 태양(太陽)의 지(地, O형)
음(陰)에 태양(太陽)의 수(水, AB형)
음(陰)에 태양(太陽)의 화(火, A형)
음(陰)에 태양(太陽)의 풍(風, B형)
음(陰)에 소음(少陰)의 지(地, O형)
음(陰)에 소음(少陰)의 수(水, AB형)
음(陰)에 소음(少陰)의 화(火, A형)
음(陰)에 소음(少陰)의 풍(風, B형)
음(陰)에 소양(少陽)의 지(地, O형)
음(陰)에 소양(少陽)의 수(水, AB형)
음(陰)에 소양(少陽)의 화(火, A형)
음(陰)에 소양(少陽)의 풍(風, B형)
음(陰)에 태음(太陰)의 지(地, O형)
음(陰)에 태음(太陰)의 수(水, AB형)
음(陰)에 태음(太陰)의 화(火, A형)
음(陰)에 태음(太陰)의 풍(風, B형)

여자(女子) 8상 혈기론(八象 血氣論)

양(陽) → 여자(女子)				음(陰) → 여자(女子)			
건(乾)☰	태(兌)☱	리(離)☲	진(震)☳	손(巽)☴	감(坎)☵	간(艮)☶	곤(坤)☷
太陽	少陰	少陽	太陰	太陽	少陰	少陽	太陰
지(地,O)	지(地,O)	지(地,O)	지(地,O)	지(地,O)	지(地,O)	지(地,O)	지(地,O)
수(水,AB)	수(水,AB)	수(水,AB)	수(水,AB)	수(水,AB)	수(水,AB)	수(水,AB)	수(水,AB)

화(火,A) 화(火,A) 화(火,A) 화(火,A) 화(火,A) 화(火,A) 화(火,A) 화(火,A)

풍(風,B) 풍(風,B) 풍(風,B) 풍(風,B) 풍(風,B) 풍(風,B) 풍(風,B) 풍(風,B)

백납금(白鑞金): 여자(女子) 양(陽)에 태양(太陽)의 지(地, O형)
양(陽)에 태양(太陽)의 수(水, AB형)
양(陽)에 태양(太陽)의 화(火, A형)
양(陽)에 태양(太陽)의 풍(風, B형)
양(陽)에 소음(少陰)의 지(地, O형)
양(陽)에 소음(少陰)의 수(水, AB형)
양(陽)에 소음(少陰)의 화(火, A형)
양(陽)에 소음(少陰)의 풍(風, B형)
양(陽)에 소양(少陽)의 지(地, O형)
양(陽)에 소양(少陽)의 수(水, AB형)
양(陽)에 소양(少陽)의 화(火, A형)
양(陽)에 소양(少陽)의 풍(風, B형)
양(陽)에 태음(太陰)의 지(地, O형)
양(陽)에 태음(太陰)의 수(水, AB형)
양(陽)에 태음(太陰)의 화(火, A형)
양(陽)에 태음(太陰)의 풍(風, B형)

백납금(白鑞金): 여자(女子) 음(陰)에 태양(太陽)의 지(地, O형)
음(陰)에 태양(太陽)의 수(水, AB형)
음(陰)에 태양(太陽)의 화(火, A형)
음(陰)에 태양(太陽)의 풍(風, B형)
음(陰)에 소음(少陰)의 지(地, O형)
음(陰)에 소음(少陰)의 수(水, AB형)
음(陰)에 소음(少陰)의 화(火, A형)

음(陰)에 소음(少陰)의 풍(風, B형)

음(陰)에 소양(少陽)의 지(地, O형)

음(陰)에 소양(少陽)의 수(水, AB형)

음(陰)에 소양(少陽)의 화(火, A형)

음(陰)에 소양(少陽)의 풍(風, B형)

음(陰)에 태음(太陰)의 지(地, O형)

음(陰)에 태음(太陰)의 수(水, AB형)

음(陰)에 태음(太陰)의 화(火, A형)

음(陰)에 태음(太陰)의 풍(風, B형)

10) 양류목(楊柳木): 임오(壬午), 계미(癸未)

남자(男子) 8상 혈기론(八象 血氣論)

양(陽) → 남자(男子)				음(陰) → 남자(男子)			
건(乾)☰	태(兌)☱	리(離)☲	진(震)☳	손(巽)☴	감(坎)☵	간(艮)☶	곤(坤)☷
太陽	少陰	少陽	太陰	太陽	少陰	少陽	太陰
지(地,O)	지(地,O)	지(地,O)	지(地,O)	지(地,O)	지(地,O)	지(地,O)	지(地,O)
수(水,AB)	수(水,AB)	수(水,AB)	수(水,AB)	수(水,AB)	수(水,AB)	수(水,AB)	수(水,AB)
화(火,A)	화(火,A)	화(火,A)	화(火,A)	화(火,A)	화(火,A)	화(火,A)	화(火,A)
풍(風,B)	풍(風,B)	풍(風,B)	풍(風,B)	풍(風,B)	풍(風,B)	풍(風,B)	풍(風,B)

양류목(楊柳木): 남자(男子) 양(陽)에 태양(太陽)의 지(地, O형)

양(陽)에 태양(太陽)의 수(水, AB형)

양(陽)에 태양(太陽)의 화(火, A형)

양(陽)에 태양(太陽)의 풍(風, B형)

양(陽)에 소음(少陰)의 지(地, O형)
양(陽)에 소음(少陰)의 수(水, AB형)
양(陽)에 소음(少陰)의 화(火, A형)
양(陽)에 소음(少陰)의 풍(風, B형)
양(陽)에 소양(少陽)의 지(地, O형)
양(陽)에 소양(少陽)의 수(水, AB형)
양(陽)에 소양(少陽)의 화(火, A형)
양(陽)에 소양(少陽)의 풍(風, B형)
양(陽)에 태음(太陰)의 지(地, O형)
양(陽)에 태음(太陰)의 수(水, AB형)
양(陽)에 태음(太陰)의 화(火, A형)
양(陽)에 태음(太陰)의 풍(風, B형)

양류목(楊柳木): 남자(男子) 음(陰)에 태양(太陽)의 지(地, O형)
음(陰)에 태양(太陽)의 수(水, AB형)
음(陰)에 태양(太陽)의 화(火, A형)
음(陰)에 태양(太陽)의 풍(風, B형)
음(陰)에 소음(少陰)의 지(地, O형)
음(陰)에 소음(少陰)의 수(水, AB형)
음(陰)에 소음(少陰)의 화(火, A형)
음(陰)에 소음(少陰)의 풍(風, B형)
음(陰)에 소양(少陽)의 지(地, O형)
음(陰)에 소양(少陽)의 수(水, AB형)
음(陰)에 소양(少陽)의 화(火, A형)
음(陰)에 소양(少陽)의 풍(風, B형)
음(陰)에 태음(太陰)의 지(地, O형)
음(陰)에 태음(太陰)의 수(水, AB형)

음(陰)에 태음(太陰)의 화(火, A형)

음(陰)에 태음(太陰)의 풍(風, B형)

여자(女子) 8상 혈기론(八象 血氣論)

양(陽) → 여자(女子)				음(陰) → 여자(女子)			
건(乾)☰	태(兌)☱	리(離)☲	진(震)☳	손(巽)☴	감(坎)☵	간(艮)☶	곤(坤)☷
太陽	少陰	少陽	太陰	太陽	少陰	少陽	太陰
지(地,O)	지(地,O)	지(地,O)	지(地,O)	지(地,O)	지(地,O)	지(地,O)	지(地,O)
수(水,AB)	수(水,AB)	수(水,AB)	수(水,AB)	수(水,AB)	수(水,AB)	수(水,AB)	수(水,AB)
화(火,A)	화(火,A)	화(火,A)	화(火,A)	화(火,A)	화(火,A)	화(火,A)	화(火,A)
풍(風,B)	풍(風,B)	풍(風,B)	풍(風,B)	풍(風,B)	풍(風,B)	풍(風,B)	풍(風,B)

양류목(楊柳木): 여자(女子) 양(陽)에 태양(太陽)의 지(地, O형)

양(陽)에 태양(太陽)의 수(水, AB형)

양(陽)에 태양(太陽)의 화(火, A형)

양(陽)에 태양(太陽)의 풍(風, B형)

양(陽)에 소음(少陰)의 지(地, O형)

양(陽)에 소음(少陰)의 수(水, AB형)

양(陽)에 소음(少陰)의 화(火, A형)

양(陽)에 소음(少陰)의 풍(風, B형)

양(陽)에 소양(少陽)의 지(地, O형)

양(陽)에 소양(少陽)의 수(水, AB형)

양(陽)에 소양(少陽)의 화(火, A형)

양(陽)에 소양(少陽)의 풍(風, B형)

양(陽)에 태음(太陰)의 지(地, O형)

양(陽)에 태음(太陰)의 수(水, AB형)
양(陽)에 태음(太陰)의 화(火, A형)
양(陽)에 태음(太陰)의 풍(風, B형)
양류목(楊柳木): 여자(女子) 음(陰)에 태양(太陽)의 지(地, O형)
음(陰)에 태양(太陽)의 수(水, AB형)
음(陰)에 태양(太陽)의 화(火, A형)
음(陰)에 태양(太陽)의 풍(風, B형)
음(陰)에 소음(少陰)의 지(地, O형)
음(陰)에 소음(少陰)의 수(水, AB형)
음(陰)에 소음(少陰)의 화(火, A형)
음(陰)에 소음(少陰)의 풍(風, B형)
음(陰)에 소양(少陽)의 지(地, O형)
음(陰)에 소양(少陽)의 수(水, AB형)
음(陰)에 소양(少陽)의 화(火, A형)
음(陰)에 소양(少陽)의 풍(風, B형)
음(陰)에 태음(太陰)의 지(地, O형)
음(陰)에 태음(太陰)의 수(水, AB형)
음(陰)에 태음(太陰)의 화(火, A형)
음(陰)에 태음(太陰)의 풍(風, B형)

11) 천중수(泉中水): 갑신(甲申), 을유(乙酉)

남자(男子) 8상 혈기론(八象 血氣論)

양(陽) → 남자(男子)				음(陰) → 남자(男子)			
건(乾)☰	태(兌)☱	리(離)☲	진(震)☳	손(巽)☴	감(坎)☵	간(艮)☶	곤(坤)☷
太陽	少陰	少陽	太陰	太陽	少陰	少陽	太陰
지(地,O)	지(地,O)	지(地,O)	지(地,O)	지(地,O)	지(地,O)	지(地,O)	지(地,O)
수(水,AB)	수(水,AB)	수(水,AB)	수(水,AB)	수(水,AB)	수(水,AB)	수(水,AB)	수(水,AB)
화(火,A)	화(火,A)	화(火,A)	화(火,A)	화(火,A)	화(火,A)	화(火,A)	화(火,A)
풍(風,B)	풍(風,B)	풍(風,B)	풍(風,B)	풍(風,B)	풍(風,B)	풍(風,B)	풍(風,B)

천중수(泉中水): 남자(男子) 양(陽)에 태양(太陽)의 지(地, O형)

양(陽)에 태양(太陽)의 수(水, AB형)

양(陽)에 태양(太陽)의 화(火, A형)

양(陽)에 태양(太陽)의 풍(風, B형)

양(陽)에 소음(少陰)의 지(地, O형)

양(陽)에 소음(少陰)의 수(水, AB형)

양(陽)에 소음(少陰)의 화(火, A형)

양(陽)에 소음(少陰)의 풍(風, B형)

양(陽)에 소양(少陽)의 지(地, O형)

양(陽)에 소양(少陽)의 수(水, AB형)

양(陽)에 소양(少陽)의 화(火, A형)

양(陽)에 소양(少陽)의 풍(風, B형)

양(陽)에 태음(太陰)의 지(地, O형)

양(陽)에 태음(太陰)의 수(水, AB형)

양(陽)에 태음(太陰)의 화(火, A형)

양(陽)에 태음(太陰)의 풍(風, B형)

천중수(泉中水): 남자(男子) 음(陰)에 태양(太陽)의 지(地, O형)

음(陰)에 태양(太陽)의 수(水, AB형)

음(陰)에 태양(太陽)의 화(火, A형)

음(陰)에 태양(太陽)의 풍(風, B형)

음(陰)에 소음(少陰)의 지(地, O형)

음(陰)에 소음(少陰)의 수(水, AB형)

음(陰)에 소음(少陰)의 화(火, A형)

음(陰)에 소음(少陰)의 풍(風, B형)

음(陰)에 소양(少陽)의 지(地, O형)

음(陰)에 소양(少陽)의 수(水, AB형)

음(陰)에 소양(少陽)의 화(火, A형)

음(陰)에 소양(少陽)의 풍(風, B형)

음(陰)에 태음(太陰)의 지(地, O형)

음(陰)에 태음(太陰)의 수(水, AB형)

음(陰)에 태음(太陰)의 화(火, A형)

음(陰)에 태음(太陰)의 풍(風, B형)

여자(女子) 8상 혈기론(八象 血氣論)

양(陽) → 여자(女子)				음(陰) → 여자(女子)			
건(乾)☰	태(兌)☱	리(離)☲	진(震)☳	손(巽)☴	감(坎)☵	간(艮)☶	곤(坤)☷
太陽	少陰	少陽	太陰	太陽	少陰	少陽	太陰
지(地,O)	지(地,O)	지(地,O)	지(地,O)	지(地,O)	지(地,O)	지(地,O)	지(地,O)
수(水,AB)	수(水,AB)	수(水,AB)	수(水,AB)	수(水,AB)	수(水,AB)	수(水,AB)	수(水,AB)

화(火,A) 화(火,A) 화(火,A) 화(火,A) 화(火,A) 화(火,A) 화(火,A) 화(火,A)

풍(風,B) 풍(風,B) 풍(風,B) 풍(風,B) 풍(風,B) 풍(風,B) 풍(風,B) 풍(風,B)

천중수(泉中水): 여자(女子) 양(陽)에 태양(太陽)의 지(地, O형)
양(陽)에 태양(太陽)의 수(水, AB형)
양(陽)에 태양(太陽)의 화(火, A형)
양(陽)에 태양(太陽)의 풍(風, B형)
양(陽)에 소음(少陰)의 지(地, O형)
양(陽)에 소음(少陰)의 수(水, AB형)
양(陽)에 소음(少陰)의 화(火, A형)
양(陽)에 소음(少陰)의 풍(風, B형)
양(陽)에 소양(少陽)의 지(地, O형)
양(陽)에 소양(少陽)의 수(水, AB형)
양(陽)에 소양(少陽)의 화(火, A형)
양(陽)에 소양(少陽)의 풍(風, B형)
양(陽)에 태음(太陰)의 지(地, O형)
양(陽)에 태음(太陰)의 수(水, AB형)
양(陽)에 태음(太陰)의 화(火, A형)
양(陽)에 태음(太陰)의 풍(風, B형)

천중수(泉中水): 여자(女子) 음(陰)에 태양(太陽)의 지(地, O형)
음(陰)에 태양(太陽)의 수(水, AB형)
음(陰)에 태양(太陽)의 화(火, A형)
음(陰)에 태양(太陽)의 풍(風, B형)
음(陰)에 소음(少陰)의 지(地, O형)
음(陰)에 소음(少陰)의 수(水, AB형)
음(陰)에 소음(少陰)의 화(火, A형)

음(陰)에 소음(少陰)의 풍(風, B형)

음(陰)에 소양(少陽)의 지(地, O형)

음(陰)에 소양(少陽)의 수(水, AB형)

음(陰)에 소양(少陽)의 화(火, A형)

음(陰)에 소양(少陽)의 풍(風, B형)

음(陰)에 태음(太陰)의 지(地, O형)

음(陰)에 태음(太陰)의 수(水, AB형)

음(陰)에 태음(太陰)의 화(火, A형)

음(陰)에 태음(太陰)의 풍(風, B형)

12) 옥상토(屋上土): 병술(丙戌), 정해(丁亥)

남자(男子) 8상 혈기론(八象 血氣論)

양(陽) → 남자(男子)				음(陰) → 남자(男子)			
건(乾)☰	태(兌)☱	리(離)☲	진(震)☳	손(巽)☴	감(坎)☵	간(艮)☶	곤(坤)☷
太陽	少陰	少陽	太陰	太陽	少陰	少陽	太陰
지(地,O)	지(地,O)	지(地,O)	지(地,O)	지(地,O)	지(地,O)	지(地,O)	지(地,O)
수(水,AB)	수(水,AB)	수(水,AB)	수(水,AB)	수(水,AB)	수(水,AB)	수(水,AB)	수(水,AB)
화(火,A)	화(火,A)	화(火,A)	화(火,A)	화(火,A)	화(火,A)	화(火,A)	화(火,A)
풍(風,B)	풍(風,B)	풍(風,B)	풍(風,B)	풍(風,B)	풍(風,B)	풍(風,B)	풍(風,B)

옥상토(屋上土): 남자(男子) 양(陽)에 태양(太陽)의 지(地, O형)

양(陽)에 태양(太陽)의 수(水, AB형)

양(陽)에 태양(太陽)의 화(火, A형)

양(陽)에 태양(太陽)의 풍(風, B형)

양(陽)에 소음(少陰)의 지(地, O형)
양(陽)에 소음(少陰)의 수(水, AB형)
양(陽)에 소음(少陰)의 화(火, A형)
양(陽)에 소음(少陰)의 풍(風, B형)
양(陽)에 소양(少陽)의 지(地, O형)
양(陽)에 소양(少陽)의 수(水, AB형)
양(陽)에 소양(少陽)의 화(火, A형)
양(陽)에 소양(少陽)의 풍(風, B형)
양(陽)에 태음(太陰)의 지(地, O형)
양(陽)에 태음(太陰)의 수(水, AB형)
양(陽)에 태음(太陰)의 화(火, A형)
양(陽)에 태음(太陰)의 풍(風, B형)

옥상토(屋上土): 남자(男子) 음(陰)에 태양(太陽)의 지(地, O형)
음(陰)에 태양(太陽)의 수(水, AB형)
음(陰)에 태양(太陽)의 화(火, A형)
음(陰)에 태양(太陽)의 풍(風, B형)
음(陰)에 소음(少陰)의 지(地, O형)
음(陰)에 소음(少陰)의 수(水, AB형)
음(陰)에 소음(少陰)의 화(火, A형)
음(陰)에 소음(少陰)의 풍(風, B형)
음(陰)에 소양(少陽)의 지(地, O형)
음(陰)에 소양(少陽)의 수(水, AB형)
음(陰)에 소양(少陽)의 화(火, A형)
음(陰)에 소양(少陽)의 풍(風, B형)
음(陰)에 태음(太陰)의 지(地, O형)
음(陰)에 태음(太陰)의 수(水, AB형)

음(陰)에 태음(太陰)의 화(火, A형)

음(陰)에 태음(太陰)의 풍(風, B형)

여자(女子) 8상 혈기론(八象 血氣論)

양(陽) → 여자(女子)				음(陰) → 여자(女子)			
건(乾)☰	태(兌)☱	리(離)☲	진(震)☳	손(巽)☴	감(坎)☵	간(艮)☶	곤(坤)☷
太陽	少陰	少陽	太陰	太陽	少陰	少陽	太陰
지(地,O)	지(地,O)	지(地,O)	지(地,O)	지(地,O)	지(地,O)	지(地,O)	지(地,O)
수(水,AB)	수(水,AB)	수(水,AB)	수(水,AB)	수(水,AB)	수(水,AB)	수(水,AB)	수(水,AB)
화(火,A)	화(火,A)	화(火,A)	화(火,A)	화(火,A)	화(火,A)	화(火,A)	화(火,A)
풍(風,B)	풍(風,B)	풍(風,B)	풍(風,B)	풍(風,B)	풍(風,B)	풍(風,B)	풍(風,B)

옥상토(屋上土): 여자(女子) 양(陽)에 태양(太陽)의 지(地, O형)

양(陽)에 태양(太陽)의 수(水, AB형)

양(陽)에 태양(太陽)의 화(火, A형)

양(陽)에 태양(太陽)의 풍(風, B형)

양(陽)에 소음(少陰)의 지(地, O형)

양(陽)에 소음(少陰)의 수(水, AB형)

양(陽)에 소음(少陰)의 화(火, A형)

양(陽)에 소음(少陰)의 풍(風, B형)

양(陽)에 소양(少陽)의 지(地, O형)

양(陽)에 소양(少陽)의 수(水, AB형)

양(陽)에 소양(少陽)의 화(火, A형)

양(陽)에 소양(少陽)의 풍(風, B형)

양(陽)에 태음(太陰)의 지(地, O형)

양(陽)에 태음(太陰)의 수(水, AB형)
양(陽)에 태음(太陰)의 화(火, A형)
양(陽)에 태음(太陰)의 풍(風, B형)
옥상토(屋上土): 여자(女子) 음(陰)에 태양(太陽)의 지(地, O형)
음(陰)에 태양(太陽)의 수(水, AB형)
음(陰)에 태양(太陽)의 화(火, A형)
음(陰)에 태양(太陽)의 풍(風, B형)
음(陰)에 소음(少陰)의 지(地, O형)
음(陰)에 소음(少陰)의 수(水, AB형)
음(陰)에 소음(少陰)의 화(火, A형)
음(陰)에 소음(少陰)의 풍(風, B형)
음(陰)에 소양(少陽)의 지(地, O형)
음(陰)에 소양(少陽)의 수(水, AB형)
음(陰)에 소양(少陽)의 화(火, A형)
음(陰)에 소양(少陽)의 풍(風, B형)
음(陰)에 태음(太陰)의 지(地, O형)
음(陰)에 태음(太陰)의 수(水, AB형)
음(陰)에 태음(太陰)의 화(火, A형)
음(陰)에 태음(太陰)의 풍(風, B형)

13) 벽력화(霹靂火): 무자(戊子), 기축(己丑)

남자(男子) 8상 혈기론(八象 血氣論)

양(陽) → 남자(男子)				음(陰) → 남자(男子)			
건(乾)☰	태(兌)☱	리(離)☲	진(震)☳	손(巽)☴	감(坎)☵	간(艮)☶	곤(坤)☷
太陽	少陰	少陽	太陰	太陽	少陰	少陽	太陰
지(地,O)	지(地,O)	지(地,O)	지(地,O)	지(地,O)	지(地,O)	지(地,O)	지(地,O)
수(水,AB)	수(水,AB)	수(水,AB)	수(水,AB)	수(水,AB)	수(水,AB)	수(水,AB)	수(水,AB)
화(火,A)	화(火,A)	화(火,A)	화(火,A)	화(火,A)	화(火,A)	화(火,A)	화(火,A)
풍(風,B)	풍(風,B)	풍(風,B)	풍(風,B)	풍(風,B)	풍(風,B)	풍(風,B)	풍(風,B)

벽력화(霹靂火): 남자(男子) 양(陽)에 태양(太陽)의 지(地, O형)
양(陽)에 태양(太陽)의 수(水, AB형)
양(陽)에 태양(太陽)의 화(火, A형)
양(陽)에 태양(太陽)의 풍(風, B형)
양(陽)에 소음(少陰)의 지(地, O형)
양(陽)에 소음(少陰)의 수(水, AB형)
양(陽)에 소음(少陰)의 화(火, A형)
양(陽)에 소음(少陰)의 풍(風, B형)
양(陽)에 소양(少陽)의 지(地, O형)
양(陽)에 소양(少陽)의 수(水, AB형)
양(陽)에 소양(少陽)의 화(火, A형)
양(陽)에 소양(少陽)의 풍(風, B형)
양(陽)에 태음(太陰)의 지(地, O형)
양(陽)에 태음(太陰)의 수(水, AB형)

양(陽)에 태음(太陰)의 화(火, A형)

양(陽)에 태음(太陰)의 풍(風, B형)

벽력화(霹靂火): 남자(男子) 음(陰)에 태양(太陽)의 지(地, O형)

음(陰)에 태양(太陽)의 수(水, AB형)

음(陰)에 태양(太陽)의 화(火, A형)

음(陰)에 태양(太陽)의 풍(風, B형)

음(陰)에 소음(少陰)의 지(地, O형)

음(陰)에 소음(少陰)의 수(水, AB형)

음(陰)에 소음(少陰)의 화(火, A형)

음(陰)에 소음(少陰)의 풍(風, B형)

음(陰)에 소양(少陽)의 지(地, O형)

음(陰)에 소양(少陽)의 수(水, AB형)

음(陰)에 소양(少陽)의 화(火, A형)

음(陰)에 소양(少陽)의 풍(風, B형)

음(陰)에 태음(太陰)의 지(地, O형)

음(陰)에 태음(太陰)의 수(水, AB형)

음(陰)에 태음(太陰)의 화(火, A형)

음(陰)에 태음(太陰)의 풍(風, B형)

여자(女子) 8상 혈기론(八象 血氣論)

양(陽) → 여자(女子)				음(陰) → 여자(女子)			
건(乾)☰	태(兌)☱	리(離)☲	진(震)☳	손(巽)☴	감(坎)☵	간(艮)☶	곤(坤)☷
太陽	少陰	少陽	太陰	太陽	少陰	少陽	太陰
지(地,O)	지(地,O)	지(地,O)	지(地,O)	지(地,O)	지(地,O)	지(地,O)	지(地,O)
수(水,AB)	수(水,AB)	수(水,AB)	수(水,AB)	수(水,AB)	수(水,AB)	수(水,AB)	수(水,AB)

화(火,A) 화(火,A) 화(火,A) 화(火,A)　　화(火,A) 화(火,A) 화(火,A) 화(火,A)

풍(風,B) 풍(風,B) 풍(風,B) 풍(風,B)　　풍(風,B) 풍(風,B) 풍(風,B) 풍(風,B)

벽력화(霹靂火): 여자(女子) 양(陽)에 태양(太陽)의 지(地, O형)
양(陽)에 태양(太陽)의 수(水, AB형)
양(陽)에 태양(太陽)의 화(火, A형)
양(陽)에 태양(太陽)의 풍(風, B형)
양(陽)에 소음(少陰)의 지(地, O형)
양(陽)에 소음(少陰)의 수(水, AB형)
양(陽)에 소음(少陰)의 화(火, A형)
양(陽)에 소음(少陰)의 풍(風, B형)
양(陽)에 소양(少陽)의 지(地, O형)
양(陽)에 소양(少陽)의 수(水, AB형)
양(陽)에 소양(少陽)의 화(火, A형)
양(陽)에 소양(少陽)의 풍(風, B형)
양(陽)에 태음(太陰)의 지(地, O형)
양(陽)에 태음(太陰)의 수(水, AB형)
양(陽)에 태음(太陰)의 화(火, A형)
양(陽)에 태음(太陰)의 풍(風, B형)

벽력화(霹靂火): 여자(女子) 음(陰)에 태양(太陽)의 지(地, O형)
음(陰)에 태양(太陽)의 수(水, AB형)
음(陰)에 태양(太陽)의 화(火, A형)
음(陰)에 태양(太陽)의 풍(風, B형)
음(陰)에 소음(少陰)의 지(地, O형)
음(陰)에 소음(少陰)의 수(水, AB형)
음(陰)에 소음(少陰)의 화(火, A형)

음(陰)에 소음(少陰)의 풍(風, B형)
음(陰)에 소양(少陽)의 지(地, O형)
음(陰)에 소양(少陽)의 수(水, AB형)
음(陰)에 소양(少陽)의 화(火, A형)
음(陰)에 소양(少陽)의 풍(風, B형)
음(陰)에 태음(太陰)의 지(地, O형)
음(陰)에 태음(太陰)의 수(水, AB형)
음(陰)에 태음(太陰)의 화(火, A형)
음(陰)에 태음(太陰)의 풍(風, B형)

14) 송백목(松柏木): 경인(庚寅), 신묘(辛卯)

남자(男子) 8상 혈기론(八象 血氣論)

양(陽) → 남자(男子)				음(陰) → 남자(男子)			
건(乾)☰	태(兌)☱	리(離)☲	진(震)☳	손(巽)☴	감(坎)☵	간(艮)☶	곤(坤)☷
太陽	少陰	少陽	太陰	太陽	少陰	少陽	太陰
지(地,O)	지(地,O)	지(地,O)	지(地,O)	지(地,O)	지(地,O)	지(地,O)	지(地,O)
수(水,AB)	수(水,AB)	수(水,AB)	수(水,AB)	수(水,AB)	수(水,AB)	수(水,AB)	수(水,AB)
화(火,A)	화(火,A)	화(火,A)	화(火,A)	화(火,A)	화(火,A)	화(火,A)	화(火,A)
풍(風,B)	풍(風,B)	풍(風,B)	풍(風,B)	풍(風,B)	풍(風,B)	풍(風,B)	풍(風,B)

송백목(松柏木): 남자(男子) 양(陽)에 태양(太陽)의 지(地, O형)
양(陽)에 태양(太陽)의 수(水, AB형)
양(陽)에 태양(太陽)의 화(火, A형)
양(陽)에 태양(太陽)의 풍(風, B형)

양(陽)에 소음(少陰)의 지(地, O형)

양(陽)에 소음(少陰)의 수(水, AB형)

양(陽)에 소음(少陰)의 화(火, A형)

양(陽)에 소음(少陰)의 풍(風, B형)

양(陽)에 소양(少陽)의 지(地, O형)

양(陽)에 소양(少陽)의 수(水, AB형)

양(陽)에 소양(少陽)의 화(火, A형)

양(陽)에 소양(少陽)의 풍(風, B형)

양(陽)에 태음(太陰)의 지(地, O형)

양(陽)에 태음(太陰)의 수(水, AB형)

양(陽)에 태음(太陰)의 화(火, A형)

양(陽)에 태음(太陰)의 풍(風, B형)

송백목(松柏木) 남자(男子) 음(陰)에 태양(太陽)의 지(地, O형)

음(陰)에 태양(太陽)의 수(水, AB형)

음(陰)에 태양(太陽)의 화(火, A형)

음(陰)에 태양(太陽)의 풍(風, B형)

음(陰)에 소음(少陰)의 지(地, O형)

음(陰)에 소음(少陰)의 수(水, AB형)

음(陰)에 소음(少陰)의 화(火, A형)

음(陰)에 소음(少陰)의 풍(風, B형)

음(陰)에 소양(少陽)의 지(地, O형)

음(陰)에 소양(少陽)의 수(水, AB형)

음(陰)에 소양(少陽)의 화(火, A형)

음(陰)에 소양(少陽)의 풍(風, B형)

음(陰)에 태음(太陰)의 지(地, O형)

음(陰)에 태음(太陰)의 수(水, AB형)

음(陰)에 태음(太陰)의 화(火, A형)

음(陰)에 태음(太陰)의 풍(風, B형)

여자(女子) 8상 혈기론(八象 血氣論)

양(陽) → 여자(女子)				음(陰) → 여자(女子)			
건(乾)☰	태(兌)☱	리(離)☲	진(震)☳	손(巽)☴	감(坎)☵	간(艮)☶	곤(坤)☷
太陽	少陰	少陽	太陰	太陽	少陰	少陽	太陰
지(地,O)	지(地,O)	지(地,O)	지(地,O)	지(地,O)	지(地,O)	지(地,O)	지(地,O)
수(水,AB)	수(水,AB)	수(水,AB)	수(水,AB)	수(水,AB)	수(水,AB)	수(水,AB)	수(水,AB)
화(火,A)	화(火,A)	화(火,A)	화(火,A)	화(火,A)	화(火,A)	화(火,A)	화(火,A)
풍(風,B)	풍(風,B)	풍(風,B)	풍(風,B)	풍(風,B)	풍(風,B)	풍(風,B)	풍(風,B)

송백목(松柏木): 여자(女子) 양(陽)에 태양(太陽)의 지(地, O형)

양(陽)에 태양(太陽)의 수(水, AB형)

양(陽)에 태양(太陽)의 화(火, A형)

양(陽)에 태양(太陽)의 풍(風, B형)

양(陽)에 소음(少陰)의 지(地, O형)

양(陽)에 소음(少陰)의 수(水, AB형)

양(陽)에 소음(少陰)의 화(火, A형)

양(陽)에 소음(少陰)의 풍(風, B형)

양(陽)에 소양(少陽)의 지(地, O형)

양(陽)에 소양(少陽)의 수(水, AB형)

양(陽)에 소양(少陽)의 화(火, A형)

양(陽)에 소양(少陽)의 풍(風, B형)

양(陽)에 태음(太陰)의 지(地, O형)

양(陽)에 태음(太陰)의 수(水, AB형)
양(陽)에 태음(太陰)의 화(火, A형)
양(陽)에 태음(太陰)의 풍(風, B형)
송백목(松柏木): 여자(女子) 음(陰)에 태양(太陽)의 지(地, O형)
음(陰)에 태양(太陽)의 수(水, AB형)
음(陰)에 태양(太陽)의 화(火, A형)
음(陰)에 태양(太陽)의 풍(風, B형)
음(陰)에 소음(少陰)의 지(地, O형)
음(陰)에 소음(少陰)의 수(水, AB형)
음(陰)에 소음(少陰)의 화(火, A형)
음(陰)에 소음(少陰)의 풍(風, B형)
음(陰)에 소양(少陽)의 지(地, O형)
음(陰)에 소양(少陽)의 수(水, AB형)
음(陰)에 소양(少陽)의 화(火, A형)
음(陰)에 소양(少陽)의 풍(風, B형)
음(陰)에 태음(太陰)의 지(地, O형)
음(陰)에 태음(太陰)의 수(水, AB형)
음(陰)에 태음(太陰)의 화(火, A형)
음(陰)에 태음(太陰)의 풍(風, B형)

15) 장류수(長流水): 임진(壬辰), 계사(癸巳)

남자(男子) 8상 혈기론(八象 血氣論)

양(陽) → 남자(男子)				음(陰) → 남자(男子)			
건(乾)☰	태(兌)☱	리(離)☲	진(震)☳	손(巽)☴	감(坎)☵	간(艮)☶	곤(坤)☷
太陽	少陰	少陽	太陰	太陽	少陰	少陽	太陰
지(地,O)	지(地,O)	지(地,O)	지(地,O)	지(地,O)	지(地,O)	지(地,O)	지(地,O)
수(水,AB)	수(水,AB)	수(水,AB)	수(水,AB)	수(水,AB)	수(水,AB)	수(水,AB)	수(水,AB)
화(火,A)	화(火,A)	화(火,A)	화(火,A)	화(火,A)	화(火,A)	화(火,A)	화(火,A)
풍(風,B)	풍(風,B)	풍(風,B)	풍(風,B)	풍(風,B)	풍(風,B)	풍(風,B)	풍(風,B)

장류수(長流水): 남자(男子) 양(陽)에 태양(太陽)의 지(地, O형)
양(陽)에 태양(太陽)의 수(水, AB형)
양(陽)에 태양(太陽)의 화(火, A형)
양(陽)에 태양(太陽)의 풍(風, B형)
양(陽)에 소음(少陰)의 지(地, O형)
양(陽)에 소음(少陰)의 수(水, AB형)
양(陽)에 소음(少陰)의 화(火, A형)
양(陽)에 소음(少陰)의 풍(風, B형)
양(陽)에 소양(少陽)의 지(地, O형)
양(陽)에 소양(少陽)의 수(水, AB형)
양(陽)에 소양(少陽)의 화(火, A형)
양(陽)에 소양(少陽)의 풍(風, B형)
양(陽)에 태음(太陰)의 지(地, O형)
양(陽)에 태음(太陰)의 수(水, AB형)

양(陽)에 태음(太陰)의 화(火, A형)

양(陽)에 태음(太陰)의 풍(風, B형)

장류수(長流水): 남자(男子) 음(陰)에 태양(太陽)의 지(地, O형)

음(陰)에 태양(太陽)의 수(水, AB형)

음(陰)에 태양(太陽)의 화(火, A형)

음(陰)에 태양(太陽)의 풍(風, B형)

음(陰)에 소음(少陰)의 지(地, O형)

음(陰)에 소음(少陰)의 수(水, AB형)

음(陰)에 소음(少陰)의 화(火, A형)

음(陰)에 소음(少陰)의 풍(風, B형)

음(陰)에 소양(少陽)의 지(地, O형)

음(陰)에 소양(少陽)의 수(水, AB형)

음(陰)에 소양(少陽)의 화(火, A형)

음(陰)에 소양(少陽)의 풍(風, B형)

음(陰)에 태음(太陰)의 지(地, O형)

음(陰)에 태음(太陰)의 수(水, AB형)

음(陰)에 태음(太陰)의 화(火, A형)

음(陰)에 태음(太陰)의 풍(風, B형)

여자(女子) 8상 혈기론(八象 血氣論)

양(陽) → 여자(女子)				음(陰) → 여자(女子)			
건(乾)☰	태(兌)☱	리(離)☲	진(震)☳	손(巽)☴	감(坎)☵	간(艮)☶	곤(坤)☷
太陽	少陰	少陽	太陰	太陽	少陰	少陽	太陰
지(地,O)	지(地,O)	지(地,O)	지(地,O)	지(地,O)	지(地,O)	지(地,O)	지(地,O)
수(水,AB)	수(水,AB)	수(水,AB)	수(水,AB)	수(水,AB)	수(水,AB)	수(水,AB)	수(水,AB)

화(火,A) 화(火,A) 화(火,A) 화(火,A) 화(火,A) 화(火,A) 화(火,A) 화(火,A)
풍(風,B) 풍(風,B) 풍(風,B) 풍(風,B) 풍(風,B) 풍(風,B) 풍(風,B) 풍(風,B)

장류수(長流水): 여자(女子) 양(陽)에 태양(太陽)의 지(地, O형)
양(陽)에 태양(太陽)의 수(水, AB형)
양(陽)에 태양(太陽)의 화(火, A형)
양(陽)에 태양(太陽)의 풍(風, B형)
양(陽)에 소음(少陰)의 지(地, O형)
양(陽)에 소음(少陰)의 수(水, AB형)
양(陽)에 소음(少陰)의 화(火, A형)
양(陽)에 소음(少陰)의 풍(風, B형)
양(陽)에 소양(少陽)의 지(地, O형)
양(陽)에 소양(少陽)의 수(水, AB형)
양(陽)에 소양(少陽)의 화(火, A형)
양(陽)에 소양(少陽)의 풍(風, B형)
양(陽)에 태음(太陰)의 지(地, O형)
양(陽)에 태음(太陰)의 수(水, AB형)
양(陽)에 태음(太陰)의 화(火, A형)
양(陽)에 태음(太陰)의 풍(風, B형)
장류수(長流水) 여자(女子) 음(陰)에 태양(太陽)의 지(地, O형)
음(陰)에 태양(太陽)의 수(水, AB형)
음(陰)에 태양(太陽)의 화(火, A형)
음(陰)에 태양(太陽)의 풍(風, B형)
음(陰)에 소음(少陰)의 지(地, O형)
음(陰)에 소음(少陰)의 수(水, AB형)
음(陰)에 소음(少陰)의 화(火, A형)

음(陰)에 소음(少陰)의 풍(風, B형)

음(陰)에 소양(少陽)의 지(地, O형)

음(陰)에 소양(少陽)의 수(水, AB형)

음(陰)에 소양(少陽)의 화(火, A형)

음(陰)에 소양(少陽)의 풍(風, B형)

음(陰)에 태음(太陰)의 지(地, O형)

음(陰)에 태음(太陰)의 수(水, AB형)

음(陰)에 태음(太陰)의 화(火, A형)

음(陰)에 태음(太陰)의 풍(風, B형)

16) 사중금(沙中金): 갑오(甲午), 을미(乙未)

남자(男子) 8상 혈기론(八象 血氣論)

양(陽) → 남자(男子)			
건(乾)☰	태(兌)☱	리(離)☲	진(震)☳
太陽	少陰	少陽	太陰
지(地,O)	지(地,O)	지(地,O)	지(地,O)
수(水,AB)	수(水,AB)	수(水,AB)	수(水,AB)
화(火,A)	화(火,A)	화(火,A)	화(火,A)
풍(風,B)	풍(風,B)	풍(風,B)	풍(風,B)

음(陰) → 남자(男子)			
손(巽)☴	감(坎)☵	간(艮)☶	곤(坤)☷
太陽	少陰	少陽	人陰
지(地,O)	지(地,O)	지(地,O)	지(地,O)
수(水,AB)	수(水,AB)	수(水,AB)	수(水,AB)
화(火,A)	화(火,A)	화(火,A)	화(火,A)
풍(風,B)	풍(風,B)	풍(風,B)	풍(風,B)

사중금(沙中金): 남자(男子) 양(陽)에 태양(太陽)의 지(地, O형)

양(陽)에 태양(太陽)의 수(水, AB형)

양(陽)에 태양(太陽)의 화(火, A형)

양(陽)에 태양(太陽)의 풍(風, B형)

양(陽)에 소음(少陰)의 지(地, O형)
양(陽)에 소음(少陰)의 수(水, AB형)
양(陽)에 소음(少陰)의 화(火, A형)
양(陽)에 소음(少陰)의 풍(風, B형)
양(陽)에 소양(少陽)의 지(地, O형)
양(陽)에 소양(少陽)의 수(水, AB형)
양(陽)에 소양(少陽)의 화(火, A형)
양(陽)에 소양(少陽)의 풍(風, B형)
양(陽)에 태음(太陰)의 지(地, O형)
양(陽)에 태음(太陰)의 수(水, AB형)
양(陽)에 태음(太陰)의 화(火, A형)
양(陽)에 태음(太陰)의 풍(風, B형)

사중금(沙中金): 남자(男子) 음(陰)에 태양(太陽)의 지(地, O형)
음(陰)에 태양(太陽)의 수(水, AB형)
음(陰)에 태양(太陽)의 화(火, A형)
음(陰)에 태양(太陽)의 풍(風, B형)
음(陰)에 소음(少陰)의 지(地, O형)
음(陰)에 소음(少陰)의 수(水, AB형)
음(陰)에 소음(少陰)의 화(火, A형)
음(陰)에 소음(少陰)의 풍(風, B형)
음(陰)에 소양(少陽)의 지(地, O형)
음(陰)에 소양(少陽)의 수(水, AB형)
음(陰)에 소양(少陽)의 화(火, A형)
음(陰)에 소양(少陽)의 풍(風, B형)
음(陰)에 태음(太陰)의 지(地, O형)
음(陰)에 태음(太陰)의 수(水, AB형)

음(陰)에 태음(太陰)의 화(火, A형)

음(陰)에 태음(太陰)의 풍(風, B형)

여자(女子) 8상 혈기론(八象 血氣論)

양(陽) → 여자(女子)				음(陰) → 여자(女子)			
건(乾)☰	태(兌)☱	리(離)☲	진(震)☳	손(巽)☴	감(坎)☵	간(艮)☶	곤(坤)☷
太陽	少陰	少陽	太陰	太陽	少陰	少陽	太陰
지(地,O)	지(地,O)	지(地,O)	지(地,O)	지(地,O)	지(地,O)	지(地,O)	지(地,O)
수(水,AB)	수(水,AB)	수(水,AB)	수(水,AB)	수(水,AB)	수(水,AB)	수(水,AB)	수(水,AB)
화(火,A)	화(火,A)	화(火,A)	화(火,A)	화(火,A)	화(火,A)	화(火,A)	화(火,A)
풍(風,B)	풍(風,B)	풍(風,B)	풍(風,B)	풍(風,B)	풍(風,B)	풍(風,B)	풍(風,B)

사중금(沙中金): 여자(女子) 양(陽)에 태양(太陽)의 지(地, O형)

양(陽)에 태양(太陽)의 수(水, AB형)

양(陽)에 태양(太陽)의 화(火, A형)

양(陽)에 태양(太陽)의 풍(風, B형)

양(陽)에 소음(少陰)의 지(地, O형)

양(陽)에 소음(少陰)의 수(水, AB형)

양(陽)에 소음(少陰)의 화(火, A형)

양(陽)에 소음(少陰)의 풍(風, B형)

양(陽)에 소양(少陽)의 지(地, O형)

양(陽)에 소양(少陽)의 수(水, AB형)

양(陽)에 소양(少陽)의 화(火, A형)

양(陽)에 소양(少陽)의 풍(風, B형)

양(陽)에 태음(太陰)의 지(地, O형)

양(陽)에 태음(太陰)의 수(水, AB형)
양(陽)에 태음(太陰)의 화(火, A형)
양(陽)에 태음(太陰)의 풍(風, B형)

사중금(沙中金): 여자(女子) 음(陰)에 태양(太陽)의 지(地, O형)
음(陰)에 태양(太陽)의 수(水, AB형)
음(陰)에 태양(太陽)의 화(火, A형)
음(陰)에 태양(太陽)의 풍(風, B형)
음(陰)에 소음(少陰)의 지(地, O형)
음(陰)에 소음(少陰)의 수(水, AB형)
음(陰)에 소음(少陰)의 화(火, A형)
음(陰)에 소음(少陰)의 풍(風, B형)
음(陰)에 소양(少陽)의 지(地, O형)
음(陰)에 소양(少陽)의 수(水, AB형)
음(陰)에 소양(少陽)의 화(火, A형)
음(陰)에 소양(少陽)의 풍(風, B형)
음(陰)에 태음(太陰)의 지(地, O형)
음(陰)에 태음(太陰)의 수(水, AB형)
음(陰)에 태음(太陰)의 화(火, A형)
음(陰)에 태음(太陰)의 풍(風, B형)

17) 산하화(山下火): 병신(丙申), 정유(丁酉)

남자(男子) 8상 혈기론(八象 血氣論)

양(陽) → 남자(男子)				음(陰) → 남자(男子)			
건(乾)☰	태(兌)☱	리(離)☲	진(震)☳	손(巽)☴	감(坎)☵	간(艮)☶	곤(坤)☷
太陽	少陰	少陽	太陰	太陽	少陰	少陽	太陰
지(地,O)	지(地,O)	지(地,O)	지(地,O)	지(地,O)	지(地,O)	지(地,O)	지(地,O)
수(水,AB)	수(水,AB)	수(水,AB)	수(水,AB)	수(水,AB)	수(水,AB)	수(水,AB)	수(水,AB)
화(火,A)	화(火,A)	화(火,A)	화(火,A)	화(火,A)	화(火,A)	화(火,A)	화(火,A)
풍(風,B)	풍(風,B)	풍(風,B)	풍(風,B)	풍(風,B)	풍(風,B)	풍(風,B)	풍(風,B)

산하화(山下火): 남자(男子) 양(陽)에 태양(太陽)의 지(地, O형)
양(陽)에 태양(太陽)의 수(水, AB형)
양(陽)에 태양(太陽)의 화(火, A형)
양(陽)에 태양(太陽)의 풍(風, B형)
양(陽)에 소음(少陰)의 지(地, O형)
양(陽)에 소음(少陰)의 수(水, AB형)
양(陽)에 소음(少陰)의 화(火, A형)
양(陽)에 소음(少陰)의 풍(風, B형)
양(陽)에 소양(少陽)의 지(地, O형)
양(陽)에 소양(少陽)의 수(水, AB형)
양(陽)에 소양(少陽)의 화(火, A형)
양(陽)에 소양(少陽)의 풍(風, B형)
양(陽)에 태음(太陰)의 지(地, O형)
양(陽)에 태음(太陰)의 수(水, AB형)

양(陽)에 태음(太陰)의 화(火, A형)
양(陽)에 태음(太陰)의 풍(風, B형)

산하화(山下火): 남자(男子) 음(陰)에 태양(太陽)의 지(地, O형)
음(陰)에 태양(太陽)의 수(水, AB형)
음(陰)에 태양(太陽)의 화(火, A형)
음(陰)에 태양(太陽)의 풍(風, B형)
음(陰)에 소음(少陰)의 지(地, O형)
음(陰)에 소음(少陰)의 수(水, AB형)
음(陰)에 소음(少陰)의 화(火, A형)
음(陰)에 소음(少陰)의 풍(風, B형)
음(陰)에 소양(少陽)의 지(地, O형)
음(陰)에 소양(少陽)의 수(水, AB형)
음(陰)에 소양(少陽)의 화(火, A형)
음(陰)에 소양(少陽)의 풍(風, B형)
음(陰)에 태음(太陰)의 지(地, O형)
음(陰)에 태음(太陰)의 수(水, AB형)
음(陰)에 태음(太陰)의 화(火, A형)
음(陰)에 태음(太陰)의 풍(風, B형)

여자(女子) 8상 혈기론(八象 血氣論)

양(陽) → 여자(女子)				음(陰) → 여자(女子)			
건(乾)☰	태(兌)☱	리(離)☲	진(震)☳	손(巽)☴	감(坎)☵	간(艮)☶	곤(坤)☷
太陽	少陰	少陽	太陰	太陽	少陰	少陽	太陰
지(地,O)	지(地,O)	지(地,O)	지(地,O)	지(地,O)	지(地,O)	지(地,O)	지(地,O)
수(水,AB)	수(水,AB)	수(水,AB)	수(水,AB)	수(水,AB)	수(水,AB)	수(水,AB)	수(水,AB)

화(火,A) 화(火,A) 화(火,A) 화(火,A) 화(火,A) 화(火,A) 화(火,A) 화(火,A)

풍(風,B) 풍(風,B) 풍(風,B) 풍(風,B) 풍(風,B) 풍(風,B) 풍(風,B) 풍(風,B)

산하화(山下火): 여자(女子) 양(陽)에 태양(太陽)의 지(地, O형)
양(陽)에 태양(太陽)의 수(水, AB형)
양(陽)에 태양(太陽)의 화(火, A형)
양(陽)에 태양(太陽)의 풍(風, B형)
양(陽)에 소음(少陰)의 지(地, O형)
양(陽)에 소음(少陰)의 수(水, AB형)
양(陽)에 소음(少陰)의 화(火, A형)
양(陽)에 소음(少陰)의 풍(風, B형)
양(陽)에 소양(少陽)의 지(地, O형)
양(陽)에 소양(少陽)의 수(水, AB형)
양(陽)에 소양(少陽)의 화(火, A형)
양(陽)에 소양(少陽)의 풍(風, B형)
양(陽)에 태음(太陰)의 지(地, O형)
양(陽)에 태음(太陰)의 수(水, AB형)
양(陽)에 태음(太陰)의 화(火, A형)
양(陽)에 태음(太陰)의 풍(風, B형)

산하화(山下火): 여자(女子) 음(陰)에 태양(太陽)의 지(地, O형)
음(陰)에 태양(太陽)의 수(水, AB형)
음(陰)에 태양(太陽)의 화(火, A형)
음(陰)에 태양(太陽)의 풍(風, B형)
음(陰)에 소음(少陰)의 지(地, O형)
음(陰)에 소음(少陰)의 수(水, AB형)
음(陰)에 소음(少陰)의 화(火, A형)

음(陰)에 소음(少陰)의 풍(風, B형)

음(陰)에 소양(少陽)의 지(地, O형)

음(陰)에 소양(少陽)의 수(水, AB형)

음(陰)에 소양(少陽)의 화(火, A형)

음(陰)에 소양(少陽)의 풍(風, B형)

음(陰)에 태음(太陰)의 지(地, O형)

음(陰)에 태음(太陰)의 수(水, AB형)

음(陰)에 태음(太陰)의 화(火, A형)

음(陰)에 태음(太陰)의 풍(風, B형)

18) 평지목(平地木): 무술(戊戌), 기해(己亥)

남자(男子) 8상 혈기론(八象 血氣論)

양(陽) → 남자(男子)				음(陰) → 남자(男子)			
건(乾)☰	태(兌)☱	리(離)☲	진(震)☳	손(巽)☴	감(坎)☵	간(艮)☶	곤(坤)☷
太陽	少陰	少陽	太陰	太陽	少陰	少陽	太陰
지(地,O)	지(地,O)	지(地,O)	지(地,O)	지(地,O)	지(地,O)	지(地,O)	지(地,O)
수(水,AB)	수(水,AB)	수(水,AB)	수(水,AB)	수(水,AB)	수(水,AB)	수(水,AB)	수(水,AB)
화(火,A)	화(火,A)	화(火,A)	화(火,A)	화(火,A)	화(火,A)	화(火,A)	화(火,A)
풍(風,B)	풍(風,B)	풍(風,B)	풍(風,B)	풍(風,B)	풍(風,B)	풍(風,B)	풍(風,B)

평지목(平地木): 남자(男子) 양(陽)에 태양(太陽)의 지(地, O형)

양(陽)에 태양(太陽)의 수(水, AB형)

양(陽)에 태양(太陽)의 화(火, A형)

양(陽)에 태양(太陽)의 풍(風, B형)

양(陽)에 소음(少陰)의 지(地, O형)
양(陽)에 소음(少陰)의 수(水, AB형)
양(陽)에 소음(少陰)의 화(火, A형)
양(陽)에 소음(少陰)의 풍(風, B형)
양(陽)에 소양(少陽)의 지(地, O형)
양(陽)에 소양(少陽)의 수(水, AB형)
양(陽)에 소양(少陽)의 화(火, A형)
양(陽)에 소양(少陽)의 풍(風, B형)
양(陽)에 태음(太陰)의 지(地, O형)
양(陽)에 태음(太陰)의 수(水, AB형)
양(陽)에 태음(太陰)의 화(火, A형)
양(陽)에 태음(太陰)의 풍(風, B형)

평지목(平地木): 남자(男子) 음(陰)에 태양(太陽)의 지(地, O형)
음(陰)에 태양(太陽)의 수(水, AB형)
음(陰)에 태양(太陽)의 화(火, A형)
음(陰)에 태양(太陽)의 풍(風, B형)
음(陰)에 소음(少陰)의 지(地, O형)
음(陰)에 소음(少陰)의 수(水, AB형)
음(陰)에 소음(少陰)의 화(火, A형)
음(陰)에 소음(少陰)의 풍(風, B형)
음(陰)에 소양(少陽)의 지(地, O형)
음(陰)에 소양(少陽)의 수(水, AB형)
음(陰)에 소양(少陽)의 화(火, A형)
음(陰)에 소양(少陽)의 풍(風, B형)
음(陰)에 태음(太陰)의 지(地, O형)
음(陰)에 태음(太陰)의 수(水, AB형)

음(陰)에 태음(太陰)의 화(火, A형)

음(陰)에 태음(太陰)의 풍(風, B형)

여자(女子) 8상 혈기론(八象 血氣論)

양(陽) → 여자(女子)				음(陰) → 여자(女子)			
건(乾)☰	태(兌)☱	리(離)☲	진(震)☳	손(巽)☴	감(坎)☵	간(艮)☶	곤(坤)☷
太陽	少陰	少陽	太陰	太陽	少陰	少陽	太陰
지(地,O)	지(地,O)	지(地,O)	지(地,O)	지(地,O)	지(地,O)	지(地,O)	지(地,O)
수(水,AB)	수(水,AB)	수(水,AB)	수(水,AB)	수(水,AB)	수(水,AB)	수(水,AB)	수(水,AB)
화(火,A)	화(火,A)	화(火,A)	화(火,A)	화(火,A)	화(火,A)	화(火,A)	화(火,A)
풍(風,B)	풍(風,B)	풍(風,B)	풍(風,B)	풍(風,B)	풍(風,B)	풍(風,B)	풍(風,B)

평지목(平地木): 여자(女子) 양(陽)에 태양(太陽)의 지(地, O형)

양(陽)에 태양(太陽)의 수(水, AB형)

양(陽)에 태양(太陽)의 화(火, A형)

양(陽)에 태양(太陽)의 풍(風, B형)

양(陽)에 소음(少陰)의 지(地, O형)

양(陽)에 소음(少陰)의 수(水, AB형)

양(陽)에 소음(少陰)의 화(火, A형)

양(陽)에 소음(少陰)의 풍(風, B형)

양(陽)에 소양(少陽)의 지(地, O형)

양(陽)에 소양(少陽)의 수(水, AB형)

양(陽)에 소양(少陽)의 화(火, A형)

양(陽)에 소양(少陽)의 풍(風, B형)

양(陽)에 태음(太陰)의 지(地, O형)

양(陽)에 태음(太陰)의 수(水, AB형)

양(陽)에 태음(太陰)의 화(火, A형)

양(陽)에 태음(太陰)의 풍(風, B형)

평지목(平地木): 여자(女子) 음(陰)에 태양(太陽)의 지(地, O형)

음(陰)에 태양(太陽)의 수(水, AB형)

음(陰)에 태양(太陽)의 화(火, A형)

음(陰)에 태양(太陽)의 풍(風, B형)

음(陰)에 소음(少陰)의 지(地, O형)

음(陰)에 소음(少陰)의 수(水, AB형)

음(陰)에 소음(少陰)의 화(火, A형)

음(陰)에 소음(少陰)의 풍(風, B형)

음(陰)에 소양(少陽)의 지(地, O형)

음(陰)에 소양(少陽)의 수(水, AB형)

음(陰)에 소양(少陽)의 화(火, A형)

음(陰)에 소양(少陽)의 풍(風, B형)

음(陰)에 태음(太陰)의 지(地, O형)

음(陰)에 태음(太陰)의 수(水, AB형)

음(陰)에 태음(太陰)의 화(火, A형)

음(陰)에 태음(太陰)의 풍(風, B형)

19) 벽상토(壁上土): 경자(庚子), 신축(辛丑)

남자(男子) 8상 혈기론(八象 血氣論)

양(陽) → 남자(男子)				음(陰) → 남자(男子)			
건(乾)☰	태(兌)☱	리(離)☲	진(震)☳	손(巽)☴	감(坎)☵	간(艮)☶	곤(坤)☷
太陽	少陰	少陽	太陰	太陽	少陰	少陽	太陰
지(地,O)	지(地,O)	지(地,O)	지(地,O)	지(地,O)	지(地,O)	지(地,O)	지(地,O)
수(水,AB)	수(水,AB)	수(水,AB)	수(水,AB)	수(水,AB)	수(水,AB)	수(水,AB)	수(水,AB)
화(火,A)	화(火,A)	화(火,A)	화(火,A)	화(火,A)	화(火,A)	화(火,A)	화(火,A)
풍(風,B)	풍(風,B)	풍(風,B)	풍(風,B)	풍(風,B)	풍(風,B)	풍(風,B)	풍(風,B)

벽상토(壁上土): 남자(男子) 양(陽)에 태양(太陽)의 지(地, O형)
양(陽)에 태양(太陽)의 수(水, AB형)
양(陽)에 태양(太陽)의 화(火, A형)
양(陽)에 태양(太陽)의 풍(風, B형)
양(陽)에 소음(少陰)의 지(地, O형)
양(陽)에 소음(少陰)의 수(水, AB형)
양(陽)에 소음(少陰)의 화(火, A형)
양(陽)에 소음(少陰)의 풍(風, B형)
양(陽)에 소양(少陽)의 지(地, O형)
양(陽)에 소양(少陽)의 수(水, AB형)
양(陽)에 소양(少陽)의 화(火, A형)
양(陽)에 소양(少陽)의 풍(風, B형)
양(陽)에 태음(太陰)의 지(地, O형)
양(陽)에 태음(太陰)의 수(水, AB형)

양(陽)에 태음(太陰)의 화(火, A형)

양(陽)에 태음(太陰)의 풍(風, B형)

벽상토(壁上土): 남자(男子) 음(陰)에 태양(太陽)의 지(地, O형)

음(陰)에 태양(太陽)의 수(水, AB형)

음(陰)에 태양(太陽)의 화(火, A형)

음(陰)에 태양(太陽)의 풍(風, B형)

음(陰)에 소음(少陰)의 지(地, O형)

음(陰)에 소음(少陰)의 수(水, AB형)

음(陰)에 소음(少陰)의 화(火, A형)

음(陰)에 소음(少陰)의 풍(風, B형)

음(陰)에 소양(少陽)의 지(地, O형)

음(陰)에 소양(少陽)의 수(水, AB형)

음(陰)에 소양(少陽)의 화(火, A형)

음(陰)에 소양(少陽)의 풍(風, B형)

음(陰)에 태음(太陰)의 지(地, O형)

음(陰)에 태음(太陰)의 수(水, AB형)

음(陰)에 태음(太陰)의 화(火, A형)

음(陰)에 태음(太陰)의 풍(風, B형)

여자(女子) 8상 혈기론(八象 血氣論)

양(陽) → 여자(女子)				음(陰) → 여자(女子)			
건(乾)☰	태(兌)☱	리(離)☲	진(震)☳	손(巽)☴	감(坎)☵	간(艮)☶	곤(坤)☷
太陽	少陰	少陽	太陰	太陽	少陰	少陽	太陰
지(地,O)	지(地,O)	지(地,O)	지(地,O)	지(地,O)	지(地,O)	지(地,O)	지(地,O)
수(水,AB)	수(水,AB)	수(水,AB)	수(水,AB)	수(水,AB)	수(水,AB)	수(水,AB)	수(水,AB)

화(火,A) 화(火,A) 화(火,A) 화(火,A) 화(火,A) 화(火,A) 화(火,A) 화(火,A)

풍(風,B) 풍(風,B) 풍(風,B) 풍(風,B) 풍(風,B) 풍(風,B) 풍(風,B) 풍(風,B)

벽상토(壁上土): 여자(女子) 양(陽)에 태양(太陽)의 지(地, O형)
양(陽)에 태양(太陽)의 수(水, AB형)
양(陽)에 태양(太陽)의 화(火, A형)
양(陽)에 태양(太陽)의 풍(風, B형)
양(陽)에 소음(少陰)의 지(地, O형)
양(陽)에 소음(少陰)의 수(水, AB형)
양(陽)에 소음(少陰)의 화(火, A형)
양(陽)에 소음(少陰)의 풍(風, B형)
양(陽)에 소양(少陽)의 지(地, O형)
양(陽)에 소양(少陽)의 수(水, AB형)
양(陽)에 소양(少陽)의 화(火, A형)
양(陽)에 소양(少陽)의 풍(風, B형)
양(陽)에 태음(太陰)의 지(地, O형)
양(陽)에 태음(太陰)의 수(水, AB형)
양(陽)에 태음(太陰)의 화(火, A형)
양(陽)에 태음(太陰)의 풍(風, B형)

벽상토(壁上土): 여자(女子) 음(陰)에 태양(太陽)의 지(地, O형)
음(陰)에 태양(太陽)의 수(水, AB형)
음(陰)에 태양(太陽)의 화(火, A형)
음(陰)에 태양(太陽)의 풍(風, B형)
음(陰)에 소음(少陰)의 지(地, O형)
음(陰)에 소음(少陰)의 수(水, AB형)
음(陰)에 소음(少陰)의 화(火, A형)

음(陰)에 소음(少陰)의 풍(風, B형)
음(陰)에 소양(少陽)의 지(地, O형)
음(陰)에 소양(少陽)의 수(水, AB형)
음(陰)에 소양(少陽)의 화(火, A형)
음(陰)에 소양(少陽)의 풍(風, B형)
음(陰)에 태음(太陰)의 지(地, O형)
음(陰)에 태음(太陰)의 수(水, AB형)
음(陰)에 태음(太陰)의 화(火, A형)
음(陰)에 태음(太陰)의 풍(風, B형)

20) 금박금(金薄金): 임인(壬寅), 계묘(癸卯)

남자(男子) 8상 혈기론(八象 血氣論)

양(陽) → 남자(男子)				음(陰) → 남자(男子)			
건(乾)☰	태(兌)☱	리(離)☲	진(震)☳	손(巽)☴	감(坎)☵	간(艮)☶	곤(坤)☷
太陽	少陰	少陽	太陰	太陽	少陰	少陽	太陰
지(地,O)	지(地,O)	지(地,O)	지(地,O)	지(地,O)	지(地,O)	지(地,O)	지(地,O)
수(水,AB)	수(水,AB)	수(水,AB)	수(水,AB)	수(水,AB)	수(水,AB)	수(水,AB)	수(水,AB)
화(火,A)	화(火,A)	화(火,A)	화(火,A)	화(火,A)	화(火,A)	화(火,A)	화(火,A)
풍(風,B)	풍(風,B)	풍(風,B)	풍(風,B)	풍(風,B)	풍(風,B)	풍(風,B)	풍(風,B)

금박금(金箔金): 남자(男子) 양(陽)에 태양(太陽)의 지(地, O형)
양(陽)에 태양(太陽)의 수(水, AB형)
양(陽)에 태양(太陽)의 화(火, A형)
양(陽)에 태양(太陽)의 풍(風, B형)

양(陽)에 소음(少陰)의 지(地, O형)
양(陽)에 소음(少陰)의 수(水, AB형)
양(陽)에 소음(少陰)의 화(火, A형)
양(陽)에 소음(少陰)의 풍(風, B형)
양(陽)에 소양(少陽)의 지(地, O형)
양(陽)에 소양(少陽)의 수(水, AB형)
양(陽)에 소양(少陽)의 화(火, A형)
양(陽)에 소양(少陽)의 풍(風, B형)
양(陽)에 태음(太陰)의 지(地, O형)
양(陽)에 태음(太陰)의 수(水, AB형)
양(陽)에 태음(太陰)의 화(火, A형)
양(陽)에 태음(太陰)의 풍(風, B형)

금박금(金箔金): 남자(男子) 음(陰)에 태양(太陽)의 지(地, O형)
음(陰)에 태양(太陽)의 수(水, AB형)
음(陰)에 태양(太陽)의 화(火, A형)
음(陰)에 태양(太陽)의 풍(風, B형)
음(陰)에 소음(少陰)의 지(地, O형)
음(陰)에 소음(少陰)의 수(水, AB형)
음(陰)에 소음(少陰)의 화(火, A형)
음(陰)에 소음(少陰)의 풍(風, B형)
음(陰)에 소양(少陽)의 지(地, O형)
음(陰)에 소양(少陽)의 수(水, AB형)
음(陰)에 소양(少陽)의 화(火, A형)
음(陰)에 소양(少陽)의 풍(風, B형)
음(陰)에 태음(太陰)의 지(地, O형)
음(陰)에 태음(太陰)의 수(水, AB형)

음(陰)에 태음(太陰)의 화(火, A형)

음(陰)에 태음(太陰)의 풍(風, B형)

여자(女子) 8상 혈기론(八象 血氣論)

양(陽) → 여자(女子)				음(陰) → 여자(女子)			
건(乾)☰	태(兌)☱	리(離)☲	진(震)☳	손(巽)☴	감(坎)☵	간(艮)☶	곤(坤)☷
太陽	少陰	少陽	太陰	太陽	少陰	少陽	太陰
지(地,O)	지(地,O)	지(地,O)	지(地,O)	지(地,O)	지(地,O)	지(地,O)	지(地,O)
수(水,AB)	수(水,AB)	수(水,AB)	수(水,AB)	수(水,AB)	수(水,AB)	수(水,AB)	수(水,AB)
화(火,A)	화(火,A)	화(火,A)	화(火,A)	화(火,A)	화(火,A)	화(火,A)	화(火,A)
풍(風,B)	풍(風,B)	풍(風,B)	풍(風,B)	풍(風,B)	풍(風,B)	풍(風,B)	풍(風,B)

금박금(金箔金): 여자(女子) 양(陽)에 태양(太陽)의 지(地, O형)

양(陽)에 태양(太陽)의 수(水, AB형)

양(陽)에 태양(太陽)의 화(火, A형)

양(陽)에 태양(太陽)의 풍(風, B형)

양(陽)에 소음(少陰)의 지(地, O형)

양(陽)에 소음(少陰)의 수(水, AB형)

양(陽)에 소음(少陰)의 화(火, A형)

양(陽)에 소음(少陰)의 풍(風, B형)

양(陽)에 소양(少陽)의 지(地, O형)

양(陽)에 소양(少陽)의 수(水, AB형)

양(陽)에 소양(少陽)의 화(火, A형)

양(陽)에 소양(少陽)의 풍(風, B형)

양(陽)에 태음(太陰)의 지(地, O형)

양(陽)에 태음(太陰)의 수(水, AB형)

양(陽)에 태음(太陰)의 화(火, A형)

양(陽)에 태음(太陰)의 풍(風, B형)

금박금(金箔金): 여자(女子) 음(陰)에 태양(太陽)의 지(地, O형)

음(陰)에 태양(太陽)의 수(水, AB형)

음(陰)에 태양(太陽)의 화(火, A형)

음(陰)에 태양(太陽)의 풍(風, B형)

음(陰)에 소음(少陰)의 지(地, O형)

음(陰)에 소음(少陰)의 수(水, AB형)

음(陰)에 소음(少陰)의 화(火, A형)

음(陰)에 소음(少陰)의 풍(風, B형)

음(陰)에 소양(少陽)의 지(地, O형)

음(陰)에 소양(少陽)의 수(水, AB형)

음(陰)에 소양(少陽)의 화(火, A형)

음(陰)에 소양(少陽)의 풍(風, B형)

음(陰)에 태음(太陰)의 지(地, O형)

음(陰)에 태음(太陰)의 수(水, AB형)

음(陰)에 태음(太陰)의 화(火, A형)

음(陰)에 태음(太陰)의 풍(風, B형)

21) 복등화(覆燈火): 갑진(甲辰), 을사(乙巳)

남자(男子) 8상 혈기론(八象 血氣論)

양(陽) → 남자(男子)				음(陰) → 남자(男子)			
건(乾)☰	태(兌)☱	리(離)☲	진(震)☳	손(巽)☴	감(坎)☵	간(艮)☶	곤(坤)☷
太陽	少陰	少陽	太陰	太陽	少陰	少陽	太陰
지(地,O)	지(地,O)	지(地,O)	지(地,O)	지(地,O)	지(地,O)	지(地,O)	지(地,O)
수(水,AB)	수(水,AB)	수(水,AB)	수(水,AB)	수(水,AB)	수(水,AB)	수(水,AB)	수(水,AB)
화(火,A)	화(火,A)	화(火,A)	화(火,A)	화(火,A)	화(火,A)	화(火,A)	화(火,A)
풍(風,B)	풍(風,B)	풍(風,B)	풍(風,B)	풍(風,B)	풍(風,B)	풍(風,B)	풍(風,B)

복등화(覆燈火): 남자(男子) 양(陽)에 태양(太陽)의 지(地, O형)
양(陽)에 태양(太陽)의 수(水, AB형)
양(陽)에 태양(太陽)의 화(火, A형)
양(陽)에 태양(太陽)의 풍(風, B형)
양(陽)에 소음(少陰)의 지(地, O형)
양(陽)에 소음(少陰)의 수(水, AB형)
양(陽)에 소음(少陰)의 화(火, A형)
양(陽)에 소음(少陰)의 풍(風, B형)
양(陽)에 소양(少陽)의 지(地, O형)
양(陽)에 소양(少陽)의 수(水, AB형)
양(陽)에 소양(少陽)의 화(火, A형)
양(陽)에 소양(少陽)의 풍(風, B형)
양(陽)에 태음(太陰)의 지(地, O형)
양(陽)에 태음(太陰)의 수(水, AB형)

양(陽)에 태음(太陰)의 화(火, A형)
양(陽)에 태음(太陰)의 풍(風, B형)

복등화(覆燈火): 남자(男子) 음(陰)에 태양(太陽)의 지(地, O형)
음(陰)에 태양(太陽)의 수(水, AB형)
음(陰)에 태양(太陽)의 화(火, A형)
음(陰)에 태양(太陽)의 풍(風, B형)
음(陰)에 소음(少陰)의 지(地, O형)
음(陰)에 소음(少陰)의 수(水, AB형)
음(陰)에 소음(少陰)의 화(火, A형)
음(陰)에 소음(少陰)의 풍(風, B형)
음(陰)에 소양(少陽)의 지(地, O형)
음(陰)에 소양(少陽)의 수(水, AB형)
음(陰)에 소양(少陽)의 화(火, A형)
음(陰)에 소양(少陽)의 풍(風, B형)
음(陰)에 태음(太陰)의 지(地, O형)
음(陰)에 태음(太陰)의 수(水, AB형)
음(陰)에 태음(太陰)의 화(火, A형)
음(陰)에 태음(太陰)의 풍(風, B형)

여자(女子) 8상 혈기론(八象 血氣論)

양(陽) → 여자(女子)				음(陰) → 여자(女子)			
건(乾)☰	태(兌)☱	리(離)☲	진(震)☳	손(巽)☴	감(坎)☵	간(艮)☶	곤(坤)☷
太陽	少陰	少陽	太陰	太陽	少陰	少陽	太陰
지(地,O)	지(地,O)	지(地,O)	지(地,O)	지(地,O)	지(地,O)	지(地,O)	지(地,O)
수(水,AB)	수(水,AB)	수(水,AB)	수(水,AB)	수(水,AB)	수(水,AB)	수(水,AB)	수(水,AB)

화(火,A) 화(火,A) 화(火,A) 화(火,A) 화(火,A) 화(火,A) 화(火,A) 화(火,A)
풍(風,B) 풍(風,B) 풍(風,B) 풍(風,B) 풍(風,B) 풍(風,B) 풍(風,B) 풍(風,B)

복등화(覆燈火): 여자(女子) 양(陽)에 태양(太陽)의 지(地, O형)
양(陽)에 태양(太陽)의 수(水, AB형)
양(陽)에 태양(太陽)의 화(火, A형)
양(陽)에 태양(太陽)의 풍(風, B형)
양(陽)에 소음(少陰)의 지(地, O형)
양(陽)에 소음(少陰)의 수(水, AB형)
양(陽)에 소음(少陰)의 화(火, A형)
양(陽)에 소음(少陰)의 풍(風, B형)
양(陽)에 소양(少陽)의 지(地, O형)
양(陽)에 소양(少陽)의 수(水, AB형)
양(陽)에 소양(少陽)의 화(火, A형)
양(陽)에 소양(少陽)의 풍(風, B형)
양(陽)에 태음(太陰)의 지(地, O형)
양(陽)에 태음(太陰)의 수(水, AB형)
양(陽)에 태음(太陰)의 화(火, A형)
양(陽)에 태음(太陰)의 풍(風, B형)

복등화(覆燈火): 여자(女子) 음(陰)에 태양(太陽)의 지(地, O형)
음(陰)에 태양(太陽)의 수(水, AB형)
음(陰)에 태양(太陽)의 화(火, A형)
음(陰)에 태양(太陽)의 풍(風, B형)
음(陰)에 소음(少陰)의 지(地, O형)
음(陰)에 소음(少陰)의 수(水, AB형)
음(陰)에 소음(少陰)의 화(火, A형)

음(陰)에 소음(少陰)의 풍(風, B형)

음(陰)에 소양(少陽)의 지(地, O형)

음(陰)에 소양(少陽)의 수(水, AB형)

음(陰)에 소양(少陽)의 화(火, A형)

음(陰)에 소양(少陽)의 풍(風, B형)

음(陰)에 태음(太陰)의 지(地, O형)

음(陰)에 태음(太陰)의 수(水, AB형)

음(陰)에 태음(太陰)의 화(火, A형)

음(陰)에 태음(太陰)의 풍(風, B형)

22) 천하수(天下水): 병오(丙午), 정미(丁未)

남자(男子) 8상 혈기론(八象 血氣論)

양(陽) → 남자(男子)				음(陰) → 남자(男子)			
건(乾)☰	태(兌)☱	리(離)☲	진(震)☳	손(巽)☴	감(坎)☵	간(艮)☶	곤(坤)☷
太陽	少陰	少陽	太陰	太陽	少陰	少陽	太陰
지(地,O)	지(地,O)	지(地,O)	지(地,O)	지(地,O)	지(地,O)	지(地,O)	지(地,O)
수(水,AB)	수(水,AB)	수(水,AB)	수(水,AB)	수(水,AB)	수(水,AB)	수(水,AB)	수(水,AB)
화(火,A)	화(火,A)	화(火,A)	화(火,A)	화(火,A)	화(火,A)	화(火,A)	화(火,A)
풍(風,B)	풍(風,B)	풍(風,B)	풍(風,B)	풍(風,B)	풍(風,B)	풍(風,B)	풍(風,B)

천하수(天下水): 남자(男子) 양(陽)에 태양(太陽)의 지(地, O형)

양(陽)에 태양(太陽)의 수(水, AB형)

양(陽)에 태양(太陽)의 화(火, A형)

양(陽)에 태양(太陽)의 풍(風, B형)

양(陽)에 소음(少陰)의 지(地, O형)
양(陽)에 소음(少陰)의 수(水, AB형)
양(陽)에 소음(少陰)의 화(火, A형)
양(陽)에 소음(少陰)의 풍(風, B형)
양(陽)에 소양(少陽)의 지(地, O형)
양(陽)에 소양(少陽)의 수(水, AB형)
양(陽)에 소양(少陽)의 화(火, A형)
양(陽)에 소양(少陽)의 풍(風, B형)
양(陽)에 태음(太陰)의 지(地, O형)
양(陽)에 태음(太陰)의 수(水, AB형)
양(陽)에 태음(太陰)의 화(火, A형)
양(陽)에 태음(太陰)의 풍(風, B형)

천하수(天下水): 남자(男子) 음(陰)에 태양(太陽)의 지(地, O형)
음(陰)에 태양(太陽)의 수(水, AB형)
음(陰)에 태양(太陽)의 화(火, A형)
음(陰)에 태양(太陽)의 풍(風, B형)
음(陰)에 소음(少陰)의 지(地, O형)
음(陰)에 소음(少陰)의 수(水, AB형)
음(陰)에 소음(少陰)의 화(火, A형)
음(陰)에 소음(少陰)의 풍(風, B형)
음(陰)에 소양(少陽)의 지(地, O형)
음(陰)에 소양(少陽)의 수(水, AB형)
음(陰)에 소양(少陽)의 화(火, A형)
음(陰)에 소양(少陽)의 풍(風, B형)
음(陰)에 태음(太陰)의 지(地, O형)
음(陰)에 태음(太陰)의 수(水, AB형)

음(陰)에 태음(太陰)의 화(火, A형)

음(陰)에 태음(太陰)의 풍(風, B형)

여자(女子) 8상 혈기론(八象 血氣論)

양(陽) → 여자(女子)				음(陰) → 여자(女子)			
건(乾)☰	태(兌)☱	리(離)☲	진(震)☳	손(巽)☴	감(坎)☵	간(艮)☶	곤(坤)☷
太陽	少陰	少陽	太陰	太陽	少陰	少陽	太陰
지(地,O)	지(地,O)	지(地,O)	지(地,O)	지(地,O)	지(地,O)	지(地,O)	지(地,O)
수(水,AB)	수(水,AB)	수(水,AB)	수(水,AB)	수(水,AB)	수(水,AB)	수(水,AB)	수(水,AB)
화(火,A)	화(火,A)	화(火,A)	화(火,A)	화(火,A)	화(火,A)	화(火,A)	화(火,A)
풍(風,B)	풍(風,B)	풍(風,B)	풍(風,B)	풍(風,B)	풍(風,B)	풍(風,B)	풍(風,B)

천하수(天下水): 여자(女子) 양(陽)에 태양(太陽)의 지(地, O형)

양(陽)에 태양(太陽)의 수(水, AB형)

양(陽)에 태양(太陽)의 화(火, A형)

양(陽)에 태양(太陽)의 풍(風, B형)

양(陽)에 소음(少陰)의 지(地, O형)

양(陽)에 소음(少陰)의 수(水, AB형)

양(陽)에 소음(少陰)의 화(火, A형)

양(陽)에 소음(少陰)의 풍(風, B형)

양(陽)에 소양(少陽)의 지(地, O형)

양(陽)에 소양(少陽)의 수(水, AB형)

양(陽)에 소양(少陽)의 화(火, A형)

양(陽)에 소양(少陽)의 풍(風, B형)

양(陽)에 태음(太陰)의 지(地, O형)

양(陽)에 태음(太陰)의 수(水, AB형)

양(陽)에 태음(太陰)의 화(火, A형)

양(陽)에 태음(太陰)의 풍(風, B형)

천하수(天下水): 여자(女子) 음(陰)에 태양(太陽)의 지(地, O형)

음(陰)에 태양(太陽)의 수(水, AB형)

음(陰)에 태양(太陽)의 화(火, A형)

음(陰)에 태양(太陽)의 풍(風, B형)

음(陰)에 소음(少陰)의 지(地, O형)

음(陰)에 소음(少陰)의 수(水, AB형)

음(陰)에 소음(少陰)의 화(火, A형)

음(陰)에 소음(少陰)의 풍(風, B형)

음(陰)에 소양(少陽)의 지(地, O형)

음(陰)에 소양(少陽)의 수(水, AB형)

음(陰)에 소양(少陽)의 화(火, A형)

음(陰)에 소양(少陽)의 풍(風, B형)

음(陰)에 태음(太陰)의 지(地, O형)

음(陰)에 태음(太陰)의 수(水, AB형)

음(陰)에 태음(太陰)의 화(火, A형)

음(陰)에 태음(太陰)의 풍(風, B형)

23) 대역토(大驛土): 무신(戊申), 기유(己酉)

남자(男子) 8상 혈기론(八象 血氣論)

양(陽) → 남자(男子)				음(陰) → 남자(男子)			
건(乾)☰	태(兌)☱	리(離)☲	진(震)☳	손(巽)☴	감(坎)☵	간(艮)☶	곤(坤)☷
太陽	少陰	少陽	太陰	太陽	少陰	少陽	太陰
지(地,O)	지(地,O)	지(地,O)	지(地,O)	지(地,O)	지(地,O)	지(地,O)	지(地,O)
수(水,AB)	수(水,AB)	수(水,AB)	수(水,AB)	수(水,AB)	수(水,AB)	수(水,AB)	수(水,AB)
화(火,A)	화(火,A)	화(火,A)	화(火,A)	화(火,A)	화(火,A)	화(火,A)	화(火,A)
풍(風,B)	풍(風,B)	풍(風,B)	풍(風,B)	풍(風,B)	풍(風,B)	풍(風,B)	풍(風,B)

대역토(大驛土): 남자(男子) 양(陽)에 태양(太陽)의 지(地, O형)
양(陽)에 태양(太陽)의 수(水, AB형)
양(陽)에 태양(太陽)의 화(火, A형)
양(陽)에 태양(太陽)의 풍(風, B형)
양(陽)에 소음(少陰)의 지(地, O형)
양(陽)에 소음(少陰)의 수(水, AB형)
양(陽)에 소음(少陰)의 화(火, A형)
양(陽)에 소음(少陰)의 풍(風, B형)
양(陽)에 소양(少陽)의 지(地, O형)
양(陽)에 소양(少陽)의 수(水, AB형)
양(陽)에 소양(少陽)의 화(火, A형)
양(陽)에 소양(少陽)의 풍(風, B형)
양(陽)에 태음(太陰)의 지(地, O형)
양(陽)에 태음(太陰)의 수(水, AB형)

양(陽)에 태음(太陰)의 화(火, A형)

양(陽)에 태음(太陰)의 풍(風, B형)

대역토(大驛土): 남자(男子) 음(陰)에 태양(太陽)의 지(地, O형)

음(陰)에 태양(太陽)의 수(水, AB형)

음(陰)에 태양(太陽)의 화(火, A형)

음(陰)에 태양(太陽)의 풍(風, B형)

음(陰)에 소음(少陰)의 지(地, O형)

음(陰)에 소음(少陰)의 수(水, AB형)

음(陰)에 소음(少陰)의 화(火, A형)

음(陰)에 소음(少陰)의 풍(風, B형)

음(陰)에 소양(少陽)의 지(地, O형)

음(陰)에 소양(少陽)의 수(水, AB형)

음(陰)에 소양(少陽)의 화(火, A형)

음(陰)에 소양(少陽)의 풍(風, B형)

음(陰)에 태음(太陰)의 지(地, O형)

음(陰)에 태음(太陰)의 수(水, AB형)

음(陰)에 태음(太陰)의 화(火, A형)

음(陰)에 태음(太陰)의 풍(風, B형)

여자(女子) 8상 혈기론(八象 血氣論)

양(陽) → 여자(女子)				음(陰) → 여자(女子)			
건(乾)☰	태(兌)☱	리(離)☲	진(震)☳	손(巽)☴	감(坎)☵	간(艮)☶	곤(坤)☷
太陽	少陰	少陽	太陰	太陽	少陰	少陽	太陰
지(地,O)	지(地,O)	지(地,O)	지(地,O)	지(地,O)	지(地,O)	지(地,O)	지(地,O)
수(水,AB)	수(水,AB)	수(水,AB)	수(水,AB)	수(水,AB)	수(水,AB)	수(水,AB)	수(水,AB)

화(火,A) 화(火,A) 화(火,A) 화(火,A)　화(火,A) 화(火,A) 화(火,A) 화(火,A)

풍(風,B) 풍(風,B) 풍(風,B) 풍(風,B)　풍(風,B) 풍(風,B) 풍(風,B) 풍(風,B)

대역토(大驛土): 여자(女子) 양(陽)에 태양(太陽)의 지(地, O형)
양(陽)에 태양(太陽)의 수(水, AB형)
양(陽)에 태양(太陽)의 화(火, A형)
양(陽)에 태양(太陽)의 풍(風, B형)
양(陽)에 소음(少陰)의 지(地, O형)
양(陽)에 소음(少陰)의 수(水, AB형)
양(陽)에 소음(少陰)의 화(火, A형)
양(陽)에 소음(少陰)의 풍(風, B형)
양(陽)에 소양(少陽)의 지(地, O형)
양(陽)에 소양(少陽)의 수(水, AB형)
양(陽)에 소양(少陽)의 화(火, A형)
양(陽)에 소양(少陽)의 풍(風, B형)
양(陽)에 태음(太陰)의 지(地, O형)
양(陽)에 태음(太陰)의 수(水, AB형)
양(陽)에 태음(太陰)의 화(火, A형)
양(陽)에 태음(太陰)의 풍(風, B형)

대역토(大驛土): 여자(女子) 음(陰)에 태양(太陽)의 지(地, O형)
음(陰)에 태양(太陽)의 수(水, AB형)
음(陰)에 태양(太陽)의 화(火, A형)
음(陰)에 태양(太陽)의 풍(風, B형)
음(陰)에 소음(少陰)의 지(地, O형)
음(陰)에 소음(少陰)의 수(水, AB형)
음(陰)에 소음(少陰)의 화(火, A형)

음(陰)에 소음(少陰)의 풍(風, B형)
음(陰)에 소양(少陽)의 지(地, O형)
음(陰)에 소양(少陽)의 수(水, AB형)
음(陰)에 소양(少陽)의 화(火, A형)
음(陰)에 소양(少陽)의 풍(風, B형)
음(陰)에 태음(太陰)의 지(地, O형)
음(陰)에 태음(太陰)의 수(水, AB형)
음(陰)에 태음(太陰)의 화(火, A형)
음(陰)에 태음(太陰)의 풍(風, B형)

24) 차천금(鎈釧金): 경술(庚戌), 신해(辛亥)

남자(男子) 8상 혈기론(八象 血氣論)

양(陽) → 남자(男子)				음(陰) → 남자(男子)			
건(乾)☰	태(兌)☱	리(離)☲	진(震)☳	손(巽)☴	감(坎)☵	간(艮)☶	곤(坤)☷
太陽	少陰	少陽	太陰	太陽	少陰	少陽	太陰
지(地,O)	지(地,O)	지(地,O)	지(地,O)	지(地,O)	지(地,O)	지(地,O)	지(地,O)
수(水,AB)	수(水,AB)	수(水,AB)	수(水,AB)	수(水,AB)	수(水,AB)	수(水,AB)	수(水,AB)
화(火,A)	화(火,A)	화(火,A)	화(火,A)	화(火,A)	화(火,A)	화(火,A)	화(火,A)
풍(風,B)	풍(風,B)	풍(風,B)	풍(風,B)	풍(風,B)	풍(風,B)	풍(風,B)	풍(風,B)

차천금(鎈釧金): 남자(男子) 양(陽)에 태양(太陽)의 지(地, O형)
양(陽)에 태양(太陽)의 수(水, AB형)
양(陽)에 태양(太陽)의 화(火, A형)
양(陽)에 태양(太陽)의 풍(風, B형)

양(陽)에 소음(少陰)의 지(地, O형)
양(陽)에 소음(少陰)의 수(水, AB형)
양(陽)에 소음(少陰)의 화(火, A형)
양(陽)에 소음(少陰)의 풍(風, B형)
양(陽)에 소양(少陽)의 지(地, O형)
양(陽)에 소양(少陽)의 수(水, AB형)
양(陽)에 소양(少陽)의 화(火, A형)
양(陽)에 소양(少陽)의 풍(風, B형)
양(陽)에 태음(太陰)의 지(地, O형)
양(陽)에 태음(太陰)의 수(水, AB형)
양(陽)에 태음(太陰)의 화(火, A형)
양(陽)에 태음(太陰)의 풍(風, B형)

차천금(鎈釧金): 남자(男子) 음(陰)에 태양(太陽)의 지(地, O형)
음(陰)에 태양(太陽)의 수(水, AB형)
음(陰)에 태양(太陽)의 화(火, A형)
음(陰)에 태양(太陽)의 풍(風, B형)
음(陰)에 소음(少陰)의 지(地, O형)
음(陰)에 소음(少陰)의 수(水, AB형)
음(陰)에 소음(少陰)의 화(火, A형)
음(陰)에 소음(少陰)의 풍(風, B형)
음(陰)에 소양(少陽)의 지(地, O형)
음(陰)에 소양(少陽)의 수(水, AB형)
음(陰)에 소양(少陽)의 화(火, A형)
음(陰)에 소양(少陽)의 풍(風, B형)
음(陰)에 태음(太陰)의 지(地, O형)
음(陰)에 태음(太陰)의 수(水, AB형)

음(陰)에 태음(太陰)의 화(火, A형)

음(陰)에 태음(太陰)의 풍(風, B형)

여자(女子) 8상 혈기론(八象 血氣論)

양(陽) → 여자(女子)				음(陰) → 여자(女子)			
건(乾)☰	태(兌)☱	리(離)☲	진(震)☳	손(巽)☴	감(坎)☵	간(艮)☶	곤(坤)☷
太陽	少陰	少陽	太陰	太陽	少陰	少陽	太陰
지(地,O)	지(地,O)	지(地,O)	지(地,O)	지(地,O)	지(地,O)	지(地,O)	지(地,O)
수(水,AB)	수(水,AB)	수(水,AB)	수(水,AB)	수(水,AB)	수(水,AB)	수(水,AB)	수(水,AB)
화(火,A)	화(火,A)	화(火,A)	화(火,A)	화(火,A)	화(火,A)	화(火,A)	화(火,A)
풍(風,B)	풍(風,B)	풍(風,B)	풍(風,B)	풍(風,B)	풍(風,B)	풍(風,B)	풍(風,B)

차천금(鎈釧金): 여자(女子) 양(陽)에 태양(太陽)의 지(地, O형)

양(陽)에 태양(太陽)의 수(水, AB형)

양(陽)에 태양(太陽)의 화(火, A형)

양(陽)에 태양(太陽)의 풍(風, B형)

양(陽)에 소음(少陰)의 지(地, O형)

양(陽)에 소음(少陰)의 수(水, AB형)

양(陽)에 소음(少陰)의 화(火, A형)

양(陽)에 소음(少陰)의 풍(風, B형)

양(陽)에 소양(少陽)의 지(地, O형)

양(陽)에 소양(少陽)의 수(水, AB형)

양(陽)에 소양(少陽)의 화(火, A형)

양(陽)에 소양(少陽)의 풍(風, B형)

양(陽)에 태음(太陰)의 지(地, O형)

양(陽)에 태음(太陰)의 수(水, AB형)

양(陽)에 태음(太陰)의 화(火, A형)

양(陽)에 태음(太陰)의 풍(風, B형)

차천금(鎈釧金): 여자(女子) 음(陰)에 태양(太陽)의 지(地, O형)

음(陰)에 태양(太陽)의 수(水, AB형)

음(陰)에 태양(太陽)의 화(火, A형)

음(陰)에 태양(太陽)의 풍(風, B형)

음(陰)에 소음(少陰)의 지(地, O형)

음(陰)에 소음(少陰)의 수(水, AB형)

음(陰)에 소음(少陰)의 화(火, A형)

음(陰)에 소음(少陰)의 풍(風, B형)

음(陰)에 소양(少陽)의 지(地, O형)

음(陰)에 소양(少陽)의 수(水, AB형)

음(陰)에 소양(少陽)의 화(火, A형)

음(陰)에 소양(少陽)의 풍(風, B형)

음(陰)에 태음(太陰)의 지(地, O형)

음(陰)에 태음(太陰)의 수(水, AB형)

음(陰)에 태음(太陰)의 화(火, A형)

음(陰)에 태음(太陰)의 풍(風, B형)

25) 상자목(桑柘木): 임자(壬子), 계축(癸丑)

남자(男子) 8상 혈기론(八象 血氣論)

양(陽) → 남자(男子)				음(陰) → 남자(男子)			
건(乾)☰	태(兌)☱	리(離)☲	진(震)☳	손(巽)☴	감(坎)☵	간(艮)☶	곤(坤)☷
太陽	少陰	少陽	太陰	太陽	少陰	少陽	太陰
지(地,O)	지(地,O)	지(地,O)	지(地,O)	지(地,O)	지(地,O)	지(地,O)	지(地,O)
수(水,AB)	수(水,AB)	수(水,AB)	수(水,AB)	수(水,AB)	수(水,AB)	수(水,AB)	수(水,AB)
화(火,A)	화(火,A)	화(火,A)	화(火,A)	화(火,A)	화(火,A)	화(火,A)	화(火,A)
풍(風,B)	풍(風,B)	풍(風,B)	풍(風,B)	풍(風,B)	풍(風,B)	풍(風,B)	풍(風,B)

상자목(桑柘木): 남자(男子) 양(陽)에 태양(太陽)의 지(地, O형)
양(陽)에 태양(太陽)의 수(水, AB형)
양(陽)에 태양(太陽)의 화(火, A형)
양(陽)에 태양(太陽)의 풍(風, B형)
양(陽)에 소음(少陰)의 지(地, O형)
양(陽)에 소음(少陰)의 수(水, AB형)
양(陽)에 소음(少陰)의 화(火, A형)
양(陽)에 소음(少陰)의 풍(風, B형)
양(陽)에 소양(少陽)의 지(地, O형)
양(陽)에 소양(少陽)의 수(水, AB형)
양(陽)에 소양(少陽)의 화(火, A형)
양(陽)에 소양(少陽)의 풍(風, B형)
양(陽)에 태음(太陰)의 지(地, O형)
양(陽)에 태음(太陰)의 수(水, AB형)

양(陽)에 태음(太陰)의 화(火, A형)

양(陽)에 태음(太陰)의 풍(風, B형)

상자목(桑柘木): 남자(男子) 음(陰)에 태양(太陽)의 지(地, O형)

음(陰)에 태양(太陽)의 수(水, AB형)

음(陰)에 태양(太陽)의 화(火, A형)

음(陰)에 태양(太陽)의 풍(風, B형)

음(陰)에 소음(少陰)의 지(地, O형)

음(陰)에 소음(少陰)의 수(水, AB형)

음(陰)에 소음(少陰)의 화(火, A형)

음(陰)에 소음(少陰)의 풍(風, B형)

음(陰)에 소양(少陽)의 지(地, O형)

음(陰)에 소양(少陽)의 수(水, AB형)

음(陰)에 소양(少陽)의 화(火, A형)

음(陰)에 소양(少陽)의 풍(風, B형)

음(陰)에 태음(太陰)의 지(地, O형)

음(陰)에 태음(太陰)의 수(水, AB형)

음(陰)에 태음(太陰)의 화(火, A형)

음(陰)에 태음(太陰)의 풍(風, B형)

여자(女子) 8상 혈기론(八象 血氣論)

양(陽) → 여자(女子)				음(陰) → 여자(女子)			
건(乾)☰	태(兌)☱	리(離)☲	진(震)☳	손(巽)☴	감(坎)☵	간(艮)☶	곤(坤)☷
太陽	少陰	少陽	太陰	太陽	少陰	少陽	太陰
지(地,O)	지(地,O)	지(地,O)	지(地,O)	지(地,O)	지(地,O)	지(地,O)	지(地,O)
수(水,AB)	수(水,AB)	수(水,AB)	수(水,AB)	수(水,AB)	수(水,AB)	수(水,AB)	수(水,AB)

화(火,A) 화(火,A) 화(火,A) 화(火,A) 화(火,A) 화(火,A) 화(火,A) 화(火,A)

풍(風,B) 풍(風,B) 풍(風,B) 풍(風,B) 풍(風,B) 풍(風,B) 풍(風,B) 풍(風,B)

상자목(桑柘木): 여자(女子) 양(陽)에 태양(太陽)의 지(地, O형)
양(陽)에 태양(太陽)의 수(水, AB형)
양(陽)에 태양(太陽)의 화(火, A형)
양(陽)에 태양(太陽)의 풍(風, B형)
양(陽)에 소음(少陰)의 지(地, O형)
양(陽)에 소음(少陰)의 수(水, AB형)
양(陽)에 소음(少陰)의 화(火, A형)
양(陽)에 소음(少陰)의 풍(風, B형)
양(陽)에 소양(少陽)의 지(地, O형)
양(陽)에 소양(少陽)의 수(水, AB형)
양(陽)에 소양(少陽)의 화(火, A형)
양(陽)에 소양(少陽)의 풍(風, B형)
양(陽)에 태음(太陰)의 지(地, O형)
양(陽)에 태음(太陰)의 수(水, AB형)
양(陽)에 태음(太陰)의 화(火, A형)
양(陽)에 태음(太陰)의 풍(風, B형)

상자목(桑柘木): 여자(女子) 음(陰)에 태양(太陽)의 지(地, O형)
음(陰)에 태양(太陽)의 수(水, AB형)
음(陰)에 태양(太陽)의 화(火, A형)
음(陰)에 태양(太陽)의 풍(風, B형)
음(陰)에 소음(少陰)의 지(地, O형)
음(陰)에 소음(少陰)의 수(水, AB형)
음(陰)에 소음(少陰)의 화(火, A형)

음(陰)에 소음(少陰)의 풍(風, B형)

음(陰)에 소양(少陽)의 지(地, O형)

음(陰)에 소양(少陽)의 수(水, AB형)

음(陰)에 소양(少陽)의 화(火, A형)

음(陰)에 소양(少陽)의 풍(風, B형)

음(陰)에 태음(太陰)의 지(地, O형)

음(陰)에 태음(太陰)의 수(水, AB형)

음(陰)에 태음(太陰)의 화(火, A형)

음(陰)에 태음(太陰)의 풍(風, B형)

26) 대계수(大溪水): 갑인(甲寅), 을묘(乙卯)

남자(男子) 8상 혈기론(八象 血氣論)

양(陽) → 남자(男子)				음(陰) → 남자(男子)			
건(乾)☰	태(兌)☱	리(離)☲	진(震)☳	손(巽)☴	감(坎)☵	간(艮)☶	곤(坤)☷
太陽	少陰	少陽	太陰	太陽	少陰	少陽	太陰
지(地,O)	지(地,O)	지(地,O)	지(地,O)	지(地,O)	지(地,O)	지(地,O)	지(地,O)
수(水,AB)	수(水,AB)	수(水,AB)	수(水,AB)	수(水,AB)	수(水,AB)	수(水,AB)	수(水,AB)
화(火,A)	화(火,A)	화(火,A)	화(火,A)	화(火,A)	화(火,A)	화(火,A)	화(火,A)
풍(風,B)	풍(風,B)	풍(風,B)	풍(風,B)	풍(風,B)	풍(風,B)	풍(風,B)	풍(風,B)

대계수(大溪水): 남자(男子) 양(陽)에 태양(太陽)의 지(地, O형)

양(陽)에 태양(太陽)의 수(水, AB형)

양(陽)에 태양(太陽)의 화(火, A형)

양(陽)에 태양(太陽)의 풍(風, B형)

양(陽)에 소음(少陰)의 지(地, O형)
양(陽)에 소음(少陰)의 수(水, AB형)
양(陽)에 소음(少陰)의 화(火, A형)
양(陽)에 소음(少陰)의 풍(風, B형)
양(陽)에 소양(少陽)의 지(地, O형)
양(陽)에 소양(少陽)의 수(水, AB형)
양(陽)에 소양(少陽)의 화(火, A형)
양(陽)에 소양(少陽)의 풍(風, B형)
양(陽)에 태음(太陰)의 지(地, O형)
양(陽)에 태음(太陰)의 수(水, AB형)
양(陽)에 태음(太陰)의 화(火, A형)
양(陽)에 태음(太陰)의 풍(風, B형)

대계수(大溪水): 남자(男子) 음(陰)에 태양(太陽)의 지(地, O형)
음(陰)에 태양(太陽)의 수(水, AB형)
음(陰)에 태양(太陽)의 화(火, A형)
음(陰)에 태양(太陽)의 풍(風, B형)
음(陰)에 소음(少陰)의 지(地, O형)
음(陰)에 소음(少陰)의 수(水, AB형)
음(陰)에 소음(少陰)의 화(火, A형)
음(陰)에 소음(少陰)의 풍(風, B형)
음(陰)에 소양(少陽)의 지(地, O형)
음(陰)에 소양(少陽)의 수(水, AB형)
음(陰)에 소양(少陽)의 화(火, A형)
음(陰)에 소양(少陽)의 풍(風, B형)
음(陰)에 태음(太陰)의 지(地, O형)
음(陰)에 태음(太陰)의 수(水, AB형)

음(陰)에 태음(太陰)의 화(火, A형)

음(陰)에 태음(太陰)의 풍(風, B형)

여자(女子) 8상 혈기론(八象 血氣論)

양(陽) → 여자(女子)				음(陰) → 여자(女子)			
건(乾)☰	태(兌)☱	리(離)☲	진(震)☳	손(巽)☴	감(坎)☵	간(艮)☶	곤(坤)☷
太陽	少陰	少陽	太陰	太陽	少陰	少陽	太陰
지(地,O)	지(地,O)	지(地,O)	지(地,O)	지(地,O)	지(地,O)	지(地,O)	지(地,O)
수(水,AB)	수(水,AB)	수(水,AB)	수(水,AB)	수(水,AB)	수(水,AB)	수(水,AB)	수(水,AB)
화(火,A)	화(火,A)	화(火,A)	화(火,A)	화(火,A)	화(火,A)	화(火,A)	화(火,A)
풍(風,B)	풍(風,B)	풍(風,B)	풍(風,B)	풍(風,B)	풍(風,B)	풍(風,B)	풍(風,B)

대계수(大溪水): 여자(女子) 양(陽)에 태양(太陽)의 지(地, O형)

양(陽)에 태양(太陽)의 수(水, AB형)

양(陽)에 태양(太陽)의 화(火, A형)

양(陽)에 태양(太陽)의 풍(風, B형)

양(陽)에 소음(少陰)의 지(地, O형)

양(陽)에 소음(少陰)의 수(水, AB형)

양(陽)에 소음(少陰)의 화(火, A형)

양(陽)에 소음(少陰)의 풍(風, B형)

양(陽)에 소양(少陽)의 지(地, O형)

양(陽)에 소양(少陽)의 수(水, AB형)

양(陽)에 소양(少陽)의 화(火, A형)

양(陽)에 소양(少陽)의 풍(風, B형)

양(陽)에 태음(太陰)의 지(地, O형)

양(陽)에 태음(太陰)의 수(水, AB형)

양(陽)에 태음(太陰)의 화(火, A형)

양(陽)에 태음(太陰)의 풍(風, B형)

대계수(大溪水): 여자(女子) 음(陰)에 태양(太陽)의 지(地, O형)

음(陰)에 태양(太陽)의 수(水, AB형)

음(陰)에 태양(太陽)의 화(火, A형)

음(陰)에 태양(太陽)의 풍(風, B형)

음(陰)에 소음(少陰)의 지(地, O형)

음(陰)에 소음(少陰)의 수(水, AB형)

음(陰)에 소음(少陰)의 화(火, A형)

음(陰)에 소음(少陰)의 풍(風, B형)

음(陰)에 소양(少陽)의 지(地, O형)

음(陰)에 소양(少陽)의 수(水, AB형)

음(陰)에 소양(少陽)의 화(火, A형)

음(陰)에 소양(少陽)의 풍(風, B형)

음(陰)에 태음(太陰)의 지(地, O형)

음(陰)에 태음(太陰)의 수(水, AB형)

음(陰)에 태음(太陰)의 화(火, A형)

음(陰)에 태음(太陰)의 풍(風, B형)

27) 사중토(沙中土): 병진(丙辰), 정사(丁巳)

남자(男子) 8상 혈기론(八象 血氣論)

양(陽) → 남자(男子)				음(陰) → 남자(男子)			
건(乾)☰	태(兌)☱	리(離)☲	진(震)☳	손(巽)☴	감(坎)☵	간(艮)☶	곤(坤)☷
太陽	少陰	少陽	太陰	太陽	少陰	少陽	太陰
지(地,O)	지(地,O)	지(地,O)	지(地,O)	지(地,O)	지(地,O)	지(地,O)	지(地,O)
수(水,AB)	수(水,AB)	수(水,AB)	수(水,AB)	수(水,AB)	수(水,AB)	수(水,AB)	수(水,AB)
화(火,A)	화(火,A)	화(火,A)	화(火,A)	화(火,A)	화(火,A)	화(火,A)	화(火,A)
풍(風,B)	풍(風,B)	풍(風,B)	풍(風,B)	풍(風,B)	풍(風,B)	풍(風,B)	풍(風,B)

사중토(沙中土): 남자(男子) 양(陽)에 태양(太陽)의 지(地, O형)
양(陽)에 태양(太陽)의 수(水, AB형)
양(陽)에 태양(太陽)의 화(火, A형)
양(陽)에 태양(太陽)의 풍(風, B형)
양(陽)에 소음(少陰)의 지(地, O형)
양(陽)에 소음(少陰)의 수(水, AB형)
양(陽)에 소음(少陰)의 화(火, A형)
양(陽)에 소음(少陰)의 풍(風, B형)
양(陽)에 소양(少陽)의 지(地, O형)
양(陽)에 소양(少陽)의 수(水, AB형)
양(陽)에 소양(少陽)의 화(火, A형)
양(陽)에 소양(少陽)의 풍(風, B형)
양(陽)에 태음(太陰)의 지(地, O형)
양(陽)에 태음(太陰)의 수(水, AB형)

양(陽)에 태음(太陰)의 화(火, A형)

양(陽)에 태음(太陰)의 풍(風, B형)

사중토(沙中土): 남자(男子) 음(陰)에 태양(太陽)의 지(地, O형)

음(陰)에 태양(太陽)의 수(水, AB형)

음(陰)에 태양(太陽)의 화(火, A형)

음(陰)에 태양(太陽)의 풍(風, B형)

음(陰)에 소음(少陰)의 지(地, O형)

음(陰)에 소음(少陰)의 수(水, AB형)

음(陰)에 소음(少陰)의 화(火, A형)

음(陰)에 소음(少陰)의 풍(風, B형)

음(陰)에 소양(少陽)의 지(地, O형)

음(陰)에 소양(少陽)의 수(水, AB형)

음(陰)에 소양(少陽)의 화(火, A형)

음(陰)에 소양(少陽)의 풍(風, B형)

음(陰)에 태음(太陰)의 지(地, O형)

음(陰)에 태음(太陰)의 수(水, AB형)

음(陰)에 태음(太陰)의 화(火, A형)

음(陰)에 태음(太陰)의 풍(風, B형)

여자(女子) 8상 혈기론(八象 血氣論)

양(陽) → 여자(女子)				음(陰) → 어자(女子)			
건(乾)☰	태(兌)☱	리(離)☲	진(震)☳	손(巽)☴	감(坎)☵	간(艮)☶	곤(坤)☷
太陽	少陰	少陽	太陰	太陽	少陰	少陽	太陰
지(地,O)	지(地,O)	지(地,O)	지(地,O)	지(地,O)	지(地,O)	지(地,O)	지(地,O)
수(水,AB)	수(水,AB)	수(水,AB)	수(水,AB)	수(水,AB)	수(水,AB)	수(水,AB)	수(水,AB)

화(火,A) 화(火,A) 화(火,A) 화(火,A) 화(火,A) 화(火,A) 화(火,A) 화(火,A)
풍(風,B) 풍(風,B) 풍(風,B) 풍(風,B) 풍(風,B) 풍(風,B) 풍(風,B) 풍(風,B)

사중토(沙中土): 여자(女子) 양(陽)에 태양(太陽)의 지(地, O형)
양(陽)에 태양(太陽)의 수(水, AB형)
양(陽)에 태양(太陽)의 화(火, A형)
양(陽)에 태양(太陽)의 풍(風, B형)
양(陽)에 소음(少陰)의 지(地, O형)
양(陽)에 소음(少陰)의 수(水, AB형)
양(陽)에 소음(少陰)의 화(火, A형)
양(陽)에 소음(少陰)의 풍(風, B형)
양(陽)에 소양(少陽)의 지(地, O형)
양(陽)에 소양(少陽)의 수(水, AB형)
양(陽)에 소양(少陽)의 화(火, A형)
양(陽)에 소양(少陽)의 풍(風, B형)
양(陽)에 태음(太陰)의 지(地, O형)
양(陽)에 태음(太陰)의 수(水, AB형)
양(陽)에 태음(太陰)의 화(火, A형)
양(陽)에 태음(太陰)의 풍(風, B형)
사중토(沙中土): 여자(女子) 음(陰)에 태양(太陽)의 지(地, O형)
음(陰)에 태양(太陽)의 수(水, AB형)
음(陰)에 태양(太陽)의 화(火, A형)
음(陰)에 태양(太陽)의 풍(風, B형)
음(陰)에 소음(少陰)의 지(地, O형)
음(陰)에 소음(少陰)의 수(水, AB형)
음(陰)에 소음(少陰)의 화(火, A형)

음(陰)에 소음(少陰)의 풍(風, B형)

음(陰)에 소양(少陽)의 지(地, O형)

음(陰)에 소양(少陽)의 수(水, AB형)

음(陰)에 소양(少陽)의 화(火, A형)

음(陰)에 소양(少陽)의 풍(風, B형)

음(陰)에 태음(太陰)의 지(地, O형)

음(陰)에 태음(太陰)의 수(水, AB형)

음(陰)에 태음(太陰)의 화(火, A형)

음(陰)에 태음(太陰)의 풍(風, B형)

28) 천상화(天上火): 무오(戊午), 기미(己未)

남자(男子) 8상 혈기론(八象 血氣論)

양(陽) → 남자(男子)				음(陰) → 남지(男子)			
건(乾)☰	태(兌)☱	리(離)☲	진(震)☳	손(巽)☴	감(坎)☵	간(艮)☶	곤(坤)☷
太陽	少陰	少陽	太陰	太陽	少陰	少陽	太陰
지(地,O)	지(地,O)	지(地,O)	지(地,O)	지(地,O)	지(地,O)	지(地,O)	지(地,O)
수(水,AB)	수(水,AB)	수(水,AB)	수(水,AB)	수(水,AB)	수(水,AB)	수(水,AB)	수(水,AB)
화(火,A)	화(火,A)	화(火,A)	화(火,A)	화(火,A)	화(火,A)	화(火,A)	화(火,A)
풍(風,B)	풍(風,B)	풍(風,B)	풍(風,B)	풍(風,B)	풍(風,B)	풍(風,B)	풍(風,B)

천상화(天上火): 남자(男子) 양(陽)에 태양(太陽)의 지(地, O형)

양(陽)에 태양(太陽)의 수(水, AB형)

양(陽)에 태양(太陽)의 화(火, A형)

양(陽)에 태양(太陽)의 풍(風, B형)

양(陽)에 소음(少陰)의 지(地, O형)
양(陽)에 소음(少陰)의 수(水, AB형)
양(陽)에 소음(少陰)의 화(火, A형)
양(陽)에 소음(少陰)의 풍(風, B형)
양(陽)에 소양(少陽)의 지(地, O형)
양(陽)에 소양(少陽)의 수(水, AB형)
양(陽)에 소양(少陽)의 화(火, A형)
양(陽)에 소양(少陽)의 풍(風, B형)
양(陽)에 태음(太陰)의 지(地, O형)
양(陽)에 태음(太陰)의 수(水, AB형)
양(陽)에 태음(太陰)의 화(火, A형)
양(陽)에 태음(太陰)의 풍(風, B형)

천상화(天上火): 남자(男子) 음(陰)에 태양(太陽)의 지(地, O형)
음(陰)에 태양(太陽)의 수(水, AB형)
음(陰)에 태양(太陽)의 화(火, A형)
음(陰)에 태양(太陽)의 풍(風, B형)
음(陰)에 소음(少陰)의 지(地, O형)
음(陰)에 소음(少陰)의 수(水, AB형)
음(陰)에 소음(少陰)의 화(火, A형)
음(陰)에 소음(少陰)의 풍(風, B형)
음(陰)에 소양(少陽)의 지(地, O형)
음(陰)에 소양(少陽)의 수(水, AB형)
음(陰)에 소양(少陽)의 화(火, A형)
음(陰)에 소양(少陽)의 풍(風, B형)
음(陰)에 태음(太陰)의 지(地, O형)
음(陰)에 태음(太陰)의 수(水, AB형)

음(陰)에 태음(太陰)의 화(火, A형)

음(陰)에 태음(太陰)의 풍(風, B형)

여자(女子) 8상 혈기론(八象 血氣論)

양(陽) → 여자(女子)				음(陰) → 여자(女子)			
건(乾)☰	태(兌)☱	리(離)☲	진(震)☳	손(巽)☴	감(坎)☵	간(艮)☶	곤(坤)☷
太陽	少陰	少陽	太陰	太陽	少陰	少陽	太陰
지(地,O)	지(地,O)	지(地,O)	지(地,O)	지(地,O)	지(地,O)	지(地,O)	지(地,O)
수(水,AB)	수(水,AB)	수(水,AB)	수(水,AB)	수(水,AB)	수(水,AB)	수(水,AB)	수(水,AB)
화(火,A)	화(火,A)	화(火,A)	화(火,A)	화(火,A)	화(火,A)	화(火,A)	화(火,A)
풍(風,B)	풍(風,B)	풍(風,B)	풍(風,B)	풍(風,B)	풍(風,B)	풍(風,B)	풍(風,B)

천상화(天上火): 여자(女子) 양(陽)에 태양(太陽)의 지(地, O형)

양(陽)에 태양(太陽)의 수(水, AB형)

양(陽)에 태양(太陽)의 화(火, A형)

양(陽)에 태양(太陽)의 풍(風, B형)

양(陽)에 소음(少陰)의 지(地, O형)

양(陽)에 소음(少陰)의 수(水, AB형)

양(陽)에 소음(少陰)의 화(火, A형)

양(陽)에 소음(少陰)의 풍(風, B형)

양(陽)에 소양(少陽)의 지(地, O형)

양(陽)에 소양(少陽)의 수(水, AB형)

양(陽)에 소양(少陽)의 화(火, A형)

양(陽)에 소양(少陽)의 풍(風, B형)

양(陽)에 태음(太陰)의 지(地, O형)

양(陽)에 태음(太陰)의 수(水, AB형)
양(陽)에 태음(太陰)의 화(火, A형)
양(陽)에 태음(太陰)의 풍(風, B형)

천상화(天上火): 여자(女子) 음(陰)에 태양(太陽)의 지(地, O형)
음(陰)에 태양(太陽)의 수(水, AB형)
음(陰)에 태양(太陽)의 화(火, A형)
음(陰)에 태양(太陽)의 풍(風, B형)
음(陰)에 소음(少陰)의 지(地, O형)
음(陰)에 소음(少陰)의 수(水, AB형)
음(陰)에 소음(少陰)의 화(火, A형)
음(陰)에 소음(少陰)의 풍(風, B형)
음(陰)에 소양(少陽)의 지(地, O형)
음(陰)에 소양(少陽)의 수(水, AB형)
음(陰)에 소양(少陽)의 화(火, A형)
음(陰)에 소양(少陽)의 풍(風, B형)
음(陰)에 태음(太陰)의 지(地, O형)
음(陰)에 태음(太陰)의 수(水, AB형)
음(陰)에 태음(太陰)의 화(火, A형)
음(陰)에 태음(太陰)의 풍(風, B형)

29) 석류목(石榴木): 경신(庚申), 신유(辛酉)

남자(男子) 8상 혈기론(八象 血氣論)

양(陽) → 남자(男子)				음(陰) → 남자(男子)			
건(乾)☰	태(兌)☱	리(離)☲	진(震)☳	손(巽)☴	감(坎)☵	간(艮)☶	곤(坤)☷
太陽	少陰	少陽	太陰	太陽	少陰	少陽	太陰
지(地,O)	지(地,O)	지(地,O)	지(地,O)	지(地,O)	지(地,O)	지(地,O)	지(地,O)
수(水,AB)	수(水,AB)	수(水,AB)	수(水,AB)	수(水,AB)	수(水,AB)	수(水,AB)	수(水,AB)
화(火,A)	화(火,A)	화(火,A)	화(火,A)	화(火,A)	화(火,A)	화(火,A)	화(火,A)
풍(風,B)	풍(風,B)	풍(風,B)	풍(風,B)	풍(風,B)	풍(風,B)	풍(風,B)	풍(風,B)

석류목(石榴木): 남자(男子) 양(陽)에 태양(太陽)의 지(地, O형)
양(陽)에 태양(太陽)의 수(水, AB형)
양(陽)에 태양(太陽)의 화(火, A형)
양(陽)에 태양(太陽)의 풍(風, B형)
양(陽)에 소음(少陰)의 지(地, O형)
양(陽)에 소음(少陰)의 수(水, AB형)
양(陽)에 소음(少陰)의 화(火, A형)
양(陽)에 소음(少陰)의 풍(風, B형)
양(陽)에 소양(少陽)의 지(地, O형)
양(陽)에 소양(少陽)의 수(水, AB형)
양(陽)에 소양(少陽)의 화(火, A형)
양(陽)에 소양(少陽)의 풍(風, B형)
양(陽)에 태음(太陰)의 지(地, O형)
양(陽)에 태음(太陰)의 수(水, AB형)

양(陽)에 태음(太陰)의 화(火, A형)

양(陽)에 태음(太陰)의 풍(風, B형)

석류목(石榴木): 남자(男子) 음(陰)에 태양(太陽)의 지(地, O형)

음(陰)에 태양(太陽)의 수(水, AB형)

음(陰)에 태양(太陽)의 화(火, A형)

음(陰)에 태양(太陽)의 풍(風, B형)

음(陰)에 소음(少陰)의 지(地, O형)

음(陰)에 소음(少陰)의 수(水, AB형)

음(陰)에 소음(少陰)의 화(火, A형)

음(陰)에 소음(少陰)의 풍(風, B형)

음(陰)에 소양(少陽)의 지(地, O형)

음(陰)에 소양(少陽)의 수(水, AB형)

음(陰)에 소양(少陽)의 화(火, A형)

음(陰)에 소양(少陽)의 풍(風, B형)

음(陰)에 태음(太陰)의 지(地, O형)

음(陰)에 태음(太陰)의 수(水, AB형)

음(陰)에 태음(太陰)의 화(火, A형)

음(陰)에 태음(太陰)의 풍(風, B형)

여자(女子) 8상 혈기론(八象 血氣論)

양(陽) → 여자(女子)				음(陰) → 여자(女子)			
건(乾)☰	태(兌)☱	리(離)☲	진(震)☳	손(巽)☴	감(坎)☵	간(艮)☶	곤(坤)☷
太陽	少陰	少陽	太陰	太陽	少陰	少陽	太陰
지(地,O)	지(地,O)	지(地,O)	지(地,O)	지(地,O)	지(地,O)	지(地,O)	지(地,O)
수(水,AB)	수(水,AB)	수(水,AB)	수(水,AB)	수(水,AB)	수(水,AB)	수(水,AB)	수(水,AB)

화(火,A) 화(火,A) 화(火,A) 화(火,A) 화(火,A) 화(火,A) 화(火,A) 화(火,A)

풍(風,B) 풍(風,B) 풍(風,B) 풍(風,B) 풍(風,B) 풍(風,B) 풍(風,B) 풍(風,B)

석류목(石榴木): 여자(女子) 양(陽)에 태양(太陽)의 지(地, O형)
양(陽)에 태양(太陽)의 수(水, AB형)
양(陽)에 태양(太陽)의 화(火, A형)
양(陽)에 태양(太陽)의 풍(風, B형)
양(陽)에 소음(少陰)의 지(地, O형)
양(陽)에 소음(少陰)의 수(水, AB형)
양(陽)에 소음(少陰)의 화(火, A형)
양(陽)에 소음(少陰)의 풍(風, B형)
양(陽)에 소양(少陽)의 지(地, O형)
양(陽)에 소양(少陽)의 수(水, AB형)
양(陽)에 소양(少陽)의 화(火, A형)
양(陽)에 소양(少陽)의 풍(風, B형)
양(陽)에 태음(太陰)의 지(地, O형)
양(陽)에 태음(太陰)의 수(水, AB형)
양(陽)에 태음(太陰)의 화(火, A형)
양(陽)에 태음(太陰)의 풍(風, B형)

석류목(石榴木): 여자(女子) 음(陰)에 태양(太陽)의 지(地, O형)
음(陰)에 태양(太陽)의 수(水, AB형)
음(陰)에 태양(太陽)의 화(火, A형)
음(陰)에 태양(太陽)의 풍(風, B형)
음(陰)에 소음(少陰)의 지(地, O형)
음(陰)에 소음(少陰)의 수(水, AB형)
음(陰)에 소음(少陰)의 화(火, A형)

음(陰)에 소음(少陰)의 풍(風, B형)

음(陰)에 소양(少陽)의 지(地, O형)

음(陰)에 소양(少陽)의 수(水, AB형)

음(陰)에 소양(少陽)의 화(火, A형)

음(陰)에 소양(少陽)의 풍(風, B형)

음(陰)에 태음(太陰)의 지(地, O형)

음(陰)에 태음(太陰)의 수(水, AB형)

음(陰)에 태음(太陰)의 화(火, A형)

음(陰)에 태음(太陰)의 풍(風, B형)

30) 대해수(大海水): 임술(壬戌), 계해(癸亥)

남자(男子) 8상 혈기론(八象 血氣論)

양(陽) → 남자(男子)				음(陰) → 남자(男子)			
건(乾)☰	태(兌)☱	리(離)☲	진(震)☳	손(巽)☴	감(坎)☵	간(艮)☶	곤(坤)☷
太陽	少陰	少陽	太陰	太陽	少陰	少陽	太陰
지(地,O)	지(地,O)	지(地,O)	지(地,O)	지(地,O)	지(地,O)	지(地,O)	지(地,O)
수(水,AB)	수(水,AB)	수(水,AB)	수(水,AB)	수(水,AB)	수(水,AB)	수(水,AB)	수(水,AB)
화(火,A)	화(火,A)	화(火,A)	화(火,A)	화(火,A)	화(火,A)	화(火,A)	화(火,A)
풍(風,B)	풍(風,B)	풍(風,B)	풍(風,B)	풍(風,B)	풍(風,B)	풍(風,B)	풍(風,B)

대해수(大海水): 남자(男子) 양(陽)에 태양(太陽)의 지(地, O형)

양(陽)에 태양(太陽)의 수(水, AB형)

양(陽)에 태양(太陽)의 화(火, A형)

양(陽)에 태양(太陽)의 풍(風, B형)

양(陽)에 소음(少陰)의 지(地, O형)
양(陽)에 소음(少陰)의 수(水, AB형)
양(陽)에 소음(少陰)의 화(火, A형)
양(陽)에 소음(少陰)의 풍(風, B형)
양(陽)에 소양(少陽)의 지(地, O형)
양(陽)에 소양(少陽)의 수(水, AB형)
양(陽)에 소양(少陽)의 화(火, A형)
양(陽)에 소양(少陽)의 풍(風, B형)
양(陽)에 태음(太陰)의 지(地, O형)
양(陽)에 태음(太陰)의 수(水, AB형)
양(陽)에 태음(太陰)의 화(火, A형)
양(陽)에 태음(太陰)의 풍(風, B형)

대해수(大海水): 남자(男子) 음(陰)에 태양(太陽)의 지(地, O형)
음(陰)에 태양(太陽)의 수(水, AB형)
음(陰)에 태양(太陽)의 화(火, A형)
음(陰)에 태양(太陽)의 풍(風, B형)
음(陰)에 소음(少陰)의 지(地, O형)
음(陰)에 소음(少陰)의 수(水, AB형)
음(陰)에 소음(少陰)의 화(火, A형)
음(陰)에 소음(少陰)의 풍(風, B형)
음(陰)에 소양(少陽)의 지(地, O형)
음(陰)에 소양(少陽)의 수(水, AB형)
음(陰)에 소양(少陽)의 화(火, A형)
음(陰)에 소양(少陽)의 풍(風, B형)
음(陰)에 태음(太陰)의 지(地, O형)
음(陰)에 태음(太陰)의 수(水, AB형)

음(陰)에 태음(太陰)의 화(火, A형)

음(陰)에 태음(太陰)의 풍(風, B형)

여자(女子) 8상 혈기론(八象 血氣論)

양(陽) → 여자(女子)				음(陰) → 여자(女子)			
건(乾)☰	태(兌)☱	리(離)☲	진(震)☳	손(巽)☴	감(坎)☵	간(艮)☶	곤(坤)☷
太陽	少陰	少陽	太陰	太陽	少陰	少陽	太陰
지(地,O)	지(地,O)	지(地,O)	지(地,O)	지(地,O)	지(地,O)	지(地,O)	지(地,O)
수(水,AB)	수(水,AB)	수(水,AB)	수(水,AB)	수(水,AB)	수(水,AB)	수(水,AB)	수(水,AB)
화(火,A)	화(火,A)	화(火,A)	화(火,A)	화(火,A)	화(火,A)	화(火,A)	화(火,A)
풍(風,B)	풍(風,B)	풍(風,B)	풍(風,B)	풍(風,B)	풍(風,B)	풍(風,B)	풍(風,B)

대해수(大海水): 여자(女子) 양(陽)에 태양(太陽)의 지(地, O형)

양(陽)에 태양(太陽)의 수(水, AB형)

양(陽)에 태양(太陽)의 화(火, A형)

양(陽)에 태양(太陽)의 풍(風, B형)

양(陽)에 소음(少陰)의 지(地, O형)

양(陽)에 소음(少陰)의 수(水, AB형)

양(陽)에 소음(少陰)의 화(火, A형)

양(陽)에 소음(少陰)의 풍(風, B형)

양(陽)에 소양(少陽)의 지(地, O형)

양(陽)에 소양(少陽)의 수(水, AB형)

양(陽)에 소양(少陽)의 화(火, A형)

양(陽)에 소양(少陽)의 풍(風, B형)

양(陽)에 태음(太陰)의 지(地, O형)

양(陽)에 태음(太陰)의 수(水, AB형)

양(陽)에 태음(太陰)의 화(火, A형)

양(陽)에 태음(太陰)의 풍(風, B형)

대해수(大海水): 여자(女子) 음(陰)에 태양(太陽)의 지(地, O형)

음(陰)에 태양(太陽)의 수(水, AB형)

음(陰)에 태양(太陽)의 화(火, A형)

음(陰)에 태양(太陽)의 풍(風, B형)

음(陰)에 소음(少陰)의 지(地, O형)

음(陰)에 소음(少陰)의 수(水, AB형)

음(陰)에 소음(少陰)의 화(火, A형)

음(陰)에 소음(少陰)의 풍(風, B형)

음(陰)에 소양(少陽)의 지(地, O형)

음(陰)에 소양(少陽)의 수(水, AB형)

음(陰)에 소양(少陽)의 화(火, A형)

음(陰)에 소양(少陽)의 풍(風, B형)

음(陰)에 태음(太陰)의 지(地, O형)

음(陰)에 태음(太陰)의 수(水, AB형)

음(陰)에 태음(太陰)의 화(火, A형)

음(陰)에 태음(太陰)의 풍(風, B형)

후기(後記)

사주(四柱)의 크기를 들여다보면 상(上), 중(中), 하(下)가 있고 상(上)에는 상(上)의 상(上), 상(上)의 중(中), 상(上)의 하(下)가 있으며, 중(中)에는 중(中)의 상(上), 중(中)의 중(中), 중(中)의 하(下)가 있으며, 하(下)에는 하(下)의 상(上), 하(下)의 중(中), 하(下)의 하(下)가 있다.

사주(四柱)가 좋지 않더라도 주도적(主導的)인 동기(動機)가 부여(附與)된다면 좋은 쪽으로 바뀌는 것이 사주(四柱)의 기운(氣運)이며, 이 기운(氣運)을 받아 난관(難關)을 기회(機會)의 장(場)으로 만드는 것이다. 때문에 '사주(四柱)가 좋다, 아니면 좋지 않다.' 라는 생각을 가지지 말고 늘 변할 수 있다는 강(强)한 믿음이 필요(必要)하다.

작은 생각에 얽매이지 말고 공간적(空間的)인 사념(思念)의 강으로 흘러들어 가서, 곧 도(道)에 입류(入流)를 해서 넓은 안목(眼目)을 가지고 세상(世上)을 바라보는 마음이 중요(重要)하다.

유전학적(遺傳學的)인 면에서 보면 강(强)한 동기부여(動機附與)는 삶을 바꾸는 강력(强力)한 힘이 된다. 또한 부정적(否定的)이기보다는 늘 긍정적(肯定的)인 사고방식(思考方式)이 필요(必要)하며, 이러한 사고방식(思考方式)이 자신(自身)의 삶을 이끌어가는 큰 힘이 되는 것이 아닌가 한다.

시주(時柱)나 월주(月柱), 년주(年柱)에 따라 변하는 것이 사주(四柱)이니, 깊게 들여다보고 올바르게 판단(判斷)하기를 바란다. 또한 본인 스스로가 인성(人性)쪽으로 배움이 있거나 아니면 배움이 없거나, 강자(强者)의 편에 있을 때나 아니면 약자(弱子)의 편에 있을 때나, 학문(學文)쪽으로의 배움이 있거나 아니면 배움이 없거나, 재물(財物)이 많거나 아니면 가난하거나, 뒤를 받쳐주는 사람이 있거나 아니면 홀로 단신(單身)이거나에 따라 사주(四柱)가 커질 수도, 또는 작아질 수도 있는 것이지만 본래(本來) 타고난 성질(性質), 기질(氣質), 성품(性品), 성격(性格) 따위는 강(强)한 동기(動機) 유발(誘發)이 이루어지기 전까지는 바뀌기가 어려운 것이다.

서로 상생(相生)할 수 있는 삶에 도움이 되고자 글로 옮긴 것이니 미흡(未洽)한 면이 많은 편이지만 넓은 아량(雅量)으로 이해(理解)하고 서로 도움을 받고 도움을 주기를 빕니다.

2012年 9月 5日

一智 이건표
sungamwon12@naver.com